BONNER JAHRBÜCHER

des
LVR-Landesmuseums Bonn
und des
LVR-Amtes für Bodendenkmalpflege im Rheinland
sowie des
Vereins von Altertumsfreunden im Rheinlande

BAND 214

2014

VERLAG PHILIPP VON ZABERN · DARMSTADT

Gedruckt mit Mitteln des Ministeriums für Bauen, Wohnen, Stadtentwicklung und Verkehr des Landes Nordrhein-Westfalen, des Landschaftsverbandes Rheinland (LVR) und des Vereins von Altertumsfreunden im Rheinlande.

VIII und 496 Seiten mit 143 Abbildungen, davon 79 farbig, sowie 16 Tafeln und 3 Tabellen.

Es gelten die Regeln nach www.av-rheinland.de/BonnerJb.htm. Zu beachten sind insbesondere die dort eingestellten Grundsätze nach den ›Berichten der Römisch-Germanischen Kommission‹ Band 71, 1990, und zwar im Sinne der geisteswissenschaftlichen Zitierweise mit Titelschlagwort. Ferner finden Anwendung die ebenfalls eingebundenen Abkürzungen für Periodika nach derselben Zeitschrift Band 73, 1992, sowie die desgleichen erschlossenen Kürzel der antiken Quellen nach ›Der Neue Pauly‹. Weitere Abkürzungen am Schluss dieses Bandes.

Aufsätze für die Bonner Jahrbücher werden in einem Peer-Review-Verfahren begutachtet.

Redaktion: Olaf Dräger

ISSN 2190-3301
ISBN 978-3-8053-5041-9

Copyright 2015 LVR - Landesmuseum Bonn, LVR - Amt für Bodendenkmalpflege im Rheinland und Verein von Altertumsfreunden im Rheinlande sowie Verlag Philipp von Zabern.
Satz und Druck: Beltz Bad Langensalza GmbH.
Alle Rechte vorbehalten.
Gedruckt auf alterungsbeständigem Papier mit neutralem pH-Wert.
Printed in Germany.

Inhalt

Aufsätze

3 *Hans-Eckart Joachim*
Der Kunsthistoriker Franz Rademacher
am Rheinischen Landesmuseum Bonn von 1935 bis 1959

11 *Birgit Gehlen, Renate Gerlach, Sarah Pinell und Kai B. Vogl*
Die Prospektion des steinzeitlichen Fundplatzes
auf der Flur Ginsterfeld in Overath

27 *Peter Rothenhöfer*
Fünf Weihinschriften aus dem römischen Rheinland

43 *Tünde Kaszab-Olschewski und Gerald Volker Grimm*
Überlegungen zur Brittenburg

71 *Marion Brüggler*
Burgus und Glaswerkstatt der Spätantike bei Goch-Asperden

135 *Lothar Bakker*
Rädchenverzierte Argonnensigillata von Goch-Asperden
Zur Datierung von Burgus und Glashütte

163 *Marion Brüggler und Thilo Rehren*
Die spätantiken Glasschalen vom Typus Helle
und ihre chemische Zusammensetzung

181 *Hauke Horn*
Ein spätantikes Kapitell in der Essener Domschatzkammer

193 *Christoph Keller*
Beobachtungen zum mittelalterlichen und frühneuzeitlichen Staudammbau
Das Beispiel Blankenheim

221 *Claudia Klages*
Die Münzschale mit dem Schatz von Hemmersbach
Fundkonservierung auf noble Art

229 *Maurizio Buora und Sebastian Ristow*
Tonlampen in Fischform aus frühchristlicher Zeit?
Eine Fälschung in Bonn

Berichte

245 *LVR - Archäologischer Park Xanten*
Untersuchungen in der Colonia Ulpia Traiana 2013

253 *LVR - Archäologischer Park Xanten*
Untersuchungen in der Colonia Ulpia Traiana 2014

267 *LVR - Landesmuseum Bonn*
Bericht der Direktorin für die Jahre 2013 und 2014

279 *LVR - Amt für Bodendenkmalpflege im Rheinland*
Bericht des Amtsleiters für das Jahr 2013

285 *Verein von Altertumsfreunden im Rheinlande*
Bericht über die Tätigkeit im Jahre 2013

291 *Verein von Altertumsfreunden im Rheinlande*
Bericht über die Tätigkeit im Jahre 2014

Besprechungen

Vorgeschichte

297 Nils Ostermeier, Urnenfelderzeitliche Höhensiedlungen in Bayern nördlich der Donau. Topographische, chronologische und funktionale Aspekte *(Philipp W. Stockhammer)*

298 Richard Davis, The Early and Middle Bronze Age Spearheads of Britain. Prähistorische Bronzefunde, Bd. V 5 *(Daniel Neumann)*

300 Wolf-Dietrich Niemeier, Oliver Pilz und Ivonne Kaiser (Hrsg.), Kreta in der geometrischen und archaischen Zeit *(Hartmut Matthäus)*

304 Bernhard S. Heeb, Das Bodenseerheintal als Siedlungsraum und Verkehrsweg in prähistorischen Epochen. Eine siedlungsarchäologische Untersuchung *(Thomas Reitmaier)*

308 Iris Gerlach und Dietmar Raue (Hrsg.), Sanktuar und Ritual. Heilige Plätze im archäologischen Befund *(Leif Scheuermann)*

311 Christiana Elisabeth Later, Die Sapropelitfunde aus dem Oppidum von Manching *(Hans-Eckart Joachim)*

Klassische Archäologie

315 Anne Coulié, La céramique grecque aux époques géométrique et orientalisante (XIe–VIe siècle av. J.-C.) *(Eleni Manakidou)*

317 Matteo D'Acunto, Il mondo del vaso Chigi. Pittura, guerra e società a Corinto alla metà del VII secolo a. C. *(Andras Marton)*

320   Michalis Tiverios, Vasiliki Misailidou-Despotidou, Eleni Manakidou und Anna Arvanitaki (Hrsg.), Η κεραμική της αρχαϊκής εποχής στο Βόρειο Αιγαίο και την περιφέρειά του (700–480 π. χ.) *(Norbert Eschbach)*

324   Georgia Kokkorou-Alevras und Wolf-Dietrich Niemeier (Hrsg.), Neue Funde archaischer Plastik aus griechischen Heiligtümern und Nekropolen *(Vasiliki Barlou)*

328   H. Alan Shapiro, Mario Iozzo und Adrienne Lezzi-Hafter (Hrsg.), The François Vase. (I) New Perspectives. Papers of the International Symposium Villa Spelman, Florence; (II) The Photographs *(Heide Mommsen)*

333   Uta Dirschedl, Die griechischen Säulenbasen *(Christof Hendrich)*

334   Markus Wolf, Die Agora von Solunt. Öffentliche Gebäude und öffentliche Räume des Hellenismus im griechischen Westen *(Riccardo Olivito)*

336   Vladimir F. Stolba und Eugeny Rogov, Panskoye I. The Necropolis. Archaeological Investigations in Western Crimea *(Gundula Mehnert)*

338   Arnd Hennemeyer, Das Atheneheiligtum von Priene. Die Nebenbauten – Altar, Halle und Propylon – und die bauliche Entwicklung des Heiligtums *(Erik Østby)*

341   Hermann J. Kienast, Der Turm der Winde in Athen *(Markus Wolf)*

343   Sophie Helas, Selinus II. Die punische Stadt auf der Akropolis *(Sabine Ladstätter)*

346   Sophie Hay, Simon Keay und Martin Millet, Ocriculum (Otricoli, Umbria). An archaeological survey of the Roman town *(Giuseppe Scardozzi)*

351   Martin Tombrägel, Die republikanischen Otiumvillen von Tivoli *(Roger Ling)*

354   Jon Albers, Campus Martius. Die urbane Entwicklung des Marsfeldes von der Republik bis zur mittleren Kaiserzeit *(Vincent Jolivet)*

357   Gilles Sauron, Römische Kunst von der mittleren Republik bis Augustus *(Dietrich Willers)*

360   Klaus Fittschen und Paul Zanker, Katalog der römischen Porträts in den Capitolinischen Museen und den anderen kommunalen Sammlungen der Stadt Rom, Bd. IV. Kinderbildnisse. Nachträge zu den Bänden I–III. Neuzeitliche oder neuzeitlich verfälschte Bildnisse. Bildnisse an Reliefdenkmälern *(François Baratte)*

362   Dieter Hertel, Die Bildnisse des Tiberius. Das römische Herrscherbild, Band I 3 *(Dietrich Boschung)*

365   Stephanie Dimas, Carola Reinsberg und Henner von Hesberg, Die Antikensammlungen von Hever Castle, Cliveden, Bignor Park und Knole *(Anne-Marie Leander Touati)*

367   Kordelia Knoll und Christiane Vorster, Katalog der antiken Bildwerke, Bd. III. Die Porträts. Staatliche Kunstsammlungen Dresden, Skulpturensammlung *(David Ojeda)*

369   Stefan Feuser, Monopodia. Figürliche Tischfüße aus Kleinasien. Ein Beitrag zum Ausstattungsluxus der römischen Kaiserzeit *(Theodosia Stefanidou-Tiveriou)*

Rom und Provinzen

375 Simon Keay (Hrsg.), Rome, Portus and the Mediterranean *(Christoph Rummel)*

377 Markus Scholz, Grabbauten in den nördlichen Grenzprovinzen des römischen Reiches zwischen Britannien und dem Schwarzen Meer. 1.–3. Jahrhundert n. Chr. *(Titus Panhuysen)*

380 Lucia A. Scatozza Höricht, L'Instrumentum Vitreum di Pompei *(Andrea Rottloff)*

384 Stefan F. Pfahl, Instrumenta Latina et Graeca inscripta des Limesgebietes von 200 v. Chr. bis 400 n. Chr. *(Marietta Horster)*

387 Julien Boislève, Alexandra Dardenay und Florence Monier (Hrsg.), Peintures murales et stucs d'époque romaine. De la fouille au musée *(Renate Thomas)*

391 Christina Erkelenz, Die römischen Nekropolen des vicus Mönchengladbach Rheydt-Mülfort *(Gabriele Rasbach)*

393 Michael Doneus, Christian Gugl und Nives Doneus, Die Canabae von Carnuntum. Eine Modellstudie der Erforschung römischer Lagervorstädte. Von der Luftbildprospektion zur siedlungsarchäologischen Synthese *(Mark Driessen)*

394 Regula Schatzmann, Die Spätzeit der Oberstadt von Augusta Raurica. Untersuchungen zur Stadtentwicklung im 3. Jahrhundert *(Marcus Zagermann)*

397 Ortolf Harl, Hochtor und Glocknerroute. Ein hochalpines Passheiligtum und 2000 Jahre Kulturtransfer zwischen Mittelmeer und Mitteleuropa *(Gerald Grabherr)*

399 Yann Le Bohec (Hrsg.), La société de l'Afrique romaine *(Julia Hoffmann-Salz)*

401 Catherine Balmelle, Ariane Bourgeois, Henri Broise, Jean-Pierre Darmon und Mongi Ennaïfer, Carthage. Colline de l'Odéon. Maisons de la Rotonde et du Cryptoportique (recherches 1987–2000). (1) L'architecture et son décor; (2) Les données de fouilles *(Philipp von Rummel)*

404 R[oland] R. R. Smith, The marble reliefs from the Julio-Claudian Sebasteion. Aphrodisias. Results of the excavations at Aphrodisias in Caria conducted by New York University, Band VI *(Christian Heitz)*

408 Müren Beykan, Ionische Kapitelle auf Prokonnesos. Produktion und Export römischer Bauteile *(Alice Landskron)*

411 Katja Piesker and Joachim Ganzert, Patara II 2. Das Theater von Patara. Ergebnisse der Untersuchungen 2004 bis 2008 *(Georgia Aristodemou)*

413 Andreas Schmidt-Colinet und Waleed al-As'ad (Hrsg.), Palmyras Reichtum durch weltweiten Handel. Archäologische Untersuchungen im Bereich der hellenistischen Stadt *(Agnes Henning)*

417 Agnes Henning, Die Turmgräber von Palmyra. Eine lokale Bauform im kaiserzeitlichen Syrien als Ausdruck kultureller Identität *(Michał Gawlikowski)*

Alte Geschichte

421 Lukas Thommen, Die Wirtschaft Spartas *(Stefan Link)*

422 Maria Osmers, »Wir aber sind damals und jetzt immer die gleichen«. Vergangenheitsbezüge in der polisübergreifenden Kommunikation der klassischen Zeit *(Angela Ganter)*

425 Catherine Grandjean und Aliki Moustaka (Hrsg.), Aux origines de la monnaie fiduciaire. Traditions métallurgiques et innovations numismatiques *(Jérémie Chameroy)*

427 Julia Kaffarnik, Sexuelle Gewalt gegen Frauen im antiken Athen *(Bernadette Descharmes)*

429 Joseph Geiger, Hellenism in the East. Studies on Greek Intellectuals in Palestine *(Marcus Sigismund)*

433 Martin Jehne und Christoph Lundgreen (Hrsg.), Gemeinsinn und Gemeinwohl in der römischen Antike *(Jan Timmer)*

434 Darja Sterbenc Erker, Religiöse Rollen römischer Frauen in ›griechischen‹ Ritualen *(Marja-Leena Hänninen)*

436 Ralf von den Hoff, Wilfried Stroh und Martin Zimmermann, Divus Augustus. Der erste römische Kaiser und seine Welt *(Michael Squire)*

439 Johanna Leithoff, Macht der Vergangenheit. Zur Erringung, Verstetigung und Ausgestaltung des Principats unter Vespasian, Titus und Domitian *(Oliver Schipp)*

440 Karl-Josef Gilles, Der römische Goldmünzenschatz aus der Feldstraße in Trier *(Aleksander Bursche)*

444 Michael Geiger, Gallienus *(Ulrich Lambrecht)*

446 Klaus Altmayer, Die Herrschaft des Carus, Carinus und Numerianus als Vorläufer der Tetrarchie *(Matthäus Heil)*

Spätantike, frühes Mittelalter und Mittelalter

451 Markus Sanke, Die Gräber geistlicher Eliten in Europa von der Spätantike bis zur Neuzeit. Archäologische Studien zur materiellen Reflexion von Jenseitsvorstellungen und ihrem Wandel *(Matthias Untermann)*

453 Josef Engemann, Römische Kunst in Spätantike und frühem Christentum bis Justinian *(Sebastian Ristow)*

455 Johannes Lipps, Carlos Machado und Philipp von Rummel (Hrsg.), The Sack of Rome in 410 AD. The Event, its Context and its Impact. Proceedings of the Conference held at the German Archeological Institute at Rome, 4–6 November 2010 *(Dariusz Brodka)*

457 Peter Ettel und Lukas Werther (Hrsg.), Zentrale Orte und zentrale Räume des Frühmittelalters in Süddeutschland *(Marcel El-Kassem)*

461 Ole Harck, Archäologische Studien zum Judentum in der europäischen Antike und dem zentraleuropäischen Mittelalter *(Catherine Hezser)*

463 Alexandra Pesch und Ruth Blankenfeldt (Hrsg.), Goldsmith Mysteries. Archaeological, pictorial and documentary evidence from the 1st Millennium AD in Northern Europe *(Natascha Sojc)*

465 Andreas Rau, Nydam Mose. Die personengebundenen Gegenstände. Grabungen 1989–1999. (I) Text. (II) Listen, Katalog, Literatur, Konkordanz, Tafeln, Pläne *(Heidi Peter-Röcher)*

467 Andreas Rau (Hrsg.), Nydam Mose. Die Schiffe. (III) Katalog. Konkordanz. Tafeln. Pläne. (IV) Beiträge zu Form, Technik und Historie *(Marcus Heinrich Hermanns)*

470 Otto Dickau und Christoph Eger (Hrsg.), Emscher. Beiträge zur Archäologie einer Flusslandschaft im Ruhrgebiet. Tagung auf Burg Vondern, Oberhausen, 28.–29. September 2012 *(Henriette Brink-Kloke)*

Nachleben

473 Nadja J. Koch, Paradeigma. Die antike Kunstschriftstellerei als Grundlage der frühneuzeitlichen Kunsttheorie *(Thomas Manetsch)*

475 Martin Disselkamp, »Nichts ist, Rom, dir gleich«. Topographien und Gegenbilder aus dem mittelalterlichen und frühneuzeitlichen Europa *(Ingo Herklotz)*

479 Sascha Kansteiner (Hrsg.), Ergänzungsprozesse. Transformation antiker Skulptur durch Restaurierung *(Caterina Maderna)*

483 Adolf H. Borbein, Thomas W. Gaethgens, Johannes Irmscher (†) und Max Kunze (Hrsg.), Johann Joachim Winckelmann, Geschichte der Kunst des Alterthums. Erste Auflage Dresden 1764. Zweite Auflage Wien 1776. Johann Joachim Winckelmann, Schriften und Nachlaß, Band IV 5: Statuenbeschreibungen, Materialien zur Geschichte der Kunst des Altertums, Rezensionen *(Almut Hüfler)*

486 Charlotte Schreiter, Antike um jeden Preis. Gipsabgüsse und Kopien antiker Plastik am Ende des 18. Jahrhunderts *(Rune Frederiksen)*

489 Anastasia Bukina, Anna Petrakova und Catherine Phillips, Greek Vases in the Imperial Hermitage Museum. The History of the Collection 1816–1869 *(Othmar Jäggi)*

492 Wolf-Dieter Heilmeyer, Erst erfreuen, dann belehren. Museologie und Archäologie *(Ruurd Binnert Halbertsma)*

Anhang

495 Akürzungen

Aufsätze

Hans-Eckart Joachim

Der Kunsthistoriker Franz Rademacher

am Rheinischen Landesmuseum Bonn von 1935 bis 1959

Anlässlich seines achtzigsten Geburtstages am 15. Januar 1979 wurden mit Recht die wissenschaftlichen Leistungen von Franz Rademacher hervorgehoben, der bis zu diesem Zeitpunkt, wenn wir die Rezensionen weglassen, über sechzig Publikationen verfasst hatte[1], darunter sechs Monografien. Sie behandeln vor allem Themen des mittelalterlichen Kunstgewerbes und sind überwiegend während seiner Tätigkeit am Rheinischen Landesmuseum Bonn von 1935 bis 1959 erschienen[2]. Er besaß Geschick bei den innovativen Neuaufstellungen der ständigen Kunstbereiche in den Jahren 1935/36 und 1952. Zu seinem Wirken sagte man allgemein, es seien damals »Spitzen internationaler Kunst ihrer Zeit« ins Bonner Haus als glückliche Erwerbungen gelangt, und zwar »bedingt durch fundierte wissenschaftliche Kenntnisse, Erfahrungen um das Geschehen auf dem Kunstmarkt«[3].

Mit dieser Bemerkung aber wird Rademacher in den letzten Jahren ausschließlich in Verbindung gebracht, da er von November 1940 bis August 1944 maßgeblich an der damals als »Rückführung vornehmlich in napoleonischer Zeit geraubter Kunstschätze« bezeichneten Deportation von Werken vor allem aus Frankreich beteiligt war[4].

---

[1] C. B. Rüger, Das Rhein. Landesmus. Bonn 1979, H. 3, 48.

[2] Monografien: Die deutschen Gläser des Mittelalters (Berlin 1933); Fränkische Goldscheibenfibeln aus dem Rheinischen Landesmuseum Bonn (München 1940); Verzeichnis der Gemälde (Köln/Graz 1959); Der thronende Christus der Chorschranken aus Gustorf. Eine ikonographische Untersuchung (Köln/Graz 1964); Die Regina Angelorum in der Kunst des frühen Mittelalters (Düsseldorf 1972); Die Gustorfer Chorschranken. Das Hauptwerk der romanischen Kölner Plastik (Bonn 1975). – Aufsätze u. a.: Die ottonische Keramik. Cicerone 17, 1925, 165–180; Gotische Gläser in den Rheinlanden. Wallraf-Richartz-Jahrb. 3/4, 1926/1927, 90–112; Fränkischer Schmuck. Neue Funde in Köln. Pantheon 5, 1930, 83–87; Die ›Schöne Madonna‹ im Bonner Landesmuseum. Ebd. 17, 1936, 14–17; Neuerwerbungen von fränkischem Schmuck im Bonner Landesmuseum. Ebd. 126–131; Der Trierer Egbertschrein. Seine Beziehungen zur fränkisch-karolingischen Goldschmiedekunst. Trierer Zeitschr. 11, 1936, 144–166; Das Croy-Epitaph des Kölner Domes und ein Brüsseler Schnitzaltar. Pantheon 23, 1939, 81–88; Fränkische Gläser aus dem Rheinland. Bonner Jahrb. 147, 1942, 285–344; Ein spätfränkischer Friedhof bei der Martinskapelle in Boppard. Ebd. 148, 1948, 299–306.

[3] Rüger (Anm. 1); dazu auch M. Goering, Neuerwerbungen niederländischer Gemälde des 17. Jahrhunderts im Bonner Landesmuseum. Pantheon 22, 1938, 237–247. Rademacher vermerkt nicht ohne Stolz am 25. November 1941 in einem Schreiben an den Oberpräsidenten der Rheinprovinz in Düsseldorf: »Die Gemäldegalerie aber wurde unter Ausrichtung auf die Aufgaben einer Landessammlung – mit Einschluß der Niederlande – vollkommen neu aufgebaut. Infolge ständiger Neuerwerbungen bei jeder sich bietenden Gelegenheit wurde sie zu einem der lebendigsten Teile des Museums«, ArchLVR 53169.

[4] W. Treue, Zum nationalsozialistischen Kunstraub in Frankreich. Der ›Bargatzky-Bericht‹. Vierteljahrsh. f. Zeitgesch. 13, 1965, 285–337; Bouresh, Sammeln 61; Doll, Rhineland-Gang 53 Anm. 4; 6; Widmann, Passion 252; Schmitz, Charcharbarius 176. (Auf die letztere Publikation verwies mich freundlicherweise Dr. Heidi Gansohr-Meinel, Bonn, der ich auch den Hinweis auf Abb. 2 verdanke.)

Bevor hierzu Weiteres beschrieben wird, ist die Vita der wohl recht zwiespältigen Person Rademacher kurz darzustellen[5].

Fritz Witte, der Leiter des Kölner Schnütgen-Museums, bezeichnet ihn 1935 als »stets sehr willig, entgegenkommend und gefällig«, freundlich und gut erzogen. »Seine wissenschaftlichen Methoden« seien »vielleicht etwas unverständlich, aber durch und durch sauber und sorgfältig«; freilich: »es wurde früher einmal ungünstig über ihn gesprochen«[6].

Als Sohn des Lehrers Friedrich Rademacher und seiner Ehefrau Maria, geb. Thißen, wurde Franz Jacob Rademacher am 15. Januar 1899 in Krefeld geboren. Nach Volksschule und Höherer Schule von Ostern 1905 bis Mai 1917 bestand er das Notabitur am 15. Mai 1917 in Krefeld. Danach arbeitete Rademacher zunächst vom 4. Juni 1917 bis 15. März 1918 im landwirtschaftlichen Hilfsdienst und begann sein Hochschulstudium am 2. Mai 1918 an den Universitäten München und Bonn im Hauptfach Kunstgeschichte sowie den Nebenfächern Klassische Archäologie und Literaturgeschichte. Am 22. Februar 1922 wurde er in Bonn mit der Dissertation ›Die Kanzel in ihrer archäologischen und künstlerischen Entwicklung in Deutschland bis zum Ende der Gotik‹ mit der Benotung ›Sehr gut‹ promoviert[7].

Es folgten vom 1. April 1922 bis 1. März 1935 Beschäftigungen als wissenschaftlicher Hilfsarbeiter an Museen in Krefeld und Köln sowie beim Deutschen Verein für Kunstwissenschaft beziehungsweise der Notgemeinschaft der Deutschen Wissenschaft Berlin. Seit Mai 1933 war Rademacher NSDAP-Mitglied[8].

Eine nicht vorhersehbare Festanstellung ergab sich für ihn am Rheinischen Landesmuseum Bonn, nachdem sein dortiger Vorgänger, der Direktorialassistent Dr. Walter Bader wegen angeblicher kommunistischer Kontakte am 15. Februar 1935 von der Gestapo verhaftet wurde und trotz Freispruchs nicht auf seine Stelle zurückkehren konnte[9]. Rademacher bewarb sich bereits am 27. Februar beim Oberpräsidenten der Rheinprovinz um die Stelle und wurde am 1. April 1935 wissenschaftlicher Hilfsarbeiter am Landesmuseum. Seine Aufgabe war, die von

---

[5] ArchLVR Nr. 53169; 25607–25608.
[6] Brief an Franz Oelmann vom 12. März 1935. – Oelmann charakterisiert Rademacher am 4. Dezember 1935 in einem Schreiben an den Oberpräsidenten der Rheinprovinz Düsseldorf dahingehend, jener habe ungewöhnliches Geschick, ausgedehnte und solide Fachkenntnisse, sei unermüdlich fleißig und zeige eine große Gewandtheit »in allen Kauf- und Tauschgeschäften« [sic!], s. ArchLVR Nr. 53169.
[7] ArchLVR Nr. 53169. – Laut freundlicher Auskunft von Thomas Fuchs, Universitätsarchiv Bonn (Az. 521-0720/15), handelte es sich am 22. Februar 1922 indes um die mündliche Prüfung von Rademacher. Die schriftliche Arbeit war bereits 1921 unter Paul Clemen eingereicht worden und erschien noch im selben Jahr ohne Nennung des Doktorvaters mit der Autorenangabe »Dr. Rademacher, Krefeld« in Zeitschr. f. christl. Kunst, 34, 1921, 123–156; 171–186. Das Original dieser Dissertation ist weder im Universitätsarchiv noch in der Universitäts- und Landesbibliothek Bonn vorhanden (freundliche Mailnachricht Birgit Hoffmann-Mohamud vom 2. Oktober 2015).
[8] Entlastung Gruppe V am 18. Dezember 1949: ArchLVR Nr. 53169. Die bei M. Widmann in: J. Kunow u. a. (Hrsg.), Archäologie und Bodendenkmalpflege in der Rheinprovinz 1920–1945. Mat. Bodendenkmalpflege Rheinland 24 (Bonn 2013) 159, vermerkte NSDAP-Mitgliedschaft von Rademacher lässt sich im Bundesarchiv Berlin nicht nachweisen; Az. BArch, R1 – 2012/D-9770.
[9] Bader wurde am 1. Juli 1935 gekündigt: ArchLVR Nr. 25607. – Hierzu s. a. H. Gansohr-Meinel, Hans-Joachim Apffelstaedt und die rheinische Archäologie, in: Kunow, Rheinprovinz (vorige Anmerkung) 55 f.
[10] Am 10. Januar 1936 heiratet er standesamtlich Hildegard Chorus (geb. 25. Februar 1907).
[11] Eduard Neuffer teilt am 13. August 1951 nachträglich dem Kultusminister von Nordrhein-Westfalen mit, Rademacher habe kürzlich die Direktion des Germanischen [National-] Museums Nürnberg angeboten bekommen, aber abgelehnt, s. ArchLVR Nr. 53169.
[12] ArchLVR Nr. 25607; 53169.
[13] ArchLVR Nr. 25608; 53169; s. Anm. 2.
[14] Gansohr-Meinel, Apffelstaedt (Anm. 9) 49; 62.
[15] Bouresh, Sammeln 61; Doll, Rhineland-Gang 53 Anm. 6; Widmann, Passion 248; Schmitz, Charcharbarius 176.
[16] Bonner Jahrb. 140/141, 1936, 430; 142, 1937, 190; 143/144, 1938/1939, 329; 145, 1940, 191 f.; 146, 1941, 208; 148, 1948, 318.
[17] John, Altertumsfreunde 99 ff.; Bonner Jahrb. 143/144, 1938/1939, 329; 145, 1940, 192; 146, 1941, 208; 148, 1948, 318.
[18] Rademacher, Verzeichnis 1959 (Anm. 2) Vorwort (unpaginiert); F. Goldkuhle u. a. (Bearb.), Rheinisches Landesmuseum Bonn. Gemälde bis 1900. Kunst u. Alt. am Rhein III (Köln 1982) unpaginiert: »Über 100 überwiegend niederländische Gemälde des 17. Jahrhunderts [...] wurden hinzuerworben [...] Hier sind zum Glück die Chancen, die der Vorkriegsmarkt [sic!] bot, voll ge-

Bader verantwortete Neuaufstellung der fränkischen Altertümer sowie der Abteilung mittelalterlicher und neuerer Kunst im Hinblick auf die Neueröffnung des Museums voranzutreiben. Damit begann seine aktivste museale Tätigkeit auf allen relevanten Gebieten[10]. Am 1. April 1936 wurde er als Direktorialassistent verbeamtet, aber erst am 17. Januar 1951 Abteilungsdirektor[11]. Schließlich erhielt er am 27. April 1957 den Titel eines Landesmuseumsdirektors unter dem Direktorat von Kurt Böhner, nachdem er bereits vom 12. Dezember 1954 bis zum 16. Juni 1955 zusammen mit Rafael von Uslar die Geschäftsführung des Museums innegehabt hatte. Zuvor war er von 1939 bis 1945 für den Kunstschutz vom Kriegsdienst freigestellt und bekam kurioserweise am 30. Januar 1943 das Kriegsverdienstkreuz Zweiter Klasse verliehen[12]. In den Jahren 1938 und 1939 unternahm Rademacher Studienreisen nach Österreich, Jugoslawien, Ungarn und den Niederlanden.

Seit 1952 litt Rademacher zunehmend an nervlichen und motorischen Problemen, so dass er zum 1. Mai 1959 vorzeitig im Alter von sechzig Jahren in den Ruhestand versetzt werden musste. Danach vermochte er noch bis 1975 wichtige Monografien zur frühmittelalterlichen Kunst zu verfassen, bis er im hohen Alter von achtundachtzig Jahren am 6. Dezember 1987 in Bonn verstarb[13]. In seinen vierundzwanzig Dienstjahren hat Rademacher zweifellos einen nicht unerheblichen Einfluss auf die Geschicke des Museums gehabt.

Abb. 1 Franz Rademacher in den fünfziger Jahren, Passbild auf dem Personalbogen.

Spätestens seit November 1940 war Rademacher ständiger fachlicher Berater beziehungsweise Begleiter und Stellvertreter von Dr. Hans-Joachim Apffelstaedt (1902–1944), dem ›Leiter der Abteilung Kultur- und Denkmalpflege der Provinzialverwaltung der Rheinprovinz‹. Der promovierte Kunsthistoriker und Archäologe war seit 1927 Mitglied der NSDAP und der SA[14]. Zusammen mit ihm war Rademacher an der als Rückführung von Kulturgütern deklarierten Verbringung von Werken und an sogenannten Kriegserwerbungen maßgeblich beteiligt[15]. Dies wurde vom Landesmuseumsdirektor Franz Oelmann (1883–1963) weder in den betreffenden Jahren seit Neueröffnung der Gemäldegalerie (24. März 1935) – gewiss politisch opportun – noch in der Nachkriegszeit für die Jahre 1941 bis 1945 deutlich ausgesprochen[16]. Vielmehr wird die »bedeutende Vermehrung« der mittelalterlichen und neueren Kunst »durch Tausch, Ankäufe und Zuwendungen ungenannter Gönner« hervorgehoben beziehungsweise »eine ungewöhnliche Fülle von Zugängen durch Ankauf hauptsächlich im ausländischen Kunsthandel« mit Hilfe der »unschätzbare[n] Hilfe« der Gesellschaft der Freunde und Förderer des Rheinischen Landesmuseums in Bonn gelobt, dem zwangsweise gleichgeschalteten und am 3. Dezember 1936 umbenannten Verein von Altertumsfreunden im Rheinlande[17]. Tendenziell gleiche Aussagen finden sich sowohl noch in dem von Rademacher 1959 veröffentlichten ›Verzeichnis der Gemälde‹ und sogar noch 1982 im Katalog der bis 1900 entstandenen Gemälde[18].

In Wirklichkeit bereisten der schnell agierende und findige Händler Apffelstaedt ebenso wie der Kustos Rademacher und der Düsseldorfer Kunsthändler Hans Bammann[19] seit dem 15. November 1940 nahezu monatlich Museen, bekannte Kunst- und erreichbare Privatsammlungen in Paris, Amsterdam und Brüssel[20]. In erster Linie galt ihr Interesse dem Erwerb rheinischer, niederländischer und flämischer Malerei, Kunstwerke, die vor allem durch Kunstraub-

nutzt worden«. – Die von Hugo Borger, in Bouresh, Neuordnung S. X, geäußerte Meinung, dass »grundsätzlich gerade in kritischer Zeit (1933–1945) der wissenschaftliche Fachverstand, oft im Handeln gegen Verwaltungsabsichten, dem Museum seine Würde und sein Ansehen nicht nur bewahrt, sondern gesteigert hat«, entspricht dieser berufsethischen Argumentation; so weiterhin bei W. F. Werner, Der Provinzialverband der Rheinprovinz, seine Kulturarbeit und die ›Westforschung‹. In B. Dietz u. a. (Hrsg.), Griff nach dem Westen. Die ›Westforschung‹ der völkisch-nationalen Wissenschaften zum nordwesteuropäischen Raum (1919–1960). Stud. z. Gesch. u. Kultur Nordwesteuropas 6 (Münster u. a. 2003) 761.

[19] Sie werden in den Akten des Office of Military Government for Germany (OMGUS), der amerikanischen Militärverwaltung für Deutschland, sogar als ›Rhineland-Gang‹ bezeichnet, was freilich auf Englisch weniger pejorativ klingt als auf Deutsch: Doll, Rhineland-Gang 53; Bouresh, Kunsterwerbungen 41 ff.; H. Feliciano, Das verlorene Museum. Vom Kunstraub der Nazis (Berlin 1998) 27 mit fehlerhaften Benennungen.

[20] Genauere Angaben bei Schmitz, Charcharbarius 175: Danach fanden bis 1944 insgesamt achtunddreißig Reisen statt, und zwar seit 1940 sechsundzwanzig nach Paris und acht nach Amsterdam sowie seit 1942 vier nach Brüssel. – ArchLVR Nr. 11412; 11414.

[21] Bouresh, Sammeln 60–74; Doll, Rhineland-Gang 55; Widmann, Passion 255.

[22] S. Rudolph, Restitution von Kunstwerken aus jüdischem Besitz (Berlin 2007) 50–54. – Außerdem s. Treue, Kunstraub. Über die Schicksale von Kunstwerken in Krieg, Revolution und Frieden (Düsseldorf 1957) bes. 313–335; H. Brenner, Die Kunstpolitik des Nationalsozialismus (Hamburg 1963) 142 ff.; L. H. Nicholas, Der Raub der Europa. Das Schicksal europäischer Kunstwerke im Dritten Reich (München 1995) 157–246; Feliciano, Museum (Anm. 19) 123–151, bes. 127 f.; J. Petropoulos, Kunstraub und Sammelwahn. Kunst und Politik im Dritten Reich (Berlin 1999) 164–179; G. Aalders, Geraubt! Die Enteignung jüdischen Besitzes im zweiten Weltkrieg (Köln 2000) 85–94; A. Heuss, Kunst- und Kulturgutraub. Eine vergleichende Studie zur Besatzungspolitik der Nationalsozialisten in Frankreich und der Sowjetunion (Heidelberg 2000) 95 ff. 118 ff.; H. Hartung, Kunstraub in Krieg und Verfolgung (Berlin 2005) 31 ff.; G. Haase, Kunstraub und Kunstschutz (Norderstedt 2008); F.-R. Hausmann, Die Geisteswissenschaften im ›Dritten Reich‹ (Frankfurt a. M. 2011) 303–325. – ArchLVR Nr. 11410; 11412: Brief Hermann Bunjes vom 3. November 1940 als Beauftragter für den Kunstschutz beim Militärverwaltungsbezirk Paris an Apffelstaedt: es gäbe »einen Teil der von uns bezw. vom Einsatzstab Rosenberg sichergestellten jüdischen Kunstsammlungen«.

[23] Werner, Provinzialverband (Anm. 18) 760.

[24] Namentlich sind für Paris siebenundzwanzig, für Amsterdam vier und für Brüssel zwei Einzelpersonen, Galerien und Händler genannt: ArchLVR Nr. 11414; 22790. – Widmann, Passion 255 f.; Apffelstaedt auch am 30. November 1942: Ankäufe in Frankreich und Belgien »durchgängig zu Inflationspreisen zu unseren Gunsten« (ArchLVR Nr. 11413). – Die Bibliothekarin Susanne Haendschke hat 2010 zudem eine erste Übersicht der ins Landesmuseum gelangten 231 Bände Monografien und Zeitschriften der »Geschenksammlung Thyssen« sowie der 461 Inventarposten an Büchern vorgelegt, die Eduard Neuffer für 5223 RM seit 1941 in Frankreich gekauft hat: http://www.initiativefortbildung.de/pdf/NS-Raubgut2010/Haendschke.pdf. Im selben Zusammenhang werden sechs Schenkungen an das Landesmuseum kritisch beurteilt, vgl. F. Rademacher, Eine Schenkung von Dr. Fritz Thyssen an das Bonner Landesmuseum. Kunstchronik 5, 1952, 163–168.

[25] John, Altertumsfreunde 100; Widmann, Passion 250; ArchLVR Nr. 28173.

[26] Schreiben Rademacher vom 10. April 1946 an den Oberpräsidenten, Verwaltung des Provinzialverbandes, Düsseldorf, s. ArchLVR Nr. 11414, und vom 31. August 1946 an den Oberbürgermeister der Stadt Bonn, s. ArchLVR Nr. 22790. – Die bei Bouresh, Kunsterwerbungen 47; ArchLVR Nr. 28173 genannte Zahl von 136 Kriegserwerbungen ist falsch; s. dazu auch Bouresh, Sammeln 62 mit 133 (!) »Neuerwerbungen«. – Eine Reihe der »im Landesmuseum während des Krieges im Ausland erworbenen Kunstwerke wurden, lt. Quittung an den Abt von Marienstatt, am 16./18. Mai 1947 im dortigen Kunstschutzdepot durch die französische Militärregierung übernommen [Es handelt sich um 48 Gemälde u. sechs sonstige Kunstwerke: Schreiben des Direktors Landesmuseum an den Kultusminister des Landes Nordrhein-Westfalen v. 27.1.1959: ArchLVR Nr. 22831]« (Schreiben Harald von Petrikovits an den Direktor des Landschaftsverbandes Rheinland vom 7. April 1961) und sind »den verschiedenen Ursprungsländern zurückerstattet worden« (Schreiben an das Landesmuseum von Cultural Relations Branch, Land Commissioner's Office Düsseldorf vom 24. November 1950), s. ArchLVR Nr. 20888; 20894; Bouresh, Neuordnung 121 mit Anm. 486.

[27] Bouresh, Neuordnung 158 Anm. 429; Bouresh, Sammeln 74 nennt hingegen 146 Stücke.

[28] Die Angaben bei F. Oelmann, Bonner Jahrb. 148, 1948, 314 f. sind verwirrend. – Die Auflistung vom 10. April 1946 nennt dreiundsiebzig Objekte für Marienstatt, dreiunddreißig für Marburg und vierundzwanzig für Bonn (ArchLVR Nr. 11414).

[29] Letztere Summe bezieht sich nur auf achtzig Objekte, s. nicht datierte Liste ArchLVR Nr. 20888. – Bouresh, Sammeln 61; Widmann, Passion 259 Anm. 120; ArchLVR Nr. 11414.

[30] John, Altertumsfreunde 104; Bouresh, Neuordnung 121; 123 f. 263; Widmann, Passion 250.

[31] Bouresh, Neuordnung 110 f. 130; 265–269.

organisationen in Paris angeboten wurden[21]. Denn in der Kulturmetropole Paris »befand sich ein Großteil der bedeutendsten europäischen Privatsammlungen«, und das bedeutete vor allem Kollektionen, die Juden gehörten[22]. Die Kunstwerke wurden zwar »sämtlich formal korrekt gekauft, aber doch so offensichtlich unter Ausnutzung der Besatzungssituation beschafft, daß man von einem rechtmäßigen Erwerb nicht sprechen kann«[23].

Unter Kenntnis der Kunsthändler, Einkäufer, Auktionshäuser, den einschlägigen Namen der Botschaftsangehörigen sowie von Namen im Rheinland, in Süddeutschland und Berlin und mittels NSDAP-Kontakten bis in die höchsten Stellen kauften Apffelstaedt und Rademacher zu »lächerlich niedrigen« beziehungsweise »ungewöhnlich günstigen Preisen« in Frankreich, den Niederlanden und Belgien ein[24]. Dabei kam den Abrechnungsmodalitäten sehr zugute, dass Rademacher seit 1936 als Schatzmeister das Spargiro der Gesellschaft der Freunde und Förderer bei der Städtischen Sparkasse Bonn verwaltete[25].

Abb. 2 Franz Rademacher und sein Vorgesetzter Franz Oelmann beim Ersten Deutschen Kunsthistorikertag in Brühl 1948.

Für das Jahr 1946 werden in zwei Verzeichnissen der vom Rheinischen Landesmuseum Bonn seit Ausbruch des Krieges im In- und Ausland gemachten Erwerbungen 133 Objekte genannt[26]. Diese Angabe ist nicht identisch mit den von Rademacher 1959 aufgeführten 148 Bildern, wovon 72 von 1935 bis 1945 erworben wurden[27]. Seit 1940 wurden bis 1944 tatsächlich 87 Kunstwerke, darunter auch archäologische Objekte, im Ausland gekauft. Aus Schutzgründen lagerten sie in der Kriegszeit vor allem im Kloster Marienstatt im Westerwald, in Bonn und in Marburg an der Lahn[28].

Ebenso differieren die Angaben zur Gesamtsumme aller Ankäufe aus den besetzten Gebieten: Während einerseits für die 133 Objekte insgesamt 1.640.519,41 Reichsmark an Kosten angegeben werden, kommt eine andere Aufstellung nur zu 1.126.599,00 Reichsmark[29]. Das benötigte Geld kam aus Industrie, Finanzwelt, Kunsthandel und Kirche, es floss durch Spenden und Mitgliedsbeiträge bei der Gesellschaft der Freunde und Förderer zusammen, um Kunst im In- und Ausland zu erwerben[30]. Dass der enorme Zuwachs an Gemälden bereits 1940 Apffelstaedt veranlasste, eine Erweiterung der Galerieräume auf Kosten des Hörsaals und einiger Büroräume im Rheinischen Landesmuseum Bonn vorzuschlagen, was aber Oelmann vehement zurückwies, sei nur am Rande vermerkt[31].

Ein erkennbares Unrechtsbewusstsein bezüglich der Raubkunst ist bei Rademacher nach dem Krieg nicht unbedingt erkennbar. In einem Schreiben vom 14. Dezember 1956 an das Bundesamt für Restitutionen Bad Homburg stellt er fest: »Die Landschaftsversammlung vertritt den Standpunkt, daß Maßnahmen des Museums in der angezogenen Angelegenheit nicht erforderlich sind«. Und auch auf eine dahingehende Nachfrage des Bundesamtes vom 19. Dezember, »daß das Rheinische Landesmuseum Kulturgüter usw. auf Anordnung von Dienststellen der früheren Besatzungsmächte nicht zu restituieren brauchte und restitutionspflichtige Gegenstände dieser Art auch nicht besitzt«, antwortet Rademacher recht lapidar am 8. Januar 1957: »Das Rheinische Landesmuseum hat während des Krieges wiederholt [!] im damals besetzten Ausland Kunstwerke von verschiedenen Galerien und Kunsthandlungen erworben. Diese Kunstwerke wurden nach dem Kriege aufgrund einer vom Museum aufgestellten Liste dieser Erwerbungen in Verbindung mit dem seinerzeitigen englischen Kunstschutzoffizier […] restituiert und das Landesmuseum [sieht] diese Angelegenheit damit als erledigt an«[32].

Sicher richtig wird zusammenfassend vermerkt, dass »die beschriebenen Personen wussten, was sie taten. Sie nutzten die Chancen, […] sich zu profilieren: die einen in der NS-Hierarchie, andere als Vorgesetzte und ›Macher‹ [Apffelstaedt], wieder andere als Kunsthistoriker [Rademacher]«[33].

Prof. Dr. Hans-Eckart Joachim, Vor- und Frühgeschichtliche Archäologie,
Regina-Pacis-Weg 7, 53113 Bonn, joachim-bonn@t-online.de

Bildrechte. Abb. 1 LVR - Archivberatungs- und Fortbildungszentrum Brauweiler. – Abb. 2 Nürnberg, Germanisches Nationalmuseum, Deutsches Kunstarchiv, NL Bandmann, Günter, I, B-120 (00020).

---

[32] ArchLVR Nr. 20888, dazu auch Anm. 26 und Bouresh, Neuordnung 62. – Eine ähnliche Haltung zeigt Rademacher bereits in Zusammenhang mit der Rückführung von Kriegserwerbungen des Landesmuseums Bonn vom Sammeldepot von Kunstwerken auf Schloss Dyck am 24. Februar 1948. Unter Verweis auf diesen Vorgang schreibt er am 1. März 1948 an den Kultusminister des Landes Nordrhein-Westfalen u. a.: »Ich bitte, durch Rückfrage bei der englischen Militärregierung, Abt. Fine Arts, festzustellen, ob die Kunstwerke nach Frankreich verbracht werden oder in ein französisches Zentraldepot nach Baden-Baden. Juristisch scheint mir dies von entscheidender Bedeutung zu sein, schon mit Rücksicht auf die Frage der Weiterführung der Versicherung für diese Kunstwerke. Sollten die in Frage stehenden Auslandserwerbungen wirklich nach Frankreich gebracht werden, so bitte ich, zu prüfen, ob nicht ein vorsorglicher Einspruch der Rechtsabteilung angebracht erscheint […] Ein Einspruch [sei] angebracht, wenn feststehe, daß Auslandserwerbungen des Landesmuseums deutschen Boden verlassen hätten. Es handelte sich damals um die im Kloster Marienstatt untergebrachten Auslandserwerbungen, die von den Franzosen mit unbekanntem Ziel abtransportiert worden waren […] Auch bezüglich dieser Kunstwerke ist bisher eine Klärung, wohin sie gebracht worden sind, nicht erfolgt.« (ArchLVR 20891).

[33] Widmann, Passion 281.

Abkürzungen

ArchLVR	LVR - Archivberatungs- und Fortbildungszentrum Pulheim-Brauweiler.
Bouresh, Kunsterwerbungen	B. Bouresh, Kunsterwerbungen im Rahmen der Neuordnung des Rheinischen Landesmuseums Bonn 1939–1945. Eine Fallstudie. In: U. Häder (Bearb.), Museen im Zwielicht (Magdeburg 2002) 41–52.
Bouresh, Neuordnung	B. Bouresh, Die Neuordnung des Rheinischen Landesmuseums Bonn 1930-1939. Kunst u. Alt. am Rhein 141 (Köln 1996).
Bouresh, Sammeln	B. Bouresh, Sammeln Sie also kräftig. ›Kunstrückführung‹ ins Reich im Auftrag der Rheinischen Provinzialverwaltung 1940–1945. In: B. Brock / A. Preiß (Hrsg.), Kunst auf Befehl? Dreiunddreißig bis Fünfundvierzig (München 1990) 59–75.
Doll, Rhineland-Gang	N. Doll, Die ›Rhineland-Gang‹. Ein Netzwerk kunsthistorischer Forschung im Kontext des Kunst- und Kulturgutraubes in Westeuropa. In: U. Häder (Bearb.), Museen im Zwielicht (Magdeburg 2002) 53–80.
John, Altertumsfreunde	G. John, 150 Jahre Verein von Altertumsfreunden im Rheinlande. Kunst u. Alt. am Rhein 135 (Köln 1991).
Schmitz, Charcharbarius	W. Schmitz, Charcharbarius, Axpara und Papst Cyriacus. Ein mittelalterliches Archiv antiker Märtyrer im Benediktinerkloster Köln-Deutz. In: A. Steiner-Weber u. a. (Hrsg.), Bilder der Antike. Super alta perennis. St. Wirkung klass. Antike 1 (Bonn 2007) 175–198.
Widmann, Passion	M. Widmann, Passion und Pathologie des Sammelns. Bonner Jahrb. 205, 2005, 243–282.

Resümee. Franz Rademachers (1899–1987) auf gediegener wissenschaftlicher Ausbildung fußende Leistungen zeigen seine 1925 bis 1975 entstandenen forschungsrelevanten Arbeiten, vor allem über das mittelalterliche Kunstgewerbe. Seit 1933 verschrieb sich Rademacher der nationalsozialistischen Ideologie und verstand es, seine Fähigkeiten von 1935 an am Rheinischen Landesmuseum Bonn für die eigene Karriere einzubringen. Dies gilt insbesondere für seine von 1940 bis 1944 getätigten Kunsterwerbungen, die er in enger Zusammenarbeit mit dem Leiter der Kulturabteilung der Rheinprovinz, dem NS-Mann Hans-Joachim Apffelstaedt durchführte. Die entsprechenden Geschäfte wurden vor allem in Paris abgewickelt, und ihre Früchte sind als Raub- und Beutekunst der Nazizeit anzusehen. In der Nachkriegszeit fehlt Rademacher weitgehend ein diesbezügliches Unrechtsbewusstsein, womit er keine Ausnahme im Bereich der kulturwissenschaftlichen Fächer darstellt. Die Beurteilung seiner Persönlichkeit bleibt zwiespältig.

Summary. Franz Rademacher's (1899–1987) research papers, written between 1925 and 1975, mostly on the applied arts of the Middle Ages, furnish evidence of his solid scientific education. From 1933 on Rademacher committed himself to the National Socialist ideology and from 1935 on made excellent use of his abilities in advancing his career in the Rheinisches

Landesmuseum Bonn. He was especially effective in the acquisition of works of art during the war-period from 1940 to 1944, which he performed in close collaboration with Hans-Joachim Apffelstaedt, then the Nazi head of the Cultural Department of the Rhine province. Their transactions were mostly executed in Paris, and the relative bargains must be seen as Nazi loot. In the postwar period, Rademacher lacked the sense of right or wrong in this regard, and he was no exception in the realm of cultural sciences. He will further be judged as a conflicting personality.

Résumé. Les travaux de recherche de Franz Rademacher (1899–1987), élaborés de 1925 à 1975 et portant sur l'art décoratif médiéval principalement, montrent ses compétences basées sur une formation scientifique solide. Depuis 1933 cependant, Rademacher devint adepte de l'idéologie nationale-socialiste et il sut à partir de 1935 utiliser ses capacités au Rheinisches Landesmuseum de Bonn au bénéfice de sa propre carrière. Cela vaut plus particulièrement pour ses acquisitions artistiques réalisées de 1940 à 1944, qu'il effectua en étroite collaboration avec le directeur du département culturel de la province du Rhin, le national-socialiste Hans-Joachim Apffelstaedt. Les affaires correspondantes se déroulèrent avant tout à Paris, et leurs fruits doivent être considérés comme des œuvres d'art saisies et confisquées sous le Troisième Reich. Dans l'après-guerre, la conscience de l'illicéité à ce sujet lui fait défaut, moyennant quoi il ne représente aucunement une exception dans la sphère des disciplines humaines et sociales. Le jugement porté sur sa personnalité demeure mitigé.

Birgit Gehlen, Renate Gerlach, Sarah Pinell und Kai B. Vogl

Die Prospektion des steinzeitlichen Fundplatzes auf der Flur Ginsterfeld in Overath

Vor der Einrichtung eines neuen Gewerbegebietes auf der Flur Ginsterfeld in Overath wurde 2014 eine Prospektion durchgeführt[1]. Das archäologisch kaum erforschte Areal westlich der bekannten steinzeitlichen Fundstellen ›Rottstück‹ und ›In der Gewanne‹[2] wurde auf mesolithische Besiedlungsspuren abgesucht.

In den neunziger Jahren des vergangenen Jahrhunderts wurden von Klaus Laabs auf dem Gelände dreiundsiebzig neolithische und mesolithische Steinartefakte aufgelesen und der Außenstelle Overath gemeldet. Die Funde lagen über den gesamten Acker zwischen Straßen und Wäldchen verstreut (Abb. 2). Laabs konnte damals keine Fundkonzentrationen erkennen. Diese Lesefunde waren ausschlaggebend für die hier beschriebene Untersuchung. Ziel der Geländearbeit war es festzustellen, ob durch weitere Funde Siedlungsareale aus der Mittel- und Jungsteinzeit erkennbar und daher Grabungen im Vorfeld der geplanten Baumaßnahmen notwendig waren. (B. G.)

Prospektionsmethoden und generelle Fundverteilung

Die im Gelände angetroffenen Funde wurden mit nummerierten Fähnchen markiert und mit dem GPS-Gerät eingemessen.

Zunächst wurden diverse Bohrungen mit dem Pürckhauer-Bohrstock von zwei Zentimetern Durchmesser, mit einem Zaunpfahlsetzer von fünfundzwanzig Zentimetern Stärke sowie einem Bohrrohr von zehn Zentimetern Dicke bis in eine Tiefe von maximal 120 Zentimeter (Pürckhauer) durchgeführt. Die Bohrungen wurden im Umfeld eines Mikrolithen und weiterer Silexfunde angesetzt.

In der Folge wurden vier weitere Pürckhauer-Bohrungen niedergebracht[3] (zu den Positionen siehe Abb. 2). Dies erlaubt einen Einblick in den oberflächennahen Sedimentaufbau. Der Kalkgehalt entspricht durchgehend H2–H3, Bohrungen 1 und 2 erfolgten auf 162 Meter ü. NN, Bohrungen 2 und 3 auf 163 Meter ü. NN.

Dieser Beitrag entstand unter Mitarbeit von Gero Heinze (Overath) und Reiner Lubberich (Bonn) sowie Christian Matzke, Anna Lena Möller, Janet Rethemeyer und Ursula Tegtmeier (Köln). Für die kritische Durchsicht des Textes danken wir Ingrid E. Koch und Daniel Schyle (Köln) sowie Werner Schön (Kerpen-Loogh).

[1] Zusammenarbeit des LVR - Amtes für Bodendenkmalpflege im Rheinland, Außenstelle Overath, und dem Mesolithikumprojekt D4 im Sonderforschungsbereich 806 ›Our Way to Europe‹ an der Universität zu Köln http://www.sfb806.uni-koeln.de/index.php/projects/cluster-d/d4. – Die Maßnahme mit der Aktivitätsbezeichnung OV 2014/23 vom 31. März bis 10. April wurde durch den Leiter der Außendienststelle des ABR Erich Claßen initiiert und vorbereitet sowie von der Stadtentwicklungsgesellschaft Overath finanziell unterstützt. Die Leitung im Gelände hatte Birgit Gehlen. An der Begehung teilgenommen haben im Rahmen einer Übung Studierende der Universität zu Köln (Christian Matzke, Anna Lena Möller, Sarah Pinell, Kai Vogl) sowie private Sammler und ehrenamtliche Mitarbeiter der Außenstelle (Joseph Halm, Gero Heinze, Manfred Bundschuh).

[2] Vgl. S. Eickhoff, Bonner Jahrb. 192, 1992, 275-298.

[3] Leitung Renate Gerlach, 7. April 2014.

Bohrung 1, in verziegeltem Befund. – (a) Ap-Horizont bis 40 cm, feinsandig-toniger Schluff, Munsell 10 YR 4.2–4.3. – (b) FAP- und Bt(?)-Horizont bis 47 cm, feinsandig, stärker toniger Schluff; Befund rot verziegelter Lehm, Munsell 10 YR 4.3. – (c) Bt(?)-Horizont bis 74 cm, feinsandig, stärker toniger Schluff; Befund rot verziegelter Lehm (oxidiert) mit schwarzen Flecken (reduziert), Munsell 10 YR 5.4–4.4. – (d) Verwitterter BV-Horizont bis 80 cm, feinsandiger Schluff, weniger tonig; Befund rot verziegelter Lehm mit schwarzen Flecken, Munsell 10 YR 4.3. – (e) Bis 100 cm stark feinsandig, 10 YR 4.4–5.4.

Bohrung 2, südlich des Mikrolithfundes. – (a) Ap-Horizont bis 25 cm, feinsandig-toniger Schluff, Munsell 10 YR 4.2–4.3, teilweise 4.4. – (b) Stark toniger, sandiger Schluff mit hellgrauen und rostfarbenen Flecken; Haftnässe, Munsell 10 YR 4.4–4.6, (ba) Übergang zum Bt-Horizont bis 80 cm, (bb) Pseudogley sowie mit Ton angereicherte Parabraunerde, Staunässe bis 105 cm. Bis 120 cm Kernverlust.

Bohrung 3, in einem Siefen bzw. einer Quellrinne. – Durchgehend feinsandiger, schwach toniger Schluff, schwach humos. – (a) Ap-Horizont und Kolluvium bis 40 cm, Munsell 10 YR 4.2. – (b) Kolluvium bis 120 cm, Munsell 10 YR 4.3.

Bohrung 4, an einer Stelle mit oberflächlich gelblichem Lehm. – (a) Ap-Horizont bis 40 cm, stark toniger, feinsandiger Schluff, Munsell 10 YR 4.2–4.3. – (b) Bt-Horizont bis 85 cm, Sedimentart und Farbe wie (a), nach unten zunehmend braune Oxidationsflecken. – (c) CV-Horizont bis 100 cm, schwach toniger Schluff mit Übergang zum Löss, Munsell 10 YR 7.4.

Aus den dreizehn lokalen Bohrsondagen im Bereich einiger Silexfunde (Abb. 2) mit dem Zaunpfahlsetzer und dem Bohrrohr, die bis in eine Tiefe von bis zu sechzig Zentimeter reichten, wurde das Sediment auf Funde hin untersucht und dann in der Außenstelle geschlämmt. Es wurden nur zwei Silexartefakte aus diesen Kleinsondagen geborgen. Sie stammen beide aus dem Ap-Horizont, und zwar dem Bereich maximal fünfundzwanzig Zentimeter unter Geländeoberfläche. Ansonsten wurden in diesen Bohrungen nur einmal Holzkohle, vereinzelt Schlacke und einmal eine kleine neuzeitliche Keramikscherbe angetroffen. Aus dem noch tieferen Bereich stammen keine Funde.

Abbildung 2 zeigt sämtliche 488 einzeln eingemessenen Fundstellen. Solche mit möglicherweise oder sicher steinzeitlichem Material sind farbig markiert. Prähistorische, römische oder frühmittelalterliche Keramikscherben sind weiß dargestellt. Die schwarzen Punkte stehen für sonstiges Material, also mittelalterliche bis neuzeitliche Keramik sowie moderne Tonwaren oder Porzellan, für Schlacke, für Geröllstücke ohne Gebrauchsspuren und für Steine, die nicht sicher Artefakte sind. Die Begehungen wurden im Bereich zwischen den beiden Straßen und dem Nordende des Wäldchens intensiv durchgeführt, während weiter westlich und südlich nur sporadisch gesucht wurde.

Die Verteilung der Funde lässt unterscheidbare Bereiche erkennen, aber auch diverse Areale ohne Artefakte sind sichtbar. Projiziert man die Fundstellen auf eine Satellitenaufnahme, so erkennt man einerseits helle Sedimentbereiche, die weitgehend fundleer sind, und andererseits dunkle Flächen mit Fundkonzentrationen. Vermutlich geht diese Verteilung auf Erosions- und Akkumulationsvorgänge zurück. Wahrscheinlich ist dafür die Geländeneigung von etwa zwei Metern zwischen dem straßennahen Bereich im Norden und dem Wäldchen im Süden verantwortlich.

Mit großer Vorsicht postulieren wir trotzdem ein Areal mit mesolithischer Nutzung im südlichen Bereich der Prospektionsfläche. Die eindeutig neolithischen Funde liegen im Gegensatz dazu an der Peripherie des Hauptfundgebietes. In der westlich und nordwestlich des Wäldchens gelegenen, wenig begangenen Zone scheint ein weiteres steinzeitliches Areal zu liegen. (B. G., S. P., K. V.)

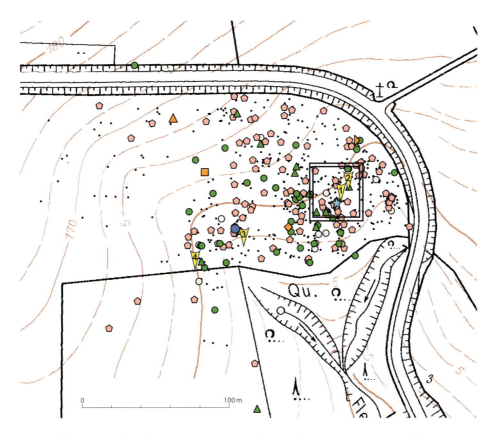

Abb. 1 (gegenüber) Fragment eines latènezeitlichen Glasarmringes mit sieben Wülsten.

Abb. 2 (oben) Bohrungen, Funde und Befunde. Maßstab 1:2500.
(gelber Pfeil 1–4) Pürckhauerbohrung; (schwarz umrahmtes Rechteck) der Bereich
mit den dreizehn lokalen Bohrsondagen.
(grünes Dreieck) Mesolithisches Steinartefakt; (hellrotes Fünfeck) Gerät oder Objekt mit Gebrauchsspuren aus Felsgestein; (grün gefüllter Kreis) geschlagenes Steinartefakt, steinzeitlich; (grau gefüllter Kreis) prähistorische bis frühmittelalterliche Keramikscherben; (blau gefüllter Kreis) Fragment eines eisenzeitlichen Glasarmrings; (hellblauer Stern) Feuerstelle; (schwarzer Punkt) sonstiger Fund. – In Orange neolithische Steingeräte: (gleichseitiges Dreieck) Pfeilspitze; (Quadrat) Fragment von Feuersteinbeil; (Raute) Läuferfragment aus Sandstein; (stumpfwinkliges Dreieck) kantenretuschiertes Klingenfragment aus Feuerstein vom Typus Rijckholt.

Geologisch-bodenkundliche Gesamtsituation

Der Fundplatz liegt auf einer stark reliefierten Hochfläche über der Agger zwischen zwei Bächen, die annähernd ostwestlich auf das Flusstal zufließen (Abb. 3 bis 5).

Geologisch wird die Umgebung aus den unterdevonischen Emsschichten aufgebaut, die hier aus der ›Sandsteinfolge‹ bestehen. Es handelt sich um überwiegend kieselig gebundenen, hellgrau bis graugrünen bankig-plattigen Sandstein, der mehr oder weniger schluffig, tonig oder sandig ausfällt. Dazwischen liegen gröbere Grauwacken- und Tonschieferlagen. Sandstein und Quarzit dürften (in ihrer abgerollten Variante) das ubiquitär verbreitete Ausgangsmaterial für die Felsgesteingeräte wie Schleifwerkzeuge, Retuscheure und Schlagsteine sein (s. u.).

Über diesen alten Festgesteinen liegen auf der Hochfläche und am Hang partiell jüngere Ablagerungen: zum einen Lössinseln, die auf der Geologischen Karte nur kartiert werden, wenn der Löss mindestens zwei Meter mächtig erhalten ist; zum anderen Reste von Flussterrassenkies aus der Hauptterrassen- und Mittelterrassenzeit. Dieser ältere Terrassenkies besteht

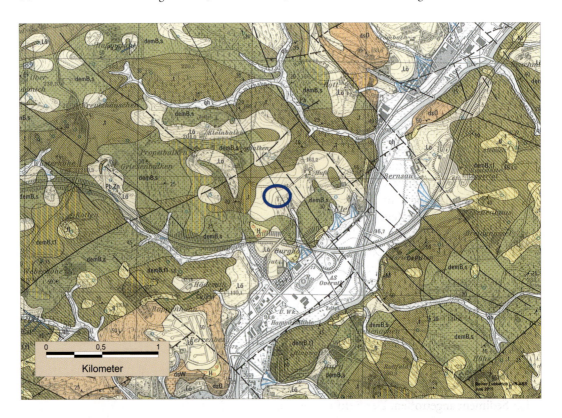

Abb. 3 (ganz oben) Ausschnitt aus der Geologischen Karte 1:25.000, Blatt 5009 Overath. (graugrün) Unterdevon Ems; (hellbeige) Löss; (gelb mit roten Kreisen) Flussterrassenkies, (H) Hauptterrasse.
Abb. 4 (oben) Ausschnitt aus der digitalen Bodenkarte 1:50.000, Blatt L 5108 Köln-Mülheim. (braun) Parabraunerde.

aus nur schlecht gerundeten Geröllstücken von Sandstein und Quarzit mit wenig Quarz, gebildet aus unterdevonischen Gesteinen. Im Aggertal selbst, aber auch in den Tälern der Seitenbäche, liegt letztglazialer Niederterrassenkies. Dieser besteht aus gut gerundeten faustgroßen oder länglich gestreckten abgerundeten Sandsteinbrocken aus dem lokal anstehenden Material. Im Mesolithikum wird dieser Niederterrassenkies aufgrund der noch lückigen Auenlehmdecke besser zugänglich gewesen sein als heute. Es dürften diese Flussgeröllstücke sein, aus denen der Hauptteil der auf dem Fundplatz vorhandenen Felsgesteingeräte besteht.

Auf den oberflächennah zu tonig-schluffigem Lockermaterial verwitterten Festgestein, welches zumeist noch von einer dünnen Lössschicht bedeckt ist, haben sich als Böden in erster Linie Parabraunerden entwickelt, die freilich heute schon deutlich erodiert sind. In den eigenen Bohrungen lag die Unterkante des für Parabraunerden charakteristischen Bt-Horizontes bei etwa fünfundachtzig Zentimetern unter der Oberfläche (s. o.).

Aufgrund der schluffigen Oberböden und der starken Reliefierung ist die Oberfläche erosionsgefährdet. Da im Bereich des Fundplatzes seit langem gepflügt wird, dürfte die Verwitterung erheblich sein. Das mindert einerseits stark die Befunderhaltung, führt aber andererseits zu einer Anreicherung der Artefakte im Bereich des feinen, schluffreichen Oberbodens, da sie bei dessen flächiger Abspülung liegen bleiben (Kondensatfundplatz). (R. G.)

Die vermutlich neuzeitliche Feuerstelle

Bei den Bohrsondagen wurde im östlichen Bereich der Hauptverteilung der geschlagenen Steinartefakte unter dem Ap-Horizont ab fünfundzwanzig Zentimetern Tiefe ein rötlichorange verziegeltes Sediment angetroffen. Der Befund ließ sich auf vier Quadratmeter in der Fläche eingrenzen

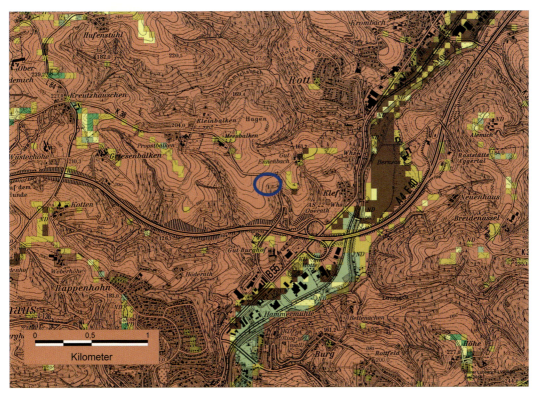

Abb. 5 Ausschnitt aus der digitalen Karte der Erosions- und Verschlämmungsgefährdung der Böden in Nordrhein-Westfalen. (rot) sehr stark erosionsgefährdet.

und bis achtzig Zentimeter Tiefe (s. o., Bohrung 1) verfolgen. Das geborgene Sediment enthielt zwar keine Artefakte, aber kleine Holzkohlestückchen aus Laubholz[4]. Da die Poren mit feinem Sediment gefüllt waren, das die Holzstruktur förmlich gesprengt hatte, ließ sich die Pflanzenart meist nicht bestimmen. Aus dem Ap-Bereich stammt ein einziges Stück Kohle, und zwar von Buchenholz. In den tieferen Bereichen des Befundes waren dagegen ausschließlich unbestimmbare Kohlestückchen vorhanden. Eine Probe davon erwies sich als neuzeitlich[5]. Da die Feuerstelle nur durch Bohrungen erfasst wurde, kann ihre Größe und Form nicht beurteilt werden. Auch die Entstehung ist unklar.

(B. G.)

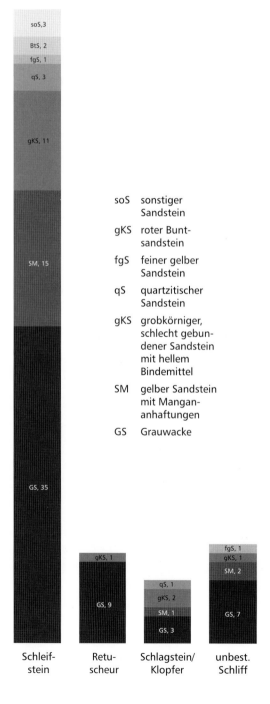

Nachsteinzeitliche Funde

Die Prospektionsmaßnahme war auf die Entdeckung mesolithischer Funde ausgerichtet. Daher wird hier auf Objekte, die nicht aus der Steinzeit stammen, nicht näher eingegangen, etwa auf das Fragment des eisenzeitlichen Glasarmringes (Abb. 1).

Steinzeitliche Geräte aus Felsgestein und ihre Verteilungen

Zu den steinzeitlichen Funden rechnen wir die 114 Stücke aus Felsgestein mit Gebrauchsspuren und zwei mit Feuerspuren – auch wenn die zeitliche Einordnung nicht sicher ist. Allerdings gibt es zu solchen Objekten, die sich durch Schliff, Retuschiernarben, Schlagmarken, Pickspuren, Riefen, Rillen und Abschlagnegative Artefakte zu erkennen geben, Parallelen in vielen neolithischen und einigen mesolithischen Inventaren[6]. Bei den meisten Stücken vom Ginsterfeld handelt es sich um Steine oder Geröllfragmente aus Grauwacke. Deutlich seltener wurden verschiedene andere Sandsteinvarietäten benutzt (Tabelle 1 und Abb. 6).

Sandstein und Quarzit stehen in der Umgebung des Fundortes überwiegend im liegenden Unterdevon und in den lokal vorhandenen Resten von älteren Terrassenkiesen an, aber auch in der etwa einen Kilometer Luftlinie entfernt fließenden Agger. Lediglich der schlecht gebundene, grobkörnige Sandstein könnte aus dem Ruhrkarbon oder aus dem Karbon der Voreifel bei Aachen stammen, der Buntsandstein aus der Eifel und somit aus größerer Entfernung.

Abb. 6 (gegenüber) Die häufigsten Felsgesteingeräte und die dafür verwendeten Rohstoffe.

Tabelle 1 (rechts) Rohmaterial und Form der Felsgesteinobjekte mit Gebrauchsspuren. (*) schlecht gebunden, mit hellem Bindemittel; (**) mit Mangananhaftungen.

	Reibst. (Läufer)	Retuscheur	Pickgrube	Rillenstein	Schleifstein	Schlagst./Klopfer	unbest. Schliff	Choppingtool	Abschlag	Summe
roter Buntsandstein	1				2					3
feiner gelber Sandstein					1		1			2
grobkörniger Sandstein*	1		1		3		1	1		7
Grauwackesandstein		9		3	33	5	8	1	1	62
quarzitischer Sandstein					3	1				4
gelber Sandstein/M.**					15	1	1			17
sonstiger Sandstein	2	2			8	1	1			14
Summe	4	11	1	3	65	8	12	2	1	114

Den Hauptteil der Felsgesteine mit Nutzungs- und Bearbeitungsspuren bilden die meist dünnen, plattigen Schleifsteine, gefolgt von Stücken mit unbestimmbarem Schliff und Retuscheuren. Seltener sind Klopf- beziehungsweise Schlagsteine, die zur Silexbearbeitung verwendet wurden oder um Felsgesteingeräte zurechtzuformen. Möglicherweise neolithisch sind vier Reibsteine und ein sehr kleines Fragment, vielleicht von einem Mahlstein.

Als besonders aussagekräftige Beispiele aus Felsgestein sind hier ein Retuscheur mit Schlagnarben an beiden Enden und Retuschiernarben auf drei Flächen, ein mediales Reibsteinfragment aus grobkörnigem, schlecht gebundenem Sandstein sowie ein Schleifgerät aus Grauwacke abgebildet (Tafel 2). Nahezu alle Objekte könnten sowohl mesolithisch als auch neolithisch sein. Relativ sicher jungsteinzeitlich ist dagegen das Fragment des Reibsteins oder Läufers (Tafel 2, 2), dessen Fundlage im Plan durch eine orangefarbene Raute markiert ist (Abb. 2).

Etwa ein Drittel der Felsgesteingeräte ist noch vollständig erhalten (Abb. 8). Die Fragmente sind überwiegend modern beschädigt, vermutlich durch den Pflug. Dies betrifft vor allem die Stücke mit Gewicht bis vierhundert Gramm. Größere Artefakte sind besser erhalten. Durch Feuer verändert sind nur einzelne Objekte. Die geringe Anzahl solcher Stücke und der vermutlich verhältnismäßig geringe Anteil an alt Beschädigtem könnte dahingehend interpretiert werden, dass die Funde nicht innerhalb eine Niederlassung im engeren Sinne, sondern in einem Nutzungsareal außerhalb verwendet und verworfen worden sind. Im Vergleich dazu beträgt beispielsweise der Anteil der vollständigen Schleifsteine und Gegenstände mit unbestimmbarem Schliff aus Siedlungen der Rössener Kultur nur etwa ein Fünftel und ist damit deutlich geringer als beim Material vom Ginsterfeld[7]. Für die Deutung als siedlungsfernes Nutzungsareal spricht auch die relativ kleine Anzahl der Felsgesteingeräte und deren insgesamt lockere Streuung – unabhängig vom Gewicht – auf dem Untersuchungsgelände (Abb. 7).

Es ist wichtig hier zu erwähnen, dass mehrere hundert solcher Objekte von den benachbarten Fundstellen ›Rottstück‹ und ›In der Gewanne‹[8] in den letzten dreißig Jahren von Amateurarchäologen aufgesammelt wurden[9]. Von diesen beiden Fundstellen sind hauptsächlich mittel-

---

[4] Bestimmung Ursula Tegtmeier, Labor für Archäobotanik, Köln.
[5] Datierung im AMS-Labor der Universität zu Köln, Janet Rethemeyer, COL-2666, 113 ±34 vor heute.
[6] So B. Gehlen in: A. Zimmermann (Hrsg.), Studien zum Alt- und Mittelneolithikum im Rheinischen Braunkohlerevier. Kölner Stud. Prähist. Arch. 1 (Rahden 2009) 479–585; dies. in: H. Floss (Hrsg.), Steinartefakte. Vom Altpaläolithikum bis in die Neuzeit (Tübingen 2011) 837–856; J. Orschiedt u. a., Arch. Korrbl. 38, 2008, 13–31.
[7] Gehlen 2009 (vorherige Anm.).
[8] Vgl. Eickhoff, Overath (Anm. 2); ders. / H. Krause, Zeugen der Vorzeit. Ein mittelsteinzeitlicher Fundplatz in Overath. Achera. Beitr. Gesch. Gde. Overath 4, 1988, 70–86.
[9] Freundliche mündliche Mitteilung Joseph Halm, Lohmar-Durbusch.

steinzeitliche Funde bekannt, jedoch wurden auch dort diverse jüngerneolithische Artefakte gefunden.

Silexartefakte

Obwohl zahlenmäßig stark unterrepräsentiert, bilden die Artefakte und Rohstücke aus Feuerstein und silexähnlichen Werkstoffen die wichtigste Fundgruppe (Tabellen 2 und 3). Angesichts der Geräteformen, der Kernsteintypen und der Verwendung bestimmter Rohmaterialien lässt sich allerdings nur ein geringer Anteil zeitlich näher bestimmen.

In der Karte sind die sicher neolithischen Funde in orange dargestellt, die sicher mesolithischen als grüne Dreiecke (Abb. 2). Die grünen Punkte stehen für Artefakte und Geröllstücke aus Feuerstein und anderen silexähnlichen Rohstoffen, die sowohl neolithisch als auch mesolithisch sein könnten. Möglicherweise sind diese Funde aber ebenfalls mesolithisch, da die eindeutig neolithischen Funde ausschließlich an der Peripherie der Fundverteilung lagen. Klaus Laabs hat in den neunziger Jahren ebenfalls am Ort Artefakte aus Feuerstein und anderen silexähnlichen Materialien aufgelesen. Unter seinen Funden ist ein sicher neolithischer beidkantig halbsteil retuschierter Klingenkratzer aus hellgrauem, sehr feinkörnigem Flint (Tafel 1, 10). Bei unserer Prospektion wurden eine endneolithische gestielte und geflügelte flächenretuschierte Pfeilspitze aus baltischem Silex und das kleine Fragment eines geschliffenen Beiles aus Lousbergfeuerstein gefunden (Tafel 1, 7. 9).

Sicher mesolithische Steinartefakte sind durch drei Mikrolithen sowie einige Kernsteine für Mikroklingen oder kleine Abschläge und durch diverse Stücke aus Maaseifeuerstein repräsentiert (Tafel 1, 1–6). (B. G., S. P., K. V.)

Chronologisch-kultureller Kontext

Die beiden flächenretuschierten Mikrolithen (Tafel 1, 1. 2) geben einen Hinweis auf die genauere Zeitstellung der mesolithischen Besiedlung. Solche Mikrolithen kommen im Rheinland im Zusammenhang mit der sogenannten Rhein-Maas-Schelde-Kultur vor, die in Nordostfrankreich, Belgien, Luxemburg, den südlichen Niederlanden und in Deutschland bis an den Rhein eine relativ dichte Verteilung von Fundstellen zeigt. In Westfalen sind Fundstellen mit solchen Artefakten relativ selten, und die Inventare weisen meist nur einzelne flächenretuschierte Stücke auf. Westfalen liegt also – ebenso wie der Fundplatz auf dem Ginsterfeld – an der östlichen Peripherie dieses Traditionsraumes[10] (Abb. 9). Die Rhein-Maas-Schelde-Kultur

---

[10] Vgl. die Karte bei M. Heinen, Neue Erkenntnisse zum Mesolithikum in Nordrhein-Westfalen. in: Th. Otten u. a. (Hrsg.), Fundgeschichten. Archäologie in Nordrhein-Westfalen. Ausst. Köln 2010 (Mainz 2010) 55–58.

[11] M. Heinen in: C.-J. Kind (Hrsg.), After the Ice Age. Nach der Eiszeit. Après la période glaciaire. Konferenz Rottenburg a. Neckar 2003 (Stuttgart 2006) 75–86; ders. in: H. Floss (Hrsg.), Steinartefakte. Vom Altpaläolithikum bis in die Neuzeit (Tübingen 2011) 621–630; ders. in: Eiszeitjäger. Leben im Paradies. Ausst. Bonn 2014 (Mainz 2014) 289–311.

[12] Vgl. z. B. Heinen 2014 (vorherige Anm.) 305 f.

[13] Th. Frank, Die neolithische Besiedlung zwischen der Köln-Bonner Rheinebene und den Bergischen Hochflächen. Arch. Ber. 10 (Bonn 1998) passim.

[14] D. Schyle, Der Lousberg in Aachen. Ein jungsteinzeitlicher Feuersteintagebau mit Beilklingenproduktion. Rhein. Ausgr. 66 (Mainz 2010) passim.

[15] Eickhoff, Overath (Anm. 2); Eickhoff/Krause 1988 (Anm. 7).

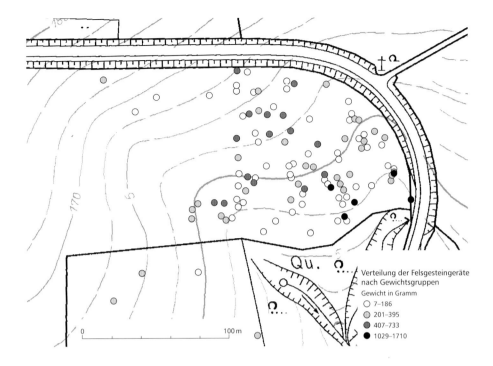

Felsgesteingeräte
Abb. 7 (gegenüber) Gewichtsgruppen und Erhaltung. (hellgrau) fragmentarisch, (dunkelgrau) vollständig.
Abb. 8 (oben) Fundstellen der Objekte mit Gebrauchsspuren, nach Gewichtsgruppen.

beginnt im mittleren Boreal um etwa 7600 v. Chr. und entwickelt sich später zum regionalen Spätmesolithikum[11]. Für die Einordnung in eine frühe Phase dieses späten Mittelmesolithikums (RMS A) spricht vor allem das flächenretuschierte Dreieck (Tafel 1, 1) und das Fehlen von regelmäßigen Klingen und Trapezmikrolithen. Der dritte Mikrolith ist ein Segment (Tafel 1, 3) und könnte ebenfalls in die ältere Phase der genannten Kultur gehören. Damit wäre die Datierung des mesolithischen Ensembles in die Zeit zwischen 7600 und 6500 v. Chr. wahrscheinlich[12].

Einige neolithische Objekte lassen sich ebenfalls näher datieren. Die gestielte und geflügelte Pfeilspitze ist grob zwischen 3800 und 2800 entstanden und gehört in das späte Jung- beziehungsweise das Spätneolithikum. Fundstellen des Spät- und Endneolithikums sind in der angesprochenen Region verhältnismäßig häufig[13]. Das Beilfragment aus Lousbergfeuerstein wird ebenfalls in diesen Zeitraum gehören[14]. Das Fragment des Läufers, die verhältnismäßig kleine Klinge aus Flint vom Typus Rijckholt sowie der Klingenkratzer aus hellgrauem Silex und eine doppelte Endretusche (möglicher Sichel- oder Messereinsatz) der Sammlung Laabs aus Tertiärquarzit (Tafel 1, 8) gehören möglicherweise in das Jungneolithikum zwischen 4200 und 3500 v. Chr. Die Artefakte sind aber nicht aufschlussreich, so dass diese Einschätzung ebenfalls nur eine Möglichkeit darstellt.

(B. G.)

Ausblick

Im Gegensatz zu den benachbarten Fundarealen Rottstück und In der Gewanne[15] ist das Inventar der geschlagenen Steinartefakte vom Ginsterfeld bisher sehr klein. Die datierbaren me-

Feuerstein und silexähnlichen Rohstoffe.
Tabelle 2 (rechts) Grundformen und Geräte.
Tabelle 3 (unten) Geräte.
(F.) Feuerstein, (*) möglicherweise Hornstein, (**) Lamellen und Mikroklingen, (***) Trümmer. (St.) Stück.

	Abspliss	Abschlag	Lam/Mikrokl.**	Klinge	Kern	artifizielle Tr.***	natürliche Tr.***	Grundf. unbest.	Summe
baltischer F.	2	17	6	4	2	1		3	35
westeurop. F.		3	2	2		1	1		9
Maasei-F.	1	3			3				7
Maasschotter-F.		1			1				2
unbestimmter F.		3		1					4
unbekannter Silex*		1							1
Kieselschiefer		1				1			2
Tertiärquarzit	2	39	1	2	5	1			50
sonst. Quarzit		3			1	1			5
Chalcedon		1			1				2
Quarz	1				1	1		1	4
Summe	6	72	9	9	14	6	1	4	111

solithischen Funde scheinen um einiges jünger zu sein als die beiden länger bekannten Komplexe, die in das frühe Boreal zwischen etwa 8500 und 7600 v. Chr. gehören.

Die Funde vom Ginsterfeld sind vermutlich mit der älteren Phase der westeuropäischen Rhein-Maas-Schelde-Kultur aus dem mittleren bis späten Boreal zwischen etwa 7600 und 6500 v. Chr. zu verknüpfen. Die verwendeten Rohstoffe sind in den drei Fundarealen gleich, auch wenn sich Unterschiede im Anteil der einzelnen Materialien andeuten.

Die deutlichen Bezüge nach Norden sind anhand des hohen Prozentsatzes an baltischem Flint erkennbar, der erst im Raum Düsseldorf in den Geschieben der nördlichen Gletscher natürlich vorkommt und daher aus einer Entfernung von mindestens fünfzig Kilometer stammen muss. Dagegen scheinen hinsichtlich der Rohstoffe die Kontakte nach Westen in das Feuersteingebiet Aachens, Südlimburgs und des Hespengau (Haspengouw bzw. Hesbaye, Belgien) über den Rhein hinweg nur schwach, sicher auch durch die größere Entfernung von mindestens einhundert Kilometer bedingt. Dies steht beim Ginsterfeld im Gegensatz zur kulturellen Einordnung der mesolithischen Funde genau dorthin, nämlich in den westeuropäischen Traditionsraum.

Anhand der Quarzite und Quarze wird die Versorgung mit lokalen Rohmaterialien deutlich. Diese kann man auch an der intensiven Nutzung von Geröllstücken aus Grauwacke und anderen Sandsteinsorten mit Gebrauchsspuren erkennen, die eine wichtige Parallele zwischen den drei Fundarealen darstellen. Der freilich geringe Anteil an Chalcedon zeigt eine Verbindung der mesolithischen Siedler vom Ginsterfeld nach Süden in den Bonner Raum in etwa dreißig Kilometern Entfernung an. Möglicher-

	Mikrolith	Pfeilspitze	Bohrer	Endretusche	Kratzer	Lateralretusche	ausgesplittertes St.	Beil	Summe
baltischer F.	3	1	1		2	2	1		10
westeurop. F.				1	1	2	1	1	5
Tertiärquarzit					1	1	1		3
Quarz							1		1
Summe	3	1	1	1	3	5	4	1	19

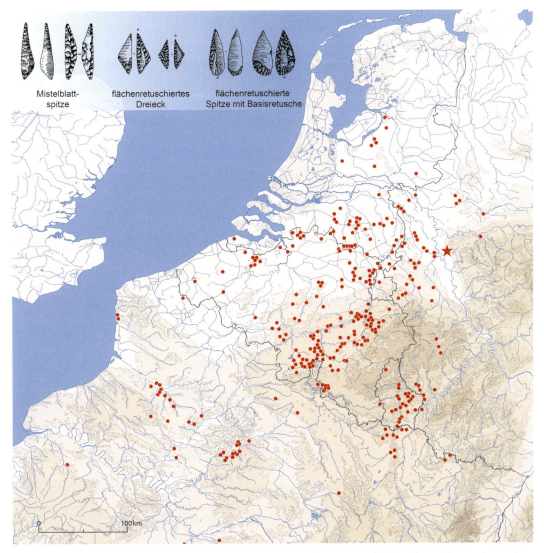

Abb. 9 Gesamtverbreitung der mittel- bis spätmesolithischen Rhein-Maas-Schelde Kultur. Oben sind typische Mikrolithformen abgebildet. Der Asterisk (*) markiert das Ginsterfeld.

weise stammen die wenigen Buntsandsteinfunde und schlecht gebundenen groben Sandsteinsorten aus der Eifel oder Voreifel beziehungsweise aus dem Ruhrkarbon, denselben Liefergebieten wie der westeuropäische und der baltische Feuerstein.

Die spät- bis endneolithischen Funde vom Ginsterfeld haben ebenfalls Parallelen in den beiden genannten benachbarten Fundkomplexen.

Eine Ausgrabung wurde am Ende nicht ins Auge gefasst, aber die bisherigen Ergebnisse lieferten ein hinreichend klares Bild: Die Prospektionsergebnisse weisen zwar keinen präzise zu lokalisierenden mittelsteinzeitlichen Siedlungsbereich aus, aber zumindest kann der Fundniederschlag des Untersuchungsareales vorsichtig chronologisch eingegrenzt werden. Auch wenn die Funde vermutlich durch Erosion und Feldarbeiten verlagert sind, sprechen die wenigen

Silexartefakte sowie die zahlreichen Felsgesteingeräte, deren verhältnismäßig gute Erhaltung und die seltenen Feuerspuren an ihnen dafür, dass es sich um ein steinzeitliches Nutzungsareal handelt, das außerhalb einer eigentlichen Siedlung lag. (B.G.)

Dr. Birgit Gehlen (bgehlen1@uni-koeln.de), Sarah Pinell B. A. (spinell@smail.uni-koeln.de) und Kai B. Vogl (kai.vogl@posteo.de), Universität zu Köln, Sonderforschungsbereich 806 ›Our Way to Europe‹, Bernhard-Feilchenfeld-Straße 11, 50969 Köln.
Prof. Dr. Renate Gerlach, LVR - Amt für Bodendenkmalpflege im Rheinland, Endenicher Straße 133, 53115 Bonn, renate.gerlach@lvr.de.

Bildrechte. Abb. 1 Werner Schön, Kerpen-Loogh. – Abb. 2 und 8 Kartierung Kai B. Vogl, Kartengrundlage TIM-online. – Abb. 3 bis 5 Kartenbearbeitung Reiner Lubberich, ABR, nach Ulrich Jux / Friedrich K. Schneider 1982, Geologischer Dienst NRW, Krefeld (3) sowie F. K. Schneider 1980, ebd. (4); ebd. (5), vgl. allg. U. Jux, Erläuterungen zu Blatt 5009 Overath. Geologisches Landesamt Nordrhein-Westfalen (Krefeld 1982). – Abb. 6 und 7 LMB. – Tafel 2 Christina Kohnen, Köln. – Tafel 1 Birgit Gehlen. – Abb. 9 LMB, Ausführung Christoph Duntze.

Resümee. Bei Prospektionen auf der Flur Overath-Ginsterfeld im Frühjahr 2014 wurden fast fünfhundert Funde eingemessen. Etwa ein Drittel davon gehört in die Steinzeit. Die mittelsteinzeitlichen Funde können wahrscheinlich der Rhein-Maas-Schelde-Kultur des älteren Mittelmesolithikums, Phase A, zugeordnet werden (7600–6500 v. Chr.), die jungsteinzeitlichen entstammen dem Jung- bis Spätneolithikum (3800–2800 v. Chr.). Unter den mehr als einhundert Felsgesteingeräten sind viele Schleifwerkzeuge und einige Retuscheure vermutlich mesolithischer Zeitstellung. Die Rohmaterialien der Silex- und Felsgesteinobjekte sind teils lokaler Herkunft, etwa aus dem Bonner Raum, teils von weit her eingeführt, und stammen aus der Region nördlich von Düsseldorf sowie dem Gebiet von Aachen und Niederländisch Limburg. Die Sedimentbeobachtungen, die lockere Verteilung der Funde und ihre vergleichsweise geringe Anzahl lassen Erosionsvorgänge am Ort erkennen und auf eine wenig intensive Nutzung des Areals während der steinzeitlichen Perioden schließen.

Summary. During archaeological surveys in the Overath-Ginsterfeld area in spring 2014, nearly five hundred finds were measured. About one third of these objects date back to the Stone Age period. The Mesolithic finds probably belong to the Rhine-Meuse-Schelde Culture of the earlier Middle Mesolithic period, Phase A (7600–6500 B. C.), whereas the Neolithic finds date back to the Late or Final Neolithic (3800 to 2800 B. C.). Among the more than one hundred tools of rock material, there are numerous grindstones and a few retouchers that are supposedly Mesolithic. The raw materials of the artefacts made of flint and rock are partly of local origin, i. e. from the area around Bonn, and partly imported from distant regions, i. e. north of Düsseldorf as well as the areas around Aachen and Dutch Limburg. The sediment, the loose distribution of the finds and their comparatively low number indicate local processes of erosion, but also a less intensive use of the area during the Stone Age periods.

Résumé. Lors des prospections sur le terrain d'Overath-Ginsterfeld au printemps 2014, on a mesuré près de cinq cents objets trouvés. Environ un tiers de ces découvertes appartient à l'Age de la Pierre. Les outils mésolithiques sont susceptibles d'être associés à la culture de Rhin-Meuse-Escaut, c'est-à-dire à la phase A du Mésolithique moyen (7600–6500 av. J.-C.), tandis que les artéfacts néolithiques proviennent du Néolithique récent jusqu'au Néolithique final (3800–2800 av. J.-C.). Parmi la centaine d'outils de roche qu'on a trouvés ici, il y a beaucoup de polissoirs et quelques compresseur-retouchoirs qui remontent probablement au Mésolithique. Les matières premières des objets de silex et de roche sont en partie de provenance locale, ou plutôt de la région de Bonn, et en partie importés de loin, c'est-à-dire de la région au nord de Düsseldorf, mais aussi de la région d'Aix-la-Chapelle et du Limbourg néerlandais. Les observations des sédiments, la distribution lâche des objets découverts et leur nombre relativement faible révèlent les processus d'érosion sur le site et indiquent une utilisation moins intensive du terrain pendant les périodes de l'Age de la Pierre.

Die Prospektion des steinzeitlichen Fundplatzes auf der Flur Ginsterfeld in Overath Tafel 1

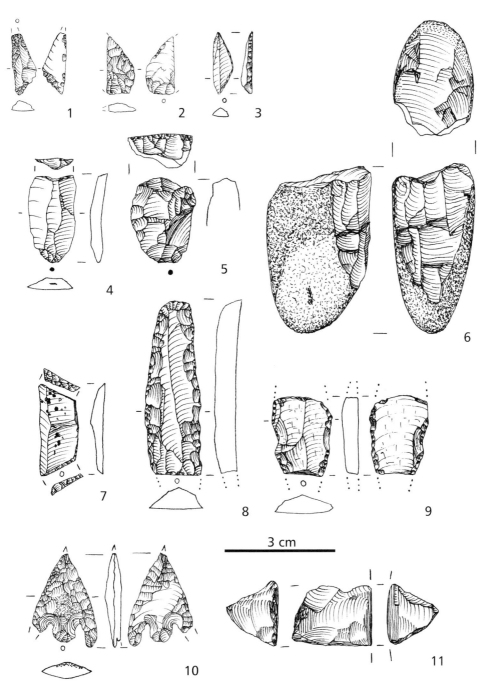

Steinartefakte. Natürliche Größe.

(1–6) Mesolithisch, (6) Maaseifeuerstein, die übrigen Stücke aus baltischem Feuerstein. – (1–3) Mikrolithen; (4) endretuschierte Klinge; (5) Kratzer; (6) Lamellenkern.

(7–11) Neolithisch. (7) Doppelt endretuschierte Klinge mit möglichen Pechresten, Tertiärquarzit; (8) kantenretuschierter Klingenkratzer, hellgrauer Feuerstein unbekannter Herkunft; (9) kantenretuschiertes Klingenfragment mit Gebrauchsspuren, feuerverändert, Feuerstein vom Typus Rijckholt; (10) Pfeilspitze, baltischer Feuerstein; (11) Fragment von einem geschliffenem Beil, als Kernstein verwendet, Lousbergfeuerstein.

Tafel 2

(1) Retuscheur, Geröll aus Grauwacke.
(2) Läuferfragment, schlecht gebundener, grober Sandstein.
(3) Schleifstein, Grauwacke.

Sandsteinartefakte, ein Drittel natürlicher Größe.

Peter Rothenhöfer

Fünf Weihinschriften aus dem römischen Rheinland

Den religiösen Verhältnissen im römischen Rheinland und ihrem Wandel wurde in den vergangenen Jahren großes Interesse zuteil[1]. Fundamental für unser Wissen über antike Kulte, Kultorte, religiöse Praktiken und ihre Träger sind Sakralinschriften[2]. Im lateinischen epigraphischen Material rangieren sie hinsichtlich der Häufigkeit an zweiter Stelle; nur die Zahl der Grabtituli liegt höher. Neufunde von Inschriften und verbesserte Lesungen bekannter Schriftzeugnisse, wie sie im Folgenden vorgestellt werden, sind von wesentlicher Bedeutung für die Erweiterung unserer Kenntnisse. Es zeigt sich, dass selbst fragmentarische Texte bedeutende Details bereithalten können.

Ein neuer Beleg für die Ala Frontoniana?

Im Museum Burg Linn, Krefeld, ist das fingerlange Fragment einer schmalen Bronzetafel ausgestellt[3] (Abb. 1). Gefunden wurde es 1970 während der Kastellgrabung im Bereich der dem Rhein zugewandten Praetentura. Während oben und unten der Rand erhalten ist, ist das Stück rechts und links gebrochen. Nicht nur die ursprüngliche Breite bleibt somit unbekannt, sondern auch die exakte Form. Doch wäre es vorstellbar, dass es sich zum Beispiel um die Seitenfläche eines bronzenen Sockels handelt, wie er etwa in der bekannten Weihung an die Dea Artio aus der Gemeinde Muri bei Bern erhalten ist[4]. Die Krefelder Tafel wurde offensichtlich bereits in der Antike intentionell zerkleinert, um das Metall der Wiederverwertung zuzufüh-

---

Für die Möglichkeit zur Autopsie der Objekte gebührt Dr. Christoph Reichmann, Dr. Margareta Siepen (Museum Burg Linn, Krefeld) und Dr. Hubertus Ritzdorf (Museum Roemervilla, Bad Neuenahr - Ahrweiler) Dank. Ihnen wie auch Dr. Norbert Hanel (Köln) und Dr. Helena Gimeno (Madrid) bin ich verbunden für Diskussionen und Anregungen, ebenso dem anonymen Gutachter der Bonner Jahrbücher. Die Abbildung der Tafel aus Schwarzenbach überließ mir freundlicherweise Daniel Burger (Frankfurt), die Abbildung des Weihesteins aus Vindolanda stellte Sonya Galloway (Vindolanda Trust) großzügig zur Verfügung.

[1] Neben den beiden Übersichtsbänden von W. Spickermann, Religionsgeschichte des römischen Germanien. Bd. I Germania Superior; Bd. II Germania Inferior (Tübingen 2003 und 2008) seien beispielhaft genannt die Untersuchung von F. Biller, Kultische Zentren und Matronenverehrung in der südlichen Germania inferior (Rahden 2010) und J. Scheid, Les dévotions en Germa-nie inférieure. Divinités, lieux de culte, fidèles. In: M. Dondin-Payre / M.-Th. Raepsaet-Charlier (Hrsg.), Sanctuaires, pratiques cultuelles et territoires civiques dans l'occident romain (Brüssel 2006) 297–346.

[2] Siehe etwa R. Haensch, Inscriptions as Sources of Knowledge for Religions and Cults in the Roman World of Imperial Times. In: J. Rüpke (Hrsg.), A Companion to Roman Religion (Oxford 2007) 176–187; ferner die Beiträge in: Chr. Bruun / J. Edmondson (Hrsg.), Oxford Handbook of Roman Epigraphy (Oxford 2014) 397–470.

[3] Inv. 70/2001, H. 7,3 cm, B. (erh.) 10,5 cm, T. 0,4 cm.

[4] Historisches Museum Bern (Inv. 16170/16210). Auf dem Sockel – er trägt ebenfalls eine zweizeilige Inschrift – ist in Bronze die thronende Göttin mitsamt einem Bären und einem Baum montiert. CIL XIII 5160, vgl. R. Fellmann, La Suisse gallo-romaine. Cinq siècles d'histoire (Lausanne 1992) 241 f. Abbildungen sind z. B. über die epigraphische Datenbank Clauss – Slaby abrufbar.

ren. Das aber macht es unmöglich, den ehemaligen Aufstellungsort sicher zu benennen, denn Altmetall konnte über erhebliche Strecken transportiert werden[5].

Das zweizeilige Inschriftenfeld war oben und unten durch aufgelötete Bänder gerahmt, von denen sich oben ein Teilstück erhalten hat. Die Höhe des Schriftfeldes liegt bei vier Zentimetern. Die Größe der sorgfältig in das Metall eingravierten Buchstaben beträgt 1,1 Zentimeter in der oberen Zeile und 1,2 Zentimeter in der unteren. Reste des letzten Buchstabens in der zweiten Zeile lassen sich in der Bruchkante ausmachen. Es kann sich hier nur um ein »O« handeln, ein »Q« ist auszuschließen. In der unteren Zeile ist noch eine der Buchstabenführung dienende vorgeritzte Linie zu beobachten. Es finden sich keine Worttrenner. Der erhaltene Text lautet:

DEAE AH[- - -]
[- - -]ALIS FRO[- - -]

Die Tafel war demnach Teil einer Weihung an eine Göttin, von deren Namen sich lediglich die beiden ersten Buchstaben erhalten haben. Die Bezeichnung »dea« ist ein Anhaltspunkt, dass es sich um einen Kult mit einheimischen Wurzeln handelt.

Auf eine indigene Göttin deutet insbesondere auch der Namensbeginn »Ah-« hin. Im niedergermanischen Raum kennen wir eine Dyade der Ahveccanae sowie möglicherweise auch Matronae Ahinehiae. Die Ahveccanae erscheinen auf einem 201 n. Chr. gestifteten Altar aus Hürth-Gleuel bei Köln: »Ahveccanis / Avehae et Hellivesae / … « (CIL XIII 8161). Die Matronae Ahinehiae – nach anderer Lesart Matronae Atirienivae – sind auf einem heute verschollenen Weihestein überliefert, dessen Fundort unbekannt ist und der sich einst in der Sammlung auf Burg Blankenheim in der Eifel befand[6]. Doch weder das Göttinnenpaar der Ahveccanae noch die möglichen Matronae Ahinehiae können zur Ergänzung des Götternamens auf der Bronzetafel herangezogen werden, da das erhaltene Formular nur von einer Gottheit spricht.

Einen vielversprechenden Anhaltspunkt für die Identifikation bietet eine unlängst veröffentlichte, ebenfalls nur fragmentarisch erhaltene Weihung aus dem britannischen Vindolanda »to a previously unknown goddess«[7]. Diese im August 2012 gefundene steinerne Inschriftentafel (Abb. 2) bezeugt eine Stiftung der Cohors I Tungrorum für die Göttin Ahvardua: »Ahvarduae / deae / [co]h(ors) I Tungr[o]/[rum (milliaria) e]x [voto] / - - - - - -«. Dass dort »deae« hinter dem Namen der Gottheit erscheint, ist kein Hinderungsgrund, den Namen der Göttin nicht zur Rekonstruktion der Gelleper Bronzetafel heranzuziehen. Vielmehr erscheint diese Ergänzung beim derzeitigen Forschungsstand als die einzige sinnvolle, abgesehen von der Möglichkeit, dass es sich um eine weitere bislang völlig unbekannte Gottheit handeln könnte.

Ahvardua sei aus linguistischer Perspektive, so Patricia de Bernardo Stempel, nur ein weiteres Beispiel »of the rather frequent type of phonetically Germanized Celtic theonyms«, wie man es unter anderem bei Matronennamen beobachten könne[8]. Diese Feststellung unterstützt die bereits auf-

---

[5] Dies betonen jüngst noch einmal A. U. Stylow / R. López Melero in: R. M. Cid López / E. García Fernández (Hrsg.), Debita verba. Estudios en homenaje al profesor Julio Mangas Manjarrés I (Oviedo 2013) 386 unter Verweis auf die Fundorte zum einen eines Fragments der Lex Salpensana (mehr als 120 km Luftlinie vom antiken Salpensa entfernt), zum anderen von elf Tafeln der Lex coloniae Genetivae Iuliae (lex Ursonensis), die rund 18 km von Urso (Osuna) entfernt gefunden wurden.

[6] CIL XIII 8845. Zu den unterschiedlich überlieferten Lesarten siehe bereits W. Brambach, Corpus Inscriptionum Rhenanarum (Elberfeld 1867) 1980.

[7] Birley u. a., Unknown Goddess; A. Birley, A New Dedication-Slab from Vindolanda, Set up by the Cohors I Tungrorum to a Previously Unknown Goddess. Soc. Promotion Roman Stud. Epistula 4, 2012, 7 f.

[8] Birley u. a., Unknown Goddess 299.

[9] H. Solin / O. Salomies, Repertorium nominum gentilium et cognominum Latinorum (Hildesheim, Zürich und New York 1994) 221.

[10] Cf. Kakoschke, Personennamen I.

[11] Siehe Kakoschke, Personennamen II 1 und 2, s. v.

[12] Grundlegend J. Spaul, Ala². The Auxiliary Cavalry Units of the Pre-Diocletianic Imperial Roman Army (Andover 1994) 117–119 Nr. 39. Für diese Zeit in Niedergermanien s. G. Alföldy, Die Hilfstruppen der römischen Provinz Germania inferior (Düsseldorf 1968) 38–40; 188–190. Vgl. auch N. Cesarik, Osurt na Itinerar Ale Tungra I Frontonove Ale. Radovi Zavoda za povijesne znanosti. Hazu u Zadru 56, 2014, 1–24.

Abb. 1 Krefeld, Museum Burg Linn. Bronzene Weihinschrift aus dem Kastell. Natürliche Größe.

grund des Dedikanten, der Cohors I Tungrorum, vermutete Zuweisung in den niedergermanischen Raum, in dessen südwestlichem Bereich die Tungrer siedelten. Das hier besprochene Fragment liefert nun einen weiteren Anhaltspunkt für die Verortung dieses Kults in Niedergermanien.

Damit gewinnt auch die Frage nach dem beziehungsweise den Dedikanten an Bedeutung. In der zweiten Zeile scheint es sich bei »[- - -]alis Fro[- - -]« auf den ersten Blick um die Reste eines Namens zu handeln. Heikki Solin und Olli Salomies verzeichnen folgende Gentilizia, die auf »-alis« enden: Genialis, Iuvenalis, Quirinalis, Liberalis, Natalis und Vitalis[9]. In beiden germanischen Provinzen finden sich allerdings keine Belege für diese Gentilnomina[10]. Als Cognomina hingegen sind sie am Rhein anzutreffen[11]. Könnte es sich demnach um einen Stifter gehandelt haben, der zwei Zunamen trug – vergleichbar etwa dem Marcus Antonius Victor Frontinus (CIL XIII 7871), der bei Jülich bestattet wurde? Belege für derartige Personennamen sind in den Rheinprovinzen jedoch selten: wiederholt handelt es sich dabei um Personen, die ein militärisches Kommando innehatten. Beispielhaft erwähnt seien der Präfekt der Cohors IIII Thracum, Quintus Lutatius Q. f. Pup. Dexter Laelianus (um 80 n. Chr., CIL XVI 158), der Präfekt der Ala Longiniana, Gaius Fulvius C. f. Volt. Lupus Servilianus (um 69 n. Chr., CIL XII 3166) oder Lucius Claudius Ani. Prudens Considianus, praefectus alae Frontonianae in claudisch-neronischer Zeit (CIL XIII 8842).

Zu prüfen ist ferner die Möglichkeit, ob es sich eventuell um zwei oder mehr Dedikanten handelt. Dann wären entweder nur deren Cognomina beziehungsweise – im Falle von Peregrinen – deren einfache Namen genannt gewesen, oder man hätte jeweils nur deren Gentil- und Cognomina eingraviert, das heißt neben einem potentiellen »[- - -]alis« (nur das Ende des Cognomens) wäre noch ein »Fro[ntinius? - - -]« (nur der Beginn des Gentilnamens) genannt. Allerdings wäre in all diesen Fällen ein verbindendes »et« zu erwarten – der Raum hierfür ist vorhanden –, was Zweifel an einem derartigen Lösungsversuch aufkommen lässt.

Jenseits dieser Deutungsversuche besteht noch eine dritte Möglichkeit: Ausgangspunkt ist die Beobachtung, dass der erste erhaltene Buchstabe in dieser Zeile ausgesprochen breit ist. Die Zeichenfolge »ALIS« könnte auch als eigenständiges Substantiv verstanden werden, das heißt als Ablativ Plural von »ala«. Dann aber ergibt sich als Ergänzung für das folgende »FRO« einzig der Beiname »Frontoniana«. Eine Auxiliarformation dieses Namens zählte im ersten Jahrhundert der Kaiserzeit bis etwa 70 n. Chr. zum niedergermanischen Heer[12]. Aufgrund der Pluralform »alis« wäre dann aber noch der Name mindestens einer weiteren unbekannten Ala

Abb. 2 Vindolanda, Weihinschrift für Ahvardua. Ein Sechstel natürlicher Größe.

anzuschließen. Zu rekonstruieren wäre in diesem Falle die Zeile etwa folgendermaßen: »[equites *vel sim.* ex] alis Fro[ntoniana et - - - v(otum) s(olverunt) *vel sim.*]«.

Für die claudisch-neronische Zeit gilt das Auxiliarlager Asciburgium (Asberg) als Standort der Truppe[13]. Sie war damit nur wenige Kilometer nördlich von Krefeld-Gellep stationiert, wo zu dieser Zeit lediglich eine zivile Siedlung existierte. Nach dem Bataveraufstand ist sie in Dalmatien und im Donauraum belegt[14], im zweiten Jahrhundert dann als Ala I Tungrorum Frontoniana in Dakien[15]. Bei der Ala Frontoniana handelte es sich ursprünglich also um eine Auxiliarformation, die im niedergermanischen Raum aufgestellt wurde, möglicherweise sogar aus den Reihen der Tungrer. Dass aber könnte bedeuten, dass es sich hier um den zweiten Beleg der Verehrung der Dea Ahvardua durch Angehörige einer niedergermanischen (tungrischen?) Formation handelt. Aufgrund der hier dargelegten Überlegungen besitzt diese Lesart eine deutlich höhere Wahrscheinlichkeit als die ersten beiden Varianten.

Patricia de Bernardo Stempel qualifiziert Ahvardua als Wassergottheit[16]. Da aus Dakien Weihungen der Ala I Tungrorum Frontoniana an die Pferdegottheit Epona und Mars bekannt sind, könnte möglicherweise auch Ahvardua im Bereich des Militärischen zu verorten sein.

Die Datierung des Fragments ist schwierig. Paläographisch sollte aufgrund der minimalen Anklänge von Einflüssen der Libraria die erste Hälfte des ersten nachchristlichen Jahrhunderts eher ausgeschlossen werden. Im Falle einer Weihung unter anderem durch Angehörige der Ala Frontoniana käme aus historischen Gründen die neronische Zeit in Frage. Weit offener gestaltet sich der Zeitrahmen jedoch, wenn man von der zuerst in Betracht gezogenen Dedikation einer Person mit den Namensbestandteilen »[- - -]alis Fro[- - -]« ausgeht. Dann könnte die Inschrift den Buchstabenformen nach auch noch im zweiten Jahrhundert entstanden sein.

Folgt man Marie-Thérèse Raepsaet Charlier, die die Formulare von Sakralinschriften Galliens und der beiden germanischen Provinzen auf chronologische Aspekte hin untersuchte,

---

[13] T. Bechert, Die Römer in Asciburgium (Duisburg 1989) 61 f.

[14] B. Lörincz, Die römischen Hilfstruppen in Pannonien während der Prinzipatszeit I. Die Inschriften (Wien 2001) 26.

[15] Spaul (Anm. 12) 117–119 Nr. 39.

[16] Birley u. a., Unknown Goddess 298–300.

[17] Vgl. M.-Th. Raepsaet-Charlier in: ANRW II 3 (1975) 232–282, bes. 239, 274–275; dies., Zeitschr. Papyr. u. Epigr. 61, 1985, 204–208; dies., Dis deabusque sacrum. Formulaire votif et datation dans les Trois Gaules et deux Germanies (Paris 1993) 12–15. Ihr zufolge sei die Stellung von »dea/deus« nach dem Namen der Gottheit eher früher zu werten als die umgekehrte Reihenfolge. Von den Herausgebern der Inschrift aus Vindolanda wurde die Position als chronologisches Indiz gewertet, s. Birley u. a., Unknown Goddess 288.

[18] B. Beyer, Arch. Rheinland 2010, 115–118; AE 2010, 1002.

[19] Erhaltene H. 19 cm, B. 19 cm, T. 8 cm.

[20] G. Bauchhenß, 25 Jahre Arch. Rheinland 1987–2011, 115–117, hier 116 f.

dann soll das Phänomen, die Begriffe »dea« beziehungsweise »deus« dem Namen der Gottheit beizufügen, frühestens in hadrianischer Zeit aufgekommen sein[17]. Würde man diese These auf das Fragment aus Krefeld-Gellep anwenden, dann sollte man eine Datierung in neronische Zeit und damit die Weihung unter anderem durch Angehörige der Ala Frontoniana ausschließen. Allerdings ist bei der Übertragung derartiger Schemata immer höchste Vorsicht ratsam, da Neufunde auch diesbezüglich zu neuen Einsichten führen können. So dürfte es auch hier der Fall sein: Da ein Bezug zur Ala Frontoniana am plausibelsten erscheint, sollte das Fragment dazu herangezogen werden, den von Raepsaet Charlier vorgegebenen chronologischen Rahmen deutlich in das erste Jahrhundert der Kaiserzeit auszuweiten.

Zu einem fragmentarischen Weihestein aus dem Bonner Vicus

Bei der Grabung 2010/11 wurden im Bonner Vicus (St. 68–9) auch drei Weihesteine in sekundärer Verlagerung geborgen, die Brigitte Beyer im Jahresband Archäologie im Rheinland 2010 vorstellt[18]. Bei einem von diesen handelt es sich um ein Fragment aus Kalkstein, dessen oberer Teil fehlt[19] (Abb. 3). Bereits vor dem Ende des zweiten nachchristlichen Jahrhunderts wurde es als Verfüllmaterial entsorgt. Vom Text haben sich lediglich die letzten vier Zeilen erhalten. Beyer gibt folgende Lesung:

TACI

EX IMP

IBS IVS

POSVIT L M

Abb. 3 Bonn, aus dem Vicus, Weihestein.

Sie liest: »[- - -] Taci[tus] / ex imp(erio) / ibs(arum) ius(su) / posuit l(ibens) m(erito)«. In der obersten, teilweise beschädigten und rechts nicht vollständig erhaltenen Zeile haben sich vier Buchstaben vom Namen des Stifters erhalten. Ob hier »Tacitus« zu ergänzen ist oder vielleicht doch ein anderes Nomen, zum Beispiel Pottacius, Tacillus oder Attacinus, kann nicht mit Sicherheit entschieden werden. Zweifel an der Lesung der beiden mittleren Zeilen äußert bereits Gerhard Bauchhenß: »Dass der Stifter hier mit den Worten ex imperio und iussu erwähnt, dass Göttinnen […] ihm befohlen haben, ihnen mit dem Altar geziemend zu danken, überrascht. Wer gibt schon gerne in der Öffentlichkeit zu, dass Göttinnen ihm etwas zweimal befehlen mussten, bis er gehorchte. Daher ist es sehr viel einfacher und wahrscheinlicher, die beiden Buchstabengruppen in der zweiten zitierten Zeile zu einem Wort zusammenzufassen. Die Abstände der Buchstaben voneinander in dieser Zeile lassen dies durchaus zu. Dadurch ergibt sich die Lesung ex imp(erio) / ibsius, ›auf seinen‹, des Gottes, dem der Altar geweiht war – ›Befehl hin‹«[20]. Dieser Richtigstellung ist hier noch eine Verbesserung der zweiten Zeile hinzuzufügen. Eine genaue Betrachtung dieser Stelle führt zu dem Schluss, dass hier nicht das insbesondere in Matronenweihungen häufig anzutreffende »ex imp.« steht, sondern das ebenfalls wiederholt verwendete »ex iussu«. Die Buchstaben sind klar auf dem Stein zu lesen. Der Text lautet also folgendermaßen: »[- - -] / Taci[- - -] / ex iussu / i⌐p̄⌐sius / posuit l(ibens) m(erito)«.

Während die Formel »ex iussu« weit verbreitet ist, ist die Wendung »ex iussu ipsius« beziehungsweise »ex iussu ipsarum« innerhalb des Bereichs der beiden germanischen Provinzen und der benachbarten Belgica bislang nur in Niedergermanien belegt[21]. Rückschlüsse auf den verlorenen Götternamen erlaubt die Formel allerdings nicht. Das Pronomen »ipsius« kann sich sowohl auf eine männliche, als auch auf einen weibliche Gottheit beziehen.

Eine Weihinschrift aus dem Ahrtal

Um die Mitte des zwanzigsten Jahrhunderts wurde in der Umgebung von Ahrweiler das Fragment eines römischen Inschriftensteins entdeckt. Genauere Informationen zum Fundort wie auch zu den Fundumständen konnten nicht in Erfahrung gebracht werden. Der Stein lag lange unbeachtet im Keller des dortigen Stadtmuseums, gelangte dann in die konservierten Reste des Badegebäudes einer Villa rustica, die etwa achthundert Meter östlich der bekannten römischen Villenanlage Am Silberberg liegt, dem heutigen Museum Römervilla Bad Neuenahr - Ahrweiler. Dort wurde der Leiter des Museums, Hubertus Ritzdorf, 2013 auf sie aufmerksam und machte sie dem Autor bekannt. Im Jahr 2014 überführte man den Stein in das Museum Römervilla.

Es handelt sich um den rechten Teil eines ursprünglich breiteren Blockes aus gelblichem Kalkstein[22] (Abb. 4). Die Rückseite ist antik glatt abgearbeitet, ebenso die Flächen oben, rechts und unten. Rechts oben ist der Stein beschädigt, links wurde er sekundär behauen. Diese Seite ist gerade; am Übergang zur Rückseite wurde sie profiliert, was darauf hindeutet, dass der Stein als Spolie wiederverwendet wurde.

Auf der Vorderseite befindet sich eine siebenzeilige Inschrift. Die Höhe der sorgfältig eingravierten Buchstaben beträgt in den ersten drei Zeilen 5,8 Zentimeter, mit Ausnahme des kleinen fragmentarischen »O« am Ende der zweiten Zeile, in den Folgezeilen dann 4 bis 4,3 Zentimeter, wobei die »NTI«-Ligatur in der vierten Zeile und die »NI«-Ligatur in der fünften Zeile 5,4 Zentimeter erreichen. Als Worttrenner finden sich Dreiecke. Folgender Text hat sich erhalten:

```
       [- - -]E · DEA[- - -]
       [- - - A]VGVSTO[- - -?]
       [- - -]TE · M · CAL+
       [- - -]GI · ANTI · F · ACV
5      [- - -]HENIVM · CVM
       [- - -]M · OMNI · VOT
       [- - -]M · SER · V · L · P
```

[21] AE 1965, 329 (Alem, NL); AE 1981, 686 (Gellep-Stratum); AE 1999, 1098 (Kalkar); CIL XIII 8249 (Köln); 8807 (Voorburg, NL); 12024 (Pesch); Nesselhauf 212 (Bonn).
[22] H. 56,2 cm, B. 42,5 bzw. 16,5 cm, T. 13 bzw. 14 cm.
[23] Einen der seltenen Belege für letztere Möglichkeit bietet eine Inschrift aus Aachen, die folgendermaßen beginnt: »Numinibus / divor(um) Aug(ustorum) in / honorem domus / [d]ivinae ...«. Siehe A. Schaub, Das archäologische Jahr 2006 in Aachen. Zeitschr. Aachener Geschver. 109, 2007, 1–17, bes. 10–15. AE 2006, 864 = 2007, 1018 = 2009, +914. Spekulativ ist der Versuch von L. Guido, I Numina Divorum Augustorum e la Legio XX Valeria Victrix. Una nuova iscrizione da Aquisgrana. Latomus 68, 2009, 644–656, der wenig überzeugend vorschlägt, die Inschrift vor den Abzug der XX. Legion aus Niedergermanien im Jahr 43 n. Chr. zu datieren.
[24] H. und B. Galsterer, Die römischen Steininschriften aus Köln. IKöln² (Mainz 2010) 249. W. Eck, Kölner Jahrb. Vor- u. Frühgesch. 13, 1972/73, 89–91. – H. 61,5 cm, D. 16,5 cm.
[25] IKöln² (Anm. 24) 261 = CIL XIII 8262. Vgl. auch Th. Grünewald, Kölner Jahrb. Vor- u. Frühgesch. 21, 1988, 243–252. – H. 57–58 cm, D. 10–11 cm.

Die erste Zeile belegt den religiösen Charakter des Textes. Aus Raumgründen dürfte hier wohl eher »dea[e]« als die Pluralform »dea[bus]« gestanden haben. Das davor klar zu lesende »E« lässt lediglich folgende Rückschlüsse zu: Entweder muss hier der Name einer weiblichen Gottheit im Dativ ergänzt werden, zum Beispiel Dianae, Fortunae oder Minervae, oder aber die vor allem im späten zweiten und im dritten Jahrhundert verbreitete Wendung »in honorem domus divinae«, die dann freilich nicht wie meist abgekürzt, sondern in voller Länge hätte ausgeschrieben gewesen sein müssen.

In der zweiten Zeile ist dann unschwer »A]ugusto« zu lesen. Es handelte sich sehr wahrscheinlich um das Epitheton einer männlichen Gottheit wie beispielsweise in der Weihinschrift CIL XIII 8236 aus Köln: »[Mer]curio August[o]«. Dass würde bedeuten, dass in den ersten beiden Zeilen mehrere Adressaten genannt wurden. Die Nennung »dea« in der ersten Zeile wäre dann wahrscheinlich nicht auf eine mögliche vorausgehende Gottheit zu beziehen, sondern auf eine zweite Göttin. Dass man gleich mehrere Himmlische anrief beziehungsweise ihnen gegenüber ein Gelübde einlöste oder ihnen etwas stiftete, war schließlich nicht ungewöhnlich.

Abb. 4 Ahrweiler, Museum Römervilla, Bauinschrift aus dem Ahrtal.

Dies ist allerdings nicht der einzige mögliche Ansatz für die Interpretation der zweiten Zeile. Eine Ergänzung zu »Augusto[rum]« fällt weg, da in diesem Fall aus Platzgründen sehr wahrscheinlich das gesamte Wortende »-orum« hätte kleingeschrieben sein müssen. Das aber wäre sehr außergewöhnlich, da die Ordination der Inschrift sehr ausgewogen wirkt. Es kann auch nicht geklärt werden, ob eventuell nur ein weiterer Buchstabe folgte und die Lesung folglich »Augusto[r(um)]« lauten müsste. Da vor allem in den gallischen Provinzen Weihinschriften auch »Numinibus Augustorum« – selten »Numinibus divorum Augustorum«[23] – gesetzt wurden, gilt es auch diese Möglichkeit zu prüfen. Doch spricht in diesem Fall die Stellung innerhalb der Inschrift dagegen, da die kaiserlichen Numina in der überwiegenden Zahl der Fälle an erster Stelle genannt sind.

Bereits diese ersten Überlegungen zur Textrekonstruktion machen deutlich, dass erhebliche Teile der Inschrift verloren sind und von einer relativ breiten Erstreckung ausgegangen werden sollte. In Höhe und Tiefe vergleichbare Inschriftenträger sind zum Beispiel von Bauinschriften aus der Provinzmetropole Köln bekannt: Eine solche des Nero besitzt eine Länge von 179 Zentimetern[24]; eine aus der Spätantike ist auf einer 113–114 Zentimeter langen Platte angebracht[25]. Die Beispiele ließen sich vermehren. Es wäre demnach keine Überraschung, wenn es sich bei dem Fragment aus Bad Neuenahr - Ahrweiler um den Rest eines Inschriftenträgers mit einer Länge von über einem Meter handelt.

Zu Beginn der dritten Zeile ist der Rest einer oberen Querhaste zu erkennen. Es kann sich hierbei nur um den Rest eines »T« handeln. Darauf folgt unmittelbar ein »E«, an das sich – getrennt durch einen dreieckigen Worttrenner – ein Name anschließt: »M(arc-) Cal+«. Am

Ende der Zeile ist der untere Teil einer senkrechten Haste erhalten. Geht man von den in den Duae Germaniae bekannten Gentilnomina aus, kämen als Ergänzung nur zwei Möglichkeiten in Betracht: Calidius oder Calpurnius[26]. Da Calidius mit nur zwei sicheren Belegen deutlich seltener überliefert ist als das gängige Gentiliz Calpurnius[27], sei letzterem bei der Ergänzung der Inschrift der Vorzug gegeben.

Ein unmittelbarer Anschluss an die erhaltenen Reste der vierten Zeile verbietet sich. Dort ist klar »[- - -]gi Anti f(ilii) Acu-« zu lesen. Die Zeichenfolge »-]gi« kann aus Platzgründen nicht das Ende des in der dritten Zeile beginnenden Gentilizes sein. Vielmehr muss es einer anderen Personen als dem zuerst genannten Marcus Cal+[---] zugeordnet werden. Das Ende der dritten und der Beginn der vierten Zeile können demnach mit guten Gründen zu »Calp[urnii« ergänzt werden; darauf dürfte in Analogie zum erhaltenen Teil der vierten Zeile eine Filiation gefolgt sein, danach das unbekannte Cognomen und dann ein »et«, an das sich ein zweiter Name anschloss. Dessen erhaltene Partie erscheint im Genitiv. Dieser Kasus sollte demnach ebenfalls beim ersten Namen vorausgesetzt werden. Dadurch lässt sich auch für den Beginn der dritten Zeile eine plausible Rekonstruktion finden: die Buchstaben »TE« dürften höchst wahrscheinlich zu »pro salu]te« zu rekonstruieren sein. Ob zu Beginn der Zeile noch vor »pro salute« eventuell die Weiheformel »sacrum« eingefügt war, ist unklar.

Die vierte Zeile setzt mit den letzten beiden Buchstaben des Gentilnamens ein: Die Buchstabenfolge »-]gi« deutet auf ein Gentiliz mit der Nominativendung »-gus« oder wahrscheinlicher mit der Endung »-gius« hin. András Mócsy listet im Nomenclator sechzig Personennamen mit der Endung »-gus« auf[28]. Davon entfallen jedoch nur zwei auf Gentilnamen, Cethegus und Pelgus. Beide sind weder in der Germania inferior noch in den Nachbarprovinzen belegt. Die Zahl der Personennamen mit der Endung auf »-gius« beläuft sich auf vierundsiebzig[29], davon sind einunddreißig Gentilnomina. Die beiden am meisten verbreiteten sind Magius und Sergius, doch kommen auch weniger häufig belegte wie zum Beispiel Cagius, Excingius, Longius, Tagius oder Togius in Frage. Die beiden erhaltenen Buchstaben erlauben jedoch nicht, eine verlässliche Vermutung über die Ergänzung anzustellen.

Hinsichtlich der Filiationsangabe ist bemerkenswert, dass kein klassisches römisches Pränomen erscheint. Dass dort vielmehr das Cognomen des Vaters, Ant(h)us, angegeben ist, besitzt Relevanz für die zeitliche Einordnung der Inschrift. Im Verlauf des zweiten Jahrhunderts verloren nämlich die lateinischen Pränomina zunehmend ihre distinguierende Funktion, was sich darin ausdrückt, dass sie in Inschriften zunehmend weggelassen wurden[30]. Obwohl in dieser Inschrift Tria nomina mitsamt Filiation (aber ohne Tribusangabe) aufgeführt sind, deutet sich in der Verwendung des Cognomens des Vaters in der erhaltenen Filiation an, dass die Pränomina schon ihre Bedeutung zu verlieren begannen[31]. Vom Cognomen ist am Zeilenende nur der Anfang zu lesen: »Acu-«. Nahe liegt aufgrund der Häufigkeit eine Vervollständigung zu Acutus, doch sind beispielsweise auch Aculenus oder die wohl keltischen Cognomina Acussa und Acumenius nicht auszuschließen[32].

---

[26] Kakoschke, Personennamen I, 118 f. GN 245 und 247.

[27] Siehe Schulze, 138; Weisgerber II 302–304.

[28] A. Mócsy, Nomenclator provinciarum Europae Latinarum et Galliae Cisalpinae cum indice inverso (Budapest 1983) 349–350.

[29] Ebd. 355.

[30] Vgl. B. Salway, Journal Roman Stud. 84, 1994, 124–145, hier 131.

[31] Antus/Anthus s. Kakoschke, Personennamen II 1, 105 CN 226. Die Variante »Antus« z. B. in CIL XIII 8593, vielleicht auch in H.-G. Kolbe, Bonner Jahrb. 160, 1960, 50–124 Nr. 28.

[32] Kakoschke, Personennamen II 1, 59–60 CN 23–25. Für Aculenus siehe L. Bakker / B. Galsterer-Kröll, Graffiti auf römischer Keramik im Rheinischen Landesmuseum Bonn (Bonn 1975) 539. Zu weiteren möglichen Ergänzungen siehe Delamarre, Noms celtiques 10 f.

Die fünfte Zeile beginnt mit der Worthälfte »[- - -]henium«, gefolgt von »cum«. Die Rekonstruktion gestaltet sich schwierig, denn ein lateinisches Nomen mit der Endung »[- - -]henium« ist bislang nicht bekannt. Es könnte sich allerdings um einen Gegenstand oder ein Gebäude oder einen Teil eines solchen gehandelt haben, der beziehungsweise das durch den Zusatz eines Personen- oder Ortsnamens – in Frage kommen zum Beispiel Parthenius beziehungsweise Parthenios[33] – näher spezifiziert wurde. Alternativ kann noch die Verwendung eines latinisierten griechischen Terminus in Betracht gezogen werden. In einer bilingualen Weihinschrift aus dem thrakischen Kabyle, die 205/208 n. Chr. aufgestellt wurde, erscheint die Buchstabenfolge »YBATHENION«[34]. Was sich dahinter verbirgt, ist wiederum nicht geklärt. Somit verbleibt der Inhalt der Dedikation im Dunkeln.

Nicht zu entscheiden ist ferner in der sechsten Zeile, ob sich »omni(---)« auf das vorausgegangene Wort bezieht, von dem sich nur ein »M« erhalten hat, oder ob es mit dem nachfolgenden »VOT« zu verbinden ist.

Auch die letzte Zeile ist nur teilweise erhalten. Sie setzt mit der Person ein, die die Stiftung ausgeführt hat. Es handelt sich um einen Sklaven (wohl weniger eine Sklavin) des Marcus, dessen Rufname auf dem verlorenen Teil eingraviert war. Es ist zu vermuten, dass es sich bei dem Besitzer des Sklaven um den in der dritten und vierten Zeile genannten »M(arcus) Calp[urnius? ---]« handelt. Das auf »SER« folgende »V« könnte zwar auch zu »v(ilicus)« oder »v(erna)« aufgelöst werden, sehr viel wahrscheinlicher ist aber die in Weihinschriften geläufige Schlussformel »v(otum) l(ibens) p(osuit) «. Als Textrekonstruktion sei vorgeschlagen: »[- - -]e · dea[e] / [- - - A]ugusto / [- - - pro salu]te · M(arci) · Calp/[urnii? - f(ilii) - - - et - - -]gi · Anti · f(ilii) · Acu/[ti? - - -]henium · cum / [- - -]M · omni(- - -) · vot(--) / [- - -]M(arci) · ser(v-) · v(otum) · l(ibens) · p(osuit)

Obwohl wesentliche Teile der Inschrift nicht erhalten sind, dürfte es sich um eine bedeutende Stiftung gehandelt haben. Darauf deutet bereits die ansatzweise zu erschließende Größe des Inschriftenträgers hin. Vermauert war er wohl in einem Gebäude oder an einem Monument, das mit guten Gründen Teil eines im zweiten Jahrhundert bestehenden Heiligtums gewesen sein dürfte, wahrscheinlich im unteren Ahrtal. Beachtung verdient, dass die Stiftung von einem Sklaven ausgeführt wurde.

Eine Merkurweihung aus dem Umland von Mainz

Im Jahr 2010 wurde auf dem US-amerikanischen Kunstmarkt die im Folgenden beschriebene Inschrift angeboten. Leider stehen nur Fotos von geringer Auflösung zur Verfügung (Abb. 5 und 6). Es handelt sich um mehrere aneinanderpassende Fragmente eines Weihmonuments, vielleicht eines Altars, das nach den spärlichen Angaben des Händlers aus einer Privatsammlung im Mainzer Umland stammen soll[35].

---

[33] Der Name Sthenius kann vernachlässigt werden, da lediglich einmal belegt (CIL XIII 2536 = 8643). – Parthenios als Ortsname u. a. westlich von Elaia in Kleinasien.

[34] AE 1999, 1374 = SEG 42, 646: [Bona] Fortuna I(ovi) O(ptimo) M(aximo) Dol(i)c(heno)/ pro [sal(ute)] d(ominorum) n(ostrorum) Imp(eratorum) [L(uci) S]ept(imi) S[ev(eri)] / et M(arci) [Aur(eli)] Antonino(!) Augg(ustorum) [et P(ubli)] Sept(imi) Ge]/[tae] Caes(aris) et Iul(iae) [Aug(ustae) matr(is) castr(orum) mil(ites?) in] / c[o]orte I Athoitoru[m - - -]/de Q(uinto) Egnati[o] Pr[o]c]ulo leg(ato) Au[g(usti)] pr(o) / pr(aetore) fecerunt templum Anto[nino et] / [Ge(ta?) co(n)s(ulibus) - - -] / ybathenion [- - -] / [- - -]uarius M[- - -]LI / [- - -]va Imp(eratore?) IIIII [[- - -]] / [[- - -]] Kal(endas) Fe<b=r>r(u)ari(a)s.

[35] Da der Händler auch Ziegel mit Stempel der in Mainz stationierten Legio XXII Primigenia im Angebot führte, dürfte die Herkunftsangabe wohl zutreffen.

Auf der oben und unten gebrochenen Vorderseite, die auch an den Rändern beschädigt ist, haben sich vier Zeilen der Inschrift erhalten. Die Buchstaben sind mit roter Farbe ausgemalt, möglicherweise nachträglich.

Auf der linken Seitenfläche finden sich Reste einer Reliefdarstellung. Zu sehen ist eine männliche Person, die in ihrem angewinkelten linken Arm einen Stab hält, der im oberen Teil in Kreise übergeht. Offensichtlich handelt es sich um eine Darstellung des Merkur, dem als Attribut der schlangenumwundene Caduceus beigegeben ist[36]. Diesem Gott ist auch das Monument geweiht. Obwohl die erste Zeile stark gestört ist, kann sein Name sicher gelesen werden. Der Text lautet:

MERCURIO [-2-]
TERNOSVC[-]+[-]
NVSO POSUIT
[-?]FLALONOVS
- - - - - -?

In der ersten Zeile sind rechts zwei Buchstaben zu ergänzen. Die erste Hälfte der zweiten Zeile kann nur der Rest eines Epithetons sein, »[pa]terno« oder »[ae]terno«. Für Mercurius Paternus kann als Parallele ein kleiner Altar aus Bonn herangezogen werden[37], wohingegen »Aeternus« als Epitheton für Merkur bislang nicht belegt ist. Gegen die Möglichkeit, hier mit »(deo) [Ae]terno« den Namen einer zweiten Gottheit zu ergänzen, kann eingewendet werden, dass an diesen gerichtete Weihungen im epigraphischen Material aus den beiden germanischen Provinzen und der Belgica bislang nicht bekannt sind.

Die zweite Hälfte der zweiten Zeile ist stark gestört. Nach »SVC« sind noch drei Buchstaben zu ergänzen, wobei noch minimale Spuren des mittleren von diesen auszumachen sind, vielleicht die obere linke Ecke eines E, F, D, P, R oder B. Offensichtlich wird das Wort in der dritten Zeile weitergeführt. Eine Rekonstruktion fällt allerdings schwer. Erneut bieten sich zwei Möglichkeiten an: entweder ein Epitheton oder ein dritter eigenständiger Göttername. Da sich jedoch kein Theonym findet, das zur Ergänzung herangezogen werden kann, soll der ersten Möglichkeit der Vorzug gegeben sein. Die Gottheit wurde hier demnach wohl durch zwei Epitheta näher gekennzeichnet, ein Phänomen, das epigraphisch nicht sehr oft zu beob-

---

[36] Ob der Gott, dem die Dedikation galt, darüber hinaus auch auf der Frontseite dargestellt war, lässt sich nicht mehr eruieren. Die Darstellung eines Gottes auf der Seitenfläche von Weihemonumenten ist eher selten. Beispiele bieten etwa die Weihaltäre für Iuppiter Optimus Maximus und weitere Gottheiten aus Obernburg (CIL XIII 6624 = CSIR D II-13, 174; CIL XIII 6621 = CSIR D II-13, 175). Vgl. z. B. auch E. Schraudolph, Römische Götterweihungen mit Reliefschmuck aus Italien (Heidelberg 1993) 192–194 mit den anepigraphischen Weihebasen G3 und G4.

[37] Beyer (Anm. 18); AE 2010, 1001.

[38] Cf. Delamarre, Noms celtiques 18.

[39] Kakoschke, Personennamen II 1, 470 CN 1764. Noch häufiger ist in den Rheinprovinzen das aus Longus gebildete Cognomen »Longinus«.

[40] Ein solcher Fehlschluss findet sich z. B. bei L. Long / C. Domergue, Mél. École Française Rome 107, 1995, 818–820. Richtigstellung durch P. Rothenhöfer, Zeitschr. Papyr. u. Epigr. 173, 2003, 279.

[41] Die Stellung ist zwar selten (z. B. CIL XIII 11501. 11805), deutet aber nicht auf ein regional oder zeitlich eingrenzbares Phänomen hin.

[42] AE 2001, 1411; A. Miron in: A. Haffner / S. von Schnurbein (Hrsg.), Kelten, Germanen, Römer im Mittelgebirgsraum zwischen Luxemburg und Thüringen. Akten des Internationalen Kolloquiums zum DFG-Schwerpunktprogramm »Romanisierung« in Trier 1998. Koll. Vor- u. Frühgesch. 5 (Bonn 2000) 397–407.

[43] Spickermann, Germania I (Anm. 1) 446. Bereits F. Drexel, Ber. RGK 14, 1923, 1–68, hier 32 sieht in Mars Cnabetius zu Recht eine lokale Gottheit aus dem östlichen Gallien.

achten ist. Aus dem Rheinland bekannt sind etwa die Matronae Textumeihae Ambiamarcae aus Boich bei Düren (AE 1968, 324), ferner Apollo Grannus Mogounus aus Horbourg-Wihr (CIL XIII 5315), die Matres Frisavia Paternae aus Xanten (CIL XIII 8633) und die Matres Paternae Hannanef(---?) aus Köln (CIL XIII 8219). Übrigens unterstützen die beiden letztgenannten Beispiele die Ergänzung des ersten Epithetons zu »Paternus«.

Zu Beginn der vierten Zeile dürfte ein Buchstabe zu ergänzen sein. Die folgende Buchstabenfolge »FLALONOVS« beziehungsweise »FLALONCVS« oder »FLALONGVS« nennt offensichtlich den Dedikanten. Vom zweiten »L« hat sich nur noch die Längshaste erhalten, doch sollte die Rekonstruktion aufgrund des Abstands der Haste zum folgenden »O« als weitgehend gesichert gelten. Somit bieten sich für die Zeile folgende Lesarten an: »[-] Fl(avius) Aloncus« oder aber »[-] Fla(vius) Longus«. »Aloncus« ist weder in den gallischen noch in den germanischen Provinzen belegt. Lediglich aus dem spanischen Villar del Rey (Provinz Badajoz) kennen wir einen Accius Bouti f(ilius) Aloncus[38] (AE 1971, 146). »Longus« dagegen ist ein recht verbreitetes Cognomen[39].

Daraus ergibt sich folgende Textrekonstruktion: »Mercurio [pa?]/terno SVC̣[-]+[-]/NVSO posuit / [-?]Fla(vius) Longus / ------?«.

Leider hat sich vom Pränomen nichts erhalten. Allein das Gentiliz des Dedikanten, Flavius, muss nicht auf eine Bürgerrechtsverleihung durch einen der flavischen Herrscher zurückgehen und kann aus diesem Grunde auch nicht als chronologischer Anhaltspunkt gewertet werden[40]. Ebenso wenig lässt sich aus der Position des Verbs »posuit« vor dem Dedikantennamen ein zeitlicher Hinweis ableiten[41].

Eine Weihinschrift für Mars Cnabetius aus Schwarzenbach

Bereits 1983 wurde bei Schwarzenbach, Gemeinde Nonnweiler im saarländischen Landkreis Sankt Wendel, zirka sechzig Meter südlich des Tempelareals »Auf dem Spätzrech«, das Fragment einer kleinen bronzenen Tabula ansata gefunden[42] (Abb. 7). Die darauf angebrachte Inschrift kündet von einer

Abb. 5 und 6 (gegenüber) Privatbesitz. Weihemonument, aus dem Mainzer Umland?
Abb. 7 (oben) Saarbrücken, Staatl. Konservatoramt. Bronzene Weihinschrift für Mars Cnabetius aus dem Heiligtum bei Schwarzenbach. Ungefähr natürliche Größe.

Weihung an Mars Cnabetius, einer Gottheit, die durch sechs weitere Inschriften aus der südlichen Gallia Belgica und aus Obergermanien bekannt ist. Da vier von diesen aus der gleichen Region stammen, wird dort die Heimat des Kultes verortet. Fundorte sind neben Schwarzenbach die saarländischen Gemeinden Tholey (CIL XIII 4258), Wahlschied (CIL XIII 4507) und Hüttigweiler (CIL XIII 4508). Wolfgang Spickermann vermutet, dass es sich möglicherweise um die »Schutzgottheit einer Untereinheit des Treverestammes« handelt[43]. Drei weitere Inschriften mit der Nennung dieser Gottheit sind aus dem rechtsrheinischen Obergermanien bekannt. Dazu zählt die Weihung des Cornicen Paterio aus Osterburken (CIL XIII 6572, ebenfalls ein Bronzetäfelchen), ferner ein Inschriftenstein, der sekundär in der Kirche von Erbstetten verbaut ist und aus der näheren Umgebung stammen dürfte (CIL XIII 6455), sowie eine Weihung aus Wiesloch (AE 1992, 1282). Zumindest das Bronzetäfelchen aus Osterburken zeigt, dass diese Gottheit auch in militärischem Zusammenhang verehrt wurde.

Der Text des Inschriftentäfelchens vom Tempelbezirk bei Schwarzenbach wurde 2012 erneut – in Zusammenhang mit der Auswertung von Befunden archäologischer Untersuchungen – durch Daniel Burger besprochen, ohne dass die Interpretation über den Stand von 1998/2000 hinausgeht[44]. Die dort gegebene Abschrift lautet:

   MARTI · CNAB
   ETIO
   CELVON · CADDI
   MARUS
5   [--]DIVMIANO
   II

Die ersten vier Zeilen sind problemlos zu lesen: »Marti · Cnab/etio / C(aius) · Elvon(ius) · Caddi/marus«. Bemerkungen zu Gottheit und Namen des Dedikanten finden sich bereits in den bisherigen Vorlagen, so dass hier nicht mehr darauf eingegangen werden muss. Die letzten drei Zeilen der Inschrift sind aber durch Bruchkanten und Fehlstellen stark gestört. Eine überzeugende Interpretation ist den bisherigen Bearbeitern nicht gelungen, soll aber im Folgenden versucht werden.

 Bereits Burger weist darauf hin, dass in der fünften Zeile vor dem ersten vollständig erhaltenen Buchstaben eine von links oben nach rechts unten verlaufende Haste zu erkennen ist. Es kann sich hierbei nur um die rechte Haste eines »A« oder eines »M« handeln[45]. Burger wollte hier einen keltischen Namen ergänzen, Adiumiano oder Madiumiano. Das ist aber aus mehreren Gründen zu verwerfen. Zum einen handelt es sich bei dem letzten Buchstaben klar um ein »C«, da der Kreisbogen rechts offen ist. Zum anderen wäre in diesem Fall der Anschluss beziehungsweise die Lesung der folgenden sechsten Zeile unklar, die nur aus zwei senkrechten Hasten besteht. Ferner können die beiden Buchstaben vor dem letzten nicht nur als »AN«, sondern alternativ auch als »MI« gelesen werden. Davor befindet sich ein »I« oder »T«; eine klare Entscheidung nur aufgrund des isolierten Zeichens kann nicht erfolgen, denn beide Buchstaben sind in den ersten beiden Zeilen gleich ausgeführt. Die Lesung der vier vorausgehenden Buchstaben ist dagegen unzweifelhaft.

 Zu Beginn der Zeile – vor dem »D« ist Raum für zwei bis drei Litterae – findet sich knapp oberhalb des Bruchrandes noch die minimale Spur der ersten Glyphe. Dieser Schriftrest wurde bislang übersehen. Zu erkennen ist ein Teil der oberen, senkrecht ausgeführten Serife und ansatzweise ein minimales Stück der von links kommenden Buchstabenlinie. Bei diesem Zeichen kann es sich nicht um ein »E«, »F« oder »T« handeln, denn in diesem Falle müssten noch Spuren der waagrechten Haste zu sehen sein. Eher dürfte die Serife die aufsteigende Rundung eines »C«, »G« oder »S« abgeschlossen haben. Wie bereits erwähnt ist vor dem »D« eine schräg nach unten verlaufende Linie zu erkennen, die einem »A« oder »M« zugehörig sein könnte. Letzterer Buchstabe ist aber auszuschließen, da eine Zeichenfolge »-MDIV-« (zu finden zum Beispiel in »tamdiu«/»aliquamdiu«/»quamdiu«) beziehungsweise »-MDIVM-« an dieser Stelle weitgehend auszuschließen ist. Es stand also mit Sicherheit ein »A«. Setzt man dies voraus, dann wäre zwischen dem »A« und dem ersten Buchstaben noch ein weiteres Zeichen zu ergänzen. Sucht man nach einer sinnvollen Lesung für diese Zeile, dann ergibt sich zum einen als mögliche Lesung »g[l]adium«[46], alternativ bei Ergänzung eines »S« am Zeilenanfang »s[t]adium«. Die Stiftung einer Rennbahn wäre für die Nordwestprovinzen bislang einmalig. In einem derartigen Falle wäre zudem eine in Stein gemeißelte Dedikationsinschrift zu erwarten, die mit der Größe und Bedeutung der Stiftung korrespondieren würde. Deshalb sei hier der Ergänzung zu »g[l]adium« der Vorzug gegeben.

Das Verständnis der hinteren Zeilenhälfte gestaltet sich aufgrund der bereits oben genannten möglichen Lesevarianten schwieriger. Als weitere Lesung böte sich nach »g[l]adium« zum einen »IMIC« an. Innerhalb des letzten Buchstabens findet sich eine runde Eintiefung, wobei das Foto keine eindeutige Entscheidung zulässt, ob es sich hierbei um eine Beschädigung oder um einen Worttrenner handelt[47]. Ein Begriff, Orts- oder Personenname, der auf »Imic-« beginnt, ist bislang allerdings unbekannt[48]. Zwar ist nicht ganz auszuschließen, dass es sich hier eventuell um einen bislang nicht belegten Personennamen – vielleicht Imicius – handeln könnte, doch besteht auch die Möglichkeit einer alternativen Lesung. Denn das vermeintliche »IMI« könnte auch als »TAN«[49] gelesen werden, so dass sich eine Auflösung zu »tanc«, und unter dem sinnvollen Einschluss der sechsten Zeile »TANCII«, ergeben würde. »Tancius« aber ist ein gut keltischer Personenname[50]. Es wäre der erste Beleg für das Trevererland und die Gallia Belgica. Ein keltischer Name würde gut zum Namenmaterial der anderen bekannten Weihungen an Mars Cnabetius passen: Gaius Elvonius Caddimarus, Oco[nius] Gemi[nus] und [B]enignus [T]asgillus. Die fünfte und sechste Zeile lesen sich demnach sinnvoll als »g[l]adium Tanc/ii«, Schwert des Tancius.

In der letzten Zeile machte Burger noch ein »M« aus und schlägt hier die sehr verbreitete Dedikationsformel »v(otum) s(olvit) l(ibens) m(erito)« vor. Doch auch dieser Lesungsvorschlag muss leicht modifiziert werden. Denn das »M« befindet sich unmittelbar rechts der Mitte; links von dieser hat sich in dem hier breiten Bruchfeld möglicherweise noch der Eindruck der Längshaste des vorangehenden »L« erhalten. Aufgrund der durchweg guten Zentrierung und vor allem der Position des »M« wenig rechts vom Zentrum sollte hier »v(otum) l(ibens) m(erito) s(olvit)« ergänzt werden[51]. Nach diesen Beobachtungen ist der Gesamttext des Weihetäfelchens folgendermaßen zu rekonstruieren: »Marti · Cnab/etio / C(aius) · Elvon(ius) · Caddi/marus / g[l]adium Tanc/ii / [v(otum)] l̇(ibens) m(erito) [s(olvit)]«.

Demzufolge dürfte es sich um die Weihung eines Kurzschwertes durch Gaius Elvonius Caddimarus handeln. Zwölf Lanzenspitzen, die ebenfalls bei den Grabungen im Bereich des Umgangstempels gefunden wurden[52], belegen, dass Waffenweihungen in diesem Heiligtum des Mars Cnabetius offensichtlich nicht ungewöhnlich waren. Im Dunkeln bleibt das Verhältnis zwischen dem Stifter und dem ehemaligem Besitzer des Gladius. Denn es lässt sich nicht mehr klären, ob es sich bei Tancius beispielsweise um einen verstorbenen Verwandten des Elvonius Caddimarus handelte oder ob letzterer den Tancius eventuell in einem Kampf getötet hatte.

---

[44] D. Burger, Arch. Korrbl, 42, 2, 2012, 225–243. Cf. Miron (Anm. 42).

[45] Burger (vorige Anm.) 234.

[46] Dass sich von der oberen Serife des »L« nichts erhalten hat, verwundert nicht, denn es war vermutlich etwas niedriger angelegt. Auch das »L« in Zeile 3 ist deutlich kleiner als das vorausgehende »E«.

[47] Der Vergleich mit der Interpunktion zu Beginn von Zeile 3 könnte für ein Interpunktionszeichen sprechen, dessen Sinn sich an dieser Stelle aber nicht erschließt. Nicht auszuschließen ist, dass es sich um einen versehentlich gesetzten Punkt handelt. Völlig zu verwerfen sind dagegen die Spekulationen von Burger (Anm. 44) 234, es könne sich um eine Ligatur aus »C« und »O« gehandelt haben, die möglicherweise zur Konsulatsangabe »CO[S]« zu ergänzen sei.

[48] A. Kakoschke, Die Personennamen in der römischen Provinz Gallia Belgica (Hildesheim, Zürich und New York 2010) verzeichnet kein derartiges Gentil- oder Cognomen. AE 1978, 510b aus Trier mit der Ergänzung zu »P(ublius) Im(icius)« ist spekulativ und angesichts fehlender Belege zu verwerfen. Delamarre, Noms celtiques 110 verzeichnet fälschlich »Imicius« unter Verweis auf CIL XIII 4146 (dort nicht eindeutige Wiedergabe der Buchstabenformen). Auf dem Stein ist klar INIICIVS = Inecius zu lesen, s. CSIR D IV 3, 22 mit Taf. 6, 22. – Unwahrscheinlich erscheint hier ein doppelter Schreibfehler und eine daraus herzuleitende Korrektur zu »[in]imici{i}«.

[49] Das Fehlen eines Serifenfußes an der ersten Haste des potentiellen »N« (s. die freistehenden »N« in den Zeilen 1 und 3) dürfte wohl auf den direkten Übergang vom »A« zurückzuführen sein (vgl. Zeile 1 »MA« und freistehendes »A«).

[50] Siehe etwa CIL XII 3936 = AE 1995, 1058 aus Nîmes, vgl. auch Atlas Antroponímico de la Lusitania Romana (Mérida und Burdeos 2003) 316 s. v.; Delamarre, Noms celtiques 177.

[51] So erscheint die geläufige Weiheformel etwa in CIL XIII 3656 aus Trier, in CIL XIII 1032 aus Saintes oder in IKöln² (Anm. 24) 240.

[52] Burger (Anm. 44) 235.

Weihinschriften, die explizit Waffen als Weihgaben nennen, sind bislang ausgesprochen rar. So wurde in Tongeren der einheimischen Gottheit Vihansa von einem Zenturio der Legio III Cyrenaica Schild und Lanze geweiht: »scutum et lanceam d(ono) d(edit)«[53]. Bekannt aus der Literatur ist ferner, dass im Marstempel zu Köln ein Schwert Julius Cäsars aufbewahrt wurde, das man 69 n. Chr. Vitellius bei dessen Ausrufung zum Kaiser in die Hand gab[54]. Unklar ist allerdings, ob dieses im Tempel mit einer Tabula und darauf befindlicher Inschrift versehen war.

Das Phänomen, Waffen beziehungsweise Waffenteile zu weihen, ist bislang nur ausschnitthaft bekannt. Funde römischer Militaria im Heiligtum der Vagdavercustis auf dem Kalkarberg bei Kalkar[55] und im Heiligtum von Empel in Nordbrabant[56] legen nahe, dass derartige kultische Praktiken durchaus verbreitet waren[57]. Mit dem Bronzetäfelchen aus Schwarzenbach besitzen wir ein weiteres bedeutendes Dokument für diese Votivpraxis.

Dr. Peter Rothenhöfer, Kommission für Alte Geschichte und Epigraphik des Deutschen Archäologischen Instituts, Amalienstraße 73b, 80799 München, peter.rothenhoefer@dainst.de

---

[53] CIL XIII 3592.
[54] Suet. Vit. 8, 1.
[55] S. Bödecker, Der Limes 4, 2, 2000, 16–19; ders. / C. Sarge in: Gebrochener Glanz. Römische Großbronzen am UNESCO-Welterbe Limes, Ausst. Bonn, Aalen und Nimwegen (Mainz 2014) 92–94.
[56] C. van Driel-Murray in: N. Roymans / T. Derks (Hrsg.), De tempel van Empel. Een Hercules-heiligdom in het woongebied van de Bataven. Graven naar het Brabantse verleden 2 ('s-Hertogenbosch 1994) 104 Abb. 11, cf. E. Künzl, Jahrb. RGZM 43, 1996, 383–474, hier 443 f.

[57] Vgl. allgemein G. Bauchhenß in: Thesaurus Cultus et Rituum Antiquorum I (Los Angeles 2004) 391–408, hier: 406 (L. Waffen). Speziell zu Befunden von Waffen in Zusammenhang mit Gewässerweihungen s. Künzl (vorige Anm.) 443–445. Hinzuweisen ist auch auf die mehr als fünfhundertfünfzig Bronzenachbildungen von Waffen in einem Tempel bei Mouzon, Bois de Flavier. Hierzu s. G. Tisserand, Rev. Arch. Est et Centre-Est 31, 1980, 61–73. Vgl. ferner für das Trevererland N. Kyll, Trierer Zeitschr. 29, 1966, 5–113, bes. 62 f.

Abkürzungen

Birley u. a., Unknown Goddess	A. R. Birley / A. Birley / P. de Bernardo Stempel, A Dedication by the Cohors I Tungrorum at Vindolanda to a Hitherto Unknown Goddess, Zeitschr. Papyr. u. Epigr. 186, 2013, 287–300.
Delamarre, Noms celtiques	X. Delamarre, Noms de personnes celtiques dans l'épigraphie classique (Paris 2007).
Kakoschke, Personennamen	A. Kakoschke, Die Personennamen in den zwei germanischen Provinzen. Ein Katalog. I: Gentilnomina Abilius–Volusius (Rahden 2006); II 1: Cognomina Abaius–Lysias (Rahden 2007); II 2: Cognomina Maccaus–Zyascelis (Rahden 2008).

Resümee. Vorgestellt werden neben drei bislang unpublizierten Sakralinschriften aus Krefeld-Gellep, Bad Neuenahr - Ahrweiler und Mainz deutlich verbesserte Lesungsvorschläge für zwei weitere Weihetituli aus Bonn und Schwarzenbach. Den ersten Beleg für die Verehrung wohl der Dea Ahvardua im Rheinland bietet das Bronzefragment aus dem Lagerbereich von Krefeld-Gellep. Das Fragment einer größeren Weih- und Stifterinschrift liegt aus Bad Neuenahr - Ahrweiler vor. Aus dem Mainzer Raum wurde eine Dedikation an Mercurius Paternus bekannt. Zur Weihung eines Gladius an Mars Gnabetius in Schwarzenbach gehörte auch eine beschädigte bronzene Tabula ansata mit Nennung des Stifters.

Conclusion. Three previously unpublished tituli sacri from Krefeld-Gellep, Bad Neuenahr - Ahrweiler, and Mayence are presented together with significantly improved reading proposals for two other votive inscriptions from Bonn and Schwarzenbach. The first evidence of the veneration probably of the Dea Ahvardua in the Rhineland is given by a bronze fragment found within the Roman military camp at Krefeld-Gellep. The fragment of a major dedicatory inscription is known from Bad Neuenahr - Ahrweiler, a dedication to Mercurius Paternus from the area of Mayence. A damaged bronze tablet from Schwarzenbach provides information about the devotement of a gladius to Mars Gnabetius.

Résume. Si presentano tre iscrizioni dedicatorie inedite da Krefeld-Gellep, Bad Neuenahr - Ahrweiler e Magonza, affiancate da a nuove proposte di lettura per due tituli sacri di Bonn e Schwarzenbach. Il frammento bronzeo dalla zona del castro di Krefeld-Gellep presenta la prima evidenza per la venerazione della Dea Ahvardua in Renania – per quanto la lettura non sia del tutto sicura. Da Bad Neuenahr - Ahrweiler proviene poi una parte di un'iscrizione dedicatoria. Dalla zona di Magonza si pubblica una dedica a Mercurio Paterno. Una tabula ansata frammentaria da Schwarzenbach, che nomina anche il dedicante, accompagna la donazione di un gladio a Marte Gnabezio.

Bildrechte. Abb. 1 Autor. – Abb. 2 Vindolanda Trust. – Abb. 3 LVR - Amt für Bodendenkmalpflege im Rheinland, Ausführung Michael Thuns. – Abb. 4. Hubertus Ritzdorf, Bad Neuenahr - Ahrweiler. – Abb. 5 und 6 Edgar Owen, Lake Hopatcong. – Abb. 7 Landesdenkmalamt Saarland, Schwarzenbach.

Tünde Kaszab-Olschewski und Gerald Volker Grimm

Überlegungen zur Brittenburg

An der Nordseeküste, im Bereich des Rhein-Maas-Delta wurde im Zuge der römischen Okkupation ein Flussarm, und zwar der Oude Rijn, zum nassen Limes, zur »Ripa«[1]. Er existierte als Element der Grenzsicherung der Provinz Germania inferior und wohl auch der jüngeren Germania secunda. Bei der Mündung des Oude Rijn und am Endpunkt eines entlang des Limes führenden Landweges – einer Via militaris[2] – sowie einer Binnenlandstrecke befand sich hier nach Aussage der Tabula Peutingeriana der Ort Lugdunum. Dieser wird in der Regel mit einem Militärkastell gleichgesetzt, mit der sogenannten Brittenburg bei Katwijk[3]. Die Festung fungierte als ein Teil der aus Wachttürmen, Kleinkastellen, Auxiliar- und Legionslagern bestehenden Fortifikationskette. In der Nähe von Katwijk lagen größere zivile und militärische Siedlungen wie Praetorium Agrippinae (Valkenburg) und Forum Hadriani (Voorburg). Unweit erstreckte sich ferner die Fossa Corbulonis, ein durch das römische Militär angelegter Kanal, der den Rhein (Oude Rijn) und die Maas verband[4].

Bei der Ortswahl für das Kastell Brittenburg wirkten neben seiner Lage nahe der Küste auch die genannten Straßenverbindungen sowie die Nähe zu Britannien als positive Raumordnungsfaktoren mit. Die militärische Bedeutung dieser Stelle selbst wird unter anderem durch die dort geborgenen gestempelten Ziegel unterstrichen[5], denn neben Baukeramik der niedergermanischen Armee mit Inschrift »EX GER INF« stammt etwa ein Fünftel des Fundmaterials von der in Germanischen Provinzen stationierten Classis Germanica.

Die bis in die sechziger Jahre des vergangenen Jahrhunderts bekannt gewordenen Daten aus der Historiographie der Brittenburg fassen Hendrik Dijkstra und Frederick C. J. Ketelaar wie folgt zusammen[6]:

(1.) Im ersten bis dritten Jahrhundert bestand dort eine Festung, die wahrscheinlich als Flotten- oder Auxiliarlager diente; deren Funktion während des vierten Jahrhunderts ist unklar.

(2.) 1401 sind die als Brittenburg bekannten Ruinen das erste Mal schriftlich erwähnt.

(3.) 1520, 1562 und 1588 waren Mauerreste einer Festung am Strand bei Katwijk sichtbar. Es wurden Funde aus unterschiedlichen Materialien (Stein, Ton, Metall) geborgen.

Der folgende Beitrag ist die aktualisierte und erweiterte Version eines Vortrages, den die Autoren beim XXI. Limeskongress 2009 in Newcastle gehalten haben. Jos van Heel (Den Haag), Ruurd Halbertsma und Heikki Pauts (Leiden), Annette de Vries und E. A. Kallenborn (Duivenvoorde) sei für ihre Unterstützung bei der Recherche herzlich gedankt, auch Stefanie Hoss (Lent) sind wir sehr verbunden. – Datierungen beziehen sich auf die nachchristliche Zeit.

[1] Zur Definition der Ripa s. Fischer, Caesaren 298–300.

[2] Endpunkt des Weges war das Caput Germaniarum, s. Itinerarium Antonini 368, 3–4. Hierzu T. Bechert, Römisches Germanien zwischen Rhein und Maas. Die Provinz Germania inferior (München 1982) 80; ders. In: Th. Grünewald / S. Seibel (Hrsg.), Kontinuität und Diskontinuität, RGA Ergänzungsbd. 35 (Berlin und New York 2003) 6 f.

[3] Dijkstra, Rondom 67; Kropff, Rivier 182.

[4] Enckevort et al., Grenze 108.

[5] Weerd, Recent Excavations 287.

[6] Dijkstra/Ketelaar, Brittenburg 16.

(4.) Zwischen 1566 und 1568 veröffentlichte Abraham Ortelius einen ersten Grundrissplan[7].

(5.) Die Forschungstätigkeiten des zwanzigsten Jahrhunderts gipfelten 1960 in ergebnislosen Tauchuntersuchungen zur Lokalisierung der Brittenburg.

In der französischsprachigen Guicciardini-Ausgabe von 1625 (s. u.) sind zudem in einem Addendum zwei weitere Freispülungen der Brittenburg in den Jahren 1570 und 1597 erwähnt[8].

Im Jahr 1982 wurden bei einer Ausgrabung nahe Katwijk Reste einer Siedlung aus dem zweiten bis dritten Jahrhundert entdeckt[9]. Des Weiteren legte man zwischen 1995 und 2006 eine einheimische Siedlung sowie kaiserzeitliche Bestattungen bei Katwijk-Zanderij (Katwijk aan Den Rijn) frei[10]. Im Kastell Duivenvoorde fand 2002 eine Ausstellung statt mit dem Ziel, »erstmals Brittenburgobjekte aus verschiedenen Museen zusammen zu zeigen«[11]. Seit 2010 steht eine Metallplastik mit unter anderem dem Umriss der Brittenburg unweit der rezenten Mündung des Oude Rijn.

Die Brittenburg wird in den Niederlanden regelmäßig in Abhandlungen thematisiert[12], jedoch fehlt der wichtigste Forschungsgegenstand zur Bewertung des Komplexes, die Festung selbst. Verwirrend ist die Situation ferner dadurch, dass im Laufe der Zeit offenbar mindestens zwei unterschiedliche militärische Bauten, und zwar ein Kastell und ein kleinerer Wachturm beziehungsweise Burgus, zeichnerisch erfasst wurden, die beide ›Brittenburg‹ genannt werden. Sie waren nach Aussage der Abbildungen nie gleichzeitig an der Küste zu sehen, ihr Zutagekommen hing lediglich davon ab, welche Teile der Dünen gerade fortgespült waren, etwa durch Sturmflut[13].

Weitere Angaben zur Geschichte der Brittenburg, wie zum Beispiel, ob[14] Kaiser Caligula nach seinem erfolglosen Kriegszug gegen Britannien an der Küste bei Katwijk Muscheln sammeln ließ, sind nicht überprüfbar. Allerdings ist der Aufenthalt Caligulas in Fectio (Vechten) durch eine Inschrift wahrscheinlich[15], und auch die Gründung von Praetorium Agrippinae unter dem Namen seiner Mutter (Agrippina d. Ä.) bereits 39 n. Chr.[16] spricht wohl für seine Anwesenheit.

---

[7] Vgl. hierzu ausführlich T. L. Meganck, Bulletin KNOB 5/6, 1999, 226–236, bes. 226–228.

[8] Lodovico Guicciardini, Description de touts les Pays-Bas Autrement appelez la Germanie Inferieure ou Basse Allemagne (Amsterdam 1625) 283. – Für 1573 und 1576 erwähnt Langereis, Geschiedenis 212 weitere Freilegungen ohne Quellenangabe.

[9] Weerd, Recent Excavations 287.

[10] H. M. van der Velde (red.), Cananefaten en Friezen aan de monding van de Rijn. Tien jaar archeologisch onderzoek op de Zanderij-Westerbaan te Katwijk (1996–2006). ADC Monografie 5 (Amersfoort 2008) bes. 55–124.

[11] Kallenborn, Brittenburg (Anm. 26).

[12] Parlevliet, Verloren; D. Parlevliet, De Brittenburg. http://home-1.tiscali.nl/~dparlevl/historie/historie3.htm. 2009; Oud, Hoektorens; S. P. Oud, Nogmaals de Brittenburg. Westerheem 51, 2002, 174 f.; W. A. M. Hessing in: H. Sarfatij / W. J. H. Verwers / P. J. Woltering (Hrsg.), In Discussion with the Past. Archeological studies presented to W. A. van Es (Zwolle und Amersfoort 1999) 149–156; S. L. Wyna, ebd. 145–147; ders., De Brittenburg gaat noit verloren. Reactie op D. Parlevliet, De Brittenburg voorgoed verloren. Westerheem 51, 2002, 115–121. Westerheem 51, 2002, 174.

[13] Vergleichbar sind etwa einhundert Jahre später die Umstände der Auffindung der römischen Weihesteine bei Domburg, s. P. Stuart, Nehalennia van Domburg. Geschiedenis van de stenen monumenten I. Tekstband (Utrecht 2013) 11.

[14] Suet. Cal. 46.

[15] Année Épigr. 1999, 1100.

[16] Enckevort et al., Grenze 108.

[17] Oud, Hoektorens 226; Parlevliet, Verloren 2002, 120.

[18] Weerd, Recent Excavations; Dijkstra, Rondom 63; 69 Abb. 3, 1–3; 2.

[19] Parlevliet, Verloren.

[20] Weerd, Recent Excavations 284; 287.

[21] Vgl. J. H. Hessels (Hrsg.), Abrahami Ortelii (Geographii Antverpiensis) et virorvm ervditorvm ad evndem et ad Jacobvm Colivm Ortelianvm (Abrahami Ortelii sororis filivm) epistulae. Osnabrück. Reprint der Ausg. Londino-Batavae 1887 (Osnabrück 1969) 35; 57; Meganck 1999 (Anm. 7) 228.

[22] A. W. Byvanck, Nederland in den Romeinschen Tijd II (Leiden 1943) 421; Dijkstra/Ketelaar, Brittenburg 40 f.; Langereis, Geschiedenis 211 f.; P. Roeloffs / L. Swinkels, De Bataven. Verhalen van een vertwenen volk. Tentonstellingswijzer (Nimwegen 2004) 18.

[23] Oud 2002 (Anm. 12).

[24] Ortelius, epistulae (Anm. 21) 34–36 Nr. 16.

[25] Ortelius, epistulae (Anm. 21) Nr. 16.5; 16.8; 34–36.

Folgende Doppelseite
Abraham Ortelius: Die Brittenburg, Radierung und Kupferstich.
Abb. 1 (oben) 1566–1568, zweiter Zustand 1625.
Abb. 2 (unten) 1581, zweiter Zustand 1588.

Für den Gewinn neuer Informationen und eine mögliche neue Interpretation sind neben archäologischen Vergleichen vor allem bildliche Darstellungen aus dem sechzehnten und siebzehnten Jahrhundert heranzuziehen. Nach Aussage der Bildwerke besaß das Kastell Brittenburg Steinmauern mit Eck- und Intervalltürmen. Exakte Parallelen zur überlieferten Bauform, besonders zu den Doppelecktürmen, fehlen bis heute[17]. Im Zentrum des Bollwerkes liegen neben einem Doppelhorreum ein Brunnen sowie mehrere fragmentarisch überlieferte Mauerzüge. An die Außenmauer der Festung stoßen an zwei Stellen Mauern an. Ob all diese Baubefunde gleichzeitig entstanden sind, ist unklar. Auf den historischen Landkarten (so De Jode 1565) wird das Kastell vor den Dünen gelagert, im Meer lokalisiert[18] und auch Dik Parlevliet[19] geht davon aus, dass das Kastell vom Meer abgetragen wurde. Das noch heute auffindbare Fundmaterial der Brittenburg entstammt hauptsächlich dem zweiten bis mittleren dritten Jahrhundert[20].

Die Pläne und bildlichen Darstellungen

Wer sich heute mit dem Kastell, seiner Lokalisierung und den Funden (s. u.) beschäftigen will, ist im Wesentlichen auf historische Notizen zur Auffindung und auf alte Pläne angewiesen, die wiederum auf verschollenen Originalen beruhen. Authentische Grabungsberichte existieren nicht. Für die Zeit der Entdeckung durchaus ungewöhnlich sind die enge Verbindung von Bild und erzählender Beschreibung, die selbst die Identifikation verlorener Stücke und unter Umständen nähere Erkenntnisse zu den Fundumständen erlauben, wie auch die alten aufgeklebten Zettel mit erläuternden Angaben bei den erhaltenen Kleinfunden dazu beitragen.

Abraham Ortelius bildet im zwischen 1566 und 1568 publizierten Plan auch Fundstücke von geringem Kunstwert ab (Abb. 1, hier im bislang nicht berücksichtigten zweiten Zustand mit hinzugefügter Nummerierung von 1625)[21]. Die auch von späteren Künstlern und Autoren übernommene systematische Verbindung von Funden und Baubefund der Brittenburg nimmt eine Sonderrolle innerhalb der frühneuzeitlichen Archäologie ein.

Der neueren Forschung zufolge sind alle späteren Grundrisse der Brittenburg von Ortelius' Stich abgeleitet[22] (Abb. 1). Das Horreum ist leicht aus der Mitte der Ummauerung verlagert, und der Brunnen liegt nicht in dessen Mauerflucht. Das binnenseitige Maueranhängsel weicht stark von der Ausrichtung der Umfassungsmauer ab. Ortelius' späterer Plan von 1581 ist lediglich eine im Detail weitgehend liniengetreue, aber in der Positionierung der Objekte überarbeitete Zweitausgabe des ursprünglichen Plans, wobei Brunnen, Viktoriaaltar, Horreum und Imbrex inhaltlich anders gefasst sind (Abb. 2). Bereits Simon P. Oud vermutet[23], dass Ortelius wegen der großen Entfernung zu Antwerpen die Ruinen nicht im Original studieren konnte. Dies kann neben der Erwähnung eines vor Mai 1566 von Guido Laurinius, dem Bruder des Herrn von Wassenaar, an Ortelius gesandten Kastellplanes[24] durch eine weitere Beobachtung erhärtet werden: Der Nordpfeil ist bei Ortelius falsch, da das Dorf ›Katwijk binnen‹ bei ihm westlich von Katwijk, also im Meer liegen müsste. Möglicherweise sandte Guido Laurinius an Ortelius einen geosteten Grundriss als Vorlage[25]. In allen Plänen von Ortelius ist neben den vier Himmelsrichtungen und leicht versetzt zu der mit »S« für Septentrio (Norden) bezeichneten Richtung ein Pfeil angegeben, auf den im Folgenden zurückzukommen ist. Die falsche Orientierung ist also angesichts des ansonsten sehr sorgfältigen Kartographen ein weiteres Anzeichen dafür, dass Ortelius die Baubefunde selbst nicht kannte.

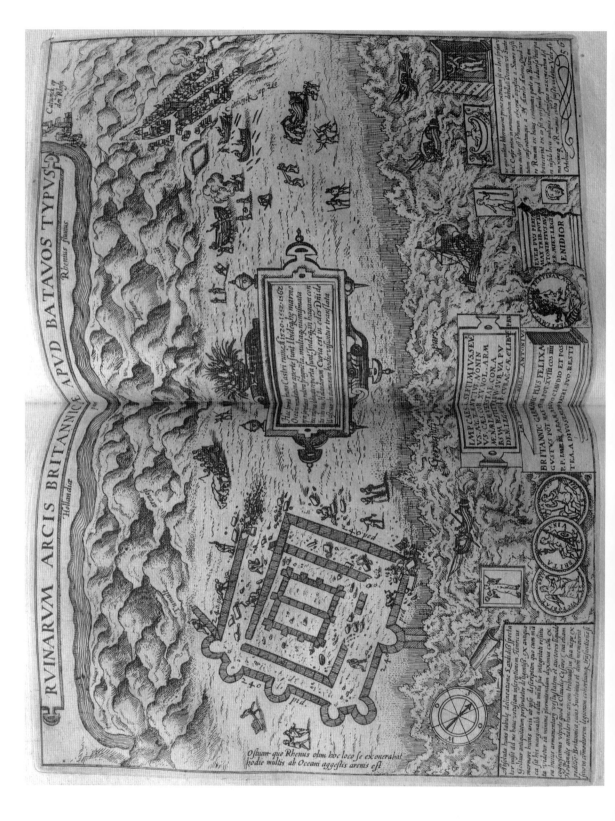

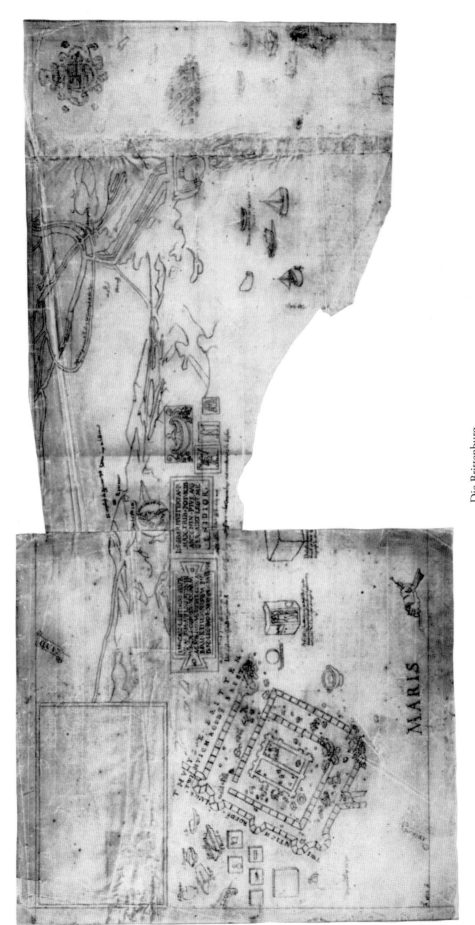

Die Brittenburg.
Abb. 3 (oben) Anonym, zweites Drittel achtzehntes Jahrhundert, Bleistift auf Transparentpapier.
Abb. 4 (unten) Anonym, ehemals Pieter Jansz. Saenredam zugeschrieben, 1573–1588, Öl auf Leinwand.

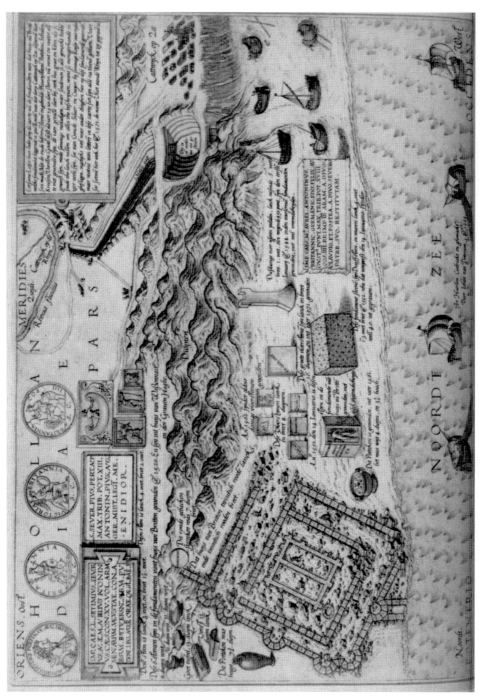

Abb. 5 (oben) Joanes van Doetecum: Die Brittenburg, 1588, Radierung und Kupferstich.
Abb. 6 (unten) Zacharias Heyns: Castellum Brittanicum, 1598, Kupferstich.

CASTELLVM BRITANICVM.

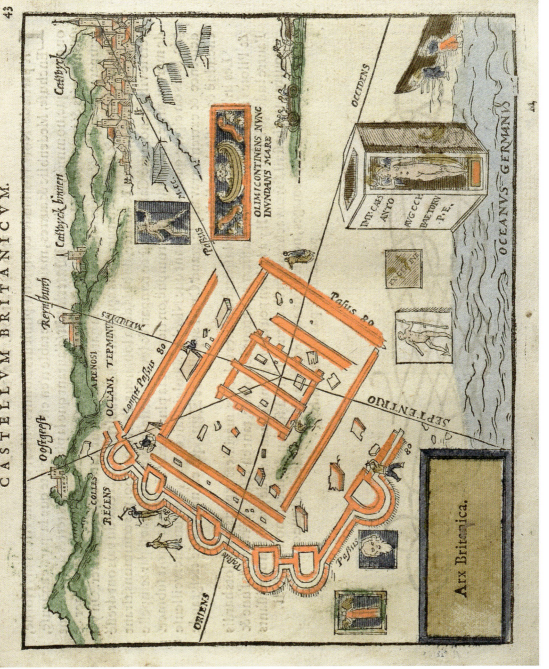

Um 1571/72 wurde ein nur noch in verschiedenen Ableitungen überlieferter Plan mit dem zwischenzeitlich gegrabenen Mallegat (Rheinkanal) angefertigt. Charakteristisch für die hiervon abgeleiteten Zeichnungen und Gemälde sind die zumeist wortlautgleichen Beschriftungen zu den Funden. Die beste Kopie, eine Bleistiftzeichnung des achtzehnten Jahrhunderts auf Pauspapier (Abb. 3), zeigt nur eine ungefähre Nordung mittels Schriftbändern. Der Brunnen liegt genau in der Flucht des zentrierten und genordeten Horreums. Das Maueranhängsel fluchtet nahezu parallel zur Umfassungsmauer. Ein ehemals Pieter Jansz. Saenredam zugeschriebenes Gemälde stammt aus dem Besitz der Herren von Wassenaar[26] (Abb. 4) und wird neuerdings ins späte sechzehnte Jahrhundert beziehungsweise in das Jahr 1573 datiert[27]. Sein Stil und das Fehlen der 1588 entdeckten Funde sprechen für eine Datierung zwischen 1571 und 1588. Es handelt sich um eine idealisierte Variante des Planes von 1571/72 mit Doppeltürmen an allen Ecken und zwei angehängten Mauern. Der Plan ist ins Landesinnere und bis Nordwijk erweitert. Im Jahr 1588 veröffentlichte Joanes van Doetecum eine verkürzte Variante desselben Planes (Abb. 5) mit den neu gefundenen Sockeln beziehungsweise Eisengewichten, ähnlich denen aus dem Xantener Amphitheater[28] (Abb. 7). Bei diesen besonders vertrauenswürdigen Überlieferungen des Planes von 1571/72 weicht die Nordung um maximal sechs Grad vom Mittelwert ab (Abb. 8). In dieser Tradition steht auch ein Gemälde, dessen Figurenstaffage zuletzt Jan van Goyen zuge-

Abb. 7 Eisengewichte aus dem Xantener Amphitheater (verschollen).

schrieben wurde[29], gerade diese stehen aber solchen des Jan Porcellis näher, so dass es wohl eher in dessen Umkreis entstanden sein dürfte. Hier ist der Grundriss schräg und unmaßstäblich in eine Dünenlandschaft hinein projiziert.

Bei Zacharias Heyns Plan von 1598 sind die Türme hufeisenförmig (Abb. 6). Die Anlage ist schiefwinklig gezeichnet und die Umfassungsmauer offenbar wie ein Schalenmauerwerk dargestellt. Das Horreum ist dezentriert, und es ist kein Brunnen erkennbar. Der Mauerfortsatz

---

[26] Christiaan van Hagen bezeichnet seinen Stich von 1695 ausdrücklich als Kopie des Gemäldes, gibt jedoch einzelne Objekte an anderer Stelle wieder. Das Gleiche gilt für denjenigen von François Bleiswijk 1725 und den hiervon kopierten Stich bei Pars, wo die Herren von Katwijk genannt sind. Vgl. Dijkstra/Ketelaar, Brittenburg Taf. 6–7; Pars, Batavorum 1745. Das Gemälde ging E. A. Kallenborn zufolge später in den Besitz derer zu Hessen-Kassel über, von denen es Holwerda 1927 für das Leidener Rijksmuseum van Oudheden erwarb. Vgl. E. A. S. Kallenborn, Brittenburg. Unpubl. Ausstellungsführer (Voorschoten 2002) 11 f.

[27] Ebd. 17.

[28] W. Böcking, Die Römer am Niederrhein und in Norddeutschland (Frankfurt 1974) 192 f.

[29] P. Roelofs / L. Swinkels, De Bataven. Verhalen van een verdwenen volk. Tentoonstellingswijzer (Nimwegen 2004) 17.

[30] L. Guicciardini, Omnium Belgii, sive inferioris Germaniae, regionum descriptio (Arnheim 1616).

[31] Pars, Batavorum 1745, zwischen den Seiten 102 und 103.

[32] Vgl. Niderlands-Beschreibung. Erstlich Durch den Edlen und Hochgeehrten Herrn Ludwig Guiccardin von Florentz, alles mit fleiß erkundiget, vnd biß auff das M.D.LXVI Jar, zusammen getragen: jetzund aber auß dem Jtaliänischen Original, gemeinem Vaterlandt zu gutem, auff das trewlichst verteutscht, Durch Danielen Federman von Memmingen (Basel 1580) 224.

[33] Vgl. Dijkstra/Ketelaar, Brittenburg Taf. 9; 14.

[34] So aber explizit Oud, Hoektorens 226.

zum Meer ist nicht vorhanden. Die Nordung ist ähnlich derjenigen in dem mehrfach kopierten Werk von 1571/72.

Die übrigen Pläne stehen in der Tradition der genannten, wobei etwa bei dem von Pieter van den Keere und dem hiervon kopierten, bisher unbeachteten der Guicciardini-Ausgabe[30] von 1616 der Grundriss Ortelius' und dessen wohl geostete Windrose in Bezug auf die Orientierung der Ausrichtung bei den Plänen der Tradition von 1571/72 nahesteht. Unter dem neu arrangierten Fundgut ist auch das sonst nur bei Doetecum und Kaerius sowie später bei Adriaan Pars[31] vorkommende Eisengewicht, wohl für eine Hebevorrichtung (Abb. 9).

Die phantastische Rekonstruktion »Schein von einem ertrunkem Schloß« in der deutschen Guicciardini-Ausgabe steht in keinem Zusammenhang mit den Darstellungen der Brittenburg[32]. Zwei »Veduten« der Brittenburg sind mittels Perspektivkonstruktion von Plänen der Tradition von 1571/72 abgeleitet: Die seitenverkehrte von Jacobus Marcus, mit Blick nach Osten, wo weder Kirche noch Leuchtturm zu sehen seien dürften, und die idealisierte aus John Breval[33] mit den Maueranhängseln eines erst seit 1701 bekannten, weiter südlich gelegenen Turmbaues. Bei Marcus liegt der Fluchtpunkt auf Horizontalhöhe, bei Breval etwas oberhalb der Bildoberkante.

Dagegen gibt Jacob Schijnvoet (Abb. 10) das Kastell von Süden und, wie bei Guicciardini und Ortelius, in den Dünen liegend mit konstruktiv nachvollziehbar variierenden Mauerstärken und auf keinem Plan eingezeichneten Mauerzügen wieder. Ein gemeinsamer Fluchtpunkt lässt sich selbst für die auf allen Plänen parallel verlaufenden Mauerzüge nicht ermitteln. Wegen der frei gezeichneten, also nicht mittels Zentralperspektive konstruierten Ansicht handelt es sich nicht um die Projektion eines Planes in den Raum. Das Auseinanderdriften der Fluchtlinien, insbesondere die starken Abweichungen bei den beiden äußersten Mauerverläufen, ist typisch für ohne Messinstrumente vor Ort aufgenommene Bildvorlagen. Für eine derartige Zeichnung als Vorlage sprechen auch die unterschiedliche Anzahl der Steinlagen auf den freigespülten Mauern und der unterschiedliche Grad der Freilegung.

Die Figuren tragen allerdings keine Trachten aus der Entdeckungszeit, sondern solche des Spätbarock. Demnach dürfte es sich um Schijnvoets bildmäßige Ausarbeitung einer Skizze aus dem sechzehnten Jahrhundert handeln, die den drei verschiedenen Grundrisstraditionen als vierte unabhängige Quelle zur Seite zu stellen ist.

Ortelius' Plan war, anders als bisher behauptet[34], wegen offenbarer Verbesserungen (Nordung) beziehungsweise größerer Nähe zu antiken Bauformen nicht die Hauptquelle der späte-

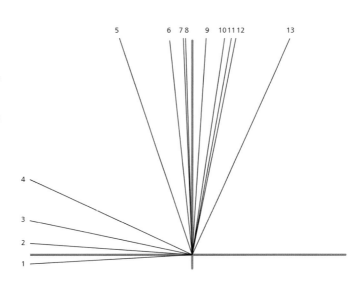

Abb. 8 Die unterschiedliche Nordung auf den mit Orientierungsangaben versehenen Plänen im Verhältnis zur Nordmauer der Brittenburg. (1) Ortelius 1581 Norden; (2) Ortelius 1566–1568 Norden; (3) Ortelius 1581 Pfeil; (4) Ortelius 1566–1568 Pfeil; (5) Heyns; (6) Ortelius 1581 Osten; (7) Pauszeichnung; (8) van der Boon; (9) Ortelius 1566–1568 Osten und Pars 1745; (10) Doetecum; (11) ehem. Saenredam zugeschr., van Hagen und Bleiswijck; (12) Ortelius 1581 Pfeil um neunzig Grad gedreht; (13) Ortelius 1566–1568 Pfeil um neunzig Grad gedreht.

Abb. 9 (links) Anonym nach Pieter van den Keere: t'Huys te Britten, 1616, Kupferstich.

Abb. 10 (gegenüber) Jacob Schijnvoet nach Roelant Roghman: De Gronslag van het Huis te Britten, 1711, Radierung und Kupferstich.

ren Pläne. Bezüglich der Nordung liegen dem einfachen Kopienvergleich zufolge die Tradition von 1571/72 und der Plan der Arnheimer Guicciardini-Ausgabe von 1616 einander am nächsten, was jedoch wegen der perspektivischen Verkürzung nur bedingt nachprüfbar ist. Die Orientierung von Heyns ist damit in etwa korrelierbar. Die Abweichung zu der nicht in Viertelkreise aufgeteilten Ausrichtung der Schriftbänder beträgt etwa zwanzig Grad, diejenige zu den beiden Bändern der im internen Vergleich dieser Tradition besten, also getreuesten Kopie der Vorlage (Pauszeichnung) etwa neun Grad. Somit deutet auch die Nordung darauf hin, dass die Pauszeichnung unter den Vorlagen der Tradition von 1571/72 den höchsten Quellenwert hat. Die Zeichnung von Schijnvoet sowie die Pläne von Ortelius und Heyns geben den südlichen Maueranhang in einem schrägen Winkel zur Kastellmauer an, während er bei anderen Darstellungen nach der Tradition von 1571/72 rechtwinklig geschönt erscheint. Es gab vier voneinander unabhängige Aufnahmen nach dem Baubefund, wobei Heyns möglicherweise den Zustand von 1588 oder von 1597 mit bis auf Fundamenttiefe abgegrabenen Umfassungsmauern wiedergibt. Die Ähnlichkeit der Pläne von Ortelius und der Tradition von 1571/72

---

[35] Lodovico Guicciardini, Descrittione di Lodovico Guicciardini patritio fiorentino di tutti i Paesi Bassi, altrimenti detti Germania inferior (ital. Erstausgabe Antwerpen 1567) 193; ders., Belgicae sive Inferioris Germaniae descriptio. Descrittione di tutti Paesi Bassi, altrimenti detti Germania Inferiore (Amsterdam 1635) 224; Guicciardini, Description Pays-Bas 1625 (Anm. 8) 282.

[36] So auf der rückseitigen Erläuterung zum Plan von Heyns, s. www.uni-mannheim.de/mateo/desbillons/atlas/seite43.html; Pars, Batavorum 1745, 78.

[37] Doetecum. Vgl. Dijkstra/Ketelaar, Brittenburg 68–70. – Für die Umrechnungen wurde insbesondere herangezogen H. Witthöft (Hrsg.), Handbuch der historischen Metrologie (Sankt Katharinen 1991).

[38] Iunius, Batavia 1588, 109.

[39] Dijkstra/Ketelaar, Brittenburg 69 f.

[40] Parlevliet, Verloren 2002, 119. Er bezieht sich dabei auf die Angabe zu den 1200 passus gleich 300 Ruten, legt aber ein viel zu kleines Fußmaß als Umrechnungsfaktor zugrunde.

[41] Vgl. W. A. van Es, De Romeinen in Nederland (Haarlem 1981) 98 Abb. 70.

[42] Dijkstra/Ketelaar, Brittenburg 25. – Ausführlich hierzu Parlevliet, Verloren 116–118. Die im 18. Jh. freigespülten Gebäudereste wurden seinerzeit ebenfalls ›Brittenburg‹ genannt und werden noch immer mit dem Kastell verwechselt, vgl. etwa Roeloffs/Swinkels, Tentonstellingswijzer (Anm. 22) 17. Wahrscheinlich entstammt diesem Fundort auch der 1728 geborgene und erstmals bei Pars, Batavorum 1745 publizierte karolingische Anhänger (s. Anm. 31), der zuletzt 2011 wieder der Brittenburg zugeschrieben wurde, s. Dijkstra, Rondom 440. Da das Kastell nach dem 16. Jh. nicht mehr offen lag, ist eine Zuordnung zur Brittenburg nicht gegeben.

mag daher rühren, dass alle dem Umfeld der Herren von Wassenaer entstammen. Die von Ortelius erstmals angewandte Methode, Funde und Grundriss gemeinsam darzustellen, war für die Folgezeit allerdings grundlegend.

Die Angaben zum Fundort

Die Brittenburg wurde mit verschiedenen Längenmaßen wie eintausendsechshundert »passi« von Katwijk[35], eintausendzweihundert »passus« von der Katwijker Kirche[36] und dementsprechend dreihundert »roeden« von Katwijk entfernt[37] beziehungsweise in der Nähe (südlich) von Nordwijk lokalisiert[38]. Dijkstra und Ketelaar[39] schließen auf eine Entfernung von anderthalb Kilometer; Parlevliet[40] dagegen auf etwa 1150 Meter von der Andreaskirche[41]: Eintausendsechshundert Passi entsprechen dagegen beinahe zweitausendvierhundert Metern. Die einer Zeitungsnachricht von 1752 zufolge bei Dijkstra und Ketelaar angegebenen »zeshonderd schreden« nördlich von Katwijk und »tachtig schreden« vor der gewöhnlichen Küstenlinie beziehen sich auf den erwähnten Burgus, sollten also nicht mehr mit der Brittenburg in Verbindung gebracht werden[42]. Zwei Übertragungslinien, darunter diejenige, bei der eine genaue Ortskenntnis vorausgesetzt werden kann, stimmen bezüglich der Entfernungsangabe überein. Wahrscheinlich

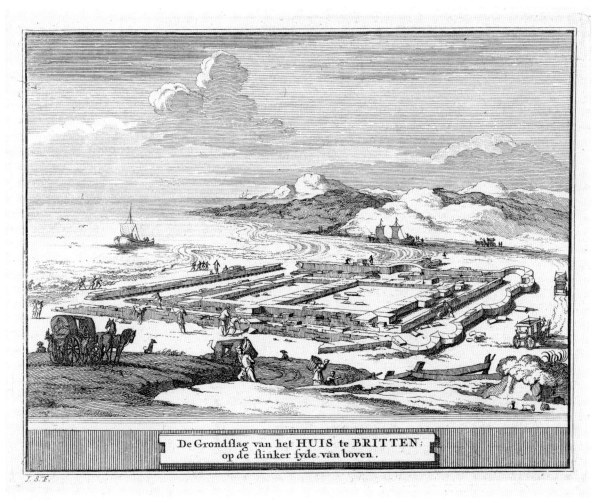

Lokalisierung der Brittenburg anhand der Peilung von Zacharias Heyns unter Verwendung der Karten von de Jode (1565), Bleau (1665) und Dijkstra (Dijkstra, Rondom 2011). Rot punktiert die rekonstruierte Uferlinie in spätrömischer Zeit. Die blaue Peilung nach Heyns, mit zwei bis vier Grad Abweichung.

Abb. 11 (rechts) Unter Berücksichtigung der Entfernungsangabe von 1200 passus von der Andreaskirche.

Abb. 12 (gegenüber) Unter Berücksichtigung der Entfernungsangaben von 1200 passus von Katwijk an Zee und 1600 passi von der Andreaskirche.

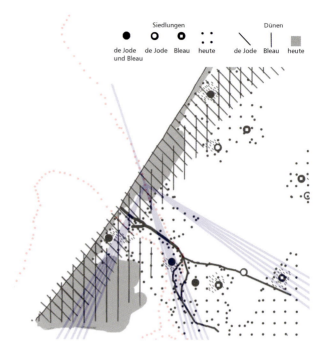

lag das Kastell 1,2 römische Meilen (1778 m) von der Andreaskirche (Abb. 11) oder von Katwijk (Mallegat) entfernt. Bei einem Abstand von annähernd 2400 Metern von der Kirche wäre auch eine Distanz von etwa 1800 Metern vom nördlichen Ortsende denkbar (Abb. 12), so dass beide Angaben korrekt gewesen sein könnten, sich allerdings auf das jeweils entgegengesetzte Ortsende bezogen haben. Bei Heyns gibt es ein Umrechnungsproblem: Die Entfernungsangabe passt nicht zur doppelt so groß wie üblich angegebenen Länge der Mauern des Kastells: Offenbar hat er denselben Fehler gemacht wie Daniel Federman bei der Übersetzung von Guicciardini und beim Umrechnen des Fuß- beziehungsweise Rutenmaßes »passus« statt »gradus« als »Schritt« anstelle von »Doppelschritt« übertragen. Der Rekurs auf unterschiedliche Quellen ist auf der Grafik anhand der Verwendung römischer und arabischer Ziffern erkennbar.

Zacharias Heyns (Abb. 6) zeigt außerdem eine angeblich genordete Peilung zu den Kirchen von Katwijk an Zee, Oegstgeest und dem laut Beischrift im Süden liegenden Kloster Rijnsburg. Überblendet man diese Peilung unter Einhaltung der Nordung mit einer Landkarte, ist der Peilpunkt zu weit im Landesinneren und über 1,2 Meilen von der Andreaskirche entfernt. Folgt man alleine der Peilung, kann man mit wenigen Grad Messtoleranz einen etwa 1,2 Meilen von dieser Kirche und 1130 Meter vom Mallegat entfernten Punkt in den Dünen anpeilen, aber unmöglich Oegstgeest und Katwijk von einem im Meer gelegenen Punkt aus. In Bezug auf das Kastell divergiert der Nordpfeil von Heyns von den Plänen der 1571/72er Tradition um etwa 16 bis 26,5 Grad. Hier wurde also eine vage geschätzte Himmelsrichtung auf das Peilkreuz übertragen.

Im Folgenden jeweils die ungefähre Abweichung vom rechten Winkel der Nordmauer des Kastells (Abb. 8).

Nach Westen: Heyns 18,5 Grad, »Ostung« bei Ortelius' zweitem Plan 6 Grad, Pauszeichnung 2,5 Grad und Van der Boon 2 Grad.

Nach Osten: »Ostung« bei Ortelius' erstem Plan und Pars 3,5 Grad, Doetecum 8 Grad sowie ehemals Saenredam zugeschrieben, Christiaan van Hagen und François François Bleiswijk jeweils 10 Grad.

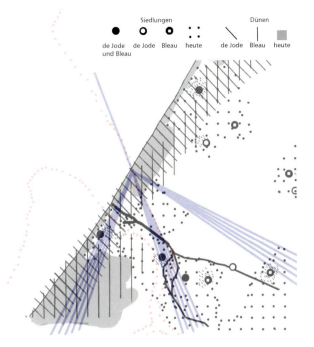

Die Lote auf Markierungspfeile der Windrose weichen bei Ortelius' zweitem Plan um 11,5 Grad und bei dessen erstem Plan um 24,5 Grad nach Osten ab. Die Divergenz ist deutlich größer als zwischen den Orientierungen, so dass die Pfeile hier wohl nur die Windrose als solche, aber keine bestimmte Himmelsrichtung charakterisieren sollten. Die ohnehin sachlich nicht nachvollziehbare Nordung bei Ortelius weicht etwa 65 bis 93 Grad (Pfeil, bzw. Nordung) von der Nulllinie ab und fällt damit im Kopienvergleich selbst als Näherungswert aus dem Rahmen. Der Vergleich bestätigt vielmehr, dass es sich bei der von Goltzius erstellten Zeichnung um einen geosteten Plan gehandelt hat.

Vier Pläne – und darunter die besonders den Originalen nahen – weichen voneinander maximal um 6 Grad ab, bei acht der zehn Nordungen steigert sich die maximale Abweichung auf 12,5 Grad, was in dieser Zeit eine Messtoleranz von 6 Grad in beide Richtungen erwarten lässt. Die Abweichungen der beiden Pläne des Ortelius fügen sich ebenso gut in dieses Bild wie die ohnehin ungenaue Einnordung mittels Schriftbändern.

Folgt man der in Bezug auf die Distanzen bestmöglichen Peilung (mit einer Winkeltoleranz von 4 Grad zu den angepeilten Punkten), zeigt die Kastellmauer nahezu exakt nach Norden, in dieselbe Richtung wie die mittlere Ausrichtung dieser Pläne (Abb. 6). Die Abweichung der Nordung zu einer modernen Karte beträgt etwa 3 bis 5 Grad; noch immer weichen die aktuellen topographischen Karten diesbezüglich um 2 bis 3 Grad voneinander ab. Die Ausrichtung nach Norden und zur See zugleich entspricht Schijnvoets Darstellung (Abb. 10), die das Kastell in einer Meeresbucht liegend zeigt.

Im Allgemeinen ist der Verlauf von Strand und Dünen an der niederländischen Küste unbeständig. Überblendet man jedoch Karten des sechzehnten und siebzehnten Jahrhunderts mit rezenten, wird evident, dass ausgerechnet in dieser Region die modernen Dünen beinahe an derselben Stelle liegen wie diejenigen, aus denen die Brittenburg zum Vorschein kam (Abb. 11 und 12). Dies spricht dafür, dass die in diesem Punkt stets übereinstimmenden schriftlichen Erwähnungen, also dass die Brittenburg normalerweise in den Dünen verborgen war und die Entfernungsangabe 1200 Passus sowie die Peilung mit einer gewissen Messtoleranz einerseits glaubwürdig ist, andererseits etwaige Reste des Kastells heute wie damals im Bereich der Dünen und nicht etwa im Meer zu lokalisieren sind. Bezüglich der Nordung, also der Ausrichtung des Kastells, bestätigen die Pläne von Heyns und diejenigen der Tradition von 1571/72 sowie die Zeichnung Schijnvoets einander mit einer gewissen Messtoleranz. Das Ergebnis dieser Untersuchung ist, was die Lokalisierung des Kastells innerhalb der heutigen wie damaligen Dünen betrifft, jedoch keine genau umrissene Stelle, sondern eine Kleinregion, je nachdem, welchen Messwerten man welches Gewicht zumisst.

Beide durch Peilung und Entfernung ermittelten Orte (Abb. 11 und 12) befinden sich den in den letzten Jahren publizierten geoarchäologischen Karten zur römisch-kaiserzeitlichen sowie spätantiken Epoche zufolge nördlich des Rheindeltas in leichter Spornlage, entweder im Bereich der an diesen Stellen erhöht liegenden Dünen oder in einem Überschwemmungsgebiet (Auen- oder Küstenlandschaft)[43]. Diese Karten widersprechen einander im Detail, insbesondere was die Dünenfrage[44] angeht. Zudem sind für diese Region massive Küstenverschiebungen im sechzehnten Jahrhundert historisch bezeugt, die nicht nur zur Freilegung der Brittenburg durch Dünenabtrag, sondern sicherlich auch zu Verlagerungen und deutlichen Störungen im ehemaligen Rheindelta führten. Unserer Meinung nach können für die Lage beziehungsweise strategische Ausrichtung des Kastells derzeit keine Aussagen getroffen werden, denn möglicherweise war die naturräumliche Situation der Errichtungs- und Benutzungszeit (Nebenarme, erhöhte Dünen usw.) bei den erwähnten Sturmfluten unwiderruflich gestört worden.

Ausschließlich wird hier auf die Situation zur Zeit der Entdeckungen Bezug genommen; die Strukturen auf der Vedute Schijnvoets mit den von der Sturmflut (wohl von 1562, 1570 oder 1588) übriggelassenen, langgezogenen Dünenzügen nördlich des Kastells stimmen mit den Grenzen der Dünenregion während der vorangegangenen Perioden laut allen geoarchäologischen Karten überein. Beruht die heutige Vorstellung von dem für die gesamte Vor- und Frühgeschichte inklusive der Antike rekonstruierten, gänzlich inselfreien, enorm breiten Rheindelta möglicherweise darauf, dass die gesamte Binnengliederung an dieser Stelle im sechzehnten Jahrhundert durch Sturmfluten gestört wurde?

---

[43] So bei P. Vos, Origin of Dutch Coastal Landscape. Long-term landscape evolution of the Netherlands during the Holocene, described and visualized in national, regional and local paleographical map series (Utrecht 2015). – Laut Dijkstra, Rondom 63 Abb. 3.1; 73 Abb. 3.3 wäre mit einer Dünen- oder Dünenrandlage für die römische Zeit (um 150 n. Chr.) und während der 2. Hälfte des 3. Jhs. bis zum 4. Jh. zu rechnen; laut ebd. 69 Abb. 3.2 war hier im 2. Jh. ein Überschwemmungsgebiet. – Inhaltlich ähnlich für die römische Zeit J. Bolt, Ockenburg - Den Haag. Romeins fort bij de kust (Den Haag 2012) 30.

[44] Das heißt, ob an den jeweiligen Stellen Dünen oder Überschwemmungsgebiete lagen und wie sie orientiert waren.

[45] CIL XIII 8828: [...] EVER PIVS. PERTAV [... / ...] MAX TRIB POT XI H[... / ...]NTONIN PIVS AV[... / ...] ER MILIT LEG I ME [... / ...] ENIDIOR [...].

[46] Iunius, Batavia 1588, 115.

[47] So das homophone »Constancius« (mit Kürzungschen über dem C anstelle der ausgeschriebenen ersten Silbe) statt »Constantius« in einer Inschrift: A. Ortelius, Itinerarium per nonnulas Galliae Belgicae partes (Berlin u. a. 2000) 124 Nr. 386.

[48] Guido Laurinius erwähnt brieflich etwa einen Plan der Brittenburg, den er Ortelius zugesandt hatte und nun (im Mai 1566) mit einer heute verlorenen Umzeichnung Hubert Goltzius' zu ergänzen trachtete; vgl. Anm. 23.

Überlegungen zur Brittenburg 59

Der Viktoriaaltar, Wiedergabe in Kupferstichen (13, 15 und 16) und Ölbildern (14 und 17). – Abb. 13 Abraham Ortelius, 1581/1588 (wie Abb. 2). – Abb. 14 Anonym, 1571–1588 (wie Abb. 4). – Abb. 15 François van Bleijswijk, 1725, aus Afbeelding van de Grondvesten van het Huis te Britten. – Abb. 16 Zacharias Heyns, 1598 (wie Abb. 7). – Abb. 17 Nachfolge Jan Porcellis, 1625, Brittenburg, Privatbesitz, Detail.

Die Überlieferung der Funde

Die Mehrzahl der Funde von der Brittenburg ist heute verschollen und nur durch Abbildungen auf Gemälden und Druckgraphiken überliefert. Anhand der sowohl auf alten Abbildungen als auch noch im Original vorhandenen Objekte lässt sich ablesen, dass trotz der geringen Größe der Nachbildungen häufig ein Wiedererkennbarkeitswert angestrebt wurde. Dennoch sind die Darstellungen der Funde mit Fehlern behaftet. Diese lassen sich etwa anhand der Beziehung der einzelnen Buchstaben untereinander und der Trennungszeichen bei einem Inschriftenstein aus severischer Zeit[45] im Vergleich zu den Kopien feststellen. Dagegen wurden der Wortlaut und auch die Textzeilen in der Regel möglichst genau übertragen, gelegentlich allerdings um fehlende Zeichen ergänzt. Die Form der einzelnen Buchstaben wurde bei den Umzeichnungen in der Regel nicht beachtet, der Typus der klassischen Kapitalis dagegen in allen Fällen beibehalten.

Im Detail gibt es hierbei deutliche Unterschiede: Eine sicher auf intensivem Studium des Originals beruhende Kopie liegt derjenigen von Hadrianus Junius zugrunde[46], bei dem Besonderheiten wie das schräg und versetzt geschriebene »E« am Ende der vierten Zeile und eine schräg verlaufende Kerbe hinter dem »A« bemerkt wurden. Die Beschädigung hinter dem letzten Buchstaben der untersten Zeile wurde als »V« interpretiert und die Worte durch Trennzeichen und deutlichere Abstände voneinander abgesetzt. Dennoch gibt es in einigen Fällen relativ enge Übereinstimmungen bei der vertikalen Zuordnung der Einzelbuchstaben. Die architektonische Gliederung (zwei Halbrundstäbe oben wie unten) ist notiert, die Proportionen stimmen jedoch nicht mit dem Original überein.

So gibt auch der freier vorgehende Doetecum das Schriftbild des Originals wesentlich getreuer wieder als Ortelius, was für einen Rückbezug zum Original spricht. Die deutlichen Lesefehler und fehlenden Buchstaben sind nun ein schlagender Beweis, dass Ortelius den Stein bei der Anfertigung des Planes nicht kannte, denn er gibt selbst dialektische Lautverschiebungen gallorömischer Steindenkmäler korrekt wieder[47].

Die Darstellungstraditionen für die Grundrisse hängen nicht zwangsläufig mit denen der Funde im gleichen Bild zusammen. Neben den möglicherweise erneut zu Rate gezogenen Originalen und den bereits bekannten Darstellungen der Brittenburg kommen hierfür grundsätzlich auch heute verlorene Detailzeichnungen als konkrete Vorlagen in Frage[48].

Für den anhand der Inschrift gut identifizierbaren Viktoriaaltar gibt es jeweils drei Darstellungstraditionen für den Altarstein und das figurale Relief. Diese sind teilweise neu miteinander kombiniert (Abb. 13–17), so die zur Seite gewendete Gewandfigur mit Standbein rechts, der Akt mit Standbein links sowie der zum Betrachter gewendete Akt. Der Altar wird als mehr oder weniger dreiflächiger, nach hinten offener Kasten, wie ein sechsseitiger Brunnenkasten oder als Quader dargestellt, von dem eine Seite zum Betrachter gewendet ist, um den Text sichtbar zu machen. Die Künstler mussten eine Darstellungsweise entwickeln, mit der alle drei bearbeiteten Seiten (Inschrift, Viktoria und Adler) gleichzeitig visualisiert werden konnten, was unterschiedliche Projektionsverfahren zur Folge hatte. Die Viktoriafigur war wohl schlecht erhalten, was abweichende Haltungsmerkmale erklärt. Offenbar handelte es sich um ein dem Augsburger Siegesaltar[49] ähnliches Werk, was François van Bleijswijk (Abb. 15) veranlasst haben dürfte, bei der Darstellung des Reliefs nicht dem von ihm kopierten Gemälde, sondern der diesbezüglich getreueren Kopie von Ortelius zu folgen.

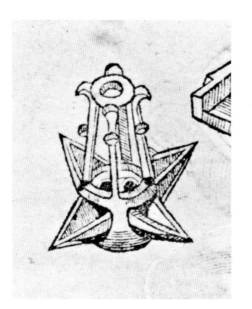

Die gotische Sabbatlampe bei Hadrianus Iunius (Abb. 18) und allen Nachfolgern ist altertümlicher als diejenige im Rijksmuseum van Oudheden[50] (Abb. 19). Petrus Scriverius vermutet, dass Junius hier eine Verwechselung unterlaufen sei[51]. Junius erwähnt sowohl für Roomburg als auch für die Brittenburg je eine Sabbatlampe, wobei lediglich im Kapitel über die Brittenburg ein Holzschnitt gezeigt wird. Dagegen wird nur im Text zu Roomburg auf eine Abbildung verwiesen[52].

[49] L. Bakker in: Geraubt und im Rhein versunken. Der Barbarenschatz. Ausst. Speyer 2006 (Speyer und Stuttgart 2007) 30–33.
[50] Inv. Ar 19, überlieferter Fundort Brittenburg, s. http://www.geheugenvannederland.nl/?/nl/items/RMO01:000084 (Datierung 1300–1400).
[51] So P. Scriverius, Batavia illustrata, seu de Batavorvm insvla, Hollandia, Zelandia, Frisia, Territorio Traiectensi et Gelria (Leiden 1609) 217, vgl. auch Langereis, Geschiedenis Abb. 35. – W. H. J. Baron Westreenen van Tiellandt, Het Huis te Britten. Zuid-Hollandsche Almanak. 135–143 (zit. n. Sonderdruck im Museum Meermanno-Westreenianum [1839] 1–9, hier 4 f.) bemerkt, dass es sich bei dem 1520 gefundenen Stein aus der Brittenburg und einem 1502 für Roomburg gesicherten um zwei verschiedene Stücke handelt; ebenso Scriverius a. a. O. 172; 182 f., 193 f.
[52] Iunius, Batavia 1588, 120; 269.
[53] D. Barthélemy in: P. Ariès / G. Duby (Hrsg.), Geschichte des privaten Lebens II. Vom Feudalzeitalter bis zur Renaissance (Frankfurt a. M. 1990) 373–398, bes. 389.
[54] Kölnisches Stadtmuseum (15.–16. Jh.), s. L. Franzheim, Judaica. Kölnisches Stadtmuseum (Köln 1980) 310 f. Nr. 121. Trotz der höheren Lampenzahl ist eine Lampe in Brüssel hinsichtlich des Strebewerks mit diesem Typus vergleichbar. Die Streben haben relativ kurze Zierden, und die Enden sind relativ wenig gebogen, obwohl sie in Tierkopfenden auslaufen; diese Lampe ist durch Stifterinschrift ins 15. Jh. datiert, vgl. O. A. Baumgaertel, Lamp' herunter, Sorg' hinauf! Sabbatlampen und Chanukkaleuchter aus Nürnberger Rotschmiedewerkstätten. Kunst u. Antiquitäten 1981, 4, 38–46 Abb. 3. – Eine Lampe mit nur mehr rudimentärer Zierde an den Streben im Österreichischen Museum für Volkskunde Wien wurde unter Vorbehalt ins 19. Jh. datiert, s. S. Wechssler-Kümmel, Schöne Lampen, Leuchter und Laternen (Heidelberg und München 1962) 29 Nr. 30. Da keine sicheren Anzeichen für eine historische Adaption vorliegen, ist auch an eine Entstehung in der Spätgotik oder Renaissance zu denken.
[55] J. Smetius, Njimeegse Oudheden. Antiquitates Neomagenses vertaling door Leo Nellissen (Tilburg 2004) Abb. 40.
[56] Kupferstich, s. C. Weigel, Abbildung Der Gemein-Nützlichen Haupt=Stände von denen Regenten Und ihren So in Friedens= als Kriegs= Zeiten zugeordneten Bediente an / biß auf alle Künstler und Handwerker Nach Jedes Ambts- und Berufs= Verrichtungen / meist nach dem Leben gezeichnet und in Kupfer gebracht / auch nach Dero Ursprung / Nuzbar= und Denkwürdigkeiten / kurz / doch gründlich beschrieben / und ganz neu an den Tag geleget (Regensburg 1698) 355 und Tafel zu S. 355.
[57] Vgl. F. Henkel, Die römischen Fingerringe der Rheinlande und der benachbarten Gebiete (Berlin 1913) Nr. 1962 (Umgebung von Mainz).
[58] D. Bargetzi / A. Hagendorn / G. Lassau, Ein Spaziergang durch 2100 Jahre Geschichte. Informationsstellen auf dem Münsterhügel. Basel 300 n. Chr. Die spätrömische Umfassungsmauer. Jahresber. 2013 Arch. Bodenforsch. Basel-Stadt (Basel 2014) 89–91.

Diese wurde demnach bei der posthumen Veröffentlichung falsch platziert, sodass der Fund vom Bereich der Brittenburg im Rijksmuseum erhalten sein dürfte.

Bei Sabbatlampen mit Strebewerk lässt sich eine Entwicklung feststellen: Das altertümliche Stück aus Villy-le-Moutier (Côte-d'Or) mit wie bei der Roomburger Lampe stark gebogenen Enden (allerdings in diesem Fall mit Tierköpfen) und den stark profilierten Streben ist einem Bau aus dem zwölften oder dreizehnten Jahrhundert zuzuordnen[53]. Modernere Lampen haben plastisch weniger deutlich hervortretende Zierden an den Streben, und ihre Enden schwingen eher leicht nach außen aus, als dass sie scharf abknicken[54].

Sabbatlampen.
Abb. 18 (gegenüber) Nach Hadrianus Iunius (?), Holzschnitt (vor) 1588.
Abb. 19 (oben) Von der Brittenburg, vierzehntes Jahrhundert, Bronze. Leiden, Rijksmuseum van Oudheden.

Bei dem bezüglich seiner Authentizität häufig angezweifelten, im sechzehnten Jahrhundert nur bei Scriverius erwähnten Schlüsselring ist – wie bei einer noch nicht mit der Brittenburg in Verbindung gebrachten Abbildung aus Gorlaeus' Dactylotheca von 1601 aus der Sammlung Smetius[55] (Abb. 22) – erkennbar ein Steuerruder zwischen Kornähren dargestellt. Die hier deutlicher als bei Scriverius sichtbare Asymmetrie des Steuerruders zeigt ebenso wie die Bestimmung des Gemmensteins als Onyx, dass das Original nochmals konsultiert wurde, auch wenn die Illustration des Rings anders als die darüber zu sehende Darstellung der Gemme weitgehend dem Vorbild bei Scriverius nachempfunden wurde. Ebenfalls bislang unerkannt war eine weitere Rezeption dieses und eines weiteren bei den Bildern der Tradition von 1571/72 und bei Iunius dokumentierten Schlüsselrings durch Christoff Weigels Ständebuch von 1698. Hier wurde das Steuerruder ganz symmetrisch wie ein christliches Kreuz zwischen Ähren umgedeutet[56]. Für Ikonographie und Komposition gibt es Vergleichsstücke (Abb. 20–23). Bei einem Münchener Ring sind die flankierenden Ähren durch maximal fünf wechselständig angeordnete Körner nur angedeutet, falls die Gemmendarstellung nicht unvollendet geblieben ist (Abb. 21). Interessanterweise haben gerade die engsten Parallelen für die Form und den Bart des Schlüsselrings Hohlräume, die auf eine ehemalige Füllung mit Glas oder Schmucksteinen schließen lassen[57] (Abb. 23).

Archäologische Verortung

Nach den obigen Ausführungen über die Peilung und den Fluss- beziehungsweise Küstenverlauf lag die Brittenburg am Nordufer des Oude Rijn unweit seiner Mündung. Diese Position außerhalb der gesicherten Grenzen des Römischen Reiches hätte nicht nur während der Spätantike der militärischen Logik widersprochen, insbesondere für ein Nachschublager. Es sei denn, es existierte gegenüber, an der südlichen Seite des Flussverlaufs, eine größere Festung, nämlich das Lugdunum der Tabula Peutingeriana. Eine vergleichbare topographisch-bauliche Situation liegt etwa beim Kastell Basel Münsterhügel und seiner Gegenfestung vor[58]. Hierfür sind aus Katwijk allerdings keine direkten archäologischen Belege bekannt. Dennoch sollte dies bei der Diskussion Berücksichtigung finden. Möglicherweise lag die Bedeutung der Brittenburg als Nachschublager darin, in Stoßzeiten Ausweichkapazitäten zu bieten, so dass an beiden

Seiten des Stroms ein geschützter Hafen das schnellere Löschen der Ladung gestattete. Der mittelkaiserzeitliche Ansatz der Brittenburg wird nun mit einzelnen gestempelten Ziegeln sowie mit Steininschriften begründet, die jedoch ebenso gut sekundär verwendet sein können.

Auf den Darstellungen umschließt eine etwa 75 auf 75 Meter messende Mauer aus Steinquadern[59] das Kastell. An zwei Seiten springen insgesamt sechs U-förmige Türme aus der Mauer hervor; davon gehören vier zu den Doppelecktürmen und zwei zu den Intervalltürmen. Außen münden im Norden und Süden Anschlusswände in die Umfassung ein. Ihre Funktion gibt zunächst Rätsel auf, aber in Anbetracht der Position der Brittenburg nahe an einer Flussmündung beziehungsweise an der Nordseeküste kann für beide Strukturen eine Interpretation vorgeschlagen werden. Das Kastell Brittenburg besaß offenbar wie alle Militäranlagen am niedergermanischen Limes einen Hafen[60]. Sonst wäre nicht nur die Belieferung mit Lebensmitteln undenkbar und ebenso die Verwendung von Natursteinen als Baumaterial, die in diesem Teil der Niederlande nicht vorkommen, sondern auch die Sicherstellung der Kommunikation in der sumpfigen Gegend wäre äußerst problematisch[61]. An der Nordseeküste gab es wegen der Gezeiten keinen zuverlässigen Landeplatz. Der Hafen könnte nördlich der Brittenburg an einem bislang unbekannten Nebenarm des Oude Rijn gelegen haben. Nach den Darstellungen zu urteilen, mündet an der nördlichen Kastellseite eine Doppelmauerstruktur in das Kastell hinein. Diese dürfte entweder ein gemauerter Abwasserkanal gewesen sein, der in das Sumpfgebiet des Mündungsbereichs oder einen Nebenarm entwässerte, oder die Reste stammen von einer gemauerten Mole, die zu einem Hafen führte[62].

Im Süden der Anlage bindet ebenfalls ein Mauerzug ein. Hier könnte sich im Rheindelta ein Mündungsarm befunden haben und die Mauer als Schenkelmauer für eine Schiffslände oder für einen Hafen gedient haben. Eine solche Schenkelmauer lässt sich beispielsweise im spätantiken Köln finden, und zwar an der zum Rheinufer führenden Mauer[63]. Außerdem ist auch vorstellbar, dass die ehemalige Situation fragmentarisch wiedergegeben ist und weitere Strukturen zum Kastell gehörten. Durch sich auffächernde Flussadern ist eine Insellage mit Anlegemöglichkeiten an beiden Seiten der Festung nicht auszuschließen.

Die U-förmigen Doppelecktürme der Festung müssen als Unikate gelten, allerdings gibt es Doppelecktürme mit quadratischem Grundriss in Lambaesis am Limes Tripolitanis[64]. Die räumlich am nächsten gelegenen Parallelen für einfache U-förmige Türme kommen – worauf bereits Christoph Reichmann[65] hinweist – in Krefeld-Gellep vor. Sie gehören zu einem Kastell aus der zweiten Hälfte des vierten Jahrhunderts. Auch die um 310 n. Chr. erbauten westlichen Tortürme von Köln-Deutz können als näherer Vergleich angeführt werden[66], wie darüber hinaus Turmformen entlang des Rheins und der Donau, zum Beispiel aus der Provinz Valeria. So liegen etwa in Tokod oder Pilismarót[67], beide aus dem vierten Jahrhundert, ähnliche Turmformen vor.

Auffällig ist, dass auf keiner Brittenburgdarstellung Tore zu entdecken sind. Da zwei Seiten der Festung mit den Türmen offenbar komplett zeichnerisch erfasst sind, kann davon ausgegangen werden, dass das Kastell nicht die in

Abb. 20 (gegenüber, oben) Schlüsselring, 1609, Holzschnitt.

Abb. 21 (gegenüber, unten) Ring mit Gemme aus Karneol, römisch, erstes Jahrhundert. München, Staatliche Münzsammlung. Dreifach vergrößert.

Abb. 22 (rechts) Schlüsselring, 1601, Kupferstich.

der mittleren Kaiserzeit üblichen vier Tore besessen hat, sondern lediglich eines. Dies entspricht eher der spätantiken defensiven Bauweise. Andererseits wäre auch vorstellbar, dass die Doppeltürme jeweils eine sehr schmale Durchfahrt flankierten – ebenfalls charakteristisch für die Endphase der römischen Ära. Die Tortürme, die Intervalltürme und die Mauer hätten dann eine Anlage mit unregelmäßigem Grundriss gebildet.

---

[59] Genannt sind 240 Fuß (ped), vgl. Dijkstra/Ketelaar, Brittenburg 31.
[60] Th. Roggenkamp / J. Herget in: H. Kennecke, Der Rhein als europäische Verkehrsachse. Die Römerzeit. Bonner Beitr. z. vor- u. frühgesch. Arch. 16 (Bonn 2014) bes. 28–37. – Zu Krefeld-Gellep s. zuletzt J. Meurers-Balke u. a. In: S. Kronsbein / M. Siepen (Hrsg.), Beiträge zur Archäologie des Niederrheins und Westfalens. Festschrift für Christoph Reichmann zum 65. Geburtstag. Niederrhein. Regionalkde. 22 = Schr.r. Verein Freunde Mus. Burg Linn e. V. 3 (Krefeld 2015) bes. 240–252.
[61] Die in der Nähe des Kastells Laurium (Woerden) gesunkenen Schiffe (Prame) waren mit Steinen aus einem unbekannten Bruch im heutigen Deutschland beladen, vgl. Enckevort et al., Grenze 111. – Die Kommunikation und der Transport im Küstengebiet sind strukturell vergleichbar mit denjenigen in norddeutschen Küstengebieten, vgl. A. Siegmüller / J. Precht / H. Jöns in: Mensch – Landschaft – Meer. 75 Jahre Niedersächsisches Institut für historische Küstenforschung. Siedlungs- und Küstenforsch. südl. Nordseegebiet 38 (Rahden 2015) 191–198.
[62] Vgl. Abbildungen von Molen, s. St. Feuser in: Th. Schmidts / M. M. Vučetič (Hrsg.), Häfen im 1. Millennium AD. Bauliche Konzepte, herrschaftliche und religiöse Einflüsse. RGZM-Tagungen 22 = Interdisziplinäre Forsch. Häfen von der Röm. Kaiserzeit bis zum Mittelalter in Europa 1 (Mainz 2015) 42 f. Abb. 6–7.
[63] M. Trier in: ders. / F. Naumann-Steckner (Hrsg.), Zeit-Tunnel. 2000 Jahre Köln im Spiegel der U-Bahn-Archäologie (Köln 2012) 46.
[64] D. A. Welsby, Observations on the Defences of Roman Forts in North Africa. Ant. Africaines 26, 1990, 115–120. – Zu Lambaesis s. M. Mackensen, Germania 86, 2008, 272–274 Anm. 4–8. – Zu einem Doppelturm in der Stadtmauer von Antiochia vgl. Ü. Demirer, Antiochia in Pisidien (Ankara 2002) 42 f.
[65] Ch. Reichman in: Th. Grünewald / S. Seibel (Hrsg.), Kontinuität und Diskontinuität. RGA Erg.bde 35 (Berlin und New York 2003) 38.
[66] M. Carroll-Spillecke, Kölner Jahrb. 26, 1993, 321–444.
[67] M. Kelemen in: Zs. Visy (Hrsg.), The Roman Army in Pannonia. An Archaeological Guide of the Ripa Pannonica (Budapest 2003) 84–86; M. Merczi, Pilismarot Fort. ebd. 89 f. – Vgl. R. Loki / M. Szabó / Zs. Visy in: Zs. Visy (Hrsg.), The Danube Limes Project. Archaeological Research Between 2008–2011. Report on the research carried out by the research team of the Department of Archaeology, University of Pecs, within the framework of the Danube Limes UNESCO World Heritage Site project (Fünfkirchen [Pecs] 2011) 66 f. 73.

Auf den Darstellungen sind nur wenige Innenbauten zu identifizieren: Der steinerne Getreidespeicher wird als ein Doppelhorreum mit Lisenen zur Verstärkung an der Außenwand dargestellt. Der Eingang weist nach Norden, wie es Vitruv (6, 6, 4) und Varro (rust. 1, 57) wegen der kühlenden Winde vorschlugen. Getreidespeicher bildeten in jedem Militärlager einen essentiellen Bestandteil der Innenbebauung[68]. Sie gehörten während des ersten bis dritten Jahrhunderts zum regelmäßigen Inventar römischer Kastelle, in der Nähe der Principia[69]. In der Spätantike änderte sich mit der Errichtung von Nachschubbasen beziehungsweise befestigten Getreidemagazinen die Situation grundlegend[70]. Die erwähnten spätantiken Fundplätze Tokod und Pilismarót weisen mit Ausnahme eines Horreums ebenfalls nur spärliche Innenbebauungen auf[71]. Principia sind nicht nachzuweisen.

Ammianus Marcellinus beschreibt (18, 2, 3–4; 28, 2, 1; 29, 4, 1), dass die Feldzüge Kaiser Iulians um 359/360 der Kontrolle des Rheins galten, damit die gewohnten Getreidelieferungen aus Britannien entlang des Flusses sicher transportiert und auch magaziniert werden konnten. Getreidelieferungen mit Seeschiffen mussten in einem Küstenhafen gelöscht und auf Flussschiffe umgeladen werden. Die Brittenburg könnte als Zwischenlager gedient haben. Allerdings lag hier trotz der ausschnitthaften Erfassung wohl kein Nachschublager nach der Art von Kastell Arbeia (South Shields) vor, sondern nur eine kleine Befestigung[72].

Abb. 23 Schlüsselring aus Xanten, römisch-kaiserzeitlich, Bronze.

Ein weiterer Befund aus der Brittenburg ist ein Brunnen, der als eine kreisrunde beziehungsweise ovale Struktur wiedergegeben ist. Er wäre in einer kaiserzeitlichen Festung ebenfalls ein Indiz für die Principia[73], nicht so in der Spätantike. Allerdings sind die abgebildeten Befunde in diesem Bereich nicht notwendigerweise gleichzeitig. Der Brunnen diente offenbar zur Trinkwasserversorgung, denn in Küstennähe war nicht zwangsläufig nur salzhaltiges Grundwasser vorzufinden[74].

Weitere konkrete Baustrukturen sind schwierig zu identifizieren; für einen Teil der zwischen dem Doppelhorreum und der Wehrmauer, ohne erkennbaren funktionalen Zusammenhang verlaufenden Mauern sei dennoch eine Zweckbestimmung vorgeschlagen: Bei Festungstypen wie Krefeld-Gellep kommen innengelegene und mit der Umwehrung parallel verlaufende Mauern vor. Sie bilden ein an der Kastellmauer angebautes Gebäude, das unter anderem als Soldatenunterkunft diente. Auch das am Rhein nahe Köln gelegene Kleinkastell von Haus Bürgel besaß derartig positionierte Baracken[75]. Unter dieser Prämisse sind die spätantiken Kastelle Alzey, Altrip und Eining ebenfalls zu erwähnen[76]. Ebenso liegt aus Passau-Innstadt[77] eine Festung mit derartig positionierter Mauer für die Quartiere und sogar für das Horreum vor.

Der bereits oben erwähnte, näher an Katwijk aan Zee gelegene, nur selten abgebildete Wachturm beziehungsweise Burgus wird manchmal irrtümlich mit der als befestigter Getreidespeicher funktionierenden Brittenburg identifiziert. Er weist starke Ähnlichkeiten mit der spätantiken Kleinfestung Visegrád-Gisellamajor im Bereich des Donauknies[78] auf.

Von den erhaltenen Funden stammen diejenigen verhältnismäßig zuverlässig aus dem Bereich der Brittenburg, die bereits auf den ältesten Gemälden und Graphiken zeichnerisch erfasst sind. Diese Funde[79] des zweiten bis dritten Jahrhunderts werden heute an unterschiedlichen Orten aufbewahrt. In Den Haag und Leiden befinden sich aus dieser Gruppe von Objekten Keramikgefäße, nämlich ein Napf und ein Teller in Terra sigillata sowie ein tongrundig-glattwandiger Krug (Abb. 24). Krug und Teller können mehrfach auf Darstellungen der Brittenburg aus dem sechzehnten bis siebzehnten Jahrhundert identifiziert werden. Offenbar fand eine Selektion beim Fundmaterial statt, denn an Keramik sind nur vollständige Stücke überliefert. Komplette Erhaltung ist für Siedlungsfunde ungewöhnlich; demnach wäre nicht auszuschließen, dass die Gefäße etwa aus Gräbern stammen.

Darüber hinaus werden in Duivenvoorde zwei Inschriftsteine[80] sowie in Den Haag einige gestempelte Ziegel aufbewahrt[81]. Ferner sind durch Bild- und Schriftquellen wiederholt Münzfunde belegt, allerdings ist heute eine sichere Zuweisung schwierig. Die jüngste Münze aus der Brittenburg ist wohl eine Prägung des Maximianus Herculius[82]. Mit demselben Tetrarchen setzt auch die spätantike Münzreihe des nahe gelegenen Fundplatzes Katwijk-Zanderij ein[83].

Das Fehlen spätantiken Fundmaterials sollte aber in Anbetracht der Auffindungssituation nicht weiter verwundern, denn bei der offenbar bis in die Sockel- beziehungsweise Fundamentzonen reichenden Erosion waren zuerst die obersten und somit die jüngsten Schichten betroffen[84].

Synthese

Einige Kastelle westlich von Nimwegen (Noviomagus) wurden während der Spätantike reaktiviert[85]. Valkenburg (Praetorium Agrippinae) wies im vierten Jahrhundert, offenbar dem Bedarf entsprechend, noch ein Horreum auf. Ebenso war Utrecht (Traiectum) militärisch besetzt[86]. Dieser spätantike Wiederaufbau ist auch bei Ammianus Marcellinus (s. o.) belegt. Gut überliefert ist auch die Fürsorge Valentinians, die Barbaren durch das befestigte gallische Rheinufer

---

[68] Fischer, Caesaren 264 f.

[69] A. Johnson, Römische Kastelle des 1. und 2. Jahrhunderts n. Chr. in Britannien und in den germanischen Provinzen des Römerreiches. Kulturgesch. ant. Welt 37 (Mainz 1987) 162; 172.

[70] L. Borhy, Bayerische Vorgeschbl. 61, 1996, bes. 210.–217; Kropff, Rivier 182 (bewachter Getreideumschlagsplatz).

[71] Siehe oben Anm. 67.

[72] P. T. Bidwell / St. Speak, Excavations at South Shields roman fort. Soc. Antiquaries Newcastle upon Tyne. Monogr. Ser. (Newcastle 1994).

[73] Johnson, Kastelle (Anm. 69) 223–226.

[74] Oud, Hoektorens 230. Ein Süßwasserbrunnen in Küstennähe s. http://zoutelande.info/de/geschichte.php.

[75] M. Gechter in: H. G. Horn u. a. (Hrsg.), Von Anfang an. Archäologie in Nordrhein-Westfalen (Mainz 2005) 477.

[76] J. Oldenstein, Kastell Alzey. Archäologische Untersuchungen im spätrömischen Lager und Studien zur Grenzverteidigung im Mainzer Dukat (Habilitationsschr. Univ. Mainz 1992) http://ubm.opus.hbz-nrw.de/volltexte/2009/2070/pdf/diss.pdf; S. v. Schnurbein / H.-J. Köhler, Ber. RGK 70, 1989, 508–526; M. Gschwind, Abusina. Das römische Auxiliarkastell Eining an der Donau vom 1. bis 5. Jahrhundert n. Chr. (München 2004).

[77] M. Altjohann, Das spätrömische Kastell Boiotro zu Passau-Innstadt. Materialh. Bayer. Arch. 96 (Kallmünz 2012).

[78] D. Gróh / P. Gróf in: Visy, Roman Army in Pannonia (Anm. 67) 90–93. Vergleichbar ist ferner das Baukonzept von Villae rusticae wie Bistrica (Bulgarien). Offenbar orientierten sich spätantike Zivilbauten an römisch-militärischen Vorbildern, s. L. Mulvin, Late Roman Villas in the Danube-Balkan Region. BAR 1064 (Oxford 2002) 33; 50 f. Abb. 5.

[79] Weerd, Recent Excavations 284; 287.

[80] Dijkstra/Ketelaar, Brittenburg Nr. 1001 und 1002. – Westreenen, Huis te Britten (Anm. 51) 4 f. hält die bereits seinerzeit geltend gemachte Identifikation mit Funden aus Roomburg für nicht gesichert.

[81] Liste der gestempelten Ziegel s. Dijkstra/Ketelaar, Brittenburg Nr. 1013–1033.

[82] Pars, Batavorum 1745, 85 f.

[83] P. Belien in: H. van der Velde (red.), Cananefaten en Friezen aan de monding van de Rijn. Tien jaar archeologisch onderzoek op de Zanderij-Westerbaan te Katwijk (1996–2006). ADC Monografie 5 (Amersfoort 2008) 251–268, bes. 254; 257 f. 268.

[84] K. H. Lenz, Siedlungen der Römischen Kaiserzeit auf der Aldenhovener Platte. Rhein. Ausgr. 45 (Köln und Bonn 1999) 91 f.

[85] Vergleichbar mit weiteren Fundorten am niedergermanischen Limes, so Bonn, Köln-Deutz, Haus Bürgel bei Monheim, Dormagen, Krefeld-Gellep, Xanten. Vgl. T. Bechert, Germania inferior. Eine Provinz an der Nordgrenze des Römischen Reiches (Mainz 2007) 113; ders. / W. J. H. Willems, Die römische Reichsgrenze von der Mosel bis zur Nordseeküste (Stuttgart 1995) 26; K. H. Lenz in: Th. Fischer / G. Precht / J. Terjal (Hrsg.), Germanen beiderseits des spätantiken Limes (Köln und Brünn 1999) 114.

[86] Bechert, Germania inferior (vorige Anm.) 113; Dijkstra, Rondom 72; Kropff, Rivier 182.

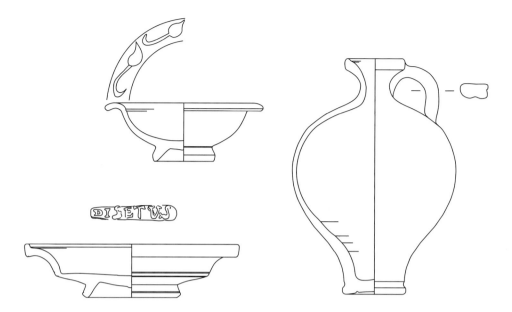

Abb. 24 Terra sigillata des zweiten Jahrhunderts (a und b) sowie tongrundig-glattwandige Ware des dritten Jahrhunderts (c); Den Haag, Museum Meermanno-Westreenianum (a und c) sowie Leiden, Rijksmuseum van Oudheden (b); alle ein Drittel natürlicher Größe. – (a) Napf Drag. 35; (b) Teller, Curle 15 (Ludowici Ts) mit Töpferstempel »Disetus«; (c) Henkelkrug, Niederbieber 62.

abzuhalten. Aber auch eine weitere nasse Limesstrecke, und zwar die mittlere Donau, kann als Vergleich herangezogen werden, denn regelmäßig wurden dort die älteren Limeslager nach entsprechenden Umbauten weiter oder erneut benutzt[87].

Die spätantike Erneuerung der Grenzverteidigung legte offenbar weitgehend die einstigen Garnisonen zugrunde, und auch das System der alten Militärstraßen wurde beibehalten[88]. Hiervon könnte auch der Fundplatz Brittenburg profitiert haben, selbst wenn er kaiserzeitlichen Ursprungs wäre und nicht eine spätantike Neugründung. Er mag auch im vierten Jahrhundert als der nördlichste kontinentale Kontrollposten des Litus Saxonicum vor allem gegen sächsische Seeräuber gewirkt haben[89].

Die bisherigen Zweifel an der Gestalt der Brittenburg waren vor allem auf fehlenden architektonischen Parallelen begründet. Jedoch weisen ihre Lage und die morphologisch-funktionale Verwandtschaft der Bauelemente mit Festungen des vierten und fünften Jahrhunderts sie der Gruppe der spätantiken Kastelle zu[90]. Die Militärarchitektur hatte in jener Zeit die starke Individualisierung der Festungen vorangetrieben, so dass trotz ähnlicher Bauelemente keine Festung der anderen gleicht[91]. Bauliche Auffälligkeiten gehörten zur Regel. Die spätantike Da-

---

[87] Etwa neun Zehntel der in der Notitia Dignitatum genannten spätantiken Kastelle existierte bereits während der mittleren Kaiserzeit, s. K. Wachtel in: Iatrus-Krivina. Spätantike Befestigung und frühmittelalterliche Siedlung an der unteren Donau IV. Ergebnisse der Ausgrabungen 1975–1981. Schr. Gesch. u. Kultur Antike 17 (Berlin 1991) 17 Anm. 17.

[88] Th. Fischer in: L. Wamser (Hrsg.), Die Römer zwischen Alpen und Nordmeer. Zivilisatorisches Erbe einer europäischen Militärmacht (Mainz 2000) 207; Fischer, Caesaren 296.

[89] Weerd, Recent Excavations 284; Dijkstra, Rondom 75.

[90] Eine spätantike Datierung der Festung vermutet bereits W. J. H. Willems, Romans and Batavians. A Regional Study in the Dutch Eastern River Area (Amersfoort 1986) 295.

[91] Fischer, Caesaren 297.

tierung ist anzunehmen, auch wenn überprüfbare Funde und Befunde bis auf die wenig aussagekräftige Münze Maximians bislang fehlen.

Insgesamt existieren vier verschiedene und wahrscheinlich zu unterschiedlichen Zeiten konzipierte Bauaufnahmen der Brittenburg. Die darauf fußenden Bildtraditionen weichen zwar in Details voneinander ab, bestätigen einander aber in wesentlichen Punkten. Die Bildtradition von 1571 und die Darstellung Jacob Schijnvoets ergeben ein kohärentes Bild von der Ausrichtung der Anlage. Die historischen Lagebeschreibungen korrelieren eng mit der Peilung von Zacharias Heyns und dem kartographischen Befund. Demzufolge liegen die Überreste der Brittenburg auch heute noch in den Dünen und eben nicht, wie bislang vermutet, im Meer.

Dr. Gerald Volker Grimm, Oxfordstraße 9, 53111 Bonn,
gerald.volker.grimm@gmx.de. – Dr. Tünde Kaszab-Olschewski, Archäologisches Institut, Universität zu Köln, Albertus-Magnus-Platz, 50923 Köln, kaszab@gmx.de.

Bildrechte. Abb. 1 nach Guicciardini, Description 1625 (Anm. 8) Taf. 56 (Universität Bonn, Kunsthistorisches Institut). – Abb. 2 und 13 nach Guicciardini, Descrittione (Anm. 35, aber Ausgabe Antwerpen 1588) Taf. 38 (Universitäts- und Landesbibliothek Bonn). – Abb. 3, 6, 15 und 16 nach Dijkstra/Ketelaar, Brittenburg 1965, Taf. 2; 6–8; 10. – Abb. 4 und 14 nach P. Stuart, Provincie van een imperium. Romeinse oudheden uit Nederland in het Rijksmuseum van Oudheden te Leiden (Leiden 1986) Taf. 2. – Abb. 5 nach H. Nails, The New Hollstein. Dutch & Flemish Etchings, Engravings and Woodcuts. 1450–1700. The van Doetecum Family. Part IV. The Northern Netherlandish Years. 1583–1606 (Amsterdam 1998) 34 Nr. 857/1. – Abb. 8, 11 und 12 Gerald Volker Grimm, Abb. 17 Fotoarchiv ders. – Abb. 7 nach W. Böcking, Die Römer am Niederrhein und in Norddeutschland (Frankfurt 1974) Abb. 16. – Abb. 9 nach Guicciardini, Belgii descriptio (Anm. 30) 317 (Universitäts- und Landesbibliothek Bonn). – Abb. 10 nach http://repository.tudelft.nl/view/MMP/uuid%3A12e83eec-0802-4b38-a2e5-7044e9414e88/ (TU Delft Beeldbank). – Abb. 18 nach Iunius, Batavia 1588, 120. – Abb. 19 Leiden, Rijksmuseum van Oudheden, nach http://www.rmo.nl/collectie/zoeken?object=Ar+19. – Abb. 20 nach Scriverius, Batavia (Anm. 51) 193. – Abb. 22 nach Smetius, Oudheden (Anm. 55) Abb. 40. – Abb. 21 Staatliche Münzsammlung München, Ausführung Nicolai Kästner. – Abb. 23 nach M. Hilke, Römer Museum im Archäologischen Park Xanten. Nur für Kinder! (Xanten 2008) 72. Abb. 24 Tünde Kaszab-Olschewski.

Resümee. Die Brittenburg lag nahe der Nordseeküste bei der Rheinmündung und bildete möglicherweise eine Gegenfestung zum historisch überlieferten Lugdunum. Ihre Gestalt ist in vier zumeist auf Kartenwerken festgehaltenen Bildtraditionen unterschiedlicher Entstehungszeit überliefert. Die Darstellungen deuten auf eine spätantike Ringmauerkaserne mit zentralem Doppelhorreum hin. Es besteht eine enge Korrelation zwischen den historischen Lagebeschreibungen, der Peilung von Zacharias Heyns und dem kartographischen Befund. Demzufolge liegen die Überreste der Anlage vermutlich auch heute noch in den Dünen und nicht im Meer, wie bislang vermutet.

Resumé. De Brittenburg lag aan de kust, aan de mond van de Rijn – misschien als tegenhanger voor het uit historische bronnen bekende fort Lugdunum op de andere oever. De vorm van de vestiging is overgeleverd in vier beeldtradities uit diverse periodes, die hoofdzakelijk op verschillende kaarten zijn afgebeeld. Deze lijken op een typisch fort uit de late oudheid te duiden, gekenmerkt door een hoge muur en een binnenruimte met barakken en een centrale dubbele horreum. De auteurs konden een nauwe correlatie vaststellen tussen de historische beschrijvingen over de precieze positie van het fort, de peiling van Zacharias Heyns en de cartografische bevindingen. Het gevolg van deze overwegingen is dat de overblijfselen van de Brittenburg niet – zo als tot nu toe aangenomen – in de zee zijn verdwenen, maar nog steeds onder de duinen liggen.

Conclusion. The Brittenburg fort was situated on the coast, at the Rhine estuary. Possibly it served as a counter fortification to Lugdunum, a fort known from historical sources. The shape of the fort has been handed down by four pictorial traditions from different periods, mostly recorded on maps. They hint to a typical late antique curtain wall casern with barracks and a central double horreum. The historical descriptions concerning the exact position of the fort correlate with the measurements taken by Zacharias Heyns and the cartographical report. Hence presumably the remains of the Brittenburg lie still under dunes and have not vanished into the sea, as has been reckoned so far.

Nachtrag. Nach Manuskriptabschluss wurde ein neu aufgefundener Plan der Brittenburg vorgelegt und Abraham Ortelius zugeschrieben: Eric Ketelaar, Ortelius' Brittenburg revisited, Caert-Thresoor 34, 2015, H. 3, 145–148. Für Hinweise danken die Autoren Julia Chorus (Utrecht).

Abkürzungen

Dijkstra/Ketelaar, Brittenburg	H. Dijkstra / F. C. J. Ketelaar, Brittenburg raadsels rond en verdronken ruïne (Bussum 1965).
Dijkstra, Rondom	M. F. P. Dijkstra, Rondom de mondingen van Rijn en Maas. Landschap en bewoning tussen de 3e en 9e eeuw in Zuid-Holland, in het bijzonder de Oude Rijnstreek (Amsterdam 2011).
Enckevort et al., Grenze	H. van Enckevort / T. Hazenberg / W. Vos / E. Graafstal / R. Polak, Die Grenze in den Niederlanden. In: Grenzen des Römischen Imperiums (Mainz 2006) 105–111.
Fischer, Caesaren	Th. Fischer, Die Armee der Caesaren. Archäologie und Geschichte (Regensburg 2012).
Iunius, Batavia 1588	Hadrianus Iunius, Batavia. In qua praeter gentis et insulae antiquitatem, originem […] aliaque ad eam historiam pertinentia, declaratur quae fuerit vetus Batavia […] quae item genuina inclytae Francorum nationis fuerit sedes (Leiden 1588).
Kropff, Rivier	A. Kropff, De bewaakte rivier door niemandsland. Westerheem 64, 4, 2015, 178–188.
Langereis, Geschiedenis	S. Langereis, Geschiedenis als ambacht. Oudheidkunde in de Gouden Eeuw. Arnold Buchelius en Petrus Scriverius (Hilversum 2001).
Oud, Hoektorens	S. P. Oud, Brittenburg, hoektorens en muurstken. Westerheem 44, 1995, 225–230.
Parlevliet, Verloren	D. Parlevliet, De Brittenburg voorgoed verloren. Westerheem 51, 2002, 115–121.
Pars, Batavorum 1745	Adriaan Pars, Catti Aborigines Batavorum. Dat is: de Katten, de voorouders der batavieren, ofte de twee Katwijken, aan See en aan den Rhijn (Amsterdam 1745).
Weerd, Recent Excavations	M. D. de Weerd, Recent Excavations near the Brittenburg. A Rearrangement of Old Evidence. In: Studien zu den Militärgrenzen Roms III. 13. Internationaler Limeskongress, Aalen 1983. Forsch. u. Ber. Vor- u. Frühgesch. Baden-Württemberg 20 (Stuttgart 1986) 284–290.

Marion Brüggler

Burgus und Glaswerkstatt der Spätantike bei Goch-Asperden

mit Beiträgen von Thilo Rehren und Claudia Klages

Die Fundstelle im Reichswald bei Asperden, um die es im Folgenden geht, ist seit dem neunzehnten Jahrhundert bekannt (Abb. 2). Seitdem war sie vielfach Ziel von unsystematischen Schürfungen[1]. Durch die Ausgrabungen von Hermann Hinz und Ilse Hömberg in den Jahren 1964 und 1965 wurde dort ein spätantiker Burgus identifiziert[2]. Die Ausgräber erwähnen in ihrer Publikation von 1968 am Rande einen »technischen Ofen (Glasherstellung?)«[3], den sie aus Zeitgründen zunächst nicht untersuchen wollten. Eine Ausgrabung zu einem späteren Zeitpunkt war vorgesehen, fand aber dann nicht statt[4]. Oberflächenfunde, die in der Folgezeit dem LVR - Amt für Bodendenkmalpflege im Rheinland zur Kenntnis kamen und unter denen sich Glashafenfragmente befanden, bestätigten die Vermutung, bei dem »technischen Ofen« handele es sich um einen Glasofen[5]. Glaswerkstätten mit Ofenbefunden aus dem vierten und fünften Jahrhundert sind in den Nordwestprovinzen des Römischen Reichs nach wie vor selten: Außer von den Glaswerkstätten im Hambacher Forst westlich von Köln mit acht Glaswerkplätzen und über vierzig Glasöfen sind sie bislang nur noch aus Trier bekannt[6].

Über vierzig Jahre nach den ersten wissenschaftlichen Untersuchungen fanden in den Jahren 2006 und 2007 erneut Ausgrabungen an der altbekannten Fundstelle statt. Konkreter Anlass

---

Herzlich bedanke ich mich bei Mark Taylor und David Hill (Andover, Großbritannien), Wolfgang Gaitzsch (Düren) sowie Anna-Barbara Follmann-Schulz (Bonn) für die Diskussion der Befunde. Für zahlreiche und sehr wichtige Hinweise zur praktischen Arbeit am Glasofen bin ich Frank Wiesenberg (Köln) verbunden. Christoph Hartkopf-Fröder und Ulrich Pahlke, beide Geologischer Dienst NRW, sowie auch Ulrich Schüßler, Universität Würzburg, nahmen dankenswerterweise mineralogische und chemische Analysen vor. Außerdem ist ›Wald und Holz NRW‹ zu danken für die Erlaubnis, die Grabung durchführen zu dürfen, und für die gute Zusammenarbeit. Ein ausführlicher Vorbericht der Grabung wurde bereits 2011 veröffentlicht, s. M. Brüggler, Spätantike Glasherstellung am Niederrhein. Eine Glashütte am Burgus von Goch-Asperden. In: J. Drauschke / R. Prien / S. Ristow (Hrsg.), Untergang und Neuanfang. Stud. Spätant. u. Frühmittelalter 3 (Hamburg 2011) 163–189.

[1] Erste schriftliche Informationen lieferte der Hommersumer Pfarrer Viktor Huyskens, der Ausgrabungen in den Jahren 1871 und 1877 erwähnt, s. Huyskens, Geburtsstätte 96.
[2] Hinz/Hömberg, Asperden.
[3] Hinz/Hömberg, Asperden 170. Bedauerlicherweise wurde der Befund weder zeichnerisch oder fotografisch festgehalten noch die genaue Lage des Grabungsschnitts notiert.
[4] Die Dokumentation der Kampagne von 1964, als unter anderem fünf Suchschnitte am Hangfuß angelegt wurden, besteht lediglich aus knappen Notizen im Grabungstagebuch, aus denen weder die genaue Lage noch ihre Ausdehnung hervorgeht. Skizzen, Zeichnungen oder Fotografien wurden nicht angefertigt. Die Grabungsschnitte im Folgejahr 1965 wurden ausschließlich auf dem Plateau angelegt. Von diesen existieren maßstäbliche Planums- und Profilzeichnungen (M. 1:20 und M. 1:50) sowie Schwarzweißfotografien.
[5] Bridger, Asperden.
[6] Gaitzsch u. a., Hambacher Forst; Goethert, Trier.

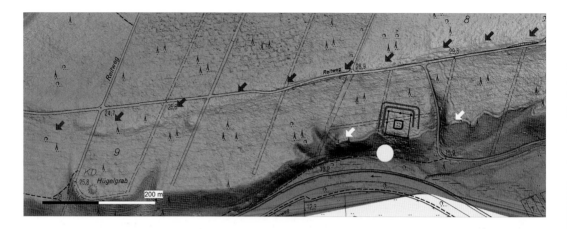

für die neuen Grabungen durch die Außenstelle Xanten des Bodendenkmalpflegeamtes waren anhaltende Raubgräbereien, die drohten, den Befund vollständig zu zerstören[7]. Ziel der Untersuchungen war die Ermittlung der genauen Lage des Burgus und des »technischen Ofens« – die Grabungen im Burgus waren in den sechziger Jahren mangels amtlicher Polygonpunkte lediglich mittels eines lokalen geodätischen Systems eingemessen worden – und des Zustands des eingetragenen Bodendenkmals nach vierzig Jahren Heimsuchung durch Raubgräber.

Im Folgenden werden die Befunde und Funde der Grabungen von 2006/2007 vorgelegt. Erneut in Augenschein genommen wurden auch die Dokumentation sowie das Fundmaterial von 1964 und 1965, ebenso Lesefunde, die zwischenzeitlich durch ehrenamtliche Mitarbeiter eingeliefert wurden.

Topographie

Der Burgus liegt auf einem Plateau etwa siebzehn Meter oberhalb der Niers, die wenige Kilometer flussabwärts bei Gennep in die Maas mündet. In römischer Zeit floss die Niers dicht am Hangfuß entlang, der jetzige Verlauf geht auf eine Begradigung des zwanzigsten Jahrhunderts zurück. Genau dort, wo der Burgus errichtet wurde, liegt ein ehemaliger Mäanderbogen. An dieser Stelle entfernt sich das Gewässer wieder von der Stauchmoräne und fließt in Richtung Südwesten weiter. Etwa dreihundert Meter nördlich des Burgus verläuft ein periglaziales Trockental von Nordosten nach Südwesten, das Dicke Mönchstal.

Die Niers ist mit flachbodigen Booten und Flößen befahrbar und kann auch in spätantiker Zeit eine gute verkehrstechnische Anbindung geboten haben. Eine solche war sowohl für das Heranschaffen von Rohmaterialien für die Glaswerkstatt und die Versorgung der Burgusbesatzung als auch den Abtransport fertiger Güter nötig.

---

[7] In wenigen Fällen erlangte das ABR Kenntnis von Funden, welche die hohe Bedeutung des Bodendenkmals unterstreichen. So konnte eine fast vollständig erhaltene Kamee letztlich vom LVR - RömerMuseum Xanten angekauft werden, vgl. H.-J. Schalles, Ein spätantiker Glaskameo aus Goch-Asperden. In: Xantener Berichte. Grabung – Forschung – Präsentation (Köln 1994) 251–261. Außerdem wurde dem ABR eine Liste übermittelt, in der über sechshundert Münzen aufgeführt sind, die vom Burgus stammen sollen.
[8] Hinz/Hömberg, Asperden 168; Bridger, Asperden 85.
[9] Goudswaard u. a., Cuijk, passim.
[10] Huyskens, Geburtsstätte 90 f. berichtet, der Weg sei teilweise beidseitig, teilweise nur einseitig von einem Wall begleitet gewesen. Jener heißt heute noch ›Reuterweg‹ und ist in der Kartenaufnahme von Tranchot und Müffling, Karte 8 Gennep als »Rayterweg« eingezeichnet.
[11] Der Verlauf der Straße ist bei Goudswaard u. a., Cuijk 534 im Dicken Mönchstal kartiert, wo heute tatsächlich ein Weg vorhanden ist. Jedoch sprechen die Geländemerkmale dafür, dass der Weg auf der Höhe näher am Burgus vorbeiführte.
[12] Goudswaard u. a., Cuijk 534.
[13] RGA XI (1998) 73–76 s. v. Gennep (H. A. Heidinga), hier 75.
[14] Goudswaard u. a., Cuijk 531–534.

Auch auf dem Landweg war der Burgus vermutlich erreichbar. So wird eine ostwestlich verlaufende Straßenverbindung zwischen Quadriburgium (vermutlich Bedburg-Hau Qualburg) am Rhein und Ceuclum (Cuijk, NL) an der Maas vermutet[8], wo in der Spätantike ein Kastell mit Maasbrücke bestanden hat[9]. Der genaue Verlauf der Straße ist nicht nachgewiesen, doch gibt es einige Geländemerkmale und Anhaltspunkte. Etwa sechzig Meter nördlich des Burgus führt auch heute noch ein Reitweg vorbei, der im Geländerelief teils einer schwachen Erhöhung folgt[10] (Abb. 1). Für ein höheres Alter dieses Weges spricht ein etwa sechshundert Meter westlich des Burgus eingeschnittenes Hohlwegbündel, wo die vermutete Altstraße in das Dicke Mönchstal hinunterführt[11]. Der weitere Verlauf dieser Route nach Westen führt wahrscheinlich auf der Niederterrasse und entlang der Nordseite der Niers. Nördlich davon war das Gelände infolge von Hangwasser der Stauchmoräne mit Torf bedeckt und dadurch schwer passierbar[12] (Abb. 2). Die Route führte dann weiter über Gennep an der Einmündung der Niers in die Maas, wo im letzten Jahrzehnt des vierten Jahrhunderts eine fränkische Siedlung gegründet wurde[13], nach Cuijk zur Maasbrücke, und hatte damit eine Verbindung zur nordsüdlich verlaufenden Route zwischen Tongeren und Nimwegen[14]. Der Verlauf von Asperden nach Nordost lässt sich leider anhand von Geländemerkmalen oder Luftbildbefunden derzeit nicht weiter nachzeichnen. Unklar ist daher, ob die Route parallel zum Dicken Mönchstal auf Qualburg in neun Kilometern Entfernung zuläuft, oder ob sie Richtung Kalkar-Burginatium reicht,

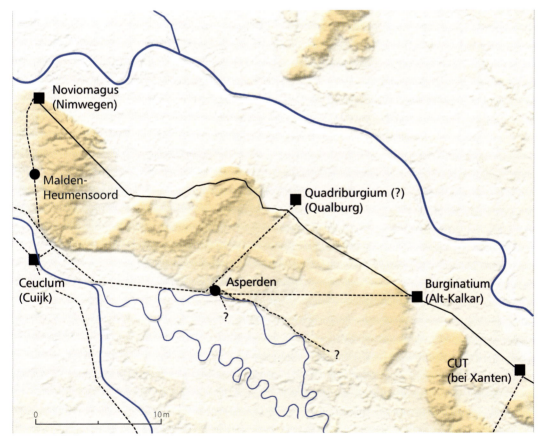

Abb. 1 (gegenüber) Das Umfeld des Burgus von Asperden. – (weißer Punkt) Glashütte, (dunkelgraue Pfeile) Altstraße, (weiße Pfeile) Schützengraben. – Ohne Maßstab.
Abb. 2 (oben) Die Burgi von Asperden und Malden-Heumersoord (Punktsignatur), Orte mit spätantiker Nutzung (Quadratsignatur) sowie mögliche Straßenverläufe. Ohne Maßstab.

das in fünfzehn Kilometern Distanz exakt in östlicher Richtung liegt. Vielleicht gab es auch beide Straßen. Eine weitere Route kann in Richtung Süden geführt haben: Unmittelbar östlich des Burgus hat sich wohl eine Querung der Niers befunden, da hier ein nordsüdlicher Hohlweg von der Höhe in die Niederung führt[15]. Hier wurden im neunzehnten Jahrhundert im Flussbett schwere Holzpfähle beobachtet, die von einer Brücke stammen könnten[16]. Dieser Befund muss jedoch nicht zwingend römerzeitlich zu datieren sein. Entlang der Stauchmoränenkante und der hier gelegenen eisenzeitlichen Grabhügel in Uedem-Kalbeck gibt es Hinweise auf eine weitere Wegführung östlich der Niers nach Südosten[17].

Die natürliche Vegetation der Reichswalder Stauchmoräne wäre der Eichen-Buchenwald[18]. Wenige Kilometer südlich von Gennep erfasste ein gut datiertes Pollenprofil den fraglichen Zeitraum. Danach wurden in der zweiten Hälfte des dritten Jahrhunderts die Wirtschaftsflächen aufgegeben, Ackerland und Viehweiden verbuschten. Um das Jahr 500 war die Landschaft wieder weitgehend bewaldet. Dies wird mit einem Bevölkerungsrückgang in Zusammenhang gebracht[19]. Damit war für die Glasöfen Brennholz vorhanden, zumindest in Form von Pioniergehölzen[20]. Die Besatzung des Burgus benötigte ihrerseits ein freies Sichtfeld, so dass zumindest in der unmittelbaren Umgebung offenes Gelände vorhanden gewesen sein muss.

Die archäologischen Untersuchungen

Auf dem Moränenplateau wurde zur Lokalisierung des Burgus ein Kreuzschnitt im heute dicht mit Kiefern bestandenen Gelände angelegt. Der Hangbereich unterhalb wurde zunächst mittels eines Bohrrasters sowie kleiner Testlöcher von einem halben Meter im Geviert erfolglos nach dem Glasofen abgesucht. Daraufhin öffneten wir zwei Suchschnitte im Hangbereich, ebenfalls befundleer, zwei weitere in der Niersaue am Hangfuß. Durch letztere ließ sich der Ofen indirekt lokalisieren, da sich hier ein verfüllter Altschnitt fand. In den Ablagerungen im Umfeld kamen zudem vermehrt Überreste der Glasherstellung zu Tage. Nur wenig hangaufwärts konnte dann der Glasofen in einem weiteren Schnitt lokalisiert werden. Weitere Suchschnitte im Umfeld erbrachten keine archäologisch relevanten Ergebnisse.

Die Schnittführung war aufgrund des Baumbestands nicht frei wählbar. Vor allem im steilen, aus Sand bestehenden Hang spielten für die Ausdehnung der Schnitte Sicherheitserwägungen eine große Rolle. Der Oberboden wurde zunächst mittels eines Minibaggers bis auf Befundhöhe abgetragen. Anschließend erfolgten die weiteren Arbeiten manuell und nach natürlichen Schichten. Die gemauerten Öfen verbleiben aus denkmalpflegerischen Gründen im Boden. Die Ausgrabung erreichte damit nicht den gewachsenen Boden.

Der Burgus

Im Gelände sind keinerlei Spuren des ehemaligen Burgus mehr sichtbar. Nachantiker Steinraub hat zum vollständigen Abbruch der Mauern inklusive der Fundamente geführt, ehemals

---

[15] Hinz/Hömberg, Asperden 168; Bridger, Asperden 85. Dies halten auch Goudswaard u. a., Cuijk 534 für wahrscheinlich; die ungewöhnliche Situierung des Burgus rühre von einer Weggabelung her.

[16] Huyskens, Geburtsstätte 95, ebenso Goudswaard u. a., Cuijk 532 Taf. 6.

[17] Im Verlauf der heutigen Reuterstraße. Georg Hüttner, Kleve, machte mich freundlicherweise auf eine im heutigen Relief sichtbare Trasse aufmerksam. Ob es sich um eine Altstraße handelt, muss jedoch noch geklärt werden.

[18] Hierzu und zum Folgenden A. J. Kalis u. a., Mensch und Vegetation am Unteren Niederrhein während der Eisen- und Römerzeit. In: M. Müller / H.-J. Schalles / N. Zieling (Hrsg.), Colonia Ulpia Traiana. Xanten und sein Umland in römischer Zeit (Mainz 2008) 31–48, hier 32.

[19] Goudswaard u. a., Cuijk 508.

[20] Zur Verwendung von Pioniergehölzen zum Beheizen von Glasöfen vgl. U. Tegtmeier in: Gaitzsch u. a., Hambacher Forst 148–153. Zu Berechnungen zur benötigten Holzmenge bei Glasöfen vgl. Fischer, Kaiser-

vorhandene Gräben sind durch Erosion verfüllt. Die im Boden verbleibenden Befunde waren und sind Gefährdungen ausgesetzt: Als der Reichswald am Ende des Zweiten Weltkriegs Kampfgebiet wurde, sind auch im Bereich des Burgus Schützengräben angelegt worden. Nicht zuletzt haben aber einhundertfünfzig Jahre unsystematischer Schürfungen, zunächst durch Heimatforscher, dann durch Raubgräber, die Befunde in ihrem Bestand reduziert[21]. An der Südseite der Anlage ist zudem der Hang stellenweise erodiert.

Im Folgenden sollen die Ergebnisse der Grabungen von 1964 und 1965 zusammen mit denen der neuen Grabungskampagne vorgestellt werden.

Anhand von Ausbruchsgräben konnten die Ausmaße des Burgus ermittelt werden (Abb. 3). Er ist annähernd quadratisch; die Ausrichtung weicht um zehn Grad von den Haupthimmelsrichtungen ab, wobei sie sich am Gelände orientiert: Die Geländekante verläuft entlang der Südseite in Richtung Westnordwest-Ostsüdost.

Zentral befand sich ein quadratischer Turm von 16,5 Metern Seitenlänge. Die Breite der Ausbruchsgräben beträgt 2,1 bis 2,3 Meter. Die ursprüngliche Mauerstärke dürfte etwas geringer gewesen sein. Im Inneren des Gevierts fanden sich Ausbruchsgruben von vier quadratischen Pfeilerfundamenten von je einem Meter Seitenlänge[22], die auf einen mehrstöckigen Aufbau schließen lassen[23]. In einem kleinen Suchschnitt an der Nordwestecke des Turmes wurde in etwa zweieinhalb Metern Entfernung und parallel zu seiner Nordmauer ein Ausbruchgräbchen beobachtet, dessen Zusammenhang mit dem Turm unklar ist. Vielleicht handelt es sich hierbei um ein Treppenfundament.

Im Abstand von elf Metern war der Kernbau auf allen Seiten von einer Umfassungsmauer umgeben, deren Ausbruchsgraben etwa einen Meter breit war (Abb. 4). Die Mauer war an der Südflanke erodiert, doch ließ sich ihr ehemaliges Vorhandensein durch den Ansatz eines Ausbruchsgrabens an der Südwestecke feststellen[24]. An der nordwestlichen und der nordöstlichen Ecke wurde jeweils ein Rundturm von ungefähr vier Metern Durchmesser nachgewiesen, ebenso mittig in der Nordflanke sowie in der Westflanke[25]. In der Ostflanke konnte im 1965 angelegten Suchschnitt zentral kein Turm festgestellt werden; er könnte allenfalls etwas nördlich der Mauermitte gelegen haben. Die Südflanke ist bereits durch Hangerosion beeinträchtigt, so dass die Situation hier nicht rekonstruierbar ist. Die Südwestecke ist nicht untersucht, die Südostecke ist massiv durch einen Schützengraben des Zweiten Weltkriegs gestört. Hinz und Hömberg geben im Gesamtplan auch einen Turmausbruch in der Mitte der Südflanke an, der jedoch anhand der Originaldokumentation nicht verifizierbar ist.

Wie bereits erwähnt, waren vom ehemaligen Mauerwerk lediglich Ausbruchsgräben vorhanden. Unter allen Mauerausbrüchen, sowohl denjenigen des Kernbaus als auch der Umfassungsmauer und ihrer Türme, finden sich Verfärbungen von dicht gesetzten Pfählen[26] (Abb. 7 und 8). Die Breite der Pfahlsetzung unter der Umfassungsmauer beträgt 0,9 Meter, unter dem Kernbau 1,7 Meter. Längere und kürzere Pfähle wechselten sich ab. Das ehemals darüber befindliche Mauerwerk dürfte knapp breiter als die Breite der Pfahlsetzung gewesen sein.

augst 123. Die Niederlassung der Glasmacher im Hambacher Forst wird ebenfalls mit der Zugänglichkeit von Brennholz in Verbindung gebracht, vgl. Brüggler, Villa rustica 210.

[21] Vgl. auch Hinz/Hömberg, Asperden 167.
[22] Hinz/Hömberg, Asperden 172. Eine fünfte wird von Th. Völling, Die Römer vor der eigenen Haustür. Der spätrömische Burgus von Asperden und seine Rekonstruktion. An Niers und Kendel, H. 11, Mai 1984, 13–15; 28 als Fundament für einen Treppenaufgang gedeutet, was jedoch den Befund überstrapaziert.
[23] Vgl. A. Heising, Der Schiffslände-Burgus von Trebur-Astheim. Schicksal einer Kleinfestung in Spätantike und frühem Mittelalter. In: W. Raeck / D. Steuernagel (Hrsg.), Das Gebaute und das Gedachte. Siedlungsform, Architektur und Gesellschaft in prähistorischen und antiken Kulturen (Bonn 2012) 151–166, hier 154.
[24] Hinz/Hömberg, Asperden 174.
[25] Äußerer Dm. an der Nordostecke 3,75–4,25 m; an der Nordwestecke 4,8 m, s. hierzu und zum Folgenden Hinz/Hömberg, Asperden 173 f.
[26] Hinz/Hömberg, Asperden 173.

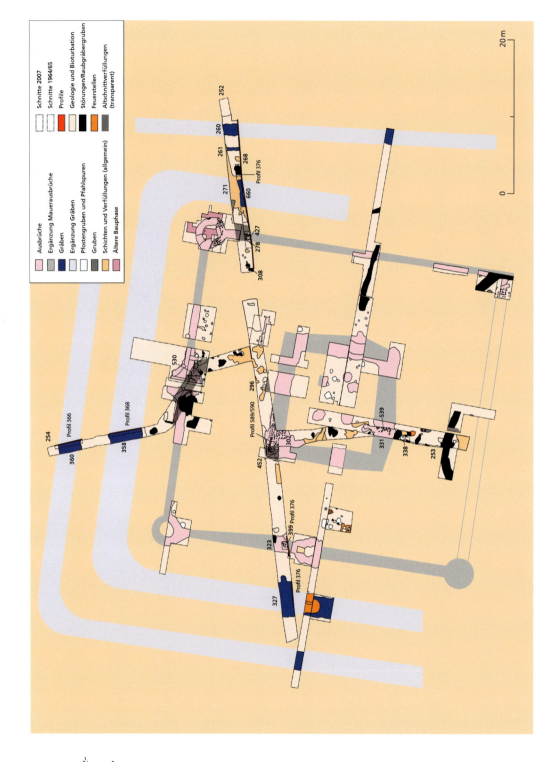

Abb. 3 Gesamtplan der Befunde auf dem Plateau des Burgus. Eingezeichnet sind nur diejenigen Profile, die im Text und Katalog erwähnt sind.

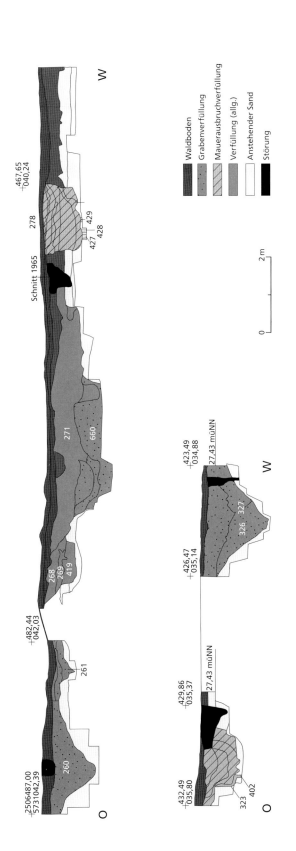
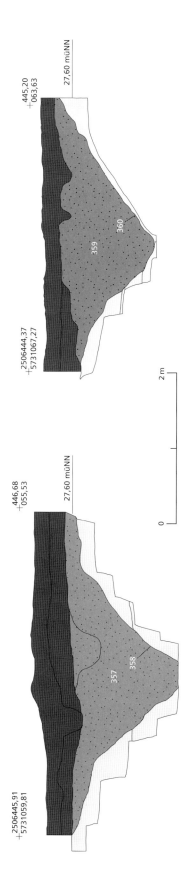

Abb. 4 (oben) Südprofil St. 376. – Abb. 5 (links) Ostprofil des inneren Grabens, St. 368. – Abb. 6 (rechts) Ostprofil des äußeren Grabens, St. 366.
(unten) Nordflanke des Burgus.

Im Norden war der Umfassungsmauer im Abstand von 4 Metern ein 4,5 Meter breiter und 1,6 Meter tiefer Spitzgraben vorgelagert (Abb. 5). Ein weiterer, äußerer Spitzgraben lag 4,5 Meter davon entfernt (Abb. 6). Er war mit einer Breite von 3,6 Metern und eine Tiefe von 1,3 Metern etwas kleiner. Der äußere Graben wies ein asymmetrisches Profil auf: Er war an seiner Südseite, also an der Innenseite, flacher als an seiner Nordseite. Eine ähnliche Situation zeigte sich an der Westseite, mit einem 2,6 Meter breiten und 1,1 Meter tiefen inneren und einem 2,3 Meter breiten und 1,2 Meter tiefen äußeren Graben[27]. In den Grabungen von 1965 waren an der Sohle beider Gräben schmale Abstiche zu beobachten[28], die aber an den 2007 freigelegten Stellen nicht zu erkennen waren[29]. Östlich befindet sich ein Taleinschnitt, jetzt in Form eines Hohlwegs, der von der Höhe ans Niersufer führt. In den Grabungen von 1965 wurde hier in vierzehn Metern Entfernung von der Umfassungsmauer und damit noch vor dem Taleinschnitt ein mindestens noch zwei Meter breites Gräbchen beobachtet, das aber weder in seiner Breite noch Tiefe vollständig erfasst wurde. Während der Grabungen des Jahres 2007 fand sich rund zwanzig Meter nördlich dieses Befundes ebenfalls ein nordsüdlich verlaufender Graben, der 2,7 Meter breit und etwa einen Meter tief war und in zwölf Metern Entfernung zur ehemaligen Umfassungsmauer lag (vgl. Abb. 3 und 4). Verbindet man die beiden Befunde, dann ist der Verlauf nicht parallel zur Umfassungsmauer. Dennoch dürfte es sich um den im Westen und Norden nachgewiesenen äußeren Graben handeln. Ein innerer Graben ließ sich 2007 ebenfalls nachweisen[30]: Er lag aber bereits drei Meter östlich der Umfassungsmauer. Im weiteren Verlauf nach Süden hätte er allerdings in einem Grabungsschnitt von 1965 erfasst worden sein müssen. Dort ist an der entsprechenden Stelle zwar ein gestörter Bereich dokumentiert, jedoch kein Graben beobachtet worden. Dies lässt zwei Möglichkeiten: Entweder man hat den Graben 1965 nicht erkannt, oder aber er endete bereits vor dem Grabungsschnitt. Ein weiteres, kleines Gräbchen von nur 0,5 Metern Breite und 0,3 Metern Tiefe lag zwischen den beiden Spitzgräben (vgl. Abb. 3, Stelle 261). Im Süden hat vermutlich durch den nahen Abhang, der als Annäherungshindernis ausgereicht haben dürfte, kein Graben gelegen.

Unterhalb des Nordostturmes war 1965 eine ältere Bauphase dokumentiert worden (vgl. Abb. 3). Überlagert durch die Ausbruchsgräben des jüngeren Turms zeigte sich eine rechteckige Verfärbung von 4,4 auf 3 Meter Größe. Von dieser gingen nach Süden und Westen weitere langschmale Verfärbungen ab. Dies spricht dafür, dass es sich um den nordöstlichen Eckturm einer älteren Bauphase handelte. In einem etwas weiter westlich gelegenen Grabungsschnitt

Abb. 7 Freilegen der Pfahlsetzung in der Nordwestecke des zentralen Gebäudes.

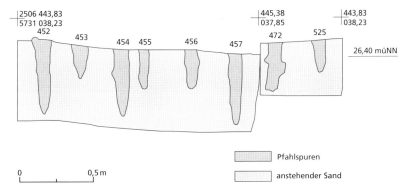

Abb. 8 Nord- und Ostprofil durch die Pfahlsetzung unter der Nordwestecke des zentralen Gebäudes.

entlang der nördlichen Umfassungsmauer konnte 1965 ein weiteres Indiz für diese erste Bauphase beobachtet werden: ein parallel zur Nordmauer verlaufender Befund, in den die Nordmauer eingeschnitten hatte. Da die Befunde keinerlei Spuren von Mörtel oder Bauschutt enthielten, vermuteten Hinz und Hömberg einen Holzbau[31]. In den Grabungen von 2007, die allerdings weit weniger umfangreich waren als diejenigen von 1965, ließen sich keine Spuren dieser älteren Phase feststellen.

Innerhalb der Umfassungsmauer standen, die Fläche des Turms abgezogen, etwa 1200 Quadratmeter zur Verfügung. Nur wenige Grabungsschnitte erfassten diesen Bereich, weshalb sich nicht ausmachen ließ, ob hier Baracken standen, oder wie die Fläche anderweitig genutzt wurde. Während der Grabungen von 1964 und 1965 wurden zwar einige Pfostengruben beobachtet, doch lassen diese sich nicht mehr zu Gebäuden oder anderen Strukturen rekonstruieren.

Im Bereich des inneren westlichen Grabens wurde 1965 eine Grube mit Eisenluppen dokumentiert, die Hinz und Hömberg in das frühe Mittelalter datieren[32]. Wenig östlich davon wurden zwei weitere Feuerstellen mit Eisenfunden freigelegt. Einzelfunde merowingischer Keramik kamen auch 2006/2007 zu Tage (St. 269.2, St. 13.62-65). Offenbar wurde der Platz im frühen Mittelalter nach verwertbaren Gegenständen wie Eisen abgesucht, und diese wurden weiterverarbeitet.

Anhand des Münzspektrums kommen Hinz und Hömberg zu dem Schluss, der Burgus sei im Rahmen des Bauprogramms Valentinians I. errichtet worden, das für die Jahre seit 369 n. Chr. überliefert ist[33]. Auch Claudia Klages kommt anhand der im Zuge der hier vorgestellten Grabungskampagne gefundenen Münzen zu diesem Schluss (s. u.). Neue Auswertungen der Rädchensigillaten durch Lothar Bakker ergeben nun jedoch ein differenzierteres Bild. Bakker datiert einen Teil der Stempel in spätkonstantinische Zeit und geht von einer Errichtung der Holzbauphase in dieser Periode aus[34]. Dies lässt sich gut mit der Errichtung der Brücke von Cuijk 347/348 in Zusammenhang bringen[35]. Anschließend war der Burgus eine Zeitlang unbesetzt, bevor er in Stein ausgebaut wurde[36]. Diese Ertüchtigung erfolgte dann im Zuge des valentinianischen Bauprogramms[37]. Parallel wurde die Maasbrücke in Cuijk ausgebessert: Reparaturarbeiten erfolgten dort zunächst im Frühling 369 und dann 393 in einer zweiten Phase[38].

---

[27] Hinz/Hömberg, Asperden 174. – Im Jahr 2007 erneut aufgedeckt, B. 2,9 m, T. 1,35 m.
[28] Hinz/Hömberg, Asperden 172.
[29] Teilweise konnten die Profile aus sicherheitstechnischen Gründen nicht bis auf die Befundunterkanten freigelegt werden.
[30] Anders Brüggler (Fußnotenvorspann) 166. Hier ist der Graben noch nicht erkannt, da die Dokumentation zu diesem Zeitpunkt noch nicht vollständig aufgearbeitet war.
[31] Hinz/Hömberg, Asperden 174.
[32] Hinz/Hömberg, Asperden 176.
[33] Hinz/Hömberg, Asperden 176. – Amm. Marc. 28, 2, 1–2.
[34] Vgl. hierzu und zum Folgenden Bakker, Datierung.
[35] Goudswaard u. a., Cuijk 482–484; 541.
[36] Vgl. Bakker, Datierung.
[37] Hinz/Hömberg, Asperden 176; vgl. auch Brulet, architecture 159.
[38] Letzteres Dendrodatum ±5 Jahre. – Goudswaard u. a., Cuijk 482–484; 541.

Die jüngste Münze ist laut der Publikation von 1968 eine Prägung des Honorius (395–423); auch Clive Bridger erwähnte in einem Vorbericht »einige Honoriusprägungen«[39]. Bei der Durchsicht der Altfunde kann Claudia Klages nun allerdings keine Honoriusprägung identifizieren. Die jüngste Münze stammt vielmehr aus der Regierungszeit des Arcadius, eindeutig nach 400 geprägte Münzen sind nicht nachweisbar[40]. Anders auch hier die Ergebnisse der Auswertung der Rädchensigillaten: Bakker kommt zu dem Schluss, dass der Burgus noch bis 420/430 n. Chr. besetzt war[41].

Seine nächste Parallele findet der Burgus im valentinianischen Burgus von Moers-Asberg[42]. Der dortige Turm entspricht demjenigen von Asperden, er ist mit 18,1 auf 18,2 Meter nur unwesentlich größer. Auch hier war er in 11,5 Metern Abstand von einer Mauer umgeben, der wiederum in 4,5 Metern Entfernung ein Graben vorgelagert war. Dieser fiel mit 9 Metern Breite allerdings mächtiger aus als derjenige in Asperden.

Viereckige Turmgrundrisse mit Stützen im Inneren sind auch aus Finningen (Deutschland), Morlanwelz II (Belgien) und Hulsberg/Goudberg (Niederlande) bekannt[43]. Der Turm dürfte ähnlich ausgesehen haben wie der ebenfalls valentinianisch datierte und teils noch aufgehend erhaltene quadratische Turm von Bacharnsdorf (Österreich)[44]. Dieser hat 12,2 Meter Seitenlänge, die Südmauer ist noch bis zu 9 Meter hoch erhalten. Die Fundamentbreite beträgt 1,5 Meter, das Mauerwerk in Gusstechnik verjüngt sich im zweiten Obergeschoss. Dort sind zwei Bogenfenster vorhanden, während sich im ersten Obergeschoss zwei Schartenschlitzfenster befanden. Als Nutzung wird für das Untergeschoss ein Vorratsraum vermutet, das erste Obergeschoss könnte als Wohnquartier gedient haben und das zweite Obergeschoss als Wachraum. Die Abdeckung wird als Zeltdach rekonstruiert. Außenbefestigungen sind in Bacharnsdorf nicht erhalten.

Die Technik der Fundamentierung mittels Pfahlsetzungen ist an mehreren spätantiken Befestigungen beobachtet worden, so beispielsweise im valentinianischen Kastell Altrip und in der spätrömischen Befestigung des Breisacher Münsterbergs[45]. Die Schiffsländeburgi von Neuwied-Engers und Trebur-Astheim lassen sich hier ebenfalls anführen[46]. Auch eine spätantike Umbauphase in Kalkar-Burginatium weist diese Fundamentierungstechnik auf[47]. Runde Ecktürme sind im spätantiken Gallien häufig bezeugt[48]. Seltener sind hingegen viereckige Ecktürme, wie in der Holzbauphase von Asperden.

Die Glaswerkstatt

Die Überreste der Glaswerkstatt fanden sich unmittelbar unterhalb des Burgus am Ufer der Niers. Sie bestanden aus zwei einander überlagernden Glasöfen sowie weiteren Befunden, die im Zusammenhang mit der Werkstatt standen (Abb. 9 und 10). Durch die Überdeckung mit erodiertem Sand aus dem Hangbereich waren die Öfen vergleichsweise gut erhalten. Während im Hambacher Forst alle Einrichtungen dieser Art nur noch in den ehemals unterirdischen Teilen erhalten waren, ließen sich in Asperden Hinweise auf die aufgehende Konstruktion insbesondere des jüngeren Exemplars erkennen. Die undokumentierte Grabung von 1964 hatte

---

[39] Bridger, Asperden 85; Hinz/Hömberg, Asperden 195.
[40] Vgl. unten.
[41] Vgl. Bakker, Datierung.
[42] G. Krause, Ein spätrömischer Burgus von Moers-Asberg am Niederrhein. In: R. Stampfuß (Hrsg.), Ausgrabungen am Niederrhein. Quellenschr. westdt. Vor- und Frühgesch. 9 (Bonn 1974) 115–164.
[43] Zusammenstellung bei Brulet, architecture 164.

[44] Vgl. zum Folgenden H. Ubl in: H. Friesinger / F. Krinzinger, Der römische Limes in Österreich. Führer arch. Denkmäler (Wien 1997) 203–206.
[45] Zu Altrip s. G. Stein / W. Schleiermacher, Die Untersuchungen im spätrömischen Kastell Altrip, Kr. Ludwigshafen, im Jahre 1961. Ber. RGK 49, 1968, 85–110. Zu Breisach s. M. Zagermann, Der Breisacher Münsterberg. Die Befestigung des Berges in spätrömischer Zeit. In: H. Steuer / V. Bierbrauer (Hrsg.), Höhensied-

allerdings den Ostbereich des jüngeren Ofens beeinträchtigt (Abb. 11), auch war in diesem Zuge offensichtlich nördlich der Brennkammer ein Loch gegraben worden.

Glasofen I. Der jüngere der beiden Öfen (Ofen I) war zugleich der besser erhaltene. Ihm ließ sich sogar noch ein Arbeitshorizont zuordnen, eine durch Holzkohle schwarz gefärbte Sandschicht, die den gesamten Bereich westlich und südlich von ihm bedeckte[49]. Sie beinhaltete Fabrikationsabfälle aus Glas sowie einige Münzen, die unten noch näher zu besprechen sind.

Der Ofen hat eine annähernd runde Brennkammer von 0,65 Metern Durchmesser mit einem Boden 0,3 Meter unterhalb des Arbeitshorizontes (Farbtafel 1 a). Der Boden ist mit zerbrochenen Tegulae ausgelegt. Die Wände dieser Kammer bestehen aus in Lehm verlegten Flachziegelbruchstücken, Wände und Boden sind durch Hitzeeinwirkung grau verziegelt. Im Unterbau des Ofens gibt es auch andere Baumaterialien: Grauwacke, Tuff, Raseneisenerz und Kalkstein[50] (Farbtafel 1 b). Dabei handelt es sich vermutlich um Spolien, da nur Raseneisenerz in der Gegend natürlich ansteht. In die Brennkammer führt von Westen ein schmaler Kanal (Abb. 9, A). Er setzt auf dem Niveau des Arbeitshorizontes an, führt dann leicht nach unten, um auf Höhe der Sohle der Kammer zu münden. Er ist mit einer großen Ziegelplatte abgedeckt (Farbtafel 1 b, St. 211)

Knapp nördlich dieses Kanals führt ein weiterer Kanal in die Brennkammer (Abb. 9, B). Er verläuft waagrecht und mündet 0,33 Meter oberhalb der Sohle. Sein Boden ist mit Lehm verstrichen, der grau verziegelt ist. Aufrecht gesetzte Steine (Kalk und Tuff) flankieren seine Wände. Außerhalb des Ofens direkt gegenüber der Öffnung ist ein großer Tuffstein von 0,5 Metern Durchmesser und 0,4 Metern Höhe auf eine grob verlegte Basis aus weiteren Tuffen und Ziegeln gesetzt (Abb. 9, D). Der Stein hatte wahrscheinlich eine Funktion im Rahmen der Glasherstellung. Für einen Arbeitssitz ist er allerdings unpassend: Der Glasmacher würde dort in nur 0,55 Meter Abstand von der Ofenöffnung direkt in der ausströmenden Hitze sitzen, und der Stein ist nicht leicht verrückbar und auch unbequem kalt. Eine Funktion als Ablage, vielleicht als Unterlage für einen Arbeitstisch käme in Betracht.

Ein dritter Kanal beginnt im Südwesten der Brennkammer, 0,37 Meter oberhalb der Sohle (Abb. 9, C). Auch dieser Kanal ist mit Lehm verstrichen und hellgrau verziegelt. Seine Breite betrug ursprünglich wohl 0,3 Meter. Er hat nach Süden ein leichtes Gefälle von 0,2 Meter auf einer Gesamtlänge von 0,95 Metern. An seinem Südende findet sich ein rechteckiges, mit Flachziegeln ausgelegtes Feld von 0,25 auf 0,3 Meter, das mit feiner, hellgrauer Asche bedeckt war (St. 250). Darunter sind die Ziegel, vermutlich durch die Asche, hellgrau verfärbt.

Im Osten liegt neben der Brennkammer und 0,53 Meter oberhalb ihrer Sohle eine flache, ovale Wanne (St. 151/152, Abb. 9 und 13 sowie Farbtafel 1 d) – aus Lehm geformt und nunmehr dunkelrot verziegelt – von 0,80 auf 0,55 Meter bei einer Höhe von 8 Zentimetern. Da die Ränder nicht erhalten sind, ist ihr Fassungsvermögen nicht bekannt. Der Boden ist mit einer glänzenden, harten, opaken Substanz bedeckt. In ihrem Ostteil ist ein kleinerer Lehmtank (St. 153/154, Abb. 9 und Farbtafel 1 d) noch halbrund erhalten; die Ostseite ist zerstört. Vermutlich ist eine runde Form von 0,35 Metern Durchmesser zu rekonstruieren. Die Höhe beträgt noch 5 Zentimeter,

---

lungen zwischen Antike und Mittelalter von den Ardennen bis zur Adria. Ergbd. RGA 58 (Berlin und New York 2008) 165–183. Vgl. auch Brulet, architecture 169 f.

[46] Zu Neuwied-Engers lt. mündl. Mitteilung Lothar Bakker. Zu Trebur s. Heising, Trebur-Astheim (Anm. 23) 151–166, hier 154.

[47] St. Bödecker / M. Brüggler / H. Berkel, Arch. Rheinland 2013, 110–112, hier 111 Abb. 3.

[48] Hierzu und zum Folgenden Brulet, architecture 171.

[49] Bei der Verfärbung durch Holzkohle wird es sich um Verschmutzung beim Arbeitsprozess handeln. Goethert, Trier 92 mit Anm. 70 weist jedoch darauf hin, dass Vitruv Holzkohle zur Drainage bei feuchtem Untergrund empfiehlt, wie er auch in Asperden vorliegt (Vitr. 76, 1; 124, 8–10; 130, 22; 171, 17).

[50] Siehe Anm. 137.

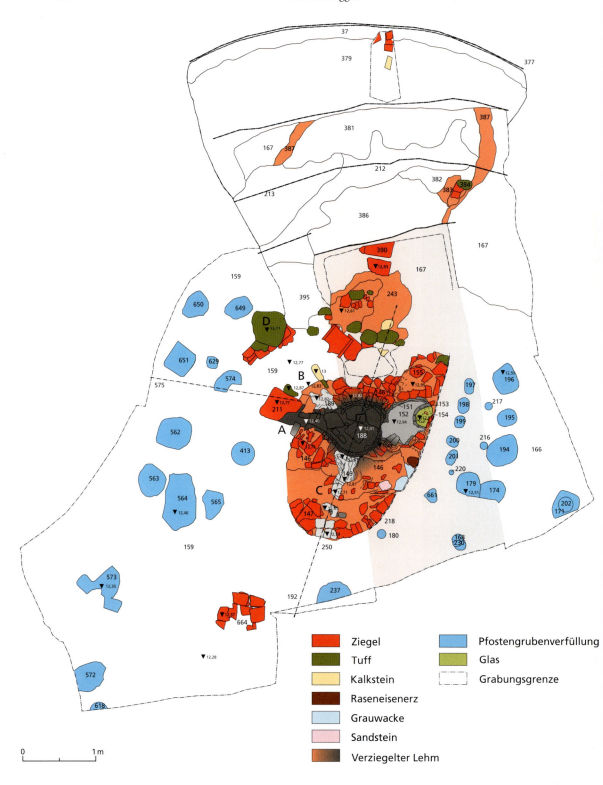

Abb. 9 Die Befunde der Glaswerkstatt, Zustand vor dem Entfernen der Verfüllung von Glasofen II. Eingezeichnet sind nur diejenigen Profile, die im Text und Katalog erwähnt sind.

Abb. 10 (oben) Blick in die Brennkammern, links der jüngere, rechts der ältere Glasofen.
Abb. 11 (unten) Der Grabungsschnitt von 1964 nach der Herausnahme seiner Verfüllung.

Farbtafel 1   Marion Brüggler

(a)

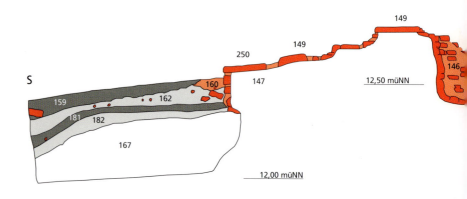

- Schicht mit hohem HK-Anteil
- Verfüllschicht allgemein
- verziegelter Lehm
- unverziegelter Lehm
- Tuff
- Ziegel
- Kalkstein
- Grauwacke
- Raseneisenerz
- Glas
- Anstehender Boden, Waldboden und Kolluvien
- Grabungsgrenze

(c)

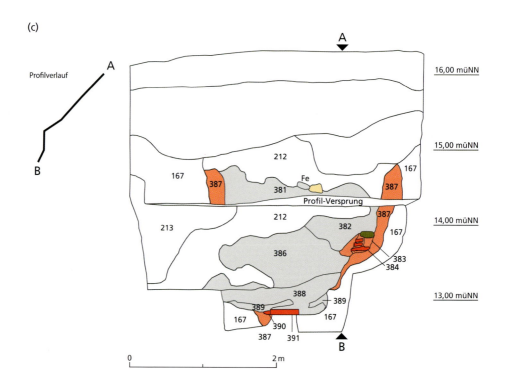

Burgus und Glaswerkstatt der Spätantike bei Goch-Asperden   Farbtafel 1

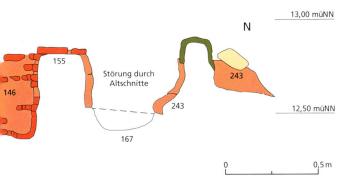

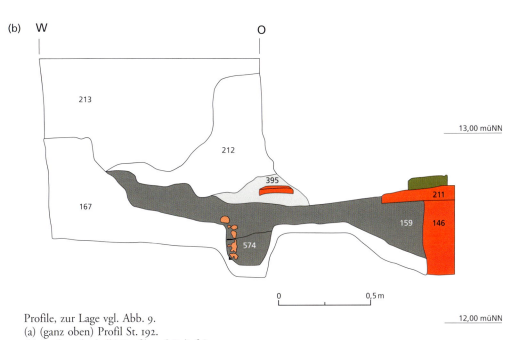

Profile, zur Lage vgl. Abb. 9.
(a) (ganz oben) Profil St. 192.
(b) (rechts oberhalb) Profil und Relief St. 575.
(c) (links unten) Profil der Befunde im Hang St. 377.
(d) (rechts unten) Profil St. 218 am östlichen Rand der Glasöfen.

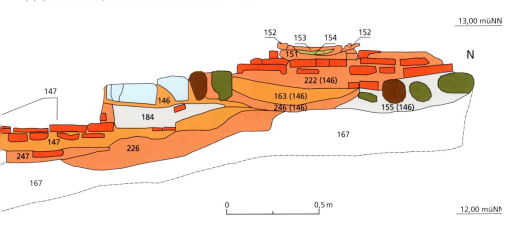

wobei auch hier der Rand fehlt. Der Tank enthält eine Schicht grünen, zersprungenen Glases. Hiervon wurde eine Probe von Ulrich Schüßler, Universität Würzburg, mineralogisch untersucht und begutachtet. »Das Glas ist ein etwas verwittertes Alkaliglas. Der hohe Gehalt an Natriumoxid deutet auf eine römische Rezeptur hin, allerdings sind die Gehalte an Kalium und Magnesium viel zu hoch für ein echtes römisches Glas. Die Probe kann als nicht voll ausreagiertes Gemenge bezeichnet werden. Dabei finden sich Relikte des ursprünglichen Rohmaterials: Kalzit und, mit der Mikrosonde gelegentlich nachgewiesen, Quarz. Die Kalksilikatminerale dürften bei der Abkühlung des Gemenges auskristallisiert sein, wie das auch für die Fritten der mittelalterlichen Glasmacherei festgestellt wurde. Auch dort ist Wollastonit das typische Rekristallisationsprodukt. Ob es sich bei der vorliegenden Probe wirklich um eine intentionale Fritte oder eher um ein Zufallsprodukt handelt, kann seitens der Mineralogie nicht entschieden werden«[51]. Wie unten noch diskutiert wird, ist die Substanz aller Wahrscheinlichkeit nach akzidentiell entstanden.

In dem Glas der runden Lehmwanne eingeschlossen fand sich ein halbmondförmiges Objekt aus gebranntem Lehm, das wohl durch eine oberhalb der Wanne befindliche Öffnung in das noch zähflüssige Glas gefallen ist (vgl. Abb. 13). Solche Zapfen, auch als Tonkegel bezeichnet, sind etwa aus dem Hambacher Forst, aus Avenches und aus Augst bekannt[52]. Es handelt sich um kegelförmige Stücke aus gebranntem Lehm, deren dickeres Ende manchmal abgeflacht ist. An der massiven Seite befindet sich meist eine Vertiefung zur Aufnahme eines Stöckchens oder Metallstabes. Mit Ihrer Hilfe ließen sich kleine Öffnungen in der Kuppel verschließen, womit wiederum die Temperatur im Ofeninneren gesteuert wurde[53].

Kat. 29.53

Kat. 159-17.39

Abb. 12 Ofenbauteile aus Lehm.

Die beschriebenen Befunde lassen sich wie folgt zusammenfassen und interpretieren (vgl. Abb. 9): Die Brennkammer ist eingegraben, um von den isolierenden Eigenschaften des Bodens zu profitieren[54]. Die annähernd ovale Substruktion des Ofens hat eine westöstliche Länge von 2,4 Metern und eine nordsüdliche Breite von 1,7 Metern. Im Süden schließt sich ein halbkreisförmiger Annex an, der die Struktur um 0,85 Meter verbreitert. Durch die Öffnung B wurde Feuerungsmaterial in die runde Brennkammer eingebracht. Ihre Lage oberhalb von deren Sohle begünstigte die Verwendung langer Holzstücke: Die Scheite hingen dann beim

Brand in der Luft und erhielten somit eine bessere Sauerstoffzufuhr als ein am Boden loderndes Feuer[55]. Öffnung A im Westen kann dem Entfernen von Asche sowie der Luftzufuhr gedient haben. Getrennte Durchlässe zum Beschicken und Entfernen sind allerdings ungewöhnlich, da normalerweise hierfür eine einzige Öffnung genügt.

Das Feuer der Brennkammer erhitzte Glas im runden Tank oberhalb. Möglicherweise handelt es sich beim dort Erhaltenen um die Lehmummantelung für einen Glashafen. Das hierin befindliche Glas wäre dann übergelaufene Schmelze. Über dieser Wanne oder dem darin stehenden Hafen muss sich eine Arbeitsöffnung befunden haben, von der aus Glas entnommen und nachgefüllt wurde. Östlich davon wäre dann der Arbeitsplatz des Glasmachers zu suchen. Möglicherweise war oberhalb des Tanks ein Luftloch, das mit dem genannten Zapfen verschlossen werden konnte. Dieser kann aber auch durch die hier anzunehmende Arbeitsöffnung in den Tank gefallen sein. Die Funktion der ovalen Lehmwanne ist bislang nicht klar. Vielleicht haben auch in ihr Häfen gestanden.

Ein dritter Kanal C, der in eine beim Auffinden mit Asche gefüllte Kammer mündet, wird als Heißluftkanal gedeutet. Eine Interpretation als Kühlkammer, in der geblasene Glasgefäße auf Umgebungstemperatur langsam abkühlen konnten – ein zu schnelles Abkühlen würde die Gläser zerspringen lassen – bietet sich zwar zunächst an, kommt aber aus verschiedenen Gründen nicht in Frage. Die Fläche ist zu klein, zudem fehlt eine Abriegelung zur Brennkammer, so dass die Abgase direkt mit dem Glas in Kontakt geraten konnten, was leicht zu einer Trübung führt[56]. Nach außen war die Kammer offen. Zwar erwähnt Heidi Amrein die Möglichkeit, kleinere Gefäße zum langsamen Abkühlen in warme Asche zu legen[57], doch kann das zu einem unregelmäßigen Tempern und letztlich zum Zerspringen der Gefäße führen. Eine andere Funktion für Kanal und Kammer ist daher anzunehmen. Möglicherweise nutzten die Handwerker die Nische als Herd zum Zubereiten von Mahlzeiten[58].

Auf der hauptsächlich aus Ziegeln gemauerten Basis war höchstwahrscheinlich eine längliche Kuppel aus Lehm errichtet. Eine solche ist einerseits anhand von Ofenbauteilen aus gebranntem Lehm zu schließen, die während der Grabungen gefunden wurden (Abb. 12), andererseits aus der Überlegung, dass eine Kuppel den Hitzeverlust des Ofens so gering wie möglich hält. Frühneuzeitliche Glasöfen waren überkuppelt[59]. Es liegt daher nahe, auch für die spätantiken Öfen eine Kuppel anzunehmen. Außer den bereits genannten Öffnungen muss diese noch ein Kaminloch in ihrem Scheitelpunkt gehabt haben, um den Zug zu regulieren und das Qualmen zu verringern[60]. Die ursprüngliche Höhe ist nicht klar, im Analogieschluss zu frühneuzeitlichen Glasöfen wird hier eine Höhe von 1,3 bis 1,5 Metern vorgeschlagen. Der Nachbau eines römischen Ofens in Borg funktionierte mit einer Gesamthöhe von 1,3 Metern[61]. Die Dicke der Lehmwände ist danach mit 0,2 bis 0,3 Metern anzunehmen.

---

[51] Leicht umformuliert nach dem Gutachten von Herrn Schüßler.
[52] Brüggler, Villa rustica 77 f.; Gaitzsch u. a., Hambacher Forst 102; H. Amrein, L'atelier de verriers d'Avenches. L'artisanat du verre au milieu du 1er siècle après J.-C. Cahier d'Arch. Romande 87 (Lausanne 2001), hier 88; Fischer, Kaiseraugst 74.
[53] Vgl. hierzu die Diskussion bei Fischer, Kaiseraugst 75 f. Er referiert eine mündliche Aussage von Taylor und Hill, nachdem die Öffnungen zu klein zum Steuern der Temperatur waren, jedoch im ausströmenden heißen Luftzug Ränder gut verrunden konnten.
[54] Vgl. Taylor/Hill, Furnaces 259. Da Ofen II nicht eingetieft ist, kann es aber auch einen anderen Grund gegeben haben, etwa eine bequeme Arbeitshöhe.
[55] Vgl. Taylor/Hill, Furnaces 260.
[56] Taylor/Hill, Furnaces 262.
[57] Mündl. Mitteilung an Andreas Fischer, s. Fischer, Kaiseraugst 72 mit Anm. 114; vgl. auch ebd. 124.
[58] Die beim Feuern des Ofens anfallende Asche glüht beim Entnehmen noch und kann zum Garen weiterverwendet werden.
[59] Diese waren allerdings etwas anders gestaltet und hatten noch eine integrierte Kühlkammer, s. G. Agricola, Zwölf Bücher vom Berg- und Hüttenwesen (Basel 1556, Deutsche Ausgabe Berlin 1928) 502.
[60] Taylor/Hill, Furnaces 250.
[61] Hierzu und zum Folgenden s. F. Wiesenberg, Experimentelle Archäologie. Römische Glasöfen. Rekonstruktion und Betrieb einer Glashütte nach römischem Vorbild in der Villa Borg. Schr. Arch.park Röm. Villa Borg 6 (Merzig 2014) 37.

Mit den genannten Abmessungen ist Ofen I das bislang größte spätantike Exemplar. Die Hafenöfen im Hambacher Forst sind deutlich kleiner[62]. Vergleichbar sind einige Glasöfen aus Trier (Hohenzollernstraße); der dortige Ofen I ist mit gut anderthalb Metern immer noch kleiner als der Asperdener Ofen I. Der allerdings sehr schlecht erhaltene Ofen II hat mit 2,2 auf 1,7 Meter ähnliche Abmessungen[63].

Glasofen II. Der ältere der beiden Öfen ist zur Hälfte durch den jüngeren überbaut (Abb. 14). Seine Brennkammer wurde mit Lehm und Bauteilen verfüllt, um so das Mauerwerk als Basis für die jüngere Anlage weiterbenutzen zu können. Von Ofen II konnte daher nur die Südseite untersucht werden, da die weitere Freilegung zur Zerstörung des jüngeren Ofens geführt hätte.

Es handelt sich um ein ähnlich aufgebautes Exemplar wie Glasofen I. Die runde Brennkammer hat einen Durchmesser von 0,6 Metern und eine Öffnung im Westen. Die Öffnung ist innen 0,3 Meter breit, außen 0,5 Meter. Boden und Wände sind aus flachen, in Lehm verlegten Ziegeln errichtet, die durch Hitze und Holzkohle dunkelgrau verfärbt sind. Die Höhe des Mauerwerks an der Südseite beträgt noch 0,26 Meter, die Stärke 0,5 Meter. Die Südseite ist annähernd rund, jedoch leicht nach Osten ausgezogen, so dass auch diese Anlage möglicherweise ebenfalls oval zu rekonstruieren ist. Vorrichtungen für den Einsatz von Glashäfen oder Schmelzwannen sind nicht erhalten. Außerhalb des Ofens befindet sich eine schwarze, sandige Schicht, die das zugehörige Arbeitsniveau bildete. Anders als bei dem jüngeren Ofen liegt dieser Horizont auf der gleichen Höhe wie die Sohle der Brennkammer, diese ist also nicht in den Boden eingetieft.

Schutzbauten. Im Umfeld der beiden Glasöfen wurden mehrere Pfostengruben von vierzig Zentimetern Durchmesser beobachtet (Abb. 9). Eini-

Abb. 13 Glasofen I, im Vordergrund die runde und ovale Wanne, im Hintergrund die Brennkammer.

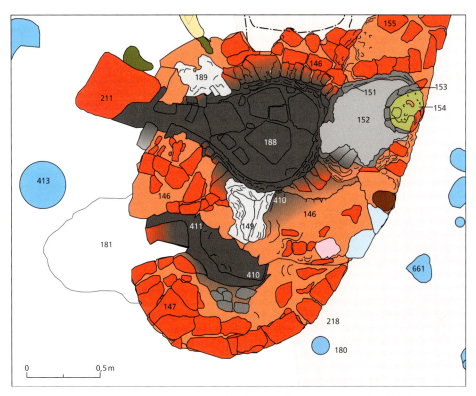

Abb. 14 Glasofen II im Süden unter Glasofen I, nach Herausnahme der Verfüllung.

ge enthielten Ziegelbruch und Steine, die zum Verkeilen der Pfosten gedient hatten. Die Pfostengruben sind in zwei parallelen, knapp fünf Meter voneinander entfernten Reihen westlich und östlich der Glasöfen angeordnet. An der Innenseite der östlichen Reihe in etwa einem halben Meter Abstand zu dieser waren noch schwache Spuren von einer weiteren Reihe von kleineren Verfärbungen zu beobachten, die jedoch im Profilschnitt keine Eingrabung erkennen ließen. An der Innenseite der westlichen Reihe saßen ebenfalls einzelne Pfostengruben.

Die Pfostengruben zeichneten sich im Arbeitshorizont des jüngeren Ofens nicht als Eingrabung ab und gehören somit offenbar zum älteren. Lediglich die Befunde St. 237 und St. 618 sind stratigraphisch sicher dem jüngeren Exemplar zugehörig. Im Osten reichen die Pfostengruben sehr nah an den Ofen heran. Ein hier wegen der Wannen anzunehmender Arbeitsplatz für den Glasmacher wäre dann zu klein. Dies untermauert die stratigraphische Beobachtung, dass der nachgewiesene Schutzbau eher zu Ofen II gehört.

Die Sohle der Pfostengruben liegt, dem Gelände folgend, nach Norden jeweils immer höher. Ab dem Arbeitshorizont von Ofen II sind sie 0,3 bis 0,65 Meter tief eingegraben. Die Pfosten im Norden der westlichen Reihe erscheinen dagegen zu flach gegründet und gehören möglicherweise nicht mehr zu dieser Reihe. Da im Nordbereich jedoch die Arbeitshorizonte nicht durchgängig ermittelt werden konnten, ist ihr stratigraphischer Bezug unklar.

Die Pfostengruben gehörten zu einem Schutzbau, ohne den ein Glasofen in den regional vorherrschenden Witterungsbedingungen kaum auskam. Regen hätte den Lehmstrukturen der Öfen, zumal im beheizten Zustand, Schaden zugefügt. Entsprechende Schutzbauten sind auch im Hambacher Forst nachgewiesen.[62] Derjenige von Fundplatz Hambach 132 war zumindest

[62] Gaitzsch u. a., Hambacher Forst.   [63] Goethert, Trier 86; 90.

nach Osten offen, um das Entweichen von Abgasen zu ermöglichen[64]. Ein entsprechender Schutzbau dürfte auch in Asperden zu rekonstruieren sein.

Nördlich von Ofen I wurde in den Hang eine Art Kammer gebaut (Abb. 15 und Farbtafel 1 c). Sie war wegen der Lage im losen Sand des Hangs aus Gründen der Arbeitssicherheit nur schwierig zu untersuchen. Ihre Seitenwände und Rückwand waren getreppt, die Wände wurden zumindest teilweise mit in Lehm gesetzten Steinen stabilisiert. Die Kammer war am Boden einen Meter breit, durch die Abtreppung erweiterte sie sich nach oben auf 2,3 Meter Breite und reichte, gemessen ab der Nordwand von Ofen I, etwa drei Meter in den Hang hinein. Der Boden war mit großformatigen Ziegelplatten ausgelegt, er lag auf gleicher Höhe mit den Lehmwannen von Ofen I. Bis zu einem Niveau von zwei Metern oberhalb dieser Platten zeigten die Wände der Kammer Hitzeeinwirkung. Aufgrund einer Störung durch die Altgrabung ließ sich der stratigraphische Zusammenhang mit den Öfen nicht mehr ermitteln. Die Ausrichtung der Kammer orientiert sich an den oben beschriebenen Pfostenreihen, so dass sie vielleicht ebenfalls Teil eines Schutzbaus war. Es könnte sich um einen Arbeitsbereich oder Stauraum der Handwerker handeln. Die an ihren Wänden beobachteten Verziegelungen waren vielleicht beabsichtigt: Um den losen Sand des Hangs zu festigen und so ein Abrutschen zu verhindern, hatte man möglicherweise die Struktur teils mit Lehm ausgekleidet und gezielt einem Feuer ausgesetzt.

Weitere Befunde. Direkt südlich der Glasöfen und etwas tiefer gelegen wurden drei Reihen von Pfählen entdeckt (Abb. 16). Zwei davon, aus Erlenholz, verliefen parallel zum Hang und im rechten Winkel zu den Pfostenreihen des Schutzbaus, eine weitere aus Birkenhölzern verlief

Abb. 15 Glasöfen und Befunde im Hang. Erkennbar ist im Hangbereich die abgetreppte Verziegelung.

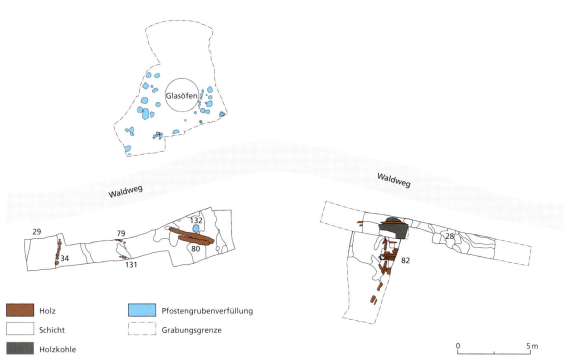

Abb. 16 Holzstrukturen und Schichten im alten Niersbett. Maßstab 1:250.

senkrecht zum Hang und in gleicher Flucht wie die Pfostenreihen des Schutzbaus. Parallel zum Hang lag außerdem ein Eichenstamm, an dessen Nordseite ein Pfosten stand. Durch die dendrochronologische Untersuchung wurde für das Fälljahr der Terminus post quem von 360 mit einer Unsicherheit von zehn Jahren nach oben und unten ermittelt[65]. Das heißt, das Holz wurde frühestens 350 geschlagen. Die hölzernen Befunde lagen in und unter Schichten mit einer hohen Konzentration von Fabrikationsabfällen, verziegeltem und rohem Lehm, Glasfabrikationsresten und Glashafenscherben, so dass die Gleichzeitigkeit mit der Glasherstellung nicht unwahrscheinlich ist. Wegen der geringen Ausdehnung des Grabungsschnittes sind die Holzbefunde leider nicht eindeutig zu interpretieren. Es kann sich um einen Landungssteg oder eine Uferbefestigung gehandelt haben. Vermutlich entspricht das neu Aufgedeckte dem in der Grabung von 1964 erwähnten »Bohlenbelag eines Uferwegs«[66].

In dem östlichen der beiden Suchschnitte wurden weitere Holzreste aufgedeckt (Abb. 16). Hier lagen teilweise bearbeitete Eichenbretter auf einer Fläche von 5,6 auf 3,5 Meter lose im rechten Winkel übereinander. Die Ausrichtung der Stücke entspricht nicht ganz derjenigen der benachbarten hölzernen Strukturen. Für zwei der Hölzer ließ sich dendrochronologisch das Jahr 361 beziehungsweise 363 n. Chr. als Terminus post quem bestimmen, wiederum mit einer Datierungsspanne von zehn Jahren mehr oder weniger. Dazu passt auch eine Keramikscherbe der Form Alzey 28, die in der umgebenden Schicht gefunden wurde (Kat. 95.1).

---

[64] Gaitzsch u. a., Hambacher Forst 98; Brüggler, Villa rustica 67.
[65] Holzartenbestimmung durch Ursula Tegtmeier, Universität Köln, Institut für Ur- und Frühgeschichte, Paläobotanik; dendrochronologische Untersuchung durch Thomas Frank, ebd., Dendrolabor. Die Dendrodaten verstehen sich jeweils um zehn Jahre nach oben und unten ungenau, da die Waldkante fehlt.
[66] Hinz/Hömberg, Asperden 170.

Funde

Im Folgenden wird das Fundmaterial der Grabungskampagnen von 2006 und 2007 in Auswahl vorgelegt. Besondere Erwähnung finden dabei stratifizierte Objekte, aber auch solche, die zwar als Lesefunde zu klassifizieren wären, jedoch aus sich heraus aussagekräftig sind. Außerdem finden Glasfunde aus den Grabungen von 1964 Berücksichtigung, da sie in der Materialvorlage von 1968 nicht erschöpfend behandelt sind. Weiterhin werden Lesefunde einbezogen, die seit den neunziger Jahren von zwei ehrenamtlichen Mitarbeitern der Außenstelle Xanten gesammelt wurden.

Keramik. Das Spektrum des keramischen Fundmaterials ist charakteristisch für einen spätantiken Fundplatz im Rheinland (Tafel 1–3). Es überwiegt rauwandige Ware Mayener Art. An Formen kommen Töpfe mit Sichelrand (Alzey 27, z. B. Kat. 145.6), Schüsseln mit verdicktem und nach außen biegendem Rand (Alzey 28, z. B. Kat. 213.2), Teller mit einwärts biegendem Rand (Alzey 29, Kat. 126.2) und Henkeltöpfe mit Bandrand (Alzey 30, Kat. 30.11 und 64,139.14) vor. Diese Typen sind in das späte vierte und die erste Hälfte des fünften Jahrhunderts zu datieren. Als Lesefund kommt auch die Form Alzey 32/33 vor (Kat. 8.7, Tafel 2), die erst in die Zeit von 400 n. Chr. an zu datieren ist[67]. Außerdem fand sich Argonnensigillata in Gestalt von Schüsseln (Alzey 1, Tafel 1), Reibschüsseln (Alzey 10, Kat. 125.1, Tafel 1) und Tellern (Chenet 304, Kat. 159-17.27, Tafel 1). Einige Schüsseln waren mit Rollstempeln verziert[68]. Darüber hinaus fanden sich wenige Terra-Nigra-Fragmente, darunter zwei mittels Rollrädchen verzierte Stücke[69].

Stratifizierte Keramikfunde grenzen die Datierung der Glasöfen ein. In der Verfüllung der Brennkammer von Ofen I fand sich eine Randscherbe der Schüsselform Trier-Umbaukeramik Typus 40a (Kat. 30.9, Tafel 2), eine weitere desselben Typs wurde in der »Holzkohleschicht über dem Ofen«[70], die vielleicht identisch mit dem Arbeitshorizont von Ofen I ist, bereits 1964 geborgen. Die Form ist um 375 n. Chr. zu datieren. Ebenfalls in der Verfüllung der Brennkammer lag eine Randscherbe des Typus Alzey 27 mit Sichelrand aus dem späten vierten bis frühen fünften Jahrhundert[71] (Kat. 30.10, Tafel 2). Aus der Betriebszeit von Ofen I dürften die Funde aus dem Arbeitshorizont stammen. Darin enthalten war eine Scherbe rollrädchenverzierter Argonnensigillata, die von Lothar Bakker in das letzte Viertel des vierten und das frühe fünfte Jahrhundert datiert wird[72]. Im Arbeitshorizont von Ofen I fanden sich außerdem ein Reibschüsselfragment Trier-Umbaukeramik 41, eine Tellerscherbe aus Argonnensigillata, Form Chenet 304 (Kat. 159-17.27, Tafel 1), sowie ein Topffragment Alzey 30 (Kat. 30.11, Tafel 2), die um 375 n. Chr.[73] in das vierte oder frühe fünfte Jahrhundert[74] beziehungsweise die zweite Hälfte des vierten oder das fünfte Jahrhundert[75] gehören. Eine weitere rollrädchenverzierte Terra-sigillata-Scherbe stammt aus dem Arbeitshorizont von Ofen II. Bakker datiert sie in das letzte Viertel des vierten oder das frühe fünfte Jahrhundert[76]. In einer östlich an die

---

[67] L. Bakker, Gefäßkeramik in spätrömischer und frühmittelalterlicher Zeit. In: A. Wolff (Hrsg.), Die Domgrabung Köln. Altertum – Frühmittelalter - Mittelalter. Stud. Kölner Dom 2 (Köln 1996) 217–234, hier 230.

[68] Lothar Bakker (Kissing) gilt mein Dank für die Bestimmung der Stempeltypen.

[69] Vgl. Bakker, Datierung.

[70] Hinz/Hömberg, Asperden Abb. 9.11

[71] M. Redknap, Die römischen und mittelalterlichen Töpfereien in Mayen, Kreis Mayen-Koblenz. Ber. zur Arch. an Mittelrhein und Mosel 6, Trierer Zeitschr. Beih. 24 (Trier 1999) 11–401, hier 152; Bakker, Gefäßkeramik (Anm. 67) 230.

[72] Kat. 159-17.28. Vgl. Bakker, Datierung Kat. 31.

[73] I. Hussong / H. Cüppers, Die Trierer Kaiserthermen. Trierer Grabungen und Forschungen I 2 (Mainz 1972) 79.

[74] Pirling/Siepen, Krefeld-Gellep 73.

[75] W. Dijkman, La terre sigillée décorée à la molette à motifs chrétiens dans la stratigraphie maastrichtoise (Pays Bas) et dans le nord-ouest de l'Europe. Gallia 49, 1992, 129–172, hier 155; F. Siegmund, Merowingerzeit am Niederrhein. Die frühmittelalterlichen Funde aus

beiden Glasöfen angrenzenden Schicht (St. 164) fand sich ein Rollrädchenstempel (Kat. 164.7, Tafel 1), der an das Ende des vierten oder in die erste Hälfte des fünften Jahrhunderts zu datieren ist [77]. In der bereits erwähnten »Holzkohle-Schicht über dem Ofen« wurden 1964 weitere Ränder von Töpfen Alzey 27 und Schüsseln Alzey 28 gefunden, die im späten vierten oder frühen fünften Jahrhundert entstanden (Kat. 64,130.7-13, Tafel 3).

Glashäfen. In den Ausgrabungen von 2006/07 wurden 108 Fragmente von Glashäfen gefunden, also keramischen Schmelztiegeln für die Glasherstellung, einundsiebzig weitere stammen aus den Ausgrabungen von 1964 und achtzehn wurden von Sammlern eingeliefert. Nahe den Öfen fand sich 2006 auch der größte Teil eines zerbrochenen Glashafens, jedoch ohne Rand (Kat. 166.1, Abb. 17). Im Boden hat sich noch Glasmasse erhalten, die während des Erstarrens zu einer Seite geflossen ist. Hier ist die grüne Schmelze fast undurchsichtig und zeigt rote, opake Streifen[78]. An der Außenseite ist der Boden bis auf eine Höhe von viereinhalb Zentimetern mit einer dicken, lilafarbenen, unebenen Glasschicht bedeckt. Ein weiterer Boden wurde 2005 von einem Sammler gefunden (NI 2005/0047.1, Abb. 18). Auch hier ist der Rest der Masse im Inneren zu einer Seite geflossen und dann erstarrt. Bei diesem Hafen ist auch die Unterseite des Bodens größtenteils mit einer Glasschicht überzogen, nur an einer Stelle haftet Lehm als Rest einer Ofenbank an. Beide Häfen waren also anscheinend noch während der Nutzung schräg gestellt worden.

Einige der anderen Hafenscherben zeigen außen eine gebrannte Lehmschicht (Kat. 212.8, Abb. 18). Während des Feuerns muss sich diese durch den Schrumpfungsprozess teils gelöst haben, so dass Glas in den Zwischenraum gelaufen ist[79]. Ähnliches ist zum Beispiel auch aus Trier bekannt[80]. Auf der Außenseite der Lehmschicht ist ebenfalls Glas heruntergelaufen. Der zugrundeliegende Vorgang wurde bei Versuchen der englischen Glasmacher Mark Taylor und David Hill beobachtet[81]. Bei der Lehmpackung handelt es sich um eine Opferschicht, um den Glashafen vor den hohen Temperaturen und chemischen Reaktionen zu schützen, auch konnten die Häfen damit auf der Ofenbank befestigt werden[82]. Letzterer Punkt ist allerdings umstritten, da ein defekter Hafen dann nur entfernt werden könnte, wenn gleichzeitig Teile des Ofens abgebaut würden[83]. Die archäologischen Befunde sind hier widersprüchlich und lassen auf individuelle Praktiken schließen: In Trier (Glasofen I, Hohenzollernstraße) ist der Einbau eines Hafens mittels eines Lehmpakets nachgewiesen[84]. Die beiden oben genannten Stücke aus Asperden zeigen, dass die Häfen bei noch flüssigem Glas gekippt wurden, was wiederum nicht möglich gewesen wäre, wenn die Häfen im Ofen eingebaut waren. Eine Möglichkeit besteht in einem von vorneherein schrägen Aufstellen der Häfen, um so durch die seitliche Arbeitsöffnung einen besseren Zugang zu haben und außerdem den Verlust von Glas am Bodensatz gering zu halten. Zudem kleben die Häfen dann nicht so leicht am Boden fest[85].

Die Glashäfen sind ausnahmslos in sogenannter Mayener Ware gefertigt, dem gewöhnlichen Haushaltsgeschirr des spätantiken Rheinlands. Sie zeichnet sich zwar durch besondere Hitzebeständigkeit aus[86], es handelt sich aber nicht um speziell für den technischen Einsatz bei der

---

dem Regierungsbezirk Düsseldorf und dem Kreis Heinsberg. Rhein. Ausgr. 34 (Köln 1998) 147; Pirling/Siepen, Krefeld-Gellep 198.
[76] Kat. 181-11.2. Vgl. Bakker, Datierung Kat. 39.
[77] Kat. 164.7. Vgl. Bakker, Datierung Kat. 11.
[78] Rotbraune Schlieren in grüner Glasmasse wurden u. a. auch in Trier (Goethert, Trier 105) und Augst (Fischer, Kaiseraugst 95) beobachtet.
[79] Das Schrumpfen der Schicht kann auch schon vor dem Einsetzen in den Ofen erfolgen. Glas gelangte in den Zwischenraum durch Überlaufen und beim Nachfüllen der Schmelze, vgl. Fischer, Kaiseraugst 95.

[80] Goethert, Trier 80.
[81] S. Payne, Experiments in the Reconstruction of Roman Wood-Fired Glassworking Furnaces. Waste Production and their Formation Processes. Journal Glass Stud. 50, 2008, 271–290, hier 273.
[82] Ebd. 285 f.; Taylor/Hill, Furnaces 261.
[83] Vgl. die Diskussion bei Fischer, Kaiseraugst 94 f.
[84] Goethert, Trier 86.
[85] Freundliche Hinweise Thilo Rehren und Frank Wiesenberg.
[86] M. Brüggler / M. Daszkiewicz, Kölner Jahrb. 37, 2004, 805–818, hier 817.

Glasherstellung gefertigte Gefäße. Da keine einzige Randscherbe erhalten ist, ist die Gefäßform nicht gesichert. Das oben beschriebene Stück Kat. 166.1 scheint eher ein Topf gewesen zu sein. Man hat wohl bewusst seinen Rand entfernt, um eine breitere Öffnung zu erhalten. Diese Maßnahme verdeutlicht der Fund 64,137.14: Hier ist offenbar der Rand abgeschlagen worden, was eine Gefäßöffnung von 24 Zentimetern erbrachte. Über diesen Bruch ist wiederum Glas gelaufen. Dieses Vorgehen wurde auch am Fundplatz HA 382 im Hambacher Forst beobachtet[87]. An HA 132 und in Trier wurden hingegen von vornherein Schüsseln als Glashäfen eingesetzt[88].

Die beiden Häfen 166.1 (Abb. 17) und 64,137.14 (Abb. 18) lassen noch Berechnungen zum ehemaligen Volumen zu. Ersteres Gefäß hat bei einem oberen Durchmesser von 31 Zentimetern eine innere Höhe von 19 Zentimetern, letzteres einen oberen Durchmesser von 24 Zentimetern. Seine Höhe lässt sich anhand des Wandverlaufs und den allgemein üblichen Bodendurchmessern dieser Ware von etwa 11 Zentimetern mit ungefähr 10 Zentimeter abschätzen. Lässt man zum Rand etwa 2 Zentimeter Platz, so lässt sich das Volumen des größeren Gefäßes mit etwa 6,3 Litern, dasjenige des kleineren Gefäßes mit etwa 2 Litern angeben.

Obwohl also nachweislich Glashäfen in der Asperdener Werkstatt eingesetzt wurden, ist eine Vorrichtung für ihren Einsatz in Ofen I unsicher. Anscheinend wurde im oben beschriebenen runden Tank direkt Glas geschmolzen. Es kann sich aber auch um die Lehmummantelung eines Glashafens handeln. Dann wäre die ovale Wanne als Hafenbank anzusprechen. Nicht ausgeschlossen ist, dass eine Hafenbank ursprünglich oberhalb des erhaltenen Niveaus existiert hat, so dass Häfen zusammen mit der Wanne betrieben wurden. Auch können die Glashafenfunde zu Ofen II gehört haben, bei dem keine Wanne beziehungsweise kein Tank gefunden wurde, oder einem weiteren, bislang trotz intensiver Suche nicht entdeckten Ofen.

Glas. Bei der Herstellung von Glasgefäßen entstehen charakteristische Objekte, die Rückschlüsse auf den Produktionsprozess und die hergestellten Produkte erlauben. Dabei wird zwischen zwei Sorten von Resten unterschieden[89]: Fabrikationsabfall entsteht durch den Herstellungsprozess von Gefäßglas, indem etwa Schmelze auf den Boden tropft, überschüssiges Glas vom Gefäß entfernt wird oder beim Abtrennen der Glasmacherpfeife abspringt. Diese Objekte

---

[87] Brüggler, Villa rustica 75; Gaitzsch u. a., Hambacher Forst 110; Goethert, Trier passim.

[88] Brüggler, Villa rustica 74; Goethert, Trier 100.

[89] Anders K. Goethert, Rezension zu Fischer, Kaiseraugst, Trierer Zeitschrift 71/72, 2008/2009, 499–502.

Abb. 17 (gegenüber) Glashafen. Innen erstarrtes und zur Seite geflossenes Glas. Maßstab 1:5.
Abb. 18 (oben) Glashafenfragmente, rechts oben mit Kupfereinschluss. Maßstab 1:3.

wurden oft nicht wieder eingeschmolzen, da sie sonst Verunreinigungen in die Rohmasse gebracht hätten. Produktionsabfall sind hingegen die Überreste verworfener Produkte, also beim Herstellungsprozess zu Bruch gegangene oder misslungene Glasgefäße.

Die Mehrzahl der Glasfunde wurde durch Sieben beziehungsweise Schlämmen des Aushubs im Niersbett unterhalb der Öfen ausgelesen, doch stammen einige auch aus den Arbeitshorizonten der Glasöfen. Zwar sind dadurch die meisten Funde nicht stratifiziert, doch können sie an sich Erkenntnisse zum Prozess der Herstellung und zu den Produkten der Werkstatt bringen.

Ausgangspunkt der Gefäßglasherstellung ist Rohglas. In der Antike wurde es in Primärhütten aus den Ausgangsstoffen Sand, Kalk und Soda bei hohen Temperaturen gewonnen und in Form von Brocken in die Sekundärwerkstätten exportiert, wo es mechanisch zerkleinert und bei deutlich niedrigeren Temperaturen erneut eingeschmolzen wurde. Nur wenig Rohglas wurde in Asperden gefunden. Es handelt sich durchweg um kleine Bröckchen, die durchsichtig und frei von Verunreinigungen sind und scharfe, unregelmäßige Bruchkanten aufweisen. Bei ganz kleinen Bruchstücken ist die Bestimmung jedoch schwierig, da sie auch anders entstanden sein konnten. Sechs Bröckchen sind grün, also aus ungefärbtem Glas (zusammen 77,2 Gramm), zwei aus schwarz erscheinendem Glas (36,4 Gramm), und drei weitere (21,6 Gramm) aus braunem Glas.

Beim Blasen von Glasgefäßen entstehen durch das Abplatzen der Glasmasse von der Pfeife charakteristische Abschläge (Kat. 29.26; Kat. 64,134.2; Kat. 64,134.3, Abb. 20 und Tafel 4). Durch den Kontakt mit der eisernen Glasbläserpfeife haben sie an der Innenseite Spuren von Eisen, das bisweilen bereits begonnen hat, mit dem Glas zu reagieren und dieses dunkelgrün bis schwarz zu färben. Insgesamt wurden 106 Pfeifenabschläge aus Asperden identifiziert. Einige davon können Hinweise auf die Durchmesser der benutzten Glasmacherpfeifen geben. Zwei Abschläge lassen auf eine Pfeife von anderthalb Zentimeter Durchmesser schließen, zwei weitere stammen offenbar von einer kleineren, einen Zentimeter breiten Pfeife.

Wird das geblasene Gefäß von der Pfeife abgetrennt, so entstehen bei offenen Formen wie Bechern und Schalen sogenannte Kappen. Sie sehen wie sehr flache Schüsseln aus. Sechsundsiebzig Kappenbruchstücke sind aus Asperden bekannt. Ihre Randdurchmesser betragen zwischen sechs und sechzehn, meist jedoch zwölf bis dreizehn Zentimeter und zeigen die Herstellung von Bechern und Schalen an, da ihre Größe den fertigen Glasgefäßen entspricht.

Glasfäden treten einerseits bei der Viskositätsprüfung der Glasmasse auf, andererseits im Zuge der Dekoration von Gefäßen (Abb. 19). Die vierzig Asperdener Glasfäden mit einem Gesamtgewicht von 34,2 Gramm zeigen zum Teil ein verdicktes Ende mit dem Einstich eines spitzen Gegenstandes. Manche dieser Einstiche hatten an ihrer Spitze ein Schmutzklümpchen. Es ist daher zu vermuten, dass die Schmutzstückchen mittels eines spitzen Gegenstands aus der Glasmasse gefischt und die dabei entstehenden länglichen Gebilde auf den Fußboden entsorgt wurden.

Häufig kamen amorphe Gebilde aus grünem Glas vor, die meist eine trübe oder verschmutzte Oberfläche aufweisen (192 Objekte, ges. 605,4 Gramm). Es handelt sich um Glasmasse, die aus gesprungenen Häfen entwich oder während des Gefäßblasens auf dem Boden landete. Die verschmutzten Stücke konnten nicht wieder eingeschmolzen werden, da sie die Glasmasse verunreinigt hätten. Siebenunddreißig kleine Glaskugeln aus grünem Glas wurden geborgen (insgesamt 33 Gramm). Sie entstanden, wenn Glas auf den Boden spritzte. Dies geschah etwa dann, wenn Glas zum Schmelzen in die Häfen nachgefüllt wurde[90].

Von den Werkzeugen der Glasmacher wurde außer einem Kupferrohr (s. u.) nichts gefunden. Jedoch ließen sich Abdrücke der Werkzeuge auf einigen Glasstücken finden, die Rückschlüsse auf diese Werkzeuge zulassen. So wurden Zangen mit unterschiedlichen Enden benutzt: Eine davon hatte breite, rechteckige, geriffelte Enden (Kat. 30.5, Tafel 5). Eine weitere hatte zehn Millimeter breite, quergeriffelte trapezoide Enden (Kat. 1-59.23, Tafel 5). Eine dritte besaß vier Millimeter breite glatte Enden und einen gerundeten Kopf (Kat. 1-59.24, Tafel 5). Außerdem wurde ein spitzes Werkzeug benutzt, wie an den genannten Einstichen zu sehen ist (Kat. 64,146.19, Tafel 5).

---

[90] Payne, Furnaces (Anm. 81) 273; 276.

Abfälle der Gefäßglasherstellung.
Abb. 19 (oben) Glasfadenbruchstücke. Länge bis zu vier Zentimeter.
Abb. 20 (unten) Pfeifenabschläge. Größe der Fragmente bis zu zweieinhalb Zentimeter.

Die Produkte der Glaswerkstatt. Das Gefäßspektrum erschließt sich hier nicht so leicht wie dasjenige einer Keramikwerkstatt: Hier fehlen Halden mit Fehlbränden, stattdessen wurden misslungene Stücke meist wieder eingeschmolzen. Zudem führt die Wiederverwertbarkeit des Materials zum erneuten Verwenden von Gefäßen anderer Herkunft. Mögliche Recyclingscherben lassen sich unter anderem an Gebrauchsspuren oder dem Vorliegen einer älteren Form erkennen.

Die Farbe der gefundenen Glasgefäßscherben ist durchsichtig grün, gelblichgrün oder grünlichgelb. Die Fragmente sind meist etwas mit mittelgroßen Blasen durchsetzt und zeigen wenige Verunreinigungen. Die grünliche, ins gelbliche gehende Färbung der Gläser ist durch Verunreinigungen im Rohmaterial und die Ofenatmosphäre bedingt. Sie ist typisch für die Spätantike[91]. Blaugrünes Glas, wie es charakteristisch für die mittlere Kaiserzeit ist, kommt ebenfalls vor, so der Bandhenkel eines Kruges des ersten bis dritten (Kat. 29.83, Tafel 4) und das Fragment einer Rippenschale des ersten Jahrhunderts (Kat. 64.146.9). Bei diesen handelt es sich jedoch sicherlich um Recyclingmaterial. Außerdem kommt in Asperden schwarz erscheinendes Material in Form von zwei Rohglasbrocken und dem Bruchstück eines Armrings vor (Kat. 159-18.1, Tafel 4). Braunes Glas gibt es in Asperden als Nuppen und Fäden sowie durch mehrere Rohglasbrocken. In Gestalt einer Nuppe ist in den Altfunden auch blaues Glas belegt[92], außerdem fand sich eine blaue Bodenscherbe, die Gebrauchsspuren zeigt und daher sicherlich als wiederverwertetes Material anzusprechen ist.

Verschiedene Dekorationen kommen an den Funden vor: blaue und braune Nuppen, wobei letztere noch eine runde Einprägung aufweisen (Kat. 1-59.17, Tafel 4). Horizontale Fadenauflagen wurden in braun (Kat. 64,132.2, Tafel 4) und farblos (also in der gleichen Glasfarbe wie das Basisglas) beobachtet. Einmal ist der aufgelegte Faden nach unten gezogen, was einen arkadenartigen Dekor ergibt (NI 2003/0030.143, Tafel 5). Außerdem kommen feine horizontale Schlifflinien unterhalb des Randes vor. Auch das Formblasen beziehungsweise das optische Blasen ist durch eine Scherbe belegt (NI 2007/0157.8, Tafel 5).

Es wurden zahlreiche Gefäßscherben geborgen, die sich zwar allgemein als Becher oder Schale klassifizieren lassen, meist jedoch keiner bestimmten Gefäßform mehr zuzuordnen sind. Die Ränder sind in diesen Fällen abgesprengt, bisweilen auch überschliffen. Wenige rundgeschmolzene Ränder kommen daneben vor. Außerdem fanden sich umgeschlagene Ränder, darunter von einer Flasche oder einem Krug sowie von einem Becher und von einer Schale unbestimmten Typs'. An Bodenformen kommen eingestochene Böden und Standringe vor. Im Folgenden seien die ansprechbaren Formen vorgestellt.

Mit neunzehn Exemplaren recht häufig sind einfache kugelige Becher der Form Isings 96. Eine weitere Scherbe stammt von einem Subtypus, der etwas breiter ist (Kat. 64,132.4, Ta-

---

[91] Vgl. auch Brüggler, Villa rustica 85 f.
[92] LMB Inv. 1964.133.
[93] Pirling/Siepen, Krefeld-Gellep 165 f.
[94] Hinz/Hömberg, Asperden Abb. 9.40.
[95] Frühe Exemplare sind bereits aus der 1. Hälfte des 4. Jhs. bekannt, s. H. E. M. Cool / J. Price, Roman vessel glass from excavations in Colchester, 1971–85. Colchester Arch. Report 8 (Colchester 1995) 218; U. Koch, Der Runde Berg bei Urach VI. Die Glas- und Edelsteinfunde aus den Plangrabungen 1967–1983. Heidelberger Akad. Wiss., Komm. Alamann. Altkde., Schr. 12 (Heidelberg 1987) 186; J. Price / S. Cottam, Romano-British Glass Vessels. A Handbook (York 1998), 128 f.; Siegmund, Merowingerzeit (Anm. 75) 164: Phase 1 (400–440); H. W. Böhme, Jahrb. RGZM 34/2, 1987, 770-773; Pirling/Siepen, Krefeld-Gellep 298; Brüggler, Villa rustica 167 f.
[96] K. Goethert-Polaschek, Katalog der römischen Gläser des Rheinischen Landesmuseums Trier. Trierer Grabungen u. Forsch. 9 (Mainz 1977) 352.
[97] Kat. 1-59.12 (2); Kat. 1-159.13; Kat. 29.89; Kat. 159-17.11; Kat. 64.132.2; Kat. 64.133.1; Kat. 64.137.3; Kat. 64.137.3-5; Kat. 64.139.3; Kat. 64.146.3-5; NI 2003/0030.140 und 141; vgl. den Beitrag Brüggler/Rehren in diesem Band.
[98] Cool/Price, Colchester (Anm. 95) 223; Goethert, Trier 105.
[99] Diesen Abschnitt verfasste Thilo Rehren, University College London.
[100] Brüggler, Villa rustica 173; Gaitzsch u. a., Hambacher Forst 195.

fel 4). Die Ränder sind zumeist abgesprengt, in einem Fall auch überschliffen. Becher der Form Isings 96 waren im gesamten vierten sowie in der ersten Hälfte des fünften Jahrhunderts sehr geläufig. Konische Becher des Typus Isings 106 sind in die erste Hälfte des vierten Jahrhunderts zu datieren[93]. Die Form wurde im Bereich des Burgus und im Niersbett gefunden (Kat. 308.2; Kat. 1-59.6, Tafel 4).

Konische Trinkschalen mit länglichen Dellen des Typus Isings 117 sind durch fünf Fragmente nachgewiesen (Randstücke: Kat. 179.1; Kat. 64,124.1, Tafel 4). Zwei von ihnen haben abgesprengte Ränder, eines einen rundgeschmolzenen Rand mit Spiralfadenauflage[94]. Schalen dieses Typus' sind allgemein in die zweite Hälfte des vierten oder die erste Hälfte des fünften Jahrhunderts zu datieren[95]. Dabei haben die späten Exemplare des fünften Jahrhunderts wie das eine Asperdener Stück rundgeschmolzene Ränder und Fadenauflage. Zwei weitere Randscherben mit 14 und 16 Zentimetern Randdurchmesser könnten ebenfalls diesem Typus zuzurechnen sein (NI 2003/0030.128, 129, Tafel 4). Sie sind jedoch so fragmentarisch erhalten, dass nicht zu erkennen ist, ob es sich nicht um einfache Kugelabschnittschalen handelt.

Eine Wandscherbe mit eingedellter Wandung und horizontaler Fadenauflage kann von einem Krug Trier 123c stammen, der in das vierte Jahrhundert gehört[96] (Kat. 179.2, Tafel 4).

Eine seltene Form sind die Schalen vom Typus Helle, von der sechzehn Fragmente gefunden wurden[97] (Tafel 4, 5). Bei zweien davon handelt es sich offenbar um missglückte Stücke, was auf die Herstellung am Ort hinweist. Auch die Verbreitung dieses Gefäßtypus – es kommen einige Exemplare auf Fundplätzen in den östlichen Niederlanden und insbesondere in der Siedlung von Gennep vor – ist mit der Herstellung dieser Gefäßform in Asperden gut zu vereinbaren.

In Asperden wurden also Becher, Schalen und Krüge beziehungsweise Flaschen hergestellt, das heißt Trinkgeschirr. Das Vorherrschen solcher Gefäße ist charakteristisch für spätantike Glasfundkomplexe[98]. Die Herstellung von Fensterglas im Zylinderglasverfahren ist hingegen nicht gesichert. Lediglich eine Wandscherbe ohne Krümmung wurde gefunden, die jedoch auch von einer quadratischen Flasche stammen kann.

Nr.		SiO_2	Na_2O	K_2O	CaO	MgO	Al_2O_3	FeO	MnO	TiO_2	P_2O_5	Cl	SO_3	CuO	Sb_2O_5	PbO	Summe
246	(*)	62,6	18,2	0,59	6,05	0,86	2,45	5,09	1,36	0,24	0,12	1,12	0,23	0,07	0,05	0,29	99,3
15	(**)	59,7	17,0	0,52	5,38	0,98	3,03	10,25	1,69	0,40	0,10	0,89	0,20	0,02	0,01	0,01	100,2
Helle (†)		66,7	18,8	0,6	6,0	0,97	2,6	1,15	1,72	0,31	0,04	1,1	0,21	0,02	0,01	0,02	100,3

Tabelle 1 Mikrosondenanalysen von zweien der drei schwarzen Gläser im Vergleich zum Mittelwert der dreiundzwanzig Schalen vom Typus Helle (†) aus HIMT-Glas (vgl. Rehren/Brüggler, Helle [Anm. 101]). Alle Werte und Summen sind gerundet. (*) Armreif, (**) einer der Brocken.

Schwarzes beziehungsweise schwarz erscheinendes Glas[99]. Im Fundmaterial liegen auch das Bruchstück eines schwarzen Armreifs mit D-förmigem Querschnitt und einem Innendurchmesser von sieben Zentimetern vor (Kat. 159-18.1, Tafel 4) sowie zwei Brocken schwarzen Glases. Das Reiffragment stammt aus dem Arbeitshorizont von Ofen I. Stücke desselben Typus' wurden auch in den Gräbern der Hambacher Fundplätze HA 132 und HA 382 dokumentiert, die im Zusammenhang mit den dortigen Glaswerkstätten standen[100]. Durch die Lage des Armreifs im Arbeitshorizont und das Vorhandensein der Rohglasbrocken lässt sich auch für Asperden eine Herstellung dieses Schmucks annehmen.

Der Armreif und eines der Glasbröckchen wurden am University College London mittels Elektronen-Mikrosonde analysiert (Tabelle 1).

Herausstechend ist der hohe Eisenoxidgehalt der beiden Proben von fünf Prozent (Armreif) und zehn Prozent (Brocken). Hierbei handelt es sich mit großer Sicherheit um eine absichtliche Zugabe von eisenreichem Material als Färbemittel. Davon abgesehen ähneln die Gläser sehr deutlich in ihrer Zusammensetzung den Gläsern der HIMT-Gruppe der Schalen vom Typus Helle, deren Mittelwert hier zum Vergleich angegeben ist[101]. Der einzige nennenswerte Unterschied besteht in den leicht erhöhten Werten für Blei und Antimon in dem Armreif, was auf die Zugabe von Altglas zurückgeführt werden kann[102]. Ähnlich erhöhte Werte an diesen beiden Elementen wurden auch von Karl Wedepohl in vielen Gläsern des Hambacher Forsts gefunden[103], was aber nicht unbedingt eine Herkunft des Armreifs aus den dortigen Werkstätten belegt. Die Verwendung von stark verunreinigtem Glas für die Herstellung von Armreifen ist weit verbreitet[104].

Schwarzes Glas ist nicht ungewöhnlich in den nördlichen Provinzen des römischen Reiches, wo es für Schmuck und Gefäße Verwendung fand. Peter Cosyns hat kürzlich umfassend darüber berichtet und zeitliche und geographische Trends herausgearbeitet[105]. Die meisten der von ihm untersuchten Gläser stammen aus früheren Fundzusammenhängen und zeigen dementsprechend niedrigere Titangehalte als die hier untersuchten Fragmente. Schwarze Gläser mit Titangehalt wie bei den hier gemessenen Werten findet er erst seit dem vierten Jahrhundert, was er wie wir mit der Verwendung des erst dann auftretenden HIMT-Glases erklärt[106].

Für die Herstellung schwarzer Gläser kommen verschiedene Färbemittel in Frage. Jan Schreurs und Robert Brill haben früh auf die intensive Farbkraft des Eisensulfidkomplexes hingewiesen, der bei geeigneter Steuerung der Ofenatmosphäre Gläser mit normalen Eisengehalten sehr dunkel erscheinen lassen kann[107]. Weiter verbreitet ist die Zugabe von Eisen- oder Manganoxid im Prozentbereich[108]. Manganoxid ist sicherlich als mineralischer Rohstoff zugefügt worden; als Entfärbemittel war es den römischen Glasmachern vertraut und verfügbar, so dass es nur der absichtlichen Überdosierung bedurfte, um den gewünschten Effekt zu erreichen. Eisenoxid ist in der Natur weit verbreitet, allerdings oft nicht in reiner Form; hier kommt als Alternative die Verwendung von Schmiedeabfällen in Betracht. Die genaue Bestimmung des verwendeten Färbemittels ist oftmals schwierig, da es sich im Glas vollständig auflöst und nicht unbedingt von natürlichen Verunreinigungen unterscheiden lässt. Nur wenn unaufgelöste Reste im Glas verbleiben, kann mit größerer Sicherheit die Verwendung eines bestimmten Rohmaterials erkannt werden. So zeigen Martin Heck und Peter Hoffmann, dass merowingische Perlen durch die Zugabe von metallurgischer Schlacke braun gefärbt wur-

---

[101] Vgl. Th. Rehren / M. Brüggler, Composition and production of late antique glass bowls type Helle. Journal Arch. Scien. Reports 3, 2015, 171–180.

[102] Zur Diskussion ebd. sowie Beitrag von Brüggler und Rehren in diesem Band.

[103] Vgl. Gaitzsch u. a., Hambacher Forst 2000, 131–147.

[104] Vgl. T. Sode / J. Kock, Traditional raw glass production in Northern India. The final stage of an ancient technology. Journal Glass Stud. 43, 2001, 155–169, hier 158.

[105] P. Cosyns, The production, distribution and consumption of black glass in the Roman Empire during the 1st–5th century AD. An archaeological, archaeometric and historical approach (unpubl. Diss. Brüssel, Vrije Universiteit 2011).

[106] Ebd. 330 Abb. 157.

[107] J. W. H. Schreurs / R. H. Brill, Iron and Sulfur Related Colors in Ancient Glasses. Archaeometry 26 (2), 1984, 199–209.

[108] Cosyns, black glass (Anm. 105); V. van der Linden u. a., Deeply coloured and black glass in the northern provinces of the Roman Empire. Differences and similarities in chemical composition before and after AD 150, Archaeometry 51, 2009, 822–844; P. Cosyns / F. Hanut, Black glass of second to third century date in Northern Gaul, a preliminary survey. In: Annales du 16e Congrès de l'Association Internationale pour l'Histoire du Verre, London 2003 (Nottingham 2005) 113–118.

[109] M. Heck / P. Hoffmann, Analysis of Early Medieval Glass Beads. The Raw Material to Produce Green, Orange and Brown Colours. Mikrochimia Acta 139, 2002, 71–76.

[110] Th. Rehren / A. Cholakova / M. Zivanovic, The making of black glass in late Roman Doclea, Montenegro. New Antique Doclea 3, 2012, 71–90.

[111] A. Cholakova / Th. Rehren, Producing black glass during the Roman period. Notes on a crucible fragment from Serdica, Bulgaria. In: Proceedings of the 39th In-

den[109], und in spätantiken Glaswerkstätten in Montenegro[110] und Bulgarien[111] wurde Hammerschlag als reines Eisenoxid dem örtlich verfügbaren Glas zugesetzt, um es schwarz zu färben. Ähnliches kann für die hier vorliegenden Gläser vermutet werden.

Metallfunde. Zwei Zwiebelknopffibeln aus Buntmetall wurden im Bereich des Abhangs geborgen (Kat. 13.34 und NI 2003/0030.120, Tafel 6). Während die erste dem Typus 1 nach Pröttel angehört, der in die Zeit um 300 datiert wird, ist die zweite dem Typus Pröttel 3/4 B zuzurechnen, der noch vor der Mitte des vierten Jahrhunderts auftritt und bis nach 400 benutzt wurde[112]. Zwiebelknopffibeln dienten als Mantelverschluss und wurden überwiegend von Männern, insbesondere Soldaten und Beamten getragen[113]. Die beiden Stücke aus Asperden dürften daher mit der Garnison des Burgus in Verbindung zu bringen sein. Zusammen mit der frühen Datierung einiger Rädchensigillaten könnte das Exemplar 13.34 den Hinweis auf eine frühere Gründung des Burgus geben.

Ebenfalls unstratifiziert ist das Fragment eines Propellerbeschlags (NI 2003/0030.121, Tafel 6), das zu einem Militärgürtel gehörte. Seine ursprüngliche Länge lässt sich auf 8,8 Zentimeter schätzen. Länge und Verzierung lassen vermuten, dass er zu den sogenannten punzverzierten Garnituren gehörte, deren Hauptverbreitungsgebiet am Ober- und Hochrhein beziehungsweise an der oberen Donau lag und die um 400 und in die erste Hälfte des fünften Jahrhunderts datiert werden[114].

Als Ausrüstungszubehör sind auch die beiden folgenden Altfunde, die bereits von Hinz und Hömberg und erneut von Bödecker und Ristow vorgestellte Scheibenkopfnadel Typus Köln sowie eine Armbrustfibel mit gleich breitem, facettiertem Fuß zuzurechnen[115].

Aus der Verfüllung der Hangterrassierung stammt eine Axt (Kat. 381.1, Tafel 6), die zwar durch die Fundlage nicht notwendigerweise römisch datiert ist, deren Form insbesondere durch den gleichmäßig dreieckigen Querschnitt aber durchaus als römisch angesehen werden kann, auch wenn die typischen Schaftlochlappen hier fehlen[116]. Mit einem Gewicht von über zwei Kilogramm handelt es sich um eine schwere Axt, die zum Fällen diente[117].

Ein Altfund der Grabung 1964/65 sei hier nochmals erwähnt (Kat. 64.130.16, Tafel 6). Es handelt sich um ein leicht konisch zulaufendes Rohr aus Blech von Kupfer beziehungsweise einer Kupferlegierung. Das Rohr ist 207 Millimeter lang und hat an einem Ende zehn, am anderen vier Millimeter Durchmesser. Als Fundort wird »Holzkohleschicht über dem Glasofen« angegeben[118]. Dieser Fundzusammenhang lässt an eine Verwendung des Stücks in der Gefäßglasproduktion denken, etwa als Glasmacherpfeife[119]. Als solche eignet sich das Rohr

---

ternational Symposium for Archaeometry, Leuven 2012 (Löwen 2014) 261–267; dies., Glass supply and consumption in the late Roman and early Byzantine site Dichin, Northern Bulgaria. In: D. Keller / J. Price / C. Jackson (Hrsg.), Neighbours and successors of Rome. Traditions of glass production and use in Europe and the Middle East in the later first millennium AD (Oxford 2014) 83–94.

[112] Ph. M. Pröttel, Zur Chronologie der Zwiebelknopffibeln. Jahrb. RGZM 35, 1988, 347–372, hier 352; 363 f. Ähnliche Stücke wie Kat. 13.34 liegen z. B. aus Richborough und Caister-on-Sea vor, die dort möglicherweise aus dem Donauraum stammend angesprochen werden, vgl. E. Swift, Regionality in Dress Accesories in the late Roman West. Monogr. Instrumentum 11 (Montagnac 2000) 81–86 und Abb. 92.

[113] R. Gottschalk, Bonner Jahrb. 208, 2008, 139.

[114] H. W. Böhme, Das Ende der Römerherrschaft in Britannien und die angelsächsische Besiedlung Englands im 5. Jahrhundert. Jahrb. RGZM 33, 1986, 469–574, hier 500 f. Gelegentliches Vorkommen außerhalb des Hauptverbreitungsgebiets erklärt Böhme mit Truppenverschiebungen innerhalb des gallischen Feldheeres.

[115] Hinz/Hömberg, Asperden 188; 180 Abb. 7.14; 200 Abb. 7.16, Funddnr. 31 (Almgren VI,2, spätere RKZ, C2/C3). Zur Nadel vgl. St. Bödecker / S. Ristow, Spätantike Bronzenadeln aus dem Rheinland und Westfalen. In: J. Drauschke / R. Prien / S. Ristow (Hrsg.), Untergang und Neuanfang. Studien zu Spätantike und Frühmittelalter 3 (Hamburg 2011) 339–349, besonders 342 f.

[116] Vgl. W. H. Manning, BMC Romano-British Iron Tools, Fittings and Weapons in the British Museum (1985) 15 Typus 2; M. Pietsch, Saalburg-Jahrb. 39, 1983, 5–132, hier 13.

[117] Vgl. ebd. 12; Manning, Iron Tools (vorige Anm.) 15.

[118] Hinz/Hömberg, Asperden 197.

[119] Vgl. auch Hinz/Hömberg, Asperden 189.

jedoch eher nicht, da der Schmelzpunkt von Kupfer (1083 Grad) beziehungsweise seinen Legierungen zu gering ist. In Asperden wurden nachweislich eiserne Pfeifen verwendet, wie die Verfärbungen auf den Pfeifenabschlägen belegen (s. o.). Auch gibt es keine Funde von weiteren kupfernen Glasmacherpfeifen, die bekannten eisernen Exemplare sind deutlich größer. Rezente Analogien lassen ursprüngliche Längen von einem bis 1,8 Metern erwarten[120]. Die Funktion des Röhrchens bleibt daher unklar.

Münzen (siehe den Anhang)[121]. Während der unterschiedlichen Grabungen und Nachuntersuchungen fand man 312 Münzen. Die Ergebnisse der numismatischen Funde bezogen bereits Hinz und Hömberg 1965 in die ersten Überlegungen zur Datierung der Fundstelle ein[122]. Anhand der damals noch recht wenigen Geldstücke brachten sie seine Errichtung mit dem valentinianischen Bauprogramm in Zusammenhang[123]. Die neuen Münzfunde bilden eine gegenüber früher deutlich verbreiterte und deshalb in der möglichen Aussage zuverlässigere Materialbasis. Die Mehrzahl der Stücke gehört in das letzte Drittel des vierten Jahrhunderts, sodass die Nutzung der Fundstelle spätestens in diesem Zeitraum oder etwas früher wahrscheinlich ist, ähnlich, wie schon Hinz und Hömberg vermuten.

Dazu kommen einige wenige ältere Stücke. Die älteste in Asperden gefundene Münze ist ein As des Claudius im gängigen Typus mit Minerva mit erhobenem Schild auf der Rückseite[124]. Ebenfalls lange vor der Zeit der Nutzung des Burgus entstanden die Antoniniane aus dem späten dritten Jahrhundert[125] sowie sieben konstantinische Folles[126]. Fast alle übrigen Stücke entstanden von 367 n. Chr. an, mit Emissionen von Valens, Valentinian I. und Familie, Theodosius I., Arcadius und Magnus Maximus. Die jüngsten Prägungen sind die in relativ großer Anzahl gefundenen Halbcentenionales. Bei einem Großteil dieser Münzen ist kaum mehr als das Reversbild sichtbar. In Goch kommen vor allem die Prägungen VICTORIA AVGGG und SALVS REI PVBLICAE (REIPVBLICAE) vor[127]. In wenigen Fällen sind die Namen der Prägeherren noch lesbar und die Münzen genauer zu datieren. Dazu gehören Stücke von Arcadius, Valentinian II. und Theodosius I., die sich in den Zeitraum von den späten achtziger bis Mitte der neunziger Jahre des vierten Jahrhunderts einordnen lassen[128]. Eines der spätesten Gepräge ist eine 395/402 in Trier emittierte Münze des Arcadius. Eindeutig jüngere, nach 400 n. Chr. entstandene Geldstücke sind im bekannten Fundspektrum von Goch-Asperden bisher nicht nachweisbar.

---

[120] Amrein, Avenches (Anm. 52) 79 f.; M. Sternini, La Fenice di Sabbia. Storia e tecnologia del vetro antico (Bari 1995) 84 Abb. 111.

[121] Diesen Abschnitt verfasste Claudia Klages (LMB), ebenso den Anhang zu den Münzfunden.

[122] So 98 Münzen in den Jahren 1964/65, s. U. u. W. Hagen, Bonner Jahrb. 165, 1965, 283 f. (19 Stück); A. Geißen, Die Fundmünzen der Grabung 1965 (Fundnr. 63-70) in: Hinz/Hömberg, Asperden 207–212 (79 Stück). Bei den Grabungen 2006/2007 kamen 95 ganze und 5 fragmentarisch erhaltene Prägungen hinzu (s. Liste). Im Abraum privater Suchaktivitäten, also nicht stratifizierbar, fand der ehrenamtliche Mitarbeiter der Außenstelle Niederrhein des ABR, Herr Karlheinz Schultze, bei Nachuntersuchungen nochmals 119 Münzen, die ebenfalls im LMB gesichtet und wissenschaftlich untersucht wurden (111 ganze und 8 fragmentierte Münzen unter Akt.-Nr. Ni 2003/0030). Das Münzspektrum deckt sich mit jenem der Grabungsmünzen. Die beiden ältesten Prägungen gehören in die Zeit des Gallischen Sonderreiches. Bis auf einen konstantinischen Follis entstanden die übrigen im letzten Drittel des 4. Jhs., davon allein 50 Exemplare nach 383 n. Chr.

[123] Hinz/Hömberg, Asperden 176; 191 f.

[124] RIC I² (1984) 100 (Fundstelle 159-12).

[125] Funde 1965 s. Geißen, Fundmünzen (Anm. 122) 208 Nr. 1 und 2; aus dem Abraum (Ni 2003/0030) Nr. 30 (Aurelian für Divus Claudius Gothicus) und Nr. 59 (Npr., Tetricus I. od. II., Ant, Typus? vgl. G. Elmer, Bonner Jahrb. 146, 1941, 781, seitenverkehrt).

[126] Funde 1965 s. Geißen, Fundmünzen (Anm. 122) 208 Nr. 3–6; aus dem Abraum (Ni 2003/0030) Nr. 49 (Konstantinopel, Follis 332–333 Trier, TR.P, RIC –).

[127] Funde 1965 s. Geißen, Fundmünzen (Anm. 122) 209 f. Nr. 18-37, Nr. 42-71, Nr. 73-78, sowie fünfzig Exemplare aus dem Abraum. D. G. Wigg, Münzumlauf in Nordgallien um die Mitte des 4. Jahrhunderts n. Chr. Stud. Fundmünzen Antike 8 (Berlin 1991) Taf. 322.

[128] Geißen, Fundmünzen (Anm. 122) 209 bes. Nr. 34 sowie Nr. 24-27 und Nr. 30-31.

[129] Hinz/Hömberg, Asperden 200.

[130] Kat. 158.1

Mehrere stratifizierte Münzen wurden im Zusammenhang mit dem Glasbetrieb geborgen. So werden bereits in der Altgrabung zwei Prägungen »aus dem Ofenversturz« genannt, namentlich eine Maiorina des Gratian und ein Centenionalis des Valentinian I.[129] Aus der Verfüllung von Glasofen I stammt das Fragment eines Halbcentenionalis vom Ende des vierten Jahrhunderts[130]. Die einzige größere stratifizierbare Fundkonzentration kam im Bereich des Arbeitshorizontes dieses älteren Ofens zutage (Kat. 159-12.1; Kat. 159-13.1; Kat. 159-14.1; Kat. 159-15.1; Kat. 159-16.1; Kat. 159-17.1). Die dort entdeckten Geldstücke decken den zeitlichen Rahmen aller Münzen dieser Fundstelle ab: das bereits erwähnte As des Claudius als Altgeld, an aktuellen Prägungen vier Halbcentenionales, die nicht vor 383 n. Chr. entstanden sind. Sie können belegen, dass der Ofen zu dieser Zeit noch in Betrieb war. Schwieriger zu beantworten ist die Frage, wie lange die Nutzung dauerte, denn bedauerlicherweise lieferte die Planierschicht über diesem Horizont (St. 162) keinen Münzfund, aus dem sich ein Terminus ante quem dafür ableiten ließe.

5.16
1:4

64.139.19

Abb. 21 Oben Granit mit muldenförmigen Vertiefungen, unterhalb Ziegel mit Stempel der Dreißigsten Legion.

Stein. Ein Bruchstück eines bearbeiteten Steins (Granit) wurde in einem der Testlöcher in einem Meter Tiefe in etwa dreizehn Metern Entfernung von den Glasöfen gefunden (Kat. 5.16, Abb. 21). Der ursprüngliche Befundzusammenhang war nicht erkennbar. Der noch etwa zwanzig auf dreißig Zentimeter große Stein hat zwei einander gegenüberliegende geglättete Flächen, in denen sich jeweils eine Kuhle befindet. Eine der Eintiefungen ist annähernd rund mit gerundeter Sohle, die andere tropfenförmig mit flacher Sohle. Es könnte sich bei dem Fundstück um eine sogenannte Märbelplatte handeln. Solche wurden eingesetzt, um den Glasposten vorzuformen und um verschiedenfarbige Glasstückchen als Dekorteile in den Glaskörper einzuarbeiten. Es ist denkbar, dass das Asperdener Stück zum Vorformen für einfache halbrunde Becher oder Kugelflaschen gedient hat. Aufgrund des fehlenden Befundzusammenhangs ist die zeitliche Zuweisung zur Betriebszeit der Glashütte nicht gesichert. Nicht auszuschließen ist daher, dass kein Zusammenhang mit der Glasherstellung besteht und das Objekt als Architekturteil aus dem Burgus anzusehen ist.

Ergebnisse

Am Fundort Goch-Asperden existierte in der Spätantike ein Burgus und benachbart eine Glaswerkstatt. Die Besatzung überwachte wahrscheinlich einen Verkehrsknotenpunkt: eine Westostverbindung zwischen Maas und Rhein und einen nach Süden führenden Abzweig dieser Route. Anhand der Datierungen der Rädchensigillaten ist mit einem früher als bislang angenommenen Zeitansatz des Burgus – zunächst als hölzerner Bau – bereits in den vierziger Jahren des vierten Jahrhunderts zu rechnen. Ein Ausbau in Stein kann dann im Zuge des valentinianischen Festungsbauprogramms angenommen werden. In diesem Zusammenhang wurden ausweislich der Dendrodaten auch ein Landungssteg oder eine Uferbefestigung und ein möglicher Bohlenweg unterhalb des Burgus an der Niers errichtet.

Die Datierung der Glasöfen ergibt sich einerseits aus stratifizierten Keramikscherben und Münzen, andererseits aus unstratifizierten Glasscherben, da auch diese den Produktionszeitraum angeben. Daraus erschließt sich eine Nutzung um kurz vor 400 n. Chr. und im ersten Drittel des fünften Jahrhunderts. Bislang sind lediglich zwei Glasöfen entdeckt worden, die wohl nur für zwei sieben- bis achtmonatige Kampagnen ohne substantielle Reparaturen verwendet werden konnten[131]. Es besteht die Möglichkeit, dass ein Unterbau mehrfach mit einer neuen Kuppel versehen wurde, was archäologisch keine Spuren hinterlassen hätte. Aber auch so dürfte der Betrieb höchstens wenige Jahre gedauert haben.

Paläomagnetische Analysen durch Elisabeth Schnepp, Universität Leoben, liefern keine genauere Datierung der Glasöfen als die Zeit zwischen 243 und 424 n. Chr., bestätigen aber den antiquarisch gewonnenen Zeitansatz[132].

Um den Zeitpunkt zu bestimmen, als der Burgus aufgegeben wurde, können erneut die Kleinfunde herangezogen werden. Eindeutig nach dem Jahr 400 geprägte Münzen sind nicht vorhanden. Ihr Fehlen ist jedoch kein sicheres Datierungskriterium, da in der Germania secunda Prägungen nach diesem Zeitpunkt im Kurant kaum enthalten sind. Das Spektrum der Rädchensigillaten reicht bis etwa 420/430 n. Chr. Die rauwandige Gefäßkeramik, Glasschalen vom Typus Helle sowie ein Gürtelbeschlag und eine Scheibenkopfnadel reichen mit ihrer Datierung ebenfalls in das erste Drittel des fünften Jahrhunderts hinein. Von nach wie vor bestehender militärischen Präsenz ist daher bis um 420/430 auszugehen[133].

Ob es sich hierbei um reguläre Einheiten des spätrömischen Heeres oder eher um Föderaten gehandelt hat, soll hier nicht diskutiert werden. Während der Betriebszeit der Glaswerkstatt liegt Anwesenheit bewaffneter Personen im Burgus nahe, um die Handwerker zu schützen. Da die Befunde jedoch nicht genau datiert werden können, ist nicht gänzlich auszuschließen, dass die Werkstatt erst nach der Aufgabe des Burgus errichtet wurde.

In der Antike herrschte nach der gängigen Forschungsmeinung eine Einteilung in primäre Glashütten, welche Rohglas aus den Rohstoffen Sand, Soda und Kalk bei hohen Temperaturen gewannen, und sekundäre Betriebe, die fertiges Rohglas importierten, bei mäßiger Hitze einschmolzen und weiterverarbeiteten. Es wird allgemein von einer örtlichen Trennung der Hütten ausgegangen, wobei nach Ansicht einiger Forscher die Rohglasherstellung an der Ost-

---

[131] Hierzu und zum Folgenden Taylor/Hill, Furnaces 270.

[132] E. Schnepp / M. Brüggler, Palaeomagnetic Analyses on a Late Antique Glass Furnace in Goch, Rhineland, Germany (in Vorbereitung).

[133] Anders M. Martin, Edelmetallhorte und Münzen des 5. Jahrhunderts in Nordgallien und beiderseits des Niederrheins als Zeugnisse der frühfränkischen Geschichte. In: M. Müller (Hrsg.), Grabung – Forschung – Präsentation. Xantener Ber. 15 (Mainz 2009) 1–50, hier 41 f. Er argumentiert, dass in der Germania Secunda wahrscheinlich seit 423, vielleicht sogar seit Stilichos Tod 408 n. Chr. keine Truppen mehr standen. Die Wiedereroberung durch Aetius 428 n. Chr. beträfe nicht die Gebiete nördlich der Linie Köln–Maastricht–Tongeren–Bavay.

[134] M. D. Nenna, Production et commerce du verre à l'époque impériale. Nouvelles découvertes et problématiques. Facta. Journal Roman Material Stud. 1, 2007 125–147.

[135] Gaitzsch u. a., Hambacher Forst passim. Auch Goethert, Trier 94 vermutet in Trier einen Rohglasofen.

[136] In eine solche Richtung deuten Funde vom Ende des 5. Jhs. aus Hasselsweiler, Kr. Düren, vgl. B. Päffgen, Glaserstellung spätrömischer und frühmittelalterlicher Zeit im Rheinland und dessen Nachbargebieten. In: Auf gläsernen Spuren. Der Beitrag Mitteleuropas zur archäologisch-historischen Glasforschung. Beitr. Mittelalterarch. Österreich 19, 2003, 9–28, bes. 14–18.

[137] Hierzu und zum Folgenden s. unveröffentliches Gutachten Christoph Hartkopf-Fröder und Ulrich Pahlke, Geologischer Dienst NRW.

[138] Rehren/Brüggler, Helle (Anm. 101).

[139] RGA XI (1998) 73–76 s. v. Gennep (H. A. Heidinga). Zur Problematik der ethnischen Deutung vgl. F. Theuws, ›terra non est‹. Zentralsiedlungen der Völkerwanderungszeit im Maas-Rhein-Gebiet. in: H. Steuer / V. Bierbrauer (Hrsg.), Höhensiedlungen zwischen Antike und Mittelalter von den Ardennen bis zur Adria (Berlin und New York 2008) 765–793.

[140] Y. Sablerolles, De glasvondsten van een nederzetting uit de Volksverhuizingstijd te Gennep (Limburg) (unpubl. Diss. Amsterdam 1992); dies. in: Annales du 12e Congrès de l'Association Internationale pour l'Histoire du Verre, Wien 1991 (Amsterdam 1993) 197–207; RGA XI s. v. Gennep (vorige Anm.).

[141] Vgl. hier und im Folgenden Rehren/Brüggler, Helle (Anm. 101).

[142] Brüggler, Villa rustica 90–92.

küste des Mittelmeers erfolgte[134], nach Ansicht anderer Forscher aber durchaus auch in den Nordwestprovinzen des römischen Reichs stattfand[135]. Die Asperdener Glashütte ist anhand verschiedener Fabrikationsreste eindeutig als sekundäre Werkstatt zu bezeichnen.

Ein flaches Objekt aus halb aufgeschlossenem weißen Sand aus dem Bereich der Glashütte wirft jedoch zunächst die Frage auf, ob in der Hütte auch Rohglas hergestellt wurde, möglicherweise weil Nachschub fehlte[136] (Kat. 29.52, Tafel 4). Die glatte Oberseite ist weißlich-lila verfärbt, die Unterseite grau und porös. Im Bruch zeigt sich knapp unter der Oberseite grünes Glas, darunter weißer Sand. Unklar ist, ob das Objekt zufällig entstand, oder einen Versuch darstellt, Rohglas herzustellen. Aus dem Versturz des Ofens fand sich Lothringer Kalkstein und zersetzter Marmor[137], als Kalkquelle einerseits eine wichtige Zutat in der Glasherstellung, andererseits vielleicht nur als Baumaterial verwendet. Ein Drittes ist der Inhalt der Lehmwanne des runden Tanks, der oben als nicht ausreagiertes Gemenge identifiziert wurde. Gegen die These örtlicher Rohglasherstellungsversuche spricht die Analyse des anstehenden Sandes. Es wurde eine Probe durch Ulrich Pahlke, Geologischer Dienst des Landes Nordrhein-Westfalen, untersucht und die Zusammensetzung mit derjenigen eines ebenfalls untersuchten Glasbröckchens verglichen. Der anstehende Sand kommt wegen der unterschiedlichen Zusammensetzung nicht als Rohstoff in Frage. Weitere Analysen an Fabrikationsabfall erbrachten eine gute Übereinstimmung mit den gängigen Glassorten in den Nordwestprovinzen[138]. Insgesamt ist daher Rohglasherstellung in Asperden nicht anzunehmen.

Die Asperdener Werkstatt stellte Glasgefäße her, insbesondere Trinkgeschirr. Eines der Produkte dürften Schalen vom Typus Helle gewesen sein. Als Nebenprodukt wurden wahrscheinlich auch schwarze Glasarmreifen produziert. Potentieller Abnehmer war die wenige Kilometer niersabwärts gelegene fränkische Siedlung von Gennep[139], in der zahlreiche Glasgefäße gefunden wurden, deren Typen denjenigen in Asperden entsprechen[140].

Die oben erwähnten chemischen Analysen an fünf Glasproben aus Asperden zeigen[141], dass frisches Rohglas verwendet wurde, das nicht durch den Eintrag von Recyclingglas verunreinigt war. Der relevante Kalium- und Phosphatgehalt ist niedrig, an Spurenelementen ist gegenüber den üblichen Werten der HIMT-Glasgruppe nichts erhöht. Daraus lässt sich schließen, dass die Asperdener Glasmacher gute Kontakte zu den glasherstellenden Regionen im östlichen Mittelmeerraum hatten. Von den ebenfalls analysierten Glasproben des Typus Helle aus Asperden zeigen hingegen zwei eine Verunreinigung durch wiederverwendetes Material. Wiederverwendung von Altglas ist durch einige Scherben von Gefäßen aus dem ersten bis dritten Jahrhundert belegt sowie durch ein blaues Bodenstück, das Nutzungsspuren aufweist.

Die Glaswerkstatt von Goch-Asperden ist in zweierlei Hinsicht von Bedeutung. Für das Aussehen spätantiker Glasöfen sind wir vollkommen auf archäologische Befunde angewiesen, da Bild- und Schriftquellen zum Thema für diese Zeit nicht vorhanden sind. Bislang bekannte Glasöfen sind alle weniger gut erhalten. Daher bietet der Asperdener Befund mancherlei Ansätze zur Rekonstruktion, die ein Licht auf die Geschichte der Glasherstellung wirft.

Zum Anderen ist die Tatsache einer im ersten Drittel des fünften Jahrhunderts bestehenden Glaswerkstatt wirtschaftsgeschichtlich interessant. Die Anlieferung von Rohmaterial aus dem Mittelmeergebiet funktionierte nach wie vor, aber auch der Absatz der geblasenen Gefäße war gewährleistet. Zusammen mit den Glasbetrieben im Hambacher Forst, für die ein ähnlich später Zeitansatz erwogen wird[142], zeigt die Glashütte von Asperden, dass dieser Wirtschaftszweig im ersten Drittel des fünften Jahrhunderts florierte.

Dr. Marion Brüggler, LVR - Amt für Bodendenkmalpflege im Rheinland, Außenstelle Xanten, Augustusring 3, 46509 Xanten, Marion.Brueggler@lvr.de

Bildrechte. Alle Bilder ABR. – Abb. 1–3, 7, 9, 13 und 16 sowie Farbtafel 1 b–d Ausführung Marion Brüggler auf Grundlage Laserscanbefliegung Martin Schaich (Arctron), DGK5, Copyright Geobasis NRW (1); auf Grundlage SRTM, Straßenverläufe nach Steve Bödecker, Georg Hüttner (unveröff.) und Goudswaard u. a., Cuijk (2); auf Grundlage der Grabungszeichnungen von 1964/1965 (Ilse Hömberg) und 2007 (Dieter Koran und Harald Berkel), Bearbeitung Till Könings (3); auf Grundlage der Dokumentation von Harald Berkel und Dieter Koran (9, 13, 16 und Farbtaf. 1 b–d). – Abb. 4–6 und 8 dieselbe und Dieter Koran. – Abb. 10, 11, 13 und 15 Michael Thuns. – Farbtafel 1 a sowie Tafel 1–6 und Abb. 17–21 Till Könings.

Resümee. Nahe der deutsch-niederländischen Grenze bei Goch-Asperden wurden 2006 und 2007 der schon zuvor bekannte Burgus und eine Glaswerkstatt in seinem Umfeld archäologisch untersucht. Der Burgus wurde wahrscheinlich bereits in den vierziger Jahren des vierten Jahrhunderts in Holzbauweise errichtet und in valentinianischer Zeit in Stein ausgebaut. Seine Besatzung überwachte den Verkehr auf der Niers ebenso wie eine mutmaßliche Ostwestverbindung zwischen Cuijk und Kalkar mit einem vermuteten Niersübergang. Um 420/430 wurde der Burgus aufgegeben. Der Glasbetrieb, der sich am Ufer der Niers unterhalb der auf einem Plateau gelegenen militärischen Einrichtung befand, arbeitete mehrere Jahre lang in der Zeitspanne zwischen kurz vor 400 bis 420/430. Zwei Glasöfen, die nacheinander betrieben wurden sowie weitere Befunde sind dokumentiert. In der Werkstatt wurde hauptsächlich Trinkgeschirr hergestellt. Die Glasmacher waren in den spätantiken Wirtschaftsraum gut integriert, denn sie hatten Zugriff auf frische Rohmaterialien aus dem östlichen Mittelmeerraum.

Conclusion. A Late Antique burgus and a glass workshop in close proximity to it were recently excavated near the German-Dutch border at Goch-Asperden. The burgus was erected around 340/350 on a plateau as a wooden construction and rebuilt under Valentinian I. in stone. Its garrison must have controlled the traffic along the river Niers as well as a surmised road from Cuijk in the west to Kalkar in the east at a probable river-crossing. The site was abandoned at around 420/30. At the bottom of the slope to the Niers a glass-workshop with two successive furnaces operated for a few years in the timespan from shortly before AD 400 to 420/30. In the secondary workshop, vessel glass, mainly drinking ware, was produced. The glassblowers used fresh raw material from the Eastern Mediterranean and were thus well integrated into the Late Antique economic networks.

Resumé. In 2006 en 2007 is nabij de Nederlands-Duitse grens bij Goch-Asperden archeologisch onderzoek verricht naar een burgus en een aanpalende glaswerkplaats. De burgus werd waarschijnlijk al rond 340/350 uit hout opgetrokken en onder Valentinianus I in steen uitgebreid. De bezetting van het fort controleerde de scheepvaart op de Niers en mogelijk ook het oost-westverkeer tussen Cuijk en Kalkar via een vermoede oversteek over de Niers. Rond 420/430 werd het fort opgegeven. De glaswerkplaats bevond zich aan de oever van de Niers onder de op een plateau gelegen Burgus en functioneerde een aantal jaren vanaf kort voor 400 tot 420/430. Achtereenvolgend zijn twee ovens in bedrijf geweest; daarnaast zijn ook andere sporen vastgesteld. In de werkplaats werd hoofdzakelijk drinkgerei geproduceerd. De glasblazers hadden in deze periode van de late oudheid goede handelsrelaties met andere gebieden, waardoor ze aan grondstoffen uit het oostelijk deel van de Middellandse Zee konden komen.

Abkürzungen

Alzey	W. Unverzagt, Die Keramik des Kastells Alzei. Mat. röm.-germ. Keramik I 2 (Frankfurt a. M. 1916).
Bridger, Asperden	C. Bridger, Nachweis von Glasherstellung beim burgus Asperden. Arch. Rheinland 2003, 85 f.
Bakker, Datierung	L. Bakker, Rädchenverzierte Argonnensigillata zur Datierung von Burgus und Glashütte bei Goch-Asperden, in diesem Band.
Brüggler, Villa rustica	M. Brüggler, Villa rustica, Glashütte und Gräberfeld. Die kaiserzeitliche und spätantike Siedlungsstelle HA 132 im Hambacher Forst. Rhein. Ausgrabungen 63 (Mainz 2009).
Brulet, architecture	R. Brulet, L'architecture militaire romaine en Gaule pendant l'Antiquité tardive. In: M. Reddé u. a., Les fortifications militaires. L'architecture de la Gaule romaine. Documents d'arch. française 100 (Bordeaux 2006) 155–179.
Chenet	G. Chenet, La céramique gallo-romaine d'Argonne du IVe siècle et la terre sigillée décorée à la molette (Mâcon 1941).
Fischer, Kaiseraugst	A. Fischer, Vorsicht Glas! Die römischen Glasmanufakturen von Kaiseraugst. Forsch. Augst 37 (Augst 2009).
Gaitzsch u. a., Hambacher Forst	W. Gaitzsch / A.-B. Follmann-Schulz / K. H. Wedepohl / G. Hartmann / U. Tegtmeier, Spätrömische Glashütten im Hambacher Forst. Produktionsort der ECVA-Fasskrüge. Archäologische und naturwissenschaftliche Untersuchungen. Bonner Jahrb. 200, 2000, 83–241.
Goethert, Trier	K. Goethert, Spätantike Glasfabrikation in Trier. Trierer Zeitschrift 73/74, 2010/2011, 67–146.
Goudswaard u. a., Cuijk	B. Goudswaard / R. A. C. Kroes / H. M. S. van der Beek, The Late Roman Bridge at Cuijk. Berichten ROB 2000/2001, 439–560.
Hinz/Hömberg, Asperden	H. Hinz / I. Hömberg, Ausgrabungen eines spätrömischen Burgus in Asperden, Kreis Kleve. Rhein. Ausgr. 3 (Düsseldorf 1968) 167–212.
Huyskens, Geburtsstätte	V. Huyskens, Die Geburtsstätte des Kaisers Otto III. Ann. hist. Ver. Niederrhein 33, 1879, 50–105.
Isings	C. Isings, Roman glass from dated finds. Archaeologica Traiectina 2 (Groningen und Djakarta 1957).
Pirling/Siepen, Krefeld-Gellep	R. Pirling / M. Siepen, Die Funde aus den römischen Gräbern von Krefeld-Gellep. Germ. Denkmäler Völkerwanderungszeit Ser. B, 20 (Stuttgart 2006).
Taylor/Hill, Furnaces	M. Taylor / D. Hill, Experiments in the Reconstruction of Roman Wood-Fired Glassworking Furnaces. Journal Glass Stud. 50, 2008, 249–270.

Anhang: Münzfunde NI 2006/0067

Kat. 1-59. – 1-59, Fd. 4 (»aus altem Niersbett«). – Alle Stücke sind Centenionales von unbekannter Münzstätte. – Alle Stücke valentinianische Dynastie bis auf (1).

(1) 2. H. 4. Jh., Typus SECVRITAS REIPVBLICAE. – (2) Typus GLORIA ROMANORVM (Herrscher). – (3) Frgt.,Typus? – (4) Frgt., GLORIA ROMANORVM (Herrscher). – (5) 2. H. 4. Jh., Frgt., Typus?

Kat. 1-64.1. – St. 1-64, Fd. 139. – Alle Stücke sind Centenionales außer (10). – Viele Stücke von unbekannter Münzstätte.

(1) Gratian, 378–383, Lugdunum, LVGP, RIC 28(a). – (2) Gratian, 367–378, Aquileja, SMAQP, RIC 11/17. – (3) Valens, 364–367/75, Rom, R. SECVNDA(?), RIC 17/24(b). – (4) Valens, 367–375, Siscia, P// R /F// ASISCIAC VE (ligiert), RIC 15(b) (XXXV). – (5) Gratian (?), Lugdunum, OF/(?)//A, Typus SECVRITAS REIPVBLICAE (Victoria)? – (6) Valentinian, 367–375, Siscia, (?)/R//(?)SISCIAC(?), RIC 14. – (7) 2. H. 4. Jh., Typus Victoria auf Prora? – (8) Gratian (?), Arelate, (?)CON, Typus SECVRITAS REIPVBLICAE (Victoria). – (9) Valens (?), 375–375, Trier, TRS., RIC 32(b). – (10) 2. H. 4. Jh., Follis/Centenionalis (?), Typus? – (11) Magnus Maximus, 383–388, Arelate, TCON, RIC 26(a). – (12) 2. H. 4. Jh., Typus? – (13) 2. H. 4. Jh., Typus SECVRITAS REIPVBLICAE (Victoria)? – (14) 2. H. 4. Jh., Typus? – (15) Gratian (?), Typus SECVRITAS REIPVBLICAE (Victoria). – (16) Valentinian/Valens (?), Typus SECVRITAS REIPVBLICAE (Victoria). – (17) 2. H. 4. Jh., Typus SECVRITAS REIPVBLICAE (Victoria). – (18) Valens, 367–375, Arelate, (?)CON., RIC 17(b). – (19) Gratian (?), Typus GLORIA ROMANORVM ?

Kat. 1-67.1. – St. 1-67, Fd. 222.

Valens, Centenionalis 367–375 Arelate, OF/ II// (?)O(?), RIC 16(b)?

Kat. 13.1. – St. 13-10, Fd. 96. – Stücke (6) und (9) Folles; (14) bis (23) und (25) bis (28) Halbcentenionales, die übrigen sind Centenionales bis auf (–). – Die meisten Stücke von unbekannter Münzstätte.

(–) 4. Jh., Follis/Centenionalis, Typus (?) (5 Fragmente). – (1) Valentinian, 378–383, Trier, SMTRP, RIC 65(b). – (2) Valens, 367–375, Siscia, R// R/F// ASISCIAC VE (ligiert), RIC 15(b) (XXXV). – (3) Gratian, 367–375, Rom, RTERT(IA), RIC 24(b). – (4) Valens, 367–375, Arelate, TCON, RIC 16(b) (XIV-c). – (5) Valentinian/Gratian (?), Typus GLORIA NOVI SAECVLI. – (6) Constantius II., 335–337, Trier, T(RP), Typus GLORIA EXERCITVS, ein Feldzeichen. – (7) Valens, Typus SECVRITAS REIPVBLICAE (Victoria). – (8) Valens, Typus GLORIA ROMANORVM (Herrscher). – (9) Constantius II. od. Constantin II. (?), 335–337, Typus GLORIA EXERCITVS, ein Feldzeichen. – (10) Valentinian, Typus? – (11) Valens, 367–375, Aquileia, SMAQS, RIC 11(b). – (12) Valentinian, Typus SECVRITAS REIPVBLICAE (Victoria). – (13) Gratian, 378–383, Lugdunum, LVG (S), RIC 30. – (14) Ende 4. Jh., Typus? – (15) Valentinian II., 388–392 Arelate, PCON, RIC 30(a). – (16) Ende 4. Jh., Arelate, (?)CO(?), VICTORIA AVGGG. – (17) Ende 4. Jh., Typus? – (18) Ende 4. Jh., Typus VICTORIA AVGGG. – (19) Ende 4. Jh., Arelate, SCHON, Typus VICTORIA AVGGG/SALVS? – (20) Ende 4. Jh., Typus? – (21) Ende 4. Jh., Typus SALVS. – (22) Ende 4. Jh., Typus VICTORIA AVGGG. – (23) Ende 4. Jh., Typus VICTORIA AVGGG. – (24) Gratian, Typus SECVRITAS REIPVBLICAE (Victoria). – (25) Valentinian, Typus? – (26) Ende 4. Jh., Typus VICTORIA. – (27) Ende 4. Jh., Typus SALVS. – (28) Ende 4. Jh., Typus Victoria auf Prora.

Kat. 4.1. – St. 4-4, Fd. 347.

2. H. 4. Jh., Centenionalis-Frgt., Münzstätte/Typus?

Kat. 5.1. – St. 5-5, Fd. 348.

Valentinian, Centenionalis, 367–375, Lugdunum, O/ FII//LVGS, RIC 20(a).

Kat. 6.1. – St. 6-6, Fd. 57.

Valentinian, Centenionalis, 364–367, Lugdunum, OF/ II//(?), RIC 10(a).

Kat. 7.2. – St. 7-6, Fd. 66.

Valens, Centenionalis, 364–367, Arelate, B// TCON, RIC 9(b).

Kat. 11.1. – St. 11-4, Fd. 350.

Arcadius, Halbcentenionalis, Münzstätte (?), Typus VICTORIA AVGGG.

Kat. 11.2. – St. 11-3, Fd. 91.
Arcadius, Halbcentenionalis, 383–392 Trier, TR (?), RIC 98(c).

Kat. 28.1. – St. 28-10, Fd. 112.
Ende 4. Jh., Halbcentenionalis, Münzstätte/Typus?

Kat. 29.1. – St. 29-11, Fd. 121.
Ende 4. Jh., Halbcentenionalis, Münzstätte/Typus?

Kat. 29.2. – St. 29-12. – Alle Stücke Centenionales. – Die meisten Stücke von unbekannter Münzstätte.
(1) Valentinian, 367–375, Arelate, PCON, RIC 16(a). – (2) Valens (?), Typus SECVRITAS REIPVBLICAE (Victoria). – (3) Gratian, 378–393 Lugdunum, LVGP, RIC 28(a). – (4) 2. H. 4. Jh., Typus GLORIA ROMANORVM, (Münze flach gehämmert?). – (5) Valentinian, Typus GLORIA ROMANORVM. – (6) Valentinian. Dynastie, Typus SECVRITAS REIPVBLICAE (Victoria). – (7) Gratian (?), 367–375 Lugdunum, O/(?)// LVGS, RIC 20(c). – (8) Valentinian. Dynastie, Typus SECVRITAS REIPVBLICAE (Victoria). – (9) Valentinian, (..P?), Typus SECVRITAS REIPVBLICAE (Victoria). – (10) Gratian, Typus? – (11) Valentinian. Dynastie, Typus GLORIA ROMANORVM. – (12) Gratian, Typus SECVRITAS REIPVBLICAE (Victoria). – (13) 2. H. 4. Jh., Typus GLORIA ROMANORVM. – (14) Valentinianische Dynastie, Typus SECVRITAS REIPVBLICAE (Victoria). – (15) Gratian (?), Typus SECVRITAS REIPVBLICAE (Victoria). – (16) Valens (?), Aquileja, Typus SECVRITAS REIPVBLICAE (Victoria). – (17) Valens, 364–367 Lugdunum, OF/ I// LVG(S.) (?), RIC 12?

Kat. 158.1. – St. 158-10, Fd. 176.
Ende 4. Jh., Halbcentenionalis-Frgmt., Münzstätte/Typus?

Kat. 159-12.1. – St. 159-12, Fd. 243.
Claudius, As, ca. 41–50 Rom, RIC 100.

Kat. 159-13.1. – St. 159-13, Fd. 244.
Valentinian (?), Centenionalis, Münzstätte (?), Typus SECVRITAS REIPVBLICAE (Victoria).

Kat. 159-14.1. – St. 159-14, Fd. 245.
Ende 4. Jh., Halbcentenionalis, Münzstätte/Typus?

Kat. 159-15.1. – St. 159-15, Fd. 242.
Ende 4. Jh., Halbcentenionalis, Münzstätte/Typus?

Kat. 159-16.1. – St. 159-16, Fd. 234.
Ende 4. Jh., Halbcentenionalis, Münzstätte (?), Typus Victoria?

Kat. 159-17.1. – St. 159-17, Fd. 236.
Ende 4. Jh., Halbcentenionalis, Münzstätte/Typus?

Kat. 174.1. – St. 174-10, Fd. 202.
2. H. 4. Jh., Centenionalis, Münzstätte/Typus?

Kat. 253.1. – St. 317, Fd. 292.
Ende 4. Jh., Halbcentenionalis, Münzstätte (?), Typus VICTORIA AVGGG.

Kat. 253.2. – St. 441-9, Fd. 308.
Arcadius (?), Halbcentenionalis, Münzstätte (?), Typus VICTORIA AVGGG.

Kat. 296.1. – St. 296-10, Fd. 284.
2. H. 4. Jh., Centenionalis-Frgmt., Münzstätte/Typus?

Kat. 308.1. – St. 308-10, Fd. 288.
Valens, Centenionalis Cyzicus/Nicomedia/Aquileja (?), (Kranz)// SM(?), Typus SECVRITAS REIPVBLICAE (Victoria).

Kat. 374.1. – St. 374-10, Fd. 295.
Valentinian, Centenionalis, Arelate, CO(N?), Typus SECVRITAS REIPVBLICAE (Victoria).

Kat. 374.2. – St. 374-13, Fd. 302. – Alle Stücke Halbcentenionales. – Die meisten Stücke von unbekannter Münzstätte.
(1) Arcadius, 383–388, Rom (?), (RP?), RIC 56(d)? – (2) Ende 4. Jh., Typus VICTORIA AVGGG. – (3) Valentinian II. (?), 383–392, Typus Victoria (VICTORIA AVGGG). – (4) Ende 4. Jh., Typus VICTORIA AVGGG.

Katalog

Es werden nur die relevanten Befunde beschrieben. Schichten und Störungen sind nur dann angeführt, wenn Funde daraus stammen. Abgebildet werden von der Keramik nur stratifizierte Stücke, von den Glasfunden nur ausgewählte Exemplare. Nicht aufgenommen sind unstratifizierte Tierknochen sowie Eisenobjekte, da diese nicht näher datiert werden können. Die Eisenobjekte waren zumeist auch sehr schlecht erhalten und nicht mehr bestimmbar. Zu den Münzen vgl. jeweils im Einzelnen den Beitrag Klages zu diesem Aufsatz; zur Argonnensigillata den Aufsatz Bakker in diesem Band, die Form versteht sich bei dieser Ware als Alzey 1 / Chenet 320, sofern nichts anderes genannt ist. Bei Rand- und Bodenscherben wurden in der Regel die Durchmesser bestimmt, wo es möglich war.

Die Funde sind nach stratifikatorisch relevanten Einheiten zusammengefasst und durch eine Katalognummer bezeichnet, die von der Stellennummer abgeleitet ist, zum Beispiel ›St. 252.1‹ (Fund aus St. 252). Gegebenenfalls wurde hier weiter nach Positionsnummern (Arbeitsschritten bei der Bergung) unterschieden, so bezeichnet etwa ›1-59.1‹ den Fund Nr. 1 aus St. 1, Arbeitsschritt 59.

Die Katalogabschnitte umfassen die folgenden Stellen.
  Katalog A. Burgus. 252–254, 260, 261, 268, 269, 271, 278, 296, 302–304, 308, 323, 326, 327, 331, 337, 338, 352, 357, 358–360, 399–407, 419, 427–440, 452–524, 530–536, 539–562, 578–588.
  Katalog B. Glaswerkstatt. 139, 144–155, 157–168, 172, 174, 179, 181–184, 188–190, 194–202, 209, 210–213, 216–218, 220, 222, 225, 226, 237, 243, 244, 247, 246, 250, 251, 381–389, 391, 395, 410, 411, 413, 562–565, 572–574, 618, 629, 649–651, 664.
  Katalog C. Befunde im verlandeten Niersbett. 28, 34, 51, 61, 79, 80, 82, 95, 113, 118, 125–128, 131, 132, 135, 142, 446.
  Katalog D. Unstratifizierte Funde. 1, 3–13, 16, 22, 29, 30, 374.
  Katalog E. Nachträge zum Katalog Hinz/Hömberg, Asperden; Sammlerfunde NI 2003/0030, NI 2005/0047, NI 2007/0157.

Katalog A. Burgus (Plateau)

St. 252, Grabungsschnitt (Abb. 3). – Funde, Keramik: (252.1) BS TS, Bodendm. 5,5 cm; (252.2) WS TS; (252.3) RS Reibschüssel Alzey 31, glattwandige Ware; (252.4) WS Glanztonware mit weißem Scherben und orangeroter Engobe; (252.5) BS rote Mayener Ware, Bodendm. >20 cm; (252.6) BS rauwandige Ware, ähnlich roter Mayener Ware, jedoch weniger hart gebrannt, schwache, mittelfeine sandige Magerung; Bodendm. 9 cm; (252.7) WS graue Mayener Ware; (252.8) WS rote Mayener Ware.

St. 253, Grabungsschnitt (Abb. 3). – Funde: (253.1) 2 Münzen. – Keramik: (253.2) RS Argonnen-TS, Randdm. 24 cm; (253.3) WS Argonnen-TS, Rollrädchendekor (Bakker Kat. 18)(Abb. 16); (253.4) WS TS; (253.4) Henkel rote Mayener Ware.

St. 254, Grabungsschnitt (Abb. 3). – Funde, Keramik: (254.1) RS Argonnen-TS, Rollrädchendekor (Bakker Kat. 27)(Tafel 1); (254.2) 2 WS TS; (254.3) RS Alzey 29, rote Mayener Ware, Randdm. 28 cm; (254.4) RS Krug Redknap R17 (vgl. Anm. 71), rote Mayener Ware, Randdm. 9 cm; (254.5) RS Alzey 28, graue Mayener Ware, Randdm. 24 cm.

St. 260, Graben. Spitzgraben (Abb. 3 und 4), Verlauf n–s, B. 1,45 m, Oberkante 27,90 m ü. NN, UK, 26,83 m, T. noch 1,08 m, Sohle schwach gerundet, Profil zur Innenseite flacher, im unteren Bereich deutliche Einschwemmschichten. – Funde, Keramik: (260.1) WS TS.

St. 261, kleiner Spitzgraben (Abb. 3 und 4), Verlauf n–s, B. 0,4 m, Oberkante 27,6 m ü. NN, Unterkante 29,3 m ü NN, T. noch 0,3 m.

St. 268 und St. 269, Verfüllung zu Grube St. 419 (Abb. 3 und 4). – Funde, Keramik: (269.1) BS TS, Standring; (269.2) RS mit umgebogenem Rand, Stempelverzierung, zwei Reihen von hängenden Dreiecken, darüber jeweils kleine, rechteckige Eindrücke (Rollstempel), 2. Hälfte 6. Jh. oder später (Tafel 2).

St. 271, Verfüllung von Graben oder Störung (Abb. 3 und 4). – Funde, Keramik: (271.1) WS rötliche glattwandige Ware, orangebraune Engobe; (271.2) Henkel graue glattwandige Ware; (271.3) WS rote Mayener Ware; (271.4) WS graue Mayener Ware; (271.5) 2 WS grobe, rote Ware; (271.6) WS Korkware.

St. 278, Ausbruchsgraben (Abb. 3 und 4) der Umfassungsmauer, Ostflanke, Verlauf n–s, B. 1,9 m, Oberkante 28,2 m ü. NN, Unterkante 27,20 m ü. NN, T. 1,02 m. Verfüllung in mehreren Schichten.

St. 296, Tiergang (Abb. 3). – Funde: (296.1) Münze.

St. 302, St. 303 und St. 304, (Abb. 3). – Ausbruch der Mauer des Kernturms, Nordwestecke, B. 2,2 m, Oberkante 28,00 m ü. NN, Unterkante 26,68 m ü. NN, T. noch 1,32 m. – Funde: (302.1) Bronzeblech, von Gefäß (?) 2,6 g (Tafel 6); (303.1) Bronzestäbchen, Querschnitt rechteckig, ein Ende abgeflacht, L. 3,5 cm. D. 1 und 3,5 mm, 1,9 g.

St. 308, Raubgräberloch (Abb. 3). – Funde: (308.1) Münze. – Glas: (308.2) 2 RS eines (?) Bechers Isings 106, Randdm. 8 cm, zus. 10,2 g (Tafel 4); (308.3) 2 WS, 1,3 g.

St. 323, Ausbruch der Umfassungsmauer, Westseite (Abb. 3 und 4). Verlauf n–s, B. 1,55 m, Oberkante 27,5 m ü. NN, Unterkannte 26,86 m ü. NN, T. 0,64 m ü. NN. Verfüllung in mehreren Schichten.

St. 326, Grabenverfüllung (zu St. 327, Abb. 4). – Funde, Keramik: (326.1) RS Alzey 27, Speicherer Ware (?), Randdm. 13 cm (Tafel 3); (326.2) WS rote Mayener Ware.

St. 327, Graben (Abb. 3 und 4). Innerer Spitzgraben der Westflanke, Verlauf n–s, B. 4,5 m, Oberkante 27,39 m ü. NN, Unterkante 26,01 m ü. NN, T. noch 1,38 m, Profil zur Außenseite flacher.

St. 331, Ausbruchsgraben des Kernbaus (Abb. 3). B. 2,7 m, Oberkante 27,43 m ü. NN, Unterkante 26,20 m ü. NN, T. 1,23 m.

St. 337, Pfostenspur. In St. 338. Quadratisch, L. und B. 0,2 m, Oberkante 27,35 m ü. NN, Unterkante 26,85 m ü. NN, T. noch 0,5 m.

St. 338, Pfostengrube (Abb. 3). Zu St. 337. Quadratisch, L./B. 0,6 m, Oberkante 27,35 m ü. NN, Unterkante 16,96 m ü. NN, T. noch 0,39 m, Profil getreppt kastenförmig.

St. 357, Grabenverfüllung (zu St. 358, Abb. 5). – Funde: (357.1) 3 Ziegelbruchst. 390 g; (357.2) Rotlehm, 152,3 g.

St. 358, Graben (Abb. 3 und 5). Innerer Spitzgraben der Nordflanke, Verlauf w–ö, B. 4,5 m, Oberkante 27,70 m ü. NN, nach unten aus sicherheitstechnischen Gründen nur bis 25,90 m ü. NN abgetieft, T. noch 1,8 m.

St. 359, Grabenverfüllung (Abb. 6), zu St. 360.

St. 360, Graben (Abb. 3 und 6). Äußerer Spitzgraben der Nordflanke, Verlauf w–ö, B. 3,1 m, Oberkante 27,80 m ü. NN, Unterkante 26,43 m ü. NN, T. noch 1,37 m, zur Innenseite ist das Profil etwas flacher als zur Außenseite.

St. 399 bis St. 407, Spuren einer Pfahlsetzung (Abb. 3 und 4). Unter dem Ausbruchsgraben der Westmauer, Verlauf wohl n–s, B. erfasst 0,8 m, Oberkante 26,72 m ü. NN. Aus grabungstechnischen Gründen nicht weiter untersucht.

St. 419, Grube (Verfüllung St. 268, 269)(Abb. 4). L. 1,2 m, B. erfasst 0,8 m, Oberkante 28,07 m ü. NN, Unterkante 27,49 m ü. NN, T. 0,58 m, Profil kastenförmig.

St. 427 bis St. 440, Spuren einer Pfahlsetzung (Abb. 3). Unter dem Ausbruchsgraben der Ostmauer, B. 0,9 m. Einzelpostenspuren rund, 0,12–0,2 m, Abstand 0,06–0,2 m, Oberkante 27,22 m ü. NN, Unterkante 26,80 m ü. NN, T. 0,42 m. Profil spitz zulaufend, abwechselnd kurze und längere Pfosten.

St. 452 bis St. 524 und St. 578 bis St. 588, Spuren einer Pfahlsetzung (Abb. 3 und 8). Unter dem Ausbruchsgraben des Kerngebäudes an dessen Nordwestecke, Verlauf der Setzung w–ö, L. erfasst 4,75 m, B. erfasst 1,9 m, Einzelpostenspuren rund, 0,08–0,15 m, Abstand regelmäßig, 0,15–0,2 m, Oberkante 26,56 m ü. NN, Unterkante 26,0 m ü. NN, T. 0,56 m, Profil spitz zulaufend, abwechselnd kurze und lange Pfosten, Längenunterschied ca. 0,3 m (Abb. 8).

St. 530 bis St. 536 Spuren einer Pfahlsetzung (Abb. 3). Unter dem Ausbruchsgraben der Umfassungsmauer Nordflanke, Verlauf und Abmessung der Setzung unklar, da nur in sehr kleinem Ausschnitt erfasst, runde Pfostenspuren von 0,1–0,12 m Dm., Oberkante 26,95 m ü. NN.

St. 539 bis St. 562 Spuren einer Pfahlsetzung (Abb. 3). Unter dem Ausbruchsgraben des Kerngebäudes, B. 2,0 m, Oberkante 26,72 m ü. NN, Unterkante aus sicherheitstechnischen Gründen nicht erfasst, runde Pfostenspuren von 0,08–0,18 m Dm.

St. 660, Graben, östl. innerer Umfassungsgraben (Abb. 3 und 4), Verfüllung in mehreren Schichten, Oberkante 27,72 m ü. NN, Unterkante nicht erfasst.

Katalog B. Glaswerkstatt

Glasofen I (Abb. 9 und Farbtafel 1 a. b. d)

St. 146, St. 149, St. 151 bis St. 155, St. 188, St. 189, St. 222, St. 243, St. 246, St. 250 und St. 251.

Brennkammer: Rund, die Wandung (St. 146) aus horizontal angeordneten, größeren Ziegelplattenbruchstücken gesetzt, gerade Kanten nach innen weisend, diese Seite gesintert und grau, mit Resten eines Lehmverputzes, ebenfalls grau. Sohle der Brennkammer (St. 188) aus Ziegelplattenbruch, Oberfläche grau verfärbt, in Lehm gesetzt, in den Zwischenräumen kleinere Ziegelbröckchen. – Funde: (188.1) Ofenbauteile, 5 Frgte. 52,4 g. – Oberkante der Brennkammerwandung St. 146 (erhalten bis) 12,82 m ü. NN, Oberkante Brennkammersohle 12,43 m ü. NN. Unterbau des Ofens (St. 155, St. 243): Im oberen Bereich überwiegend horizontal angeordnete Ziegelplattenbruchstücke, randlich und unterhalb der Ziegelplatten größere Tuffsteine und Raseneisenerzbrocken, in Lehm gesetzt. Bereich gestört durch Altschnitt. – Funde, Glas: (243.1) WS, 1,3 g; (243.2) Pfeifenabschlag, 0,7 g. – Im Profil St. 218 verziegelte (St. 222 und St. 246) und unverziegelte (St. 163) Lehmschichten des Ofenunterbaus übereinander, wohl alle Unterbau Ofen I. St. 222 und St. 246: unklar, ob in situ verziegelt oder umgeschichtet.

Wanne (St. 151/152). Im Osten an die Brennkammer anschließend und oberhalb von dieser; oval, Wand leicht hochgezogen, Boden flach, aus Lehm geformt, verziegelt, starke Hitzerisse. D. ca. 4 cm. B. max. noch 0,54 m, L. max. noch 0,75 m. Oberkante 12,95 m ü. NN, Unterkante 12,87 m ü. NN. Lehm der Wand teilweise an der Innenseite der Brennkammer heruntergelaufen. – Funde: (151.1) Ofenbauteile, 13 Frgte. Rotlehm 320 g; (152.1) verschlacktes Glas, 42,4 g; (152.2) Ofenbauteile, 8 Frgte. Rotlehm 310 g. – Bereich unmittelbar unter den Schmelzwannen verziegelt. Randlich größere Tuff-, Grauwacke- und Raseneisenerzbrocken.

Runde Wanne (St. 153/154): Im Ostbereich der größeren, ovalen Schmelzwanne; Ostseite wohl durch Grabungen 1964 gestört und nicht erhalten, Wand leicht hochgezogen, Boden flach, aus Lehm geformt. D. ca. 4 cm. L. noch 0,28, B. 0,35 m. Enthält teils stark verunreinigtes Glas, außerdem darin halbmondförmiger Rest eines Lehmobjekts (Zapfen). Oberkante Rand 12,95 m ü. NN, Wanne 12,91 m ü. NN, Unterkante 12,88 m ü. NN. – Funde: (153.1) Ofenbauteile, 5 Frgte. Rotlehm 65,2 g; (154.1) Glas mit anhaftendem Rotlehm, 21 g; (154.2) 2 Bröckchen Rohglas mit anhaftendem Rotlehm, 2,9 g.

Kanal, von Westen schräg nach unten in die Brennkammer führend, Sohle im Westen bei 12,52 m ü. NN, mündet auf der Sohle der Brennkammer bei 12,33 m ü. NN, angrenzend an Ofen mit einer Ziegelplatte abgedeckt (St. 211, Oberkante 12,68–12,72 m ü. NN, 41×41×6 cm), L. 1,23 m, B. min. 0,12 m, T. unterhalb Ziegelplatte 0,19 m; verfüllt mit dem Material des Arbeitshorizonts St. 159 und St. 210.

Kanal (St. 189), von NW in die Brennkammer führend, Wangen flankiert von aufrecht gesetzten Tuff- und Kalksteinen, im äußeren Bereich bedeckt mit Material aus Arbeitshorizont St. 159, innerer Bereich mit Lehm verstrichen, dieser grau verziegelt, B. außen/innen 0,36/0,2 m, Sohle bei 12,74 m ü. NN. – (189.1) Ofenbauteile, 11 Bröckchen Rotlehm, zus. 90,6 g.

Kanal (St. 149), auf den horizontal verlegten Ziegelplatten der Ofenwandung Reste eines mit Lehm glatt verstrichenen Kanals, grau verziegelt. Am Ostrand Wand des Kanals nach oben gezogen, im Westen kein Rand erhalten; führte in Richtung einer Aschennische (St. 250); L. 0,9 m, B. erfasst 0,35 m, Oberkante 12,84 m ü. NN, Unterkante 12,74 m ü. NN.

Aschennische (St. 250), am Südende von Kanal St. 149. Ziegelplatten aufgrund von aufliegender feiner Asche (St. 251) grau bis gelblichgrau verfärbt, Bereich gegenüber den rot verbliebenen Platten deutlich abgegrenzt, L. w–ö ca. 0,5 m, B. n–s ca. 0,25 m, Sohle bei 12,59 m ü. NN.

Steinsetzung, in ca. 0,5 m Entfernung von Ofen I, vor der nordwestl. Öffnung bzw. dem Kanal; auf einer Setzung aus grob gesetzten kleineren Tuffsteinen und Ziegelbruch ein größerer Tuffstein von Dm. 0,5 m; L. 0,8 m, B. 0,6 m, Oberkante 13,11 m ü. NN, Unterkante 12,73 m ü. NN, H. 0,38 m.

Glasofen II (Farbtafel 1 b. d und Abb. 13)

St. 147, St. 410 und St. 411.

Nordhälfte durch Glasofen I überlagert; rund bis leicht oval. Außenmaße L. 1,5 m, B. mind. 0,9 m. Wandung (St. 147) aus horizontal angeordneten, größeren Ziegelplattenbruchstücken, in Lehm gesetzt, Stärke max. 0,44 m, Oberkante erhalten bis 12,68 m ü. NN, erhaltene Wandungshöhe noch 0,28 m über der Sohle der Brennkammer. Schüröffnung auf Höhe der Sohle der Brennkammer, nach West gerichtet, B. Schüröffnung außen 0,3 m, B. innen 0,2 m, L. der Schüröffnung entsprechend der Wandungsstärke 0,4 m, an Sohle der Schüröffnung ein Flachziegel. Brennkammer wohl ehemals rund, L. ca. 0,6 m, B. mind. ca. 0,4 m. Die ihr zugewandte Seite der Wandung grauschwarz verfärbt, am Boden der Brennkammer eine große Ziegelplatte (St. 410) von 0,53 × mind. 0,25 m Größe in Lehmbett (St. 411), Platte schwarzgrau, im Zentrum weißgrau verfärbt und mehrfach geborsten; Oberkante Ziegelplatte bei 12,4 m ü. NN. An der Unterkante des Ofens verziegelte Lehmschichten (St. 226 und St. 247), Unterkante bei 12,24 m ü. NN.

Terrassierung nördlich der Glasöfen
(Abb. 9 und 15 sowie Farbtafel 1 c)

In den Hang gegraben, an Ost- und Nordseite, vermutl. auch an der Westseite treppenartig ausgeprägt, randlich und an Sohle rötlich verfärbt (St. 387), an der Sohle noch zwei großformatige Ziegelplatten von 6 cm Dicke (St. 391), Wände z. T. mit in verziegelten Lehm (St. 383) gesetzten Ziegeln und Tuffsteinen befestigt (St. 384), B. oben 2,15 m, an Sohle 1,4 m, Oberkante 14,80 m ü. NN, Unterkante Sohle 12,80 m ü. NN, Unterkante Verziegelung 12,65 m ü. NN, H. noch 2,15 m T. ab Südkante der Ziegelplatten St. 391: 3,20 m. Verfüllung aus mehreren umgelagerten Schichten (St. 389, St. 388, St. 386, St. 382 und St. 381), mit teils größeren angeziegelten Lehmbröckchen sowie Holzkohle. Stratigraphisches Verhältnis zu den Glasöfen unklar, da Störung durch Altschnitt von 1964 im fraglichen Bereich. – Funde: (381.1) Eisenaxt, Typus 2 nach W. H. Manning, BMC Romano-British Iron Tools, Fittings and Weapons (1985), L. 21,5 cm, flacher, quadratischer Kopf von 5 × 6 cm, Schneide leicht gebogen, Ferse nach unten ausgezogen, L. 10 cm, rundes Schaftloch (3 × 2,2 cm), 2200 g (Tafel 6).

Weitere Befunde

St. 139, St. 165 und St. 166. Sandschicht (Abb. 9)

Östlich St. 164, aufgrund von Störung durch Altschnitt 1964 stratigraphisches Verhältnis zu den Glasöfen unklar. Oberkante 12,95 m ü. NN, Unterkante 12,75 m ü. NN. – Funde, Keramik: (139.1) RS TS, Chenet 304, Randdm. 26 cm (Tafel 1); (139.2) WS TS, Schale mit profilierter Leiste, Gellep 26 (?); (166.1) Glashafen, Boden, zusammengesetzt, rote Mayener Ware, Bodendm. 13 cm, max. Dm. 31 cm, H. noch 21 cm, die Innenseite oben mit dünner, krakelierter, grünlicher Glasschicht bedeckt, am Boden dickere Glasmasse, hier Glas fast opak mit roten, opaken Streifen, außen ist der Boden bis auf Höhe von 4,5 cm mit einer dicken, lilafarbenen, unebenen Glasschicht bedeckt, oberhalb davon Reste einer dünnen, opak-weißen Schicht (Abb. 17).

St. 144, St. 145, St. 190, St. 214 und St. 395. Planierschicht zu Glasofen I.

Überlagern Arbeitshorizont St. 159. Sand, viele Ziegelbruchstücke, einige Kalkstein-, Quarzit- und Tuffbruchstücke, viele angeziegelte Lehmbröckchen. – Funde, Glas: (145.1) Pfeifenabschlag, 0,8 g; (145.2) Pfeifenabschlag, 0,8 g; (145.3) 2 Reste von Pfeifenabschlägen, zus. 0,3 g; (145.4) Splitter, 0,2 g. – Keramik: (144.1) BS und 2 WS rote Mayener Ware, Bodendm. 10 cm; (145.5) WS glattwandige Ware, wohl durch sekundären Brand grau verfärbt; (145.6) RS und BS Alzey 27, rote Mayener Ware, Randdm. 12 cm, Bodendm. 9 cm, Brandspuren (Tafel 2); (145.7) BS und anpassende WS rote Mayener Ware, Bodendm. 7 cm; (145.8). – Ofenbauteile: 64 Rotlehmbrocken 7330 g, 20 Ziegel 6290 g. – (145.9) 2 Sandsteine, 550 g; Grauwacke, 960 g; Kalkstein, 720 g.

Dieser Schicht konnten außerdem nachträglich die folgenden Funde aus Arbeitsbereich St. 30 zugeordnet werden. – Glas: (30.1) Fensterglas, 2,5 g; (30.2) 3 WS, zus. 0,9 g; (30.3) Faden, 0,8 g; (30.4) Pfeifenabschlag, 1,2 g; (30.5) Glas mit Werkzeugabdruck einer Zange mit flachen, geriefelten Wangen, 2,6 g (Tafel 5); (30.6) 2 Frgte. von Pfeifenabschlägen (?), 0,7 g; (30.7) Pfeifenabschlag, 1,3 g; (30.8) 4 Splitter, zus. 4,3 g. – Keramik: (30.9) RS Schüssel Trier Thermenumbaukeramik 40a (vgl. Anm. 73), rote Mayener Ware, Randdm. 25 cm, aus der Verfüllung der Brennkammer des jüngeren Glasofens (Tafel 2); (30.10) RS Alzey 27, graue Mayener Ware, Randdm. 13 cm (Tafel 2); (30.11) RS Alzey 30 (?), rote Mayener Ware, Randdm. 8 cm (Tafel 2); (30.12) BS rote Mayener Ware; (30.13) 4 WS rote Mayener Ware; (30.14) 2 WS graue Mayener Ware. – Ofenbauteile: (30.15) 2 Ziegel 241,1 g, Rotlehm 230 g.

St. 148/158/245. Planierschicht zu Glasofen II.

In Brennkammer und Schüröffnung von Glasofen II. Lehm, umgelagerte Rotlehmbrocken, Ziegelbruch. – Funde: (158.1) Münze. – Glas: (158.2) WS, 0,3 g; (158.3) Splitter, 0,1 g; (158.4) WS mit transparenter Fadenauflage, 1,1 g; (158.5) Pfeifenabschlag, Innendm. 1,5 cm, 0,8 g (Tafel 5); (158.6) Pfeifenabschlag, Splitter, 0,3 g; (158.7) Pfeifenabschlag, 2,1 g (Tafel 5); (158.8) RS, schuppig krakeliert, Randdm. 10 cm, 1 g; (158.9) Kappe, Randdm. 14 cm, 0,4 g; (158.10) Splitter, 0,2 g. (158.11). – Ofenbauteile, 11 Frgte. Rotlehm 980 g.

St. 159, Schicht. Arbeitshorizont zu Glasofen I (Abb. 9 und Farbtafel 1 a. b)

Durch Holzkohlebestandteile schwarzgrau gefärbter Sand. Enthält kleinere, angeziegelte Lehmbröckchen. Im Bereich der Schüröffnung von Glasofen I Oberkante bei 12,68–12,73 m ü. NN, Unterkante ebendort bei 12,52 m ü. NN, Schicht fällt nach Süden recht gleichmäßig ab bis auf Oberkante 12,42 m ü. NN, Unterkante 12,30 m ü. NN an der südl. Grabungsgrenze.

Funde der St. 159 Position 10 und 14 könnten auch aus St. 181 stammen, da die Trennung der Schichten dort bei der Abgrabung nicht erkannt wurde.

Position 159-10. – Ofenbauteile: (159-10.1) 3 Frgte. Rotlehm 46,9 g.

Position 159-11. – Glas: (159-11.1) WS mit transparenter Fadenauflage, 0,1 g; (159-11.2) 9 WS, 2,7 g; (159-11.3) Kappe, krakeliert mit feinen Haarrissen und verzogen, Randdm. ca. 6 cm, 1,4 g; (159-11.4) Kappe, 0,1 g; (159-11.5) Pfeifenabschlag, 2,3 g; (159-11.6) 5 Splitter, 0,7 g.

Position 159-12 bis 159-14. – (159-12.1) Münze; (159-13.1) Münze; (159-14.1) Münze.

Position 159-15. – (159-15.1) Münze. – Glas: (159-15.2) Rohglas, 1,2 g; (159-15.3) Splitter, 0,2 g.

Position 159-16. – (159-16.1) Münze; (159-17.1) Münze; (159-17.2) 2 Stifte von Eisennägeln.

Position 159-17. – (159-17.36) 2 Frgte. von Nägeln, Eisen, L. noch 1,5 cm und 3,1 cm. – Glas: (159-17.3) RS mit umgeschlagenem Rand, 0,5 g; (159-17.4) RS von Schale, 1,2 g; (159-17.5) RS mit umgebogenem Rand und transparenter Fadenauflage, verzogen, 1,8 g; (159-17.6) RS mit umgeschlagenem Rand, verzogen, 2,3 g; (159-17.7) RS mit umgeschmolzenem Rand, Randdm. ca. 12 cm, 0,7 g; (159-17.8) 7 WS mit transparenter Fadenauflage, zus. 2,1 g; (159-17.9) WS mit gelbbrauner Fadenauflage, 0,2 g; (159-17.10) WS mit Fadenauflage, Faden fast nicht plastisch, grün, 0,1 g; (159-17.11) WS wohl Typus Helle, mit Rippe, 2 g (Tafel 4); (159-17.12) 47 WS, zus. 16,4 g; (159-17.13) WS, 3,6 g; (159-17.14) Rohglas, schwarz, 33,5 g; (159-17.15) 22 Bröckchen scharfkantig gebrochenes und stark verunreinigtes Glas, zus. 62,9 g; (159-17.16) 11 amorphe Tropfen, zus. 41,2 g; (159-17.17) amorpher Tropfen, 5,1 g; (159-17.18) dicker blauer Faden, 2,1 g; (159-17.19) 32 Splitter, zus. 20,5 g; (159-17.20) 4 Reste von Pfeifenabschlägen, zus. 3 g; (159-17.21) amorphes Glas mit Werkzeugabdruck, 5,1 g (Tafel 5); (159-17.22) amorpher Tropfen mit Werkzeugabdruck, Zange mit geriefelten, flachen Wangen, 1,1 g (Tafel 5); (159-17.23) 11 Fäden, davon 9 dünn, 2 flach, zus. 3,9 g; (159-17.24) 3 flache Glasstücke mit flächig anhaftendem Lehm von Hafen oder Wanne, zus. 4,4 g; (159-17.25) 4 Reste von Kappen, zus. 2,3 g; (159-17.26) 4 undefinierbare Glasobjekte, 2,4 g. – Keramik: (159-17.27) 2 anpassende RS TS, Chenet 304, Randdm. 28 cm; (Tafel 1); (159-17.28) WS Argonnen-TS, Rollrädchendekor (Bakker Kat. 31); (159-17.29) BS Terra Nigra, Bodendm. 5,5 cm (Tafel 1); (159-17.30) RS Alzey 31/Trier Kellergänge 67, rötliche glattwandige Ware, Randdm. 32 cm, Anpassung zu Kat. 213.1 (Tafel 2); (159-17.31) 2 RS von Deckel, helle glattwandige Ware, Randdm. 18 cm (Tafel 2); (159-17.32) Henkel, graue glattwandige Ware; (159-17.33) RS Krug, rote Mayener Ware, Randdm. 6 cm (Tafel 2); (159-17.34) 3 WS rote Mayener Ware; (159-17.35) 6 WS graue Mayener Ware; (159-17.36) WS helle rauwandige Ware, Magerung grob 1 und 2/stark, Quarzkörner, Glimmer; (159-17.37) 22 WS Glashäfen, rote Mayener Ware; (159-17.38) WS handaufgebaute, grobe Ware, aufgeraute Außenseite, eisenzeitlich. – Ofenbauteile: (159-17.39) 36 Frgte. Rotlehm zus. 1810 g, davon das größte Frgt., grau verziegelter Lehm mit Häcksel gemagert, an einer Seite glatt gestrichen, hier stellenweise violettes Glas, 10,7×9,9 cm, D. 3,7 cm, 311 g (Abb. 12). – (159-17.37) Tierknochen, mehrere Frgte. (unbestimmt), zus. 188 g.

Position 159-18. – Glas: (159-18.1) Armreifen, schwarz, Frgt. (22 Prozent erhalten), Dm. 7 cm, 3,6 g (Tafel 4); (159-18.2) Boden, Standring (?), Bodendm. 10 cm, 8,5 g; (159-18.3) WS, 0,2 g. – (159-18.4) Ofenbauteil, Frgt., Rotlehm, 31,2 g.

Position 159-19. – Glas: (159-19.1) WS mit transparenter Fadenauflage, 0,1 g; (159-19.2) WS, 0,4 g.

Position 159-20. – Glas: (159-20.1) 4 WS, zus. 1,1 g; (159-20.2) 6 Splitter, zus. 2,4 g; (159-20.3) Faden, 1,7 g; (159-20.4) Pfeifenabschlag, 1,1 g; (159-20.5) Pfeifenabschlag, 1,1 g. – Keramik: (159-20.6) 3 WS rote Mayener Ware, von Glashäfen, Außenseite teils verkrustet; (159-20.7) WS graue Mayener Ware. – (159-20.8) Ofenbauteil, Frgt., Rotlehm, 44,5 g.

Position 159-21. – (159-21.1) Ofenbauteile, 2 Frgte. verbackene und verglaste Ziegel 550 g (Abb. 12).

St. 160/162. Planierschicht zu Glasofen II (Farbtafel 1 a).

Außerhalb der Brennkammer. Lehmbatzen, umgelagerte Rotlehmbrocken, Ziegelbruch. – Funde, Keramik: (162.1) 3 WS Glashäfen, rote Mayener Ware; (162.2) 2 WS Glashäfen, rote Mayener Ware, bei einer dieser WS Glas auf der Außenseite, der Innenseite und im Bruch vorhanden, D. max. 4 mm. – (162.3) Tierknochen (unbestimmt), mehrere Frgte., verbrannt, zus. 44 g. – Folgender Glasfund stammt aus St. 160, dem Teilbereich dieser Schicht, der an den Ofen grenzt und dort verziegelt ist: (160.1) 2 Reste von Pfeifenabschlägen, 1,6 g.

St. 161. Planierschicht zu Glasofen I.

Überlagert Arbeitshorizont St. 159. Sand, viele kleine Ziegelbröckchen, sehr viele unterschiedlich stark verziegelte Lehmbröckchen, etwas Holzkohle, Oberkante 12,60 m ü. NN, UK 12,40 m ü. NN, D. 0,2 m. – Funde, Keramik: (161.1) 2 anpassende RS Alzey 27, rote Mayener Ware, Randdm. 13 cm (Tafel 2). – (161.2) 2 Frgte. verbrannter Tierknochen, hart, hellbläulichgrün verfärbt, 1,3 g.

St. 164. Schicht.

Östlich an die Glasöfen angrenzend. Oberkante 12,70 m ü. NN, Unterkante 12,59 m ü. NN, D. 0,11 m. Lehm, umgelagerte angeziegelte Lehmbröckchen, stellenweise grau gefleckt durch Holzkohle, viel Ziegelbruch, in Schicht St. 166 übergehend. Überlagert Pfostengruben im Osten der Öfen. – Funde, Glas: (164.1) RS Becher Isings 96, Randdm. ca. 10 cm, 3,6 g (Tafel 4); (164.2) WS, 2,4 g; (164.3) WS; (264.4) 2 amorphe Stücke mit trüber Oberfläche, zus. 4,1 g; (164.5) 3 Splitter, zus. 1,5 g; (164.6) 4 scharfkantig gebrochene Stücke, undefinierbar, zus. 3,4 g. – Keramik: (164.7) BS Argonnen-TS, Rollrädchendekor, Bodendm. 7 cm. Anpassung zu Rand Hinz/Hömberg, Asperden Nr. 1964.135b (Bakker Kat. 11) (Tafel 1); (164.8) WS Glashafen, rote Mayener Ware. – Ofenbauteile: (164.9) 4 Frgte. Kalk 910 g, 8 Frgte. Ziegel 980 g, 11 Frgte. Rotlehm 340 g.

St. 167. Anstehender Boden (Abb. 9 a sowie Farbtafel 1 a–b).

St. 181. Schicht (Farbtafel 1 b)

Arbeitshorizont zu Glasofen II. Dunkelgrauer Sand, stark holzkohlenhaltig, wenig angeziegelter Lehm. Lage außerhalb von Glasofen II, in die Schüröffnung und bis in die Brennkammer ziehend; Oberkante bei 0,5 m westl. des Schürlochs 12,34 m ü. NN, Unterkante ebendort 12,25 m ü. NN, im Bereich des Schürlochs Oberkante/Unterkante 12,36 m ü. NN, südl. des Ofens zunächst bei Oberkante 12,38 m ü. NN, Unterkante 12,35 m ü. NN, in 0,7 m Entfernung südl. des Ofens abfallend bis auf Oberkante 12,23 m ü. NN und Unterkante 12,18 m ü. NN an der Grabungsgrenze.

St. 181-10 und 181-11, südl. außerhalb des Glasofens. – Funde, Glas: (181-10.1) WS, 2,1 g; (181-10.2) Kappe, Randdm. 12, 0,9 g; (181-10.3) Splitter, 0,4 g; (181-11.1) länglicher Tropfen, 0,7 g. – Keramik: (181-11.2) WS Argonnen-TS, Rollrädchendekor (Bakker Kat. 39).

St. 181-12, 181-13 und 181-14, in Brennkammer und Schürkanal. – Funde, Glas: (181-13.1) Tropfen, vermutl. mit Lehmeinschluss, 9 g; (181-14.1) verschmolzenes Glas, Oberfläche trüb, Frgt., 4,9 g. – Keramik: (181-12.1) WS graue Mayener Ware; (181-12.2) WS Glashafen, rote Mayener Ware; (181-14.2) WS Glashafen, graue (?) Mayener Ware. – (181-14.3) Ofenbauteil, Frgt., Rotlehm, 14,3 g. – (181-14.4) Frgt. Tierknochen (unbestimmt), verbrannt, kreidig-weich, 11,2 g.

St. 182. Schicht (Farbtafel 1 a)
Unterhalb St. 159. Sand, wenig Holzkohle, Grenze zum anstehenden Boden verwaschen, nach Süden hin abfallend, Oberkante 12,15–12,36 m ü. NN, Unterkante 12,1–12,35 m ü. NN.

St. 183. Schicht (wohl zu St. 159)
Schwarzgrauer Sand mit hohem Holzkohleanteil (stark pulverisiert), liegt unterhalb Schicht St. 145 und von oben her mit Material aus St. 145 durchsetzt. Innerhalb der Brennkammer von Ofen I sowie unmittelbar außerhalb vorhanden. Oberkante 12,60 m ü. NN, Unterkante 12,23 m ü. NN. – Funde, Keramik: (183.1) RS Alzey 27, rote Mayener Ware, oberer Bereich mit Brandspuren, Randdm. 13 cm (Tafel 2); (183.2) RS Alzey 29, rote Mayener Ware, Randdm. 31 cm (Tafel 3); (183.3) WS Glashafen, rote Mayener Ware.

St. 184. Planierschicht (Farbtafel 1 d).
Sandiger Lehm, viel Holzkohle, etwas angeziegelter Lehm; liegt unter St. 146; entstanden nach Abriss des Ofens II. Oberkante 12,58 m ü. NN, Unterkante 12,45 m ü. NN, T. 0,13 m.

St. 210. Verfüllung.
Unter St. 211, Asche mit wenig Holzkohle. Oberkante 12,60 m ü. NN, Unterkante 12,40 m ü. NN.

St. 212. Kolluvium (Abb. 9 sowie Farbtafel 1 b. c)
Überdeckt die Befunde der Glashütte, Oberkante ca. 15,00 m ü. NN, Unterkante ca. 13,00 m ü. NN. – Funde, Glas: (212.1) RS, überschmolzener Rand, Randdm. 14 cm, 1,6 g; (212.2) Boden (?), Bodendm. 2 cm, 2,5 g; (212.3) Pfeifenabschlag, 1,7 g; (212.4) Pfeifenabschlag, 1,7 g. – Keramik: (212.5) BS graue Mayener Ware, Bodendm. 9 cm; (212.6) 2 WS von Glashäfen, rote Mayener Ware, Innen- und Außenseite mit Glas bedeckt; (212.7) WS Glashafen, rote Mayener Ware, Glas auf Innenseite und stellenweise im Bruch; (212.8) 3 anpassende WS Glashafen, Außenseite mit Lehm ummantelt und mit Glas bedeckt, rote Mayener Ware (Abb. 18). – (212.9) Ofenbauteile, 4 Ziegelbruchstücke 450 g, Rotlehm 1390 g. – (212.10) Tierknochen, mehrere Frgte. (unbestimmt), zus. 210 g.

St. 213. Kolluvium (Farbtafel 1 b. c).
Über St. 212, Oberkante ca. 15,00 m ü. NN, Unterkante ca. 13,00 m ü. NN. – Funde, Keramik: (213.1) RS Alzey 31, Anpassung an RS Kat. 159-17.30; (213.2) RS Alzey 28, rote Mayener Ware (Tafel 3); Randdm. 16 cm; (213.3) WS Glashafen, rote Mayener Ware, Innenseite und Außenseite mit manganfarbenem Glas bedeckt; (213.4) WS rote Mayener Ware; 2 WS graue Mayener Ware; (213.5) WS helle rauwandige Ware.

Pfostengruben (Abb. 9)
St. 168, Pfostengrube und -spur (St. 230). Oberkante 12,06 m ü. NN, Unterkante 11,90 m ü. NN, Profil muldenförmig.

St. 174, Pfostengrube. Oberkante 12,55 m ü. NN, Unterkante 11,97 m ü. NN, Profil trichterförmig. – Funde: (174.1) Münze. – (174.2) Tierknochen (unbestimmt), Splitter, verbrannt, 1 g.

St. 179, Pfostengrube. Oberkante 12,54 m ü. NN, Unterkante 12,42, Profil muldenförmig. – Funde, Glas: (179.1) RS Faltenschale Isings 117, Randdm. 11 cm, 5,1 g (Tafel 4); (179.2) WS mit Dellen und transparenter Fadenauflage, 4,2 g (Tafel 4).

St. 194, Pfostengrube. Oberkante 12,58 m ü. NN, Unterkante 12,20 m ü. NN, Profil unregelmäßig kastenförmig. – Funde: (194.1) Ofenbauteil, Ziegelbruchstücke, D. 6,5 cm, 930 g.

St. 195, Pfostengrube. Oberkante 12,59 m ü. NN, Unterkante 12,24 m ü. NN, Profil kastenförmig. – Funde, Keramik: (195.1) WS TS. – (195.2) Ziegelbruchstücke, D. 6,8 cm, 1340 g.

St. 196, Pfostengrube. Oberkante 12,63 m ü. NN, Unterkante 12,20 m ü. NN, T. noch 0,43 m, Profil trichterförmig.

St. 197, Pfostengrube. Oberkante 12,58 m ü. NN.

St. 198, Pfostengrube. Oberkante 12,54 m ü. NN.

St. 199, Pfostengrube. Oberkante 12,54 m ü. NN.

St. 200, Pfostengrube. Oberkante 12,50 m ü. NN.

St. 201, Pfostengrube. Oberkante 12,50 m ü. NN, Unterkante 12,33 m ü. NN.

St. 202, Pfostengrube und -spur (St. 215). Oberkante 12,60 m ü. NN, Unterkante 12,15 m ü. NN. – Funde: (202.1) Ofenbauteile, 4 Frgte. 126,7 g.

St. 216, Pfostenspur. Oberkante 12,52 m ü. NN, Unterkante 12,38 m ü. NN.

St. 217, Pfostenspur. Oberkante 12,58 m ü. NN, Unterkante 12,31 m ü. NN.

St. 220, Pfostenspur. Oberkante 12,50 m ü. NN, Unterkante 12,41 m ü. NN.

St. 237, Pfostengrube. Zu Ofen I (von St. 159 abgetieft), Oberkante 12,40 m ü. NN, Unterkante 11,68 m ü. NN, Profil oben trichterförmig, unten kastenförmig.

St. 413, Pfostengrube? Unterhalb Arbeitshorizont von Ofen II (St. 181), Oberkante 12,36 m ü. NN, Unterkante 12,20 m ü. NN, Profil muldenförmig.

St. 562, Pfostengrube. Profil kastenförmig, Oberkante 12,55 m ü. NN, Unterkante 12,17 m ü. NN.

St. 563, Pfostengrube. Profil mit flacher Sohle und senkrechten Wänden, 0,4 × 0,4 m, Oberkante 12,54 m ü. NN, Unterkante 11,84 m ü. NN. – Funde, Ofenbauteile: (563.1) Ziegel, D. 3,6 cm, 750 g; (563.2) 2 Frgte. Rotlehm, 215 g.

St. 564, Pfostengrube. Oberkante 12,52 m ü. NN, Unterkante 12,1 m ü. NN, Doppelpfosten mit St. 563?

St. 565, Pfostengrube und -spur. Oberkante 12,44 m ü. NN, Unterkante 12,05 m ü. NN. Pfostenspur schräg gestellt. – Funde: (565.1) Ofenbauteile, 7 Frgte. Rotlehm 469 g.

St. 572, Pfostengrube. Oberkante 11,95 m ü. NN, Unterkante 11,85 m ü. NN.

St. 573, Pfostengrube? Sohle spitz, Oberkante 12,35 m ü. NN, Unterkante 12,12 m ü. NN.

St. 574, Pfostengrube. Oberkante 12,57 m ü. NN, Unterkante 12,30 m ü. NN.

St. 618, Pfostengrube. Profil: Sohle gerundet, Wände senkrecht. Oberkante 12,20 m ü. NN, Unterkante 11,80 m ü. NN.

St. 629, Pfostengrube. Oberkante 12,47 m ü. NN, Unterkante 12,27 m ü. NN, Profil gerundet kastenförmig.

St. 649, Pfostengrube. Oberkante 12,53 m ü. NN, Unterkante 12,38 m ü. NN, Profil muldenförmig, Pfostenspur von 0,18 m Breite.

St. 650, Pfostengrube. Oberkante 12,62 m ü. NN, Unterkante 12,26 m ü. NN Profil kastenförmig.

St. 651, Pfostengrube. Oberkante 12,48 m ü. NN, Unterkante 12,23 m ü. NN, Profil kastenförmig.

St. 664, Pfostengrube. Aus flachen Ziegeln, um eine quadratische, mittige Aussparung, wohl zur Aufnahme eines Pfostens (0,25 × 0,25 m), Oberkante 12,37 m ü. NN, Unterkante 12,18 m ü. NN.

Katalog C. Befunde im verlandeten Niersbett (Abb. 15)

St. 28, Steinsetzung. Lose in Lehm gesetzte, verschieden große Tuff-, Kalk- und Grauwackesteine sowie ein größeres Imbrexfragment. Verlauf n–s, L. erfasst 1,3 m, B. 0,56 m, max. 0,96 m, Oberkante 12,2 m ü. NN, Unterkante 11,82 m ü. NN, H. noch 0,38 m. – Funde: (28.1) Münze. In einer stratigraphisch älteren Schicht wurde während der Grabung die Randscherbe eines Kugeltopfes mit Dreiecksrand beobachtet (13. Jh.?), die jedoch aus dem Schnitt entwendet wurde.

St. 34, Pfostensetzung. Acht senkrecht gesetzte Stämme/Pfosten (Birke) mit unterschiedlichen Durchmessern, an der Ostseite hölzerne Querverstrebung. Verlauf n–s, senkrecht zum Hang. L. erfasst 1,8 m, B. 0,25 m. Oberkante 11,36 m ü. NN, Unterkante nicht erfasst.

St. 51, Schicht. Oberkante 11,25 m ü. NN; Unterkante nicht erfasst. – Funde, Keramik: (51.1) RS Alzey 28, rote Mayener Ware, Randdm. 27 cm (Tafel 2).

St. 61, Raubgräberloch. – Funde: (61.1) Mahlsteinfrgmt., grauer Sandstein, ca. Hälfte erhalten, Dm. 47 cm, D. 13 cm.

St. 79, Pfostensetzung. Fünf kleine Pfosten (Dm. ca. 10 cm) aus Erlenholz, eng gesetzt, Verlauf

WNW-OSO, hangparallel und parallel zu St. 131 (s. u.). L. erfasst 0,8 m, Oberkante 11,37 m ü. NN, Unterkante nicht erfasst.

St. 80, liegender Eichenstamm. Lage WSW-ONO, hangparallel, L. 3,16 m, B. 0,7 m. Der Stamm war bereits in der Grabung 1964 freigelegt und anschließend mit Dachpappe abgedeckt worden.

St. 82, Holzkonstruktion? Mehrere Hölzer aus Erle und Eiche, teils w–ö (hangparallel), teils n–s (senkrecht zum Hang) überkreuz ohne Verbindung. Der nördlichste Balken lag in einer Holzkohleschicht und war angekohlt. Oberkante 11,31–11,53 m ü. NN, Unterkante nicht erfasst.

St. 95, Schicht. Oberkante 11,46 m ü. NN, Unterkante nicht erfasst. – Funde, Keramik: (95.1) RS Alzey 28, stark ausgezogener Rand, Randdm. 19 cm (Tafel 2).

St. 113, Schicht. – Funde, Glas: (113.1) amorpher Tropfen, 8,5 g; (113.2) mehrere fragile Brocken Glas, Bodensatz eines Glashafens, zus. 25,9 g. – Keramik: (113.3) 6 WS Glashafen, stark verbrannte rote Mayener Ware, teils zusammengebacken.

St. 125, Schicht. – Funde, Keramik: (125.1) 5 RS und 4 WS TS teils anpassend, Reibschüssel, Randdm. 29 cm (Tafel 1); (125.2) 2 anpassende WS Glashafen, rote Mayener Ware; (125.3) WS graue Mayener Ware.

St. 126, Schicht. – Funde, Glas: (126.1) Glas mit Rotlehm, verschlackt, 10,7 g. – Keramik: (126.2) PS Alzey 29, rote Mayener Ware, Randdm. 24 cm, innen und stellenweise auch außen mit glänzend schwarzer Masse verkrustet (Tafel 2); (126.3) 2 miteinander verbackene WS Glashafen, rote Mayener Ware.

St. 128, Schicht. – Funde, Glas: (128.1) RS mit umgeschlagenem Rand, transparente Fadenauflage, 2,9 g (Tafel 4); (128.2) WS mit Delle, wohl Faltenschale Isings 117, 0,9 g; (128.3) 2 WS, 0,8 g; (128.4) Kappenrest, 1 g; (128.5) amorpher Tropfen, 6,4 g; (128.6) 2 Splitter, 0,2 g. – (128.7) Ofenbauteile, 3 Frgte. Rotlehm 155,9 g.

St. 131, Pfostensetzung. Drei kleine Pfosten (Dm. ca. 10 cm), eng gesetzt, Verlauf WNW-OSO, hangparallel und parallel zu St. 79. L. erfasst 0,5 m. Oberkante 11,39 m ü. NN, Unterkante nicht erfasst.

St. 132 und St. 142, Pfostengrube mit Pfosten. Oberkante 11,44 m ü. NN, Unterkante nicht erfasst, unterhalb von 11,1 m ü. NN.

Katalog D. Unstratifizierte Funde

Lesefunde aus dem Hangbereich und dem Niersbett.

(1-64.1) 20 Münzen; (1-67.1) Münze. – Glas: (1-67.2) 2 WS, zus. 1,2 g; (1-67.3) Kappenrest, 0,2 g; (1-67.4) Pfeifenabschlag, 1,9 g; (1-67.5) Pfeifenabschlag, 0,9 g; (1-67.6) Splitter, 0,7 g. – Keramik: (1-4.1) RS TS, Becher; (1-4.2) BS graue Mayener Ware; (1-8.1) BS Argonnen-TS, Rollrädchendekor, Bodendm. 9 cm (Bakker Kat. 4); (1-67.7) RS Alzey 27, graue Mayener Ware, Randdm. 13 cm; (1-67.8) RS Alzey 27, rote Mayener Ware, verbrannt, Randdm. 14 cm; (1-67.9) WS graue Mayener Ware; (1-67.10) WS Glashafen, rote Mayener Ware.

Unstratifizierte Funde aus dem verlandeten Niersbett.

(1-59.1 bis 1-59.5) 5 Münzen. – Glas: (1-59.6) RS Becher Isings 106, Randdm. 9 cm (Tafel 4), 6,2 g; (1-59.7) RS mit drei Bereichen mit Schlifflinien, 0,7 g; (1-59.8) RS mit umgeschmolzenem Rand und transparenter Fadenauflage, 0,4 g; (1-59.9) dass., 0,6 g; (1-59.10) RS mit umgeschlagenem Rand, 0,7 g; (1-59.11) 2 WS mit Schlifflinien, 0,9 g; (1-59.12) 2 WS wohl Typus Helle, mit Rippe, zus. 2,6 g (Tafel 4); (1-59.13) WS Typus Helle, mit Rippe, 2 g (Tafel 4); (1-59.14) 20 WS mit transparenter Fadenauflage, zus. 8,1 g; (1-59.15) WS mit kleiner Rippe, 0,4 g; (1-59.16) 153 WS, zus. 87,7 g; (1-59.17) braune Nuppe mit rundem Eindruck, 2,6 g (Tafel 4); (1-59.18) 2 WS mit brauner Fadenauflage, 1,1 g; (1-59.19) flaches Glas, zylindergeblasenes Fensterglas (?), 1 g; (1-59.20) Kappe, Randdm. 12 cm, 3,3 g; (1-59.21) 10 Kappenreste, zus. 8,2 g; (1-59.22) 91 amorphe Tropfen zus. 201,6 g; (1-59.23) Werkzeugabdruck, Zange mit flachen, geriefelten Wangen, 4,9 g (Tafel 5); (1-59.24) Werkzeugabdruck, Zange mit schmalen, glatten Wangen, 1,7 g (Tafel 5); (1-59.25) 7 Stücke mit Werkzeugabdruck einer flachen Zange, zus. 5,5 g; (1-59.26) 21 Reste von Fäden mit Eindruck von spitzem Werkzeug, zus. 11,9 g; (1-59.27) 24 Pfeifenabschläge, zus. 22,5 g; (1-59.28) 19 fadenartige Gebilde, zus. 9,4 g; (1-59.29) 17 kugelige Tropfen, zus. 12,6 g; (1-59.30) Rohglas, 31,2 g; (1-59.31) Rohglas, 14,9 g; (1-59.32) 31 Bröckchen scharfkantig gesplittertes Glas, zus. 22,2 g;

(1-59.33) 9 Bröckchen lila oder grün mit lila Schlieren, zus. 25,4 g; (1-59.34) lila verfärbtes Glas, mit Verunreinigung, Fabrikationsrest, 4,5 g; (1-59.35) 9 Bröckchen mit anhaftendem Rotlehm, zus. 27,7 g; (1-59.36) zahlreiche, meist kleinste Bröckchen undefinierbar, zus. 160,9 g.

St. 29, Suchschnitt im verlandeten Niersbett.
Funde aus dem Abraum: (29.1) Münze. – Glas: (29.2) RS von Becher, Randdm. 8 cm, 1,1 g; (29.3) RS mit umgeschmolzenem Rand, 0,7 g; (29.4) RS mit umgeschlagenem Rand, Randdm. 11 cm,1,4 g; (29.5) RS mit umgeschlagenem Rand, transparente Fadenauflage Randdm. 12, 1,9 g; (29.6) dass., Randdm. 12, 0,8 g; (29.7) BS mit hohlem Standring, angeschmolzen, 3 g; (29.8) RS mit umgeschmolzenem Rand und transparenter Fadenauflage, 0,3 g; (29.9) RS mit umgeschlagenem, 1,2 cm breiten Rand, Randdm. ca. 20 cm, 3,6 g; (29.10) RS, 1,5 g; (29.11) WS mit feinen Schlifflinien, 2,1 g; (29.12) 12 WS mit transparenter Fadenauflage, zus. 4,1 g; (29.13) WS bemalt (?), 0,7 g (Tafel 4); (29.14) WS mit braune Nuppe, 0,3 g; (29.15) 81 WS, zus. 41,2 g; (29.16) WS, blau, 0,3 g; (19.17) 2 WS, zus. 0,9 g; (29.18) WS mit zwei parallelen, dunkelgrünen Schlieren, 0,8 g; (29.19) Rest von Standring (?), 0,8 g; (29.20) WS, 0,6 g; (29.21) Kappe, Randdm. 13 cm, 2,1 g; (29.22) Kappe, Randdm. 12 cm, 0,7 g; (29.23) 3 Kappenreste, zus. 1,4 g; (29.24) 3 Pfeifenabschläge, zus. 2,1 g; (29.25) 10 Pfeifenabschläge, oberer Teil ohne Eisenspuren, zus. 10,3 g; (29.26) Pfeifenabschlag, 0,9 g (Tafel 5); (29.27) 5 Fäden mit Einstich von spitzem Gegenstand, zus. 3,5 g; (29.28) Faden mit spitzem Einstich, 0,5 g; (29.29) 10 langgezogene Glasobjekte, zus. 11,6 g; (29.30) 4 dünne Fäden, 1,2 g; (29.31) Rohglasbröckchen, gelbbraun, 6,3 g (Tafel 5); (29.32) Rohglasbröckchen, gelbbraun, 1,5 g; (29.33) Glasbröckchen, blaugrün, 2 g (Tafel 5); (29.34) Glasbröckchen, lila, 1,3 g (Tafel 5); (29.35) Glasbröckchen, dunkelgrün, 0,5 g (Tafel 5); (29.36) Glasbröckchen, dunkelbraun, 0,7 g; (29.37) Glas mit Werkzeugabdruck, 1,9 g (Tafel 5); (29.38) dass., 0,6 g (Tafel 5); (29.39) 7 kugelige Tropfen, zus. 7,1 g; (29.40) 26 amorphe Tropfen, zus. 78,5 g; (29.41) 27 Splitter, zus. 27,1 g; (29.42) 3 Brocken Lehm, von Glas umschlossen, zus. 54,7 g; (29.43) 3 Brocken Glas, anhaftender Rotlehm, zus. 17,8 g; (29.44) ca. 90 amorphe Gebilde aus Glas, zus. 74,1 g; (29.45) 22 kleinste WS, von einem Gefäßboden (zerbrochen), zus. 2,9 g; (29.46) 5 scharfkantig gebrochene Bröckchen, zus. 5,1 g; (29.47) 2 Splitter, zus. 3,6 g; (29.48) 2 verschlackte, verunreinigte Bröckchen mit Rotlehm, zus. 4,1 g; (29.49) amorpher Tropfen mit glatter Oberfläche, anhaftend ein Bröckchen dunkelblaugrünes Glas, 3,6 g; (29.50) Rohglas, 4,9 g; (29.51) kleinteilig zerbröseltes Glas, teils verschlackt, zus. 32 g; (29.52) 10 Frgte. verglaster Sand, Oberfläche lila, teils noch Einschlüsse von Sandlinsen, zus. 131,5 g (Tafel 5). – Keramik: (29.54) WS Glashafen, rote Mayener Ware. – Ofenbauteile: (29.53) 2 Frgte. Rotlehm 69,1 g (Abb. 12).

Funde aus dem Abraum, von einem Privatsammler geborgen. – (29.55 bis 29.71) 17 Münzen. – Glas: (29.72) Pfeilspitze aus Glas, retuschierte Kanten, L. 3,3 cm, B. 2,1 cm, D. 0,4 cm, 2,3 g (Tafel 4); (29.73) RS Rest mit umgeschlagenem Rand, transparente Fadenauflage, 0,5 g; (29.74) RS Becher, Rand abgesprengt, Randdm. 8 cm, 2,8 g (Tafel 4); (29.75) RS, 0,9 g; (29.76) RS mit umgeschlagenem Rand, Fadenauflage kaum plastisch, dunkelgrün, 0,9 g; (29.77) RS mit umgeschmolzenem Rand, transparente Fadenauflage, 0,8 g; (29.78) RS, blau, 0,7 g; (29.79) RS mit umgeschlagenem Rand, transparente Fadenauflage, 1,2 g; (29.80) RS mit umgeschmolzenem Rand, krakeliert, 0,5 g; (29.81) BS flachbodig, Kratzspuren von Abnutzung, daher wohl Altglas, 0,7 g; (29.82) BS mit Rest von Standring, 0,6 g; (29.83) geriefelter Henkel, hellblau, Altglas, 14,4 g (Tafel 4); (29.84) 4 WS mit Fadenauflage, transparenter Faden kaum plastisch, 2,9 g; (29.85) WS mit Rest einer kleinen Nuppe, 0,2 g; (29.86) WS mit braungelber Fadenauflage, 0,4 g; (29.87) WS mit Delle, 1,2 g; (29.88) 2 WS mit transparenter Fadenauflage, zus. 0,9 g; (29.89) WS Typus Helle, mit Rippe, grün, braune Fadenauflage, 1,8 g (Tafel 4); (29.90) 42 WS, zus. 31,9 g; (29.91) 13 WS, davon 1 krakeliert, zus. 13,9 g; (29.92) Glas mit Werkzeugabdruck, Zange mit flachen, geriefelten Wangen, 1,9 g; (29.93) Glas mit Werkzeugabdruck, Zange mit flachen, geriefelten Wangen, 0,6 g; (29.94) 7 Kappenreste, zus. 3,6 g; (29.95) Kappe, Randdm. 12 cm, 1,2 g; (29.96) Kappenrest, 0,4 g; (29.97) Kappe, Randdm. 12 cm, 1,4 g; (29.98) RS von Kappe oder Schale, Randdm. ca. 20 cm, 1,5 g; (29.100) Kappenrest, 0,7 g; (29.101)

5 Frgte. von Pfeifenabschlägen, oberer Teil ohne Eisenspuren, zus. 4,7 g; (29.102) Pfeifenabschlag, 5,1 g; (29.103) Pfeifenabschlag, 1,5 g; (29.104) 4 Reste von Pfeifenabschlägen, zus. 2,9 g; (29.105) 2 dünne Fäden, zus. 0,9 g; (29.106) 7 langgezogene Glasstreifen, zus. 6,5 g; (29.107) 5 Fäden mit Einstich von spitzem Gegenstand, zus. 4,8 g; (29.108) Faden mit Einstich von spitzem Gegenstand, 1,8 g; (29.109) Faden mit Einstich von spitzem Gegenstand, 1,2 g; (29.110) 9 kugelige Tropfen, zus. 10,8 g; (29.111) 20 amorphe Tropfen, zus. 52,1 g; (29.112) Glasbrocken mit grauweißer Kruste an einer Seite, 2,3 g; (29.113) 6 Bröckchen Glas mit Lehmeinschlüssen oder -anhaftungen, zus. 19,8 g; (29.114) Bröckchen mit anhaftendem Hafenrest, 1,3 g; (29.115) teils verrundetes, teils scharfkantig gebrochenes Glas, zahlreiche kleine Bröckchen, wenige große, zus. 115,7 g; (29.116) 7 verschmolzene, undefinierbare Objekte, zus. 6,3 g; (29.117) Rohglas, 8,7 g; (29.118) 2 kugelige Tropfen, zus. 1,6 g; (29.119) 3 amorphe Tropfen, davon 2 mit glatter Oberfläche, 1 mit krakelierter Oberfläche, zus. 19,5 g; (29.120) amorpher Tropfen, hellblau, 2,7 g; (29.121) 3 amorphe Gebilde mit stark verunreinigter Oberfläche, zus. 66,6 g; (29.122) undefinierbarer Glasrest, 1,4 g. – Keramik: (29.123) WS Argonnen-TS, Rollrädchendekor (Bakker Kat. 3); (29.124) 2 WS helles Faststeinzeug, hochmittelalterlich; (29.125) RS Argonnen-TS; (29.126) BS TS, Bodendm. 7 cm; (29.127) 4 WS TS; (29.128) RS Alzey 27, graue Mayener Ware, Randdm. 19 cm; (29.129) RS Alzey 27, graue Mayener Ware, Randdm. 15 cm; (29.130) RS Alzey 27, rote Mayener Ware, Randdm. 20 cm; (29.131) dass., Randdm. 19 cm; (29.132) Henkel, rote Mayener Ware; (29.133) RS Alzey 28, graue Mayener Ware, Randdm. 18 cm; (29.134) RS Niederbieber 104 / Alzey 28, graue Mayener Ware, Randdm. ca. 36 cm; (29.135) 27 WS rote Mayener Ware, von Glashäfen; (29.136) 4 WS rote Mayener Ware; (29.137) 8 WS graue Mayener Ware; (29.138) WS von Knickwandtopf, Oberfläche glatt, scheibengedreht, auf Außenseite Verzierung durch tiefe, horizontale Rillen, 1. Hälfte 6. Jh.; (29.139) WS Glashafen, rote Mayener Ware. – Ofenbauteile: (29.140): 19 verschieden große Stücke verziegelter Lehm, amorph, mit grünem und oder violettem anhaftenden Glas, zus. 1557 g (Abb. 12).

St. 3 bis St. 11, Testlöcher.

Etwa 0,5 × 0,5 m, T. bis ca. 1,15 m unter Geländeoberkante. Der Aushub wurde gesiebt.

St. 3, Funde aus Waldboden. – Keramik: (3.1) WS rote Mayener Ware

St. 3, Funde aus Mischboden bzw. Kolluvium. – (3.2) 5 Schuhnägel. – Glas: (3.3) Brocken schwarzes Rohglas, 2,9 g. – Keramik: (3.4) 2 WS TS; (3.5) RS Alzey 27, graue Mayener Ware, Randdm. 13 cm; (3.6) RS Alzey 27, graue Mayener Ware, Randdm. 14 cm; (3.7) BS rote Mayener Ware; (3.8) 2 WS rote Mayener Ware; (3.9) 4 WS graue Mayener Ware; (3.10) WS Glashafen, rote Mayener Ware; (3.11) WS dunkelgrau, Kern hellgrau, kaum gemagert, frühmittelalterlich. – (3.12) Ofenbauteil, Rotlehm, 10,4 g. – Baumaterial: (3.12) 1,13 kg Ziegel; ca. 0,3 kg Tuff; 0,04 kg Grauwacke.

St. 4, Lage im Bereich des späteren Suchschnitts St. 12, Funde aus Waldboden bzw. Kolluvium. – (4.1) Münze. – Glas: (4.2) WS, 0,4 g. – Keramik: (4.3) BS TS, Standring, Bodendm. 8 cm; (4.4) WS TS bzw. rotgestrichene Ware (?), außen dunkelbraune Bemalung; (4.5) WS helle rauwandige Ware; (4.6) 4 WS rote Mayener Ware; (4.7) 3 WS graue Mayener Ware; (4.8) WS korkartige Ware. – Baumaterial: (4.9) 1,14 kg Ziegel; 0,9 kg Tuff; 0,11 Sandstein, 0,03 g Grauwacke.

St. 5, Funde aus Waldboden bzw. Kolluvium. – (5.1) Münze. – Glas: (5.2) 3 WS, zus. 2,8 g; (5.3) Splitter hellgrünes Rohglas, 1 g. – Keramik: (5.4) 4 WS TS; (5.5) WS glattwandige Ware, blassorangefarbener Scherben; (5.6) RS Alzey 27, graue Mayener Ware, Randdm. 13 cm; (5.7) RS Teller Alzey 29, rote Mayener Ware; (5.8) BS rote Mayener Ware; (5.9) 6 WS rote Mayener Ware; (5.10) 13 WS graue Mayener Ware; (5.11) WS helle rauwandige Ware; (5.12) WS rauwandige Ware, (5.13) WS graue rauwandige Ware. – (5.14) Ofenbauteil Rotlehm, 16,3 g. – Baumaterial: (5.15) 2,8 kg Ziegel; 1,4 kg Tuff; 0,2 kg Sandstein; 0,5 g Grauwacke, sekundär gebrannt; (5.16) Märbelplatte oder Vorform, Granit, L. noch 307 mm, B. max. noch 210 mm, D. 87–100 mm, Kanten allseitig abgebrochen, zwei nicht ganz parallele, bearbeitete, glatte Flächen, dort jeweils eine grob gepickte Kuhle, eine davon annähernd rund (Dm. 74–80 mm, T. 27 mm) mit gerundeter Sohle, gegenüberliegende Kuhle annähernd tropfenförmig (L. 135 mm, B. max. 75 mm,

T. 20 mm) mit flacher Sohle, eine Langseite dieser Kuhle beschädigt (Abb. 21).

St. 6, Funde aus Waldboden bzw. Kolluvium. – (6.1) Münze; (6.2) Schuhnagel. – Glas: (6.3) RS, umgeschmolzener Rand, Randdm. 8 cm, 1,5 g; (6.4) WS mit transparenter Fadenauflage, 0,7 g; (6.5) WS, 0,5 g; (6.6) amorpher Tropfen, 2,5 g. – Keramik: (6.7) WS TS, von Reibschüssel; (6.8) WS TS; (6.9) WS glattwandige Ware; (6.10) 5 WS rote Mayener Ware; (6.11) 5 WS graue Mayener Ware; (6.12) 7 WS Glashäfen, rote Mayener Ware. – Baumaterial: (6.12) 2,5 kg Ziegel; 0,2 kg Kalkstein; 1,5 kg Tuff; 0,5 kg Grauwacke, teils verbrannt; 0,02 kg Sandstein verbrannt; 0,04 kg Rotlehm.

St. 7, Funde aus Waldboden bzw. Kolluvium. – (7.1) Menschliches Schädelfragment. – (7.2) Münze. – Keramik: (7.3) WS glattwandige Ware, blassroter Scherben mit braunrotem Überzug; (7.4) BS Fußschale, Bodendm. 4 cm; (7.5) WS helle rauwandige Ware; (7.6) WS rote Mayener Ware; (7.7) WS anderer Zeitstellung, korkartige, handaufgebaute Ware. – Baumaterial: (7.8) 0,5 kg Ziegel; 1,55 kg Tuff; 0,36 kg teils verbrannte Grauwacke.

St. 8, Funde aus Waldboden bzw. Kolluvium. – (8.1) Schuhnagel. – Glas: (8.2) 2 WS, zus. 3,3 g; (8.3) 3 WS, zus. 0,7 g. – Keramik: (8.4) WS TS; (8.5) WS glattwandige Ware, orangeroter Scherben, darüber braunrote Engobe, nicht gemagert; (8.6) WS glattwandige Ware; (8.7) RS Alzey 32/33, Ware ähnlich roter Mayener Ware, Magerung jedoch ohne schwarze, glänzende Partikel, Randdm. 21 cm (Tafel 2); (8.8) BS, und 2 WS graue Mayener Ware; (8.9) WS rauwandige Ware, dunkelgrau, Oberfläche geglättet; (8.10) WS rote Mayener Ware; (8.11) WS graue Mayener Ware. – Baumaterial: (8.12) 3,23 kg Ziegel; 0,27 kg Tuff; 0,95 kg teils verbrannte Grauwacke; 0,03 kg Sandstein; 0,07 kg Kalkstein; 0,23 kg Rotlehm.

St. 9, Funde aus Waldboden bzw. Kolluvium. – (9.1) 2 Schuhnägel. – Keramik: (9.2) RS Alzey 30, rote Mayener Ware, Randdm. 14 cm; (9.3) 3 WS rote Mayener Ware; (9.4) 3 WS graue Mayener Ware. – Baumaterial: (9.5) 0,44 kg Ziegel; 0,08 kg Tuff; 0,2 kg Grauwacke.

St. 10, Funde aus Waldboden bzw. Kolluvium. – Keramik: (10.1) WS rote Mayener Ware; (10.2) WS graue Mayener Ware. – Baumaterial: (10.3) 0,7 kg Ziegel; 1,5 kg Tuff; 2,1 kg Mörtel; 0,12 kg Kalkstein.

St. 11, Funde aus Waldboden bzw. Kolluvium. – (11.1) Münze; (11.2) Münze; (11.3) Schuhnagel. – Keramik: (11.4) RS TS-Schale; (11.5) WS TS; (11.6) WS helle glattwandige Ware; (11.7) BS rote Mayener Ware; (11.8) 5 WS graue Mayener Ware, davon WS mit applizierter Augenbraue, von sog. Gesichtsurne. – Baumaterial: (11.9) 7,7 kg Ziegel; 0,44 kg Tuff; 0,02 kg Sandstein; 0,07 kg Grauwacke.

St. 12 und St. 13, Suchschnitt.

Funde aus dem gesiebten Aushub des gesamten Schnitts (St. 13), der aus Schichten des Hangkolluviums, Abraumablagerungen und Rückverfüllungen älterer Grabungsschnitte besteht.

(13.1 bis 13.33) 33 Münzen; (13.34) Zwiebelknopffibel, Pröttel Typus 1, Kupferlegierung, vollständig, kurzer, nicht durchbrochener Fuß, geometrisch verziert, Knöpfe konisch zulaufend und kaum facettiert, L. 6 cm, B. 3,4 cm, H. 2,5 cm (Tafel 6); (13.35) kleiner Bronzering, Dm. 0,7–0,9 mm, 0,4 g; (13.36) 2 Bronzeniete 0,5 und 0,4 g.

Glas: (13.37) RS mit umgeschmolzenem Rand, 1,1 g (Tafel 4); (13.38) RS Becher Isings 96, Randdm. 10 cm, Rand abgesprengt, 1,9 g; (13.39) 2 Standringreste, 2,5 g; (13.40) 10 WS mit transparenter Fadenauflage, zus. 1,9 g; (13.41) 203 WS, zus. 48,6 g; (13.42) 19 Kappen, zus. 14,6 g; (13.43) Pfeifenabschlag, 0,8 g; (13.44) 4 Pfeifenabschläge, zus. 6,7 g; (13.45) 2 Fäden, zus. 0,9 g; (13.46) 3 Fadenreste mit Einstich von spitzem Werkzeug, 3,3 g; (13.47) 9 sonstige Reste, zus. 5,1 g.

Keramik: (13.48) RS Argonnen-TS, Randdm. 16 cm; (13.49) dass.; (13.50) dass.; (13.51) dass.; (13.52) RS TS, wohl Chenet 304; (13.53) WS Argonnen-TS, Rollrädchendekor (Bakker Kat. 23); (13.54) BS TS, Standring, Bodendm. 9 cm; (13.55) BS TS, Bodendm. 5 cm; (13.56) BS TS, Bodendm. 5 cm; (13.57) BS TS; (13.58) BS TS; (13.59) WS TS mit dunkelbraunen, gemalten Streifen auf Außenseite; (13.60) WS TS von Reibschüssel, Quarzgrusreibfläche; (13.61) 43 WS TS; (13.62) RS graubraune glattwandige Ware, Außenseite poliert, ausbiegender Rand (Tafel 1); (13.63) RS Terra Nigra, ausbiegender Rand, doppelzeiliger Rollrädchendekor, Randdm. 15 cm (Bakker Kat. 49)(Tafel 1); (13.64) RS Terra Nigra (?), ausbiegender und verdickter Rand (Tafel 1); (13.65) RS helle glattwandige Ware, schwach dreieckiger Rand

(Tafel 1); (13.66) 6 WS graue glattwandige Ware; (13.67) BS blassorange glattwandige Ware, Bodendm. 4 cm; (13.68) WS Glanztonware (rötlicher Scherben, braune Engobe; (13.69) WS helle glattwandige Ware, von Reibschüssel, mit Quarzreibfläche; (13.70) WS blassrötliche glattwandige Ware von Reibschüssel, Quarzreibfläche; (13.71) WS helle glattwandige Ware; (13.72) RS Redknap R19 (vgl. Anm. 71), rote Mayener Ware, Randdm. 11 cm; (13.73) RS Redknap R19 (dass.), rote Mayener Ware; (13.74) RS Niederbieber 89 / Alzey 27, rote Mayener Ware, Randdm. 14 cm; (13.75) RS Alzey 27, graue Mayener Ware, Randdm. 18 cm; (13.76) RS Alzey 27, graue Mayener Ware, Randdm. 16 cm; (13.77) RS Alzey 27, graue Mayener Ware, Randdm. 16 cm; (13.78) RS Alzey 27, graue Mayener Ware; (13.79) RS Alzey 27, graue Mayener Ware; (13.80) RS Alzey 28, 2 RS Alzey 28, graue Mayener Ware, Randdm. 14 cm; (13.81) 2 RS Alzey 28, graue Mayener Ware, Randdm. 15 cm; (13.82) RS Alzey 28, rote Mayener Ware; (13.83) RS Alzey 29, rote Mayener Ware, Randdm. 32 cm; (13.84) 2 anpassende RS Alzey 29, rote Mayener Ware; (13.85) rote Mayener Ware; (13.86) RS Deckel, helle rauwandige Ware; (13.87) RS Deckel, graue rauwandige Ware; (13.88) Frgt. von Tülle, graue Mayener Ware; (13.89) BS rote Mayener Ware, Bodendm. 5 cm; (13.90) BS rote Mayener Ware; (13.91) BS rote Mayener Ware; (13.92) BS graue Mayener Ware; (13.93) BS graue Mayener Ware; (13.94) BS graue Mayener Ware; (13.95) 3 WS helle rauwandige Ware; (13.96) 137 WS graue Mayener Ware; (13.97) 50 WS rote Mayener Ware; (13.98) WS rauwandige Ware, Urmitzer Ware; (13.99) 14 WS rauwandige Ware, kleinteilig zerschert, römisch bis mittelalterlich; (13.100) 4 WS Glashafen, rote Mayener Ware; (13.101) 12 WS handaufgebaute Keramik unterschiedlicher Machart und unklarer Datierung.

(13.102) 5 Bröckchen Schlacke, zus. 93 g.

St. 16, Suchschnitt.

Funde, Keramik: (16.1) RS TS, Alzey 13 / Gellep 28; (16.2) WS Argonnen-TS, Rollrädchendekor (Bakker Kat. 9); (16.3) WS Argonnen-TS, Rollrädchendekor (Bakker Kat. 4); (16.4) WS TS; (16.5) BS rote Mayener Ware, (16.6) 2 WS rote Mayener Ware; (16.7) WS Glashafen, rote Mayener Ware, Glas auf Innenseite sowie auf unterem Bereich der Außenseite.

St. 22, Kolluvium.

Erfasst in Schnitt St. 12. – Funde, Glas: (22.1) RS, 0,7 g; (22.2) WS mit transparenter Fadenauflage, 0,2 g; (22.3) 2 WS, zus. 0,8 g. – Keramik: (22.4) WS TS, Schale mit profilierter Leiste, Gellep 26 (?), verbrannt; (22.5) WS glattwandige Ware, von Reibschüssel; (22.6) RS Alzey 30, graue Mayener Ware; (22.7) BS Glashafen, rote Mayener Ware; (22.8) 2 WS rote Mayener Ware; (22.9) 11 WS graue Mayener Ware; (22.10) WS rauwandige Ware.

St. 30, Suchschnitt.

Im Hangfuß. Zu 30.1 bis 30.15 s. Planierschicht St. 144. – Glas: (30.16) Längliches, ausgezogenes Objekt, 5,5 cm, 2,8 g. – Keramik: (30.17) WS Argonnen-TS, Rollrädchendekor (Bakker Kat. 24); (30.18) RS und anpassende WS Alzey 31, Quarzreibfläche; glattwandige Ware, blassroter Scherben mit blassorangefarbenem Überzug, mit wenigen mittelgroßen, roten Partikeln gemagert, Randdm. ca. 32 cm; (30.19) 4 WS Glashafen, rote Mayener Ware. – (30.19) Ofenbauteil, Brocken Rotlehm 440 g.

St. 374, Suchschnitt.

Im Hangfuß. – Funde: (374.1 und 2) 2 Münzen. – Glas: (374.3) WS mit transparenter Fadenauflage, 0,3 g; (374.4) 6 WS, zus. 0,8 g; (374.5) WS, 1 g; (374.6) 7 WS, 3,2 g; (374.7) WS, stark verunreinigt, Einschluss von einem Quarz(?)körnchen, 1,4 g; (374.8) Pfeifenabschlag, 3,2 g; (374.9) Pfeifenabschlag, 0,5 g; (374.10) Pfeifenabschlag, 0,7 g; (374.11) Faden, 0,1 g; (374.12) Kappe, Randdm. 12, 0,7 g; (374.13) Kappe (?), 1,9 g; (374.14) Kappenrest, 0,2 g; (374.15) Glas mit Werkzeugabdruck, 0,8 g (Tafel 5); (374.16) Ansatz von Faden mit spitzem Einstich, 1, g; (374.17) Ansatz von Faden, 0,2 g; (374.18) 2 amorphe Tropfen, 5,2 g; (374.19) Splitter, 0,4 g; (374.20) Rotlehm, umschlossen von Glas, 11,2 g; (374.21) Splitter, 0,2 g; (374.22) verschmolzener und verunreinigter Rest, 0,9 g. – Keramik: (374.23) RS TS, Teller Chenet 304; (374.24) RS Argonnen-TS; (374.25) BS TS, Standring, Bodendm. 7,5 cm; (374.26) BS TS, Standring, Bodendm. 8 cm; (374.27) BS Terra Nigra, wohl von Fußschale, Bodendm. 5 cm; (374.28) RS Niederbieber 89/

Alzey 27, graue Mayener Ware, Randdm. 19 cm; (374.29) BS rötliche rauwandige Ware, Bodendm. 8 cm; (374.30) 2 WS Glashafen, rote Mayener Ware; (374.31) WS graue Mayener Ware.

Katalog E. Altfunde

Ergänzungen zum Fundkatalog Hinz/Hömberg, Asperden

Glasreste und Glashafenreste werden detailliert vorgelegt, Keramik nur insoweit sie sich nachträglich noch stratifizieren lässt.

»Schnitt 1«, Burgus.
Inv. 64.116. – Glas: (1) WS mit transparenter Fadenauflage, 1,2 g; (2) WS, 1,5 g. – Keramik: (3) WS Glashafen, rote Mayener Ware.

»Schnitt 3«.
Inv. 64.120. – Glas: (1) WS, 0,9 g.
Inv. 64.121. – Glas: (1) Kappe, Randdm. 7,5 cm, 2,7 g; (2) Bröckchen Rohglas, 5,5 g. – Keramik: (3) WS Glashafen, rote Mayener Ware.
Inv. 64.123. – (1) Bleiblech, 7,3 × 5,9 cm, 138,9 g. – Glas: (2) 5 WS, zus. 2,4 g; (3) Pfeifenabschlag, Innendm. 1,5 cm, 2,9 g; (4) Pfeifenabschlag, Innendm. 1,2 cm, 1,8 g; (5) Halsansatz von Gefäß oder Pfeifenabschlag, 2,2 g; (6) Brocken verschmolzenes Glas, 77,7 g. – Keramik: (7) 3 WS Glashafen, rote Mayener Ware.

»Schnitt 6«.
Inv. 64.124. – Glas: (1) RS Faltenschale Isings 117, 3,1 g (Tafel 4); (2) RS Becher/Schale, umgeschlagener Rand und transparente Fadenauflage, Fäden vor dem Umschlagen des Randes aufgelegt, Randdm. 10 cm, 3,9 g (Tafel 4); (3) RS Schale, umgeschlagener Rand und transparenter Fadenauflage, Fäden vor dem Umschlagen des Randes aufgelegt, Randdm. 16 cm, 3,6 g (Tafel 4); (4) 2 RS Becher Isings 96, Rand abgesprengt und nachgeschliffen, Randdm. 12 cm, zus. 10 g (Tafel 4); (5) Kappe oder RS flache Schale, Dm. 16 cm, 1,4 g; (6) 7 WS, davon 1 krakeliert; (7) Pfeifenabschlag 2,0 g; (8) Bröckchen Glas, 1,4 g; (9) Bröckchen verschmolzenes Glas, 8,5 g; (10) 3 z. T. blasig verschlackte Glasklumpen. – Keramik: (13) BS und 7 WS Glashafen, rote Mayener Ware. – Ofenbauteile: (11) Stück verschlackter Lehm mit grüner Eigenglasur; (12) Brocken verschlackter Rotlehm 47,6 g.

»Schnitt 6, Auswaschung aus dem Aushub«.
Inv. 64.133. – Glas: (1) WS Typus Helle, mit Rippe, gelblichgrün, kleine Blasen, 0,3 g; (2) WS mit blauer Nuppe, 0,3 g (Tafel 4); (3) 27 WS, zus. 7,3 g; (4) 7 Pfeifenabschläge, 4,2 g; (5) Kappe, Randdm. 8 cm, 1,3 g; (6) 3 Fäden, zus. 3,0 g; (7) Faden mit Einstich, 0,7 g; (8) 41 Bröckchen, scharfkantig, teils krakeliert, verschmolzen, 35,3 g; (9) 17 verschmolzene Brocken, zus. 45,5 g. – Keramik: (10) 6 WS Glashafen, rote Mayener Ware, Hinz/Hömberg, Asperden Nr. 23.3. – (11) Ofenbauteile, 2 Brocken verschlackter Rotlehm 31,2 g.

Der »Rest einer blaugrünen Rippenschale« (Hinz/Hömberg, Asperden Nr. 23.4.b) wurde unter dieser Inv.-Nr. nicht gefunden (vgl. 64.146.9).

»Schnitt 6/10, oberste Schichten«.
Inv. 64.132. – Glas: (1) RS einer flachen Schale, horizontale Riefen, formgeblasen, Randdm. 12 cm, 5,8 g, Hinz/Hömberg, Asperden Nr. 22.3.b (Tafel 4); (2) WS Typus Helle, mit Rippe und transparenter Fadenauflage, gelblichgrün, kleine Blasen, Hinz/Hömberg, Asperden Nr. 22.3.c (Tafel 4); (3) RS von Becher Isings 96, Rand abgesprengt, Randdm. 9 cm, 3 g, Hinz/Hömberg, Asperden Nr. 22.3.a (Tafel 4); (4) RS von Becher/Schale, Rand abgesprengt, Randdm. 15 cm, 3 g, Hinz/Hömberg, Asperden Nr. 22.3.b (Tafel 4); (5) RS von Becher Isings 96, Rand abgesprengt, 1,5 g; (6) WS mit transparenter Fadenauflage, 0,2 g; (7) 6 WS, zus. 5,6 g; (8) 2 Kappen, davon eine mit Randdm. 13 cm, zus. 2,9 g; (9) 3 Pfeifenabschläge, zus. 3,6 g; (10) Frgt. mit Werkzeugabdruck, 0,9 g; (11) 5 verschmolzene Glasreste, 9,2 g; (12) Tropfen, grün mit manganfarbenen Schlieren, 2,4 g; (13) 2 scharfkantige, krakelierte Bröckchen, zus. 8,4 g; (14) 5 unbestimmbare Glasreste, zus. 5,7 g. – Keramik: (15) 2 WS Glashafen, rote Mayener Ware.

»Schnitt 7«.
Inv. 64.125. – Glas: (1) WS, 0,2 g. – Keramik: (2) 8 WS Glashafen, rote Mayener Ware, davon wurde eine Glasprobe am 22.12.99 durch Karl Hans

Wedepohl entnommen. Ergebnisse siehe Gaitzsch u. a., Hambacher Forst 2000, 227; 230, Probe GOC1.

»Schnitt 8«, Burgus.
Inv. 64.129. – Glas: (1) RS Becher, wohl Isings 96, Rand abgesprengt, 2,6 g, Hinz/Hömberg, Asperden Nr. 5; (2) WS, 0,7 g; (3) 2 Kappen, 3,4 g. – Keramik: (4) WS Glashafen, rote Mayener Ware. – (5) Ofenbauteil, verschlackter Lehmklumpen mit anhaftendem grünen Glas, 6,8 g.

»Schnitt 10, obere Schuttschicht, besonders am Südende«.
Inv. 64.136. – Glas: (1) RS von flacher Schale oder Kappe, 0,8 g, Hinz/Hömberg, Asperden Nr. 26.4. – Keramik: (2) BS und 12 WS Glashafen, rote Mayener Ware, Hinz/Hömberg, Asperden Nr. 26.3. – (3) Ofenbauteil, verschlackter Rotlehmbrocken, 85,6 g.

»Schnitt 10«.
Inv. 64.137. – Glas: (1) RS von Schale, ausbiegender, umgeschmolzener Rand, transparente Fadenauflage, Randdm. 14 cm, 3,2 g, Hinz/Hömberg, Asperden Nr. 27.4.b (Tafel 4); (2) RS, ausbiegender, umgeschmolzener Rand, transparente Fadenauflage, 1,7 g, Hinz/Hömberg, Asperden Nr. 27.4.a (Tafel 4); (3) WS Typus Helle, mit Rippe, blasenfrei, grün, 5,0 g, Hinz/Hömberg, Asperden Nr. 27.4.a (Tafel 4); (4) WS Typus Helle, mit Rippe, fast blasenfrei, gelb, 2,2 g, Hinz/Hömberg, Asperden Nr. 27.4.a (Tafel 4); (5) WS Typus Helle (?), mit Ansatz von Rippe, blasenfrei, grün, 1,9 g (Tafel 4); (6) 2 WS mit transparenter Fadenauflage, zus. 0,4 g; (7) 23 WS, zus. 11,4 g; (8) Frgt. braunes Glas, gerundet, Außendm. 6 cm, D. max. 1,3 cm, 13,6 g, Hinz/Hömberg, Asperden Nr. 27.4.c (Tafel 5); (9) Pfeifenabschlagrest, 0,7 g; (10) Fadenrest, 0,8 g; (11) 3 Kappenreste, zus. 2,0 g; (12) 4 unbestimmbare Reste, zus. 2,5 g. – Keramik: (13) BS von Glashafen, rote Mayener Ware, im Glas anhaftendes Kupferstück, Außenseite größtenteils mit dünner Glasschicht bedeckt, diese im Bereich des Bodens dick und unregelmäßig (Abb. 18); (14) Glashafen, rote Mayener Ware, WS, Glas über den oberen, abgeschlagenen Rand gelaufen, Randdm. 24 cm (Abb. 18); (15) 5 WS Glashafen. – Ofenbauteile: (16) Sandstein mit Glasschicht; (17) Tegulabruchstücke, zu einer Scheibe zurechtgeschlagen, Dm. 7,8 cm, H. 2,3 cm.

»Schnitt 10, Schicht über dem Bohlenweg«.
Inv. 64.139. – Glas: (1) RS Becher Isings 96, Rand abgesprengt, Randdm. 9 cm, 1,2 g (Tafel 4); (2) WS fast farblos mit zwei dunkelblauen, runden Nuppen, D. 2,5 mm, 1,8 g, Hinz/Hömberg, Asperden Nr. 29.5.a (Tafel 4); (3) WS Typus Helle en miniature, mit Rippe, kleine Blasen, gelblichgrün, 0,6 g (Tafel 4); (4) 4 WS, zus. 1,3 g; (5) Pfeifenabschlag, 1,7 g; (6) Faden, 0,6 g; (7) dunkelblaugrüner Tropfen, 1,7 g; (8) 6 teils verunreinigte, scharfkantige Bröckchen, zus. 28,6 g. – Keramik: (9) 2 RS Argonnen-TS, Hinz/Hömberg, Asperden Nr. 29.1.a und b (Bakker Kat. 14); (10) RS Argonnen-TS, Teller Chenet 304, Hinz/Hömberg, Asperden Nr. 29.1.e (Tafel 1); (11) 3 WS Argonnen-TS, Rollrädchendekor, Hinz/Hömberg, Asperden Nr. 29.1.c und d (Bakker Kat. 2 und 5); (12) RS Alzey 27, rote Mayener Ware, Randdm. 16 cm, Hinz/Hömberg, Asperden Nr. 29.3.a (Tafel 3); (13) RS Alzey 27, graue Mayener Ware, Randdm. 18 cm, Hinz/Hömberg, Asperden Nr. 29.3.b (Tafel 3); (14) RS Alzey 30, rote Mayener Ware, Henkelansatz, Randdm. 8 cm, Hinz/Hömberg, Asperden Nr. 29.3.c (Tafel 3); (15) BS rote Mayener Ware, Bodendm. 11 cm; (16) 2 WS graue Mayener Ware; (17) 2 WS Glashafen, Mayener Ware. – (18) Ofenbauteile, mehrere kleine Bröckchen Rotlehm mit Glas. – Baumaterial: (19) gestempelter Ziegel, Frgt., XXX Legion (Abb. 21); (20) Frgt. Tegula. – Sonstiges: (21) Splitter Flint.

Inv. 64.146. – Glas: (1) RS Becher Isings 96, Rand abgesprengt, Randdm. 9 cm, 3,4 g (Tafel 4); (2) RS, umgeschlagener Rand, transparente Fadenauflage, Randdm. 10 cm, Hinz/Hömberg, Asperden ohne Nr., 2.a? (Tafel 4); (3) WS wohl Typus Helle, mit Rippe, stark blasig, trüb und verzogen, 6,5 g (Tafel 4); (4) WS Typus Helle en miniature, mit 2 Rippen und transparenter Fadenauflage, blasig, grünlichgelb, 2,3 g (Tafel 4); (5) WS mit Ansatz von Rippe und transparenter Fadenauflage, Typus Helle, wenige kleine Blasen, gelblichgrün, 0,8 g (Tafel 4); (6) WS mit aufgesetztem transparenten Tropfen, D. 1,1 mm, 0,4 g (Tafel 4); (7) WS mit knotenartiger Auflage aus blauem Glasfaden, L. 1,6 cm, B. 1,4 cm, Wandstärke 0,15 cm, 0,4 g (Tafel 4); (8) 9 WS mit transparenter Fadenauflage, zus. 4,6 g; (9) WS von Rippenschale, hellbläulichgrün, Altglas, 4,1 g, Hinz/Hömberg, Asperden ohne Nr., 2.f?; (10) WS flaches Glas, evtl. Fensterglas, D. 1,5 mm, 2,3 g, Hinz/Hömberg, Asperden ohne Nr. 2.e; (11) 44 WS, zus. 36,4 g; (12) dicker, brauner Faden, 5,7 g; (13) Kappe, Randdm. 14 cm, 0,8 g; (14) Kappe, Randdm. 10 cm, 1,4 g; (15) 7 Kappenreste, 9,6 g; (16) Pfeifenabschlag, innen rötliche Verunreinigungen, L. 2,9 cm, B. 1,15 cm, Innendm. 1,6 cm, 1,0 g (Tafel 5); (17) Pfeifenabschlag, Randdm. innen 1,5 cm, 0,3 g; (18) 5 Pfeifenabschläge mit Eisenverunreinigungen, zus. 3,8 g; (19) 3 Einstiche mit Verunreinigungen, aus den Glashäfen entfernter Schmutz, L. 1,3 cm, 1,7 cm und 2,5 cm, zus. 2,1 g (Tafel 5); (20) 2 Fadenreste, zus. 1,2 g; (21) Glas mit Werkzeugabdruck, 0,5 g (Tafel 5); (22) Bröckchen verunreinigtes Glas, 15,8 g; (23) 10 amorphe Tropfen, zus. 53,7 g; (24) 2 kugelige Tropfen, zus. 0,9 g; (25) 2 Glasbrocken vom Boden eines Glashafens mit anhaftenden Hafenresten, zus. 10,3 g; (26) 16 scharfkantige Bröckchen, zus. 17,1 g, davon eines mit 2,6 g, gelb und grün geschichtet; (27) 4 Glasbröckchen, teils opak weiß, mit anhaftendem Lehm, wohl Bodensatz von Glashafen, zus. 21,9 g; (28) 55 unbestimmbare Glasreste, zus. 44,7 g. – Keramik: (29) 4 WS Glashafen, rote Mayener Ware. – (30) Ofenbauteile, 3 Frgte. verglaster Rotlehm.

»Schnitt II, Holzkohleschicht über dem Ofen«.
Inv. 64.130. – Glas: (1) BS, Standring mit umgeschlagenem Rand, Bodendm. 5 cm, 2,8 g; (2) BS, hochgestochener Boden, 1,8 g; (3) WS, 1,4 g; (4) Pfeifenabschlag, 0,5 g. – Keramik: (5) RS Argonnen-TS, Teller Chenet 304, Randdm. 36 cm, Hinz/Hömberg, Asperden Nr. 20.1.c (Tafel 1); (6) RS Argonnen-TS, Randdm. 18 cm (Tafel 1); (7) WS Argonnen-TS, Rollrädchendekor (Bakker Kat. 32); (8) RS Alzey 28, rote Mayener Ware, Randdm. 24 cm, Hinz/Hömberg, Asperden Nr. 20.2.e (Tafel 3); (9) RS Alzey 28, rote Mayener Ware, Randdm. 26 cm, Hinz/Hömberg, Asperden Nr. 20.2.f (Tafel 3); (10) RS Schüssel, Trier Thermenumbaukeramik 40a (vgl. Anm. 73), rote Mayener Ware, Randdm. 17 cm (Tafel 3); (11) RS Alzey 27, Mayener Ware, Randdm. 13,5 cm, Hinz/Hömberg, Asperden Nr. 20.2.c/d (Tafel 3); (12) RS Alzey 27, rote Maye-

ner Ware, Randdm. 13,5 cm, Hinz/Hömberg, Asperden Nr. 20.2.a/b (Tafel 3); (13) RS Alzey 27, Mayener Ware, Randdm. 12 cm, Hinz/Hömberg, Asperden Nr. 20.2.c/d (Tafel 3); (14) RS Alzey 27, rote Mayener Ware, Randdm. 17 cm, Hinz/Hömberg, Asperden Nr. 20.2.a/b (Tafel 3); (15) 2 WS Glashafen, rote Mayener Ware, Hinz/Hömberg, Asperden Nr. 20.3. – Ofenbauteile: (16) verschlackter Lehmklumpen mit Glastropfen, 16,9 g. – (17) Rohr, gerollt aus Blech, Kupferlegierung, Dm. 0,4–1 cm, L. 20,7 cm, Hinz/Hömberg, Asperden Nr. 20.5 (Tafel 6).

»Schnitt II, am Ofen«.
Inv. 64.131. – Glas: (1) Kappe, 2,0 g; (2) Brocken grünes Glas, eine Seite glatt, an gegenüberliegender Seite anhaftender Rotlehm, 48 g. – Keramik: (3) BS Glashafen, rote Mayener Ware, auf Innenseite manganfarben und grüne Schlieren, Hinz/Hömberg, Asperden Nr. 21.3.

Inv. 64.134. – Glas: (1) WS, 2,1 g; (2) Pfeifenabschlag, 11,9 g, Hinz/Hömberg, Asperden Nr. 25.4 (Tafel 5); (3) Pfeifenabschlag, 2,4 g (Tafel 5). – (4) Ofenbauteil, Brocken verschlackter Lehm, 56,9 g.

»Ofen«.
Inv. 64.135. – Glas: (1) BS, Boden hochgezogen, blau, 2,4 g, Hinz/Hömberg Nr. 25.4; (2) WS mit transparenter Fadenauflage, 0,4 g; (3) 10 WS, 15,8 g; (4) 4 Pfeifenabschläge, 4,8 g; (5) 2 Bröckchen Rohglas, zus. 16,3 g; (6) 3 kleine, scharfkantige Bröckchen, zus. 2,0 g; (7) verschmolzener und krakelierter Brocken, 4,6 g. – Keramik: (8) 16 WS Glashafen, rote Mayener Ware, Hinz/Hömberg Nr. 25.3. – (9) Stein, kleiner Quarzbrocken.

NI 2003/0030

Aufsammlung im Bereich des Bodendenkmals durch einen ehrenamtlichen Mitarbeiter. Die Funde wurden in den achtziger Jahren zusammengetragen. Sie stammen sowohl vom Burgus als auch vom Hang und vom Hangfuß am Niersufer. Vorgelegt werden hier nur die Münzen, besondere Bronzefunde sowie das Glas. Auf eine Vorlage der unstratifizierten Keramik, die gegenüber den bereits bekannten keramischen Funde keine neuen Erkenntnisse bringt, wurde hier ebenso wie auf die nicht näher zu datierenden Blei- und Eisenfunde verzichtet. Die Beschreibung der Metallfunde erfolgte nach der unveröffentlichten Fundmeldung seitens Detlef von Detten und Clive Bridger, da die Funde beim Finder verblieben.

(1-119) 119 Münzen, Kupferlegierung (im Beitrag Klages nicht besprochen); (120) Zwiebelknopffibel Pröttel 3/4B, Kupferlegierung, langer, nicht durchbrochener Fuß, Endknopf mit Spitze, seitlicher Knopf glatt mit leichter Delle, Bügel zweifach gerillt, Nadelhalter weist oben drei Kreise mit Mittelpunkt am Bügelansatz auf, mind. zwei Kreise mit Mittelpunkt am abgebrochenen Ende, Ende des Nadelhalters fehlt, ein seitlicher Knopf fehlt und wurde durch Finder durch einen nicht zugehörigen Knopf ergänzt, L. erh. 6,9 cm, B. urspr. 3,8 cm, noch 29,7 g (Tafel 6); (121) Propellerbeschlag, Kupferlegierung, gegossen, nachbearbeitet, Endniet, Einkerbung am Ende und Rundteil, Mittelpunkt, zwei umlaufende Rillen, 1 Flügel alt abgebrochen, L. noch 5,6 cm von urspr. 8,8 cm, B. 2,2 cm, noch 16,4 g (Tafel 6); (122) Deckel eines Taschenspiegels (?), Datierung (?), Kupferlegierung, Pressblech, Rand umgeknickt, es fehlt ein Drittel des Randes, auf Innenseite einmal Eisenkorrosion, außen verbeult, Dm. 5,2 cm, noch 6,5 g (Tafel 6); (123) Ring, Kupferlegierung, intakt, dünnes, flaches Blech, außen drei feine, seichte Rillen, Außendm. 1,9–2,0 cm, Innendm. 1,8–1,9 cm, B. 0,3 cm, 0,5 g (Tafel 6); (124) Ringöse mit intaktem Ring, Kupferlegierung, im Querschnitt rautenförmig, noch erhalten zwei ursprünglich 8-förmige, flache Ösen, Außenschlaufen abgebrochen, Dm. 2,3 bzw. 1,5 cm, Ösenlänge. 1,5 cm, noch 5,5 g (Tafel 6); (125) Ring, Kupferlegierung, im Querschnitt elliptisch, L. noch 7,1 cm, D. 0,5 cm, noch 13,8 g (Tafel 6); (126) 11 Bleistücke; (127) 93 Eisenteile.

Glas: (128) RS von Schale, Rand abgesprengt, Randdm. 16 cm, 1,4 g (Tafel 4); (129) RS von Schale, Rand abgesprengt, Randdm. 14 cm, 1,2 g (Tafel 4); (130) RS von Schale/Becher, Rand nach außen umgeschlagen, transparente Fadenauflage, Randdm. 13 cm, 1,8 g (Tafel 4); (131) RS von Becher, Rand nach außen umgeschlagen, transparente Fadenauflage, Fäden ziehen unter dem Rand durch, d. h. erst ist die Fadenauflage erfolgt, anschließend wurde der Rand umgelegt, Randdm. 10 cm, 1,9 g (Tafel 5); (132) RS von Becher, Isings 96, Rand abgesprengt, Randdm. 9 cm, 1,4 g (Tafel 5); (133) dass., Rand abgesprengt, Oberfläche opak, Randdm. 9 cm, 1,8 g (Tafel 5); (134) dass., Rand abgesprengt, Randdm. 10 cm, 2,4 g (Tafel 5); (135) dass., Rand abgesprengt, stark blasig, grün, Randdm. 7 cm (Tafel 5); (136) dass., Rand abgesprengt, 1,6 g; (137) dass., 1,6 g; 138) RS, Rand umgeschmolzen; 139) 3 RS von Bechern, zus. 3,6 g; (140) WS Typus Helle, hellbläulichgrün, Kratzspuren auf Rippe, 3,2 g (Tafel 5); (141) dass., gelblichgrün, 1,2 g (Tafel 5); (142) WS mit Nuppe, 0,4 g; (143) WS mit Fadenauflage, arkadenartig heruntergezogen, D. 1 mm, 1,0 g (Tafel 5); (144) Henkelrest, grün, 2,8 g (145) 2 WS mit durchsichtiger Fadenauflage, zus. 0,4 g; (146) 65 WS, zus. 34,1 g; (147) Kappe, 5 mm großer Lehmeinschluss, 8,5 g (Tafel 5); (148) 3 Kappenreste zus. 2,3 g; (149) 7 unbestimmbare Glasreste, zus. 6,3 g.

Keramik, 4.–5. Jh.: (150) 142 RS, 83 BS, 7 Henkel, 14 WS verziert (Bakker Kat. 6, 10, 13, 16, 20–22, 26, 33 und 34), 672 WS unverziert, darunter 16 WS von Glashäfen. – Keramik, germanisch (allg.): (151) 3 RS und 7 WS. – Keramik, Merowingerzeit: (152) RS Wölbwandtopf mit abgebrochenem Henkel, RS handaufgebaut, Knickwandtopf. – Keramik, 10.–13. Jh.: (153) RS und 2 WS.

NI 2005/0047

Durch eine ehrenamtliche Mitarbeiterin wurde der Außenstelle Xanten der Boden eines zusammengesetzten Glashafens zur Dokumentation überbracht, der von einer unbekannten Person im Bereich der Glashütte von Goch-Asperden gefunden worden war.

(1) Keramik, Mayener Ware, innen mit bis zu 1,5 cm dicker Glasschicht bedeckt, Außenseite bis auf eine Höhe von 6 cm von einer dünnen Glasschicht bedeckt, hier teils Tropfen, Bodendm. 11 cm, H. erh. 9 cm (Abb. 18).

NI 2007/0157

Aufsammlung im Bereich des Bodendenkmals durch einen ehrenamtlichen Mitarbeiter.

Glas: (1) RS Becher Isings 96, Rand abgesprengt, Randdm. 9 cm, 1,8 g (Tafel 5); (2) RS Becher Isings 96, Rand abgesprengt, Randdm. 7 cm, 1,1 g

(Tafel 5); (3) 2 RS, Rand abgesprengt, Randdm. 8 cm, 1,3 und 1,4 g (Tafel 5); (4) RS von Becher, Rand abgesprengt, Randdm. 7–10 cm, 2,2 g (Tafel 5); (5) RS, Rand abgesprengt, Randdm. 10–12 cm, 1,4 g (Tafel 5); (6) RS Flasche/Krug, Rand nach innen umgeschlagen, Randdm. 4 cm, 2,4 g (Tafel 5); (7) RS, Rand abgesprengt, Randdm. 10–12 cm, 3,0 g (Tafel 5); (8) WS mit Dellendekor, optisch geblasen, D. 1,8 mm, 2,5 g (Tafel 5); (9) WS Faltenschale Isings 117, 0,9 g; (10) 11 WS zus. 6,6 g; (11) Kappenrest, 1,1 g; (12) Rest Pfeifenabschlag, 1,1 g.

Keramik: (13) 6 RS Argonnen-TS; (14) 4 WS Argonnen-TS, Rollrädchendekor (Bakker Kat. 1, 17 und 36); (15) 6 WS TS; (16) BS Argonnen-TS; (17) 2 BS und WS TS, verbrannt; (18) RS Terra Nigra, Randdm. 10 cm; (19) BS und WS Terra Nigra; (20) 3 WS Terra Nigra, Rollrädchendekor (Bakker Kat. 48); (21) 3 WS Terra Nigra; (22) RS Krug, Mayener Ware, Randdm. 9 cm; (23) RS mit Henkelansatz, grob gemagerte, spätantike Keramik, wie Ware 3.4.3. in Brüggler, Villa rustica; (24) RS rote Mayener Ware; (25) 8 RS Alzey 27, Mayener Ware; (26) 2 RS Alzey 28, Mayener Ware; (27) 2 RS Alzey 20, Mayener Ware; (28) RS Mayener Ware; (29) 3 WS Glashafen, rote Mayener Ware; (30) RS Schüssel, graublau, spätmittelalterlich; (31) RS und 3 WS Kugeltopf, Grauware, Randdm. 20 cm, spätmittelalterlich; (32) RS, 7 BS und 77 WS Mayener Ware; (33) RS, graue glattwandige Keramik, ohne Magerung; (34) WS römisch bis mittelalterlich; (35) 3 RS und 5 WS handaufgebaute Keramik, wohl frühmittelalterlich.

Ofenbauteile: Frgt. Lehm; 2 Rotlehmbröckchen; 4 sekundär gebrannte Grauwackebrocken; 9 Ziegelbruchstücke sekundär als Ofenbauteile verwendet. – Baumaterial: 84 Ziegelbruchstücke.

Metall: Nagel und Nagelkopf unbekannter Zeitstellung.

Nachtrag zu S. 80 mit Anmerkung 40: Kurz vor der Drucklegung gelangt zur Kenntnis, dass sich in einer Privatsammlung in Bedburg-Hau mehrere spätrömische Münzen befinden, die in den siebziger Jahren mittels einer Metallsonde am Burgus Asperden geborgen wurden. Die Schlussmünze soll von Honorius stammen und war bei Drucklegung von Hinz/Hömberg, Asperden unbekannt (Clive Bridger, Ortsarchiv des LVR-ABR, Nr. 3086 014).

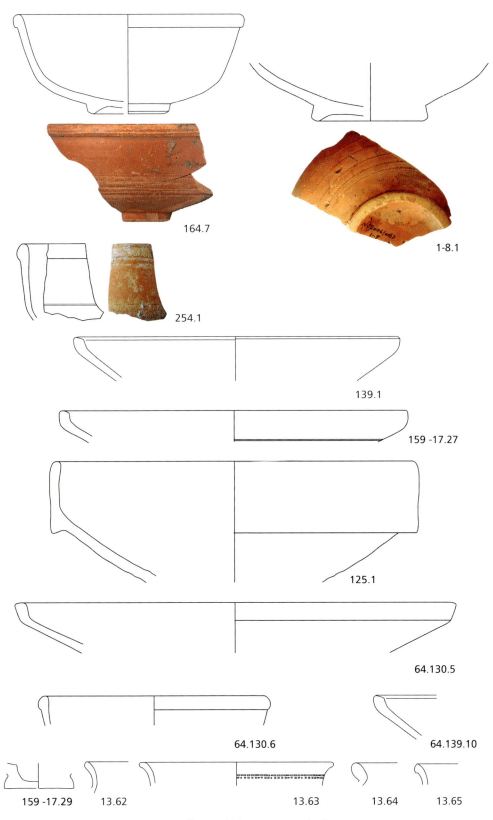

Terra sigillata und Terra nigra. Maßstab 1:3.

Tafel 2   Marion Brüggler

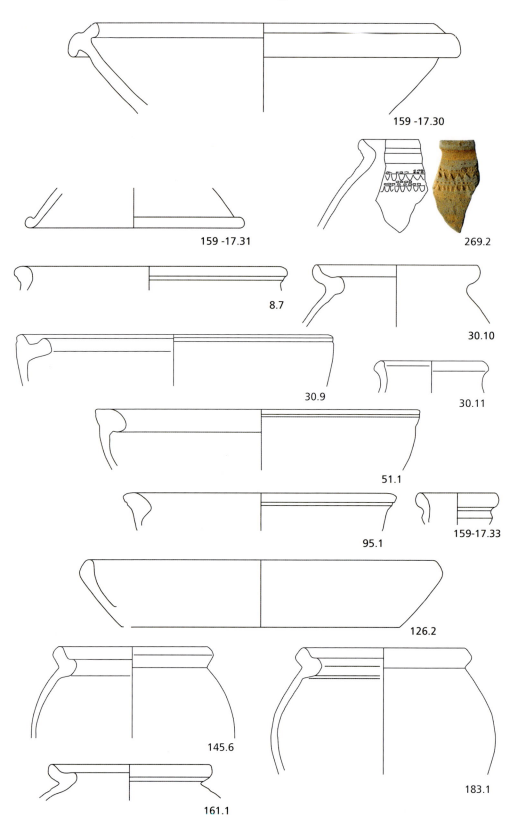

Glattwandige und rauwandige Warenarten. Maßstab 1:3

Burgus und Glaswerkstatt der Spätantike bei Goch-Asperden — Tafel 3

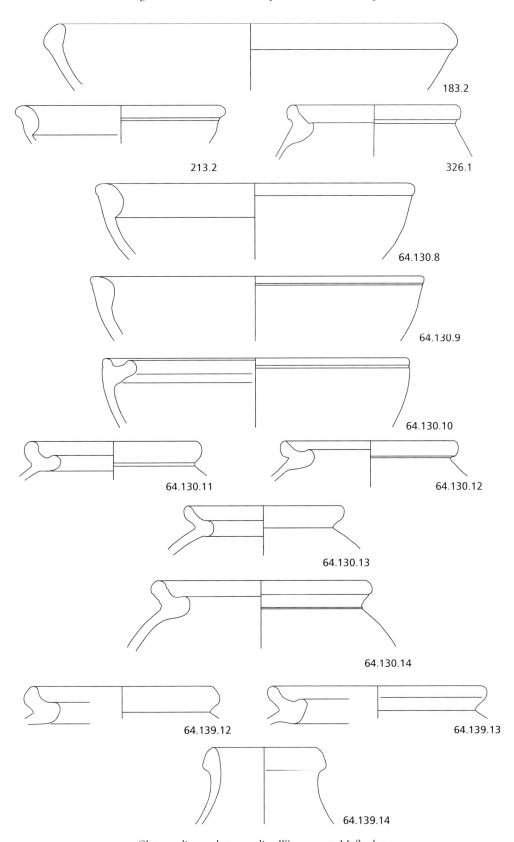

Glattwandige und rauwandige Warenarten. Maßstab 1:3

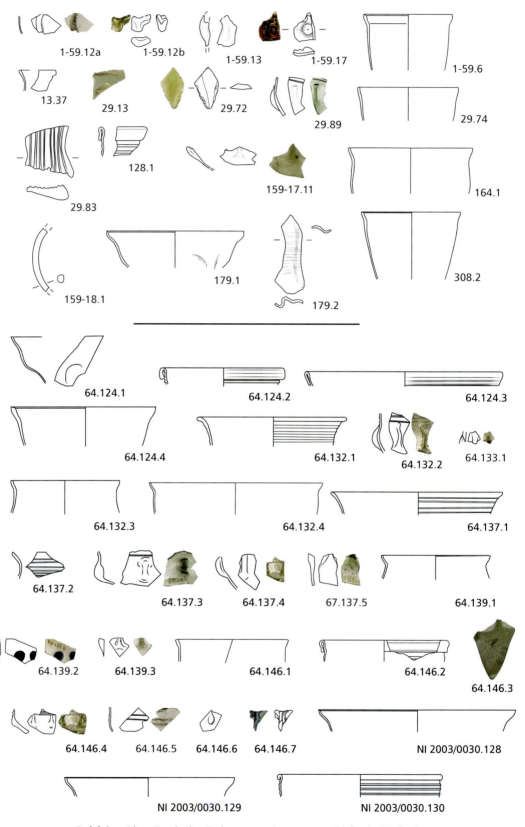

Gefäßglas. Oben Funde der Grabung 2006/2007, unten Altfunde. Maßstab 1:3

Burgus und Glaswerkstatt der Spätantike bei Goch-Asperden   Tafel 5

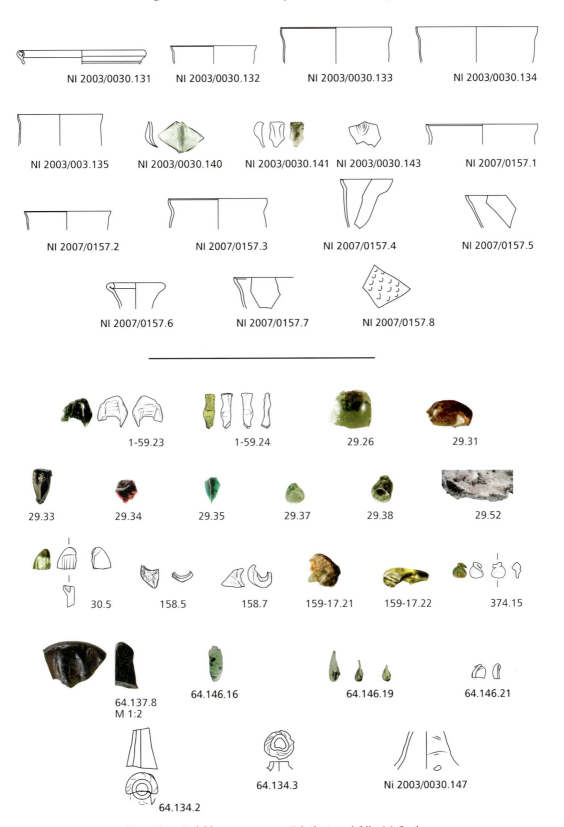

Glas. Oben Gefäßfragmente, unten Fabrikationsabfälle. Maßstab 1:3

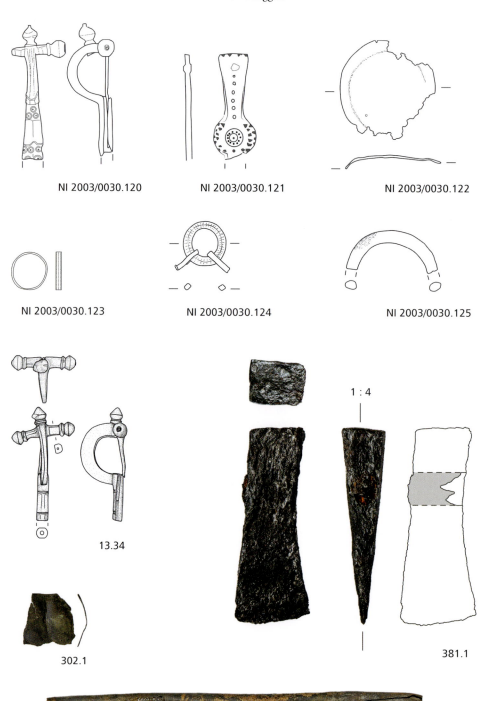

Metallfunde, Maßstab 1:2.

Lothar Bakker

Rädchenverzierte Argonnensigillata von Goch-Asperden

Zur Datierung von Burgus und Glashütte

Der 1964 und 1965 von Ilse Hömberg-Stade und Hermann Hinz untersuchte spätrömische Burgus ›Versunkenes Kloster‹ auf dem Hochufer der Niers bei Asperden erbrachte aus der Wehranlage und dem seinerzeit am Hangfuß zum Flussufer hin angegrabenen sogenannten technischen Ofen einen relativ kleinen Bestand an rädchenverzierter Argonnen-Terra-sigillata, einer Art Leitfossil spätantiker Siedlungs- und Befestigungsanlagen im Nordwesten des Imperium Romanum vom vierten bis zum frühen siebten Jahrhundert[1]. Aufgrund des damaligen Forschungs- und Fundbestandes, insbesondere durch die zahlreichen Münzfunde, galt die Errichtung der Asperdener Burgusanlage in valentinianischer Zeit sowie seine Nutzung »wahrscheinlich bis zum Anfang des fünften Jahrhunderts« als gesichert[2].

Die erneuten Ausgrabungen 2006/2007 unter Leitung von Marion Brüggler am Burgus, vor allem aber die Untersuchung der beiden Glasöfen unterhalb der Wehranlage ergaben weitere Fragmente von Rädchensigillata (NI 2006/0067). Hinzu kommen zwei größere Lesefundkomplexe (NI 2003/0030 und NI 2007/0157). Mit diesem Material hat sich der Bestand an verzierter Argonnenware vom Burgus Asperden auf insgesamt etwa vierzig Gefäße verdoppelt. Das Spektrum der verschiedenen identifizierbaren Rollstempel wurde dadurch für diesen Fundplatz wesentlich erweitert.

Im Rahmen intensiver Materialsammlung dieser spätrömischen Feinkeramik aus dem Forêt d'Argonne zur Erstellung eines ›Corpus‹ der mit Rollstempeln verzierten Terra sigillata durch den Verfasser sowie Wim Dijkman (Maastricht) und Paul Van Ossel (Paris), bei der vor allem die Datierbarkeit der einzelnen Rollstempel wichtig ist[3], werden die Asperdener Rädchensigil-

---

Für die tatkräftige Unterstützung bei der Materialerfassung der neueren Grabungs- und Lesefunde und die Bereitstellung der Fotos danke ich Dr. Marion Brüggler ganz herzlich. Mein weiterer Dank gilt Dr. Susanne Willer vom Bonner Landesmuseum für ihre Hilfe bei der Materialsuche im Depot und der Fotoanfertigung zu den Stücken aus der Grabung von 1965. – Datierungen beziehen sich auf die nachchristlichen Jahrhunderte.

[1] Grabungs- und Fundbericht s. Hinz/Hömberg, Asperden. – Grundlegend zur Rädchensigillata Unverzagt, Rädchenverzierung und Chenet, Argonne. Nach »Ornamentkategorien« eingeteilte Mustergruppen s. Hübener, Rädchensigillata 257–268 mit Verbreitungskarten auf Abb. 22–40.

[2] Vgl. zusammenfassende Auswertung von Hinz/Hömberg, Asperden 176 sowie 178 ff. (zur Gefäßkeramik); 179 Abb. 5–6 (Rädchensigillata).

[3] Zu diesem Projekt, in dem bisher (Stand Ende 2014) über 17.500 Gefäße mit etwa tausend bestimmbaren Rädchenmustern aufgenommen wurden s. L. Bakker / W. Dijkman / P. Van Ossel, Corpus de la céramique d'Argonne de l'antiquité tardive. in: L. Rivet (Hrsg.), Actes du congrès de Dijon, 16–19 mai 1996. Soc. Française d'Étude Céram. Ant. en Gaule (Marseille 1996) 423–426. – Siehe zusammenfassend dies., Die Feinkeramik ›Argonnensigillata‹. Leitfund spätantiker Siedlungsplätze in den Provinzen Galliens, Germaniens und Rätiens. In: Imperium Romanum. Römer, Christen und Alamannen. Die Spätantike am Oberrhein. Ausst. Karlsruhe (Stuttgart 2005) 171–174.

laten hier detailliert vorgelegt und, soweit vorhanden, abgebildet[4] (unten Kat. 1–39, dagegen Kat. 40–47 unauffindbar und unbestimmt). Im Anschluss finden sich drei rädchenverzierte Fragmente von Terra-nigra-Schüsseln[5] (Kat. 48–50). Die meist nur kleinteilig erhaltenen Stücke zeigen im Überzug oft eine zu braunrot veränderte Oberflächenfarbe, die offensichtlich auf ihre Lagerung im Waldhumus zurückzuführen ist. Sichtbar ist diese Färbung zum Beispiel an den beiden Fragmenten Kat. 32 (Tafel 5). Aus den Datierungsvorschlägen zu den einzelnen Rollstempeln resultierend erhebt sich die Frage nach der Bau- und Nutzungszeit von Burgus und Glashütte im Reichswald bei Asperden.

Als Gefäßform erscheint hier bis auf eine Ausnahme die kalottenförmige Standringschüssel der Form Alzey 1 / Chenet 320, die auch an anderen Fundplätzen mit meist über neun Zehnteln dominierende Form innerhalb der mit Rollstempeln dekorierten Argonnensigillata (Abb. 1). Nur ein einziges Tellerfragment mit Dekor auf dem fahnenartigen Rand kann der Form Alzey 12 / Chenet 313 mit unbestimmbarem Schrägstrichmuster zugewiesen werden (Kat. 8). Im nachfolgenden Katalog werden neununddreißig Gefäße mit ihren bestimmbaren Stempeln aufgeführt; die Anordnung lehnt sich an die von Wolfgang Hübener vorgeschlagenen typologischen Mustergruppen an[6].

Insgesamt finden sich einunddreißig verschiedene Rollstempel, die im Asperdener Bestand zumeist nur einmal belegt sind. Ein Muster ist mit drei Gefäßen vertreten, nämlich das Schrägstrichmuster Unverzagt/Chenet 12, Kat. 2–4. Sechs Stempel gibt es mit jeweils zwei Gefäßen, nämlich die Andreaskreuzmuster (1.) Unverzagt/Chenet 45 an Kat. 16 und 17 sowie (2.) Chenet 330 an Kat. 22 und 23 (möglicherweise zusammengehörig), das Fünfpunktmuster (3.) Unverzagt/Chenet 172 an Kat. 28 und 29, ferner die Mehrpunktmuster (4.) Bavai 28 an Kat. 32 und 33 sowie (5.) Unverzagt/Chenet 97 an Kat. 35 und 36 (möglicherweise zusammengehörig), schließlich das komplizierte Muster (6.) Unverzagt/Chenet 199 an Kat. 38 und 39.

Für zwei Drittel der Asperdener Rädchensigillata, nämlich bei sechsundzwanzig Gefäßen, liegen Hinweise auf die Herkunft aus bestimmten Töpfereizentren im Argonnengebiet vor,

---

[4] Eine erste Bestimmung der Asperdener Funde von 1964/65, soweit auffindbar, konnte ich im September 1976 im Rheinischen Landesmuseum vornehmen.

[5] Zur rädchenverzierten Terra nigra aus Haus Bürgel s. Bakker, Haus Bürgel.

[6] Hübener, Rädchensigillata 257–268 mit Verbreitungskarten Abb. 22–40 seiner nach »Ornamentkategorien« gebildeten acht Gruppen.

[7] Zu den Öfen und ihren Absatzgebieten s. Hübener, Rädchensigillata 243–257 Abb. 2–21. – Zum Forschungsbild aufgrund intensiver neuer Prospektionen durch die Universität Paris I in Verbindung mit der Stiftung RAAP Amsterdam von 1997–1999 s. zusammenfassend M. Gazenbeek / S. Van der Leeuw, L'Argonne dans l'antiquité. Étude d'une région productrice de céramique et de verre. Gallia 60, 2003, 269–317, zu den Werkstätten der Rädchensigillata (Phase III) 305 f. Abb. 24, zu den Töpfereien insgesamt 307 ff. mit Karte Abb. 25. Die bei diesem Projekt geborgene Rädchensigillata wurde vom Verfasser, Wim Dijkman und Paul Van Ossel gemeinsam bestimmt. – Eine Übersicht zu den verschiedenen Werkstätten im Argonnerwald auch bei Feller/Brulet, Allieux 243–245 Abb. 3; 255–257 Abb. 6.

[8] Zum Chronologieschema für die Mustergruppen nach Hübener, s. Hübener, Rädchensigillata 279–282 Abb. 42. Verbessert bei R. Brulet, La Gaule septentrionale au Bas-empire. Trierer Zeitschr. Beih. 11 (Trier 1990) 66 ff. Abb. 14 sowie P. Blaskiewicz / C. Jigan in: L. Rivet (Hrsg.), Actes du congrès de Cognac, 8–11 mai 1991. Soc. Française d'Étude Céramique Ant. en Gaule (Marseille 1991) 410 Tab. 5. Vgl. Feller/Brulet, Allieux 259–263 Abb. 7–8. – Grundsätzlich gilt es, nicht anhand typologischer Mustergruppen zu datieren, wie Hübener vorschlägt, sondern für jeden einzelnen Rollstempel durch Stratigraphie oder Fundkontexte auswertbare Datierungshinweise zu erarbeiten.

[9] Aus valentinianischem Kontext s. D. Bayard / J. Fournier, Cahiers Arch. Picardie 5, 1978, 192 ff. – N. Mahéo, Nord-Ouest Archéologie I, 1988, 91 f. Abb. 263, s. Rollstempel ›Corpus‹ NS 3022. Dieses Muster auch aus dem unter Valentinian I. errichteten Schiffslände-Burgus von Biblis-Nordheim, Zullenstein s. Bakker, Schiffsländen 118 Nr. 15 Abb. 30, 15; 31, 15; 32. – Aus dem Kindergrab 4 von Furfooz, frühes 5. Jh., s. A. Dasnoy, La nécropole de Furfooz. Révision des notes et documents anciens. Ann. Soc. Arch. Namur 55, 1969–1970, 172 f. Abb. 17, 1 (»Altstück«?). – Im von Verf. bearbeiteten Bestand an Rädchensigillata des Kastells Altrip (etwa 110 bis 120 Gefäße) machen Kleinrechteckmuster etwa ein Zehntel aus (unpubliziert).

[10] Köln-Deutz und Holsthum, unveröffentlicht. Auch im bisher valentinianisch datierten Kastell von Altrip. Die Altriper Rädchensigillata weist auf einen etwas früheren Beginn der Kastellanlage hin, vielleicht kurz vor oder um die Mitte des 4. Jhs.

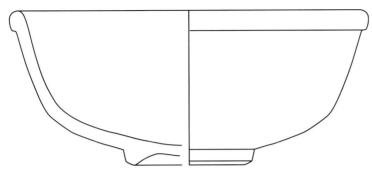

Abb. 1 Die bei der Argonnenware vorherrschende Form der Standringschüssel Alzey 1 / Chenet 320, hier Kat. 11. Halbe natürliche Größe.

meist durch Lesefunde[7]. Dabei stehen mit Abstand an erster Stelle die Werkstätten in und um Vauquois, besonders die Öfen der Fundstelle Les Allieux, das wohl produktionsstärkste Töpfereizentrum für Rädchensigillata im Forêt d'Argonne (Kat. 6, 9–11, 13, 16, 17, 21, 35 und 36). An zweiter Stelle rangieren die Öfen von Avocourt (Kat. 18, 19, 32 und 33). Aus diesen beiden Werkstattzentren, Vauquois und Avocourt, gibt es Lesefunde der Stempel Chenet 330 (Kat. 22–23) und Unverzagt/Chenet 112 (Kat. 37), ohne dass die Herkunft aus der einen oder der anderen Töpferei verifizierbar erscheint.

Schwieriger gestaltet sich die Beurteilung der Hinweise auf die Töpferei von Lavoye (Kat. 5 und 20) sowie drei gleichfalls für Lavoye und Vauquois verzeichnete Rollstempel (Kat. 26, 28–29 und 34). Ob die Lesefunde von Lavoye auf dortige Produktion zu beziehen sind oder mit dem in Lavoye anzunehmenden Verteilerzentrum für die Argonnenware insgesamt in Verbindung stehen, kann derzeit noch nicht beurteilt werden.

Ein weiterer für Les Allieux bei Vauquois bezeugter Stempel, das sehr häufige Muster Unverzagt/Chenet 67, ist auch für den Töpfereiplatz von Aubréville-Clermont gesichert (Kat. 30). Ebenfalls von Les Allieux mögen die beiden Gefäße mit dem komplizierten Rädchenmuster Unverzagt/Chenet 199 stammen (Kat. 38 und 39), dies ist aber auch aus den Töpfereien von Châtel-Chéhéry im Norden der Argonnen belegt, die vornehmlich im fünften und sechsten Jahrhundert arbeiteten. Wären diese Rollstempel tatsächlich in Vauquois selbst lokalisierbar, würde sich der Anteil für dieses große Werkstattzentrum hier sogar auf zwanzig der sechsundzwanzig bisher mit Töpfereihinweisen angeführten Asperdener Gefäße belaufen, ein sehr deutlicher Schwerpunkt läge also bei der dortigen Produktion. Die meist weite Verbreitung der jeweiligen Stempel wird mit einer Auswahl aus den bisher für das ›Corpus‹ registrierten Fundorten und ihrer Gesamtzahl aufgelistet; die entsprechenden Funde aus der weiteren Umgebung von Asperden sind dabei vollzählig verzeichnet.

Für die Datierung der einunddreißig identifizierten Rollstempel von Asperden werden hier Vorschläge gegeben, die sich aus veröffentlichten Parallelfunden und aus dem Materialstand des ›Corpus‹ ergeben[8].

Stempel aus fortlaufenden Kleinrechteckmustern (Hübener Gruppe 2) gehören mit ihrem Schwerpunkt in das mittlere Drittel des vierten Jahrhunderts, begegnen aber mit einzelnen Rollstempeln auch noch in valentinianischer Zeit[9]. Der von Asperden vorliegende Stempel Bavai 17 (= ›Corpus‹ NS 1398; Kat. 1) dürfte dem Zeitraum von etwa 330 bis 350/360 n. Chr. angehören, wie sein Auftreten im konstantinischen Kastell Köln-Deutz und in der kurz nach der Mitte des vierten Jahrhunderts zerstörten Villenanlage von Holsthum anzeigt[10].

Einen größeren Anteil im Asperdener Bestand nehmen mit sechs Gefäßen die reinen Schrägstrichmuster (Hübener Gruppe 3) ein (Kat. 2–8). Mit deutlichem Schwerpunkt gehören

Tafel 1 — Lothar Bakker

Rädchenverzierte Argonnensigillata, natürliche Größe.
(hier) Kat. 1–4.
(gegenüber) Kat. 5, 6, 10 und 11.

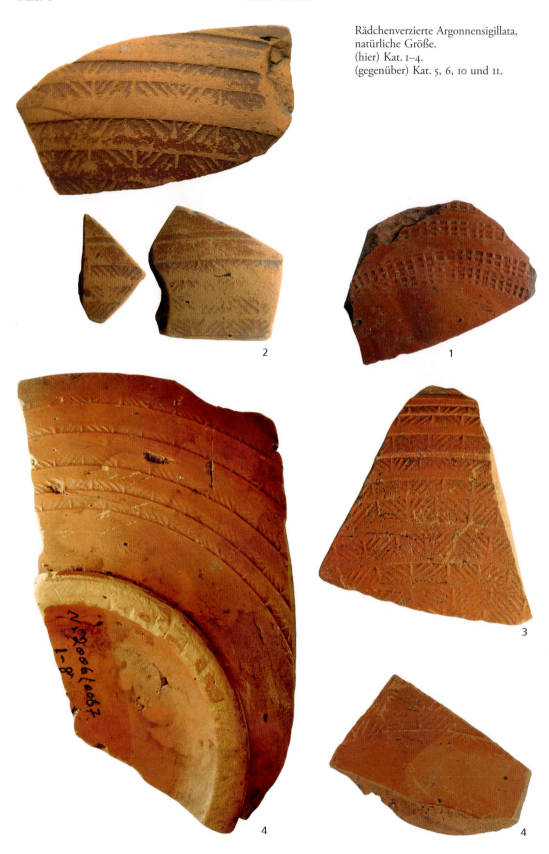

Rädchenverzierte Argonnensigillata von Goch-Asperden — Tafel 2

diese Rollstempel in die Zeit von etwa 320 bis 350/360 n. Chr.[11] Das Muster Unverzagt/Chenet 6 (Kat. 5) fand sich, sofern korrekt identifiziert, in einer um die Mitte des vierten Jahrhunderts aufgegebenen Villa von Rheinfelden, Görbelhof im Kanton Aargau[12]. Der mit drei Gefäßen (Kat. 2–4) in Asperden erscheinende Rollstempel Unverzagt/Chenet 12 ist im Fundgut der ebenfalls um 350/360 aufgelassenen Villa von Gersheim-Reinheim beim lothringischen Bliesbrücken enthalten (unpubliziert).

Der Stempel Chenet 243 (Kat. 6) stammt dagegen, wie Vergleichsstücke anzeigen, eindeutig aus der Zeit vom Ende des vierten und vor allem aus dem ersten Drittel des fünften Jahrhunderts[13]. Sicher in die Zeit des zweiten Viertels bis um die Mitte des vierten Jahrhunderts gehört das fortlaufende Grätenmuster Chenet 299 (Kat. 9) mit seinen Varianten, wie unter anderem sein Vorkommen in der Ende 352 bis Beginn 353 zerstörten und aufgegebenen Höhensiedlung auf dem Großen Berg bei Kindsbach angibt[14].

Die mit mehreren Rollstempeln abgrenzbare Gruppe mit Horizontal-, Vertikal- und Schrägstrichfeldern (Hübener Gruppe 4) stammt aus dem Zeitraum am Ende des vierten und vor allem aus der ersten Hälfte des fünften Jahrhunderts, zahlreich vertreten in den valentinianischen Kastellen Altrip, Alzey, Bad Kreuznach oder im Ländeburgus auf der rechten Rheinseite von Niederlahnstein[15]. Grabfunde unter anderem vom belgischen Haillot oder von Bad Homburg - Gonzenheim zeigen, dass sie noch bis über die Mitte des fünften Jahrhunderts hinaus gebräuchlich waren[16]. Zu ihnen zählen aus Asperden die Muster Unverzagt/Chenet 28 (Kat. 10) und 30 (Kat. 11), Sponeck 6 (= ›Corpus‹ NS 1038, Kat. 12) sowie der etwas verwilderte Stempel Unverzagt/Chenet 88 (Kat. 13). Hingewiesen sei hier auf den mit Abstand häufigsten Stempel dieser Gruppe, Unverzagt/Chenet 28 (Kat. 10), bisher mit zweihundertvierzehn Gefäßen registriert, und sein sehr weites Verbreitungsgebiet, unter anderem in germanischen Siedlungen über die Maingegend bis nach Thüringen oder im Süden bis auf den Runden Berg bei Urach reichend. Dem Ende des vierten und vor allem dem ersten Drittel des fünften Jahrhunderts gehören die Gittermuster ›Corpus‹ NS 2012 (Kat. 14) und NS 3046 (Kat. 15) an. Letzterer Rollstempel, eine von mehreren Varianten der Muster Unverzagt/Chenet 81 und 82, begegnet auch im Fundgut der Kastelle Alzey und Bad Kreuznach sowie der Schiffslände von Niederlahnstein, also in Anlagen, die Valentinian I. um 369/370 erbaute[17].

Den größten Anteil am Bestand Asperdener Rädchensigillata nehmen Rollstempel mit Andreaskreuzmotiv ein (Kat. 16–26), von Hübener als Gruppe 5 eingeordnet[18]. Die frühesten von ihnen gehören in die Zeit von etwa 340 bis 370/380, so die Muster Unverzagt/Chenet 175

---

[11] Vgl. Hübener, Rädchensigillata 279 ff. Zu den Datierungsvorschlägen der einzelnen Mustergruppen s. auch Bakker, Köln 111–117 und Bakker, Breisach 216–221.

[12] H. Bögli / E. Ettlinger, Eine gallorömische Villa rustica bei Rheinfelden. Argovia 75, 1963, 20 Taf. 3.

[13] Vermutlich handelt es sich bei der Schüssel mit Schrägstrichmuster aus Grab 6 von Furfooz, datierbar um 400 oder im frühen 5. Jh., um den Stempel Chenet 243, s. Dasnoy, Furfooz (Anm. 9) 168 ff. Abb. 15, 2 = Böhme, Grabfunde 289 Taf. 89, 15.

[14] Bakker, Kindsbach 230 f. Nr. 23 Abb. 7, 23.

[15] Bad Kreuznach s. Bakker, Bad Kreuznach 3 f. 8 ff. Abb. 4, 7–8 (Unverzagt/Chenet 30 u. 87). – Niederlahnstein s. Bakker, Schiffslände 66 Nr. 22–23; 27 Abb. 16, 22. 23. 27; 17, 27 (Stempel Unverzagt/Chenet 28, 30 und 87).

[16] Haillot, Stempel ›Corpus‹ NS 1272 s. J. Breuer / H. Roosens, Arch. Belgica 34 (Brüssel 1957) 214 ff. Abb. 12, 1 (Grab 11) = Böhme, Grabfunde 290 f. Taf. 91, 13; Breuer/Roosens a. a. O. 218 ff. Abb. 14, 4 (Grab 12, mit einer zweiten Rädchensigillataschüssel mit ›christlichem‹ Stempel Unverzagt/Chenet 184, zweite Hälfte 5. Jh.). – Gonzenheim s. K. Böhner, Saalburg-Jahrb. 15, 1956, 109 Abb. 7, 32 = B. Steidl, Die Wetterau vom 3. bis 5. Jahrhundert n. Chr. Materialien Vor- u. Frühgesch. Hessen 22 (Wiesbaden 2000) 70 f. 164 f. Taf. 5, 7 A-16 (Stempel Unverzagt/Chenet 24). Von Hübener, Rädchensigillata 279 ff. mit Abb. 42, wurde diese Stempelgruppe vornehmlich in das dritte Viertel des 4. Jhs. gesetzt; die Funde aus den Gräbern von Haillot und Bad Homburg-Gonzenheim werden als »nicht zeitgenössischer Bestand« erklärt. – Aus dem frühen 5. Jh. z. B. auch aus den Gräbern 6 und 19 von Furfooz s. Dasnoy, Furfooz (Anm. 9) 146 f. Abb. 8, 1 (Grab 19, Stempel Unverzagt/Chenet 26) und 169 f. Abb. 15, 3 = Böhme, Grabfunde 289 Taf. 89, 12 (Grab 6, Stempel Unverzagt/Chenet 25).

[17] Alzey, unpubliziert. – Bad Kreuznach s. Bakker, Bad Kreuznach 10 Nr. 10–11 Abb. 4, 10–11. – Niederlahnstein s. Bakker, Schiffslände 66 ff. Nr. 25–26 Abb. 16, 25–26.

(Kat. 20) und 176 (Kat. 21). Der Rollstempel mit Andreaskreuzmuster Chenet 330 (Kat. 22 und 23) begegnet im Fundgut der kurz nach der Mitte des vierten Jahrhunderts (352/355) aufgegebenen Villa von Nettesheim-Butzheim bei Rommerskirchen[19]. In den valentinianischen Horizont bis zum Beginn des fünften Jahrhunderts gehören die Stempel Chenet 310 (Kat. 24), Unverzagt/Chenet 56 (Kat. 19) und Unverzagt/Chenet 166 (Kat. 25), während die Muster Unverzagt/Chenet 45 (Kat. 16 und 17), ›Corpus‹ NS 1151 (Kat. 18) und Unverzagt/Chenet 135 (Kat. 26) erst dem Ende des vierten und dem ersten Drittel des fünften Jahrhunderts zuzurechnen sind. In die Zeit Valentinians I. bis vermutlich in das erste Viertel des fünften Jahrhunderts zählen nach dem gegenwärtigen Materialstand des ›Corpus‹ auch die drei Schüsseln mit Fünfpunktmustern Unverzagt/Chenet 111=333 (Kat. 27) und, zahlreich verbreitet, Unverzagt/Chenet 172 (Kat. 28 und 29), mehrfach in den Kastellen von Altrip und Alzey vertreten. Diese Stempel sind zeitlich noch nicht enger zu fassen.

Die typologische Gruppe der Sechspunkt- oder Mehrpunktmuster (Hübener Gruppe 6) liegt bei acht Schüsseln aus Asperden vor (Kat. 30–37). Der früheste Stempel von ihnen ist sicherlich derjenige mit dem Muster Unverzagt/Chenet 117 (Kat. 34). Er war seit kurz vor der Mitte des vierten Jahrhunderts bis in die frühe valentinianische Zeit in Gebrauch, wie ein nach 337/341 münzdatierter Grabfund von Oudenburg (Grab 201) zeigt[20]. Die vier Rollstempel Unverzagt/Chenet 67 (Kat. 30), Chenet 334 (Kat. 31), Bavai 28 (=›Corpus‹ NS 1138; Kat. 32 und 33) und Unverzagt/Chenet 97 (Kat. 35 und 36) gehören in die Periode von der valentinianischen Zeit bis in das frühe fünfte Jahrhundert, häufig vorkommend in den entsprechenden Kastellkomplexen wie Altrip, Alzey und Bad Kreuznach. So begegnet der Stempel Unverzagt/Chenet 67 (Kat. 30) in zwei nicht mehr trennbaren Grabinventaren von Tongrinne in Belgien, die anhand der mitgefundenen Kerbschnitt-Gürtelgarnituren in das Ende des vierten beziehungsweise den Beginn des fünften Jahrhunderts datierbar sind[21]. Das jüngste hier vertretene Mehrpunktmuster bildet der Stempel Unverzagt/Chenet 112 (Kat. 37), wohl erst dem ausgehenden vierten oder dem ersten Drittel des fünften Jahrhunderts angehörig. Auffällig ist seine Häufigkeit in den Kastellen Krefeld-Gellep und Haus Bürgel bei Monheim-Baumberg.

Als komplizierteres Muster (Hübener Gruppe 7) erscheinen im Asperdener Bestand zwei Schüsseln mit dem Rollstempel Unverzagt/Chenet 199 (Kat. 38 und 39), bislang datierbar in das Ende des vierten und in die erste Hälfte oder auch nur das erste Drittel des fünften Jahrhunderts, wie Grabfunde von Hürth-Hermülheim und Alfter erkennen lassen[22]. Dieses Muster aus Vauquois und Châtel-Chéhéry hat einen auffälligen Verbreitungsschwerpunkt an den Un-

---

[18] Von Hübener, Rädchensigillata 279 ff. Abb. 42 erst nach der Mitte des 4. Jhs. angeordnet. – Einzelne Andreaskreuz-Rollstempel (wie auch die komplizierteren Bogenmuster seiner Sondergruppe 7) gehörten bereits in den frühen Zeitraum der Rädchensigillata seit 320/330 n. Chr., s. Bakker, Köln 115 f.; Bakker, Breisach 218 f.; Bakker, Kindsbach 228; 232 Nr. 39–42 Abb. 10, 39–42 (vier Andreaskreuzstempel vor Ende 352 n. Chr. vom Großen Berg bei Kindsbach).

[19] LMB, Landesaufnahme Kreis Grevenbroich (FSt. 28), aus Brunnen, dabei Münze (Imitation Typus GLORIA EXERCITUS).

[20] J. Mertens / L. Van Impe, Arch. Belgica 135 (Brüssel 1971) 213 f. Taf. 63, 1 a–b; 2 a–b, zwei Schüsseln mit Stempel 117 (mit Münze Konstantin II., Typus GLORIA EXERCITUS). Das gleiche Muster Unverzagt/Chenet 117 dort auch in den Gräbern 15 und 170, s. ebd. 62 f. Taf. 5, 7 a–b; 194 Taf. 80, 7 a–b.

[21] A. Dasnoy, Ann. Soc. Arch. Namur 53, 1965–1966, 210 ff. Abb. 15, 3 = Böhme, Grabfunde 302 f. Taf. 108, 15.

– Das von Stempel 67 kaum unterscheidbare, vielleicht identische Muster Chenet 225 zählt zu den Beigaben des Grabes D von Spontin, s. Dasnoy a. a. O. 181 f. Abb. 7, 6; ebenso in Grab 8 von Vireux-Molhain, s. J.-P. Lémant, Le cimetière et la fortification du Bas-Empire de Vireux-Molhain, Dép. Ardennes. RGZM Monogr. 7 (Mainz 1985) 8 f. Nr. 7 Abb. 12, 7 u. ebd. 72 f. Abb. 69, Grab 8, 7 (D. Bayard). Diese beiden Bestattungen von Spontin und Vireux-Molhain gehören in den Zeitraum Ende des 4. Jhs. bis in die ersten Jahrzehnte des 5. Jhs.

[22] Aus Grab 23 der Zeit um 400 von Hürth-Hermülheim, s. R. Gottschalk, Bonner Jahrb. 207, 2007, 257 Grab 23; 284 Abb. 32, 23.1; ders., Bonner Jahrb. 208, 2008, 92 f. Abb. 2. – In Grab 2 (1980) von Alfter bei Bonn, s. M. Rech, Bonner Jahrb. 182, 1982, 481 Abb. 13, 2–3; R. Gottschalk, Spätrömische Gräber im Umland von Köln. Rhein. Ausgr. 71 (Darmstadt 2015) 277 Taf. 2.

Tafel 3   Lothar Bakker

Rädchenverzierte Argonnensigillata, natürliche Größe.
(hier) Kat. 9, 13–16 und 19.
(gegenüber) Kat. 17, 18, 20–24 und 26.

Rädchenverzierte Argonnensigillata von Goch-Asperden Tafel 4

terläufen von Rhein und Maas (unter anderem Heerlen, Maastricht, Cuijk) und ist allein mit neun Gefäßen in der Verfüllung des Wehrgrabens auf dem Lindenberg von Nimwegen vertreten[23].

Zusammengefasst ergeben die vorgeschlagenen Datierungsansätze für die Rädchensigillaten aus dem Burgus und der Glashütte von Asperden den Rahmen von der spätkonstantinischen Zeit bis in die ersten Jahrzehnte des fünften Jahrhunderts. Eindeutig in die Periode vor der Mitte des vierten Jahrhunderts gehören mindestens sechs Gefäße mit drei Dekorformen: das Kleinrechteckmuster ›Corpus‹ NS 1398 (Kat. 1), die Schrägstrichmuster Unverzagt/Chenet 6 und 12 (Kat. 2–5; wahrscheinlich auch die Schrägstrichmuster von Kat. 7 und 8) wie auch das fortlaufende Grätenmuster Chenet 299 (Kat. 9). Die für den Zeitraum von 320 bis 350/60 n. Chr. sehr geläufigen Rollstempel mit Eierstabmotiv (Hübener Gruppe 1) fehlen in dem Asperdener Bestand von ungefähr vierzig rädchenverzierten Gefäßen ebenso wie die gleichzeitigen Bogenmuster (Hübener Sondergruppe 7). Dies sollte bei der relativ kleinen Zahl chronologisch nicht überbewertet werden, doch vermittelt das Asperdener Spektrum der Rädchensigillaten mit seinen frühesten Stücken ein Bild, das für die spätkonstantinische Zeit um 340/350 gut passen kann. Um die Mitte des vierten Jahrhunderts oder bereits kurz zuvor begann der Gebrauch der Muster Unverzagt/Chenet 117 (Kat. 34), 175 (Kat. 20), 176 (Kat. 21) und Chenet 330 (Kat. 22 und 23), die man bis in die frühe valentinianische Zeit verwendete.

Alle übrigen Rollstempel aus Asperden, insgesamt sechsundzwanzig Gefäße, gehören in die Zeit zwischen Valentinian I. und etwa 430 n. Chr., darunter auch das Schrägstrichmuster Chenet 243 (Kat. 6). Die jüngsten unter ihnen dürften die Rollstempel Unverzagt/Chenet 28 (Kat. 10), 30 (Kat. 11), 88 (Kat. 13) sowie ›Corpus‹ NS 1038 (Kat. 12) von Hübener Gruppe 4 und das komplizierte Muster Unverzagt/Chenet 199 (Kat. 38 und 39) darstellen, die erst seit dem Ende des vierten Jahrhunderts und während der ersten Hälfte des fünften Jahrhunderts benutzt wurden. Dieser Teil des Asperdener Ensembles an Rädchensigillata gleicht in seinem Musterbestand der Phase I der Funde aus dem Metzer Amphitheater[24].

Da die für das zweite Viertel und die Mitte des fünften Jahrhunderts geläufigen Kreisaugenstempel (wie die häufig verbreiteten Muster Unverzagt/Chenet 149=224, 151, 152 und ›Corpus‹ NS 1019) und andere für diesen Zeitabschnitt charakteristische Stempel (wie Unverzagt/Chenet 154 und 169) im Asperdener Bestand nicht vorliegen, dürfte das Ende des Zustromes an Rädchensigillata aus den Argonnentöpfereien nach Asperden um 430 n. Chr. zu datieren sein. Dieser Zeitpunkt findet Bestätigung im Fehlen des frühestens 420/430 aufkommenden Typus von Terra-sigillata-Tellern Alzey 9/13 (Form Chenet 308; dagegen mehrfach vorhanden der ältere Typus Chenet 304), wie auch an der Seltenheit der rauwandigen, vornehmlich aus den Mayener Werkstätten stammenden Topf- beziehungsweise Schüsselform Alzey 32/33, sicher nicht

---

[23] Funde ROB Amsterdam; für die Bearbeitungsmöglichkeit danke ich Michael Erdrich.

[24] D. Bayard, Gallia 47, 1990, 271–319, hier 283 mit Abb. 6.

[25] Wohl ebenfalls Alzey 32/33, s. Hinz/Hömberg, Asperden 183 Abb. 9, 12–13. Vgl. mehrere Exemplare von Alzey 32/33 aus dem Burgus von Moers-Asberg, s. G. Krause In: R. Stampfuß (Hrsg.), Ausgrabungen am Niederrhein. Quellenschriften westdt. Vor- u. Frühgesch. 9 (Bonn 1974) 115–164, hier 150 ff. Abb. 8, 4. 6; 9, 3–4; 11, 1–9 u. 14, 5. 7, und zwar zumeist aus den Gruben I und II, vermutlich mittleres Drittel 5. Jh. – Ebenso fehlt im Asperdener Keramikbestand die braunrot engobierte (›rotgestrichene‹) Ware, wie sie beispielsweise aus den Barbarathermen oder der ›Umbaukeramik‹ der Kaiserthermen in Trier bekannt ist. Sie war wohl erst seit 450/460 n. Chr. in Umlauf und lässt sich als Ersatz für die seit dieser Zeit ausbleibende Argonnensigillata verstehen (vorhanden dagegen in Qualburg). Bei den von Hinz/Hömberg, Asperden 178 ff. u. Abb. 9, 17 angesprochenen »rotgestrichenen« Gefäßfragmenten handelt es sich um Überreste von Kannen, Krügen und Bechern aus den Argonnentöpfereien.

[26] ›Corpus‹ NS 1019, s. L. Bakker, Ausgewählte Gefäßkeramik der frühen und späten Kaiserzeit aus Augusta Vindelicum-Augsburg. In: J. Bellot / W. Czysz / G. Krahe (Hrsg.), Forschungen zur provinzialrömischen Archäologie in Bayerisch-Schwaben. Schwäb. Gesch.quellen u. Forsch. 14 (Augsburg 1985) 67 f. Nr. 42–44 Abb. 12, 42–43.

[27] Krause, Moers-Asberg (Anm. 25).

[28] Zu den ›christlichen‹ Stempeln s. W. Dijkman, Gallia 49, 1992, 129–172. Auffällig ist ihr Fehlen im nahe von Zülpich gelegenen Köln und Kastell Köln-Deutz

vor dem zweiten Viertel des fünften Jahrhunderts auftretend (aus Asperden wohl nur zwei Gefäße: s. oben Beitrag Brüggler, Abb. 21, 8.7)[25]. In der vom Asperdener Burgus nur etwa zwölf Kilometer nordöstlich gelegenen Befestigung Quadriburgium (Qualburg) ist dagegen unter nur vierzehn bestimmten Argonnensigillatagefäßen ein Kreisaugenstempel (›Corpus‹ NS 1019)[26] des zweiten Viertels des fünften Jahrhunderts vorhanden, ein Hinweis, dass diese Wehranlage noch etwas länger als Asperden, wohl bis um die Mitte des fünften Jahrhunderts, militärisch besetzt war, wie es auch für den unter Valentinian I. um 370 erbauten Burgus von Asciburgium (Moers-Asberg) der Fall war[27].

Die in der Mitte des fünften Jahrhunderts einsetzenden und bis in das frühe sechste Jahrhundert gebräuchlichen ›christlichen‹ Rollstempel wie Unverzagt/Chenet 181–185 und Chenet 257–259 (Hübener Gruppe 8) sowie andere komplizierte Muster wie Unverzagt/Chenet 168 und 329 begegnen zwar sehr häufig im Maasgebiet wie in Maastricht, Cuijk und Gennep, sind aber in der Rheinzone außer dem Bereich von Maastricht, Aachen, Jülich und Zülpich sowie dem isoliert wirkenden Fundplatz Andernach (Stempel Unverzagt/Chenet 181 und 168) bisher nicht vertreten[28]. Daraus wird ersichtlich, dass die Belieferung mit Rädchensigillata die alten Römerorte und Kastelle an der Rheingrenze nach 450/460 nicht mehr erreichte[29].

Im Vergleich der Asperdener Funde mit den bisher registrierten Beständen an Rädchensigillata aus Cuijk und Qualburg fallen einerseits mehrere Übereinstimmungen, andererseits deutliche Unterschiede im Spektrum der Rollstempel auf. So kommen unter etwa siebzig identifizierten Rädchensigillaten aus Cuijk neun Rollstempel vor, die auch im Asperdener Fundgut vertreten sind: Unverzagt/Chenet 67 (Kat. 30), 112 (Kat. 37), 117 (Kat. 34), 166 (Kat. 25), 172 (Kat. 28–29), 176 (Kat. 21), 199 (Kat. 38 und 39), Chenet 310 (Kat. 24) sowie 334 (Kat. 31). Von den bisher vierzehn aufgenommenen Rädchensigillatagefäßen aus Qualburg finden sich vier Stempel in Asperden: Unverzagt/Chenet 28 (Kat. 10) und 112 (Kat. 37) sowie ›Corpus‹ NS 1138 (Kat. 32 und 33) und NS 1151 (Kat. 18). Auch zwischen den vierzehn Gefäßen aus Qualburg und dem größeren Bestand von Cuijk lassen sich Parallelen feststellen. Von beiden Orten sind drei identische Rollstempel vorhanden: Unverzagt/Chenet 43 und 112 (auch in Asperden, Kat. 37) sowie das Kreisaugenmuster ›Corpus‹ NS 1019.

Diese Beobachtung des in Teilen, insbesondere für den Zeitabschnitt von etwa 370 n. Chr. bis in das frühe fünfte Jahrhundert übereinstimmenden Musterspektrums von Cuijk, Asperden und Qualburg dürfte nicht nur zufällig sein, sondern eher mit der gleichartigen und gleichzeitigen Belieferung dieser Militärplätze an der von Cuijk über Gennep nach Asperden, mit den dortigen Abzweigungen nordöstlich nach Qualburg beziehungsweise nach Burginatium (Altkalkar) und Xanten, zum Rhein führenden Römerstraße in Verbindung zu bringen sein[30].

(über 800 Gefäße von Verf. registriert), in Zülpich dagegen stammt von etwa 150 Rädchensigillatagefäßen etwa ein Zehntel aus der zweiten Hälfte des 5. Jhs., darunter ›christliche‹ Muster. Diese Stempel fehlen auch in Krefeld-Gellep, Dormagen, Haus Bürgel, Bonn, Remagen, Koblenz, Boppard Mainz und Alzey. – Aus einem ›fränkischen‹ Grabfund der Mitte oder der zweiten Hälfte des 5. Jhs. von Bornheim-Widdig nahe Bonn stammt das ›christliche‹ Muster Unverzagt/Chenet 173 s. L. Bakker, Bonner Jahrb. 177, 1977, 605 ff. Abb. 1, 1 u. 2 (seinerzeit noch zu früh datiert).

[29] Vgl. Bakker, Sankt Gereon 222 (Köln); u. Bakker, Schiffsländen 72 u. 117 f. (Schiffsländen Niederlahnstein und Zullenstein); zum dortigen Ende der Rädchensigillata ebd. 109; 145. Auch in den Kastellen bzw. Wehranlagen Krefeld-Gellep, Haus Bürgel, Dormagen, Köln-Deutz, Bonn, Remagen, Koblenz, Mainz und Alzey endet die Belieferung mit Rädchensigillata um 450/460 n. Chr. (Fundbearbeitung Verf.). Einziges Stück von Köln, spätes 5. Jh. bzw. Beginn 6. Jh. (Stempel Chenet 329), aus einem Grubenhaus auf dem Heumarkt, s. Bakker, Sankt Gereon 232 ff. Nr. 12 Abb. 7, 12.

[30] Zu den Verbindungsstraßen zwischen Maas und Niederrhein in spätrömischer Zeit, s. Goudswaard u. a., Cuijk 530 ff. Abb. 54 Taf. 6. – Aus Altkalkar sind mir noch keine Rädchensigillaten bekannt; zu dort jüngsten Grabungen an der spätrömischen Phase der Wehrmauer, s. St. Bödecker / M. Brüggler / H. Berkel, Arch. Rheinland 2013, 110 ff. – Die Rädchensigillata aus der ›Großfestung‹ innerhalb der Colonia Ulpia Traiana bei Xanten (ca. 60–70 Gefäße) deckt nur den Zeitraum von etwa 320 bis 350/355 n. Chr. ab (Bearbeitung Verf., unpubliziert). Das spätrömische Tricensima(e) in Xan-

Tafel 5   Lothar Bakker

Rädchenverzierte Argonnensigillata und Terra nigra, natürliche Größe.
(hier) Kat. 27–30, 32 und 33 (Argonnensigillata).
(gegenüber) Kat. 31, 34 sowie 36–39 (ebenso); Kat. 48 und 49 (Terra nigra).

Rädchenverzierte Argonnensigillata von Goch-Asperden — Tafel 6

Andererseits liegen aus Qualburg von den vierzehn dort verzeichneten Rollstempeln fünf Muster vor, die eindeutig der ersten Hälfte des vierten Jahrhunderts angehören, darunter vier Eierstabmuster Hübener Gruppe 1, die in Asperden fehlen[31]. Der Rollstempelbestand von Gennep, zumeist aus der im späten vierten Jahrhundert entstandenen spätrömisch-fränkischen Siedlung Stamelberg, zeigt unter knapp vierzig Gefäßen nur drei Übereinstimmungen mit Asperden, nämlich Unverzagt/Chenet 28 und 30 (Kat. 10 und 11) sowie Chenet 334 (Kat. 31). Ein großer Anteil der Genneper Rädchensigillatagefäße entstand später als das Asperdener Material vom mittleren Drittel des fünften bis in den Anfang des sechsten Jahrhunderts (Kreisaugenmuster Unverzagt/Chenet 152, die Muster Unverzagt/Chenet 124, 168 und 174 sowie ›christliche‹ Rollstempel wie Unverzagt/Chenet 184, Chenet 257 und 259)[32].

Betrachtet man die Verteilung der Rädchensigillata auf die beiden Fundbereiche des Burgus auf dem Hochplateau über der Niers einerseits und der Glashütte am unteren Hangfuß mit dem verlandeten römerzeitlichen Flussbett samt ›Bohlenweg‹ beziehungsweise Uferbefestigung andererseits, so können der Wehranlage selbst achtzehn Stücke zugeordnet werden (Kat. 8, 15, 18, 19, 25, 27–30, 35, 37, 38 und 42–47). Aus dem Areal der beiden Glasöfen mit ihren Arbeitsniveaus und dem Umfeld am Fuß des Steilhangs und am alten Flussufer stammen sechzehn Fragmente (Kat. 2–5, 7, 9, 11, 12, 14, 23, 24, 31, 32 und 39–41). Bei den übrigen Katalognummern handelt es sich um Lesefunde, wo keine Zuteilung zu diesen beiden Fundstellen möglich ist.

Die datierbaren Rädchensigillaten verteilen sich etwa hälftig für beide Fundbereiche einerseits auf die spätkonstantinische Zeit von etwa 340 n. Chr. bis kurz nach der Mitte des vierten Jahrhunderts, andererseits dann mit Schwerpunkt auf den Zeitraum von Valentinian I. seit etwa 370 bis in die ersten Jahrzehnte des fünften Jahrhunderts. Dabei nehmen die frühen, vor-valentinianischen Stücke im Bereich der Glashütte und des wohlbefestigten Niersufers dort einen deutlich größeren Anteil ein[33].

Die Funde vom Plateau des Burgus stammen, mit Ausnahme des vermutlich in die erste Hälfte beziehungsweise in die Mitte des vierten Jahrhunderts gehörenden Schrägstrichmusters (Kat. 8), aus dem letzten Viertel des vierten und den ersten Jahrzehnten des fünften Jahrhunderts. Späteste Rollstempel sind hier das Gittermuster ›Corpus‹ NS 3046 (Kat. 15), das Andreaskreuzmuster ›Corpus‹ NS 1151 (Kat. 18), das Mehrpunktmuster Unverzagt/Chenet 112 (Kat. 37) und vor allem das kompliziertere Muster Unverzagt/Chenet 199 (Kat. 38) aus der Zeit von etwa 390/400 bis um 420/430 n. Chr.

Letzterer Stempel Unverzagt/Chenet 199 liegt auch aus dem zweiten Fundbereich am Hangfuß um die Glashütte vor, nämlich aus dem Glasofen II (Kat. 39). Aus dem Ofen I kommen eine Schüssel mit dem Rollstempel Unverzagt/Chenet 30 (Kat. 11) und ein Fragment mit Mehrpunktmuster Chenet 334 (Kat. 31). Aus dem 1964 angelegten Schnitt II »am Ofen« liegen

---

ten oder seiner Umgebung scheint mir für die Zeit nach Kaiser Julian noch nicht lokalisiert (im Bereich des abgegangenen Legionslagers Vetera II?). Zu Xanten s. C. B. Rüger, Bonner Jahrb. 179, 1979, 499–524. – Th. Otten / S. Ristow in: M. Müller / H.-J. Schalles / N. Zieling (Hrsg.), Colonia Ulpia Traiana. Xanten und sein Umland in römischer Zeit. Xantener Ber. Sonderband (Mainz 2008) 549–582, zur Großfestung 552 ff., zur Rädchensigillata 557 Abb. 391–392, zu Tricensima 563 ff. – Gleichartige Musterspektren aufgrund der Belieferung mit Rädchensigillata zeichnen sich auch innerhalb der Höhensiedlungen in der Pfalz, entlang der mittleren und unteren Mosel oder auch an der rätisch-norischen Donaugrenze zwischen Günzburg und Passau ab. Vgl. zur Rädchensigillata aus den Bergbefestigungen in der Pfalz Bakker, Kindsbach 227.

[31] Eierstabmuster Unverzagt/Chenet 200, Chenet 254 = ›Corpus‹ NS 1110, Bavai 45 = ›Corpus‹ NS 1135 und NS 3108 sowie das Andreaskreuzmuster Chenet 230.

[32] Neben der fränkischen Ansiedlung Stamelberg (als römische Foederaten?) wird sich in Gennep an der hier vom rechten Maasufer Richtung Asperden abbiegenden Straße eine kleinere Militärstation (Kleinkastell/Burgus) des 4. Jhs. und frühen 5. Jhs. an der Niersmündung befunden haben, s. Goudswaard u. a., Cuijk 534 mit Anm. 288.

[33] Vermutlich bestand unterhalb des Burgus seit der Errichtung der von Cuijk ausgehenden Straße ein angelegter Übergang über die Niers mit einer Ansiedlung, was diese frühe Konzentration von Rädchensigillata erklären könnte.

zwei weitere Rädchensigillaten vor, das Horizontal-Vertikal-Muster ›Corpus‹ NS 1038 (Kat. 12) und der Mehrpunktstempel Bavai 28 (= ›Corpus‹ NS 1138; Kat. 32). Insbesondere die beiden Stempel Hübener Gruppe 4 (Kat. 11 und 12) und das kompliziertere Muster Unverzagt/Chenet 199 (Kat. 39) zeigen eine Datierung der beiden sicher nur kurzzeitig, vielleicht von sogenannten Wanderhandwerkern betriebenen Glasöfen im beginnenden fünften Jahrhundert an, wohl in der Zeit zwischen 400 und 420/430.

Zur frühen Besiedlungsphase des Asperdener Platzes zählen aus dem Bereich der unteren Hangkante und der mutmaßlichen Uferbefestigung (›Bohlenweg‹) die reinen Schrägstrichmuster (Kat. 2–5 und 7) wie auch das Grätenmuster Chenet 299 (Kat. 9), wahrscheinlich der Zeit kurz vor oder um die Mitte des vierten Jahrhunderts angehörig.

An dieser Stelle ein Blick auf die wenigen Reste von ähnlich wie die Argonnenware verzierter Terra-nigra-Keramik: Als Lesefund und aus dem Suchschnitt am Hangfuß unterhalb der Burgusanlage wurden zwei Fragmente mit Rollstempeldekor geborgen (Kat. 48 und 49). Ein weiteres Randstück entstammt den Grabungen von 1965 im Burgus (Kat. 50)[34]. Die erste Scherbe dürfte zu einer kalottenförmigen Schüssel gehören, die Form Alzey 1 / Chenet 320 imitierend. Parallelen liegen dazu aus dem Kastell Haus Bürgel vor[35]. Die beiden Randfragmente (Kat. 49 und 50) stammen von kleineren kielförmigen Schüsseln beziehungsweise Bechern, wie sie in Terra-nigra-Technik unter anderem auch aus den Argonnentöpfereien als Gefäßform Chenet 342 bekannt sind und häufig im Kastell von Köln-Deutz in Gebrauch waren, dort vielfach mit Ratterdekor[36]. Für diese Stücke gibt es ebenfalls Vergleichsfunde mit Rollstempelschmuck aus Haus Bürgel, dem Kastell Remagen und aus der Villenanlage Hambach 132. Ihr Dekor mit zweizeiligem Kleinrechteckmuster ist dort gleichartig vertreten[37]. Aufgrund der sehr großen Ähnlichkeit zu den in der Argonnensigillata verwendeten Rollstempeln wurde für die Datierung der rädchenverzierten Terra-nigra-Gefäße von Haus Bürgel der Zeitraum vom letzten Drittel des vierten bis in das erste Drittel des fünften Jahrhunderts vorgeschlagen, »am ehesten im späten 4. / frühen 5. Jahrhundert«[38]. Diese Periode erscheint auch für die drei verzierten Stücke von Asperden am nächstliegenden.

Als Ergebnis der Bearbeitung der Rädchensigillata zeichnen sich für die Burgusanlage von Asperden zwei Nutzungsphasen ab. Der Beginn der kleinen Wehranlage auf dem Hochufer über der Niers wird noch vor der Mitte des vierten Jahrhunderts liegen; dazu gehören auch die frühen Stücke aus dem unteren Hangbereich und am römerzeitlichen Flussufer, dem Areal der späteren Glashütte[39]. Im Ausgrabungsbefund von 1964/65 wurde in Schnitt 19 unter dem nordöstlichen, annähernd runden Eckturm der Umfassungsmauer ein älteres rechteckiges Turmfundament mit der Abzweigung der Nordmauer festgestellt, offensichtlich aus Holz errichtet[40]. Auch westlich des Mittelturmes dieser äußeren Mauer fand sich in Schnitt 20 die Spur der älteren Holzbauvorgängerphase: »Beide Befunde deuten darauf hin, dass eine ältere,

---

[34] Vgl. zu dieser rädchenverzierten Ware das Spektrum aus dem Kastell Haus Bürgel, s. Bakker, Bürgel. – Bei einem von Hinz/Hömberg, Asperden 180; 197 Fundnr. 18 Abb. 9, 23 als »Terra nigra« bezeichneten Randfragment handelt es sich um ein Bruchstück von Argonnensigillata der Tellerform Chenet 304, sekundär verbrannt und zu steil gezeichnet.

[35] Zur Form s. Bakker, Haus Bürgel 1; 5 f. Abb. 1, 1–4. 9; 5, 1–4. 9.

[36] Vgl. M. Caroll-Spillecke, Kölner Jahrb. 26, 1993, 353 f. 427 Nr. 48–50; 53–54 Abb. 32, 4–6; 33, 1–2.

[37] Bakker, Haus Bürgel 1 ff. Abb. 1, 6–8. 10–12; 5, 6. 10; 6, 6–8. 11–12. Zweizeiliges Kleinrechteckmuster ebd. 4 Abb. 3 Stempel E. – Fußschale aus Remagen, s. S. Friedrich in: H.-H. Wegner (Hrsg.), Ber. Arch. an Mittelrhein u. Mosel 16 (Koblenz 2010) 232 Nr. 66;

344 Taf. 79, 66. – Hambach 132 s. M. Brüggler, Villa rustica, Glashütte und Gräberfeld. Rhein. Ausgr. 63 (Mainz 2009) 381 Taf. 78, BAVI.240; 403 Taf. 83, GRU30.7 aus der nördl. Glashütte; 448 Taf. 107, 60.7 aus Grab 60 (freundliche Hinweise von Frau Brüggler). – Auch aus Jülich, Starenweg s. Gottschalk, Spätrömische Gräber (Anm. 22) 37 f. 338 Taf. 95, Grab B 6 Nr. 2.

[38] Bakker, Haus Bürgel 4 f.

[39] Die Nutzung des Burgusareales um die Mitte des 4. Jhs. lässt sich m. E. auch anhand einiger Stücke der rauwandigen Keramik des Kochtopfes Alzey 27 erkennen, so die Randprofile bei Hinz/Hömberg, Asperden 181 f. Abb. 8, 20. 24–27.

[40] Hinz/Hömberg, Asperden 173 f. und Gesamtplan Abb. 2.

zeitlich allerdings nicht fixierbare Holzbaukonstruktion mit rechteckigem Eckturm durch eine jüngere Steinmauer mit runden Türmen ersetzt worden ist«[41]. Zu dieser ersten Phase des Burgus werden die frühen Asperdener Rädchensigillaten gehören, insbesondere auch die unterhalb am Hang und am alten Flussbett geborgenen Stücke, die auf jeden Fall älter als die Zeit Valentinians I. sind und vermutlich um die Mitte des vierten Jahrhunderts entstanden.

Damit zeigt sich wohl eine Parallelität zum Bau der Maasbrücke von Cuijk: Nach dem dendrochronologischen Befund der Brückenhölzer wurde sie mit der ersten Bauphase unter Constans 347–349 n. Chr. errichtet[42]. Von ihr ausgehend führte über Gennep die sicherlich daraufhin über Asperden nach Qualburg zum Rhein ausgebaute Römerstraße[43]; dies bedeutet, dass der Bau der Cuijker Maasbrücke unter Kaiser Constans kurz vor der Mitte des vierten Jahrhunderts und die erste Errichtung des Burgus von Asperden in seiner Holzkonstruktion mit dem mutmaßlichen Niersübergang unmittelbar zusammenhängen.

Wie lange diese erste Phase des Burgus von Asperden Bestand hatte, kann bisher kaum erschlossen werden. Wahrscheinlich ist sie schon sehr bald nach ihrem mutmaßlichen Baubeginn von 348/349 den Frankeneinbrüchen und Wirren der Zeit 352/355 zum Opfer gefallen, wie dies auch für die Großfestung in der Colonia Ulpia Traiana von Xanten der Fall war. Für die Errichtung dieser ersten Asperdener Burgusanlage vor der Mitte des vierten Jahrhunderts und ihre wohl nur kurze Funktionszeit mögen auch die verhältnismäßig wenigen Fundmünzen aus der Zeit vor der Mitte des vierten Jahrhunderts sprechen[44]. Aus den Jahren der Rückeroberung der Rheingrenze von eingebrochenen Franken und Alamannen durch Caesar und Kaiser Julian bietet der Burgus von Asperden keine Anhaltspunkte: Der Platz war zu dieser Zeit offensichtlich unbesetzt.

---

[41] Hinz/Hömberg, Asperden 174. Unter dem Steinfundament des Innenturmes wurden keine Spuren der Holzbauphase erkannt. Sie dürften dem Fundamentaushub der jüngeren Steinbauphase zum Opfer gefallen sein.

[42] Vgl. zusammenfassend Goudswaard u. a., Cuijk 538 f. 541.

[43] Zu dieser Straßenverbindung Goudswaard u. a., Cuijk 534. – Die Befestigung von Qualburg ist älter, wie u. a. die dortigen Funde an Rädchensigillata zeigen. Sie entstand vermutlich schon im letzten Drittel des 3. Jhs. und war in konstantinischer Zeit, wie das unter Konstantin d. Gr. erbaute Kastell in Cuijk selbst, militärisch besetzt. Zu Qualburg zusammenfassend H. G. Horn in: J. E. Bogaers / C. B. Rüger, Der Niedergermanische Limes. Materialien zu seiner Geschichte. Kunst u. Alt. am Rhein 50 (Köln 1974) 96 ff.

[44] Fundmünzen der Grabung 1964 s. U. Hagen / W. Hagen, Bonner Jahrb. 165, 1965, 284 f., so zwei Prägungen 335/337 bzw. 337/340. – Münzen der Grabung 1965 s. A. Geißen in Hinz/Hömberg, Asperden 208 Nr. 3–6 zwischen 330/335 und 341/346. Diese sechs Münzen von Hinz/Hömberg, Asperden 191 f. »mit großer Wahrscheinlichkeit als noch kursierendes Altgeld« bezeichnet. – Vgl. zu den neueren Fundmünzen den Beitrag von Claudia Klages zum Aufsatz von Marion Brüggler in diesem Band.

[45] Eine Parallele zu Asperden bietet der Burgus von Heumen-Heumensoord an der von der Cuijker Brücke nach Noviomagus (Nimwegen) führenden Straße. Auch hier scheint die ältere Holzkonstruktion in valentinianischer Zeit durch einen Steinbau ersetzt worden zu sein. Vgl. J. E. Bogaers in: Bogaers/Rüger, Limes (Anm. 43) 81 ff. Abb. 24–25.

[46] Vgl. Goudswaard u. a., Cuijk 539 ff.

[47] Bakker, Schiffsländen 146–148, Anteil der Terra sigillata in Niederlahnstein rund ein Viertel, im Zullenstein knapp dreißig Prozent vom gesamten Keramikgeschirr.

[48] Keramik von Qualburg aus der zweiten Hälfte des 5. Jhs. und dem frühen 6. Jh. s. H. von Petrikovits, Bonner Jahrb. 142, 1937, 325 ff. = ders., Beitr. röm. Arch. Gesch. 1931–1974. Bonner Jahrb. Beih. 36 (Bonn 1976) 53–68; hier 60 f.: ›Qualburg A‹ (›rotgestrichene‹ Engobeware, die erst nach der Mitte des 5. Jhs. aufkommt = K. Böhner, Die fränkischen Altertümer des Trierer Landes [Berlin 1958] Typus A 3); ›Qualburg B‹ (Wölbwandtopf spätes 5. Jh. bzw. frühes 6. Jh. = Weiterentwicklung des rauwandigen Topfes Alzey 32/33). – Anhand seiner Auswertung einerseits der Edelmetallmünzfunde, andererseits fehlender Eintragungen in der Notitia dignitatum nimmt Max Martin an, dass in der Provinz Germania II nördlich der Achse Köln–Maastricht–Tongeren–Bavai in den ersten Jahrzehnten des 5. Jhs. (zumindest bis 423 n. Chr.) keine römischen Truppen stationiert waren und keine geordnete Militärstruktur mehr bestand, s. M. Martin in: M. Müller (Hrsg.), Xantener Ber. 15 (Mainz 2009) 1–50, bes. 32 ff. 41. Dies kann in dieser deutlichen Aussage anhand der in jener Zeit besetzten Burgi von Moers-Asberg und Asperden, der Funde aus Qualburg, aber auch der Grabungsergebnisse im Kastell und Gräberfeld von Krefeld-Gellep wohl kaum zutreffen und sollte neu überdacht werden. Eine ähnliche Ansicht wie Martin vertreten Otten/Ristow, Xanten (s. Anm. 30) 567: »Militärisch hat der untere Niederrhein gegen Ende des 4. und im 5. Jahrhundert für die römische Strategie keine Bedeutung mehr«. Gerade die Existenz der Burgi von Moers-Asberg und Asperden während dieser Zeit wie auch der Befestigung auf dem Dorfhügel von Qualburg steht dazu im Gegensatz und bezeugt sehr wohl eine militärische Kontrolle der geographischen Engstelle zwischen Maas und unterem Niederrhein sowie der Rheingrenze selbst bis nach Nimwegen, durchgehend bis um 450/460 n. Chr. (bezeugt u. a. durch die Rädchensigillata aus dem verfüllten Befestigungsgraben auf dem Lindenberg aus der ersten Hälfte bis Mitte des 5. Jhs.).

Die zweite Bauphase des Burgus bei Asperden, der jetzt einen in Stein errichteten Turm mit vier inneren Stützpfeilern und eine mit Rundtürmen verstärkte Umfassungsmauer besaß, begann in der Zeit Valentinians I. um 369/370 n. Chr.[45] Sein jetzt massiver Ausbau mag wiederum mit der auf Frühjahr 369 festgelegten Erneuerung der Römerbrücke von Cuijk und der dortigen Kastellverstärkung durch Valentinian I. in Verbindung stehen[46]. Dies deckt sich mit dem vorhandenen Bestand an Rädchensigillata: Zwei Drittel der Asperdener Argonnenware, sechsundzwanzig von etwa vierzig registrierten Gefäßen, lassen sich in diese jüngere Nutzungsphase des Asperdener Burgus und des Glashüttenbereiches am unteren Hangfuß datieren.

Aus beiden Arealen gehören die jüngsten Rädchensigillaten in die erste Hälfte des fünften Jahrhunderts. Wie oben zu den einzelnen Rollstempeln dargelegt, dürfte ihr Gebrauch um etwa 430 n. Chr. enden. Damit zeigt sich, dass die Wehranlage zur Sicherung des Straßenknotenpunktes bei Asperden bis zu dieser Zeit von einer vielleicht zwanzig bis dreißig Mann starken militärischen Einheit gehalten wurde.

Dabei mögen zeitweise durchaus Germanen im römischen Dienst an der Bewachung des Straßenpostens beteiligt gewesen sein. Dafür könnten die Terra-nigra-Gefäße wie Fußschalen Chenet 342 (Kat. 49 und 50) oder das rädchenverzierte Schüsselbruchstück (Kat. 48) im Fundbestand sprechen. Für die Anwesenheit spätrömischer Soldaten spricht der hohe Anteil der Argonnensigillata am gesamten Keramikgeschirr dieses Platzes, vergleichbar mit dem Geschirrbestand der valentinianischen Schiffsländen Niederlahnstein und Biblis-Zullenstein[47]. Eine Unterbrechung der Besatzung im steinernen Burgus der zweiten Bauphase zwischen Valentinian I. und etwa 430 n. Chr. ist anhand des Fundgutes nicht erkennbar.

Von einem früheren Ende der Militärpräsenz am Niederrhein schon gegen 400 oder 408/411 ist nicht auszugehen, zumal die Befestigung im nahen Qualburg am römischen Rheinlauf wohl bis gegen die Mitte des fünften Jahrhunderts besetzt war und dort die Siedlungskontinuität über die zweite Jahrhunderthälfte bis in das sechste Jahrhundert anhand der Gefäßkeramik nachweisbar ist[48]. Die im Schutz des Burgus angelegte Glashütte arbeitete, wie die Rädchensigillata aus dem Bereich der beiden Öfen anzeigt, im frühen fünften Jahrhundert, wohl zwischen 400 und 420/430 n. Chr., erkennbar auch an den dort produzierten Glasbechern vom Typus Helle (vgl. den Beitrag von Marion Brüggler und Thilo Rehren in diesem Band).

Der Burgusanlage bei Asperden, etwa auf halber Strecke zwischen Gennep und Qualburg gelegen, kam bis um 430 n. Chr. in der militärischen Sicherung der strategisch wichtigen Straßenverbindung zwischen Maas und Rhein ein nicht zu unterschätzender Rang zu.

Was in der Zeit militärischer Erfolge gegen die Franken während der Epoche des Heermeisters Aëtius und insbesondere in den Jahren 428–432 zur Aufgabe oder möglicherweise zur Zerstörung dieser Befestigung führte, bleibt noch zu klären. Vielleicht könnte die Durchsicht der gesamten Gefäßkeramik auf sekundäre Brandspuren in dieser Frage hilfreich sein. Möglich wäre aber auch, dass sich nach den Bündnisverträgen des Aëtius mit den Franken der direkte römische Militärschutz erübrigt hatte und Gebiets- und Straßenkontrolle nunmehr den foederierten Franken übertragen war. Dafür könnte auch die Funktion der fränkischen Ansiedlung Stamelberg in Gennep sprechen. Alles in allem zeigt sich am Burgus von Asperden deutlich, dass auch der untere Niederrhein in der spätrömischen Grenzverteidigung am Rhein und in seinem Hinterland bis zur sogenannten zweiten Verteidigungslinie an der Maas noch weit in das fünfte Jahrhundert eine wichtige Rolle spielte. Dabei kam der Straßenverbindung und damit dem Burgus von Asperden zwischen Qualburg am Rhein sowie Gennep und Cuijk an der Maas besondere Bedeutung zu.

Dr. Lothar Bakker, Albert-Schweitzer-Straße 7, 86438 Kissing

Resümee. Die Ausgrabungen am Burgus von Goch-Asperden (vgl. den Beitrag von Marion Brüggler) und der zugehörigen Ansiedlung mit Glashütte erbrachten Fragmente von etwa vierzig Rädchensigillatagefäßen, allen voran aus den Werkstätten von Les Allieux in Vauquois. Die einunddreißig identifizierten Rollstempel wurden von 340/350 bis 420/430 n. Chr. benutzt, knapp ein Drittel der Gefäße ist in die Spätzeit der konstantinischen Dynastie zu datieren. Ein deutlicher Schwerpunkt fällt in die Periode der Zeit Valentinians I. bis um 420/430. Dies bestätigt die Datierung der ersten Holzkonstruktion um 347/349 in Zusammenhang mit dem Bau der Maasbrücke von Cuijk sowie des Straßenbaus nach Qualburg, und ebenso die Zeitstellung des nach der Zerstörung von 352/355 um 369/370 erbauten steinernen Burgus, der wohl bis um 420/430 durchgehend militärisch besetzt war. Die Rädchensigillaten aus dem Bereich der beiden Glasöfen deuten auf deren Betrieb in den ersten Jahrzehnten des fünften Jahrhunderts. Die gut datierbaren Gefäße bezeugen somit die Bedeutung des Asperdener Burgus an der von Cuijk ausgehenden Straße zwischen Maas und Rhein bis um 430 für die spätantike Militärsicherung des Niederrheines zwischen Köln und Nimwegen. Die Belieferung mit verzierter Argonnensigillata endete dagegen etwa in der Qualburger Befestigung erst um 450/460, wie nahezu überall an der spätrömischen Rheingrenze.

Conclusion. The excavations at the burgus of Goch-Asperden (cf. the contribution by Marion Brüggler) and at the adjacent settling with a glass kiln have yielded the fragments of about forty sigillata bowls with small-wheel decoration, especially from the workshops at Les Allieux in Vauquois. The identified thirty-one roller stamps were in use from 340/350 to 420/430 A. D. A narrow third of the pots is to be dated in the late Constantinian Dynasty. Their core period is from the reign of Valentinian I until 420/430, which is confirmed by the dating of the first timber construction, erected about 347/349 – parallel to the building of bridge over the Maas at Cuijk and the street to Qualburg – and destroyed around 352/355, and of the stone burgus, newly built about 369/370. The wheel-decorated sigillata from both the glass kiln areas allow to date their time of running in the first decades of the fifth century. Thus the vessels testify the importance of the Asperden burgus near the road between the Meuse and the Rhine for the late antique military safeguarding of the Lower Rhine area between Cologne and Nijmegen until about 430. But the supply of decorated Argonne sigillata continued until about 450/460 in the Qualburg fortification, as all over the late Roman Rhine frontier.

Résumé. Les fouilles du burgus de Goch-Asperden et de l'agglomeration relatif avec sa verrerie (voir la contribution de Marion Brüggler), ont mis au jour quarante fragments de terre sigillée décorée à la molette, la plupart fabriquées dans les ateliers de Les Allieux en Vauquois. Les trente-uns cachets à rouleau qui ont pu être identifiés ont été utilisés de 340/350 jusqu'en 420/430 après J.-C. Juste un tiers des récipients datent de la fin de la dynastie Constantinienne, surtout de l'époque de Valentinian I jusqu'en 420/430. Ce fait confirme la date de la première construction en bois d'environ 347/349 – née en connexe ave la construction du pont du Meuse à Cuijk et de la route a Qualburg – et par celle du burgus construit en pierre vers 369/370 après la destruction de 352/355, qui jusqu'en 420/430 est occupé continuellement par le militaire. Les récipients décorés à la molette qui ont été trouvés dans les environs des deux fourneaux font preuve de leur activité dans les premières décades du cinquième siècle. De cette façon, ces récipients bien datés prouvent l'importance du burgus d'Asperden au bord de la route qui part de Cuijk, reliant jusqu'en 430 la Meuse et le Rhin – une route qui, à la fin de l´Antiquité, servait à la protection militaire de la Basse Rhénanie entre Cologne et Nimègue. Dans la fortification de Qualburg, par contre, la livraison des recipients décorés de terre sigillée d'Argonne trouve sa fin seulement en 450/460, comme presque partout le long de la frontière du Rhin à cette époque-là.

Abkürzungen

Alzey	Siehe Unverzagt, Alzey.
Bakker, Bad Kreuznach	L. Bakker, Rädchenverzierte Argonnen-Terra-sigillata aus dem Kastell Bad Kreuznach. In: P. Jung / N. Schücker (Hrsg.), Utere felix vivas. Festschrift für Jürgen Oldenstein. Univ.forsch. Prähist. Archäologie 208 (Bonn 2012) 1–22.
Bakker, Breisach	L. Bakker, Die rädchenverzierte Argonnensigillata vom Münsterberg in Breisach. In: M. Zagermann, Der Münsterberg in Breisach III. Die römerzeitlichen Befunde und Funde der Ausgrabungen Kapuzinergasse (1980–1983), Rathauserweiterung/Tiefgaragenneubau (1984–1986) und der baubegleitenden Untersuchungen am Münsterplatz (2005–2007). Münchner Beiträge Vor- u. Frühgesch. 60 (München 2010).
Bakker, Haus Bürgel	L. Bakker, Spätrömische Terra nigra mit Rollstempeldekor aus Kastell ›Haus Bürgel‹ bei Monheim-Baumberg, Kreis Mettmann (Nordrhein-Westfalen/D). In: P. Henrich / Ch. Miks / J. Obmann / M. Wieland (Hrsg.), Non solum … sed etiam. Festschrift für Thomas Fischer zum 65. Geburtstag (Rahden/Westf. 2015) 1–10.
Bakker, Kaiserthermen	L. Bakker, Die rädchenverzierte Argonnensigillata aus dem Westteil der Trierer Kaiserthermen. Trierer Zeitschr. 77/78, 2014/15, 201–226.
Bakker, Kindsbach	L. Bakker, Rädchenverzierte Argonnensigillata vom ›Großen Berg‹ bei Kindsbach, Kr. Kaiserslautern. In: A. Zeeb-Lanz / R. Stupperich (Hrsg.), Palatinatus Illustrandus. Festschrift für Helmut Bernhard zum 65. Geburtstag. Mentor 5 (Mainz/Ruhpolding 2013) 224–243.
Bakker, Köln	L. Bakker, Rädchenverzierte Argonnen-Terra-sigillata. In: S. Ristow, Die frühen Kirchen unter dem Kölner Dom. Befunde und Funde vom 4. Jahrhundert bis zur Bauzeit des Alten Domes. Studien Kölner Dom 9 (Köln 2002) 109–123; 535–550 Taf. 17–29.
Bakker, Sankt Gereon	L. Bakker, Spätrömische Rädchen-Terra-sigillata in Köln: Funde von St. Gereon, Breite Straße und Heumarkt. Kölner Jahrb. 47, 2014, 215–236.
Bakker, Schiffsländen	L. Bakker, Spätrömische Schiffsländen am Rhein: Die Burgi von Niederlahnstein und Biblis ›Zullenstein‹. In: H.-H. Wegner (Hrsg.), Berichte Archäologie an Mittelrhein u. Mosel 20 (Koblenz 2014) 33–155.
Böhme, Grabfunde	H. W. Böhme, Germanische Grabfunde des 4. bis 5. Jahrhunderts zwischen unterer Elbe und Loire. Studien zur Chronologie und Bevölkerungsgeschichte. Münchner Beiträge Vor- u. Frühgesch. 19 (München 1974).
Brüggler A–E	Siehe den Aufsatz von Marion Brüggler in diesem Band, verwiesen wird auf die Katalogteile.

Brulet/Feller, Avocourt	R. Brulet / M. Feller, Recherches sur les ateliers de céramique gallo-romains en Argonne 2. Le site de production d'Avocourt 3 (Prix-des-Blanches), zone fouillée. Arch. Mosellana 5 (Metz 2003) 301–451.
Chenet, Argonne	G. Chenet, La céramique gallo-romaine d'Argonne du IVe siècle et la terre sigillée décorée à la molette. Fouilles et documents d'archéologie antique en France I (Mâcon 1941). – Bei Form- und Dekorbestimmungen verkürzt zu ›Chenet‹, die in der Nummerierung von Unverzagt, Rädchenverzierung durch Chenet fortgeführten Dekorbestimmungen (1–222) verkürzt zu ›Unverzagt/Chenet‹.
Feller/Brulet, Allieux	M. Feller / R. Brulet, Recherches sur les ateliers de céramique gallo-romains en Argonne 1. Prospection-inventaire dans le Massif de Hesse et le site de production des Allieux 1. Arch. Mosellana 3 (Esch-sur-Alzette 1998) 229–368.
Goudswaard u. a., Cuijk	B. Goudswaard / R. A. C. Kroes / H. S. M. van der Beek, The Late Roman bridge at Cuijk. Ber. ROB 44, 2000–01, 439–545.
Gricourt, Bavai 1950	J. Gricourt, La terre sigillée argonnaise du IVe siècle, décorée à la molette, à Bavai (Nord). Gallia 8, 1950, 55–76.
Gricourt u. a., Bavai 1977	J. Gricourt / D. Piton / D. Bayard, La sigillée d'Argonne décorée à la molette à Bavai (Nord). Cahiers Arch. Picardie 4, 1977, 205–219.
Hinz/Hömberg, Asperden	H. Hinz / I. Hömberg, Ausgrabung eines spätrömischen Burgus in Asperden, Kreis Kleve. In: Beiträge zur Archäologie des römischen Rheinlands. Rhein. Ausgr. 3 (Düsseldorf 1968) 167–212.
Hübener, Rädchensigillata	W. Hübener, Eine Studie zur spätrömischen Rädchensigillata (Argonnensigillata). Bonner Jahrb. 168, 1968, 241–298. – Bei Keramikbestimmungen verkürzt zu ›Hübener‹.
Piton/Bayard, Nord-Ouest	D. Piton / D. Bayard, La sigillée d'Argonne décorée à la molette dans le Nord-Ouest de la France. Cahiers Arch. Picardie 4, 1977, 221–275.
Unverzagt, Alzey	W. Unverzagt, Die Keramik des Kastells Alzei (sic!). Mat. röm.-germ. Keramik H. 2 (Frankfurt a. M. 1916, Nachdr. Bonn 1968). – Bei Formbestimmungen verkürzt zu ›Alzey‹.
Unverzagt, Rädchenverzierung	W. Unverzagt, Terra sigillata mit Rädchenverzierung. Mat. röm.-germ. Keramik H. 3 (Frankfurt a. M. 1919; Nachdr. Bonn 1968). – Bei Dekorbestimmungen verkürzt, und zwar durchwegs in der Form ›Unverzagt/Chenet‹, s. o. Chenet, Argonne.

Bildrechte. Tafel 3, 15; 5, 29; 6, 37. 38 LMB, Ausführung Jürgen Vogel. – Alle übrigen ABR, Ausführung Till Königs.

Katalog

Zu den neueren Ausgrabungen von 2006/2007 vgl. den Fundkatalog von Marion Brüggler zum Beitrag im vorliegenden Band mit den einzelnen Fundstellenangaben (NI 2006/0067) sowie die Bemerkungen zu den beiden Lesefundkomplexen (NI 2003/0030 und 2007/0157).

Argonnensigillata

Auf die fast durchgehend gegebene Formbestimmung ›Schüssel Alzey 1 / Chenet 320‹ ist verzichtet, nur die abweichende Form beim Stück Kat. 8 ist erwähnt. Es folgt jeweils die Benennung des Rollstempels sowie der Herstellungsort, soweit identifizierbar. Genannt wird auch, sofern möglich, die Anzahl der Stücke gleicher Form und Dekoration im ›Corpus‹ einschließlich des Asperdener Exemplars sowie eine Auswahl der betreffenden Fundorte.

Kleinrechteckmuster (Hübener Gruppe 2)

(1) Wandfragment unten (Tafel 1)
Stempel Bavai 17 s. Gricourt, Bavai 1950, 69 Nr. 17 Abb. 4, 17 = Gricourt u. a., Bavai 1977, 205 Nr. 23 Taf. 3, 23; 266 Taf. 43, 17 = ›Corpus‹ NS 1398 (unvollständig).
46 Gefäße, u. a. Maastricht und Nimwegen (NL); Tongeren (B); Dalheim (L); Hérapel bei Cocheren, Louvres und Mercin-et-Vaux (F); Altrip, Bedburg-Harff, Bonn, Dormagen, Echzell, Holsthum, Köln, Köln-Deutz, Krefeld-Gellep, Tawern und Trier (D); Chur und Pfyn (CH).
Um 330–350/360 n. Chr.
Brüggler E: NI 2007/0157.14 (Lesefund).

Schrägstrichmuster (Hübener Gruppe 3)

(2) Drei Wandfragmente (Tafel 1)
Stempel Unverzagt/Chenet 12 (vollständig).
27 Gefäße, u. a. Maastricht (NL); Tongeren (B); Bliesbrücken (F); Bonn, Dormagen, Gersheim-Reinheim, Köln, Köln-Deutz, Haus Bürgel bei Monheim-Baumberg, Trier, Wiesbaden-Breckenheim (D).
Um 330–350/360 n. Chr.
Inv. 1964.124c (Schnitt 6); 1964,139d (2x; Schnitt 10, ›Bohlenweg‹). – Hinz/Hömberg, Asperden 196 Fundnr. 14; 199 Fundnr. 29. – Brüggler E: 1964.139.11.

(3) Wandfragment (Tafel 1)
Stempel Unverzagt/Chenet 12 (vollständig).
Fundorte und Datierung wie hier Kat. 2.
NI 2006/0067/29-14 (Suchschnitt im verlandeten Niersbett: Lesefund). – Brüggler C: 29.123, Abb. 20.

(4) Fragmente von (Tafel 1)
Boden und Wandung unten
Bodendm. 9 cm.
Stempel Unverzagt/Chenet 12 (vollständig).
Fundorte und Datierung wie hier Kat. 2.
NI 2006/0067/1-8 und NI 2006/0067/16-9 (Hang und Niersbett; Suchschnitt). – Brüggler D: 1-8.1 und 16.3, Abb. 20.

(5) Wandfragment oben (Tafel 2)
Stempel Unverzagt/Chenet 6 (unvollständig).
Herstellungsort: Lavoye? (Chenet).
21 Gefäße, u. a. Tongeren (B); Bavai; Bliesbrücken, Paris (F); Alzey, Krefeld-Gellep, Konstanz, Trier (D); wahrscheinlich Rheinfelden (CH).
Um 330–350/360 n. Chr.
Inv. 1964.139c (Schnitt 10, ›Bohlenweg‹). – Hinz/Hömberg, Asperden 199 Fundnr. 29. – Brüggler E: 1964.139.11.

(6) Bodenfragment (Tafel 2)
Bodendm. 7 cm.
Stempel Chenet 243 (unvollständig).
Herstellungsort: Vauquois, Les Allieux (Chenet).
37 Gefäße, u. a. Heerlen, Maastricht (NL); Furfooz (B); Bavai, Melun, Rouen, Sens (F); Alzey, Jülich, Niederburg bei Kobern-Gondorf, Köln, Zülpich (D).
Ende 4. Jh. bis erste Hälfte oder erstes Drittel 5. Jh.
Brüggler E: NI 2003/0030.150 (Lesefund).

(7) Randfragment, vielleicht zu Kat. 2 gehörig.
Vom Stempel sind erhalten vier Felder eines Schrägstrichmusters mit wechselnden Feldern.
Vermutlich 320/330–350/360 n. Chr.
Inv. 1964.124a (Schnitt 6; 1976 und 2014 nicht mehr aufgefunden, s. u.). – Hinz/Hömberg, Asperden 196 Fundnr. 14; 179 Abb. 5, 17.

(8) Randfragment Teller Alzey 12 / Chenet 313.
Stempel: undeutliches Schrägstrichmuster (unvollständig).
Vermutlich 320/330–350/360 n. Chr.
Inv. 1964.129c (Burgus, Schnitt 8). – Hinz/Hömberg, Asperden 197 Fundnr. 19; 180 Abb. 7, 8.

Grätenmuster

(9) Wandfragment (Tafel 3)
Stempel Chenet 299 (vollständig).
Herstellungsort: Vauquois, Les Allieux-B (Chenet und Lesefund Privatslg. Pierre Engel, Fribourg (Schweiz); Vauquois, Les Allieux 1 (Feller/Brulet, Allieux 328 Nr. 23 Abb. 48 und Prospektion Univ. Paris I / Stiftung RAAP Amsterdam 1997–1999, unpubliziert).
115 Gefäße, u. a. Maastricht (NL); Dourbes, Liberchies, Oudenburg, Tongeren (B); Diekirch, Mamer (L); Amiens, Bavai, Bayeux, Boulogne-sur-Mer, Hérapel bei Cocheren, Orléans, Paris, Poitiers, Rouen, St. Malo-Alet (F); Bergheim-Thorr, Bonn, Villa Hambach 132 bei Elsdorf-Heppendorf, Frankfurt a. M., Großer Berg bei Kindsbach, Köln, Heidenburg bei Kreimbach-Kaulbach, Haus Bürgel bei Monheim-Baumberg, Trier, Worms (D). – Zu Hérapel: lt. Unverzagt, Rädchenverzierung 38; 48 Muster 156 mit unbekanntem Fundort; Schüssel Chenet 320, Berlin, Staatl. Mus., Antikenslg. (Slg. Böcking, Nr. 2320x, Fundangabe A 24 Nr. 30).
320/330 bis Mitte 4. Jh.
NI 2006/0067/16-9 (Suchschnitt). – Brüggler D: 16.2, Abb. 20.

Muster aus Horizontal-, Vertikal- und Schrägstrichfeldern (Hübener Gruppe 4)

(10) Kleines Randfragment (Tafel 2)
Stempel sehr wahrscheinlich Unverzagt/Chenet 28 (unvollständig).
Herstellungsort: Vauquois, Les Allieux 1 (Feller/Brulet, Allieux 329 Nr. 58 Abb. 51 und Prospektion Univ. Paris I/Stiftung RAAP Amsterdam 1997–1999, unpubliziert).
214 Gefäße, u. a. Gennep, Heerlen, Maastricht, Nimwegen (NL); Éprave, Dourbes, Herstal, Namur (B); Echternach, Rosport, Vianden (L); Avranches, Bavai, Bayeux, Bliesbrücken, Chartres, Château-Thierry, Illzach, Metz, Paris, Rouen, Saint Malo - Alet, Sens, Straßburg, Vix (F); Aldenhoven-Niedermerz, Altrip, Alzey, Aschaffenburg, Runder Berg bei Bad Urach, Bedburg-Hau - Qualburg, Bonn, Boppard, Dormagen, Echzell, Glauberg bei Glauburg, Heusenstamm, Jülich-Bourheim, Kahl a. Main, Koblenz, Köln, Köln-Deutz, Krefeld-Gellep, Kretz, Lahnstein-Niederlahnsteiner Schiffslände, Mainz, Haus Bürgel bei Monheim-Baumberg, Nettersheim, Seligenstadt, Speyer, Trier, Weberstedt (Thüringen), Wiesbaden, Worms, Zülpich (D); Basel, Sion (CH).
Ende 4. Jh. bis erste Hälfte 5. Jh.
Brüggler E: NI 2003/0030.150 (Lesefund).

(11) Randfragment und (Abb. 1; Tafel 2)
Bodenfragment, aneinanderpassend
Randdm. 19, 5 cm, Bodendm. 7 cm. Am Boden sekundäre Brandspuren.
Stempel Unverzagt/Chenet 30 (vollständig).
Herstellungsort: Vauquois, Les Allieux 1 (Feller/Brulet, Allieux 329 Nr. 61–62 Abb. 51); Vauquois, Les Allieux (Prospektion Univ. Paris I/Stiftung RAAP Amsterdam 1997–1999 und Lesefund Privatslg. Pierre Engel, Fribourg, CH).
91 Gefäße, u. a. Gennep, Maastricht (NL); Pry, Tongeren (B); Amiens, Bavai, Bayeux, Oedenburg bei Biesheim-Kunheim, Illzach, Metz, Paris, Rouen und Sens (F); Altrip, Bad Kreuznach, Boppard, Dormagen, Echzell, Eisenberg, Kahl a. Main, Niederburg bei Kobern-Gondorf, Schiffslände bei Lahnstein-Niederlahnstein, Krefeld-Gellep, Mainz, Haus Bürgel bei Monheim-Baumberg, Petersberg bei Neef, Nidderau-Heldenbergen, Rheinzabern, Kastell von Sponeck bei Sasbach-Jechtingen (s. Kat. 12), Trebur, Trier, Worms, Zülpich (D); Yverdon (CH).
Ende 4. Jh. bis erste Hälfte 5. Jh.
Inv. 1964.135b (Ofen; Randfragment) und NI 2006/0067/164-10 (Glasofen; Niersbett). –

Hinz/Hömberg, Asperden 198 Fundnr. 25; 179 Abb. 5, 4 (Rand). – Brüggler B: 164.7, Abb. 20.

(12) Kleines Wandfragment

Stempel Sponeck 6, s. L. Bakker in: R. M. Swoboda, Die spätrömische Befestigung Sponeck am Kaiserstuhl. Münchner Beitr. Vor- u. Frühgesch. 36 (München 1986) 94 ff. Abb. 56–58 Nr. 6 = ›Corpus‹ NS 1038 (unvollständig).

56 Gefäße, u. a. Maastricht (NL); Furfooz (B); Moersdorf (L); Amiens, Oedenburg bei Biesheim-Kunheim, Bourges, Paris, Senlis, Straßburg (F); Augsburg, Bitburg, Breisach, Lorenzberg bei Denklingen-Epfach, Isny, Köln-Deutz, Köln-Poll, Mainz, Haus Bürgel bei Monheim-Baumberg, München-Grünwald, Trier, Zülpich (D); Bregenz (A); Vindonissa (Windisch; CH).

Ende 4. Jh. bis erstes Drittel 5. Jh.

Inv. 1964.131c (Schnitt 11, am Ofen). – Hinz/Hömberg, Asperden 197 f. Fundnr. 21; 179 Abb. 5, 15; 6, 2.

(13) Wandfragment oben (Tafel 3)

Stempel Unverzagt/Chenet 88 (vollständig).

Herstellungsort: Vauquois, Les Allieux-Clairière (Chenet).

37 Gefäße, u. a. Maastricht, Wijchen (NL); Tongeren (B); Bavai, Oedenburg bei Biesheim-Kunheim, Marolles-sur-Seine, Straßburg (F); Alzey, Dormagen, Frankfurt a. M., Jülich-Bourheim, Köln, Krefeld-Gellep, Leiwen, Burghöfe bei Mertingen, Mörfelden-Walldorf, Newel, Tawern, Trebur, Trier (D).

Erste Hälfte 5. Jh.

Brüggler E: NI 2003/0030.0150 (Lesefund).

Muster mit Gittermotiven

(14) Randfragment (Tafel 3)

Dm. 16 cm.

Stempel: bisher unbekanntes Muster aus Gitter- und Schrägstrichfeldern = ›Corpus‹ NS 2012 (unvollständig).

11 Gefäße, u. a. Maastricht (NL); Matagne-la-Petite? (B); Moersdorf (L); Beaumont-sur-Oise, Chamarande (F); Aachen, Mainz, Trier (D). – Zu Trier vgl. Bakker, Kaiserthermen 219 Nr. 75 Abb. 13.

Zweite Hälfte 4. Jh. bis frühes 5. Jh.

Inv. 1964.139b (Schnitt 10, ›Bohlenweg‹). – Hinz/Hömberg, Asperden 199 Fundnr. 29; 179 Abb. 5, 10. – Brüggler E: 1964.139.9.

(15) Wandfragment (Tafel 3)

Stempel Amiens 223 (Variante von Unverzagt/Chenet 81/82), s. Piton/Bayard, Nord-Ouest 237 Nr. 223 Taf. 19, 223 = ›Corpus‹ NS 3046 (vollständig).

35 Gefäße, u. a. Mucking (GB), Maastricht (NL); Aulnay-sur-Vesle, Oedenburg bei Biesheim-Kunheim, Bliesbrücken, Herbeville, Marmoutier, Paris (F); Alzey, Bad Kreuznach, Bingen-Kempten, Bonn, Köln, Köln-Deutz, Krefeld-Gellep, Lahnstein-Niederlahnsteiner Schiffslände, Petersberg bei Neef, Neumagen, Trier (D).

Spätes 4. Jh. bis erstes Drittel 5. Jh.

Inv. 1965.209 (Burgus, Schnitt 23). – Hinz/Hömberg, Asperden 204 Fundnr. 54 (dort als Unverzagt/Chenet 81 angesprochen); 179 Abb. 5, 11.

Andreaskreuzmuster (Hübener Gruppe 5)

(16) Wandfragment (Tafel 3)

Stempel Unverzagt/Chenet 45=49 (vollständig).

Herstellungsort: Vauquois, Les Allieux-Clairière (Chenet).

48 Gefäße, u. a. Maastricht (NL); Steinfort (L); Amiens, Bavai, Bliesbrücken, Boulogne-sur-Mer, Guichainville, Paris, Rouen (F); Alzey, Bonn, Echzell, Jünkerath, Krefeld-Gellep, Mainz, Newel, Wachenheim, Weberstedt (Thüringen), Worms, Zweibrücken-Niederauerbach, Zülpich (D); Yverdon (CH).

Spätes 4. Jh. bis erstes Drittel 5. Jh.

Brüggler E: NI 2003/0030.150 (Lesefund).

(17) Wandfragment (Tafel 4)

Sekundäre Brandspuren.

Stempel Unverzagt/Chenet 45=49 (unvollständig).

Herstellungsort, Fundorte und Datierung wie hier Kat. 16.

Brüggler E: NI 2007/0157.14 (Lesefund).

(18) Vier Wandfragmente (Tafel 4)

Stempel Asperden 1 = ›Corpus‹ NS 1151 (vollständig).

Herstellungsort: Avocourt 3 (Brulet/Feller, Avocourt 384 Nr. 70 Abb. 63; 434 Abb. 86, AV. ZF.70).

22 Gefäße, u. a. Maastricht, Nimwegen (NL); Liberchies (B); Aspelt (L); Oedenburg bei Biesheim-Kunheim, Evreux, Paris, Vermand (F); Alzey, Bedburg-Hau - Qualburg, Köln, Haus Bürgel bei Monheim-Baumberg, Trier (D).

Spätes 4. Jh. bis erstes Drittel 5. Jh.

Inv. 1964.113c (Burgus, Schnitt 2) und NI 2006/0067/253-9 (Burgus). – Hinz/Hömberg, Asperden 195 Fundnr. 3; 179 Abb. 5, 8; 6, 1 (1964.113c). – Brüggler A: 253.3, Abb. 20.

(19) Wandfragment (Tafel 3)
Sekundär verbrannt.
Stempel Unverzagt/Chenet 56 (unvollständig).
Herstellungsort: Avocourt 3 (Brulet/Feller, Avocourt 396 Nr. 76 Abb. 63); Avocourt 5 und 8 (Prospektion Univ. Paris I/Stiftung RAAP Amsterdam 1997–1999, unpubliziert).

60 Gefäße, u. a. Maastricht (NL); Éprave, Oudenburg, Spontin, Tongeren (B); Dalheim (L); Amiens, Bavai, Hérapel bei Cocheren, Rouen, St. Malo-Alet (F); Altrip, Bergheim-Thorr, Breisach, Köln, Saarbrücken, Speyer, Trier, Worms (D).

Letztes Viertel 4. Jh. bis frühes 5. Jh.

Inv. 1964.128a (Burgus, Schnitt 7). – Hinz/Hömberg, Asperden 197 Fundnr. 18.

(20) Zwei Wandfragmente (Tafel 4)
Stempel Unverzagt/Chenet 175 (vollständig).
Herstellungsort: Lavoye? (Chenet).

75 Gefäße, u. a. Nimwegen (NL); Matagne-la-Petite (B); Dudelange, Mont St.-Jean (L); Angers, Bavai, Bayeux, Bliesbrücken, Bourges, Evreux, Rouen, Toulouse (F); Altrip, Alzey, Bingen-Kempten, Bonn, Boppard, Breisach, Dormagen, Jülich-Bourheim, Koblenz, Köln, Köln-Deutz, Krefeld-Gellep, Mainz, Speyer, Trier, Winningen, Worms, Zülpich (D).

340/350–370/380 n. Chr.

Brüggler E: NI 2003/0030.150 (Lesefund).

(21) Randfragment (Tafel 4)
Randdm. ca. 16 cm.
Stempel Unverzagt/Chenet 176 (vollständig).
Herstellungsort: Vauquois, Les Allieux 1 (Feller/Brulet, Allieux 329 Nr. 82 Abb. 53).

21 Gefäße, u. a. Cuijk, Maastricht, Nimwegen (NL); Amay, Anthée, Tongeren (B); Remerschen/Schengen (L); Entrains-sur-Nohain, Reims (F); Altrip, Heidelberg, Ludwigshafen-Rheingönheim (D).

Um 340/350–370/380 n. Chr.

Brüggler E: NI 2003/0030.150 (Lesefund).

(22) Kleines Wandfragment (Tafel 4)
Vielleicht zugehörig zu Kat. 23.
Stempel Chenet 330 (unvollständig).
Herstellungsort: Vauquois, Les Allieux (Feller/Brulet, Allieux 327 Nr. 21 Abb. 42); Avocourt 3 (Brulet/Feller, Avocourt 396 Nr. 109–110 Abb. 67).

42 Gefäße, u. a. Maastricht, Nimwegen (NL); Éprave, Liberchies, Namur, Tongeren (B); Dalheim, Rosport-Dickweiler (L); Bavai, Epiais-Rhus, Chartres, Reims, Villa von St. Ulrich (F); Köln, Köln-Müngersdorf, Landstuhl, Haus Bürgel bei Monheim-Baumberg, Newel, Rommerskirchen-Butzheim, Trier, Wiesbaden-Breckenheim, Zülpich (D).

Um 340–370/75 n. Chr.

Brüggler E: NI 2003/0030.150 (Lesefund).

(23) Wandfragment oben (Tafel 4)
Oberfläche stellenweise abgeplatzt. Vielleicht zugehörig zu Kat. 22.
Stempel Chenet 330 (geringer Rest).
Herstellungsort, Fundorte und Datierung wie hier Kat. 22.
NI 2006/0067/13-10 (Hangbereich/Niersbett: Suchschnitt). – Brüggler D: 13.53.

(24) Wandfragment (Tafel 4)
Oberfläche stellenweise abgerieben.
Stempel Chenet 310 (unvollständig).
Herstellungsort: Lavoye? (Chenet); Vauquois, Les Allieux (Prospektion Univ. Paris I/Stiftung RAAP Amsterdam 1997–1999, unpubliziert).

32 Gefäße, u. a. Cuijk, Maastricht (NL); Dalheim (L); Sens (F); Bergheim-Thorr, Bonn, Gräberfeld von Kobern-Gondorf, Köln, Konstanz, Krefeld-Gellep, Leiwen, Mainz, Nettersheim, Ober-Olm, Seebach (Thüringen), Trier, Weßling (D); Chur, Pfyn (CH).

Letztes Viertel 4. Jh. bis frühes 5. Jh.
NI 2006/0067/30-9 (Hangfuß; Suchschnitt). – Brüggler D: 30.17 Abb. 20.

(25) Wandfragment
Stempel Unverzagt/Chenet 166 (unvollständig).
26 Gefäße, u. a. Cuijk, Maastricht (NL); Oedenburg bei Biesheim-Kunheim, Lewarde, Morienval-Buy (F); Bad Kreuznach, Bonn, Dillingen/Saar, Köln, Köln-Deutz, Krefeld-Gellep, Leiwen, Selzen, Trebur, Trier, Wachenheim (D); Oberwinterthur (CH).
Letztes Viertel 4. Jh. bis frühes 5. Jh.
Inv. 1965.196a (Burgus, Schnitt 17; 1976 und 2014 nicht auffindbar). – Hinz/Hömberg, Asperden 202 Fundnr. 46; 179 Abb. 5, 7.

(26) Wandfragment (Tafel 4)
Stempel Unverzagt/Chenet 135 (vollständig).
Herstellungsort: Vauquois, Les Allieux 1 (Feller/Brulet, Allieux 330 Nr. 97 Abb. 54 und Lesefund Privatslg. Pierre Engel, Fribourg, CH); Lavoye? (Chenet).
44 Gefäße, u. a. Stein (NL); Oudenburg, Tournai (B); Amiens, Bavai, Bayeux, Bliesbrücken, Brumath, Epiais-Rhus, Migennes, Straßburg (F); Köln, Krefeld-Gellep, Heidenburg bei Kreimbach-Kaulbach, Ludwigshafen-Rheingönheim, Haus Bürgel bei Monheim-Baumberg, Regensburg, Worms, Zweibrücken-Niederauerbach und -Ixheim (D); Basel, Castiel-Carschlingg, Kaiseraugst, Stein a. Rhein, Yverdon, Zurzach (CH).
Spätes 4. Jh. bis erstes Drittel 5. Jh.
Brüggler E: NI 2003/0030.150 (Lesefund).

Muster mit Fünfpunktfeldern

(27) Randfragment (Tafel 5)
Stempel Unverzagt/Chenet 111=333 (unvollständig).
79 Gefäße, u. a. Caernarfon (GB); Maastricht (NL); Oudenburg, Vechmaal (B); Dalheim, Remerschen (L); Amiens, Bavai, Bayeux, Bliesbrücken, Marolles-sur-Seine, Paris, Reims, Rouen, Williers-Chameleux (F); Altrip, Alzey, Andernach, Augsburg, Bonn, Lorenzberg bei Denklingen-Epfach, Kelheim-Weltenburg, Koblenz, Köln, Köln-Widdersdorf, Krefeld-Gellep, Mainz, Trebur, Trier, Worms, Zülpich (D); Arbon (CH).
Letztes Viertel 4. Jh. bis erstes Viertel 5. Jh.
NI 2006/0067/254-9 (Burgus). – Brüggler A: 254.1, Abb. 20.

(28) Zwei Wandfragmente, (Tafel 5) aneinanderpassend
Stempel Unverzagt/Chenet 172 (vollständig).
Herstellungsort: Vauquois, Les Allieux 1 (Feller/Brulet, Allieux 327 Nr. 28–29 Abb. 42; 330 Nr. 106 Abb. 55); Lavoye? (Chenet).
112 Gefäße, u. a. Cuijk, Elst, Maastricht (NL); Oudenburg (B); Bayeux, Bliesbrücken, Illzach, Metz, Paris, Straßburg (F); Alzey, Andernach, Augsburg, Boppard, Zeche Erin in Castrop-Rauxel, Lorenzberg bei Denklingen-Epfach, Jülich, Koblenz, Köln, Krefeld-Gellep, Mainz, Haus Bürgel bei Monheim-Baumberg, Regensburg, Speyer, Trier, Worms (D); Basel, Kaiseraugst, Mumpf (CH).
Letztes Viertel 4. Jh. bis erstes Viertel 5. Jh.
Inv. 1964.111a (Burgus, Schnitt 1). – Hinz/Hömberg, Asperden 195 Fundnr. 1; 179 Abb. 5, 12.

(29) Wandfragment (Tafel 5)
Stempel Unverzagt/Chenet 172 (vollständig).
Herstellungsort, Fundorte und Datierung wie hier Kat. 28.
Inv. 1965.131 (Burgus, Schnitt 14). – Hinz/Hömberg, Asperden 203 Fundnr. 48; 179 Abb. 5, 13.

Muster mit Sechs- oder Mehrpunktfeldern (Hübener Gruppe 6)

(30) Wandfragment (Tafel 5)
Stempel Unverzagt/Chenet 67 (unvollständig).
Herstellungsort: Vauquois, Les Allieux-Clairière (Chenet); Vauquois, Les Allieux 1 (Feller/Brulet, Allieux 330 Nr. 115 Abb. 56); Aubréville-Clermont (Prospektion Univ. Paris I/Stiftung RAAP Amsterdam 1997–1999, unpubliziert).
141 Gefäße, u. a. Cuijk, Heerlen, Maastricht (NL); Tongeren, Tongrinne (B); Echternach (L); - Angers, Bavai, Bliesbrücken, Illzach, Paris, St. Malo-Alet (F); Aldenhoven-Engelsdorf, Altrip, Alzey, Augsburg, Bad Kreuznach, Runder Berg bei Bad Urach, Boppard, Breisach, Groß-Gerau, Isny, Jü-

lich, Jülich-Bourheim, Kamen-Westick, Köln, Köln-Deutz, Köln-Müngersdorf, Konstanz, Krefeld-Gellep, Mainz, Haus Bürgel bei Monheim-Baumberg, Saarbrücken, Trier, Burgus von Vettweiß-Froitzheim, Zülpich (D); Basel, Chur (CH).
Letztes Viertel 4. Jh. bis frühes 5. Jh.
Inv. 1964.128b (Burgus, Schnitt 7). – Hinz/Hömberg, Asperden 197 Fundnr. 18.

(31) Zwei Wandfragmente (Tafel 6)
Stempel Chenet 334 (unvollständig).
41 Gefäße, u. a. Cuijk, Gennep, Maastricht (NL); Anthée, Liberchies, Oudenburg, Tournai (B); Bayeux, Limé, Maule (F); Breisach, Jülich-Bourheim, Kamen-Westick, Köln, Köln-Deutz, Krefeld-Gellep, Haus Bürgel bei Monheim-Baumberg, Trier (D).
Letztes Viertel 4. Jh. bis frühes 5. Jh.
NI 2006/0067/159-17 (Glasofen I). – Brüggler E: NI 2003/0030.150 (Lesefund); Brüggler B: 159-17.28, Abb. 20.

(32) Zwei Wandfragmente (Tafel 5)
Stempel Bavai 28, s. Gricourt, Bavai 1950, 70 Nr. 28 Abb. 4 = Gricourt u. a., Bavai 1977, 219; 267 Taf. 44, 28 = ›Corpus‹ NS 1138 (unvollständig).
Herstellungsort: Avocourt 3 (Brulet/Feller, Avocourt 396 Nr. 112 Abb. 67).
33 Gefäße, u. a. Maastricht (NL); Tongeren (B); Oedenburg bei Biesheim-Kunheim, Bliesbrücken, Marcilly-la-Campagne (F); Bedburg-Hau - Qualburg, Dormagen, Duppach-Weiermühle, Köln, Krefeld-Gellep, Mehring, Haus Bürgel bei Monheim-Baumberg, Thür, Trier, Worms (D).
Letztes Viertel 4. bis frühes 5. Jh.
Inv. 1964.130c (Schnitt 11) und 1964,134b (Schnitt 11, am Ofen). – Hinz/Hömberg, Asperden 197 Fundnr. 20; 198 Fundnr. 24; 179 Abb. 5, 16 (1964,134b).

(33) Zwei Wandfragmente (Tafel 5)
Stempel Bavai 28 = ›Corpus‹ NS 1138 wie hier Kat. 32 (unvollständig).
Herstellungsort, Fundorte und Datierung wie hier Kat. 32.
Brüggler E: NI 2003/0030.150 (Lesefund).

(34) Wandfragment (Tafel 6)
Stempel Unverzagt/Chenet 117 (unvollständig).
Herstellungsort: Vauquois, Les Allieux 1 (Feller/Brulet, Allieux 328 Nr. 43 Abb. 44; 331 Nr. 132 Abb. 57); Lavoye? (Chenet).
88 Gefäße, u. a. Cuijk, Maastricht (NL); Oudenburg, Tongeren, Tournai (B); Echternach, Mondorf-les-Bains-Altwies (L); Amiens, Angers, Arras, Bavai, Bayeux, Boulogne-sur-Mer, Paris, Plémy, Rouen (F); Altrip, Alzey, Bad Kreuznach, Bergheim-Thorr, Bingen-Kempten, Isny, Kahl a. Main, Köln, Köln-Deutz, Köln-Müngersdorf, Krefeld-Gellep, Mainz, Haus Bürgel bei Monheim-Baumberg, Trebur, Trier, Zülpich (D).
Um 340–370/75 n. Chr.
Brüggler E NI 2003/0030.150 (Lesefund).

(35) Randfragment
Abgerieben, sekundär verbrannt. Vielleicht zugehörig zu Kat. 36. – Randdm. ca. 16 cm.
Stempel Unverzagt/Chenet 97=337 (vollständig).
Herstellungsort: Vauquois, Les Allieux 1 (Feller/Brulet, Allieux 331 Nr. 128 Abb. 57).
40 Gefäße, u. a. London (GB); Maastricht (NL); Tongeren (B); Aulnizeux, Echilleuses, Paris, Rouen, Vron (F); Alzey, Andernach, Bodenheim, Lorenzberg bei Denklingen-Epfach, Jülich-Bourheim, Köln, Köln-Deutz, Krefeld-Gellep, Mehring, Trier, Worms, Burgus von Vettweiß-Froitzheim, Zülpich (D); Kaiseraugst (CH).
Letztes Viertel 4. Jh. bis frühes 5. Jh.
Inv. 1965.191a (Burgus, Schnitt 16; 1976 und 2014 nicht auffindbar). – Hinz/Hömberg, Asperden 203 Fundnr. 49; 179 Abb. 5, 1.

(36) Wandfragment unten (Tafel 6)
Sekundär verbrannt. Vielleicht zugehörig zu Kat. 35.
Stempel Unverzagt/Chenet 97=337 (unvollständig).
Herstellungsort, Fundorte und Datierung wie Kat. 35.
Brüggler E: NI 2007/0157.14 (Lesefund).

(37) Wandfragment (Tafel 6)
Stempel Unverzagt/Chenet 112=102 (vollständig).

Herstellungsort: Avocourt 3 (Brulet/Feller, Avocourt 396 Nr. 114 Abb. 67); Vauquois, Les Allieux 1 (Feller/Brulet, Allieux 328 Nr. 42 Abb. 44; 331 Nr. 127 Abb. 57).

107 Gefäße, u. a. Cuijk, Heerlen, Maastricht, Voerendaal (NL); Rognée, Tongeren (B); Dalheim, Remerschen/Schengen (L); Amiens, Bavai, Bayeux, Paris, Straßburg, Vermand (F); Altrip, Alzey, Andernach, Bedburg-Hau - Qualburg, Bonn, Breisach, Koblenz, Köln, Köln-Deutz, Krefeld-Gellep (14x!), Landstuhl, Linnich-Ederen, Haus Bürgel bei Monheim-Baumberg (neunmal!), Saffig, Schifferstadt, Speyer, Trebur, Trier (D); Basel (CH).

Spätes 4. Jh. bis erstes Drittel 5. Jh.

Inv. 1965.162c (Burgus, Schnitt 16). – Hinz/Hömberg, Asperden 201 Fundnr. 45.

Kompliziertere Muster (Hübener Gruppe 7)

(38) Randfragment (Tafel 6)
Dm. ca. 20 cm.
Stempel Unverzagt/Chenet 199 (unvollständig).
Herstellungsort: Vauquois, Les Allieux 1 (Feller/Brulet, Allieux 331 Nr. 147 Abb. 58), Châtel-Chéhéry (Chenet).

64 Gefäße, u. a. Cuijk, Heerlen, Maastricht, Nimwegen (9x!) (NL); Huy, Tongeren (B); Altrier, Rosport (L); Bavai, Bayeux, Dampierre, Illzach, Marolles-sur-Seine, Rouen, St. Malo-Alet, Troyes (F); Alfter, Bedburg-Kaster, Bergheim-Thorr, Bonn, Hürth-Hermülheim, Jülich-Bourheim, Köln, Köln-Deutz, Krefeld-Gellep, Rommerskirchen, Trier (D).

Spätes 4. Jh. bis erste Hälfte (erstes Drittel?) 5. Jh.

Inv. 1965.162b (Burgus, Schnitt 16). – Hinz/Hömberg, Asperden 201 Fundnr. 45; 179 Abb. 5, 3.

(39) Wandfragment (Tafel 6)
Stempel Unverzagt/Chenet 199 (vollständig).
Herstellungsort, Fundorte und Datierung wie Kat. 38.
NI 2006/0067/181-11 (Glasofen II). – Brüggler B: 181-11.2, Abb. 20.

Nicht auffindbare und unbestimmte Fragmente

Hinz/Hömberg, Asperden 195 ff. verzeichnen mehrere Fragmente ohne nähere Angaben zu den Rollstempeln, die bei Materialsichtungen am 8. September 1976 und im Dezember 2014 im Magazin des Rheinischen Landesmuseums Bonn nicht aufgefunden werden konnten, ebenso die mit Muster angeführten Stücke Kat. 25 und 35 (s. o.) sowie das zeichnerisch dokumentierte Kat. 7 (vielleicht zugehörig zu Kat. 2, s. o.). – Möglicherweise gehören einzelne dieser Fragmente an eines der Stücke Kat. 1 bis 39.

(40) Wandfragment
Inv. 1964.123 (Schnitt 3). – Hinz/Hömberg, Asperden 196 Fundnr. 13.

(41) Wandfragment
Inv. 1964.124c (Schnitt 6). – Hinz/Hömberg, Asperden 196 Fundnr. 14.

(42) Randfragment
Ansatz der nicht mehr erkennbaren Rädchenverzierung erhalten.
Inv. 1965.104b (Burgus, Schnitt 2 Ost) – Hinz/Hömberg, Asperden 204 Fundnr. 53.

(43) Zwei Randfragmente
Ansatz der Rädchenverzierung erhalten.
Inv. 1965.195 (Burgus, Schnitt 17). – Hinz/Hömberg, Asperden 201 Fundnr. 43.

(44) Wandfragment
Inv. 1965.199b (Burgus, Schnitt 19). – Hinz/Hömberg, Asperden 205 Fundnr. 62.

(45) Bodenfragment
Ansatz der Rädchenverzierung erhalten.
Inv. 1965.209b (Burgus, Schnitt 23). – Hinz/Hömberg, Asperden 204 Fundnr. 54.

(46) Wandfragment
Inv. 1965.211b (Burgus, Schnitt 2 Ost). – Hinz/Hömberg, Asperden 205 Fundnr. 60.

(47) Wandfragment
Inv. 1965.211c (Burgus, Schnitt 2 Ost). – Hinz/Hömberg, Asperden 205 Fundnr. 60.

Terra nigra mit Rollstempeldekor

(48) Wandfragment unten (Tafel 6)
Von einer kalottenförmigen Schüssel (Imitation von Alzey 1 / Chenet 320) oder einer kielförmigen Schüssel mit abgesetztem Schrägrand (Fußschale) Chenet 342.
Stempel: zwei Reihen Schrägstrichfelder, die einander überschneiden (unvollständig).
Brüggler E: NI 2007/0157.20 (Lesefund).

(49) Randfragment (Tafel 6)
Von einer kielförmigen Schüssel mit abgesetztem Schrägrand (Fußschale) Chenet 342. – Dm. 15 cm. Überzug fast völlig verloren

Srempel: zweizeiliges Kleinrechteckmuster unterhalb des Randwulstes (unvollständig).
NI 2006/0067/13-10 (Hangbereich: Suchschnitt). – Brüggler D: 13.63 Abb. 21.

(50) Randfragment
Von einer kielförmigen Schüssel mit abgesetztem Schrägrand (Fußschale) Chenet 342.
Stempel: zweizeiliges Kleinrechteckmuster auf dem Steilrand (unvollständig).
Inv. 1965.193 (Burgus). – Hinz/Hömberg, Asperden 204 f. Fundnr. 58 Abb. 9, 31 (»sicher fränkisch«).

Marion Brüggler und Thilo Rehren

Die spätantiken Glasschalen vom Typus Helle und ihre chemische Zusammensetzung

Spätantike Glasschalen des Typus Helle wurden bereits vor annähernd sechzig Jahren von Joachim Werner in dieser Zeitschrift vorgestellt. Seither hat sich die Zahl der bekannten Exemplare von elf auf siebenundachtzig erhöht, doch sind sie nach wie vor vergleichsweise selten. Ihren Namen verdanken sie Werners Publikation, in der dieser ein Waffengrab mit der namengebenden Schale in Helle bei Oldenburg in Niedersachsen vorlegt[1]. Ihr Vorkommen im Fundmaterial der spätantiken Glaswerkstatt von Goch-Asperden mit sechzehn Bruchstücken nehmen wir zum Anlass, uns dieser Gefäßgruppe erneut und auch mittels chemischer Analysen zu widmen[2].

Die Schalen zeichnen sich durch einen gebauchten Körper mit selten vier, meist jedoch sieben bis elf herausgekniffenen, kurzen senkrechten Rippen aus. Der Rand ist meist nach außen umgelegt und hohl; darunter ist ein in mehreren Spiralen umlaufender Faden horizontal aufgelegt (Abb. 1), der fast immer dieselbe Farbe wie der Gefäßkörper hat. An einem Stück aus Asperden war dem durchsichtigen Glas ein brauner Faden aufgelegt (Abb. 6, 5). Randfragmente, bei denen der Faden durch den Rand teils überdeckt wird, belegen, dass die Fäden aufgelegt wurden, bevor der Rand nach außen und unten umgebogen wurde. Das Glas ist meist leicht blasig, ungefärbt und durchsichtig hellgrün, hellbläulichgrün, hellgelblichgrün oder hellolivgrün. Die Größe variiert: Das bislang kleinste Exemplar stammt aus Inden-Pier nahe Aachen und hat einen Randdurchmesser von nur sieben Zentimetern und eine Höhe von vier Zentimetern (Kat. 8, Abb. 8). Zwei Fragmente aus Asperden hatten wohl dasselbe Format (Abb. 6, 6). Die größten Stücke stammen aus Bonn und Wijster (Kat. 2 und 28) mit

---

Die Autoren sind für zahlreiche Informationen Anna-Barbara Follmann-Schulz (Bonn), Ivo Hermsen, Ingo Eichfeld (Wilhemshaven), Ain Mäesalu, Udo Geilenbrügge (Titz), Wolfgang Gaitzsch (Düren), Christoph Grünewald (Münster) und Martin Grünewald (Thierhaupten), Stijn Heeren (Amsterdam), Sophie van Lith (Amstelveen) und Helmut Bernhard (Speyer) verpflichtet, ebenso James Lankton (Seoul) und Philip Connolly (Doha), die die Analysen durchgeführt haben. – Für die Möglichkeit zur Untersuchung von Proben danken wir außerdem dem Landesmuseum Bonn (Susanne Willer); der LWL - Archäologie für Westfalen (Elisabeth Dickmann und Birgit Münz-Vierboom); der Archeologie Deventer (Herrn Hermsen); dem Museum het Valkhof in Nimwegen (Luis Swinkels); dem Noordelijk Archeologisch Depot in Nuis (Ernst Taayke); dem Landesmuseum für Natur und Mensch in Oldenburg (Mamoun Fansa und Eva Schreiber) sowie der Universität Dorpat (Tartu, Herrn Mäesalu). – Datierungen beziehen sich auf die nachchristlichen Jahrhunderte.

[1] Werner, Kriegergräber 387 und 408 f. Bekannt auch unter der Bezeichnung ›Gellep 238‹ nach der Typologie bei Pirling, Gellep 1966, 153 f. und H. J. Eggers, Der römische Import im freien Germanien (Hamburg 1951), s. U. Lund Hansen, Warenaustausch zwischen dem römischen Reich und dem freien Germanien unter besonderer Berücksichtigung Nordeuropas. Nordiske Fortidsminder. Serie B (Kopenhagen 1987) 99.

[2] Vgl. den Beitrag Brüggler in diesem Band. Bei den sechzehn zum Typus Helle gehörenden Wandfragmenten ist eine vertikale Rippe und – auf den meisten – ein horizontaler Glasfaden zu sehen. Außerdem fanden sich zwölf Randfragmente von Schalen und Bechern, die einen ausgebogenen Rand haben sowie sieben weitere mit hohlen Rändern, die auch zum Typus gehören könnten.

Randdurchmessern von dreizehn Zentimetern und Höhen von acht Zentimetern. Die Übergänge zwischen diesen Extremen sind fließend.

Innerhalb des Typus sind Varianten möglich: Statt eines hohlen Randes haben manche Schalen einen ausgestellten, rundgeschmolzenen Rand, so Stücke aus Inden-Pier (Kat. 8 a und 8 b, Abb. 7 und 8), Alfter (Kat. 1), Bonn (Kat. 2) und Tournai (Kat. 32) sowie dasjenige der Sammlung Rath (Kat. 39). Den Schalen aus Tournai und Enns (Kat. 37) fehlt der Glasfaden. Letzteres Exemplar scheint auch einen abgesprengten Rand zu haben. Einige Stücke haben deutlich herausgekniffene Rippen, so Stücke aus Bonn (Kat. 3), Hambach 132 (Kat. 6, Abb. 3), Hambach 382 (Kat. 7, Abb. 4), Jülich (Kat. 9, Abb. 5) und Dalfsen (Kat. 29), bei anderen sind sie eher schwach ausgebildet, nämlich Alfter (Kat. 1), Bonn (Kat. 2), Wachenheim (Kat. 13) und Bennekom (Kat. 22). Die Schale aus Wachenheim scheint eher ungeschickt hergestellt zu sein, der Hals ist zu hoch, die Rippen sind klein und tief angesetzt. Möglicherweise hat eine Person, die mit der Herstellung dieses Gefäßtypus nicht vertraut war, ihn nachzuahmen versucht.

Fragmente von Schalen des Typus Helle sind aufgrund ihrer charakteristischen Form auch in kleinen Bruchstücken identifizierbar. Seit der ersten Zusammenstellung durch Joachim Werner sind daher zahlreiche weitere Fundorte hinzugekommen[3] (vgl. Abb. 2). Werner listet nur sieben Fundorte mit acht Exemplaren und drei Stücke unbekannter Herkunft auf. Mittlerweile sind die oben genannten achtundachtzig Exemplare – inklusive unsicherer Kandidaten – von vierzig Fundorten beziehungsweise unklarer Herkunft bekannt. Das Vorkommen erstreckt sich über ganz Nordwesteuropa mit Ausnahme der Britischen Inseln. Das südlichste Exemplar stammt aus Enns in Österreich, wobei die Typenzuweisung aufgrund des fehlenden Fadens und des in der Abbildung angedeuteten abgesprengten Randes unsicher ist. Recht weit südlich wurde auch die Schale aus Wachenheim (Rheinland-Pfalz, Deutschland) gefunden. Die nördlichste und gleichzeitig östlichste stammt aus Ørnbøl-Hede in Jütland, Dänemark. Im Westen kommt dieser Typus in den Niederlanden und Belgien vor. Das Hauptverbreitungsgebiet erstreckt sich über Nordwestdeutschland inklusive des Rheinlands und der angrenzenden Niederlande. Damit sind diese Gläser nicht nur in den Provinzen des spätantiken Imperiums verbreitet, sondern auch in den Gegenden östlich des Rheins. Sie werden allgemein in die Zeit um 400 und in die erste Hälfte des fünften Jahrhunderts datiert[4].

Die Fundzusammenhänge umfassen sowohl Gräber als auch Siedlungen. Die Beisetzungen des eponymen Fundortes Helle und aus Tournai (Kat. 16 und 32) sind als Kriegerbestattungen bestimmt; Grab 49 aus Hambach 132 (s. Kat. 6) und Grab 229 aus Inden-Pier (Kat. 8a) ent-

---

3 Vgl. die Verbreitungskarten bei Sablerolles, Gennep 1993, 198 und Hermsen, Didam-Aalsbergen.
4 H.-W. Böhme, Forschungen zum Ende der Römerherrschaft in den westlichen Provinzen. Jahrb. RGZM 34/2, 1987, 770–773; Werner, Kriegergräber 389; Sablerolles, Gennep 1992, 33. Das Exemplar aus Wachenheim Kat. 12 fand sich in einem Grab der Zeit vom ausgehenden 4. Jh. bis zum erstem Drittel 5. Jh. Die Datierung erfolgte anhand der Keramikbeigaben, darunter Rädchensigillata mit dem Stempel Unverzagt/Chenet 66.
5 Vgl. H.-W. Böhme, Das Ende der Römerherrschaft in Britannien und die angelsächsische Besiedlung Englands im 5. Jahrhundert. Jahrb. RGZM 33/2, 1986, 469–574, hier 473.
6 Vgl. zu Jülich M. Perse in: C. Bridger / K.-J. Gilles (Hrsg.), Spätrömische Befestigungsanlagen in den Rhein- und Donauprovinzen. BAR Int. Ser. 704 (Oxford 1998) 57–62.

7 Vgl. R. Gottschalk, Zur spätrömischen Grabkultur im Kölner Umland. Zwei Bestattungsareale in Hürth-Hermülheim. Erster Teil: Die Gräber und ihre Befunde. Bonner Jahrb. 207, 2007, 211–298, hier 241–248 mit ausführlicher Diskussion.
8 Sablerolles, Gennep 1993. Vgl. F. Theuws, ›terra non est‹. Zentralsiedlungen der Völkerwanderungszeit im Maas-Rhein-Gebiet. In: H. Steuer / V. Bierbrauer (Hrsg.), Höhensiedlungen zwischen Antike und Mittelalter von den Ardennen bis zur Adria (Berlin und New York 2008) 765–793, hier 776–780.
9 Sablerolles, Gennep 1993, 202 gebraucht dabei den Begriff ›Franke‹ politisch und nicht ethnisch. Gegen eine Verwendung der Zuschreibungen ›fränkisch‹ bzw. ›römisch‹ im ethnischen Sinn in Bezug auf die Siedlung von Gennep vgl. Theuws (vorige Anm.) 788.
10 D. Ingemark, Glass, alcohol and power in Roman Iron Age Scotland (Edinburgh 2014).
11 Gaitzsch u. a., Hambacher Forst 195; Brüggler, Villa rustica 440.

hielten spätantike Gürtelgarnituren, die als Grabbeigabe in Zusammenhang mit germanischen Soldaten im römischen Heer gebracht werden[5]. Das Exemplar aus Jülich (Kat. 9) stammt aus einem Begräbnis in der Nähe eines spätantiken Kastells[6]. Die Beigabe der Schalen war jedoch nicht auf Männerbeisetzungen beschränkt: Grab 2 in Hambach 382 ist die Bestattung einer Frau, Grab 2 in Enns diejenige eines Mädchens (Kat. 7 und 37). Grab 255 aus Inden-Pier beinhaltete außer der Glasschale auch einen Spinnwirtel und eine Haarnadel, was auf eine weibliche Verstorbene hinweist (Kat. 8b). Spinnwirtel und Haarnadeln als Grabbeigaben deuten zudem auf einen germanischen Hintergrund der Beerdigten[7].

Funde der Schalen aus Siedlungszusammenhängen stammen fast ausschließlich von Orten nördlich und östlich des Rheins. Eine Ausnahme bildet die spätantike Niederlassung von Gennep, Niederlande, am Zusammenfluss von Niers und Maas, und damit innerhalb des Reichsgebiets. Gennep stellt jedoch insofern eine Besonderheit dar, als die Siedlung einen klaren

Abb. 1 Schalen des Typus Helle aus dem Rheinland, von links nach rechts Hambach 382 (Kat. 7), Jülich (Kat. 9) und Hambach 132 (Kat. 6).

Einfluss von Personengruppen der Gegenden nordöstlich des Rheins zeigt[8]. Die Schalen werden daher mit Franken in römischen Diensten, insbesondere mit Angehörigen des Militärs, in Zusammenhang gebracht[9]. Auf die Bedeutung von gläsernen Trinkgefäßen sowie römischen Trinksitten für die Anführer von »war bands« in germanischen und keltischen Gesellschaften weist Dominic Ingemark hin[10]. Die Funde von Trinkschalen des Typus Helle in den genannten germanischen Kontexten können ebenfalls in diesem Licht betrachtet werden.

Da das Hauptverbreitungsgebiet im Rheinland liegt und hier zwei spätantike Glaswerkstätten bekannt sind, liegt die Vermutung nahe, dort auch den Produktionsort zu suchen. Schalen des Typus Helle wurden auch im direkten Umfeld dieser beiden Glaswerkstätten gefunden, namentlich im Hambacher Forst westlich von Köln und in Asperden nördlich davon. Die Schalen Kat. 6 und 7 stammen aus Gräbern, die im Zusammenhang mit einer Glaswerkstatt im Hambacher Forst standen[11]. Sie konnten, da vollständig und intakt erhalten, im Rahmen der von Karl Hans Wedepohl Ende der neunziger Jahre durchgeführten chemischen Untersuchung der Werkstätten im Hambacher Forst nicht beprobt werden. Eine deutlich stärkere Verbindung besteht jedoch zur Glaswerkstatt von Asperden: Hier wurden sechzehn Fragmente gefunden, darunter zwei offenbar misslungene Stücke und ein Bruchstück im Arbeitshorizont des jüngeren Glasofens. Neunundzwanzig Scherben von weiteren elf Schalen fanden sich in der Siedlung von Gennep, nur wenige Kilometer stromabwärts an der Niers gelegen, wo diese in die Maas mündet. Weitere Fundorte liegen im Gebiet der Flüsse Maas, Waal und Kromme Rijn. Am nördlichen Rhein und in den östlichen Niederlanden ist demnach die Mehrzahl der bekannten Schalen gefunden worden.

Im Rahmen der vorgestellten Untersuchung sollte geprüft werden, ob sich der insgesamt überschaubare Korpus an Schalen anhand seiner chemischen Zusammensetzung einer einzelnen Glaswerkstatt zuordnen lässt und ob diese dann in Asperden zu suchen ist. Dafür musste ermittelt werden, inwieweit der Typus Helle in sich chemisch einheitlich ist und damit insgesamt auf eine einzelne Werkstatt zurückgeführt werden kann. Vielleicht lassen sich Gruppen von Schalen auch jeweils einem einzelnen Glashafenbesatz zuweisen[12]. Außerdem musste die Zusammensetzung des in Asperden verarbeiteten Glases analysiert werden, um es mit demjenigen zu vergleichen, das insgesamt in den Nordwestprovinzen zur Zeit der Herstellung der Schalen verwendet wurde. Verschiedene Institutionen in Deutschland, den Niederlanden und Estland überließen freundlicherweise Proben ihrer Gläser, so dass dreiundzwanzig Fragmente dieses Typus untersucht werden konnten. Zum Vergleich wurden fünf Glasproben aus der Werkstatt in Asperden analysiert, darunter Gefäßbruch und Fabrikationsabfall[13].

Analyseergebnisse

Die Ergebnisse der chemischen Analysen sind detailliert andernorts veröffentlicht[14]. Hier sollen sie daher nur summarisch vorgestellt werden[15].

---

[12] Zu solchen ›single batches‹ s. J. Price / I. Freestone / C. R. C. Cartwright, All in a day's work? The colourless cylindrical glass cups found at Stonea revisited. In: N. Crummy (Hrsg.) Image, Craft and the Classical World. Essays in Honour of Donald Bailey and Catherine Johns. Monographies Instrumentum 29 (Montagnac 2005) 163–169; dies., The batch. Its recognition and significance. In: Annales du 17e Congrès de l'AIHV (Nottingham 2009) 7–12. Dahinter steht die Idee, dass jeder Besatz eines Glashafens oder kleinen Tanks innerhalb der analytischen Genauigkeit homogen ist, sich jedoch vom nächsten Posten leicht unterscheidet. Gefäße aus einem ›single batch‹ wären analytisch nicht voneinander zu unterscheiden, sind aber von ähnlichen Gefäßen abgrenzbar, die anderswo oder an einem anderen Tag in derselben Werkstatt hergestellt wurden.

[13] Proben aus der Glaswerkstatt Goch-Asperden (vgl. die folgende Anm.) GOCH196 und GOCH205: unidentifizierte Gefäßfragmente; GOCH228: Pfeifenabschlag; GOCH238A: Glastropfen; GOCH316: Gefäßfragment, hellblau. Nicht zu klären ist, ob die Gefäßfragmente wirklich in Asperden hergestellt wurden, oder ob es sich nicht doch um Glasbruch zur Wiederverwendung handelt.

[14] Rehren/Brüggler, Composition. Die Probennummern beziehen sich auf die dort veröffentlichten Tabellen.

[15] Die Analysen wurden im Labor von Bernard Gratuze, Orleans, durchgeführt. Die Konzentration von Haupt- und Nebenelementen von sechs Proben wurde auch am University College London, Institut für Archäologie, mittels Electron Probe Micro Analysis (EPMA) untersucht. Die Ergebnisse stimmen mit denen der Laser Ablation - Inductively Coupled Plasma Mass Spectrometry (LA-ICPMS) überein. EPM-Analysen an Corning-B-Glass, dessen Zusammensetzung gut bekannt ist und das daher als Vergleichsstandard verwendet wird, um die Zuverlässigkeit der eigenen Analysen unbekannter Proben zu überprüfen, wurden in derselben Serie durchgeführt. Die Ergebnisse bestätigen die Genauigkeit innerhalb von fünf Prozent relativ für Hauptelemente und innerhalb von etwa zehn Prozent relativ für Nebenelemente.

[16] I. Freestone in: H. R. Hurst (Hrsg.), Excavations at Carthage II 1. The Circular Harbour, North Side (Oxford 1994) 290; I. Freestone / S. Wolf / M. Thirlwall, The production of HIMT glass. Elemental and isotopic evidence. Annales du 16e Congrès de l'AIHV, (Nottingham 2005) 153–157.

[17] I. Freestone / M. Ponting / M. Hughes, Archaeometry 44, 2002, 257–272.

[18] D. Rosenow / Th. Rehren, Journal Arch. Scien. 49, 2014, 170–184.

[19] Th. Rehren / A. Cholakova, The early Byzantine HIMT glass from Dichin, Northern Bulgaria. Interdisciplinary Stud. 22/23, 2010, 81–96.

[20] Mirti u. a., Augusta Praetoria (Gruppe E); R. Arletti u. a., Archaeometry 52, 2010, 99–114.

[21] Foy u. a., Caractérisation (Gruppe 1).

[22] Foster/Jackson, Vessel glass.

Die größere Gruppe von dreiundzwanzig Proben umfassen neunzehn Gläser vom Typus Helle und vier Vergleichsproben aus Goch-Asperden. Diese Gruppe ist in allen relevanten Merkmalen identisch mit einer Gruppe, die als HIMT-Glas bekannt ist, »High Iron, Manganese and Titanium«[16]. Diese Glassorte ist seit dem vierten Jahrhundert im gesamten Römischen Reich weit verbreitet, von Zypern[17] und Ägypten[18] im Osten über Bulgarien[19], Italien[20] und Frankreich[21] bis nach Britannien[22].

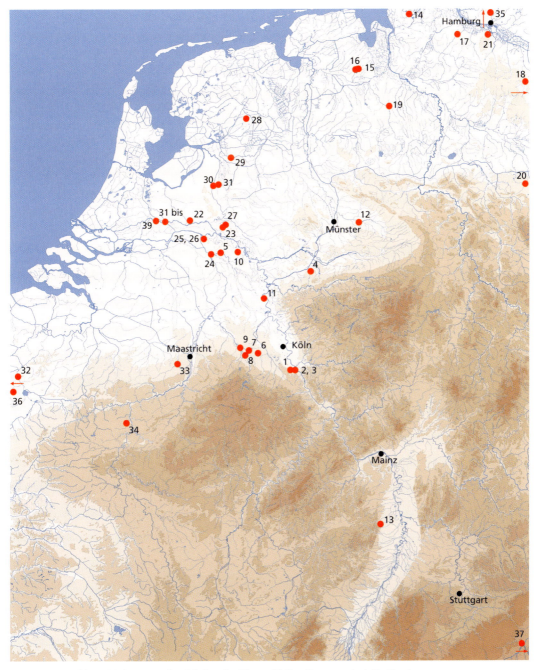

Abb. 2 Verbreitung der Schalen des Typus Helle. Genannt sind die Katalognummern.

Eine weitere Gruppe, gebildet von den fünf verbleibenden Proben mit niedrigem Gehalt an Eisen, Mangan und Titan, also vor allem den HIMT-typischen Oxiden, zeigt große Ähnlichkeit mit Gläsern, die im englischen Forschungsraum als ›Römisch blaugrün‹ (Roman blue-green, so im Folgenden) bezeichnet werden, und im ersten bis dritten Jahrhundert in romano-britischen Fundkomplexen und darüber hinaus weit verbreitet sind[23]. Es ist hervorzuheben,

dass diese Gruppe sowohl eine der Vergleichsproben aus Goch-Asperden enthält als auch vier Gefäße des Typus Helle aus Wehl und Wijster in den Niederlanden und Mahlstedt in Niedersachsen[24]. Gläser dieser Zusammensetzung und visuellen Erscheinung sind nicht nur im römischen Britannien, sondern auch zum Beispiel in Italien[25] und Bulgarien bekannt[26]. Damit ist auch das Roman blue-green chemisch als eine der großen Glasgruppen anzusehen, die reichsweit und über lange Zeiträume zum Einsatz kam und offenbar auch für die Herstellung von Schalen des Typus Helle verwendet wurde.

Paare aus einem einzigen Glasposten

Die relativ hohe Variabilität der Glaszusammensetzung ermöglicht die Suche nach potentiellen Schalenpaaren, sogenannten »single batch pairs«, die aus einem einzigen Glasposten hergestellt wurden. Diese wären innerhalb einer gewissen analytischen Unsicherheit über das gesamte Elementenspektrum in ihrer chemischen Zusammensetzung identisch. Fünf Paare erfüllen dieses Kriterium[27]. Von Fundorten mit mehreren Belegen wurden dafür jeweils visuell unterschiedliche Schalen ausgewählt. Nachdem aber

---

[23] So z. B. C. Jackson u. a., The analysis of blue-green glass and glassy waste from two Romano-British glass working sites. In: E. Pernicka / G. Wagner (Hrsg.), Archaeometry '90 (Basel 1991) 295–304; Foster/Jackson, Vessel glass.

[24] Proben WEH1 (Kat. 27), MAH2 und MAH3 (Kat. 19) sowie WIJ1 (Kat. 28).

[25] Mirti u. a., Augusta Praetoria (Gruppe B); Silvestri, Coloured glass (Gruppen Ic1a und Ic1b).

[26] I. Kuleff / R. Djingova, Berliner Beitr. Archäometrie 16, 1999, 183–198.

[27] Proben ERI3 und ERI4 sowie ERI2 und ERI5 (Kat. 4); ASP2 und ASP3 (Kat. 5); TAL1 (Kat. 2) und ALF1 (Kat. 1) sowie MAH2 und MAH3 (Kat. 19). Andere Paarungen sind ebenfalls möglich, s. Rehren/Brüggler, Composition 174.

[28] Erdrich, Barbaricum 52.

[29] Wir haben nicht detailliert die Präzision der LA-ICPMS-Analysen untersucht, auch nicht den wahren Grad der Homogenität der einzelnen Posten, da dies den Rahmen dieser Studie sprengen würde. Formale Kriterien zur Identifizierung postengleicher Stücke sind uns aus der Literatur nicht bekannt, da es sich hierbei um eine relativ neue Diskussion handelt.

[30] Gaitzsch u. a., Hambacher Forst 131–147.

[31] M. Grünewald / S. Hartmann in: D. Keller / J. Price / C. Jackson (Hrsg.), Neighbours and Successors of Rome. Traditions of glass production and use in Europe and the Middle East in the later 1st millennium AD (Oxford 2014) 43–57; dies. in: B. Zorn / A. Hilgner (Hrsg.), Glass along the Silk Road from 200 BC to AD 1000. RGZM Tagungen 9 (Mainz 2010) 15–28; Grünewald/Hartmann, Glasrecycling.

[32] Zum Vergleich konnten ursprünglich nur die publizierten Grafiken des Verhältnisses zwischen TiO_2 und FeO herangezogen werden; zwischenzeitlich haben die Autoren uns freundlicherweise Einblick in die unpublizierten Daten gegeben, die unsere Interpretation bestätigen.

durch die chemischen Analysen in den genannten Fällen große Ähnlichkeiten in der Zusammensetzung von Fundorten mit mehrfachen Belegen festgestellt wurden, wurde noch einmal überprüft, ob die Herkunft der analytisch ähnlichen Fragmente von ein und derselben Schale wirklich ausgeschlossen werden kann. Wir sind aufgrund von Unterschieden in Farbe und Aussehen sicher, dass die beiden Paare aus Castrop-Rauxel Erin (Kat. 4), dasjenige von Asperden (Kat. 5, Abb. 6, 2. 3) und das aus Alfter (Kat. 1) und Bonn (Kat. 2) tatsächlich von unterschiedlichen Schalen stammen. Für Mahlstedt (Kat. 19) kann das nicht sicher gesagt werden, zumal die Proben auch anhand der vorliegenden Publikation[28] nicht klar verschiedenen Befunden zugeordnet werden können. Aber auch hier zeigt der leichte Unterschied in der chemischen Zusammensetzung wohl eher an, dass es sich um zwei Schalen aus einem Posten handelt, und nicht, dass beide Proben zu einer Schale gehören.

Das am besten passende Paar ist ERI3 und ERI4 aus Castrop-Rauxel, während sich die anderen in ihrer Zusammensetzung etwas mehr unterscheiden und daher nur mit einem gewissem Vorbehalt als demselben Glasposten entstammend bezeichnet werden können[29]. Besonders die Paare MAH2 und MAH3 aus Mahlstedt, ASP2 und ASP3 aus Asperden sowie TAL1 und ALF1 aus Bonn und dem nahegelegenen Alfter zeigen Unterschiede in ihrem Gehalt an Pottasche und Phosphat, die über die analytische Unsicherheit hinausgehen, obwohl sie sich anderweitig sehr ähneln; hierauf werden wir später noch einmal zurückkommen. Die chemische Übereinstimmung ist daher ein deutliches Indiz für die Herkunft der jeweiligen Paare aus einer einzigen Werkstatt.

Schalen des Typus Helle, halbe natürliche Größe.
Abb. 3 und 4 (gegenüber) Aus Hambach 132 (Kat. 6, oberhalb) und Hambach 382 (Kat. 7, unterhalb).
Abb. 5 (oben) Schale aus Jülich (Kat. 9).

Regionale Vergleichsanalysen

Die vermutlich enge Beziehung der Glaswerkstatt von Goch-Asperden zu den Herstellungsorten des Hambacher Forsts wurde bereits erwähnt. Wedepohl hat zahlreiche Analysen der Gläser des Hambacher Forsts und der Region vorgelegt und argumentiert anhand von Vergleichen mit regionalen Sandanalysen für die Herstellung von Rohglas in den Hambacher Werkstätten[30]. Des Weiteren haben Sonngard Hartmann und Martin Grünewald zahlreiche spätantike Glasfunde aus Mayen, etwa einhundertsiebzig Kilometer südlich von Asperden, analysiert[31], die zeitlich den hier untersuchten Funden nicht unähnlich sind. Ein Vergleich der Mayener Forschungen mit unseren ist allerdings nur bedingt möglich, da die Ergebnisse zu den Mayener Gläsern zur Zeit nicht vollständig veröffentlicht sind[32]; die publizierten Graphiken und Erläuterungen der Autoren belegen aber zweifelsfrei, dass auch dort HIMT-Glas neben dem typischen Roman blue-green mit mittlerem Manganoxidgehalt vorherrscht.

Die Analysen der verschiedenen Werkstätten und Glasfunde des Hambacher Forsts zeigen ein weniger scharfes Bild. Auch dort sind zwei Glassorten erkennbar, die sich durch unterschiedlichen Gehalt an Titan-, Eisen- und Manganoxid voneinander unterscheiden und in einer Gruppe auch die gleichen hohen Konzentrationen von für HIMT typischen Elementen sowie Zirkon, Chrom und Vanadium aufweisen[33]. Die Proben mit höherem Anteil an diesen Elementen zeigen aber eine weniger deutlich ausgebildete positive Korrelation zwischen den relevanten Oxiden, als es für HIMT-Glas zu erwarten wäre[34], obwohl die absoluten Konzentrationen insgesamt sehr ähnlich zu den zahlreichen publizierten HIMT-Daten sind. Auch ist die Abgrenzung zu den Gläsern mit niedrigem Gehalt weniger klar als in den Mayener und den hier analysierten Proben. So bleibt im Moment nur festzustellen, dass die Schalen des Typus Helle und die Vergleichsproben aus der Glaswerkstatt von Goch-Asperden ebenso wie die Gläser aus Mayen in ihrer Zusammensetzung eng mit den beiden reichsweit verwendeten Glasgruppen Roman blue-green und HIMT übereinstimmen, während die Gläser aus dem Hambacher Forst diese Übereinstimmung zwar auch zeigen, aber weniger scharf.

Recycling

Rund die Hälfte der hier analysierten Gläser weisen deutliche Indizien dafür auf, dass sie aus wiederverwendetem Material hergestellt wurden, also nicht aus Rohglas. Dies ist nach Caroline Jackson an erhöhten Werten der Buntmetalle zu erkennen[35], indem der wieder eingeschmolzene Glasbruch in geringem Umfang gefärbtes und deshalb kupferhaltiges Glas beinhaltete. So sind die in dem Recyclingglas vorhandenen Kupferwerte (im Durchschnitt hier nur etwa 0,03 Gewichtsprozent beziehungsweise 280 ppm) viel zu niedrig, um einen Farbeffekt hervorzurufen. Dass die Metalloxide absichtlich zugesetzt wurden, ist daher unwahrscheinlich. Vielmehr ist zu vermuten, dass beim Einschmelzen von Glasbruch Fragmente mit eingeschmolzen wurden, die bunt verziert waren, etwa mit aufgelegten blauen Fäden oder Nuppen. Dasselbe gilt in einer ähnlichen Größenordnung für den Gehalt an Antimon, der wiederum zu niedrig ist,

---

[33] Gaitzsch u. a., Hambacher Forst, 137–143 Tabellen 3–11.

[34] Gaitzsch u. a., Hambacher Forst 133 Abb. 30; 31.

[35] Hierzu und zum Folgenden C. Jackson in: Annales du 13e Congrès de l'AIHV, Pays Bas 1995 (Lochem 1997) 289–302. – Jede Glassorte enthält einen gewissen Anteil an Buntmetallen, da sie in den Ausgangsstoffen enthalten sind. Dieser ›geologische Gehalt‹ wird dann durch Zusätze von Metalloxiden zum Färben und Entfärben künstlich erhöht. Hier werden die folgenden Werte als geologische Schwelle angenommen: bis ca. 100 ppm Cu, bis ca. 75 ppm Pb, bis zu ca. 20 ppm Sn, bis ca. 10 ppm Sb. Diese geologischen Schwellen unterscheiden sich je nach Glassorte; die genannten Werte beziehen sich auf HIMT-Glas. Vgl. dazu weiter Foy u. a., Caractérisation 46; Foster/Jackson, Vessel glass 196; K. H. Wedepohl / K. Simon / A. Kronz, Archaeometry 53, 2011, 81–102; M. Smirniou / Th. Rehren, Journal Arch. Scien. 40, 2013, 4731–4743, hier 4734 f.; Grünewald/Hartmann, Glasrecycling.

[36] Frisches mit Antimon entfärbtes Glas weist etwa 6000–7000 ppm Sb auf; ein durchschnittlicher Gehalt von 1000 ppm würde daher auf einen Anteil von ca. zehn bis fünfzehn Prozent solchen Glases im wiederverwendeten Material schließen lassen.

[37] So Silvestri, Coloured glass: »Research on the cargo of glass in the Roman ship Iulia Felix, wrecked off the town of Grado (province of Udine, North Italy) in the first half of the 3rd century AD and composed of recycling cullet carefully selected for colour and type, provided much information on Roman glass production technology.« A. Silvestri / G. Molin / G. Salviulo, The colourless glass of Iulia Felix, Journal Arch. Scien. 35, 2008, 331–341.

[38] Phosphat: durchschnittlich 920 ppm im Vergleich zu 600 ppm in den übrigen Gläsern; Kaliumoxid bzw. Pottasche: im Durchschnitt 0,71 statt 0,48 Gewichtsprozent. – Für diesen Vergleich beziehen wir uns nur auf HIMT-Glas, um eine konsistente Basis zum Vergleichen zu haben. Roman blue-green hat von HIMT-Glas abweichende Pottasche- und Phosphatgehalte. Sie würden, falls herangezogen, das Bild verzerren.

[39] Th. Rehren u. a., Glass supply and circulation in early Byzantine southern Jordan. In: J. Drauschke / D. Keller (Hrsg.), Glass in Byzantium. Production, usage, analyses. RGZM Tagungen 8 (Mainz 2010) 65–81, hier 75, basierend auf S. Paynter, Experiments in the reconstruction of Roman wood-fired glassworking furnaces. Waste products and their formation processes. Journal Glass Stud. 50, 2008, 271–290. – In ihren Experimenten, die sie zusammen mit den Glasbläsern Hill und Taylor durchgeführt hat, konnte sie eine Erhöhung des Pottaschegehalts von 1,5 auf 2 Gewichtsprozent innerhalb eines Tages kontinuierlichen Feuerns nachweisen. Zur Bildung von kaliumreichem Glas an den Wänden von holzgefeuerten Öfen s. Th. Rehren / E. Perini, The glass furnace debris. In: F. Seeley / J. Drummond-Murray (Hrsg.), Roman Pottery Production in the Walbrook Valley. Molas Monograph 25 (2005) 184–186 (römisches London); Th. Rehren / M. Yin, Melt formation in lime-rich proto-porcelain glazes. Journal Arch. Scien. 39, 2012, 2969–2983.

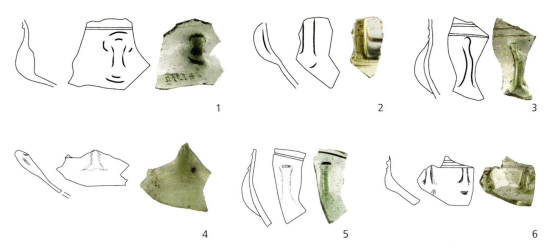

Abb. 6 Fragmente von Schalen des Typus Helle aus Asperden (Kat. 5), zwei Drittel natürlicher Größe. – (1) Probe ASP1, Inv. 1964.137; (2) Probe ASP2, Inv. 1964.137; (3) Probe ASP3, Inv. 1964.132,2; (4) Probe ASP4, NI 2006/0067 St. 159-17; (5) Fragment mit braunem Glasfaden NI 2006/0067 St. 29; (6) Fragment einer kleinen Schale, Inv. 1964.146.

als dass dieses Element als Entfärber fungiert haben könnte. Vielmehr gelangte es vermutlich durch das Einschmelzen von mit Antimon entfärbtem Glas in die Schmelze.

Interessant ist die Verteilung des wiederverwendeten Glases innerhalb der Gruppe: Alle fünf Exemplare des Roman blue-green zeigen deutliche Hinweise auf Recycling, aber keine der HIMT-Proben aus Asperden und nur knapp die Hälfte der übrigen HIMT-Gefäße vom Typus Helle. Das bedeutet, dass zur Zeit der Herstellung unserer Schalen das Roman blue-green von Recycling deutlich betroffen war, während die Hälfte des HIMT-Glases noch nicht durch Wiederverwendung verunreinigt war.

In der Gruppe der Gläser aus wiederverwendetem Material haben die Proben von Roman blue-green deutlich höhere Antimongehalte (etwa 1000 ppm)[36] als die von Recycling betroffenen HIMT-Gläser (etwa 200 ppm), während die frischen HIMT-Gläser nur 10 ppm Antimon enthalten. Dies könnte eine Folge der unterschiedlichen Zeitstellung der beiden Glassorten sein; mit Antimon entfärbtes Glas wurde wie Roman blue-green vorwiegend in den ersten nachchristlichen Jahrhunderten hergestellt und ist daher eher in wiederverwendetem Roman blue-green zu erwarten als in dem späteren HIMT-Glas. Alternativ kann es darauf hindeuten, dass beim Recycling die relativ farblosen Sorten Roman blue-green und mit Antimon entfärbtes Glas getrennt von den kräftiger gefärbten HIMT-Gläsern gesammelt und eingeschmolzen wurden. Eine solche sorgfältige Trennung von Altglas zum Recycling scheint in der Ladung des Wracks der Iulia Felix erkennbar[37] und wäre daher auch hier nicht unerwartet.

Zusammen mit den erhöhten Buntmetallgehalten treten in den von Wiederverwendung betroffenen HIMT-Gläsern ein erhöhter Phosphatgehalt und erhöhte Kaliumoxid- beziehungsweise Pottaschewerte im Vergleich zu anderem Glas auf[38]. Beides lässt sich durch die fortschreitende Absorption von Holzasche beim Schmelzvorgang im Ofen erklären, wobei das wiederholte Umschmelzen des Glases beim Recycling dieselbe Wirkung hat wie ein längeres Verbleiben der Schmelze im Ofen[39]. Beide Effekte, sowohl der erhöhte Buntmetallgehalt als auch die Verunreinigung durch Farbglas und erhöhte Werte an Pottasche und Phosphat durch Holzascheeintrag beim Umschmelzen sind voneinander zwar materiell unabhängig, sind aber technisch durch den gleichen Prozessschritt direkt verknüpft. Daher bildet das gemeinsame Auftreten der beiden Befunde ein starkes Indiz für die verstärkte Wiederverwendung von Glas. Außerdem drängt sich der Schluss auf, dass die möglichen Paare von Gefäßen aus demselben

Glasposten, MAH2 und MAH3, ASP2 und ASP3 sowie TAL1 und ALF1, während eines längeren Arbeitsprozesses hergestellt wurden und dabei die Stücke mit niedrigem Pottaschegehalt zuerst, die mit höheren Pottasche- und Phosphatwerten später hergestellt wurden. Dadurch wären die Unterschiede in Pottasche- und Phosphatgehalt bei zugleich naher Übereinstimmung der anderen Neben- und Spurenelemente schlüssig zu erklären.

Die Gläser des Hambacher Forsts zeigen zwar ähnliche chemische Muster, aber sie zerfallen weniger scharf in zwei Gruppen als die Asperdener und die Mayener Gläser. In diesem Zusammenhang ist der generell hohe Gehalt von Kupfer und Blei in den Hambacher Gläsern bemerkenswert, der meist den jeweiligen Gehalt der Gläser des Typus Helle mit Recyclingspuren noch übertrifft. Wedepohl erklärt dies durch die Verwendung von mit Kupfer angereichertem Sand des Flusses Rur[40]. Eine andere Erklärung wäre jedoch, dass die Werkstätten im Hambacher Forst insgesamt sehr viel stärker ihr Glas vermischt haben und höhere Anteile an wiederverwendetem Glas nutzten[41]. Leider geben die publizierten Analysen keine Werte für Zinn und Antimon. Es ist jedoch unwahrscheinlich, dass sie etwa 10 ppm überschreiten würden, wenn sie aus geologischen Ablagerungen der Region stammten, während höhere Konzentrationen einen deutlichen Hinweis auf Recycling ergäben. Die generell wenig deutliche Differenzierung der Glasanalysen in Material mit niedrigem und solches mit hohem Eisen- und Titangehalt wiese eher auf ein Vermischen und Wiederverwenden von Glas hin, wie es auch für eine größere Werkstatt am Rand des Imperiums in der Zeit zunehmender politischer und wirtschaftlicher Destabilisierung zu erwarten wäre.

Ergebnis

Die Gläser des Typus Helle sind chemisch nicht einheitlich, sondern gehören in zwei unterschiedliche Gruppen. Beide lassen sich bereits aus der Literatur wohlbekannten Glasgruppen zuordnen, die vor und während der Herstellungszeit der Schalen vom Typus Helle sehr weite Verbreitung im Römischen Reich hatten. Die Mehrzahl der analysierten Stücke, neunzehn von dreiundzwanzig, wurden aus HIMT-Glas hergestellt, die übrigen vier aus Roman bluegreen. Beide Glassorten sind in der Werkstatt von Asperden nachgewiesen, als Gefäßfragmente und Fabrikationsabfall wie Tropfen und Pfeifenabschläge, wahrscheinlich ebenso auch in den Herstellungszentren des Hambacher Forstes. Innerhalb dieser Glassorten variiert die Zusammensetzung unserer Schalen wie auch die Zusammensetzung der Glassorten selbst. Sie sind demnach nicht in einem einzigen Herstellungsprozess entstanden.

Dennoch können mehrere Paare von Glasschalen des Typus Helle wahrscheinlich jeweils einem Glasposten zugewiesen werden. Vier dieser Paare wurden auch in derselben Siedlung gefunden, zwei in Castrop-Rauxel Erin (Kat. 4), je eines in Asperden (Kat. 5, Abb. 6, 2. 3) und Mahlstedt (Kat. 19), während ein Paar in Bonn respektive Alfter gefunden wurde (Kat. 1 und 2). Für Mahlstedt ist die Herkunft der Proben von einer einzigen Schale nicht ausgeschlossen, die Paare von Erin und aus Asperden dagegen stammen von verschiedenen Gefäßen. Die Schalen aus Bonn und Alfter zeigen auch im Aussehen deutliche Ähnlichkeiten, sodass die Produktion in einer einzigen Werkstatt auch formenkundlich wahrscheinlich ist: Beide haben

[40] Gaitzsch u. a., Hambacher Forst 145.   [41] Hierzu s. a. Grünewald/Hartmann, Glasrecycling.

einen gerundeten Rand und einen dicken Fadenansatz. Auch die verschollene Schale aus der Sammlung Rath (Kat. 39) ähnelt diesem Paar. Gefäßpaare aus einem einzigen Glasposten, die weit entfernt vom Herstellungsort gemeinsam innerhalb einer Siedlung gefunden wurden, beleuchten schlaglichtartig den Distributionsprozess der Helleschalen. Soweit sich dies anhand der Publikationslage feststellen lässt, ist eine auffallende Verbindung der Schalen mit germanischen Kriegergräbern zu erkennen. Insbesondere für die Gefäßpaare lässt sich vermuten, dass sie gemeinsam in der Germania secunda durch einen Angehörigen der römischen Armee mit Migrationshintergrund erworben und von diesem dann zu einem nicht weiter feststellbaren Zeitpunkt in eine Siedlung in der Germania magna gebracht wurden.

Die Heterogenität von HIMT-Glas und die Wahrscheinlichkeit, dass selbst eine einzelne Werkstatt Rohstoffe verschiedener Zusammensetzung innerhalb des HIMT-Spektrums verarbeitete, macht die Beantwortung unserer eingangs gestellten Frage schwierig. Die Daten aus Asperden belegen, dass auch eine einzelne Werkstatt sowohl frisches Rohglas als auch Recyclingmaterial verwendete. Es ist daher nicht mit Sicherheit zu sagen, ob alle Schalen vom ypus Helle in einer einzigen Werkstatt oder in verschiedenen hergestellt wurden. Theoretisch könnten sie alle aus einer Produktionsstätte stammen, die im Laufe der Zeit unterschiedliche Glasposten verarbeitete. Verschiedene Betriebe können aber auch chemisch sehr ähnliche Gefäße hergestellt haben, da sie mehr oder weniger das gleiche Rohmaterial benutzten.

Schalen des Typus Helle aus Inden-Pier WW 134, halbe natürliche Größe.
Abb. 7 (gegenüber) Männergrab 229 (Kat. 8 a).
Abb. 8 (oben) Frauengrab 255 (Kat. 8 b).

Zur Unterscheidung verschiedener Werkstätten wären handwerkliche Untersuchungen der Objekte heranzuziehen, um gegebenenfalls die unterschiedliche Produktionsweise der Glasbläser zu erkennen. Dies stellt sich jedoch als schwierig dar, da viele der angeführten Exemplare nur als kleine Fragmente auf uns gekommen sind und zudem im Rahmen dieser Studien nicht im Original in Augenschein genommen werden konnten. Für die Herkunft aus unterschiedlichen Werkstätten sprächen jedoch einige Beobachtungen, etwa die verschiedenen Randformen, unterschiedlich stark herausgekniffene Rippen oder die Art des Fadenansatzes. Dieser kann als dicker Tropfen beginnen, wie an dem Paar aus Bonn und Alfter (Kat. 1 und 2), oder aber dünn angelegt sein, wie bei den Stücken aus Hambach 132 (Kat. 6; Abb. 3), Hambach 382 (Kat. 7; Abb. 4), Jülich (Kat. 9; Abb. 5) und Nimwegen (Kat. 25 und 26). Jedoch kommen im Gräberfeld von Inden-Pier beide Arten vor (Kat. 8 a und 8 b; Abb. 7 und 8), wobei nicht klar ist, ob dem eine zeitliche Abfolge zugrundeliegt oder ob sich hierin verschiedene Handwerkerhände zeigen. Aus Asperden sind Randfragmente sowohl von verrundeten als auch von hohlen Rändern bekannt. Zwar handelt es sich hierbei sicherlich nicht in allen Fällen um Schalen des Typus Helle, doch zeigen sie, dass beide Randvarianten in einer einzelnen Werkstatt hergestellt wurden.

Im weiteren Umfeld der Werkstätten im Hambacher Forst wurden fünf Schalen unseres Typus gefunden (Kat. 6–9), von denen diejenige aus Jülich hier analysiert wurde. Betrachtet man die Verbreitungskarte, wäre daher die Herstellung im Hambacher Forst naheliegend. Nach den bislang vorliegenden Analysen zeigen die Schalen vom Typus Helle jedoch eine größere Übereinstimmung mit HIMT-Gläsern aus anderen Teilen des Römischen Reichs als mit den Gläsern des Hambacher Forsts. Die von dort vorgelegten Analysen haben insgesamt eine eher unscharfe chemische Signatur im Vergleich zu der recht engen Korrelation der relevanten Oxidpaare in Roman blue-green und HIMT-Gläsern aus den nördlichen Provinzen des Imperiums, wie sie auch in den hier vorgestellten Helleschalen gefunden wurden, etwa Titan gegen Eisen[42]. Ungeachtet der Frage, ob im Hambacher Forst Rohglas produziert wurde oder nicht, unterscheidet sich das dortige Glas in ausreichendem Maße von den hier vorgelegten Analysen unserer Schalen, so dass deren Produktion im Hambacher Forst unwahrscheinlich ist. Dies schließt jedoch ihre Herkunft aus dem Rheinland nicht aus. Die hier vorliegende Fundkonzentration kann im Zusammenhang mit der militärisch wichtigen Straßenverbindung zwischen Köln und Bavay gesehen werden[43], an der weiter westlich auch Therouanne und Tournai liegen (Kat. 32 und 36).

Die augenscheinlichen Unterschiede an Schalen des Typus Helle weisen auf verschiedene Werkstätten oder zumindest auf verschiedene Glasbläser hin, so dass ihre Herstellung in einem einzigen Produktionsort unwahrscheinlich erscheint. Im Gegensatz zur Unwahrscheinlichkeit der Herkunft aus dem Hambacher Forst ist es aber sehr wohl möglich, Asperden als Produktionsort oder zumindest eines der Herstellungszentren zu identifizieren, auch wenn das Material keine eindeutige Zuweisung zulässt.

Die hier vorgelegten chemischen Analysen lassen sich gut in die historischen Zusammenhänge der Region und der Zeit der Herstellung der Schalen Typus Helle einordnen. Am Ende des vierten Jahrhunderts, als der Typus aufkam, wäre frisches Roman-blue-green-Glas nicht mehr verfügbar gewesen. Es war zwar in den Nordwestprovinzen in den ersten drei Jahrhunderten unserer Zeitrechnung dominierend, wurde aber im vierten Jahrhundert wohl nicht mehr hergestellt. Die noch zirkulierenden Restbestände an Roman blue-green wären daher stark durch Recycling und Beimischung von dem ebenfalls frühen Antimon-entfärbten Glas verunreinigt. Das spiegelt sich in den vier Schalen unseres Typus aus Roman blue-green mit höheren Antimonkonzentrationen. Im Gegensatz dazu war seit dem vierten Jahrhundert HIMT-Glas sehr verbreitet; es erschien zuerst etwa ein oder zwei Generationen vor dem Produktionsbeginn des Typus Helle. Daher ist sowohl frisches HIMT-Glas verfügbar, ebenso wie bereits wiederverwendetes Glas, das jetzt allerdings mehr durch Kupfer – dem Färbemittel für die blaue Dekoration, wie sie im vierten Jahrhundert beliebt war – verunreinigt ist als durch mit Antimon entfärbtes Glas. Wichtig ist das Ergebnis, dass die Werkstatt von Asperden offenbar gute Verbindungen zu den rohglasproduzierenden Regionen hatte, die an der Ostküste des Mittelmeeres vermutet werden[44]. Alle vier HIMT-Proben der Asperdener Werkstatt waren sauber und wiesen nur die geologischen Gehalte der relevanten Buntmetalle und keine erhöhten Pottasche- und Phosphatkonzentrationen auf. Allerdings war nur eine von vier der analysierten Helleschalen aus Asperden aus frischem Rohglas hergestellt. Wiederverwendetes Glas hatte also auch schon seinen Weg in diese Werkstatt gefunden.

Dr. Marion Brüggler, LVR - Amt für Bodendenkmalpflege im Rheinland, Außenstelle Xanten, Augustusring 3, 46509 Xanten, Marion.Brueggler@lvr.de. – Dr. Thilo Rehren, UCL Qatar, A partner of Hamad bin Khalifa University, PO Box 25256, Doha, Qatar, th.rehren@ucl.ac.uk.

---

[42] Näher hierzu s. Rehren/Brüggler, Composition.
[43] Vgl. R. Brulet in: M. Reddé u. a. (Hrsg.), Les fortifications militaires. L'architecture de la Gaule romaine. Documents d'arch. française 100 (Bordeaux 2006) 50–66.
[44] Dieser Bereich erstreckt sich von Nordägypten bis zum Libanon, vgl. I. Freestone, The provenance of ancient glass through compositional analysis. Materials Research Soc. Proc. 852, 2005, OO8.1.1-14; ders. in: M. Maggetti / B. Messiga (Hrsg.), Geomaterials in Cultural Heritage, Geological Society London Special Pub. 257 (London 2006) 201–216.

Abkürzungen

Böhme, Grabfunde	H.-W. Böhme, Germanische Grabfunde des 4.–5. Jahrhunderts zwischen unterer Elbe und Loire (München 1974).
Brüggler, Villa rustica	M. Brüggler, Villa rustica, Glashütte und Gräberfeld. Die kaiserzeitliche und spätantike Siedlungsstelle HA 132 im Hambacher Forst. Rheinische Ausgrabungen 63 (Mainz 2009).
Erdrich, Barbaricum	M. Erdrich, Corpus der römischen Funde im europäischen Barbaricum. Deutschland IV. Hansestadt Bremen und Bundesland Niedersachsen (Bonn 2002).
Foster/Jackson, Vessel glass	H. Foster / C. Jackson, The composition of ›naturally coloured‹ late Roman vessel glass from Britain and the implications for models of glass production and supply. Journal Arch. Scien. 36, 2009, 189–204.
Foy u. a., Caractérisation	D. Foy u. a., Caractérisation des verres de la fin de l'Antiquité en Méditerranée occidentale. L'émergence de nouveaux courants commerciaux. In: D. Foy / M.-D. Nenna (Hrsg.), Échanges et commerce du verre dans le monde antique. Actes du colloque de l'Association française pour l'archéologie du verre, Aix-en-Provence et Marseille 2001 (Montagnac 2003) 41–86.
Gaitzsch u. a. Hambacher Forst	W. Gaitzsch / A.-B. Follmann-Schulz / K. H. Wedepohl / G. Hartmann / U. Tegtmeier, Spätrömische Glashütten im Hambacher Forst. Produktionsort der ECVA-Fasskrüge. Archäologische und naturwissenschaftliche Untersuchungen. Bonner Jahrb. 200, 2000, 83–241.
Grünewald/Hartmann, Glasrecycling	M. Grünewald / S. Hartmann, Überlegungen zum Glasrecycling der Antike im Bereich des heutigen Deutschlands. in: P. Henrich u. a. (Hrsg.), Non solum ... sed etiam. Festschrift für Thomas Fischer zum 65. Geburtstag (Rahden 2015) 153–164.
Hermsen, Didam-Aalsbergen	Ivo Hermsen, Wat glimt da in Didams bodem? Een catalogus van glas uit de late ijzertijd, de laat Romeinse tijd en het begin van de vroege middeleeuwen, gevonden te Didam-Aalsbergen (Gld.) (unpubl. Manuskript 2003, Univ. Amsterdam).
Mirti u. a., Augusta Praetoria	P. Mirti / A. Casoli / L. Appolonia, Scientific analysis of Roman glass from Augusta Praetoria, Archaeometry 35, 1993, 225–240.
Pirling, Gellep 1966	R. Pirling, Das römisch-fränkische Gräberfeld von Krefeld-Gellep. German. Denkmäler Völkerwanderungszeit, Ser. B. Fränk. Altertümer Rheinland 2 (Berlin 1966).
Rehren/Brüggler, Composition	Th. Rehren / M. Brüggler, Composition and production of late antique glass bowls type Helle. Journal Arch. Scien. Reports 3, 2015, 171–180.
Sablerolles, Gennep 1992	Yvette Sablerolles, De glasvondsten van een nederzetting uit de Volksverhuizingstijd te Gennep (Limburg). Amsterdam (unpubl. Diss. Amsterdam 1992).

Sablerolles, Gennep 1993	dies., A Dark-Age glass complex from a Frankish settlement at Gennep (Dutch-Limburg). Annales du 12e Congrès de l'Association Internationale pour l'Histoire de Verre 1991 (Amsterdam 1993) 197–207.
Silvestri, Coloured glass	A. Silvestri, The coloured glass of Iulia Felix. Journal Arch. Scien. 35, 2008, 1489–1501.
Werner, Kriegergräber	J. Werner, Kriegergräber aus der ersten Hälfte des 5. Jahrhunderts zwischen Schelde und Weser. Bonner Jahrb. 158, 1958, 372–413.

Resümee. Die markanten, nicht sehr häufigen spätantiken Glasschalen vom Typus Helle sind ausschließlich in Nordwesteuropa verbreitet, und zwar sowohl innerhalb als auch außerhalb des Römischen Reichs. Sie wurden unter anderem nahe den Glaswerkstätten von Goch-Asperden und im Hambacher Forst gefunden und könnten demnach in diesen beiden Zentren hergestellt worden sein. Die Untersuchung von einem Viertel der bekannten Fundstücke auf die chemische Zusammensetzung zeigt, dass die Mehrzahl der Proben aus der reichsweit verbreiteten, spätantiken Glassorte HIMT hergestellt wurde, wenige aus dem etwas früheren, Roman blue-green genannten Glas. Alle Roman-Blue-green-Gläser enthalten Recyclingspuren, während etwa die Hälfte des HIMT-Glases frisch importiertes Primärglas ist. Mehrere Paare von Schalen lassen sich identifizieren, die wahrscheinlich aus demselben Glashafenbesatz innerhalb eines Tages hergestellt wurden; die Paare wurden auch örtlich nahe beieinander gefunden. Die Kombination archäologischer und archäometrischer Indizien legt nahe, dass Asperden eines der Herstellungszentren für diese Schalen war.

Conclusion. Late antique glass bowls of the relatively rare type Helle are exclusively found in continental northwestern Europe, both within and outside the Roman Empire. Since they were also found on and close to the sites of the workshops at Goch-Asperden and the Hambacher Forst in the Rhineland, their production in both these sites is possible. The chemical analysis of about one quarter of all known finds shows that the majority of the bowls were made from the widely used late antique HIMT glass, a few items consisting of the earlier Roman blue-green glass. While all the Roman blue-green glass in our assemblage consists of recycled glass, about half of the HIMT glass appears to be made from freshly imported primary glass. Several bowls are found to be pairs produced from a single batch; most of these were also found in couples. The combination of archaeological and archaeometric evidence indicates that the glass workshop from Goch-Asperden may have been one of the production sites for the bowls of this type.

Samenvatting. Laat antieke glazen schalen van het markante, maar relatief weinig voorkomende type Helle worden uitsluitend in Noordwest Europa aangetroffen, zowel binnen als buiten de grenzen van het Romeinse Rijk. Ze worden gevonden in de omgeving van werkplaatsen bij Goch-Asperden en het Hambacher Forst in het Rijnland. Dit zou een aanwijzing kunnen zijn dat zij vervaardigd zijn op deze locaties. Het chemische onderzoek van een kwart van de gevonden objecten heeft uitgewezen dat het merendeel van de schalen gemaakt is van het zeer gangbare laat antieke HIMT glas, terwijl een paar exemplaren behoren tot het iets vroegere zogenaamde Roman blue-green glas. Al het Roman blue-green glas in de selectie vertoont sporen van recycling, terwijl ongeveer de helft van het HIMT glas vers geïmporteerd primair glas is. Verder is het opvallend dat verschillende schalen als paar zijn vervaardigd en waarschijnlijk op één dag gemaakt zijn van dezelfde partij glas; deze sets zijn ook bij elkaar teruggevonden.

De combinatie van archeologisch en archeometrisch indicaties wijst erop dat Goch-Asperden een van de productiecentra kan zijn geweest van dit type schaal.

Bildrechte. Abb. 6 ABR, Ausführung Till Könings. – Abb. 2 Marion Brüggler, Kartengrundlage LMB, Christoph Duntze. – Das Übrige LMB, Ausführung Jürgen Vogel.

Katalog

Aus Nordrhein-Westfalen

(1) Alfter, Grab 1. – Schale, gebrochen.
Gelblichgrün. – Rand verrundet, Fadenansatz dick, Rippen schwach ausgebildet.
LMB, Inv. 1956.328. – Werner, Kriegergräber 408 Liste 2 Nr. 7. – Probe ALF1.

(2) Bonn. – Mehrere Fragmente einer Schale.
Hellgrün. – H. 8,2 cm; Dm. 13 cm. – Rand verrundet, Fadenansatz dick, Rippen schwach ausgebildet.
Reval (Tallinn, Estland), Universität, Institut für Geschichte, Inv. AI 3822:486. – Mitteilungen Anna-Barbara Follmann-Schulz, Ingeborg Krueger und Ain Mäesalu. – Probe TAL1.

(3) Bonn (?), Grab (?). – Schale.
Hohler Rand, markante Rippen.
Grünlich (Doppelfeld). H. 5,2 Dm. 9,4.
Köln, RGM Inv. 39,241. – O. Doppelfeld, Römisches und fränkisches Glas in Köln (Köln 1966) Abb. 177 unten; Bonner Jahrb. 146, 1941, 428 und Taf. 86, 2; O. H. Förster, Die Sammlung Richard von Schnitzler (München 1931) 74 Nr. 310 und Taf. 87.

(4) Castrop-Rauxel, Zeche Erin, Siedlung. – Fünf Fragmente von fünf Schalen.
ERI1 und ERI2 grün, ERI3 gelb, ERI4 und ERI5 hellgrün.
F. Fremersdorf, Die antiken Glasfunde. Bodenaltertümer Westfalens 12 (1970) 93 f. – Proben ERI1 – ERI5.

(5) Goch-Asperden, Werkstatt. – (Abb. 6)
Sechzehn Fragmente von sechzehn Schalen.
ASP1 grün, ASP2 gelb, ASP3 und ASP4 gelblichgrün. Vgl. die Bildunterschrift.
Beitrag Brüggler in diesem Band mit Anm. 97. – Proben ASP1 – ASP4

(6) Hambacher Forst HA 132, (Abb. 1 und 3)
Männergrab 49. – Schale.
Grün. – H. 6,3 cm; Dm 12,6 cm. – Hohler Rand, markante Rippen, dünner Fadenansatz.
Brüggler, Villa rustica 440.

(7) Hambacher Forst HA 382, (Abb. 1 und 4)
Frauengrab 2. – Schale.
Gelblichgrün. – H. 6,3 cm; Dm. 11,5 cm. – Hohler Rand, markante Rippen, dünner Fadenansatz.
LMB Inv. 1982.2093,02. – Gaitzsch u. a., Hambacher Forst 195.

(8 a) Inden-Pier WW 134, (Abb. 7)
Männergrab 229. – Schale.
H. 5,4 cm; Dm. 8,8–9,5 cm. – Verrundeter Rand, dünner Fadenansatz.
Mitteilung Wolfgang Gaitzsch, Anna-Barbara Follmann-Schulz und Udo Geilenbrügge.

(8 b) Inden-Pier WW 134, (Abb. 8)
Frauengrab 255. – Schale.
H. 4,2 cm; Dm. 6,9 cm. – Verrundeter Rand, dicker Fadenansatz.
Wie zuvor.

(9) Jülich, Bereich Zeisigweg, (Abb. 1 und 5) Grab 2. – Schale, gebrochen.
Grün. – Hohler Rand, markante Rippen, dünner Fadenansatz.
LMB Inv. 1972.412,02. – M. Groß / U. Heimberg, Bonner Jahrb. 175, 1975, 335–341. – Probe JULI.

(10) Kalkar-Altkalkar, Burginatium, Alenlager. – Fragment.
Gelblichgrün.
ABR NI 2013/0071, St. 138-8.

(11) Krefeld-Gellep, Grab 713. – Schale.
Grün. – H. 5,6 cm; Dm. 10,4 cm. – Hohler Rand, markante Rippen.
Werner, Kriegergräber 408 Liste 2 Nr. 6; Pirling, Gellep 1966, 153 f.

(12) Warendorf, Siedlung. – Ein Fragment.
Hellgrün.
Chr. Grünewald in: Fundgeschichten. Archäologie in Nordrhein-Westfalen. Schr. Bodendenkmalpflege Nordrhein-Westfalen 9 (Mainz 2010) 173 Abb. 2.

Aus Rheinland-Pfalz

(13) Wachenheim, Grab. – Schale, gebrochen.
Hellgrün. – H. 5,7 cm; Dm. 12,6 cm. – Hohler Rand, Hals hoch, Rippen tief angesetzt, schwach ausgebildet.
Mitteilung Helmut Bernhard (Speyer) und Anna-Barbara Follmann-Schulz.

Aus Niedersachsen

(14) Flögeln-Eekhöltjen, Siedlung. – Fragment, wahrscheinlich Typus Helle.
Hellolivgrün. – Dm. 10,5.
Erdrich, Barbaricum 113.

(15) Gristede, Siedlung. – Zwei Fragmente von zwei Schalen.
Hellgrün und hellblau.
Erdrich, Barbaricum 33.

(16) Helle, Kriegergrab 1. – Schale.
Bräunlichgrün. – H. 6 cm; Dm. 8 cm. – Hohler Rand.

Werner, Kriegergräber 408 Liste 2 Nr. 1; Erdrich, Barbaricum 32.

(17) Issendorf, Grab 2232. – Ein verschmolzenes Fragment. Eine weitere Schale, wahrscheinlich aus einem Grab, ist heute verschollen.
Grün.
Erdrich, Barbaricum 169; Böhme, Grabfunde 138.

(18) Klein-Bünstorf, Siedlung. – Fragment.
Hellgrün.
Erdrich, Barbaricum 174.

(19) Mahlstedt, Siedlung. – Sechs Fragmente von vermutlich sechs Schalen.
Ein gelbes, zwei bläulichgrüne und ein gelblichgrünes Fragment. – Probe MAH4 stammt von einem Rand, der nicht sicher von einem Gefäß des Typus Helle stammt.
Erdrich, Barbaricum 52. – Proben MAH1 – MAH4.

(20) Salzgitter, Siedlung. – Fragment.
Erdrich, Barbaricum 182.

(21) Tötensen, Grab 444. – Neun Fragmente einer Schale.
Hellgrün.
Erdrich, Barbaricum 146.

Aus den Niederlanden

(22) Bennekom, Siedlung. – Zwei Fragmente einer Schale.
Die Rippen schwach ausgebildet.
W. A. van Es / M. Miedema / S. L. Wynia, Ber. ROB 35, 1985, 533–652. 612.

(23) Didam-Aalbergen (Kollenburg), Siedlung. – Sechs Fragmente einer Schale, ein weiteres Fragment, eventuell noch zwei weitere.
Hellgrünblau. – Dm. 9,5 cm.
Hermsen, Didam-Aalsbergen 22; 31.

(24) Gennep, Siedlung. – Neunundzwanzig Fragmente von mindestens elf Schalen.

Sieben gelbgrüne, ein hell gelbgrünes, zwei blaugrüne und ein olivgrüngelbes Fragment. – Dm. 9 cm.

Sablerolles, Gennep 1992; Sablerolles, Gennep 1993.

(25) Nimwegen, Broerstraat Grab 144. – Schale.
Gelblichgrün. – Hohler Rand, markante Rippen, dünner Fadenansatz.
Werner, Kriegergräber 408 Liste 2 Nr. 2.

(26) Nimwegen. – Schale.
Hellgelblichgrün. – Hohler Rand, markante Rippen, dünner Fadenansatz.
Werner, Kriegergräber 408 Liste 2 Nr. 3.

(27) Wehl-Hessenveld, Siedlung. Drei Fragmente.
WEH1 blaugrün, ein anderes hellgrün.
Hermsen, Didam-Aalsbergen 16. Mitteilung Sophie van Lith (Amstelveen). – Probe WEH1.

(28) Wijster, Siedlung. – Sieben Fragmente von mindestens sechs Schalen.
Randfragment: H. 8 cm; Dm. 13 cm. Hohler Rand.
W. A. van Es, Wijster. A native village beyond the imperial frontier 150–425 AD. Palaeohistoria 11 (Groningen 1967) 154 f. – Probe WIJ1.

(29) Dalfsen, Siedlung. Zwei Fragmente, vermutlich von einer einzigen Schale.
Randfragment: hohler Rand, markante Rippe.
R. van Beek, Westerheem 10, 1961, 46 Abb. 7. – Proben DAL1 und DAL2.

(30) Deventer, Colmschate, Siedlung. – Drei Fragmente von drei Schalen, eventuell ein weiteres Fragment.
Hellgrün. – Randfragment: hohler Rand.
I. Hermsen, Een afdaling in het verleden, archeologisch onderzoek van bewoningsresten uit de prehistorie en de Romeinse tijd op het terrein Colmschate. Rapportages Arch. Deventer 19 (Deventer 2007) 199 f. – Proben DEV1 – DEV3

(31) Heeten-Hordelman. – Fragment.
Mitteilung Ivo Hermsen (Deventer): fraglich.

(31 bis) Wijk bij Duurstede, De Geer, Siedlung. – Wandfragment.
Grün.
S. M. E. van Lith, Romeins en vroegmiddeleeuws glas. In: S. Heeren u. a, Wijk bij Duurstede - De Geer in de Romeinse tijd en vroege middeleeuwen. De voorgeschiedenis van Dorestad. Nederlands Arch. Rapporten, in Vorbereitung. – Mitteilung Stijn Heeren nach Abschluss des Manuskripts.

Andere Herkunft

(32) Belgien, Tournai, Grab 2. – Schale.
Gelblich. H. 5,5. – Rand verrundet, kein Faden, Rippen sehr hoch angesetzt.
G. Faider-Feytmans, Latomus 10, 1951, 49 unten; Werner, Kriegergräber 408 Liste 2 Nr. 5; Böhme, Grabfunde 304.

(33) Belgien, Tongeren, wohl Grab. – Schale.
Olivfarben. – H. 5,3 cm; Dm. 8,3 cm. – Rand verrundet.
Werner, Kriegergräber 408 Liste 2 Nr. 4; Vanderhoeven 58 f. Nr. 59 Abb. 17.

(34) Belgien, Montaigle. – Fragment.
F. Hanut / Ph. Mignot / G. Lauwens in: H. Cabart / V. Arveiller (Hrsg.), La verre en Lorraine et dans les régions voisines. Actes du Colloque de l'A-FAV Metz 2011. Monogr. Instrumentum 42 (Montagnac 2012) 247–268, hier 253.

(35) Dänemark, Hjoerring Amt, Oernboel-Hede, Grabhügel. – Mehrere Fragmente einer Schale.
Werner, Kriegergräber 408 Liste 2 Nr. 8.

(36) Frankreich, Pas-de-Calais, Thérouanne. – Schale.
Kein Faden.
Böhme, Grabfunde 138.

(37) Österreich, Enns-Lauriacum, Mädchengrab 60. – Schale.
Grün. – Der Rand offenbar abgesprengt, kein Faden, Rippen sehr hoch angesetzt.
Ae. Kloiber, Die Gräberfelder von Lauriacum, Espelmayerfeld. Forschungen in Lauriacum 8 (Linz 1962) 66 f. Taf. 22.

(38) Herkunft unbekannt, Nordfrankreich oder Rheinland, Grab. – Schale.

Gelblichgrün. – Rand verrundet.

London, British Museum Inv. 1900,7-19,8. – Werner, Kriegergräber 409 Liste 2 Nr. 11; P. Lasko, The Kingdom of the Franks. North-West Europe before Charlemagne (London 1971) 43 Abb. 31.

(39) Herkunft unbekannt. – Schale.

Hellgrün. – H. 5 cm; Dm. 8,7 cm. – Rand verrundet, Fadenansatz dick.

Ehem. Berlin, Staatliche Antikensammlung, verschollen seit dem Zweiten Weltkrieg. – A. Kisa, Antike Gläser der Frau vom Rath (Bonn 1899) 155 Nr. 5 Taf. 16, 137.

Hauke Horn

Ein spätantikes Kapitell in der Essener Domschatzkammer

In der Essener Domschatzkammer befindet sich ein antikes korinthisches Kapitell aus Marmor, das im Umfeld des hauptsächlich mittelalterlichen Kirchenbaus aufgrund seiner Herkunft und seines Alters eine exzeptionelle Stellung einnimmt und auch wegen seines vergleichsweise guten Erhaltungszustands besondere Beachtung verdient (Tafel 1 und 2). Erstmals erwähnt wird das Stück in der grundlegenden Publikation über die Grabungen im Essener Dom von Walther Zimmermann aus dem Jahr 1956, jedoch findet sich dort außer einer Schwarzweißabbildung und einer zweizeiligen Beschreibung lediglich die Notiz »aus unbekanntem Zusammenhang«[1]. Joachim Kramer, der 1968 mit einem zweiseitigen Aufsatz die bisher einzige Studie zu dem Objekt lieferte, schloss daraus, dass Zimmermann es bei seinen Grabungen gefunden habe[2]. In diesem Fall dürfte man jedoch davon ausgehen, dass die Fundumstände des außergewöhnlichen Stücks dem sonst akribisch arbeitenden Ausgräber bekannt gewesen wären.

Die Notiz Zimmermanns lässt sich auch so deuten, dass das Kapitell an anderer Stelle der Kirche ein bis dato unbeachtetes Dasein fristete[3]. Dieser Verdacht lässt sich anhand des weiter unten ausgeführten bauforscherischen Befunds erhärten. Das Stück gelangte 1962 als Leihgabe in das Bonner Landesmuseum[4]. Eine Notiz von 1987 verzeichnet es dann in der Essener »Münsterschatzkammer«[5]. Danach geriet es in Vergessenheit und galt zwischenzeitig sogar als verschollen[6], bis es schließlich 2014 bei Voruntersuchungen zur Ausstellung »Werdendes Ruhrgebiet« in Essen von Birgitta Falk und dem Verfasser in einem Magazin der Essener Domschatzkammer wiederentdeckt wurde. Ein auf den ersten Blick gleichartiges Objekt, das einige Zeit zuvor im Magazin des Essener Ruhrmuseums auftauchte, konnte der Verfasser aufgrund des mineralischen Gussmaterials als Kopie dekuvrieren, deren Herkunft ungeklärt ist[7].

Beschreibung

Das korinthische Kapitell besteht aus weißem Marmor mit dunkelgrauen Wolken, wie er für den antiken Steinbruch auf der Insel Prokonnesos typisch ist. Mit einer Höhe von zweiunddreißig Zentimetern und einer Breite von zweiundvierzig Zentimetern am Abakus beziehungs-

---

Datierungen beziehen sich auf die nachchristliche Zeit.

[1] W. Zimmermann, Das Münster zu Essen. Kunstdenkmäler d. Rheinlandes, Beih. 3 (Essen 1956) 197.
[2] J. Kramer, Ein spätantikes Kapitell aus dem Münster von Essen. In: Beiträge zur Archäologie des römischen Rheinlands. Rhein. Ausgr. 3 (Düsseldorf 1968) 331 f.
[3] Für die fotografische Dokumentation wurden Werkstücke nachweislich aus ihrem Kontext gelöst, wie das isoliert abgebildete ionische Kapitell beweist, das als Basis des gotischen Weihwasserbeckens diente und dient.
[4] Kramer, Kapitell aus dem Münster (Anm. 2) 331.
[5] H. G. Horn (Hrsg.), Die Römer in Nordrhein-Westfalen (Stuttgart 1987) 421 f. s. v. Essen (W. Sölter).
[6] D. Hopp (Hrsg.), Ans Tageslicht gebracht. Archäologie in der Essener City (Essen 2008) 23.
[7] Vermutlich wurde die Kopie im Bonner Landesmuseum angefertigt, doch konnten hierzu keine Unterlagen aufgefunden werden.

Ein spätantikes Kapitell in der Essener Domschatzkammer Tafel 2

(hier und gegenüber) Korinthisches Kapitell in der Domschatzkammer Essen.
Etwa ein Viertel natürlicher Größe.

weise dreiundzwanzig Zentimetern an der Standfläche wirkt es im Ganzen recht kompakt[8], wozu die wenig ausladenden Voluten ebenso beitragen wie das tendenziell hochreliefartig aufgefasste Decorum. Für eine Belebung sorgt das leichte S-Profil, das oberhalb der Standfläche ausschwingt, um sich zunächst zu verjüngen, bevor die Voluten wieder nach außen streben.

Die Oberfläche ist großflächig von einer graublauen Farbschicht überzogen, die zahlreiche Abplatzer aufweist. Die Rillen wurden demgegenüber weiß akzentuiert. An einer Volute ließen sich geringfügige Reste von dunklem Rosa finden. Der Erhaltungszustand des Werkstücks ist relativ gut, allerdings fehlt die Volutenzone an einer Seite gänzlich. Diese Fehlstelle wurde flächig abgearbeitet.

Das Kapitell verfügt über nur eine Blattreihe mit acht Blättern von starrzackigem Akanthus[9], deren Spitzen sich berühren. Der mittlere Blattlappen dominiert mit dicken, deutlich gekerbten Zacken, die sternförmig ausstrahlen, das Erscheinungsbild des jeweiligen Blattes. Die Rillen wurden gemeißelt, nicht gebohrt. Sämtliche Blattüberfälle sind weggebrochen. Das Tiefendunkel zwischen den Blättern besteht aus einem charakteristischen Muster aus (von unten nach oben) zwei kleinen Dreiecken, einem dem Quadrat angenäherten Rechteck, Raute und großem Dreieck. Das Rechteck wird von nierenförmigen Bogensegmenten flankiert. Die Ecken der geometrischen Figuren wurden mit einem fünf Millimeter starken Bohrer vorgebohrt. Blattrelief und Tiefendunkel bilden optisch zwei nahezu gleichwertige Strukturebenen, zwischen denen der Blick oszilliert.

Die bandartigen, nicht profilierten Stengel der Voluten und Helices steigen unvermittelt hinter den Blättern empor. Im Unterschied zu den von Heilmeyer und Freyberger eingehend beschriebenen korinthischen Kapitellen der römischen Kaiserzeit fehlen somit Caules und Hüllkelche, außerdem die Stützblätter und mit einer Ausnahme die Stengel der Abakusblumen[10]. Die Voluten werden stattdessen von den Eckblättern gestützt, und die Mittelblätter reichen bis unter die verkümmert wirkenden Helices heran, die ihrerseits unter die Kalathoslippe stoßen. Die Voluten vollziehen keine ganze Drehung; ihre Augen sind deshalb vollständig durchbrochen. Auf dem Blattüberfall zwischen den Voluten sind unregelmäßige längliche Schlagspuren von einem kleinen Meißel erkennbar.

Der Abakus entspricht mit seinem Profil aus Kehle und Platte sowie trennender Kerbe dem üblichen Aufbau korinthischer Kapitelle. Die Abakusblüten, von denen zwei einander gegenüberliegende vollständig erhalten sind, verfügen über vier runde Blätter und wurden als vorstehende Knäufe auf Untersicht gearbeitet. An einer Seite trägt ein zierlicher, unscheinbarer Stengel die Blüte.

Obenauf gibt es keinen Scamillus. Die Fläche ist ebenso wie die große seitliche Fehlstelle nicht bemalt, sondern dunkelbraun verfärbt, ein größeres Stück an der Oberkante ist offensichtlich später herausgebrochen. Ungefähr in der Mitte der Oberseite sitzt ein etwa anderthalb Zentimeter tiefes, ursprünglich quadratisches großes Loch von fünf Zentimetern Seitenlänge, das der Montage und Positionssicherung gedient haben könnte. Das Loch wurde nachträglich

---

[8] Kelch: H. 25 cm; Abakus: H. 7 cm, B. 42 cm (von Knauf zu Knauf); Blattreihe: Umfang 90 cm, H. 18 cm; Standfläche: Umfang 73 cm, Dm. 23 cm.

[9] Die Bezeichnung »starrzackiger Akanthus« wurde von Rudolf Kautzsch für den beschriebenen Blatttypus eingeführt, s. Kapitellstudien. Beiträge zu einer Geschichte des spätantiken Kapitells im Osten vom vierten bis ins siebte Jahrhundert. St. spätant. Kunstgesch. 9 (Berlin 1936) 27. Mittlerweile handelt es sich um einen gängigen Terminus in der wissenschaftlichen Praxis, vgl. RAC XX (2004) Sp. 91 f. s. v. Kapitell (U. Peschlow); J. Kramer, Stilmerkmale korinthischer Kapitelle des ausgehenden 3. und 4. Jahrhunderts. In: O. Feld / U. Peschlow (Hrsg.), Studien zur spätantiken und byzantinischen Kunst. Friedrich Wilhelm Deichmann gewidmet, Bd. II. Monogr. RGZM 10 (Bonn 1986) 109–126, hier 112.

[10] Vgl. allg. K. St. Freyberger, Stadtrömische Kapitelle aus der Zeit von Domitian und Alexander Severus. Zur Arbeitsweise und Organisation stadtrömischer Werkstätten der Kaiserzeit (Mainz 1990); W. D. Heilmeyer, Korinthische Normalkapitelle. Studien zur Geschichte der römischen Architekturdekoration. MDAI Rom Ergh. 16 (Heidelberg 1970).

[11] Kramer, Kapitell aus dem Münster (Anm. 2) 331.

Abb. 1 Korinthisches Kapitell im Archäologischen Museum Split, Kroatien.

zu einem Rechteck vergrößert; hierauf weisen andersartige Bearbeitungsspuren hin, die von einem kleinen Scharriereisen stammen könnten. Ein fünf auf zwei Zentimeter großes Stück der Oberseite wurde mit demselben Werkzeug, vielleicht probeweise, scharriert. Außerdem befindet sich in dem Zapfenloch ein deutlicher Rest von grauem Zementmörtel mit sichtbaren Zuschlägen, der sich in kleineren Spuren auch an anderen Stellen der Oberseite des Abakus ausmachen lässt.

Die buckelige Kapitelloberseite weist zahlreiche punktförmige Hiebspuren von einem Spitzeisen auf. Bei einer geradlinigen, jedoch nicht durchlaufenden Kerbe, die von einer Ecke zum Zapfenloch verläuft, könnte es sich um einen teilweise abgearbeiteten Gusskanal handeln. Ferner befindet sich ein an den Rändern abgerissener Aufkleber mit Resten unleserlicher Schrift auf der Oberseite, der wohl von einer älteren Inventarisierung herrührt, die leider nicht näher bestimmbar ist.

Auf der Unterseite befindet sich ungefähr mittig ein weiteres Zapfenloch von dreieinhalb mal anderthalb Zentimetern Größe, darin ab einer Tiefe von anderthalb Zentimetern der stark verrostete Rest eines Eisendübels.

Datierung und Provenienz

Joachim Kramer ordnet das Kapitell zu einer Gruppe, die er in das frühe vierte Jahrhundert setzt[11]. Als Vergleichsbeispiele nennt er zwei Exemplare im Nationalmuseum Syrakus, die aus Piazza Armerina stammen sollen, sowie zwei weitere, die als Spolien in der Krypta des Alten Doms von Brescia verbaut sind. Vor allem Letztere eignen sich jedoch nur bedingt für eine vergleichende Datierung, denn sie weisen Hüllblätter auf, die dem Essener Stück fehlen, und weichen auch sonst in markanten Details ab. So wirken die Voluten und Helices in Brescia wie eingedrückt zwischen Hüllblättern und Abakus und weisen deutlich kleinere Voluten auf, die zudem nicht durchbrochen sind.

Frappante Ähnlichkeiten weist hingegen ein Kapitell im Archäologischen Museum in Split auf[12] (Abb. 1). Es stammt aus der Basilika des nahen Manastirine[13]. Wie beim Essener Stück wachsen bandartige Stengel unvermittelt hinter den Blättern hervor; die Voluten kragen nicht weit aus, sind aber deutlich ausgeprägt, wohingegen die Helices verkümmert wirken. Die Muster des Tiefendunkels entsprechen einander exakt, und auch der Blattschnitt ist quasi identisch. Kautzsch gibt an, dass die Rillen des Exemplars in Split nicht gebohrt sind und auch hierin gleicht es demjenigen in Essen. Auffällig ist ferner, dass beide gleich hoch sind, nämlich zweiunddreißig Zentimeter.

Hingegen unterscheidet sich das kroatische Stück vom Essener durch das Vorhandensein der beim korinthischen Normalkapitelle üblichen Kranzblätter, also der unteren Akanthusreihe. Außerdem überschneiden die Voluten dort die Abakusplatte leicht, statt sie wie in Essen zu stützen; zudem sind ihre Augen nicht durchbrochen.

Dennoch muss die große Übereinstimmung beider Kapitelle attestiert werden, die dafür spricht, dass beide Stücke nach einem gemeinsamen Grundtypus geschaffen wurden. Eine Fertigung in derselben Werkstatt liegt somit nahe. Die relativ geringfügigen Unterschiede erklären sich wohl als Variation jenes Grundtypus. Rudolf Kautzsch datiert das kroatische Kapitell aus stilistischen Gründen um die Mitte des vierten Jahrhunderts[14].

Ein Kapitell aus der christlichen Basilika in Ostia verfügt wie das Essener Stück über lediglich eine Blattreihe von starrzackigem Akanthus[15]. Tiefendunkel und Blattschnitt scheinen den Exemplaren in Essen und Split recht genau zu entsprechen. Hingegen unterscheidet sich die obere Zone beim Ostienser Objekt in mehreren Punkten von den beiden zuvor beschriebenen. Die Helices etwa sind viel deutlicher ausgeprägt und laden weiter aus. Außerdem gibt es Hüllkelche. Während die Zonen bei Essen und Split aufgrund der Blätter, welche die Voluten und Helices stützen, tektonisch aufeinander bezogen sind, wirken die beiden Zonen in Ostia recht bezugslos übereinandergeschichtet. Offensichtlich geht die Blattreihe des Werkstücks in Ostia auf denselben Grundtypus zurück wie die beiden anderen, wohingegen die Volutenzone ein drittes Vorbild aufgreift. Patrizio Pensabene datiert das Sotienser Exemplar in die zweite Hälfte des vierten Jahrhunderts[16].

Heinz Kähler katalogisiert in seiner grundlegenden Arbeit über »die römischen Kapitelle des Rheingebietes« auch spätantike Objekte aus dem oströmischen Raum, wobei das Essener Exemplar fehlt[17]. Dem Essener am nächsten stehen zwei Werkstücke mit starrzackigem Akanthus, die in Sankt Gereon zu Köln gefunden wurden und sich in einem deutlich schlechteren Erhaltungszustand befinden als das Essener Artefakt[18]. Auch bei den Kölner Kapitellen berühren die Spitzen der Blätter einander und bilden das charakteristische Muster von Blattgrund und Tiefendunkel, das den vorgenannten Beispielen ähnelt, aber nicht genau entspricht. Sonst

---

[12] Inv. 33 EA. – Beschrieben bei Kautzsch, Kapitellstudien (Anm. 9) 8 f.

[13] Für freundliche Hinweise hierzu und zum Folgenden danke ich Frau Sanja Ivčević vom Archäologischen Museum Split.

[14] Kautzsch, Kapitellstudien (Anm. 9) 9.

[15] P. Pensabene, I Capitelli. Scavi di Ostia VII (Rom 1973) S. 105 Nr. 382 Taf. 38.

[16] Ebd.

[17] H. Kähler, Die römischen Kapitelle des Rheingebietes (Berlin 1939) 86–92 Taf. 16.

[18] Ebd. 89–91 Taf. 16, 7. 8.

[19] Ebd. 90.

[20] Kramer, Stilmerkmale (Anm. 9) 109 f.; Kautzsch, Kapitellstudien (Anm. 9) 91 f.

[21] Kautzsch, Kapitellstudien (Anm. 9) 75; 91.

[22] Kramer, Stilmerkmale (Anm. 9) 111. In seinem Katalog des als Modellvariante des spätantiken korinthischen Normalkapitells bezeichneten Typus verzeichnet Kramer auch das von Kautzsch, Kapitellstudien (Anm. 9) beschriebene Kapitell in Split, s. Kramer, Stilmerkmale (Anm. 9) 123. Das Kapitell in Essen fehlt hingegen.

[23] Zur Gründung des Münsters s. J. Gerchow, Münster a. Hellweg 55, 2002, 25–34, hier 25 f.; W. Bettecken, Stift

unterscheiden sich die Objekte aus Sankt Gereon von dem Essener in mehreren Punkten: Die beiden Kölner Exemplare weisen zwei Blattreihen auf, Hüllkelche und weiter ausgreifende Helices, bei einem der beiden sind Letztere gar mit einem Ring verbunden, die Voluntenzone des anderen ähnelt derjenigen des genannten Kapitells in Ostia. Heinz Kähler datiert die Werkstücke aus St. Gereon in die zweite Hälfte des vierten oder den Anfang des fünften Jahrhunderts[19].

Im Unterschied zum kaiserzeitlichen korinthischen Normalkapitell werden die genannten Exemplare von einer ins Ornamentale tendierenden Blattstruktur des starrzackigen Akanthus gekennzeichnet. Die Blätter wirken weniger natürlich, sondern bilden ein in die Fläche gehendes Reliefmuster, das sich besonders in der prägnanten Berührung der Blattspitzen äußert und mit dem Tiefendunkel eine negative Bildebene schafft. Als Produktionszeitraum von Kapitellen mit starrzackigem Akanthus gilt das ausgehende dritte und vor allem vierte Jahrhundert[20]. Der Typus ist in Kleinasien entstanden, wo auch die Werkstätten vermutet werden[21].

Ein weiteres Charakteristikum ist die Reduzierung der Bestandteile gegenüber kaiserzeitlichen Standards, sprich der Verzicht auf Caules, Stengel und Stützblätter der Abakusblumen sowie Hüllkelche, wobei letztgenanntes Merkmal nur auf die beiden Kapitelle in Essen und Split zutrifft. Korinthische Kapitelle mit starrzackigem Akanthus und reduziertem Formenapparat werden in der Literatur in die zweite Hälfte des vierten und bis ins fünfte Jahrhundert hinein angesetzt[22].

Nimmt man alles zusammen, so lässt sich das Werkstück in der Essener Domschatzkammer in die zweite Hälfte des vierten Jahrhunderts datieren. Die Formen sprechen ebenso wie der Marmor aus Prokonnesos für eine Fertigung im kleinasiatisch-oströmischen Bereich. Ein sehr ähnliches Kapitell stammt aus Manastirine in Kroatien.

Ottonischer Spolientransfer?

Wie aber kommt ein spätantikes Kapitell aus dem oströmischen Raum in den Dom zu Essen, der Mitte des neunten Jahrhunderts als Münster eines vornehmen Frauenstifts vom Hildesheimer Bischof Altfrid gegründet wurde[23]? Die beiden Stücke in Sankt Gereon helfen in dieser Hinsicht nicht weiter, weil die Kölner Kirche bereits in der zweiten Hälfte des vierten Jahrhunderts entstand und die Kapitelle naheliegenderweise mit diesem spätantiken Bau zusammengebracht werden[24]. Allerdings ist bekannt, dass es in der frühmittelalterlichen Architektur Mitteleuropas partiell zur Verwendung antiker Spolien kam, in erster Linie bei Bauwerken mit herrschaftlichem Anspruch[25]. Richtungweisend waren die um 800 errichtete Pfalzkapelle Karls des Großen sowie der 968 gegründete Magdeburger Dom Ottos des Großen, wo antike Werkstücke, welche der Überlieferung nach aus Italien beschafft wurden, jeweils in außergewöhnlichem Umfang integriert wurden[26].

In diesem Kontext gerät ein weiteres antikes Artefakt im Essener Dom ins Blickfeld.

und Stadt Essen. Coenobium Astnide und Siedlungsentwicklung bis 1244. Quellen u. St. Veröff. Inst. f. kirchengesch. Forsch. Bistum Essen 2 (Münster 1988) 33.

[24] Datierung nach U. Verstegen in: S. Ristow, (Hrsg.), Neue Forschungen zu den Anfängen des Christentums im Rheinland. Jahrb. Ant. u. Christentum, Ergbd. Kl. Reihe 2 (Münster 2004) 123–148, hier 142 f.

[25] Grundlegend W. Jacobsen in: J. Poeschke, (Hrsg.), Antike Spolien in der Architektur des Mittelalters und der Renaissance (München 1996) 155–178; C. Meckseper ebd. 179–204.

[26] Zu den Spolien in Aachen s. Jacobsen (vorige Anm.). – Zur Spolienverwendung im Magdeburger Dom s. H. Horn, Die Tradition des Ortes. Ein formbestimmendes Moment der deutschen Sakralarchitektur des Mittelalters. Kunstwiss. St. 171 (Berlin 2015); L. Bosman in: W. Schenkluhn / A. Waschbüsch (Hrsg.), Der Magdeburger Dom im Europäischen Kontext. Kongr. Magdeburg 2009. More Romano. Schr. Europ. Romanikzentrum 2 (Regensburg 2012) 189–197; C. Meckseper in: M. Puhle (Hrsg.), Otto der Große. Magdeburg und Europa, Ausst. Kulturhistorisches Museum Magdeburg 2001 (Mainz 2001) 367–380. (jeweils mit Lit.).

Die heute im Chor befindliche Kreuzsäule besitzt einen gelb-braunen monolithischen Natursteinschaft, bei dem es sich nach übereinstimmender Meinung der Literatur um ein antikes Säulenfragment handelt[27]. Die weiteren Bestandteile der Kreuzsäule – ein korinthisierendes Kapitell, eine kannelierte Trommel und eine attische Basis samt Plinthe – wurden anscheinend erst im Mittelalter zwecks Schaffung der Kreuzsäule ergänzt[28]. Die jüngsten Forschungen zur Kreuzsäule von Birgitta Falk bestätigen die ältere Annahme, dass die Kreuzsäule bereits in der Amtszeit der Äbtissin Ida vor 971 entstanden ist[29]. Aufgrund der engen verwandtschaftlichen Beziehungen der Essener Äbtissinnen mit dem ottonischen Kaiserhaus kam spätestens im frühen zwanzigsten Jahrhundert die in der Literatur seither oft und unkritisch wiederholte These auf, dass der Schaft der Kreuzsäule zu den Spolien gehöre, die Otto der Große für den Magdeburger Dom beschaffen ließ[30]. Joachim Kramer schlug daran anknüpfend vor, dass auch das spätantike Kapitell aus jenem Spolienfundus stamme und mit dem Schaft nach Essen gelangte[31].

Es reizt in der Tat, einen Zusammenhang zwischen den beiden antiken Spolien herzustellen. Es steht jedoch fest, dass die beiden Werkstücke nicht zusammengehört haben können, denn das Kapitell ist viel zu klein für den Schaft. Ein Zusammenhang müsste sich also auf einen gemeinsamen Transfer nach Essen beschränken. Dass die Säule aus der Spolienlieferung Ottos des Großen stamme, ist eine schöne These, es gibt dafür aber keinen Beleg. Während sich ihr Vorhandensein im Essener Münster des späten zehnten Jahrhunderts mit guten Argumenten belegen lässt, kann das Kapitell hingegen erst zur Mitte des zwanzigsten Jahrhunderts sicher in Essen verortet werden.

Die Möglichkeit, dass das Kapitell schon im Mittelalter dorthin gelangte, ist zwar gegeben, auch unabhängig vom Spolientransfer Ottos des Großen, aber es gibt darauf keinen Hinweis. Auf der anderen Seite verwundert es, dass die in außergewöhnlicher Häufung und Qualität im Essener Dom befindlichen antikisierenden Kapitelle, die unter dem Abbatissiat ottonischer Prinzessinnen zwischen etwa 970 bis 1060 entstanden, keinerlei Bezug zu dem original spätantiken Exemplar aufweisen (Abb. 2). Selbst die am stärksten von antiken Vorbildern abweichenden Stücke der antikisierenden Gruppe, diejenigen der Kryptasäulen, verfügen – im Unterschied zu dem spätantiken Werkstück – etwa über Caules und Hüllkelche[32]. Auch der Blattschnitt des starrzackigen Akanthus oder das charakteristische Tiefendunkel finden keinerlei Widerhall. Wenn sich das spätantike Kapitell tatsächlich schon in ottonischer Zeit im Essener Münster befunden hat, dann hat es die mittelalterlichen Bildhauer offensichtlich überhaupt nicht beeinflusst, obwohl sie sich intensiv mit der Herstellung von solchen Stücken nach der Antike beschäftigten.

---

[27] In der Literatur wird das Material als Marmor bezeichnet, s. Sölter, Essen (Anm. 5) 421; Zimmermann, Münster (Anm. 1) 196. Die mediterrane Herkunft des Materials ist jedenfalls unstrittig.

[28] Die frühmittelalterliche Entstehung des Kapitells erkannte erstmals W. Meyer-Barkhausen, Münster a. Hellweg 5, H. 4, 1952, 55–58, hier 56; ders., Wallraf-Richartz-Jahrb. 9, 1936, 7–30, hier 8–12. Noch unpublizierte Untersuchungen des Verfassers bestätigen die mittelalterliche Datierung und weisen zudem auf eine mittelalterliche Entstehung der Trommel hin. Basis und Plinthe wurden wahrscheinlich sogar erst neuzeitlich ergänzt.

[29] B. Falk in: T. Schilp (Hrsg.), Frauen bauen Europa. Internationale Verflechtungen des Frauenstifts Essen. Essener Forsch. Frauenstift 9 (Essen 2011) 143–175, hier 153 f.

[30] G. Humann, Beitr. Gesch. von Stadt und Stift Essen 42, 1924, 3–50, hier 38. – Zuletzt Hopp, Essener City (Anm. 6) 23. – Bereits 1880 wurde die Säule mit dem ottonischen Kaiserhaus in Beziehung gesetzt, allerdings ohne sie mit dem Magdeburger Spolientransfer in Verbindung zu bringen, s. Kaplan Müllers, Die Marmorsäule in der Münsterkirche zu Essen, Essener Beitr. 1, 1880, 11–14.

[31] Kramer, Kapitell aus dem Münster (Anm. 2) 332. Zustimmend Sölter, Essen (Anm. 5) 441.

[32] Zu den antikisierenden Säulen der Krypta s. H. Horn in: Bericht über die 48. Tagung für Ausgrabungswissenschaft und Bauforschung 2014 in Erfurt, hrsg. Koldewey-Gesellschaft (Dresden 2015) 231–237.

[33] A. Pothmann, Münster a. Hellweg 50, 1997, 55.

[34] Zimmermann, Münster (Anm. 1) 197.

[35] Ebd.

Es muss somit ernsthaft auch die Möglichkeit in Betracht gezogen werden, dass das Werkstück später nach Essen gelangte, vielleicht sogar erst in der Neuzeit. Solange der Zeitpunkt, zu dem es nach Essen gelangte, derart unklar bleibt, macht es auch wenig Sinn, darüber nachzudenken, woher es stammt und auf welchem Weg es nach Essen kam.

Es lässt sich somit festhalten: Nachweisen lässt sich das Kapitell allerdings erst seit der Mitte des zwanzigsten Jahrhunderts. Das heißt, dass seine Geschichte in den tausendfünfhundert bis tausendsechshundert Jahren dazwischen im Dunkeln liegt. Im Folgenden soll mittels einer bauforscherischen Autopsie des Artefakts zumindest ein wenig Licht in die Nutzungsgeschichte gebracht werden.

Spuren der Nutzungsgeschichte

Die rostigen Eisenreste im Zapfenloch der Unterseite beweisen, dass das Kapitell ehemals verbaut war. Auch die deutlichen Spuren von Mörtel auf der Oberseite, vor allem im Zapfenloch, belegen die Einbettung in einen baulichen Kontext. Da es sich augenscheinlich um Zementmörtel handelt, stammen diese Spuren von einer Verwendung frühestens im achtzehnten Jahrhundert. Auch die Schlagspuren, mit denen das Zapfenloch vergrößert wurde, scheinen in Relation zur Oberfläche jüngeren Datums zu sein, denn sie weisen nicht den gleichen Verwitterungszustand auf. Das Kapitell war also im achtzehnten oder neunzehnten Jahrhundert in einen baulichen Kontext eingebunden.

Abb. 2 Mittelalterliches korinthisches Kapitell im Westbau des Essener Doms.

Damit kann im Grunde ausgeschlossen werden, dass Zimmermann das Stück bei seiner Grabung im Boden fand. Wahrscheinlich war es an einer nicht mehr zu rekonstruierenden Stelle im Bereich der Dominsel oberirdisch deponiert. Ein ähnliches Schicksal ist für den Schaft der Kreuzsäule dokumentiert, der zwischen 1752 und 1852 im Kreuzgang gelagert wurde, bis man die Säule erneut aufstellte[33]. Eine derart entkontextualisierte Lagerung würde auch die Angabe »aus unbekanntem Zusammenhang«[34] erklären. Warum Zimmermann das außergewöhnliche Kapitell ohne weitere Informationen präsentierte, etwa über den bisherigen Aufbewahrungsort, erscheint rätselhaft, genauso wie seine falsche Bestimmung des Materials als »Sandstein«[35].

Einen wichtigen Hinweis liefern Reste eines rosafarbenen Anstrichs an einer Volute, der gleichartigen Farbspuren an den antikisierenden Kapitellen der Kryptasäulen entspricht. Aufgrund einer relativen Chronologie von baulichen Spuren kann die Farbfassung in Rosa an den Kryptasäulen spätestens in das frühe neunzehnte Jahrhundert, wahrscheinlich aber früher angesetzt werden. Die Farbspuren sind damit das einzige, wenn auch zarte Indiz, das auf ein Vorhandensein des Kapitells bereits lange vor 1956 in der damaligen Essener Münsterkirche hinweist.

Nutzungsspuren weist das Stück auch an der Seite mit dem Stengel der Abakusblüte auf (Tafel 2 unten). Dort finden sich überwiegend auf der rechten Seite an Abakus, Volute und Helix deutliche Scharrierungen, die eine spätmittelalterliche oder frühneuzeitliche Überarbeitung belegen. Vor allem auf der rechten Seite scheint dabei einiges an Steinmaterial abgearbeitet worden zu sein, denn die Lippe durchschneidet (nur dort) die Helix und die Kehle des Abakus verbreitert sich (nur dort) nach unten hin. Wahrscheinlich resultiert der (nur dort) befindliche Stengel, der unterhalb der Abakusplatte unvermittelt abbricht, auch aus der Überarbeitung[36].

Die große Fehlstelle an der benachbarten Kapitellseite unterbricht die Schläge der Scharrierung abrupt. Das heißt, die Scharrierung erfolgte, als das Kapitell noch intakt war. Die regelmäßige Flächigkeit der Fehlstelle sowie die geradlinige Begrenzungskante oberhalb der Blattreihe weist auf eine absichtliche Abarbeitung hin (Tafel 1 oben). Eine mögliche Erklärung liefert die Neuaufstellung des Kapitells vor einer Wand, zum Beispiel seitlich einer Tür oder an einem Altaraufbau. Die dunkelbraune Verfärbung der Fehlstelle entspricht den Verfärbungen der Oberseite. An den Randbereichen der Fehlstellen lassen sich Pinselspuren der blaugrauen Bemalung feststellen; diese wurde folglich nach der Abarbeitung aufgetragen.

Damit lässt sich folgende Chronologie von vier Nutzungsschichten erschließen:

(1) Partielle Abarbeitung der Stengelseite unter Nutzung eines Scharriereisens, frühestens spätmittelalterlich;

(2a) großflächige Abarbeitung der Volutenzone an einer Seite wahrscheinlich wegen Neuaufstellung vor einer Wand;

(2b) rosafarbene Bemalung, wohl im siebzehnten oder achtzehnten Jahrhundert;

(3a) bauliche Einbindung mit Zementmörtel, frühestens achtzehntes Jahrhundert;

(3b) blaugraue Bemalung.

Das zeitliche Verhältnis von 2a zu 2b wie auch 3a zu 3b kann nicht näher bestimmt werden. Die relative zeitliche Verortung der zweiten Nutzungsschicht zwischen den beiden anderen legt Versatz und Abarbeitung des Kapitells im sechzehnten, siebzehnten oder achtzehnten Jahrhundert nahe. Hierfür spricht auch der rosa Farbton, der sich an den Kapitellen der Krypta findet und dort in die frühe Neuzeit zu datieren ist.

Auf Basis der gesicherten Spuren sei folgende Rekonstruktion der Nutzungsgeschichte vorgeschlagen: Zwischen dem fünfzehnten und achtzehnten Jahrhundert wurde das Kapitell an einer Seite überarbeitet. Ziel der Überarbeitung war offensichtlich die Angleichung an die originale Gestalt, was auf eine vorherige Beschädigung schließen lässt. Im siebzehnten oder wahrscheinlicher noch im achtzehnten Jahrhundert wurde eine Seite des Werkstücks abgearbeitet, um eine Aufstellung vor einer Wand zu ermöglichen. Diese Maßnahme könnte im Zusammenhang mit dem barocken Umbau der Münsterkirche stehen. Zu dieser Zeit erhielt das Objekt, wie auch andere Kapitelle der Kirche, einen rosafarbenen Anstrich. Ob es sich schon vorher in Essen befand, kann nicht entschieden werden. Im neunzehnten Jahrhundert, als das Münster regotisiert wurde, entfernte man das Exemplar aus seinem barocken Kontext. Anscheinend wurde es zunächst in einem anderen baulichen Kontext genutzt und zu diesem Anlass die blaugraue Fassung angelegt. Bei einer weiteren Umbaumaßnahme Ende des neunzehnten Jahrhunderts entfernte man es gänzlich aus seinem baulichen Kontext und lagerte es an einem abgelegenen Ort der Dominsel, wo es den Blicken weitgehend entzogen war, bis Walther Zimmermann es in den fünfziger Jahren wiederfand. Dass ein Objekt auf diese Weise

---

[36] Joachim Kramer, Kapitell aus dem Münster (Anm. 2) 332 deutet diese Seite aufgrund des Stengels als Hauptansicht des Kapitells. Dieser Gedanke wäre somit hinfällig, konnte aber ohnehin nicht überzeugen, weil alle vier Seiten – bis auf den unscheinbaren Stengel – gleichförmig und gleichwertig gearbeitet wurden.

[37] Siehe oben.

schnell in Vergessenheit geraten kann, zeigt die jüngste Geschichte unseres Exemplars, das noch 1987 in der Literatur erwähnt wird, dann aber als verschollen galt, bis es 2014 wiederentdeckt wurde[37].

Dr. phil. Dr.-Ing. Hauke Horn, Johannes-Gutenberg-Universität Mainz,
Institut für Kunstgeschichte und Musikwissenschaft. Abteilung Kunstgeschichte,
Jakob-Welder-Weg 12, 55128 Mainz, hornh@uni-mainz.de

Resümee. In der Essener Domschatzkammer befindet sich ein korinthisches Kapitell, das nach Form und Material im oströmischen Raum während der zweiten Hälfte des vierten nachchristlichen Jahrhunderts entstand. Es zählt zu den am besten erhaltenen Kapitellen seiner Art in Deutschland. Vielleicht kam es schon zusammen mit dem Schaft der Kreuzsäule im zehnten Jahrhundert nach Essen. In der frühen Neuzeit dürfte es bereits im dortigen Frauenstift gewesen sein, wie Farbspuren zeigen, sicher nachgewiesen ist es zuerst in der Nachkriegszeit. Mindestens drei verschiedene Nutzungsschichten sind erschließbar, die älteste frühestens im Spätmittelalter, die jüngste spätestens im frühen zwanzigsten Jahrhundert. Vielleicht war es einst in einen der barocken Altäre eingebaut, wozu die großflächige Abarbeitung an einer Seite passte. Zwischenzeitig war es verschollen und wurde jüngst wiederentdeckt.

Summary. The Essen Cathedral Treasury contains a Corinthic capital that according to its form and material might have been created during the second half of the fourth century A. D. in the eastern Roman area. It is one of the best-preserved capitals of its kind in Germany. It possibly came to Essen during the tenth century together with the shaft of the cross column. Residues of paint suggest it might have been in the local nunnery during the early modern period, but scientifically its presence in Essen can be traced back only until the post war period. At least three different usage periods can be shown: the earliest not before the Late Middle Ages, the latest in the twentieth century. Extensive eradication on one side of the stone shows that it was built into one of the baroque altars. The capital was rediscovered recently after an interim disappearance.

Résumé. Nel Tesoro del Duomo di Essen si trova un capitello corinzio, il cui materiale e forma fanno pensare ad una produzione nella parte orientale dell'Impero Romano durante la seconda metà del quarto secolo. Si tratta di uno dei manufatti del suo genere meglio conservati in Germania. Probabilmente raggiunse la città renana già nel decimo secolo, plausibilmente insieme al fusto della nota colonna con la croce. Il capitello dovette trovarsi almeno in età rinascimentale nel convento, come dimostrano diverse tracce di colore; la sua presenza, comunque, è sicuramente documentata soltanto in età post-bellica. Si possono definire almeno tre diverse fasi d'uso, la più antica non prima dell'età tardomedievale, la più recente non dopo l'inizio del Novecento. Forse una volta era inglobato in un altare barocco, cosa che ben spiegherebbe l'abrasione parziale di un lato. Disperso per un certo periodo, il capitello è stato recentemente ritrovato.

Bildrechte. Abb. 1 Archäologisches Museum Split, Ausführung T. Seser. – Das Übrige vom Verfasser.

Christoph Keller

Beobachtungen zum mittelalterlichen und frühneuzeitlichen Staudammbau

Das Beispiel Blankenheim

Fischteiche sind ein noch heute prägendes Element der Kulturlandschaft vieler mittel- und osteuropäischer Regionen. Während die meisten erst im Verlauf des Spätmittelalters entstanden sind, wurde die Technik, Wasser mit Hilfe von großen, ganze Täler sperrenden Erddämmen aufzustauen, bereits im Hochmittelalter entwickelt. Sie umfasst neben der Fähigkeit zur Bewältigung der reinen Erdarbeiten auch das notwendige Wissen über die Konstruktion von Dichtungsschichten und Kenntnisse über den Einbau von Vorrichtungen zur Kontrolle des Wasserstandes.

Ausgehend von dem archäologisch untersuchten Staudamm eines verlandeten Teiches in der Nähe von Blankenheim in der Eifel wird der Vergleich mit anderen gleichartigen archäologischen Befunden gezogen. Sie zeigen große Übereinstimmung mit Anweisungen zum Teichbau, wie sie in bergbaufachlichen, fisch- und landwirtschaftlichen Fachbüchern des sechzehnten bis frühen neunzehnten Jahrhunderts publiziert worden sind. Dabei wird deutlich, dass vom Mittelalter bis zum Beginn des modernen Talsperrenbaus in weiten Bereichen Europas identische Konstruktionsprinzipien angewendet wurden.

Der Blankenheimer Damm wurde in den Jahren 2003 bis 2005 in drei Grabungskampagnen untersucht, da man einen Zusammenhang mit dem aufwendigen Wasserversorgungssystem der Burg Blankenheim vermutete, das im Winter 1468/69 errichtet worden war[1]. Für dieses wurde das Wasser einer gefassten Quelle mit Hilfe einer hölzernen Druckleitung über eine Strecke von etwa achthundert Metern bis zu einem Wasserhäuschen oberhalb der Burg geleitet. Die Leitung wurde bis 1680 wiederholt repariert und vielleicht sogar bis zum Wegzug der Grafen von Manderscheid-Blankenheim 1794 genutzt.

Stand bei der Ausgrabung zunächst die Frage nach der Nutzung des Teiches und seines funktionalen Zusammenhangs mit der talwärts gelegenen Quellfassung im Vordergrund, soll hier der Konstruktion des Dammes und der darin eingebauten Ablasseinrichtungen nachgegangen werden.

Mein Dank gilt Richard Hoffmann (Toronto) für seine Hinweise und Anregungen sowie Jens Berthold (Bückeburg), Clive Bridger-Kraus (Xanten), Klaus Grewe (Morenhoven) und Uwe Willeke (Goslar) für die Bereitstellung von Fotos und Zeichnungen.

[1] K. Grewe, Die Wasserleitung der Grafen von Blankenheim. In: Frontinus-Ges. (Hrsg.), Wasserversorgung auf Burgen im Mittelalter. Gesch. Wasserversorgung 7 (Mainz 2007) 23–92; Keller, Deichelweiher.

Vor Beginn der Grabungen waren im sumpfigen Talgrund noch die Reste eines mittig gebrochenen Dammes erkennbar, der auf einer Länge von dreißig Metern das Tal »In der Rhenn« sperrte und noch zweieinhalb Meter über das Gelände hinausragte. Der Bach selbst, an dessen Oberlauf der Damm stand, entwässert in das Tal der in Blankenheim entspringenden Ahr.

Das Areal des ehemaligen Teiches liegt auf tonigen Braunerden, die sich auf dem devonischen Kalkstein im Untergrund gebildet haben und die als lokal vorhandenes Baumaterial genutzt wurden. Der Talgrund selbst ist in Folge des hohen Grundwasserstandes vergleyt.

Während der ersten Sondagengrabung stieß man an der Sohle des Damms auf zwei übereinander liegende Holzrohre. Es wurden aus beiden Stücken Proben für die dendrochronologische Untersuchung genommen, die ein Fälldatum nach 1517 (Leitung I) und 1606 (Leitung II) ergaben[2]. Erst bei weiteren Ausgrabungen im Folgejahr wurde deutlich, dass es sich nicht um den Beginn einer längeren Wasserleitung handelte, sondern nur um einen unter dem Damm geführten Ablauf (Abb. 1). Der hohe Grundwasserstand hat dafür gesorgt, dass nicht nur die beiden Holzrohre in gutem Zustand erhalten waren, sondern dass sich auch organische Reste in der Dammschüttung erkennen ließen.

Der Damm dürfte ausgereicht haben, um zu Nutzungsbeginn das Wasser bis zu einer Höhe von etwa drei Metern aufzustauen. Die daraus resultierende Wasserfläche von etwa tausendachthundert Quadratmetern war relativ klein.

Die Funktion des Teiches, über den keine historischen Nachrichten vorliegen, wurde durch die archäologischen Untersuchungen nicht geklärt. Zu Beginn der Untersuchungen ging man davon aus, dass der Teich als sogenannter Deichelweiher diente. In ihm wären die hölzernen Wasserleitungsrohre gelagert worden, die man für die immer wieder notwendigen Reparaturen der 1468/69 von Graf Dietrich III. von Manderscheid-Blankenheim errichteten Wasserleitung zur Burg Blankenheim benötigte[3]. Allerdings wurden weder Hinweise auf das Einlagern solcher Rohre noch auf eine andere Nutzung gefunden.

Die hier beobachteten Details erlauben es, die zumeist schlechter erhaltenen oder nur unzureichend dokumentierten Parallelbefunde aus dem Rheinland zu deuten und einzuordnen. Gleichzeitig lassen sich die Befunde mit dem seit dem sechzehnten Jahrhundert schriftlich fixierten Fachwissen von Teichbauern und Ingenieuren parallelisieren und so genauer interpretieren. Solche »tichtgraber«, Teich- oder Fischmeister waren seit dem dreizehnten Jahrhundert als Spezialisten für die Konstruktion und den Betrieb von Fischteichen verantwortlich[4].

Das ursprünglich nur mündlich tradierte Wissen über Teichbau und Fischhaltung wurde seit dem sechzehnten Jahrhundert vermehrt schriftlich niedergelegt und in Buchform einem weiteren Kreis Interessierter zugänglich gemacht. Zu den ältesten Werken zählen das 1547 erst-

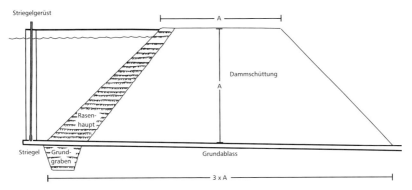

Abb. 1 (gegenüber) Blankenheim. Übersicht über die beiden Grundablässe während der Freilegung.

Abb. 2 (oben) Idealisierter Querschnitt durch einen Staudamm.

mals veröffentliche Buch ›De Piscinis‹ von Ian Dubravius und ›O sprawie, sypaniu, wymierzaniu i rybnieniu stawów‹, 1573 von Olbrycht Strumienski vorgelegt[5]. Daneben hat sich auch eine Reihe handschriftlicher Anweisungen erhalten, die für den Betrieb der Weiher größerer geistlicher oder weltlicher Grundherrschaften gedacht war[6].

Der Vorlage von Dubravius folgend beschreiben die der Hausväterliteratur zugerechneten Bücher von Johann Coler und Julius von Rohr sowie das Fischereihandbuch von Johann Andreas Günther den Bau und Betrieb von Fischteichen[7].

Mit dem Schrifttum, das vor allem im achtzehnten Jahrhundert zu Fragen der Wassernutzung im Bergbau publiziert wurde, liegen weitere detaillierte Quellen vor[8]. Insbesondere im Oberharzer Bergrevier wurde seit der Wiederaufnahme des Bergbaus 1521 eine ganze Reihe von Teichen errichtet, um ganzjährig Pumpwerke zur Wasserhaltung in den Bergwerksschächten betreiben zu können. Martin Schmidt vermutet, dass die für den Teichbau notwendigen Kenntnisse von den aus Sachsen und Böhmen einwandernden Bergleuten mitgebracht wurden[9].

Von besonderem Interesse sind hierbei einige Manuskripte des Oberbergmeisters Andreas Leopold Hartzig, in denen er sich mit Verbesserungen in der Konstruktion von Teichen beschäftigt[10]. Er beschreibt neben den neu eingeführten Striegelschächten auch die Bauweise nach alter, hier behandelter Art. Seine Ausführungen wurden nahezu unverändert von Henning Calvör, dem geistigen Vater der Bergschule Claußthal, im ersten Teil seiner ›Acta Historico-chronologico mechanica circa metallurgiam in Hercynia superiori‹ publiziert[11]. In der Folgezeit fand diese Schrift in Auszügen Eingang in eine ganze Reihe von montantechnischen Publikationen und Enzyklopädien[12].

---

[2] M. Neyses-Eiden, Dendrochronologische Aussagen zum historischen Wasserbau. Jahrringanalysen an der Blankenheimer Wasserleitung. In: Wasserversorgung (vorige Anm.) 97–101, bes. 100.

[3] Grewe (vorletzte Anm.) 72.

[4] Amacher, Fischerei 92; Hoffmann, Carp 14 f.

[5] Siehe Hoffmann, Carp 6 für weitere bibliographische Angaben.

[6] Hoffmann, Carp 6; W. Konold, Oberschwäbische Weiher und Seen. Beih. Veröff. Naturschutz u. Landschaftspfl. Baden-Württemberg 52 (Karlsruhe 1987) 60 f.

[7] Coler, Oeconomiae; Günther, Fischerey-Wirthschaft; Rohr, Einleitung 968–974.

[8] Calvör, Acta; J. C. Freiesleben, Bergmännische Bemerkungen über den merkwürdigsten Theil des Harzes, 1. Theil (Leipzig 1795); Héron de Villefosse, Mineral-Reichthum.

[9] Schmidt, Wasserwirtschaft 70.

[10] Schmidt, Teichbau.

[11] Calvör, Acta 78–84.

[12] Ludwig Höpfner, Deutsche Encyclopaedie oder Allgemeines Real-Wörterbuch aller Künste und Wisssenschaften VI Coa–Dec (Frankfurt a. M. 1782) 702–705 s. v. Damm; Freiesleben (Anm. 8) 165–169; S. Rinmann, Allgemeines Bergwerkslexikon. Zweyter Theil (Leipzig 1808) 316–318.

In der Zusammenschau zeigt sich, dass schon mit dem Werk des Dubravius eine Technik des Dammbaus beschrieben wird, die sich in den folgenden Jahrhunderten nicht mehr grundlegend geändert hat (Abb. 2). Dass das Konstruktionsprinzip allerdings schon deutlich älter ist und mindestens bis ins Hochmittelalter zurückreicht, zeigen verschiedene archäologische Befunde. An ihnen wird deutlich, dass die unterschiedliche Nutzung – für die Fischzucht oder als Wasserreservoir für Kraftanlagen – keine Auswirkung auf die angewandte Bautechnik hatte. Vielmehr lässt sich eine Abfolge von Arbeitsschritten beschreiben, die sich an den archäologischen Befunden des Blankenheimer Teiches gut erkennen lassen und die im Folgenden dargestellt werden.

Die Arbeiten beginnen mit der Auswahl eines geeigneten Geländes, welches hinsichtlich seiner Topographie, der Boden- sowie der Wasserverhältnisse geeignet ist, Teiche aufzustauen, und mit dem Abstecken der Lage des geplanten Dammes.

Für die Errichtung des Dammes und der notwendigen Ablassvorrichtungen zur Regulierung des Wasserstandes wird eine Vielzahl von Arbeitskräften benötigt. Neben dem für den Bau zuständigen Aufseher sind dies in der Regel ein Schmied, mehrere Zimmerleute, ein sogenannter Teichschreiber für die Rechnungsführung sowie Spezialisten und Hilfsarbeiter für die Erdarbeiten und das Setzen der Teichdichtung[13]. Vor allem die Erdarbeiten, also die Gewinnung des Erdreiches und das Schütten und Verdichten des Materials am Damm selbst, beanspruchen eine große Zahl von Arbeitern. Für das Lösen des Erdreichs kann man von einer Leistung von 0,67 bis 0,87 Kubikmetern pro Stunde ausgehen[14]. Albert Brahms gibt in seinem Buch über den Deichbau in Ostfriesland eine tägliche Arbeitsleistung von fünfundvierzig Kubikmetern Erdreich an, das von einem neunköpfigen Team während des zwölf- bis vierzehnstündigen Arbeitstages gelöst, mit Schubkarren transportiert und am Deich abgekippt wurde[15]. Über den Personaleinsatz und die Kosten von Dammbauarbeiten liegen aus dem achtzehnten Jahrhundert für Teiche des Oberharzer Wasserregals einzelne Kostenvoranschläge und Abrechnungen vor, die zeigen, dass bei kleineren Bauvorhaben zwischen sechzig und hundert Mann, bei Großprojekten aber auch bis zu sechshundert Mann gleichzeitig eingesetzt wurden[16].

Um einen geeigneten Baugrund zu erhalten, ist es zunächst notwendig, den lockeren, durch Bioturbation und humose Einschlüsse durchlässigen Oberboden auf der gesamten Grundfläche abzutragen[17], damit das Wasser den Damm im Fußbereich nicht durchdringen und unterspülen kann[18]. Coler beschreibt, Dubravius folgend, den Vorgang: »Darnach schnede man den grund des abgemessenen Thammes ab / und darnach gräbet ihn aus / drey ellen breit und dicke / wenns gut oder mittelmessig Land ist / und bringet desselbige ausgegrabene Erdreich wie-

---

[13] Schmidt, Wasserwirtschaft 89.
[14] G. Garbotz, Hand- oder Maschinenarbeit beim Mutterbodenabhub? Die Straße 1939, 605–607; H. F. Erchinger, Deichbau und Küstenschutz in früheren Jahrhunderten. In: Ch. Ohlig (Hrsg.), Ostfriesland und das Land Oldenburg im Schutz der Deiche. Schr. Deutsche Wasserhist. Ges. 6 (Siegburg 2004) 31–44 bes. 38.
[15] A. Brahms, Anfangs-Gründe der Deich- und Wasser-Baukunst I (Aurich 1754) 31.
[16] Schmidt, Wasserwirtschaft 89 f. 110–112; 249–256.
[17] Dubravius, De Piscinis Buch 2 Kap. 4; Stäntzel de Cronfels, Piscinarium 30; Hartzig in: Schmidt, Teichbau 91; Calvör, Acta 78–81; Günther, Fischerey-Wirthschaft 20; Heger, Weyher-Lust 8.
[18] Calvör, Acta 78; Günther, Fischerey-Wirthschaft 23–29; Héron de Villefosse, Mineral-Reichthum 34 f.
[19] Coler, Oeconomiae Buch 16 Kap. 81.
[20] Calvör, Acta 79.
[21] Dubravius, De Piscinis Buch 2 Kap. 4.
[22] Schmidt, Wasserwirtschaft 71; Coler, Oeconomiae Buch 16 Kap. 81 empfiehlt einen Graben von drei Ellen Breite und Tiefe. Berisch, Anweisung 12 gibt vier Schuh Breite und Tiefe an. Günther, Fischerey-Wirthschaft empfiehlt, ein Drittel bis ein Viertel der Dammhöhe, je nachdem, wie diese bemessen ist.
[23] Dubravius, De Piscinis Buch 2 Kap. 4; Coler, Oeconomiae Buch 16 Kap. 81; Heger, Weyher-Lust 10 f.; Berisch, Anweisung 12; Günther, Fischerey-Wirthschaft 31 f.
[24] Calvör, Acta 78; Günther, Fischerey-Wirthschaft 32; Heger, Weyher-Lust 9; Héron de Villefosse, Mineral-Reichthum 35 f.; Schmidt, Wasserwirtschaft 72.
[25] Calvör, Acta 79; Berisch, Anweisung 16.
[26] Heger, Weyher-Lust 15.
[27] J. Grimm / W. Grimm, Deutsches Wörterbuch XIV R–Schiefe (Leipzig 1893) 137 s. v. Rasenhaupt; Günther, Fischerey-Wirthschaft 30 f.; Schmidt, Wasserwirtschaft 72.
[28] Wiedergegeben in Schmidt, Wasserwirtschaft 72–74.

der in die gruben / die man mit den ausgraben gemacht hat / und tritt und stöst sie fein fest ein / daß das Wasser dadurch nicht dringen kann«[19].

In Blankenheim folgte dieser Abtrag nicht einfach dem ehemaligen Gelände (Abb. 3). Vielmehr waren die Bauleute darauf bedacht, durch Abtreppen der ausgehobenen Baugrube einen durchgehend ebenen Baugrund zu erhalten. So wurde verhindert, dass der Damm aufgrund seines Eigengewichts zur Talmitte hin abrutschen konnte.

In der Regel wurde zusätzlich auf der Wasserseite ein Graben so weit abgetieft, bis man eine ausreichend wasserundurchlässige Schicht erreichte[20]. Doch schon Dubravius empfiehlt, den Fundamentgraben aus Sicherheitsgründen wenigstens eineinhalb Ellen (ca. 0,7–1,0 m), bei leichten Böden sogar drei Ellen tief auszuheben. »Actum demum fundamenta in medio areae dimensae proscindunt effodiuntque, lata tribus aut pauló amplius cubitis, profunda item tribus, si macrum solum arenosumque; obvium fuerit: sin mediocre se obtulerit, dimidio minus infodiunt, motamque«[21]. Bei entsprechend ungünstigen Gegebenheiten konnten die sogenannten Grundgräben wie im Harz eine Breite von zwei bis zweieinhalb Metern und eine Tiefe von bis zu fünf Metern erreichen[22].

Abb. 3 Blankenheim. Der Schnitt durch das teichseitige Ende des Rasenhauptes zeigt mehrere Sodenlagen und den stufenartigen Anstieg des Untergrundes (links).

Der Graben wurde anschließend mit wasserdichtem Material aufgefüllt. Hierfür wurde in der Regel das zuvor ausgehobene oder besonders toniges Material verwendet, das beim Einbau durch Stampfen oder Befahren verdichtet wurde[23].

War dieser nicht in ausreichender Menge oder Qualität verfügbar, wird seit dem achtzehnten Jahrhundert empfohlen, den Graben lagenweise mit Rasensoden aufzufüllen, die überlappend verlegt und verdichtet werden[24]. Die Soden hatten eine Größe von achtzehn bis zweiundzwanzig auf zehn bis zwölf Zoll und wurden mit der Ober- oder Rasenseite nach unten verlegt. Die Anlage eines echten Grundgrabens war in Blankenheim nicht notwendig, da der mit Hangschutt durchsetzte Boden einen ausreichend hohen Tongehalt aufweist.

Die Dichtungsschicht im Grundgraben fand im aufgehenden Damm ihre Fortsetzung[25]. »Da man also aus den Grund / die Rinnen eingelegt / und das Damm erreichet / so sollen gute Graß-Wurtzel / volle zöttigte Erden-Stuck eingeschnitten / und also anzubrüsten continuiret werden / als wollte man ein Ravelin formiren«[26]. Diese aus Soden aufgeschichtete Lage bezeichnete man als Rasenhaupt[27].

Um Risse und Fugen zu vermeiden, die die Dichtigkeit des Dammes gefährden könnten, wurden die Soden regelhaft im Verband gesetzt. Der Oberbergmeister Georg Andreas Steltzner beschreibt um 1790 diesen Vorgang[28]. Ein entsprechend erfahrener Arbeiter, der Rasensetzer, verlegt die Soden überlappend. Anschließend werden die Fugen mit der Hacke zugeschlagen, die Lage nivelliert und durch Stampfen verdichtet, bevor die nächste Sodenlage aufgebracht werden konnte. Bei den Harzer Teichen hat so ein Team von drei erfahrenen Arbeitern für das Setzen und Verlegen sowie mehreren Verdichtern die Sodenschichten aufgebaut. Die Breite des Rasenhauptes betrug auf der Sohle knapp zwei bis drei Meter und wurde bis zur Dammkrone auf etwa einen Meter reduziert.

Gelegentlich wird die Verwendung von Rasensoden auch für den Bau der Teichaußenseite empfohlen[29]. Wenn geeignetes Material zur Verfügung stand, wurde auch Ton als Dichtungsmaterial für den Damm verwendet, der in gleicher Weise im Versatz aufgesetzt werden sollte[30]. Ton war wohl vor allem in England, aber auch in Frankreich sowohl für den Dammbau als auch für die Abdichtung der Teichsohle das übliche Baumaterial[31].

Im archäologischen Befund ist ein Rasenhaupt nur selten dokumentiert worden, da sich die organische Substanz nur unter dauerfeuchten Bodenbedingungen erhalten hat. Dennoch zeigen die wenigen archäologischen Befunde, dass Rasensoden schon vor der Beschreibung Hegers 1727 im Wasser- und Teichbau eingesetzt wurden. Am zwischen 1606 und 1608 errichteten Schwarzenbacher Teich bei Clausthal-Zellerfeld im Harz ließen sich die entsprechenden, noch mäßig erhaltenen Schichten nachweisen[32].

Deutlich älter und besser erhalten waren die Soden am Blankenheimer Teich[33]. Sie wurden schon 1517, wie später in den historischen Handbüchern empfohlen, mit der Vegetationsseite nach unten verlegt und verdichtet. Die Rasenstücke im Blankenheimer Damm scheinen allerdings deutlich größer gewesen zu sein, als dies etwa von Calvör empfohlen wird.

Die paläobotanischen Untersuchungen haben gezeigt, dass die meisten Soden im feuchten Grünland, also auf der Talsohle, gestochen wurden. In den Profilen lassen sich noch bis zu acht Rasenschichten übereinander nachweisen, während die höher liegenden und besser durchlüfteten Bereiche zu einer stark humosen Schicht zersetzt waren.

Der Blankenheimer Damm selbst wurde aus lokal abgegrabenem Erdreich aufgeschüttet, welches stark tonig und mit kleinteiligem Hangschutt durchsetzt war (Abb. 4). Reine Erddämme scheinen allgemein üblich gewesen zu sein, da entsprechendes Material einfach vor Ort und damit kostengünstig zu gewinnen war.

Für die Konstruktion des Dammes wird in den Quellen die grundlegende Bedeutung eines gleichmäßigen Aufschüttens und ständigen Verdichtens des Baumaterials betont, um eine ausreichende Standsicherheit zu gewährleisten[34]. »Drumb mus ein Hauswirth immer bey den arbeitern her sein / unnd sie darzu treiben und halten / das sie das Erdreich mit den Füssen und andern Instrumenten fein fest eintretten unnd stampfen«[35].

Ein Gefahrenpunkt war der Einbau größerer Steine oder Baumstümpfe, da sich in ihrem unmittelbaren Umfeld Hohlräume nicht verdichten ließen[36]. Dubravius weist auf die Gefahr hin, dass Arbeiter solche mit einbauten, um schnell das nötige Bauvolumen zu erreichen: »Faciunt enim hoc saepius operae, ubi custos abest, quo celerius videlicet, minoreque; labore agger illis affurgat, ut nunc in cavo loco stipitem, truncumque arboris grandiorem, adobruant, nunc inanitatem hujusmodi summo tantummodò cespite contegant, praesertim ubi redemptum minore precio opus moliuntur«[37].

Für die Dimensionierung der Dämme haben sich im Laufe der Zeit Erfahrungswerte herausgebildet, um bei begrenztem Arbeitsaufwand dennoch ausreichende Standsicherheit zu erreichen.

---

[29] Rohr, Einleitung 972.
[30] Günther, Fischerey-Wirthschaft 30–34; Schmidt, Intze-Mauern 66–68.
[31] Astill, Industrial Complex 89; M. Aston / C. J. Bond, Worcestershire Fishponds. In: M. Aston (Hrsg.), Medieval Fish, Fisheries and Fishponds in England. BAR Brit. Ser. 182 (Oxford 1988) 435–455; 449; E. Dennison / R. Iles, Medieval Fishponds in Avon. In: ebd. 205–228; 217; Hoffmann, Medieval Fishing 387; R. North, A Discourse of Fish and Fishponds (London 1713) 4–6.
[32] Schmidt, Intze-Mauern Abb. 1/44.
[33] Keller, Deichelweiher 116; J. Meurers-Balke / A. J. Kalis, Archäobotanische Untersuchungen zu einem Staudamm aus der frühen Neuzeit bei Blankenheim. In: Wasserversorgung (Anm. 1) 125–133; 126–128.
[34] Coler, Oeconomiae Buch 16 Kap. 81; Günther, Fischerey-Wirthschaft 35 f.
[35] Coler, Oeconomiae Buch 16 Kap. 81.
[36] Günther, Fischerey-Wirthschaft 29; Heger, Weyher-Lust 9; Rohr, Einleitung 972.
[37] Dubravius, De Piscinis 54 f.
[38] Dubravius, De Piscinis 50. Ihm folgend Coler, Oeconomiae Buch 16 Kap. 81; Stäntzel de Cronfels, Piscinarium 31; Taverner, Experiments 3.

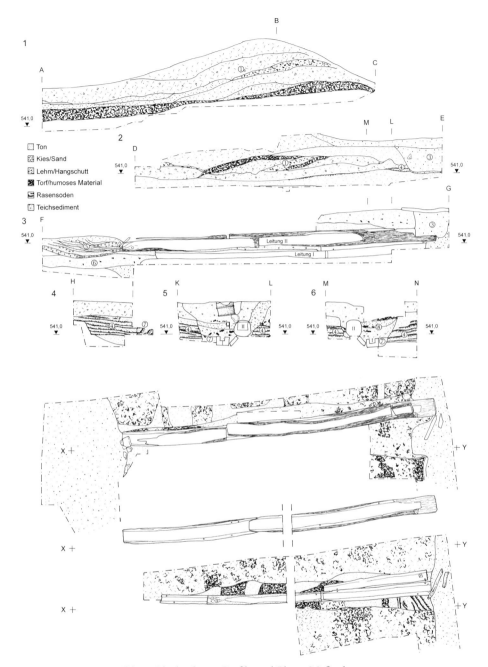

Abb. 4 Blankenheim. Profile und Plana. Maßstab 1:125.

Bereits Dubravius gibt an, dass die Dammhöhe der einfachen Breite der Dammkrone und der dreifachen Breite des Dammfußes entsprechen soll. »Ad formam verò ejus, quam perpetuò sic obtinet, ut paulatim trahat angusti fastigia coni, (quemadmodum cecinit Lucretius) in hunc modum proportio instituitur, ut quanta altitudo aggeris fuerit, tanta ejusdem latitudo fiat, eò loci, quo agger in conum supernè contrahitur, & tertanta crassitudo, ubi idem agger in fundamento dilatatur«[38]. Die Dammkrone sollte die Stauhöhe um ein bis zwei Ellen übersteigen.

Probleme bereitete die Erosion der Dämme durch Wellen und Eisgang, die die teichseitig gelegene Dichtungsschicht beschädigen konnten. Dauerhaften Schutz bot eine gemauerte

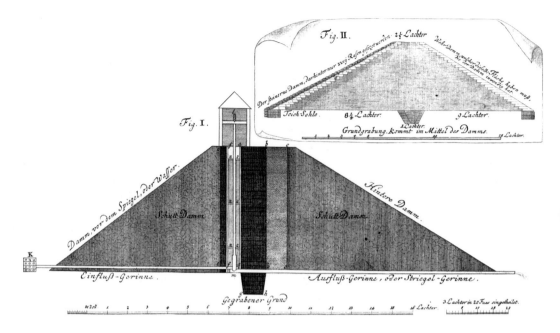

Steinverkleidung[39]. »noch besser wann solches Futter mit Stafflweiß abgesetzten grob außgehawenen Quaderstucken gemacht / und der Tam also gefestigt wird«[40]. Schutz bot auch die Bepflanzung mit Weiden, die schon von Coler empfohlen wird. »Werden auch zu zeiten Weiden drauff gesätzt / sonderlich wenn nicht rechte / gute Erde zum Thamme genommen worden / das die Wurtzeln das Erdreich fein zusammen halten«[41]. Ein entsprechender Befund ist an einem aufgegebenen Teich im Elsbachtal bei Jüchen-Belmen ausgegraben worden[42]. Dort waren die Erddämme teichseitig mit Stakenreihen aus Erlenpfählen und Weidenpflanzungen befestigt.

Bei Dämmen aus der Zeit seit der ersten Hälfte des achtzehnten Jahrhunderts lässt sich beobachten, dass man das Rasenhaupt zusammen mit der Ablasskonstruktion in den Dammkern verlagerte, da es hier besser vor Erosion geschützt war[43] (Abb. 5). Nur selten wird die zusätzliche Befestigung des Dammes durch vorgelagert gesetzte Faschinen empfohlen[44].

Für die Regulierung des Wasserhaushaltes waren verschiedene Einbauten notwendig. Zum einen muss das beständig einlaufende Wasser wieder abgeleitet werden. Daneben bedurfte es eines Grundablasses, um den Teich auch vollständig entleeren zu können.

Für die Ableitung des zufließenden Wassers haben sich zwei Systeme herausgebildet. Am einfachsten ließ sich der Wasserstand mit Hilfe eines befestigten Überlaufs konstant halten

---

[39] Dubravius, De Piscinis 61 f.
[40] Stäntzel de Cronfels, Piscinarium 32.
[41] Coler, Oeconomiae Buch 16 Kap. 77.
[42] J. Berthold, Das Elsbachtal im Mittelalter und der frühen Neuzeit. (Diss. Phil. Bonn 2003); ders. in: J. Kunow (Hrsg.), Braunkohlenarchäologie im Rheinland. Kolloquium Brauweiler 2006. Mat. Bodendenkmalpfl. Rheinland 21 (Weilerswist 2010) 171–173.
[43] Calvör, Acta 81; Günther, Fischerey-Wirthschaft 36; Héron de Villefosse, Mineral-Reichthum 37; Schmidt, Intze-Mauern 69.
[44] Heger, Weyher-Lust 16; Rohr, Einleitung 972.
[45] Abweichend etwa der Staudamm an der Möhlin bei St. Ulrich. Siehe A. Haasis-Berner, Wasserkünste, Hangkanäle und Staudämme im Mittelalter. Freiburger Beitr. Arch. u. Gesch. im ersten Jahrt. 5 (Rahden 2001) 111 f.
[46] Calvör, Acta 83 f.; Günther, Fischerey-Wirthschaft 55 f.
[47] Stäntzel de Cronfels, Piscinarium 53–57.
[48] Coler, Oeconomiae Buch 16 Kap. 77.
[49] Dubravius, De Piscinis 53.
[50] Berisch, Anweisung 19.
[51] Günther, Fischerey-Wirthschaft 60.
[52] Dennison/Iles (Anm. 31) 215–217.
[53] Heger, Weyher-Lust 11 f.
[54] Heger, Weyher-Lust 12.

(Abb. 6). Diese zumeist als Flutbett, Gußbeth oder Ausflut bezeichnete Konstruktion befand sich in der Regel an der Stelle, wo der Damm an den Talhang anband, da man so das ablaufende Wasser am Hang entlang ins Taltiefste leiten konnte[45]. Der mit einem Wehr ausgestattete Durchlass musste so groß dimensioniert sein, dass er auch noch die erhöhten Wassermengen nach Starkregenereignissen oder der Schneeschmelze bewältigen konnte[46]. Anderenfalls bestand die Gefahr, dass unkontrolliert über die Dammkrone laufendes Wasser den Damm an seiner Rückseite aushöhlen und unterspülen konnte, was in der Regel einen Dammbruch zur Folge hatte. Ausfluten waren durch Holz- oder Steineinbauten befestigt; Gitter oder Rechen verhinderten ein Entweichen der im Teich gehaltenen Fische[47].

Als Alternative nennt Coler den sogenannten Mönch: »Wil man nicht am ende des Thammes Flutrinnen machen / so setze man doch etliche Münche (das sind hole breite Hölzer) an den Tham / wie man sonsten ans zapfen loch pfleget zu setzen / damit das ubrige Wasser dadruch abschiessen kan / und den Tham nicht einreissen möge«[48]. Dabei handelt es sich um einen teichseitig offenen Schacht, über den das Wasser in den Grundablass geleitet wird. Über eingeschobene Staubretter ist die Stauhöhe zu regulieren.

Im Taltiefsten ist ein Grundablass eingebaut, der es ermöglicht, den Teich vollständig abzulassen. Eine solche Leerung ist vor allem bei Fischteichen notwendig, um den Besatz mit Zugnetzen abfangen und den Teichgrund vollständig trockenlegen zu können.

Um das Wasser diesem Auslauf zuzuleiten, wurden vor dem ersten Aufstauen des Teiches Entwässerungsgräben im Teichgrund ausgehoben, die zum Auslauf führten[49]. Allerdings dürften solche Gräben nur dann Wirkung zeigen, wenn es entsprechend geringe Sedimenteinträge in den Teich gegeben hat.

Auch wenn in der historischen Fachliteratur gemauerte Kanäle auf Grund ihrer Dauerhaftigkeit empfohlen werden[50], fanden in der Regel Holzrohre Verwendung[51]. Eine Kombination beider Systeme wurde 1984 in Saint Catherine's Court, einer Grange der Bath Priory, während der Entschlammung des verlandeten Teichs freigelegt[52]. Ein Holzrohr diente dort als Wassereinlauf, das dann in einem aus Steinen gemauerten Kanal unter dem Damm weitergeführt wurde.

Die Größe des Teiches und das Durchflussvolumen des eingeleiteten Gewässers bedingten die Dimensionierung des Ablassrohres. Während bei gemauerten Kanälen keine Größenbegrenzung gegeben war, wurde die Größe hölzerner Rohre durch den Stammdurchmesser der verwendeten Bäume vorgegeben. Aus diesem Grund wurden gelegentlich auch mehrere parallel verwendete Ablässe in größeren Teichen eingebaut[53]. Um den Einlauf herum wurden hölzerne Gitter oder Körbe installiert, die das Entweichen der Fische verhindern sollten[54].

Abb. 5 (gegenüber) Tafel aus den ›Acta‹ von Henning Calvör: »Querschnitt eines Dammes nach den neuen Vorbildern aus Ilmenau und Strasberg«.

Abb. 6 (rechts) Ausschnitt aus dem Riss des Bockswieser Zugs von Daniel Flach, 1674: Der damals neue Teich (heute Oberer Grumbacher Teich) mit Damm, Flutgraben und Striegelhaus.

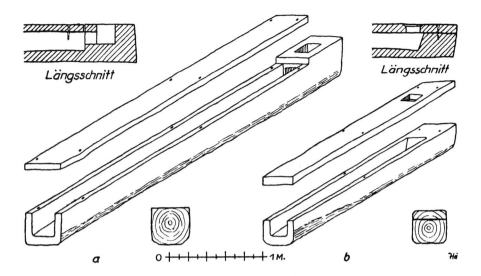

Die Nomenklatur dieser Ablasskonstruktion variiert in der gesichteten Literatur. Während Striegel oder Striegelgerenne der bei weitem gebräuchlichste Name zu sein scheint, finden sich daneben auch Wasserbett[55], Arche[56], Chener (Kännel)[57] oder Ablaßkaentel[58].

Der Wassereinlauf erfolgte über ein Loch, welches mittels eines Holzpflocks verschlossen wurde, der als Striegel[59], Zapfen[60], Strümpfel[61], Schlegel[62] oder Bolz[63] bezeichnet ist. Für die hölzernen Teile empfehlen Dubravius und andere die Verwendung von Eichenholz[64]. »In piscinis quercus usu optima ad cuncta prorsus opera, eò quod sine vitiis divtissimè perennat, sive aquis immersa, sive terra adobruta fuerit«[65]. Historische Quellen wie archäologische Befunde zeigen aber, dass auch andere, weit weniger geeignete Hölzer verbaut wurden[66].

Da der Grundablass nicht der regelmäßigen Wasserentnahme, sondern der gelegentlichen Leerung diente, wurde der eingesetzte Striegel durch Einlegen von Moos oder Ton zusätzlich abgedichtet[67]. Der Bau von Mönchen im modernen Sinn, die eine genauere Regulierung des Wasserstandes erlauben, wurde vielfach vermieden, da diese durch Eis und Wellengang leichter aus ihrer Verankerung gerissen werden konnten, was ein unkontrolliertes Ablaufen des Teiches zur Folge hatte[68].

Während zur Dammkonstruktion nur wenige archäologische Beobachtungen vorliegen, sind aus dem Rheinland wie auch von anderen Orten eine ganze Reihe von Rohren bekannt gewor-

[55] Berisch, Anweisung 19 f.
[56] J. Grimm / W. Grimm, Deutsches Wörterbuch I A–Biermolke (Leipzig 1854) 545 s. v. Arche.
[57] Amacher, Fischerei 92.
[58] Rinmann, Bergwerkslexikon (Anm. 12) 310.
[59] Günther, Fischerey-Wirthschaft 61.
[60] J. C. Nehring, Manuale juridico-politicum, diversorum terminorum, vocabulorum, &c. Oder Hand-Buch / der fuernemsten erklaehrten juristisch-politischen / kriegs-kaufmanns- und anderer frembden im gemeinen Gebrauch vorkomenden Redens-Arthen / Woerter u. d. g. (Frankfurt und Leipzig 1697) 1023; Rohr, Einleitung 973; W. D. Penning, Chronologie eines Schloßbaus. Materialien zur Baugeschichte von Schloß Miel in Swisttal (1767–1772). Heimatbl. Rhein-Sieg-Kreises 64/65, 1996/97, 179–217; 189; H 31.
[61] Amacher, Fischerei 93.
[62] Heger, Weyher-Lust 11–13.
[63] A. Schneider, Die drei ehemaligen herzoglich-württembergischen Fischweiher bei Nabern (Kreis Esslingen). Denkmalpfl. Baden-Württemberg 18, 1989, 192–197; 193: 18. Jh. an den Naberner Seen (Kreis Esslingen).
[64] Dubravius, De Piscinis 62 f.; Günther, Fischerey-Wirthschaft 62; Heger, Weyher-Lust 11; Rinmann (Anm. 12) 317.
[65] Dubravius, De Piscinis 62 f.
[66] Tanne: Calvör, Acta 79; Dubravius, De Piscinis 63 f. – Buche: Blankenheim Leitung 1. – Erle: Jüchen-Belmen. – Kiefer: Heger, Weyher-Lust 11.
[67] Stäntzel de Cronfels, Piscinarium 49.
[68] Stäntzel de Cronfels, Piscinarium 51 f.
[69] Taverner, Experiments 4.
[70] Günther, Fischerey-Wirthschaft 62.
[71] Blankenheim, Leitung I: 0,18 × 0,14 m; Leitung II: 0,30 × 0,22 m.
[72] Taverner, Experiments 4 f.

den, die alle als Teile eines in den meisten Fällen nicht erkannten Grundablasses anzusprechen sind.

Diese zeigen große Gemeinsamkeiten, die sich auch in der historischen Literatur widerspiegeln. Allerdings lassen sich im Detail auch Unterschiede feststellen, die auf lokale Traditionen oder zeitliche Weiterentwicklungen zurückzuführen sein könnten.

John Taverner beschreibt als einer der ersten die Rohrherstellung: »Having made and hollowed your trough, hewen through at the tayle, but close at the end next to the pond, you are to naile thereon a strong boord or planke, very close in all places«[69].

Die Stämme werden zu viereckigen Balken behauen, um so das empfindlichere Splintholz abzuarbeiten und dadurch das Entstehen von Hohlräumen durch das Vergehen des Holzes zu vermeiden. Johann Günther riet, wenn möglich Balken von acht Fuß Länge und zwei mal zwei Fuß Querschnitt herzustellen[70]. Diese Empfehlung wurde wohl nicht umgesetzt, wie die Durchsicht der archäologischen Befunde zeigt.

In Blankenheim ließ sich beobachten, dass man diese Arbeiten auf unterschiedliche Weise ausführte (Abb. 8). Die Rohre von Leitung I wurden mit einer Klob- oder Rahmensäge zugeschnitten, die auch für die Abtrennung der Deckbohlen verwendet wurde. Dagegen wurden die aus Eichenstämmen gefertigten Rohre für Leitung II mit einem Beschlagbeil oder Dechsel zugerichtet.

Nach Abtrennung einer Bohle, die später als Deckel wieder aufgesetzt wurde, wurde eine rechteckige Rinne mit einem Dechsel ausgehauen[71]. Üblicherweise wurde diese Leitung teichseitig aber nicht bis zum Ende des Stammes ausgeführt, sondern man ließ ein Stück als Verschluss stehen (Abb. 7). Dies gilt für Rohr II in Blankenheim ebenso wie für die Rohre aus Aachen, Paffrath, Schildgen, Belmen und Kierdorf.

Lediglich bei Rohr I aus Blankenheim, welches sich auch schon durch die Verwendung eines Buchenstammes auszeichnet, hat man eine etwas abweichende Lösung gewählt. Hier wurde das Leitungsgerinne über die gesamte Länge ausgestemmt, um anschließend das Kopfende durch den Einschub eines in zwei Führungsnuten sitzenden Brettes zu verschließen.

Üblicherweise wurde das als Einlauf dienende konische Loch aus dem wieder aufgesetzten Abdeckbrett ausgestemmt. Taverner schreibt: »at the end wherof next to the channell in the upper part thereof, you are to make the tampion hole square, and likewise make a square tampion to shut close in the same«[72]. Als Einlauföffnung lassen sich im archäologischen Be-

Abb. 7 (gegenüber) Erftstadt-Kierdorf. Beim Braunkohleabbau wurden zwei unterschiedlich gearbeitete Grundablassrohre geborgen.

Abb. 8 (rechts) Blankenheim. Die Oberflächen von Leitung I (links) und Leitung II zeigen deutliche Spuren der Bearbeitung mit einem Beitel.

Blankenheim.

Abb. 9 (links) In der abgehobenen Abdeckung von Leitung I ist das quadratische Striegelloch erkennbar.

Abb. 10 (gegenüber) Muffenverbindungen von Leitung I (links) und Leitung II (rechts).

fund runde wie auch rechteckige Löcher nachweisen (Abb. 9), wobei Andreas Hartzig die rechteckigen Löcher als ältere Bauform ansieht[73]. Als Grund für die Verwendung runder Löcher gibt Heger an, dass gerade die Ecken durch erhöhte Fäulnis eher undicht werden: »Die Loecher oder Spund sollen auf die Ably-Rinnen nicht in der Vierung / wie bey vielen Weyhern schaedlich anzutreffen / gerichtet werden / allermassen selbige nach und nach an Ecken sehr ausfaulen / und weilen die viereckigten Stoßkoerb von keiner Wehrung / und bald zerbrechen / mithin viele Fische zu schanden gehen / also sollen die Loecher auf die Ablaß-Rinnen in zierlicher Rundung gemacht werden / selbe muessen oben etwas weiter seyn / und allgemach enger werden / damit der schläger und Stoß-Korb sich besser einziehet«[74]. Allerdings lassen sich runde Einlauföffnungen an dem Befund aus Jüchen-Belmen bereits für das späte vierzehnte Jahrhundert nachweisen, während rechteckige Öffnungen in Bergisch-Gladbach-Paffrath noch im vierzehnten bis fünfzehnten Jahrhundert und in Leitung I aus Blankenheim sogar noch 1517 gefertigt wurden[75].

Lediglich bei einem Rohr aus Kierdorf hatte man das Brett nicht über die volle Länge des Rohres abgetrennt, sondern den Einlauf aus dem vollen Stamm mit dem Stechbeitel herausgearbeitet[76] (Abb. 8 a). Vermutlich sollte so eine größere Stabilität erreicht werden, damit durch das Einschlagen des Striegels das Holz nicht gespalten würde. Bei einem im Bergbaumuseum Clausthal aufbewahrten Rohr war dieser Bereich zunächst aufgebohrt und dann an der Stirnseite mit einem Holzpfropfen wieder verschlossen worden[77]. Zusätzlich um den Stamm gelegte Eisenbänder sollten ein Aufsprengen des Rohres durch das Festsetzen des Zapfens verhindern. Der Einlauf lag in der Regel sechs bis sieben Fuß vor dem Damm am Teichgrund, damit das einströmende Wasser den Dammfuß nicht beschädigen konnte[78].

In der Regel war es notwendig, den Grundablass aus mehreren Rohrstücken zu fertigen. Bei den beiden in Blankenheim geborgenen Leitungen lässt sich erkennen, dass hier Steckverbindungen ausgebildet waren, wie dies auch von Hartzig empfohlen wird[79]. An Leitung I wurde eine exakt passende, konisch zulaufende Muffe mit Absatz ausgearbeitet. Nachdem beide Rohre zusammengeschoben waren, wurde die Verbindung zusätzlich durch einen Holzdübel auf deren Sohle gesichert. Die entsprechende Aufweitung in Leitung II ist nur einfach konisch zugearbeitet und auch nicht gegen Verrutschen gesichert (Abb. 10).

Nach Verlegen der Rinne wurden die Abdeckbretter wieder aufgelegt und durch jeweils mehrere Holzdübel befestigt. Am Auslauf wurde das Wasser in der Leitung durch ein quer dort hineingeschobenes Brett, die sogenannte Widerwaage, aufgestaut, um durch Luftabschluss das Holz vor Fäulnis zu schützen[80]. Ein solches Brett lässt sich in der ehemaligen Zisterzienserabtei Bordesley Abbey in England noch indirekt durch zwei horizontal angebrachte Holzdübel am Auslauf erschließen[81] (Abb. 14).

Zur besseren Dichtung wurden die Fugen des Deckbrettes sowie in den Rohrmuffen mit Moos ausgestopft: »der Deckel auff die Roehr mit einem Pfalz wol geschlossen / mit Mooß verstopfft und zu besserer sicherheit an denen seyten mit Leisten oder Brettern der Schluß deß Pfalzes wan zwey gleich gezimmerte Roehren auff einander kommen / verwahret werde«[82]. Während Moos im deutschsprachigen Raum das geläufige Dichtungsmaterial gewesen zu sein scheint, da es sich sowohl im archäologischen Befund zeigt wie auch in der entsprechenden Fachliteratur erwähnt wurde, empfiehlt Taverner auch Haar und Teer als Dichtungsmaterial: »and stopped with haire and tarre in the ioynts«[83].

Um die Rohre herum wurden alle beim Einbau entstandenen Hohlräume sorgfältig mit Rasensoden ausgestopft[84]. In Blankenheim waren diese Lücken relativ groß, da man Leitung I in einem Graben verlegte, den man nachträglich in den Sodenlagen des Rasenhauptes ausgehoben hatte (Abb. 11). Als Alternative empfiehlt Johann Ludwig Heger toniges Erdreich für die Verdämmung des Grundablasses[85].

Waren keine geeigneten Stämme verfügbar, wurden auch Gerinne aus zusammengefügten Brettern gefertigt. Eine solche Leitung wurde 1955 und 1994 (Abb. 12) in Brüggen freigelegt[86]. Der Leitungstrog bestand aus sieben Zentimeter starken Eichenbohlen, die man mittels Holzdübeln miteinander verzapft hatte. Die Abdeckung erfolgte mit knapp zehn Zentimeter starken, einen guten halben Meter langen und fast zwanzig bis vierzig Zentimeter breiten Holzbrettern, die man mit je vier Holzdübeln auf dem Gerinne befestigt hatte. Die Spalten zwischen den Brettern wurden mit Moos abgedichtet.

Das obere Gerinneende war durch ein bei Auffindung fehlendes, in eine Nut eingeschobenes Brett versperrt, so dass das Wasser ehemals durch eine Öffnung im ersten Abdeckbrett mit gut einer Spanne (24 cm) lichter Weite eintreten musste.

---

[73] Hartzig in Schmidt, Teichbau 88.
[74] Heger, Weyher-Lust 13.
[75] Vgl. Kat. Nr. 3; 5; 9.
[76] J. Hagen, Bonner Jahrb. 136/137, 1932, 326 Nr. 60; Bonner Jahrb. 136/137, 1932, 348.
[77] Calvör, Acta 82; Schmidt, Wasserwirtschaft 79 u. Abb. 1/48.
[78] Calvör, Acta 79.
[79] Hartzig in Schmidt, Teichbau 97.
[80] Schmidt, Intze-Mauern 84.
[81] G. Allen, The mill pond drain. In: Astill, Industrial Complex 94–98 Abb. 45.
[82] Stäntzel de Cronfels, Piscinarium 58; Hartzig in Schmidt, Teichbau 97.

[83] Taverener 1600, 4.
[84] Calvör, Acta 82; Héron de Villefosse, Mineral-Reichthum 40.
[85] Heger, Weyher-Lust 11.
[86] Bonner Jahrb. 157, 1957, 458 f.; G. Loewe, Kreis Kempen-Krefeld. Arch. Funde u. Denkmäler d. Rheinlandes 3 (Düsseldorf 1971) 166; C. Bridger-Kraus, Wasserleitung und Stadtmauer im frühneuzeitlichen Brüggen. Heimatbuch Kr. Viersen 1997, 83–86; J. Obladen-Kauder, Archäologische Ausgrabungen an der Klosterstraße. In: Brüggen gestern und heute. Brüggener Schriftenr. 2 (Brüggen 1995) 116–118.

Abb. 11 Blankenheim. Verdämmung der Baugrube von Leitung I mit diagonal versetzten Sodenlagen.

Nach den Ergebnissen der dendrochronologischen Untersuchung wurde die Leitung zwischen 1520 und 1527 erstellt, bevor sie kurze Zeit später durch die Stadtmauer überbaut wurde. Vermutlich wurden beide in einem Bauvorhaben errichtet, wobei die Leitung dann wohl als Ableitung des nördlichen Stadtgrabens unter der Mauer diente.

Solche aus Brettern zusammengefügten Leitungsrohre wurden allerdings nicht in Staudämmen eingesetzt, da hier die Gefahr von Undichtigkeiten und daraus resultierenden Ausspülungen im Dammkörper zu groß war.

Um den Stopfen aus der Einlauföffnung des Grundablasses ziehen zu können, wurde dieser mit einer Stange bis über die Wasseroberfläche verlängert[87]. Wenn möglich, sollten Striegel und Bedienungsstange aus einem Stamm gefertigt sein. Wenn dies nicht möglich war, mussten sie entsprechend haltbar miteinander verblattet sein: »and likewise make a square tampion [...] with a steale, either of the same peece which is best, or else strongly mortise with a dovetaile mortice into the sayd tampion, and so reaching up as high as the top of your head, or at least to the uppermost part of the water«[88].

Die Bedienung des Striegels erfolgte, vor allem bei größeren Teichen, wo der Abstand zwischen Einlauf und Dammkrone entsprechend groß war, von einem über einem Gerüst verlaufenden Steg[89]. Als Schutz der Anlage wurden vielfach regelrechte Striegelhäuser errichtet.

Die zweibeinigen Striegel wurden auf einer unter dem Grundgerinne quer verlegten Schwelle aufgesetzt. Die zum Teil einander zugeneigten Ständer waren am oberen Ende durch einen Balken verbunden, an dem einerseits die Striegelstange festgemacht war und der andererseits den zum Damm laufenden Steg trug. Im Harz wurden auch Striegelgerüste auf vier Pfosten errichtet[90].

Reste des Striegelgerüstes haben sich im archäologischen Befund nur selten erhalten, da sie großer mechanischer Belastung und die aus dem Wasser herausragenden Teile starker Verwitterung ausgesetzt waren. Ein entsprechender Glücksfall ist daher auch der erwähnte Befund in

[87] Calvör, Acta 80; Günther, Fischerey-Wirthschaft 71 f. u. 87–90.
[88] Taverner, Experiments 4 f.
[89] Günther, Fischerey-Wirthschaft 82; moderne Belege s. Schmidt, Wasserwirtschaft 77–79.
[90] Calvör, Acta 80.
[91] D. Brown, Dendrochronological analysis. In: Astill, Industrial Complex 242–245 245; Astill, Industrial Complex 250.
[92] 1227±9.
[93] Schmidt, Wasserwirtschaft Abb. 1/21.
[94] Calvör, Acta 80.
[95] So brach etwa am 4. Februar 1783 der Filzteich bei Schneeberg in Folge eines verfaulten Striegelgerinnes, s. Schmidt, Intze-Mauern 64.
[96] Schmidt, Intze-Mauern 83.
[97] Keller, Deichelweiher.

Bordesley Abbey. Dort hatte man 1175/76 für den Betrieb einer Hammerschmiede einen zugehörigen Mühlteich errichtet, in dessen Damm ein gut erhaltener Grundablass entdeckt wurde[91] (Abb. 14). Die aus zwei Rohren bestehende Konstruktion wurde um 1227 nochmals in Stand gesetzt[92], als man einen neuen Striegelzapfen einsetzte. Spätestens mit der Erhöhung des Dammes im frühen vierzehnten Jahrhundert wurde diese Ableitung verschüttet und außer Funktion gesetzt. Am Kopfende des Rohres war noch der angezapfte Balken erhalten, der das Striegelgerüst getragen hat.

Es ist allerdings zweifelhaft, ob der Verschluss mit der rekonstruierten Hebelanlage gezogen werden konnte. Denn schon die ältesten bildlichen Darstellungen von solchen Gerüsten aus dem frühen sechzehnten Jahrhundert zeigen, dass dieser immer mit einer senkrecht geführten Stange von einem Steg aus gelenkt wurde.

Eine der ältesten Darstellungen eines Striegelgerüstes findet sich auf einer undatierten, vermutlich um 1551 entstandenen Zeichnung, die die vier Teiche im Eschenbachtal im Harz zeigt[93]. Nur mit wenigen Strichen ist dort vor dem Damm des Unteren Eschenbacher Teiches das auf vier Stützen ruhende Striegelhaus skizziert. Deutlich detaillierter ist die Illustration eines Teiches, die Daniel Flach 1674 in seinem Riss des Bockswieser Zuges nördlich von Clausthal-Zellerfeld wiedergibt (Abb. 6). Auf der Teichseite steht das Striegelhaus auf dem Gerüst im Wasser. Es ist über eine schmale Brücke von der Dammkrone zu erreichen. Auf der Luftseite tritt das Striegelgerinne aus. Zusätzlich dient ein Überlauf der Abführung des überschüssigen Wassers.

Dieses Konstruktionsprinzip barg allerdings Probleme, da das Striegelgerüst wie auch das Rasenhaupt anfällig für Schäden durch Wind, Wellen und Eis waren[94]. Gleichzeitig bestand die Gefahr von Dammbrüchen, wenn sich das Wasser entlang des Grundgerinnes einen Weg durch den Damm bahnen konnte. Dies geschah, wenn entweder das Holzrohr mangelhaft eingebaut worden war oder das Rohr selbst in Folge von Fäulnis an Substanz verlor[95]. Ein weiteres Problem bereitete die Verlegung einer starren Rohrleitung unter einem sich durch die Auflast und den Wasserdruck langsam verformenden Dammkörper[96]. Welche Probleme dies bereiten konnte, lässt sich anhand des archäologischen Befundes erkennen. Während in Blankenheim lediglich der Holznagel, der beide Rohre von Leitung I verband, gebrochen war[97], war die aus einzelnen Brettern konstruierte Leitung in Brüggen nahezu vollständig kollabiert. Schon Andreas Leopold Stäntzel de Cronfels warnt vor den Gefahren, die durch die Auflast des Dammes entstehen können: »es muß aber der obere boden deß so gezimmerten Roehren-

Abb. 12 Brüggen. Aus Bohlen zusammengesetzte Wasserleitung im Stadtgraben.

Deckels zimblich dick gelassen / und wo von noethen mit andern Pfosten oder Dilen bedeckt oder inwendig gefuettert werden / dann ein solcher Decklboden hat eine grosse Last / von etlich Tausendt Centner Erde ob sich zu tragen«[98].

Seit wann Dämme mit hölzernen Grundablässen errichtet wurden, lässt sich aus archäologischer Sicht nur bedingt fassen, da nur wenige Rohre durch Beifunde oder naturwissenschaftliche Untersuchungen genauer datiert sind (vgl. Abb. 13; 15–18).

Aus dem Rheinland liegen neben den Rohren aus Blankenheim, die 1517 und 1606 gefertigt wurden, noch Daten aus Brüggen (1522–1527), Haus Unterbach in Erkrath (Baunachricht 1817) und dem Elsbachtal (radiokarbondatiert 1350/60–1390). Die Leitung aus Bergisch Gladbach - Paffrath ist nach den auf Grabungsfotos erkennbaren Wellenfüßen aus Siegburger Steinzeug in das vierzehnte oder fünfzehnte Jahrhundert zu datieren.

Der vermutlich älteste Befund eines Grundablasses in Deutschland stammt aus Neuendettelsau in Bayern[99]. In der Niederung des Wernsbaches wurde ein aus einem Eichenstamm gefertigtes Leitungsrohr geborgen, das dendrochronologisch auf 1309/10 datiert ist. Auch wenn vermutlich in Folge der unkontrollierten Bergung keine Einlauföffnung mehr vorhanden ist, kann auf Grund der Fundsituation davon ausgegangen werden, dass es sich hierbei um den Rest eines Grundablasses handelt.

Noch älter ist der genannte Befund aus dem Mühlteich in Bordesley Abbey[100]. Er ist gleichzeitig mit der ersten Mühle 1175/76 und der Anlage des zugehörigen Mühlteiches errichtet worden und war ein halbes Jahrhundert später noch in Benutzung, als man einen neuen Striegelzapfen einsetzte.

Etwa gleichzeitig sind die historisch überlieferten Reparaturarbeiten an den königlichen Fischteichen im englischen Woodstock, für die 1252 Eichenholz zur Reparatur des Ablasses an einem der Aufzuchtbecken geliefert wurde[101].

Diese wenigen Belege zeigen, dass die von Dubravius 1547 erstmals beschriebene Technik zu diesem Zeitpunkt bereits international bekannt und gebräuchlich war. Mit dem Teich in Bordesley Abbey tritt uns bereits im späten zwölften Jahrhundert ein vollständig entwickeltes Beispiel gegenüber. Die Ursprünge und die Entwicklung des Teichbaus liegen weitestgehend im Dunkeln, während wir über die Entstehung der Teichwirtschaft seit dem Mittelalter vor allem auf Grund historischer Quellen und historisch-geographischer Arbeiten gut unterrichtet sind[102]. Das ist umso verwunderlicher, als künstlich angelegte Teiche für Fischzucht und den Betrieb von Wasserkraftanlagen im spätmittelalterlichen und frühneuzeitlichen Mitteleuropa von großer Bedeutung waren und in einzelnen Regionen sogar landschaftsprägend wurden.

Schon in der Antike hat der Mensch begonnen, Wasserläufe intensiv zu nutzen und nach seinen Bedürfnissen umzugestalten. Zumeist standen geeignete Gewässer für Fischfang, Was-

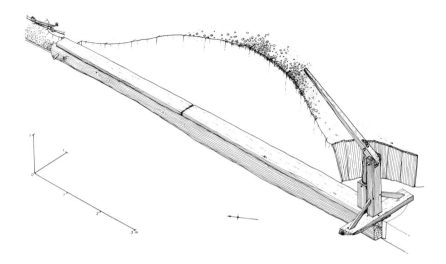

Abb. 13 (gegenüber) Bergisch Gladbach - Schildgen. Grundablass während der Freilegung.

Abb. 14 (rechts) Bordesley Abbey. Rekonstruktion des Teichablasses im Mühlteich.

serkraftnutzung und Bewässerung in ausreichendem Maße zur Verfügung. Nur wenn die natürlichen Gegebenheiten ungenügend waren, unterzog man sich der Mühe, künstliche Gewässer anzulegen.

In römischer Zeit wurden Teiche vor allem für Bewässerungszwecke angelegt[103]. Die dafür errichteten Dämme bestanden zumeist aus einer teichseitigen Steinfront mit einer entsprechenden Erdschüttung auf der Rückseite. Sie lassen sich vor allem in den Trockengebieten im Umfeld des Mittelmeeres nachweisen.

Soweit bisher bekannt, fehlen römische Staudämme in den nördlichen Reichsprovinzen nahezu vollständig, da hier in der Regel ausreichend Wasser zur Verfügung stand. Eine der wenigen Ausnahmen ist im Segbachtal bei Mendig nachgewiesen[104].

Auch ein Bedarf für Teiche zur Zucht war begrenzt, da Süßwasserfische in römischer Zeit wenig geschätzt wurden[105]. Man deckte den geringen Bedarf durch den Fang von Wildfischen, die allerdings gelegentlich in repräsentativen Villenanlagen in Becken lebend aufbewahrt wurden[106]. Während das etwa neunhundert Quadratmeter messende Becken der beim belgischen Habay-la-Vieille gelegenen Villa von Mageroy oval war, bevorzugte man sonst langrechteckige Anlagen mit gemauerten Seitenwänden[107].

---

98 Stäntzel de Cronfels, Piscinarium 58.
99 M. Keßler, Eine dendrodatierte Holzleitung aus Neuendettelsau. Arch. Jahr Bayern 1999 (Stuttgart 2000) 114 f.
100 Brown (Anm. 92) 245; Astill, Industrial Complex 250.
101 C. J. Bond / R. A. Chambers, Oxfordshire Fishponds. In: M. Aston (Hrsg.), Medieval Fish, Fisheries and Fishponds in England. BAR Brit. Ser. 182 (Oxford 1988) 353–370; 365.
102 Hoffmann, Medieval Fishing 386.
103 A. T. Hodge, Reservoirs and Dams. In: Ö. Wikander, Handbook of Ancient Water Technology. Technology and Change in Hist. 2 (Leiden, Boston und Köln 2000) 331–339.
104 M. Dotterweich / S. Wenzel / R. Schreg in: M. Grünewald / S. Wenzel (Hrsg.), Römische Landnutzung in der Eifel. RGZM-Tagungen 16 (Mainz 2012) 181–206.
105 U. Schmölke / E. A. Nikulina, Fischhaltung im antiken Rom und ihr Ansehenswandel im Licht der politischen Situation. Schr. Naturwiss. Ver. Schleswig-Holstein 70, 2008, 36–55, 41–43; abweichend: R. J. Zeepvat in: M. Aston (Hrsg.), Medieval Fish, Fisheries and Fishponds in England. BAR Brit. Ser. 182 (Oxford 1988) 17–26 bes. 17 f.
106 Amacher, Fischerei 87.
107 T. H. M. Fontaine in: A. Demandt / J. Engemann (Hrsg.), Konstantin der Große. Imperator Caesar Flavius Constantinus. Ausstellungskat. Trier (Mainz 2007) 333–341; 336 f.; B. Halbardier / H. Gratia / F. Casterman, Habay/Habay-la-Vieille. Fouille dans la cour agricole de la villa de Mageroy. Chronique de l'arch. Wallonne 18, 2011, 189–192; S. Troll, Arch. Rheinland 2004, 94–96; Zeepvat (Anm. 106); L. Zeippen u. a., Habay/Habay-la-Vieille. Le grand bassin et le drain des latrines de la villa gallo-romaine de Mageroy. Chronique de l'arch. Wallonne 15, 2008, 172–174.

Beobachtungen zum mittelalterlichen und frühneuzeitlichen Staudammbau 211

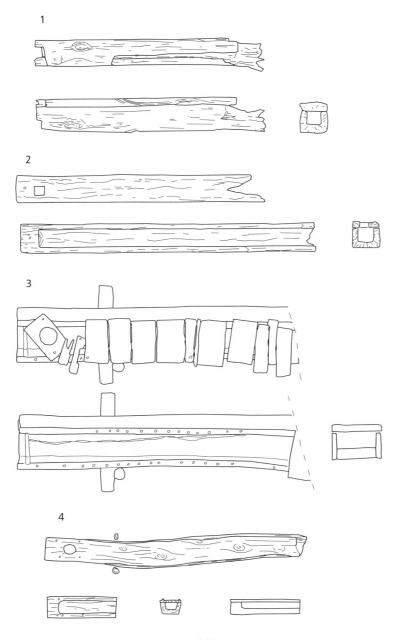

Grundablässe

(gegenüber) Abb. 15 Bergisch Gladbach - Paffrath. Geöffnetes Rohr. – Abb. 16 Jüchen-Belmen. Während der Ausgrabung. – Abb. 17 Brüggen. Im Vordergrund die Nut des Verschlussbrettes.

(oben) Abb. 18 Aachen (1), Bergisch Gladbach - Paffrath (2), Brüggen (3) und Jüchen-Belmen (4). Maßstab 1:20.

Noch bis in das Hochmittelalter hinein wurde der Bedarf an Süßwasserfischen allein durch die Ausbeutung natürlicher Ressourcen gedeckt[108]. Fischhaltung in sogenannten Vivaria, wie sie in den Capitulare de Villis vel curits imperii von 812 angeordnet wurde, oder in spätangelsächsischen Quellen des zehnten Jahrhunderts erwähnt wird, scheint sich auf die Lebendhaltung von Wildfischen zu beziehen[109].

Auch der Betrieb von Mühlen ließ sich seit römischer Zeit bis ins Mittelalter hinein durch die Ausnutzung von Fließgewässern sicherstellen[110]. Man beschränkte sich auf die Errichtung von Wehren, die eine gleichmäßige Einleitung des gestauten Bachwassers in den Mühlkanal erlaubten[111].

Auch im Früh- und beginnenden Hochmittelalter scheinen natürliche Gewässer den Bedarf gedeckt zu haben. Erst im weiteren Verlauf des Mittelalters erreichte die Nutzung natürlicher Gewässer einen so hohen Grad, dass vielerorts keine ausreichenden Ressourcen mehr vorhanden waren. Zum einen lag dies an einer Zunahme des Konsums von Süßwasserfischen. Dieser Bedarf konnte nicht mehr durch die Fischerei gedeckt werden. Zum anderen wurde die Nutzung von Mühlen und anderen Wasserkraftanlagen immer wichtiger, ohne dass hierfür überall geeignete topographische Verhältnisse vorhanden gewesen wären.

Um diese Probleme zu umgehen, wurden Teiche einzeln oder in Reihen hintereinander angelegt. So konnten selbst an Bächen mit ungenügender Durchflussmenge Mühlen dank des gespeicherten Wassers betrieben werden[112].

In Frankreich und England gibt es erst für das späte elfte und das zwölfte Jahrhundert Quellen, die über Wasserbaumaßnahmen im Zusammenhang mit der Anlage von Teichen berichten[113]. Etwa zur gleichen Zeit scheint man auch in Böhmen mit dem Bau einfacher Fischteiche begonnen zu haben[114]. Möglicherweise entstand die Idee, spezielle Teiche für die Fischzucht zu errichten, aus Beobachtungen an Mühlteichen und Befestigungsgräben, in denen sich spontane Fischpopulationen entwickelten[115].

Der Bau von Fischteichen wurde in der Anfangsphase vor allem durch weltliche Grundherren betrieben, da im Mittelalter Süßwasserfische als Luxusgut angesehen und nur bei besonderen

---

[108] Hoffmann, Carp 4 f.
[109] K. Gareis, Die Landgüterordnung Kaiser Karls des Großen (Berlin 1895) 21; Bond/Chambers (Anm. 102) 356; Schneider (Anm. 64) 194.
[110] R. Spain, The Power and Performance of Roman Water-mills. BAR Int. Ser. 1786 (Oxford 2008) 61 f. nennt als einzigen Beleg für eine Mühle mit Teich diejenige von Lösnich, deren Datierung in römische Zeit allerdings nicht sicher ist.
[111] So etwa bei der Mühle von Dasing, s. W. Czysz, Die ältesten Wassermühlen. Archäologische Entdeckungen im Paartal bei Dasing (Tierhaupten 1998) 26 f.; H. Küster, Arch. Jahr Bayern 1993 (Stuttgart 1994) 128 f., bes. 128; Konold (Anm. 6) 22–25.
[112] Calvör, Acta 78; Schmidt, Intze-Mauern 61–64.
[113] C. K. Currie, The role of fishponds in the monastic economy. In: R. Gilchrist / H. Mytum (Hrsg.), The Archaeology of Rural Monasteries. BAR Brit. Ser. 203 (Oxford 1989) 147–172 bes. 146 f.; Hoffmann, Medieval Fishing 379 f.; ders., Carp 8–10.
[114] R. Berka, A brief insight into the history of bohemian carp pond management. In: R. Billard / J. Marcel (Hrsg.), Aquaculture of Cyprinids. Kongr. Evry 1985 (Paris 1986) 35–40 bes. 36.
[115] Amacher, Fischerei 87 f.; Konold (Anm. 6) 33; A. Lampen, Süßwasserfische. Delikatesse auf Fürstentafeln. In: Gräften, Teiche, Mergelkuhlen. Gewässer im historischen Umfeld (Münster 2005) 27–33 bes. 32 f.
[116] Currie (Anm. 114) 151; C. K. Currie, The early History of the Carp and its Economic Significance in England. Agricult. Hist. Rev. 39, 1991, 97–107 bes. 98 f.; E. Hartstock, Entstehung und Entwicklung der Oberlausitzer Teichwirtschaft. Schriftenr. Sächs. Landesanstalt Landwirtschaft Sonderh. 5 (Dresden 2000) 8 f. ; Lampen (vorige Anm.) 29.
[117] Currie (Anm. 114) 98.
[118] Hierzu und zum Folgenden verdanke ich Richard Hoffmann, Toronto, wichtige Informationen.
[119] Currie (Anm. 114) 101 f.; Hoffmann, Medieval Fishing 380; Hoffmann, Carp 9 f.
[120] Hoffmann, Carp 11f.; Konold (Anm. 6) 39–47; Schneider (Anm. 64) 194.
[121] Mitteilung Richard Hoffmann.
[122] Schneider (Anm. 64) 194.
[123] Amacher, Fischerei 89; Heger, Weyher-Lust 6.
[124] Hoffmann, Medieval Fishing 379 f. führt die Belege für Fischteiche auf.
[125] G. H. Zincken, Allgemeines Oeconomisches Lexicon⁵ (Leipzig 1744) 1369–1373; Berisch, Anweisung 7; Hoffmann, Carp 7.
[126] R. C. Hoffmann / V. Winiwarter, Making Land and Water Meet. The Cycling of Nutrients between Fields and Ponds in Pre-Modern Europe. Agricultural Hist. 84, 2010, 352–30 bes. 368 f.

Festmahlen konsumiert wurden[116]. Während die Adligen zumeist frisch gefangenen Fisch bevorzugten, war die übliche Fastenspeise für weite Teile der Bevölkerung getrockneter oder gesalzener Seefisch, der in großen Mengen in der Nordsee und dem Atlantik gewonnen wurde[117].

Während Fische im elften und zwölften Jahrhundert lediglich gehalten wurden – zumeist waren es Brassen oder Hechte –, lässt sich deren Zucht erstmals in den zwanziger Jahren des dreizehnten Jahrhunderts in England nachweisen[118], und zwar diejenige von Brassen. Etwa gleichzeitig verbreitete sich, von Osteuropa kommend, der Karpfen in Mitteleuropa, bis er im vierzehnten Jahrhundert auch England erreichte[119]. Dank dieser ertragreichen Art nahm die Bedeutung von gezüchteten Tieren gegenüber dem Wildfang aus Flüssen zu.

Dementsprechend lässt sich seit dem dreizehnten und verstärkt seit der Mitte des vierzehnten Jahrhunderts ein Aufschwung der Teich- und Fischwirtschaft beobachten, die in ihrer Entwicklung aber immer ein regionales Phänomen bleibt[120]. Teichsysteme für die nach Altersklassen gestaffelte Fischzucht lassen sich erst um 1300 nachweisen[121].

Der Ausbau und die Verbreitung von Fischteichen, die sich in der zweiten Hälfte des vierzehnten und im fünfzehnten Jahrhundert in Mittel- und Osteuropa nachweisen lassen, ist eine Folge der gestiegenen Nachfrage nach dem Luxusgut Süßwasserfisch durch den Adel und eine zahlungskräftige Abnehmerschaft im städtischen Milieu[122].

Die dadurch zu erzielenden hohen Preise für Süßwasserfische ermöglichten den Grundbesitzern, auch auf minderwertigen Böden in Tallagen oder auf wüstgefallenen Parzellen wieder höhere Gewinne zu erzielen, als ihnen das durch herkömmlichen Ackerbau oder durch Wiesennutzung möglich gewesen wäre[123].

Im Verlauf des elften und zwölften Jahrhunderts wurden also technische Lösungen für den Bau von Teichen entwickelt, wobei wohl einfache Mühl- und Vorratsteiche am Anfang standen[124]. Spezialisierte Becken für die Fischzucht erforderten in jedem Fall einen aufwendigeren Eingriff in die vorhandenen Fließgewässer. Man musste ein System aus unterschiedlichen Behältern schaffen, um in diesen die Fische, zumeist Karpfen und Hechte, entsprechend ihres Alters von der Brut bis zur Fangreife heranziehen zu können[125].

Auch das Wassermanagement für den einzelnen Teich musste ausgestaltet werden. Während der Spiegel im Normalfall konstant gehalten wurde, musste man die Möglichkeit haben, die Füllung für das in einem drei- bis fünfjährigen Zyklus stattfindende Abfischen soweit abzusenken, dass der gesamte Fischbestand mit einem Schleppnetz gefangen werden konnte. Anschließend wurde das ausgefischte Becken für ein Jahr vollständig trockengelegt, indem das Wasser entweder direkt durch den geöffneten Grundablass auslief oder über Umflutgräben am Teich vorbeigeleitet wurde. Diese Trockenphasen, in denen die sonst gefluteten Flächen als Acker genutzt wurden, waren für die Gesunderhaltung der Teiche notwendig und lassen sich in historischen Quellen bereits im dreizehnten Jahrhundert nachweisen[126].

Spätestens im fortgeschrittenen zwölften Jahrhundert, und damit lange bevor sie erstmals von Dubravius beschrieben werden, sind die verschiedenen technischen Anlagen für den Betrieb eines Teiches – Damm, Schleuse und Grundablass mit Striegel – fertig entwickelt, wie der Befund von Bordesley Abbey belegt. Von regionalen Variationen abgesehen, die sich vor allem aus dem örtlich vorhandenen Baumaterial erklären lassen, finden sie in ganz Mitteleuropa Anwendung, bis im achtzehnten Jahrhundert technische Weiterentwicklungen das Konstruktionsprinzip grundlegend veränderten.

Christoph Keller M. A., LVR - Amt für Bodendenkmalpflege im Rheinland,
Endenicher Straße 133, 53115 Bonn, christoph.keller@lvr.de

Resümee. Im elften und zwölften Jahrhundert begann man in Mitteleuropa, künstliche Teiche aufzustauen, um auch bei unzureichenden naturräumlichen Gegebenheiten Mühlen betreiben zu können oder Wasser für andere Nutzungszwecke vorzuhalten. Bald wurden in solchen Becken auch Fische gehalten und gezüchtet. Man schüttete dafür einen Erddamm auf, der auf der Stauseite über eine Dichtungsschicht aus Rasensoden oder Ton verfügte. Der Wasserstand wurde zumeist mittels Überlauf sowie einen unterirdisch verlaufenden hölzernen Grundablass reguliert. Die zugehörige Bautechnik ist seit 1547 in der teichwirtschaftlichen Literatur beschrieben, wurde aber vermutlich schon zu Beginn des Hochmittelalters entwickelt. Der älteste Beleg liegt aus Bordesley Abbey vor, wo bereits 1175/76 ein Mühlteich angelegt wurde.

Summary. In Central Europe in the eleventh and twelfth centuries pondaging came in use in order to drive mills, when the natural conditions were difficult, or to provide water for other use. Soon such basins were used for keeping and breeding fish, too. The water-slopes of the earth-fill dams were covered and sealed with sods or clay. Mostly the water-level was settled by a spillway and a wooden bottom outlet running underground. Fish farming literature offering the respective building technique is known from 1547 onwards, but was presumably educed at the outset of the high-medieval period. The oldest evidence is given by Bordesley Abbey where a mill pond was constructed in 1175/76.

Résumé. Aux onzième et douzième siècles, en Europe centrale, on commence à barrer des étangs artificiellement pour pouvoir se servir de moulins aux endroits où les conditions naturelles ne sont pas appropriées, ou bien pour y pouvoir disposer d'une réserve d'eau pour d'autres usages. Bientôt, dans de tels bassins, on tient et élève des poissons. Pour ce faire on entasse une digue, qui (du côté barré) est étanchée par du gazon ou de l'argile. La plupart du temps le niveau d'eau est réglé par un déversoir et par une évacuation souterraine en bois. Dans la littérature sur la pisciculture ce type de construction est documenté pour la première fois en 1547, mais il en existent très probablement d'autres déjà au début du Haut Moyen Age. Le témoignage le plus ancien est celui de Bordesley Abbey, où un étang existait aussitôt que 1175/1176.

Bildrechte. Abb. 5 nach Calvör, Acta Taf. 10. – Abb. 6 Bockswieser Zug – Nr. VII – Gräben, Teiche, Wasserfälle. Eine Sammlung von Rissen verschiedener Verfasser, Rissarchiv der Bergbau Goslar GmbH. – Abb. 7 nach Bonner Jahrb. 136/137, 1932, 348. – Abb. 13 Herbert Brühl, Bergisch Gladbach. – Abb. 14 nach Allen (Anm. 76) Abb. 45. – Das Übrige ABR, Ausführung Christoph Keller (1, 2, 4 und 18), derselbe und Jochen Altmiks (10), Klaus Grewe (3, 8, 9 und 11), Clive Bridger-Kraus (12 und 17), Manfred Groß (15) sowie Jozef Franzen (16).

Abkürzungen

Amacher, Fischerei	U. Amacher, Zürcher Fischerei im Spätmittelalter. Mitt. Antiquar. Ges. Zürich 63 (Zürich 1996).
Astill, Industrial Complex	G. G. Astill, A Medieval Industrial Complex and its Landscape: The Metalworking Watermills and Workshops of Bordesley Abbay. Bordesley Abbey III = Council Brit. Arch. Research Reports 92 (York 1993).
Berisch, Anweisung	C. L. Berisch, Gründliche Anweisung wie sowohl die zahme als wilde Fischerei gehörig zu betreiben, um den höchstmöglichen Ertrag hiervon zu erlangen (Leipzig 1794).
Calvör, Acta	H. Calvör, Acta Historico-chronologico mechanica circa metallurgiam in Hercynia superiori. Oder historisch-chronologische Nachricht und theoretische und practische Beschreibung des Maschinenwesens, und der Huelfsmittel bey dem Bergbau auf dem Oberharze. Erster Theil (Braunschweig 1763).
Coler, Oeconomiae	M. Coler, Oeconomiae oder Haußbuchs Fuenffte Theil. Zum Calendario oeconomico & perpetuo gehoerig (Wittenberg 1599).
Dubravius, De Piscinis	I. Dubravius, De Piscinis et Pisciu, qui in illis aluntur naturis libri quinque (Nürnberg 1596).
Günther, Fischerey-Wirthschaft	J. A. Günther, Die Teich- und Fischerey-Wirthschaft; oder gründliche Anleitung Fischteiche anzulegen und die Fischerey mit Nutzen zu betreiben (Erfurt 1810).
Heger, Weyher-Lust	J. L. Heger, Landwirthschaftliche Teich- und Weyher-Lust oder Gruendliche Information zur Edlen Fischerey (Frankfurt und Leipzig 1727).
Héron de Villefosse, Mineral-Reichthum	A.-M. Héron de Villefosse, Über den Mineral-Reichthum Bd. 3. Deutsch von C. Hartmann (Sondershausen 1823).
Hoffmann, Medieval Fishing	R. C. Hoffmann, Medieval Fishing. In: P. Squatriti (Hrsg.), Working with Water in Medieval Europe. Techn. and Change Hist. 3 (Leiden, Boston und Köln 2000) 331–393.
Hoffmann, Carp	ders., Carp, Cods, Connections. New Fisheries in the Medieval European Economy and Environment. In: M. Henninger-Voss (Hrsg.), Animals in Human Histories. Stud. comparative hist. 1 (Suffolk 2002) 3–55.
Keller, Deichelweiher	C. Keller, Der Blankenheimer Deichelweiher von 1517. In: Frontinus-Gesellschaft (Hrsg.), Wasserversorgung auf Burgen im Mittelalter. Gesch. Wasserversorgung 7 (Mainz 2007) 115–123.
Rohr, Einleitung	J. B. v. Rohr, Einleitung zu der allgemeinen Land- und Feld-Wirthschaffts-Kunst derer Teutschen: darinnen die allgemeinen Regeln und Anmerckungen die so wohl bey der Land und Feld-Oeconomie überhaupt als insonderheit [b]ey dem Ackerbau, der Viehzucht, Gärtne[re]y … und Fischereyen fast in allen Provinzien Teutschlandes in acht zu nehmen [i]n einer guten Ordnung ohne Einmischung unnöthiger Sachen vorgetragen werden (Leipzig 1720).

Schmidt, Teichbau	M. Schmidt, Über den Teichbau auf dem Oberharze von Andreas Leopold Hartzig, Oberbergmeister am Bergamt in Clausthal von 1735–1761. In: Frontinus-Tagung 1984 und weitere Beiträge zur historischen Entwicklung der Wasserversorgung und Wasserwirtschaft. Schriftenr. Frontinus-Ges. 7 (Bergisch Gladbach 1984) 86–109.
Schmidt, Wasserwirtschaft	ders., Die Wasserwirtschaft des Oberharzer Bergbaus. Schriftenr. Frontinus-Ges. 13 (Bergisch-Gladbach 1989).
Schmidt, Intze-Mauern	ders., Vor den Intze-Mauern. Teichbau und Teichbautechnik in deutschen Landen. In: C. Ohlig (Hrsg.), Wasserhistorische Forschungen. Schwerpunkt Montanbereich. Schr. Dt. Wasserhist. Ges. 3 (Siegburg 2003) 59–92.
Stäntzel de Cronfels, Piscinarium	A. L. Stäntzel de Cronfels, Piscinarium oder Teich Ordnung (Ollmütz 1680).
Taverner, Experiments	J. Taverner, Certaine experiments concerning fish and fruite: practised by Iohn Taverner Gentleman, and by him published for the benefit of others (London 1600).

Anhang: Archäologisch untersuchte Teiche im Rheinland

(1) Aachen, Beverstraße 21

Bei Ausschachtungsarbeiten wurde eine Rohrleitung geborgen, die in einem 0,55 m tiefen Graben verlegt war. Es handelte sich um mehrere 2,3 m lange Balken, in die ein quadratischer Kanal (15 × 15 cm) eingeschlagen war. Verbindungen zwischen den einzelnen Abschnitten wurden nicht beobachtet. Das erste Rohr wies ein geschlossenes Ende sowie eine rechteckige Öffnung von 15 × 23 cm im Deckel auf. Das im Kopfende befindliche Loch könnte ursprünglich durch einen Dübel geschlossen gewesen sein (vgl. Schmidt, Wasserwirtschaft Abb. 1/48b). Eine Dokumentation dieser Fundbergung ist nicht erhalten.

Bonner Jahrb. 167, 1967, 468 f.; Zeitschr. Aachener Geschichtsver. 77, 1965, 250.

(2) Aachen-Innenstadt, vor Heinrichsallee 8–10

Im November 1995 wurde bei Kanalarbeiten in 4 m Tiefe ein Holzrohr von 2,9 m erhaltener Länge freigelegt und bauseitig geborgen. Das ausgebaggerte Stück war aus einem Stamm gearbeitet, den man grob zu einem rechteckigen Querschnitt (35 × 44 cm) zugerichtet hatte (Abb. 14, 1). Soweit anhand der Fotos noch zu erkennen, wurde hierfür eine Beschlagaxt verwendet. Anschließend wurde eine etwa 10 cm starke Bohle abgetrennt, die am Ende wieder als Abdeckung der Leitung verwendet wurde. In den Stamm war eine 19 × 17 cm messende Rinne eingearbeitet. Das Deckbrett war mit geschmiedeten Eisennägeln befestigt. Obwohl die Rohrenden während der Bergung beschädigt wurden, scheint man an einem Ende den Ansatz einer rechteckigen Öffnung erkennen zu können. Allerdings wurde in diesem Bereich der Abschluss des Leitungsstücks für die Bergung abgesägt und daher nicht dokumentiert.

Im Bereich der Fundstelle befanden sich bis zu Beginn des 19. Jhs. mehrere Teiche, die vom Ponnel- und vom Paubach gespeist wurden. Das Rohr selbst wurde im Bereich eines Dammes gefunden, der den mittleren Teich aufstaute.

C. Keller, Archäologische Forschungen in Aachen. Katalog der Fundstellen in der Innenstadt und in Burtscheid. Mit einem Beitrag von R. Gerlach. Rhein. Ausgr. 55 (Mainz 2004) 177 f.

(3) Bergisch Gladbach - Paffrath

Für den Bau eines neuen Schulgebäudes wurden 1971 in der Niederung des Mutzbaches Erdarbeiten durchgeführt. Neben Scherbenhalden der benachbart gelegenen Paffrather Töpfereien wurden auch Reste eines ehemaligen Mühlteichs aufgedeckt und nahezu undokumentiert beseitigt. Der Fundbericht spricht von »Knüppelstegen« und eingerammten Pfählen, bei denen es sich vermutlich um Teile der Uferbefestigung eines Teiches oder Bachlaufes handelte.

Außerdem wurde ein aus einem Baumstamm gefertigtes Rohr geborgen, das noch auf einer Länge von 4,03 m erhalten war (Abb. 15). Der Stamm wurde zu einem Balken mit rechteckigem Querschnitt von 38 × 35 cm abgearbeitet (Abb. 14, 2). Anschließend wurde eine 8 cm starke Bohle abgetrennt und eine Rinne mit rechteckigem Querschnitt von 22 × 18 cm eingetieft. Die Leitung endet stumpf, da die letzten 25 cm des Stammes nicht ausgehöhlt waren. Anschließend wurde die zuvor abgetrennte Bohle als Abdeckung wieder aufgesetzt und durch einen Holzdübel am Ende des Rohres fixiert. Der Einlauf erfolgte durch ein rechteckiges Loch von 14 × 12 cm Größe im Deckel.

Die in der Leitung befindlichen Keramikscherben – auf Grabungsfotos im Ortsarchiv des ABR sind mehrere Wellenfüße aus Siegburger Steinzeug erkennbar – könnten den Befund in das 14. oder 15. Jh. datieren.

Lit.: Bonner Jahrb. 173, 1973, 456–458.

(4) Bergisch Gladbach - Schildgen

Bei Kanalarbeiten wurde im Juni 1986 ein Teilstück eines bearbeiteten Eichenstammes ausgebaggert (Abb. 16). Die Bausituation erlaubte weder eine genauere Dokumentation des Fundes noch eine weitergehende Untersuchung der Fundstelle. Anhand des vorliegenden Fotos sowie der Fundbeschreibung lässt sich der Stamm als Teil eines Grundablasses bestimmen. Das 3,6 m lange Teilstück war ein Eichenstamm, der grob zu einem Balken mit rechteckigem Querschnitt mit 45 cm Kantenlänge abgearbeitet war. In den Balken war eine Leitung mit rechteckigem Querschnitt eingearbeitet, die aber vor dem Ende der Leitung stumpf endete. Daher war der Finder davon ausgegangen, dass es sich um einen Holztrog handle. Obwohl ein Brett als Abdeckung nicht beobachtet wurde, ist aufgrund der Fundsituation in einem kleinen Bachtal, das an dieser Stelle durch den Straßendamm gequert wird, davon auszugehen, dass es sich um das erste Rohr eines Grundablasses handelte.

Bonner Jahrb. 188, 1988, 440 (Fundaufnahme Herbert Brühl).

(5) Blankenheim, Flur ›In der Renn‹

In drei archäologischen Kampagnen wurde von 2003 bis 2005 ein im oberen Abschnitt des Tales gelegener Staudamm untersucht (Abb. 4). Die Ergebnisse lassen sich wie folgt zusammenfassen. Mit dem Baubeginn wurde zunächst der Talgrund hergerichtet. Man hob über die gesamte Breite des Dammes den Oberboden ab und schuf einen über mehrere Ebenen abgetreppten, waagerechten Baugrund.

Danach wurden lagenweise Rasensoden mit der Krautschicht nach unten übereinander ausgelegt und verdichtet. Hinter dem Rasenhaupt wurde ein Erddamm in mehreren Schichten aufgeschüttet. In die bereits verlegte Sodenlage wurde im Taltiefsten ein Graben ausgehoben, in dem man das Holzrohr I als Grundablass verlegte. Die Leitung mit einer Gesamtlänge von 9,0 m bestand aus zwei Buchenstämmen. Diese waren mittels einer Klobo- oder Rahmensäge zu vierkantigen Balken zugerichtet worden. Anschließend wurde ein 6 bis 10 cm starkes Brett abgesägt, das später als obere Abdeckung wieder aufgesetzt wurde.

In den Balken wurde mit einem Dechsel eine Rinne mit rechteckigem Querschnitt von 18 × 14 cm eingearbeitet. Als Verbindung zwischen den beiden Rohren war in das untere eine Muffe eingeschnitten worden, die das konisch auslaufende Ende des oberen aufnahm. Als zusätzliche Sicherung waren beide Abschnitte durch einen Holzdübel miteinander verbunden worden.

Die Rinnen wurden durch die zuvor abgetrennten Bretter abgedeckt, welche man mit Holzdübeln befestigte. Das untere Rohr wurde vermutlich durch ein Brettchen verschlossen, welches man senkrecht in zwei Führungsnuten einschieben konnte. Der Wassereinlauf erfolgte über ein quadratisches Loch in der Abdeckung.

K. Grewe / C. Keller, Arch. Rheinland 2004, 153–155; Keller, Deichelweiher.

(6) Brüggen, Klosterstraße

In den Jahren 1955 und 1994 wurde bei Bauarbeiten eine hölzerne Wasserleitung angeschnitten, die das Wasser des nördlichen Stadtgrabens unter der Stadtmauer hindurchführte. Der Leitungstrog bestand aus 7 cm starken Eichenbohlen, die man mittels Holzdübeln verzapft hatte (Abb. 14, 3). Die Abdeckung erfolgte mit 6–10 cm starken, 56–64 cm langen und 18–40 cm breiten großen Holzbrettern, die mit je vier Holzdübeln auf dem Gerinne befestigt waren. Die Spalten zwischen den Brettern waren mit Moos abgedichtet.

Das nördliche Gerinneende war durch ein in eine Nut eingeschobenes, bei der Bergung fehlendes Brett versperrt (Abb. 17). Der Einlauf konnte ehemals durch die 24 cm im Durchmesser messende Öffnung im ersten Abdeckbrett eintreten. Nach den Ergebnissen der dendrochronologischen Untersuchung wurde die Leitung zwischen 1522 und 1527 errichtet, bevor sie kurze Zeit später durch die Stadtmauer überbaut wurde. Vermutlich wurden beide in einem Bauvorhaben errichtet, wobei die Leitung dann als Ableitung des nördlichen Stadtgrabens unter der Mauer gedient haben dürfte.

Bonner Jahrb. 157, 1957, 458 f.; Bridger-Kraus (Anm. 87); Loewe (Anm. 87) 166; Obladen-Kauder (Anm. 87).

(7) Erftstadt-Kierdorf, Braunkohlegrube ›Vereinigte Ville‹

Im versumpften Talgrund eines Baches wurden in einem Meter Tiefe mehrere Holzrohre gefunden. Der Fundbericht gibt keine Angaben über die genaue Befundsituation. Die abgebildeten Eichenstämme zeigen, dass es sich um zwei Leitungen gehandelt haben muss, da an jedem ein Einlaufstutzen ist.

Die Rohre wurden zunächst zu Balken zugerichtet und dann ein Brett auf der Oberseite abgetrennt, um die rechteckige Wasserleitung auszuarbeiten.

Beide Rohre enden blind, wobei bei Rohr a das quadratische Striegelloch im Stamm selbst ausgearbeitet wurde, während bei Rohr b das Loch im abgetrennten Deckbrett eingeschnitten ist.

Bonner Jahrb. 136/137, 1932, 326; 348.

(8) Erkrath-Unterfeldhaus, Haus Unterbach

Um die 1169 erstmals erwähnte Wasserburg Haus Unterbach erstreckt sich ein Landschaftspark mit Gräben und Teichen, der 1817 bzw. 1831 von Maximilian Friedrich Weyhe und seinem Sohn angelegt wurde.

Bei der Neugestaltung wurde ein Brückenstauwehr von 1817 freigelegt. Es besteht im Kern aus Klamottenbeton mit einer Verblendung aus Ziegelsteinen. Die als Überlauf fungierenden Abdeckplatten bestanden aus wiederverwendeten Kalksteinplatten der Burganlage.

Für die Entwässerung des nördlich gelegenen Teiches war unter dem Teich ein Holzrohr eingebaut worden. Es bestand aus einem 24 × 24 cm messenden Balken mit einer 12 × 12 cm messenden quadratischen Aushöhlung. Ein quadratisches Loch im Abdeckbrett wurde durch einen konischen Stopfen verschlossen, der zur Bedienung in einer langen Stange auslief. Diese konnte direkt vom Stauwehr aus bedient werden.

F. Nolden u. a., Arch. Rheinland 2006, 210 f.

(9) Jüchen-Belmen, Elsbachtal

Östlich der Ortschaft Belmen wurde im Vorfeld des Braunkohlentagebaus das Tal des Elsbaches archäologisch untersucht. Unter neuzeitlichen Kolluvien wurden Überreste zweier mittelalterlicher Teichanlagen freigelegt.

Für die Anlage der Teiche hatte man im Talgrund Erddämme aufgeschüttet, die teichseitig mit Stakenreihen aus Erlenpfählen und Weidenpflanzungen befestigt waren. Während der Wasserablauf des oberen Teiches durch ein Wehr reguliert wurde, gab es am unteren Teich einen Grundablass (Abb. 18).

Die aus einem Erlenstamm gearbeitete Leitung war auf der Sohle des Teiches verlegt (Abb. 14, 4). Offenbar ist der ursprüngliche Balkenquerschnitt durch den Erddruck zur Ovalform deformiert worden. Das obere Drittel wurde als Brett abgetrennt und später mittels Holznägeln wieder fixiert. Als Wasserleitung war eine rechteckige Rinne (11 × 6 cm) ausgearbeitet, die teichseitig allerdings blind endete. Der Einlauf erfolgte durch eine ovale Öffnung (13 × 18 cm) im Deckbrett. Das Rohr war durch seitlich daneben eingeschlagene Holzpfosten sowie einen am Kopfende untergelegten Holzbalken in seiner Position gesichert. Ob es sich bei diesem, in den ehemals drei weitere Streben eingezapft waren, zusätzlich um den Unterbau eines Striegelgerüstes handelt, konnte während der Grabung nicht geklärt werden.

Nach den ermittelten Radiokarbondaten wurde der Damm zwischen 1350/60 und 1390 errichtet (Kalis u. a [s. u.] 177). Für das von Jens Berthold rekonstruierte senkrecht stehende Rohr in der Einlassöffnung fehlen die archäologischen Belege.

Berthold, Diss. (Anm. 43); ders., Wassernutzung (Anm. 43) 172 f.; A. J. Kalis u. a., Archäobotanik zur spätmittelalterlichen Wasserwirtschaft im Elsbachtal. In: J. Kunow (Hrsg.), Braunkohlenarchäologie im Rheinland. Kolloquium Brauweiler 2006. Mat. Bodendenkmalpfl. Rheinland 21 (Weilerswist 2010) 175–179 bes. 175.

Claudia Klages

Die Münzschale mit dem Schatz von Hemmersbach

Fundkonservierung auf noble Art

Kürzlich wurde im Bonner Landesmuseum eine befußte Silberschale mit eingearbeiteten Münzen zur Begutachtung vorgelegt, die in mehrfacher Hinsicht besonders ist und hier vorgestellt werden soll[1] (Abb. 3–5). Die neun Gulden der Zeit von 1692 bis 1695 aus dem Erzstift und der Stadt Köln, aus Münster und Braunschweig-Wolfenbüttel wurden nicht beliebig von einem Sammler zusammengestellt, sondern stellen einen kleinen Schatzfund dar. Dies erfährt man aus einer auf der Unterseite des Gefäßes angebrachten Gravur: »Diese Münzen sind gefunden worden zu Hemmersbach im Holzhauserwald 1885.« (Abb. 4). Der Fundort liegt im Bereich des heutigen Neu-Bottenbroich, einem Ortsteil der Stadt Kerpen im Rhein-Erft-Kreis, östlich von Horrem. Der Hemmersbach gab dem heutigen südwestlichen Bereich von Kerpen-Horrem seinen Namen. Bis 1794 gehörte die Unterherrschaft Hemmersbach im Amt Bergheim zum Herzogtum Jülich und umfasste damals unter anderem auch den Hof Holzhausen. Auf Burg Hemmersbach residierte bis ins zwanzigste Jahrhundert die Familie der Reichsgrafen Berghe von Trips, in deren Besitz sich der Münzschatz befand.

Das hochwertig in ziselierter Treibarbeit geschaffene Gefäß erinnert in der Gesamtform an eine Muschelschale mit aufgewölbtem Rand, die auf drei als Akanthusblätter gebildeten Füßchen steht. Richtet man die Schale auf, als wolle man die Münzen wie ein vertikales Bild betrachten, befindet sich der sieben Zentimeter breite Griff am unteren Schalenrand (Abb. 2). Er ist konisch zulaufend und in Form einer Schnecke mit sieben quergerippten Windungen gestaltet, besonders ähnlich der sogenannten Kleinen Turmdeckelschnecke, der Cochlostoma septemspirale. Die Schale ist etwa 18,5 Zentimeter lang, 17,2 Zentimeter breit und 7 Zentimeter hoch, ihr Gewicht beträgt 361 Gramm. Sie besteht aus achthunderter Silber. In das Schalenrund sind die neun zwischen 34 und 37 Millimeter großen Silbermünzen in einem Abstand von vier bis fünfeinhalb Millimeter eingearbeitet worden. Es gibt zwei Münzen mit einem Herrscherporträt auf der Vorderseite, dem Bildnis des Kölner Kurfürsten und Erzbischofs Joseph Clemens von Bayern in langer, üppiger Allongeperücke, von denen eine im Zentrum angebracht ist (Abb. 6 und 8). Die übrigen Münzen bilden einen Kreis darum. Während der Abstand zwischen der mittleren und den übrigen Münzen einheitlich etwa 17 Millimeter beträgt, liegt der zwischen dem Münzkreis außen und dem Schalenrand im Schnitt bei 27 Millimeter. Zum kunstvollen Erscheinungsbild des Gefäßes trägt maßgeblich bei, dass das Schalenrund formal Bezug nimmt auf die eingelassenen Münzen. Der Rand ist entsprechend

---

[1] Die Schale ist inzwischen Eigentum des Landesmuseums und wurde mit der Nummer 2015.79 inventarisiert. Für die Vorlage und diverse Anregungen sei Ralf Fischer zu Cramburg herzlich gedankt.

Abb. 1 (oben) Stempelung neben der Münze Nr. 5. Silberstempel Halbmond, Feingehaltszahl »800« und Herstellermarke »W.S H« der Silberschmiedewerkstatt Weinranck & Schmidt in Hanau.
Abb. 2 (darunter) Gravur auf der Unterseite der Schale mit Angaben zur Herkunft der Münzen. Die Münze wie Abb. 8. Natürliche Größe.

der Anzahl an Münzen des Münzkreises in sieben Bögen sowie einen achten für den Griff gegliedert, die die Münzrundungen außen wiederholen und insofern formal einbinden.

Die Geldstücke hatte man so in die vorgefertigten Aussparungen eingesetzt und eingelötet, dass sie auf Ansichtigkeit von innen her weitgehend gerade ausgerichtet sind.

Die konzentrisch die Münzen umgebenden Punzreihen sind technisch bedingt. Sie dienten der zusätzlichen Fixierung der Prägungen im Schalenkörper[2]. Neben der auf zehn bis elf Uhr stehenden Münze links oben im Schaleninneren befinden sich die Herstellermarke »W.S H.« sowie Halbmond, Krone und die Ziffer »800« (Abb. 1). Dies entspricht dem seit 1888 geltenden Markenstandard der sogenannten Reichsstempelung: Die Kaiserkrone (Bügelkrone) steht für das Deutsche Reich, der Halbmond für Silber, die Feingehaltszahl hatte achthundert oder höher zu betragen, eine Herstellermarke der Fabrik oder Werkstatt war vorgeschrieben.

Letztere ist auf unserem Stück als diejenige der Silberwarenfabrik Weinranck & Schmidt in Hanau aufzulösen, die 1889 von Wilhelm Weinranck und dem Silberschmied Fritz Schmidt gegründet worden war und eine der bedeutendsten in Hanau war[3]. Die Münzschale war eine Spezialanfertigung, deren Form und Größe präzise auf ihre Funktion, dem kleinen, wenige Jahre zuvor entdeckten Münzschatz eine kunstvolle Rahmung zu bieten, abgestimmt wurde.

Wann genau der Auftrag erfolgte, ist nicht bekannt. In den siebziger Jahren des zwanzigsten Jahrhunderts ging Weinranck & Schmidt in die Firma Wilhelm Geist & Sohn über. Dort wird auch ein Teil der alten Skizzenbücher aufbewahrt, aber die Entwurfszeichnungen reichen nicht über das Jahr 1911 hinaus zurück. Informationen aus der Zeit kurz vor oder um 1900, in der der Auftrag vermutlich erfolgte, fehlen also. Auch eine Datierung anhand des Stils der Schale ist wegen des seinerzeit vorherrschenden Eklektizismus nicht möglich, denn es wurden gleichzeitig Gegenstände im Rokokostil, zu denen man das Münzgefäß wohl rechnen würde, und solche im Duktus der Renaissance oder des Empire gefertigt. Auftraggeber für die Münzschale war vermutlich das damalige Familienoberhaupt auf Burg Hemmersbach, Clemens Maximilian Hubert Reichsgraf Berghe von Trips, der Großvater des 1961 verunglückten Rennfahrers Wolfgang Graf Berghe von Trips. Clemens Maximilian ließ Ende des neunzehnten Jahrhunderts das Herrenhaus nach Plänen des Bonner Architekten Karl Thoma im barocken

---

[2] Freundlicher Hinweis Frank Willer (Bonn).

[3] B.-W. Thiele, Tafel- und Schausilber des Historismus aus Hanau (Tübingen 1992) 39; 93 f.

Die Münzschale mit dem Schatz von Hemmersbach

Abb. 3 und 4 Die Schale von innen (oben) und von unten (unten).

Abb. 5 Die Schale in der Seitenansicht.

Stil umbauen. In demselben Jahr 1889, in dem Wilhelm Weinranck und Fritz Schmidt ihre Silberwarenfabrik in Hanau gründeten, wo fortan »Gebrauchs- und Luxusgegenstände moderner feinerer und antiker Genre« aus Silber hergestellt wurden, heiratete der Reichsgraf Eugenie Freiin von Fürstenberg. Möglicherweise erfolgte der Auftrag zur Anfertigung des Münzgefäßes anlässlich dieses Festes oder im Zuge der Maßnahmen rund um den Umbau der Burg.

Das Interesse an Münzgefäßen war damals nicht neu, sondern hatte bereits im frühen sechzehnten Jahrhundert eingesetzt[4]. In der Regel dienten sie als kostspielige Präsentationsformen für die numismatischen Sammlungen der Auftraggeber, die mit dem gut sichtbar aufgestellten Objekt Bildung und kulturhistorisches Interesse zur Schau stellen wollten. Schalen, Becher und Humpen waren die bevorzugten Formen, wobei Münzen und Behälter nicht immer eine ästhetisch geglückte Verbindung eingingen. Weniger zahlreich sind die Beispiele, in denen nicht willkürlich entstandene Sammlungen, sondern komplette Schatzfunde in Metallgefäße eingearbeitet wurden, gleichsam als kostspielige Form der Fundsicherung. Natürlich bot sich dem Auftraggeber so die Möglichkeit, auch geradezu denkmalpflegerische Umsicht unter Beweis zu stellen. Einer derjenigen, die diese Art der Konservierung schätzten, war der Trierer Erzbischof Johann Hugo von Orsbeck[5]. Er erwarb 1693 ein Großteil der Goldmünzen aus dem römischen Hortfund von Perscheid bei Oberwesel und ließ diesen Schatz partienweise in mehrere kostbare Gefäße einarbeiten[6]. Der Frankfurter Goldschmied und Emailleur Peter Boy setzte die meisten der Geldstücke, damals »Heydenköpfe« genannt, zunächst in zwei kostbare, mit Bildnissen und Edelsteinen besetzte Gefäße mit Hinweisen auf Fundort und Auffindungsdatum sowie dem Namen des Auftraggebers ein. Die restlichen Münzen arbeitete er in vier kleine Becher und zwei goldene Suppenschalen ein, von denen eine als Geschenk an den Herzog von Marlborough ging. Damit waren die von Orsbeck erworbenen 458 Münzen des Perscheider Schatzes auf acht Prachtgefäße verteilt. Einige dieser sehr kostbaren Münzbecher wurden auf der Wiener Weltausstellung im Jahr 1873 ausgestellt. Boy fertigte 1732 auch einen ähnlichen Goldpokal für Orsbecks Enkel, den Trierer Domdechanten Karl Kaspar Emmerich von Quadt an, und zwar mit einundzwanzig Münzen, von denen einige eventuell ebenfalls zum Fund von Perscheid gehörten[7].

---

4 K. Pechstein, Münzgefäße. In: Münzen in Brauch und Aberglauben. Ausst. Nürnberg (Mainz 1982) 205–219.

5 H. Eichler / E. Gose, Ein goldener Münzpokal vom Jahre 1732. Trierer Zeitschr. 19, 1950, 107–132, bes. 115–117.

6 K.-J. Gilles, Der römische Goldmünzenschatz aus der Feldstraße in Trier. Trierer Zeitschr. Beih. 34 (Trier 2013) 84–93.

7 Ebd. 93 Abb. 15.8 (im Text irrtümlich »Abb. 15.3«).

8 K. Schneider / P. Krahé, Das entlarffte Boese Muentz-Wesen (Koblenz 1981) 21–26; P. Ilisch, Münzfunde und Geldumlauf in Westfalen in Mittelalter und Neuzeit (Münster 1980) 67.

9 Slg. Gustav Freytag, Stadt- und Universitätsbibliothek Frankfurt. Siehe Schneider/Krahé (vorige Anm.) 1–103.

Zweidritteltaler des Kölner Kurfürsten Joseph Clemens von Bayern, beide 1694. Natürliche Größe.

Abb. 6 und 7 (rechts) Münze Nr. 8, die Vorderseite aus nachgraviertem Stempel.

Abb. 8 (Seite uneten) Münze Nr. 1, Vorderseite, die Rückseite siehe Abb. 2.

Der Hemmersbacher Münzschatz selbst besteht aus Gulden zu sechzig Kreuzern in Nominalen von Zweidritteltalern und Vierundzwanzig Mariengroschen der Jahre 1692 bis 1695. Sie waren damals gängiges Umlaufgeld. Die frühesten Gulden entstanden nach einer 1667 im Kloster Zinna zwischen Kursachsen und Kurbrandenburg getroffenen Vereinbarung und waren als Reaktion auf den Anstieg des Silberpreises entstanden, der die Prägung silberner Taler unrentabel gemacht hatte. Eine Mark Silber entsprach nun zehneinhalb statt neun Talern, wie es die Reichsmünzordnung forderte, was mittlerweile aber praktisch zu teuer geworden war. Dennoch kamen viele unterwertige Münzen in den Umlauf, weshalb diese Reduzierung langfristig nicht ausreichte[8]. Kurbrandenburg, dem sich später andere Reichsstände und münzberechtigte Städte anschlossen, bewertete nun die Silbermark mit zwölf Talern oder achtzehn Gulden (Achtzehnguldenfuß) neu. Die ursprünglich 1687 getroffene Festlegung wurde 1690 in einem in Leipzig geschlossenen Vertrag von Kursachsen und Braunschweig-Lüneburg übernommen. Über die Geldkrise jener Jahre gibt die unter dem Pseudonym ›Filargirius‹ 1690 erschienene Flugschrift ›Das entlarffte böse Müntz-Wesen‹ eine lebhafte Anschauung[9]. Die Stadt Köln hatte sich aus Skepsis länger gegen die Übernahme des Leipziger Münzfußes für ihre eigene Geldprägung gewehrt, musste aber seit 1693 doch danach ausprägen. Aus einer Gewichtsmark wurden nun achtzehn Gulden hergestellt. Alle neun im Schatz von Hemmersbach befindlichen Münzen sind hochwertige Gulden im damaligen Gesamtwert einer halben Silbermark. Um ihrer Skepsis gegenüber dem Leipziger Münzfuß Ausdruck zu verleihen, ließ der Rat der Stadt Köln damals folgende Umschrift auf die Vorderseite seiner Gulden setzen, die wir entsprechend auf den drei Kölner Münzen in der Silberschale wiederfinden: »Invita trahor dum curo mederi«, »Wider Willen werde ich mitgerissen, während ich auf Abhilfe sinne« (Abb. 9). Am Probationstag im Juli 1695, der Versammlung zur Überprüfung des Münzwesens, wurde festgelegt, dass nun alle zuverlässig nach Leipziger Fuß geprägten Münzen gültig seien, wozu unter anderem die Stücke aus Stadt und Erzstift Köln, dem Erzstift Münster und diejenigen von Braunschweig gehörten, also auch jene aus dem Schatzfund. Das bedeutet, dass sie zum Zeitpunkt ihres Verlustes oder ihrer Verbergung, also frühestens 1695, nicht etwa ausgesondert wurden, sondern als vollwertige Geldstücke galten.

Einige numismatische Bemerkungen zu den Münzen selbst: Von den Zweidritteltalern ließ die Stadt Köln zahlreiche Stempelvarianten herstellen. Im Hemmersbacher Schatz befindet sich eine in der einschlägigen Fachliteratur unbekannte Stempelkombination: Der Kölner Gulden des Jahres 1695 (Liste Nr. 4), der sich in der Schale rechts (auf der Außenseite links) vom Zentrum befindet, ist eine hybride Prägung, bei der ein Vorderseitenstempel mit der Jahresangabe

Abb. 9 und 10 Kölner Gulden von 1695, Münze Nr. 4.
(links) Vorderseite mit der Legende »TRAHOR DUM CURO [...]« und im Innenkreis »LEIPZ FUES«.
(rechts) Rückseite, aus Rückseitenstempel von 1694. Natürliche Größe.

1695 mit einem (alten) Rückseitenstempel des Jahres 1694 kombiniert wurde (Abb. 9 und 10). Auch die beiden Gulden aus dem Erzstift Köln mit dem Bildnis des Joseph Clemens von Bayern scheinen in der Bestimmungsliteratur bisher zu fehlen. Der links (auf der Außenseite rechts) vom Zentrum montierte Gulden ist zudem mit sehr unterschiedlich gut erhaltenen Prägeeisen hergestellt worden. Der Vorderseitenstempel mit dem Porträt war bereits stark abgenutzt und verschmutzt, und das Bildnis erscheint deshalb nur verschwommen. Wie man an dem vergleichsweise klaren Schriftbild auf der gleichen Seite erkennen kann, hatte man diesen inhaltlich besonders relevanten Bereich vor der weiteren Nutzung nachgeschnitten. Andere technische Auffälligkeiten an den Münzen könnten erst nachträglich entstanden sein. Einige der Kölner Gulden in der Schale sind nicht komplett plan, sondern leicht gewölbt. Sie könnten in einem Taschenwerk geprägt worden sein, das technisch bedingt leicht gewölbte Münzen hervorbringt. Allerdings ist dieser Typus Münzprägemaschine für Köln in jener Zeit weder in den Schriftquellen noch in Gestalt eindeutig so hergestellter Münzen belegt[10]. Eine andere mögliche Erklärung dafür ist, dass der Silberschmied diese Gulden zum besseren Einpassen in die Schalenwölbung zurechtgebogen hat. Es ist allerdings auffällig, dass dies nur auf einige der Münzen zutrifft.

Zweimal ist das Porträt des Kölner Kurfürsten und Erzbischofs Joseph Clemens von Bayern auf Münzen in dem Schatz vertreten. Der damals siebzehnjährige Joseph Clemens wurde 1688 gegen Kardinal Wilhelm von Fürstenberg, der dieses Amt ebenfalls anstrebte und den französischen König Ludwig XIV. auf seiner Seite wusste, zum Kölner Erzbischof ernannt. Fürstenberg weigerte sich, die Residenzstadt Bonn zu räumen und ließ sich sogar zum Kurfürsten ausrufen. Der König von Frankreich, der Fürstenbergs Wahl unterstützt hatte, schickte Truppen zum Schutz seines Favoriten ins Rheinland und löste so den Pfälzischen Erbfolgekrieg aus. Als schließlich am 12. April 1689 kaiserliche und andere Truppen zum Entsatz des von der französische Armee besetzten Bonn eintrafen, verließ Fürstenberg die Stadt, die dann weit-

---

[10] Die Quellen sprechen sogar dagegen, s. A. Noss, Die Münzen der Städte Köln und Neuss 1474–1794 (Köln 1926) 258: »Die von der Stadt ausgegebenen Münzen wurden altem Herkommen gemäß immer noch durch Handarbeit mit dem Hammer hergestellt, während sonst im Reich längst vorteilhaftere Arbeitsweisen eingeführt waren.« Im Jahr 1696 schließlich wurde auf Betreiben des Münzmeisters Newers in Nürnberg ein Spindelprägewerk für Köln bestellt.

[11] I. Bodsch / S. Lange (Hrsg.), Die Bombardierung Bonns 1689. Bonn als Festungsstadt. Ausst. Bonn (Bonn 2014) 30 f.

[12] Etwa in dieser Zeit wurden folgende Schatzfunde verborgen: (1) Obliers, Kr. Ahrweiler (1691/93), s. W. Hagen, Bonner Jahrb. 147, 1942, 383–461, hier 424 ff.; (2) Ramersbach, Kr. Ahrweiler (nach 1688), s. W. Hagen, Trierer Zeitschr. 28, 1963, 101 ff.; (3) Dersdorf, Gem. Bornheim, Rhein-Sieg-Kreis (Ende 17. Jh.), unveröffentlicht, Fundregesten des Landesmuseums Bonn; (4) Kuchenheim, Kr. Euskirchen (um 1700), s. V. Zedelius in: B. B. Koenig (Bearb.), Cuchenheim 1084–1984. Eine Heimatgeschichte (Euskirchen 1984) 216; Fundregesten des Landesmuseums Bonn.

gehend durch den Beschuss der Entsatzer zerstört wurde[11]. Diese Vorgänge ereigneten sich 1688/89, also etwa sieben Jahre bevor die Münzen bei Hemmersbach unter die Erde gerieten. Der Pfälzische Erbfolgekrieg sollte jedoch noch bis 1697 andauern, und vielleicht kam es im Zusammenhang dieser Ereignisse zur Verbergung beziehungsweise zum Verlust dieser neun Gulden[12]. Erst etwa zweihundert Jahre später wurden sie wieder entdeckt und gingen in den Besitz des Reichsgrafen Berghe von Trips und seiner Gattin Eugenie über, wie gesagt eine geborene Freiin von Fürstenberg, allerdings aus einem nicht mit dem Kardinal verwandten Adelsgeschlecht. Man wird davon ausgehen können, dass der Reichsgraf und seine Gattin sich der für die Geschichte dieser Region wichtigen historischen Bezüge beim Betrachten der Münzen bewusst waren. Für uns heute ist es erfreulich, dass durch diese noble Art der Fundkonservierung der Münzschatz als solcher erhalten blieb.

Dr. Claudia Klages, LVR - Landesmuseum Bonn, Bachstraße 9, 53115 Bonn,
Claudia.Klages@lvr.de

Abkürzungen

Davenport, Gulden	J. S. Davenport, Silver Gulden 1559–1763 (Neuwied 1992).
Fiala, Welfische Lande	Ed. Fiala, Münzen und Medaillen der Welfischen Lande I–IX (Prag 1904–1919).
Noss, Erzbischöfe	A. Noss, Die Münzen der Erzbischöfe von Köln 1547–1794 (Köln 1925).
Noss, Städte	A. Noss, Die Münzen der Städte Köln und Neuss 1474–1794 (Köln 1926).
Welter, Welfen	G. Welter, Die Münzen der Welfen seit Heinrich dem Löwen I–III (Braunschweig 1971–1978).

Resümee. In Hemmersbach, heute Kerpen-Horrem, wurde Ende des neunzehnten Jahrhunderts ein Schatz aus neun Silbergulden entdeckt, der vermutlich im Pfälzischen Erbfolgekrieg verloren gegangen war. Die Eigentümer des aufgefundenen Hortes, die Reichsgrafen Berghe von Trips auf Burg Hemmersbach, ließen die Münzen bei der Hanauer Silberwarenfabrik Weinranck & Schmidt in eine eigens gestaltete Silberschale einarbeiten. Für diese Art der privaten Münzpräsentation gab es prominente Vorbilder der Barockzeit. Mit dem kostbaren und schön gestalteten Gefäß wurden Geschmack und Bildungsanspruch sowie das verantwortungsvolle Bemühen um die Sicherung eines historischen Fundensembles wirkungsvoll zur Schau gestellt.

Summary. At the end of the nineteenth century a hoard of nine silver gulden was found in the area of Hemmersbach, today Kerpen- Horrem. It was probably lost during the War of the Palatine Succession. The owners of the treasure, the Imperial Counts of Berghe von Trips, residing at Hemmersbach Castle at that time, ordered the Hanau silverware factory Weinranck & Schmidt to incorporate the coins in a silver bowl specially designed for this purpose following prominent antetypes of the baroque period. This valuable and elegantly designed vessel testified in a striking way the owner's exquisite taste and education as well as the responsible protection of an historical hoard find.

Resümee. Vers la fin du dix-neuvième siècle à Hemmersbach, aujourd'hui Kerpen-Horrem, fut retrouvée un trésor composée de neuf Florins d'argent, vraisemblablement perdu durant la guerre de la Succession Palatine. Les propriétaires du magot, les comtes du Saint-Empire Berghe von Trips, résident au château Hemmersbach, commissionnaient à l'usine d'argent Weinranck & Schmidt une cuvette en argent de propre dessin, contenant ces monnaies dans le cloison. L'idée créatrice de cette présentation des monnaies historiques suivre des exemples d'époque du baroque. Le récipient précieux et esthétiquement plaisant fait étalage du gout et de l'éducation historico-culturelle du propriétaire aussi bien que son effort de consolider et documenter cet ensemble archéologique de monnaies.

Münzliste

Die Abfolge beginnt in der Mitte, dann Mitte oben und im Uhrzeigersinn weiter. Die Positionsangabe in Uhrzeit entspricht der Anordnung auf der Schaleninnenseite.

(1) Erzstift Köln, Joseph Clemens von Bayern, Zweidritteltaler 1694, am Rand ausgebrochen (Abb. 4 und 8). – Bei Noss, Erzbischöfe nicht verzeichnet (565–591 Typ, var.) (Rs. 40, Vs. –?). – Zentrum.

(2) Stadt Köln, Zweidritteltaler 1694. – Noss, Städte 540 a. b. g. – Zwölf Uhr.

(3) Hochstift Münster, Friedrich Christian von Plettenberg, Vierundzwanzig Mariengroschen 1693. – Davenport, Gulden 692. – Eins bis zwei Uhr innen, zehn bis elf Uhr außen.

(4) Stadt Köln, Zweidritteltaler 1695 (Abb. 9 und 10). – Noss, Städte hybrid, vgl. Vs. ebd. 544, Rs. ebd. 543 b (Jahr 1694!). – Drei Uhr innen, neun Uhr außen.

(5) Herzogtum Braunschweig-Wolfenbüttel, Rudolf August und Anton Ulrich, Vierundzwanzig Mariengroschen (entspricht einem Zweidritteltaler) 1692. – Fiala, Welfische Lande 814–818; Welter, Welfen 2080. – Vier bis fünf Uhr innen, sieben bis acht Uhr außen.

(6) Stadt Köln, Zweidritteltaler 1694. – Noss, Städte 541 a.–f. l. – Sechs Uhr.

(7) Stadt Köln, Zweidritteltaler 1694. – Noss, Städte 540 c.–f. h. – Sieben bis acht Uhr innen, vier bis fünf Uhr außen.

(8) Erzstift Köln, Joseph Clemens von Bayern, Zweidritteltaler 1694 (Abb. 6 und 7). – Bei Noss, Erzbischöfe nicht verzeichnet, vgl. ebd. 565 c. var., Vs. Legendenvariante ».ARC.«, außerdem innen ein Perlkreis um einen Fadenkreis. – Neun Uhr innen, drei Uhr außen.

(9) Herzogtum Braunschweig-Wolfenbüttel, Rudolf August und Anton Ulrich, Vierundzwanzig Mariengroschen (entspricht einem Zweidritteltaler) 1695. – Welter, Welfen 2082. – Zehn bis elf Uhr innen, ein bis zwei Uhr außen.

Bildrechte. Alle Bilder LMB, Ausführung Jürgen Vogel.

Maurizio Buora und Sebastian Ristow

Tonlampen in Fischform aus frühchristlicher Zeit?

Eine Fälschung in Bonn

»*Zweifel an der Echtheit des Stückes,
die Gegenstand und Herkunft erwecken könnten,
finden an seiner äußeren Beschaffenheit
keine Stütze.*« *(Oskar Wulff)*

Ende des neunzehnten und Anfang des zwanzigsten Jahrhunderts gelangte in verschiedene europäische Sammlungen und Museen eine Reihe als frühchristlich eingestufter Öllampen, deren antike Entstehung zweifelhaft ist, die aber rein äußerlich nicht als Falsifikate erkennbar sind. Eine hier erneut publizierte fischförmige Lampe in Bonn soll angeblich Ende des neunzehnten Jahrhunderts bei der Feldarbeit in Wesseling-Berzdorf im Zusammenhang mit einem römerzeitlichen Grab entdeckt worden sein[1] (Kat. 24, Abb. 1). Die dem Grab entnommene Keramik stammte der damaligen Sichtung nach aus dem zweiten oder dritten Jahrhundert. Sie blieb jedoch nicht erhalten. Ebenso unbekannt ist die Lokalisierung der Fundstelle. Alles deutet darauf hin, dass es das aufgepflügte Grab in Berzdorf gegeben hat, dass jedoch die Lampe nachträglich den Funden hinzugefügt wurde. Sie ist seit ihrem ersten Bekanntwerden zerscherbt und heute restauriert.

Im Zeitraum 1903 bis 1904 wurde das Stück durch das damalige Wallraf-Richartz-Museum für die Römische Abteilung erworben, aus der das heutige Römisch-Germanische Museum Köln hervorgegangen ist. Seit 1936 befindet sich die Lampe im Bonner Landesmuseum.

Wir sind vielen Museen und Kuratoren für die zahlreichen hilfsbereit erteilten Auskünfte und Hinweise verbunden, auch denjenigen, die nur eine Fehlanzeige lieferten. Besonderer Dank gilt den Kollegen in Athen (Kalliopi-Phaidra Kalafati), Berlin (Gabriele Mietke), Bukarest (Alexandru Madgearu und Adela Bâltâc), Drobeta Turnu Severin (Marian Nagoe), Fribourg (Stephan Gasser und Lea Stöckli), Jerusalem (Eugenio Alliata), Kopenhagen (Julie Lejsgaard Christensen), Laon (Morgane Reck), im British Museum in London, Mainz (Birgit Heide), im Louvre in Paris (Cécile Grégoire), Perugia (Gabriella Gattobigio), Sevilla (Concha San Martín Montilla), Temeschwar (Daniele Tanase), Trient (Domizio Cattoi), Troyes (Mélanie Kaspesczyk) und Vienne (Virginie Durand). – Ferner sind wir Wolfgang Drösser (Wesseling), Guntram Koch (Marburg), Georges Nuţu (Tulcea), Salvatore Ortisi (Osnabrück), Andreas Vogel (Heidelberg) und besonders dem Landesmuseum Bonn (Susanne Willer) verpflichtet, das die grundlegende Analyse möglich machte, sowie dem Verein für Orts- und Heimatkunde Wesseling, der die Mittel dazu bereitstellte. – Zum Eingangsmotto s. Anm. 5.

[1] H. Lehner, Bonner Jahrb. 113, 1905, 152; Dölger, Ichthys IV, 170–178 Taf. 154, 1 (fehlerhaft als im Provinzialmuseum Trier befindlich benannt); W. Drösser, Von den Geheimnissen eines tönernen Fisches. Christen zur Römerzeit in Berzdorf. In: ders. (Hrsg.), Spuren der Römer in Wesseling. Blätter Wesselinger Heimatkde. 2 (Bonn 1986) 71–77 mit 71 Abb. 56; S. Ristow, Frühes Christentum im Rheinland (Münster 2007) 150; 439 Kat. 533 Taf. 41 a. – Über die Fundumstände und den Erwerb zwischen den Museen Köln und Bonn ausführlich Dölger, Ichthys V, a. a. O.

Im Jahr 2015 wurden in der Restaurierungswerkstatt des Landesmuseums drei Proben von unterschiedlichen Bereichen des Objekts entnommen und eine Thermolumineszenzuntersuchung durchgeführt. Der dabei festgestellte Befund von einhundert Jahren Brennalter schließt eine Herstellung in Römerzeit oder Frühmittelalter sicher aus[2]. Demnach entstand die Lampe erst mehr oder minder kurz bevor sie ins Museum kam.

Das Stück wurde trotzdem bisher für authentisch gehalten[3]. Das ist der Tatsache geschuldet, dass es nicht aus im Rheinland bekanntem einheimischen Ton gefertigt ist und nur ein einziges, sehr eng verwandtes Vergleichsstück in Jerusalem besitzt (Kat. 25, Abb. 3), dessen Echtheit nun allerdings ebenfalls in Zweifel gezogen werden muss. Außerdem gibt es zahlreiche weitere verwandte Lampen in Form von zwei anderen Fischtypen mit frühchristlichen Symbolen weit verstreut in verschiedenen archäologischen Museen.

---

[2] Analyse 01R150315 des Laboratory Ralf Kotalla in Haigerloch vom 17. März 2015. Das bestimmte sogenannte Brennalter, also der Zeitpunkt der letzten Erhitzung über fünfhundert Grad, liegt bei unter einhundert Jahren. – Die Methode ist derzeit nicht zur präzisen Altersbestimmung für antike oder mittelalterliche Keramik geeignet, ergibt aber eindeutige Ergebnisse in Hinsicht darauf, ob ein Objekt älteren oder neueren Datums ist.

[3] S. Ristow in: Th. Otten u. a. (Hrsg.), Fundgeschichten. Archäologie in Nordrhein-Westfalen. Schr. Bodendenkmalpflege Nordrhein-Westfalen 9. Ausstellungskat. Köln (Mainz 2010) 537.

[4] Mit einigen Vergleichen zu einer Lampe aus dem Museum Barletta, s. D'Angela, Lychnus pensilis.

[5] O. Wulff, Kaiser-Friedrich-Museum. Neuerwerbungen der altchristlichen Sammlung seit 1912. Amtl. Ber. Königl. Kunstslg. 35, 2, 1913, Sp. 29–44 hier 34–36 mit Abb. 17. Zur Entinventarisierung s. ders., Kaiser-Friedrich-Museum. Neuerwerbungen der altchristlichen Sammlung seit 1912. II. Amtl. Ber. Königl. Kunstslg. 35, 8, 1914, 1–14.

Tonlampen in Fischform aus frühchristlicher Zeit? 231

Fischförmige Tonlampen vom Typus Bonn
Abb. 1 Landesmuseum Bonn (Kat. 24).
Abb. 3 Sammlung des Studium Biblicum Franciscanum Jerusalem (Kat. 25).
Abb. 2 und 4 Ehemals Sammlung Grüneisen (Kat. 26).

Diese Objekte wurden bisher meist nur ausschnitthaft betrachtet und nicht im Überblick publiziert[4]. Nur selten wird zu den fischförmigen Lampen in den verschiedenen Sammlungen eine angebliche Provenienz benannt. Soweit die Stücke aus Sammlungsbeständen stammen, gerade solchen des neunzehnten Jahrhunderts, lehrt jetzt das Beispiel im Landesmuseum Bonn, dass eine Untersuchung mit naturwissenschaftlichen Methoden sinnvoll ist, um moderne Produkte unter diesen ›Christianiensia‹ zu erkennen. Wahrscheinlich sind alle im Folgenden vorgestellten Lampen Erzeugnisse des neunzehnten oder frühen zwanzigsten Jahrhunderts.

Vermutet wurde dies schon gegen Ende des neunzehnten Jahrhunderts für ein Stück im heute rumänischen Temeschwar (Kat. 16, Abb. 9, 13 und 14). Auch zu Beginn des zwanzigsten Jahrhunderts wurde in Berlin ein solcher Verdacht ausgesprochen. Man gab die betreffende Lampe dem Stifter zurück und entinventarisierte sie aus dem Bestand des damaligen Kaiser-Friedrich-Museums (Kat. 4, Abb. 5), wohl auf Betreiben von Oskar Wulff, der eine entsprechende Fischlampe desselben Typus zunächst für authentisch gehalten hatte[5]. Angeblich stammt das Berliner Stück aus dem Weichbild von Köln und wurde zusammen mit einer Münze Constantius' II. gefunden. Ein dokumentiertes Exemplar im Ägyptischen Museum Berlin ist heute nicht mehr verifizierbar (Kat. 5). Eine weitere Lampe dieses Typus wurde im Kunstgewerbemuseum Kopenhagen als modern erkannt und Anfang des zwanzigsten Jahrhunderts an den Kölner Kunsthändler Müller aus der Budengasse zurückgegeben (Kat. 7). Dieser

Fischförmige Tonlampen vom Typus Temeschwar, etwa halbe natürliche Größe.
Abb. 5 (oben) Ehemals Kaiser-Friedrich-Museum Berlin (Kat. 4).
Abb. 6 (unten) Archäologisches Museum Sevilla (Kat. 15), ohne Christogramm oder Kreuz.

konnte oder wollte auf spätere Nachfrage aber keine näheren Angaben zum weiteren Verbleib oder zur Herkunft des Objektes machen[6]. Es kann nicht ausgeschlossen werden, dass es danach erneut in Umlauf geriet und dass es sich um die heute in Sankt Petersburg aufbewahrte Lampe handelt (Kat. 14), da in beiden Fällen mit einem schwärzlichen Überzug eine unter den bekannten Fischlampen solitäre Besonderheit dokumentiert ist. Das Kopenhagener Exemplar war durch den Kunsthändler mit einem angeblichen Fundort bei Mailand versehen worden.

Seither wurden die fischförmigen, als frühchristlich eingestuften Öllampen meist regional gebunden in kurzen Katalogeinträgen veröffentlicht, aber bislang nur im Beitrag von Cosimo d'Angela vergleichend betrachtet[7]. In den letzten Jahren beschäftigten sich die Verfasser des vorliegenden Beitrages parallel zueinander mit diesem Material und legen hier ihre Ergebnisse gemeinsam vor[8].

Die Lampe in Sevilla (Kat. 15, Abb. 6) vom selben Typus wie das Stück in Temeschwar ist schon seit Anfang des letzten Drittels des neunzehnten Jahrhunderts aktenkundig und stellt damit die am längsten bekannte keramische Fischlampe dieser Art dar[9]. Außer bei ihr sowie dem Stück eines zweiten Typus (Typus Trient) in Vienne (Kat. 23) tragen alle in den Katalog aufgenommenen Lampen Dekor in Form eines Kreuzes oder eines Chi-Rho-Christogramms. Dies bedingte ihre Einstufung als frühchristlich. Fischförmige Öllampen anderer Form und ohne eine solche Zutat oder auch Lampen mit Fischdekor gibt es in der gesamten Antike und auch in der frühchristlichen Spätantike reichlich. Die christliche Interpretation gelingt jedoch

dann nicht, wenn erklärende Beschriftungen oder eindeutig christliche Szenen und Symbole fehlen, wie etwa ein Christogramm[10].

Der Katalog gibt eine Übersicht der bekannten fischförmigen Lampen, gegliedert nach den drei Typen. Mit ›rechtsläufig‹ ist die Ansicht auf den Fisch mit nach rechts gedrehtem Kopf gemeint. Soweit bekannt, sind auf dieser Seite bei Typus Temeschwar jeweils Christogramme angebracht, außer bei dem schon genannten Exemplar aus Sevilla, wo kein weiterer Dekor vorhanden ist.

Typus Temeschwar kommt am häufigsten vor und zeigt einen langgestreckten Fisch von etwa 23 bis 28 Zentimetern Länge und meist 6 bis 8 Zentimetern Höhe, der hier nach seinem ältesten gut dokumentierten Vertreter bezeichnet wird. Ein zweiter Typus ist etwas kleiner und rundlicher und wird ›Typus Trient‹ benannt (namengebend Kat. 21, Abb. 15 und 16). Schließlich gibt es den Typus Bonn, von dem, wie erwähnt, auch ein Exemplar aus Jerusalem bekannt geworden ist[11].

Für Typus Temeschwar gibt es ein möglicherweise als Vorbild anzusehendes Exemplar aus Bronze, das aus dem westrumänischen Lipova stammen soll und ehemals im Museum Eger aufbewahrt war[12]. Ob diese Fischlampe, die 1867 an das Museum gelangte[13], antiken oder modernen Ursprungs war, kann nicht entschieden werden.

Ein entsprechendes bronzenes Stück befindet sich heute im Nationalmuseum Bukarest[14] (Abb. 7 und 11). Es weist 23 Zentimeter Länge sowie 7,9 Zentimeter Höhe auf und fügt sich damit gut zu den hier behandelten bekannten tönernen Lampen. Die Gestaltung des Bukarester Fisches und die Anlage des rechtsläufigen Christogramms sowie des gleicharmigen Kreuzes entsprechen bis auf kleine Details allen bekannten Tonlampen des Typus Temeschwar. Nach unklarer Überlieferung könnte die Lampe in Bukarest eine donauländische Arbeit oder auch eine aus Rom stammende Fälschung sein, die Ende des neunzehnten Jahrhunderts in die Sammlung Maria Istrati-Capșa eingegangen war und 1935 von Dumitru Tudor erstmals vorgelegt wurde[15].

---

[6] Dazu Dölger, Ichthys V (Anm. 1) und der dort zitierte Bericht von Wilhelm Neuss.

[7] Siehe Anm. 4.

[8] Erste Übersichten s. M. Buora, Sacro e profano nelle lucerne in bronzo della Romania. Un simbolo paleocristiano molto sospetto. In: L. Zerbini (Hrsg.), 2nd International Conference on the Roman Danubian Provinces. Kongr. Ferrara 2013. Religion and Acculturation in the Danubian Provinces (im Druck); S. Ristow, Zur fischförmigen Tonlampe mit der Zuweisung Wesseling-Berzdorf im LVR-Landesmuseum Bonn und ihrer Datierung. Wesselinger Heimatbl. 55, 2015, 14 f.

[9] Die Lampe ist abgebildet auf einem Foto hinter dem 1827 geborenen Sammler Mateos Gago, das wohl kurz nach 1870 und vor 1875 aufgenommen wurde, s. P. Aguado García, El presbítero Francisco Mateos-Gago y Fernández y su contribución intelectual en la Sevilla del XIX. Gazetta Sociedad Española de Hist. de la Arqu. 7, 2013, 39–48, hier 46 Abb. 6. – Mateos Gago war von November 1869 bis Juni oder Juli 1870 in Rom und könnte bei dieser Gelegenheit die Lampe erworben haben. Zu seiner Sammlung s. F. Chaves Tristán, Las amonedaciones hispanas a la Antigüedad. In: J. A. Pintado / J. Cabrero Piquero / I. Rodà de Llanza (Hrsg.), Hispaniae. Las provincias hispanas en el mundo romano (Tarragona 2009) 47–97.

[10] Zum Problem umfassend und mit Lit. Dölger, Ichthys I–V; Cabrol/Leclercq VII 2 (1927) Sp. 1990–2086 s. v. Ἰχθύς, und ergänzend ebd. XIV 1 (1939) Sp. 1246–1252 s. v. Poisson; RAC VII (Stuttgart 1969) Sp. 959–1097 s. v. Fisch, Fischer, Fischfang (J. Engemann).

[11] Y. Israeli in: dies. / D. Mevorah (Hrsg.), Cradle of Christianity. Ausstellungskat. (Jerusalem 2000) 123 (unten).

[12] S. Szilágyi (Hrsg.), A Magyar Nemzet Története I (Budapest 1895) 249; N. Gudea / I. Ghiurco, Din istoria creștinismului la români. Mărturii arheologice (Großwardein [Oradea] 1988) 146 f. Af. e. 7.

[13] D. Protase, Problema continuității în Dacia în lumina arheologiei și numismaticii (Bukarest 1966) 152 f.; I. Barnea, Les monuments paléochrétiens de Roumanie. Sussidi Stud. Ant. Cristiane 6 (Rom 1977) 32. – Zur Abb. dieser Lampe auf einer rumänischen Gedenkmünze und mit weiterer Lit. s. Buora, im Druck.

[14] Inv. 102259 (II/261, I ser). – Zuletzt G. Simion, Opaițe greco-romane de bronz din Romania. Bibl. Istro-Pontica 6 (Klausenburg 2003) 113 Nr. 87 Taf. 75 (Lit.); vgl. Buora, im Druck (Anm. 8).

[15] P. Costescu, Palatul Cultural din Turnu-Severin. Boabe de Grau 4 H. 12, Dezember 1933, 727–745; D. Tudor, Antichități din Scythia Minor. Colecția Maria Istrati-Capsa, Muzeul Palatului Cultural din Turnu Severin. Analele Dobrogei 16, 1935, 24–32. – Diese Fischlampe ist verschollen, zuletzt bei Dölger, Ichthys V Taf. 300.

7

8

9

10

Tonlampen in Fischform aus frühchristlicher Zeit?

Fischförmige Lampen vom Typus Temeschwar, halbe natürliche Größe.
Abb. 7 und 11 Bronze, Nationalmuseum Bukarest.
Abb. 8 und 12 Ton, Archäologisches Nationalmuseum Perugia (Kat. 12).
Abb. 9, 13 und 14 Ton, Banater Museum Temeschwar (Kat. 16).
Abb. 10 Ton, Musée du Pays de Laon (Kat. 8).

Während Typus Trient als kleinerer bauchiger Fisch mit geschwungenem Rücken gestaltet ist, sind die beiden anderen Typen in langgestreckter Form angelegt. Typus Bonn ist am meisten naturalistisch gestaltet, das Tier kommt einem Stör nahe. In den Schuppen am Halsansatz findet sich bei diesem Typus als Besonderheit die Anlage menschlicher maskenartiger Gesichter, für die es in der frühchristlichen Kunst keine Parallelen gibt.

Im Übrigen handelt es sich in allen Fällen um Raubfische, denn im Maul ist jeweils ein zweiter, größtenteils verschluckter Fisch zu erkennen, der die Brennöffnung bildet. In der frühchristlichen Ikonografie wäre eine solche Darstellung unserer Kenntnis nach sonst nicht bekannt. Denkt man an die symbolische Identifikation des Fisches als ein für Christus stehendes Zeichen, ist die Darstellung als Raubfisch auch inhaltlich etwas ungewöhnlich.

Die Fischlampen sind jeweils hälftig geformt und dann mehr oder minder nachlässig zusammengesetzt (etwa bei Kat. 10, Abb. 10). Ausführung und Oberflächenbehandlung sind insgesamt als einfach zu bezeichnen. Soweit bestimmbar, ist relativ feiner rötlicher oder gelblicher Ton verwandt, der oxydierend oder reduzierend gebrannt wurde und in den meisten Fällen mit einem dünnen Tonschlicker überzogen ist.

Das Exemplar in Sankt Petersburg ist reduzierend gebrannt, zeigt demnach einen grauen Scherben und ist mit einem schwarzen Überzug versehen (Kat. 14). Auf einer Seite ist ein gleicharmiges Kreuz zu sehen, auf der anderen ein Christogramm. Dieser Fisch soll angeblich 1911 oder 1913 in Samara erworben worden sein. Vielleicht wurde diese Provenienz aber auch aus dem Kunsthandel beigelegt, um die wahre Herkunft zu verschleiern. Möglicherweise handelt es sich, wie erwähnt, um die Lampe, die zuvor in Kopenhagen aktenkundig wurde (Kat. 7). In der Sammlung der Ermitage taucht das Stück jedenfalls erst 1931 auf.

Auch der aus dem Kaiser-Friedrich-Museum in Berlin (Kat. 4) an den Stifter in Bad Godesberg wegen Verdacht auf Fälschung zurückgegebene Fisch könnte ein zweites Mal in Umlauf gegangen sein. Seine Dokumentation ist jedoch zu ungenau, um dies detaillierter nachzuvollziehen.

Möglicherweise handelt es sich bei der 1995 dem Museum des Studium Biblicum Franciscanum in Jerusalem (Kat. 25) gestifteten Lampe des Typus Bonn um diejenige aus der früheren Sammlung Grüneisen (Kat. 26), einer Kollektion, deren Spur sich Ende der dreißiger Jahre in Amerika verliert und die zahlreiche Fälschungen enthielt[16]. Legt man ein Bild des heute in Jerusalem befindlichen Stücks neben die alte Aufnahme aus dem Katalog Grüneisen, zeigen sich jedoch leichte Abweichungen, vor allem im Bereich der Schwanzflosse, die nicht nur auf eine Verkippung der Fotoperspektive zurückzuführen sind (Abb. 2 und 4).

Immer wieder wurde versucht, die vermeintlich frühchristlichen fischförmigen Lampen mit angeblichen Provenienzen archäologischer Fundorte zu versehen. Diese halten jedoch einer Überprüfung nicht stand. Neben globalen Zuweisungen wie solchen nach Köln[17], Mailand oder Ägypten stehen auch Zuschreibungen an bekannte Grabungsstätten wie Avenches (Kat. 19, Abb. 17), Pollenzo[18] (Kat. 12, Abb. 8 und 12) oder eben auch Wesseling-Berzdorf mit dem dort entdeckten Römergrab (Kat. 24).

---

[16] L. Pollak, Römische Memoiren. Künstler, Kunstliebhaber und Gelehrte 1893–1943 (Rom 1994) 154.

[17] So z. B. bei der Lampe aus Berlin, s. J. P. Kirsch, Röm. Quartalschr. Christl. Altkde. 28, 1914, 199 f.

[18] E. Michelettoin: G. Carità (Hrsg.), Pollenzo. Una città romana per una real villeggiatura romantica (Savigliano 2004) 379–403.

[19] Auf diesen Zusammenhang deutet die Erwähnung eines Fisches in einem entsprechenden Geschäft nahe dem Kolosseum in Rom bei Dölger, Ichthys V, 159.

[20] Geachtet. Fälschungen und Originale aus dem Kestner-Museum. Ausst. Hannover (2001); K. B. Zimmer (Hrsg.), Täuschend Echt. Ausst. Tübingen (2013).

[21] F. P. Porten Palange, Fälschungen in der arretinischen Reliefkeramik. Arch. Korrbl. 19, 1989, 91–99.

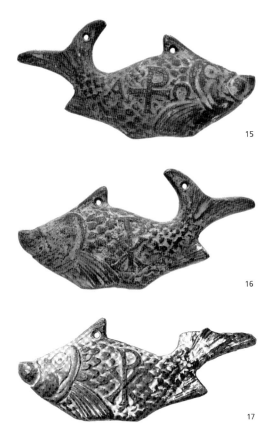

Fischförmige Tonlampen vom Typus Trient, halbe natürliche Größe.
Abb. 15 und 16 Diözesanmuseum Trient (Kat. 21).
Abb. 17 Ehemals Museum Freiburg i. Ü. (Fribourg; Kat. 19).

Nach unserer Vermutung stammen alle hier vorgestellten fischförmigen Lampen aus der römischen Andenkenproduktion des neunzehnten Jahrhunderts[19]. Die weitere Beschäftigung wäre nur sinnvoll, wenn das eine oder andere der von den Verfassern angeschriebenen Museen eine Thermolumineszenzanalyse an den Stücken durchführen ließe und ergänzend oder alternativ dazu eine Neutronenaktivierungsanalyse des Scherbens. Bis dahin sollten die Fische bei Vergleichen zur frühchristlichen Kunst künftig außen vor bleiben.

Fälschungen aus allen Bereichen der antiken Kunst sind und bleiben keine Seltenheit[20], entweder als Wertobjekt oder um bestimmte Interessen zu bedienen[21]. Es ist überraschend, dass zahlreiche wissenschaftliche Autoren und auch Sammler in der ersten Hälfte des zwanzigsten Jahrhunderts und auch später den angeblichen frühchristlichen Ursprung der hier vorgestellten Artefakte anerkannten, obwohl für Einzelstücke bereits öfter der Verdacht einer Fälschung durch Fachleute aufgeworfen worden war. Allerdings wurden die Gründe für diese Annahmen meist gar nicht und nie ausführlich und nachvollziehbar dargelegt. Dass die Lampen weiterhin in großen Museen ausgestellt werden, ohne einen Thermolumineszenztest in Erwägung zu ziehen, verwundert, mag sich aber nach der hier vorgestellten Sammlung und der Analyse der Bonner Lampe ändern.

Dr. habil. Sebastian Ristow, Stab Archäologische Zone mit Jüdischem Museum, Landschaftsverband Rheinland, Ottoplatz 2, 50675 Köln, Sebastian.Ristow@lvr.de. – Dr. Maurizio Buora, Via Gorizia 16, 33100 Udine, Italien, mbuora@libero.it.

Bildrechte. Abb. 1 Axel Thünker, DGPh. – Abb. 3 Jerusalem, Studium Biblicum Franciscanum Museum. – Abb. 2 und 4 nach de Grüneisen (s. Kat. 26) Taf. 3. – Abb. 5 nach Dölger, Ichthys IV Taf. 247, 1. – Abb. 6 Sebastian Ristow. – Abb. 7 und 11 Bukarest, Muzeul Naţional de Istorie a României. – Abb. 8 und 12 Perugia, Museo Archeologico Nazionale. – Abb. 9, 13 und 14 Temeschwar, Muzeul Banatului. – Abb. 10 Laon, Musée du Pays. – Abb. 15 und 16 Trento, Museo Diocesano Tridentino. – Abb. 17 nach Flyer der Vereinigung Pro Vistiliaco aus den 1980er Jahren.

Resümee. Sechsundzwanzig fischförmige Öllampen können in die keramischen Typen Temeschwar (sechzehn Exemplare), Trient (sieben Exemplare) und Bonn (drei Exemplare) unterteilt werden, hinzu kommt eine Bronzelampe des Typus Temeschwar in Bukarest. Sie unterscheiden sich zum Teil in Form und Größe. Die meisten Stücke zeigen auf der einen Seite ein Kreuz und auf der anderen Seite ein Christogramm. Wahrscheinlich sind sie nicht antik, sondern Herstellung und Verbreitung erfolgten vorwiegend im Rom des neunzehnten Jahrhunderts. Die früheste Erwähnung eines solchen Objekts, der Lampe von Temeschwar, stammt aus den sechziger Jahren des neunzehnten Jahrhunderts. Es folgten andere Beispiele, die in Museen und private Sammlungen gelangten. Zur Prüfung der Echtheit sind invasive naturwissenschaftliche Datierungsverfahren notwendig, wie die Thermolumineszenzanalyse. Diese konnte beim Exemplar aus Bonn angewandt werden.

Summary. Twenty-six fish-shaped oil lamps can be divided into Type Timisoara (six specimens), Type Trento (seven specimens) and Type Bonn (three specimens) in terracotta, except one in Bucharest, in bronze. Some differ in shape and size. They frequently have on one side a cross and on the other a Christogram. Probably they are not antique, but belong to the nineteenth century. The place of manufacture or at least the greatest or the only centre for sale and distribution seems to have been Rome, active until the nineteen-twenties. The earliest record about one of these objects dates back to the sixties of the nineteenth century, when one of these lamps is reported to have been found in Timisoara; then some samples enter into private and public collections. To make sure, whether they are false or authentic antiques, appropriate analysis including thermoluminescence is needed, as applied now in the case of the lamp in Bonn.

Résumé. Ventisei lucerne a forma di pesce, tutte in terracotta, tranne una a Bucarest, sono classificabili nei tipi Timișoara (sedici esemplari), Trento (sette esemplari) e Bonn (tre esemplari). Alcune si differenziano per forma e dimensioni. Spesso hanno su un lato una croce e sull'altro un cristogramma. Probabilmente gli oggetti non sono antichi, ma prevalentemente ottocenteschi. Forse a Roma si trovava, se non il luogo di fabbricazione, almeno il maggiore o l'unico centro di vendita e distribuzione, attivo fino agli anni Venti del Novecento. Le prime notizie su questi oggetti risalgono agli anni Sessanta dell'Ottocento, quando fu pubblicato un esemplare a Timișoara; successivamente alcuni oggetti simili entrarono in collezioni private e nelle raccolte museali. Le prove dell'autenticità o falsità si possono avere solo tramite indagini di tipo naturalistico, quali la termoluminescenza, come si è fatto ora nel caso della lucerna a Bonn.

Abkürzungen

Bartholeyns, moment chrétien — C. Bartholeyns, Le moment chrétien. Fondation antique de la culture vestimentaire médiévale. In: F. Gherchanoé / V. Huet (Hrsg.), Vêtements antiques. S'habiller, se déshabiller dans les mondes anciens (Paris 2012) 113–134.

Cabrol/Leclercq — F. Cabrol / H. Leclercq, Dictionnaire d'Arch. Chrétienne et de Liturgie (Paris 1903–1951).

Dölger, Ichthys I–V — F. J. Dölger, Ichthys. Das Fisch-Symbol in frühchristlicher Zeit. Bd. I: Religionsgeschichtliche und epigraphische Untersuchungen. Bd. II: Der Heilige Fisch in den antiken Religionen und im Christentum. Textband. Bd. III: Dass. Tafelband. Bd. IV: Die Fisch-Denkmäler in der frühchristlichen Plastik, Malerei und Kleinkunst. Tafeln / Tafelband. Bd. V: Die Fisch-Denkmäler in der frühchristlichen Plastik, Malerei und Kleinkunst (Münster 1922–1943).

D'Angela, Lychnus pensilis — C. D'Angela, Lychnus pensilis a forma di pesce nel Museo Civico di Barletta. Vetera Christianorum 13, 1976, 167–174.

Kakovkin, Tonlampe — A. Kakovkin, Eine Tonlampe des 4.–5. Jh. aus Ägypten in der Sammlung der Ermitage. Göttinger Miszellen 143, 1994, 85–88.

Katalog

Typus Temeschwar

(1) Alba Iulia (Apulum), Museum National al Unirii Inv. 2907. – L. 12,5 cm, B. 5,8 cm, D. 4,3 cm. Grauer Scherben. – V. Moga, Observațiia supra unor piese paleocreștin ineditu. Apulum 27 H. 1, 2000, 429–435, hier 430–432.

(2) Athen, Byzantinisches und Christliches Museum Inv. BXM 12. – 22,5 cm, B. 8,2 cm. – Rotbrauner Überzug. – D. Papanikola-Bakirtzi (Hrsg.), Everyday Life in Byzantium. Byzantine Hours: Works and Days in Byzantium. Ausstellungskat. (Athen 2002) 296; A. Tsakalos, Hanging Lamp in the Form of a Fish. In: A. Lazaridou (Hrsg.), Transition to Christianity, Art of Late Antiquity, 3rd–7th c. AD. Ausst. New York, Onassis Cultural Center 2011–2012 (2011) 154, n. 123. – Aus Rom 1912.

(3) Barletta, Museo Civico Inv. 60. – L. 22,4 cm, B. 6 cm. Gelblicher Scherben. Kreuz und Christogramm (rechtsläufig). – D'Angela, Lychnus pensilis 167 f. Abb. 1–2. – Ohne Herkunftsangabe, Eingang wohl nach 1910.

(4) Ehem. kurzzeitig Berlin, Kaiser-Friedrich-Museum Inv. 6710 (Abb. 5), von Franz Joseph Dölger mit dem folgenden Exemplar des Ägyptischen Museums verwechselt. – L. 28 cm, Br. 6 cm. Heller Scherben, rötlicher Überzug und Patina. Kreuz und Christogramm (rechtsläufig). – Wulff, Neuerwerbungen (Anm. 5). – 1912 als Geschenk aus Godesberg. Herkunft angeblich aus Köln, 1914 als Fälschung entinventarisiert.

(5) Ehem. Berlin, Ägyptisches Museum Inv. 10335. – Kreuz und Christogramm (rechtsläufig). – Dölger, Ichthys IV, 157; Cabrol/Leclercq XIV 1 (1939) Sp. 1246–1252 s. v. Poisson, hier Sp. 1246 Nr. 2. – Angeblich durch »Dr. Reinhardt« aus Kairo erworben, 1912 in der Sammlung beobachtet, verschollen.

(6) Bra, Museo Civico Inv. 7. – L. 25,5 cm (nach Mennella) oder 28 cm (nach Graziani), B. 8 cm, D. 4 cm. Kreuz und Christogramm (rechtsläufig). – E. Mosca, Una lucerna paleocristiana trovata negli scavi di Pollenzo, Riv. Alba Pompeia 5, 1958, 29 f.; M. Graziani Abbiani, Lucerne fittili paleocristiane

nell'Italia settentrionale. Stud. Ant. Cristiane 6 (Bologna 1969); D'Angela, Lychnus pensilis 171–173 Abb. 9–10. – Die falsche Angabe »aus Pollenzo« wurde von Edoardo Mosca kolportiert (vgl. D'Angela, Lychnus pensilis 173).

(7) Kopenhagen. – Wulff, Neuerwerbungen (Anm. 5). – Angeblich aus Mailand.

(8) Laon, Musée d'art et d'archéologie Inv. 0.1149 (Abb. 10). – L. 26 cm, B. 8 cm. Grauer Scherben. Kreuz und Christogramm (rechtsläufig). – Bartholeyns, moment chrétien 125 Abb. 3 (oben). – Angeblich aus Nordafrika.

(9) London, British Museum Inv. 1982.3-2.40. – L. 25,6 cm, B. 8,2 cm. Gelblicher Scherben. Kreuz und Christogramm (rechtsläufig). – D. M. Bailey, A Catalogue of the Lamps in the British Museum III. Roman Provincial Lamps (London 1988) 435 Q 3420; Sotheby's Sale Cat. 29–30 Jan. 1929, Lot 142.

(10) Mainz, Landesmuseum Inv. PJG 763 (s. Nachtrag). – L. 28,3 cm, B. 8,5 cm. Grauer Scherben, Patina. Kreuz und Christogramm (rechtsläufig). – Kakovkin, Tonlampe; B. Heide / A. Thiel, Sammler – Pilger – Wegbereiter. Die Sammlung des Prinzen Johann Georg von Sachsen. Ausstellungskat. (Mainz 2004) 111. – Als neuzeitliche Produktion nach Neapel verwiesen.

(11) Neapel, Museo Archeologico Nazionale. – Kreuz und Christogramm (rechtsläufig). – Cabrol/Leclercq VII 2 (1927) Sp. 1990–2086 s. v. Ἰχθύς, hier Sp. 2077 Nr. 323; D'Angela, Lychnus pensilis 170 Abb. 5. – Ohne Herkunftsangabe, derzeit nicht auffindbar.

(12) Perugia, Museo Archeologico Nazionale dell'Umbria Inv. com. 399 (Abb. 8 und 12). – L. 25,5 cm, B. 8 cm, D. 4,8 cm. Grauer Scherben, rötlicher Überzug und Patina. Kreuz und Christogramm (rechtsläufig). – Cabrol/Leclercq VII 2 (1927) Sp. 1990–2086 s. v. Ἰχθύς, hier Sp. 2078 Nr. 341; D'Angela, Lychnus pensilis 170 Abb. 3–4. – Ohne Herkunftsangabe.

(13) Rom, Vatikan? – Dölger, Ichthys V, 159.

(14) Sankt Petersburg, Eremitage Inv. 6347. – L. 42,2 cm, B. 8 cm. Grauer Scherben, schwarzer Überzug. Kreuz und Christogramm (rechtsläufig). – A. Kakovkine in: Akten des XII. Internationalen Kongresses für christliche Archäologie. Kongr. Bonn 1991. Jahrb. Ant. u. Christentum, Ergbd. 20 (München 1995) 889–891, hier 891. – Seit 1931 im Museum, aus Samara erworben.

(15) Sevilla, Museo Arqueológico Inv. 1644 (alt: ROD: 2311; Abb. 6). – L. 25,5 cm, B. 4,5 cm. Gelblicher Scherben, weißlicher Überzug. Ohne Christogramm (rechtsläufig). – Seit ca. 1870 in der Sammlung des Mateos-Gargo in Sevilla nachgewiesen, s. F. Fernández Gómez, Lucerna zoomorfa paleocristiana. In: J. Campos / C. Camarero (Hrsg.), Magna Hispalensis. El universo de una Iglesia. Ausstellungskat. (Sevilla 1992) 90 f. Kat. 22 (Lit.), vgl. auch o. Anm. 9.

(16) Temeschwar, Muzeul Banatului Inv. 1086 (Abb. 9, 13 und 14). – L. 23,5 cm, B. 6,9 cm. – Rotorangefarbener Scherben. Kreuz und Christogramm (rechtsläufig). Unterseite mit Museumsbeschriftung »Rom«. – Történelmi és Régészeti Ért. 4, 2, 1888, 144; M. Rusu, Paleocreștinismul din Dacia Romană. Ephemeris Napocensis 1, 1991, 81–112, hier Taf. 8, 2; Gudea/Ghiurco, Din istoria (Anm. 12) 195 Af. g. 1. – 1888 als Stiftung inventarisiert, s. F. Milleker, Délmagyarország régiségleletei 2, 1899, 126. Wohl aus Rom.

Typus Trient

(17) Athen, Byzantinisches und Christliches Museum Inv. BMX 11. – L. 11 cm, B. 4 cm. Weißlichbeiger feiner Scherben, rotbrauner Überzug. – Unpubliziert. – Herkunft unbekannt, seit Anfang des 20. Jhs. im Museum.

(18) Compiègne, Musée Vivenel Inv. 0.1149. – Proces-verbaux. Rapport et communication diverses. Société historique de Compiègne (Compiègne 1938) 293; Bartholeyns, moment chrétien 125 Abb. 3 (unten). – Aus Rom, erworben vor dem Jahr 1932.

(19) Ehem. Freiburg i. Ü. (Fribourg, CH), Museum für Kunst und Geschichte Inv. MAHF 6438 (Abb. 17). – L. 12,7 cm, B. 5,5 cm, D. 2,7 cm. Schwarzbrauner Überzug. Kreuz und Staurogramm (rechtsläufig). – Dölger, Ichthys V, bes. 165 f.; Flyer für die Vereinigung Pro Vistiliaco aus den 1980er Jahren. – Angeblich aus Sugiez, unweit von Avenches, wohl zwischen 1930 und 1960 im Museum Freiburg i. Ü., danach verschollen.

(20) Großer St. Bernhard, Museum Inv. GSB 474. – Grauer Scherben, rötlicher Überzug und Patina. Kreuz und Staurogramm (rechtsläufig). – P. Fra-

marin, Le lucerne della Collezione e degli scavi. In: Alpis Poeninna. Grand Saint-Bernard. Séminaire de clôture. Une voie à travers l'Europe 11/12 Avril 2008 Fort de Bard (Vallée d'Aoste) (Aosta 2008) 213–219.

(21) Trient, Museo Diocesano Inv. 13 (Abb. 15 und 16). – L. 13 cm, B. 6,7 cm, D. 3 cm. Grauer Scherben, rötlicher Überzug und Patina. Kreuz und Christogramm (linksläufig). – M. C. Gualandi Genito, Le lucerne antiche del Trentino (Trient 1986) 457 Nr. 242. – Aus Rom, Ende 19. Jh.

(22) Troyes, Musée Saint-Loup Inv. MAH.0.1253 (s. Nachtrag). – L. 12,5 cm, B. 6 cm, D. 2,5 cm. Grauer Scherben mit Patina. Kreuz und Christogramm (linksläufig). – M. Sciallano, Poissons de l'Antiquité. Ausstellungskat. (Istres 1997) 76. – Herkunft unbekannt.

(23) Vienne, Musées de Vienne. – L. 13 cm. Beigefarbener Scherben.

Typus Bonn

(24) Bonn, Landesmuseum Inv. 15911 (Abb. 1). – L. 33 cm, B. 9 cm. Rotbrauner Scherben mit Überzug. Nur Kreuz erhalten, die Stelle, wo vermutlich das Christogramm (linksläufig) angebracht war, ist weggebrochen. – Dölger, Ichthys IV Taf. 154, 1. – Angefertigt wohl um 1900, Ankauf durch das Museum Köln (heute RGM) 1903/1904.

(25) Jerusalem, Museum Studium Biblicum Franciscanum (Abb. 3). – L. 30,5 cm (noch erhalten), B. 10,5 cm, D. 8,2 cm. – Kreuz und Christogramm (linksläufig). – Israeli, Cradle (Anm. 11). – Herkunft unbekannt, 1995 gestiftet.

(26) Ehem. Paris, Sammlung Wladimir de Grüneisen (Abb. 2 und 4). – W. de Grüneisen, Art chrétien primitif du haut et du bas moyen-âge. Introduction et catalogue raisonné I (Paris o. J. [1930]) 15; Kakovkin, Tonlampe 85. – Wohl aus Rom, erworben in den 1920ern.

Nachtrag. Die hier vorgelegten Forschungsergebnisse erscheinen in Kürze auch in Ber. LVR - Landesmus. Bonn 2016, H. 2. Dort werden auch Kat. 10 und Kat. 22 abgebildet.

Berichte

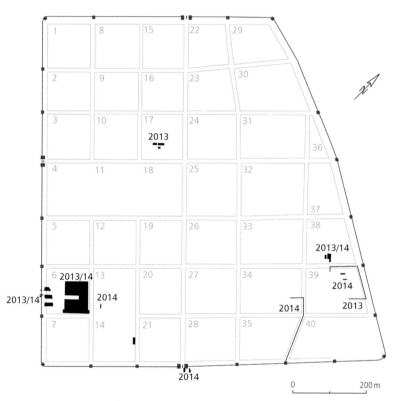

Xanten, Colonia Ulpia Traiana. Übersicht über die Grabungsaktivitäten in den Jahren 2013 und 2014.

LVR - Archäologischer Park Xanten

Untersuchungen in der Colonia Ulpia Traiana 2013

von Norbert Zieling, Andrea Faber, Christian Golüke,
Sabine Leih, Bernd Liesen und Bernd Rudnick

Die Grabungsaktivitäten des Berichtsjahres waren von der Fortsetzung des 2009 begonnenen Großprojektes auf Insula 6, aber auch von zahlreichen größeren und kleineren baubegleitenden Maßnahmen geprägt (Abb. gegenüber). Die Lehrgrabung der Internationalen Archäologischen Sommerakademie, die seit 2008 auf Insula 38 durchgeführt wird, wurde von Juli bis September 2013 fortgesetzt.

Insula 6

Die Lage der insgesamt neunzehn Grabungsschnitte, in denen 2013 gearbeitet wurde, ergab sich aus der bauseitig vorgegebenen Notwendigkeit zur Erschließung des Geländes für den an dieser Stelle geplanten Dienststellenneubau des Archäologischen Parks (Abb. 2). Einige Schnitte vervollständigten dabei die bereits teilweise vorliegenden archäologischen Strukturen. Wo eine Gefährdung der Bodenbefunde durch den Neubau ausgeschlossen werden konnte, wurde die originale Substanz nicht ergraben, sondern nur soweit untersucht, wie es für die Errichtung der Gebäude nötig war.

Römischer Großbau

Schnitt 2010/05 vervollständigte den Grundriss an der Südostseite des seit 2009 bekannten römischen Großbaus. Hier war die Fundamentstickung der großen Halle im Südwesten des Gebäudes noch in den untersten Lagen vorhanden (Abb. 1). In den beiden inneren Hallenecken waren in Resten kreuzförmige Strukturen erkennbar, bei denen der Schnittpunkt durch eine tiefere Tuffstickung betont war wie bei den beiden kreuzförmigen Befunden (Schnitte 2009/8 und 2010/13) im inneren Hallenbereich. In der nördlichen Raumecke war ebenfalls eine solche Struktur vorhanden (Schnitt 2010/12), während sie in der gegenüberliegenden westlichen Ecke fehlte beziehungsweise nicht nachzuweisen war. Die Deutung dieser flachen Tuffstickungen steht noch aus. Eine kleine schachtförmige quadratische Eintiefung mit sechzig Zentimetern Seitenlänge, ausgekleidet mit weichem Tonstein, befand sich innen vor der südöstlichen Hallenwand. Überschneidungen mit dem Fundament der Südostwand waren nicht vorhanden, so dass unklar bleibt, ob der nahezu fundleere Befund zum Großbau gehört.

Zusammen mit der vorgelagerten Portikus erreicht der spiegelsymmetrisch konzipierte Gebäudekomplex eine Größe von annähernd 35 auf 55 Meter (ca. 1.920 Quadratmeter).

Ganz im Südwesten, vor der Südecke der großen Halle, lag unter den massiven Planierschichten des Steinausbruchs ein runder Brunnenschacht aus roten Feldbrandziegeln. Die Untersuchung erfolgte bis 19,90 Meter ü. NN hinab, ohne die Sohle zu erreichen. Das geborgene Fundmaterial wird in die Zeit um oder kurz nach 1600 datiert. Damit ist für die Ausbruchsarbeiten am Großbau ein zeitlicher Anhaltspunkt gewonnen.

Römisches Haus südöstlich des Großbaus

Südöstlich des Großbaus wurde bereits 2011 ein römisches Haus mit mehreren Bauphasen nachgewiesen. Durch die Schnitte 2011/01, 2012/04, 2013/05 und 2013/11 wurden der Grundriss komplettiert und die Ausmaße des Hauses geklärt. Über einer ersten Bauphase mit Holzpfosten

wurden Fundamente aus Ziegelbruch und streckenweise aus Grauwacke errichtet. Im Südwesten erhielt das Haus noch Erweiterungen. In dieser letzten Ausbauphase erreichte es eine Größe von etwa 13,6 auf 20,5 Meter. Eine Münze des römischen Kaisers Gordian III. aus der oberen Füllung eines im Zuge der Umbaumaßnahmen aufgegebenen und überbauten Brunnens liefert ein wichtiges Datum für den Beginn der letzten Hauserweiterung um 240 n. Chr.

Teile des Hofes mit tiefergehenden Befunden (Brunnen oder Sickerschächte) wurden durch die Schnitte 2013/11 und 2013/03 erfasst. Letzterer ermöglichte zudem den Anschluss an die Südostwand des Großbaus.

Bei der Anlage eines Profils für eine OSL-Analyse im Nordosten von Schnitt 2011/01 fiel ein kleines rundes Braunkohleplättchen auf, dessen bislang beste Entsprechungen von einem spätpaläolithischen Fundplatz (Federmessergruppe) in Wesseling stammen. Neben diesem Plättchen gab es im näheren Umfeld noch kleinere Ansammlungen von Kieselsteinen im Hochflutlehm. Da jedoch bislang Steingerät jeglicher Art fehlt, ist es für eine Einordnung der Fundstellen noch zu früh.

Hinweise auf eine vorrömische Besiedlung ergaben sich dagegen in der Westecke des Schnitts 2012/04. Hier kam eine Pfostenreihe zum Vorschein, die anhand der in der Nähe gefundenen Keramik sehr wahrscheinlich eisenzeitlich zu datieren ist. Unmittelbare Befundzusammenhänge existieren nicht. Anhand der Fundstreuung kann mittlerweile ein kleineres Siedlungsareal abgegrenzt werden.

Befunde im Südosten der Insula 6

Im Südosten der Insula 6 schloss Schnitt 2011/15 die letzte Lücke in der Dokumentation eines römischen Gebäudes, dessen Nordwestseite durch die Grabungen der Jahre 2009 bis 2012 bekannt ist. Damit sind jetzt vierundsechzig Meter der Nordwestseite bekannt, wobei die Erstreckung nach Nordosten und Südosten aufgrund der vorgegebenen Grabungsgrenzen unbekannt bleibt. Das Gebäude überbaut die Straße zwischen Insula 6 und 13. Geht man von der bislang üblichen Einteilung der Insulae aus, so würde auch die bisher hypothetisch rekonstruierte Straße zwischen Insula 6 und 7 überdeckt.

Nordwestlich vor der Gebäudefront befindet sich eine tiefe Rinne unbekannter Entstehung und Ausdehnung mit zahlreichen tiefen römischen Bodeneingriffen. In der Kaiserzeit erfolgte sukzessive die Einplanierung mit zeitgenössischem Material. Die weitere Untersuchung dieser außergewöhnlichen Fundsituation erfolgte durch die Schnitte 2013/05, 2013/06, 2013/07 und 2013/12. Nordwestlich trennt eine massive Fundamentierung den südöstlichen Bereich mit Rinne und Gebäude von dem oben erwähnten römischen Haus ab. Das 1,4 Meter breite Fundament aus Basaltbruch tauchte zuerst im Süd-

Abb. 1 (gegenüber) Insula 6. Trachytfundament des Großbaus in Schnitt 2010/05.
Abb. 2 (oben) Insula 6. Übersicht über die ergrabenen Befunde. Maßstab 1:1000.

westen der Insula 6 in den Schnitten 2010/07 und 2013/02 unmittelbar vor der römischen Stadtmauer auf (s. u.). Im Südosten dieser Insula gelang dann der Nachweis durch die Schnitte 2013/05 und 2013/12. Nach Ausweis des Grabungsbefunds und der geophysikalischen Untersuchungen läuft das Fundament von der Stadtmauer im Südwesten aus über zweihundert Meter weiter bis zur Nordostseite der Insula 13, wo es dann schließlich nach Südosten umbiegt. Diesen Anhaltspunkten nach zu urteilen handelt es sich bei dem Fundament sehr wahrscheinlich um den unteren Rest einer Mauer, deren exakte Datierung und Funktion noch unklar ist.

Südwestseite der Insula 6

An der Südwestseite der Insula 6 waren insgesamt fünf Schnitte bauseitig erforderlich.

Der über achtzig Meter lange Schnitt 2013/02 erfasste nur im mittleren Abschnitt römische Befunde, wie die oben angeführte, von Südwest nach Nordost verlaufende Mauerfundamentierung. Im Nordwesten und Südosten reichte die für die Verlegung einer Regenwasserleitung erforderliche Tiefe nicht bis in die römischen Schichten hinein. Allerdings behinderten in den Schnitten 2013/02 und 2010/07 die massiven Betonfundamente von ehemaligen Lagerhallen und einem Getreidesilo die Grabungsarbeiten. Bis in die achtziger Jahre befanden sich an dieser Stelle

Gebäude einer bäuerlichen Warengenossenschaft. Die Beseitigung der Bauten erfolgte damals nur oberflächlich. Der mit Rücksicht auf Bodenbefunde ausgerichtete Abbruch der im Boden verbliebenen Restfundamente nahm schließlich mehrere Wochen in Anspruch. Danach konnten an einigen Stellen Reste des römischen Straßengrabens an der Nordostseite der Straße hinter der Stadtmauer freigelegt werden. Dieser überlagerte an einer Stelle ein schmales, homogen mit gelbem Lehm verfülltes Gräbchen, das schon aus den Schnitten 2010/03 und 2010/06 bekannt ist. Kurz vor dem von Südwest nach Nordost verlaufenden Mauerfundament aus Basalt könnte dieses Gräbchen nach Nordosten umgebogen sein, wo ein gleichartiges Gräbchen in derselben Ausrichtung verlief. Der mögliche Ansatzpunkt der Gräbchen war jedoch durch ein Betonfundament zerstört.

In Verfolgung der in den Schnitten 2013/05, 2013/07 und 2013/12 angetroffenen Mauerfundamentierung gelang es, die Nordostkante der römischen Stadtmauer zu fassen und damit ihren Verlauf bis zum 2002 ergrabenen Südturm zu sichern. Ein Anhaltspunkt zum chronologischen Verhältnis zwischen Stadtmauer und Mauerfundament existierte nicht mehr, da exakt im Bereich der Ansatzstelle Material ausgebrochen worden ist. Der Befund bestätigte die Ergebnisse einer nur wenige Meter nordwestlich gelegenen, im Jahr 1962 zeichnerisch dokumentierten Befundsituation, bei der die Stadtmauer durch den Bau des oben genannten Silogebäudes durchschnitten wurde. Diese Betonstrukturen ließen sich 2013 nicht restlos entfernen, so dass die Befundlage von 1962 nicht in situ überprüft werden konnte. Zusätzliche Informationen zur Stadtmauer brachte die Anlage eines Kabelgrabens für Elektro- und Telefonleitungen (Schnitt 2013/16). Danach kann jetzt im südwestlichen Abschnitt der Stadtmauer von einer Breite von 1,90 Metern ausgegangen werden. Die Sohle liegt bei 20,00 Metern ü. NN. Erhalten waren noch die untersten Lagen aus Grauwacke bis zu einem halben Meter darüber. Die Steine waren in einer Lehmpackung verlegt.

Hinweise auf römische Bebauung an der Südwestseite der Insula 6 liegen nicht vor. Es ergab sich sogar eine Änderung durch den kleinen Schnitt 2013/14, der eine Ergänzung zu den Ergebnissen des Schnitts 2010/06 darstellt. Bislang ging die Interpretation hier von zwei parallel laufenden Fundamentgräbchen eines schmalen von Nordwest nach Südost ausgerichteten Gebäudes aus. Die neue Befundlage lässt jedoch keinen Zweifel daran, dass der nordöstliche Graben der Entwässerung des Bereichs diente und damit kein Gebäude an dieser Stelle stand.

Schnitt 2013/15 im Südwesten des Grabungsareals musste bauseitig nicht bis in archäologische Schichten abgetieft werden. Bei den Baggerarbeiten wurde bis zur Höhe von 20,80 Metern ü. NN nur Bauschutt angetroffen.

Abb. 3 Insula 6. Grabungssituation mit Schnitt 2013/08.

Abb. 4 Insula 17. Spitzgräben im sechsten Planum des Schnitts 2011/04.

In der Trasse des ehemaligen Erprather Wegs (Schnitt 2012/01) ermöglichte eine kleine Sondage Einblicke in die Mächtigkeit der Deckschichten und die Abfolge der lediglich durch Sandschüttungen befestigten historischen Straßenoberflächen.

Eine weitere Sondage (2013/13) liegt bereits auf Insula 7. Hier wurde im Vorfeld geplanter Straßenbaumaßnahmen seitens der Stadt Xanten die Stärke der Deckschichten über archäologischen Befunden untersucht. Bis in eine Höhe von einundzwanzig Metern ü. NN waren keine intakten Befunde festzustellen.

Nordwestliches Grabungsareal

Die Schnitte 2013/04 und 2013/08 befinden sich im Nordwesten des Grabungsareals, wo eine Regenwasserleitung und ein Fundamentstreifen geplant sind. Bauseitig ist eine Höhe von 20,60 Meter ü. NN notwendig. Schnitt 2013/04 diente als Sondage zur Vorerkundung und ging später im Schnitt 2013/08 auf. Oberflächlich war das Gelände durch eine Werkhalle gestört, die in den achtziger Jahren abgerissen worden war. Im Nordosten setzte Schnitt 2013/08 unmittelbar an den alten Schnitt 2010/12 an (Abb. 3). Hier wurde die Verlängerung eines nordsüdlich verlaufenden römischen Entwässerungsgrabens erreicht. In Richtung Südwesten verdichtete sich die Befundlage und brachte in Form einer kurzen Fundamentstickung aus Ziegelbruch und Tuff neue Indizien zur römischen Bebauung auf Insula 6. Demzufolge ist im Bereich südwestlich hinter der Rückseite des römischen Großbaus ebenfalls mit römischer Bebauung zu rechnen, deren Umfang und Art sich zurzeit noch nicht bestimmen lassen.

Die Grabungsarbeiten fanden unter der örtlichen Leitung von Bernhard Rudnick statt und werden 2014 fortgesetzt.

Insula 17

Neben abschließenden Dokumentations- und Vermessungsarbeiten in den Schnitten 2008/03 und 04 sowie 2011/03 (vgl. Bericht 2012) wurden die Arbeiten in Schnitt 2011/04 zu Beginn des Jahres fortgesetzt. Im fünften Planum (bei 21,70 Metern ü. NN) zeigten sich zwei grabenartige Strukturen in Nordwest-Südost-Orientierung, die ihre Unterkante unterhalb des siebten Planums bei 21,30 Metern ü. NN erreichten (Abb. 4). Sie unterqueren eine Nordost-Südwest orientierte Fundamentierung aus Grauwacke vor dem Nordwestprofil. Sie verlaufen in einem Abstand von 2,40 Metern parallel nebeneinander. Möglicherweise handelt es sich um vorrömische Abzugsrinnen. Beide Gräben hatten die Form eines Spitzgrabens und waren nahezu fundleer. Nach abschließenden Schneide- und Dokumentationsarbeiten wurde die von Sabine Leih geleitete Grabung im März

Abb. 5 Insula 39. Anlage eines Versorgungsleitungsgrabens in der römischen Straße zwischen den Insulae 38 und 39.

2013 abgeschlossen und verfüllt sowie das Gelände wieder hergerichtet.

Insula 38

Im Jahr 2013 konnten die seit 2008 auf Insula 38 südwestlich der Herbergsthermen für die Internationale Archäologische Sommerakademie angelegten Schnitte weiter bearbeitet werden. Der nunmehr abgeschlossene Schnitt 2008/02 wurde bereits teilweise mit Abraum verfüllt.

In Schnitt 2010/08 wurde nachgewiesen, dass die schon in den Vorjahren beobachtete Störung des Mauerfundaments der Parzellenbegrenzung neuzeitlich zu datieren ist. Sollte sich die Zusammengehörigkeit der Planierschichten beiderseits der Mauer im Südostprofil bestätigen, ergäbe dies für den Bau einen münzdatierten Terminus post quem von 208 n. Chr.

Bei den straßenseitig gelegenen Fundamenten in Schnitt 2008/01 fällt ein Pfeiler auf, dessen tiefe Gründung offenbar aus der teilweise durchgeführten Überbauung einer trichterförmigen Grube des späten zweiten Jahrhunderts resultiert. Die aktuell hier ergrabenen Schichten sind jedoch undifferenzierte Planierungen des frühen zweiten Jahrhunderts, die im Nordwesten von einer flachen Mörtelgrube überdeckt waren.

Ihre Fortsetzung finden die Planierschichten in Schnitt 2009/05, wo sie durch ein Punktfundament des frühen zweiten Jahrhunderts geschnitten werden. Ein vermuteter baulicher Zusammenhang mit dem Mauerausbruch aus 2011/08 wird durch die Auswertung der Hauptprofile beider Schnitte gestützt. Die Funde aus dem Kolluvium geben keinen Hinweis auf eine Nutzung des Geländes vor der Mitte des ersten nachchristlichen Jahrhunderts. Aus flavischer Zeit stammen wenige darin eingetiefte Pfosten beziehungsweise Gruben für solche sowie der Großteil des im frühen zweiten Jahrhundert aufplanierten Materials. Viele weitere Fragen zur Besiedlungsgeschichte der Parzelle konnten nun anhand der Profile beantwortet werden. Die Mauer bei H 1374 hatte bis zum zweiten Jahrhundert Bestand und markiert für diese Zeit die Grenze zwischen planiertem Nutzungsbereich und der eventuell als Garten genutzten Fläche im Nordwesten. Eine deutliche Erhöhung erfuhr das Gelände im frühen dritten Jahrhundert nur für den Bau des Streifenhauses, der Hinterhof war etwas tiefer gelegen. Über der massiven Lehmpackung zeichnet sich hier oberhalb von 20,70 Meter ü. NN lokal eine Grünfärbung ab, die möglicherweise ein Indiz für Tierhaltung ist. Mit dem Abriss des Hauses im späten dritten Jahrhundert wird das zur Insulamitte abschüssige Gelände mit schuttreichem Material angeglichen.

Insula 39

Für die Versorgung der drei aktuell in Rekonstruktion befindlichen Handwerkerhäuser auf Insula 39 mit Strom, Wasser und Telekommunikation wurde im März eine Infrastrukturgrabung erforderlich. Die Anlage des Versorgungsgrabens erfolgte ausgehend von einer Trafostation an der Ostecke der Insula 39 parallel zu den rekonstruierten römischen Straßenverläufen bis zum nächsten nordwestlichen Nebendecumanus. Von dort verlief er südwestlich entlang der nordwestlichen Portikus der neu errichteten Handwerkerhäuser (Abb. 5).

Mit einer Gesamtlänge von zweihundertzwanzig Metern bei einer Breite von einem Meter erreichte der Graben eine maximale Tiefe von 1,20 Metern unter der Geländeoberfläche. In dieser Tiefe traten römerzeitliche Planierungen und mittelalterliche Ausbrüche auf. Die Grabungsleitung hatte Sabine Leih.

Geophysikalische Prospektion

Erneut wurden 2013 mit finanzieller Unterstützung aus dem Denkmalförderprogramm des Landes Nordrhein-Westfalen geophysikalische Untersuchungen innerhalb der Colonia durchgeführt, wieder unter Einsatz des bewährten Georadars. Im Mittelpunkt standen dabei bisher nicht prospektierte Flächen im Süden der Stadt und auf der Insula 11 am Decumanus maximus. Besonders ergiebig waren die Untersuchungsergebnisse auf den Insulae 7, 14 und 21, auf denen sich deutlich verschiedene Gebäudegrundrisse und andere, bisher noch nicht interpretierbare Anomalien zeigten. Auch das oben beschriebene, auf Insula 6 ausgegrabene Mauerfundament in Südwest-Nordost-Orientierung ließ sich bis an die Nordostgrenze der Insula 13 verfolgen, wo es dann im Bogen um neunzig Grad nach Südosten umbiegt und bis tief in die Insula 14 weiterverfolgt werden kann. Bemerkenswert an dieser Einfriedung sind zwei offensichtliche Tordurchgänge an der Nordwest- und der Nordostseite, die durch jeweils zwei mächtige Turmfundamente repräsentiert sind. Beim nordöstlichen Tor ist auf dem Radargramm auch die das Tor durchstreifende Straße im Innenraum des eingefriedeten Areals zu erkennen. Eine Interpretation dieser Anlage ist zum jetzigen Zeitpunkt noch nicht möglich.

Von Insula 11 wurde nur eine Teilfläche untersucht, weil dort ein Hallenzelt für den Nachbau eines römischen Prahms aufgestellt werden sollte. Obwohl die Erwartungen wegen der zwischen 1959 und 1962 von Hermann Hinz durchgeführten Grabungen und der anschließenden Teilüberbauung mit einer Fabrikanlage nur gering waren, ließen sich überraschenderweise noch viele ungestörte Fundamentverläufe deutlich nachweisen.

Fundbearbeitung

Die Analyse des Fundmaterials aus den Untersuchungen im Areal der Colonia Ulpia Traiana erbrachte neue Erkenntnisse zur Wirtschafts- und Sozialgeschichte der Stadt.

Abgeschlossen wurden die Untersuchungen in Insula 17. Neben dem Fundmaterial aus einem Bauhorizont des dritten Jahrhunderts ist insbesondere dasjenige aus der vorkoloniezeitlichen Limesstraße hervorzuheben. Die Anlage der Straße kann anhand des Fundstoffs in die frühe Kaiserzeit datiert werden. Im durch die Grabungen erfassten Geländeausschnitt fanden sich auch Keramikfragmente, die in die vorrömische Eisenzeit zu datieren sind.

Im Rahmen der fünfundzwanzigsten Internationalen Sommerakademie fanden Grabungen in Insula 38 statt, die umfangreiches Fundmaterial erbrachten. Das keramische Spektrum war insbesondere geprägt durch teils materialreiche Kontexte flavischer Zeitstellung, darunter auffallend viele Bruchstücke von Salzbehältern, die den Import aus den Küstenregionen der Nordsee bezeugen. Wie bei den vorangegangenen Kampagnen konnten ferner umfangreiche Knochen- und Keramikablagerungen beobachtet werden, die vermutlich von der Müllbeseitigung des mittleren dritten Jahrhunderts stammen. Offenbar erfolgte zu dieser Zeit teilweise oder vollständig die Aufgabe der Wohnbebauung.

Für die Versorgung mit Elektrizität, Wasser und Telekommunikation wurde die Anlage eines Leitungsgrabens erforderlich, der im Bereich der die Insula 39 umgrenzenden Straßentrassen verläuft. Die archäologische Begleitung der Bauarbeiten erbrachte vergleichsweise geringes Material aus nicht stratifiziertem Kontext. Hervorzuheben sind davon eine Spatha des Typus Straubing/Nydam mit Herstellerstempel und verschiedene Architekturelemente, darunter ein vermutlich im ersten Jahrhundert entstandenes Giebelstück mit figürlichem Dekor. An Keramik wurden unter anderem Fragmente von Batavian Grey Ware gefunden; damit markiert Xanten den am weitesten rheinaufwärts gelegenen Fundplatz dieser Warengruppe.

Einige Objektbestände wurden im Rahmen universitärer Abschlussarbeiten ausgewertet: Manuela Broisch (Magisterarbeit, Universität Köln, Betreuer Salvatore Ortisi) widmete sich weiterhin den Befunden und Funden der Wohnbebauung auf Insula 3. Stefan Schepp führte die Arbeit an seiner Dissertation zum Forum der Colonia Ulpia Traiana fort (Universität Göttingen, Betreuer Johannes Bergemann); die Analyse insbesondere des Keramikmaterials festigte die Ergebnisse vor allem zur Chronologie des vorkoloniezeitlichen Siedlungsgefüges. Edeltraud Mittag setzte die Arbeit an ihrer Dissertation über die Keramik aus den Herbergsthermen in der Insula 38 fort (Universität Köln, Betreuer Thomas Fischer). Johannes Schiessl brachte im Rahmen seiner Dissertation die Materialaufnahme zu den Grabungen im Bereich der Stadtmauer zum Abschluss (Universität München, Betreuer Michael Mackensen). Katrin Günther befasste sich mit der Auswertung des Fundmaterials aus dem Bereich eines Kellers in Insula 39 (Universität Bamberg, Betreuerin Michaela Konrad).

Dörthe-Kirsten Meyer schloss ihre Untersuchungen zur Architekturornamentik des Kapitolstempels und der umliegenden Bebauung ab (Universität Bamberg, Betreuerin Michaela Konrad), ebenso Anika Opitz ihre Magisterarbeit zur Rekonstruktion des Matronentempels in Insula 20 (Universität Mainz, Betreuer Jürgen Oldenstein). Alice Willmitzer beendete die ebenfalls im Rahmen einer Magisterarbeit durchgeführte Analyse der Befunde und Funde aus einer Grabung im Bereich des Cardo Maximus (Universität Bamberg, Betreuerin Michaela Konrad). Das Gelände erwies sich als schon ab augusteischer Zeit intensiv genutzt; auch Spuren von Gewerbebetrieben konnten nachgewiesen werden. Eylem Yöndem zeigt in ihrer Magisterarbeit über ausgewählte Tierknochenfunde aus dem Bereich des Forums (Universität Köln, Betreuer Heinz-Werner Dämmer), dass dort in der Vorkoloniezeit eine Gerberei bestand. Maßstabbildend für interdisziplinäre Forschungsleistungen zur römischen Rohstoffversorgung ist die Dissertation von Vilma Ruppiene zu verschiedenen Sorten von Inkrustationsmarmor aus der Colonia Ulpia Traiana (Universität Würzburg, Betreuer Ulrich Sinn). Eine Vielzahl von Schmuckmarmoren konnte hier erstmals für das Rheinland nachgewiesen und die Art ihrer Verwendung an den öffentlichen Repräsentationsbauten in der Colonia Ulpia Traiana geklärt werden. Als besonders aufschlussreich für die in der Colonia ausgeübten Verfahren zur Buntmetallverarbeitung kann die Untersuchung zu den Gusstiegeln durch Daniela König (Universität Fribourg, Betreuer Vincent Serneels) gelten.

Weitere große Fundkomplexe wurden im Rahmen von Forschungsvorhaben untersucht. Die Auswertung der Architekturelemente aus dem Bereich des Amphitheaters der Colonia durch Werner Oenbrink (Köln) wurde abgeschlossen, die Untersuchungen der Wandmalereifunde dieses Monuments seitens Renate Thomas' (Köln) sollen durch umfassende naturwissenschaftliche Analysen von Frank Mucha und Christoph Merzenich (Erfurt) ergänzt werden. Weitgehend abgeschlossen ist die Bearbeitung der Münzen aus der Colonia Ulpia Traiana durch Holger Komnick (Köln). Die umfangreiche Untersuchung der Beinartefakte durch Patrick Jung (Essen) umfasste insbesondere auch die Klärung der technischen Abläufe bei der Herstellung anhand umfangreicher experimenteller Untersuchungen. Im Rahmen eines Drittmittelprojekts wurde die Bearbeitung der Funde aus den Grabungen in den Großen Thermen durch Tanja Potthoff und Joachim Harnecker aufgenommen. Ursula Tegtmeier (Köln) konnte für mehrere vollständig erhaltene Holzgefäße die Baumartbestimmung vornehmen und wesentliche Spuren des Herstellungsvorgangs dokumentieren. Alice Willmitzer (Ruffenhofen) begann die Untersuchung weiterer frühkaiserzeitlicher Funde und Befunde im Bereich des Cardo maximus im Rahmen eines durch Drittmittel geförderten Projekts.

Bildrechte. Alle Bilder APX. – Ausführung Übersichtsplan gegenüber dem Titel Horst Stelter, Abb. 1 Hannelore Kretzschmann, Abb. 2 Horst Stelter und Bernhard Rudnick, Abb. 3 Bernhard Rudnick, Abb. 4 und 5 Peter Ickelsheimer.

LVR - Archäologischer Park Xanten

Untersuchungen in der Colonia Ulpia Traiana 2014

von Norbert Zieling, Stefanie Baumgarten, Andrea Faber,
Sabine Leih, Bernd Liesen und Bernd Rudnick

Im Zusammenhang mit dem für 2016 geplanten Umzug der Verwaltung des Archäologischen Parks wurde das Grabungspersonal vorrangig mit der Kontrolle und dem Umpacken von rund dreißigtausend Fundkisten in den Magazinen beauftragt, so dass im Berichtsjahr nur kleinere Grabungsaktivitäten stattfanden. Nach mehr als vier Jahren Dauer wurde im Frühjahr die umfangreiche Untersuchung auf der Insula 6 beendet.

Insula 6

Anfang Mai 2014 wurden die seit Oktober 2009 ununterbrochen laufenden Grabungsarbeiten auf Insula 6 mit den Schnitten 2011/01, 2013/05, 2013/07, 2013/12, 2013/14, 2013/16, 2014/03 und 2014/04 abgeschlossen.

In den Schnitten 2013/05 und 2013/12 wurde ein Fundamentabschnitt der das Südquartier (s. u.) umgebenden Mauer untersucht. Die massige Fundamentstickung bestand im Schnitt 2013/05 aus unvermörteltem Trachyt und wenig Basalt (Abb. 1). Die Zusammensetzung der Mauerstickung variierte. Eine dicke Mörtelpackung verband die Basaltstücke auf Grauwacke im Schnitt 2013/12. Vor der stadtseitigen Front im Nordwesten begleitete ein schmaler Graben die Mauer, die vermutlich auf der westlichen Kante einer in den Schnitten 2009/07, 2010/02, 2011/12, 2011/15 und 2013/07 nachgewiesenen Rinne fußte. Diese Rinne war komplett in römischer Zeit geebnet worden. Schnitt 2013/12 zeigte, dass die Planierungen bis an die Mauer heranreichten und teilweise sogar noch darunterzogen. Nach einer Münze des Antoninus Pius aus einer unter die Mauer laufenden Planierung wurde ihre Anlage frühestens in der zweiten Hälfte des zweiten Jahrhunderts begonnen. Ein noch späteres Baudatum ist aber nicht unwahrscheinlich. Hier gilt es, die vollständige Untersuchung der Funde in den Planierschichten der Rinne abzuwarten.

In Schnitt 2011/01 wurde ein römischer Brunnenschacht im Hof eines römischen Wohnhauses untersucht. Aus der oberen Füllung stammt ein Denar von Gordian III. Da die obere Füllung des Brunnenschachtes instabil war und noch nachsackte, wurde die Mündung aus konservatorischen Gründen mit einem Betondeckel gesichert.

In den Hochflutlehm eingebettet war eine kleine horizontale Fläche mit Kies und Geröll, deren Zustandekommen auf anthropogene Einflüsse zurückzuführen ist. Feuersteingeräte waren nicht vorhanden, so dass datierende Objekte fehlen. Vergleichbare Situationen an einem Fundplatz der Federmesserkultur in Köln-Wesseling deuten auf eine spätpaläolithische Zeitstellung hin. Im näheren Umfeld angetroffene Braunkohleplättchen werden, anders als früher, nicht mehr im Zusammenhang mit der Fundstelle gesehen.

Die mit römischem Ziegelbruch befestigte Oberfläche aus den Schnitten 2010/02 und 2011/13 wurde auch in 2013/07 angetroffen. Damit konnte bis auf die Nordostseite auf allen Seiten die Ausdehnung dieser Fläche festgelegt werden. Der Befund gehört sehr wahrscheinlich zu einer einfachen spätmittelalterlich-frühneuzeitlichen Hofstelle am Erprather Weg, die im Xantener Stiftszehntatlas überliefert ist und als Vorläufer des Hauses Erprather Weg Nr. 43 gelten kann.

Der Bau einer Frischwasserzuleitung und einer Regenwasserentsorgung gab die Gelegenheit zur Untersuchung der römischen Stadtmauer an der äußersten Südwestseite der Insula 6 (2014/03 und 2014/04). Leider war an dieser Stelle die Mauer nachhaltig zerstört und von der Fundamentstickung nur noch wenig sekundär verlagerte Grauwacke vorhanden. Der Bau des Eisenbahndammes am Anfang des zwanzigsten Jahrhunderts hat

das Gelände vollständig überprägt. So war ein möglicher Graben vor der Mauer nicht erkennbar.

Dagegen war weiter südöstlich noch die Nordostseite der Mauerstickung im Graben einer neu angelegten Zehn-Kilovolt-Leitung (2013/16) erhalten.

Nach Abschluss der regulären Grabung wurden von Anfang Mai bis Ende Juni 2014 sämtliche Erdbaumaßnahmen im Vorfeld des Dienststellenneubaus archäologisch begleitet. In neununddreißig Teilplana und weiteren Beobachtungen wurden archäologisch relevante Befunde aufgenommen und dokumentiert (2014/10). Detaillierte Untersuchungen unterblieben, soweit Befunde nur oberflächlich angeschnitten wurden. Bei zwei Flächen kam es lediglich zu geringfügigen Bodeneingriffen, bei denen vorwiegend der Humus (2014/13) und die oberen Partien der darunter befindlichen neuzeitlichen Planierschichten abgezogen wurden (2014/12). Befunde kamen dabei nicht zu Tage. Aus 2014/12 stammt das Daumenfragment einer vermutlich lebensgroßen römischen Bronzefigur, und beim Abtragen des Humus auf einer Fläche der angrenzenden Insula 7 (Schnitt 2014/13) fand sich ein Aureus des Trajan.

Alle nicht vollständig untersuchten Befunde wurden unter einer sterilen Sandpackung gesichert.

Neben vorwiegend römischen Befunden der Koloniezeit kamen sporadisch auch solche älterer und nachantiker Epochen zutage.

Auf spätpaläolithische Fundstellen können unterschiedliche Steine (s. o. Schnitt 2011/01) hindeuten. Zur genaueren Beurteilung muss noch die Analyse des Fundmaterials abgewartet werden.

Wenige Scherben und geringe Reste von Pfostenlöchern verweisen auf eisenzeitliche Befunde. Ein schwacher eisenzeitlicher Fundschleier ist durch Artefakte der vergangenen Grabungen im Nordostteil von Insula 6 nachweisbar.

Im Westen der Fläche wurde erneut ein zum Messraster der Colonia divergierender Graben angeschnitten. Aus dem oberen Abschnitt des sonst steril gefüllten Grabens stammt eine rottonige, gehenkelte Gesichtsurne, die der zweiten Hälfte des ersten nachchristlichen Jahrhunderts zugeordnet wird. Der weitere Funktionszusammenhang des Grabens ist mangels entsprechender Begleitbefunde unbekannt. Im Süden lief er rechtwinklig auf ein fundleeres Grabenstück zu und bildete vermutlich mit diesem zusammen eine geschlossene Ecke.

Kurze Stücke des römischen Straßengrabens am Cardo I an der Innenseite der Stadtmauer kamen zum Vorschein. Schon aus den vorausgegangenen Grabungsschnitten 2010/03 und 2010/06 war ein schmales Gräbchen bekannt, das den Straßengraben an der Nordostseite im Abstand von etwa vier Metern begleitete. Hier konnte das südöstliche Ende bei ungefähr R 1137,40 / H 1239,55 gefasst werden. Möglicherweise gehörte es zu einem Zaun, der Insula 6 gegen den Cardo I begrenzte. Parallel nordöstlich dazu verlief ein schmales Gräbchen, das wohl für Abwasser diente (2010/06 und 2013/14).

Die in Nordwest-Südost-Orientierung verlaufende Abschnittsmauer des Südquartiers (s. u.) war an zwei Stellen nachweisbar. Die ermittelte Breite von 1,65 Metern lag über den bislang vorliegenden Messwerten. Verwendet wurde hier unvermörtelter Trachyt. Dagegen war die Mauer im mittleren Bereich von Schnitt 2013/05 komplett ausgebrochen. Darüber hinaus kamen noch wenige römische Gruben und vereinzelte Pfostensetzungen zum Vorschein.

An der Südwestseite des ehemaligen Erprather Wegs tauchten Abschnitte eines neuzeitlichen Straßengrabens auf.

Von einem bereits aus Schnitt 2011/13 bekannten Befund, der als neuzeitlicher Brunnenschacht gedeutet wird, wurden zwei Schichten der oberen Verfüllung angeschnitten. Die Anlage könnte zu der oben erwähnten Hofstelle gehört haben.

Auf eine nachantike kleinteilige Bebauung weisen eine längliche Ziegelstickung und eine Herdstelle hin. Sie lagen knapp unterhalb der Geländeoberfläche innerhalb neuzeitlicher Planierungen. Die Stickung hatte Nordwest-Südost-Ausrichtung und verlief damit parallel zu zwei ähnlich aufgebauten Stickungen im unmittelbar benachbarten ehemaligen Schnitt 2013/03. Daneben befanden sich horizontal ausgelegte römische Leistenziegel mit Brandspuren auf der Oberseite.

Überreste der in den achtziger Jahren abgerissenen Häuser an der Nordostseite des Erprather Wegs traten in Form der Abrissgrube des Hauses Nr. 43 und eines Mauerrestes auf. Im fünfzehnten Teilplanum ließ sich die Teilunterkellerung des Hauses nachweisen. Mit einer ebenfalls nach 1980 abgerissenen Halle steht vermutlich eine rechteckige, aus Ziegeln gemauerte Umfassung in Verbindung. Auf die Kriegsereignisse 1945 verweist ein Bombentrichter.

Die örtliche Grabungsleitung hatte Bernd Rudnick.

Insulae 13 und 14 (Südquartier)

Eine kleine, aber spannende Forschungsgrabung wurde im Frühjahr unter der örtlichen Leitung von Andrea Faber begonnen, bis dato aber noch nicht abgeschlossen. Dennoch führen die ersten Ergebnisse zu interessanten neuen Erkenntnissen über die Südecke der Colonia. In diesem Areal waren 2012 Georadaruntersuchungen durch die Firma Eastern Atlas (Berlin) durchgeführt worden, deren Radargramme eine lineare Struktur durch die Insulae 6, 13 und 14 zeigten. Es handelt sich dabei – wie die Grabungen auf Insula 6 ergaben – um ein etwa 1,40 bis 1,65 Meter breites Fundament aus Trachyt-, Basalt-, Tuff- und Grauwackebruch, das sich von der südwestlichen Stadtmauer der Colonia in Südwest-Nordost-Orientierung linear durch die Insula 6 und fast die gesamte Insula 13 zieht. Erst wenige Meter vor dem Cardo biegt es rechtwinklig nach Südosten

Abb. 1 (gegenüber) Insula 6. Fundament der Grenzmauer in Schnitt 2013/05.

Abb. 2 (rechts) Insula 14. Fundamentausbruch eines Torturms mit angebundener Grenzmauer (unten) in Schnitt 2014/08.

um, wo es noch bis über die Mitte der Insula 14 hinaus verfolgt werden kann. Dieses insgesamt rund 370 Meter lange Mauerfundament wird an zwei Stellen unterbrochen, nämlich an der Nordwest- und der Nordostseite. An diesen Unterbrechungsstellen lassen sich jeweils zwei massive Fundamentblöcke auf der Innenseite des umfriedeten Bereichs erkennen, so dass die Interpretation als einfache Toranlagen naheliegt. Obwohl der Bereich am Anknüpfungspunkt der Mauer an die südwestliche Stadtmauer gestört ist und eine Prospektion außerhalb der Stadtbefestigung zu keinem Ergebnis kam, scheint es wahrscheinlich, dass die neu entdeckte Umfriedungsmauer ursprünglich an die römische Stadtbefestigung anschloss und mit dieser ein Areal von rund 3,7 Hektar innerhalb der Stadt abgrenzte. Die Grabung soll nun Aufschluss über eines der beiden Tore und über das Alter dieser Anlage geben, die anhand eines Terminus post quem frühestens in die zweite Hälfte des zweiten Jahrhunderts datiert werden kann (s. o.). Eine Sondage auf der Insula 13 (Schnitt 2014/07) bestätigte die Beobachtungen von Insula 6 hinsichtlich des Verlaufs und des Aufbaus des Mauerfundaments. Der hier angetroffene Fundamentrest war maximal 1,45 Meter breit und bestand aus Tuff und Basalt in Kalkmörtelbindung. Im Mittelpunkt der Untersuchung stand aber der südöstliche Turm des Nordosttores, dessen Mauerausbruch sich in Schnitt 2014/08 im zweiten Planum deutlich im Bodenbefund abzeichnete (Abb. 2). Dabei handelt es sich um die Reste eines Fundaments von etwa 3,20 Metern Breite und mindestens fünf Metern Länge, das um rund dreißig Zentimeter gegenüber der Mauer nach außen vorspringt. Die Mauer selbst besteht aus Basalt- und Tuffbruch in Mörtelbindung und ist noch etwas höher erhalten als das Turmfundament. Soweit die Radargramme eine Beurteilung zulassen, dürfte die Tordurchfahrt mindestens drei Meter breit gewesen sein, wodurch sich eine Gesamtlänge des Tores von rund zehn Metern ergibt. Antworten auf die Fragen zur Funktion und Datierung dieser ungewöhnlichen Einfriedung sollen die weiteren Grabungsarbeiten erbringen.

Abb. 3 (gegenüber) Insula 38. Fundamentstickungen in Schnitt 2014/15.

Abb. 4 (rechts) Insula 38. Mutmaßlicher Erdkeller mit dem Fragment eines vermutlichen Altars in Schnitt 2009/05.

Insula 38

Das Untersuchungsareal auf Insula 38, im Berichtsjahr um drei Schnitte erweitert (Schnitte 2014/15, 2014/16 und 2014/17), umfasste die koloniezeitlichen Fundamente mit erkennbaren Raumstrukturen und mutmaßlichen Portikuspfeilern im rückwärtigen Gartenbereich.

Typisch ist, dass die baulichen Strukturen nicht tief fundamentiert sind und unmittelbar unterhalb der Grasnarbe zum Vorschein kommen. Der weitere Verlauf der Mauer mit Südwest-Nordost-Orientierung aus dem benachbarten Schnitt 2009/05 wurde in Schnitt 2014/15 aufgenommen, darüber hinaus zwei Pfeilerfundamente im südöstlichen Schnittbereich, die sich durch Größe und Aufbau von den beiden im nordwestlichen Teil liegenden Fundamenten unterscheiden (Abb. 3). Die Funde stammen aus der Mitte des zweiten Jahrhunderts, wozu auch eine in der Mauer mit Südwest-Nordost-Verlauf gefundene Münze von Faustina der Älteren gehört, die frühestens 141 n. Chr. geprägt wurde.

In Schnitt 2009/05 wurden Pfosten- und Baugruben aus frühflavischer Zeit beziehungsweise ein seit claudischer Zeit bestehender Bau mit Erdkeller angetroffen (Abb. 4). Letzterer, der möglicherweise auch als holzverschalte Vorratsgrube gedeutet werden kann, wurde um die Mitte des ersten Jahrhunderts oder kurz danach verfüllt und enthielt interessante Funde, darunter eine Kalksteinbasis, möglicherweise von einem Altar, Keramikfragmente wohl kultischer Gefäße, Goldglimmerware, Scherben eines Salzgefäßes, Teile von Pferdegeschirr und sehr viel Schlacke.

In Schnitt 2011/08 wurden die letzten drei Gruben aus claudisch-flavischer Zeit untersucht. Auffallend war hier eine große Abfallgrube im nordwestlichen Schnittbereich, die abgesehen von Eisenfragmenten und Keramik, speziell Terra-sigillata, unzählige Hornzapfen enthielt.

In Schnitt 2010/08 wurden weiterhin coloniazeitliche Baubefunde angetroffen. Das Grauwackefundament mit Nordwest-Südost-Verlauf wurde im benachbarten Schnitt 2014/16 weiter freigelegt. Zu den neu entdeckten Befunden zählte ein Kanal mit Südwest-Nordost-Orientierung, der durch seine Zweitverwendung Einblicke in die Funktion und Entwicklung des Handwerkerhauses ermöglichte. Die Untersuchung erfolgte bis auf das vierte Planum. Das Fundmaterial der Lehmschichten zwischen dem dritten und vierten Planum gehört in die zweite Hälfte des zweiten oder ins frühe dritte Jahrhundert.

Es zeigt sich, dass dieser Bereich sehr wahrscheinlich in claudischer Zeit als Schmiede genutzt wurde, in flavischer Zeit weiteres Handwerk ansässig war und im Laufe des dritten Jahrhunderts aufgegeben wurde.

Die Leitung der Grabung hatte Stefanie Baumgarten.

Abb. 5 Insula 39. Steg 2014/19 im Nordwestteil des Handwerkerhauses B.

Insula 39

Bereits Ende der achtziger und zu Beginn der neunziger Jahre wurden im nordwestlichen Bereich von Insula 39 gegenüber den rekonstruierten Herbergsthermen auf über dreitausend Quadratmetern Fläche verschiedene Hausgrundrisse freigelegt. Nach Auswertung der Grabungsergebnisse wurde entschieden, drei (Häuser A bis C) der insgesamt sieben untersuchten sogenannten Streifenhäuser mit den in der Antike verwendeten Baumaterialien als Stampflehmgebäude zu rekonstruieren. Da die ausgegrabenen römischen Befunde erhalten bleiben sollten, wurden die modernen Baukörper auf einer von Betonstützen getragenen Fundamentplatte berührungsfrei über dem Original errichtet. Während die Häuser A und C vollständig ausgebaut und eingerichtet wurden, verzichtete man im mittleren Haus B auf die Betonplatte oberhalb der Fundamente. Hier werden die originalen Bodenbefunde – Mauerfundamente, Kanäle, Becken – gezeigt, die von einem Laufsteg aus betrachtet werden können. Gleichzeitig gibt es in diesem Gebäude Informationen über die Hausbautechnik mit Stampflehm.

Zur Sicherung der römischen Befunde gegen Witterungseinflüsse und Beschädigungen während der Baumaßnahme waren diese nach dem Ende der Grabungen mit einer mächtigen Sandschicht abgedeckt worden. Nach der erneuten Freilegung – die antiken Baubefunde hatten die Bauaktivitäten unbeschadet überdauert – galt es, zwei Stegbereiche (Schnitte 2014/19 und 2014/20) abschließend systematisch zu ergraben (Abb. 7).

Der Schnitt 2014/19 lag nordwestlich innerhalb von Haus B in den zur Straße ausgerichteten Räumen. In Höhe des ersten Planums auf 21,20 Metern ü. NN zeigte sich im Steg das den Mauerverlauf komplettierende Fundament, das erwartungsgemäß dem bereits von Martin Vollmer-König in den Schnitten 1989/17 und 1989/18 beschriebenen Fundament 009 aus Grauwacke folgt (M. Vollmer-König in: Xantener Ber. 6 [Köln 2005] 103). Mit einer Breite von 0,43 Metern entspricht es dem weiteren Fundamentverlauf (Abb. 5). Die Oberkante der erhaltenen Fundamentstickung, die die Südwestwand von Raum 1 trug, liegt bei 21,36 Metern ü. NN. Zusammen mit dem Fundament 8917.012 diente sie gleichzeitig als Fundament für den Treppenaufstieg ins Obergeschoss des Gebäudes B. Die das Fundament begleitenden Schichten im zweiten Planum auf Höhe 21,00 Meter ü. NN waren als Planierungen eingebracht worden und wiesen auffällig viel Fundmaterial auf, vor allem Keramik und Knochen (bei Vollmer-König Schicht 8918.031). Eine Baugrube entlang der Stickung war nicht erkennbar. In der Ostecke des Stegbereichs fand sich der Rest eines Lehmestrichs auf einem Niveau von 21,01 Metern ü. NN. Dies entspricht der Beobachtung von

Vollmer-König, der in dieser Höhe das Laufniveau für die zweite Phase der vorcoloniazeitlichen Bebauung annimmt (Vollmer-König a. a. O. vgl. 8919.034, 30).

Im dritten Planum greift das Fundament in eine stark kiesige Schicht (OK 20,80 Meter ü. NN) ein, die möglicherweise eine befestigte Fläche bildete und einer älteren Phase angehört.

Der Schnitt 2014/20 wurde im rückwärtigen Teil des Hauses B angelegt. Die erwartete, aus Grauwacke gesetzte Stickung aus dem Stegbereich zwischen den Schnitten 1989/18 und 1989/19 zeigte sich beim Abtragen auf das zweite Planum mit einer erhaltenen Oberkante bei 21,16 Metern ü. NN (Abb. 6). Bei Vollmer-König war dieses Fundament 012 mit einer maximalen Breite von einem halben Meter angegeben (Vollmer-König a. a. O. 58).

Das Fundament verläuft in Nordwest-Südost-Orientierung und ist auf seiner Oberseite gleichmäßig waagrecht, so dass es als Auflager für einen Schwellbalken gedient haben kann. Die Stickung überlagert die langrechteckige Abfallgrube einer früheren Bauphase, die bereits Vollmer-König in Schnitt 1989/19 beobachtet hatte (8919.052). Er datiert sie in seine Phase Colonia 1, während die in sie eingreifende Stickung der Phase Colonia 2 angehört (Vollmer-König a. a. O. 67). Zur Phase Colonia 1 gehört auch eine mit Ziegelbruch, Kalkstein, wenig Tuff und Geröll befestigte Fläche (8918.048) von rund 1,50 auf 0,80 Meter Größe auf Höhe 20,90 Meter ü. NN, die ebenfalls von der Stickung überlagert wird (ebd. 66). Durch Nachuntersuchung der beiden Stege wurden weitere Erkenntnisse zu den Befunden gewonnen und fehlende Mauerverläufe ergänzt. Somit komplettiert sich die Analyse der Befunde im Bereich des Handwerkerhauses B auf Insula 39.

Die Leitung der Grabung hatte Sabine Leih.

Das sogenannte Vetera-Tor

Nach dem Ankauf eines Wohnhauses am Rand der Colonia wurde 2014 die Gelegenheit genutzt, in den Gärten des Grundstücks nach Befunden des südöstlichen Stadttores zu suchen, dem sogenannten Vetera-Tor. Im Vorjahr hatten sich Zweifel am geradlinigen Verlauf der südöstlichen Stadtmauer ergeben, die aber durch eine Nachgrabung in Höhe der Insula 40 korrigiert werden konnten. Außerdem waren durch geophysikalische Untersuchungen im Bereich des zweiten Torturmes nordöstlich des Tores Abweichungen von der zeichnerisch rekonstruierten Lage erkennbar geworden. Die durch diese Problematik initiierte Grabung sollte die tatsächliche Lage des Tores im Hinblick auf zukünftige umfangreichere Untersuchungen am gesamten Stadttor mit der Option einer späteren Vollrekonstruktion klären.

Abb. 6 Insula 39. Steg 2014/20 im Südostteil des Handwerkerhauses B.

Eine erste Ausgrabung an diesem Stadttor war bereits 1934/35 unter der Leitung von Hermann Stoll durchgeführt worden (Germania 20, 1936, 184–188). Seinerzeit war der Ausgräber zu der Auffassung gelangt, dass der Grundriss der Porta aufgrund der angeschnittenen Befunde exakt dem des 1902 zur Hälfte freigelegten Südwesttores entspreche, von der Dimension allerdings etwas kleiner sei. Außerdem interpretierte er einen extra muros parallel zur Stadtmauer verlaufenden Mauerzug als eine erste, ältere Stadtmauer, die beim Bau der späteren Stadtmauer und des Tores von der zugehörigen Straße überschnitten wurde. Dies alles galt es bei der neuen Grabung zu überprüfen.

Wie erwähnt, konnten die Grabungsschnitte nur in den heutigen Gartenflächen angelegt werden, wodurch der Untersuchungsbereich räumlich stark eingeschränkt war. Erschwert wurde die Situation außerdem durch die Tatsache, dass das Gelände durch Nachkriegsaufschüttungen und Oberflächenangleichungen in den frühen sechziger Jahren massiv, das heißt bis zu zwei Meter aufgehöht worden war, wodurch die römischen Befundhorizonte von der aktuellen Geländeoberkante aus entsprechend tief lagen und nur durch die Anlage mehrerer Sicherheitsstufen erreicht wurden. Hierdurch verkleinerte sich der eigentliche Befundausschnitt noch erheblich. Dennoch gelang es, in der knapp acht Monate dauernden Kampagne wichtige Fragen zum Südosttor der Colonia zu klären.

Im Bereich nahe der heutigen Kreuzung der Antoniusstraße mit der Siegfriedstraße wurde in einer Tiefe von 3,50 Metern unter der Geländeoberfläche die Südecke des sauber aus Grauwacke in Mörtel gearbeiteten nordöstlichen Turmfundaments angetroffen (Abb. 8). Das Mauerstück wurde über eine Länge von rund drei Metern und etwa 1,20 Meter Breite freigelegt und dokumentiert. Sein solider Aufbau lässt vermuten, dass große Teile dieses Torturms, vielleicht sogar das gesamte Tor, in dieser Tiefe noch gut erhalten sind. In einer kleinen Sondage wurde auch die Unterkante des Turms rund 1,30 Meter unter der erhaltenen Fundamentoberkante erreicht, also etwa 4,80 Meter unter der heutigen Oberfläche. Die untersten drei Lagen bestanden aus in Lehm gesetzter Grauwacke, erst darüber begannen in Mörtel gesetzte Steinlagen.

Unmittelbar südwestlich der Turmecke wurden die knapp 0,60 Meter höher liegenden Reste des Straßenpflasters der Tordurchfahrt entdeckt. Der Aufbau der Straße, die nicht nur durch das Tor, sondern mutmaßlich auch außerstädtisch entlang der Stadtmauer Richtung Hafen führte, bestand aus mehreren Kieslagen, zwischen denen Tuffgrus oder Sand lag. Teile des Pflasters am Rand der Tordurchfahrt wiesen Karrenspuren, aber auch Einarbeitungen für einen mutmaßlichen Schwellbalken und ihn begleitende Pfostenlöcher auf. Ohne Zweifel hat hier bereits während der Nutzungszeit der Straße randlich ein Gebäude oder ein wie auch immer gearteter technischer Aufbau gestanden.

Südöstlich des Tores wurde ein nicht durch die Altgrabung gestörter Befund angetroffen, der von Stoll seinerzeit als zweite Stadtmauer interpretiert wurde. Auf der Sohle eines mindestens fünf Meter breiten Ausbruchsgrabens fanden sich Reste eines vermörtelten Grauwackefundaments, das deutliche Parallelen zu einem ähnlichen Befund am Nordwesttor der Colonia aufweist, dem sogenannten Burginatium-Tor. Dabei handelt es sich um das Fundament eines gemauerten Kanals, der das innerstädtische Abwasser stadtauswärts zum römischen Hafen entsorgte. Auf dem kurzen Teilstück, das angesichts der großen Tiefe nicht bis zur Fundamentunterkante untersucht werden konnte, waren zwar – anders als am Burginatium-Tor – keine Kanalwangen erhalten, doch zeigte das Grabenprofil deutliche Absätze der ehemals vorhandenen Wangen. Die Tatsache, dass die Oberkante des Fundaments etwa 4,30 Meter unter der heutigen Geländeoberfläche und damit nur rund dreißig Zentimeter höher als die Turmunterkante lag, unterstützt die Interpretation des Befundes als Abwasserkanal zusätzlich. Eine mehrphasige Stadtbefestigung der Colonia Ulpia Traiana hat es also, zumindest an dieser Stelle, nicht gegeben. Darüber hinaus wurde die genaue Position des Stadttores geklärt. Obwohl der Grundriss angesichts der wenigen bisher bekannten Ausschnitte ebenso wenig gesichert ist wie die tatsächliche Größe des Tores, wurde die seit 1987 angenommene und zeichnerisch rekonstruierte Lage mit nur geringen Abweichungen grundsätzlich bestätigt. Für mögliche zukünftige Grabungsmaßnahmen gibt es somit eine ausreichende Planungssicherheit.

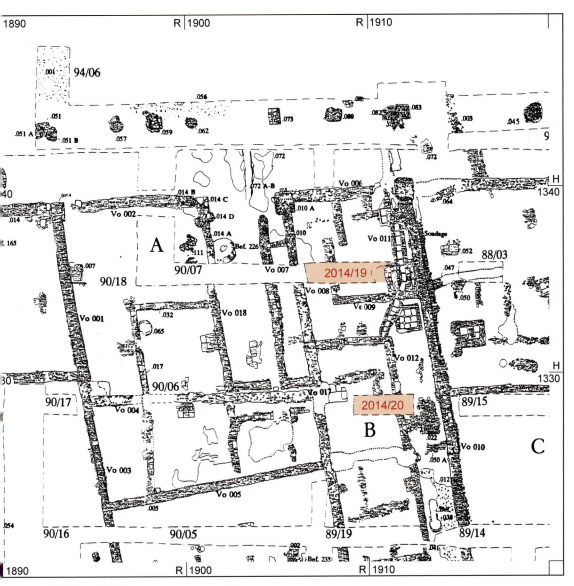

Abb. 7 Insula 39. Übersichtsplan zu den Grabungsaktivitäten in den Handwerkerhäusern. Maßstab 1:200.

Die Leitung der Grabung hatte Norbert Zieling, die örtliche Leitung Andrea Faber.

Versorgungsgraben, zweiter Bauabschnitt

Das alte Versorgungsleitungssystem des Archäologischen Parks ist durch den Anschluss neuer Gebäude und Einrichtungen in jüngerer Zeit überlastet. Ein neues, auf weiteren Ausbau ausgelegtes Versorgungskonzept wurde erarbeitet, das mittelfristig in verschiedenen Bauabschnitten umgesetzt wird. Über den ersten Bauabschnitt (Schnitt 2013/01) wurde bereits berichtet (s. o. den Bericht zu 2013 zur Insula 39). Im zweiten Bauabschnitt (Schnitte 2014/05, 2014/06 und 2014/09) wurde von Februar bis April 2014 ein etwa 188 Meter langer Versorgungsgraben angelegt, und zwar in der vom Straßenraster der Koloniegründung abweichend verlaufenden römischen Straße zwischen den Insulae 35 und 40 von der Antoniusstraße bis zur Straßenkreuzung der Insulae 34, 35, 39 und 40 und dann nach Nordwesten abknickend im Cardo VI bis kurz hinter das APX-Spielehaus (Abb. 9). Weitere Bodeneingriffe wurden dabei durch erforderliche Verteilerschächte und Hebeanlagen verursacht. Da in den Schächten jeweils Frischwasser, Abwasser- und Gasleitungen und bis zu fünf Leerrohre verlegt wurden, erreicht der neue Versorgungsgraben überwiegend die Unterkante der römischen Kulturschichten. Je nach Geländegegebenheit musste bei einer Grabenbreite von bis zu 1,70 Metern eine Tiefe zwischen 1,70 und 3,70 Metern erreicht werden.

Ausgehend vom Ende der Antoniusstraße war der Graben auf einer Gesamtlänge von 18,50 Metern bis in die Tiefe des anstehenden Bodens rezent verfüllt. Bis vor wenigen Jahren hatte hier noch ein unterkellertes Einfamilienhaus gestan-

den, bei dessen Bau der dort zu erwartende römische Stadtmauerturm mutmaßlich vollständig zerstört worden war. Weiter nördlich tauchten die ersten antiken Schichtenpakete auf. Etwa 0,80 Meter unter der Geländeoberfläche zeigte sich eine Kieslage, die als Teil einer römischen Straße gedeutet werden kann. Dieser rund 0,20 Meter mächtige Straßenhorizont überlagerte ein 0,65 Meter starkes Paket aus graubräunlichen kiesigen Schichten mit Ortstein. Auf Höhe eines ehemaligen Kassencontainers wurde im Versorgungsgraben das aus Ziegel gemauerte Kanalfundament aus einer früheren Infrastrukturgrabung (Schnitt 2009/02) erwartet, wurde jedoch infolge rezenter

Störungen nicht aufgefunden. Zum Einbau einer Hebeanlage auf der Straßenkreuzung zwischen den Insulae 34, 35, 39 und 40 (im alten Schnitt 75/13) musste ein großer Bereich etwa fünf Meter tief ausgeschachtet werden, in dessen Südprofil sich eine 0,50 Meter breite, in den anstehenden Boden eingetiefte Sandverfüllung mit flacher Sohle zeigte. Hierbei könnte es sich um die Spuren des ursprünglich aus Holz gezimmerten Straßenkanals zum Cardo handeln, der demnach nicht mittig in der Straßenachse, sondern nach Nordosten versetzt gelegen hätte.

Zum Anschluss des Spielehauses an die Versorgungsleitung wurde in einer alten Leitungstrasse ein Graben (Schnitt 2014/09) angelegt, in dessen Nordprofil sich verschiedene Baubefunde zeigten, darunter zwei Ziegelstickungen. An der Südwestseite des Cardo VI tauchte überraschend der Rest eines aus Grauwacke in Mörtel gesetzten, 0,80 Meter breiten Mauerfundamentes auf, das parallel zur Straße verläuft. Möglicherweise handelt es sich dabei um Teile einer Spannmauer zwischen zwei Portikuspfeilern, die an dieser Stelle nicht zu erwarten war.

Geophysikalische Prospektion

Mit weiterer finanzieller Unterstützung des Landes Nordrhein-Westfalen wurden auch 2014 geophysikalische Untersuchungen auf dem Gelände der Colonia durchgeführt (Abb. 10). Der Schwerpunkt der Georadarmessungen lag dabei auf Flächen im Zentrum der Stadt, die bis dato noch nicht prospektiert wurden.

Die untersuchten Teilflächen auf den Insulae 4 und 11 zeigen bereits ab einer Tiefe von 0,25 Metern archäologisch aussagefähige Strukturen, was wohl vor allem auf rezente großflächige Erdabträge im Zusammenhang mit den Grabungen der fünfziger Jahre und dem Bau und Abriss einer bis 1984 dort ansässigen Fabrikanlage zurückzuführen ist. Wie bereits aus den damaligen Grabungen bekannt, finden sich römische Fundamente an der Nordwestseite beziehungsweise der Westecke sowie der Südwestseite, von denen die Letzteren aber im Radargramm kein klares Bild erkennen lassen. Möglicherweise wurden seinerzeit etliche Baubefunde abgetragen. Die in der Palästra der Thermen auf Insula 10 prospektierten sehr regel-

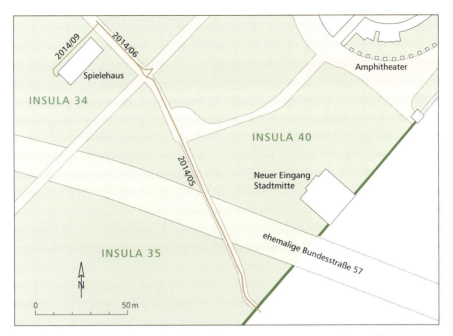

Abb. 8 (gegenüber) Die Südecke des nordöstlichen Torturms vom sogenannten Vetera-Tor in Schnitt 2014/02.
Abb. 9 (oben) Insulae 34, 35 und 40. Übersichtsplan zu den 2014 angelegten Versorgungsleitungsgräben. Maßstab 1:2000.

mäßigen Strukturen dürften keine antiken Baustrukturen, sondern Versorgungsleitungen und Teile des modernen Kanalisationssystems abbilden. Andere Anomalien lassen sich mit alten Grabungsschnitten in Verbindung bringen. Eine große Fläche konnte außerdem auf der Insula 19 untersucht werden. Erwartungsgemäß zeigen sich hier aber nur noch wenige Strukturen der antiken Bebauung, da das Areal durch umfangreiche Grabungen der Jahre 1963/64 und den Bau und Abriss eines Kfz-Betriebs und eines Wohnhauses stark gestört ist. Bemerkenswert ist aber, dass sich an der damals nicht ausgegrabenen Nordwestseite der Insula in einer Tiefe von erstaunlicherweise rund 2,00 bis 2,75 Metern das komplexe Strukturgefüge eines größeren Gebäudekomplexes abzeichnet. Üblicherweise sind in solchen Tiefen keine Fundamente nichtöffentlicher Gebäude mehr anzutreffen. Auf der Insula 25 zeigte die Geoprospektion wie erwartet den Grundriss der Forumsbasilika und der dort angelegten Grabungsschnitte, aber auch sehr deutlich die Struktur des bisher nicht ausgegrabenen, tief gegründeten nordwestlichen Magazingebäudes, und bestätigte damit Geomagnetikergebnisse der siebziger Jahre von Irving Scollar. An der Nordwestseite der Capitolsinsula 26 wurden schließlich weitere Baustrukturen des den Haupttempel umgebenden Temenos in den Radargrammen erfasst.

Fundbearbeitung

Bei den laufenden Grabungen kam umfangreicher Fundstoff zutage, dessen Analyse neue Erkenntnisse zur Chronologie, Ökonomie und Sozialgeschichte der Colonia Ulpia Traiana erbrachte.

Die Grabungen der 26. Internationalen Sommerakademie erstreckten sich wie schon in den Vorjahren auf Flächen in der Insula 38. Eine Sichtung des Materials bestätigte die bisherigen Erkenntnisse zur Nutzungsgeschichte dort: Die Besiedlung setzte in der ersten Hälfte des ersten Jahrhunderts ein; seit der Mitte des dritten Jahrhunderts diente das Gebiet offenbar vorrangig der Deponierung von Abfall.

Bei der bodendenkmalpflegerischen Begleitung von Bauarbeiten an Versorgungsanlagen in der Insula 18 kam nur sehr wenig Material zum Vorschein, darunter Keramik des vierten Jahrhunderts. Ebenfalls spärlich waren die bei der Anlage von Leitungsgräben in den Insulae 34, 35, 39 und

40 geborgenen Keramikfunde, darunter späte Trierer Reliefsigillata. Zwei Komplexe aus dem Bereich gewerblich genutzter Häuser auf der Insula 39 enthielten überwiegend Keramik des ersten Jahrhunderts.

Die mehrjährigen Grabungen auf der Insula 6 wurden abgeschlossen: Die datierenden Elemente bezeugten den Beginn der Siedlungstätigkeit um die Wende zum zweiten Jahrhundert. Das im Berichtszeitraum untersuchte Gebiet erbrachte fundreiche Planierungsschichten aus der ersten Hälfte des dritten Jahrhunderts. Die Nutzung über die zweite Hälfte dieses Jahrhunderts hinaus ist nicht nachweisbar.

Aufschlussreiches Material erbrachten die Grabungen in Insula 14: Eine Mauer, die einen innerstädtischen Bezirk zunächst unklarer Funktion begrenzte, kann nach Ausweis einer Münze frühestens in antoninische Zeit datiert werden.

Das Fundgut aus den Grabungen am südöstlichen Stadttor war in Teilen von eingeschränkter stratigraphischer Aussagekraft, da es aus Grabungsbereichen der dreißiger Jahre geborgen wurde.

Mehrere Forschungsprojekte, die teils durch Drittmittel gefördert wurden, widmeten sich der Analyse umfangreicher Fundkomplexe insbesondere aus älteren Ausgrabungen.

Die Bearbeitung der Funde aus den Grabungen in den Großen Thermen in der Insula 10 durch Tanja Potthoff (Köln) wurde fortgesetzt. Insbesondere ergaben sich Erkenntnisse zur vorkoloniezeitlichen Besiedlung am späteren Standort der Basilica Thermarum, darunter Schlackenkonzentrationen in Schnitt 1988/13, die auf Eisenverarbeitung hinweisen. Zahlreich waren auch die Reste von Gefäßen aus Legionsware.

Alice Willmitzer (Ruffenhofen) schloss die Bearbeitung frühkaiserzeitlicher Siedlungsreste am

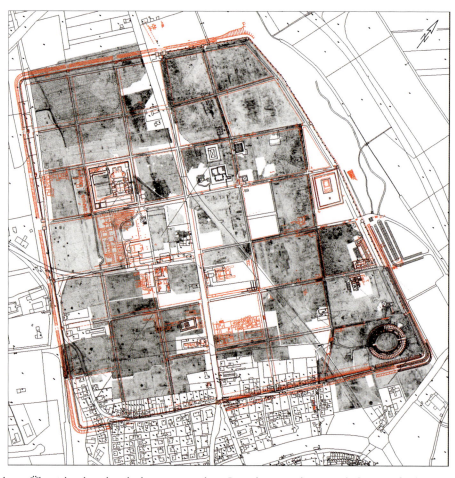

Abb. 10 Übersichtsplan über die bis 2014 mit dem Georadar prospektierten Flächen. Maßstab 1:10.000.

Cardo maximus im Bereich der Insulae 15 und 22 ab. Das anfänglich nicht sehr dicht bebaute Gelände wurde anscheinend zivil genutzt. Im zweiten und dritten Jahrhundert befanden sich dort, wie sowohl die Befunde als auch die in größeren Mengen angetroffenen Tierknochen bezeugen, fleischverarbeitende Betriebe.

Johanna Jäger begann mit der Bearbeitung eines Sammelfundes des ersten Jahrhunderts. Dieser umfasst vierzig unbenutzte Wetzsteine, die im Ostteil des Stadtgebietes in einer Grube neben einer Straße lagen. Die Analysen zur Herkunft und Herstellungstechnik werden in Zusammenarbeit mit der Bundesanstalt für Geowissenschaften und Rohstoffe (Berlin) und der Dombauhütte Xanten durchgeführt.

Holger Komnick (Köln) schloss die Aufnahme und Auswertung der Münzen aus dem Gebiet der Colonia Ulpia Traiana ab. Zu der durch Vergleichsreihen erschlossenen Struktur des Geldumlaufs am Niederrhein bietet das Einzelfundaufkommen aus dem Bereich der Colonia sehr gute Übereinstimmungen.

Maike Sieler und Bernd Liesen widmeten sich Gefäßen aus Lavez: Der Bestand aus Xanten ist einer der wenigen Nachweise von Güterverkehr zwischen Niedergermanien und Rätien.

Gertrud Platz (Berlin) nahm die Gemmen aus jüngst beendeten Ausgrabungen sowie in Privatbesitz befindliche Stücke des Xantener Raumes auf und erweiterte den ohnedies schon großen Bestand nochmals beträchtlich.

Ein bemerkenswerter Erkenntniszuwachs sowohl zur Handelsgeschichte als auch zu den örtlichen Gewerbebetrieben wurde insbesondere durch die Keramikanalyse erzielt: Patrick Jung (Essen) zeichnete die Importe handgemachter Keramik aus Nordgallien nach. Bernd Liesen erforschte die Gefäße aus Lowlands Ware I. Mehr als vierhundert Transportbehälter dieser Gruppe sind aus der Colonia Ulpia Traiana bekannt. Maike Sieler wies die lokale Herstellung von Backplatten nach, Silke Lauinger beschrieb das Produktspektrum einer kleinen Töpferei flavischer Zeit im Hafenbereich und analysierte die im Stadtgebiet gefundenen Fragmente eines Oscillums und eines Models.

Mehrere Arbeiten entstanden im Rahmen der Kooperation mit Universitäten: Aus einem Keller in Insula 39 stammt das Fundgut, das Katrin Günther im Rahmen ihrer Masterarbeit analysiert (Universität Bamberg, Betreuerin Prof. Michaela Konrad). Edeltraud Mittag führt ihre Dissertation über die Keramik der Herbergsthermen in der Insula 38 weiter (Universität Köln, Betreuer Prof. Thomas Fischer). Im Rahmen einer Münchner Dissertation wertet Johannes Schießl das Material aus verschiedenen Grabungen im Bereich der Stadtmauer aus (Betreuer Prof. Michael Mackensen).

Die Zusammensetzung von Pigmenten der Wandmalereien aus dem Amphitheater wurde mit naturwissenschaftlichen Verfahren von Frank Mucha und Christoph Merzenich (Erfurt) ermittelt. Mit Röntgenfluoreszenzanalyse wurde Feinkeramik durch Gerwulf Schneider und Małgorzata Daszkiewicz (Berlin) auf ihre chemische Zusammensetzung untersucht. Den Schwerpunkt des Erkenntnisinteresses bildeten verschiedene lokal hergestellte Warengruppen.

Bildrechte. Abb. 10 Eastern Atlas, Berlin. – Alle übrigen Bilder APX. Ausführung Übersichtsplan gegenüber dem Titel Horst Stelter, Abb. 1 Bernhard Rudnick, Abb. 2 und 8 Andrea Faber, Abb. 4 Lothar Seerau, Abb. 5 und 6 Alexandra Geerling, Abb. 7 Kerstin Kraus, Abb. 9 Horst Stelter.

LVR - Landesmuseum Bonn

Bericht der Direktorin für die Jahre 2013 und 2014

Die Berichtsjahre 2013 und 2014 waren für das Landesmuseum wieder durch ein reichhaltiges Ausstellungs- und Veranstaltungsprogramm gekennzeichnet, das ein breites Spektrum von der Archäologie über die Kulturgeschichte bis hin zur Kunst der Neuzeit sowie der Moderne beinhaltete. Wichtig dabei war aber immer, Forschung als Kernthema des Museums anschaulich zu vermitteln.

Eine besondere Herausforderung in der Verbindung zwischen wissenschaftlichem Projekt, internationalem Engagement und archäologischer Präsentation war die mit über 53 000 Besuchern erfolgreiche Ausstellung ›Die Krim. Goldene Insel im Schwarzen Meer. Griechen – Skyten – Goten‹, die in Zusammenarbeit mit sechs Museen in der Ukraine und auf der Krim gestaltet wurde. Die Krim mit ihren beeindruckenden archäologischen Beständen zeigte sich hier als die zentrale kulturelle Drehscheibe zwischen Europa und Asien. Die Kooperation mit der Forschung in der Ukraine und auf der Krim war dabei sehr befruchtend und intensiv. Die Ausstellung reiste danach nach Amsterdam und wurde dort im Allard Pierson Museum gezeigt.

Bis zu diesem Punkt war es eine normale und in allen Bereichen engagierte und intensive Ausstellung. Dann jedoch brachte die Weltpolitik das Projekt in ein neues Fahrwasser. Im Verlauf der Ausstellungstournee wurde durch die Veränderung der politischen Zuordnung der Krim von der Ukraine nach Russland ein Problem virulent, das die Frage nach Besitz und Eigentum aufwarf. Dieses Politikum stellte und stellt noch heute die beiden beteiligten Museen Bonn und Amsterdam vor enorme Herausforderungen, die dazu geführt haben, dass ein Teil der Ausstellung mit den Beständen der Museen von der Krim bis zum heutigen Tage in Verwahrung beim Museum in Amsterdam verblieben ist.

Aus dem eigenen Sammlungsbestand, ergänzt mit einigen Leihgaben, gelang es uns, 2013 eine Ausstellung zur römischen Kriminalität zu realisieren. Sie wurde von den Kollegen des Römermuseums im Archäologischen Park Xanten konzipiert und zunächst dort gezeigt. ›Gefährliches Pflaster – Kriminalität im Römischen Reich‹ schilderte ein Bild der römischen Gesellschaft, geprägt von Überfällen, Einbrüchen, Mord und Totschlag, Diebstählen und Betrügereien aller Art, das dem Bild in unserer heutigen Gesellschaft in vielen Punkten ähnelt.

Höhepunkt des Veranstaltungsjahres 2013 war dann im Oktober die Eröffnung des großen LVR-Verbundprojektes ›1914. Mitten in Europa. Das Rheinland und der Erste Weltkrieg‹. Zu Beginn dieses sehr erfolgreichen und national weithin wahrgenommenen Projektes wurde im Landesmuseum ein mehrtägiger Kongress mit dem Titel ›Aggression und Avantgarde‹ eröffnet. Hochkarätige Referenten aus Deutschland, Österreich, Frankreich, England, Belgien und den Niederlanden beleuchteten die Erinnerung an den Ersten Weltkrieg und die unterschiedlichen Facetten der Auseinandersetzung mit diesem einschneidenden Ereignis des zwanzigsten Jahrhunderts. Parallel zum Kongress eröffnete unser Haus seine Ausstellung ›1914. Welt in Farbe. Farbfotografie vor dem Krieg‹. Im Zentrum dieser Präsentation standen die Farbfotografien des französischen Bankiers Albert Kahn und des russischen Fotografen Sergei Prokudin-Gorski.

Thema der Ausstellung war eine Auswahl aus den über siebzigtausend Farbbildaufnahmen von Albert Kahn, der in seinem ›Archives de la Planète‹ Fotografen in die damals bekannte Welt schickte, um durch die Begegnung mit unterschiedlichen Menschen und Kulturen die Vision Wirklichkeit werden zu lassen, dass es eine gemeinsame menschliche Vorstellung von Frieden und Begegnung gibt.

Die Schau endete im März 2014 und konnte mit fast fünfundfünfzigtausend Besuchern als eine der erfolgreichsten Fotografieausstellungen in unserem Museum seit seiner Gründung verzeichnet werden.

Aber auch Themen mit sozialem Hintergrund waren 2013 im Hause zu sehen. So zum Beispiel die Ausstellung ›Weil wir Mädchen sind …!‹ der gemeinnützigen Organisation ›Plan International Deutschland e. V.‹ Hier wurde an drei Fallbeispielen aus Peru, Indien und Nigeria gezeigt, wie unterschiedlich die Daseinsbedingungen für heranwachsende Frauen in der ganzen Welt sind, und mit Interaktionen konnten Schulklassen und Einzelbesucher die Möglichkeit nutzen, deren unterschiedliche Lebensverhältnisse zu erfahren und zu reflektieren.

In der ›Szene Rheinland‹ besetzte das Jahr 2013 einen Schwerpunkt im Bereich der Fotografie mit der Ausstellung von Gudrun Kemsa. Sigrid Redhardt als Malerin präsentierte ihre ›Projektionen‹, die um das Portrait eines jungen Mädchens kreisen in immer neuen Variationen und Abwandlungen. Ein weiterer Höhepunkt war das ›Curriculum vitae‹ des 1997 verstorbenen Künstlers Blalla W. Hallmann, der in 149 Linolschnitten das letzte Jahr seines Lebens reflektierte, mit allen Abstürzen und Höhenflügen.

Im folgenden Jahr 2014 wurde wiederum ein großes archäologisches Forschungsunternehmen mit einer Ausstellung der Öffentlichkeit vorgestellt. Portraits und Statuen aus Bronze zählen zu den herausragenden Schöpfungen der antiken Kunst. Das Projekt ›Großbronzen am Limes‹ war drei Jahre lang von der Volkswagenstiftung als Großprojekt im Forschungsbereich provinzialrömischer Archäologie gefördert worden. In Zusammenarbeit unseres Hauses mit dem Archäologischen Landesmuseum Baden-Württemberg, dem Institut für archäologische Wissenschaften in Frankfurt am Main und dem Museum Het Valkhof Nimwegen wurden römische Bronzefragmente zusammengetragen, aufgelistet, dokumentiert und wissenschaftlich untersucht.

Durch verschiedene Forschungsansätze und unter Hinzuziehung von naturwissenschaftlichen Methoden konnten überraschende Ergebnisse dann in der Ausstellung ›Gebrochener Glanz. Römische Großbronzen am UNESCO-Welterbe Limes‹ gezeigt und in didaktisch nachvollziehbarer Art und Weise einem breiten Publikum vorgestellt werden.

Das Jahr 2014 brachte noch ein weiteres Forschungsprojekt, das mit einer Ausstellung und dem Ende der über einen längeren Zeitraum geleisteten Untersuchungen seinen Abschluss fand. Anlass war das einhundertjährige Jubiläum der Entdeckung der jungpaläolithischen Doppelbestattung von Bonn-Oberkassel, anlässlich dessen ein internationales Team von mehr als dreißig Forschern gebildet worden war und das den von dort stammenden Skeletten eines Mannes, einer Frau und eines Hundes mit neuesten Methoden des einundzwanzigsten Jahrhunderts nachspürte. Die Ergebnisse wurden in der Schau ›Eiszeitjäger. Leben im Paradies. Europa vor 15 000 Jahren‹ dem Publikum vorgestellt und durch eine große Anzahl von Mitmachangeboten und partizipativen Elementen für kleine und große Besucher attraktiv gestaltet.

Im Jahr 2014 bekam Ulrike Rosenbach eine Einzelausstellung, da sie den 2012 verliehenen Rheinischen Kunstpreis des Rhein-Sieg-Kreises für ihr Lebenswerk erhalten hatte. Ihre große Präsentation ›Weiblicher Energieaustausch‹ war ein national weithin wahrgenommenes und mit einem Katalogbuch begleitetes Ausstellungsprojekt für die Kunst des zwanzigsten Jahrhunderts.

In den Szene-Rheinland-Ausstellungen fanden sich 2014 vor allen Dingen malerische Positionen, wie die Ausstellung ›Agape‹ des früh verstorbenen Malers Manfred Vogel. Ebenso das Werk von Oliver Jordan, der mit seiner ›Hochzeit des Lichts. Eine Hommage an Albert Camus‹ den einhundertsten Jahrestag der Geburt des französischen Schriftstellers und Philosophen vergegenwärtigte.

Der letzte Maler in der Reihe der Ausstellungen des Jahres war René Böll, der in seiner Präsentation ›Cillini‹ in Aquarellen, Zeichnungen und großformatigen Gemäldeinstallationen das Thema der

Friedhöfe für ungetaufte Kinder in Irland auf Achill Island thematisierte und in unvergessliche visuelle Gestaltungen übertrug. Die Schau mit den Gemälden von René Böll wurde im Anschluss an die Präsentation in Bonn in Irland gezeigt und fand dort beim Publikum eine erstaunlich intensive und sehr emotionale Reaktion.

Gabriele Uelsberg

Ausstellungen

Weil wir Mädchen sind ... In Zusammenarbeit mit Plan International Deutschland e. V. – 18. Januar bis 20. Mai 2013.

Sigrid Redhardt: Projektionen. – 21. Februar bis 5. Mai 2013.

Gefährliches Pflaster. Kriminalität im Römischen Reich. In Zusammenarbeit mit dem LVR - Römermuseum Xanten. – 11. April bis 13. August 2013.

Gudrun Kemsa: Urban Stage. – 16. Mai bis 7. Juli 2013.

Sammlung Mülstroh II. Lieblingsstücke. – 18. Juli bis 29. September 2013.

1914. Welt in Farbe. Farbfotografie vor dem Krieg. In Zusammenarbeit mit dem Martin-Gropius-Bau, Berlin. – 24. September 2013 bis 23. März 2014.

Ecce Blalla! Abstürze und Höhenflüge. Blalla W. Hallmann (1941 bis 1997) in der Sammlung Hartmut Kraft. Weitere Ausstellungsorte: Krankenhaus-Museum bzw. Galerie im Park (Bremen); Sammlung Prinzhorn, Klinik für allgemeine Psychiatrie, Universitätsklinik Heidelberg; Museum für Sepulkralkultur (Kassel). – 17. Oktober 2013 bis 5. Januar 2014.

Versöhnung. Ausstellung zum Fotografenworkshop der Deutschen Gesellschaft für Internationale Zusammenarbeit (GIZ). – 8. November 2013 bis 9. Februar 2014.

Die Krim. Goldene Insel im Schwarzen Meer. Griechen – Skythen – Goten. In Zusammenarbeit mit dem Archäologischen Institut der Nationalakademie der Wissenschaften der Ukraine in Simferopol sowie der Vor- und Frühgeschichtlichen Archäologie der Rheinischen Friedrich-Wilhelms-Universität Bonn und in Kooperation mit dem Allard Pierson Museum, Amsterdam. – 4. Juli 2013 bis 19. Januar 2014.

Manfred Vogel: Agape. In Zusammenarbeit mit dem Museum der Abtei Liesborn und dem Ludwig-Museum Koblenz. – 23. Januar bis 24. März 2014.

Claudia Desgranges: Update. – 10. April bis 9. Juni 2014.

Gebrochener Glanz. Römische Großbronzen am UNESCO-Welterbe Limes. In Zusammenarbeit mit dem Archäologischen Landesmuseum Baden-Württemberg, dem Museum Het Valkhof in Nimwegen und der Goethe-Universität Frankfurt a. M. – 20. März bis 20. Juli 2014.

Ulrike Rosenbach: Weiblicher Energieaustausch. Rheinischer Kunstpreis des Rhein-Sieg-Kreises 2012. – 15. Mai bis 2. November 2014.

Oliver Jordan: Hochzeit des Lichts. Eine Hommage an Albert Camus. Aus Anlass des einhundertsten Geburtstages von Albert Camus. In Kooperation mit der Kulturhauptstadt Europas Marseille/Provence 2013. – 19. Juni bis 14. September 2014.

René Böll: Cilliní. Die Friedhöfe der ungetauften Kinder Irlands auf Achill Island. – 2. Oktober 2014 bis 5. Januar 2015.

Eiszeitjäger. Leben im Paradies. Europa vor 15 000 Jahren. – 23. Oktober 2014 bis 28. Juni 2015.

(O. Dr.)

Bibliothek

Die Bibliothek des Hauses wurde von den internen Benutzern des Landesmuseums und des Bodendenkmalpflegeamtes rege besucht, ebenso von 3126 externen Lesern, wie Studenten, Wissenschaftlern oder Mitgliedern des Altertumsvereins.

Im Rahmen seines Studiums der Informationswissenschaft an der Fachhochschule Köln absolvierte Robert Schmidt ein viermonatiges Praxissemester.

In beiden Berichtsjahren wurden größere Bestände an Schenkungen in den Onlinekatalog der Bibliothek eingearbeitet. So sind für 2013 insgesamt 4608 Neueingänge verzeichnet. Der Bestand des Vereins von Altertumsfreunden im Rheinlande vermehrte sich um 155 Titel, weitere 2214 neue Zeitschriften und Monographien wurden für das Landesmuseum inventarisiert. Die übrigen Einträge entstanden im Rahmen der Retrokatalogisierung (s. u.). Im Jahr 2014 wurden 3154 neue Titel bearbeitet, 190 davon für den Altertumsverein. Die Praktikanten Katharina Friedel, Justin Demarest, Doris Bubalo und Alessandro Berlini bearbeiteten eine umfangreiche Schenkung des Grafiksammlers Klaus Mülstroh.

Seit dem Bestehen der Bibliothek wird mit zahlreichen Partnern im In- und Ausland der Schriftentausch gepflegt. Im Berichtszeitraum wurden so 3182 Publikationen im Schriftentausch verschickt. Neben den Bonner Jahrbüchern, den Rheinischen Ausgrabungen und den Materialien zur Bodendenkmalpflege wurden zahlreiche Ausstellungskataloge versandt.

Im Gegenzug erhielt die Bibliothek mehr als zweieinhalbtausend Ausstellungskataloge, wissenschaftliche Monographien und Zeitschriften im Schriftentausch. Weit über zweitausend Publikationen wurden der Bibliothek geschenkt. Dazu zählen die Monographien zu graphischer Kunst der oben schon erwähnten Sammlung Klaus Mülstroh, aber auch Literatur zur Fotografie (Schenkung Prof. Klaus Honnef) und zu Archäologie und Kunstgeschichte (Schenkung Prof. Hugo Borger).

Geschenke, die nicht in das Sammlungsprofil der Bibliothek passen, bieten wir – das Einverständnis der Schenkenden vorausgesetzt – unseren Bibliotheksbesuchern auf einem Bücherflohmarkt an. Diese Termine erfreuen sich großer Beliebtheit, und so konnten wir an einem Samstag im November 2013 mehr als einhundert Besucher im Lesesaal der Bibliothek begrüßen, die das Dublettenangebot durchstöberten und großzügig für Neuerwerbungen der Bibliothek spendeten.

Die Arbeitsstelle für Provenienzforschung in Berlin förderte bereits 2012 ein Projekt zur Retrokatalogisierung der Auktionskataloge. Dieses Vorhaben konnte 2013 weitergeführt und abgeschlossen werden. Etwa sechseinhalbtausend Auktionskataloge wurden retrokatalogisiert und inhaltlich erschlossen. Sie sind nun im OPAC der Bibliothek recherchierbar. Für die Provenienzforschung sind besonders die annotierten Exemplare von Bedeutung: Anmerkungen zu erzielten Preisen und Käufern wurden digitalisiert und mit den Titelaufnahmen verknüpft (s. Ber. LVR - Landesmus. Bonn 1, 2014).

Die Bibliothek arbeitet seit Jahren in verschiedenen Arbeitskreisen und Verbänden aktiv mit. Sie ist Mitglied im Arbeitskreis der Kunst- und Museumsbibliotheken (AKMB), Susanne Haendschke arbeitet als stellvertretende Vorsitzende im Vorstand mit. Der Arbeitskreis der LVR-Bibliotheken trifft sich regelmäßig zum fachlichen Austausch. (S. H.)

Publikationen

Im Berichtszeitraum erschienen die folgenden von der Abteilung ›Wissenschaftlich-technische Dienste und Bibliothek‹ des Landesmuseums, insbesondere der Redaktion, betreuten Veröffentlichungen.

Herausgegeben vom LVR - Landesmuseum Bonn, dem LVR - Amt für Bodendenkmalpflege im Rheinland und dem Verein von Altertumsfreunden im Rheinlande e. V.:
  Bonner Jahrbücher Band 212.
  Bonner Jahrbücher Band 213.

Herausgegeben vom LVR - Landesmuseum Bonn:
  Berichte aus dem LVR - Landesmuseum Bonn, Jahrgang 2013, Heft 1.
  Berichte aus dem LVR - Landesmuseum Bonn, Jahrgang 2013, Heft 2.
  Berichte aus dem LVR - Landesmuseum Bonn, Jahrgang 2014, Heft 1.

Herausgegeben vom LVR - Amt für Bodendenkmalpflege im Rheinland:
  Lutz Jansen, Thomas Otten und Bernd Päffgen, mit Beiträgen von Timo Bremer, Susanne Jenter und Tanja Potthoff, Dorfarchäologie des Mittelalters und der Neuzeit in Elfgen und Belmen. Rheinische Ausgrabungen, Band 68 (Darmstadt 2014).
  Lee Clare, Kristin Heller, Maha Ismail-Weber und Carsten Mischka, Die Bandkeramik im Alt-

dorfer Tälchen bei Inden. Rheinische Ausgrabungen, Band 69 (Darmstadt 2014).

Zu den Ausstellungen im Berichtszeitraum und Kunstwerken des Museums erschienen die folgenden Veröffentlichungen unter Beteiligung des Hauses, in der Regel als Herausgeber:

Die Krim. Goldene Insel im Schwarzen Meer. Griechen – Skythen – Goten (Primus-Verlag, Darmstadt 1013).

Oliver Jordan: Malerei als Revolte. Hommage an das Licht, die Schönheit und Camus. Herausgegeben von Ralf-P. Seippel, Texte u. a. von Gabriele Uelsberg (Verlag Kehrer, Heidelberg 2013).

Hans M. Schmidt und Katharina Liebetrau, Die Anbetung der Heiligen Drei Könige. Werkstatt des Meisters des Bartholomäus-Altars. Mit einem Vorwort von Gabriele Uelsberg. Patrimonia 251 (o. V. u. O. 2014).

Claudia Desgranges: Update. Hrsg. von Gabriele Uelsberg, Roland Scotti und Martin Gesing (Verlag Kettler, Dortmund 2014).

Sigrid Redhardt: Projektionen (Verlag Kettler, Dortmund 2014).

1914. Welt in Farbe. Farbfotografie vor dem Krieg (Verlag Hatje Canz, Ostfildern 2014).

Ulrike Rosenbach: Weiblicher Energie Austausch [sic!] (Verlag Kehrer, Heidelberg 2014).

Gebrochener Glanz. Römische Großbronzen am UNESCO-Welterbe Limes. Herausgegeben vom LVR-Landesmuseum Bonn, dem Archäologischen Landesmuseum Baden-Württemberg und dem Museum Het Valkhof, Nimwegen (Verlag Nünnerich-Asmus, Mainz 2014).

Eiszeitjäger. Leben im Paradies. Europa vor 15 000 Jahren. Begleitbuch zur Ausstellung (Verlag Nünnerich-Asmus, Mainz 2014).

René Böll: Cillíní. Die Friedhöfe der ungetauften Kinder Irlands auf Achill Island. Katalog zur gleichnamigen Ausstellung im LVR - Landesmuseum Bonn (Eigenverlag des Künstlers 2014). (O. Dr.)

Restaurierungen und Projekte

Erstversorgung und Zwischenlagerung von Nasshölzern. Bodenfunde aus organischem Material erhalten sich in der Regel nur im feuchten Milieu und haben somit bei Fundeinlieferung einen bestimmten Gehalt an Wasser gebunden.

Die folgende Konservierung ist ein aufwendiges und zeitintensives Verfahren, bei dem die Hölzer lange in Tränkbädern verweilen müssen. Gerade in Bereichen des Braunkohletagebaus kommen oftmals auf einen Schlag große Mengen organischer Feuchtfunde zutage. Wird zum Beispiel ein Brunnen geborgen, sind die Kapazitäten in den Werkstätten des Landesmuseums schnell ausgelastet. In der Folge aufgefundene Hölzer kann man nicht sofort weiterbearbeiten und sie müssen zunächst zwischengelagert werden.

Das Austrocknen der Fundstücke würde zum Kollabieren der Zellen führen, denn dabei schrumpft das Holz und wird deformiert. Die Funde sollten also unbedingt feucht und kühl zwischengelagert werden.

Die Gefahr des mikrobiellen Befalls von archäologischen Hölzern, die ohnehin vorbelastet sind, ist bei der bisher üblichen schwimmenden Lagerung in Wasserbecken groß. Das führt zu hohen Aufwänden: Um die Schimmelbildung einzudämmen, gehört das Wasser mindestens alle drei Wochen gewechselt und die Funde abgespült, Biozide sind umweltbelastend und teuer. Um die gesundheitliche Belastung für die Mitarbeiter zu verringern und die Zerstörung der Funde durch mikrobiellen Abbau zu hemmen, wird nach neuen Lösungen für eine Zwischenlagerung gesucht.

Gefordert ist, die Hölzer nicht mehr in offenen Wasserbecken bei Raumtemperatur zu lagern, ohne dass sie an- oder austrocknen. Zum anderen sollte eine möglichst stabile und platzsparende Verpackung gefunden werden.

Im Jahr 2014 wurden erste Tests mit einer Vakuumschweißmaschine der Firma Bunghardt durchgeführt. Sie funktioniert ähnlich wie ein Verpackungsgerät in der Schlachterei: Die Hölzer werden in eine wasserdampfundurchlässige Folie eingeschweißt, in der ein Unterdruck herrscht. Die Reduzierung des Sauerstoffes in der Verpackung und das Abkühlen der Umgebungstemperatur senkt die Gefahr des mikrobiellen Befalls stark. Das weitere Austrocknen ist verhindert und der Fundgegenstand platzsparend und gut fixiert in einer Folie verpackt. Stets kann das Material durch die Folie begutachtet und kontrolliert werden, ohne die Verpackung öffnen zu müssen (Abb. 1).

Eine weitere Option des Gerätes besteht darin, die Verpackung erst zu evakuieren und anschließend wieder mit Stickstoff zu begasen, um eine sauerstofffreie Atmosphäre herzustellen.

Die Verpackungseinheiten werden auf diese Weise platzsparend in den Kühlräumen des Landesmuseums und des Museumsdepots in Meckenheim bei etwa fünf Grad eingelagert, bis wieder Konservierungskapazitäten frei sind.

(J. B.)

Gräberfeld von Rommerskirchen-Eckum. Neue Funde dieses 2005 entdeckten merowingerzeitlichen Gräberfeldes wurden 2013 und 2014 erstversorgt. Ende 2014 wurde die Konservierung der ersten einhundert Bestattungen konservatorisch abgeschlossen.

Etwa einhundertzehn Metallobjekte erhalten pro Jahr eine Erstversorgung. Sie werden dabei aus dem Block entnommen, entsprechend der Anforderung für die wissenschaftliche Dokumentation partiell freigelegt und anschließend für die längerfristige Lagerung verpackt.

Das Hauptaugenmerk liegt auf den Kleinblöcken mit Metallobjekten. Digitale Röntgenaufnahmen helfen zuvor dem Restaurator und den Archäologen bei der Beurteilung von Erhaltungszustand, Komplexität des Befunds und wissenschaftlicher Aussage, um das Vorgehen für die weitere Bearbeitung der einzelnen Blöcke festzulegen. Wenn einer geöffnet wird, erfolgt eine partielle oder vollständige Freilegung und Konservierung der Objekte, meist in mehreren Plana.

Bei diesen Kleinblöcken handelt es sich oft um komplizierte Befunde, etwa mit einem Gehänge der Frauentracht (Abb. 2), einem Tascheninhalt oder Objekten, die durch Bodenlagerung stark korrodiert sind, wie zum Beispiel dünnwandige Bronzebecken. Viele Stücke werden durch die Freilegung besser lesbar und präziser bestimmbar.

Für die Holzbestimmung wurde die Zusammenarbeit mit dem Institut für Archäobotanik der Universität Köln begonnen. Dabei geht es mehrheitlich um Proben von Lanzen- und Axtschäften, Gefäßen und Grabeinbauten. Bei Objekten mit organischen Auflagerungen wie Textil und Leder kommt das Digitalmikroskop für die Dokumentation zum Einsatz.

(B. St.-N.)

Der Herr von Morken. Im Rahmen eines seit mehreren Jahren laufenden Projektes zu dem bekannten Grabfund aus Morken fanden 2013 abschließende Analysearbeiten statt, zum Beispiel eine CT-Untersuchung und technische Begutachtung der Spatha sowie DNA-Analysen am Skelettmaterial. Gleichzeitig wurden alle Funde des zugehörigen Ortsgräberfeldes inventarisiert.

Das Projekt schloss mit der Herstellung einer forensischen Gesichtsrekonstruktion durch Dr. Konstanze Niess vom Institut für Rechtsmedizin an der Universität Frankfurt am Main. Diese

Abb. 1 (gegenüber, unten) Nassholzaufbewahrung bei Unterdruck, in Folie eingeschweißt.

Abb. 2 (links) Ein Gehänge der merowingischen Frauentracht aus dem Gräberfeld von Rommerskirchen-Eckum. Drei Viertel der natürlichen Größe.

Gesichtsrekonstruktion wurde gemeinsam mit der Neupräsentation des betreffenden Bereichs in der Dauerausstellung – dazu gehört auch ein Multitouchtisch – der Presse vorgestellt und von einem breiten Publikum wahrgenommen.

(E. N.)

Weltweites Zellwerk. Für das in Kooperation mit dem Römisch-Germanischen Zentralmuseum Mainz durchgeführte Vorhaben ›Weltweites Zellwerk‹ wurde 2013 der Förderantrag erstellt und noch im gleichen Jahr genehmigt. In dem europaweiten Vorhaben ist das Rheinland eine Modellregion, in der die Herkunft, die Verbreitung und der Gebrauch mit Granatsteinen verzierter Fundobjekte in ihrer gesamten chronologischen, regionalen und sozialen Spannweite untersucht werden. Bestandteil des Konzeptes ist die umfangreiche Auswahl von Fundstücken, die im Hinblick auf die genannten Punkte eine repräsentative Gruppe des rheinischen Fundmaterials darstellen.

Im Januar 2014 begannen die ersten Arbeiten mit der Bereitstellung und Begutachtung der Funde. Ein Katalog zur Erfassung der Merkmalskriterien wurde erstellt. Dazu gehörte auch die für das Gesamtprojekt verbindliche Festlegung der Steinbearbeitungsklassen.

Verbindliche Teilnahme und Vorträge bei der Eröffnungsveranstaltung in Mainz und die Ausrichtung eines Arbeitstreffens aller Projektteilnehmer im Landesmuseum Bonn waren eingeschlossen.

(E. N.)

Weitere Maßnahmen. Im Museumsdepot Meckenheim wurde in Zusammenarbeit mit der Hochschule für angewandte Wissenschaft und Kunst (Hildesheim) ein Monitoring zur mikrobiologischen Belastung der Bestände durchgeführt. – Metallzeitliche Urnen aus dem Gräberfeld des für den Braunkohlenabbau zur Devastierung freigegebenen Alt-Pier im Kreis Düren wurden mit Unterstützung der Stiftung zur Förderung der Archäologie im rheinischen Braunkohlenrevier freigelegt, beprobt, konserviert und restauriert. – Zahlreiche römische Wandmalereifragmente wurden im Bonner Legionslager geborgen. Die erhaltenen Stücke zeigen eine chronologisch auswertbare Schichtenfolge. – Es begannen die Arbeiten am merowingischen Fundmaterial am Gräberfeld von Bonn-Oberkassel mit Erstellung eines Bearbeitungs- und Restaurierungskonzeptes. – Externe Ausstellungen wie die Einrichtung des Centre Charlemagne der Stadt Aachen oder der Ausstellung ›Werdendes Ruhrgebiet. Spätantike und Frühmittelalter an Rhein und Ruhr‹ im Ruhrmuseum Essen wurden durch die Bestände des Museums umfangreich unterstützt. – Das 2003 erworbene Gemälde ›Anbetung der Könige‹ des Bartolomäusmeisters oder seiner Werkstatt aus der Zeit um 1490 wurde technisch und naturwissenschaftlich untersucht, konserviert und restauriert.

Neuerwerbungen der Sammlung

In den Jahren 2013 und 2014 wurde wieder ein erheblicher Zuwachs zum Sammlungsbestand des Museums verzeichnet. Neben den Einlieferungen durch die Bodendenkmalpflege und dem stetigen Zugang aus Ausgrabungen gab es Ankäufe und Schenkungen.

So wurde ein Konvolut von Keramik der Töpferei Kniepen in Glimbach aus dem neunzehnten Jahrhundert übernommen.

Die neuzeitlichen Töpferorte am Niederrhein sind ein wichtiger Bestandteil der rheinischen Kulturgeschichte und ihre wissenschaftliche Aufarbeitung ist ein Anliegen der archäologisch-historischen Forschung. Die am östlichen Rurtalhang gelegenen Töpferorte Glimbach, Körrenzig und Gevenich (alle Stadt Linnich) sind bislang weitgehend unbekannt, obwohl dort vom siebzehnten bis Anfang des zwanzigsten Jahrhunderts bemalte Irdenware produziert wurde. Die Tongefäße hatten zeitweise einen hohen Standard, der demjenigen anderer bedeutender Töpferzentren der Niederrheinischen Bucht gleicht.

Die zusammenfassend als ›Glimbacher Ware‹ bezeichnete Keramik findet sich bislang fast ausschließlich in Privatsammlungen und ist deshalb in ihrem Bestand gefährdet. Eine wichtige Kollektion neuzeitlicher Töpferware besaß die Familie Eckers aus Glimbach. Nach Aussage der Tochter Walburga Marx (Lamersdorf) wurde der überwiegende Teil davon verkauft, nicht aber die Funde aus Glimbach. Im Dezember 2014 erwarb das Landesmuseum aus dem Nachlass der Familie Eckers dieses Konvolut Glimbacher Ware, das erste zu diesem Töpferzentrum im Bestand unseres Hauses. Es ist ein ausgesprochener Glücksfall, dass die Gefäße zu einer einzigen Töpferei gehören: Sie stammen laut Mitteilung von Frau Marx alle aus dem Garten der früheren Töpferei von Familie Kniepen, die mit Eckers beziehungsweise Marx verwandt ist.

Bei dem vorliegenden Bestand scheint es sich nach erster Begutachtung nicht um Fehlbrand zu handeln. Die Gefäße sind weitgehend zusammengesetzt, sie stammen aus dem neunzehnten Jahrhundert. Aktuell wird in einem Projekt unter Leitung von Simon Matzerath die Tonzusammensetzung der Glimbacher Ware in einem internationalen Laborvergleich untersucht.

Sechs weitere Teller Glimbacher Ware befinden sich in der Sammlung von Ferdinand Schmidt aus Aldenhoven, die ebenfalls 2014 erworben wurde (Abb. 3). Schon 1970 hatte das Landesmuseum große Teile dieser Kollektion erhalten. Dabei handelte es sich vor allem um Artefakte der Jungsteinzeit. Nachdem der Sammler im März 2014 verstorben ist, gingen nun weitere originale Fundstücke und zahlreiche Repliken steinzeitlicher Geräte in den Bestand des Museums über (vgl. S. Matzerath/H. Bielefeldt, Ferdinand Schmidt aus Aldenhoven zum Gedächtnis. Ein Lebenswerk für die Archäologie. Jahrb. Kr. Düren 2016, 125–138). (S. M.)

Für die römische Sammlung wurde eine goldene Haarnadel aus der Hand ihres Finders erworben, der das außergewöhnliche Stück bei einer Begehung im Vorfeld des Tagebaus Hambach bei Kerpen-Manheim entdeckt hatte.

Die fast vierzehn Zentimeter lange Nadel hat einen reich profilierten Kopf, dessen Spitze ursprünglich von einem Schmuckstein oder von einer Perle gekrönt war.

Aus Silber und nur unwesentlich kleiner ist eine Haarnadel gleichen Typus', die 2014 bei Ausgrabungen einer römischen Villa im Tagebau

Inden gefunden wurde. Weitere Vergleichsstücke stammen aus Vettweis und vom Niederrhein. Sie gehören in das ausgehende erste und beginnende zweite Jahrhundert (siehe W. Gaitzsch, Arch. Rheinland 2013, 124– 26, vgl. allg. T. Jung/M. Wieland, Kaiserzeitliche Schmucknadeln mit reich profiliertem Kopf vom Niederrhein. Xantener Berichte 24 [Darmstadt und Mainz 2012]). (S. W.)

Das Münzkabinett nahm in den Berichtsjahren wieder interessante und wichtige Neuzugänge auf. Dazu gehörten ein friesischer Sceatta, den Thomas Vogel aus Herzogenrath in Aachen-Richterich entdeckte, und der aus 859 Bronzemünzen samt Schatzgefäß bestehende Münzhort aus Spay im Kreis Mayen-Koblenz (Abb. 4).

Nachdem dieser Fund im Jahr 2013 in der Bonner Präsentation von ›Gefährliches Pflaster. Kriminalität im Römischen Reich‹ zu sehen war, konnte er im darauffolgenden Jahr aus der Hand der privaten Eigentümer angekauft werden. Die Münzen sind ungewöhnlich gut erhalten. Viele lassen sogar die ehemals silbrige Oberfläche erkennen, wie sie viele Geldstücke dieser Zeit anfänglich besaßen, die sich aber schnell abrieb, sodass sie höchst selten bis heute überdauert hat. Bis auf wenige Ausnahmen stammten die sogenannten Folles aus den drei Trierer Münzoffizinen und wurden zwischen 294 und 298/299 n. Chr. geprägt (Abb. 5–8). Der Schatz stellt somit ein einzigartiges numismatisches Zeugnis für die Zeit der ersten Tetrarchie dar.

Auch Stiftungen führten zu einem Zuwachs des numismatischen Sammlungsbestandes. Herr Mike Passing überließ dem Münzkabinett mehrere numismatische Fundstücke vom Niederrhein. Außer zwei keltischen Aduatuker-Kleinerzen des späten ersten vorchristlichen Jahrhunderts sind besonders eine frühkaiserzeitliche Kupfermünze mit Eisenkern und ein ebenfalls frühkaiserzeitliches As beziehungsweise ein Dupondius mit einem Varus-Gegenstempel zu erwähnen. Reiner Tyrolf, ehrenamtlicher Mitarbeiter der Außenstelle Xanten des Amtes für Bodendenkmalpflege, schenkte dem Landesmu-

Abb. 3 Zwei Teller aus Glimbach, das große Stück aus dem neunzehnten Jahrhundert, Fund von 1981 im Garten Robert Römer, das kleine von 1857, aus dem Garten der Familie Böhm. Sammlung Ferdinand Schmidt.

Der Hortfund von Spay.
Abb. 4 (links) Das Schatzgefäß mit dem Deckel und einigen der Geldstücke.
Abb. 4–8 Aversbilder von vieren der Münzen. Die Augusti Diokletian (5) und Maximianus Herculius (6) sowie die Caesares Constantius Chlorus (7) und Galerius (8). Doppelte natürliche Größe.

seum die barbarische Nachahmung einer römischen Münze aus spätantiker Zeit, die er in Bislich gefunden hatte.

Weitere Stiftungen an das Münzkabinett waren eine Goldmedaille auf Johann August Wahlberg für Carl Troll durch das Ehepaar Rohlfs und eine kupferne Medaille von Victor Huster zum fünfzigsten Geburtstag der Numismatikerin Ursula Kampmann von Frau Kampmann selbst.

(C. K.)

Der Sammlungsbestand zur neuesten Kunst wurde durch Schenkungen und Ankäufe ergänzt. So überließ der Künstler Achim Zemann, der 2008 mit einer Installation die ›Szene Rheinland‹ bespielt hatte, dem Museum ein abstraktes Landschaftsgemälde, das seither im Dauerausstellungsbereich zu finden ist. Sigrid Redhardt schenkte dem Museum aus Anlass ihrer Ausstellung drei Collagen mit dem Titel ›Melone‹, ›Melone2‹ und ›Wie wir ihn gerne hätten‹.

Anlässlich der Ausstellung mit dem rheinischen Kunstpreisträger des Rhein-Sieg-Kreises, dem Fotografen Elgar Esser, wurde ein großformatiges Landschaftsfoto mit dem Titel ›Montlouis1‹ angekauft. Es wird nun im Bereich der Düsseldorfer Malerschule gemeinsam mit der großen Arbeit ›Oderbruch‹ des Fotografen Boris Becker gezeigt, das im selben Jahr erworben wurde.

Die Künstlerin Birgitta Weimar ist mit drei Skulpturen auf der Außendachterrasse des Landesmuseums dauerhaft vertreten. Diese dunklen, von innen heraus strahlenden Rundlinge bilden auf ihrer mit Löchern überzogenen Oberfläche Sternhaufen ab, die jeweils fachmännisch nach dem wissenschaftlichen Katalog des Astronomen Charles Messier benannt ist.

Die Fotosammlung des Hauses wurde 2014 mit einer bedeutenden und frühen Arbeit von Katharina Sieverding mit dem Titel ›life-death‹ ergänzt, die in der wichtigen Ausstellung dieser Künstlerin in den siebziger Jahren bereits im Landesmuseum vertreten war.

Die Künstlerin Jutta Freudenberger-Vogel, die Witwe des Künstlers Manfred Vogel, überließ dem Museum als großzügige Schenkung zehn Bilder aus der Ausstellung ›Agape‹ ihres früh verstorbenen Mannes.

Das Werk ›Hungerturm II‹ des neusachlichen Künstlers Gottfried Brockmann wurde aus seinem Nachlass erworben und ergänzt nun den Sammlungsbestand zu diesem Künstler, von dem das Haus deutschlandweit die bedeutendste Museumssammlung besitzt.

Auch die Arbeit ›Wolkenmeer‹ des Künstlers Oliver Jordan wurde erworben, die in der Ausstellung zum Gedenken an Albert Camus zu sehen war.

Anlässlich der Ausstellung mit Werken von Ulrike Rosenbach wurde die Fotoserie ›Zehn Bilder zum Tarot‹ angekauft, die nun zusammen mit der Arbeit von Katharina Sieverding einen wichtigen Bereich der künstlerischen Fotografie im Fotosammlungsbestand besetzt.

Ein besonderes Konvolut wurde im Jahr 2014 angekauft, nämlich einhundertachtzig Grafiken des Düsseldorfer Künstlers Casper Scheuren, das den in diesen Bereichen noch sehr gering ausgestatteten Grafikbestand um wichtige rheinische Positionen des neunzehnten Jahrhunderts ergänzt.

Der spektakulärste Ankauf 2014 war ›All things involved in all other things‹ von Mary Bauermeister. Diese Arbeit, die sie in den sechzi-

ger Jahren für das Whitney Museum in New York geschaffen hatte und die sich erst seit den neunziger Jahren wieder im Besitz der Künstlerin befand, zeigt eine Objektinstallation, die das Werk der Künstlerin gleichsam in verschiedenen Phasen und Schwerpunkten skizziert. Für den Ankauf dieses Objektes wurde das Landesmuseum von der Kulturstiftung der Länder und der Landesregierung in Nordrhein-Westfalen unterstützt. Es ist eines der wichtigsten Werke dieser Künstlerin in einem deutschen Museum und gehört in die Reihe von großen frühen Arbeiten ihres Œuvres. (G. Ue. und L. A.)

Personalia

Eingetreten in den Dienst des Landesmuseums sind 2013 Alexandra Käss (wissenschaftliche Referentin), Knut Joachimsen (Restaurator), Martin Pütz (Grafiker) und Stefanie Brauner (Magazinarbeiterin). Ausgeschieden aus dem Dienst des Landesmuseums sind in diesem Jahr Franz Hülsbusch (Pädagoge), Marco Romussi (Restaurator), Martin Malewski (Bibliotheksangestellter), Hans Georg Keuler (Magazinarbeiter), Meike Lotz-Kowal (Volontärin) und Stephanie Müller (Volontärin).

Eingetreten in den Dienst des Landesmuseums sind 2014 Judith Jordan (wissenschaftliche Referentin), Lisa Njankouo Meffire (Restauratorin), Simon Matzerath (Volontär) und Anne Segbers (Volontärin). Ausgeschieden aus dem Dienst des Landesmuseums sind in diesem Jahr Hans-Jost Mergen (wissenschaftlicher Referent), Beate Steiger-Nawarotzky (Restauratorin) und Liliane Spürkel (Phonotypistin).

Bildrechte. Alle Bilder LMB. Ausführung Abb. 1 Juliane Bausewein, Abb. 2–8 Jürgen Vogel.

LVR - Amt für Bodendenkmalpflege im Rheinland

Bericht des Amtsleiters für das Jahr 2013

Zwei wichtige Urteile des Oberverwaltungsgerichtes in Münster (OVG NRW) vom 20. September 2011 nahmen im letzten Bericht der Amtsleitung bereits einen breiten Raum ein und beschäftigten uns auch im Berichtsjahr 2013 erheblich. Unerwartet und aufgrund von Urteilen vorangegangener Gerichtsebenen auch keinesfalls zu vermuten gab die höchste Verwaltungsgerichtsinstanz in Nordrhein-Westfalen zwei Kiesgrubenbetreibern recht, die sich gegen bodendenkmalrechtliche Auflagen in ihren Abgrabungsgenehmigungen gewandt hatten. Die Richter bemängelten insbesondere konkrete Auflagen im Sinne des Verursacherprinzips, wo Rettungsgrabungen zu Lasten der privaten Betreiber im Vorfeld der Auskiesungen ausgeführt wurden. Das Problem bei diesen Auflagen lag in der unzureichenden Formulierung des hiesigen Denkmalschutzgesetzes, und so war der Gesetzgeber, also das Landesparlament, zum Handeln aufgerufen, wollte man nicht zukünftig die Durchführung und Finanzierung derartiger archäologischer Rettungsmaßnahmen den öffentlichen Kassen aufbürden. Allein für das Rheinland legten wir Berechnungen vor, wonach sich die Kostenlast für die öffentliche Hand auf sechzehn bis zwanzig Millionen Euro jährlich beziffern würde; für ganz Nordrhein-Westfalen geht man von mehr als dreißig Millionen Euro jährlich aus.

Die Landtagswahlen im Mai 2012 verzögerten zunächst das Verfahren, allerdings verständigten sich die Regierungsparteien im Zuge der Koalitionsvereinbarungen bereits frühzeitig auf die Novellierung der einschlägigen Bestimmungen. Dennoch vergingen letztendlich zwei Jahre bis zum Inkrafttreten des nun geänderten Denkmalschutzgesetzes.

Nach vorangegangener öffentlicher Anhörung verabschiedete das nordrhein-westfälische Landesparlament am 11. Juli 2013 das ›Erste Gesetz zur Änderung des Denkmalschutzgesetzes vom 16. Juli 2013‹, das am 26. Juli im Gesetz- und Verordnungsblatt (GV.NRW. Ausgabe 2013 Nr. 26 vom 26.7.2013) veröffentlicht wurde und einen Tag später, am 27. Juli 2013, in Kraft trat. Vier wesentliche und für die Bodendenkmalpflege sehr positive Neuerungen sind enthalten:

Erstens die umfassende Einbeziehung auch der nicht in den Denkmallisten erfassten Bodendenkmäler, also der sogenannten vermuteten Bodendenkmäler, bei allen öffentlichen Planungen und Maßnahmen (§ 3 DSchG NW).

Zweitens die Einführung eines Schatzregals, das insbesondere archäologische Funde von besonderer wissenschaftlicher Bedeutung und bewegliche Bodendenkmäler in Landeseigentum überführt (§ 17 DSchG NW).

Drittens die Verbesserung des Betretungsrechts bei nicht eingefriedeten Grundstücken zur Ermittlung und Überprüfung von Bodendenkmälern (§ 28 DSchG NW).

Viertens die Einführung des Verursacherprinzips sowohl bei den konstitutiv geschützten als auch bei den vermuteten Bodendenkmälern (§ 29 DSchG NW).

Manche neue gesetzliche Regelung wird in der praktischen Umsetzung durch Verwaltungsvorschriften, aber auch Gerichtsurteile, sicherlich noch konkretisiert, doch hat das geänderte Denkmalschutzgesetz in Nordrhein-Westfalen vom 16. Juli 2013 fraglos wieder Anschluss an die moderne Gesetzgebung anderer Bundesländer und auch an internationale Regelungen wie das ›Europäische Übereinkommen zum Schutz des archäologischen Erbes (Charta von Valletta/Malta)‹ gefunden.

Anders als bei der breite Zustimmung findenden Gesetzesänderung war die neue Landesregierung im Bereich der Denkmalpflege im Jahr 2013 noch aus einem anderen Grund in die Schlagzeilen geraten und sah sich sogar mit einer Petition konfrontiert, die deutschlandweit Unterstützung fand. Sie plante vor dem Hintergrund der sogenannten Schuldenbremse die drastische Reduktion ihrer Denkmalförderungsprogramme, die gegebenenfalls bis auf einen sogenannten ›Nullansatz‹ abgesenkt werden sollten. Zunächst nur für Kirchen, nachfolgend aber auch für die Bodendenkmalpflege schuf man nach intensiven Beratungen eine Sonderregelung, da man beide als ›unrentierliche Bereiche‹ klassifizierte, die auch zukünftig der Landesförderung bedürften. Die seit Inkrafttreten des ursprünglichen Denkmalschutzgesetzes, also seit dem Jahr 1980 gültigen Grundlagen der Finanzierung für die Bodendenkmalpflege bleiben deshalb auch in den nächsten Jahren erhalten: Die Landschaftsverbände und die Stadt Köln garantieren die Personal- und Sachmittel für den Unterhalt der Denkmalfachämter, und das Land gibt weiterhin für archäologische Projekte Zuschüsse, deren Höhe für die nächsten Jahre in etwa auf dem Niveau der Denkmalförderung des Jahres 2012 festgeschrieben wurde. Vor dem Hintergrund der allgemeinen Lage der öffentlichen Kassen können wir mit diesem Ergebnis wirklich zufrieden sein und brauchen auch hier den Ländervergleich nicht beziehungsweise nicht mehr zu scheuen: Gesetz und Finanzierung, zwei entscheidende Parameter unserer Arbeit, sind im Jahr 2013 also wieder zu stabilen Größen geworden!

Im Leitungsbericht 2012 war bereits von der Tagung ›Archäologie und Bodendenkmalpflege in der Rheinprovinz 1920–1945: Personen – Institutionen – Netzwerke‹ die Rede, die unser Haus gemeinsam mit dem Ministerium für Bauen, Wohnen, Stadtentwicklung und Verkehr und der Vor- und Frühgeschichtlichen Archäologie der Rheinischen Friedrich-Wilhelms-Universität Bonn vom 14. bis 16. Mai 2012 in der ehemaligen Ordensburg Vogelsang durchgeführt hatte. Nun, schon ein Jahr später, konnten wir die Tagungspublikation in unserer Schriftenreihe der ›Materialien‹ veröffentlichen. Bisherige Forschungsvorhaben beleuchteten zumeist die Hauptkontrahenten im NS-Apparat, also das SS-›Ahnenerbe‹ und das ›Amt Rosenberg‹. Wenig Beachtung fand bislang dagegen die staatliche Ebene mit dem einflussreichen Reichsministerium für Wissenschaft, Erziehung und Volksbildung unter der Leitung von Bernhard Rust. Diesem Ministerium oblagen jedoch wesentliche Personalentscheidungen, unter anderem die Berufungen der Universitätsprofessoren und der Staatlichen Beauftragten für kulturgeschichtliche Bodenaltertümer, nach heutiger Terminologie also der Landesarchäologen. Die ›Vogelsang-Tagung‹ hat gerade hier neue Akzente setzen können, indem sie erstmals das für Diktaturen charakteristische Phänomen des ›Doppelstaates‹ in der Diktion Ernst Fraenkels mit seiner dominanten Parteistruktur einerseits und einer parallel weiterhin existierenden (rechts-)staatlichen Ebene andererseits auch für den Arbeitsbereich der Bodendenkmalpflege in seinen Auswirkungen veranschaulicht hat.

Als Desiderat wurde in den letzten beiden Jahrzehnten aber ebenfalls sehr deutlich, dass nun vertiefende regionale Analysen auf der Ebene der Länder beziehungsweise der preußischen Provinzen folgen müssten, da hier erhebliche Unterschiede zu verzeichnen sind. Eine Schlüsselstellung nahm dabei die preußische Rheinprovinz ein, da mit der dortigen Wirtschaftskraft, basierend auf Kohlegewinnung und Stahlerzeugung an Rhein und Ruhr, der geopolitisch markanten Lage als Außengrenze des Deutschen Reichs sowie der umtriebigen Rheinischen Provinzialverwaltung drei entscheidende Faktoren zusammenstießen. Die Landesmuseen in Trier und insbesondere in Bonn entwickelten sich zu führenden Kultureinrichtungen, die national wie international reüssierten und Vorbildfunktion für die anderen preußischen Provinzen und deutschen Länder einnahmen. Eine umfassende Betrachtung aller fachlichen, administrativen und politischen Akteure, die in den Jahren zwischen 1920 und 1945 die Geschicke von Archäologie und Bodendenkmalpflege in den einschlägigen Institutionen der preußischen Rheinprovinz bestimmten, ist durch die Tagung und die nun vorgelegte Publikation entstanden.

Intensiviert wurde im Jahr 2013 auch die Fortschreibung des Projektes ›Inventar der archäologischen Relikte des Ersten und Zweiten Weltkrieges sowie des Kalten Krieges im Rheinland‹. Hier ging es neben der Erfassung weiterer Objekte in Archiven und der anschließenden Überprüfung im Gelände, inwieweit noch Spuren vorhanden sind, bereits um die Auswahl an Denkmälern, die in einem Führer vorgestellt werden. Dieser Band erscheint in unserer Reihe ›Führer zu archäologischen Denkmälern im Rheinland‹, wenn sich 2014 der Ausbruch des Ersten Weltkrieges zum einhundertsten Mal jährt. Dazu plant unser Haus auch Sonderveranstaltungen an ausgewählten Objekten.

Wichtige Ausgrabungen, Funde und Forschungen bestimmten auch das Berichtsjahr 2013. Im Bereich der paläontologischen Denkmalpflege sind insbesondere bemerkenswert gut erhaltene Pflanzenreste der sogenannten ›Otzenrath-Flora‹ aus dem Pliozän (dreieinhalb bis zweieinhalb Millionen Jahre alt) zu nennen; es handelt sich um überwiegend sommergrüne Laubmischwaldflora im ausgehenden Tertiär. Seit 2006 wurden im Umfeld der inzwischen devastierten Ortschaft Otzenrath im Tagebau Garzweiler mehr als tausend Pflanzenfossilien aus diesem Horizont geborgen. Rund drei Millionen Jahre älter, aber ebenfalls im Vorfeld des Tagebaus Garzweiler, gelang der Nachweis von Früchten, Samen und Zapfen aus dem Übergang vom Miozän zum Pliozän.

Schon seit einigen Jahren beschäftigen uns Planungen zur Regulierung der Wasserstände der Niers bei Mönchengladbach-Geneiken. Im Vorfeld einer neu anzulegenden Rückhaltefläche gelang es dabei erstmals im nordwesteuropäischen Tiefland, Reste von Jagdaktivitäten der Federmessergruppe (12.000–10.750 v. Chr.) im großen Umfang zu bergen. Die Untersuchungen werden im nächsten Jahr fortgeführt und mit Abschluss der Grabungen können wir zum ausgehenden Pleistozän im Rheinland wohl grundlegend neue Erkenntnisse erwarten.

Für die Abschnitte der Vorgeschichte, insbesondere aber für die Eisenzeit und die nachfolgende römische Epoche, sind die auf mehrere Jahre angelegten Untersuchungen im zweihundertfünf Hektar großen Gewerbegebiet zwischen Euskirchen-Büllesheim und Weilerswist wichtig. Grabfunde aus beiden Epochen wurden bereits untersucht, doch haben umfangreiche Geländeprospektionen im Vorfeld noch eine Vielzahl weiterer Fundplätze nachgewiesen. Für dieses Großareal ist zu bedauern, dass die Verhandlungen zu den Rettungsgrabungen bereits vor Inkrafttreten des geänderten Denkmalschutzgesetzes geführt werden mussten. Heutzutage wären dort bessere Konditionen zur Sicherung des archäologischen Kulturerbes zu erzielen.

Römische Fundplätze stehen traditionell im Fokus der hiesigen Bodendenkmalpflege. Das betrifft insbesondere die zahlreichen Militärlager am Limes, die wir im Vorfeld einer Bewerbung, den Niedergermanischen Limes in die UNESCO-Welterbeliste aufzunehmen, einer neuerlichen Sichtung unterziehen. Auch Testgrabungen gehören hier zum Programm, die den Denkmalzustand und den wissenschaftlichen Wert weiter festlegen sollen. In dem Zusammenhang waren wir auch in Kalkar, im Alenlager Burginatium, das erst vor wenigen Jahren durch geophysikalische Messungen in seinem Grundriss bekannt wurde. Schon seinerzeit fiel eine Unregelmäßigkeit bei der sogenannten Spielkartenform der Umwehrung auf. Eine Lagerecke war nicht – oder nicht mehr – abgerundet, wie die drei anderen, sondern wirkte abgeschnitten. Sondagen haben jetzt die Ursache hierfür klären können. Der Rheinverlauf riss in der Spätantike die ursprüngliche Umwehrung in diesem Bereich fort, aber man wusste sich durch eine Mauerkorrektur zu helfen. Galt bis vor kurzem noch die These, wonach die römische Armee für ihre Lager eher Standorte in einiger Entfernung vom Hauptstrom wählte, wissen wir heute, dass man ganz im Gegenteil die unmittelbare Nähe zum ganzjährig schiffbaren Gewässer suchte, auch auf die Gefahr von Überflutungen und Unterspülungen hin.

In diesem knappen Tätigkeitsbericht soll nur noch eine weitere besonders wichtige Grabung Erwähnung finden. Nach ersten Vorerkundungen im Jahr 2007 und den anschließenden Grabungskampagnen in den Folgejahren konnte jetzt die fast vollständige Freilegung einer Siedlung aus der Merowingerzeit bei Bonn-Bechlinghoven abgeschlossen werden. Deren Aufarbeitung erfolgt im Rahmen eines Dissertationsvorhabens an der Bonner Universität durch die Ausgräberin. Hinter der unglaublichen Anzahl von vierundneunzig freigelegten Gebäudegrundrissen verbergen sich unterschiedliche Hausformen, die verschiedenen Zeitphasen zuzuweisen sind.

Abschließend noch einige statistische Angaben zum Berichtjahr 2013. Das LVR - Amt für Bodendenkmalpflege führte 291 eigene Ausgrabungen und Untersuchungen durch und betreute als Denkmalpflegefachamt 110 Drittmaßnahmen, insbesondere von privaten Grabungsfachfirmen. Darüber hinaus beteiligten wir uns an vier Ausstellungsprojekten, wobei die aus einem Projekt der Deutschen Bundesstiftung Umwelt (DBU) entstandene Ausstellung ›Natur- und Denkmalschutz zwischen Siebengebirge und Sieg‹ im nächsten Jahr auch noch an anderen Orten der Region präsentiert wird.

Jürgen Kunow

Ehrenamtliche Mitarbeiter

H. Adam, Ruppichteroth; W. Adolph, Erkelenz; R. Baade, Wermelskirchen; O. Bauer, Bonn; G. Baumgarten, Bonn; St. Baumgarten, Bonn; W. Bender, Köln; J. Bergheim, Swisttal; Dr. F. Biller, Telgte; T. Bilstein, Overath; G. Blume, Heiligenhaus; Dr. A. Bode, Düsseldorf; U. Boelken, Langenfeld; R. van den Bogard, Kalkar; T. Boller, Düsseldorf; G. und H. Brühl, Bergisch Gladbach; P. Bruns, Wesel; Dr. J. Bucco, Frechen; M. Büenfeld, Borgentreich; M. Bundschuh, Bergisch Gladbach; K. und R. Bürger, Wegberg; M. Butler, Nideggen; R. Clemens, Grefrath; A. Delhey, Düren; A. Denison, Königswinter; A. Dietrich, Moers; N. Dinraths, Jüchen; Dr. M. Dodt, Weilerswist; Dr. G. Dohmen, Heinsberg; M. Dohmen M. A., Düren; O. Eckardt, Kürten; H. Eggerath, Erkrath; P. Empt, Kerpen; G. Emrich, Lindlar; Dr. R. Engelmann, Niederzier; U. Englaender, Bonn; W. Erley, Velbert; W. Esser, Nörvenich; L. Fichtner, Erkrath; Dr. K. Flath, Bonn; H. P. Förster-Großenbach, Kevelaer; W. Franzen, Düren; T. Geier, Düsseldorf; F. Gockel, Bonn; A. Göbel, Essen; Dr. H. Grau, Heiligenhaus; V. Grünewald, Bonn; J. Hartung, Langenfeld; J. Hattendorf, Nideggen; O. Heinrich, Leichlingen; Dr. J. Heinrichs, Oberhausen; A. Heilmann, Bonn; S. Hendrich, Düsseldorf; M. Herper, Rheinbach; H. und M. Hesse, Viersen; B. Höhner, Kerpen; S. Hoguth, Velbert; C. Holtschneider, Remscheid; M. Hundt, Rommerskirchen; R. Jakubowski, Merzenich; R. Janssen, Baesweiler; M. Jäsche, Bergisch-Gladbach; R. Jochims, Geilenkirchen; G. Kaiser, Bonn; B. Kamps, Neuss; Dipl.-Ing. A. Karschti, Oberhausen; R. Keidel, Eschweiler; F. Kellner, Grevenbroich; B. Kibilka, Kevelaer; M. Kirberich, Düren; P. Kirch, Stolberg; H.-J. Koepp, Goch; P. und U. zum Kolk, Erkrath; T. König, Bonn; R. Körner, Wiehl; D. Kottmann, Aachen; M. Krajewski, Kaarst; E. Kretzschmar, Langerwehe; Dr. Ing. G. Krien, Erftstadt; Dr.-Ing. Th. Kuck, Kreuzau; M. Kuhn, Aachen; H. Langerbeins, Wegberg; M. Leehr, Windeck; J. Lohbeck, Velbert; R. Loschen, Düsseldorf; K. Ludwig, Hückelhoven; T. Maas, Moers; N. Maaßen, Erkelenz; T. Marchetti, Essen; Ch., K.-F. und R. Marcus, Kierspe; M. Masser, Bonn; K. Moser, Köln; S. Mros, Nörvenich; K. Mühlbauer, Nörvenich; H. Murmann, Kerpen; Chr. Neumann, Hilden; J. Niedworok, Velbert; F. Nolden, Düsseldorf; K. Oerschkes, Geldern; K.-H. Pastoors, Geldern; A. Peffeköver, Lindlar; G. Peters, Geilenkirchen; Dipl.-Ing. U. Peters, Oberhausen; K. Plewnia, Essen; A. M. Plum, Baesweiler; S. Polkläser, Heiligenhaus; F. Poth, Kall; H.-P. Pütz, Nörvenich; I. Prox, Lohmar; S. Quadflieg, Köln; A.-M. Ramisch, Bonn; K. Reger, Hellenthal; F. Reinisch, Wegberg; G. Reiß, Leverkusen; B. Rettinghausen, Duisburg; H. W. Rhiem, Weilerswist; I. Rick, Mechernich; A. Ricken, Alpen; D. Roth, Haan; S. Roth, Bergisch-Gladbach; R. Ruhland, Wesseling; M. Rüth, Leverkusen; D. und F. Sackel, Mettmann; D. Schatz, Bonn; N. Schmal, Bergisch-Gladbach; H. Smits, Goch; W. Spielmanns, Viersen; A. Schrader, Zülpich; Dipl. Ing. B.-P. Schreiber, Erftstadt; C. Schüning, Essen; G. und P. Schulenberg, Düsseldorf; K.-J. Schulz, Erkrath; M. Schulz, Wegberg; Dr. R. Schulze-Rettmer, Aachen; T. Schwarz, Bonn; Dr. P. Staatz, Merzenich; B. Z. Stachiw, Mechernich; H.-J. Stapf, Dinslaken; C. Stern, Gent; T. Terveer, Viersen; R. Tews, Leichlingen; G. Thielemann, Eschweiler; D. Tomalak, Swisttal; A. Uhle, Düsseldorf; R. Verheyen, Kleve; A. Wagner, Bad Honnef; M. Walendzik, Hamminkeln; R. Walter, Köln; W. Wegert, Velbert; H. Werner, Meckenheim; C. Weßling, Rommerskirchen; G. White, Erftstadt; K. Wilhelms, Düsseldorf; A. Winkelbrandt, Jülich; Dr. W. Wintz, Kreuzau; J. Wolf, Bergheim; H. Wolter, Königswinter; K. Zielke, Königswinter; A. Zimmermann, Bonn; L. Zimmermann, Düsseldorf.

Publikationen

Bonner Jahrbücher 212, 2012
   542 Seiten mit 201 Abbildungen und 14 Tafeln

Archäologie im Rheinland 2012
   285 Seiten mit 250 Abbildungen

Archäologie und Bodendenkmalpflege in der Rheinprovinz 1920–1945
   448 Seiten mit 200 Abbildungen

Die ArchaeoRegion Nordeifel. 30 archäologische Entdeckertipps
   36 Seiten mit zahlreichen Illustrationen

Unser Denkmal. Wir machen mit. Ehrenamtliches Engagement in der Bau- und Bodendenkmalpflege in Nordrhein-Westfalen. Hrsg. Nordrhein-Westfalen-Stiftung, Landschaftsverband Rheinland, Landschaftsverband Westfalen-Lippe, Rheinischer Verein für Denkmalpflege und Landschaftsschutz, Heimatbund Westfalen, Düsseldorf 2013
   96 Seiten mit zahlreichen Illustrationen

Ehrungen

Den Rheinlandtaler 2013 erhielt Bernhard Höhner aus Kerpen. Er setzt sich ehrenamtlich für die Bodendenkmalpflege und die Geschichte seiner Heimatstadt ein. Er gründete 1963 den Verein der Heimatfreunde und gab später die ›Kerpener Heimatblätter‹ heraus. Darüber hinaus unternahm er zahlreiche Feldbegehungen und Baustellenbeobachtungen und engagiert sich seit vielen Jahren regelmäßig und aktiv für den Heimatverein im Stadtarchiv.

Verein von Altertumsfreunden im Rheinlande

Bericht über die Tätigkeit im Jahre 2013

Die Mitgliederversammlung fand am 18. April 2013 statt. Die Tagesordnung umfasste (1.) den Geschäftsbericht, (2.) den Kassenbericht, (3.) die Wahl des Vorstands und (4.) Verschiedenes.

Bericht des Vorsitzenden

Publikationen

Bonner Jahrbücher 212, 2012.

Vorträge

Prof. Dr. Beate Wagner-Hasel (Hannover)
Altersklage und Generationenkonflikte in der Antike (21. Februar).

Der antike Diskurs über das Alter bewegt sich zwischen Lobpreisung der Weisheit und Verspottung der Alten. Auch wenn die überlieferten Traktate über das Altern zweifellos Empfehlungen zu einer altersgemäßen Lebensführung enthalten, so haben diese mit dem Konzept des aktiven oder erfolgreichen Alterns der modernen Erlebnisgesellschaft nichts gemein. Eine dritte Lebensphase jenseits der Erwerbstätigkeit gab es in der Antike nicht. Lebenslanges Arbeiten war vielmehr selbstverständliche Praxis. Auffallend ist der normative Charakter der Aussagen über das Alter in antiken Texten. Ein nahezu durchgängiges Muster antiker Altersdiskurse ist es, dass das Verhältnis zwischen Jung und Alt konflikthaft gedacht wird. Der Generationengegensatz wurde vor allem von antiken Dichtern gerne genutzt, um Aussagen über politische Konflikte zu treffen. Sowohl Altersklage als auch Alterslob lassen sich als diskursive Strategien zur Verständigung über politische Ordnungsvorstellungen deuten.

Priv.-Doz. Dr. Sebastian Ristow (Köln)
Das Rheinland wird christlich. Kurzer Prozess oder stufenweise Entwicklung? (21. März).

Die archäologische Forschung der letzten zwanzig Jahre hat an zahlreichen Orten des Rheinlands die frühchristlichen Quellen neu bewertet. Es zeichnen sich Brüche im Verlauf der Christianisierung im fünften und der ersten Hälfte des sechsten Jahrhunderts ab. Die Bewertung von mit frühchristlichen Symbolen, Inschriften oder Bildern verzierten Funden ist für die Interpretation der Sachquellen von untergeordneter Bedeutung, da sie mobil sind und nur selten einem Eigentümer als intendiert christliche Äußerung zugewiesen werden können. Umso wichtiger sind eine zunächst neutrale Klassifizierung von Baubefunden und die stringente Einteilung, ob sie sicher oder vielleicht christlich oder aber profan sind. Nur so ist eine Beurteilung des Standes der christlichen Institutionalisierung möglich.

Priv.-Doz. Dr. Salvatore Ortisi (Köln)
Der römische Vicus von Nettersheim. Ein ländlicher Zentralort in der Nordeifel (18. April).

Der römische Vicus von Nettersheim wird seit 2009 vom Archäologischen Institut der Universität zu Köln untersucht. Die neu entdeckte Siedlung liegt direkt unterhalb des bekannten Matronenheiligtums auf der Görresburg. Der Vicus wurde bereits im ersten Jahrhundert an der römischen Magistrale zwischen Köln und Trier gegründet und dürfte mit dem auf antiken Straßenkarten überlieferten Ort Marcomagus identisch sein. Eine römische Straßenstation und ein spätantikes Kleinkastell dienten zur Kontrolle des Reiseverkehrs auf der wichtigen Fernstraße. Vier Jahrhunderte lang bildete der Ort das städtische Zentrum des oberen Urfttales. Bis zu seiner Aufgabe um die Mitte des fünften Jahrhunderts war der Vicus auch ein regionales Zentrum der Eisenerzverhüttung.

Prof. Dr. Bernhard Palme (Wien)
Papyrusbriefe aus dem griechisch-römischen Ägypten (16. Mai).

Papyri überliefern zahlreiche Privat- und Geschäftsbriefe sowie offizielle Korrespondenz aus dem hellenistischen, römischen und byzantinischen Ägypten, in denen Menschen des Altertums den heutigen sehr unmittelbar entgegentreten. Ausgewählte Beispiele gaben einen Überblick über die unterschiedlichen Genres der oftmals amüsanten, bisweilen auch erschütternden Inhalte der Papyrusbriefe, die facettenreiche Einblicke in reale Lebensverhältnisse gewähren. Durch eine Gegenüberstellung mit literarisch überlieferten, kunstvoll stilisierten Briefen bekannter Persönlichkeiten wurden Unterschiede und Gemeinsamkeiten dieser beiden Formen der antiken Briefliteratur herausgearbeitet, die als unmittelbarer Vorläufer unserer abendländischen Briefkultur gelten darf.

Prof. Dr. Dirk Krausse (Stuttgart)
Achtzig Tonnen Keltengrab. Das neue frühkeltische Fürstinnengrab von der Heuneburg (20. Juni).

In der Nähe des Fürstensitzes Heuneburg (Kr. Sigmaringen) an der oberen Donau wurde 2010 ein unberaubtes Holzkammergrab der Zeit um 600 v. Chr. entdeckt und in einer spektakulären Aktion als achtzig Tonnen schwerer Block im Ganzen geborgen. In der Werkstatt des Landesamts für Denkmalpflege Baden-Württemberg wird es seitdem unter Laborbedingungen freigelegt und erforscht. Es handelt sich um die Bestattung einer Frau mit umfangreichem Goldschmuck und anderen kostbaren Beigaben. Rätsel gibt noch die Entdeckung einer zweiten Person in der Beisetzung auf: Musste sie der Fürstin ins Grab folgen? Aufgrund der sehr guten Erhaltung und der optimalen Untersuchungsbedingungen erlaubt der Fund zahlreiche neue Einblicke in die Welt der frühen Kelten.

Dr. Jennifer Morscheiser-Niebergall (Overath)
Im Lager und vor den Toren. Neue Grabungen und Forschungen zum römischen Bonn (11. Juli).

Entlang der das Bonner Legionslager durchquerenden Hauptstraße wurden seit 2005 drei Grundstücke untersucht. In römischer Zeit befanden sich dort die Principia, das Prätorium und eine Badeanlage. Umbauphasen vom ersten bis fünften Jahrhundert und reichhaltiges Fundmaterial geben Einblicke in viele Alltagssituationen, ob Arzt- oder Damenbesuch, Körperpflege oder importierte Luxusgüter. Ein ganz anderes Bild vermitteln dagegen die Handwerkerbetriebe wie Töpfereien, eine Metallverarbeitungswerkstätte oder auch eine mögliche Brauerei in der Lagervorstadt, wobei auch hier Fußbodenheizung und Wandmalerei durchaus Wohnkomfort belegen. Zusammengenommen entsteht ein buntes Bild römischer Alltagskultur in und um das Lager, das noch nach dem Abzug der Truppe in der Spätantike weiter zivil genutzt wurde.

Vanessa Krohn M. A. (Bonn)
Der Monte Sant'Angelo am Rhein. Neues zur Michaelskapelle auf dem Godesberg (19. September).

Die Michaelskapelle auf dem Godesberg als Nahwallfahrtsstätte der Michaelsbruderschaft und des gleichnamigen Ordens wurde in den Jahren 1697 bis 1699 neu gestaltet. Auftraggeber war der Kölner Kurfürst-Erzbischof Joseph Clemens von Bayern (1671–1723). Das ikonographische Programm, das im Wesentlichen vom Bauherrn selbst entwickelt wurde, ist auf die in der Kapelle vorgenommenen liturgischen Handlungen und Zeremonien abgestimmt. Neben dem bereits bekannten Stuckateur Giovanni Pietro Castelli, den Joseph Clemens aus seiner bayerischen Heimat an den kurkölnischen Hof berief, können nun erstmals auch die künstlerischen Urheber der Seitenaltargemälde und der Hochaltarskulpturen namentlich erfasst werden: Der Bildhauer Robert Verburg und der Maler Engelbert Fisen, die für die renommierte Werkstatt des Bildhauers und Dessinateurs Arnold Hontoire in Lüttich tätig waren, wurden vom Erzbischof nicht nur für die Godesberger Michaelskapelle, sondern auch für seine Bonner Hofkapelle engagiert. Die engen Kontakte zu den wallonischen Künstlern sind dabei auf das von Joseph Clemens ab 1694 bekleidete Amt des Fürstbischofes von Lüttich zurückzuführen.

Prof. Dr. Christoph Schäfer (Trier)
Kleopatra – das Ende eines Mythos
(24. Oktober).

Ein Kobrabiss, der von den Quellen als wahrscheinlichstes Mittel zum Selbstmord Kleopatras genannt wird, führt weder sicher noch angenehm zum Tod. Der klinische Befund erweist die ägyptische Kobra als ungeeignetes Instrument für den von der ägyptischen Königin geplanten Suizid. Vor diesem Hintergrund war das Arrangement des Selbstmords eine Inszenierung erster Güte und lässt sich nur aus ägyptisch-ptolemäischer Tradition erklären. Offenbar wollte die Herrscherin deutlich machen, dass die wirkliche Königin Ägyptens, die Neue Isis, bedeutsam starb und dass damit eine Epoche endete. Dabei konnte Kleopatra darauf rechnen, dass eine Vielzahl an Deutungen von einem Selbstmord durch den Biss einer Uräusschlange, der ägyptischen Kobra, ihren Ausgang nehmen würde. Im Tod muss sie um die gewaltige Fernwirkung ihres Sterbens gewusst haben.

Dr. Gabriele Zipf (Hannover und Schöningen)
Die Schöninger Speere und das Paläon
(21. November).

Im Jahr 1994 wurden bei einer Rettungsgrabung im Schöninger Tagebau nahe Helmstedt mehrere vollständig erhaltene Holzgeräte aus der Altsteinzeit gefunden, eine Entdeckung, die unser Bild des Urmenschen wesentlich erweitert. Besonders zu nennen sind die ›Schöninger Speere‹, die bisher ältesten Jagdwaffen der Menschheit, deren Alter auf etwa dreihunderttausend Jahre geschätzt wird. Aus der Altsteinzeit gibt es dazu weltweit keine Parallele. Anhand des gesamten Fundensembles lässt sich die Besiedlungsgeschichte Nordeuropas erläutern, und viele Annahmen über das Leben des Homo heidelbergensis können nun endlich bewiesen werden. Planendes Handeln, Kommunikationsvermögen, technische Fertigkeiten, ausgefeilte Jagdstrategien und ein komplexes Sozialgefüge gehörten zu seinen Fähigkeiten. Präsentiert werden die Funde im ›Paläon‹, dem ›Forschungs- und Erlebniszentrum Schöninger Speere‹. Dort wird vermittelt, wie der Homo heidelbergensis vor etwa dreihunderttausend Jahren gelebt und gejagt hat.

Prof. Dr. Wolf-Dieter Heilmeyer (Berlin)
Die Berliner Göttin. Geschichte und Rezeptionsgeschichte einer archaischen griechischen Statue (6. Dezember).

In den Jahren 1924 bis 1925 wurde aus dem Kunsthandel für die Berliner Antikensammlung eine kurz zuvor bei Olympos in Südattika gefundene Frauenstatue der Zeit um 570 v. Chr. erworben. Die moderne Rezeptionsgeschichte des sehr berühmten Stückes lässt sich ihrer antiken Bedeutung gegenüberstellen. Neue Untersuchungen zu Material und Machart, den Oberflächen und den vier differenziert eingesetzten Farben lassen die Berliner Göttin als wertvolle Grabstatue einer jungen Frau aus einer reichen attischen Familie erkennen. Sie hatte eine Dienerschar, und ihr war die Kleiderbevorratung ebenso angelegen wie die Nahrungsverwaltung im Oikos bis hin zu den Pharmaka. Sie verfügte über Charis und war daher eine »Himmlische unter den Frauen‹, was gleichsam ihren modernen Beinamen rechtfertigt.

Besichtigungen

Am 15. Juni 2013 fand eine Fahrt in die Umgebung des Siebengebirges und des vorderen Westerwaldes statt. Die Route führte von der Propsteikirche Sankt Pankratius in Königswinter-Oberpleis, in der bedeutende figürliche Reliefs der Zeit um 1180 zu sehen sind, über die frührömische Handelsstation in Hennef-Altglück zur mittelalterlichen Wüstung Ütgenbach in Neuwied-Asbach. Dort ist neben der Kapelle des Heiligen Florinus eine Motte, Sitz der Herren von Ütgenbach im dreizehnten und vierzehnten Jahrhundert, als Denkmal erhalten. Den Abschluss bildete – ebenfalls in Neuwied-Asbach – Kirche und Kloster Ehrenstein im Mehrbachtal aus der Zeit um 1480. Frau Uelsberg und Herrn Joachim dankt der Verein für die sachkundige Führung.

Am 13. August 2013 hat der AV seinen Mitgliedern eine Führung durch die Ausstellung ›Gefährliches Pflaster. Kriminalität in der Antike‹ angeboten, an der achtunddreißig Personen teilgenommen haben. Durch die in Kooperation mit dem LVR - Römermuseum Xanten konzipierte Ausstellung führte Frau Klages, die die Ausstellung im LVR - Landesmuseum Bonn kuratiert hat. Am 19. September wurde eine Gruppe Vereinsmitglieder von Stephanie Müller (Landesmuseum) durch die Ausstellung ›Die Krim. Goldene Insel im Schwarzen Meer. Griechen – Skythen – Goten‹ geführt.

Vorstand

In der Mitgliederversammlung wurden die Mitglieder des Vorstands bestätigt und ein neues Mitglied hinzugewählt. Zum Vorstand gehören der Leiter des Lehrstuhls für Alte Geschichte in Bonn Prof. Winfried Schmitz als Vorsitzender, die Direktorin des Landesmuseums Dr. Gabriele Uelsberg als stellvertretende Vorsitzende sowie Prof. Jürgen Kunow, der Direktor des Bodendenkmalpflegeamtes, von den benachbarten wissenschaftlichen Disziplinen an der Universität Bonn Prof. Jan Bemmann, Prof. Martin Bentz, Prof. Frank Rumscheid und Prof. Konrad Vössing, von Seiten des Landesmuseums Dr. Olaf Dräger, Dr. Hans-Hoyer von Prittwitz und Gaffron sowie Dr. Susanne Willer, außerdem Prof. Hartmut Galsterer und Prof. Harald Mielsch sowie als neues Mitglied Dr. Klaus-Jörg Heynen. Herr von Prittwitz ist der Schriftführer des Vereins, Herr Dräger sein Stellvertreter, Frau Willer die Schatzmeisterin.

Mitglieder

Der Verein hat im Berichtsjahr den Tod folgender Mitglieder zu beklagen: Dr. Reinhold Falk, Mitglied seit dem 1. Januar 1992, verstorben im Oktober; Hans Georg Fischer, Mitglied seit dem 1. Januar 1986, verstorben im Januar; Hans Gadenz, Mitglied seit dem 1. Januar 1976, verstorben am 12. Dezember; Dr. Wilfred Geominy, Mitglied seit dem 1. Januar 1990, verstorben am 16. November; Prof. Dr. Dr. h. c. mult. Nikolaus Himmelmann-Wildschütz, Vereinsvorsitzender von 1977 bis 1987, verstorben am 19. Dezember; Arno Topp war Mitglied seit dem 1. Januar 1966, verstorben am 5. Juni.

Dem Verein sind im Berichtsjahr folgende Mitglieder beigetreten: Helmut Baldsiefen, Netphen; Felix Conradi, Wolken; Michael Drechsel, Köln-Zollstock; Viktoria Margarete Ernst, Düsseldorf; Dr. Klaus-Jörg Heynen, Bonn; Anne-Sophie Lüttge M.A., Aachen; Karlheinz Schultze, Goch; Madlen Theveßen, Mönchengladbach; Carina Weiß, Bonn.

Über fünfundzwanzig Jahre Mitglied des Vereins sind Joachim H. Babendreyer, Dr. Christoph Eger, Jürgen Fink, Gertrud Lagemann, Burckhard Lauffer, Reinhard Lochmann, Rüdiger Michael, Dr. Udo Recker, Dipl. Ing. Mike Reckmann, Peter Scharle, Prof. Dr. Piotr O. Scholz, Dr. Sebastian Sommer, Dr. Hans-Hoyer von Prittwitz und Gaffron sowie Herbert Willkomm.

Über fünfzig Jahre Mitglied des Vereins sind Dr. Gerhard Bauchhenß, das Institut für Vor- und Frühgeschichte der Universität Mainz, die Prähistorische Staatssammlung München, Prof. Dr. Joachim Reichstein, Dr. Manfred van Rey und Axel G. Weber.

Über fünfundsiebzig Jahre Mitglied sind das Bischöfliche Seminar Trier, das Stadtarchiv der Bundesstadt Bonn und die Universitätsbibliothek Tübingen.

Der Verein hatte im Berichtsjahr achthundert Mitglieder.

Winfried Schmitz

Kassenbericht

Vermögen am 1. Januar 2013 .... 22.257,33 €

Einnahmen

    Mitgliedsbeiträge .... 26.613,11 €
    Spenden .... 835,00 €
    Replikate .... 345,50 €
    Postkarten .... 442,70 €
    Reisen .... 505,00 €
    Wissenschaftliche Publikationen und Bücher ... 3.260,00 €
    Zinserträge .... 373,80 €

Ausgaben

    Vorträge und Veranstaltungen .... 5.359,82 €
    Publikationen .... 6.808,33 €
    Reisen .... 430,00 €
    Bibliothek .... 6.660,29 €
    Bindearbeiten .... 5.459,09 €
    Vereinsbeiträge .... 466,95 €
    Versandkosten .... 7.613,10 €
    Verwaltungskosten .... 482,80 €
    Kosten Geschäftsführung .... 5.733,54 €
    Rechts- und Beratungskosten .... 1.576,27 €
    Nebenkosten des Geldverkehrs .... 350,07 €

Reinvermögen am 31. Dezember 2013 .... 13.692,18 €

Verein von Altertumsfreunden im Rheinlande

Bericht über die Tätigkeit im Jahre 2014

Die Mitgliederversammlung fand am 24. April 2014 statt. Die Tagesordnung umfasste (1.) den Geschäftsbericht, (2.) den Kassenbericht und (3.) Verschiedenes.

Bericht des Vorsitzenden

Publikationen

Bonner Jahrbücher 213, 2013.

Vorträge

Dr. Elke Nieveler (Bonn)
Neue Fragen an alte Funde. Zum merowingerzeitlichen Grab des Herrn von Morken (16. Januar).

Auf dem Kirchberg von Morken wurde 1955 ein merowingisches Adelsgrab gefunden, zu dessen reicher Ausstattung ein vergoldeter Spangenhelm gehört. Dreißig Jahre später wurde der abseits davon gelegene Friedhof der Dorfbevölkerung während der Braunkohleabgrabungen archäologisch dokumentiert. Aus 478 Gräbern wurden in viereinhalb Monaten zahlreiche Funde geborgen – unter anderem in fünfhundert Gipsblöcken –, die im Bonner Landesmuseum dokumentiert, konserviert und untersucht wurden. Die archäologische Auswertung steht kurz vor der Veröffentlichung. Ein interdisziplinäres Team erforscht die Funde nun mit Hilfe naturwissenschaftlicher Methoden hinsichtlich Ernährungsgewohnheiten, Textilkunde, Herkunft der Schmucksteine, Holzarten, Metallurgie und Anthropologie. Es geht um die Frage, inwieweit der exklusiven Bestattung des Herrn von Morken auch seine Sonderstellung im Leben entsprach und wie sehr er sich in Lebensführung, wirtschaftlichen Ressourcen und gesellschaftlichem Status von der übrigen Bevölkerung unterschied.

Dr. Marion Roehmer (Düsseldorf)
Schöne Krüge, bleiche Pötte. Siegburger Steinzeug des Mittelalters und der Renaissance (20. Februar).

Die Krüge und Becher aus Siegburger Steinzeug waren im Mittelalter das begehrteste Tafelgeschirr Europas. Sie wurden in großer Zahl hergestellt und fanden weiteste Verbreitung. Die vielfältigen Formen dieses Trink- und Schankgeschirrs folgten der Mode und änderten sich entsprechend schnell. Über den Gebrauch hinaus wurden die Gefäße auch zur Repräsentation und im diplomatischen Verkehr als Gabe eingesetzt. Im kulturhistorischen Kontext betrachtet sind vor allem die reliefverzierten Stücke der Renaissance als Quelle der zeitgenössischen Bilderwelt zu verstehen, die sich auf die aktuelle Medaillenprägung dieser Zeit bezieht. Die Siegburger Gefäße des Barock schließlich fügten sich in die neue Uniformität des rheinischen Steinzeuges ein.

Andreas Schaub M. A. (Aachen)
Neue Grabungen in der karolingischen Pfalz von Aachen (27. März).

Seit 2011 wird das Umfeld des Aachener Doms umfassend neu gestaltet. Die anfallenden

Erdarbeiten werden durch die Stadtarchäologie Aachen systematisch begleitet. Dabei sind überraschende Neuerkenntnisse zum römischen Aachen und zur karolingerzeitlichen Pfalz zu Tage getreten. Ein spätrömischer Burgus, Neudatierungen von Pfalzbauten und veränderte Rekonstruktionsgrundlagen bringen die Aachener Forschung weiter. Überraschend war der Nachweis, dass die karolingische Königshalle innerhalb des in Teilen noch aufrecht stehenden Burgus errichtet wurde. Darüber hinaus erlauben naturwissenschaftliche Daten eine Datierung des sogenannten Mittelbaus der Pfalz in die zweite Hälfte des neunten Jahrhunderts.

Dr. Julia Obladen-Kauder (Xanten)
Neue Forschungen am Niedergermanischen Limes (24. April).

Prof. Dr. Eszter Bánffy (Frankfurt a. M.)
Die ersten Bauern. Vom Nordbalkan zur Donau, vom Donautal ins Wetteraugebiet? Die Entstehung und Entwicklung der Bandkeramik in Ungarn (15. Mai).

Die Forschung zum mitteleuropäischen Neolithikum erbrachte in den letzten Jahren, dass der sich entwickelnde sesshafte Lebensstil und die erste bäuerliche Kultur Europas im westlichen Karpatenbecken entstand und deren Träger balkanische Migranten und lokal ansässige Jäger und Sammler waren. Die Gruppen aus Transdanubien als Träger der Kultur der Linearbandkeramik erreichten in der Mitte des sechsten Jahrtausends in überraschend schneller genetischer und kultureller Ausbreitung weite Gebiete Europas vom Pariser Becken bis nach Kleinpolen. Die Ursachen für diesen Prozess sind ein zentraler Forschungsgegenstand.

Prof. Dr. Bernhard Linke (Bochum)
Die Republik und das Meer. Seerüstung und Innenpolitik im Ersten Punischen Krieg (26. Juni).

In der Mitte des dritten vorchristlichen Jahrhunderts wurde die römische Republik für mehrere Jahrzehnte eine der führenden Seemächte im Mittelmeerraum mit starker militärischer Dynamik (›eruptive Seemacht‹). Grundbedingung der maritimen Rüstung war ein repressives Rekrutierungssystem, das einen Teil der Bundesgenossen unter Zwang in die Flotte eingliederte.

Diese Konstellation ermöglichte es den Römern, zu Beginn des Krieges Flottenkapazitäten aufzubauen, die den vorhandenen Kapazitäten der ›rationalen Seemacht‹ Karthago an Kampfpotential überlegen waren. Dies erklärt die großen Erfolge Roms zur See, deren Rückwirkungen aber seit den ausgehenden fünfziger Jahren zu immer größeren Spannungen in der Gesellschaft führten, so dass die maritime Option seit dem Ende des Zweiten Punischen Krieges weitgehend reduziert wurde.

Prof. Dr. Cécile Evers (Brüssel)
Neue Ausgrabungen in Alba Fucens (10. Juli).

Alba Fucens in den Abruzzen wurde 304/303 v. Chr. als römische Militärkolonie gegründet, um das Territorium der Aequer zu überwachen, und nach einem Erdbeben um 400 n. Chr. verlassen. Auf Einladung der Bodendenkmalpflege forscht ein Team der Université Libre de Bruxelles in Kooperation mit den Musées Royaux d'Art et d'Histoire seit 2007 im Bereich des bisher wenig erschlossenen Forums. Es wurden zwei Säle gefunden, die vermutlich von Berufskollegien oder öffentlichen Institutionen der Stadt verwendet wurden. An der Seite zur Via Valeria, die entlang des Forums läuft, ist eine mosaikverzierte Portikus vorgelagert, wo Reste eines einzigartigen gemalten Kalenders aus der Zeit des Kaisers Tiberius entdeckt wurden.

Prof. Dr. Klaus Grewe (Swisttal)
Aquädukte. Neues zu Planung und Trassierung römischer Wasserleitungen (11. September).

Obwohl aus der Antike keine Baupläne und Beschreibungen aus der Bauzeit überlebt haben, ist es den Ingenieuren und Archäologen unserer Tage in einigen Fällen gelungen, die in den Bauwerken steckenden Ingenieursgedanken nachzuvollziehen: So ist die Einteilung der Fernleitungstrassen in kurze Baulose inzwischen archäologisch nachgewiesen, die römischen Vermessungsgeräte und die Methoden der mit unglaublicher Genauigkeit durchgeführten Gefälleabsteckungen sind rekonstruiert und manch anderes Geheimnis römischer Bautechnik ist inzwischen enträtselt worden. Aquädukte werden von Laien und Fachleuten gleichermaßen bewundert und sind Zeugen großer Technik einer längst vergangenen Epoche.

Prof. Dr. Thomas Fischer (Köln)
Schlachtfeldarchäologie. Zeugnisse aus der Römerzeit (23. Oktober).

Zu den bedeutendsten archäologischen Entdeckungen der letzten Jahre in Deutschland gehören zweifellos die beiden römerzeitlichen Schlachtfelder von Kalkriese und am Harzhorn. Ihre Entdeckung hat die Schlachtfeldforschung als archäologische Teildisziplin stark befördert. Diese ist vornehmlich durch neue Techniken möglich, insbesondere durch den systematischen Einsatz von Metalldetektoren. Dadurch kann das Kampfgeschehen mit Metallwaffen nachgewiesen werden, und die ersten einschlägigen Fundstellen stammen in der Tat bereits aus der Bronzezeit. Im Boden verbleiben freilich nicht immer historische Momentaufnahmen von konkreten Gefechtsphasen, wie in den genannten beiden Fällen, sondern Plünderungen verändern natürlich die Dichte und Verteilung der Funde nachhaltig. Das archäologische Bild eines Kampfplatzes der römischen Kaiserzeit hängt daher auch vom Ausgang der Schlacht ab.

Dr. Viktoria Baur (Mayen)
Das Industriegebiet Mayen vom ersten bis zum siebten nachchristlichen Jahrhundert
(13. November).

In den Steinbrüchen, Bergwerken und Werkstätten um Mayen wurden Mühlen, Bausteine und Keramik für den Export bis nach Britannien und in die Schweiz hergestellt. Dank der exzellent ausgebauten Infrastruktur und der dichten Besiedlung mit Gutshöfen war die Gegend eine autonome Wirtschaftsregion, die durch den Erfolg ihrer Produkte mindestens fünfhundert Jahre kontinuierlich aktiv blieb. Auch das Festhalten an alten Traditionen war typisch für diese Region. So wurde Brandbestattung mindestens bis zum vierten Jahrhundert durchgeführt und wurden römische Heiligtümer bis ins sechste Jahrhundert hinein genutzt. Erst im siebten Jahrhundert strukturierte sich vor allem die ländliche Besiedlung stark um.

Prof. Dr. Joseph Maran (Heidelberg)
Herrscherideologie und rituelle Bewegung in den mykenischen Palaststaaten Südgriechenlands (5. Dezember).

In den mykenischen Palaststaaten Griechenlands des vierzehnten und dreizehnten vorchristlichen Jahrhunderts war Bewegung in Prozessionen ein zentraler Faktor für die Dynamik ritueller Handlungen auf der höchsten politischen Ebene. Die Bedeutung ritueller Bewegung beruhte darauf, dass für politische Systeme, deren innerster ritueller Kern hermetisch von der Außenwelt abgeschottet war, Prozessionen sowie zeremonielle Feste die idealen Medien waren, um die Bevölkerung emotional an der propagierten Ideologie teilhaben zu lassen. Darüber hinaus war es für die Fortführung einer Religion, die über keine niedergeschriebenen heiligen Texte verfügte, essentiell, Erinnerung immer wieder wachzurufen und neu auszuhandeln. In wiederholter ritueller Kommunikation von Angesicht zu Angesicht konnten religiöse Ideen und Wissen in Worten, Handlungsabläufen und weiteren sinnlichen Eindrücken weitergegeben werden.

Besichtigungen

Am 30. Januar 2014 konnten Mitglieder des Vereins einen Einblick in die archäologischen Reste des mittelalterlichen jüdischen Viertels in Köln nehmen. Bei der sehr engagierten Führung durch Katja Kliemann M. A. wurde das Areal der Ausgrabung auf dem Kölner Rathausplatz sowie das Prätorium und die Ausstellung dort besichtigt.

Am 9. Mai 2014 wurde den Mitgliedern eine Führung durch die Ausstellung ›Gebrochener Glanz. Großbronzen am UNESCO-Welterbe Limes‹ angeboten. Susanne und Frank Willer haben die Gruppe sachkundig geführt, wofür der Verein herzlich dankt.

Mitglieder

Der Verein hatte im Berichtsjahr den Tod folgender Mitglieder zu beklagen: Dr. Karl Heinz Brandt, Mitglied seit dem 1. Januar 1976, verstorben am 25. September; Nikolaus Fasolt, Mitglied seit 1. Januar 1967, verstorben am 29. August; Heinz Frommhold, Mitglied seit 1. Januar 1977, verstorben am 11. Juli; Dr. Günther Marklein, Mitglied seit 31. Januar 2010, verstorben am 2. März; Peter Mengelkoch, Mitglied seit 17. Februar 2005, verstorben am 3. Oktober; Prof. Dr. Hans Ulrich Nuber, Mitglied seit 1. Januar 1982, verstorben am 28. Juli; Rudolf Pawlik, Mitglied seit 1. Januar 1991, verstorben am 9. März; Gert Wirtz, Mitglied seit 1. Januar 1973, verstorben am 30. Juli.

Dem Verein sind im Berichtsjahr folgende Mitglieder beigetreten: Janico Albrecht, Bonn; Prof. Dr. Martin Bartelheim, Tübingen; Norbert Barwick, Bonn; Martin Böhm, Bonn; Marcel El-Kassem, Köln; Dr. Jan Follak, Münster; Amalia Faustoferri Geominy, Bonn; Hans-Joachim Hansen, Linnich-Körrenzig; Gabriel Heeren, Remagen; Arno Kohlert, Eschweiler; Dr. Elke Nieveler, Bonn; Horst Sülzen, Wachtberg; Jost Vantroyen, Bonn; Birgit Zelter, Troisdorf.

Über fünfundzwanzig Jahre Mitglied des Vereins sind Jutta Cassens, Franz Delhey, Hans W. Koch, das Landesbibliothekszentrum Koblenz, Werner Lütkenhaus, Dr. Regina Peters-Abbey, Dr. Axel Poluschny, Hans Walter Rhiem und Stephan Schiffer.

Über fünfzig Jahre Mitglied des Vereins sind der Heimatverein Düffel und Prof. Dr. Norbert Nussbaum.

Der Verein hatte im Berichtsjahr 754 Mitglieder.

Winfried Schmitz

Kassenbericht

Vermögen am 1. Januar 2014 .... 13.692,18 €

Einnahmen

    Mitgliedsbeiträge. .... 28.626,49 €
    Spenden .... 545,00 €
    Replikate. .... 75,00 €
    Postkarten. .... 809,50 €
    Wissenschaftliche Publikationen und Bücher. .... 2.450,00 €

Ausgaben

    Vorträge und Veranstaltungen .... 4.984,78 €
    Postkarten. .... 314,16 €
    Replikate. .... 457,96 €
    Bibliothek. .... 6.868,48 €
    Bindearbeiten .... 261,80 €
    Vereinsbeiträge .... 661,03 €
    Versandkosten. .... 7.389,25 €
    Verwaltungskosten .... 2.241,37 €
    Kosten Geschäftsführung .... 5.631,84 €
    Rechts- und Beratungskosten .... 1.835,93 €
    Nebenkosten des Geldverkehrs. .... 219,52 €

Reinvermögen am 31. Dezember 2014 .... 15.332,05 €

Besprechungen

Vorgeschichte

Nils Ostermeier, **Urnenfelderzeitliche Höhensiedlungen in Bayern nördlich der Donau. Topographische, chronologische und funktionale Aspekte.** Universitätsforschungen zur Prähistorischen Archäologie, Band 214. Verlag Dr. Rudolf Habelt, Bonn 2012. 426 Seiten, 234 schwarzweiße Abbildungen.

Höhensiedlungen stellen eine für das Verständnis der Urnenfelderzeit entscheidende Befundgattung dar. Umso erfreulicher ist es, mit der Arbeit von Nils Ostermeier eine umfassende Auseinandersetzung zur Hand zu haben. Die Monographie beruht auf einer 2009 in Würzburg eingereichten Magisterarbeit, die dann in überarbeiteter Form und unter Einarbeitung weiterer Literatur in der vorliegenden Fassung publiziert wurde.

Die Arbeit gliedert sich in sieben Kapitel. Auf die Einleitung als erstes Kapitel folgt im zweiten ein ›Abriss über die Geographie der bayerischen Gebiete‹. Das dritte Kapitel widmet sich ausführlichen quellenkritischen Überlegungen, das vierte anschließend dem zu Grunde gelegten Chronologiesystem. Im zentralen fünften Kapitel ›Urnenfelderzeitliche Höhensiedlungen in Bayern nördlich der Donau‹ werden dann die Ergebnisse der Befundauswertung aus chronologischer, topographischer, architektonischer und sozioökonomischer Perspektive beleuchtet. An ›Überlegungen zu Kontinuitäten und Diskontinuitäten der urnenfelderzeitlichen Höhensiedlungen‹ im sechsten Kapitel schließen dann eine Zusammenfassung im siebten, ein Literatur- und ein Abbildungsverzeichnis sowie ein ausführlicher und sehr detaillierter Katalog an. In Letzterem werden nach Regionen getrennt für jede der über hundert in die Auswertung mit einbezogenen Höhensiedlungen die Lage, die Befund- und Fundsituation sowie der aktuelle Publikationsstand angegeben.

Im ersten Kapitel werden das Arbeitsgebiet eingegrenzt und in unkonventioneller Weise auch einige Fundorte knapp außerhalb am Rand des Arbeitsgebiets einbezogen (S. 15). Es folgt eine knappe Zusammenfassung des bisherigen Forschungsstandes (S. 16–21), die – wie der Rest der Arbeit – stark davon profitiert, dass sämtliche Detailinformationen in den Katalog ausgelagert sind.

Der ›Abriss über die Geographie der bayerischen Gebiete‹ beschreibt nach Ausführungen zu Geologie, Hydrologie, Klima und Bodenqualitäten erschöpfend und detailliert die naturräumliche Gliederung des Arbeitsgebiets (S. 27–50). Wer nicht mit dieser mikroregionalen Differenzierung vertraut ist, wird hier aufgrund der Vielfalt mehr oder weniger relevanter Informationen letztlich wenig Inhaltliches für die weitere Lektüre behalten. Auch wenn man wie der Rezensent eng mit der Region vertraut ist, hätte man sich doch eine etwas leserfreundlichere Gestaltung gewünscht, etwa durch tabellarische Darstellungen.

Sehr gelungen ist das für die Fragestellung Ostermeiers unerlässliche dritte Kapitel zur Quellenkritik, in dem sich der Verfasser zunächst mit den bisherigen Definitionen des Begriffs ›Höhensiedlung‹ kritisch auseinandersetzt (S. 51–53). Überzeugend wird dargelegt, wie problematisch der Stand der archäologischen Erforschung der Höhensiedlungen ist und in welchem Umfang rezente anthropogene Faktoren (Sammlertätigkeit, Bodeneingriffe etc.) das Fundbild verzerren und die Aussagekraft chorologischer Analysen stark einschränken (S. 53–64).

Auf lediglich eineinhalb Seiten wird im anschließenden vierten Kapitel das für die Auswertung herangezogene, absolut- und relativchronologische System aufgeführt (S. 65 f.). Es wäre vielleicht ratsam gewesen, die Informationen eher in Form eines Unterkapitels in der Einleitung unterzubringen.

Den inhaltlichen Schwerpunkt der Arbeit bildet das mehr als die Hälfte des Fließtexts umfassende fünfte Kapitel, dessen Überschrift mit dem der gesamten Monographie identisch ist. Zunächst versucht der Autor, die räumliche Verbreitung der Höhensiedlungen und ihren Wandel im Lauf der Urnenfelderzeit zu beleuchten. Besonders interessant ist die von ihm vermutete »flächendeckende Unterbrechung der Besiedlung von Höhen« in Hallstatt A1 (S. 73). Ausführlich werden dann die topographische Lage und das archäologische Erscheinungsbild im Hinblick auf die Größe und die Gestalt der Befestigungsanlagen sowie die Innenbebauung und die jeweils lokale Subsistenzgrundlage diskutiert (S. 77–122). Ostermeier überzeugt durch eine sehr sorgfältige und quellenkritische Diskussion der Befunde, die jedoch weiterführenden Interpretationen – auch völlig zu Recht – schnell enge Grenzen setzt.

Auch zur Frage nach dem urnenfelderzeitlichen Handwerk, Hausbau und Handel können die vom Verfasser diskutierten Befunde auf Basis des gegenwärtigen Forschungsstandes wenig Neues beitragen (S. 122–133). Den dennoch möglichen Einsichten – etwa, dass die bislang von der Forschung angenommene Verbindung zwischen einer wie auch immer gearteten Elite und der Metallverarbeitung relativiert werden muss (S. 125) – ist jedoch durchweg zuzustimmen. Auch seine ausführliche Diskussion des Zusammenhangs zwischen Höhensiedlungen und ihrem Umland zeigt, dass auf Basis des gegenwärtigen Forschungsstandes nicht mehr als allgemeine Aussagen zu gewinnen sind, nämlich »dass die Anlage vieler urnenfelderzeitlicher Höhensiedlungen in Nordbayern entweder in topographischen Schlüsselpositionen am Rande oder in der Mitte von Siedlungsräumen erfolgte und primär durch die Kontrolle von Territorien und Verbindungswegen bestimmt war« (S. 141). Vielmehr zeige die Analyse eine sehr individuelle Entwicklung und Funktion der jeweiligen Höhensiedlung, die kaum übergreifende Aussagen zulasse (S. 142 f.). Ebenso ist zuzustimmen, dass aus den Befunden nicht wirklich auf eine Art Elite zu schließen ist, der man die Kontrolle der Höhensiedlungen zuschreiben könne (S. 155). Mit großer Sorgfalt werden im Anschluss die Hinweise für mögliche kultische Bedeutungen der Höhensiedlungen (S. 159–178) und Anzeichen von Gewalt und Konflikten (S. 178–184) diskutiert. Für beide Aspekte zeigt der Autor überzeugende Hinweise auf, etwa die Brandopferplätze und zahlreiche Deponierungen als Belege für »religiös motivierte Handlungen auf mehreren Höhensiedlungen« (S. 178) oder die für die Heunischenburg eindeutig belegbaren kriegerischen Auseinandersetzungen.

Nach der erschöpfenden Diskussion spezifischer Befunde legt Ostermeier im sechsten Kapitel seine Überlegungen zu Kontinuitäten und Diskontinuitäten der besprochenen Phänomene dar. Wie sämtliche frühere Arbeiten zu dem Thema, kann auch er letztlich nur Vermutungen aufstellen, warum man Höhensiedlungen anlegte und auch wieder aufgab (S. 189–208).

Die gesamte Arbeit – insbesondere auch der Katalog – zeichnen sich durch eine ausgesprochen sorgfältige und umsichtige Recherche und Auswertung der Befunde und Publikationen wie auch eine sehr quellenkritische und vorsichtige Herangehensweise bei der Interpretation der Befunde der Höhensiedlungen in allen denkbaren Aspekten aus. Dass dennoch in den meisten Fällen keine grundlegend neuen oder sehr viel weiterführenden Erkenntnisse zu gewinnen waren, ist nicht dem Verfasser anzulasten, sondern beruht gänzlich auf dem Charakter der behandelten Befundgruppe.

Nils Ostermeier zeigt auf überzeugende Weise eher die Grenzen der bisherigen Interpretationen auf und wie wenig wir eigentlich jenseits einiger weniger herausragender Befundkomplexe über die Höhensiedlungen allgemein sagen können – falls es überhaupt sinnvoll ist, nach übergreifenden Deutungsmustern zu suchen. Der Autor hat in seiner detaillierten und umsichtigen Arbeit alles aus der Thematik herausgeholt, was irgend möglich scheint. Wer immer zu urnenfelderzeitlichen Höhensiedlungen forschen möchte – sei es in Bayern nördlich der Alpen oder darüber hinaus – wird sich an dieser grundlegenden Arbeit orientieren müssen.

Heidelberg   Philipp W. Stockhammer

Richard Davis, **The Early and Middle Bronze Age Spearheads of Britain**. Mit einem Beitrag von Jeremy Peter Northover. Prähistorische Bronzefunde, Band V 5. Verlag Franz Steiner, Stuttgart 2012. 223 Seiten, 23 Abbildungen, 8 Tabellen und 114 Tafeln.

Der hier zu besprechende fünfte Band aus der Abteilung der Lanzen- und Pfeilspitzen in der Reihe der Prähistorischen Bronzefunde legt die früh- bis mittelbronzezeitlichen Lanzenspitzen Großbritanniens vor. Nachdem diese Fundkategorie lange Zeit wenig Beachtung fand, ist in den letzten Jahren eine Zunahme an entsprechenden Corpora im Rahmen des Editionsunternehmens zu beobachten (M. Gedl, Die Lanzenspitzen in Polen. Prähist. Bronzefunde V 3 [Stuttgart 2009]; F. Laux, Die Lanzenspitzen in Niedersachsen. Prähist. Bronzefunde V 4 [Stuttgart 2012]). In dem vorliegenden Werk von Richard Davis werden 1068 bronzene Lanzenspitzen und sieben Gussformen aus Großbritannien vorgelegt. Von den Lanzenspitzen konnten fünf aus unterschiedlichen Gründen als Fälschungen identifiziert werden, zu dreißig Exemplaren fehlten weitere Informationen oder waren verschollen. Der Band schließt an die Dissertationsschrift des Autors an, in der er sich mit den »basal-looped spearheads« befasste und der die auch im vorliegenden Werk angewendete Klassifikation der Lanzenspitzen entstammt (Basal-looped Spearheads. BAR Int. Ser. 1497 [Oxford 2006]). Die Edition der früh- und mittelbronzezeitlichen Lanzenspitzen folgt der etablierten Unterteilung der bislang erschienenen PBF-Bände, indem zunächst übergeordnete Aspekte diskutiert und anschließend die Funde nach Typen unterteilt in Wort und Bild vorgelegt werden.

In der Einleitung werden unterschiedliche Themen, die den bronzezeitlichen Fundstoff im Gesamten und den vor allem vorliegenden Quellenbestand betreffen, konzise abgehandelt. Den Beginn macht eine kurze Skizze der Geschichte der Auseinandersetzung mit den Lanzenspitzen Großbritanniens. Darin erfahren wir, dass nahezu alle Studien auf grundlegende Klassifikationen des neunzehnten Jahrhunderts und ihre Modifizierung durch William Greenwell und William Parker Brewis im beginnenden zwanzigsten Jahrhundert zurückgehen. Zwar wurden Lanzenspitzen im Rahmen von Regionalstudien bronzezeitlicher Metallformen behandelt, eine Edition des Gesamtbestandes, der eine überregionale Auseinandersetzung ermöglicht, fehlte aber bislang. In der Auswahl der Funde und damit hinsichtlich der chronologischen Eingrenzung orientiert sich Davis an den bestehenden Systemen der britischen und irischen Metallfunde und ihrer Einteilung in sogenannte »industrial phases«. In diesem Zusammenhang verweist der Autor auf die generelle Unschärfe und die Schwierigkeiten chronologischer Systematisierungen, die auf Vergesellschaftung von Metallfunden beruhen und damit in erster Linie von der Niederlegungspraxis abhängen. Daher verwundert es kaum, dass die typochronologische Abfolge momentan wieder in der Diskussion steht, worauf beispielsweise Dirk Brandherm in seiner Rezension zum hier besprochenen Werk hinweist (European Journal Arch. 17, 2014, 167–170).

Im vorliegenden Band werden einerseits die ersten bronzezeitlichen Lanzenspitzen Großbritanniens zusammengestellt – das heißt jene mit Schaftzunge – und anderseits die ersten Lanzenspitzen mit Schafttülle, vor allem jene, deren Tüllen charakteristische seitliche Ösen aufweisen (sogenannte »looped spearheads«). Aufgrund der unterschiedlichen Geschwindigkeit im Wandel materieller Kultur ist es durchaus fraglich, inwieweit die chronologisch definierte Eingrenzung des Materials möglich beziehungsweise zielführend ist. Wie dies Wilhelm Albert von Brunn so prägnant formulierte: »Chronologisch scharf abgegrenzte Typengesellschaften gibt es nicht« (Mitteldeutsche Hortfunde der jüngeren Bronzezeit. Röm.-German. Forsch. 29 [Berlin 1968] 29). Im vorliegenden Fall ist mitunter auch die Vergesellschaftung zwischen der als mittelbronzezeitlich angesehenen »looped series« mit Exemplaren der jüngeren »pegged-leaf-shaped series« belegt, und diese Lanzenspitzen sind dann nicht im Band enthalten. Dies ist verständlich, da die Schwierigkeit einer Abgrenzung in archäologischen Arbeiten allgegenwärtig ist und die Eingrenzung auf ein gewisses Material oder einen Zeitraum häufig aus pragmatischen Gründen erfolgen muss. Überdies wird die Beschränkung im vorliegenden Fall auch konsequent durchgehalten. Erfreulicherweise kündigt der Autor die weitere Beschäftigung mit den spätbronzezeitlichen Lanzenspitzen Großbritanniens an, so dass in Zukunft der Gesamtbestand bronzener Lanzenspitzen zugänglich sein wird und sich somit mögliche formale Traditionen besser verfolgen lassen werden.

Die früh- und mittelbronzezeitlichen Lanzenspitzen fallen in die »industrial phases« Arreton bis Wilburton, die den Zeitraum von etwa 1700 bis 1125 v. Chr. umfassen. Aufgrund der Überlieferungsbedingungen der Lanzenspitzen sind der chronologischen Diskussion enge Grenzen gesetzt. Depots stellen die umfangreichsten und damit aussagekräftigsten Vergesellschaftungen dar. Die Lanzenspitzen, die auch in Großbritannien in erster Linie ohne weitere Funde entdeckt wurden, galten lange Zeit als chronologisch wenig signifikant. Aufgrund der Tatsache, dass sich teilweise Reste der hölzernen Schäfte erhalten haben, bieten sie nun die Möglichkeit für naturwissenschaftliche Datierungen. Davis führt neunzehn Radiokarbondaten an, von denen elf aus Befunden mit Lanzenspitzen in Großbritannien erhoben wurden, während die restlichen vor allem aus irischen Befunden stammen.

Auf die Vorstellung des chronologischen Rahmens folgt die Diskussion der Datenlage sowie der Überlieferungsfilter, die Zuschnitt und Auswahl der Quellen beeinflusst haben. Neben den Informationen aus einer großen Anzahl an Museen konnten die Datenbanken des Portable Antiquity Schemes (PAS) und der Historical Environment Records (HER) herangezogen werden.

Dies hat zur Folge, dass auch die zahlreichen Detektorfunde der letzten Jahre aufgenommen sind, was bei den Lanzenspitzen bereits sieben Prozent der bis heute gefundenen Objekte ausmacht. In diesem Zusammenhang geht Davis auch kurz auf den Wechsel der Fundumgebung sowie regionale Konzentrationen des Fundstoffes ein. Dominierten zuvor in erster Linie wassernahe Bereiche, kommen mittlerweile verstärkt Funde aus trockenem Land hinzu. Vor der intensiven Suche durch Privatleute mit dem Metalldetektor wurden die meisten Lanzenspitzen bei Bodeneingriffen als Zufallsfunde im Rahmen der landwirtschaftlichen Nutzung getätigt. Die Zunahme der Detektorfunde und die weniger intensive Landwirtschaft haben demnach auch Auswirkungen auf die Daten zur Fundumgebung der Lanzenspitzen. Dass mit der unterschiedlichen Landnutzung und anderen Strategien in der Suche Fundmuster regional und quantitativ verzerrt werden, ist für alle Arten archäologischer Fundstellen zutreffend. Wie Studien in Südengland zeigten, lassen Forschungsstrategien aufgrund der topographischen Umgebung einzelner Regionen durchaus Prognosen über mögliche Deponierungsareale erwarten (D. Yates / R. Bradley, Ant. Journal 90, 2010, 41–72). Daher ist davon auszugehen, dass die leichte Abnahme von Feuchtarealen als Fundstellen nicht ausschließlich auf die rezente Landnutzung und die Detektorsuche zurückzuführen ist, sondern viel eher regionale Präferenzen der Deponierungspraxis abbildet. Die Ausführungen zu den Fundkontexten sind etwas kurz geraten, was wegen der Objektfokussierung nachvollziehbar ist. Der Themenbereich verfügt sicherlich noch über einen etwas größeren Erkenntnisspielraum, als er hier vorgeführt wird.

Im Anschluss an die Ausführungen zur Quellensituation werden – unterstützt durch schematische Zeichnungen – die verwendeten Begriffe präzise formuliert, um dann die eigene Klassifikation vorzustellen. Die Lanzenspitzen werden in zehn verschiedene Gruppen, diese in Typen und diese mitunter noch in Varianten unterteilt. Positiv hervorzuheben ist die Wiedergabe der Parameter der formalen Unterteilung in einer Tabelle. Hier wird deutlich, dass die relativ standardisierten und geringfügig verzierten tüllengeschäfteten Lanzenspitzen kaum eine deutliche Unterscheidung von Gruppen, Typen und Varianten erlauben. Der Klassifikation folgt eine Zusammenschau der formalen und chronologischen Entwicklung der Lanzenspitzen Großbritanniens.

Nicht nur an dieser Stelle werden einerseits die vom Kontinent unabhängige Entwicklung und andererseits die engen Bezüge zwischen Irland und Großbritannien hervorgehoben. Die Vergesellschaftung in den einzelnen Deponierungen bildet neben den Radiokarbondatierungen das chronologische Rückgrat der dargelegten Entwicklung. Sehr positiv hervorzuheben ist die Zusammenstellung der Lanzenspitzen mitsamt der vergesellschafteten Objekte in einer Kreuztabelle (Appendix 2). Mit Hilfe dieser Aufstellung lässt sich ein schneller Überblick über die Niederlegungspraxis der hier interessierenden Stücke gewinnen. Dabei zeigt sich, dass die frühesten Lanzenspitzen Großbritanniens in erster Linie in Horten mit Dolch und Beil vergesellschaftet sind. Dieses Muster weist durchaus Ähnlichkeiten zu endfrühbronzezeitlichen Waffenhorten des Kontinents auf (z. B. Langquaid in Niederbayern). Mit den Lanzenspitzen der Gruppe 6 (»developed side-looped«) finden sich dann erstmals Schmuckobjekte in den Horten, und die Depots werden in ihrer Zusammensetzung zunehmend komplexer.

Schließlich werden funktionale Aspekte der Lanzenspitzen thematisiert, wobei die Einsatzfähigkeit als Waffe im Vordergrund steht. Ein wenig wundert es, dass zwar Versuche mit Repliken angeführt werden, aber dezidierte Ausführungen zu Fragmentierungen oder Gebrauchsspuren der vorgelegten Originalexemplare fehlen, eine Diskussion, die momentan wachsende Bedeutung in Forschungen zur Bronzezeit erhält (unter Vielen jüngst z. B. Ch. Horn, Current Swedish Arch. 21, 2013, 93–116).

Neben der Diskussion weiterer Funktionen geht Davis auf die Fundkontexte ein. Die Aufstellung (Tab. 5) zeigt sehr deutlich, dass Lanzenspitzen in aller Regel aus intentionellen Niederlegungen stammen. Mit achtundsechzig Prozent überwiegen Horte und Gewässerfunde deutlich und nur drei Prozent stammen aus Gräbern sowie zwei Prozent aus Siedlungen. Die mit achtundzwanzig Prozent einzeln aufgefundenen Lanzenspitzen dürfen wohl ebenfalls im Regelfall absichtlich deponiert worden sein, und dies entspricht der Quellenlage im übrigen Europa.

Abschließend werden Fragen formuliert, die im Rahmen der Auseinandersetzung mit den Lanzenspitzen noch nicht beantwortet werden konnten, zum Beispiel zum zeitlichen Verhältnis der frühesten Tüllenlanzenspitzen und der Lanzenspitzen mit Schaftzunge.

Die Fundvorlage entspricht in Art und Weise der meist hohen Qualität und dem Schema der Reihe. Dabei werden die Objekte der einzelnen Gruppen formal beschrieben, ihre chronologisch signifikanten Fundzusammenhänge diskutiert und schließlich die einzelnen Exemplare aufgelistet sowie im Tafelteil abgebildet. Für eine schnelle Orientierung wäre es besser gewesen, die in der Einleitung verwendeten Kontextbegriffe auch bei den einzelnen Fundstellen aufzuführen, da sie selbst aus dem Fließtext nicht immer zweifelsfrei zu identifizieren sind.

Das Buch enthält einen Beitrag von Jeremy Peter Northover zur Metallurgie der Lanzenspitzen; eine Perspektive auf die Bronzefunde, die sich erfreulicherweise zunehmend in Bänden dieser Reihe etabliert hat. Bei der Zusammenführung der Spurenelementanalysen aus unterschiedlichen Forschungsvorhaben und Laboren sowie der wenigen Bleiisotopenanalysen zeigt sich, dass die verschiedenen Gruppen von Verunreinigungen (vor allem durch Nickel und Arsen) mit der Zeit zunehmen, wie bereits an anderen Objekten nachgewiesen werden konnte. Schön wäre es hier gewesen, wenn nicht ausschließlich die Auseinandersetzung mit der Bronze der Lanzenspitzen in ihrem zeitlichen Verlauf gesucht worden wäre, sondern ebenso mit den Legierungen anderer Fundkategorien.

Die Zusammenstellung des reichen Bestandes an Lanzenspitzen ist Richard Davis in einem Buch von großer Qualität gelungen, das die Informationen zu den Funden komprimiert darstellt und sehr gut zugänglich macht. Zahlreiche Tabellen erleichtern die schnelle Orientierung über den vorbildlich vorgelegten Fundstoff. Die einleitenden Ausführungen sind auf das Wesentliche reduziert; mitunter wünscht man sich weiterführende Ausführungen und Vergleiche. Das Werk lädt jedoch geradezu ein, auf der Grundlage eines tadellos edierten Quellcorpus die Autopsie einzelner Stücke oder Vergleiche der Deponierungspraxis zu wagen.

Frankfurt am Main   Daniel Neumann

Wolf-Dietrich Niemeier, Oliver Pilz und Ivonne Kaiser (Herausgeber), **Kreta in der geometrischen und archaischen Zeit.** Akten des Internationalen Kolloquiums am Deutschen Archäologischen Institut, Abteilung Athen, 27.–29. Januar 2006. Athenaia, Band 2. Verlag Hirmer, München 2013. X und 488 Seiten mit 337 schwarzweißen Abbildungen.

Die Insel Kreta hat zwei große Blüteperioden erlebt, die Zeit der minoischen Kultur, der ersten Hochkultur Europas, und die geometrische beziehungsweise archaische Epoche, als die Insel zu den führenden Regionen des griechischen Kulturraums gehörte, früh ausgedehnte Kontakte mit den Hochkulturen des östlichen Mittelmeergebietes unterhielt, sich gleichzeitig urbane Strukturen deutlich früher als in anderen griechischen Landschaften entwickelten, und sich schließlich im siebten Jahrhundert griechische monumentale Steinplastik hier und auf den Kykladen zuerst ausbildete.

Das Interesse an kretischer Kultur des frühen ersten Jahrtausends, in der zweiten Hälfte des zwanzigsten Jahrhunderts lange vom Glanz minoischer Kunst überstrahlt, hat sich in den letzten dreißig Jahren wieder intensiviert. Anlass waren neue archäologische Entdeckungen, darunter die Ausgrabung der Nordnekropole von Knossos, der Orthi-Petra-Nekropole von Eleutherna, Forschungen in Heiligtümern wie Kato Syme, in der Siedlung von Azoria (bei Kavousi), die bessere Kenntnis vieler Plätze Ost- wie Westkretas, so Phaistos, Prinias, Axos, Eltyna, Arkades, um nur einige zu nennen. Hand in Hand damit gingen Forschungen zur Entwicklung kretischer Keramik der protogeometrischen, geometrischen und orientalisierenden

Periode, zu Urbanisierungsprozessen, zu Kult und Religion, zu den Außenkontakten der Insel.

Auf der Tagung, die 2006 in Athen stattfand, ist es gelungen, viele namhafte, an den Forschungen der letzten Jahre aktiv beteiligte Gelehrte zu versammeln und ein differenziertes, viele Aspekte kretischer Kulturgeschichte erhellendes oder zumindest skizzierendes Bild zu entwerfen. Die Beiträge dieses Kolloquiums liegen nun seit 2013 nach nicht unbeträchtlicher Bearbeitungszeit vor. Der recht lange Zeitabstand, für den jeder, der schon in der nicht immer beneidenswerten Situation war, ein großes internationales Kolloquium zur Drucklegung vorzubereiten, Verständnis aufbringen dürfte, hat es einigen Autoren ermöglicht, neuere Literatur einzuarbeiten und so einen sehr aktuellen Stand der Forschung zu erreichen. Der Band ist dem Gedächtnis des unvergessenen Nicolas Coldstream gewidmet, des besten Kenners des geometrischen Griechenland in unserer Zeit.

Die Beiträge gliedern sich in sieben Themenkreise: minoisches Erbe, neue Grabungen und topographische Forschungen, Nekropolen, Kunst (Keramik, Koroplastik und Toreutik), Genese der Polis, Kult und Religion, Mythenbilder, Kreta innerhalb der griechischen Welt, Kreta und der Nahe Osten. Wie es in einem Kongressband nicht anders zu erwarten ist, nehmen diese Themenkreise unterschiedlich großen Raum ein, spiegeln sehr verschiedene methodische Ansätze und sind naturgemäß auch in der Qualität uneinheitlich. Bereits an dieser Stelle muss aber deutlich gesagt werden, dass unter den in den letzten Jahren immer häufiger werdenden Publikationen von Kongressen, Kolloquien und Symposien sich der hier zu besprechende Band positiv heraushebt, was inhaltliche Geschlossenheit, Aktualität der Beiträge und eben auch den wissenschaftlichen Standard angeht.

Auf einen kurzen einleitenden Aufsatz von Angelos Chaniotes zur kretischen Geschichte archaischer Zeit, zu Innovation und Individualität, Freiheit und Normierung, folgt der erste Themenkreis (S. 19 ff.), der die Wirkungen des minoischen Erbes zum Inhalt hat, zum einen in der literarischen Überlieferung, hier durchaus an die Ausführungen von Chaniotes anschließend, beleuchtet von Eduardo Federico, wobei die Ergebnisse allerdings recht allgemein bleiben. Nicola Cucuzza dagegen verfolgt konkreter die Bedeutung und Inanspruchnahme minoischer Ruinen im eisenzeitlichen Kreta, und zwar anhand der beiden Paläste von Knossos und Phaistos sowie Kydonia, Plätze, die sich zu Poleis entwickelten. Kollektives Gedächtnis bemächtigt sich dabei der minoischen Vergangenheit nicht zuletzt in mythischer Überlieferung und kultisch-ritueller Funktion.

Neue Grabungen und topographische Forschungen (S. 43 ff.): Die Zone südwestlich des Palastes von Phaistos, in mehreren Studien bereits von Cucuzza und Dario Palermo behandelt, war in der protogeometrischen, geometrischen und orientalisierenden Periode dicht bebaut. Hier sind früheisenzeitliche Strukturen, die Urbanisierungsprozesse beleuchten, in hervorragender Weise erhalten. Vincenzo La Rosa hat das Straßensystem der protogeometrischen, geometrischen und orientalisierenden Periode erforscht. Im vorliegenden Band stellt er die protogeometrische Wegführung, einen etwa vier Meter breiten gepflasterten Straßenzug östlich der heute sichtbaren etwa gleich breiten Trasse vor, die erst in hellenistischer Zeit angelegt wurde (vgl. ausführlicher V. La Rosa, Creta Antica 6, 2005, 227–284). Viele Befunde harren in Phaistos allerdings noch der Aufarbeitung, da der Ausgräber Doro Levi keine genaue chronologische Gliederung der eisenzeitlichen Bebauung vorgenommen hat. So ist etwa auch die vom Autor kurz angesprochene Befestigung auf der Acropoli Mediana, deren Datierung in der Literatur zwischen Spätminoisch III und der geometrischen Phase schwankt, bislang problematisch. Der Verfasser kennzeichnet präzis Gesichertes und Hypothetisches.

Ein seit 2002 intensiv von der American School of Classical Studies erforschter Platz, dessen Funde und Befunde die Siedlungsentwicklung in Ostkreta im siebten und sechsten Jahrhundert beleuchten, ist Azoria bei Kavousi. Margaret S. Mook und Donald C. Haggis fassen die Hauptergebnisse der Grabung zusammen, für die bereits zahlreiche ausführliche Vorberichte vorliegen: Früheisenzeitliche Reste, unter anderem ein kleines Tholosgrab, sind zum größten Teil einer Neubauphase des siebten und sechsten Jahrhunderts zum Opfer gefallen, die eine grundlegende Neustrukturierung mit öffentlichen Gebäuden, darunter einem möglichen Andreion, einem sogenannten Monumental Civic Building, Kultbauten und Wohnhäusern, erkennen lässt. An keinem anderen Ort wird die Struktur einer kretischen Siedlung dieser Zeit so deutlich. Allerdings hat sich aus diesem Siedlungskern keine Polis entwickelt.

Prinias ist eine weitere, für die Entwicklung der kretischen Urbanistik, Tempelarchitektur und nicht zuletzt der dädalischen Plastik aussagekräftige Stadtanlage, die zudem glücklicherweise fast frei ist von späterer Überbauung. Antonella Pautasso untersucht die Region des durch seinen reichen Skulpturenschmuck des siebten Jahrhunderts berühmten, in keinem Handbuch zur griechischen Plastik fehlenden Herdtempels A. Er ist errichtet worden auf einem älteren freien Platz, an den einige Räume eines Wohngebäudes angrenzten, so dass die Umwidmung zu einem kultisch genutzten Areal wohl erst im siebten Jahrhundert erfolgt ist. Der parallel sich erstreckende sogenannte Tempel B gehört nicht direkt zum Tempel A als zweiter Kultbau, sondern war in einen Baukomplex integriert, der von Tempel A durch eine Freifläche getrennt war. Ob Tempel B als Heiligtum zu deuten ist oder als Profanbau mit zentraler Eschara, bedarf erneuter Überprüfung.

Eva Tegou dokumentiert Befunde neuerer Survey- und Reinigungsarbeiten der kretischen Denkmalpflege in Axos, während Saro Wallace Begehungen archaischer Plätze in Zentralkreta vorstellt, wobei Prozesse soziopolitischer Wandlungen zwischen der protogeometrischen und der archaischen Zeit, die sie zu klären beabsichtigt, naturgemäß überaus vage bleiben.

Nekropolen (S. 133 ff.): Piskokephalo im Osten Kretas, Eltyna (oder Eltynaia, bei Kounavi in Zentralkreta), Tarrha im Westen der Insel, Aphrati-Akades und Eleutherna sind die Nekropolen, die im Mittelpunkt stehen. Piskokephalo-Kephala, eine Bestattungshöhle, bereits 1953 von Nikolaos Platon ausgegraben, verdient besonderes Interesse, da dort ostkretische, von Coldstream »eteokretisch« genannte Keramik in reicher Zahl zu Tage kam. Metaxia Tsipopoulou, die als Autorin eines Standardwerkes zur ostkretisch geometrischen Keramik (von 2005) bekannt ist, vermag es, späte protogeometrische Vasen, solche der Phase, die Protogeometrisch B in Zentralkreta entspricht, und spätgeometrische Erzeugnisse zu trennen und so zu einem klareren Bild chronologischer Entwicklung in diesem Raum beizutragen.

Zu den reichsten Nekropolen der Insel zählt inzwischen Eltyna. Maria Englezou und Georgios Rethemiotakis stellen die Keramik protogeometrischer Gräber und deren exzeptionelle Metallbeigaben vor, eiserne Obeloi, Fibeln, Waffen (Dolche und Lanzenspitzen), Geräte verschiedener Art und Schmuck. Es sind Metallartefakte, die gute Parallelen in der Nordnekropole von Knossos wie in den Gräbern der noch weitgehend unveröffentlichten Siderospilia-Nekropole von Prinias (mit Ausnahme der in Prinias fehlenden Obeloi) finden. Einige Waffen sind bei der Niederlegung im Grab intentionell unbrauchbar gemacht worden, auch dafür bietet Prinias Entsprechungen. Herausragendes Fundstück ist eine Tonlekane mit plastischem Schmuck von Tierfiguren und einer Trauernden, bislang singulär in dieser Zeit. Der kulturgeschichtlich überaus wichtige Denkmälerbestand liegt inzwischen monographisch publiziert vor (G. Rethemiotakis / M. Englezou, Το γεωμετρικό νεκροταφείο της Έλτυνας [Heraklion 2010]).

Giacomo Biondi bespricht Keramik der spätorientalisierenden Periode aus Doro Levis Ausgrabungen in Arkades-Aphrati, Katerina Tzanakaki Keramik des sechsten Jahrhunderts aus Gräbern von Tarrha (Hagia Roumeli), eine wesentliche Bereicherung des Vasencorpus dieser vielfach nur spärlich vertretenen Zeitperiode. Nikolaos Ch. Stampolides und Dimitris Koutsogiannes schließlich diskutieren Restaurierungsvorschläge für zwei Grabdenkmäler des siebten Jahrhunderts in der Orthi-Petra-Nekropole von Eleutherna, eine hohe Stele, welcher der Fundplatz seinen Namen verdankt, und einen blockartigen Grabbau, der oben wahrscheinlich von kleinformatigen Statuen mit Rundschilden bewaffneter Krieger geschmückt war. In der Nähe ist zudem der Unterteil einer Kore gefunden worden, die ungefähr in der Zeit der Dame d'Auxerre entstanden ist. Die besprochenen Denkmäler sind inzwischen an Ort und Stelle rekonstruiert, eindrucksvolle Zeugnisse der überaus reichen Nekropole, die bekanntlich Gräber mit reichem Goldschmuck wie mit Importen nahöstlichen Metallhandwerks und kretischer Adaptionsformen (vergleichbar in Typus und Stil den Schilden der Idäischen Grotte) umfasst. Die beiden repräsentativen Denkmäler stellen einzigartige Zeugnisse kretischer Grabmalkunst dar.

Keramik, Koroplastik und Toreutik (S. 233 ff.): Antonis Kotsonas diskutiert Produktion und Verbreitung orientalisierender Keramik der Insel Kreta, wobei er die bislang auf Mittelkreta beschränkte, vor allem in Knossos und Prinias quantitativ reichlich vertretene Stufe des sogenannten Protogeometrisch B einbezieht, also der zweiten Hälfte des neunten Jahrhunderts. Protogeometrisch B repräsentiert eine einzigartige Phase geometrischer Kulturentwicklung, da nach dem sehr konventionellen eigentlichen protogeometrischen lokalen Stil nun kurvolineares Ornament wie Flechtband, laufender Hund, Spirale und Bogendekor, das seinen Ursprung im Vorderen Orient hat (neben minoischem Erbe), in das Repertoire der Vasenmaler einfließt. Kotsonas diskutiert die gelegentliche Charakterisierung als einer proto-orientalisierenden Phase gegenüber einer vorsichtigeren Definition nur proto-orientalisierender Elemente, die auch etwa aus dem gleichzeitigen Metallhandwerk bekannt sind. Es schließen sich Überlegungen zur eigentlichen orientalisierenden Phase des siebten Jahrhunderts, zu kretischen Imitationen zyprischer Gefäßtypen der Black-Slip- und Black-on-Red-Keramik an.

Andere Beiträge stellen Fundvergesellschaftungen einzelner kretischer Plätze vor; so Emanuela Santaniello für Gortyn aus dem zehnten bis sechsten Jahrhundert, Niki Tsatsaki für Eleutherna aus der spätgeometrischen Periode, unter anderem aus dem Bereich einer Töpferwerkstatt. Angeliki Lembesi veröffentlicht eine ungewöhnliche behelmte Figur spätgeometrischer Zeit aus dem Heiligtum des Hermes und der Aphrodite von Kato Syme, die ikonographisch eine Entsprechung in der Reiterfigur eines Hippalektryon des neunten Jahrhunderts aus der knossischen Nordnekropole findet, während Polymnia Muhly, wiederum ausgehend von Kato Syme, aber auch von anderen Fundorten, Einflüsse attischer Koroplastik in der zoomorphen geometrischen Terrakottaskulptur Kretas nachweist. Eine bemerkenswerte Entdeckung publiziert Dario Palermo, einen Bronzehelm kretischer Herkunft aus dem archaischen Heiligtum von Polizzello im westlichen Sizilien, ein seltenes Beispiel kretischen Kunsthandwerks außerhalb Kretas. Derartige kulturelle Beziehungen zwischen beiden Inseln dürften vor dem Hintergrund der Gründung Gelas durch Siedler aus Rhodos und Kreta ihren historischen Kontext finden.

Die Genese der Polis (S. 313 ff.) ist ein weiterer zentraler Themenbereich, allerdings in der Gliederung des Bandes aus nicht deutlich ersichtlichen Gründen nicht an die Artikel, welche die Topographie kretischer Siedlungsplätze zum Inhalt haben, sondern an die Beiträge zur Kunstentwicklung angeschlossen. Eine richtungweisende Studie verdanken wir Daniela Lefèvre-Novaro, die über einige Jahre ein von der Agence Nationale de la Recherche finanziertes Projekt zur Erhellung der Siedlungsgeschichte Mittelkretas (mit Schwerpunkt auf der Mesara) geleitet hat; sie ist hervorgetreten durch eine Studie zur spätbronzezeitlichen und eisenzeitlichen Siedlungsentwicklung von Phaistos, die in die Entstehung eines urbanen Siedlungsnukleus mündet (Ktéma 32, 2007, 467–495), eine Studie, die in diesem Zusammenhang Beachtung verdient. Sie schildert im vorliegenden Band die Siedlungsgeschichte der östlichen Mesara, definiert gerade die Epoche vom Spätprotogeometrischen bis zur Periode Protogeometrisch B als eine entscheidende Übergangsphase hin zu urbanem Aufschwung auf der Insel Kreta, betont die Aussagen der Nekropolen und besonders der periurbanen Heiligtümer im Blick auf Urbanisierungsprozesse, die auf Kreta deutlich früher einsetzen als auf dem griechischen Festland.

Giovanni Marginescu schließt Bemerkungen zur Stadtentwicklung von Gortyn vor allem während des siebten Jahrhunderts an, Francesco Guizzi zu Quellen, die auf Synoikismosprozesse deuten könnten. Das Bild bleibt blass, und Guizzi verweist auf Studien von Coldstream, die gerade für Knossos ein andersartiges Bild zeichnen. Coldstream selbst zeigt auf dem Athener Kongress in einem grundlegenden und überaus präzis analysierenden Beitrag, dass das auf Aristoteles zurückgehende Bild der Entwicklung von Poleis aus der Konzentration dorfartiger Siedlungen zumindest für Phaistos und Knossos kaum gelten kann, denn dort haben offensichtlich urbane Nuklei seit der späten Bronzezeit kontinuierlich überdauert. Anders könnte die Entwicklung von Siedlungsplätzen verlaufen sein, nämlich als »approximation to the Aristotelian model« (S. 351), die abseits minoischer Zentren ihren Beginn als Rückzugssiedlungen erlebt haben, wie Gortyn, Prinias oder Dreros.

Kult und Religion (S. 355 ff.): Dieser Themenbereich beleuchtet die Kulte zweier Plätze, des Heiligtums von Kommos im Territorium von Phaistos, wo Milena Melfi mit guten Argumenten ein Apollonheiligtum sehen will, und die urbanen und suburbanen Heiligtümer von Praisos, die Oliver Pilz, einer der Herausgeber des vorliegenden Bandes, in einer überzeugenden Analyse als »Katalysatoren der sozialen Integrationsprozesse, die schließlich zur Herausbildung der Polis führten« kennzeichnet (S. 377).

Mythenbilder (S. 383 ff.): Eva Simantoni-Bournia geht dem Bild des Minotauros nach, seiner Verbreitung in der Reliefkeramik der Kykladen seit der ersten Hälfte des siebten Jahrhunderts, in einem Werkstattkreis, der wahrscheinlich auf der Insel Tenos zu lokalisieren ist. Reliefpithoi dieser Art hätten nach ihrer Meinung zur weiteren Verbreitung der Ikonographie auf dem griechischen Festland beigetragen, obgleich eine attische Tradition des Theseus-Minotauros-Mythos anhand der Stützfiguren eines Dreifußhenkels spätgeometrischer Zeit belegbar ist (vgl. S. 393). In diesem Punkt fehlt der Interpretation die letzte Stringenz. Katja Sporn diskutiert die wenigen Bilder kretischer Mythen auf der Insel selbst sowie die reichere Überlieferung auf dem griechischen Festland und stellt Überlegungen zur Seltenheit mythischer Ikonographie auf Kreta an, die sie mit andersartigen gesellschaftlichen Gegebenheiten, dem Zurücktreten von Individuen und von klar definierten gesellschaftlichen Gruppen zu erklären versucht, die vorbildhafte Denkmälergruppen und entsprechende ikonographische Formeln zur Selbstdefinition benötigten, ein Ansatz, der sicherlich noch der Überprüfung und Vertiefung bedarf.

Kreta innerhalb der griechischen Welt (S. 409 ff.): Aus einem sehr theoretischen Blickpunkt in der Tradition angelsächsischer Archäologie versucht James Whitley den Begriff des ›Orientalizing‹ auf Kreta präziser zu definieren, dabei nicht nur das siebte Jahrhundert, sondern auch die Periode Protogeometrisch B der zweiten Hälfte des neunten ins Auge fassend und die Entwicklung anderer griechischer Regionen (etwa Euböa) vergleichend danebenzustellen. Seine Überlegungen münden weniger in konkret formulierte Ergebnisse als in die Aufforderung zu erneuter gedanklicher Durchdringung der Konzeption ›orientalisierender Kulturstufen‹, ihrer unterschiedlichen Ausprägungen, der Ursachen und Wirkungen.

Alan Johnston bespricht den Aspekt der Schriftlichkeit des archaischen Kreta im Vergleich zu anderen griechischen Landschaften, wobei er sich auf das konzentriert, was er als »casual texts« bezeichnet, Inschriften auf Tongefäßen, Terrakotten und Metall. Die Steininschriften, die durch den hohen Anteil an Gesetzestexten – in der Tat ein singuläres Phänomen – auffallen, werden nur am Rande erwähnt. Mit Ausnahme des langen Spensitheos-Textes handelt es sich um ein eher übliches Corpus kurzer Votivinschriften, Besitzerinschriften und Handwerkersignaturen.

Ein auf dem Athener Kongress kritisch kommentierter Beitrag von Anastasia Christophilopoulou analysiert in vergleichender Sicht kretische Hausarchitektur der protogeometrischen und geometrischen Phase. Die Verfasserin beschränkt sich dabei auf wenige Fallbeispiele, nämlich Gria Vigla (im Distrikt Moires), Smari und Chalasmenos. Es ist eher die Vielfalt und Komplexität der Erscheinungen, die offenbar wird, keine Regelhaftigkeit bestimmter Bautypen. Zudem bleibt unklar, ob alle gewählten Beispiele, so in Chalasmenos, Wohnarchitektur repräsentieren oder auch öffentliche Gebäude einschließen.

Kreta und der Nahe Osten (S. 455 ff.): Wie eingangs bereits angesprochen, setzen Kontakte Kretas mit der Welt des östlichen Mittelmeerraumes, Zypern, dem Orient und Ägypten, deutlich früher ein als in den meisten anderen griechischen Regionen – mit Ausnahme von Lefkandi auf Euboia. Gründe sind ökonomische Prosperität, die überhaupt erst einen Interaktionspartner attraktiv für den Fernhandel macht, und die geographische Lage der Insel im Schnittpunkt der Seefahrtsrouten, die vom östlichen Mittelmeer in Richtung Ägäis und darüber hinaus in den zentralen Mittelmeerraum führen. Eleonora Pappalardo gibt einen Vorbericht über inzwischen abgeschlossene Forschungen zu Art, Quantität und chronologischer Verteilung von östlichen Importen auf Kreta während des frühen ersten Jahrtausends (vgl. jetzt dies., Importazioni orientali a Creta. I livelli di contatti [Florenz 2012]).

Importe aus dem Nahen Osten, nicht zuletzt aus dem Kulturraum der nordsyrisch-späthethitischen und etwas später der phönikischen Stadtstaaten, führten auf Kreta bekanntlich sehr früh zur Genese lokaler Adaptionsformen im Metallhandwerk. Erinnert sei nur an die in der geometrischen Kunst einzigartige Gruppe der Idäischen Schilde, aber auch an andere orientalisierende Toreutik im Umkreis offenbar knossischer Ateliers. Matteo D'Accunto betrachtet zwei berühmte Werke der letzteren Art, einen Bronzegürtel mit Darstellung des Angriffes von Streitwagen auf ein Heiligtum, in dem eine göttliche Trias sichtbar wird, und ein vermutlich als Köcherbeschlag fungierendes Blech mit Friesen, die einen Heros im Kampf gegen Löwen und schreitende Sphingen zeigen. Fundort ist das Grab P von Fortetsa bei Knossos; die Fundvergesellschaftung weist in die Periode Protogeometrisch B oder in das kretisch Frühgeometrische, jedenfalls die Jahre vor oder um 800 v. Chr. D'Accunto führt die Bildtypen, die auf Kreta die Rolle heroischer Exempla erfüllen, auf orientalische Vorläufer zurück, die einer Interpretatio Graeca unterzogen wurden. Der Rezensent hat beide Themenkreise – zum Teil mit durchaus ähnlichem Ergebnis – in zwei Studien diskutiert, die zu D'Accuntos Bibliographie nachgetragen werden sollten (H. Matthäus in: C. E. Suter / Chr. Uehlinger [Hrsg.], Crafts and Images in Contact [Fribourg und Göttingen 2005] 306–317 [Löwenkampf]; ders. in: Austausch von Gütern, Ideen und Technologie in der Ägäis und im östlichen Mittelmeer [Weilheim 2008] 421–447 [Steinfries aus Chania, der die Ikonographie des Gürtels aus Fortetsa weiterführt]).

Versuchen wir eine Summe zu ziehen der vielfältigen, methodisch und inhaltlich facettenreichen Beiträge, so gilt es, den Autoren und den Herausgebern des Bandes, die zugleich Organisatoren des Kolloquiums in Athen 2006 waren, Anerkennung und Dank auszusprechen. Es ist ein grundlegender Beitrag zu einem modernen, den aktuellen Forschungsstand spiegelnden Bild der Kulturgeschichte Kretas im frühen ersten Jahrtausend entstanden.

Hingewiesen sei auf ein thematisch anschließendes Kolloquium des Instituts für Klassische Archäologie der Universität Mainz in Zusammenarbeit mit dem Historischen Institut der Universität Köln (Oliver Pilz und Gunnar Seelentag) zu neuen Forschungen über Kreta während der archaischen und klassischen Periode im Jahre 2011. Die Publikation ist im Druck.

Erlangen   Hartmut Matthäus

Bernhard S. Heeb, **Das Bodenseerheintal als Siedlungsraum und Verkehrsweg in prähistorischen Epochen. Eine siedlungsarchäologische Untersuchung.** Frankfurter Archäologische Schriften, Band 20. Verlag Dr. Rudolf Habelt, Bonn 2012. 393 Seiten mit 149 Abbildungen, 57 Listen, 93 Tafeln sowie 6 Karten.

Die archäologische Erforschung der Alpen besitzt eine lange Tradition und hat durch die sensationelle Entdeckung des Südtiroler Eismannes im Annus mirabilis 1991 insbesondere in den vergangenen beiden Jahrzehnten einen enormen Aufschwung erfahren. Eine Vielzahl von in der Regel stark interdisziplinär ausgerichteten Einzelprojekten widmet sich dabei der grundsätzlichen Frage, was den Menschen seit Jahrtausenden in die Alpen zieht. Rohstoffe, Mobilität und Handel, klimatische und sozioökonomische Veränderungen sowie unterschiedliche Formen der Subsistenz sind dabei gängige Themen, die mit der menschlichen Präsenz am Rande der Oikumene in Verbindung gebracht werden. Die diachrone Zusammenschau verschiedener Einzeluntersuchungen und Fundstellen und die daraus abgeleitete prähistorische Longue durée für einen begrenzten alpinen Siedlungsraum bildet bislang allerdings die Ausnahme. Diesem Mangel versucht die vorliegende, aus einer Dissertation hervorgegangene Arbeit von Bernhard S. Heeb für das Rheintal zwischen Sargans und dem Bodensee mit dem östlich beziehungsweise westlich anschließenden Walgau und Seetal entgegenzuwirken. Der eigentliche Impuls für diese grundsätzlich beachtenswerte, sorgfältig redigierte Studie ist zum einen im langjährigen siedlungs- und wirtschaftsarchäologischen Projekt der Universität Frankfurt am Main im Vorarlberger Montafon zu suchen, zum anderen in der vorhergehenden Beschäftigung des Autors mit dem spätbronzezeitlichen Brandopferplatz von Feldkirch, Altenstadt-Grütze.

Das Bodenseerheintal – der Begriff ist etwas ungewohnt, aber vom Autor gleich zu Beginn im zweiten Kapitel transparent begründet – bildet als Trennlinie zwischen Ost- und Westalpen einen bedeutenden verkehrsgeographischen Raum. Das breite, fjordartige Flusstal des in Graubünden entspringenden Rheins reicht tief ins Gebirge hinein, wo die gut bekannten Bündner Pässe (San Bernardino, Lukmanier, Splügen sowie Julier, Septimer, Albula, Maloja und Bernina) schließlich die ideale Voraussetzung für die Nordsüdpassage durch die Alpen bieten.

Mit dem Abstecken des geographischen und chronologischen Rahmens beginnt der Verfasser in klassischer Weise seine übersichtlich in insgesamt fünfzehn unterschiedlich umfangreiche Kapitel gegliederte Untersuchung. Bereits hier wird deklariert, dass das heute auf drei verschiedene Staatsterritorien (Schweiz, Liechtenstein und Österreich) aufgeteilte Gebiet bei einer wissenschaftlichen Bearbeitung zwangsläufig gewisse Probleme mit sich bringt, nicht nur durch den sehr unterschiedlichen Forschungsstand, sondern auch durch heterogene Daten- und Kartengrundlagen. Die in der Arbeit verwendeten und veröffentlichten Karten sind aber, wohl nicht zuletzt aufgrund ihrer Schweizer Provenienz (swisstopo; Atlas der Schweiz; DHM 25), als in der Regel gut und für viele analytische Fragestellungen als zumindest prinzipiell geeignet einzustufen.

Die chronologische Betrachtung der Untersuchung reicht vom Mittelneolithikum des fünften Jahrtausends bis ans Ende der Latènezeit, das heißt bis zur römischen Okkupation. Damit ist die Mehrheit der im Arbeitsgebiet nachgewiesenen prähistorischen und siedlungsgeschichtlich relevanten Epochen abgedeckt. Erstaunlich ist indes, dass weder an dieser Stelle noch sonst irgendwo in der Arbeit ein vertiefter Bezug zu den bereits existierenden Publikationen etwa von Bernhard Overbeck zur Geschichte des Alpenrheintals in römischer Zeit (1982) oder der noch deutlich aktuelleren Studie von Werner Zanier zu den historischen und archäologischen Quellen der Spätlatène- und frühen römischen Kaiserzeit zwischen Bodensee und Bündner Pässen (2006) hergestellt wird. Deren reflektierte Berücksichtigung oder zumindest eine inhaltlich-methodische Abgrenzung wäre in jedem Fall angebracht gewesen. Im dritten Kapitel folgt eine als »Entwicklung der siedlungsarchäologischen Forschung« titulierte Begriffsdefinition. Allein der geringe Umfang von knapp drei Seiten macht klar, dass ein derart verkürzter Abriss der (deutschen) Forschungsgeschichte von Gustaf Kossinna bis zur heutigen, stark umwelt- und landschaftsarchäologischen und GIS-gestützten Herangehensweise auch nicht im Ansatz erschöpfend sein kann.

Die sehr allgemeine Begriffsbestimmung des Leitmotivs als »möglichst umfassende Betrachtung von Siedlungen in ihrem natürlichen und kulturellen Umfeld« verschwimmt hier mit einer oberflächlichen, zu wenig kritischen Forschungsgeschichte um das eigentliche alpine Untersuchungsgebiet. Zu Recht werden hier neben den groß angelegten Forschungen in den süddeutschen und ostschweizerischen Feuchtbodensiedlungen insbesondere die verdienstvollen Projekte der Universität Zürich im Alpenrheintal um den Wartauer Ochsenberg aufgeführt, ohne allerdings die ebenso wichtigen und stets zeitübergreifend angelegten Untersuchungen in den Zentral- und Südalpen zu nennen (Gotthardgebiet, Leventina oder Misox [Mesolcina]). Mit dem Sammelband ›Siedlungsprozesse an der Höhengrenze der Ökumene am Beispiel der Alpen‹ existiert ein weiteres multiperspektivisches und ›vor-ötzizeitliches‹ Übersichtswerk, das derartigen Fragen bis in die Neuzeit bereits 1990 nachgegangen ist.

Der eigentliche Einstieg in die Archäologie folgt dann im vierten Kapitel, in dem den drei modernen politischen Einheiten folgend die spezifischen Forschungstraditionen, die wichtigsten archäologischen Ausgrabungen sowie der aktuelle Wissensstand – oder besser: die aktuelle Publikationslage – zum urgeschichtlichen Bodenseerheintal vorgestellt wird. Allen drei benachbarten Ländern ist gemein, dass die archäologische Beschäftigung in der Mitte des neunzehnten Jahrhunderts einsetzt und die Schwerpunkte der Forschung im zwanzigsten Jahrhundert mitunter sehr stark von Einzelpersonen wie Elmar Vonbank (siehe Abb. 3), Benedikt Frei und anderen geprägt sind.

Zu Recht bemängelt der Autor an dieser Stelle die Jahrzehnte dauernde schlechte denkmalpflegerische Betreuung insbesondere im Bundesland Vorarlberg, die sich selbstredend auch im bescheidenen Publikationsstand niederschlägt. Diese Situation konnte erst vor kurzem verbessert werden und gibt gemeinsam mit der neuen Aktivität des Vorarlberger Landesmuseums große Hoffnungen auf eine intensivierte archäologische Erforschung auch auf der österreichischen Rheinseite. Schmerzlich ist zudem, dass wichtige referentielle Fundstellen – hier ist als Beispiel die eponyme Station ›Lutzengüetle‹ auf dem Liechtensteiner Eschnerberg zu nennen – nach wie vor unpubliziert sind. Etwas seltsam mutet das sehr kurze Sonderkapitel 4.5. zu ›Privatsammler[n] und Sondengänger[n]‹ an, da hier lediglich zwei verdienstvolle und nicht mit Sonden arbeitende Heimatforscher erwähnt werden, deren gesammelte Bestände und Daten bei der Untersuchung des Autors berücksichtigt sind. Dass private Raubgräberei im Bodenseerheintal allerdings »kein wichtiger Faktor« ist, darf nach Informationen der zuständigen Fachstellen leider stark bezweifelt werden.

Im nun folgenden fünften Kapitel legt der Autor mit der etwas apodiktischen Vorbemerkung »Mensch und Umwelt beeinflussen sich gegenseitig und passen sich einander an und jede Generation verändert die Umwelt für ihre Nachkommen« einen umfangreichen Katalog an vielfältigen siedlungsarchäologischen, explizit formulierten Fragen vor. Man ist mit der eben vorgestellten Forschungs- und Datenbasis im Hinterkopf bei dieser heterogenen Anhäufung von grundlegenden, teilweise weitreichenden und im Detail sehr komplexen Problemen etwa zu den naturräumlichen Voraussetzungen, zu Ressourcen, kulturellem Kontext, Kontinuität und Diskontinuität, Innovation, Katastrophen mit menschlichen oder naturräumlichen Ursachen, Mobilität, Kommunikation, Subsistenz oder Klima gespannt, ob derlei Aspekte im nun Folgenden auch nur im Ansatz adäquat zu beleuchten sind. Einschränkungen werden jedenfalls keine gemacht, vielmehr wird im Weiteren wiederum vor allem die große Bedeutung des Rheintales als Verkehrsachse sowie Kontakt- und Austauschzone betont.

Dank der zweifellos äußerst verdienstvollen und weit über seine Untersuchung gewinnbringenden Anstrengung des Autors wird eine umfassende Datenaufnahme von insgesamt 382 Fundplätzen mit 542 Fundstellen (Stand 2009) aus der Literatur, aber auch an Originalmaterial in lokalen Museen und Ämtern vorgelegt. Sie ist elementarer Bestandteil und eigentlicher Ausgangspunkt der gesamten Studie und im hinteren Teil mit einem rund achtzigseitigen, detaillierten Fundstellenkatalog und ergänzenden dreiundneunzig

Abbildungstafeln wiedergegeben. Die weitere funktionale Unterscheidung in Fundplatztypen (»Fundquellen«) entspricht dabei mit Siedlung, Grab, Depot und so weiter durchaus gängigen Konventionen (mit Ausnahme einer singulären Wasser-»Quelle«). Etwas bedauerlich ist, dass die eigentlich hier angebrachte Statistik über die prozentuelle Verteilung der einzelnen Fundquellen im Arbeitsgebiet erst im achten Kapitel (Abb. 58) folgt.

Die zeitliche Gliederung ist in insgesamt fünf relativchronologische Abstufungen möglich (von »prähistorisch« bis zur Stufe Hallstatt B3). Achtzig Prozent des Stoffes sind nachvollziehbar relativ feinchronologisch zu verarbeiten, eine aoristische Analyse der Daten ist unterblieben. Es folgen weitere Informationen zur naturräumlichen beziehungsweise topographischen Situation der Fundstellen, zur qualitativen Lokalisierbarkeit und der angewandten Kartierung. Quellenkritisch mustergültig berücksichtigt hat der Autor die möglichen Einflüsse auf die Entstehung des Fundbildes in Form einer Definition und statistischen Auswertung der Fundumstände (intentionell und nichtintentionell), der taphonomischen Prozesse sowie weiterer forschungsgeschichtlicher, naturräumlicher, kulturimmanenter und subjektiver Filter. Deutlich wird dadurch das sehr reflektierte Vorgehen bei der Wahl und Analyse der auszuwertenden Daten, wie man es sich bei ähnlichen Studien zuweilen wünschen würde.

Die naturräumlichen Grundlagen des heutigen, bis zu dreizehn Kilometer breiten Rheintals vom Bodensee bis zur (nicht: zum) St. Luzisteig am Fläscherberg folgen in verständlicher und adäquater Tiefe und mit sehr ansprechenden Karten im sechsten Kapitel. Etwas schade ist, dass zentrale Themen wie Tektonik, Topographie, Böden, Wetter und Klima, eine hydrologische Biographie des Rheins, Tierwelt und Vegetation und Naturgefahren den archäologischen Fluss der Arbeit an dieser Stelle unterbrechen – angenehmer wäre gewesen, diese umfangreiche Charakterisierung des Gebietes an den Anfang der Arbeit zu stellen. Zusammenfassend lässt sich ableiten, dass das Bodenseerheintal eine klimatisch begünstigte Region ist. Das Landschaftsrelief mit großen Höhenunterschieden auf kurzer Distanz hat eine beachtliche klimatische Diversität zur Folge, mit warmen, aber nicht heißen Sommern und langen, aber milden Wintern. Die Landwirtschaftsbedingungen und die bis zu zweihundertvierzig Tage lange Vegetationsdauer sind insbesondere für Obstanbau und Weidewirtschaft gut geeignet. Informationen zum Vorhandensein von Rohstoffen fehlen hier leider, zudem bleibt das abschließende Kapitel 6.1.9. zur modernen Zersiedelung der Landschaft und deren Auswirkungen auf das archäologische Fundbild deutlich zu flüchtig.

Dem eben dargelegten aktuellen Naturraum wird nun jener der prähistorischen Epochen gegenübergestellt, was beim derzeitigen Forschungsstand allerdings nur sehr summarisch getan werden kann. So gibt es zur Umwelt- und Vegetationsgeschichte bis auf wenige Daten aus modereren Grabungen bislang keine vertiefenden Informationen, was aber ein alternatives Ausweichen auf die divergenten Seeufersiedlungen am Boden- oder gar Zürichsee ebenso wenig rechtfertigt. Etwas besser bestellt ist es um die Bearbeitung der überlieferten Fauna, so dass der Autor eine chronologische Behandlung der lokalen Haus- und Wildtiere vom Jungneolithikum bis zur Eisenzeit vornehmen kann. Das Bodenseerheintal unterscheidet sich diesbezüglich im Grunde unwesentlich von umliegenden Gebieten, und die bisherigen Siedlungen zeigen die für den nordalpinen Raum typischen Werte und Tendenzen. Als überholt ist gewiss der Nachweis von spätmesolithischem Ackerbau in Oberschan anzusehen, der wohl keiner kritischen Prüfung standhalten würde. Der Komplexität des Gegenstandes keinesfalls gerecht wird schließlich der Abschnitt zum Paläoklima. Zwar wird zu Recht auf die Problematik der Korrelation von archäologischen und klimatischen (Proxy-)Daten hingewiesen, die Betrachtung des alpinen Raumes bleibt aber hier, von Allgemeinplätzen abgesehen, deutlich zu oberflächlich und unzureichend, auch bezüglich des aktuellen Forschungs- und Diskussionsstandes.

Im siebten Kapitel skizziert der Autor kenntnisreich und differenziert die relative Chronologie und archäologische Sachkultur im Arbeitsgebiet. Für das Neolithikum beziehungsweise dessen Endphase stehen nach wie vor wenig stratigraphische Abfolgen zur Verfügung, wobei man auffällige Besiedlungslücken gerade im Endneolithikum (Schnurkeramik und Glockenbecher) nicht einfach als reine Forschungslücken abtun, sondern nach alternativen Erklärungen suchen sollte. Der markante Besiedlungsschub im jüngeren Abschnitt der Frühbronzezeit und die in der Spätbronzezeit stark zunehmenden Südeinflüsse (Laugen-Melaun-Keramik; Migration?) ist, wie in den Inneren Alpen, auch im Alpenrheintal deutlich zu fassen, zumal mit dem Montlingerberg eine bedeutende Referenzstation zur Verfügung steht. Auch für die Eisenzeit sind, nach dem bekannten Hallstatt-C-Hiatus, die zunehmenden südalpinen Kontakte seit der späten Hallstattzeit sichtbar (»Golasecca«, nicht »Colasecca«), nicht zuletzt in der teilweise vorkommenden Verwendung der tessinischen Chronologie. Die Keramik entwickelt sich indes mit der Taminser und Schneller Keramik regional (Alpenrheintalgruppe). Äußerst wertvoll sind die vom Autor zusammengestellten Abbildungen zur absoluten Chronologie und allen Radiokarbondaten im Arbeitsgebiet (Abb. 48 und 49), wobei die zusätzliche Angabe der unkalibrierten Rohdaten wünschenswert gewesen wäre.

Mit dem ›Fundstoff‹ überschriebenen achten Kapitel folgt der umfangreichste, knapp hundertseitige Abschnitt der Arbeit. Ambitioniertes Hauptanliegen ist, nach der räumlichen und zeitlichen Verteilung der Fundstellen, deren möglichen Bezug zu den naturräumlichen Gegebenheiten und wechselseitige Beziehungen zu untersuchen. Auf eine detaillierte Charakterisierung der Fundstellen auf Basis ihrer jeweiligen materiellen Kultur wird grundsätzlich verzichtet, da diese Angaben im umfangreichen Katalog zu finden sind. Die räumliche Analyse zeigt, dass die große Mehrheit der Gesamtfundmenge Siedlungen und Einzelfunde sind, die keine besonderen Auffälligkeiten in ihrer räumlichen Verteilung zeigen. Explizit erfolgt an dieser Stelle keine chronologische Differenzierung, doch offenbaren sich für alle Epochen zwei markante, nicht näher erklärbare Fundlücken im St. Galler Gebiet um Sax und Gams beziehungsweise um Dornbirn.

Die zeitliche Verteilung illustriert die detaillierte Abhandlung der bekannten Fundstellen chronologisch und typologisch jeweils mit qualitätvollen Karten und einer statistischen Verteilung nach Anzahl. Zusammenfassend lässt sich sagen (Abb. 96), dass es vom Jungneolithikum an zu einer steten Besiedlungszunahme und -dichte kommt, mit nur wenigen Depressionen (Bronzezeit D, Hallstatt C, La Tène B?). Die Siedlungen konzentrieren sich vorwiegend am Talrand und im Bereich der typischen Inselberge, häufig mit Platzkontinuität oder wiederholter Nutzung. Die Nebentäler Walgau und Seeztal werden erst seit der Frühbronzezeit aufgesiedelt. Auffallend ist die geringe Anzahl an Bestattungen für alle Epochen (siehe auch das gesonderte dreizehnte Kapitel) und die besondere Bedeutung der Brandopferplätze.

Diffus sind einzig die Gedankengänge des Autors über das dynamische Aufkommen der Einzelfunde, die nicht nur in diesem Fall nach einer differenzierten Auseinandersetzung mit derartigen Phänomenen, überregionalen Vergleichen und der Integration anderer Bereiche wie gleichzeitiger Grab- und Deponierungssitten verlangen würden. Die anschließende GIS-Analyse anhand gängiger Geofaktoren wie Oberflächen- und Bodenform, Niederschlag und Schnee, Sonneneinstrahlung, Temperatur, Phänologie, Vegetation, Nähe zu Fließgewässern und Ähnlichem mehr bestätigt im Wesentlichen das bereits bekannte Muster: Die naturräumlichen Bedingungen führen im Bodenseerheintal zur wiederholten Belegung von Siedlungsplätzen, denen allesamt ein Bündel an Gunstfaktoren gemein ist, nämlich eine bestimmte Terrainneigung, die Exponierung nach Süden, Braunerde, Lage auf vierhundert bis sechshundert Metern Höhe, acht bis zehn Grad Celsius Durchschnittstemperatur und eine lange Vegetationsperiode von über sechs Monaten.

Im Umkehrschluss bedeutet dies, dass die mehrfach besiedelten Stellen die Gunstfaktoren am besten wiedergeben, was eigentlich eine ideale Basis für ein Predictive modelling von weiteren Verdachtsflächen wäre. Da sich auch die grundsätzliche Platzwahl über die Jahrhunderte wenig ändert, ist von einem stark limitierten und gut nutzbaren Siedlungsraum auszugehen. Die stärkere Konzentration von Siedlungen südlich der Linie Kummenberg-Montlingerberg führt der Autor auf bessere Bodenbedingungen dort zurück. Schwieriger gestaltet sich der mögliche Bezug gleichzeitiger Fundstellen untereinander, da hier noch immer zu wenige Grundlagen zur realen Größe, inneren und äußeren Struktur und Feinchronologie der Siedlungen existieren. Gerade hier wäre nun eine Integration und Diskussion der nahen Seeufersiedlungen tatsächlich gerechtfertigt gewesen, wo die zeitliche Auflösung deutlich besser ist und das dynamische Siedlungs- und Mobilitätsverhalten gemeinsam mit ökonomisch-ökologischen oder klimatischen Aspekten evidenter wird. Ebenso heranzuziehen wären allenfalls ethnographische oder historische Parallelen, die wertvolle Impulse zum möglichen Beziehungsgeflecht der alpinen und voralpinen prähistorischen Landschaft liefern können. Als Fazit bleibt am Ende des aufwendigen achten Kapitels die Verifizierung von bereits mehrfach Gesagtem.

Die auffallende verkehrsgeographische Situation des Bodenseerheintales als Grundlage für Handel und Austausch ist Gegenstand des neunten Kapitels. Langlebige Rohstoffe wie Stein, Kupfer und Eisen oder Bernstein sowie Fremdformen in Keramik oder Metall dienen als wichtige Indikatoren für den transalpinen Austausch und die verschiedenen Sphären von Kommunikation und Interaktion. Bei näherer Betrachtung zeigt sich, dass auch hier noch vieles ungeklärt ist, etwa zu Art und Umfang der Rohstoffbewegungen, zur genauen Provenienz des frühen Kupfers (Montafon? Oberhalbstein?) oder zur Zirkulation von Metallartefakten. Am Beispiel der Brandopferplätze zeigt der Autor schlüssig auf, dass selbstredend neben oder besser: mit dem Materiellen auch geistige, technische und religiöse Innovationen ins Bodenseerheintal gelangten. Dem Montlingerberg kommt hier einmal mehr eine zentrale Rolle für fremde Waren, Menschen und Ideen beziehungsweise Ideologien zu. Weiterführende Überlegungen zu deren vielleicht nicht immer konfliktfreier Wirkung auf das soziokulturelle und räumliche Gefüge fehlen allerdings, obwohl gerade solche Themen von brennender Aktualität auch für unsere gegenwärtige Lebenswelt wären.

Das exkursartige zehnte Kapitel widmet sich den Inselbergen als charakteristischem Merkmal des Untersuchungsgebietes, auch wenn die Intention dieses Einschubs nicht so richtig verständlich wird. Diese Massive nehmen – wie der markante Eschnerberg oder der mächtige Fläscherberg – eine besondere Stellung im Bodenseerheintal ein, und von ihnen ausgehend scheinen teilweise die Zu- und Ausgänge ins Rheintal kontrolliert worden zu sein; Gedanken zu möglichen urgeschichtlichen Rheinübergängen oder zum Wasserverkehr allgemein finden sich leider nicht. Vielmehr stellt der Autor im Zusammenhang mit den frühen Befestigungen und ihren Ursprüngen auch die Frage nach möglichen Zentralorten, die eine herausragende Rolle im Güterumschlag spielten und wohl auch eine entsprechende »politische Macht« konzentrierten.

Diese chorologische Thematik setzt sich im nächsten Kapitel fort, wo es (abermals) um die Größe und Struktur der Siedlungen geht. Wie bereits zu Kapitel 8.4 konstatiert, ist hier aufgrund der mangelhaften

Materialqualität und -quantität bisher keine wirkliche Entwicklung erkennbar.

All diese Erkenntnisse münden letztlich in den zwölften Abschnitt der Arbeit unter ›Struktur und Entwicklung der Besiedlung‹, der gewissermaßen das Endergebnis der umfassenden siedlungsarchäologischen Untersuchung und verschiedenartigen statistischen Analysen präsentiert. Die Unterkapitel fallen hier sehr gehaltvoll aus und bestätigen einmal mehr das schon vorhin demonstrierte Bild. Der Untersuchungsraum zeigt einen »kontinuierlichen Entwicklungsbogen, der ohne umfassende Unterbrechungen vom Mittelneolithikum bis in die späte Latènezeit anhält. Erkannte Besiedlungs- beziehungsweise Aktivitätsrückgänge entsprechen einem natürlichen Zyklus, der auch durch klimatische, kulturelle oder soziale Komponenten beeinflusst wird. Doch nach jeder Verminderung im Besiedlungsbild entwickelt sich dieses beschleunigt über das vorhergehende Niveau hinaus und zeigt so eine insgesamt ansteigende Entwicklung.«

Ob dieses Fazit ein für das Bodenseerheintal spezifisches Siedlungsverhalten korrekt wiedergibt, soll ein Vergleich mit benachbarten Regionen im vierzehnten Kapitel beantworten. Auf knappem Raum werden die großen Besiedlungsverläufe und Naturräume von Süddeutschland, des Tiroler Inntals, des Salzburger Saalach-Salzachgebietes sowie des Südtiroler Vinschgaues präsentiert. Der Autor betont nach dieser komparativen Gegenüberstellung einmal mehr, dass sein Untersuchungsgebiet nur geringe Rohstoffvorkommen besitzt und schließt daraus, dass die prähistorischen Gemeinschaften eher in Handel und Austausch involviert waren und zugleich eine wichtige Transferfunktion Richtung Süddeutschland erfüllt haben. Das Siedlungsverhalten ist überregional nicht detaillierter vergleichbar, höher gelegene und natürlich geschützte Stellen wurden aber aus strategischen Gründen in allen Gebieten bevorzugt. Synchron wird überall ein markanter Rückgang der Siedlungstätigkeit zu Beginn der Hallstattzeit deutlich.

Abschließend bleibt festzuhalten, dass Bernhard Heeb zu Beginn seiner Darstellung eine Vielzahl sehr unterschiedlicher und komplexer Fragen formuliert, die nicht alle in gleichem Maße beleuchtet und beantwortet werden. Der vom Autor angestrebte, methodisch vorbildlich erarbeitete Rote Faden für die Besiedlungsgeschichte des Bodenseerheintales als dynamischem und anspruchsvollem Siedlungsraum ist zwar sichtbar geworden, doch zeigt sich, dass hier nach wie vor sehr viel mikroregionale Basisarbeit geleistet werden muss. So bleibt als Resümee eine verdächtig geradlinige evolutive Skizze zur diversifizierten prähistorischen Landnutzung und Besiedlung über den Verlauf von rund viertausendfünfhundert Jahren zwischen Bodensee und Sargans. Deutlich wird die wichtige Rolle des Untersuchungsgebietes als zentrale Verkehrsachse und Katalysator für unterschiedliche kulturelle Einflüsse, wo der Güteraustausch im Vordergrund stand und Rohstoffe untergeordnete Bedeutung hatten. Der Imperativ für die wissenschaftliche Zukunft ist indes unmissverständlich: Zum einen existiert die Pflicht, die bereits aufgearbeiteten Bestände zu publizieren und die wichtigen Referenzfundstellen endlich zu bearbeiten. Zum anderen besteht die Notwendigkeit, wann immer möglich grenzüberschreitende Forschungsvorhaben im Alpenrheintal zu initiieren und die lokale Bodendenkmalpflege in ihrem Auftrag zu stärken.

Chur Thomas Reitmaier

Iris Gerlach und Dietmar Raue (Herausgeber), **Sanktuar und Ritual. Heilige Plätze im archäologischen Befund.** Forschungscluster 4. Heiligtümer. Gestalt und Ritual, Kontinuität und Veränderung. Menschen – Kulturen – Traditionen, Band 10. Verlag Marie Leidorf, Rahden 2013. 424 Seiten, 352 Abbildungen, 2 Tabellen.

Existierte eine Kennzeichnungspflicht für nicht oder nur sehr bedingt rezensierbare Bücher, so müsste das hier vorgestellte gewiss ein solches Zertifikat tragen. Denn der von Iris Gerlach und Dietmar Raue herausgegebene zehnte Band der Reihe ›Menschen – Kulturen – Traditionen. Studien aus den Forschungsclustern des Deutschen Archäologischen Instituts‹, welcher das weite Feld von Kultplätzen im archäologischen Befund thematisiert, entzieht sich nicht allein aufgrund der ansehnlichen Anzahl von vierzig Einzelbeiträgen, sondern auch in seiner räumlichen und zeitlichen Verteilung – vom Hindukusch bis Spanien und vom Frühneolithikum bis ins achte nachchristliche Jahrhundert – und seiner thematischen Varianz – vom reinen Zwischenbericht einer Ausgrabung bis hin zur Erläuterung der Frage nach dem Mehrwert ethnologischer Ritualtheorien der Gegenwart für die Antikenforschung – dem Ansinnen eines jeden Rezensenten, das zu besprechende Werk in seiner Gesamtheit zu würdigen.

Der Sammelband ›Sanktuar und Ritual. Heilige Plätze im archäologischen Befund‹, der aus der Plenartagung des Forschungsclusters 4 ›Heiligtümer. Gestalt und Ritual. Kontinuität und Veränderung‹ des Deutschen Archäologischen Instituts 2009 in Kairo hervorgegangen ist, versucht die Vielfalt in vier Sektionen, entsprechend den Forschungsfeldern des Clusters: ›Kontinuität und Wandel an Kultorten‹, ›Ende und Nachleben von Kultorten‹, ›Gestalteter Raum‹ sowie ›Votiv und Ritual‹ zusammenzufassen, wobei, wie Hans-Joachim Gehrke (S. 2) bereits in seinem Vorwort herausstellt, es sich bei dem Band zudem um eine »erste Zwischenbilanz«, eine »vorläufige Bestandsaufnahme«, ein »work in progress« handelt und weder um einen »detaillierten Bericht« noch um eine erschöpfende Publikation. Dennoch versucht Gehrke einen gemeinsamen Rahmen abzustecken, wenn er schreibt: »Insofern schauen wir gerade dorthin, wo sich religiöses Handeln und Ostentation des Religiösen konzentrieren, auf Plätze, denen die jeweiligen Akteure auf im Einzelnen recht unterschiedliche Weise einen numinosen Charakter zuschreiben, auf Orte, an denen man sich Göttern bzw. der Gottheit nahe wusste und zugleich auf eine ganz besondere, oft stark reglementierte (›ritualisierte‹) Weise auch mit dem Menschen (solchen der eigenen Gruppe oder auch solchen anderer Gemeinschaften) verkehrte« (S. 1).

Leider wird diese Vorgabe, der Blick auf den »numinosen Charakter« und die Nähe zu etwas als göttlich Verstandenem, die der ehemalige Präsident des DAI dem Band voranstellt, nur in den seltensten Fällen erfüllt. Vielmehr wird davon ausgegangen, dass ein Heiligtum oder ein Tempel ein solcher Ort sei, um sodann Baufugen oder Keramikspektren zu diskutieren. Eine solche Kritik am fehlenden Gesamtcharakter des Bandes und einer zum Großteil mangelhaften religionswissenschaftlichen Fundierung der jeweiligen Beiträge wird jedoch durch eine Fülle an Einzelbeobachtungen wettgemacht, wie denn auch dem traurigen Faktum, dass vieles, was in diesem Band als Zwischenbericht gedacht war, wegen der neuesten politischen Entwicklungen etwa in Syrien und im Irak leider zum Nachruf auf ein Kulturerbe der Menschheit wurde. So sollen im Folgenden die dem Band als Leitfaden dienenden Forschungsfelder des Clusters vorgestellt und auf einzelne zentrale Beiträge kurz eingegangen werden.

Das Forschungsfeld 1 thematisiert ›Kontinuität und Wandel an Kultorten‹ anhand des Aphroditeheiligtums von Milet (Volkmar von Graeve), des Zeustempels von Olympia (Arnd Hennemayer bzw. Helmut Kyrieleis), des apollinischen Orakelheiligtums von Abai, Kalapodi (Wolf-Dietrich Niemeier/Nils Hellner) und des Apolloheiligtums von Didyma (Anja Slawisch). Der in das Forschungsfeld einführende Beitrag (Wolf-Dietrich Niemeier) postuliert, sich auf Kyrieleis berufend (H. Kyrieleis, Führer durch das Heraion von Samos [Athen 1981]), dass Heiligtümer landschaftlich determiniert seien und ein Temenos nicht an einem beliebigen Ort errichtet werden konnte. Diese auf den ersten Blick so eingängige These wird jedoch in keinem der folgenden Beiträge untermauert. Auch dass dies, wie Niemeier weiter ausführt, der Grund für das hohe Alter der Heiligtümer und oder gar deren Kontinuität sei, bleibt eine Hypothese. Stattdessen zeigt Arnd Hennemayer am Beispiel des Zeustempels von Olympia eindrücklich, dass der Begriff ›Kontinuität‹ für die Tatsache steht, »daß der Bau über diesen langen Zeitraum laufend instand gehalten und repariert werden musste«, »ganze Bereiche wieder hergestellt werden mussten« (S. 19), aber neue Einbauten, wie Wendeltreppen und Galerien einen Wandel des Charakters des Heiligtums dokumentieren, welcher mit dem Begriff der ›Musealisierung‹ gefasst wird.

Nach der Frage von Kontinuität und Wandel beschäftigt sich das Forschungsfeld 2 mit Ende und Nachleben von Kultorten, wobei die scharfe begriffliche Trennung zwischen Transformation und Nachleben unterbleibt. Stattdessen formuliert Stephan Lehmann in seinem einleitenden Text als Ziel »die Entwicklung der Heiligtümer in der letzten Phase ihrer Existenz und ihrem eventuellen antiken Nachleben mit allen zur Verfügung stehenden archäologischen Methoden und Schriftquellen so genau wie möglich zu beschreiben«. Im Zentrum stehen hierbei Zerstörungen und Umnutzungen von Bauten und Weihegeschenken, aber auch der identitätsstiftende Charakter und die zentralörtlichen Funktionen nicht mehr bestehender Heiligtümer. Gezeigt wird dies anhand der Großen Moschee von Resafa-Sergiupolis (Christoph B. Konrad und Dorothée Sack), Abydos (Umm al-Qaʿāb, Andreas Effland), Heliopolis (Dietrich Raue) und wieder Olympia (Stephan Lehmann und Andreas Gutsfeld). Durch das starke Vertretensein von syrischen und ägyptischen Heiligtümern in Kombination mit der Frage nach – wie im Falle von Abydos auch spezifisch religiös motivierter – Zerstörung drängen sich dem Leser besonders in dieser Sektion Parallelen zu jüngsten Entwicklungen auf, die natürlich durch die Autoren nicht intendiert sein konnten. Doch wenn Raue schreibt: »Mehr als Ereignishistorie mit realpolitischen Fakten liefern kann, ist es das Ende dieser Kulturplätze (von Heliopolis) jenseits der Tagespolitik und den großen Residenzen, die grundlegenden kulturellen Wandel anzeigen können« (S. 90), muss man sich fragen, was die Zerstörungen der heutigen Zeit anzeigen.

Einem ganz anderen Bereich der Sakralarchäologie, dem gestalteten Raum, widmet sich das Forschungsfeld 3 des DAI-Forschungsclusters. Dies zeigt sich auch in der Gestaltung des entsprechenden Abschnitts der hier besprochenen Publikation. Den Einzelbeiträgen vorangestellt ist eine elfseitige Einführung, eine Gemeinschaftsarbeit von Nils Heller, Nicole Alexanian, Claudia Bührig, Ute Rummel, Detlev Wannagat und Mike Schnelle zur Sakral- und Kulttopographie speziell im Hinblick auf Funktionalitäten, Grenzen und Übergänge sowie die Ästhetik und Semantik des gestalteten Raums. Ausgehend von leider unhinterfragt postulierten Allgemeinplätzen wie: »Bestimmende Faktoren für die Wahl eines Ortes sind in vielen Fällen naturräumliche Gegebenheiten und Naturmale[,] wie die Existenz einer Quelle, einer Höhle oder Grotte, einer Felsspalte, eines Baumes, eines Felsens, einer Wasserscheide oder Vergleichbares« (S. 107), »Naturmale können, müssen aber nicht architektonisch gefasst sein« (ebd.) oder »Generell wird das Göttliche häufig in höheren Sphären lokalisiert« (S. 108), geht der einführende Artikel im Folgenden doch stärker ins Detail und unterscheidet innerhalb von Heiligtümern zwischen Orten tatsächlichen Handelns und Versorgungs- und Verwaltungseinheiten, welche unter dem Oberbegriff der Peripherie subsumiert werden (S. 109).

Welche Gruppen wann für welche Bereiche Zugangsrechte besaßen, ob es Kontrollpersonal gab oder Selbstkontrolle ausreichend war, und wie die Grenzen zwischen den Bereichen gestaltet waren, thematisiert ein weiterer Abschnitt, wobei ein Fazit lautet, dass man hier an die Grenzen der Aussagekraft des archäologischen Befundes stößt und sich letzten Endes nur eine die Disziplinen übergreifende Analyse diesem Thema zu nähern vermag.

Dasselbe gilt auch für Fragen der ästhetischen Wahrnehmung von Heiligtümern sowie deren Semantik, die Frage nach der »Bedeutung und Symbolhaftigkeit eines Sakralbaus und seiner Bestandteile« (S. 113), welche im abschließenden Abschnitt des einleitenden Aufsatzes behandelt werden. Im Hinblick auf die folgenden Einzelbeiträge wird hier das Ziel der Arbeitsgruppe ›Gestalteter Raum‹ folgendermaßen formuliert: »Wie eingangs erwähnt, ist es das Ziel, eine jeweils kulturspezifische Symbolsprache der Architektur zu erschließen, um ein sakrales Bauwerk in seinen verschiedenen Aspekten ›lesen‹ zu können« (S. 115).

Eine solche Semantik findet sich in den Einzelbeiträgen jedoch nur recht begrenzt. Stattdessen werden die Statuenbasen im Zeusheiligtum von Olympia (Christina Leypold), das ›Haus‹ des Marduk in Babylon (Stefan M. Maul), Tempelanlagen in Hierapolis (Ute Rummel), das Theater-Tempel-Areal von Gadra (Claudia Bührig), die Pyramidenanlagen des Snofru in Dahšur (Nicole Alexanian), ein severischer Tempel in Isriye (Seriana; Rüdiger Gogräfe), punische Heiligtümer in Selinunt (Sophie Helas), das Eannaheiligtum in Uruk (Margarete van Ess), sabäische Sakralarchitektur im Südjemen (Iris Gerlach und Mike Schnelle), die Doppelgrabanlage der Hohepriester Ramsesnacht und Amenophis in Theben-West (Ute Rummel) sowie neolithische Sakralräume in Göbekli Tepe (Klaus Schmidt) vorgestellt. Erneut kann hier aufgrund der zeitlichen, räumlichen und thematischen Weite sowie der schieren Menge an Einzelbeobachtungen von der Herausarbeitung kulturspezifischer Semantiken nicht die Rede sein. Es bleibt bei singulären Aussagen wie beispielsweise, dass der Tempelvorplatz von Olympia am »prominentesten« ist und sich hier »im Laufe der Zeit eher ungeordnet mythologische und politische Denkmäler versammelten« (S. 123), dass »in Gadra ein deutlicher Landschafts- und Raumbezug« besteht, »und dass unter optimaler Ausnutzung der örtlichen topographischen Gegebenheiten, d. h. Standpunktwahl und künstliche Platzregulierungen bzw. -auffüllungen« (S. 153), oder »dass man einen typisch sabäischen Tempel nicht nachweisen kann« und »keine Gliederung verschiedener Tempeltypen nach geographischen Gesichtspunkten wie städtischen, ländlichen oder fernab von Siedlungen gegründeten Heiligtümern« möglich ist (S. 220).

Der letzte Teil des Sammelbandes ist betitelt mit ›Votiv und Ritual‹, wobei im halbseitigen einführenden Kurztext »religiöse Rituale« als »symbolische kultische Handlungen« definiert werden, die »nach einer vorgegebenen Ordnung[,] d. h. formalisiert und inszeniert« ablaufen (S. 245). Ferner formulieren die Verfasser, Iris Gerlach, Gunvor Lindström und Dietrich Raue, dass »Vorstellungen einer Gesellschaft« zwar prägend für die Gestalt des Heiligtums wie auch die dort abgehaltenen Rituale seien, sich der genaue Ablauf dieser jedoch nur teilwiese erschließe. Eine vertiefte Einführung in die Ritualtheorien bietet Ulrich Demmer in seinem Beitrag mit dem Titel ›Text, Drama und performativer Diskurs. Ethnologische Ritualtheorien der Gegenwart‹ (S. 248–257). Hier zeigt er den Perspektivenwechsel der Forschung seit den achtziger Jahren »von Ansätzen, die im Ritual eine Form der symbolischen Darstellung sozialer und kultureller Erscheinungen sehen, hin zu einem Paradigma, welches den performativen und diskursiven Charakter von Ritualen in den Vordergrund stellt« (S. 257). Den Brückenschlag von der soziologischen beziehungsweise ethnologischen Theoriebildung hin zu den materiellen Zeugnissen der »gesprächshaften Praktiken, in denen symbolische Handlungen den Status von persuasiven Äußerungen haben«, so eine abschließende Definition Demmers für den Begriff Ritual (S. 255), unterbleibt leider.

Stattdessen folgen drei Beiträge zu Miniaturkeramiken (Thomas Schattner und Gabriel Zuchtriegel), Votivspektren (Gunvor Lindström und Oliver Pilz) und Mahlzeiten im rituellen Kontext (Martin Bentz und Helga Bumke), die sich – basierend auf entsprechenden Berichten unterschiedlicher Einzelprojekte des Clusters – von archäologischer Seite dem Bereich ›Votiv und Ritual‹ nähern. An diesen zeigt sich die wirkliche Potenz einer so breiten Herangehensweise des vierten DAI-Forschungsclusters ›Heiligtümer: Gestalt und Ritual, Kontinuität und Veränderung‹. Konkrete Fragestellungen, wie jene nach der Bedeutung von dysfunktional zu groß oder zu klein proportionierter Keramik, können in unterschiedlichsten kulturellen und zeitlichen Kontexten behandelt und in einer Betrachtung gebündelt werden. So zeigt sich beispielsweise, dass sich zwar in einem ersten Schritt die Unterscheidung von ökonomischen, ästhetischen und rituellen Motiven für eine Untersuchung der Miniaturkeramik als weiterführend erweist, bei einer übergreifend angelegten Analyse wird jedoch ersichtlich, dass »Miniaturen nur dann ›small pots for poor people‹ sein können, wenn das jeweilige Verständnis von Weihegaben entsprechende ästhetische und funktionale Abweichungen von Normalgrößen zuließ: Die Möglichkeit, der Gottheit ein dysfunktional proportioniertes Objekt zu weihen, sei es auch ›nur‹ aus ökonomischen Motiven, setzt die Konzeption einer Differenz zu ›normalen‹ menschlichen Empfängern, die damit ›nichts‹ anfangen können, voraus« (S. 263).

Solche auf einer breiten zeitlichen und räumlichen Basis beruhenden Aussagen sind es, die man in diesem Band gerne noch mehr finden würde. Und nur in solchen thematisch fokussierten Beiträgen gelingt es, die Brücke zur Religionssoziologie zu schlagen, mit Aussagen wie: »Wenn man die Gabenzirkulation innerhalb eines Heiligtums oder einer Gesellschaft insgesamt in den Blick nimmt, lassen sich in manchen Fällen vor diesem Hintergrund die durch Miniaturisierung charakterisierten Weihegaben einer bestimmten kommunikativen Absicht näher zuordnen, etwa der, durch diese Gaben manifest werdende Kommunikation gegenüber anderen durch Gabenzirkulation gekennzeichneten Kommunikationssystemen zu verfremden und abzusetzen« (S. 263 f.).

Auch für den generelleren Bereich der Votivspektren erweist sich die Herangehensweise als sehr fruchtbar. Hier kann an verschiedenen Beispielen gezeigt werden, welche Rolle Deponierungs- beziehungsweise Thesaurierungsgewohnheiten sowie das ›Recycling‹ von Votiven (S. 269) oder auch Plünderungen und mutmaßliche Zerstörungen für die Zusammensetzung der Fundspektren spielen und welche Auswirkungen dies für das Verständnis von Kult- und Weihepraxen hat beziehungsweise auch nicht hat (S. 270 f.).

Der letzte Beitrag des Trios an komparativen Beiträgen thematisiert die »im rituellen Kontext praktizierte Nahrungsaufnahme und die damit zusammenhängende Kontaktaufnahme bzw. performierte Verbundenheit mit den Göttern« (S. 287). Es erweist sich das Mahl im breiten Vergleich als anthropologische Konstante, wobei sich die Eigenarten der jeweiligen Ausprägungen »nicht nur in der Art der konkreten Durchführung kultisch bedingter Mahlzeiten und der Zusammensetzung ihrer Teilnehmer, sondern auch im räumlichen Kontext der rituellen Performanz« fassen lassen (ebd.).

An diesen übergreifenden Beitrag schließen sich nun wieder Einzelstudien zu rituellen Mahlzeiten in Milet (Ivonne Kaiser) und dem spätbronzezeitlichen bis früheisenzeitlichen Heiligtum Kalapodi (dies.) an, welche jedoch in ihrem Ertrag weitaus geringer sind als die bereits vorgestellten. Dies zeigt das Resümee des Artikels zum spätbronzezeitlichen Heiligtum von Milet mit Aussagen wie: »Die am häufigsten vorkommende Form ist der konische Napf. Für die Zubereitung der Speisen diente der dreibeinige Kochtopf. Der Grundrissplan lässt keine Schlüsse zu, wo die Nahrungsmittel aufbewahrt, gekocht bzw. wo sie verzehrt wurden« (S. 293). Es folgen ferner Artikel zu Votiven in hellenistischen und kuschanzeitlichen Heiligtümern in Baktrien (Gunvor Lundström), dem Statet-Tempel auf Elefantine und der Stadterweiterung der sechsten Dynastie (Peter Kopp), je ein zweiter Artikel zu Abydos (Ute Effland) und zum Tempel des Snofru in Dahšur (Nicole Alexanian), ein Beitrag zum Heiligtumsbefund vom Taxiarchishügel in Didyma (Helga Bumke), zum Heiligtum von Kako Plaï auf dem Anavlochos auf Kreta (Oliver Pilz und Michael Krumme), drei Artikel zum Votivspektrum in Olympia (Martin Bentz, Susanne Bocher und Heide Frielinghaus), gefolgt von einem weiteren Artikel zum dortigen Artemis-Heiligtum (Joachim Heiden), zu bronzezeitlichen Deponierungen nördlich der Alpen (Svend Hansen), zu eisenzeitlichen und archaischen Funden aus Gabii (Gabriel Zuchtriegel) und letztendlich zur Romanisierung im Westen der iberischen Halbinsel (Thomas Schattner).

Hat man die insgesamt 415 Seiten in dem für ein Buch nicht zünftigen Din-A4-Format bewältigt, ist – neben einer gewissen Erleichterung – das Gefühl überwiegend, dass viel an durchaus Wichtigem in der Masse an unterschiedlichsten Texten untergegangen ist. An dieser Stelle muss die Frage gestellt werden, ob ein Buch für diese Menge an Zwischenberichten und Abhandlungen mit thematisch sehr engen Fragestellungen, die überwiegend nicht oder nur peripher mit dem Bereich der Religionsarchäologie zusammenhängen – wie ›Attisch rotfigurige Keramik aus Olympia‹ (S. 348–354) – das richtige Medium darstellt, oder ob man diese nicht auf die Internetseite des Deutschen Archäologischen Instituts hätte auslagern können. Sinnvoller für eine Publikation in Buchform wäre es gewesen, sich auf das Wesentliche zu konzentrieren und die thematischen Komplexe auf der Basis der Einzeldarstellungen zu behandeln, wie dies zu Beginn des vierten Abschnittes mustergültig geschieht. Dass eine Veröffentlichung des gesamten Materials, besonders in Zeiten, in denen die Zerstörung des kulturellen Erbes an der Tagesordnung steht und einiges von dem hier Publizierten bereits nicht mehr existiert, unbedingt notwendig ist, steht außer Frage, genauso wie das Faktum, dass der Sammelband ein Muss für jeden ist, der sich religionshistorisch mit der Antike auseinandersetzt.

Graz   Leif Scheuermann

Christiana Elisabeth Later, **Die Sapropelitfunde aus dem Oppidum von Manching**. Die Ausgrabungen in Manching, Band 19. Verlag Dr. Ludwig Reichert, Wiesbaden 2014. 228 Seiten mit 93 Abbildungen und 16 Tafeln.

Über »Sinn und Funktion des latènezeitlichen Ringschmucks aus dunklem Gestein« schreibt die Verfasserin, »dass für die Wahl des Materials, seiner Form und seiner Trageweise unterschiedliche Aspekte verantwortlich gewesen sein können, die weit über das archäologisch Fassbare hinausreichen. Dabei müssen praktische Gründe, kulturelle Traditionen und Konventionen ebenso wie den symbolischen, magischen oder transzendenten Bereich tangierende Vorstellungen keineswegs als sich ausschließende Erklärungsmuster erachtet werden, sondern mögen vielmehr sich – bewusst oder unbewusst – wechselseitig bedingende und begründende Faktoren dargestellt haben« (S. 148).

Mit diesen ein wenig gewundenen Aussagen werden alle Aspekte dieser ambitionierten Magisterarbeit der Ludwig-Maximilians-Universität München umrissen, die Amei Lang und Volker Bierbrauer im Jahr 2000 betreut haben. Überarbeitet, erweitert und durch neuere Literatur ergänzt, zeigt sie das hohe Niveau solcher Arbeiten aus München. In diesem Sinne passt sie in diejenigen Arbeiten der Manching-Reihe, »die eine bestimmte Material- und Fundgruppe der Mittel- bis Spätlatènezeit zum Thema haben« (Vorwort) und weit darüber hinaus von Wert sein werden. Das gilt uneingeschränkt, auch wenn die Verfasserin nur bedingt die 2012 erschienene Dissertation von Anne Baron (Provenance et circulation des objects en roches noires [›lignite‹] à l'âge du Fer en Europe celtique. BAR Internat. Ser. 2453 [Oxford]) noch einbeziehen konnte. Sie hat vielmehr alle von Otto Rochna zwischen 1961 und 2000 publizierten Arbeiten zu den Sapropelitringen sowie seinen diesbezüglichen Nachlass berücksichtigt, denn Rochna galt als der explizite Kenner dieser archäologischen Materialgruppe. Es ist in diesem Zusammenhang bemerkenswert, wie prägend seine Arbeiten jahrzehntelang gewirkt haben! In welche Richtung künftig die Erforschung der latènezeitlichen Sapropelitringe gehen mag, zeigen nicht nur die Grabungen und Geländebegehungen der letzten Jahrzehnte in Mittelböhmen, sondern auch die von Baron in erster Linie in Frankreich »durchgeführten Elementaranalysen an geologischen Referenzproben sowie eisenzeitlichen Funden« (S. 15).

Die hier »relevanten bitumenhaltigen Gesteine« sind nämlich alles andere als einheitlich, was Later im materialkundlichen Überblick darlegt (S. 5 ff.). Auch wenn sie im Verlauf der Arbeit nicht immer einheitlich verfährt, subsumiert sie derartige Armringe und Ringperlen unter dem Oberbegriff Sapropelit oder härterem Gagat oder einfach als organische Sedimentgesteine, bituminöse Gesteine (»Schwarte«), Schwarzschiefer oder Kohlen. Weitere Rohstoffe sind Posidonienschiefer und Kimmeridge Shale; Lignit ist dagegen faktisch auszuschließen.

Die über einhundert aus dem Zentralbereich von Manching geborgenen Ringe und Perlen sind mehrheitlich importierte Schwarte-Exemplare aus dem Kounovaer Kohleflöz im nordwestlichen Mittelböhmen. Obwohl sie damit »eine der europaweit größten latènezeitlichen Kollektionen von Fundstücken aus Sapropelit oder verwandten Gesteinen und zugleich den bisher umfangreichsten an einem Siedlungsplatz dokumentierten Bestand dieser Materialgattung in Süddeutschland« (S. 152) darstellen, überzeugt die typologische Untergliederung anhand der Ringquerschnitte kaum (S. 19 ff.): Die Übergänge sind viel zu unscharf. Das mag auch damit zusammenhängen, dass nirgendwo bislang direkte Abbauspuren der eisenzeitlichen Sapropelitgewinnung bekannt sind, die eine Ringherstellung per Hand oder Drehbank nahelegen.

Bei diesen Aussagen belässt es Later aber nicht, sondern sie behandelt in den folgenden Kapiteln alle chronologischen, chorologischen und sozialen, mit den Sapropelitringen zusammenhängenden Aspekte sehr ausführlich. Das macht den besonderen Wert dieser Publikation aus, weil damit geradezu ein Kompendium zu dieser Materialgruppe vorliegt. In erster Linie werden die latènezcitlichen Grabfunde seit der Stufe A sowie ihre Verbreitung besprochen, wobei die Formunterteilungen (Abb. 22; 25–27) wiederum problematisch sind. Aussagefähig sind hingegen die festgestellten Verbreitungsunterschiede von Hallstatt C bis La Tène B1 beziehungsweise La Tène C2 bis D eher in West-, dagegen in La Tène B2 bis C1 eher in Osteuropa (Abb. 6; 19–21; 24; 28). Letzteres gilt auch für die jüngerlatènezeitlichen Siedlungsfunde, die in nicht gleichwertigen Dokumentationen bisher aus Bayern (Manching, Egglfing, Steinebach, Heroldingen), dem Dürrnberg bei Hallein, aus dem nordwestlichen Mittelböhmen (vor allem Lodenitz [Loděnice] und Kornhaus Scherowitz [Mšecké Žehrovice]), Mähren, Südpolen (Deutsch Neukirch [Nowa Cerekwia]), der Südwestslowakei und Westungarn, aus Mitteldeutschland und Hessen und vor allem aus Frankreich bekannt sind.

Mit Hilfe dieser Dokumentationen vermag Later einen Abriss der Siedlungsentwicklung und Siedlungsstruktur in Manching zu erarbeiten (S. 73 ff.). Die horizontalstratigraphische Analyse ergibt, dass die Sapropelitringe vorrangig dem Zeitrahmen La Tène C1a bis C1b angehören, einer Zeit, in der auch die Glasarmringe verbreitet sind (S. 84; 154). Diese können interessanterweise die zumindest »ideelle Fortsetzung« (S. 155) der Steinringe fossilen Ursprungs sein.

Mit diesen Feststellungen hätte die Verfasserin eigentlich ihre Vorlage der Manchinger Sapropelitringe abschließen können. Sie fügt jedoch beachtenswerte Überlegungen zum sozialen Aspekt der Grabfunde, zur Trageweise und zur kulturellen Bedeutung hinzu. Zunächst stellt sie aus Südbayern, Nord- und Mittelböhmen, Südmähren und der Südwestslowakei zehn Ausstattungsgruppen von Kinder- bis Adultgräbern mit Sapropelitarmringen zusammen, die hier Entsprechungen ohne diese Ringgruppe besitzen (S. 96 ff.). In einem aufwendigen Verfahren werden derartig mit Gaben versehene Gräber in Nordostfrankreich einbezogen. Für das östliche Latènegebiet kristallisiert sich heraus, dass Sapropelitringschmuck hauptsächlich bei eher reicher aufgemachten Frauen und nur selten bei Männern mit Schwertbeigabe vorkommen. Im nordostfranzösischen Raum ist ein ähnliches Equipment erkennbar. Mit Recht konstatiert die Verfasserin, dass zumindest in den von ihr herausgearbeiteten Ausstattungsgruppen 1 bis 4 die dunklen Steinringe eine über den »reinen Ziercharakter hinausgehende Bedeutung«, einen gehobenen Wert besessen haben und »ihr Erwerb bzw. Besitz doch zumindest ein gewisses ökonomisches Potential« der lokalen Elite erforderte (S. 133).

Es liegt nahe, dass Later – wie schon zu Anfang zitiert – die linksseitige Trageweise der Sapropelitringe mit apotropäischen, magischen oder heilkräftigen Vorstellungen vor allem der Trägerinnen in Verbindung bringen möchte (S. 148; 155). Diesen faszinierenden Überlegungen kann man durchaus zustimmen.

Die Magisterarbeit schließt mit einem akribischen Katalog der Sapropelitfunde aus Manching der Tafeln 1 bis 16 (S. 157 ff.) und einem Fundortkatalog von Südbayern (S. 172 ff.). Die folgenden Listen 1 bis 5 sind Belege zu den Karten 20, 21, 24, 28 und 62 der Grab- und Siedlungsfunde der Stufen La Tène A bis D beziehungsweise von Ringschmuck aus bituminösen Gesteinen und Kohlen der Hallstattzeit und der Stufen La Tène B2 bis D.

Ein umfangreiches Literaturverzeichnis beschließt diese vorzügliche Publikation.

Bonn   Hans-Eckart Joachim

Klassische Archäologie

Anne Coulié, **La céramique grecque aux époques géométrique et orientalisante (XIe–VIe siècle av. J.-C.)**. La céramique grecque, Band I. Les grands manuels d'art et d'archéologie antique. Verlag Picard, Paris 2013. 304 Seiten, 29 Farbtafeln, 279 Abbildungen.

Das Vorwort des hier vorgelegten Bandes stammt von Martine Denoyelle, der Initiatorin und Betreuerin der wichtigen neuen Serie über die griechische Keramik. Der Band über die unteritalischen und sizilischen Vasen ist 2009 als erster erschienen, obwohl er eigentlich als letzter der Reihe betrachtet werden sollte, zwei weitere über schwarz- und rotfigurige Vasen werden folgen.

Für das hier besprochene neue Buch der Reihe sei eingangs auf die Rezension von Mary B. Moore in Bryn Mawr Classical Review verwiesen, deren Gesichtspunkte hier nicht wiederholt werden (www.bmcreview.org/213/12/2131210). Moores Darstellung bezieht sich hauptsächlich auf bekannte Einzelstücke und kunsthistorische Merkmale. (Vgl. auch F. Prost in: Perspective Online, http://perspective.revues.org/5528.)

Die Autorin Anne Coulié ist Chefkonservatorin der Vasenabteilung im Louvre. Sie legt ihren Forschungsschwerpunkt auf die Keramik der geometrischen und archaischen Epoche. Die zeitliche und geographische Spannweite dieses Buches ist sehr ambitiös. Sie umfasst fast sechshundert Jahre, nämlich vom elften bis zum sechsten vorchristlichen Jahrhundert und bespricht die meisten bekannten Produktionszentren der griechischen antiken Welt. Das Buch ist in sechs Kapitel gegliedert, welche chronologisch und regional, manchmal auch thematisch konzipiert sind. Die Vielzahl der behandelten Themen umfasst unter anderem Fragen wie diejenigen nach der genauen Lokalisierung der Keramikwerkstätten, der Zusammenarbeit und der Mobilität von Töpfern, nach den Fundkontexten der bemalten Vasen und ihrer Verwendung im kultischen oder meist im sepulkralen Bereich. Ungewöhnlich für ein wissenschaftliches Buch sind die thematischen Textkästen (S. 39, 64, 73, 99, 119, 124, 126, 163, 166, 212, 218, 243 und 252) zu bekannten und weniger geläufigen Themen. So werden Schwerpunkte gesetzt und dem Leser Anstöße vermittelt.

Die ersten beiden Kapitel befassen sich mit der protogeometrischen Keramik des elften und zehnten Jahrhunderts und der geometrischen des neunten und achten, zunächst in Attika, dann in anderen Regionen (Euböa, Böotien, Argolis, Korinth, Kykladen, Kreta und Ostgriechenland). Auf diese Weise werden die Priorität und die Materialfülle der attischen Produktion gezeigt, die Bedeutung und Originalität anderer Zentren wird jedoch in den Hintergrund gerückt. Bemerkenswert ist, dass diese frühen bemalten Vasen aus verschiedenen Gegenden mehr oder weniger eine gemeinsame Sprache (»Koine«) aus technischer und stilistischer Sicht aufweisen, auch was ihr Form- und Motivrepertoire angeht. Auswahl und Deutung von bestimmten ikonographischen Themen im achten Jahrhundert nehmen in der Besprechung einen wichtigen Platz ein; auf die Problematik der in ihrem mythologischen Gehalt umstrittenen geometrischen Szenen wird aber nur andeutungsweise eingegangen. Die Behandlung im Einzelnen beschränkt sich nicht nur auf die Beschreibung von Gefäßformen, Dekorationstechniken und -motiven, sondern berücksichtigt auch die jeweiligen Fundkontexte (S. 59 f. 69 f.) und die neuesten Forschungsergebnisse (zum Beispiel zur Herstellung und Verteilung der sogenannten Thapsos-Gruppe, S. 54 f., oder zur Produktion in verschiedenen Ortschaften von Attika, S. 85 f.). Das ist ein besonderes Verdienst der Arbeit.

Das dritte Kapitel behandelt die gesamte protokorinthische und korinthische Keramikproduktion des siebten und sechsten Jahrhunderts in verschiedenen Aspekten. Die Auswertung des orientalisierenden Phänomens und die besondere Stellung Korinths in diesem Rahmen (S. 105–108 und 140) sind sehr nützlich für das Verständnis einiger wichtiger Merkmale dieser Ware, wie die zeitliche Priorität, die Spezialisierung auf bestimmte Gefäßformen, die frühe Verbreitung sowie die Popularität ihrer Produkte. Die separate Besprechung von Töpfern und Vasenmalern während der beiden Perioden (S. 133–138) erlaubt dem Leser, einen guten Überblick über dieses noch vielversprechende Forschungsfeld zu gewinnen. Hier möchte ich nur auf die geplanten Publikationen der Penteskoufia-Tafeln von Eleni Hasaki (als Hesperia Suppl.) und der Grabungskeramik aus mehreren Orten (Tarent und seine Umgebung, Catania, Milet, Thasos und anderen) von Cornelis W. Neeft hinweisen. Noch eine Bemerkung zur verwendeten Datierung der einzelnen Phasen, welche offensichtlich verschiedene chronologische Systeme vermischt: Einerseits erscheinen einige Phasen übertrieben lang (mittelprotokorinthisch

690–640, frühkorinthisch 620–580 v. Chr.), andererseits gibt es keine Erwähnung der vorgeschlagenen Alternative zur Senkung der traditionellen Datierung für alle drei Phasen des Korinthischen um zehn bis fünfzehn Jahre (s. M. Tiverios, Gnomon 63, 1991, 631 f.) aufgrund von Grabkontexten aus Makedonien und Großgriechenland.

Im vierten Kapitel wird die Vielfalt der sogenannten ostgriechischen Keramik dargestellt. Nach den beiden bis heute umfassendsten Handbüchern von John Boardman sowie Robert M. Cook und Pierre Dupont von 1998 haben sich das Keramikmaterial und die entsprechenden Studien vervielfältigt. Dies hat zu neuen Klassifizierungen und zur besseren Durchleuchtung der einzelnen lokalen Werkstätten in den ionischen, äolischen und dorischen Städten der Ostägäis und Kleinasiens geführt. Es wird deutlich, dass der Umfang, die Verbreitung und der Einfluss der verschiedenen Vasengruppen ganz unterschiedlich war und dass ihre Herstellung an mehreren Orten gleichzeitig stattfand (so Vogelschalen, Kannen mit Tierfriesen, ionische Schalen und Teller). In keiner anderen Gegend wurden bisher zahlreiche archäometrische Tonanalysen durchgeführt als hier, mit der Erwartung, dass die neuen wissenschaftlichen Daten mehr Klarheit zur Frage der verschiedenen Herstellungsorte und -verfahren schaffen. Schließlich ist man nunmehr in der Lage, den Zeitrahmen der bekanntesten Stile besser anzusetzen (sehr gelungen die vergleichende Zeittafel auf S. 150 Abb. 138).

Das fünfte Kapitel widmet sich der orientalisierenden Phase der festländischen Keramik, nämlich aus Attika, Euböa, Böotien und Argos. Obwohl alle diese Produktionsorte interessante und manchmal eigenartige Züge aufweisen, ist die Zahl der bemalten Vasen gering, was für eine eher marginale Erscheinung innerhalb der gesamten keramischen Produktion spricht und deswegen einer besonderen Erklärung bedarf (s. R. Osborne, Papers Brit. School Athens 84, 1989, 297–322; J. Whitley in: I. Morris [Hrsg.], Classical Greece. Ancient Histories and Modern Archaeologies [Cambridge 1994] 51–70). Die protoattische Keramik ist besser dokumentiert und erforscht; unterschiedliche Stilrichtungen (Schwarz-und-Weiß, Wilder Stil, Matte Polychromie) und individuelle Vasenmaler sind in jeder Phase gut zu erkennen. Die Autorin entscheidet sich für die Einordnung der Vasenproduktion aus dem letzten Viertel des siebten Jahrhunderts ins Protoattische (S. 219–221), obwohl diese Zeitspanne wegen der Etablierung der schwarzfigurigen Technik besser in das nächste Kapitel der attischen Keramik gehört hätte.

Im sechsten Kapitel werden verschiedene insulare Keramikwerkstätten besprochen, welche auf den Kykladen, Kreta, Thasos und Skyros zu lokalisieren sind. Das Problem der örtlichen Produktion wird besonders im Fall der kykladischen und thasischen Keramik hervorgehoben. Die geringe Menge und die kurze Produktionsphase der meisten vorhandenen Gefäßgruppen erschweren die Suche, sogar bei den beiden zahlreicheren Gattungen des Linearen Inselstils (S. 240–245) und der Melischen Vasen (S. 248–258). Trotz der archäometrischen Analysen, die von englischen, griechischen und französischen Arbeitsgruppen getrennt durchgeführt wurden, bleiben noch viele Fragen offen, und es herrscht keine Einigkeit, was die Autorin mit Recht als »Schlamassel« (S. 232 f.) bezeichnet. Man kann aber gut vertreten, dass die Töpfer auf den Kykladen leicht reisen und auf verschiedenen Inseln arbeiten konnten beziehungsweise von dort Ton transportierten, wie es noch bis in neueste Zeit üblich war. Durch den Vergleich von kykladischen Vasen und Tonstatuetten wird auch deutlich, dass die Töpfer wohl beides produziert und dekoriert haben (Naxos S. 236 Abb. 234, Paros S. 246 Abb. 248 und S. 255 Abb. 256). In diesem Kapitel fehlen jedoch die wichtigen Reliefpithoi, deren Produktion auf all diesen Inseln bezeugt ist und die eine reiche Auswahl an technischen Fragen und ikonographischen Themen bieten.

Schließlich vermisst man ein Unterkapitel über die geometrische und früharchaische Produktion der lakonischen Werkstätten (erwähnt nur auf S. 276 Anm. 6). Entsprechende Keramikfunde gibt es genug, wenn auch nicht so zahlreich wie aus anderen Gegenden, und es ist interessant, dass sie aus verschiedenen Fundkontexten kommen, zum Beispiel aus Heiligtümern, Stadtgebieten und Gräbern innerhalb und außerhalb von Lakonien.

In praktischer Hinsicht ist die Zitierweise in den Anmerkungen etwas konfus. Es vermischen sich drei unterschiedliche Arten, mit voller oder halber Titelangabe und mit Autor-Jahr-Angabe; all diese findet man richtig abgekürzt in der Bibliographie am Ende des Buches, und diese abgekürzten Titel hätte man überall einheitlich verwenden müssen. Dasselbe gilt für die seitliche Anbringung der Anmerkungen, so dass man sie leicht mit den ähnlich angebrachten Bildlegenden verwechseln kann. Sehr nützlich sind dagegen die Anhänge mit chronologischen Tafeln, den Hauptgefäßformen und Landkarten sowie das Glossar mit den wichtigsten Fachbegriffen. Es fehlt nur eine generelle Zeittafel, welche alle besprochenen Produktionszentren umfasste, so dass man eine Vergleichsübersicht über die Dauer und die Abgrenzung der einzelnen Perioden gewinnen könnte.

Die allgemeine und spezielle Literatur zum Thema der griechischen Keramik ist enorm; besonders in den letzten Jahrzehnten erlebt die Vasenforschung eine Erweiterung ihrer Perspektive, oft mit Hilfe von archäometrischen Erkenntnissen und der systematischen Publikation von Keramikfundkomplexen. Das beweisen die vielen in jüngster Zeit erschienenen Konferenzakten und Sammelbände mit archäologischen und interdisziplinären Beiträgen. Die Autorin zitiert auch noch im Druck befindliche Werke – die meisten sind mittlerweile erschienen. Hier einige davon mit den korrekten Titelangaben: A. Esposito / G. M. Sanidas (Hrsg.), ›Quartiers‹ artisanaux en Grèce ancienne. Une perspective méditerranéenne (Lille 2012); M. Tiverios u. a. (Hrsg.), Archaic Pottery of the Northern Aegean and its Periphery (700–480 BC.), Kongr. Saloniki 2011 (Saloniki 2012); A. Tsingarida / D. Viviers (Hrsg.), Pottery Markets in the Ancient Greek World (8th–1st centuries B.C.), Kongr. Brüssel 2008, Études d'Arch. 5 (Brüssel 2013); S. Böhm, Korinthische Figurenvasen. Düfte, Gaben und Symbole (Regensburg 2014); P. Valavanis / E. Manakidou (Hrsg.), Έγραψεν και εποίεσεν. Essays on Greek Pottery and Iconography in Honour of Professor Michalis Tiverios (Saloniki 2014).

Das Buch von Alexandra Alexandridou ist 2011 (nicht 2010) erschienen. Der umfassende Katalog von der Autorin selbst, La céramique de la Grèce de l'est. Le style des chèvres sauvages. La collection du musée du Louvre (Paris 2014) wird aus Bescheidenheit nicht einmal erwähnt.

Das Buch im Ganzen ist sehr sorgfältig gearbeitet, mit angenehmem Zeichensatz und reichlich qualitätvollem Bildmaterial. Durch die großformatige und sehr gut sortierte Präsentation der Abbildungen ist es für Studienzwecke besonders nützlich. Einige wenige Tippfehler sind hauptsächlich bei den zahlreichen griechischen Titeln zu finden. Dass Samos nicht zu den Kykladen gehört, ist der Autorin gewiss selbstverständlich und nur durch Flüchtigkeit in den Band geraten (Index S. 303).

Im Allgemeinen handelt es sich um ein durchdachtes, facettenreiches und methodisch strukturiertes Werk, welches weit über ein gewöhnliches archäologisches Handbuch hinausgeht und in dem viel systematische Arbeit steckt.

Saloniki   Eleni Manakidou

Matteo D'Acunto, **Il mondo del vaso Chigi. Pittura, guerra e società a Corinto alla metà del VII secolo a. C.** Image and Context, volume 12. Éditeur De Gruyter, Berlin 2013. XLII et 273 pages, 67 illustrations.

En peu de temps, deux chefs-d'œuvre de la peinture sur vases grecs de la période orientalisante et archaïque ont reçu un hommage monographique: l'olpé Chigi et sa contrepartie attique, le cratère François, tous deux exceptionnels dans leur genre. L'olpé Chigi est la première olpé du type dit ›corinthien‹, la première à porter une représentation grecque du lion de type assyrien, des libellés pour nommer des personnages et une représentation de la phalange grecque, entre autres. La monographie de Matteo D'Acunto se veut la continuation organique de ses recherches présentées en 2010 (L'Olpe Chigi e la dialettica tra oligarchia e tirannide a Corinto alla metà del VII sec. a. C. In: E. Mugione [ed.], L'Olpe Chigi. Storia di un agalma. Atti del Convegno Internazionale Salerno 2010. Ergasteria 2 [Salerno 2012] 55–69). Cette fois, il consacre un volume entier à ce vase cher à son cœur en élargissant ses investigations pour proposer une étude synthétique de tous les aspects les plus importants, depuis le décorateur du vase jusqu'à sa déposition dans une tombe étrusque et bien évidement, au centre, sa décoration et l'interprétation de son programme iconographique.

Il commence par remonter le fil de l'histoire de l'olpé Chigi dont le parcours s'est, dans l'Antiquité, terminé dans le tumulus Chigi, à Monte Aguzzo sur le territoire de Véies, dans lequel il a été découvert en 1881. Grâce à une publication récente, les trouvailles et les données concernant les recherches menées sur ce tombeau princier monumental sont enfin disponibles (cf. L. Michetti / I. van Kampen [ed.], Il tumulo di Monte Aguzzo a Veio e la collezione Chigi. Ricostruzione del contesto dell'olpe Chigi e note sulla formazione delle collezione Chigi a Formello. Mon. Ant. Lincei, Ser. Misc. 16 [Rome 2014]). L'olpé vient de la chambre principale. Un graffito sur un aryballe étrusco-corinthien provenant de cette même chambre ou de l'une des sépultures découvertes près de celle-ci, permet d'identifier le propriétaire de ce tertre parmi la famille Pepunas.

Après la présentation du contexte de découverte, l'auteur examine, dans le second chapitre, la personnalité du Peintre Chigi et présente son entourage. L'auteur semble suivre le classement du Groupe Chigi proposé par Darrell A. Amyx, dont la vision diffère de la conception de Jack L. Benson. Son positionnement a été un choix judicieux, car une comparaison de ces deux systèmes, une clarification des termes évoqués concernant le Peintre Chigi et son groupe ou atelier (groupe de, atelier de, entourage de, cercle de, succession de, etc.) ou une analyse des relations entre les divers peintres et groupes auraient détourné le lecteur de la ligne de réflexion sans apporter de réels bénéfices pour l'interprétation du programme iconographique et son contexte sociologique et historique qui sont les sujets principaux de cette monographie. L'historique des recherches sur le peintre et son entourage est présenté dans un tableau en annexe (p. 248–250). Néanmoins l'auteur n'a pas pu inclure toutes les subtilités dans cette présentation. Par exemple, l'aryballe de Bonn 1669 que Amyx sépare des œuvres attribuées au peinte et qui apparaît dans sa liste AP (peut-être par le peintre), est classé dans le tableau parmi les attributions sûres avec une marque d'interrogation qui indique une réserve moins importante que la formulation de Amyx.

Les recherches concordent sur l'attribution de trois vases à la main du Peintre Chigi: outre le vase éponyme à la Villa Giulia, deux aryballes à embouchure plastique conservés à Londres (1889.4-18.1) et à Berlin (3773), il ajoute avec quelques réserves un fragment d'Égine (2062; K 348). Dans la suite de l'ouvrage, il concentre ses investigations sur ces quatre vases et une olpé découverte à Érythrées d'après les synthèses de Benson et Amyx.

Selon ses résultats, le lieu de découverte des deux aryballes du Peintre Chigi est moins sûr qu'on ne le pensait. Pour l'aryballe du British Museum, la bibliographie donne comme provenance Thèbes, mais d'après des sources d'archives, il pourrait avoir été acquis à Corinthe. Celui de Berlin est mentionné comme une trouvaille de Camiros. Il aurait en fait été acquis chez un marchand antiquaire de Rhodes, mais son origine reste inconnue. A-t-il été trouvé à Rhodes? Si oui, peut-on penser qu'il vient de la nécropole de Camiros, largement pillée après les fouilles d'Auguste Salzmann et d'Alfred Bilotti (sur leurs recherches et les fouilles clandestines qui les ont suivies, voir les articles d'Anne Coulié et Maria Chiara Monaco dans A. Coulié / M. Filimonos-Tsopotou, Rhodes une île grecque aux portes de l'Orient XVe et Ve siècle avant J.-C. [Paris 2014] 24–35 et 36–40)? Ces intéressantes précisions soulignent l'importance d'examiner ou réexaminer l'origine des découvertes anciennes. L'auteur exclut des œuvres du peintre le fragment d'Égine 2062. Ses arguments (déjà partiellement évoqués par Benson) sont convaincants, il vaut mieux garder ce fragment à part, mais pas comme un vase non attribué au Groupe Chigi comme l'auteur le propose, mais plutôt »proche du Peintre Chigi«. Un autre aryballe conservé à Bonn (inv. 1669) est également examiné. Amyx propose comme attribution »peut-être par le Peintre Chigi« tandis que Benson le considère comme non attribué. D'Acunto place cet exemplaire plus récent que les aryballes de Londres et de Berlin dans la »succession« du Peintre Chigi. Il faut noter que des photos de détails et un nouveau dessin, peut-être plus précis, auraient été utiles pour accompagner son raisonnement. Pour l'olpé conservée à Izmir et provenant d'Érythrées, son opinion concorde avec celle d'Akurgal, mais il ne retient pas son appellation Peintre d'Érythrées.

Dans la suite, l'auteur reconstitue l'ordre relatif des œuvres du Peintre Chigi: l'aryballe de Londres puis celui de Berlin durant le Protocorinthien moyen et l'olpé de la Villa Giulia au Protocorinthien tardif. Il me semble plus juste de parler plutôt de l'œuvre ou de la réalisation la plus récente que de la phase finale de l'activité du peintre (p. 29) dans un cas comme celui-ci où, notre liste d'attributions ne comprend que trois entrées. L'auteur confirme la datation absolue vers 650–640 de l'olpé Chigi (déjà retenue comme la plus vraisemblable, cf. J. M. Hurwit, Hesperia 71, 2002, 1–22, esp. 3 et note 12). Il faut noter qu'il utilise les dates d'Amyx qui sont différentes de celles de Cornelius Neeft, comme D'Acunto le note aussi (note 103); mais ces dates ne peuvent pas être acceptées sans réserve (cf. C. W. Neeft, Protocorinthian Subgeometric Aryballoi. Allard Pierson Ser. 7 [Amsterdam 1987] 363–380; id., Absolute chronology and Corinthian Pottery. In: R. Panvini / E. Sole (ed.), La Sicilia in età archaica. Dalle apoikiai al 480 a. C., Atti del Convegno Caltanisetta 2008 [sous presse]; Ch. Dehl - von Kaenel, Die archaische Keramik aus dem Malophoros-Heiligtum in Selinunt [Berlin 1995] 32–42). Comme la datation absolue de l'olpé joue un rôle primordial dans son raisonnement, une comparaison des dates possibles et de leur implication, au moins sous la forme d'une note élargie, aurait été utile.

Cette partie se termine par une réflexion sur la relation de l'olpé avec la peinture à grande échelle (sur cette question, voir aussi A. G. Bukina, Ant. Kunst 53, 2010, 3–11), tout particulièrement les peintures pariétales récemment découvertes à Kalapodi en Phocide réalisées par un artisan corinthien itinérant. Il prend (avec raison) une position prudente quant à l'identification de ce peintre avec le décorateur de l'olpé Chigi (Jeffrey M. Hurwit est plus favorable à cette identification).

D'Acunto fait des observations importantes (accompagnées d'une excellente documentation photographique) sur les dessins préliminaires réalisés par le peintre de l'olpé. Un certain nombre avaient déjà été identifiés (voir avec bibliographie P. E. Corbett, Preliminary Sketch in Greek Vase-Painting. Journal Hellenic Stud. 85, 1965, 16–28, esp. 20) auxquels il ajoute des traces observées près de la tête de Pâris. Néanmoins il ne mentionne pas celles visibles près de la sphinge et le chasseur devant le lion. Les dessins préliminaires sont rares sur les vases corinthiens. Il cite l'olpé d'Érythrées. Des dessins préliminaires sont également connus sur un autre vase, le cratère d'Amphiaraos, autrefois conservé à Berlin (Corbett op. cit. 21). Ce n'est peut-être pas un hasard si les peintres qui semblent avoir bénéficié d'une inspiration plus importante de la peinture libre à grande échelle ont utilisé des croquis préliminaires.

La présentation du Peintre Chigi est accompagnée d'une liste des œuvres, classées par formes et attribuées à un moment ou un autre au Peintre Chigi et son cercle (p. 245–247). Les attributions ne sont pas marquées, ce qui peut conduire à des confusions. Par exemple l'aryballe de Berlin 2686 (no. I.5) est attribué par Benson au Groupe de la Centauromachie de Berlin avec deux autres exemplaires du Louvre (CA 931 et CA 1831; nos. I.7 et I.12; cf. J. L. Benson, Earlier Corinthian Workshops. Allard Pierson Ser. Scripta Minora I [Amsterdam 1989] 51 f.) Pour le premier, ni la publication de Benson, ni la monographie d'Amyx ne sont citées; pour les deux derniers, il manque les références sur Benson. L'aryballe no I.9 appartient au ›Race Group‹, cf. Benson op. cit. 54 (non cité pour ce vase dans le catalogue de D'Acunto et ce livre a également été oublié pour d'autres entrées (e. g. no. II.14, du Groupe d'Égine 296 et no. IV.1), qui n'appartient au »Groupe Chigi« ni dans l'interprétation d'Amyx ni dans la classification de Benson. Plusieurs autres restent à inclure ou exclure de la liste des œuvres du Groupe du Peintre Chigi (e. g. Malibu, Getty Museum 89.AE.36; Christie's, London, Fine Antiquities, 11 December 1987, lot 28). Dans sa présentation actuelle, je vois peu d'intérêt à ce listing. En revanche il aurait été plus intéressant de voir la bibliographie la plus complète possible de l'olpé Chigi à la place de la bibliographie sélective donnée en note 2 (p. 183).

La partie principale, la plus importante de cette monographie, est consacrée à la présentation, à la lecture et à l'interprétation – parfois réinterprétation – de la décoration de l'olpé. La plupart des chercheurs tentent d'évaluer et de commenter séparément des sections plus ou moins grandes de la décoration. D'Acunto suit la direction tracée par Jeffrey M. Hurwit et Mario Torelli (Hurwit op. cit.; M. Torelli, Le strategie di Kleitias. Composizione e programma figurativo del vaso François [Milan 2007] 64–70 et récemment in: H. A. Shapiro / M. Iozzo / A. Lezzi-Hafter [éd.], The François Vase. New Perspectives. Papers of the International Symposium, Florence, 2003 [Kilchberg et Zurich 2013] 83–103 [cfr. le compte-rendu dans le présent volume]). Il est très inspirant de lire parallèlement l'article de Tom Rasmussen (Paris on the Chigi Vase. Cedrus 1, 2013, 55–64), qui suit la même ligne, mais arrive sur divers aspects à des conclusions différentes, qui ont montré qu'il est tout à fait possible et juste de les considérer comme un programme iconographique cohérent reflétant les divers moments et activités importantes de la vie de l'aristocratie (l'olpé Chigi ayant sans doute été destinée à l'usage de l'élite). Le passage d'un âge à l'autre est observable seulement entre la chasse au lièvre et la chasse au lion, mais certains éléments visuels permettent de relier les registres et les scènes. Les visages en vue frontale de la sphinge dans le registre du milieu et de l'episema en forme de Gorgonéion juste au-dessus dans la frise supérieure, font bien le lien entre les deux. En revanche, il me semble un peu forcé de rapprocher la posture du joueur d'aulos avec l'éphèbe du registre inférieur appelant son compagnon. Néanmoins les scènes représentées ne se limitent pas à une lecture du milieu aristocratique mais elles peuvent très bien prendre leur place dans un contexte général citoyen. Il faut se rapporter ici au compte-rendu d'Alain Duplouy dans lequel il démontre que l'expression de καλοὶ καὶ ἀγαθοὶ par laquelle D'Acunto désigne souvent l'aristocratie ne peut pas être appliquée ici (cf. A. Duplouy, Göttinger Forum Altertumswiss. 17, 2014, 1124).

Ce programme s'ouvre par la représentation de la chasse au lièvre dans les ›eschatia‹ de la cité, une activité qui permet aux jeunes hommes (éphèbes) de se préparer à leur futur rôle de guerriers. Dans le registre du milieu, en position centrale (ce que soulignent également les phalanges affrontées dans la frise supérieure) se trouve un char conduit par un aurige, précédant quatre cavaliers tenant chacun par la bride un second cheval. Les cavaliers manquants et le passager du char sont vraisemblablement engagés dans une chasse au lion apparaissant sur la face latérale de l'olpé, séparée de la scène précédente par une sphinge à double corps (représentation de Ker ou bien une ›simple‹ sphinge?) assurant parfaitement la transition. Un chasseur se distingue par sa nudité et par la ceinture autour de sa taille. Dans cette figure, on pourrait reconnaître le personnage principal de la scène, car il s'agit selon l'iconographie géométrique et proto-archaïque d'un guerrier héroïsé. La seule scène mythologique du vase est le jugement de Pâris (pourquoi les figures sont-elles libellées?), sous l'anse, un peu à l'écart selon certains ou bien dans une position centrale, soulignée justement par l'axe de l'anse, selon d'autres interprétations (cf. Rasmussen op. cit. 58). La frise supérieure débute avec deux guerriers enfilant leur armure, mais l'essentiel de la place est occupée par l'affrontement de deux armées en formation de phalanges.

L'auteur interprète d'une façon originale et très stimulante les cavaliers comme des ›hippieis‹ et les considère avec les hoplites ainsi que les propriétaires de char comme les symboles d'une société divisée en trois classes. Nous pouvons être d'accord avec sa lecture voyant dans l'homme à côté de la sphinge à double-corps le personnage principal de la chasse au lion, mais moins avec l'interprétation générale de cette scène. Pour lui, le contexte aristocratique est indiscutable (p. 59), néanmoins Alain Schnapp a démontré dans son ouvrage (Le chasseur et la cité. Chasse et érotique en Grèce ancienne [Paris 1997], cité également par l'auteur, p. 60, mais sans faire référence à cette différence dans leurs interprétations) que la chasse au lion en Grèce archaïque et classique n'est pas présentée comme une exclusivité aristocratique, mais un moyen d'apprentissage plus périlleux (en comparaison avec la chasse aux lapins des éphèbes).

Dans son commentaire de la scène du jugement de Pâris, il s'appuie sur l'étude de Luca Cerchiai, Mauro Menichetti et Eliana Mugione (in: Mugione op. cit. 111–122) et souligne le caractère juvénile (éphèbe) et pastoral du jeune Pâris. Tom Rasmussen (op. cit.) a récemment proposé une autre lecture de cette scène, en soulignant l'importance du choix d'insérer et de mettre en évidence cette scène mythologique. Si l'on accepte que les affrontements des guerriers sont une référence »actualisée« à la guerre de Troyes, la figure de Pâris peut retrouver sa place dans toutes les scènes (sans exclure bien sûr un possible avertissement de la nécessité de faire les bons choix dans tout ce qui concerne l'amour et le gamos).

La frise du combat des hoplites est ensuite commentée en détails, tactique, armements, en comparaison des trouvailles actuelles et des représentations. Il démontre que le fait que certains guerriers portent deux lances, l'une à jeter, l'autre pour percer, reflète la tradition de l'armement »homérique«, mais déjà avec des modifications représentant une phase transitionnelle vers l'armement canonique d'un hoplite.

La reconstruction du programme iconographique est suivie par le quatrième chapitre dédié à la question de l'origine du peintre qui peut être perçue dans l'alphabet non corinthien utilisé sur le vase. Cette partie est à mon avis placée trop loin par rapport à la discussion sur le peintre et son atelier au second chapitre. Il est vraisemblable, si l'on ne suppose pas la contribution d'une autre main, que l'alphabet non corinthien utilisé reflète le lieu d'éducation (la ville natale?) du peintre travaillant dans un style corinthien pur, peut-être quelque part dans la partie nord-orientale du Péloponnèse.

Dans le cinquième chapitre (qui profite le plus de son article de 2012), l'auteur tente de rattacher au contexte historique le programme iconographique reconstitué. Celui-ci reflète-t-il plutôt un programme oligarchique des Bacchiades ou bien entre-t-il mieux dans l'idéologie de la tyrannie de Cypsélos? Après de longues réflexions, l'auteur s'oriente plutôt vers une reconnaissance du programme socio-politique des Bacchiades. Le plus important dans cette partie est d'avoir tenté cette contextualisation. D'Acunto admet que beaucoup de précautions devaient être prises; il s'agit d'une tâche très difficile. Non seulement la synchronisation de la chronologie de la céramique et des événements historiques (dont les dates elles-mêmes font aussi l'objet d'une discussion, cf. A. M. Snodgrass in: Mugione op. cit. 11–18, esp. 11 et 13) est très délicate, mais est-ce que quelques années après la prise du pouvoir par Cypsélos, son idéologie pourrait avoir suffisamment influencé l'aristocratie corinthienne pour qu'elle soit représentée sur une œuvre commandée, probablement sans commission de l'état? S'il s'agit d'une représentation de l'idéologie des Bacchiades, on peut aussi se demander à quoi ressemblerait l'olpé s'il s'agissait d'une réalisation de l'aire cypselide? Est-ce que la position centrale des cavaliers et des possesseurs de chars permet de trancher en faveur d'une interprétation bacchiade, reflétant une société oligarchique retournant vers les modèles homériques? Est-ce que les faits nous permettent de reconnaître ici une commande spéciale probablement par le lignage de la famille elle-même? Ici l'interprétation monte peut-être un peu trop haut par rapport à ce que la base permet.

Cette interprétation évoque des multitudes de questions. Comment peut-on reconnaître une commande spéciale? Si l'olpé était une telle œuvre, qui a élaboré son iconographie? Le peintre, l'auteur de la commande ou les deux? Est-ce que ce vase était destiné à être utilisé à Corinthe ou bien était-il voué à être directement transporté en Étrurie? Dans ce dernier cas, y a-t-il une raison de rechercher une connotation politique propre à Corinthe?

Ces questions nous amènent au dernier chapitre dans lequel D'Acunto cherche à comprendre comment l'olpé Chigi est arrivée en Étrurie. Il met ici en avant le paradigme démaratéen (lui-même un Bacchiade) qui s'appuie parfaitement sur les conclusions du chapitre précédent. Il propose, à mon avis avec raison, que l'olpé a été offerte par un aristocrate ayant des liens commerciaux du type prexis en Étrurie, selon la terminologie d'Alphonso Mele. Le vase serait dans ce cas l'agalma d'un aristocrate, selon la lecture de l'auteur, un Bacchiade qui l'aurait offert à un aristocrate étrusque, issu directement de la famille Pepunas possédant le tumulus Chigi ou bien par l'intermédiaire d'un membre d'une autre famille qui l'aurait à son tour offert aux Pepunas. Il reste à examiner la lecture ›étrusque‹ de la décoration, déjà brièvement évoquée par Rasmussen (op. cit. 62): pour un jeune grec, et dans ce cas un corinthien, le processus pour devenir un homme ou plutôt une lecture centrée autour du personnage de Pâris?

Bien sûr Matteo D'Acunto n'a pas pu lister toutes les interprétations et observations faites sur les divers aspects de ce vase dans son abondante bibliographie ni réagir à toutes. Mais ce n'était pas non plus le but. Le travail de l'auteur a une grande valeur. Les réserves exprimées ici ne diminuent pas son importance. Il propose une présentation détaillée et richement documentée de tous les aspects du vase, une lecture complète du programme iconographique et de ses aspects sociaux et historiques. Comme l'auteur le souligne, pour celui qui a regardé ce vase dans l'Antiquité plus d'une interprétation des scènes était possible, mais le symbolisme caché dans la décoration a permis diverses lectures, des allusions et des interprétations variées selon la culture et la sensibilité des observateurs. Les chercheurs essayent seulement de délimiter les interprétations possibles propres aux milieux socio-économiques des différents protagonistes: le commanditaire du vase, ceux qui pouvaient l'avoir utilisé lors des symposia de l'élite corinthienne ou étrusque. Le texte en italien est complété par un long résumé en anglais. Son travail sera certainement un point de référence pour les recherches à venir. La série de haute qualité ›Image and Contexte‹ de l'édition De Gruyter offre un cadre parfait pour ce travail exemplaire.

Brest et Paris   Andras Marton

Michalis Tiverios, Vasiliki Misailidou-Despotidou, Eleni Manakidou und Anna Arvanitaki (Herausgeber), **Η κεραμική της αρχαϊκής εποχής στο Βόρειο Αιγαίο και την περιφέρειά του (700–480 π. χ.).** Verlag Ziti, Saloniki 2012. 512 Seiten mit zahlreichen Abbildungen.

Ziel des Symposions im Mai 2011 in Saloniki war es, die zahlreichen Neufunde der Keramik archaischer Zeit aus den letzten Jahrzehnten intensiverer Forschungen im nordägäischen Raum, vornehmlich also in Makedonien und Thrakien sowie auf den Inseln der Nordägäis, einer zusammenfassenden Sichtung zu unterziehen. Im Vordergrund standen vielfältige Aspekte der weitverzweigten Handelsbeziehungen, der damit einhergehende Import aus bekannten großen wie kleinen Zentren der Keramikproduktion, der jeweiligen Verhältnisse in den Fundorten etwa im Hinblick auf einen erkennbaren Techniktransfer im Rahmen lokaler Tonverarbeitung sowie der verschiedenen Formen der Bestattungssitten, da die Mehrzahl der vorgestellten Waren aus Gräbern stammt.

Neun der insgesamt neununddreißig Beiträge behandeln Erzeugnisse lokaler Herstellung, zehn legen den Schwerpunkt auf Importe aus attischen, korinthischen, lakonischen oder ostgriechischen Werkstätten. Achtzehn Beiträge stellen teils vor Längerem ausgegrabene, bislang unpublizierte Fundkeramik vor, die seit einiger Zeit aufgearbeitet wird, teils Grabungskontexte neuerer Zeit und ihre Warenvielfalt oder sie geben Vorberichte laufender Arbeiten; sie betonen örtliche Besonderheiten beziehungsweise fassen die Forschungen zu den betreffenden Orten in einem Überblick zusammen. Diese Beiträge werden hier zumeist nur kurz angesprochen, ergänzen aber in hervorragender Weise das Bild von der kulturellen Vielfalt im nordägäischen Raum.

Die Funde attischer bemalter Feinkeramik des sechsten bis vierten vorchristlichen Jahrhunderts, schwarz- und rotfiguriger Gefäße, weißgrundiger Lekythen bis hin zu den Panathenäischen Preisamphoren, sind in den letzten fünf Jahrzehnten immens angestiegen (Michalis Tiverios, S. 39–52). Das Material setzt früh ein mit Gefäßen aus der Werkstatt des Gorgomalers. Seit der Mitte des sechsten Jahrhunderts sind dann zahlreiche bekannte Maler mit qualitätvollen Gefäßen vertreten. Hingewiesen sei besonders auf den Kolonnettenkrater der Werkstatt des Lydos aus Thermi (S. 40 Abb. 1) sowie auf weitere Funde von Gefäßen des Lydos und seiner Werkstatt, nicht nur aus der Siedlung Toumba (Saloniki; Konstantula Chavela, S. 179–188), sondern aus zahlreichen Fundstätten im nordgriechischen Raum (S. 183 mit Anm. 38–43). Bemerkenswert ist auch das Fragment eines der frühesten Kelchkratere der Werkstatt des Exekias aus dem Athenaion in Thasos (S. 41 Abb. 3).

Arbeiten der Pioniere fehlen ebensowenig wie solche bekannter frühklassischer Maler und zahlreiche Spitzenerzeugnisse der klassischen Vasenmalerei, zum Beispiel mit der ungewöhnlichen Oinochoe des Malers von Louvre G 433 aus Neapolis (heute Kavala, Abb. 7). Unter den spätschwarzfigurigen Funden des frühen fünften Jahrhunderts ist eine interessante Pelike aus Samothrake zu ergänzen, die nun dem Theseusmaler zugeschrieben wird, der mit nicht wenigen Gefäßen im nordägäischen Raum vertreten ist (Stamatis A. Fritzilas, S. 169–178 mit weiteren neuen Zuweisungen).

Auch die Produkte der attischen Werkstätten des vierten Jahrhunderts sind gut vertreten, nicht nur mit dem Lekanisdeckel des Marsyasmalers (Saloniki 4880, Abb. 9); bis in das späte vierte Jahrhundert reicht der Import etwa der Peliken aus den Werkstätten der Gruppe G oder des Amazonenmalers.

Einzelne Gefäße können aufgrund ihres Formats oder ihrer besonderen Thematik durchaus gezielte Bestellungen gewesen sein (so etwa die Oinochoe aus Neapolis), die Mehrzahl wird als Beifracht über die Handelswege in der Ägais zu ihren Abnehmern gelangt sein – und zwar auch unabhängig von den politischen Verhältnissen (S. 44). Die zahlreichen in Nordgriechenland gefundenen Panathenäischen Preisamphoren (S. 46) sind als prestigeträchtige Ausstattungsgegenstände der gehobenen Gesellschaft bis in die Gräber der Könige in Aigai gelangt; leider sind die lang bekannten Fragmente von dort aus dem Archontat des Lykiskos (344/343 v. Chr., gefunden 1987) immer noch nicht publiziert. Die Gefäßform der Preisamphoren wurde offenbar auch in Edelmetall imitiert, wie ein überraschender Fund von der Agora in Aigai erweist (September 2009, siehe S. 46 mit Anm. 105).

Die importierte attische Feinkeramik regte an vielen Orten die lokale Produktion an. Bereits um die Mitte des sechsten Jahrhunderts ist dies vielleicht bei den zahlreichen und weitverbreiteten Kolonnettenkrateren der Fall. Sie zeigen zwar in Form und Dekor Anlehnungen an attische Exemplare aus der Werkstatt des Lydos (S. 47), andere an korinthische Importe, sind aber im Hinblick auf erstere meines Erachtens nicht attischen Ursprungs; hier wären naturwissenschaftliche Analysen sehr wünschenswert (s. a. Anastasia Chrysostomou, aus der Nekropole von Archontiko, S. 243 Abb. 12 aus Grab T 170, s. Viktoria Allamani-Souri, S. 291 mit Anm. 12 und S. 291–293 Abb. 13 zu einem spätkorinthischen Kolonnettenkrater aus Saloniki, Toumba; Nachahmung korinthischer Kratere s. Matthaios Besios u. a., S. 404 f. Abb. 9).

Werkstätten in Nordgriechenland, die an attische Waren angelehnte rotfigurige Keramik produzierten, sind bekannt etwa von der Chalkidike, in Olynthos und in Pella (zu Pella s. jetzt Nikos Akamatis, Ερυθρόμορφη κεραμική από την Πέλλα. Το τοπικό εργαστήριο [Saloniki 2013]).

Eine der wichtigsten Schnittstellen im Geflecht der Handelswege nicht nur der archaischen Zeit ist die im siebten vorchristlichen Jahrhundert von Paros aus gegründete Stadt Thasos. Auch Neugründungen von Thasos aus an der gegenüberliegenden Küste waren über die Mutterstadt an den verzweigten Handel angeschlossen. Dies wird etwa im Fundgut von Oisyme, gegründet gegen Ende des siebten Jahrhunderts, sowohl mit der frühen Importware als auch an der Keramik aus thasischen Werkstätten und auch mit den Transportamphoren deutlich (Chaido Koukouli-Chrysanthaki und Antigoni Marangou, S. 321–338; Eleni Manakidou, S. 359–370; zur Keramik thasischer Produktion aus einer weiteren Kolonie, Galepsos, vergleiche auch Penelope Malama, S. 349–357).

Im Artemision von Thasos fand sich die bislang größte aus einem griechischen Heiligtum bekannte Menge korinthischer Keramik, und sie beginnt mit wenigen Ausnahmen im dritten Viertel des siebten Jahrhunderts (Vorbericht Cornelis Willem Neeft, S. 189–196) und reicht bis in das frühe fünfte Jahrhundert hinein. Brüche im Fundgut aus Thasos um oder kurz nach 600 v. Chr. sind ähnlich aus zahlreichen ostgriechischen Fundstätten bekannt (S. 190).

Im selben Heiligtum fand sich auch lakonische Keramik des späteren siebten und des sechsten Jahrhunderts (Maria Pipili, S. 201–204 Abb. 7–12) in wesentlich geringeren Mengen als die korinthische Ware, aber in sehr guter Qualität. Dies und die Zusammenstellung der Fundorte dieser Stücke im nordgriechischen Raum lassen die Vermutung zu, dass lakonische Keramik über einen Zeitraum von mindestens einem halben Jahrhundert einen festen Platz unter der Handelsware hatte (Maria Pipili, S. 197–208).

Eine ungewöhnlich große Menge attischer Kleinmeisterschalen (etwa fünftausend Fragmente) aus dem dritten Viertel des sechsten Jahrhunderts fand sich während der Grabungen der Französischen Archäologischen Schule zwischen 1960 und 1985 hauptsächlich in zwei der großen Heiligtümer von Thasos, dem Artemision und dem Athenaion (Jean-Jaques Maffre, S. 23–37). Das Material ist in Bearbeitung; Maffre bespricht knapp eine Auswahl von in der Stadt offenbar sehr geschätzten Rand- und Bandschalen, jeweils zwei Schalen der Typen Kassel und Droop sowie ein Beispiel der Skyphoi des hermogeneischen Typs. Gut die Hälfte davon wird hier zum ersten Mal publiziert, die meisten übrigen Stücke wurden erst vor wenigen Jahren vom Autor selbst vorgelegt. Bemerkenswert sind die hohe Qualität der Gefäße sowie das breite Themenspektrum der Darstellungen.

Auch im Apollonheiligtum des antiken Ortes Zone, gegründet gegen Ende des siebten Jahrhunderts von Kolonisten aus Samothrake, stammt der größte Teil der Fundkeramik aus attischen Werkstätten seit dem zweiten Viertel des sechsten Jahrhunderts und ist von hoher Qualität. Weniger zahlreich sind hier korinthische und ostgriechische Importe sowie Gefäße aus dem nordägäischen Raum, etwa aus Thasos, oder die ebenfalls qualitätvolle Äolisch-Graue Ware (Chrysafenia Pardalidou, S. 425–435). Kratere, Schalen und Skyphoi sind die vorherrschenden Formen der attischen Keramik, ungewöhnlich ist die hohe Zahl der mit eingeritzten Weihinschriften versehenen Fragmente (Abb. 2). Besonders bedeutsam ist der Umstand, dass hier zwar mit griechischen Buchstaben, jedoch oft nicht in griechischer, sondern in thrakischer Sprache geschrieben ist, von der wir in ganz Thrakien nur noch sehr wenige schriftliche Zeugnisse besitzen.

Qualitätvoll ist auch die Importkeramik im Poseidonheiligtum von Poseidi (Mende), die mehrheitlich aus der Blütezeit des Heiligtums im sechsten Jahrhundert stammt (Sofia Moschonissioti, S. 385–398). Hier allerdings dominieren die ostgriechischen Importe seit der zweiten Hälfte des siebten Jahrhunderts; korinthische Keramik, teils Miniaturgefäße (vgl. das Heiligtum von Sane, s. Stefanos Gimatzidis, S. 297–304 Abb. 3), erscheint seit dem späten siebten und bis über die Mitte des sechsten Jahrhunderts hinaus. Attische Importe setzen zwar – wie üblich – verstärkt im Jahrzehnt vor der Mitte des sechsten Jahrhunderts ein (das früheste Fragment stammt von einer Komastenschale, S. 390 Abb. 11 a), sind jedoch im Heiligtum wie in den meisten anderen Orten der Region erst seit dem fünften Jahrhundert die am häufigsten anzutreffende Importware.

Auf Lesbos und möglicherweise in Mytilene wird eine der (wohl zahlreichen) Produktionsstätten der in der Nordägäis verbreiteten Äolisch-Grauen Ware vermutet; mindestens für das siebte und sechste Jahrhundert dürfte dies zutreffen, auch wenn bislang keine konkreten Töpferwerkstätten bekannt sind (zur Ware s. die Übersicht bei D. Hertel in: M. Wemhoff / D. Hertel / A. Hänsel, Heinrich Schliemanns Sammlung Trojanischer Altertümer. Neuvorlage I [Berlin 2008] 162–167). Bei Notgrabungen im Gebiet der Siedlung, die auf der Insel Kioski entstanden war und sich dann auf einer später entstandenen Landverbindung zur Küste von Lesbos ausdehnte, wurde die archaische Nekropole entdeckt (Lillian Acheilara, S. 55–68). Von 102 aus den Gräbern geborgenen Gefäßen gehören 74 der Äolisch-Grauen Ware an, die Mehrzahl davon Amphoren (S. 39). Importwaren (Vogelschalen, schwarzfigurige Lekythos in Grab VIII) stützen die Datierung der Gräber in die Zeit vom ersten Viertel des siebten bis in das letzte Viertel des sechsten Jahrhunderts.

Äolisch-Graue Ware mit vielfältigem Formenrepertoire gehört auch zu den umfangreicheren neuen Funden aus der Siedlungsgrabung von Eresos an der Westküste von Lesbos in den Jahren 2006 und 2007, woher bisher nur ein einziges Fragment dieser Ware bekannt war (Georgios Zachos, S. 305–319).

Auch die Kenntnis von der Entwicklung der lokalen Produktion auf Lemnos, insbesondere der einheimischen grauen Ware (Laura Danile, S. 79–90), muss sich auf die Vergesellschaftung mit gut datierbarer Importware stützen. Solche Anhaltspunkte sind dort vor dem sechsten Jahrhundert allerdings bislang selten (Abb. 4–5; 6 b). Von Interesse ist das Auftreten der sogenannten G 2–3 Ware bereits im späten achten Jahrhundert (G 2–3 im Kontext mit einer frühprotokorinthischen Kotyle; andernorts wohl erheblich früher), wie es neben den Funden aus Hephaistia auch für solche aus Thasos und Antissa erwogen wird (für eine Zusammenfassung zu dieser Ware und zur Chronologie s. a. Hertel a. a. O. 121–125; 133 f. 172). Sie löst in der Folgezeit und als einheimische Produktion die graue Ware als dominante Keramik ab (S. 83 f.). Die weite Verteilung der Fundorte dieser Keramik im nordägäischen Raum zeigt Lemnos spätestens im siebten Jahrhundert als Mitglied einer nordgriechischen Koine (zur Verbreitung s. Hertel a. a. O. 121 f.; P. Ilieva in: Z. I. Bonias / J. Y. Perreault (Hrsg.), Ἕλληνες καὶ Θρᾶκες στην παράλια ζώνη καὶ την ενδοχώρα της Θράκης στα χρόνια πριν καὶ μετά τον μεγάλο αποικισμό. Kongr. Thasos 2008 [Thasos 2009] 109–121; dies. u. a., Arch. Ergo Makedonias kai Thrake 24, 2010 [2014] 566 mit Anm. 5–17 Abb. 1).

Inzwischen liegen archäometrische Analysen vor, die neben Troja und Lemnos zahlreiche weitere Produktionsstätten erkennen lassen (Ilieva u. a. 2010 a. a. O.). Im Verlauf des sechsten Jahrhunderts stieg die Anzahl der importierten Warenarten, besonders der attischen Feinkeramik, aber auch die einheimischen Werkstätten kreierten neue Produkte wie (u. a.) die lemnische figürlich verzierte Keramik (Abb. 10), die nicht auf Fundorte der Insel beschränkt ist.

Eine weitere und neue lokale Produktion grauer Ware seit dem späten achten bis in das sechste Jahrhundert hinein dürfte nach Ausweis der Fundmenge und der Formenvielfalt aus zwei großen Abfallgruben in Leibethra an der Westseite der Bucht von Saloniki existiert haben (Anna Panti, S. 118–128).

Aus der Nekropole möglicherweise des antiken Tyrissa bei Archontiko (nahe Pella) stammen neununddreißig Gefäße teils bemalter grauer Ware ›jonischer Bucchero‹, darunter zehn Omphalosschalen, wie sie von einigen weiteren Nekropolen in Makedonien wie Sindos, Agia Paraskevi (Saloniki) und Aiani (Kozani) bekannt sind. Die Produktionsstätte dieser Ware ist bislang unbekannt, sie wird im südjonischen Raum vermutet. Die Gefäße stammen aus insgesamt vierundzwanzig von vierhundertsechsundsiebzig Gräbern der archaischen Zeit und können über die Vergesellschaftung vor allem mit attischen und korinthischen Importen in das zweite und dritte Viertel des sechsten Jahrhunderts datiert werden (Anastasia und Pavlos Chrysostomou, S. 239–251).

Scherben handgemachter Keramik und Drehscheibenware von über einhundert Gefäßen aus einer Notgrabung von 1977 in Nea Kallikrateia (Chalkidiki) verschwanden bislang im Magazin des Museums von Saloniki; sie stammen von dem Gelände der Siedlung geometrischer bis archaischer Zeit, die modern als Trapeza bezeichnet wird und bereits 1966 zur Gewinnung von Bauland abgetragen wurde. Die Gefäße werden in einem Vorbericht erstmals vorgestellt, die Ergebnisse der chemischen Analysen sind andernorts publiziert (Eurydice Kefalidou, S. 91–104 mit Anm. 1; der Beitrag ist inzwischen erschienen in: P. Adam-Veleni / E. Kefalidu / D. Ziafaki [Hrsg.], Κεραμικά Εργαστήρια στο Βορειοανατολικό Αιγαίο (8ος – αρχές 5ου αι. π. X.). Kongr. Saloniki 2010 [Saloniki 2013], er ergänzt und erweitert die Beiträge des vorliegenden Bandes). Unter den sechs nach Zeitstellung und Ware scheidbaren Gruppen sind die Fragmente früher nordgriechischer Transportamphoren hervorzuheben (Gruppe IV, zweite Hälfte des achten bis erstes Viertel des siebten Jahrhunderts, Typus II), deren Produktionsort vielleicht in Sindos zu lokalisieren ist. Bis auf Fragmente chiotischer Transportamphoren (Gruppe V) fanden sich keine weiteren Importe im Material. Scherben von dreiunddreißig meist großen Gefäßen gehören zur ›silver-slipped ware‹ (›Warengruppe K 22‹ / ›silbrig engobierte Keramik‹, Gruppe VI), und sie dürften nach Ausweis von Produktionsschäden zumindest teilweise am Ort selbst oder in der näheren Umgebung hergestellt worden sein. Diese Ware ist im nordgriechischen Raum weit verbreitet (S. 95 f.) und wurde mit ihrem geometrisch anmutenden Ornamentrepertoire hauptsächlich in der zweiten Hälfte des achten und bis in das frühe siebte Jahrhundert, in Varianten noch bis in das sechste Jahrhundert hinein, an verschiedenen Orten produziert.

An allen in diesem Band behandelten Fundorten gibt es deutliche Hinweise auf die lokale Herstellung von einfacher Alltagsware und von Gefäßen, deren Formgebung an die verschiedenen Importwaren angelehnt ist. Die Beständigkeit einfacher grober Haushaltsware lokaler Herstellung hinsichtlich ihrer strikt auf den praktischen Nutzen reduzierten Konstruktion und Form über lange Zeit und weite geographische Räume hinweg verdeutlichen die Funde von fünf Pyraunoi, Kochtöpfen mit Fußschürzen zur direkten Platzierung über dem Herdfeuer, die in einem Ausschnitt einer Nekropole nahe Axioupolis in Zentralmakedonien aufgefunden wurden (Notgrabung 1993, Thomi Savvopoulou, S. 151–162). Fünfzehn der fünfundzwanzig Gräber waren Bestattungen in Pithoi, bei vieren deckten die Kochgeräte die Mündung ab (das besterhaltene Beispiel Inv. 11307, Abb. 10–14). Nach Ausweis der Fundkonzentrationen ist die Verbreitung aus den zentralen Balkanregionen über das Axiostal nach Makedonien anzunehmen; die Beifunde datieren die Exemplare aus der Nekropole in das späte achte Jahrhundert. Trotz verwandter Form ergaben erste Tonanalysen ein von Gerät zu Gerät unterschiedliches Bild (Svetlana Vivdenko u. a., S. 163–166).

In Phari an der Südwestküste von Thasos fanden sich (1985–1989) die baulichen Reste einer Töpferwerkstatt des sechsten und frühen fünften Jahrhunderts mit ihren technischen Einrichtungen – zwei Brennöfen, Abfallgruben, Becken und eine Zisterne –, über die mehrfach berichtet wurde (Jacques Perreault, Katerina Peristeri und Francine Blondé, S. 129–131; 129 Anm. 1). Die Mehrheit des Fundmaterials gehört in den Zeitraum vom letzten Viertel des sechsten Jahrhunderts bis gegen 480 v. Chr. Die Vielfalt von dreißig verschiedenen Formen und deren Qualität verweisen auf erfahrene Produzenten, die nicht nur Gefäße, sondern unter anderem auch Dachziegel herstellten. Die Töpfer ließen sich bei ihren Gefäßen von kykladischen, ostgriechischen und von attischen Formen (Kolonnettenkrater, Pelike, Bauchlekythos, Skyphos) anregen, die ihrerseits im nordgriechischen Raum verbreitet sind, und sie variierten Form und Dekormerkmale der verschiedenen Waren teils auch in einem Gefäß.

Deutlich wird hier der Einfluss der im siebten und dann spätestens seit der Mitte des sechsten Jahrhunderts anschwellenden Ströme von Importkeramik auf die lokalen Produzenten, die in Phari technisch versiert den veränderten Geschmack ihrer Kundschaft bedienten. Ein ähnliches Bild bietet die Keramik des sechsten Jahrhunderts aus Leibethra; in der lokalen Produktion werden neben ostgriechischen Schalen etwa auch Formen korinthischer Keramik imitiert (Anna Panti, S. 113–128).

Die Bedeutung der ostgriechischen Keramik und ihr Einfluss auf die lokale Produktion im nordägäischen Raum hebt auch der Beitrag von Martin Perron hervor (S. 139–150). Zwei Gefäßtypen aus dem Fundmaterial von Argilos, Pyxiden und Amphoren etwa aus dem Zeitraum des Bestehens der Werkstatt in Phari, zeigen im Dekor eine ausgesprochen deutliche Nachahmung beziehungsweise Variation von Vorbildern aus Nordjonien, möglicherweise aus Klazomenai. Argilos wurde Ende des dritten Viertels des siebten Jahrhunderts von Andros aus gegründet; Grabungen im Küstenbereich stießen bereits 1993 auf die frühesten Siedlungshorizonte (Zisis Bounias, Jacques Perreault, Stavros Paspalas und Christina Televantou, S. 209–214). Neben einheimischer Ware wurde griechische Keramik geborgen, ostgriechische Vogelschalen und überraschenderweise Skyphoi, die ihre nächsten Entsprechungen in der sogenannten siphnischen Keramik finden. Möglicherweise handelt es sich aber um Erzeugnisse aus Andros, die von den frühen Siedlern mitgebracht wurden. Parallelen fanden sich in dem kleinen Heiligtum von Zagora auf Andros, das auch nach dem Ende der geometrischen Stadt noch in Betrieb war, weitere in Hypsili und Palaiopolis. Die ersten archäometrischen Untersuchungen (Despoina Tsiaphaki, Nikolaos Kazakis, Anastasios Sakalis und Nestor Tsirliganis, S. 215–226, die Lesbarkeit der Diagramme ist leider durch den Graustufendruck stark beeinträchtigt) dieser und der lokalen Ware von Agrilio ergaben zwar klar, dass die ›siphnischen‹ Gefäße aus einer gemeinsamen Region stammen und nicht aus Agrilio selbst; woher aber genau, konnte bisher nicht geklärt werden (S. 224).

Im überaus reichen Fundmaterial griechischer Keramik in Karabournaki, dem Siedlungshügel neben dem Hafen des antiken Thermi, gehören die verschiedensten Waren ostgriechischer Keramik (z. B. Wild Goat, Vogelschalen, jonische Schalen verschiedener Werkstätten), vereinzelt bereits seit dem späten achten und vor allem im siebten und sechsten Jahrhundert zu den beliebten Importen (dieselben Autoren wie zuvor, S. 227–238). Zu den besonderen Funden gehören die chiotischen Kelche, deren Verbreitung im nordgriechischen Raum auch in weiteren Beiträgen zum Ausdruck kommt (so in Souroti, Grab 25, s. Victoria Allamani-Souri, S. 286 Abb. 4; Aphytis, s. Vasiliki Misailidou-Despotidou, Grab 3, S. 372 Abb. 2; S. 375 Abb. 8 ΑΦΥ 42; Poseidi, s. Sofia Moschonissioti, S. 389 Abb. 10; Zone, s. Chrysafenia Pardalidou, S. 429 Abb. 12).

Neben der in Mengen importierten Feinkeramik ist die Vielzahl von Transportamphoren unterschiedlicher ostjonischer Produktionszentren wie Chios, Klazomenai, Samos und Milet bemerkenswert (s. ausführlich Konstantinos Philis, S. 265–280). Die frühesten gehören in die zweite Hälfte des siebten Jahrhunderts. Seit diesem Zeitpunkt ist der Hafen von Thermi offenbar fest in das bereits etablierte Netzwerk der Handelswege in der Nordägäis integriert.

Importe attischer und korinthischer Waren dokumentieren die archaischen Gräber der riesigen Nekropole von Thermi, wo seit 1987 ständig Notgrabungen durchgeführt werden. Erfasst sind mehr als sechstausend Beisetzungen von der frühen Eisenzeit bis in das erste nachchristliche Jahrhundert, dann vom fünfzehnten bis in das zwanzigste Jahrhundert, die Publikation von sechshundert Grabkontexten ist in Vorbereitung. Diese Bestattungen setzen – wie im nordgriechischen Raum fast üblich – vor der Mitte des sechsten Jahrhunderts ein (s. S. 40 Abb. 1; Eudokia Skarlatidou, Fotis Georgiadis, Anna Panti, Kalliopi Chatzinikolaou, S. 461–474).

Das frühe Netzwerk wird eindrucksvoll dokumentiert durch den Fund von bislang einhundertzweiundsechzig zweitverwendeten Transportamphoren in der seit 1982 bekannten ersten Nekropole von Abdera in Thrakien (Pierre Dupont und Eudokia Skarlatidou, S. 253–264). Die Kolonie wurde nach Herodot um die Mitte des siebten Jahrhunderts von Klazomenai gegründet und ein Jahrhundert später von Teos aus erneut besiedelt. Nach Ausweis der Beigaben, Importwaren aus dem nordjonischen Raum sowie aus Korinth, decken die Gräber eine Zeitspanne von der zweiten Hälfte des siebten bis in die ersten Jahrzehnte des sechsten Jahrhunderts ab (Eudokia Skarlatidou, S. 453–460, vorgelegt 2010). Überraschend ist die Vielfalt der Amphorentypen, die einerseits die enge Verbindung mit Klazomenai und dem Handel im nordgriechischen Raum belegen; aus der Mutterstadt wie aus Lesbos stammen die ältesten erhaltenen Beispiele. Andererseits lassen etwa die Amphoren aus Athen, Korinth und von der Peloponnes auch die Verbindungen des Handels weit nach Süden erkennen (vgl. auch die Bandbreite in Methone, s. Matthaios Besios und Konstantinos Noulas, S. 399–407 Abb. 3–8).

Der vorliegende Band zeichnet ein umfassendes und detailliertes Bild der etwas älteren wie der neuen und kompetenten Forschungen im nordägäischen Raum; zu ergänzen ist der weiter oben angesprochene Band zu den Werkstätten in der Nordostägäis. Die sehr zahlreichen Abbildungen sind durchwegs von guter Qualität; teils umfangreiche englische Zusammenfassungen der meist in neugriechischer Sprache verfassten Beiträge erlauben den raschen Zugriff auf die wesentlichen Aspekte des jeweiligen Themas.

Gießen   Norbert Eschbach

Georgia Kokkorou-Alevras und Wolf-Dietrich Niemeier (Herausgeber), **Neue Funde archaischer Plastik aus griechischen Heiligtümern und Nekropolen.** Internationales Symposion Athen, 2.–3. November 2007. Athenaia, Band 3. Verlag Hirmer, München 2012. 262 Seiten, 10 farbige und 295 schwarzweiße Abbildungen.

Der anzuzeigende Band ist der erste Teil der Publikation des Kolloquiums, das im November 2007 am Deutschen Archäologischen Institut in Athen in Kooperation mit dem Fachbereich für Archäologie und Kunstgeschichte der Universität Athen abgehalten wurde. Wie die Herausgeber im Vorwort erklären, steht der Band in der Nachfolge des großen 1985 in

Athen organisierten Kongresses (H. Kyrieleis [Hrsg.], Archaische und klassische griechische Plastik [Athen 1986]), für den damals die wichtigen Neufunde auf Samos den Anstoß gaben. Auch dieses Mal bot ein nicht weniger spektakulärer Fund den Anlass, nämlich die 2002 entdeckten archaischen Skulpturen vom Heiligen Tor des Kerameikos. Diese Stücke werden hier jedoch nicht vorgelegt, sondern sollen, wie im Vorwort (S. VII) angekündigt, separat in der Kerameikos-Reihe des DAI erscheinen.

Anders als beim Kolloquium von 1985 hat man sich hier außerdem angesichts der Fülle des Materials auf die archaische Plastik beschränkt. Ziel ist die Bekanntmachung von unpublizierten Neufunden. Weiterführende Untersuchungen zu bekannten Werken oder Überlegungen zu methodischen Problemen der Stilforschung wird der Leser mithin nicht finden. Sehr wohl erwartet ihn aber eine Fülle an wichtigen neuen Skulpturen, die, wie die Herausgeber hoffen, die Forschung zur archaischen Skulptur und Gesellschaft voranbringen wird.

Trotz der Bemühungen der Herausgeber konnte die im Jahr 2000 von Charalambos Sigalas gefundene kolossale Kore von Santorin nicht im Kolloquium präsentiert werden. Sie ist weiterhin unpubliziert (s. vorläufig Gabriele Kaminski in: P. C. Bol [Hrsg.], Die Geschichte der antiken Bildhauerkunst I. Frühgriechische Plastik [Mainz 2002] 73 f. 74 Textabb. 1). Von den neueren, nicht im Band enthaltenen Funden ist ferner auf die freistehende Kampfgruppe mit Herakles und Löwe hinzuweisen, inzwischen vorgelegt von Ephi Sapouna-Sakellaraki (Σύμπλεγμα Ηρακλή με λέοντα από τους Ωρεούς Ιστιαίας [Athen 2009]).

Der Band umfasst fünfzehn Beiträge unterschiedlicher Länge in fünf Sprachen (Griechisch, Deutsch, Englisch, Französisch und Italienisch), jeweils mit einer nützlichen englischen oder griechischen Zusammenfassung versehen. Er ist in vier übergeordnete Kapitel gegliedert. Die ersten drei entsprechen den geographischen Fundorten der zumeist rundplastischen Skulpturen (›Kreta, Lakonien, Böotien‹, ›Athen und Attika‹ und ›Die Inseln und Kleinasien‹). Der letzte Teil ist der Gattung der Grabstelen gewidmet. Zwei nicht eingereichte Beiträge (s. S. XII) sind inzwischen in veränderter Form an anderer Stelle zu finden. (Besonders hervorzuheben ist der aufsehenerregende Fund von Ömer Özyiğit in: S. Bouffier / A. Hermary [Hrsg.], L'Occident grec. De Marseille à Mégara Hyblaea. Hommage à Henri Tréziny [Arles 2013] 15–26; ders. in: E. Abay u. a. [Hrsg.], Life dedicated to Urartu. On the Shores of the Upper Sea. Studies in Honour of Altan Çilingiroğlu [Istanbul 2009] 489–504. Für zwei der von Bilge Hürmüzlü und İlhan Güceren präsentierten Stelen im Museum von Isparta s. B. Hürmüzlü, Colloquium Anatolicum 7, 2007, 97–114.)

Den Band eröffnet der Beitrag von Nicholas Chr. Stampolidis (S. 1–17), der einen guten Überblick über die wichtigsten, teilweise bereits in anderen Publikationen kurz vorgestellten ›protoarchaischen‹ (S. 1) Grabstelen und Skulpturen aus der Nekropole von Eleutherna bietet. Eine vollständige Publikation soll in dem Band Eleutherna III erfolgen. Von besonderer Bedeutung sind, neben einigen großformatigen Kalksteinstelen, einige davon mit figürlichem geritzten Dekor und Farbresten, die Fragmente zahlreicher Rundplastiken und Reliefs aus Kalkstein, darunter der Kopf einer bärtigen Sphinx (S. 3 f. Abb. 8), Fragmente von Korenfiguren, die Beine männlicher Statuen (Hochreliefs?) sowie die Reste von zehn schildtragenden, behelmten Kriegern. Letztere rekonstruiert Stampolidis als akroterartigen Dachschmuck auf dem Gebäude 4A, das als Grabbau oder Heroon gedeutet wird (S. 14). Die mögliche Aufstellung eines Korenunterkörpers (Abb. 10) an der Scheintür des Baus erinnert an einen Relieffries in Chania (Abb. 21); der Zusammenhang beziehungsweise die Deutung der Frauenfiguren ist allerdings ungewiss. Für die Anfänge der griechischen Großplastik bleiben die kretischen Stücke weiterhin von zentraler Bedeutung.

Im zweiten Beitrag widmet sich Georgia Kokkorou-Alevras (S. 19–31) dem oft diskutierten Thema der frühcharchaischen figürlichen Perirrhanterien und ihrer Produktionsstätten. Im Mittelpunkt steht ein fast zwanzig Zentimeter großer Kopf aus hellgrauem lakonischen Marmor im Museum von Sparta, der ein rundes Dübelloch an der Oberseite seines Polos aufweist. Anhand seiner typologischen und stilistischen Merkmale deutet ihn die Autorin als Teil einer Stützfigur (»Caryatid«), die zu einem frühen Perirrhanterion gehörte. Überraschend ist dabei die Größe des Kopfes, der bei den bekannten Perirrhanterionfiguren etwa acht bis zehn Zentimeter misst (vgl. auch das neue, von Margherita Bonanno-Aravantinos vorgestellte Köpfchen S. 37 Abb. 4 a. b), hier jedoch ohne den Polos fast zwanzig Zentimeter beträgt und somit Lebensgröße erreicht. Für so große Perirrhanterien fehlen bisher jegliche Hinweise, wie die Verfasserin zugibt, doch bieten sich gleichzeitig kaum schlüssigere Alternativen an. Ihre Erwägung, dass es sich um die Stütze eines großen steinernen Dreifußes gehandelt haben könnte, überzeugt nicht, da solche Dreifüße ebenfalls nicht erhalten sind (die Verbindung mit dem deutlich späteren und kleineren bronzenen Weihrauchständer S. 20 Anm. 6 stellt kein Indiz dar). Lediglich eine freistehende Figur wäre denkbar: Das vier Zentimeter große und zweieinhalb Zentimeter tiefe Dübelloch – zu groß für einen Meniskos – könnte dann für einen wie auch immer gearteten Aufsatz gedient haben, falls es nicht nachträglich angebracht wurde. Bei der eigenartigen Frisur werden wohl zu Recht orientalische Vorbilder vermutet (vgl. z. B. GAB I Abb. 190 a. b. [Elfenbeinstatuette Nimrud] oder Abb. 76–79 [Henkelattaschen Olympia, Akropolis etc.]). Überzeugend erscheint ferner die stilistische Datierung des Kopfes um 630 v. Chr. Sollte die Deutung als Teil eines Perirrhanterions zutreffen, wofür einiges spricht, wäre dies das größte bisher bekannte archaische steinerne Votivbecken mit Stützfiguren gewesen.

Die bisher wenig bekannte archaische Plastik von Theben wird im Beitrag von Margherita Bonanno-Aravantinos (S. 33–50) durch eine Reihe neuer Skulpturfragmente aus dem Heraklesheiligtum vor dem Elektra-Tor der Stadt bereichert. Nach einer konzisen Darlegung der Grabungssituation werden zuerst der leider nicht abgebildete Terrakottakopf eines Bärtigen, vermutlich ein ἀκροπήλινο (in Analogie zum Akrolith), sowie zwei Bronzestatuetten knapp vorgestellt, bevor es um die eigentlich im Fokus stehenden Kalksteinskulpturen geht. Ein kleiner Kopf wird als Teil eines frühen Perirrhanterions identifiziert (S. 37 Abb. 4 a. b, vgl. oben den Beitrag von Kokkorou-Alevras). Aus der ersten Hälfte des sechsten Jahrhunderts stammt der Oberkörper einer weiblichen Figur, die ungewöhnlicherweise ihre in das Himation gewickelten Hände vor der Brust hält. Für dieses Haltungsmotiv ist als Parallele die Kore Inv. 225 aus Chios anzuführen, welche allerdings ihre Hände flach zu den Schultern führt (K. Karakasi, Archaische Koren [München 2001] 99 f. Taf. 91 a). Wegen ihrer leichten Drehung vermutet die Autorin ferner, dass die Figur zu einer Giebelkomposition gehörte (S. 42). Aus demselben Stein scheint ein möglicherweise erst sekundär ausgehöhlter Unterkörper zu sein, den die Verfasserin ebenfalls mit dieser Giebelgruppe verbindet. Eine Reihe weiterer Fragmente von menschlichen Figuren sowie Tieren sind schwerer zu deuten. Alle genannten Stücke sind Bonanno-Aravantinos zufolge in das erste Viertel des sechsten Jahrhunderts zu datieren und gehören somit zu den frühesten archaischen Skulpturen Böotiens.

Die frühe Kore aus Anavyssos, ausführlich besprochen von Olga E. Tzachou-Alexandri (S. 51–72), gehört zu den bedeutendsten Neuzugängen in diesem Band. Die nur im Oberkörper und ohne Kopf erhaltene Figur aus hymettischem Marmor gesellt sich zu den sehr wenigen aus Athen und Attika bekannten Frauenstatuen des frühen sechsten Jahrhunderts. Das nicht nur dem Fundort, sondern auch der Formsprache nach attische Werk, das Tzachou-Alexandri sogar in die Nähe des Dipylonmeisters setzt, liefert wichtige neue Anhaltspunkte für die Definition des Stilbilds attischer Koren. Doch auch darüber hinaus wird es in der Diskussion zur Entwicklung der Formmerkmale und der Trachttypologie der frühen Koren unterschiedlicher Herkunft noch eine wichtige Rolle spielen.

Mit dem Problem der Rekonstruktion der Giebelgruppen des alten Athenatempels auf der Akropolis beschäftigt sich der Beitrag von Georgios Despinis (S. 73–81). Den Anlass bietet seine scharfsinnige Zusammenfügung zweier Fragmente des Beins des zusammenbrechenden Stiers von der Löwen-Stier-Gruppe des Westgiebels. Durch deren Anfügung lässt sich das Bewegungsmotiv des Tieres nun korrekt darstellen. Weitere neue Erkenntnisse und Arbeiten zur Rekonstruktion der Figuren des Ostgiebels werden ebenfalls hier zusammengefasst.

Einige Skulpturfragmente aus Kythera und ihre Bezüge zu lakonischen und kykladischen Werkstätten diskutiert Dimitrios S. Sourlas (S. 83–99). Interessant ist ein stark verwitterter männlicher Torso (S. 85 Abb. 1 a–e), bei dem links und rechts vertauscht erscheinen. Sourlas möchte ihn mit einem als Krieger gedeuteten Oberkörper aus Sparta (ebenda Abb. 2) verbinden. Doch die vorgeschlagene Deutung und Datierung um 580 (S. 87) lassen Zweifel aufkommen. Es wäre zu erwägen, ob der Torso nicht von einem Opferträger stammt. Dies würde eher die erhabene Fläche vor seiner Brust sowie die abgespreizten Arme erklären. Alternativ wäre an eine Bewegung wie bei dem parischen Kuros in Kopenhagen zu denken (V. Barlou, Die archaische Bildhauerkunst von Paros [Wiesbaden 2014] 61–72 und passim; 163 Kat. A11 Taf. 48–50). Nach seinen Konturen und seiner Plastizität ist von einer Entstehung in der zweiten Hälfte des sechsten Jahrhunderts auszugehen. Für die Beurteilung des Hinterkörperfragments eines Löwen beziehungsweise einer Sphinx (Abb. 3) wären etwas aussagekräftigere Abbildungen hilfreich gewesen.

Yannos Kourayos präsentiert im ersten Teil seines umfangreichen Beitrags (S. 101–132) die reichen Skulpturfunde aus dem Apollonheiligtum der bei Paros gelegenen Insel Despotiko. Viele Stücke wurden bereits an anderen Stellen publiziert und sind hier noch einmal übersichtlich zusammengestellt. Obwohl sich der Autor mit Zuweisungen zurückhält, scheint er in den meisten Fällen von einer parischen Herkunft der Funde auszugehen (S. 112; 128). Ihre sehr inhomogenen Stilmerkmale sprechen allerdings eher dafür, dass sie aus verschiedenen Werkstätten stammen. Eine bessere Wahl der Abbildungen hätte weiterführende Vergleiche erleichtert, manche Aufnahmewinkel und Ausschnitte (so Abb. 5 rechts; Abb. 7–9) sind hierfür vollkommen ungeeignet. Der Beitrag schließt mit der Diskussion einiger neuer Stücke aus dem Museum von Paros (S. 119–128), von denen ein wohl frühklassischer Sphinxtorso sowie drei Sitzstatuetten hier erstmals publiziert werden.

Neue Erkenntnisse zur Bildhauerkunst von Chios bringen die von Kokona Rouggou vorgestellten Skulpturen aus Emporió (S. 133–146). Chios ist aufgrund der bei Plinius, Naturalis Historia 36, 11–13 genannten berühmten Bildhauerfamilie des Mikkiades und des Archermos stets als ein wichtiges Zentrum archaischer Skulptur angesehen worden. Bisher waren jedoch außer zwei frühen Frauentorsen und einem Korenfragment keine Marmorskulpturen von der Insel bekannt (S. 137 f.). Von den drei vorgelegten Stücken stellen die beiden Kuroi die ersten ihrer Art von dort dar. Der vollständiger erhaltene (S. 135 f. 138 f. Abb. 6–8) scheint noch nicht abschließend geglättet, ist jedoch im Übrigen fast fertiggestellt. Da es in anderen Kunstlandschaften keine treffenden Parallelen gibt, vermutet die Verfasserin zu Recht ein lokales Werk. Der zweite, nur im Oberkörper erhaltene Kuros (S. 136 f. 139–142 Abb. 9–11), der eher in das dritte Viertel des sechsten Jahrhunderts zu datieren ist (Rouggou setzt ihn S. 142

um 560 an), weist dagegen Übereinstimmungen mit der Formensprache parischer Werke auf. Wie dies zu deuten ist, wird in Zukunft noch zu diskutieren sein. Von hoher Qualität ist schließlich das Fragment des linken Arms einer Kore mit glattem Chiton (S. 136 f. 142 f. Abb. 12–14), die die Verfasserin zu Recht mit den sogenannten nesiotischen, oftmals parischen Koren verbindet. Die neuen chiotischen Funde eröffnen somit viele neue Fragen zu den Beziehungen archaischer Werkstätten, die weitere Untersuchungen erfordern. Hierfür liefert Rouggou eine gut recherchierte, solide Grundlage.

Evridiki Lekka (S. 147–155) stellt das Fragment einer spätarchaischen Kore vor, das 2004 bei Reinigungsarbeiten unterhalb der Tempelterrasse der Akropolis von Karthaia auf Kea gefunden wurde. Die leicht unterlebensgroße Figur folgt nicht dem geläufigen Typus der Schrägmantelkoren, sondern erinnert mit ihrem ungegürteten Chiton und dem über beide Schultern fallenden Himation an Werke wie die sogenannte Propyläenkore Akr. 688. Daraus sowie aus der kompakteren Plastizität von Körper und Gewändern leitet die Verfasserin eine Datierung nah am Übergang zum Strengen Stil ab. Hierfür spricht auch die offenbar kurze, das heißt hochgesteckte Frisur, da weder im Nacken noch über der Brust Haarsträhnen zu erkennen sind (dass das Haar im Nacken unter dem Himation versteckt wäre, wie die Autorin S. 151 annimmt, erscheint nach den Abbildungen weniger wahrscheinlich). Der Beitrag schließt mit der Frage nach der stilistischen Herkunft der Statue. Obwohl eindeutige Indizien für eine lokale Bildhauertradition auf Kea fehlen, plädiert die Autorin für die Entstehung in einer lokalen Werkstatt mit Einflüssen aus Athen und Paros.

Einer der umfassendsten und am besten bebilderten Beiträge des Bandes ist derjenige von Dimitris Bosnakis (S. 157–187) zum Mantelkuros von Kalymnos, der 2001 in einem spektakulären Depotfund im Bereich des Apollon-Dalios-Heiligtums zusammen mit dutzenden Statuen aus archaischer bis römischer Zeit zu Tage trat. Entlang der Deckfalten seines langen Schrägmantels trägt der sehr gut erhaltene Kuros eine Inschrift in ionischem Alphabet, nach der ein gewisser Anaschetos ihn als Zehnten an Apollon geweiht hat. Sowohl die Inschrift als auch die ikonographischen Besonderheiten der Statue werden ausführlich diskutiert, ihrer Polychromie und den geritzten Trachtdetails gilt ebenfalls ein eigener Abschnitt. Nach einem kurzen Exkurs zur Bedeutung der Mantelkuroi kehrt der Autor zum Problem des Stils und der Frage nach der Herkunft und Datierung des neuen Fundes zurück. Hier sind einige Überschneidungen mit der bereits vorausgegangenen ikonographischen Analyse (S. 164–169) festzustellen, die allerdings methodisch durch die unterschiedlichen Fragestellungen bedingt sind. Insgesamt ist die Fülle an Beobachtungen und Vergleichen bemerkenswert. Dennoch erweist sich die stilistische Zuweisung des um 540/30 v. Chr. datierten Kuros an eine bestimmte Werkstatt beziehungsweise Kunstregion innerhalb Ostioniens als ein schwieriges Unterfangen. So nimmt Bosnakis schließlich an, dass es sich hier um das Werk einer bisher nicht bekannten ostionischen Werkstatt mit milesischen und samischen Einflüssen handeln muss (S. 182). Den Beitrag rundet ein sehr nützlicher Katalog der bisher bekannten Mantelkuroi ab, der um das neue, von Lila Marangou (S. 194–201) vorgestellte Fragment aus Amorgos ergänzt werde sollte.

Die von Marangou (S. 198–201) vorgelegten archaischen Skulptur- und Stelenfragmente von der Insel Amorgos sind zwar im Einzelnen nicht so spektakulär wie der eben diskutierte Kuros, doch ergänzen sie unser Bild von den Tätigkeiten auswärtiger, vor allem parischer, samischer und milesischer Meister sowie lokaler Bildhauerwerkstätten auf Amorgos entscheidend. Für die Aktivität lokaler Werkstätten sprechen etwa ein unfertiges Köpfchen (Abb. 2) sowie mehrere Stücke aus lokalem Stein (so der Kopf Abb. 3, die Stelen Abb. 4γ und 5). Der fragmentiert erhaltene, um 540–520 v. Chr. datierte Mantelkuros aus Katapola, dem hier das Hauptinteresse gilt, gehört stilistisch dem samisch-milesischen Kunstkreis an. Ob es sich um einen Import oder ein lokales Werk handelt, kann aufgrund seiner schlechten Erhaltung und ohne Marmoranalysen nicht entschieden werden. Wie die Autorin annimmt, war er wahrscheinlich als Weihgeschenk in dem nur durch Inschriften belegten Heiligtum des Apollon Delios am Hafen von Katapola aufgestellt.

Mit dem spannenden Fund zweier applizierter marmorner Pantherreliefs aus dem Aphroditeheiligtum in Milet befasst sich Elena Walter-Karydi (S. 205–212). Sie stellt damit als Einzige in diesem Band keinen eigentlichen Neufund vor, sondern geht der durchaus berechtigten Frage nach der Rekonstruktion der beiden von Volkmar von Graeve 2005 publizierten Stücke nach. Graeve (Arch. Anz. 2005 H. 2, 41–48) weist diese einem baulich bisher nicht nachgewiesenen Tempel im Aphroditeheiligtum zu und rekonstruiert sie als antithetische Giebelfiguren. Sie wären somit der erste Beleg für Giebelplastik an ostionischen Tempeln. Doch gerade bei dieser Einzigartigkeit hakt Walter-Karydi nach, da die fehlenden Belege eben auch gegen Graeves Rekonstruktion sprechen können. Als Alternative erwägt sie die Anbringung an einem monumentalen Altar oder als Bauschmuck am Tempel, jedoch in der Frieszone statt am Giebel, was sie mit einem Überblick zur kaum normierten figürlichen Ausstattung der frühen ostionischen Tempel zu begründen sucht (vergleichbar sind die bekannnten, als Metopenschmuck gedeuteten Pantherreliefs von der Athener Akropolis). Ob dies eine tragfähigere Lösung ist, muss allerdings ebenso offen bleiben wie der Vorschlag Graeves.

Jannis Kourtzellis (S. 213–228) präsentiert zwei Skulpturfragmente von Lesbos, einen menschlichen Kopf, der von einer anthropomorphen, nicht sicher archaischen Stele stammen könnte, und einen marmornen Pferdekopf, die bei einer Ausgrabung im Hafenbereich der Hauptstadt Mytilene in sekundärer

Verbauung entdeckt wurden. Die Einordnung des ersten Fragments gestaltet sich sehr schwierig, zumal anthropomorphe Stelen von prähistorischer Zeit bis in die Neuzeit in verschiedenen Orten anzutreffen sind. Die aufgeführten Vergleiche spiegeln diese Verlegenheit förmlich wider. Das Pferdekopffragment lässt sich hingegen eindeutig als spätarchaisches Werk bestimmen: Der Verfasser datiert es in die Zeit um 530/520 v. Chr. und verbindet es stilistisch besonders mit dem etwas früheren Pferd Delos A 4101. Der Beitrag schließt mit einem hilfreichen kurzen Überblick zu älteren, verschollenen oder noch in Bearbeitung befindlichen archaischen Funden aus Lesbos.

Einen abschließenden Höhepunkt des Kolloquiumsbandes stellen die jeweils von Angheliki K. Andreiomenou (S. 229–243) und Christos Piteros (S. 245–261) präsentierten spätarchaischen Grabstelen aus Akraiphia respektive Argos dar. Bei beiden handelt es sich um attische Werke aus hymettischem Marmor, wie durch entsprechende Marmoranalysen nachgewiesen wurde (S. 229 vor Anm. 1 sowie S. 245 Anm. 3). Die von Andreiomenou vorgestellte Stele des Mnasitheios wurde von der Verfasserin bereits in diversen, spärlich bebilderten Beiträgen diskutiert. Eine ausführliche Publikation erfolgte erst im Bull. Corr. Hellénique 130, 2006, 37–61, vor dem Erscheinen des vorliegenden Kolloquiumsbands. Der hier abgedruckte Beitrag auf Griechisch stellt somit eine ausführliche Zusammenfassung der älteren Artikel dar, bereichert um eine unpublizierte Seitenaufnahme der Stele (S. 234 Abb. 9). Die Bedeutung des im Museum von Theben aufbewahrten Werks mit dem nackten Knaben mit Hahn liegt auf der Hand: Es handelt sich um ein ikonographisch bemerkenswertes Stück, das angesichts seiner fast intakten Erhaltung mit (bemalter) Palmettenbekrönung und Predella, der Existenz einer Grabinschrift und Bildhauersignatur sowie des gesicherten Fundorts in der Nekropole von Akraiphia einzigartig ist. Andreiomenou weist trotz der attischen Elemente der Stele zu Recht auf einige ionische Merkmale hin, die sie mit der Tätigkeit ionischer Bildhauer in Attika erklärt. Den Künstler der Stele, Philourgos, identifiziert sie mit dem durch zwei weitere Signaturen in Attika bekannten Bildhauer Philergos (S. 238–240), der in beziehungsweise mit der Werkstatt des Endoios gearbeitet hat (vgl. jetzt Der Neue Overbeck Nr. 380). Demselben Werkstattkreis weist sie die bekannte Geschwisterstele des Metropolitan Museum in New York zu.

Die deutlich stärker beschädigte, etwas verriebene spätarchaische Stele aus Argos gibt schließlich einen mit kurzem, weitgehend aufgemaltem Chiton und Mantel bekleideten Mann wieder, der an einer Knospe riecht. An seiner auffällig weit nach vorn geführten rechten Hand ist möglicherweise ein aufgemaltes Objekt zu ergänzen (etwa ein Aryballos oder ein Kranz, wie die schwachen Spuren in Abb. 12 S. 253 andeuten – eine Untersuchung zum Beipiel mit Ultraviolettfilter wurde offenbar nicht durchgeführt). Anhand zahlreicher, manchmal etwas unsystematischer Vergleiche mit attischen Vasendarstellungen sowie mit anderen Stelen geht Piteros der Ikonographie, Datierung und Stilherkunft des Reliefs nach. Er deutet es als lokales argivisches Werk, das unter künstlerisch wie politisch bedingtem attischen Einfluss entstanden sei (S. 258). Die Tatsache, dass die Stele jedoch nachweislich aus hymettischem Marmor ist, sowie ihre Typologie und die von Piteros aufgeführten Stilvergleiche legen eher nahe, dass es sich um das Werk eines attischen Künstlers handelt.

Der zu besprechende Band besticht durch sein angenehmes Layout und die reichen, oft auch farbigen Abbildungen. Die Bildqualität ist insgesamt recht hoch, allerdings wären in einigen Fällen striktere Vorgaben an die Autoren bezüglich der Benutzbarkeit der gewählten Vorlagen und Blickwinkel sinnvoll gewesen. Die Einbindung der Abbildungen in den Text ermöglicht sicherlich die bessere Lesbarkeit der Beiträge. Für eine adäquate Erstpublikation von Neufunden sind die platzbedingt in den Texten ständig wechselnden Formate und gelegentlich uneinheitlichen Maßstäbe jedoch nicht immer geeignet. Diese grundsätzlichen Überlegungen sollen jedoch den Verdienst für den bei der Gestaltung des Buches betriebenen Aufwand keineswegs schmälern. In Grenzen halten sich auch die Rechtschreibfehler, trotz der vielen und in verschiedenen Sprachen verfassten Beiträge (etwas unglücklich allerdings gleich im Vorwort: S. VII Anm. 2; S. VIII Anm. 3, vgl. die oben korrekt wiedergegebenen Namen).

Insgesamt erfüllt der Band ein seit mehreren Jahren anstehendes Desiderat auf dem Gebiet der archaischen Plastik. Mit diesem durchweg gelungenen Überblick über die zahlreichen Neufunde der letzten Jahrzehnte wird er mit Sicherheit als eine wichtige Grundlage für weitere Forschungen dienen. Das Ziel des Kolloquiums ist damit vollauf erfüllt. Es bleibt zu wünschen, dass der in Aussicht gestellte zweite Band mit den neuen Kerameikosfunden bald erscheint, damit nicht zuletzt auch dem Anlass des Kolloquiums Genüge getan wird.

Gießen   Vasiliki Barlou

H. Alan Shapiro, Mario Iozzo und Adrienne Lezzi-Hafter (Herausgeber), **The François Vase.** Akanthus Proceedings III. (I) **New Perspectives.** Papers of the International Symposium Villa Spelman, Florence 23–24 May, 2003. 192 Seiten mit 84 Schwarzweißabbildungen, 4 Grafiken. (II) **The Photographs.** 8 Seiten und 48 Tafeln. Verlag Akanthus, Kilchberg 2013.

Das Herzstück dieser Publikation ist der separat gebundene Tafelteil mit den hervorragenden farbigen Abbildungen der Françoisvase nach neuen Fotos von Fernando Guerrini, die vom Mitherausgeber Mario Iozzo koordiniert sind. Es ist die erste vollständige photographische Dokumentation des Meisterwerkes. Das sehr übersichtliche Tafellayout hat die Verlegerin und Mitherausgeberin Adrienne Lezzi-Hafter entworfen, die schwierige Computeradaption stammt von Mark Manion. Vorangestellt sind vier Aufnahmen des ganzen Gefäßes und Profilzeichnungen, gefolgt von den Henkelbildern. Auf ausklappbaren Tafeln ist jeder Fries in seiner ganzen Länge abgebildet. Begleitet werden diese Gesamtaufnahmen von den Beischriften in lateinischer Umschrift unterhalb der jeweils zugehörigen Figur und außerdem von den Zeichnungen Karl Reichholds, die er 1899, kurz vor der mutwilligen Zerstörung des monumentalen Gefäßes, angefertigt hat und die bisher den besten Überblick boten. Die jeweils folgenden zwei bis vier Tafeln zeigen Vergrößerungen der wichtigsten Abschnitte, in denen sich die Meisterschaft der Zeichnung bis ins Detail offenbart. Die sinnvolle Anordnung der Tafeln (beide Seiten parallel von oben nach unten), erlaubt es, jede gewünschte Darstellung leicht zu finden. Besondere Sorgfalt ist auch auf die Abstimmung der Farben verwendet, die absolut originalgetreu wirken. Ergänzt wird der Tafelband von einer erklärenden Beschreibung mit dem mythologischen Hintergrund in einer geistvollen, dem Kunstwerk angepassten Darstellungsweise aus der Feder von Frau Lezzi-Hafter. Ihr Grundgedanke ist, dass die Mythenbilder zu einer metaphorischen Darstellung der Lebensphasen eines griechischen Adligen zusammengefügt sind.

Mit dieser neuen Präsentation ist es verlockend, sich in die elf Beiträge von Teilnehmern des Symposiums in Florenz hineinzudenken, die sich fast alle schon vorher durch umfangreiche Publikationen zur Françoisvase ausgewiesen haben.

Den Anfang macht der Herausgeber Alan Shapiro (The François Vase: 175 Years of Interpretation) mit einem Überblick über die Erforschung des einzigartigen Kunstwerkes. Er analysiert in vorbildlicher Weise die unterschiedlichen Tendenzen bei der Interpretation der Bilder, wobei sich zwei Lager gebildet haben: Die einen suchen den Schlüssel für ein zusammenhängendes Bildprogramm, während andere die vielen Darstellungen als eine Anthologie der Mythen in jener Zeit betrachten oder die besonderen Vorlieben des Auftraggebers verwirklicht sehen. Was jedoch in den folgenden Beiträgen vor allem angestrebt werde, sei der Versuch, die Vase in ihrem Kontext zu verstehen. Der Schlüssel müsse in der athenischen Gesellschaft der nachsolonischen Epoche gesucht werden, aber auch das Symposion, für das die Gefäßform bestimmt war, und der etruskische Fundort gehören zum Kontext. Genannt werden auch die in der Zwischenzeit erschienenen Veröffentlichungen, insbesondere die sorgsame Klitiasmonographie von Toko Hirayama, Klitias and the Attic Black-Figure Vases in the Sixth-Century B. C. (Tokio 2010), die in den Texten leider nicht mehr berücksichtigt werden konnten.

Maria Grazia Marzi (Was the François Crater the only Piece from the Dolciano Tomb?) fasst die Ergebnisse ihrer langjährigen Archivstudien zu der Grabungstätigkeit von Alessandro François zwischen 1842 und 1845 zusammen, mit deren Hilfe es ihr gelungen ist, die Ausgrabungen des Camucia-Tumulus bei Cortona und des Fonte-Rotella-Tumulus im großherzoglichen Besitz Dolciano bei Chiusi, in dem die Françoisvase gefunden wurde, zu rekonstruieren. Die Autorin stützt sich dabei vor allem auf die Briefe des Ausgräbers an die Baronesse Giulia Sergardi, die seine Grabungen finanzierte und dafür die Hälfte der Funde oder den Gegenwert erhielt. Die Sammlung Sergardi wurde später in toto vom Archäologischen Museum in Florenz erworben, bei vielen Objekten fehlte jedoch die Herkunftsangabe. Marzi kann nun beweisen, dass einige griechische Vasen und andere Funde, die bisher dem Camucia-Tumulus zugewiesen worden waren, in Wirklichkeit aus dem Tumulus Fonte Rotella in der Gemarkung Dolciano stammen, dessen genaue Lage heute nicht mehr bekannt ist. Der Camucia-Tumulus enthielt nämlich nach dem Grabungsbericht und der zeichnerischen Dokumentation keine bemalten Vasen, während solche, vor allem zwei samische Gesichtskantharoi und ein Teller aus dem Umkreis des Lydos, in verschiedenen Briefen ausdrücklich als Funde des Fonte-Rotella-Tumulus erwähnt werden. Da François allerdings auch bei seinen Suchgrabungen in Dolciano bei Chiusi etwa zwanzig Gefäße ausgegraben hat, von denen die Familie Sergardi ebenfalls ihren Anteil erhielt, ist nicht für alle Vasen dieser Sammlung die Herkunft aus dem Fonte-Rotella-Tumulus gesichert. Die unterschiedliche Entstehungszeit der wahrscheinlichen Mitfunde lässt auf mehrere Bestattungen im Fonte-Rotella-Tumulus schließen. Die Untersuchungen von Marzi sind von besonderer Aktualität, da das Archäologische Museum in Florenz inzwischen die Vasen der Sammlung Sergardi der Comune von Cortona für ihr neues Museum »zurückerstattet« hat (vgl. P. Zamarchi Grassi in: S. Fortunelli [Hrsg.], Il Museo della città Etrusca e Romana di Cortona. Catalogo delle collezioni [Florenz 2005] 105–140).

Christoph Reusser (The François Vase in the Context of the Earliest Attic Imports to Etruria) tritt als einziger der Referenten für eine Lectio etrusca der Françoisvase ein, wie sie von Cornelia Isler-Kerényi 1997 vorgeschlagen wurde. Er begründet seine Stellungnahme mit einer sorgfältigen Analyse der frühesten Importe attischer Keramik nach Etrurien und speziell der Verteilung der frühen bemalten Vasen in der Umgebung von Chiusi, der Fundzusammenhänge und der bevorzugten Gefäßformen. Hierdurch entwirft er ein anschauliches Bild der Handelsbeziehungen und des frühen Interesses der etruskischen Aristokratie an attischer Keramik, wobei zuerst Cerveteri und später auch Gravisca eine führende Rolle zukommt; andere Orte folgten zwischen 590 und 570 v. Chr. Die meisten attischen Vasen vom späten siebten und frühen sechsten Jahrhundert stammen aus sogenannten Fürstengräbern, erst seit dem zweiten Viertel des sechsten Jahrhunderts finden sich attische Vasen auch in weniger reichen Gräbern. Die Françoisvase ist daher nicht, wie häufig angenommen, einer der ersten attischen Importe nach Etrurien, sondern muss aus einem der späteren Fürstengräber stammen. Inzwischen hatten die Etrusker schon an mehreren Orten große Mischgefäße mit figürlichen Friesen kennengelernt, vor allem in der Gegend von Chiusi, und dekorierten auch schon selbst verschiedene Gegenstände mit griechischen Mythenbildern. Der Verfasser hält es daher für möglich, dass die Françoisvase von einem etruskischen Kunden in Auftrag gegeben wurde. Schließlich verweist er noch auf die Serie großer etruskischer Bronzevasen aus Fürstengräbern des späten siebten und frühen sechsten Jahrhunderts, an welche sich die Françoisvase möglicherweise anschließe.

Angeregt durch die Diskussionen vor dem Original, das für die Tagungsteilnehmer von der Vitrine befreit worden war, und durch eigene Beobachtungen hat Mario Iozzo (The François Vase. Notes on Technical Aspects and Function) die Bohrlöcher und Gebrauchsspuren mit optischen Hilfsmitteln nochmals genau untersucht und kommt zu dem wichtigen Ergebnis, dass alle Löcher nach dem Brand mit einem Handbohrer ausgeführt wurden und daher von einer antiken Reparatur stammen. Nach der Anordnung der Löcher, die sich nur im Henkelbereich finden, und der Brüche waren jeweils beide Henkel, sowohl der hufeisenfömige Henkel wie der Volutenhenkel, an ihrer Basis gebrochen, während der übrige Gefäßkörper unbeschädigt geblieben war. Dieses Unglück hat sich vielleicht beim Anheben des schweren Gefäßes (leer zweiundzwanzig Kilo, gefüllt über einhundert Kilogramm) ereignet. Nach den Resten von Bleidraht in einigen Löchern wurde die Reparatur wahrscheinlich in Athen ausgeführt, da die Etrusker hierfür in der Regel lokale Bronze verwendeten. Zusammen mit den bisher übersehenen Benutzungsspuren, nämlich konzentrischen Kratzern von metallenen Schöpfern im Gefäßinneren, bestärken die Reparaturen mit Bleidraht die Wahrscheinlichkeit, dass die François-Vase zunächst für ein athenisches Symposion bestimmt war. Hierfür zieht Iozzo auch das Fassungsvermögen des Kraters heran, das dem doppelten Standardmaß (metretes) entspricht, dessen Einführung Solon zugeschrieben wird. Demnach wurde der Krater erst nach der Reparatur nach Etrurien exportiert, wo er möglicherweise nur eine repräsentative Funktion erfüllte, da der Gefäßkörper durch die Bohrlöcher wahrscheinlich undicht geworden war.

Jasper Gaunt (Ergotimos Epoiesen: The Potter's Contribution to the François Vase), dessen Beitrag sich dem Töpfer der Françoisvase widmet, gibt uns zunächst einen Überblick über die Volutenkratere, die vorher entstanden sind, vor allem in Sparta, seltener in Korinth und nur vereinzelt in Athen, wobei er auch die Bronzegefäße berücksichtigt. Vor diesem Hintergrund hebt sich eindrucksvoll die neuartige Form der Françoisvase ab, die der Verfasser als revolutionäre Leistung des Töpfers Ergotimos beschreibt. Die palmettenblattförmigen Elemente in den Zwickeln der Henkelvoluten erkennt er als Anleihen aus der Architektur, durch welche der monumentale Charakter des Tongefäßes akzentuiert wird. Er beschreibt auch, wie kunstfertig Ergotimos sein Ziel verfolgt hat, schon durch die Gefäßform Ornamentzonen so weit wie möglich zu vermeiden und ein Maximum der Oberfläche den figürlichen Friesen zur Verfügung zu stellen, wobei er den Dinoi des Gorgomalers und des Sophilos verpflichtet ist. Gaunt folgert daraus einen tiefen Respekt zwischen Töpfer und Maler bei der Planung der Françoisvase; diese Harmonie bestätigt sich auch bei dem von beiden signierten Untersatz in New York. Aus den von Klitias bemalten Fragmenten erschließt Gaunt zwei weitere Volutenkratere, die vermutlich auch von Ergotimos getöpfert wurden.

Mario Torelli (The Destiny of the Hero – Toward a Structural Reading of the François Krater) schlägt für die Mythenfriese der Françoisvase ein planvolles Bildprogramm vor, für das er den anthropologischen Ansatz von Jean-Pierre Vernant übernimmt. Ausgehend von der Platzierung der beiden Doppelsignaturen, die den Beginn der Erzählung, die Landung des Theseus auf Delos (sic!) und deren Höhepunkt, die Hochzeit des Peleus, markieren, entwirft er eine programmatische Struktur des gesamten Bildschmucks. Hiernach sind die Mythen um Achill und um Theseus zu einem Paradigma der aristokratischen Lebensphasen miteinander verbunden, angefangen von den Tapferkeitsbeweisen als Voraussetzung für die Initiation der Epheben im obersten Fries: Die Jünglinge und Mädchen, die durch die Heldentat des Theseus gerettet wurden, führen den Geranos auf, und auf der Gegenseite beteiligt sich Peleus an der kalydonischen Eberjagd. Im Fries darunter aristokratische Heldentaten wie der Kampf gegen Gesetzlosigkeit: Theseus mit den Lapithen im Kampf gegen die Kentauren, gegenüber die Wettkämpfe der Männer: Wagenrennen bei den Leichenspielen für Patroklos. Im umlaufenden Hauptfries dann als verdienter Lohn für die Heldentaten eine illustre Hochzeit wie die des Peleus und der Thetis. Der Handschlag zwischen Peleus und Chiron sei die Akme des Bildprogramms, und nicht zufällig stehe die Signatur des Klitias senkrecht darunter. Die Auswahl und Anordnung der Götter erklärt der Verfasser mit der kosmologischen Struktur der Prozession, in der alle Götter eine bestimmte Funktion haben. Für den wichtigsten Bedeutungsträger der Hauptseite hält er den frontalen Dionysos, der mit der Weinamphora als Geschenk die Durchführung der Zeremonie garantiert. Den Lebensphasen fügt der Maler im untersten Fries noch eine moralische Botschaft über die richtige und falsche Verwendung der Metis hinzu: Ihr Einsatz für eine frevelhafte Tat wie die Ermordung des Troilos auf der Hauptseite führe zum Tod des Achill, während die Gegenseite zeige, dass Hephaistos mit dem richtigen Gebrauch der Metis die Wiederaufnahme in den Olymp erreicht habe. Den Kampf der Pygmäen gegen die Kraniche auf dem Fuß der Vase deutet der Verfasser als eine Anspielung auf die Grenzen der Welt, während die Bilder auf den Henkeln einen Todesbezug haben: die Gorgo ebenso wie die Potnia Theron und vor allem die Bergung der Leiche des Achill für eine ehrenvolle Bestattung. Auf diese Weise erklärt er das gesamte Bildprogramm des Kraters als Metapher für den Lebenszyklus des adligen Mannes. Darüber hinaus verweist er auf eine zweite Deutungsebene, in der sich die zentralen Rollen von Dionysos und Apollon abzeichnen. In den Bereich des Dionysos gehört die Rückführung des Hephaistos in den Olymp, die dionysische Jenseitshoffnungen vermitteln könne.

Ganz anders sieht Bettina Kreuzer (Reading the Françoisvase: Myth as Case Study and the Hero as Exemplum) den Schlüssel zum Verständnis von Klitias' Bildprogramm in der schwierigen inneren Situation Athens in nachsolonischer Zeit. Die ausgewählten Mythen und Heroen sollen die Teilnehmer des antiken Symposions an die wichtigen Werte des gesellschaftlichen Zusammenlebens in der Polis erinnern, für die schon Solon zu seiner Zeit geworben hat. Als Bestätigung wird die Hydria des Prometheusmalers in Leiden herangezogen, auf der der Kampf zwischen Theseus und dem Minotauros von inschriftlich benannten Figuren gerahmt wird, die deutlich auf Solons Reformprogramm anspielen, vor allem Demodike und Timodike. Die Kernbegriffe der Françoisvase seien Sophrosyne und Arete als Gegenpole zu Hybris. Einigen der dargestellten Mythen liegt ein Frevel zugrunde (Minotauros, Kalydonischer Eber, Kentauromachie), der durch eine Heldentat gesühnt wird, welche die Polis von Unheil befreit. Mehr als den einzelnen Helden stelle Klitias dabei die Aktion der Gruppe in den Vordergrund. Vor allem der Hochzeitszug betont die Bedeutung der verantwortungsvollen Gemeinschaft und die begleitenden Personifikationen, insbesondere die selten dargestellten Horen (Eunomia, Dike und Eirene) sowie ihre Mutter Themis bürgen für eine intakte Gesellschaft. Während Klitias damit als Verteidiger moralischer Normen beschrieben wird, zeige sein Dionysos einen Ausweg aus dieser strengen Pflicht, denn er bringe mit dem Wein Freude und Entspannung.

Jenifer Neils (Contextualizing the François Vase) geht davon aus, dass der außerordentlich große, kunstvolle Krater mit den vielen ungewöhnlichen Szenen nur als Weihgeschenk oder für eine besondere Hochzeit konzipiert sein kann. Der Fundort spricht für die zweite Möglichkeit. Ihre konkrete Deutung als Auftragsarbeit für die Hochzeit von Megakles, Sohn des Alkmaion und der Agariste, Tochter des Tyrannen Kleisthenes von Sikyon, wird einleuchtend begründet: Das dominierende Thema der Vase, die mythische Hochzeit, findet sich nicht nur im Hauptfries, sondern wird auch in mehreren anderen Friesen angesprochen (Theseus und Ariadne, Atalante und Melanion, Peirithoos und Hippodameia, Hephaistos und Aphrodite, vielleicht sogar Achill und Polyxena). Daneben spielt aber auch der Wettkampf und Kampf eine wichtige Rolle im Bildprogramm, was sich nach der Verfasserin auf den Agon bezieht, den Kleisthenes für die Freier seiner Tochter ausgelobt hat, und zwar anlässlich seines Sieges im Wagenrennen bei den Olympischen Spielen 576 oder 572 v. Chr. Das zweite Datum ließe sich mit einer frühen Datierung der Françoisvase (um 570 v. Chr.) vereinbaren. Die Neuordnung der Panathenäischen Spiele (566 v. Chr.) kann dann allerdings kaum mehr die Gestaltung der Mythenbilder beeinflusst haben. Dies betrifft einen weiteren Vorschlag der Autorin, nämlich dass verschiedene Elemente der Darstellungen vor allem im Hochzeitszug von der Panathenäenprozession und anderen Festriten inspiriert worden seien, wie zum Beispiel die SOS-Amphore des Dionysos, deren Form an die panathenäischen Preisamphoren erinnere. Das gesamte Bildprogramm, das von oben nach unten gelesen werden müsse, deutet Neils als Inbegriff des aristokratisch-bürgerlichen Lebens, dessen Ideale am besten von Theseus verkörpert werden, der auch als Gründer der Panathenäen galt.

Ralf von den Hoff (Theseus, the François Vase and Athens in the Sixth Century B. C.) konzentriert sich auf die Figur des Theseus, dessen erster Auftritt in der attischen Bildkunst auf der Françoisvase überliefert ist. Durch die Analyse der Theseusbilder des Klitias und seiner Zeitgenossen sollen die Ideen und Interessen aufgedeckt werden, die der Wandlung des Theseus vom panhellenischen Heros zum athenischen Polishelden zugrunde liegen, auch ohne dass die Vasenmaler sich dessen bewusst waren. Der Verfasser erklärt den Theseusfries des Klitias als fortschreitende Erzählung anhand von lose verbundenen Einzelszenen: der Landung des Schiffs in Kreta mit der betenden Mannschaft, dem Zug der für Minotauros bestimmten Mädchen und Knaben, die sich beim Kulttanz an den Händen fassen und von dem Leier spielenden Theseus angeführt werden, bis hin zu Ariadne, die sich in den ankommenden Helden verliebt und mit dem rettenden Garnknäuel auf ein glückliches Ende vorausweist. Im Zentrum stehen die Mädchen und Knaben im archaischen Darstellungsschema der aristokratischen Jugend, wodurch deutlich gemacht wird, dass es sich um ein kollektives Unternehmen unter Führung von Theseus handelt. Die beigeschriebenen Namen bestätigen, dass diese Kinder die athenische Elite repräsentieren. Theseus wird in diesem Fries als attischer Heros in Anspruch genommen, der durch seine Rolle als Anführer und Vorbild die Ideale und die Lebensweise der herrschenden Klasse vertritt. Auf anderen Vasen werde dagegen der Sieg des Theseus über Minotauros als Rettung für die gesamte Polis dargestellt. Die sprechenden Namen der Zuschauer auf einer tyrrhenischen Hydria spielen auf abstrakte politische Konzepte an (δῆμος, δίκη, ἄστυ, τιμή), die nach dem Verfasser Theseus als Kämpfer für Gerechtigkeit zugunsten des Demos und der Stadt auszeichnen. Die Françoisvase zeige Theseus auch noch in anderen Rollen: Die aristokratische Ideologie verkörpere er auch als Musiker und werbender Jüngling gegenüber Ariadne. In einer untergeordneten Rolle erscheine er in der Hoplitengemeinschaft beim Kampf gegen die Kentauren, was ihn eher als Vertreter der Mittelklasse kenntlich mache. Der Autor folgert daraus, dass die Vasenbilder zwar spiegeln, wie Theseus als Paradigma für unterschiedliche Rollen zum Polisheros wurde, ein konsequentes politisches Programm sei aber nicht zu erkennen, sondern nur der Niederschlag der aktuellen Debatten über die Gesellschaftsordnung in einer Zeit der sozialen Krise und über die Rolle der Hopliten.

Judith M. Barringer (Hunters and Hunting on the François Vase) glaubt nicht, dass sich ein einheitliches Bildprogramm der Françoisvase unter einem einzigen Aspekt entschlüsseln lässt; sie hält jedoch die Jagd für ein wesentliches Thema, das in vielen Szenen sowohl direkt wie metaphorisch oder in Anspielungen einen thematischen Zusammenhang offenbare, der auf aristokratischer, heroischer und kriegerischer Ideologie beruht. Die kalydonische Eberjagd auf der Françoisvase ist absolut neuartig und in ihrer Vorbildlichkeit vielleicht die erste Darstellung dieses Themas. Barringer vermutet in ihrer aufschlussreichen Beschreibung, dass die Bogenschützen mit den spitzen Mützen durch die ersten Handelsbeziehungen Athens mit nordöstlichen Völkern angeregt worden seien, und bringt diese in Zusammenhang mit anderen orientalischen Motiven auf der Françoisvase, wie Sphingen, Greifen, Potnia Theron, Gorgonen und Tierkämpfen, die die aristokratische und heroische Natur der dargestellten Mythen betonen. Sie bemerkt, dass die sogenannten Skythen bei der kalydonischen Eberjagd nur zusammen mit Atalante dargestellt sind, vielleicht um deren Exotik zu unterstreichen, die später in ihrer Kleidung zum Ausdruck gebracht wird. Die kunstvolle Rahmung durch Sphingen und senkrechte Ornamentbänder sei ein Zeichen für die besondere Bedeutung der Eberjagd als Beginn der gesamten Bilderserie. Die auffallend ähnlichen antithetischen Sphingen im Tierkampffries legen den Vergleich zwischen der Jagd der tapferen Menschen und der Jagd der königlichen Raubkatzen wie in einem homerischen Gleichnis nahe. Durch die Gleichsetzung von Jagd und Krieg spielen auch einige der mythischen Friese, wie die Verfolgung des Troilos, metaphorisch auf heroische Jagden an. Jagd und Wettkämpfe, wie bei den Leichenspielen für Patroklos, dienten der Vorbereitung auf die Kriegstüchtigkeit und wurden häufig gemeinsam dargestellt. Auch gibt es eine Verbindung zwischen einer erfolgreichen Jagd und dem Recht, am Symposion teilzunehmen. Auf die Jagd bezieht sich auch die Beute des Chiron, der sowohl Peleus als auch Achill in dieser Kunst unterwiesen hat. In umgekehrter Analogie kehren Krieg und Jagd im Kampf der Pygmäen und Kraniche auf dem Gefäßfuß wieder, eine Parodie auf homerische Schlachten mit befreiender Komik gegenüber den feierlichen und ernsten Themen der übrigen Friese. Die wichtigsten Bezugspunkte der Aristokratie des sechsten Jahrhunderts, zu denen neben Symposion und Kriegführung auch die Jagd gehört, würden damit auf einer heroisch-mythischen Ebene von der Françoisvase vertreten.

Zum Schluss betrachtet Adrienne Lezzi-Hafter (Where the Wild Things Are – The Side-Themes on the François Krater) das Gesamtprogramm von den Henkelseiten aus. Anders als beim umlaufenden Hochzeitszug auf dem Sophilosdinos, an den sich Klitias anlehnt, trennen die Henkel bei der Françoisvase Vorder- und Rückseite, wodurch das Bildprogramm eine klare Struktur erhält; zugleich überbrücken die Bilder auf und unter den Henkeln diese Trennung. Unter Beibehaltung des Grundgedankens, dass die Mythenbilder die verschiedenen Lebensphasen spiegeln (s. o.), hebt die Verfasserin drei Zonen voneinander ab, wobei sie sich auf Tonio Hölscher beruft: den Polisbezirk, der durch die Gesetze der Götter und Menschen geregelt wird, die wilde Natur mit ihren eigenen Gesetzen und dazwischen die ländliche Welt, die an den beiden anderen Bereichen teilhat. Im Mittelpunkt steht der Hochzeitszug, der in den Polisbezirk gehört, während die wilden Themen, wie die Gorgonen, die Tierkämpfe und der Kampf zwischen Pygmäen und Kranichen, bei denen immer der Tod gegenwärtig ist, in die Randzonen verdrängt sind, wo sie die Lebensphasen von allen Seiten bedrohen. Beide Henkel weisen dieselben Figuren auf, die als Schlüssel für die jeweils nebenstehenden Friese verstanden werden können. Potnia Theron, die in die ländliche Zone gehört, bewacht das Erwachsenwerden von Jungen und Mädchen und ist deshalb den athenischen Kindern zugeordnet, die von Theseus in ein ungewisses Abenteuer geführt werden. Vom gegenüberliegenden Henkel beobachtet die Göttin die kalydonische Eberjagd, die wieder einen anderen Aspekt der Eingliederung in die Gesellschaft der Erwachsenen symbolisiert. Die Darstellung von Ajax mit der Leiche des Achill lässt sich als Akt der Freundschaft deuten und ebenso die in gleicher Ebene dargestellten Leichenspiele für Patroklos und auf der Gegenseite die Hilfe des Theseus im Kampf gegen die Kentauren. In jedem Fries findet sich in der Henkelachse eine Zone des Übergangs, und zwar in jeweils unterschiedlicher Funktion.

Die Publikation ist ein Meilenstein in der Erforschung der Françoisvase. Die Beiträge zeigen eindrucksvoll, wie man sich diesem Meisterwerk von verschiedenen Seiten nähern kann, wobei immer neue Facetten sichtbar werden. Sowohl durch den Tafelband als auch durch die Symposiumsbeiträge werden der Reichtum wie die Vielschichtigkeit des Bilderzyklus auf dem einzigartigen Volutenkrater sowie das Geheimnis seiner Bestimmung neu beleuchtet.

Stuttgart   Heide Mommsen

Uta Dirschedl, **Die griechischen Säulenbasen**. Archäologische Forschungen, Band 28. Verlag Dr. Ludwig Reichert, Wiesbaden 2013. 516 Seiten, 77 Tafeln, 31 Beilagen.

Das vorliegende Werk ist die überarbeitete Regensburger Dissertation von Uta Dirschedl, betreut von Burkhard Wesenberg und Christoph Reusser. Die Verfasserin erforscht darin Säulenbasen von etwa 460 Denkmälern geometrischer bis späthellenistischer Zeit aus dem griechischen Stammland, der Peloponnes, den griechischen Inseln, aus Kleinasien sowie exemplarisch auch von Bauten aus den griechischen Kolonien.

Sie baut auf einem Teil der Arbeit ›Kapitelle und Basen‹ ihres Doktorvaters Burkhard Wesenberg von 1971 auf mit dem Ziel, eine umfassende Untersuchung und möglichst vollständige Erfassung aller zum Zeitpunkt ihrer Dissertation bekannten Basen und Basistypen im griechischen Mutterland vorzulegen. Ihre Abhandlung ist jedoch eine reine Literaturarbeit, neues Material wird darin nicht erschlossen.

Um diese große Menge an Baugliedern erfassen und einordnen zu können, führt die Verfasserin eine strikte Systematik ein und gliedert die Basen in zwölf Grundtypen, welche sie entsprechend der chronologischen Abfolge ihrer Entstehung abbildet. Daneben werden dreizehn Sonderformen sowie Vorformen und Varianten vorgestellt, die jedoch in weit geringerer Anzahl bei griechischen Bauten verwendet sind.

Dirschedl präsentiert jeden dieser Basistypen ausführlich in einem eigenen Kapitel. In den ersten Abschnitten werden die sogenannten Zweckformen vorgestellt, einfache Zylinder- und Quaderbasen, die anhand von über einhundertvierzig Bauten in bisher nicht bekannter Vollständigkeit vorgelegt werden. In frühen protogeometrischen Häusern auf Kreta wurden diese einfachen Säulenbasen ebenso verwendet wie beispielsweise bei den archaischen, inselionischen Säulenbasen in der Tempelcella von Sangri (Naxos) oder den kaiserzeitlichen Säulen im Obergeschoss der Front der Westhalle an der Theaterstraße von Pergamon.

Es folgt ein ausführliches Kapitel über die ionischen Säulenbasen der samischen und der ephesischen Form. Über fünfzig fast ausschließlich archaische Tempel, Hallenbauten und Weihgeschenke wurden mit samischen Basen geplant und gestaltet. Beginnend mit den Stücken der Vorhalle des Tempels IV von Yria auf Naxos wird dieser Typus namengebend vor allem bei den beiden Phasen des großen archaischen Dipteros von Samos verwendet, ebenso bei kleineren Tempeln und zahlreichen Weihgeschenken im Heraion. Zudem kommt die samische Basis auch auf den Nachbarinseln, den Kykladen, im archaischen Attika und Athen sowie in den Tempelbauten der samischen Kolonien vor. Eine weit größere Verbreitung finden die etwa sechzig vorgestellten ephesischen Basen: Zahlreiche Bauten wurden von der archaischen Epoche an bis in die Kaiserzeit mit diesem Basistyp errichtet. Namengebend dafür ist der Kroisostempel von Ephesos, dessen Ordnung vor allem an Bauten in Ionien verwendet wurde, vereinzelt in Karien, der Äolis, auf dem griechischen Festland und an der Schwarzmeerküste. Anschließend werden in kurzen Abschnitten die Sonderformen vorgestellt und referiert, wie die selten verwendeten pilzförmigen Säulenbasen oder die Wulstbasen äolischer Tempel.

Den größten Anteil machen jedoch die attischen Basen aus. In der klassischen Epoche entwickelt, wurden sie bei zahlreichen Denkmälern bis in den Hellenismus verwendet. Die fünfundneunzig Bauten mit Basen dieses attischen Typus und seiner Vorformen sind weit über das antike Griechenland verteilt; dieser Basistypus verdrängt im Hellenismus sogar die lokalen Formen von Samos und Ephesos.

In den letzten Kapiteln werden dann die lokal vorkommenden peloponnesischen Basistypen und noch einige Sonderformen wie die Scotia-Torus-Basen mit Plinthe und die Tarentiner Säulenbasen vorgestellt.

Am Anfang jedes Kapitels steht der chronologisch geordnete Katalog der Bauteile des jeweiligen Basistyps. Darin wird mit dem ältesten Bau begonnen und dem Leser die Formentwicklung der Bauglieder vor Augen geführt, was die Bildtafeln in ungewöhnlicher Vollständigkeit illustrieren. Unglücklicherweise wird in allen Katalogteilen die Verortung des jeweiligen Bauteils zu wenig hervorgehoben; wie zum Beispiel: »S 28 Sämtliche vier Spiren sowie drei Toren der Säulenbasen des östlichen Prostoon des Naxier-Oikos in Delos«. Bei der großen Zahl an besprochenen Bauwerken wäre es für die Orientierung des Lesers erleichternd, wenn die Katalogeinträge derart aufgebaut wären: »S 28 Delos Naxier-Oikos, östliches Prostoon: vier Spiren« etc., zumal in den folgenden Darlegungen genau diese Ortsbezeichnungen verwendet werden.

Zahlreiche analysierende Unterkapitel zu Teilaspekten schließen an den Katalogteil jedes Basistypen an. Im Einzelnen diskutiert werden die Zuweisung von Spiren zu den zugehörigen, andernorts besprochenen Tori, Material, Werkspuren, Dübellöcher, Profilform, Kehlung und Ausladung, bis hin zu der Verbreitung der Basen des jeweiligen Typus, verdeutlicht durch die übersichtlichen Verbreitungskarten am Ende des Buches.

In weiteren Unterkapiteln beschäftigt sich die Autorin mit Verbindungen dieser Basen mit den jeweiligen Säulenarten, den Kapitellen, der Zugehörigkeit zu den griechischen Bautypen und stellt darüber hinaus metrische Proportionsstudien an. Am Schluss stehen Überlegungen zur Chronologie. Die Unterkapitel wurden äußerst systematisch strukturiert, was für den Nutzer dieses Werkes aber nicht nur Vorteile bringt, besonders dann, wenn er sich intensiver über die Basen eines bestimmten Tempels informieren will.

Diese und ihre Eigenschaften sind nämlich auf den Katalog und im ungünstigsten Fall auf die bis zu achtzehn Unterkapitel verteilt. So ist der Leser gezwungen, an vielen Stellen nach Informationen über die Basen eines bestimmten Baus zu suchen. Dafür ist es immer wieder notwendig, das tabellarische Sigelverzeichnis sowie das Orts- und Denkmälerverzeichnis am Ende der Arbeit zur Orientierung heranzuziehen. So wird dieses Buch trotz seines Umfangs für die Einschätzung eines Neufundes nur bedingt hilfreich sein.

Alle Basistypen werden im Wesentlichen nach demselben Schema vorgestellt. Die Unterteilung der vorgefundenen Basen in zwölf Grundtypen ist schlüssig, die Verwendung einer strikten Systematik in Anbetracht der Vielzahl an Werkstücken unbedingt notwendig. Dirschedl selbst räumt ein, dass dieser Schematik und Vergröberung, die auf Übersichtlichkeit abzielt, notgedrungen die Vielfalt und der Detailreichtum einiger Basiselemente zum Opfer fallen. Das Ziel der Typisierung der Bauglieder steht im Vordergrund. Dabei muss es zwangsläufig zu Begriffskollisionen mit den von anderen Bauforschern verwendeten Bezeichnungen kommen. So wird beispielsweise die von Gottfried Gruben entwickelte Bezeichnung ›inselionische Basis‹ nicht als eigener Typ erwähnt. Es handelt sich um einen meist glatten Basistorus auf einer ebenfalls glatten, mehr oder weniger hohen Spira, wie sie die Frontbasen des hocharchaischen Tempels IV von Yria oder des Tempels von Sangri (beide Naxos) charakterisieren.

Aufschlussreich sind die synoptischen Betrachtungen am Ende über die chronologischen Entwicklungsstränge und die Verbreitung der jeweiligen Basistypen innerhalb Griechenlands, die zum einen in Beilage 7 und zum anderen in den Beilagen 8 bis 31 veranschaulicht werden.

Da die Bauglieder im jeweiligen Kapitel nicht nach Ort und Heiligtum, sondern chronologisch sortiert sind, ist es nicht immer einfach, einzelne Basen aufzufinden. Zudem wird im Ortsverzeichnis immer nur auf die Kapitel- und Katalognummer sowie auf die Tafel verwiesen, so dass sich der Leser durchblättern muss.

Zusammengefasst ist die Arbeit von Uta Dirschedl eine sehr umfangreiche und mit immensem Fleiß aus profunder Literaturkenntnis zusammengetragene Materialsammlung, die sehr gut recherchiert und systematisch erschlossen ist. Da jedoch lediglich bereits bekannte Fachliteratur neu aufgearbeitet, strukturiert und systematisiert wird, bleibt der wissenschaftliche Wert des Buches letztlich begrenzt.

Freiburg   Christof Hendrich

Markus Wolf, **Die Agora von Solunt. Öffentliche Gebäude und öffentliche Räume des Hellenismus im griechischen Westen.** Sonderschriften des Deutschen Archäologischen Instituts Rom, volume 16. Casa editrice Dr. Ludwig Reichert, Wiesbaden 2013. 208 pagine, 1 figura a colori, 295 figure in bianco e nero, 13 tabelle, 2 piante in allegato.

Il recente libro di Markus Wolf sull'agorà di Solunto e i suoi principali monumenti continua la serie delle monografie su questa importante città della Sicilia nord-occidentale, seguendo, in ordine di tempo, la pubblicazione del volume di Armin Wiegand sul teatro (Das Theater von Solunt. Ein besonderer Skenentyp des Späthellenismus auf Sizilien. Sonderschr. DAI Rom 12 [Magonza 1997]) e quello dello stesso Wolf sull'architettura privata soluntina (Die Häuser von Solunt und die hellenistische Wohnarchitektur. Sonderschr. DAI Rom 14 [Magonza 2003]).

Due sono gli obiettivi principali che il libro si prefigge: da un lato, procedere ad una complessiva presentazione degli edifici che componevano il centro politico e civile della città siciliana; dall'altro, inquadrare i monumenti e il complesso dell'agorà all'interno del più ampio contesto mediterraneo.

Al primo di tali obiettivi è dedicato il capitolo iniziale del libro. Dopo aver ripercorso la storia degli studi sull'agorà soluntina, Wolf presenta le principali evidenze monumentali dell'area. Attraverso schede di sintesi, l'Autore descrive i monumenti, partendo dalla stoà e dalle esedre presenti lungo il muro di fondo del portico, per continuare con la scalinata di accesso al teatro, le strutture minori poste sulla cosiddetta Via dell'Agorà e sulla piazza, la grande cisterna, il cosiddetto Odeon, il Rechteckbau, la piccola cisterna, lo Spolienbau e le terme.

Il secondo capitolo intende contestualizzare la stoà soluntina nell'ambito degli edifici porticati dell'Occidente greco, attraverso un confronto con esempi di età arcaica e, soprattutto, ellenistica attestati in Sicilia e Italia meridionale. Anche in questo caso i singoli monumenti sono esaminati in schede di sintesi. Essi tuttavia avrebbero forse meritato un respiro maggiore sia dal punto di vista documentario che da quello bibliografico.

Il terzo capitolo sposta su di un piano più ampio il tentativo di rintracciare i modelli architettonici e planimetrici alla base del portico dell'agorà di Solunto, muovendosi su una dimensione pan-mediterranea. In tale operazione, nel paragrafo III.1 Wolf analizza alcune delle stoai ad alae della Grecia propria e delle isole (stoà di Zeus ad Atene, stoà di Filippo a Megalopolis, stoà nel santuario di Apollo a Delo, stoà nel santuario di Athana a Lindos) per poi illustrare, nel paragrafo III.2, alcune delle stoai a doppio ordine della Grecia propria, delle isole e dell'area microasiatica (stoà Est dell'Asklepieion di Atene, stoà di Eumene e stoà di Attalo ad Atene, stoà nell'area portuale di Perachora, stoà Nord nel santuario di Atena a Pergamo, stoà Nord di Assos). Sebbene gli edifici presi in esame siano relativamente poco numerosi, in essi Wolf individua correttamente due degli elementi che certamente dovettero influenzare profondamente gli architetti attivi nella stoà di Solunto. Si tratta dei due avancorpi che si sviluppano alle due estremità del lato lungo dell'edificio, e dell'articolazione della fronte della stoà in due ordini colonnati, dorico al piano inferiore e ionico in quello superiore.

Nel quarto capitolo l'Autore sposta la sua attenzione su un altro edificio presente nella piazza soluntina, il cosidetto Odeon, i cui resti, localizzati a Nord della stoà, sono correttamente identificati come pertinenti alla sala del consiglio cittadino. Attraverso il confronto con gli altri bouleuteria sicelioti, infatti, Wolf giunge ad un corretto inquadramento di tale struttura, fissandone la cronologia di edificazione agli inizi del secondo secolo a. C. (cosiddetta seconda fase), nel contesto dell'ampia politica edilizia che in età ieroniana aveva coinvolto molti dei principali centri siciliani (primi su tutti Agrigento, Morgantina, Iaitas, Akrai e Segesta). Sebbene planimetricamente affine agli esempi sicelioti del secondo secolo, secondo l'Autore il bouleuterion soluntino si distinguerebbe dai coevi edifici del Consiglio attestati nei principali centri dell'isola per la mancanza di una diretta connessione con le stoai presenti lungo i lati dell'agorà. Tale circostanza, che merita sicuramente una riflessione, non è in realtà esclusiva prerogativa dell'edificio soluntino, come parrebbe dimostrare, ad esempio, il caso segestano dove, analogamente a quanto avviene a Solunto, stoà e bouleuterion vennero edificati su due terrazzi posti a quote decisamente diverse.

Nel quinto capitolo l'analisi di Wolf si muove su di un livello più generale, con l'intenzione di inquadrare l'agorà soluntina all'interno del più ampio panorama delle agorai dell'Italia meridionale e della Sicilia. Tale tentativo, in realtà, prescinde da schematizzazioni sia cronologiche che geografiche. Di conseguenza, l'Autore enuclea, necessariamente in maniera piuttosto cursoria, i tratti salienti dei principali esempi di agorai archeologicamente note in ambito magno-greco e siceliota. La sua riflessione prende le mosse dalle stoai più arcaiche (Megara Hyblaea e Selinunte) per giungere a quelle di età tardo-ellenistica (Iaitas, Segesta, Halaesa), con l'obiettivo di rintracciare in tali esempi i tratti distintivi riscontrabili anche nell'agorà soluntina.

Altrettanto interessante, sebbene non condotto con il necessario grado di approfondimento, è il confronto con alcune delle agorai meglio note in ambito greco continentale e micro-asiatico (capitolo quinto, paragrafo 12).

Ciò che appare evidente, e che Wolf non manca di sottolineare, è il dato che accomuna Solunto ad altri centri di età ellenistica, in cui uno degli elementi più peculiari è rappresentato dalla capacità, da parte degli architetti, di sfruttare a pieno la pur complessa situazione geomorfologica del sito. Anche nel caso di Solunto è la stoà a doppio ordine a costituire un trait d'union tra due differenti terrazzi posti a quote nettamente diverse e raccordati proprio dall'edificio porticato. Se, infatti, davanti all'ordine inferiore dorico si apriva l'agorà vera e propria, in cui confluiva la Via Sacra che proveniva dalle pendici del monte Catalfano, alle spalle del portico, ad una quota corrispondente al secondo ordine ionico, si sviluppava invece il complesso del cosiddetto Odeon nonché del Rechteckbau, carico di significati e valenze politiche e religiose. Altrettanto importante, nel tentativo di connettere i differenti livelli altimetrici presenti nell'area dell'agorà di Solunto, è il ruolo giocato da un terrazzo artificiale costituito dalla copertura della grande cisterna, che delimitava a Nord la piazza. Quest'ultimo, infatti, connesso con il secondo piano della stoà ed accessibile per mezzo di una scalinata posta immediatamente a Nord del portico, è correttamente inteso da Wolf come un ulteriore possibile spazio utilizzabile per lo svolgimento di attività pubbliche nella prospiciente piazza pubblica.

Tali elementi sono certamente fondamentali ed identificativi di una specifica concezione urbanistica e topografica che, pur avendo in ambito microasiatico i suoi esempi migliori, interessò massicciamente anche il Mediterraneo occidentale, ed in particolare l'area siceliota, durante l'età ellenistica. Colpisce, dunque, che tra le agorai utilizzate per stabilire dei confronti, seppure limitati a singoli aspetti monumentali o architettonici, l'Autore inserisca casi di piazze di età alto arcaica (in primo luogo Megara Hyblaea, ma anche Selinunte) o di età tardo-arcaica e classica (Metaponto, Poseidonia, Kamarina), che poco o niente condividono con quella soluntina. In questo senso, ben più promettente, e perciò meritevole di un maggiore approfondimento, appare il confronto tra ciò che si verifica nella piazza soluntina e ciò che è riscontrabile contemporaneamente in centri limitrofi quali Segesta, Iaitas, Halaesa, ma anche in aree leggermente più distanti, quali Agrigento o Morgantina. Un più approfondito confronto tra questi contesti agoraici, ad esempio, avrebbe permesso di verificare la qualità e la consistenza di fenomeni di resistenza, o per contro di assimilazione, in atto nel momento di maggiore diffusione delle nuove tendenze architettoniche di età ieroniana in centri urbani dotati di un differente background culturale (città greche, elime o dell'eparchia punica).

In tale ottica, dunque, maggiore spazio avrebbero meritato esempi che vengono trattati in maniera non troppo analitica ma che certamente risultano più affini sia dal punto di vista planimetrico-architettonico che da quello cronologico e geografico: tra questi sembra opportuno segnalare principalmente Monte Iato, Halaesa e Segesta. Quest'ultima, in particolare, credo possa occupare un ruolo di rilievo nel tentativo di stabilire dei confronti cogenti per l'architettura pubblica siceliota di età ellenistica nell'area nord-occidentale dell'isola, come peraltro dimostrato dalle recenti ricerche nell'area dell'agorà (cfr. in primo luogo C. Ampolo / M. C. Parra in: C. Ampolo [ed.], Agora greca e Agorai di Sicilia [Pisa 2012] 272–285; A. Abate / O. S. Cannistraci in: ibid. 305–319; A. Facella / R. Olivito in: ibid. 291–304).

Il volume di Wolf si conclude con un corposo apparato di fotografie e rilievi dei singoli elementi architettonici pertinenti agli edifici dell'agorà. Tale corpus, senza dubbio utilissimo anche per altri studiosi di architettura ellenistica, ed in primo luogo per coloro che siano interessati all'ambito siceliota, avrebbe tuttavia meritato un maggiore livello di analisi all'interno del testo, ad esempio attraverso un più accurato catalogo analitico. Certamente ne avrebbe beneficiato la ricostruzione delle differenti fasi edilizie che l'Autore identifica per gli edifici dell'agorà soluntina. Un maggiore livello di dettaglio analitico, ad esempio, avrebbe reso il volume di Wolf uno strumento di imprescindibile valore per la conoscenza dello sviluppo e della diffusione in ambito greco-occidentale di una fortunata, ma spesso poco indagata, tipologia monumentale quale la stoà. Analogamente, sarebbe stato opportuno inserire alcune ipotesi ricostruttive dei singoli contesti, improntate ai più moderni strumenti ed alle più moderne tecniche digitali, affiancandole ai rilievi, alle sezioni, ai prospetti ed alle assonometrie, così da favorire, anche tra i lettori meno esperti, una maggiore discussione sulle consuetudini architettoniche di un centro che, come il volume lascia correttamente e ampiamente trasparire, dovette essere di primaria importanza nella Sicilia di età ellenistica.

Ciononostante, grazie alla ricchezza della documentazione collezionata e alla notevole quantità di dati spesso inediti messi a disposizione della comunità scientifica, il libro di Markus Wolf consentirà un notevole passo in avanti nello studio dell'architettura della Sicilia nord-occidentale in età ellenistica.

Pisa   Riccardo Olivito

Vladimir F. Stolba und Eugeny Rogov, **Panskoye I 2. The Necropolis. Archaeological Investigations in Western Crimea.** Verlag Aarhus University Press, Aarhus 2012. 414 Seiten, 301 Abbildungen, 78 Tafeln, 33 Tabellen.

Die im Nordwesten der Krim auf der Halbinsel Tarchankut befindliche Nekropole Panskoye I ist seit dem neunzehnten Jahrhundert bekannt. Zum Gräberfeld aus dem fünften bis dritten vorchristlichen Jahrhundert gehört eine Siedlung, die in den gleichen Zeitraum datiert wird. Sowohl die Niederlassung als auch die Begräbnisse stellen keine gänzlich unbekannten archäologischen Denkmäler dar (z. B. Th. Werner [Hrsg.], Unbekannte Krim. Archäologische Schätze aus drei Jahrtausenden [Heidelberg 1999] 49).

Die etwa vier Hektar große Siedlung, die bereits im ersten Band der Reihe (L. Hannestad / V. F. Stolba / A. N. Ščeglov [Hrsg.], Panskoye I 1. The Monumental Building U6. Archaeological Investigations in Western Crimea [Aarhus 2002]) publiziert wurde, bestand aus einzelnen Gebäuden und einer größeren, rechteckigen Anlage mit fünfunddreißig Räumen, die um einen mit Brunnen ausgestatteten Hof gruppiert waren. Diese Bauten werden als Gruppengehöft mehrerer agrarisch wirtschaftender Familien gedeutet. Nordöstlich des Habitats befand sich in hundertzwanzig Metern Entfernung die Nekropole.

Erste archäologische Untersuchungen fanden bereits 1967 statt. Regelmäßige Ausgrabungen erfolgten dann von 1969 bis 1986 seitens der Archäologischen Expedition Tarchankut von der Akademie der Wissenschaften der damaligen Sowjetunion, zunächst unter der Leitung von Alexander N. Ščeglov. Etwas mehr als ein Drittel des Gräberfeldes konnte erforscht werden. Dabei kamen sowohl Tumuli als auch Flachgräber zum Vorschein. In den neunziger Jahren wurden die noch nicht untersuchten Bestattungen von Grabräubern geplündert und teilweise zerstört.

Das Material der Nekropole Panskoye I und dessen Einordnung innerhalb anderer Gräberfelder des vierten und dritten vorchristlichen Jahrhunderts im Nordschwarzmeergebiet wurden bereits 1998 in der Dissertation von Eugeny Rogov behandelt. Seine Arbeiten und Untersuchungsergebnisse bilden einen beträchtlichen Teil der hier besprochenen Publikation. Nach Rogovs Tod im Jahr 2001 führte Valdimir F. Stolba dessen Studien fort, ergänzte sie und brachte eigene Forschungen ein. Daraus und aus einer Kooperation mit der Universität Aarhus, die seit 1994 besteht, konnte nun diese Publikation vorgelegt werden.

Die klassisch-frühhellenistische Nekropole wird zunächst in sieben Kapiteln vorgestellt (S. 7–229). Der anschließende Katalogteil (S. 230–355) behandelt die einzelnen Beigabenobjekte sortiert nach Gattungen (Amphorenstempel, Keramik beziehungsweise Gefäße, Lampen, Terrakotten, Grabsteine, Stelen und Altäre, Inschriften, Münzen, Metallobjekte, darunter Waffen, Objekte aus Stein, Ton, Glas und organischem Material sowie aus Knochen). Anschließend folgt ein Abschnitt von Svetlana G. Efimova mit paläoanthropologischen Untersuchungen (S. 357–359), dessen Intentionen allerdings im deutlichen Gegensatz zur sonst kritischen Auseinandersetzung mit ethnischen Zuschreibungen des archäologischen Materials steht. Während insgesamt vorsichtig und objektiv interpretiert wird, stehen hier Fragen nach »skythischen oder griechischen Gesichtstypen« im Vordergrund, was ein Festhalten an traditionellen Forschungsmethoden und -zielen sowjetischer Zeiten bedeutet.

Nach einem Abkürzungsverzeichnis folgt eine ausführliche Bibliographie (S. 366–368). Die Abbildungs- und Tafelliste ist identisch mit den Bildunterschriften, ein Abbildungsnachweis im eigentlichen Sinne liegt nicht vor (S. 399–403). Hierauf folgen Indizes zur Epigraphik (S. 404 f.), zu antiken Schriftquellen (S. 406–409) und zur Geographie (S. 410–414). Den Abschluss der Publikation bildet der Tafelteil.

Das archäologische Material und die einzelnen Gräber sind mit Schwarzweißabbildungen und Plänen ausreichend dokumentiert. Allerdings fehlt ein Gesamtplan der Nekropole, der es ermöglichen würde, die einzelnen Angaben und Analysen genauer nachvollziehen zu können, so zum Beispiel die Verteilung der unterschiedlichen Grabtypen innerhalb der Nekropole.

Die Bestattungssitten und Grabriten werden ausführlich behandelt (S. 13–52). Körperbeisetzungen überwiegen, lediglich zwei Brandgräber sind nachgewiesen (S. 27). Im Zusammenhang mit der Lage der Toten in den Gräbern wird ausführlich unter Berücksichtigung des Forschungsstandes diskutiert, ob daran die ethnische Zuordnung der Bestatteten überhaupt möglich ist (S. 29). Insbesondere die Lage auf dem Rücken mit gekrümmtem Oberkörper steht im Mittelpunkt. Die Bestattung in dieser sogenannten Sitzposition scheint nämlich auf weibliche Individuen zu verweisen, was auch das gleichzeitige Vorkommen mit der ausgestreckten Rückenlage in einem einzelnen Grab erklären würde (S. 31). Für abwegig halten es die Autoren, darin griechischen Einfluss oder gar den Hinweis auf Griechen zu sehen oder die einseitige Verbindung mit einheimischen taurischen Elementen und skythischem Einfluss aus der Steppe. Immer wieder wird die bereits fortgeschrittene Vermischung der unterschiedlichen Bevölkerungsgruppen im untersuchten Gebiet und Zeitraum betont, die es nicht erlaubt, anhand der Totenlage eindeutige Zuweisungen vorzunehmen (S. 30).

Die Grabbeigaben bestehen im Wesentlichen aus importierter griechischer Keramik, darunter Amphoren, Öl- und Salbgefäße sowie Trinkbehälter. Für die Chronologie des Gräberfeldes sowie die Erschließung einer zeitlichen Abfolge der einzelnen Grabtypen bieten die Amphoren, Amphorenstempel sowie die attische Importkeramik Anhaltspunkte (S. 60). Anhand der Materialanalyse wird das Gräberfeld chronologisch unterteilt (S. 61) in eine frühe Periode I (von 410 bis 390/80 v. Chr.), eine mittlere Periode II (von 390/80 bis 330/320 v. Chr.) und eine späte Periode III (von 330/30 bis 270 v. Chr.). Das Vorhandensein ganzer Trinksets unter den Beigaben lässt Vermutungen zur Herkunft der Bestatteten zu (s. u.).

Eine Analyse der Beigaben im Zusammenhang mit den Grabritualen (S. 44–52) lässt die rituelle Einbindung einzelner Gegenstände wie Trinkgefäße und häufiger vorkommende Steinaltäre erkennen. Auch wenn keine einheitlichen Muster ritueller Abläufe zu ersehen sind, zeigt die Auseinandersetzung mit der Fundlage der Keramik, dass Rituale, wie das Zerbrechen von Gefäßen, in Panskoye praktiziert wurden (S. 47). Auch hier werden fremde Forschungen einbezogen und das Ritual als solches hinterfragt (S. 47 f.).

Anschließend folgen im Kapitel ›Demographic Characteristics‹ Vermutungen zu den Altersgruppen der Bestatteten, dem Heiratsalter und der Haushaltszusammensetzung der Familien (S. 53–59).

Die wesentlichen weiterreichenden Ergebnisse beziehungsweise die Einbindung der archäologischen Daten in einen historischen Kontext erschließen sich in der Publikation leider eher beiläufig, so vor allem im Kapitel über weitere Gräberfelder des Nordschwarzmeerraums, darunter auch in Olbia, sowie der Nordwestkrim (S. 67–86). Dieser Abschnitt ermöglicht dem Leser zunächst einen raschen Einstieg in den Forschungsstand und die zugehörige Literatur. In den letzten Absätzen der einzelnen vorgestellten Nekropolen werden jedoch auch wichtige resümierende Angaben in Bezug auf die Nekropole von Panskoye I gemacht. Eine Zusammenfassung dieser Resultate am Schluss der Publikation hätte die nicht unbedeutenden Ergebnisse dem Leser noch deutlicher vor Augen führen können.

So gab es in der Frühphase I eine deutliche Beziehung zum Nordschwarzmeerraum, wie das parallele Vorkommen von Tumuli und Flachgräbern sowie an Nischengräbern zeigt. Letztere zeigen hinsichtlich ihrer Maße, Konstruktion, der Lage und Orientierung der Toten und auch in der Kombination der Grabbeigaben deutliche Bezüge der frühen Gräber von Panskoye I zu Olbia und Umgebung. Vor allem sind es die Trinksets unter den Beigaben sowie Öl- beziehungsweise Salbgefäße, die als typisch griechische Merkmale olbischer Nischengräber gelten dürfen (S. 68). Im südlich der Krim gelegenen Chersones sind solche Nischenbestattungen noch bis ins zweite Jahrhundert unbekannt. Auch die Altäre in einzelnen Gräbern (S. 41–43) legen den Vergleich mit Olbia nahe (S. 69). Zudem sind es epigraphische Zeugnisse, in denen einzelne Namen auf Bürger Olbias verweisen und eine ähnliche Rechtsprechung bezeugt ist (S. 70).

All dies zeigt, dass Panskoye I zunächst unter deutlichem Einfluss Olbias und dessen Hinterland stand und auch von dort aus gegründet worden sein muss, so der Schluss der Ausgräber (S. 70).

Im vierten und dritten Jahrhundert kamen einheimische Merkmale in den Gräbern auf (S. 76), zum Beispiel in Bezug auf Steingräber, doch wird im ausgehenden vierten und beginnenden dritten Jahrhundert der Einfluss von Chersones auf die Nordwestkrim wichtiger (S. 76–83). Auch dies ist ablesbar an den Gräbern von Panskoye I, besonders prägnant durch die nun aufkommenden anthropomorphen, für Chersones typischen Grabsteine beziehungsweise Stelen, während die in der ersten Hälfte des vierten Jahrhunderts üblichen Trinksets fehlen (S. 83).

All diese Ergebnisse hätten in einem Gesamtfazit zusammengeführt werden müssen, um die Bedeutung dieser Vorlage der Nekropole Panskoye I noch klarer hervorzuheben.

Dies schmälert jedoch nicht den Gesamtwert der Publikation, der besonders darin besteht, neben einer Siedlung des fünften bis dritten Jahrhunderts auch das dazugehörige, gut erforschte Gräberfeld in seiner Gesamtheit vorgelegt und die Ergebnisse nach internationalen Standards und in englischer Sprache der Fachwelt zugänglich gemacht zu haben. Die meisten Nekropolen der Nordwestkrim sind zwar erforscht, jedoch mitunter unvollständig ausgegraben und zumeist nur auszugsweise publiziert. Umso zukunftsträchtiger sind Projekte wie dieses, das in enger Kooperation der Russischen Akademie der Wissenschaften mit westeuropäischen Institutionen realisiert wurde.

Halle an der Saale   Gundula Mehnert

Arnd Hennemeyer, **Das Atheneheiligtum von Priene. Die Nebenbauten – Altar, Halle und Propylon – und die bauliche Entwicklung des Heiligtums.** Archäologische Forschungen, Band 27. Publisher Dr. Ludwig Reichert, Wiesbaden 2013. 280 pages, 170 plates, 8 fold-out drawings in a pocket.

Since the late nineteenth century German archaeologists have been at the forefront in the investigations of important sites in the area now covered by modern Turkey. One important site, Priene near Miletos, was investigated in the years before and around 1900 with an excavation lasting for five years after some preliminary work by British travellers, and their results were promptly published in 1904. The work was carried out after the best standards of the period, although the publication in just one volume hardly did full justice to the importance of the site. Nevertheless it has ensured that in later years constant attention was given to the town, which had been founded in the mid-fourth century B. C. and is an unusually well-preserved, complete and intact urban complex established in the Late Classical period and living on until the end of antiquity; ever since the publication of 1904 it has been a main feature in any discussion, even quite superficial, of ancient urbanism. Two of its buildings appear in every manual of ancient architecture: the temple of Athena, which according to Vitruvius was planned by the renowned architect Pytheos in the fourth century and was considered a model for all later developments of Ionic temple architecture, and the theatre which has served as a key example of important developments in Hellenistic theatre architecture.

It can hardly be a surprise that the early publication was not at the level of modern standards, and the treatment particularly of the sanctuary and temple of Athena was not felt as satisfactory. For that reason the German Institut at Istanbul has been working again at Priene since the nineteen-sixties, and the results are presented now in a new series dedicated to the site, included in the series Archäologische Forschungen from the German Archaeological Institute. After a first volume dedicated to the figural terracottas from Priene, published in 2006, we now have the second volume, discussed here, which gives us the results of the reconsideration of the secondary buildings and the general development of the sanctuary of Athena. A thoroughly updated study of the temple is expected in a further volume by the scholar who since the nineteen-sixties has been in charge of that part of the program, Wolf Koenigs.

In addition to the 1904 publication, which is frequently referred to but not treated as a sacred text, the author had to deal with a tangled lot of earlier work. The British expeditions of the nineteenth century saw some monuments in a better state of preservation than is possible now, and their documentation, which to a large extent consists of photos, is for that reason often useful; it is skillfully used, and important parts of it are reproduced in the tables. Some material from the buildings was then brought to the British Museum, and has been studied there.

The reconstruction of the altar, with its delicate column architecture and an ambitious relief decoration on the exterior, has been discussed repeatedly since 1904, and the text on the altar provides a full account of that discussion. The author rather closely follows the conclusions of the American scholar Joseph Coleman Carter who in 1983 studied and published the fragments of the reliefs, and also discussed the architecture of the monument. A new research on the reliefs would have been superfluous here, but Carter's architectural conclusions are accepted with minor corrections.

General interest for the other buildings – the long southern hall with the terrace and its retaining wall in front, and the propylon east of the altar – has been rather modest, and they did not receive much attention in the 1904 publication either. But the author had at his disposal the preliminary documentation from an unpublished project concerning these buildings (including the altar), carried out from 1977 until his death in 1991 by the former director of the German institute at Istanbul, Wolfgang Müller-Wiener. In addition to a stock of descriptions, drawings and other illustrations of building material, he left a manuscript with preliminary suggestions concerning reconstructions, dates and chronological phases. The author could use this material as a point of departure for his own work, has apparently found most of these proposals reliable and useful and publishes them for the first time, always with adequate care to make their origin clear. It is evident everywhere that with his own work at the site he has by far outstripped the results reached by Müller-Wiener. Much of the catalogue of building blocks and the accompanying apparatus of architectural drawings of selected building blocks is clearly to be understood as a continuation and completion of the material left by Müller-Wiener, in many cases with only small adjustments. The author's more recent field-work, including a precise topographical surveying (eliminating errors up to one meter of previous mappings) and descriptive analyses of the buildings and the sanctuary, was carried out through several seasons. The author has also made a few limited excavations at particular points where it seemed that more precise evidence concerning problems of date or reconstruction could be obtained in that way. A short account of these soundings is provided towards the end of the volume, and the results obtained from them are duly considered in the relevant texts.

The bulk of the text is almost equally divided between the three principal secondary buildings of the sanctuary: the altar, the terrace with the hall to the south, and the propylon in the east. Of these three buildings only the altar has been the object of extensive, previous discussion. It is one of the principal examples in the group of Ionian altars decorated with columns and sculptures and with monumental pretension. The author, as already mentioned, has here with minor adjustments accepted the results of earlier research by Carter and Müller-Wiener; thus there is no lengthy discussion of the earlier proposals of a colonnade based on a high podium, in the manner of the Pergamon altar, beyond a few lines in the review of earlier research. That the decoration of the exterior used half-columns rather than full columns is one result of Müller-Wiener's preliminary work which the author can now confirm with additional material evidence. That the tongues of the screen wall in the west were longer than previously assumed, with two intercolumniations rather than just one, limiting the width of the stair between them, is one new result which is entirely the author's own; it more clearly defines the monument as a »Hofaltar«, an altar court encircled by a four-sided wall.

The precise presentation and discussion of building material which can be ascribed to the architecture ensures that the reconstruction which is now presented is probably as close as we can ever expect to reach a precise reconstruction of the monument. Some problems have to be left open, such as the precise height of the half-columns and certain details in the entablature, but such a nicety as the very limited change of plan and metrological system during the construction was discovered and is convincingly explained.

Much attention is devoted to the connections with the temple, which go far beyond the repetition of six per eleven columns in the columnar decoration. But the altar is clearly later than the main building, and the author follows Carter's date in the late third or early second century; it has been controversial, but is now supported with additional arguments. An earlier altar must then be supposed to have existed in the same position, but it has left no trace. As architects of the building both Pytheos and Hermogenes are considered, but only as »hypothetische Zuweisungen« and as mutually exclusive alternatives. Actually, both may be possible; it stands to reason that Pytheos could have left a plan not only for those parts of the temple which he did not manage to build, but also for the altar as an essential part of the complex, and that it could only have been executed more than a century later by an architect (possibly, but rather more hypothetically, Hermogenes) who updated it with contemporary formal details, such as the Attic bases under the columns. Such a possibility might have been considered.

The altar is a small jewel of Hellenistic Ionic architecture, but the next building in the publication (and in the chronological sequence), the hall to the south and the terrace with the retaining wall in front of it, is an ordinary and not particularly refined structure. Nevertheless, it occupies even slightly more space in the text than the altar, which is logical since it has left a good deal of not previously studied building material and since so little research has been done on it before.

While previous scholars (including Müller-Wiener) have seen it as a unitary structure, built at one single occasion, it has now – also thanks to some of the small excavations – been possible to demonstrate that there are three chronological phases in the retaining wall and two in the hall, which can be connected with various expansions and additions to the area of the sanctuary. The dates are convincingly established as the late second and early first century B. C. The preserved material is sufficient to allow a complete reconstruction of almost all important parts of the building, and it is presented and discussed with a wealth of details. Anyway, it is slightly disturbing that nowhere I could find information in meters and centimetres about the reconstructed total length of the hall in its two phases, only for the terrace wall (p. 57); the lengths of the terrace walls and the halls do not coincide exactly.

The hall turns its rear wall toward the temple and opens to the south and the city below the terrace wall, and this is not normal. Probably it was applied here to follow the model of other late Hellenistic sanctuaries built in similar slopes (Kos and Lindos, the Roman sanctuary for Fortuna at Palestrina could also have been mentioned in that context); but the result was not altogether lucky, since the stoa is at the same level as the temple and partially covers rather than emphasizes it, and it hinders some of the views from north-south streets to the front colonnades of the temple which were an unusual and interesting feature of the original plan for the sanctuary. For those reasons it does not seem likely that these elements were parts of the original plan; they reveal a desire to establish the view from the south as equally impressive as the more fundamental east-west axis, in competition with it. The colonnade then could not turn inwards to the sanctuary in the normal way; having only its rear wall in view from the south, above the terrace, would not have been an acceptable solution.

On the whole, the building is more interesting for the way it changes the visual relations between the sanctuary and the city below than for the details of its construction. The problem of its practical function within the sanctuary is only briefly treated and is hardly accessible to analysis; probably it was not very clearly defined, as is so often the case with stoas. More could perhaps be made out of the strongly limited access from the sanctuary to the building, through only one not very large opening in the centre of the rear wall. The hall is long and spacious, but it may not have been equally accessible as an all-round service building for the visitors to the sanctuary as the stoas framing open squares, including sanctuaries, normally are.

Formal comparisons are made only with two earlier stoas at Priene itself, one at the agora and one near the stadion; they are approximately contemporaneous and closely related, but their individual differences are for that reason illuminating for the space that was allowed to the architects for variations over a generally applied basic conception. Since the epistyle of the elevation is well documented, and the column height could be established within fairly narrow limits, an interesting comparison can be made with Vitruvius and his rules for the construction of a stoa; it is convincingly demonstrated, with drawings, that even such a pedestrian building as the stoa at Priene has been conceived with a far more refined and complicated proportional system than the plain and rigid, raster-based lay-out recommended by the Roman architect.

The last item in the series of secondary buildings is the propylon in the eastern end of the sanctuary, which provided the temenos with a monumental entrance from the east at a moment when the sacred space had extended all the way up to an important north-south road – an extension marked also by the final addition to the southern hall and to the terrace in front of it, bringing them up to the same line. The propylon is aligned not with the axis of temple and altar, but with an important east-west street which leads toward the sanctuary; in this way a refined general view of the entire complex was created for those who approached the sanctuary from that direction. It can be appreciated on the drawing plate 144.

Just like the hall the propylon was built in two phases, respectively in the transition from the Hellenistic to the Augustan period or at a not easily defined moment in the Roman imperial times, second century A. D. or later. There are also vague indications of a still earlier building or building project, perhaps contemporary with the extension of the hall. That there had been two phases in the building was observed by Müller-Wiener, but their precise definition was obtained by the author, and their dates were established by an extremely thorough formal analysis of the Corinthian anta capitals from the east front and a couple of useful soundings nearby. The eastern front with the entrance from the road, with Corinthian columns, was built in the first phase, but the project was abandoned before the western front could be built, and the Ionic capitals prepared for that front were probably left at the site and used later when that front was put up in the second phase; but also that phase, which essentially consisted of an extension of the building further into the sanctuary, may not have been completely finished.

This more than usually complicated building process has been untangled thanks to a painstaking analysis of the remaining architecture (for which some of the documentation from the earlier nineteenth century had provided essential information), carried out with all the intellectual tools at the author's disposal. But the principal interest of the building lies in its position and its function as an architecturally explicit transition between the grid net of the streets and the lay-out of the sanctuary, giving emphasis to that east-west axis which continued the direction of the road, touched the south side of the altar, and crossed the temple in the southern pteron. This axis, different from the principal central axis through temple and altar, seems to have been a backbone of Pytheos' original plan for the connection between the sanctuary and the grid net of the city, and its importance was re-emphasized perhaps as a reaction to the introduction of a second monumental axis from the south with the southern stoa and terrace.

These are reflections which can be made now, thanks to the author's thorough work not only with the various building projects after the initial establishment of the sanctuary with the temple in the fourth century, but also with the successive additions to the sacred area. These results are presented in a fairly short final section, where the dates of the secondary buildings and their various phases are connected with extensions in different directions of the temenos; several pages are devoted to tracing how the borders of the sanctuary developed in the four directions, through time. The results remain somewhat vague toward the west, but otherwise they are precise and convincing. There are also interesting analyses of the geometrical principles and urbanistic intentions behind the various developments, where also the visual function of the temple within the general context of the sanctuary as well as the town can be seen changing through the centuries.

Thanks to the meticulous analysis of ornamental details in the decoration of the temple, it now has been known for some time that only the naos was constructed in Pytheos' own time; the peristasis was added at different occasions during the following centuries, but closely respecting Pytheos' original plan. This development will certainly be discussed in the volume devoted to the temple, but it can be followed in the plans and CAAD-reconstructions of the sanctuary included in this volume. It will probably be easier then to compare more precisely the phases of the temple with the development of the sanctuary. It should also be possible to discuss how far those developments respected or disregarded the plans that Pytheos may have had not just for the temple, but for the entire temenos which was founded anew at a site where no sanctuary had existed before and which was chosen because of its qualities in the urban structure. The author's analysis in this volume goes only some way to face these questions, perhaps they will also be treated in the volume dedicated to the temple.

There is not much to criticize in this publication, it is a pleasure to state that it fully meets those high expectations that German publications of ancient architecture have to face and very rarely disappoint. The volume is based on a doctoral dissertation and was written by a fairly young scholar, who clearly wanted to pull as much information out of his allotted material as possible. He has done so successfully, although readers perhaps will find some of his long-winded descriptions and analytical comparisons somewhat big mouthfuls. But the language is always precise and professional, and the final part of each section normally provides an account of the principal results. A condensed presentation of the entire work on two pages is also included at the end of the text (also in a Turkish version).

Typographical or editorial blemishes are very few, but do exist; the reference to plate 146 on page 179 is obviously wrong. Almost half the volume is occupied by illustrations, where drawings clearly (and wisely) are given priority over photographs.

The illustrations include some taken from earlier publications and from the nineteenth-century investigations, where they provide relevant information, and some of comparative material found elsewhere. Reconstructional drawings of the buildings and details of them in various phases are plentiful and useful, and are supported by instructive CAAD-reconstructions. There are also excellent general plans and CAAD-reconstructions of the sanctuary in the different stages of development, which usefully demonstrate how the building complex developed and expanded along with the progress of the temple's peristasis; but for the relation between the temenos and the town a general plan of the latter in addition to the plan plate 169 of the sanctuary with its immediate surroundings could have been useful, and I do not quite see the necessity to produce the plan of the sanctuary in its final phase twice (plates 3 and 158).

The author Arnd Hennemeyer as well as the publisher and the German Archaeological Institute are to be warmly congratulated on this first-class publication. With this book and the expected volume on the temple, the sanctuary of Athena at Priene will be published to a level one might desire for many other Greek sanctuaries. It leaves space to further discussion and analysis, which is no disadvantage, but any future debate will have to build on the wealth of factual information which is the real strength of the book. It is an obvious need for any research library with an interest in ancient Asia Minor, and a worthy addition to the long tradition of German archaeological work in that area. Hopefully more such publications from other parts of this rich and exciting site can be expected in the future.

Bergen   Erik Østby

Hermann J. Kienast, **Der Turm der Winde in Athen.** Mit Beiträgen von Pavlina Karanastasi zu den Reliefdarstellungen der Winde und Karlheinz Schaldach zu den Sonnenuhren. Archäologische Forschungen, Band 30. Verlag Dr. Ludwig Reichert, Wiesbaden 2014. 244 Seiten, 271 Textabbildungen, 42 Tafeln und 10 Farbabbildungen.

Nach langjähriger, akribischer Arbeit legt Hermann J. Kienast seine Studie zum Turm der Winde in Athen vor. In der Reihe Archäologische Forschungen des Reichert-Verlages wurden in den letzten Jahren neben Themen der Klassischen Archäologie gerade auch sehr qualitätvolle Arbeiten aus dem Bereich der Bauforschung publiziert. Wie im Vorwort und der Einführung (S. IX f.) sowie am Ende der Forschungsgeschichte (S. 19 f.) deutlich wird, war die Bearbeitungszeit in diesem Falle sehr lange, was durch andere Verpflichtungen des Verfassers, vor allem auf Samos, zu begründen ist. Die Bauaufnahme begann nach der Einrichtung eines geodätischen Punktenetzes 1995 und wurde in den folgenden Jahren mit dem Einsatz von Hebebühnen und Gerüsten weitergeführt. Schließlich wurde das Manuskript in den Jahren zwischen 2006 und 2009 erarbeitet und fertiggestellt.

Die zahlreichen in den Text integrierten Fotos und Zeichnungen erleichtern das Verständnis des Textes sehr. Größere Abbildungen – das betrifft vor allem die Bauaufnahme – und Rekonstruktionszeichnungen sind dann mit weiteren Fotos im Tafelteil angefügt.

Kern des Werkes ist die baugeschichtliche Analyse. Sie gliedert sich in sieben Kapitel und beginnt mit der Forschungsgeschichte (S. 1–20), die sehr umfangreich ist, da der Turm seit der Antike bis heute aufrecht steht und seit dem fünfzehnten Jahrhundert immer wieder Anlass gab zur Beschäftigung und zeichnerischen Darstellung. Auffällig ist, wie stark verfremdet er bisweilen dargestellt wurde, wie zum Beispiel in der frühen Vitruvausgabe von Cesare Cesariano von 1521. Hervorzuheben ist die dagegen sehr präzise Wiedergabe in dem für das Antikenstudium und die Antikenrezeption im Klassizismus bahnbrechenden, 1762 erschienenen Werk The Antiquities of Athens von James Stuart und Nicholas Revett, das bis zur hier besprochenen Untersuchung immer noch grundlegend war, nachdem die Dissertation von Joachim von Freeden, ΟΙΚΙΑ ΚΥΡΡΗΣΤΟΥ. Studien zum sogenannten Turm der Winde in Athen (1983) für die Architektur des Turms letztlich oberflächlich bleibt, da sie kein neues Planmaterial bietet.

Im zweiten Kapitel (S. 21–32) geht es dann um die urbanistische Position des Turms im antiken Athen. Der Verfasser stellt hier die prominente und vermittelnde Stellung des Baus an einer wichtigen ostwestlich unterhalb der Akropolis verlaufenden Straße zwischen dem Kaufmarkt der römischen Agora und einer östlichen Hallenbebauung heraus, wie es in der Rekonstruktionsskizze Abbildung 34 sehr deutlich wird. Er betont dabei, dass genauso wie die Agora auch die östliche Hallenbebauung erst in römischer Zeit ausgeführt wurde, und zwar in Verbindung mit einer neuen oberirdischen Wasserzufuhr für den Turm, während er ursprünglich als freistehender Solitär geplant und gebaut worden war, worauf auch seine Form eines oktogonalen Zentralbaues hinweist.

Es folgt im langen dritten Kapitel (S. 33–102) eine detaillierte Baubeschreibung von der Euthynterie bis zur Dachspitze, die nur aufgrund der neuen Bauaufnahmepläne und der Beobachtungen mit Hilfe von Hebebühnen und Gerüsten möglich war. Die Bauaufnahme des Verfassers in Grundriss, Schnitten, Ansichten, Dachdraufsicht und Deckenuntersicht (Taf. 3–17) besticht durch ihre Genauigkeit und ihren Detailreichtum. Der auf den ersten Blick scheinbar nicht sehr runde Maßstab von 1:66,6, also die anderthalbfache Größe von eins zu hundert, erklärt sich jedem, der etwas Erfahrung im Publizieren von Strichzeichnungen hat, sehr rasch durch das Bestreben, den Gegenstand möglichst groß, aber zur Vermeidung teurer Faltpläne noch innerhalb des Satzspiegels abzubilden.

Besonders wichtig für die Funktion des Baues sind Vorkehrungen für die Wasserversorgung, wie ein Kanal unter dem Boden (Abb. 44) oder verschiedene Rillen für Druckleitungen und ein Zwischenboden im runden Anbau. Außerdem beschreibt der Verfasser Einarbeitungen im Fußboden des Turms, wie ein rundes Loch im Zentrum sowie kreisförmige Einlassungen für eine ringförmige Balustrade (Abb. 51; Taf. 3). Der Autor lässt in die Baubeschreibung auch Überlegungen einfließen zur Rekonstruktion von verlorenen Bestandteilen wie der beiden zweisäuligen Portiken vor den beiden Eingängen und der Überdachung des runden Anbaus (Abb. 130). Hier hätte man bei anderen antiken Monumenten ein eigenes Kapitel zur Rekonstruktion des Bauwerks erwartet, das sich in diesem Fall aufgrund des ungewöhnlich guten Erhaltungszustandes des Turms erübrigt hat. Der schlüssigen Rekonstruktion ist im Tafelteil eine eigene, abschließende Sektion mit Zeichnungen und den Fotos des Rekonstruktionsmodells (Taf. 37–42) zugeordnet.

Im vierten Kapitel (S. 103–119) unternimmt es der Verfasser, dem zugrundeliegenden Entwurf auf die Spur zu kommen. Nach einer Diskussion zweier möglicher Methoden der geometrischen Konstruktion eines Achtecks (Abb. 147 a. b) stellt sich heraus, dass das Achteck des Turms der Winde mit der zweiten Lösung entworfen wurde, bei der die Konstruktionsachsen durch die Seitenhalbierenden, also die Mittelachsen der acht Turmwände gehen. Der Entwurfsvorgang für den Grundriss wird sehr plausibel durch drei ineinander verschachtelte Quadrate definiert, wobei das kleinste davon durch die Innenwände des Turms bestimmt wird (Abb. 149). Das entscheidende Maß für die Größe des Turms ist dabei die Länge der Außenwände der Oktogonseiten gewesen, die mit 3,258 Metern exakt zehn dorischen Fuß von 32,6 Zentimetern entspricht. Die geringen Abweichungen des ausgeführten Baus von den Idealmaßen (Abb. 161) erklären sich durch kleine Bauungenauigkeiten. Der Verfasser führt weiterhin auch die Höhe der verschiedenen Zonen des Aufrisses, die jeweils durch schmale, einen Fuß hohe Schichten getrennt sind, auf Längen bestimmter Linien zurück, die sich aus weiteren dem Grundriss einbeschriebenen Quadraten ergeben (Abb. 158 a. b).

Im fünften Kapitel (S. 120–128) gelingt es dem Autor, entgegen bisherigen Versuchen der Interpretation des Turminnenraumes als herkömmliche Wasseruhr oder Klepsydra (Abb. 162) eine neue Deutung als eine Art Planetarium herauszuarbeiten, in dem auf einem zylindrischen Sockel eine Armillarsphäre aufgestellt war (Abb. 165). Dabei handelte es sich um einen komplizierten Apparat, bestehend aus einem Globus mit der Erdkugel im Zentrum und beweglich darum herum angeordneten Bronzeringen, die mit Wasser aus Druckleitungen angetrieben wurden und den Lauf der Gestirne markierten. Ein über dem Zwischenboden im runden Anbau vermuteter Wasserbehälter und drei nachgewiesene Bronzeleitungen wären demnach nicht für eine Wasseruhr installiert worden, sondern für den Antrieb der Armillarsphäre. Dieser völlig überzeugende Vorschlag des Verfassers weist eindeutig nach Sizilien. Eine solche Apparatur war nämlich im dritten Jahrhundert v. Chr. von dem genialen, am Hof des ostsizilischen Herrschers Hieron II. von Syrakus tätigen Erfinder Archimedes konstruiert worden, wie aus antiken Quellen hervorgeht. Eine bildliche Darstellung der Sphäre (Abb. 164) findet sich überdies in einem Mosaik im westsizilischen Solunt, und zwar in einem Oecus, der östlich an den Peristylhof der Casa di Leda anschließt, einem der reichen, hoch aufragenden Stadthäuser an der Hauptstraße von Solunt. Das in hellenistischer Zeit gut entwickelte Sizilien stellte demnach das Ursprungsland solcher astronomischen Geräte auf dem höchsten damaligen Forschungsstand dar, und von dort aus fanden sie Verbreitung in anderen Gegenden der hellenistischen Welt, so auch bis nach Alexandria, Rom und Athen.

Im sechsten Kapitel (S. 129–145) fasst Kienast alle Anhaltspunkte zu einer Datierung des Turms der Winde zusammen. Eine Durchsicht der antiken Quellen von Varro, Vitruv und Faventinus sowie die Auswertung zweier epigraphischer Zeugnisse führt zu dem Namen des Astronomen Andronikos von Kyrrhos und zu einem Terminus ante quem von 50 v. Chr. Auch die architektonischen Bestandteile und Details wie das korinthische Kapitell der Dachspitze deuten auf eine Einordnung in späthellenistische Zeit und eine Betrachtung des historischen Rahmens und der Wirkungszeit von Andronikos auf das späte zweite vorchristliche Jahrhundert. Am Schluss des Kapitels geht der Verfasser noch genauer auf die Person des Andronikos ein, dem er sehr plausibel das Bauwerk mit seinen Sonnenuhren und dem Horologium, also der Armillarsphäre im Inneren, und auch seine Stiftung zuordnet. Andronikos war Makedone, muss aber seine Ausbildung in Alexandria absolviert haben und darf als eine ähnlich bedeutende Persönlichkeit wie der ein Jahrhundert zuvor tätige Archimedes von Syrakus angesehen werden.

Das abschließende siebte Kapitel der baugeschichtlichen Analyse (S. 146–168) ist der weiteren Geschichte des Gebäudes in römischer, frühchristlicher und osmanischer Zeit bis ins neunzehnte Jahrhundert sowie seinem Nachleben und seiner Rezeption gewidmet. Die oktogonale Grundrissform wurde bereits in der Antike aufgegriffen, zum Beispiel im ersten nachchristlichen Jahrhundert im Kuppelsaal der neronischen Domus Aurea in Rom (Abb. 189) sowie bei Grabmonumenten in Ephesos und andernorts. Der Verfasser verfolgt dann auch die Rezeption im Mittelalter und in der Neuzeit. Hier gibt er sich als exzellenter Bauhistoriker zu erkennen, der auch über den Tellerrand der Antikenforschung hinausblickt. An den beiden staufischen Bauten des Castel del Monte in Apulien und des Torre di Federico in Enna im Zentrum Siziliens weist der Autor über den oktogonalen Grundriss hinaus auch Parallelen im Entwurfsvorgang der ineinander verschachtelten Quadrate nach. Der Turm ist dann mehrfach Gegenstand der Antikenrezeption im Klassizismus, hier gerade in Zusammenhang mit der Verbreitung des Englischen Landschaftsgartens und der eingangs genannten Publikation der Athener Bauten von Stuart und Revett. Zwei unmittelbare Kopien des Turms der Winde stammen gar von Stuart selbst, der Tower of the Winds in Shugborough in England und der Temple of the Winds in County Down in Irland. Der Verfasser führt weitere Beispiele bis ins neunzehnte und frühe zwanzigste Jahrhundert hinein an, bei denen die Achteckform und meist auch die Reliefs nachgeahmt wurden. Eine Rezeption der Windreliefs zeigt sich ganz eklatant auch bei den klassizistischen Ecktürmen des Schlosses Tegel in Berlin von Karl Friedrich Schinkel.

Die folgenden, der baugeschichtlichen Analyse angehängten Beiträge von zwei Spezialisten vertiefen zwei über die Bauforschung hinausgehende Fachbereiche der Bauplastik und der Gnomonik. Für die Analyse der Reliefdarstellungen der Winde gewann der Verfasser die klassische Archäologin Pavlina Karanastasi, und für einen gesonderten Abschnitt über die Sonnenuhren des Andronikos den Mathematiker und Gnomonikexperten Karlheinz Schaldach.

Der Beitrag von Karanastasi setzt sich aus vier Kapiteln zusammen. Im auf die kurze Einleitung (S. 169) folgenden ersten Kapitel (S. 170–172) beschreibt die Verfasserin zunächst sehr treffend die auf den acht Seiten des Turmes dargestellten Figuren der acht Winde, dies auch auf der Grundlage der alten Zeichnungen von Stuart und Revett (Taf. 18; 20) und der neuen, glänzenden Aufnahme von Kienast (Taf. 19; 21). Im zweiten Kapitel (S. 173–175) widmet sie sich dann Überlegungen zur Ikonographie und Charakterisierung. Im dritten Kapitel (S. 176–193) sammelt die Autorin in sehr überzeugender Weise Indizien für die Datierung der Reliefs, die dann auch in die Schlussfolgerungen im vierten Kapitel (S. 194 f.) einfließen. Hier bestätigt sich aufgrund der Ähnlichkeit mit anderen vergleichbaren Skulpturen gerade aus der Zeitspanne zwischen 120 und 100 v. Chr. die von Kienast aus anderen Gründen erarbeitete zeitliche Einordnung ins späte zweite Jahrhundert.

Der Beitrag von Schaldach, der hier auf die neuen, präzisen Bauaufnahmen der Sonnenuhren durch Kienast zurückgreifen kann (Abb. 238–242), behandelt nach einer kurzen Einleitung (S. 197) im ersten Kapitel (S. 198–201) die Forschungsgeschichte zu Sonnenuhren. Im zweiten Kapitel (S. 202–221) geht es um die ebenen Uhren an den Turmwänden. Im dritten Kapitel (S. 222–225) bespricht Schaldach die Linien am runden Anbau, um dann die Ergebnisse im vierten Kapitel (S. 226) prägnant zusammenzufassen. Bei der Beschreibung und Deutung der Uhren des Turms und bei den angestellten Berechnungen wird dem Leser die langjährige Erfahrung des Fachmanns Schaldach auf dem Gebiet der antiken Sonnenuhrforschung besonders deutlich.

Insgesamt überzeugt der Band durch die prächtige und großzügige Ausstattung mit qualitätvollen Zeichnungen und Fotos. Die dem Text vorangestellte Farbtafel einer nach den Angaben des Verfassers von Peter Hönigschmid nach den alten Regeln der Kunst konstruierte und aquarellierte Perspektive des Turmes wirkt erfrischend auf unser durch die Computerarbeit ermüdetes Auge. Hönigschmid ist auch das sehr detaillierte neue Holzmodell des rekonstruierten Turms (Taf. 42) zu verdanken.

Hermann Kienast gelingt es auf der Grundlage der neuen, vorbildlichen und präzisen Dokumentation und Beschreibung vor allem mit dem fünften Kapitel zur Deutung des Bauwerks, das Rätsel der Funktion des Turms der Winde in Athen endgültig zu entschlüsseln. Neben der Zeitmessung durch die Sonnenuhren an den Fassaden wurde er in erster Linie errichtet, um eine mit Wasserdruck betriebene Armillarsphäre zur Anzeige des Laufes der Gestirne in sich aufzunehmen. Diese komplizierte Apparatur wurde von dem Astronomen Andronikos von Kyrrhos, der zugleich Architekt und Stifter des Turms war, im späten zweiten vorchristlichen Jahrhundert eingerichtet, ihre Entwicklung aber weist nach Sizilien und geht letztlich zurück auf den genialen Erfinder und Forscher Archimedes und seine Tätigkeit ein Jahrhundert zuvor in Syrakus, am Hofe König Hierons II.

Rom

Markus Wolf

Sophie Helas, **Selinus II. Die punische Stadt auf der Akropolis**. In Zusammenarbeit mit Oliver Hofmeister, Antje Werner, Jürgen Schumann, Gabriel Zuchtriegel und Giuseppina Mammina. Deutsches Archäologisches Institut Rom, Sonderschriften, Band 15. Verlag Dr. Ludwig Reichert, Wiesbaden 2011. 370 Seiten, 202 Zeichnungen, 22 Diagramme, 10 Tabellen, 9 farbige Abbildungen, 75 Pläne, 6 Faltkarten als Beilage.

Auf knapp vierhundert Seiten legt Sophie Helas die Befunde der punischen Siedlungsphase von Selinunt vor, wobei sie sich erhaltungsbedingt in erster Linie auf die Architektur stützt. Folgt man ihren einleitenden Ausführungen (S. 19), so liegt das Ziel der Arbeit darin, die Kenntnis der punischen Kultur zu verbessern und dazu beizutragen, die Lebenswelt der punischen Bewohner zu rekonstruieren. Diese Ziele wurden mit der hier vorliegenden Publikation zweifelsohne erreicht, vielleicht sogar übertroffen. Die Arbeit besticht nicht nur durch konzise Fragestellungen und konsequente Systematik in Aufbau und Gliederung, sondern auch durch einen äußerst kritischen Umgang mit den Primärquellen und durch Sorgfalt bei den darauf basierenden Interpretationen.

Schon der Abriss der Forschungsgeschichte zeigt die Grenzen der Auswertungsmöglichkeiten auf (S. 25–36). Praktisch die gesamte Architektur der punischen Siedlungsphase wurde von 1874 bis in die siebziger Jahre des zwanzigsten Jahrhunderts ausgegraben. Das Hauptaugenmerk der Feldarbeiten lag dabei nicht auf Resten punischer Sachkultur, sondern vielmehr auf den – zugegebenermaßen spektakulären – griechischen Architekturresten. Typisch für die Grabungsmethode dieser Zeit waren zudem eine auf historischen Quellen basierende chronologische Einordnung archäologischer Befunde, eine dekontextualisierte Interpretation von Fundmaterialien und folglich eine vermischte Argumentationskette, bei der Sachkultur und Ereignisgeschichte unmittelbar miteinander verknüpft wurden. In den Fokus des Forschungsinteresses rückte die punische Phase von Selinunt erst im ausgehenden zwanzigsten Jahrhundert, als mit gezielten Sondagen Fragen nach Siedlungsunterbrechungen beziehungsweise Kontinuitäten im vierten Jahrhundert oder auch nach der Aufgabe der Stadt um 250 v. Chr. nachgegangen wurde. Diese archäologischen Untersuchungen wurden von der Verfasserin in Zusammenarbeit mit Dieter Mertens eigenverantwortlich durchgeführt und in die vorliegende Studie integriert. Die Ausgangslage für eine Bearbeitung der punischen Siedlungsphasen war demnach alles andere als optimal: Einerseits war es notwendig, eine große Fülle an bereits ausgegrabenen Befunden zu dokumentieren, deren Aussagekraft in mancherlei Hinsicht allerdings beschränkt bleiben musste, andererseits sollten aus stark limitierten Grabungsflächen Ergebnisse von siedlungsgeschichtlicher Relevanz gewonnen werden.

Die detaillierte Bearbeitung der Wohnhäuser (S. 37–111) bildet zweifellos den Kern der Studie. Systematisch werden sämtliche Aspekte privater Wohnarchitektur besprochen, wobei sauber zwischen Beschreibung, Interpretation und Einordnung getrennt wird. Natürlich würde man sich bei einer modernen Architekturvorlage geologische und speziell petrographische Analysen der verwendeten Materialien wünschen, insbesondere der Mörtel und Böden. Die von archäologischer Seite erfolgten Beschreibungen der Materialbestandteile sind bisweilen etwas holprig und folgen nicht dem fachspezifischen Vokabular (S. 66: Kalksteinchen, Mergelsteinchen, Kiessand, Kieselsteine, Mollusken, Sand). Ebenso hätte man überlegen können, ob es nicht zielführender gewesen wäre, aus den Proben (S. 253–258) Dünnschliffe zu fertigen und diese in Farbe abzubilden. Diese kritischen Anmerkungen sind in Anbetracht des inhaltsschweren Kapitels, das durch seine klare Gliederung eine absolute Nachvollziehbarkeit in der komplexen Argumentation ermöglicht, allerdings als Randnotizen zu verstehen. Als besonders positiv erweist sich der umsichtige Umgang mit ethnisch-kulturellen Schlussfolgerungen. So werden beispielsweise bautechnische Eigenheiten in einen größeren geografischen Rahmen gesetzt, dabei allerdings nicht nur mit anderen Befunden im punischen Kulturraum verglichen, sondern es wurde zudem auf lokale Traditionen sowie Einflüsse aus dem italischen Raum eingegangen. In vielen Fällen wird der Praktikabilität sowie topographischen und klimatischen Gegebenheiten Rechnung getragen und das Material an keiner Stelle überinterpretiert.

Die Auswertung der Grundrisstypen (S. 49–55) erbringt den Nachweis, dass die punische Siedlung zwar grundsätzlich ähnliche Haustypen, aber keine normierten Häuser kennt. Dieses Ergebnis korrespondiert auch mit dem generellen Stadtbild (S. 161), das ausgeprägte Selbstorganisation an Stelle von organisierter Stadtplanung erkennen lässt. Durch die minutiöse Auswertung der Befunde gelingt es der Autorin nicht nur, die Häuser plausibel zu rekonstruieren, sondern ebenso deren Ausstattung und damit verbunden – wo möglich – die Raumnutzung zu definieren. Die Bedeutung Siziliens für den Wissens- und Technologietransfer wird insbesondere bei der Auswertung von Pavimenten, Wandputz und architektonischem Schmuck (S. 64–88) augenfällig. In diesem Zusammenhang kommt auch eine der Hauptleistungen der vorliegenden Studie klar zum Ausdruck: Entgegen früherer, oft pauschalisierter und darüber hinaus stark gräkozentrischer Bewertungen der punischen Kultur wird ein differenziertes Bild geboten, das stark von wechselseitigen Einflüssen geprägt ist. Beispielhaft sei einerseits die Entwicklung des Opus signinum im punischen Kulturkreis zitiert (S. 73), andererseits die Übernahme architektonischer Schmuckformen aus dem griechischen Ambiente (S. 88). Die Untersuchung ist demnach viel mehr als »ein Schritt auf dem Weg zu einem neuen Bild der punischen Kultur«, wie die Verfasserin zurückhaltend schreibt (S. 173), sondern tatsächlich ein Meilenstein für ein neues Verständnis von komplexen und wechselseitigen Akkulturationsprozessen im westlichen Mittelmeerraum im Verlauf des vierten bis dritten vorchristlichen Jahrhunderts.

Die gebotene Vorsicht, mit der sich Helas dem Material stellt, kommt auch bei der Auswertung der hauswirtschaftlichen Einrichtungen und den Funktionsbestimmungen zum Ausdruck (S. 88–111). Trotz der schwierigen und äußerst fragmentarischen Befunde war es möglich, wasserwirtschaftliche Installationen in Hinblick auf Trink- und Nutzwasserversorgung, die Existenz von hygienischen Einrichtungen sowie die Abwasserregelung zu untersuchen. Nicht unterwähnt bleiben sollen die Kartierungen von funktionsbedingten Ausstattungselementen, die entscheidende Aussagen zur Lebensweise der Bewohner gestatten. So wird nachgewiesen, dass Tierhaltung und Verarbeitung von agrarischen Produkten elementarer Bestandteil des Lebens in den Häusern waren. Dies lässt den Schluss auf eine von Viehzucht, Ackerbau und Handwerk lebenden Bevölkerung zu.

Darüber hinaus ist aber auch auf die Bedeutung der Studie für die antike Wohnbauforschung hinzuweisen. So ist es der Autorin gelungen, durch die minutiöse Vorlage der punischen Häuser Wohnkultur und Lebenswelt ihrer Bewohner in einen übergreifenden Kontext einzubetten und sie dadurch erst in die Diskussion einzubringen. In diesem Zusammenhang sei insbesondere auf das fünfte und sechste Kapitel hingewiesen (S. 157–173), in denen die wichtigsten Ergebnisse prägnant zusammengefasst werden. Letztlich liegt nun ein Referenzwerk vor, das eine hervorragende Grundlage für weitere Vergleichsstudien bietet.

In einem zweiten großen Kapitel wird der Versuch unternommen, die Wohnbebauung in ihr städtisches Umfeld einzubetten (S. 113–156). Auch dieses Ziel wurde ohne jeden Zweifel erreicht. Besondere Aufmerksamkeit kommt der Frage nach der Bedeutung der Akropolis als Handelszentrum zu, wofür nicht nur die Architektur, speziell Ladenreihen – der Begriff Stoa sei bewusst vermieden –, sondern auch spezifische Fundgattungen, wie Amphoren, Münzen, Eichtische und Gewichte zur Interpretation herangezogen werden. Von großer kulturhistorischer Relevanz sind auch die Ausführungen zum Nachleben der griechischen Tempel auf der Akropolis und deren unterschiedliche Verwendung während der punischen Siedlungsphase. Überzeugend gelingt es der Verfasserin, für Tempel C eine Nutzung als Melqarttempel mit darin untergebrachtem Archiv vorzuschlagen, auch der daraus abgeleitete Name Roschmelqart für das punische Selinunt scheint überzeugend. Umgeben war der Tempel von dicht aneinandergereihten Läden, was ein eindeutiger Hinweis auf merkantile Tätigkeit im Umfeld des Heiligtums ist. Auch die Tempel A und R wurden in punischer Zeit kultisch genutzt, allerdings neuen Rahmenbedingungen entsprechend umgebaut und neu ausgestattet. Punische Heiligtümer wurden allerdings auch neu errichtet (S. 136–148) und lassen sich grundrisstypologisch und funktional mit Bauten in Nordafrika, Zypern sowie der Levante vergleichen. Etwas spekulativ bleibt dagegen die Interpretation eines Gebäudekomplexes als Bad für rituelle Reinigungen (S. 148–154), vergleichbar mit jüdischen Mikwen, schon allein, weil die postulierten Ähnlichkeiten der Reinheitsvorstellungen (S. 156) nicht bewiesen werden können. Zudem fehlt die für den jüdischen Ritus notwendige Quellwasserzufuhr.

Etwas versteckt findet sich inmitten der Studie die italienische Zusammenfassung (S. 175–188), die man eigentlich eher am Ende der Ausführungen vermuten würde. Auf diese folgen Exkurse zur Funktionsweise punischer Türen (S. 189–198; Oliver Hofmeister), zur Hoffassade eines Hauses (S. 198–204; Antje Werner) sowie zu Entwurf und Ausführung der Ladenreihe (S. 204–291; Jürgen Schumann).

Die hervorragende Lesbarkeit der Publikation wird durch die Qualität des Plan- und Bildapparats zusätzlich erhöht. Dies betrifft sowohl die Abbildungen im Fließtext und im Katalog als auch die beigelegten Pläne und das Beilagenheft. Unter den Katalogen (S. 221–274) ist jener der Häuser hervorzuheben, der durch schematische Grundrisspläne reich bebildert ist. Kataloge der Mauern, Böden, Bauteile und der Ausstattung bilden eine nahezu lückenlose Dokumentation des archäologischen Bestands und bezeugen nicht zuletzt den hohen Arbeitsaufwand und die Akribie, mit der die Bearbeitung vor Ort erfolgte. Erwähnt werden sollen auch die sorgfältige Redaktion von Text- und Bildapparat sowie die hohe Druckqualität. Ganz selten finden sich Wiederholungen, wie beispielsweise ein nahezu gleichlautender Textbaustein auf Seiten 30 und 34.

Den Abschluss der Publikation bildet die Schnittdokumentation (S. 275–361), also die Auswertung ausgewählter Sondagen. Leider reicht dieses Kapitel nicht an die Qualität der vorangegangenen heran. Als besonders störend erweist sich der Umstand, dass das keramische Fundmaterial nicht kontextuell, sondern gattungsspezifisch vorgelegt wird (Sophie Helas und Gabriel Zuchtriegel). Die Autorin ist sich dessen bewusst, indem sie darauf hinweist, dass eine nachträgliche Zusammenführung der Kontexte durch den Benutzer der Publikation möglich ist, wenn auch unbequem (S. 304). Die Argumentation, dass damit ein rascher Überblick über das punische Gefäßspektrum möglich ist und das Auffinden und die Bestimmung ähnlicher Scherben erleichtert wird, überzeugt nicht, zumal nur wenig »punisches«, aber viel punierzeitliches Keramikmaterial auf den Tafeln zu finden ist.

Für die hier vorgebrachte Kritik ist es notwendig, die an die Grabungen gerichteten Fragestellungen in Erinnerung zu rufen (S. 302): Es handelt sich ausnahmslos um siedlungschronologische Aspekte, die im Rahmen der punktuellen Grabungen geklärt werden sollten. Eine solche Vorgehensweise erfordert allerdings unbedingt eine kontextuelle Vorlage des gesamten Fundmaterials und keine Trennung in Befundbeschreibung und gattungsspezifische Fundvorlage sowie eine separate Publikation der Münzfunde (S. 362–368; Guiseppina Mammina). Dass die Keramik nur höchst selektiv vorgestellt ist, wird beim Lesen des Katalogs klar. So werden zahlreiche Schichten zwar datiert, vermutlich auf Grundlage der Fundkeramik, jedoch fehlt die Vorlage der dafür herangezogenen Stücke.

Auch die quantitative Keramikanalyse zeigt Mängel, die eine unmittelbare Vergleichbarkeit unmöglich machen. So wird bei der Sondage M 96/98 nur zwischen Fein- und Grobkeramik getrennt (S. 277), bei der Sondage D 98 werden Kochgeschirr, Amphoren, Ziegel, Feinkeramik und sonstige Keramik und Terrakotten separat geführt (S. 282), wogegen bei der Sondage K 98 die Feinkeramik offenbar unter sonstige Keramik subsumiert ist (S. 289). Dies ist umso bedauerlicher, als die Fundstatistik zu keinen nennenswerten Ergebnissen führt, welche eine Auswertung des Fundmaterials beeinflusst hätten. Vielmehr wird im zusammenfassenden Kommentar (S. 302 f.) richtigerweise auf spezifische Waren, darunter auch Leitformen, beziehungsweise charakteristische Vergesellschaftung Bezug genommen und deren Auftreten siedlungschronologisch erklärt. Den stratigraphischen Ergebnissen zufolge ist zumindest für die zweite Hälfte des vierten vorchristlichen Jahrhunderts ein Siedlungsboom zu konstatieren, der bis in das dritte Jahrhundert anhält. Schichten des frühen vierten sowie solche der Mitte des dritten Jahrhunderts, also der postulierten Zerstörungszeit, fehlen in den untersuchten Arealen, was angesichts derer vermutlich geringer Größe nicht weiter irritieren sollte. Die Ergebnisse sind daher siedlungschronologisch wohl nur beschränkt auswertbar, bieten aber für die zeitliche Einordnung einzelner Bauphasen und Nutzungszeiten wichtige Hinweise.

Nicht unbedingt geglückt ist die Dokumentation und Beschreibung der stratigraphischen Abfolge. Während in den Abbildungen X 5 und 6 Schichttrennungen vorgenommen wurden, fehlen solche in den folgenden Abbildungen X 16, 20a und 20b. Betrachtet man das Südprofil der Sondage K 98 (Abb. X 20a) genauer, so ist eine Schichtgrenze zwischen US 9 und 11 nicht zu erkennen, auch die Entstehung einer Schicht wie US 10 der Sondage K 98 (Abb. X 20b) ist nur schwer erklärbar. Die Beschreibungen helfen hier kaum weiter, da sich ein der lokalen Dokumentationsmethode unkundiger Leser zum Beispiel nur wenig unter dem Begriff »Besenschicht« vorstellen kann.

Die hier abschließend vorgetragene Kritik soll allerdings den hohen Wert der Publikation keineswegs schmälern. Vielmehr sind auch die aus den Grabungen gewonnenen Erkenntnisse gut nachvollziehbar und von großer Relevanz. Es wäre zweifelsohne ein lohnenswertes Unterfangen, nach der nun mustergültig vorgelegten Architektur auch die übrige materielle Kultur der punischen Siedlungsphase einer übergreifenden Analyse zu unterziehen.

Wien   Sabine Ladstätter

Sophie Hay, Simon Keay e Martin Millet, **Ocriculum (Otricoli, Umbria). An archaeological survey of the Roman town**. Archaeological Monographs of the British School at Rome, volume 22. Casa editrice della British School at Rome, Londra 2013. 169 pagine con 108 illustrazioni e 18 tavole in bianco e nero.

Il volume costituisce l'edizione completa delle indagini condotte sul sito dell'antica Ocriculum da parte della British School at Rome coordinate da Sophie Hay, Simon Keay e Martin Millet. Le ricerche, avviate nel 1997 e realizzate soprattutto tra il 2002 e il 2005, in collaborazione con la Soprintendenza per i Beni Archeologici dell'Umbria, rientrano nel progetto ›Roman Towns in the Middle Tiber Valley‹, che è parte del più generale ›Tiber Valley Project‹, finalizzato allo studio dei differenti tipi di urbanizzazione di età romana nell'area della media e bassa valle del Tevere, secondo un approccio di indagine basato sull'integrazione tra ricognizione archeologica e prospezione geofisica.

Ocriculum è un importante centro, prima umbro e poi romano, lungo la valle del Tevere, a circa cinquantacinque chilometri a nord di Roma, in provincia di Terni, attraversato dal tracciato della Via Flaminia. La città antica si caratterizza per il buono stato di conservazione delle sue strutture monumentali e, in generale, del contesto archeologico; per l'assenza di una continuità di occupazione dopo gli inizi dell'epoca altomedievale, il sito costituisce un caso privilegiato per lo studio dell'urbanistica romana.

Il lavoro su Ocriculum si inserisce nel solco di altre ricerche condotte dallo stesso team nell'area di indagine, riguardanti in particolare Falerii Novi, Baccanae, Castellum Amerinum, Forum Cassii, Portus, Capena, e Falerii Veteres-Vignale.

Per quanto riguarda la struttura dell'opera, oltre alle prefazioni il volume presenta un'introduzione (capitolo I), una rassegna degli studi (capitolo II), una trattazione dei metodi applicati e dei risultati (capitolo III), un esame dei materiali (capitoli IV e V) e una trattazione conclusiva, comprensiva di tutti i dati (pregressi e nuovi) per giungere a una ricostruzione storico-topografica diacronica di Ocriculum (capitolo VI).

Nella sua prefazione, Luana Cenciaioli compie un breve excursus storico di Ocriculum, dal centro umbro lungo la valle del Tevere entrato nell'orbita romana dopo l'alleanza del 308 a. C., fino al suo abbandono nel corso del settimo secolo in seguito all'invasione longobarda. La città romana occupava un promontorio e la pianura sottostante in prossimità di una paleo-ansa del fiume, dove si trovava anche un porto fluviale (nella località significativamente denominata Porto dell'Olio). Essa ricoprì un rilevante ruolo economico e commerciale proprio grazie alla sua posizione sul Tevere, che costituiva un'importante via di trasporto per il legname e i prodotti locali, come i laterizi, e per il fatto di essere attraversata dalla Via Flaminia, costruita nel 220 a. C. L'Autrice si sofferma poi sulle recenti ricerche realizzate a Ocriculum dalla Soprintendenza per i Beni Archeologici dell'Umbria a partire dal 1997, nonché sugli interventi di restauro e valorizzazione dell'area archeologica. Tra le più recenti acquisizioni, l'Autrice tratta in particolare dello scavo e dello studio di una tomba a tumulo su basamento quadrato. È uno dei più rilevanti tra i monumenti funerari allineati lungo la Flaminia subito a sud di Ocriculum, viene datato alla prima età augustea e riferito a un eminente personaggio locale la cui formula onomastica è stata ricostruita grazie al riesame di tre iscrizioni già note, Lucius Cominius C. f. Tuscus, della tribù Arnensis, a cui era ascritto il municipio di Ocriculum successivamente alla Guerra Sociale.

Dopo la prefazione di Enrico Floridi, Andrew Wallace-Hadrill focalizza l'attenzione sulle peculiarità di Ocriculum, un centro medio-piccolo molto importante per lo studio dell'urbanistica romana di città che non siano colonie di nuova fondazione e che non sorgano in pianura, come per esempio la non lontana Falerii Novi; un centro, inoltre, che non presenta un impianto ortogonale e dove l'alto grado di monumentalizzazione raggiunto nella prima età imperiale appare sovradimensionato rispetto alla scala della sua popolazione. Nel suo periodo di massima espansione, nella prima metà del secondo secolo, la città non doveva infatti superare le duemila unità.

Nel primo capitolo (pp. 1–11), Martin Millet evidenzia come il sito si presti pienamente a un'indagine volta alla definizione di diversi tipi di urbanistica di epoca romana nella media valle del Tevere. A differenza degli altri centri indagati in precedenza nel corso del progetto, il caso di studio Otricoli mostra i limiti della prospezione magnetometrica, a causa dei condizionamenti imposti dalle caratteristiche geologiche dei depositi e dalla tipologia delle strutture sepolte. Nonostante ciò, la prospezione geofisica ha comunque contribuito alla definizione della topografia antica della città, suggerendo anche la presenza di settori con un impianto regolare, in precedenza non evidenziati.

L'Autore sottolinea giustamente come sia stata prioritaria per l'avvio della ricerca la produzione di un'adeguata base cartografica con curve di livello a equidistanza ravvicinata, tali da consentire un'ubicazione precisa dei complessi monumentali ed evidenziare, in un sito con un'orografia complessa, le relazioni topografiche tra le strutture conservate. Invece in tutti i precedenti lavori sulla città sono state utilizzate basi cartografiche prive di curve di livello (per es. C. Pietrangeli, Ocriculum – Otricoli [Roma 1943] fig. 1; id., Otricoli. Un lembo dell'Umbria alle porte di Roma [Roma 1978] carta 1) o con isoipse limitate solo ad alcuni settori (R. de Rubertis, Rilievi archeologici in Umbria [Napoli 2012] 105–107 figg. 1–2). Dopo l'esame delle caratteristiche geologiche del sito (pp. 4 s. fig. 1.5), Millet si sofferma sulle precedenti ricerche archeologiche su Ocriculum e sulle fonti storiche ed epigrafiche (pp. 5–11), enucleando alcune prioritarie tematiche di ricerca:

(1) Il centro umbro, forse già dal settimo e sesto secolo, sul sito del centro storico di Otricoli, su una collina vulcanica che domina da nord il corso del Tevere e l'area della città romana, difeso da una cinta muraria a grandi blocchi di tufo, variamente datata e inglobata in fortificazioni di epoca tardo-antica.

(2) L'esistenza, dall'ottavo secolo, di un centro umbro all'estremità orientale del promontorio su cui si estende la città romana.

(3) Il momento iniziale di definizione del centro di Ocriculum in rapporto alla conquista romana dell'Umbria tra la fine del quarto e gli inizi del terzo secolo.

(4) L'assenza di una documentazione archeologica relativa alla distruzione della città durante la Guerra Sociale, ricordata dalle fonti letterarie, quando Ocriculum si sarebbe contrapposta a Roma.

(5) Le sue caratteristiche urbane nel momento di maggiore sviluppo tra la fine dell'epoca repubblicana e la prima età imperiale e le sue trasformazioni nel corso dei secoli successivi.

(6) Le questioni legate al suo abbandono in epoca altomedievale, variamente datato tra il settimo e il nono secolo.

Lo stesso Autore cura il secondo capitolo del volume (pp. 13–24), dedicato più specificatamente alle ricerche archeologiche che hanno preceduto i lavori della British School. Le rovine di Ocriculum iniziarono ad attrarre l'attenzione degli studiosi fin dal Cinquecento, mentre i primi scavi furono realizzati nella seconda metà del Settecento e vennero diretti, tra 1775 e 1779, da Giuseppe Pannini, che produsse una planimetria generale (fig. 2.1) e piante e disegni ricostruttivi dei vari monumenti, poi pubblicati da Giuseppe Guattani tra 1784 e 1832; tra essi il teatro, l'antiteatro, la cosiddetta Basilica, che oggi si tende a identificare con un Augusteum, le cosiddette Grandi Sostruzioni e le terme (figg. 2.2–2.6). Dagli scavi settecenteschi furono inoltre recuperate numerose statue in marmo, oggi ai Musei Vaticani. Importanti, poi, nel corso del Novecento, i lavori e le ricerche di Carlo Pietrangeli (op. cit.) e, successivamente, le esplorazioni dei resti del teatro e dell'anfiteatro condotte negli anni Sessanta e Settanta e, nell'ultimo ventennio, gli interventi della Soprintendenza in vari settori dell'area urbana e della necropoli.

Il terzo capitolo (pp. 25–90), scritto dai curatori del volume e Tim Sly, costituisce la parte centrale e più corposa dell'opera, in cui viene esplicata la metodologia d'indagine con i conseguenti risultati. La prima (pp. 25–29) si basa sulla stretta integrazione tra prospezioni geofisiche, rilievi topografici e ricognizioni archeologiche. Per quanto concerne la geofisica, il metodo più estensivamente applicato è costituito dalla magnetometria. A causa, però, della sua scarsa risposta in alcune aree, essa è stata opportunamente integrata anche dalla resistività elettrica (ERT) e dal metodo georadar (GPR). I rilievi topografici sono stati finalizzati alla documentazione delle strutture conservate e alla realizzazione della carta topografica del sito, da cui è derivato anche il DEM dell'area (vd. infra), molto importante per la comprensione dell'articolazione dell'abitato. Le ricognizioni archeologiche, invece, fortemente condizionate dalla visibilità di superficie, sono state condotte in modo intensivo solo in due aree molto limitate: in una (Field 9), all'estremità sudorientale dell'area urbana, è stata realizzata la raccolta totale dei materiali presenti in superficie utilizzando una quadrettatura di dieci per dieci metri; nell'altra (Field 7), al limite meridionale dell'area indagata, in corrispondenza del tracciato della Flaminia, sono stati realizzati cinque transetti pari al sette percento di questo settore. Nel complesso, sembra opportuno evidenziare che si tratta di superfici forse troppo limitate e sostanzialmente anche molto marginali rispetto alla posizione del centro abitato antico per poter essere utilizzate al fine di ottenere dati generali sull'evoluzione storica dell'insediamento (vd. infra).

Un paragrafo molto ampio (pp. 30–77) è dedicato alla dettagliata analisi dei risultati delle prospezioni geofisiche (magnetometriche e geoelettriche), in integrazione con i dati provenienti dai rilievi topografici e dalle ricognizioni archeologiche, oltre che dalla cartografia storica (le planimetrie del Pannini) e dai rilievi precedentemente eseguiti dalla Soprintendenza (de Rubertis op. cit. 245–317). I dati sono esaminati secondo una suddivisione del sito in nove aree d'indagine. La magnetometria ha permesso di individuare molte strutture sepolte e anche di definire i limiti dell'area abitata. Molto efficace è la forma di presentazione dei risultati delle prospezioni (figg. 3.6–3.45), con una planimetria che riporta acriticamente le slices della magnetometria e della resistività elettrica e un'altra che invece è interpretativa, in cui sono evidenziate le anomalie archeologiche (differenziate a seconda della tecnica che ha permesso di individuarle), quelle geologiche e altri disturbi.

Un paragrafo a parte (pp. 77–90), curato da Salvatore Piro, è dedicato alle prospezioni georadar eseguite nel 2003–2004 in alcune aree del sito (A–E) dall'Istituto per le Tecnologie Applicate ai Beni Culturali del Consiglio Nazionale delle Ricerche, i cui risultati sono approfonditamente esaminati e integrati con quelli del paragrafo precedente, anche nella visualizzazione planimetrica (figg. 3.46–3.56) con la georeferenziazione delle time-slices più significative.

A conclusione di questo capitolo si è sorpresi dall'assenza della fotointerpretazione archeologica di riprese aeree e immagini satellitari. Una bibliografia molto ampia ha infatti dimostrato come la lettura e l'interpretazione a fini archeologici di fotografie aeree e, oggi, anche di immagini satellitari ad alta risoluzione, costituisca uno strumento di ricerca fondamentale da integrare con la ricognizione archeologico-topografica e con differenti sistemi di prospezione geofisica nello studio di contesti antichi.

Nel caso di Ocriculum sono disponibili numerose riprese aeree che non sono state prese in considerazione, per esempio i voli Royal Air Force del 1944, Istituto Geografico Militare del 1950, 1954, 1965, 1984, 1989, 1993, 1994 e 2000, Istituto Rilievi Terrestri Aerei del 1959 e 1977, Aerotop del 1977, Aeronautica Militare del 1991. Queste fotografie invece possono offrire contributi per la ricostruzione della topografia antica del sito, per esempio relativamente alla paleo-ansa del Tevere che lambiva il promontorio nella zona di Porto dell'Olio. Esse potrebbero anche documentare resti murari sepolti o strutture archeologiche conservate in condizioni migliori rispetto a quelle attuali – per esempio la cinta muraria tardo-antica – oppure tracce da sopravvivenza – come i confini e i limiti di campo che evidenziano il tracciato della Flaminia a sud della città. Tra le immagini satellitari, inoltre, la semplice consultazione (ottobre 2014) di quelle visibili in Google Earth (QuickBird-2 e GeoEye-1 degli anni 2008–2010 e 2012–2013) evidenzia, a un'analisi del tutto preliminare, dati molto interessanti relativi a possibili tracce di evidenze sepolte che possono integrare quelli ottenuti con gli altri sistemi di indagine non invasiva, in particolare nei Field 1, 2, 3, 4, 7 e 19.

Risulta quindi fondamentale integrare tra loro fotointerpretazione archeologica, ricognizioni topografiche e prospezioni geofisiche per raggiungere importanti risultati nella conoscenza di un contesto antico urbano o territoriale. A tal proposito, si può anche ricordare che, nel caso dello studio di Falerii Novi, gli eccellenti risultati delle prospezioni geomagnetiche condotte dal medesimo gruppo della British School hanno permesso di definire molto chiaramente la planimetria dettagliata dell'area urbana (S. Keay et al., Papers Brit. School Rome 68, 2000, 1–94), ma dall'altro, nel settore settentrionale extraurbano, lungo la Via Amerina, i risultati delle indagini geofisiche sono stati efficacemente integrati dalle tracce visibili in fortunate immagini aeree del 1958 e del 1961, che hanno consentito una ricostruzione planimetrica dell'area ancora più completa e dettagliata (G. Scardozzi, Arch. Aerea, 1, 2004, 145–153 vd. anche S. Hay et al., Papers Brit. School Rome 78, 2010, 1–38; G. Ceraudo, Arch. Aerea 4–5, 2010/2011, 11–13).

Il quarto capitolo (pp. 91–112) è in gran parte dedicato allo studio dei materiali ceramici rinvenuti nel corso delle ricerche, curato da Sabrina Zampini. In particolare, sono esaminati la ceramica fine, le lucerne, la ceramica comune e le anfore (pp. 92–111), con un corredo di tavole tipologiche dei materiali (tavv. 4.1–4.13) e mappe distributive per le varie tipologie (figg. 4.1–4.5), che per la ceramica sono anche diacroniche (figg. 4.6–4.8). Nel penultimo paragrafo (pp. 111 s. fig. 4.9) Millet fornisce alcuni dati generali concernenti la cronologia: la ceramica rinvenuta copre un arco cronologico compreso tra quarto secolo a. C. e sesto secolo d. C., con una massima concentrazione di attestazioni tra l'ultimo secolo a. C. e il sesto secolo d. C., una situazione che trova stretti confronti con altri centri della media valle del Tevere, sebbene a Ocriculum, in generale, si registri un minor numero di materiali databili tra 350 e 250 a. C. La ceramica rinvenuta (in particolare le anfore) evidenzia inoltre le ampie connessioni commerciali della città, grazie alla sua importante posizione a controllo delle comunicazioni lungo il Tevere e la Via Flaminia; sono stati infatti documentati prodotti di importazione da Gallia, Spagna, Africa ed Egeo orientale. Nella nota conclusiva di questo capitolo (p. 112), infine, Keay e Millet sottolineano giustamente che il confronto con altri contesti limitrofi vada comunque necessariamente rimandato a dopo la completa pubblicazione dei materiali del Tiber Valley Project.

Nel quinto capitolo (pp. 113–131) viene completata l'analisi delle restanti tipologie di materiali rinvenuti, trattati da vari autori: monete (Keay), materiali architettonici e scultorei (Sophy Downes e Millet), iscrizioni (Millet), terrecotte architettoniche (Rose Ferraby e Millet), stucchi (Millet), bolli laterizi (Shawn Graham). La trattazione di quest'ultima classe di materiali (pp. 128–131) merita un breve commento. I rinvenimenti di laterizi bollati effettuati nel corso delle ricerche contribuiscono sicuramente ad arricchire il quadro delle conoscenze su questa tipologia di manufatti e sulle produzioni del territorio di Otricoli (per le quali vedi da ultimo C. Mocerino, Epigraphica 76, 1/2, 2014, 467–485); i materiali rinvenuti andrebbero però integrati con quanto già noto per la valle del Tevere in generale e, più nello specifico, per il tratto di fiume più vicino a Otricoli stessa. A tal riguardo, non può non esser citato il lavoro di Giorgio Filippi ed Enrico A. Stanco (in: C. Bruun [ed.], Interpretare i bolli laterizi di Roma e della valle del Tevere. Produzione, storia economica e topografica. Atti Convegno Roma 2000 [Roma 2005] 121–199, in partic. 150 s.). Per quanto riguarda poi la prevalenza, tra i materiali rinvenuti, di bolli di figlinae della gens Domitia prima che queste divenissero di proprietà imperiale, l'ipotesi dell'Autore che essa vada interpretata come la prova che i Domitii stessi avessero commissionato un edificio a Ocriculum o che comunque avessero contribuito alla sua realizzazione, esclude a priori altre possibili interpretazioni. In particolare, tale ipotesi non considera il rilevante ruolo che le figlinae di questa famiglia, in gran parte ubicate nei loro praedia del bomarzese, presso il Tevere, a monte di Otricoli, ebbero tra primo e secondo secolo dell'età imperiale nell'ambito della produzione del cosiddetto opus doliare urbano, né l'estrema diffusione di questi prodotti lungo la media e bassa valle del fiume, a Roma, Ostia e in vari centri della penisola italica e del bacino del Mediterraneo (vd. T. Gasperoni / G. Scardozzi, Bomarzo, Mugnano, Bassano in Teverina. Carta Archeologica d'Italia. Contributi [Viterbo 2010] in partic. 82–85; 88 s. 382–387; 397–399). Si tratta quindi, principalmente, di una famiglia che nel corso dei decenni concentrò nelle proprie mani una notevole quantità di figlinae impegnate nella produzione di laterizi (e non solo), piuttosto che di committenti o costruttori di edifici; ovviamente, questo non esclude che in qualche caso specifico i loro prodotti siano stati impiegati in costruzioni finanziate dai Domitii stessi o di loro proprietà.

L'ultimo capitolo, il sesto (pp. 133–155), curato da Millet con il contributo di Lacey M. Wallace, costituisce sicuramente uno dei più rilevanti del volume, in cui si concentra lo sforzo di sintetizzare e integrare tutti i risultati delle indagini al fine di ricostruire lo sviluppo storico-topografico di Ocriculum. Va però evidenziato come la completa assenza di un apparato fotografico a supporto del testo renda in alcuni punti difficoltoso il riscontro delle ipotesi formulate dagli Autori. Inoltre, anche nel resto del volume le immagini fotografiche delle strutture conservate sono meno del venti percento del totale delle figure pubblicate e in molti casi si tratta di vedute generali, con pochi dettagli delle murature e prive di scale metriche.

Il primo paragrafo (pp. 133–136) contiene una rilettura critica, supportata dai risultati delle ricerche, delle planimetrie del Pannini, che ovviamente risentono delle convenzioni del Settecento legate alla razionalizzazione delle osservazioni e condizionate da una visione idealizzata dell'architettura classica. Le nuove ricerche permettono una riflessione più accurata sulle planimetrie ricostruttive dei singoli monumenti e la pianta generale della città con le ipotesi di Pannini, che vengono confrontate anche con quelle di Pietrangeli (Otricoli. Un lembo, op. cit. carta 1). Viene così elaborata una nuova planimetria generale (fig. 6.1), in cui le strutture identificate da Guattani, messe in pianta da Pannini negli anni Ottanta del Settecento, vengono integrate nella moderna base topografica e con i risultati dei recenti rilievi; lo sforzo grafico e tecnico (scalatura e rotazione delle vecchie planimetrie, in genere non uniformi) ha consentito di ottenere un nuovo e importante strumento per la comprensione e lo studio della topografia antica di Ocriculum.

Nel secondo paragrafo (pp. 136–141) viene affrontato in chiave diacronica il problema della ricostruzione del tracciato della Flaminia all'interno della città; sono anche prese in considerazione le ipotesi di precedenti studiosi, in particolare Pietrangeli e Milena Bertacchini. I differenti tracciati ricostruiti e le ipotesi formulate sono visualizzati in una planimetria generale del sito e in un dettaglio dell'area centrale della città (figg. 6.2–6.3).

La parte centrale del capitolo (pp. 141–151) contiene una convincente e approfondita ricostruzione dello sviluppo storico-topografico della città, che integra i dati già noti con i nuovi acquisiti nel corso delle ricerche; l'analisi è articolata in quattro fasi principali: (1) il periodo umbro e gli inizi della fase romana dell'abitato; (2) la media e tarda età repubblicana e gli inizi dell'epoca imperiale; (3) la media e tarda età imperiale; (4) l'età tardo-antica.

Per la fase pre-romana (pp. 141–143), un'importante acquisizione riguarda l'estensione dell'abitato che, forse già dall'ottavo secolo, occupava il promontorio posto subito a nord della Chiesa di San Vittore, proteso verso il corso del Tevere. Infatti, i dati raccolti nel corso delle ricerche permettono di ipotizzare che esso fosse più esteso verso est (fig. 6.4) e potesse essere delimitato sul lato settentrionale da un aggere individuato nel corso delle prospezioni magnetometriche (figg. 3.17 e 6.4, nn. 47–49).

I rinvenimenti ceramici effettuati nel settore sudorientale di quello che sarà l'insediamento di epoca repubblicana e imperiale (Field 9) attestano un'occupazione continua di quest'area almeno a partire dalla prima metà del terzo, se non già dal quarto secolo a. C., ma il campione indagato appare troppo limitato e periferico rispetto all'abitato pre-romano e quindi, più in generale, poco significativo; sarebbe stata più opportuna un'indagine approfondita con ricognizione sistematica anche in aree più centrali (come i Fields 2–3 e 13–19), anche al fine di contestualizzare il rinvenimento di una terracotta architettonica di sesto secolo a. C., probabilmente pertinente a un edificio templare, presso Podere Cisterna, all'estremità nordorientale dell'area successivamente occupata da Ocriculum. I dati acquisiti nel corso delle recenti ricerche non consentono comunque di stabilire se questo insediamento preromano in prossimità del corso del Tevere fosse in vita contemporaneamente o successivamente a quello sulla sommità della collina, in corrispondenza del centro storico di Otricoli, per il quale, come evidenziano gli Autori (p. 143), sarà necessario un approfondimento di indagine che preveda lo studio sistematico dei materiali ceramici ivi rinvenuti. Inoltre, il ruolo di questo insediamento andrà contestualizzato nell'ambito del popolamento generale della media Valle del Tevere in rapporto agli altri coevi abitati dell'Umbria tiberina e dell'opposto versante etrusco-falisco.

Tra media e tarda età repubblicana (pp. 143–147) l'evento che segna profondamente la storia della città è la costruzione della Via Flaminia nel 220 a. C.; la strada, che correva subito a est dell'originario insediamento preromano e transitava vicino allo scalo fluviale di Porto dell'Olio, ebbe un ruolo fondamentale nello sviluppo di Ocriculum, collegandola direttamente con Roma e con le città dell'Italia settentrionale.

Non molto si conosce della città nel terzo e secondo secolo. Rispetto all'abitato preromano, le recenti ricerche hanno evidenziato che in questo periodo Ocriculum si estende verso est, nell'area attraversata dalla Flaminia (fig. 6.6). La superficie disponibile per l'edificazione non era molto estesa (circa dieci ettari) e gli Autori evidenziano come la morfologia del terreno abbia determinato la forma irregolare dell'impianto urbano, costretto tra il Tevere a ovest e nord, il Fosso San Vittore a sud e i pendii collinari a est.

I maggiori edifici pubblici furono costruiti a partire dal primo secolo a. C. (fig. 6.7), dopo la distruzione della città durante la Guerra Sociale (ricordata dalle fonti, ma di cui non sono stati ancora individuati riscontri archeologici), nell'ambito di un programma di monumentalizzazione che probabilmente non va disgiunto dallo sviluppo di Ocriculum come centro politico, con le élites locali strettamente collegate alla fazione cesariana, e con il restauro della Flaminia voluto da Augusto nel 27 a. C. Gli Autori sottolineano giustamente come molti di questi edifici monumentali avessero un importante impatto visivo per chi raggiungeva Ocriculum attraverso la Flaminia o il Tevere, documentando la volontà dell'aristocrazia locale di nobilitare l'aspetto della città e mostrare il proprio status.

Tra i monumenti di questa fase, le cosiddette Grandi Sostruzioni sembrano essere state costruite nel primo secolo a. C. o agli inizi di quello seguente, con lo scopo di ampliare verso sud la superficie del promontorio, realizzando una piattaforma che doveva sostenere un temenos con un edificio templare al centro forse dedicato a Zeus o a Valentia. Il teatro, posto subito più a ovest, fu probabilmente costruito in epoca augustea nell'ambito dello stesso programma di monumentalizzazione delle Grandi Sostruzioni, con le quali è allineato verso ovest, essendo la cavea poggiata al pendio meridionale del promontorio. Coeve sembrano essere anche le Piccole Sostruzioni, connesse al percorso della Flaminia nella sua ascesa sul promontorio. Alla stessa fase sono riferibili anche le strutture lungo il pendio sudorientale, a est del tracciato della Flaminia, tra cui il ninfeo, e quelle sul versante settentrionale, presso Podere Cisterna e Podere Carpineto, oltre al cosiddetto Palazzo Pubblico della pianta di Pannini, all'estremità occidentale del promontorio.

Nel corso del primo secolo dell'età imperiale l'area urbana si estende verso est fin quasi alla zona dove sorge la Chiesa di San Fulgenzio e verso sud lungo il tracciato della Flaminia, lungo la quale, prima di entrare in città, si allineavano i monumenti funerari dei personaggi più illustri di Ocriculum. In quest'ultimo settore, subito a ovest della strada, oltre il Fosso San Vittore, in posizione molto periferica anche per accogliere spettatori dalle campagne evitando che affollassero il centro urbano in occasione degli spettacoli, venne edificato, nella prima metà del secolo, l'anfiteatro, che in parte sfrutta un avvallamento naturale.

In questa stessa fase gli Autori hanno anche evidenziato tracce di un impianto regolare, ascrivibile alla fine del primo o agli inizi del secolo successivo, nella parte centrale dell'abitato, sulla sommità del promontorio a nord del teatro e delle Grandi Sostruzioni, delimitato a est dal tracciato della Flaminia. Vi si può rilevare un'area rettangolare di circa 230 per 70 metri, allungata in senso est-ovest, sul cui lato settentrionale si trovano i resti della cosiddetta Basilica, identificata, come si è visto, con un Augusteum; in quest'area, in parte coincidente con quella in cui Pannini localizzava il cosiddetto Stadio, è stata ragionevolmente ipotizzata la presenza del foro.

L'integrazione tra le recenti ricerche e gli studi precedenti evidenzia due principali modifiche all'impianto urbano realizzate tra la fine del primo e la metà del secolo successivo (pp. 147–151 fig. 6.7). La prima riguarda la sommità del promontorio e consiste nel raddrizzamento di un segmento del tratto urbano della Flaminia, evidenziato dalle prospezioni geofisiche e posto subito a est del supposto foro; esso comprende il taglio di una porzione di terreno, contenuta da due strutture murarie, con la conseguente apertura di una sorta di piazza larga circa trentotto metri e allungata in senso nord-sud per circa cento metri. Al di là di favorire il raddrizzamento dell'asse viario, non viene sufficientemente chiarito lo scopo di questo intervento, che tra l'altro presenta un orientamento obliquo rispetto al margine orientale della supposta area del foro, pianificata appena un secolo prima, e che risulta caratterizzato da un'ampiezza eccessiva per ospitare la sola sede stradale; questa potrebbe essere immaginata affiancata da strutture (per esempio tabernae), di cui però non c'è traccia. Forse andrebbero considerate anche altre ipotesi interpretative, come quella che si possa trattare di una tagliata con finalità difensive, da mettere in rapporto alle dinamiche dell'abitato precedenti alla conquista romana oppure di epoca tardo-antica.

Il secondo importante intervento sull'impianto urbano, che può essere datato alla seconda decade del secondo secolo, riguarda il riempimento di un tratto (a sud del teatro e delle Grandi Sostruzioni) della valle del Fosso San Vittore; il corso d'acqua venne incanalato in un condotto sotterraneo lungo circa trecento metri, con il conseguente ampliamento dello spazio edificabile. A questo intervento fa seguito la costruzione di un impianto termale a sud delle Piccole Sostruzioni, a breve distanza, verso ovest, dal tracciato della Flaminia. Sempre tra la prima e la media età imperiale si data inoltre la costruzione dell'acquedotto e del possibile castellum aquae presso Podere San Fulgenzio, all'estremità nordorientale dell'abitato.

In questo paragrafo le figure 6.8 e 6.9, riportano due vedute del modello tridimensionale di Ocriculum derivato dal rilievo topografico del sito ed elaborato da Elizabeth Richley. Le immagini sono sicuramente molto efficaci nella documentazione immediata dell'orografia dell'area occupata dalla città, anche in rapporto all'antico corso del Tevere e alla posizione del centro storico di Otricoli; forse avrebbe avuto una maggiore efficacia comunicativa con la georeferenziazione delle evidenze archeologiche su almeno una delle immagini.

Non sono invece molti i dati emersi dalle recenti ricerche in merito alla fase tardo-antica dell'abitato (p. 151). La documentazione ceramica mostra che l'insediamento non continuò oltre il sesto secolo, mentre l'evidenza monumentale principale di questa fase sarebbe costituita dalla costruzione di una cinta muraria, datata a epoca tardo-romana solo sulla base della tecnica edilizia; essa difendeva l'estremità orientale dell'abitato, ovvero l'area posta a sud di Podere Cisterna, quella più distante dal fiume e situata a quota più elevata. Le problematiche legate alle fasi più tarde di Ocriculum necessitano di ulteriori approfondimenti di ricerca: restano infatti da chiarire, per esempio, il senso di questa fortificazione in relazione a un eventuale restringimento dell'area dell'insediamento, in rapporto al quale vanno valutate la posizione delle chiese paleocristiane di San Fulgenzio e San Vittore e le ipotizzate strutture di epoca paleocristiana identificate da Pietrangeli (Otricoli. Un lembo, op. cit. 50; 94, carta I, I, L) nell'area a sud (quindi all'esterno) delle fortificazioni cosiddette tardo-romane.

Il capitolo si conclude con due ulteriori paragrafi relativi alle dimensioni e all'ipotetica popolazione di Ocriculum (pp. 151 s.) e alle caratteristiche del suo impianto urbano in rapporto alla più generale tematica dell'urbanistica romana (pp. 152–154). Nel primo si evidenzia come alla relativamente limitata estensione dell'area urbana (che tra la fine dell'età repubblicana e la prima epoca imperiale arrivava a più di dodici ettari e che nel secondo secolo di età imperiale raggiunse l'ampiezza massima di oltre quattordici ettari) vadano probabilmente aggiunti anche possibili quartieri residenziali e abitativi nell'area di Porto dell'Olio, non indagata e situata subito a nord del promontorio occupato dalla città. Gli Autori sottolineano come sia significativo che ben il ventidue percento della superficie urbana fosse occupato da edifici pubblici, segno evidente della volontà dell'aristocrazia locale di nobilitare l'aspetto della città. Quanto al numero di abitanti, viene calcolata una popolazione massima di circa 1560 unità nel floruit della città alla metà del secondo secolo. Per quel che riguarda invece la struttura dell'impianto urbano, gli Autori evidenziano come la ›forma‹ di Ocriculum sia stata condizionata dalla topografia del sito in cui fu costruita e dal preesistente insediamento indigeno; viene infatti riscontrata una precisa volontà di ampliare questo abitato secondo le caratteristiche delle città romane, ma senza spostare il sito della nuova città, adattandola così ai condizionamenti orografici del contesto. Nel suo sviluppo ebbe poi un ruolo fondamentale sicuramente anche la Flaminia, sia per la posizione degli edifici pubblici, sia per il loro arredo scultoreo, in cui viene anche individuata una chiara volontà delle élites locali di creare un impatto visivo sui viaggiatori che percorrevano la via.

Le considerazioni conclusive (p. 154) evidenziano infine come Ocriculum costituisca un significativo esempio di ›città collinare‹ (hill town) di epoca romana situata lungo un rilevante asse stradale; essa, per l'assenza di continuità di occupazione dopo gli inizi dell'alto medioevo, rappresenta inoltre un ideale caso per lo studio di questa tipologia di città, nell'ambito della più generale problematica di ricerca sulle città romane in Italia.

Il volume offre un notevole contributo alla conoscenza di Ocriculum, del suo impianto urbano e delle sue trasformazioni nel corso dei secoli, oltre che delle valenze ideologiche legate a certe sue peculiari caratteristiche. Alcuni problemi sulla topografia antica del sito restano però irrisolti e gli stessi Autori (cfr. pp. 136 e 141) auspicano un approfondimento di indagine con saggi di scavo, altre ricognizioni archeologiche e prospezioni geofisiche, che potrebbero consentire di acquisire ulteriori dati e confermare alcune delle ipotesi formulate; a questo proposito (cfr. il terzo capitolo) sarebbe importante un ulteriore contributo alla ricerca proveniente dalla sistematica fotointerpretazione archeologica delle numerose riprese aeree e immagini satellitari disponibili, integrando così la geofisica e la ricognizione di superficie con un ulteriore fondamentale metodo di indagine non invasivo.

Lecce   Giuseppe Scardozzi

Martin Tombrägel, **Die republikanischen Otiumvillen von Tivoli.** Palilia, volume 25. Publisher Dr. Ludwig Reichert, Wiesbaden 2012. 256 pages with 139 black and white figures, and numerous tables.

In this excellent monograph, based on a Marburg dissertation completed in 2005 (few publications subsequent to that year have been taken into account), Martin Tombrägel analyses a category of Roman rural residence which has hitherto been studied principally from ancient written sources. The term »otium villas«

is a modern fabrication designed to indicate those non-productive country mansions to which the late-Republican nobility retreated in the summer months to escape the heat and negotium of the capital. Examples are known in many regions of Italy, especially in Latium and Campania (though Campania was visited preferably in the springtime rather than the summer), but a global study of the phenomenon in all its variety of forms and topographical contexts would have been unmanageable.

The author has chosen, instead, to focus on the territory of Tibur (Tivoli), twenty-five kilometres east of Rome. The reason for choosing the Tivoli region is because it boasts a dense concentration of Roman rural buildings and because the archaeological evidence is conveniently assembled in the relevant volumes of the Forma Italiae series, written respectively by Cairoli Fulvio Giuliani (1966 and 1970) and Zaccaria Mari (1983 and 1991). Filtering out other types of rural residence such as working farms or villae rusticae, Tombrägel is able to identify sixty sites of otium villas, all but seven of which are situated in the low hills to the west of Tivoli (see the catalogue on pp. 233 f. and the map in fig. 3). These constitute the raw material on which his study is based, and they are subjected to meticulous analysis in terms of three main aspects: (1) their building techniques and what these can tell us about the chronology; (2) their topographical and architectural characteristics; (3) the historical conclusions that can be drawn from combining the archaeological and literary evidence.

Tombrägel's most important contribution is made in regard to chronology: the emergence of otium villas with their attendant luxury is pushed back firmly into the first half of the second century B. C. (if not earlier), whereas the communis opinio has been to see them as a product of the later years of the second and the early first century. This conclusion rests ultimately on the evidence of building techniques, the first of the three main aspects of the volume's analysis. Here the visible structures of the sixty villas are classified according to a typological sequence which enables them to be divided into earlier and later foundations and sometimes into multiple phases of alterations and enlargements. The earliest villas were constructed wholly in polygonal dry-stone masonry, but this tended to give way to the monolithic concrete of opus caementicium.

Caementicium can, in turn, be phased on the basis of its different forms of stone facing, beginning with various types of »irregular incertum« and progressing to »regular incertum«, then to »irregular reticulate«, and finally to »regular reticulate«. The relative chronology suggested by these techniques can be given some fixed points by reference to their incidence in public and sacred buildings, notably (since local works are most likely to offer valid parallels) those of Tivoli itself. Here a major role is played by the sanctuary of Hercules, where certain phases are dated by inscriptions. Particularly useful are some inscriptions giving the titles and names of magistrates who held office in the eighties B. C. and who can be linked with a phase of construction in irregular reticulate: they place the change from incertum to reticulate in the early first century. By contrast, the beginnings of the major enlargement of the sanctuary, using irregular incertum (phase 3a), may be associated with an extensive urban redevelopment which took place in the northern part of the city in the second half of the second century B. C. This gives a date-span for the currency of the incertum technique.

The second aspect of the otium villas to be examined is their topographical setting and architectural form. In regard to topography, the siting of the vast majority of sites in the hills to the west of Tivoli is not accidental. These are the most desirable locations, enjoying panoramic views in attractive landscape settings. At the same time, whilst being close to Tivoli, they tended to be situated on Rome-facing slopes and thus to maintain both visual and symbolic contact with the metropolis. Along with this preferred location goes a range of specific architectural appointments. Most striking were the building platforms terraced into the hillsides, often at two levels, the lower of which can be identified as a garden area, while the upper carried the main residential block or blocks. Among the accompanying luxuries, already found in some of the earliest villas, were a pool designed either as a swimming bath or as an ornamental pond, projecting bastions which served as vantage points from which to admire the view, and shady grottoes or nymphaea.

With the introduction of the caementicium technique, new possibilities were opened by the use of concrete to model internal space. This period saw the introduction of vaulted ramps, stairs, cryptoporticoes and other subterranean rooms, all of which transformed the treatment of the terraces: they enabled the creation of space-economical means of communication between the garden terrace and the principal residential buildings behind it, besides offering cool chambers for the storage of perishable goods or as refuges from the heat. At the same time the arched openings of vaults came increasingly to form a decorative device, used in rows to enhance the outward appearance of the terrace wall.

These innovations place Tiburtine villa architecture in the vanguard of architectural innovation, and Tombrägel goes so far as to argue that the otium villas, commissioned by the great magnates of Rome, may have provided inspiration for the sacred and public architecture of Tivoli; thus the major replanning of the sanctuary of Hercules in its second caementicium phase (3a–b), involving the roofing-over of the Via Tiburtina and the construction of an impressive multi-storey arched façade, may have been a response to the grand terracing of Villa 17 (the so-called Villa of Quintilius Varus) which faced it across the Anio valley.

The third aspect to be explored is the historical context: it is necessary to review the dates obtained from architectural criteria in the light of social history. Here the author highlights the ideological biases of the late-Republican literary sources, which give rise to a myth of second-century aristocrats concentrating on working the land and living a life according to old peasant values. This scenario has led to a down-playing of the luxury of early country houses in comparison with the monumental grandeur and philhellenism of villas in the first century.

A dispassionate review of the evidence suggests another picture: the second-century nobles were profiting from the spoils of conquest by accumulating country estates to be exploited not just for agriculture but also (and primarily) for pleasure. They could not indulge their taste for domestic luxury within the city of Rome, given the lack of space for dominant dwellings and the moral restraints imposed by the mos maiorum, so they gave vent to their ambitions by constructing palaces in the countryside in places such as the environs of Tivoli. The term »villa urbana« used by Cato (Agr. 6, 1) implies that urban comforts were being transplanted to the country already at the time that he was writing his De agri cultura (c. 180–150 B. C.). Similarly Plautus's use of the term »piscina« in a play performed in 186 B. C. (Truc. 31–42) chimes with the presence of a pool in the early otium villas of Tivoli. It was in this period that Rome was engaged in her wars with Macedonia, and the Hellenistic palaces of Macedonia may well have been a source of inspiration for the grand otium villas commissioned by wealthy senators.

A bare summary does scant justice to the range and thoroughness of Tombrägel's study. The reviewer can think of few research projects which have achieved such a successful synthesis of archaeology and history. The arguments are careful and persuasive, and the conclusions, expressed with due caution, may well be right. Admittedly, the chronology depends on a typological sequence of building techniques which is supported by very few external dating criteria, and the author himself warns of the danger of an over-rigid application of typologies (as in the works of Giuseppe Lugli). But his approach is suitably flexible, taking into account the range of variations dictated by the use of differing sorts of stone, by the relative care shown in their working, and by conscious choices for artistic or semantic effect; for example, rugged polygonal masonry was visually associated with substructures. And, where relationships between different techniques are discernible, the comparative chronology fits the typological sequence that Tombrägel has postulated. If the results can be trusted, there is an enormous gain for our understanding of late-Republican architecture. The idea that the otium villas may have led the way in introducing Hellenistic palace architecture to Italy, and that they may in their technical innovations have anticipated the great sanctuaries of central Italy (Hercules at Tivoli, Jupiter Anxur at Terracina, and Fortuna at Palestrina), is a major thesis.

The main problem is that almost none of the sites has been excavated. Many of the relationships between different building techniques cannot be established because direct conjunctions are not visible. The most we can say is that the chronology can work, not that it is secure. A further problem is that many of the sites are too poorly preserved to display the features that are deemed characteristic of otium villas: often, it is only substructures that remain, and items such as the piscina, the belvedere and the nymphaeum no longer survive. In short, the picture painted by Tombrägel is credible, but it is well to bear in mind the shortcomings of the evidence.

Amid so much that is good, it seems churlish to pick on weaknesses. There are, however, a number of minor inconsistencies in the citation of numbers or statistics. It is sometimes difficult, for example, to match the phases given in the text with those listed in the tables: for example, Bauphase 3 in Villa 36 (pp. 84 f.) becomes Bauphase 4 in the table on p. 86, because an extra phase of polygonal construction has been added at the beginning of the sequence. More seriously, the plans of villas are often defective: some lack features which are referred to in the text (fig. 106 fails to show the buttress b4 cited on p. 83; fig. 134 lacks labels for nymphaea F and G), others lack orientation (figs. 63 and 99; fig. 63 also lacks a scale), others fail to identify the different building techniques indicated by the shading of the walls (figs. 104, 106, 108, 109 and 112). A repeated problem is the total absence of contours or section drawings: without these, it is hard to distinguish the higher and lower levels of a site. Many of these deficiencies are doubtless explained by the difficulty of carrying out measured surveys on ruinous sites, but they seriously mar the usefulness of the book.

The reviewer will be forgiven for referring to a couple of matters within his sphere of competence.

On p. 158 comparisons are drawn between Villa 44 and the treatment of the atrium in the second phase of the Villa of the Mysteries at Pompeii. The latter is assigned to the »first quarter of the first century B. C.«, then to the »early first century B. C.«, before being used to place Villa 44 »in the time around 100 B. C.« But, even accepting Volker Michael Strocka's early dating of 80–70 B. C. (in place of the traditional 60–50 B. C.), this Pompeian parallel hardly justifies dating Villa 44 round 100 B. C.

On p. 177 the author draws attention to the popularity of the Second Style paintings of sacro-idyllic landscapes »in the first half of the first century B. C.«, and implies that they were inspired by the »huge parks« of otium villas. The point is stated more specifically in note 703: »Die Architekturmalerei des 2. Stils bezieht sich konkret auf die real vorhandenen Landschaftsgärten der Otiumvillen und nicht abstrakt auf sakrale Phantasielandschaften.« I would argue the opposite: the sacro-idyllic landscapes of the Second Style (most of which probably belong to the second, rather than the first half of the first century B. C.) are primarily religious or exotic in their character; it is only the villa landscapes of the Third Style, datable to the first century A. D., that were inspired by reality.

All quibbles aside, this volume represents a remarkable achievement – and not just for its main theses. It also offers many perceptive observations on technical details, for example on the practical reasons why the first wall-facings in reticulate were irregular (pp. 70 f.) and why the types of facing in villas were more varied and more rough-and-ready than those of urban buildings (pp. 95–98), on the use of relieving walls and buttresses to counter thrusts in the first caementicium terraces – a precaution that was later recognised to be unnecessary (pp. 99 f.), and on the advantages of caementicium construction when it came to opening access from the lower to the upper terrace (p. 126).

Martin Tombrägel is to be congratulated on his mastery of a complex body of material. He has written a rich and subtly nuanced analysis which opens a new chapter in our interpretation of the architectural and social history of late-Republican Italy.

Manchester Roger Ling

Jon Albers, **Campus Martius. Die urbane Entwicklung des Marsfeldes von der Republik bis zur mittleren Kaiserzeit.** Studien zur antiken Stadt, volume 11. Éditions Dr. Ludwig Reichert, Wiesbaden 2013. 292 pages, 150 illustrations en noir et blanc, 4 illustrations en couleurs.

Jusqu'à la parution de cet ouvrage, toute étude sur le Champ de Mars à Rome supposait la consultation d'une myriade de publications, le dépouillement systématique des notices très riches, mais également souvent contradictoires du fait des convictions divergentes de leurs différents auteurs, du Lexicon Topographicum Urbis Romae (LTUR) dirigé par Margareta Steinby (1993–1999), et naturellement l'immersion dans le premier (et à ce jour unique) volume de la somme publiée voici maintenant près de vingt ans par Filippo Coarelli, ›Il Campo Marzio. Dalle origini alla fine della Repubblica‹ (Rome 1997), rédigé alors que l'archéologie italienne, et la topographie de Rome en particulier, faisaient l'objet de débats extrêmement passionnés. Les nouvelles découvertes intervenues depuis, le recul du temps et la distance de l'auteur par rapport aux turbulences de l'arène romaine lui ont permis de soutenir en 2008, à l'université de Berne, une thèse dirigée par Michael Heinzelmann, devenue depuis un ouvrage qui constituera manifestement un point de référence pour la topographie romaine au cours des prochaines décennies (au moins), et auquel une traduction en anglais ou en italien pourrait assurer dans le futur une diffusion plus large encore (il comporte toutefois un résumé utile dans ces deux langues, p. 217–221).

S'ouvrant par une bibliographie de plus de huit cents titres (p. 9–29), qui témoigne bien de l'ampleur et du sérieux du travail – et qu'il était exclu de tenter de mettre à jour dans le cadre de ce compte rendu, fût-ce sommairement, compte tenu du foisonnement des publications consacrées à la topographie romaine depuis les deux années seulement qui nous séparent aujourd'hui de sa parution –, l'ouvrage se compose de huit chapitres qui s'organisent en deux parties étroitement complémentaires l'une de l'autre, mais complètement différentes aussi bien par leur présentation que par leur mode d'utilisation potentiel.

La première partie (p. 33–221, chapitre 1–7), encadrée par une introduction nourrie et par une synthèse publiée en trois langues – de très utiles résumés sont fournis par ailleurs au fil des différents chapitres – offre une minutieuse analyse du développement urbanistique du Champ de Mars en fonction de quatre périodes distinctes: des origines à la fin de la République (p. 37–98); à l'époque d'Auguste et d'Agrippa (p. 99–133); au premier siècle ap. J.-C. (p. 135–159); enfin, au cours du siècle des Antonins (p. 161–188). La véritable conclusion de cette partie, au sixième chapitre (p. 189–221), reprend l'ensemble des données sur la longue durée et approfondit chacun des thèmes abordés en analysant tour à tour l'urbanisme de ce secteur de la ville, son évolution architecturale en relation avec les influences grecques et orientales, son rôle dans la formation militaire et la mystique triomphale du peuple romain, enfin l'enjeu qu'il a représenté pour l'affirmation de l'aristocratie, puis des empereurs, au travers de constructions publiques (voire privées, en particulier dans le cas des ›horti Pompeiani‹) ou de grands monuments funéraires, individuels ou dynastiques. Cette mise au point est particulièrement bienvenue aujourd'hui, puisque la dernière véritable, mais brève tentative en ce sens remonte à un article de Giuseppe Marchetti Longhi publié à Berlin en 1940 dans le ›Bericht über den VI. Internationalen Kongress für Archäologie‹ (465–470) dont le titre, ›Sintesi storica e topografica dello sviluppo del Campo Marzio‹, prélude d'ailleurs au sous-titre de l'ouvrage de Jon Albers.

La seconde partie (p. 223–282) est un catalogue composé d'une centaine d'entrées présentées par ordre alphabétique, correspondant aux principaux monuments et toponymes du Champ de Mars, jusqu'à la fin du deuxième siècle de l'époque impériale. Les fiches, concises et bien informées, sont présentées, avec la bibliographie fondamentale concernant chaque entrée, de manière très voisine de celles du LTUR, mais avec une cohérence majeure par rapport à ce dernier, puisque l'ensemble présente l'avantage d'avoir été rédigé par un seul auteur. Compte tenu du nombre relativement réduit de ces notices en regard de celles du LTUR, on peut regretter certaines lacunes qui me semblent importantes, par exemple ›campus Agrippae‹

ou ›horti Pompeiani‹, dans la mesure où l'absence d'un ›index locorum‹ interdit, en l'absence d'une entrée spécifique en seconde partie, de repérer des passages de la première partie où ces toponymes pourraient avoir été mentionnés et commentés – dans bien des cas, comme l'auteur le fait du reste pour plusieurs toponymes, un simple renvoi aurait suffi – par exemple, pour ›Codeta Minor‹, à la fiche ›Pantheon (Agrippa)‹. De même, une entrée ›pomerium‹ aurait été utile, compte tenu de l'importance de l'évolution de son tracé pour le développement de ce secteur de la ville: si l'ouvrage traite en effet de manière suffisamment détaillée du ›pomerium‹ des origines (p. 42–44), les références à la question épineuse de ses extensions successives sont à rechercher ailleurs dans le corps du texte.

Un ›index nominum‹ (p. 282 s.), ainsi que des références croisées du catalogue au texte, permettent toutefois de naviguer facilement entre les deux parties, efficacement servies par des illustrations d'une très grande qualité. Celles-ci figurant dans le texte, la consultation nécessite souvent le va-et-vient d'une partie à l'autre, et l'on note quelques doublons, comme dans le cas du temple B du Largo Argentina, figure 17 et 139, presque identiques, mais attribuées l'une à la seconde, l'autre à la première phase de construction du temple. Celles-ci ont souvent été réélaborées par l'auteur à partir de documents antérieurs (la source des illustrations est indiquée aux p. 285–288), et le grand format du volume lui a permis de les publier de manière toujours extrêmement lisible – ce qui est malheureusement loin d'être le cas dans de nombreuses publications archéologiques. (Pour les lecteurs peu familiers des abréviations allemandes, l'indication »o. M.« – pour »ohne Maßstab« – indique l'absence d'échelle du dessin.) Quatre planches en couleurs, dont deux consacrées au Panthéon, complètent cette riche illustration, à laquelle elles ne me semblent pas cependant apporter de complément fondamental, sinon pour illustrer les possibilités offertes par l'utilisation du laser scanner (planches 3 et 4); il aurait pu être utile, en revanche, de reprendre le fond de plan de la planche 2, qui présente efficacement une restitution d'ensemble de topographie du Champ de Mars à l'époque d'Auguste (amputée seulement de son extrémité septentrionale), pour illustrer les trois autres périodes distinguées dans l'ouvrage, ce qui aurait permis de mieux suivre, de manière synthétique, le propos de l'auteur sur les grandes étapes de son urbanisation.

L'ouvrage dégage avec une grande clarté, servie par un très riche appareil de notes, les principales phases d'aménagement du Champ de Mars, déterminées à l'origine par la présence en son centre du ›palus Caprae‹, dont l'assainissement complet à l'époque augustéenne permit l'occupation de ses parties centrale, puis septentrionale. Il distingue bien trois systèmes distincts, définis à partir des monuments publics – profanes ou sacrés – et du réseau viaire: au sud, les monuments les plus anciens ont été construits en fonction du cours du Tibre et de la position du ›circus Flaminius‹, à partir de 220 av. J.-C., et progressivement englobés par la suite à l'intérieur de portiques destinés à donner à l'ensemble une forme de cohérence architecturale; au centre, ils apparaissent progressivement selon un système orthogonal tout autour des ›Saepta‹, eux-mêmes orientés selon les points cardinaux, et monumentalisés seulement à l'époque de César; au nord, c'est la ›via Flaminia‹, tracée à la fin du troisième siècle av. J.-C., qui va déterminer l'orientation de constructions publiques qui ne s'y implantent toutefois qu'à partir de l'époque augustéenne.

Au fil des siècles, les membres de l'aristocratie romaine des années centrales de la République, d'abord, Pompée par la suite, Agrippa, enfin, vont ainsi repousser progressivement vers le nord la façade monumentale du Champ de Mars, scandée par des portiques inspirés des ›stoai‹ grecques, en gagnant peu à peu sur des espaces auparavant réservés à l'entraînement physique et militaire de la jeunesse romaine, et désormais mis au service de la propagande d'Auguste, puis des empereurs romains de la dynastie des Antonins.

Sur toute la période considérée, le fil conducteur du développement urbanistique du Champ de Mars réside en effet, selon l'auteur, dans une volonté analogue d'auto-représentation et de légitimation des élites, qu'il s'agisse des membres de l'aristocratie républicaine ou des empereurs de Rome, qui ont utilisé à cette fin indifféremment les temples, les espaces dévolus à la vie politique, les portiques, les monuments funéraires (tombes, cénotaphes ou autels de consécration), et bien entendu les édifices de spectacle (cirque, amphithéâtre, théâtres, stade, odéon) dont l'incroyable densité constitue une caractéristique marquante de ce secteur de la ville, qui n'échappa pas à Strabon – à cet égard, et de manière paradoxale, on peut sans doute voir le paroxysme de cette tendance à la personnalisation dans le refus d'Hadrien d'apposer son nom à sa reconstruction du Panthéon, un monument destiné à demeurer, depuis sa construction par Agrippa, le véritable point de clivage topographique et monumental de toute cette zone. Il aurait pu être intéressant, à cet égard, d'examiner la manière dont cette spécificité a en quelque sorte déteint sur les zones contiguës de Rome, sous forme d'édifices de spectacle – au Trastévère, les naumachies d'Auguste et de Trajan, le cirque de Caligula et de Néron – ou de lieux de pouvoir – sur le ›collis hortulorum‹, les ›horti Lucilliani‹ qui dominent le ›campus‹ d'Agrippa et d'Auguste, avec lequel ils entretiennent à partir du premier siècle de l'Empire, à l'initiative du sénateur gaulois Valerius Asiaticus, un rapport étroit sur le plan monumental, mais aussi profondément idéologique.

Ce détournement extraordinaire de l'espace urbain, au regard du ›mos maiorum‹, ne fut possible que grâce au caractère longtemps extra-pomérial du Champ de Mars, qui permit non seulement l'introduction de cultes étrangers, mais aussi celle de ces édifices de spectacle que Rome ne connaissait alors que sous la forme provisoire de tréteaux démontés sitôt le spectacle achevé, bien qu'ils aient été déjà répandus de longue date sous une forme permanente, et consolidée sur le plan architectural, dans une bonne partie de l'Italie méridionale. Mais l'auteur montre bien la complexité du processus en cours dans ce lieu qui fut alors, en quelque sorte, le véritable creuset de la romanité impériale, où chaque nouvelle expérience inspirée par l'Orient, la Grèce ou la Grande Grèce (comme le premier temple en marbre de Rome, celui de Jupiter Stator, construit par Hermodore de Salamine pour le compte de Quintus Caecilius Metellus Macedonicus dans le courant du troisième quart du deuxième siècle av. J.-C., ou son premier théâtre construit, celui de Pompée) fut repensée, adaptée et pondérée en fonction d'objectifs, de conceptions et de techniques proprement romains.

L'ampleur de la période considérée, la multiplicité des monuments traités et des questions abordées interdisent d'en discuter les différents aspects, et les spécialistes des secteurs traités ne seront pas forcément d'accord avec les positions de l'auteur, toujours prudentes, mais traitées nécessairement sous forme de synthèse de travaux antérieurs, en acceptant parfois un peu facilement différentes idées reçues – ce qui n'était guère évitable, compte tenu des ambitions du volume (on trouvera différentes remarques préliminaires dans les comptes rendus qui lui ont déjà été consacrés, cf. K. J. Hölkeskamp, Hist. Zeitschr. 299, 2014, 744–746; U. Lambrecht, Journal Kunstgesch. 18, 2014, 219–225; T. Mattern, Gymnasium 121, 2014, 319–321; L. Zollschan, Bryn Mawr Class. Rev. 2014.03.37).

En ce qui concerne les secteurs ou les époques dont j'ai été amené à m'occuper plus spécialement, j'ai évidemment relevé différents points de désaccord – ou, plus exactement, de discussion possible – avec l'auteur, qu'il serait trop long d'évoquer ici. Pour me limiter, à titre d'exemple, à quelques questions relatives à Agrippa – conformément à l'adage français, »on ne prête qu'aux riches« –, la deuxième planche couleur, qui résulte de l'empilement d'hypothèses antérieures, met bien en évidence une anomalie flagrante: le fidèle compagnon d'Auguste aurait possédé à titre privé une partie du Champ de Mars située à l'est de la via Flaminia (le ›campus Agrippae‹, dont la localisation est certaine, mais dont la limite indiquée ici vers le nord est très arbitraire), une autre en son centre (le ›nemus Agrippae‹, et tout le secteur de ses thermes), une troisième à l'ouest (les ›horti Agrippae‹, débordant sur le Trastévère, pour englober la villa de la Farnésine, et qui se raccorderaient à la deuxième, selon les estimations les plus généreuses), sans compter une partie non mieux définie des ›horti Pompeiani‹, dont la localisation fait débat – selon une hypothèse de passage de propriété que rien, sinon la ›communis opinio‹ moderne, ne permet d'étayer: en somme, des biens qui s'étendraient – sans solution de continuité ? –, et de manière à mon sens bien invraisemblable, des pentes du Pincio à celles du Janicule. S'il est sûr qu'Agrippa a possédé la partie nord-orientale du Champ de Mars, où s'étendaient probablement ses ›horti‹, et si rien ne permet d'exclure (ni du reste d'établir formellement) qu'il fut propriétaire de la villa de la Farnésine, la localisation présumée d'›horti Agrippae‹ à l'ouest du Champ de Mars ne repose en fait que sur l'inscription CIL VI 39087, sur laquelle son nom ne figure pas, pas plus que la mention de ›horti‹: il s'agit d'une restitution, très largement arbitraire, proposée jadis par Pierre Grimal, mais qui a été reprise depuis un peu partout de manière totalement acritique. Ailleurs, tandis que l'auteur se révèle généralement circonspect, en l'absence de certitude absolue, dès lors qu'il s'agit de désigner les monuments, l'introduction dans son catalogue d'un ›Kenotaph Agrippae‹ (p. 298) donne une forme de certitude à une hypothèse (parmi d'autres) qui pose en fait de nombreux problèmes en termes d'interprétation des sources anciennes, de datation, de restitution et de définition du monument du Corso Vittorio Emanuele interprété comme tel.

Enfin, sur un plan peut-être plus anecdotique, mais qui n'est pas sans intérêt dans une perspective urbanistique, l'ouvrage ne dit rien des deux pyramides comparables, par leurs dimensions, à celle de Cestius, qui semblent avoir existé à l'entrée septentrionale du Champ de Mars, à l'emplacement exact des églises jumelles de la piazza del Popolo, et qui pourraient avoir été élevées, au lendemain de la conquête de l'Egypte, pour introduire aux domaines spéculaires d'Auguste et d'Agrippa, respectivement à l'ouest et à l'est de la ›via Flaminia‹. Contrairement à l'idée généralement admise, il est peu probable, en effet – si c'était bien effectivement des pyramides –, qu'il se soit agi de tombes monumentales (à la différence des deux autres grandes pyramides de Rome, on n'y a signalé aucune chambre funéraire): il est tentant d'y voir un accès triomphal, délibérément conçu comme égyptisant, à la partie du ›campus‹ que s'étaient partagés les vainqueurs d'Actium.

S'il fallait véritablement exprimer un regret, au-delà de réserves portant sur des points qui ne retirent rien aux mérites de l'auteur, ce serait sans doute qu'il n'ait pas fait l'effort supplémentaire, mais bien évidemment ardu, de compléter l'enquête au-delà du deuxième siècle de l'Empire, à ce qu'il considère (p. 36) comme l'époque de la »Verstädterung« du Champ de Mars – pourtant déjà bien avancée au début de l'Empire, en un sens, avec le lotissement des ›horti Pompeiani‹ (CIL VI 6299): je ne suis pas sûr qu'on puisse véritablement dès lors le considérer comme un quartier comme les autres – ce dont témoignent en particulier la construction ou le projet de construction (assurément problématique) de la ›porticus milliaria‹ de Gordien III, et plus tard celle du gigantesque complexe du ›templum Solis‹ d'Aurélien dans l'ancien ›campus Agrippae‹. Une relecture de l'Histoire Auguste, et un réexamen des inventaires des Régionnaires, pourraient à cet égard se révéler féconds.

Ce complément aurait permis à la fois de rendre compte de l'évolution de l'urbanisme, des transformations des monuments antérieurs et de l'époque de leur disparition du paysage urbain, mais aussi de mieux saisir s'il existait encore effectivement une spécificité de ce secteur de la ville, liée en particulier à la présence de la masse écrasante du mausolée d'Auguste, alors que d'autres monuments avaient disparu du fait de destructions naturelles ou de l'exhaussement du niveau du sol. On ne peut que souhaiter que l'auteur mette à profit sa connaissance profonde de ce secteur de la ville pour nous donner un nouveau volume consacré à ces trois derniers siècles, à leur manière cruciaux, du Champ de Mars antique. Il est probable, enfin, qu'une partie plus développée spécifiquement consacrée au réseau viaire de ce secteur, au-delà de son approche classique, pourrait permettre de redessiner et d'appréhender plus finement une partie de sa topographie: elle supposerait cependant une étude topographique très complexe, du fait de la qualité inégale et souvent très faible des sources disponibles, des tronçons de voies connus, de leur cote et de leur technique de construction, en rapport avec les niveaux de fondation des monuments conservés. Et donc un volume en soi, probablement.

Conformément aux objectifs qu'il s'était fixés, ce volume, qui s'inscrit dignement dans une tradition germanique séculaire prestigieuse, d'Henri Jordan, Otto Gilbert et Christian Hülsen à Paul Zanker, constitue donc manifestement un ouvrage de référence qui pourra être consulté et interrogé à différents niveaux, aussi bien par des étudiants que par des chercheurs, pour approfondir l'étude de l'évolution urbanistique du Champ de Mars, tout comme celle d'un monument spécifique de ce secteur de la ville. Avec les nouveaux aperçus qu'il dessine, il contribuera certainement à faire progresser la recherche, sur des bases solides, dans l'enquête topographique portant sur cette zone à la fois si centrale, et si singulière, de la Rome antique.

Paris   Vincent Jolivet

Gilles Sauron, **Römische Kunst von der mittleren Republik bis Augustus.** Verlag Philipp von Zabern, Darmstadt/Mainz 2013. 312 Seiten, 276 fast durchgehend farbige Abbildungen.

Jede Generation muss sich ihre Deutung der Denkmäler römischer Kunst neu erarbeiten. Vor reichlich vierzig Jahren waren es unter anderem die drei Bände Ranuccio Bianchi Bandinellis, in mehreren Sprachen publiziert, Theodor Kraus' Buch in der Propyläen Kunstgeschichte oder Bernard Andreaes ›Römische Kunst‹, ebenfalls in einer internationalen Serie erschienen, die dem generellen Publikum und der wissenschaftlichen Community Wege zum Verständnis weisen wollten und auch damals unterschiedliche interpretatorische Schwerpunkte setzten. Die hier anzuzeigende Publikation ist Teil einer ambitionierten Reihe zur römischen Kunst in fünf Bänden, auf vier anerkannte Autoren verteilt und wiederum zugleich italienisch, französisch und deutsch publiziert. Gemeinsame Herausgeber des Gesamtwerkes sind nicht genannt, die Autoren waren offensichtlich frei in der Auswahl der zu behandelnden Denkmäler und im methodischen Zugang zum Material. Das Großprojekt überrascht insofern, als das einzelne Kunstwerk in der aktuellen Forschung kaum Würdigung erfährt. Der Schwerpunkt lag während der beiden letzten Jahrzehnte bei Ausgrabungen, bei historischer Landeskunde und Siedlungsarchäologie.

Gilles Saurons Thema – in der Reihe darf man von ihm ferner die ›Römische Kunst in den Provinzen‹ erwarten – ist die Kunst des zweiten und ersten vorchristlichen Jahrhunderts, das heißt die intensive Begegnung Roms mit der griechischen Kultur. Voraussetzung des Textes ist es, dass der Verfasser in griechischer wie lateinischer Literatur und sonstigen Schriftquellen in gleicher Weise zu Hause ist wie in den Denkmälern – man weiß es aus seinen Publikationen. Der Band ist durchgehend erfüllt von ausführlichen Zitaten in Übersetzung. Die Einleitung, auch sie zitatengesättigt, dient einerseits dazu, Grundlegendes des antiken römischen Verhaltens gegenüber dem Kunstwerk zu formulieren. Der Autor sieht drei Prinzipien: das eigentliche Kriterium der Ausführung eines Kunstwerks liege in dessen Nutzen (utilitas) – in Wahrheit eine Banalität, da die Antike das ›abstrakte‹ Kunstwerk nicht kennt, sondern es an den Auftraggeber und das Verwendungsziel gebunden ist. Ein weiterer zentraler Begriff der römischen Kultur sei der der »Sicherheit«. »Die Römer verabscheuten das Unbestimmte, Ungefähre, Ungewisse« (S. 10). Sauron widerspricht sich freilich selbst damit, dass er den »Sinn für das Geheime, das Verbergen, das Rätselhafte« als drittes »wesentliches Merkmal im römischen Dekorvokabular der späten Republik« erklärt. Er schafft sich damit freilich den Freiraum für seine ausgreifenden Neudeutungen geheimer Bildinhalte von Kunstwerken des zu besprechenden Zeitraums. Die Einleitung schließt mit knappen Bemerkungen zur vom Verfasser bevorzugten Betrachtungsweise. Die kulturanthropologische und sozialhistorische Blickrichtung lehnt er ab. Die lange aktuellen Fragen nach politischer Repräsentation und Ideologie interessieren ihn nicht. Probleme der Formentwicklung werden hier zwar nicht genannt, aber später thematisiert und damit die chronologische Entwicklung angesprochen, wenn auch nur ansatzweise. Es geht ihm um die philosophischen Hintergründe und Denksysteme, um religiöse Interessen und Glaubensvorstellungen der Auftraggeber.

Das erste Kapitel ›Die Zeit der Plünderungen‹ (S. 13 ff.) gilt der gewaltigen Beute, die im Gefolge der militärisch-politischen Expansion Roms nach Osten aus Griechenland und Kleinasien seit dem frühen zweiten Jahrhundert nach Rom strömte, und dies erfolgt in einem ersten Schritt nach den Schriftquellen. Tabellen, die die Texte in der älteren Forschung (M. Pape, Griechische Kunstwerke aus Kriegsbeute und ihre öffentliche Aufstellung in Rom [Diss. Hamburg 1975]) hilfreich veranschaulichen, listen die Beute aus Feldzügen chronologisch auf, sodann Tabellen zu den nach Rom verschleppten Malereien bekannter Meister und zu den Skulpturen klassischer Bildhauer. Die Plünderungen des Verres im Osten und auf Sizilien erhalten gesonderte Tabellen. Als mögliches Fallbeispiel werden die Mosaiken aus der Casa del Fauno in Pompeji auf fünfzehn Seiten (S. 23 ff.) ausführlich besprochen – »Fallbeispiel« deshalb, weil Sauron die Hypothese zugrundelegt, dass diese pompejanischen Mosaiken Beute aus einem der hellenistischen Paläste sein müssen, womöglich aus Pella, dem letzten makedonischen Herrschersitz. Zu den Fragen der Besitzer und Erbauer der Häuser in Pompeji, den Werkstätten der Mosaizisten, dem ursprünglichen Sinngehalt referiert der Autor redlich die Diskussion der letzten einhundert Jahre, ohne dass dem unvorbereiteten Leser Entscheidungshilfen an die Hand gegeben würden. Als archäologischer Befund für den römischen Raub in Griechenland müssen vor allem die Fundkomplexe im Piräus von 1959 und der Wrackfund von Antikythera herhalten. Das Kapitel schließt mit dem Prototyp des Kunsträubers, Gaius Verres, wie wir ihn aus Cicero kennen.

Die Folgen der neuen intensiven Begegnung mit der griechischen Kultur in Rom und im Westen behandelt das zweite Kapitel ›Die Rezeption der griechischen Formen‹ (S. 49 ff.), und dabei geht es ausschließlich um die Skulptur. Der Verfasser gliedert vorerst in den (hoch-) hellenistischen ›Realismus‹ auf der Stufe des Pergamonaltars und die ›Klassizistische Mode‹ des späteren zweiten Jahrhunderts. Eine chronologisch fassbare Entwicklung wird nicht skizziert, der Begriff des Stils wird konsequent gemieden. Die Bildhauer jener hochhellenistischen Jahrzehnte der ersten Hälfte des zweiten Jahrhunderts schätzten auch realistische Beobachtungen, aber bestimmt ist die Skulptur, die Sauron im ersten Durchgang im Blick hat, durch das Pathos der Darstellung, den Willen zur Emotion, beispielhaft realisiert in den Reliefs des Pergamonaltars. Insofern ist die gewählte Bezeichnung »hellenistischer Realismus« in ihrer Engführung zu einseitig. In der – unbewiesenen – Annahme, dass Italien nunmehr romanisiert ist, sieht der Autor die Wirkung dieser griechisch-hellenistischen Skulptur unmittelbar gespiegelt in den sepulkralen und sakralen Tonreliefs Etruriens, etwa in den Funden aus Chiusi, Civitalba und Talamone.

Die übergreifende Bezeichnung »hellenistischer Realismus« erlaubt es dem Verfasser, das Grabrelief von Amiternum in L'Aquila aus der Mitte des letzten vorchristlichen Jahrhunderts anzuschließen (in Abb. 37 nur der knappe Ausschnitt der Reliefmitte aus dem deutlich größeren Relief). ›Realismus‹ wird man gelten lassen, doch der verdankt sich nicht östlichen Anregungen, sondern steht als spätes Zeugnis in italischer Bildtradition – Bianchi Bandinelli verstand das seinerzeit als »arte popolare«. Das Beispiel ist charakteristisch für das assoziative Vorgehen des Verfassers. Der gelehrte Autor kennt gleichsam zu viel dessen, wessen auch noch Erwähnung getan werden muss, was aber dem wenig vorbereiteten Leser Verständnisprobleme schafft.

Die berühmte Aussage des älteren Plinius über das Ende der Kunst und ihre Wiedergeburt um die Mitte des zweiten Jahrhunderts bietet sich geradezu an, dies mit dem Einsetzen der »Klassizistischen Mode« zu verbinden. Da Sauron mit der Besprechung der Pliniusäußerung einsetzt, muss der ungeübte Leser annehmen, der Verfasser datiere den Beginn des »Klassizismus« entsprechend. Tatsächlich durchziehen eklektizistisch retrospektive Tendenzen auch den Hellenismus seit seinen Anfängen. Der Autor weiß das natürlich. Einer der Wegbereiter dieser Stilrichtung war Damophon von Messene mit seiner Werkstatt, der seine – teilweise erhaltenen – Werke noch vor den Skulpturen des Pergamonaltars schuf und dessen Schaffensbeginn in der zweiten Hälfte des dritten Jahrhunderts liegt. Weil Sauron es unterlässt, hierüber zu informieren, bleibt der Idealleser über die Entwicklungsschritte der nebeneinander bestehenden Tendenzen im Unklaren, und es wird auch nicht deutlich, ob die Stilstufe Damophons für die Rezeption in Rom Bedeutung erlangte (zu Damophon fehlen in der generell hilfreichen Bibliographie die wichtigen Neufunde aus Messene, s. P. Themelis in: Κλασική παράδοση και νεωτερικά στοιχεία στην πλαστική της ρωμαϊκής Ελλάδας [Saloniki 2012] 177 Anm. 1; derselbe, in: Skopas and his world. Paros 3 [Athen 2013] 53–64).

Die nicht wenigen Fragmente und Statuen aus Marmor und Bronze im späthellenistisch-retrospektiven Habitus, die in Rom und Italien gefunden wurden – vorwiegend Götterbilder aus sakralem Kontext –, hat man seit Langem mit der »Werkstatt des Timarchides« verbunden. Diese attische Werkstatt hat über mehrere Generationen auch in Rom selbst für römische und italische Auftraggeber gearbeitet, ist mithin für Rezeptionsfragen von erheblicher Bedeutung. Da die Funde teilweise altbekannt sind, währt die Diskussion um Zuschreibungen bereits Jahrzehnte. Der Verfasser nennt drei Rekonstruktionsentwürfe der Generationenabfolge in der Werkstatt von Polykles und Timarchides, übersieht aber den wichtigsten von Giorgos Despinis (Mitt. DAI Athen 110, 1995, 349–363), referiert die Meisterzuschreibungen, wie verworren sie auch immer sind, weist aber auch zu Recht auf die tiefgreifenden Folgen dieses Klassizismus in der italischen Terrakottaskulptur großen Formats hin.

Über die Darstellung der »neuattischen Kunst« führt das Kapitel hin zum Phänomen des Sammelns von Kunst und der Funktion solcher Arbeiten im römischen Umfeld sowie zu Bemerkungen über den parallel einsetzenden Kunsthandel im letzten vorchristlichen Jahrhundert, was konsequenterweise in eine ausführliche Bestandsaufnahme des Wrackfundes von

Mahdia mündet (mit allzu langfädiger Nacherzählung längst erledigter Hypothesen, siehe S. 88 die abgetane Deutung des Bronze-Eros als Agon) und erneut zu kurzen Bemerkungen zum Wrack von Antikythera führt. Ungeachtet der Aussagen in der Einleitung stehen am Schluss des Skulpturenkapitels einige Denkmäler im griechischen Habitus, deren politisch-aktueller Aufstellungsanlass unabweisbar ist: die Kopie der Tyrannenmördergruppe vom Kapitol, die Dioskuren vom Brunnen der Iuturna auf dem Forum und die frühen »historischen Reliefs«.

Das dritte Kapitel ist dem römischen Porträt gewidmet (S. 103 ff.) und setzt mit den Quellen zum Ahnenbild ein, schließt die Ehrenstatuen im öffentlichen Raum und Bildnisstatuen allgemein an, wiederum erst einmal die Quellen hierzu, bis mit dem Thermenherrscher die früheste erhaltene Statue diskutiert wird. Sie ist immerhin in Rom gefunden worden und erfuhr unter den vielen Deutungen auch solche auf römische historische Persönlichkeiten, die Sauron getreulich referiert, schließlich kehrt er aber doch zur Deutung auf einen pergamenischen ›heroisierten‹ Herrscher zurück. Es bleibt, dass Römer des zweiten und ersten Jahrhunderts diesen Griechen in ihrer Stadt als vorbildhaft für römische Ehrungen sehen konnten. Also folgen weitere Denkmäler, die älteren Statuentypen verpflichtet sind, schließlich die beiden gegensätzlichen Strömungen der klassizistischen und der ›realistischen‹ Porträtgestaltung.

Im Kapitel über den »öffentlichen Raum« (S. 143 ff.) geht es zuerst um die großen landschaftsprägenden Heiligtümer von Tarracina, Tibur und Praeneste, selbstverständlich im Vergleich mit den griechischen Hanganlagen von Lindos und Kos, sodann um das Kapitol in Rom und die Pompejusbauten auf dem Marsfeld, schließlich um das republikanische Forum und das Cäsarforum. Ein weiteres Mal will die Auseinandersetzung mit den Quellen das Verständnis der Anlagen fördern. Den hier und auch sonst verwendeten Begriff der Übersetzung »Dekor« verstehe man als »Ausstattung«.

Das Kapitel über den »privaten Raum« (S. 181 ff.) setzt mit Werken des Luxus aus Glas, Silber, Bronze und Holz ein, wirft einen Blick auf die Horti Roms und wendet sich dann ausführlich der Villa dei Papyri in Herkulaneum zu. Nach ausführlicher Vorstellung der gefundenen Skulpturen entwickelt Sauron seine Vorstellung von der Anlage als einer Villa in typologischer Anlehnung an das griechische Gymnasium mit einer Ausstattung im Geist epikureischer Philosophie, zusätzlich mit einer dionysischen Komponente. Da die meisten Skulpturen keine explizite Benennung aufweisen, werde ein Kult des Geheimen getrieben, weil die Bedeutung der Ausstattung für Uneingeweihte verborgen bleiben sollte. Diese Deutung hat zur Voraussetzung, dass der erhaltene Bestand im Wesentlichen aus der Erstausstattung der Villa stammt, was nicht gesichert ist, und lässt unberücksichtigt, dass der Gästekreis des Hauses im Wesentlichen zum gleichen Bildungsniveau gehört haben wird und vergleichbare philosophische Interessen nicht fern gewesen sein werden, so dass die Ausstattung den Zeitgenossen vermutlich gedanklich durchaus leichter zugänglich war als dem heutigen Betrachter.

Anschließend greift der Autor seine Interpretationen zum Zweiten Pompejanischen Stil wieder auf, sieht den Beginn der Malweise im Zusammenhang mit dem älteren Quintus Lutatius Catulus als Schöpfer, den Schritt zur zweiten Phase hin zur allegorischen Malerei in Verbindung mit dem gleichnamigen Sohn des älteren Catulus und erkennt den Einfluss platonischer Metaphysik auf die Inhalte der späteren Darstellungen. Sodann wird Varros Beschreibung seines Vogelhauses in der Villa von Casinum als eine Verdinglichung platonischer Kosmologie gedeutet, wie sie aus dem Sonium Scipionis erschlossen werden kann, und schließlich wird auch die Hauptwand der Villa von Oplontis in ähnlich allegorischem Sinn ausgedeutet. Es folgt als Letztes ein Kapitel über Architekturornamentik (S. 246 ff.) und ein Ausblick auf den Wandel in Stil und Sinngehalt in frühaugusteischer Zeit.

Freilich wird die Lektüre dem allgemeinen Publikum (und dem Leser vom Fach) nicht leicht gemacht, und das liegt nur zum Teil am Autor. Der hochgelehrte Verfasser weiß gewissermaßen zu viel, wendet aber nicht genug Selbstdisziplin an, sich jeweils auf den Hauptstrang der Argumentation zu beschränken. Wie sehr er von seinen Gedankengängen gleichsam gefangen ist, wird daran deutlich, dass er fast vierzig Jahre alte Publikationen als »jüngst« erschienen zitiert (z. B. S. 112: Balty 1978). Allzu viele Exkurse, Exzerpte aus den Quellen und Anekdotisches unterbrechen den Gedankengang allzu oft.

Das wäre allenfalls hinnehmbar, wenn nicht der Verlag das Buch in unzumutbarer Weise vernachlässigt hätte. Die Übersetzung war einem fachfremden Büro anvertraut, das gewiss mit gutem Willen gearbeitet hat, aber zahlreiche Fehler und Missverständnisse nicht vermeiden konnte, die den generellen Leser unberaten sein lassen müssen und ihm teilweise das Textverständnis verschließen. Exempli gratia: »Nebride« statt richtig »Nebris« (S. 27 und passim), »der« Peristyl statt richtig »das« Peristyl (S. 32 und passim), »Korpi« statt richtig »Corpora« (S. 34), der Unterschied von »Herme« und »Hermesstatue« ist unbekannt (S. 38 f.; Abb. 24 und passim), der »Auletes« ist nicht »eine Art Flöte«, sondern der »Flötenspieler« (S. 27). Der Reliefgiebel von Sakralbauten ist bei Vitruv das »Tympanon«. Wer das nicht weiß, wird mit »Tympanonfiguren« statt »Giebelfiguren« Mühe haben (S. 51 und passim). Der Verfasser liebt es, griechische Wörter in der Originalsprache erklärend einzufügen und dabei die obliquen Substantivformen aus dem Satz zu reißen, statt den Nominativ zu verwenden.

In den Abbildungen werden die Objekte, wie heute üblich, fast durchgehend vor grauem oder weißem Hintergrund freigestellt. Für denjenigen, der mit den

Kunstwerken selbst gearbeitet hat, bleibt es befremdlich, wenn Marmor gewichtslos ins Schweben gerät.

Nicht nur ein Lektorat, sondern auch die Korrekturlektüre entfiel. Es häufen sich die Druckfehler, Textpassagen sind entfallen und geblieben ist eine Lücke (S. 223), Bildbeschriftungen sind vertauscht (Abb. 24 und passim), eine Abbildung seitenverkehrt (Abb. 109). In den griechisch geschriebenen Wörtern und Wortfolgen wimmelt es von Fehlern. Allein in den ersten beiden Kapiteln (neunzig Seiten) zähle ich fünfundzwanzig Sprachfehler und einundzwanzig Druckfehler. Dem Rezensenten ist in Jahrzehnten des fachlichen Lesens eine gleich schluderige Publikation nicht begegnet. Das hat der Autor nicht verdient.

Eine vergleichbar umfangreiche Darstellung der beiden Jahrhunderte mit Blick auf die römische Kunst für ein generelles Publikum hat es bisher nicht gegeben. Wer sich mit Gilles Sauron einlässt auf die Suche nach dem religiösen und philosophischen Hintergrund der Denkmäler in allegorischer Bildersprache und nicht nach den sozialanthropologischen Aspekten dieser Kunst fragt, der kommt auf seine Kosten.

Ostermundigen   Dietrich Willers

Klaus Fittschen et Paul Zanker, **Katalog der römischen Porträts in den Capitolinischen Museen und den anderen kommunalen Sammlungen der Stadt Rom, tome IV. Kinderbildnisse. Nachträge zu den Bänden I–III. Neuzeitliche oder neuzeitlich verfälschte Bildnisse. Bildnisse an Reliefdenkmälern.** Deux volumes. Beiträge zur Erschließung hellenistischer und kaiserzeitlicher Skulptur und Architektur, tome 6. Éditeur Walter De Gruyter, Berlin et Boston 2014. XIV et 200 pages, 176 planches avec 735 figures et 22 planches supplémentaires avec 90 figures.

Avec ces deux volumes, l'un de texte, l'autre de planches, les deux auteurs, Klaus Fittschen et Paul Zanker mettent le point final à l'œuvre monumentale qu'ils avaient entreprise il y a désormais près de cinquante an, le catalogue des portraits romains des musées capitolins et des autres collections communales de Rome: près de sept-cent œuvres, toutes revues, sauf de rares exceptions, directement par les auteurs, et pour la plupart magistralement photographiées par Gisela Fittschen-Badura. Si les notices de ce quatrième tome sont dans l'ensemble signées par le seul Klaus Fittschen, comme il s'en explique dans une brève introduction, c'est aux deux responsables de l'ouvrage et à l'auteur de son illustration qu'il convient de rendre d'emblée un hommage appuyé pour ce travail d'une particulière richesse.

A le feuilleter, ce quatrième volume peut donner une impression un peu hétéroclite. Fittschen le souligne lui-même, puisqu'il s'agissait de réunir plusieurs groupes de portraits étrangers les uns aux autres: les portraits d'enfants, dont le regroupement met bien en lumière le particulier intérêt, les portraits modernes, ceux qui apparaissent sur des reliefs, enfin quelques compléments aux trois précédents volumes. On peut d'ailleurs s'interroger sur le bien fondé de la présence dans ce catalogue de tous ces groupes, nous y reviendrons plus loin.

Le premier groupe est celui des portraits d'enfants, quarante-cinq exemplaires, dont le catalogue est précédé d'une courte, mais très dense introduction particulièrement bienvenue: elle rappelle en effet de manière précise quelles sont les difficultés auxquelles se heurte l'étude d'œuvres qui peuvent être tout à fait émouvantes, mais plus complexes à cerner que les portraits d'adultes: les critères de datation font défaut, puisque plus les enfants sont jeunes, moins ils adoptent les modes capillaires si précieuses pour dater les effigies de leurs parents; toute une série de tout jeunes garçonnets ainsi coiffés en mèches longues et étroites peignées vers l'avant posent de délicats problèmes d'appréciation entre le premier siècle et l'époque de Trajan. On peut même souvent hésiter sur l'âge du personnage représenté, notamment pour les adolescents, filles entre treize et quinze ans, garçons encore à l'âge de la toge prétexte ou non, qui dans plusieurs cas, Fittschen le souligne, auraient pu aussi être classés parmi les adultes, donc figurer dans les volumes précédents.

C'est parfois la nature de l'œuvre qui pose problème, portrait véritable ou tête »idéale«: ainsi les deux portraits numéro 6 et 7, pour lesquels Fittschen avoue lui-même ses propres hésitations, mais il y en a d'autres dans la collection (23, 24, 25 a et b). Plus irritants enfin ces portraits, finalement pas si rares, dont il reste difficile de déterminer s'il s'agit d'une fille ou d'un garçon: c'est un point sur lequel l'auteur insiste tout particulièrement: certaines fillettes, au troisième siècle, portent un coiffure très courte, en mèches indiquées par des scarifications sur la surface du marbre que l'on pourrait croire typiquement masculine (un phénomène auquel certaines modes contemporaines nous ont, il est vrai, habitué); Fittschen, qui s'y est intéressé de longue date (Mitt. DAI Rom 99, 1992, 302 s.) a rassemblé un dossier très convaincant et montre qu'il ne s'agit portant pas de garçons, pas même de portraits féminins qui auraient été retravaillés et »masculinisés«, comme on en a quelques exemples notamment sur les sarcophage, sur lesquels un portrait déjà préparé est transformé à la suite du changement imprévu de destinataire. C'est le cas notamment pour le couvercle de sarcophage bien connu (numéro 195), sur lequel est couché un enfant dont le costume est sans ambiguïté celui d'une fillette, mais dont la coiffure renvoie aux portraits masculins du milieu du troisième siècle. Fittschen montre bien qu'on ne décèle aucune trace de reprise (on note il est vrai dans la chevelure des traces très claires de travail: tab. 172, fig. en haut à droite): si étonnant que cela puisse paraître, le portrait serait bien celui d'origine, destiné à aller avec le vêtement féminin. Il est vrai qu'on pourrait aussi imaginer (pour se faire »l'avocat du diable«) que la tête, préparée pour compléter un corps de jeune fille, mais laissée inachevée, a été sculpté en définitive pour un garçon; le corps féminin, lui, serait resté tel quel. Mais il y a d'autres exemples aussi ambigus dans le catalogue (numéro 194, 5, 42 avec des mèches soigneusement modelées).

Autre dossier sur lequel Fittschen attire l'attention: celui des portraits d'enfants esclaves et de l'attachement qu'on leur portait (cf. n°122). Le buste sur piédouche numéro 12 (un garçon sans doute, mais le vêtement n'exclut pas une fillette), un portrait d'un certaine qualité, provenant de la tombe des affranchis et des esclaves de la famille des Sulpicii Galbae pourrait en être un – mais en dehors de la provenance, rien ne le suggère franchement. Le cas du garçonnet numéro 41, daté du début de l'époque galliénique, est différent: cette remarquable tête d'un très jeune enfant, pleine de délicatesse et de sentiment, au modelé sobre mais sensible, à l'expression très émouvante, est caractérisée par une coiffure remarquable; aux courtes mèches légèrement incisées de la partie avant de la tête s'opposent en effet les longues mèches sur l'arrière du crâne, que l'on retrouve par exemple sur le numéro 25b, et qui seraient signe de la condition servile de l'enfant (p. 16): une occasion pour Fittschen d'insister sur la question de ces mèches particulières, trop souvent, pense-t-il, identifiées comme la »mèche d'Horus« (cf numéro 197). C'est à juste titre qu'il convient d'être attentif à la diversité de ces attributs capillaires, qui peuvent avoir diverses significations, même si elles ne sont pas toujours claires. Le catalogue en offre un certain nombre d'exemples significatifs: véritable mèche isiaque pour le numéro 33, de l'époque sévérienne tardive, au modelé très étonnant, avec notamment une différence importante entre le traitement des deux oreilles; un portrait d'enfant provenant d'Algérie, dans une collection privée, présente la même particularité, qui va de pair avec une physionomie surprenante, manifestement dégénérée: l'oreille déformée apparaît ainsi comme une véritable tare physique (F. Baratte, Un portrait d'enfant provenant d'Oued Taga [Batna], Aouras 8, 2015, 247–256; le même portrait offre un autre exemple d'un piédouche exécuté en deux parties, comme pour le numéro 32a).

Outre un certain nombre de remarques ponctuelles, d'ordre technique (plusieurs têtes semblent ainsi retravaillées) ou iconographique (on note le curieux buste en relief sur un autre buste, numéro 32a, ou la couronne de laurier du buste numéro 39, occasion pour Fittschen de souligner qu'elle ne désigne pas nécessairement un empereur ou un prince de la maison impériale), cette série de portraits d'enfants permet d'observer que la qualité moyenne de ces têtes est plutôt bonne: à côté de quelques pièces évidemment médiocres, il y en a de haut niveau, quelques-unes parfois très étonnantes: on citera seulement ici la petite statue numéro 25, un enfant au chien, au réalisme stupéfiant.

Viennent ensuite une vingtaine de portraits, compléments aux volumes I (empereurs et princes), II (personnes masculins privés) et III (figures féminines), qu'il s'agisse de nouvelles acquisitions des musées ou d'œuvres entretemps réévaluées: se trouvent ainsi »réhabilitées« quelques têtes naguère négligées parce que considérées comme tout à fait modernes: ainsi un portrait colossal de Domitien (n°46), un autre de Trajan (numéro 47), ou bien encore un autre d'Antonin le Pieux. Parmi les premières, on citera seulement la tête colossale de Constantin découverte en 2005 dans le forum de Trajan. L'œuvre est désormais bien connue, puisqu'elle a bénéficié de la publicité que lui ont assurée les grandes expositions constantiniennes de 2006/2007. Fittschen lui consacre une notice très soignée (n°50a), dans laquelle, écartant l'hypothèse de Paul Zanker suivant laquelle l'œuvre aurait fait l'objet de deux remplois successifs, il propose, dans une démonstration qui nous semble tout à fait convaincante, un unique remploi, celui d'un portrait de Licinius. Parmi les portraits privés sur lesquels Fittschen attire l'attention, la tête masculine du Musée Barracco (numéro 54) occupe une place de choix, à la fois par sa qualité et par sa technique – une demie tête creuse (le profil droit), un exemple parmi quelques autres d'un procédé qui a soulevé de nombreuses discussions, mais dont plusieurs attestations sont assurément antiques.

Retenons ici un dernier dossier, celui des deux têtes des défunts sur la kliné du grand sarcophage attique représentant Achille chez les filles de Lycomède (numéro 61), d'un intérêt particulier puisqu'il est généralement considéré comme un exemplaire précisément daté – justement à cause des portraits. Si la tête masculine, datée des alentours de 260 ne pose pas de problèmes, déjà Marianne Bergmann, en 1977, avait émis des doutes sur l'authenticité de celle de la femme. Fittschen reprend donc le dossier pour conclure dans le même sens: ni l'une, ni l'autre des têtes n'appartenaient à l'origine au sarcophage; en outre »das Bildnis der Frau kann […] in seiner jetzigen Gestalt nicht antik sein«.

Les portraits modernes représentent un petit groupe de vingt-quatre œuvres, soit des créations modernes, soit des têtes tellement retravaillées à partir d'un noyau antique qu'elles ne peuvent plus être considérées comme des portraits romains. Ces œuvres, il faut bien le dire, n'ont plus guère qu'un intérêt statistique pour l'histoire de la sculpture antique. On peut même s'interroger sur le bien fondé de la présence de certaines d'entre elles dans le catalogue, comme le buste colossal de Nerva (numéro 78), dont l'attribution de longue date à Alessandro Algardi est des plus vraisemblables, et même si Winckelmann l'avait considéré comme antique.

La même question se pose à propos des reliefs, plus de cent (soit plus de la moitié des œuvres traitées dans le catalogue), de toute nature, éléments d'architecture, reliefs votifs, reliefs funéraires, urnes cinéraires et autels funéraires sarcophages enfin et plaques de loculus, dont les portraits sont rassemblés dans un appendice. Fittschen lui-même s'est d'ailleurs interrogé sur ce point, observant qu'une bonne partie d'entre eux figures dans des catalogues thématiques récents. Le relief numéro 122, bien connu et encore passablement énigmatique, illustre bien le débat: le portrait en est intéressant, avec sa mèche isiaque; mais la notice s'attache à bien d'autres points – comme le précise d'ailleurs Fittschen lui-même, qui en juge la présentation détaillée nécessaire pour l'interprétation d'ensemble (p. 122); c'est assurément exact, mais ce n'est peut-être pas la fonction d'un catalogue de portraits d'expliciter ces reliefs dans tous leurs aspects: on peut au moins s'interroger sur ce point. Il est vrai qu'un certain nombre de ces œuvres sont inédites – en particulier plusieurs sarcophages: il y a donc là une occasion privilégiée de les faire connaître, mais aussi de revoir quelques portraits d'une grande qualité, comme le numéro 97, la tête fragmentaire d'un homme d'époque post-galliénique, le portrait du cordonnier Gaius Julius Helius (numéro 140), ou bien encore le groupe familial des Junii (numéro 134). Bien connu est pour sa part le relief (funéraire ou votif) d'un prêtre de Cybèle (numéro 110). La notice rappelle les éléments essentiels de discussion, sur le sexe du personnage représenté notamment: physionomie très intéressante, avec un visage ovale, très régulier, avec ses traits stylisés (les oreilles par exemple) et les yeux, globuleux, comme tournés vers le bas, encadrés par des paupières au contour très net, sous des arcades sourcilière saillantes, et la bouche aux lèvres charnues, mais aux contours eux aussi linéaires (le personnage porte au cou un torque terminé, pensons-nous, et pour autant qu'il est possible d'en juger sur la photographie, par deux têtes de serpent, non pas d'aigle, ce qui correspondrait mieux à certains bijoux conservés). A propos de ce relief et du suivant (numéro 111), celui d'un cistophore de Bellone, Lucius Lartius Anthus, Fittschen renvoie à des ateliers orientaux, évoquant même pour la coiffure du cistophore à certaines figures de Bouddha: il ne nous paraitrait pas déplacé de proposer la même comparaison pour la figure de l'archigalle.

Le groupe des sarcophages, enfin, est fourni. C'est lui qui offre le plus d'inédits, essentiellement des cuves à strigiles. Fittschen trouve là l'occasion de nombreuses remarques qui viennent compléter ou corriger les analyses faites dans les volumes du corpus ou ailleurs sur la chronologie, l'iconographie ou les ateliers.

De copieux index complètent le volume: certains correspondent au quatrième tome, un index des œuvres citées à titre de comparaison, classées par musées, ainsi qu'un index de concordance entre les numéros du présent catalogue et ceux des inventaires et des catalogues des différents musées communaux. S'y ajoutent deux index qui concernent l'ensemble des quatre volumes de l'ouvrage. Le premier concerne les particularités des portraits, classées selon quatre catégories: l'aspect physique; les realia (vêtements, coiffure, attributs); le style, la technique et les ateliers; les aspects »sociologiques«, une rubrique un peu fourre-tout, mais très utile, qui va du format des portraits à la profession en passant par le sexe des personnes représentées: nul doute que cet index n'aide à s'y retrouver parmi les sept-cent portraits du catalogue en permettant au chercheur de retrouver plus aisément les informations qu'il cherche. Un dernier index concerne les lieux de découverte et les provenances.

Au terme de cette analyse, on doit redire encore la qualité de ce volume: qualité matérielle évidente, mais surtout qualité scientifique. Catalogue des portraits des collections communales de Rome, il a été conduit, comme les trois volumes précédents, de manière à constituer une véritable somme sur le portrait romain, rendue possible par la connaissance hors pair que les deux auteurs, Fittschen en particulier, ont de ces œuvres. La collection, il est vrai, s'y prêtait, tant par le nombre que par la diversité des portraits, qui permettent d'en illustrer toutes les facettes, et même si, constatation étonnante que souligne Fittschen, le plus grand nombre est dépourvu de provenance précise, ce qui prive les chercheurs d'un certain nombre d'informations essentielles.

Les auteurs ont dédié ces volumes à Sir Henry Stuart Jones, l'auteur du catalogue des sculptures du Musée du Capitole (1912), puis du palais des Conservateurs (1926). Hommage mérité, certes. Mais la série que clôt ce quatrième volume revêt bien la même importance qu'avait eue, en son temps, la publication des ouvrages de Stuart Jones. Elle marque une étape décisive dans l'étude du portrait romain. Ce volume, comme les trois qui l'ont précédé, constituera pour longtemps une indispensable référence tant par la qualité et la précision des analyses que par la somme de documentation (y compris par l'illustration) et de réflexions qu'il propose au chercheur. Il s'impose comme un modèle.

Paris   François Baratte

Dieter Hertel, **Die Bildnisse des Tiberius.** Das römische Herrscherbild, Band I 3. Verlag Dr. Ludwig Reichert, Wiesbaden 2013. XXII und 249 Seiten, 11 Beilagen mit 98 Strichabbildungen, 142 Tafeln mit 544 Schwarzweißabbildungen.

Hauptziel des Bandes ist die möglichst vollständige Sammlung und Dokumentation aller bekanntgewordenen Bildnisse des römischen Kaisers Tiberius sowie ihre typologische und chronologische Gliederung. Dieses Konzept der Reihe und das damit verbundene methodische Vorgehen werden im Vorwort der Herausgeber (S. X f.) nachdrücklich bekräftigt. Breitesten Raum beanspruchen folglich der Katalog (S. 135–227) und die typologischen Erörterungen (Kapitel II bis V; S. 9–87). Darauf bauen die knapper gehaltenen auswertenden Kapitel auf: zur Datierung der Bildnistypen (Kapitel VI, S. 89–105), zur geographischen Verteilung (Kapitel VII, S. 107 f.), zur Rolle besonderer typologischer Gruppen (Kapitel VIII, S. 109 f.), zu Umarbeitungen (Kapitel IX, S. 111), zu den Bedeutungsträgern des Tiberiusporträts (Kapitel X, S. 113–128) sowie zum Verhältnis von Porträt und Wirklichkeit (Kapitel XI, S. 129–132).

Die 146 erhaltenen Tiberiusporträts aus Marmor und Bronze (Kat. 1–126, 170–184 und 221–225) sind in sechs Bildnistypen gruppiert, für die jeweils ein eigener rundplastischer Entwurf (»Urbild«) postuliert wird. Diese Zuordnungen beruhen auf spezifischen Merkmalen von Frisur und Physiognomie; sie werden in den typologischen Kapiteln ausführlich begründet und durch zahlreiche Skizzen der Lockenmotive anschaulich gemacht (Beilagen mit 98 Skizzen der Frisurenschemata). Für jeden Typus wird zunächst eine »Kerngruppe« von besonders eng übereinstimmenden Repliken besprochen, die zusammengenommen am ehesten eine Vorstellung von dem ursprünglichen – und verlorenen – Entwurf geben können; danach werden weitere, stärker abweichende Kopien einbezogen. Die sechs Typen, die auf diese Weise unterschieden werden, schließen sich zum Teil durch gemeinsame Merkmale zusammen. Die erste Gruppe mit den Typen Ephesos, Basel und Kopenhagen 623 ist dadurch gekennzeichnet, dass die Hauptgabelung der Stirnlocken aus der Gesichtsmitte zur linken Seite verschoben ist und dass sich über der rechten Gesichtshälfte zwei unterschiedlich ausgestaltete Haarzangen bilden. Bei zweien dieser Bildnisfassungen (Typen Basel und Kopenhagen 623) kommt über der linken Gesichtshälfte eine weitere Lockenzange hinzu, deren unterschiedliche Ausformung wiederum distinktiv ist.

Die überregionale Verbreitung der Repliken und die spezifischen Besonderheiten in der Gestaltung der Haare an den Kopfseiten zeigen, dass es sich nicht um lokale Kopistenvarianten handelt, sondern vielmehr drei distinkte, zentral bereitgestellte und überregional verbreitete Entwürfe zugrundeliegen.

Die beiden Typen Berlin-Neapel-Sorrent und Chiaramonti der zweiten Gruppe gleichen sich in der Zentrierung der Hauptgabelung und in der Symmetrisierung der Stirnfrisur, unterscheiden sich untereinander dann aber wiederum durch die verschieden gestalteten Zangenmotive. Von allen genannten setzt sich der Typus Kopenhagen 624 durch die Begradigung der Stirnbegrenzung, durch die Verschiebung der Hauptgabelung über das rechte Auge und durch die Reduktion der Zangenmotive klar ab. Diese typologische Aufteilung der Tiberiusbildnisse, die sich in der bisherigen Forschungsdiskussion bereits abgezeichnet hatte (vgl. S. 1–4 zur Forschungsgeschichte), wird anhand der umfassenden Dokumentation eingehend begründet und vertieft.

Für die historische Reihung der Bildnistypen zieht der Verfasser zunächst Alterszüge heran (S. 89–91), deren zunehmende Markierung jeweils die zeitliche Abfolge ergeben soll. Demnach steht die erste Gruppe am Anfang, der Typus Kopenhagen 624 ist die späteste Fassung des Tiberiusporträts. Dies scheint mir freilich ein schwieriges Kriterium zu sein. Zwar lässt sich die absichtsvolle Angabe unterschiedlicher Altersstufen etwa bei den Porträttypen des Nero oder des Mark Aurel tatsächlich nachweisen; in diesen Fällen wird jedoch das Heranwachsen vom Kind zum jungen Mann und zum Erwachsenen markiert. Eine entsprechende Entwicklung lässt sich für Tiberius nicht beobachten, und auch eindeutige Alterszüge fehlen, wie Krähenfüße, erschlaffte oder gerunzelte Haut sowie ausgedünntes Haar. Dazu kommt, dass plastische Formen wie die vom Autor besonders herangezogenen Nasolabialfalten von den Kopisten nur schwer exakt zu übertragen waren und daher häufig vereinfacht, reduziert oder aber verdeutlicht sind. Die schräg abfallenden Hautmulden der Wangen finden sich folglich auch ähnlich bei Vertretern der Typen Ephesos (Kat. 3 und 5), Basel (Kat. 16 und 17), Kopenhagen 623 (Kat. 23 und 28), Berlin-Neapel-Sorrent (Kat. 53, 55, 58 und 65), Chiaramonti (Kat. 82 und 83) und Kopenhagen 624 (Kat. 102, 113 und 115); bei allen Typen sind aber auch glatte Gesichter anzutreffen. Differenzierte plastische Details dieser Art, die durchaus in den Entwürfen der Bildnistypen vorgegeben gewesen sein können, werden sich erst dann sicher auswerten lassen, wenn für ihre Dokumentation geeignete Verfahren wie 3-D-Scans systematisch eingesetzt werden.

Besser nachzuvollziehen ist dank der präzisen Zeichnungen ein zweiter Argumentationsstrang, der die Verwendung gemeinsamer Frisurelemente aufgreift (S. 92–95). So werden die Bildnistypen der ersten Gruppe mit dem Typus Louvre 1280 des Augustus in Verbindung gebracht und folglich zeitlich nach diesem angesetzt. Dabei erscheint der Typus Ephesos des Tiberius am engsten mit Louvre 1280 verbunden, während die Typen Basel und Kopenhagen 623 sich davon durch die Verwendung einer weiteren Lockenzange über der linken Gesichtshälfte weiter entfernen. Da die Tiberiusbildnisse der ersten Gruppe noch keine Anklänge an Porträts des Gaius und des Lucius Caesar aufweisen, datiert Hertel die Entstehung der ersten drei Fassungen des Tiberiusporträts vor 6 v. Chr., also in die Zeit vor der Präsentation der beiden Augusti filii als voraussichtliche Thronfolger und vor dem Aufenthalt des Tiberius in Rhodos. Sie spiegeln damit die wechselhafte Karriere des Dargestellten als Stiefsohn und Schwiegersohn des Kaisers, die mit dem freiwilligen Rückzug nach Rhodos jäh abbrach.

Die Bildnisse der zweiten Gruppe (Typen Berlin-Neapel-Sorrent und Chiaramonti) schließen dagegen an die Darstellungen der Adoptivsöhne Gaius und Lucius an, was auf die Entstehung in spätaugusteischer Zeit verweist. Die Münzbildnisse zeigen, dass der Typus Berlin-Neapel-Sorrent um 10 n. Chr. verwendet wurde; er dürfte bereits 4 n. Chr. anlässlich der Adoption durch Augustus konzipiert worden sein (S. 100). Die letzte Bildnisfassung (Typus Kopenhagen 624) entstand, nachdem Tiberius die Nachfolge des Augustus angetreten hatte. Freilich konnten Bildnistypen auch dann weiterhin als Vorlage der Bildhauer verwendet werden, wenn bereits jüngere Entwürfe vorlagen. Das zeigen etwa die epigraphisch in die Jahre 4 bis 14 n. Chr.

datierte Replik des Typus Kopenhagen 623 aus Kyrene (Kat. 29) oder die durch Umarbeitung aus Caligulabildnissen entstandenen Vertreter der Typen Kopenhagen 623 und Chiaramonti (S. 41; 63 f. 102–105).

Soweit ist die Argumentation klar begründet und gut nachvollziehbar. Weniger einleuchtend ist es, wenn Hertel als frühesten Zeitpunkt für die Entstehung der bekannten Tiberiusbildnisse das Jahr 17 v. Chr. annimmt, weil der Typus Louvre MA 1280, an den die frühesten Porträts dieses Herrschers anschließen, erst damals entstanden sei (S. 94 mit Anm. 190). Er übersieht dabei, dass dieser Typus des Augustusporträts mehrere unterschiedliche Fassungen aufweist, von denen eine unmittelbar an den Typus Alcudia anschließt, daher vor dem Primaportatypus entstanden sein muss, vielleicht im Zusammenhang mit dem dreifachen Triumph und der Schließung des Janustempels im Jahre 29 v. Chr. (dazu ausführlicher D. Boschung, Die Bildnisse des Augustus. Das römische Herrscherbild I 2 [Berlin 1993] 27–37; 55–58; 60; 63 f.). Freilich sind Zeitpunkt und Anlass der Konzeption der Bildnistypen des Tiberius nur schwer zu bestimmen, und der Verfasser unternimmt eine entsprechende Zuordnung denn auch mit großer Zurückhaltung. Für die Schaffung der ersten drei Typen der Gruppe 1 erwägt er die Übernahme der Prätur bzw. die Ernennung zum Legatus Augusti pro praetore im Jahre 16/15 v. Chr., das erste Konsulat 13 v. Chr., die Heirat mit der Augustustocher Julia 11 v. Chr. oder das zweite Konsulat und den germanischen Triumph 7 v. Chr. (S. 99). Da das Jahr 17 v. Chr. als Terminus post quem meines Erachtens wegfällt, kommen dafür auch frühere Daten in Betracht, etwa das öffentliche Auftreten bei dem aktischen Triumph des Stiefvaters Augustus 29 v. Chr. oder die militärischen Erfolge in Armenien 20 v. Chr. Am ehesten plausibel scheint, dass die Heirat mit Julia und das damit verbundene Aufrücken in die zuvor von Agrippa eingenommene Position als zweitwichtigster Mann der Kaiserfamilie zu einer Neufassung des Porträts führte. Dafür, dass diese im Typus Kopenhagen 623 überliefert ist, spricht die Anzahl der erhaltenen Repliken und die Verwendung auch in spätaugusteischer Zeit. Einleuchtend ist ferner, dass nach dem langen Aufenthalt in Rhodos von 6 v. Chr. bis 2 n. Chr., der mit einem einschneidenden Prestigeverlust verbunden war, und nach der Adoption durch Augustus 4 n. Chr. eine neue Bildnisfassung notwendig erschien, die im Typus Berlin-Neapel-Sorrent realisiert wurde. Dieser wurde als Darstellung des Thronfolgers aufgefasst, denn das spätere Germanicusporträt greift dessen Grundzüge (Mittelgabelung, symmetrisch angelegte Eckzangen) auf, und auch die männlichen Verwandten des Germanicus führen diese Konzeption weiter. Wenig klar ist, warum das Erscheinungsbild des Tiberius in spätaugusteischer Zeit mit dem Typus Chiaramonti noch einmal modifiziert wurde (S. 101). Bemerkenswert ist, dass Tiberius nach der Übernahme der Regierung und des Augustusnamens im Jahre 14 n. Chr. eine Angleichung an das Porträt seines vergöttlichten Adoptivvaters unmissverständlich ablehnte: vielmehr nimmt der Typus Kopenhagen 624 Elemente republikanischer Vorbilder auf (S. 115 f.).

Für sechzehn Tiberiusporträts wird postuliert, sie seien durch Umarbeitung aus Bildnissen des Caligula entstanden (S. 28; 41; 63 f. 76; 111), wobei für zwei (Kat. 90 und 124) auch erwogen wird, dass sie zuvor Sejan dargestellt hätten. Diese Beobachtungen sind aufschlussreich für die Frage, wie lange ältere Typen als Vorlage der Bildhauer verwendet wurden. Sie geben zudem Hinweise für den Umgang mit Kaiserstatuen in Zeiten politischer Umbrüche und bieten neue Informationen für die Ikonographie des Caligula, wenn etwa eine Sitzstatue in ihrer ersten Fassung diesem Kaiser zugewiesen werden kann (Kat. 20, S. 28; 143 f.). Der Nachweis, dass zunächst tatsächlich Caligula dargestellt war, gelingt in einigen Fällen durch Reste der Frisur einer ersten Fassung (Kat. 20, 49, 123 und 125). In zwei weiteren Fällen (Kat. 87 und 88) zeigt der Eichenkranz, dass schon das Vorgängerporträt einen Kaiser darstellte, was dann wiederum auf Caligula weist. Für alle anderen könnte die Umarbeitung auch aus einem Privatporträt oder aus dem Bildnis eines in Ungnade gefallenen Prinzen (etwa eines der älteren Germanicussöhne) erfolgt sein.

Die Klassische Archäologie braucht für ihre Weiterentwicklung solide und gut dokumentierte Materialsammlungen; der vorliegende Band zeigt das beispielhaft. Ein besonderes Anliegen von Autor und Herausgebern war die möglichst vollständige und zuverlässige fotografische Illustration der Stücke. Das ist zweifellos in hervorragender Weise gelungen, selbst für schwer erreichbare und verschollene Köpfe. Heikel scheint mir freilich das im Tafelteil fast durchgehend angewandte Freistellen der Skulpturen durch Abdecken der Hintergründe: Zwar wirken die Abbildungen auf den ersten Blick gefälliger, doch werden damit die Konturen in einer problematischen Weise verändert (vgl. etwa Taf. 24; 71, 2. 3; 72, 2; 85, 3. 4; 107, 1; 122, 1; 123, 2; 130, 8; 136, 2; 137, 3. 4; 140, 1–4; 141, 1. 2; 142, 1–4).

Jeder Versuch, eine Denkmälergruppe in ihrer Gesamtheit vorzulegen, kann auch bei größter Umsicht immer nur vorläufige Vollständigkeit erreichen. Der Band trägt diesem Umstand dadurch Rechnung, dass er die während der Drucklegung neu bekannt gewordenen Stücke in einem Nachtrag zusammenstellt (Kat. 221–225). Weitere Tiberiusbildnisse werden in den nächsten Jahren zweifellos hinzukommen – so eine weitere Replik des Typus Kopenhagen 623 in Dresden (K. Knoll / Chr. Vorster, Skulpturensammlung Staatliche Kunstsammlungen Dresden. Katalog der antiken Bildwerke III. Die Porträts [München 2013] 139–141 Nr. 24) – und das Gesamtbild bestätigen, präzisieren oder verändern. Für eine lange Zeit wird das Buch von Dieter Hertel die Grundlage für jede wissenschaftliche Beschäftigung mit dem Porträt des Kaisers Tiberius bleiben.

Köln   Dietrich Boschung

Stephanie Dimas, Carola Reinsberg and Henner von Hesberg, **Die Antikensammlungen von Hever Castle, Cliveden, Bignor Park und Knole**. Monumenta Artis Romanae, volume 38. Publisher Dr. Ludwig Reichert, Wiesbaden 2013. 239 pages, 7 figures in the text, 114 plates in black and white, 2 plates in colour.

This volume, the last in the series of nine publications of ancient sculpture in English country houses published in the Monumenta Artis Romanae, closes a research enterprise conducted by the Forschungsarchiv für Antike Plastik (Cologne University) for about half a century. It represents a worthy ending but also a direct link back to the early days of the project. In fact, the photography was done and the basic data on the sculpture already collected in the seventies by the original team, Hansgeorg Oehler, Irmgard Hiller and Raoul Laev. The photographical documentation, with its high quality and many views of each object, is the result of a discussion conducted in the seventies on new standards for the presentation of ancient sculpture in scientific publications. This was when Klaus Fittschen and Ernst Langlotz produced recommendations on how to photograph, here in particular Roman portraits and Greek sculpture (Arch. Anz. 1974, 484–494; Jahrb. DAI 94, 1979, 1–17), and Raoul Laev was given the opportunity to demonstrate his skills as a sculpture photographer to the scientific community in an exhibition created for the Eleventh Congress of Archaeology (London 1978). Some of the photographs included in the present publication were already presented in the catalogue accompanying the exhibition when moved to Cologne, ›Foto + Skulptur. Römische Antiken in englischen Schlössern‹ (1980).

In the present volume, the texts are as important as the plates. They belong to recent scholarship with high standards set by the three co-authors and by the two contributors who translated and commented the Latin and Greek epigraphy, Werner Eck and Georg Petzl. Among the authors, Stephanie Dimas made a large part of the work. She produced the passages on the history of the collection as well as of the texts relating to the sculpture in the round and relief-decorated objects of various kinds belonging to the collection at Hever Castle and the whole collection at Knole. In his catalogue texts, Henner von Hesberg offers his expertise concerning the architectural ornament and the columns and capitals at Hever Castle and of the complete collection at Bignor Park. Carola Reinsberg treats the collection at Cliveden, exclusively consisting of Roman relief-decorated sarcophagi. The different authorships are well matched and share a high level of ambition. The result is a work of far more than the basic presentation of the objects. It is well worth the attention of both specialists and students of ancient sculpture.

As the main aim of the volume is to present and discuss the objects, the introductory texts presenting the history of the collection are brief but all the same full of valuable information about the collectors, the intended places of display of the sculptures within their estates, and the art agents involved in the purchases. The collections treated here represent individual preferences and tastes from different periods. Although belonging to similar contexts – stately country houses –, they mirror very different aspirations and interests, which it is worth underlining, and do not only reflect personal penchants on behalf of the collectors, but may also be understood as representing different or changing paradigms of collecting.

The collection at Knole is the earliest, a typical Grand Tour collection acquired on the Roman art market in the latter part of the eighteenth century (1770–1771). Its main focus is on ancient portraits of famous Greeks and Romans for the interior, and some bronze casts of famous sculptures (such as the Borghese Gladiator and the Crouching Aphrodite), representing the genre of full-scale ideal sculpture, chosen for garden display.

The collection at Bignor Park was created in the early nineteenth century (1806) and is divergent in character from those of most other country houses. It was acquired during visits on the Aegean islands, and is almost exclusively composed of Late Classical and Hellenistic architectural parts and funerary stelai. The non-restored state of the objects as well as the biographical data of the collector clearly demonstrate an archaeological interest coupled with a new kind of scientific interest in the fragment.

The largest part of the volume presents the important collections of Sir William Waldorf Astor, first active at Cliveden (in the eighteen-nineties), and somewhat later and at a much larger scale, at Hever Castle (1903–1906), his new and final family residence. It shows a paradigm of collecting quite different from that expressed at Knole. It is notable how Viscount Astor's collection, although obviously aspiring to present an overview of most of the ancient sculpture genres, »universeller Anspruch«, counts but few ancient portraits. The thematic interest is directed towards classic myths, and the garden has become the main place of display. Ancient architectural elements are used to create the atmosphere of a Roman ›ruin landscape‹ (the so-called Pompeian Wall, albeit free of true Pompeian influence). Various pieces of Roman marble garden furniture fit in the context as does the large number of relief-decorated pieces, funerary urns and altars, a fragment of a triumphal relief, and a large number of sarcophagi. The collector's predilection for the latter genre is evident and all the more underlined by the fact that it had exclusiveness in his earlier period of collecting, at Cliveden.

When the photographic campaigns took place in the seventies, the collections were still largely intact. Thanks to the documentation they may still be experienced in this way although an important number of pieces have been sold off since. The only important sale concluded before the start of the project was that of the Knole Demosthenes, acquired by the Ny Carlsberg Glyptotek already in 1929. Although not covered by the documentation campaigns of the Forschungsarchiv, its inclusion in the catalogue was mandatory. The fame of this portrait sculpture goes back to the eighteenth century. At Knole it was the most valued item of the collection and as such held the place of pride at one end of the Great Hall of the manor. This sculpture is amply discussed in the catalogue text but presented by one view only among its plates – the sole piece treated that way in this volume.

The catalogue texts present the pieces by genres, starting with the full-scale sculptures in the round and finishing with the sarcophagi. The texts are thorough regarding archival information and impressively generous in discursive contents. In addition to descriptions and presentations of typological and stylistic parallels, they comprise summaries of the scientific discussion involving the objects, their interpretation, and their contexts. Many pieces have been discussed already, whereas others, such as the formerly unpublished architectural parts, are put to scientific scrutiny in this catalogue for the first time. The texts concerning the latter provide valuable insight into specialized research fields and stylistic discussions pertaining to less widely known categories of objects. Through the review of the antiquities at Hever Castle, the attentive reader may, for instance, learn to detail Roman Corinthian capitals (He 94–104) and follow their development over time. This broad approach to the objects gives the volume a pedagogic value in addition to its primary aim of producing a scientific publication of each piece per se. To demonstrate the structure and contents of these texts, one of them, picked at random, will be presented below in more detail.

After giving the main archival information about the symplegma, with a satyr and maenad or nymph (He 12) – its size, material, place of origin and keeping in former collections, missing and restored parts, bibliography and description, the text turns to a methodologically arguing, contextualizing discussion. Observations made in earlier specialized scholarship, in this case mainly produced by Adrian Stähli (Die Verweigerung der Lüste. Erotische Gruppen in der antiken Plastik, 1999) is summarized: Comparison with another two well-preserved replicas of the same type furnishes arguments to suggest a more likely appearance and position of some of the modern restorations added to the group formerly at Hever Castle. The close formal relationship between the replicas speaks in favour of the existence of a common model (or »original«, to use the common terminology). Then a discussion follows on how this model fits the patterns of stylistic development suggested as underlying Hellenistic art. The reader is introduced to various arguments used to tackle the problems of periodization and of finding valid formal criteria for pinpointing stylistic change (full references in notes, pp. 54 f.). The relationship between composition and space is discussed as well as parallels in the rendering of detail that may link the large number of non-dated sculpture to the few samples (mainly Pergamene monuments), concerning which there is a rather undisputed consensus on dating. Taste for contrast is a criterion recently put forth that applies particularly well to two-figure groups such as the one studied here. The firm, muscular body of the satyr is contrasted with the soft modelling that characterises the nymph. The text finishes with a review of the kinds of rendering that may be used to support a dating within the Roman period. Focus is put on points where differences may be spotted between replicas and on such features that can find parallels in the more firmly dated portrait genre, which means the close study of hair and drapery styles, of how divergingly moulded plastic surfaces are linked, and of the shape of the plinth and its mouldings. Finally, the discussion is turned towards the likely original setting and through this to interpretation. Sculptures such as this one may be linked to the gardens of wealthy Roman villas, and are understood as expressing a desire for distraction by alluding to an imaginary, parallel life in lead in the ideal atmosphere created by myth – perhaps not so far from the much later display at Hever Castle, albeit without its accompanying romantic ›ruin landscape‹.

The text closes with a list of concordances. In parallel with the catalogue numbers attributed to the pieces in the present volume, it contains earlier inventory numbers (extant only for Hever Castle) referencing to individual pieces in the record of ancient sculpture in English possession made by Adolf Michaelis (Ancient Marbles in Great Britain [Cambridge 1882]), and also links to entries in the Arachne, the object database of the German Archaeological Institutes and the Archaeological Institute of the University of Cologne. The links are a novelty. Their appearance in the list invites one to reflect on the future of sculpture publication such as those published in the Monumenta Artis Romanae series. It may well be that volumes such as the present one will not be produced in the future, being replaced by new digital media. Print is expensive and printed volumes can never have the same all-inclusiveness as the database (permitting many more photographs for each piece), nor all its potential search functions; however, the potentials of the two media are not the same. The image database does not (or barely) permit the same kind of immediate communication from author to reader that the reflective layout of a printed series of plates may invite to.

Leafing quickly through a printed volume may reward the reader with chance discoveries. Take, for instance, the juxtaposition on neighbouring plate pages of two lion-strigil sarcophagi in the present volume (pls. 82–83, Cl. 1–2). The similarity of the two pieces presented on the plates leaps to the eye. Thus, it comes as no surprise to learn from the text that the two are made from the same kind of marble, that they are considered to have been issued from the same workshop and to have been produced very close in time (within the same decade). Still there are stylistic differences which are possible to detect thanks to their presentation side by side, which can be further detailed and assessed thanks to the guidance of the accompanying text. It is highly unlikely that an image database could as easily offer the same possibility to train the eye in stylistic reading, or that it will ever be a medium suitable to provide guiding texts such as those offered to the reader by this volume.

On the other hand, the database remains open. If optimally handled, its technique offers constant possibilities for updating and making additions. Already on the day of its issuance, the printed volume suffers from aging due to the length of time of the editing and printing processes. Another delay is imposed by academic reality. Today there is little space for specialists to offer their expertise in tasks such as these in one concentrated effort. The work tends to dilute through the years. In our case, although the volume was printed in 2013, the texts were finished in 2002. The text on the Knole Demosthenes could have benefited from an update. The photograph shows the orator with his hands folded, in keeping with a plaster cast restoration made at the Ny Carlsberg Glyptotek in 1954, which in turn was influenced by a text passage by Plutarch and the find of a pair of folded hands in an excavation at Rome in 1903. Today this restoration is gone. Instead, the sculpture is re-restored as it was known at Knole, grasping a book-roll, an addition that was probably made for the sculpture upon its discovery in the early eighteenth century. Attitudes towards restoration and de-restoration or, as in this case, re-restoration raise questions of identity and authenticity. Which past should take priority? Should the sculpture save the restorations with which it has been known during a long collection history, or should it be corrected, in better conformity with ancient evidence, although as, in this case, no conclusive formal evidence support the new restoration. In fact, the folded hands restored to the Demosthenes in 1954 were moulded from the hands of a curator at the Glyptotek, not from the ancient fragment that did not fit in size (M. Moltesen in: J. B. Grossman / J. Podany / M. True, History of Restoration of Ancient Stone Sculptures. Symposium J. Paul Getty Museum, 25–27 October 2001 [Los Angeles 2003] 207–225, esp. 209 f.). Obviously there are more questions to be asked, more stories to be discovered and most importantly, new webs to be woven to interconnect the many catalogues and publications produced.

In the study of ancient sculpture in historical collections, much territory has been gained since the first volume on the riches of English country houses appeared in the Monumenta-series in 1986 (G. B. Waywell, Lever and Hope Sculptures. Monumenta Artis Romanae 16 [Berlin 1986]). The value of publishing historical collections of ancient sculpture is uncontested today, notwithstanding if (and sometimes also because) the pieces have been altered by modern restorers. Their importance resides both in the contribution that they present to the basic, comprehensive study of ancient sculpture and in the testimony they give on changing attitudes towards the past. The literature in this research field is steadily increasing and is now in need of a better overview. There is no doubt that the field would largely benefit from a structured database with search engines adapted to its own research questions and needs. A good place for such a site would, of course, be the digital archive of the Arachne. The present volume gives witness to the progress made in knowledge and in transparency of scientific methodology. It sets a high standard of ambition for the future. The authors should be congratulated for having brought this long-term effort to fruition.

Lund   Anne-Marie Leander Touati

Kordelia Knoll et Christiane Vorster, **Katalog der antiken Bildwerke, volume III. Die Porträts. Staatliche Kunstsammlungen Dresden, Skulpturensammlung.** Éditeur Hirmer, Munich 2013. 493 pages avec 46 figures, 16 planches couleur et 103 planches noir et blanc.

Le livre auquel se consacre cette recension est le volume le plus récent des catalogues des sculptures antiques de Dresde (la série a débuté avec K. Knoll / C. Vorster / M. Woelk [éd.], Katalog der antiken Bildwerke II. Idealskulptur der römischen Kaiserzeit 1 und 2 [Munich 2011]). Son objectif est d'analyser les têtes-portraits, bustes et statues-portraits conservés dans la collection des sculptures de la capitale de Saxe (p. VII).

L'ouvrage se divise en trois parties: histoire de la collection, avec une analyse du contexte historique et des particularités techniques des bustes modernes (pp. 1–31); glossaire des roches polychromes utilisées pour réaliser les pièces (pp. 33–38); catalogue (pp. 57–448). Dans cette dernière section sont traitées 103 sculptures. Le numéro d'inventaire, la provenance, les dimensions, les restaurations, la bibliographie, une analyse et une proposition de datation sont donnés pour chacune d'entre elles. Les bustes modernes sur lesquels les têtes antiques ont été restaurées sont étudiés individuellement (par exemple cat. 21, 22, 79 et 81). Les bustes antiques n'appartenant pas aux têtes de la collection ont été inclus dans le catalogue, avec la mention numéro-a (par exemple p. 153 cat. 28a; p. 212 cat. 42a). Le livre s'achève sur quatre tableaux de concordance (pp. 451–456), une liste des abréviations (pp. 457–459), une bibliographie (pp. 460–488), deux index (pp. 489–491) et les crédits photographiques (p. 493).

La couverture photographique est excellente. Dans pratiquement tous les cas, des photos des quatre vues principales des sculptures sont offertes; des illustrations en couleur d'une partie du matériel catalogué se trouvent entre les pages 39 et 56; des dessins réalisés durant les dix-septième, dix-huitième et dix-neuvième siècles, des photos anciennes et des figures schématiques des pièces – avec l'indication des ajouts modernes, marqués en noir pour ceux en marbre et en gris pour ceux en plâtre – aident à visualiser les différentes restaurations des sculptures.

Les analyses des 103 statues du catalogue sont presque toutes exhaustives et exactes. Je peux seulement apporter quelques informations supplémentaires pour deux d'entre elles. La première est la sculpture cat. 10 (pp. 94–96). Elle représente un personnage masculin assis, dont les jambes sont enveloppées dans un manteau et qui tient un rouleau dans la main droite. Le manteau s'enroule sur l'avant-bras gauche et la partie supérieure du torse peut être restituée complètement nue. La sculpture a été identifiée comme la copie romaine d'une statue hellénistique de philosophe ou de lettré, et comme unique parallèle a été reconnue une statue de Klaros (R. von den Hoff, Philosophenporträts des Früh- und Hochhellenismus [Munich 1994] pl. 189).

Il existe au moins un autre parallèle pour la pièce de Dresde. Dans un lagynos du Musée du Caire, un autre fragmentaire à Alexandrie et un tondo conservé à Begrâm (pour des images des trois objets cités cf. L. Ghali-Kahil, Un lagynos au Musée du Caire, Mon. et Mem. Piot 51, 1960, 73–91, pl. Va fig. 8; 9. En dernier lieu J. Lang, Mit Wissen geschmückt? Zur bildlichen Rezeption griechischer Dichter und Denker in der römischen Lebenswelt [Wiesbaden 2012] 192 V TypC3, V TypC4 et VEinz2) est représentée la figure d'un dramaturge dont le schéma coïncide avec celui de la statue de Dresde. Si ce parallèle est accepté, l'option la plus probable est que cette dernière soit aussi la représentation d'un poète.

La deuxième pièce pour laquelle je peux apporter quelques observations est la statue militaire cat. 28 (pp. 150–152), qui a été daté entre les années 10 et 50 apr. J.-C. Si des statues militaires »classicistes avec pteryges mixtes« avec une datation absolue flavienne sont considérées comme des parallèles, il est plus sûr de penser que le torse de Dresde fut réalisé entre les principats de Vespasien et Domitien. Je connais seulement neuf statues militaires »classicistes avec pteryges mixtes«, dont la datation flavienne est assurée. (Sur ces sculptures et les raisons qui permettent d'assurer leur datation cf. D. Ojeda, Un torso militar procedente de Italica, Madrider Mitt. 54, 2013, 382 s.) Le torse de Dresde partage de nombreuses affinités stylistiques avec elles. (Sur les notes stylistiques caractéristiques des statues militaires flaviennes cf. ibid.).

L'exégèse de la pièce est absente du catalogue. Un torse conservé à la Glyptothèque Ny Carlsberg (K. Stemmer, Untersuchungen zur Typologie, Chronologie und Ikonographie der Panzerstatuen [Berlin 1978] 63 cat. V12 pl. 39, 2) permet de reconstituer le motif décoratif de la cuirasse de Dresde: un couple de monstres marins montés par deux Érotes portant respectivement un aquila (K. Töpfer, Signa Militaria. Die römischen Feldzeichen in der Republik und im Prinzipat [Mayence 2011] 18–20) et un vexillum (ibid. 29–31. Les deux motifs peuvent être facilement reconnus dans V. Poulsen, Les portraits romains II [Copenhague 1974] pl. 41). La présence d'Érotes dans les statues militaires romaines est peu fréquente (je connais seulement trois autres statues décorées avec des Érotes. À leur propos cf. Ch. Landwehr, Die römischen Skulpturen von Caesarea Mauretaniae IV [Mayence 2008] 102–114 cat. 321 pl. 62–66; C. Márquez / J. A. Morena / A. Ventura, El ciclo escultórico del foro de Torreparedones [Baena, Córdoba]. Dans: F. Acuña / R. Casal / S. González [éd.], Escultura Romana en Hispania VII Homenaje al Prof. Dr. Alberto Balil [Saint-Jacques-de-Compostelle 2013] 359–361 pl. 6; A. Post, Römische Hüftmantelstatuen. Studien zur Kopistentätigkeit um die Zeitwende [Münster 2004] 475 s. cat. IX 10 pl. 49 a–b) et peut se justifier pour deux raisons: Éros était considéré comme le fils de Mars (Der Neue Pauly IV [1998] 89–91 s. v. Eros) et fut, dans l'antiquité classique, une divinité associée à la guerre (A. Greifenhagen, Griechische Eroten [Berlin 1957] 62 s.). Il est plus difficile d'expliquer la présence des deux monstres marins. Jusqu'à présent, il n'a pas été possible de déterminer s'il s'agit (a) d'une métaphore du voyage des âmes aux fortunatorum insulae (sur ce terme cf. H. Brandenburg, Meerwesensarkophage und Clipeusmotiv. Beiträge zur Interpretation römischer Sarkophagreliefs, Jahrb. DAI 82, 1967, 202) et de ce fait l'indication que le personnage représenté par la statue était décédé; (b) d'une allusion à un triomphe militaire maritime de l'effigie; (c) d'un motif décoratif sans connotation herméneutique spécifiques (sur ces problèmes cf. Stemmer, Panzerstatuen op. cit. 157). Seule la mise au jour de nouvelles statues militaires portant cette décoration et dont le portrait est conservé permettront d'avancer dans l'une de ces directions.

Des doutes peuvent être émis en relation avec d'autres détails du catalogue, comme par exemple:

Le lien entre le portrait d'Euripide du type Rieti et le monument des trois tragiques est-il certain? (pp. 63 s. cat. 2; p. 67 cat. 3. La position adoptée par R. Krumeich, Die ›lykurgische Tragikerweihung‹. Dans: Die griechische Klassik. Idee oder Wirklichkeit [Mayence 2002] 544, me semble plus sûre).

L'original grec des copies romaines des portraits de Sophocle du type Farnèse fut-il exposé à Athènes (p. 67 cat. 3)? Les sources littéraires n'offrent aucune information en ce sens (Vitarum Scriptores Graeci Minores. Sophoclis 42–44). Il n'est pas non plus possible d'assurer la datation de l'original durant l'époque classique (N. Himmelmann, Realistische Themen in der griechischen Kunst der archaischen und klassischen Zeit [Berlin 1994] 151. id., recension de P. Zanker, Die Maske des Sokrates, Bonner Jahrb. 195, 1995, 657).

Le portrait cat. 26 est-il réélaboré (pp. 145–147)? La réélaboration d'un portrait peut être assurée seulement lorsqu'il reste des traces de sa première version (K. Fittschen, recension de M. Prusac, From Face to Face. Recarving of Roman Portraits and the Late-Antique Portrait Arts, Journal Roman Arch. 25, 2012, 641).

Est-il pertinent d'utiliser la position des bras et des jambes pour classer les statues militaires romaines (pp. 281–284 cat. 63)? Cette méthode ne me paraît pas valide (D. Ojeda, Trajano y Adriano. Tipología estatuaria [Séville 2011] 138).

Bien qu'elles soient contestables, les réponses à ces questions n'impliquent pas de changements substantiels dans les analyses offertes par les auteurs du livre. Les bons résultats obtenus laissent présager le succès des futurs volumes de cette série (sur les prochains ouvrages cf. Bildwerke II op. cit. p. VIII s.).

Cologne   David Ojeda

Stefan Feuser, **Monopodia. Figürliche Tischfüße aus Kleinasien. Ein Beitrag zum Ausstattungsluxus der römischen Kaiserzeit.** Byzas. Veröffentlichungen des Deutschen Archäologischen Instituts Istanbul, Band 17. Verlag Ege Yayınları, Istanbul 2013. 285 Seiten, 37 schwarzweiße Tafeln.

Diese vom Autor in überarbeiteter Fassung vorgelegte Münsteraner Dissertation beschäftigt sich mit den plastisch verzierten Monopodia (einfüßigen Trapezophoren) kleinasiatischer Herkunft. Zwanzig Jahre nach dem Erscheinen der Monographie der Rezensentin, in der die entsprechenden Werke aus attischen und anderen lokalgriechischen Werkstätten behandelt werden (Th. Stefanidou-Tiveriou, Τραπεζοφόρα με πλαστική διακόσμηση. Η αττική ομάδα [1993]), vervollständigt diese Arbeit unser Bild von diesen Luxusobjekten der römischen Kaiserzeit. Im Rahmen des genannten Bandes habe ich Kriterien entwickelt, um die speziellen Charakteristika der attischen Werke zu bestimmen und diese von anderen Gruppen dieser Gattung abzusetzen, die ich überwiegend kleinasiatischen Werkstätten zuweise. Nun sind diese kleinasiatischen Tischfüße systematisch zusammengestellt und behandelt. Vollständigkeit konnte hierbei nicht erreicht werden, da »nicht die Magazine aller türkischen Museen systematisch durchgesehen werden konnten« (S. 2).

Die Untersuchung gliedert sich in acht Kapitel. In der Einleitung wird das Herkunftsgebiet der Objekte definiert, nämlich Kleinasien und die der Küste vorgelagerten Inseln. Darüber hinaus werden auch Exemplare von anderen Fundorten behandelt, wie etwa Italien und Griechenland, deren kleinasiatische Provenienz bereits erkannt ist. Die Objekte bestehen ausnahmslos aus Marmor und sind zwischen dem ersten und dem vierten nachchristlichen Jahrhundert entstanden. Angekündigt wird die Untersuchung der Trapezophoren als Bestandteile der Luxusausstattung von Räumen, in denen sie aufgestellt waren, sowie als Beispiele der kleinasiatischen Plastik, die so unsere Kenntnisse der Bildhauerkunst des kaiserzeitlichen Kleinasien erweitern. Die Lokalisierung der Werkstätten bildet hierfür eine wichtige Voraussetzung. Weitere zentrale Problembereiche bilden die Typologie, die Chronologie und die Ikonographie der Trapezophoren sowie ihr Vergleich mit den entsprechenden Objekten aus Italien und Griechenland. Was die bisherigen Forschungen zu den einfüßigen Trapezophoren anbelangt, so beschränkt sich der Verfasser im Wesentlichen auf die nach meiner Monographie erschienenen Arbeiten, bezieht aber auch Untersuchungen zu anderen Kategorien von Tischfüßen mit ein. Ein Blick auf die Forschungsgeschichte zum Ausstattungsluxus römischer Zeit beschließt die Einleitung. Genannt werden hier Monographien und Einzeluntersuchungen, die sich mit verschiedenen Objektgattungen aus dem genannten Bereich beschäftigen, die uns bisher nur aus Italien bekannt sind. Die Untersuchung einer Gruppe entsprechender Objekte aus dem östlichen Mittelmeerraum war dagegen bisher kaum Gegenstand der Forschung.

Im zweiten Kapitel fasst der Verfasser zunächst zusammen, was bereits über die Fundorte und die Funktion der einfüßigen Tischstützen im italischen Raum bekannt ist, und wendet sich dann den kleinasiatischen Monumenten zu. Die Suche nach Belegen für die Verbindung der Tischfüße mit bestimmten Räumen erweist sich dabei als wenig ergiebig, da viele dieser Skulpturen in spätantiken Schichten (viertes bis siebtes Jahrhundert) gefunden wurden und zudem nicht sicher gesagt werden kann, ob sie in dieser Zeit in allen Fällen noch die ursprüngliche Funktion besaßen. Gleichwohl kann die Gattung der Tischfüße mit Wohnhäusern, Thermenanlagen und Nymphäen verbunden werden.

Was die Funktion der einfüßigen Stücke anbelangt, so zieht der Autor zusätzlich Hinweise heran, vor allem Symposiondarstellungen aus den nordwestlichen Provinzen (entsprechendes Material aus dem Gebiet Kleinasiens ist nicht bekannt), die das anhand der bisher bekannten Monumente gewonnene Bild bestätigen. Die neuerliche Untersuchung der bekannten Quellen führt dagegen in dieser Frage zu keinen neuen Ergebnissen. Der Autor gelangt letztendlich zu dem bereits bekannten Ergebnis, dass die Trapezophoren im privaten Bereich vor allem dazu verwendet wurden, Utensilien des Besitzers aufzustellen bzw. zu präsentieren, die bei Symposien benutzt wurden (vgl. Stefanidou-Tiveriou a. a. O. 58–64, dort auch zum hellenistischen Ursprung dieser Gewohnheit).

Feuser zieht die Verwendung dieser Möbelstücke in Heiligtümern und Nekropolen in Zweifel. Es sind jedoch eindeutige Hinweise für eine Herkunft aus Heiligtümern sowie einige weniger klare für die Benutzung im Grabzusammenhang bekannt geworden (Stefanidou-Tiveriou a. a. O. 67 f.), die durch einen

Neufund, einen Tischfuß mit Schaftträger aus der Nekropole von Thessalonike (A. Drandaki / D. Papanikola-Bakirtzi / A. Tourta [Hrsg.], Heaven and Earth. Art of Byzantium from Greek Collections, Austellungskatalog, Benaki-Museum Athen [Athen 2013] 64 Kat. 10 [A. Tzitzibassi]) bekräftigt werden. Die Suche nach der Herkunft der einfüßigen geschmückten Trapezophoren führt den Autor nach einer relativ summarischen Argumentation in die hellenistische Welt. Die Entwicklungsstadien dieses Typus, ausgehend von den schlichten unverzierten Pfeilerstützen (Delos), über mit Hermenstelen und Mischwesen (Delos, Pergamon) geschmückten, hin zu den mit ganzfigurigen Gestalten ausgestatteten Exemplaren (Stefanidou-Tiveriou a. a. O. 28–40; 302 f.) werden allerdings nicht klar nachgezeichnet. Der Autor nimmt die Trapezophoren mit Hermenpfeilern ausdrücklich nicht in seinen Katalog auf, hätte sie allerdings, was die Herkunft und die Entwicklung des Typus anbelangt, unbedingt berücksichtigen müssen.

Im dritten Kapitel werden Probleme der Typologie und der Chronologie behandelt. Von wenigen Ausnahmen abgesehen beträgt die Höhe der vollständig erhaltenen Stützen von knapp über 90 bis zu 120 Zentimeter. Sie sind sämtlich aus gewöhnlich weißem und seltener aus farbigem Marmor gearbeitet, und zwar entweder aus schwarzgrauem Stein oder aus Pavonazzetto. In sechs Fällen stammt der Marmor wahrscheinlich von der Insel Prokonnesos, wie Isotopenanalysen zeigen, während der Autor in den übrigen Fällen darauf verzichtet, sich auf makroskopische Untersuchungen zu stützen. Ich halte diese Vorsicht allerdings für übertrieben, zum einen, weil die kleinasiatischen Marmorsorten inzwischen relativ gut bekannt sind, und zum anderen, weil zur Ermittlung ihrer Herkunft auch die typologischen und stilistischen Charakteristika ihres Schmucks hätten herangezogen werden können. Die typologische Gliederung der Basen der Monopodia in vier Grundtypen und zwei Gruppen sowie der Vorschlag, diese Gruppen mit unterschiedlichen Werkstätten zu verbinden, sind in groben Zügen überzeugend. Die Stützen besitzen einen rechteckigen oder runden Querschnitt sowie in der Oberseite in der Regel eine Eintiefung für die Befestigung der Tischplatte.

Die Datierung einer Gruppe von Trapezophoren vor allem anhand der flachen, plinthenförmigen Basis ins erste und in die erste Hälfte des zweiten Jahrhunderts (S. 43 f.) mag in einigen Fällen zutreffen, kann aber für die Gesamtzahl nicht als gesichert gelten, zumal dieses Kriterium nicht für die Trapezophoren aus Griechenland gilt. Die Trapezophoren, die tektonisch gegliederte Basen besitzen, bieten damit gewisse Kriterien für die Datierung, da sie offenbar eine Entwicklung durchlaufen. So lässt sich beim Typus C, aber auch beim Typus D, eine Entwicklung von einer zunächst breiteren (z. B. Kat. 3, 4, 66) zu einer schmaleren Wandung (Kat. 33, 68, 77) feststellen. Wenn dies zutrifft, dann kann Kat. 68 (dem Autor zufolge aus der ersten Hälfte des dritten Jahrhunderts) nicht früher als Kat. 33 (vom Autor in die Mitte dieses Jahrhunderts datiert) angesetzt werden. Den außerordentlich qualitätvollen Trapezophor Kat. 33 datiere ich aufgrund seines Verhältnisses zu den Sarkophagen der kleinasiatischen Hauptgruppe, das der Autor ebenfalls sieht, um 170 n. Chr. Die klassischen Proportionen der Figur können nicht mit dem mittleren dritten Jahrhundert verbunden werden, da die Figuren in dieser Zeit außerordentlich stark überlängt sind. Die gitterartige Struktur der dionysischen Darstellung, auf die sich der Autor beruft, kann zwar wahrscheinlich als Datierungskriterium herangezogen werden, sicherlich aber nicht als einziges (und dasselbe gilt natürlich auch für ihre Abwesenheit). Was das Datierungsproblem im Allgemeinen anbelangt, so wird deutlich, dass es zur Zeit noch sehr schwierig ist, für die kleinasiatischen Trapezophoren ein sicheres chronologisches Gerüst zu entwickeln, was im Übrigen für jede Werkstatt getrennt geschehen müsste. Abgesehen von der Werkstatt der Prokonnesos können heute allerdings nur sehr wenige Exemplare bestimmten Werkstätten zugewiesen werden. Im Falle dieser homogenen und zahlenmäßig umfangreichen Gruppe ist es möglich, die stilistische Entwicklung zu verfolgen und damit einen Rahmen für die relative Datierung der betreffenden Werke abzustecken. Die absolute Datierung bleibt dagegen selbst unter Heranziehung zum Beispiel der Sarkophage der Hauptgruppe problematisch. Zumindest einige Datierungen des Autors halte ich für viel zu spät (etwa Kat. 14, 78 und 148: zweite Hälfte des dritten Jahrhunderts). Es müssten äußerlich datierte Exemplare aufgespürt werden, die es sicherer als mit Hilfe der Stilanalyse ermöglichen würden, den Beginn und das Ende der Produktion zu datieren. Sicher scheint jedenfalls, dass die spätesten Exemplare zumindest noch in der zweiten Hälfte des vierten Jahrhunderts entstanden sind (so Kat. 84, 113 und 133, aber auch Kat. 10; der Autor datiert sie in die erste Hälfte des vierten Jahrhunderts.

Das vierte Kapitel weckt besonderes Interesse. Der Autor unterscheidet drei große Werkstätten, wobei dieser Begriff im Sinne von ›Produktionsstätte‹ verwendet wird. Dies bedeutet allerdings nicht, wie er anmerkt, dass es nicht noch zahlreiche weitere kleinere lokale Werkstätten gegeben hätte. Bei diesen großen Ateliers handelt es sich um diejenigen von Dokimeion, Aphrodisias und Prokonnesos. Die jeweiligen Kapitel beginnen mit Bemerkungen über die Ausbeutung der Marmorvorkommen des entsprechenden Gebiets und des Produktionsumfangs, woran sich ein Überblick über Art und Umfang der Herstellung der Tischfüße anschließt. Aus Dokimeion stammt der einzige unfertig gebliebene Trapezophor des Katalogs (Kat. 127). Die Kriterien für die Zuweisung von Einzelstücken an die Werkstatt von Dokimeion (fünfundzwanzig Exemplare) sind nicht sehr scharf umrissen, doch erweist sich der Typus der in Kapitel 3.1.3 beschriebenen Basis, die mit ihnen verbunden, aber nicht in allen Fällen erhalten ist, als hilfreich. Die Marmorsorte wird vom Autor nicht berücksichtigt. (So fragt man sich, weshalb etwa der aus Pavonazzetto gearbeitete Trapezophor von Samos Kat. 107 nicht der Werkstatt von Dokimeion zugeschrieben wird.) Zumindest in einigen Fällen sind es die stilistischen Charakteristika, die bei der Zuweisung helfen können (etwa Kat. 33 oder 79).

Im Fall der Werkstatt von Aphrodisias ist die Zahl der Stücke zwar geringer (bei elf Beispielen findet sich im Katalog der Hinweis »Werkstatt: Aphrodisias«), doch treten die speziellen Charakteristika der Gruppe deutlicher hervor, die vor allem in der Form der Basis und der häufig kannelierten Stütze zu erkennen sind. Außerdem besitzen wir Beispiele, die aus Aphrodisias selbst stammen und in dem lokalen Marmor gearbeitet sind. Es wird bedauerlicherweise nicht auf die Frage eingegangen, ob die aus Ephesos oder aus anderen Orten stammenden Exemplare, die Aphrodisias zugewiesen werden, aus dem Marmor gearbeitet sind, der von dieser Werkstatt verwendet wird. Die Verbreitung der Produkte der beiden genannten Werkstätten ist nicht sehr groß, doch sind Trapezophoren aus Dokimeion, wenn auch nur in geringer Zahl, auch außerhalb des kleinasiatischen Raumes gefunden worden, nämlich in Griechenland und Italien, was ja auch für in dieser Werkstatt hergestellte Sarkophage gilt. Demgegenüber haben die aus Aphrodisias stammenden Trapezophoren eine erheblich geringere Verbreitung gefunden. Nach der Einschätzung des Autors werden Tischfüße von diesen beiden Werkstätten nicht über die Mitte des dritten Jahrhunderts hinaus produziert (zur Möglichkeit, dass einige Exemplare aus der Werkstatt von Dokimeion später zu datieren sein könnten, s. Th. Stefanidou-Tiveriou, Arch. Ephem. 1989, 50, 56 ff.).

Auf festerem Boden bewegen wir uns im Fall der Gruppe von Trapezophoren, die seit den achtziger Jahren sicher mit der Werkstatt von Prokonnesos verbunden wird. Die siebenundfünfzig im Katalog angeführten Stücke (deren Zahl noch vergrößert werden kann, wie etwa durch das oben genannte Exemplar aus Thessalonike) zeichnen sich durch typologische und stilistische Homogenität aus und zeigen überwiegend vier Themen, Bellerophon, Orpheus, einen Schaftträger und Herakles. Die charakteristische kleine Basis (Typus D) mit der zusätzlichen Plinthe, die einen besseren Stand gewährleistet, fehlt bei einigen wenigen Beispielen, die der Autor als Ausnahmen betrachtet (Kat. 14, 78 und 154, denen noch Kat. 142 hinzuzufügen ist). Tatsächlich handelt es sich bei diesen sicher um die frühesten Beispiele dieser Gruppe, wobei die erhaltene Basis dem Typus C angehört, aus dem sich meines Erachtens der Typus D entwickelt hat. Diese Beispiele müssen folglich, aber auch aus stilistischen Gründen, vor der zweiten Hälfte des dritten oder der ersten Hälfte des vierten Jahrhunderts angesetzt werden; meines Erachtens sind sie vor der Mitte des dritten Jahrhunderts entstanden. Die Herkunft des Marmors von der Insel Prokonnesos ist durch an einigen Beispielen durchgeführte Analysen bestätigt, wurde aber aufgrund makroskopischer Beobachtungen bereits auch für andere Beispiele vorgeschlagen (Th. Stefanidou-Tiveriou, Τραπεζοφόρα του Μουσείου Θεσσαλονίκης [1985] Kat. 4, 25 und 26).

Was die Frage nach der genauen Lokalisierung der Produktionsstätte dieser Werke anbelangt – bemerkenswerterweise sind von der Insel selbst bisher nur unvollendete Exemplare beziehungsweise Halbfabrikate bekannt geworden –, so nimmt der Autor an, dass sie »in unmittelbarer Nähe zu den Steinbrüchen« (S. 67) gesucht werden müsste. Es kann jedoch nicht ausgeschlossen werden, dass sich die Werkstatt in der weiteren Umgebung befand, etwa in Bithynien oder in Byzanz. Die weite Verbreitung dieser Werke vor allem im östlichen Mittelmeerraum ist in der Tat eindrucksvoll. Die Verbindungen, die zwischen dieser Gruppe und den Werken aus Dokimeion festzustellen sind, führen den Autor zu der Vermutung, dass aus Dokimeion stammende Bildhauer auf Prokonnesos gearbeitet hätten. Hierfür spricht auch, dass die Basis des Typus C (der Trapezophoren aus Dokimeion) von Beispielen der Prokonnesos übernommen wurde und sich dann, wie oben bereits angemerkt, zum Typus D weiterentwickelte.

Ein letztes Problem bildet die Frage nach der Dauer der Produktion, die offenbar nicht über die zweite Hälfte des vierten Jahrhunderts hinausgeht. Änderungen in der Ausstattung der Symposionräume, aber auch hinsichtlich der Vorliebe für bestimmte Kunstgattungen bei der Ausschmückung der Wohnräume, haben wahrscheinlich zum Ende der Produktion solcher plastischen Werke geführt, die aber dennoch weiter benutzt werden. Abschließend nimmt der Autor an, dass im kleinasiatischen Raum auch attische Trapezophoren verwendet wurden (S. 73), was allerdings noch eingehender begründet werden müsste.

Das fünfte Kapitel ist der Ikonographie gewidmet und nach Themenkreisen gegliedert, welche dionysische, mythologische, »realistische«, bukolische und der Meereswelt entnommene Motive zusammenfassen; hinzu kommt mit der Jonaslegende noch ein christliches Thema. Die eingehende, detaillierte Behandlung dieser Themenfelder zielt darauf ab, die Vorbilder der Darstellungen zu ermitteln. Diese können in zeitgenössischen Werken vorliegen, wie etwa Sarkophagen, oder in älteren Schöpfungen, wie Rundplastiken der spätklassischen und hellenistischen Zeit, aber auch in solchen anderer Gattungen, wie zum Beispiel Wandmalereien und Mosaiken.

Parallel hierzu bemüht sich Feuser um eine ikonologische Interpretation, wobei die Wahl eines Themas zur Funktion der Stücke als Ausstattungsobjekte in Beziehung gesetzt wird, die vor allem mit dem Symposion und den damit zusammenhängenden Genüssen in Zusammenhang stehen. Im Fall der besonders in der Spätantike beliebten, bereits genannten Themen Bellerophon, Orpheus und Schaftträger ist ihre Bedeutung notwendigerweise mit ihrem allegorischen Gehalt verbunden.

Der Autor geht davon aus, dass sämtliche Trapezophoren ohne Ausnahme mit dem Wohnbereich zu verbinden sind. Die Hinweise für die Verwendung einiger von ihnen innerhalb von Nekropolen sind zwar spärlich, doch ist diese zumindest in einem Fall gesichert (s. o.). Jedenfalls hätten diese allegorischen Motive, die ausschließlich von der prokonnesischen Werkstatt verwendet wurden, meines Erachtens nicht im Zusammenhang mit der Gesamtheit der übrigen Themenkreise behandelt werden dürfen. Eben aufgrund dieser Gesamtbetrachtung erscheinen in der Grafik Abbildung 9 die mythologischen und die bukolischen Motive als besonders zahlreich, da ihnen die Bellerophon- und Orpheusdarstellungen ebenso eingegliedert werden wie diejenigen des Schaftträgers. Mit dieser Methode gewinnen wir kein klares Bild hinsichtlich der Verteilung und der Bedeutung der traditionellen Motive, und zugleich beraubt sich Feuser der Möglichkeit, die ikonographischen Themen der Spätantike als einheitlichen Komplex zu untersuchen und zu deuten.

Es kann als sicher gelten, dass sich in ihnen eine gänzlich anders geartete Mentalität (s. u.) und vielleicht auch eine veränderte Funktion der mit plastischem Schmuck versehenen Ausstattungsobjekte widerspiegeln. Sogar das Motiv des gelagerten Herakles muss vielleicht unter einem veränderten Blickwinkel betrachtet werden. Die Gestalt des Jonas schließlich wird als christliches Motiv getrennt von allen anderen behandelt, obwohl es Hinweise dafür gibt, dass auch mit anderen Themen geschmückte Trapezophoren in christlichen Zusammenhängen verwendet wurden. Außerdem ist auf einem Trapezophor von der Krim noch ein weiteres biblisches Thema erkannt worden, nämlich das Opfer des Abraham (Stefanidou-Tiveriou 1993 a. a. O. 70–73). Ein Nachteil der ikonologischen Interpretation ist darin zu erkennen, dass sie für jedes Thema getrennt durchgeführt wird, was zur Folge hat, dass sich kein klares Gesamtbild ergibt. Anders dagegen meine von Feuser übergangene Analyse (Stefanidou-Tiveriou 1993 a. a. O. 191–208), die sich dem Deutungsproblem ganzheitlich und zeitübergreifend annähert (dort auch ausführlich zur Deutung der Gestalt des Orientalen, der nicht als Attis [S. 140], sondern als barbarischer Diener gedeutet wird, genauso wie von Rolf Michael Schneider [S. 140 Anm. 794]).

Im sechsten Kapitel werden zunächst die Ergebnisse hinsichtlich der Datierung, der zahlenmäßigen Verteilung und des Motivschatzes im Vergleich mit den aus anderen Landschaften stammenden Trapezophoren (Italien und Griechenland) dargestellt. Die auf der Grundlage der bekannten Exemplare getroffene Feststellung, dass die Produktion der griechischen Werkstätten umfangreicher sei, überrascht den Autor, der den Grund hierfür in der Produktion selbst erkennt; er räumt allerdings die Möglichkeit ein, dass sich zusätzliches, noch nicht bekannt gewordenes Material in den türkischen Museumsmagazinen befinden könnte. Wenn man nicht nur die längere Produktionsdauer, sondern auch die Größe Kleinasiens und die Zahl der Werkstätten in Rechnung stellt, so halte ich es für sehr viel wahrscheinlicher, dass unsere Kenntnisse sehr lückenhaft sind gegenüber dem Material aus Griechenland, aber auch aus Italien, wo diese Gattung offenbar weniger verbreitet war und im Verlauf des zweiten Jahrhunderts ganz verschwand. Die Diskussion über die Objekte des Ausstattungsluxus in Italien und die Befunde, die sich aus der Betrachtung anderer Arten von Tischen und Gerätschaften aus dieser Landschaft ergeben, kann nicht problemlos auf die im Osten festzustellenden Gegebenheiten übertragen werden, da zahlreiche Kategorien von Marmorobjekten ausschließlich im italischen Bereich begegnen (Kandelaber, Puteale, Oscilla) und andere, die auch im Osten belegt sind (wie mit Tierprotomen verzierte Füße von drei- und vierbeinigen Tischen), noch nicht untersucht sind. Der Autor nimmt an, dass sich die Entwicklung der Wohnkultur im Osten in anderer Weise vollzogen hat als in Italien, eine Schlussfolgerung, die nach dem heutigen Wissensstand überzeugt.

Einleuchtend ist nach dem derzeitigen Stand der Forschung auch die Darstellung des Autors, dass der Wandel der bei den Trapezophoren verwendeten Themen mit entsprechenden Veränderungen bei anderen der Wohnungsausstattung dienenden Gattungen zusammengeht, wie Wandmalereien und Mosaiken, und den Übergang von der Auffassung der Wohnung als Ort des Otiums zu derjenigen als Ort der Selbstdarstellung des Hausherrn widerspiegelt (es ist allerdings festzuhalten, dass die bei den älteren Trapezophoren in Italien und Kleinasien verwendeten Dienerfiguren im dritten und vierten Jahrhundert nicht mehr begegnen). Mit diesem seit dem dritten Jahrhundert festzustellenden Wandel der Wohnkultur gehen entsprechende Veränderungen sowohl in der Grabkunst als auch in der kaiserlichen Repräsentation zusammen, ein Phänomen, das durch die während dieses Jahrhunderts zu beobachtenden Veränderungen in den gesellschaftlichen Strukturen ausgelöst wurde. Parallel hierzu werden die traditionellen Motive nicht aufgegeben, und ältere rundplastische Vorbilder werden wieder aufgegriffen sowie in neuen Zusammenhängen eingesetzt.

Der Katalog der Arbeit (Kapitel 8) kann bedauerlicherweise nicht als Corpus der kleinasiatischen Trapezophoren angesehen werden, da das erhaltene Material sehr wahrscheinlich erheblich umfangreicher ist als das im Katalog aufgenommene, nämlich 176 Exemplare, von denen 144 abgebildet werden. Die überwiegende Zahl dieser Stücke war bereits bekannt und wurde teilweise kleinasiatischen Werkstätten zugewiesen. Von den zusammengestellten Werken waren lediglich sechzehn, von denen wiederum nur acht abgebildet sind, der Forschung gänzlich unbekannt. Es hätte schließlich der besseren Benutzbarkeit der Arbeit gedient, wenn ihr zusätzlich zum Museumsverzeichnis noch ein Sachregister beigegeben worden wäre.

Ziele der Arbeit sind die systematische Scheidung der hauptsächlichen Werkstattgruppen sowie die Beschreibung ihrer Charakteristika. Die Beweisführung hinsichtlich der Typologie und des Entwicklungsverlaufs weist allerdings einige Lücken auf, was sich in bestimmten Fällen auf deren Datierung auswirkt. Ein Desiderat bleibt außerdem die Bestimmung der verwendeten Marmorsorten. Das Gebiet Kleinasiens ist zugegebenermaßen riesig, was die Untersuchungen zur Produktion der Tischfüße und der Skulpturen im Allgemeinen erheblich erschwert. Ich halte es für sehr wahrscheinlich, dass in Zukunft noch weitere Werkstattgruppen erkannt werden können, eine Vermutung, die sich auf die Kenntnisse stützen kann, die sich die Forschung im Fall der Sarkophage dieses Gebiets erworben hat. Die ikonographische Vielfalt der Werke spiegelt sich wohl in ausreichendem Maße im Katalog wider, so dass es wenig wahrscheinlich ist, dass sich das allgemeine Bild in der Zukunft grundlegend verändern wird. Der vom Autor geleistete Beitrag zur ikonographischen Analyse und zur ikonologischen Einschätzung der Darstellungen verdient Anerkennung, wobei hinsichtlich der Letzteren zu kritisieren ist, dass jedes Thema getrennt und nicht die Gesamtheit behandelt wird.

Die Unterschiede zwischen den verschiedenen Kunstlandschaften im Römischen Reich treten durch die Diskussion der letzten Jahrzehnte immer deutlicher hervor. Stefan Feuser hat mit der Vorlage der kleinasiatischen Trapezophoren einen wichtigen Beitrag dazu geleistet.

Saloniki					Theodosia Stefanidou-Tiveriou

Rom und die Provinzen

Simon Keay (Herausgeber), **Rome, Portus and the Mediterranean.** Archaeological Monographs of the British School at Rome, Band 21. Selbstverlag der British School at Rome, London 2012. XVIII und 454 Seiten mit 158 schwarzweißen Abbildungen, 14 farbige Tafeln, 35 Tabellen.

Der vorliegende Band geht aus einer 2008 an der British School at Rome im Rahmen des Roman Ports Projects der Universität Southampton abgehaltenen Konferenz hervor. Dieses Nebenprojekt des bekannten Portus Project, welches die britische Hafenforschung seit Ende der neunziger Jahre dominiert, ging Anfang 2013 in einem vom European Research Council finanzierten Großvorhaben zu römischen Hafenanlagen im gesamten Mittelmeerraum auf, an dem auch deutsche Institutionen beteiligt sind (www.southampton.ac.uk/mediacentre/news/2013/oct/13_190.shtml). Im Zeitalter der wiederentdeckten Hafenforschung – hier sei beispielhaft nur auf das von der Deutschen Forschungsgemeinschaft geförderte Schwerpunktprogramm ›Häfen‹ verwiesen – ist ein derartiger Band natürlich von großem wissenschaftlichen Interesse; zugleich läuft er allerdings Gefahr, äußerst schnell zu altern, hat sich die Forschung doch in diesem Feld in den Jahren seit der Erscheinung 2012, insbesondere aber seit 2008, rasant weiterentwickelt.

Exemplarisch zeigt sich dies letztlich in der Thematik des Bandes: Während die derzeitige deutsche Forschung sich unter anderem mit Fragen der Hafenterminologie, Wechselwirkungen zwischen Hafenbau und Topographie und dem Erstellen kulturgeschichtlicher Entwicklungsmodelle befasst, steht im Zentrum des Vorliegenden eindeutig die Grundsteinlegung für das mittlerweile bewilligte Southamptoner Flagschiffprojekt, welches sich der Erforschung von Kapazitäten und Beschaffenheit ausgewählter römischer Häfen und der Rekonstruktion römischer Seehandelsnetzwerke widmet. Dies kommt der in Deutschland stattfindenden Analyse wichtiger Wirtschafts- und Verkehrsräume zwar nahe, der Arbeitskreis um Simon Keay befasst sich jedoch mit wenigen Ausnahmen entweder mit rein maritimen Netzwerken, einzelnen Hafenanlagen oder bestimmten Handelswaren (Amphoren, Keramik, Marmor) und deren Verbreitung. Hierzulande wird hingegen insbesondere die Rolle von Häfen als Schnittstellen zwischen Transport und Handel an Land und auf See erforscht. Aus zeitgenössischer deutscher Sicht möchte man folglich beinahe schließen, im hier Besprochenen ginge es gar nicht primär um Hafenforschung, sondern vielmehr um traditionelle wirtschaftsarchäologische Ansätze.

Ein derartiger Schluss wäre allerdings nur bedingt haltbar. Die Konferenz in Rom markierte für Keay und seine Forschergruppe den ersten großen Schritt von langjährigen Forschungen in Portus, Ostia und dem römischen Hinterland zu mittelmeerweiten Netzwerkanalysen, gleichzeitig auch zu einer Annäherung der Southamptoner Forscher an das Netzwerk des Oxford Roman Economy Project (OXREP, www.romaneconomy.ox.ac.uk). Dies spiegelt sich klar in der Struktur des Bandes wider, die mit Beiträgen zu ›Portus and Ostia‹ (S. 33–126) beginnt und sich nach einem Exkurs zu ›Ships and Navigation‹ (S. 127–176) über regionale Schwerpunktkapitel (›Italy and Sicily‹ S. 177–224; ›Hispaniae‹ S. 225–314; ›Africa‹ S. 315–336; ›The East‹ S. 337–366) zu ›Broader Issues‹ (S. 367–422) wie ›Mediterranean Connectivity‹, ›The Archaeological Residue of Networks‹ und ›Computational Methods on the Roman Port Networks Project‹ hangelt. Diese sieben Hauptsektionen des Bandes beinhalten, neben einer Einleitung, zweiundzwanzig als »chapters« betitelte Beiträge, die sich anhand von Fallbeispielen mit den obigen Themen befassen.

Die Einleitung des Herausgebers selbst (S. 1–29) bietet einen detaillierten und kommentierten Überblick über diese Beiträge. Im Wesentlichen werden dabei der Aufbau der Publikation erklärt und die Relevanz einzelner Beiträge für die Forschungen in Portus unterstrichen. Diese Seiten bieten somit eine willkommene Navigationshilfe für den Rest des Bandes sowie eine interessante Zusammenfassung der Forschungsgeschichte von Portus und der von Southampton und Oxford ausgehenden Seewirtschaftsforschung. Klar im Vordergrund stehen hierbei die Schlagwörter ›Connectivity‹, ›Hierarchies‹ und ›Networks‹.

Die erste Sektion zu ›Portus and Ostia‹, mit Beiträgen zum Hafensystem Roms aus der Feder des Herausgebers (S. 33–67), zur Rolle von Portus im Marmorhandel von Patrizio Pensabene (S. 69–86), zu Amphoren in Rom und Ostia von Giorgio Rizzo (S. 87–103) und zu Verlauf und Schiffbarkeit des Tibers in der Antike von Antonio Aguilera Martin (S. 105–123), liefert das Kernstück des Bandes im Sinne des Titels, also einen detaillierten Überblick über die jüngere Hafenforschung in Ostia, Rom und Portus.

Hierbei besticht insbesondere der differenzierte und weitreichende Beitrag von Keay, der nicht nur die Hafenanlagen Roms (im weitesten Sinne) summarisch vorstellt und diskutiert, sondern auch in einen regionalen Rahmen setzt. Dieser Ansatz wird durch den Beitrag Aguilera Martins ideal ergänzt, da Fragen der Schiffbarkeit des Tiber essentiell für das Verständnis der Rom bedienenden Häfen sind. Die beiden anderen Beiträge sind interessante und wichtige Studien zum Marmorhandel und zur Aussagekraft von Amphoren; es ist jedoch nur bedingt nachzuvollziehen, warum sie an genau dieser Stelle des Bandes erscheinen.

Der zweite Teil, ›Ships and Navigation‹, besteht aus drei Beiträgen zu wechselnden Seerouten von und nach Portus (Pascal Arnaud, S. 127–146), der Rolle kleiner Inseln als Handelspunkte und Häfen (Timothy Gambin, S. 147–151) und einer Analyse von Schiffswracks zur Rekonstruktion von Seerouten (Giulia Boetto, S. 153–173). Die »Ships« des Abschnitttitels kommen insgesamt etwas zu kurz – mit Ausnahme einer neueren Formrekonstruktion einer in Fiumicino gefundenen Navis caudicaria im Beitrag von Boetto. Der Beitrag von Gambin diskutiert in aller Kürze die eigentlich recht evidenten Nutzungsmöglichkeiten von kleinen Inseln als Navigationshilfen, Zwischenstationen, Handelsposten und Piratennester. Das zentrale Kapitel hier ist ohne Frage Arnauds hochinteressante und komplexe, daher aber auch nicht immer einfache Analyse wechselnder Handelsrouten im westlichen Mittelmeer, für deren Verständnis wenigstens eine Grundkenntnis nautischen Kartenmaterials sicher hilfreich ist.

Die Regionalkapitel des Bandes beginnen mit Studien zu Italien und Sizilien, welche jedoch im Rahmen des Anspruches des Bandes eher mager ausfallen. Einer Untersuchung des Wirtschaftssystems im antiken Sizilien anhand keramischen Materials (Daniele Malfitana und Carmela Franco, S. 177–204) folgt eine Entwicklungsstudie der Hafenstadt Classe bei Ravenna (Andrea Augenti und Enrico Cirelli, S. 205–221). Der Leser kann sich hier nicht des Gefühls erwehren, dass es auch 2008 in Italien bereits eine deutlich größere Anzahl von eventuell relevanteren Projekten gegeben hat, die hier nicht berücksichtigt werden. Gleiches gilt für den Regionalteil zu ›Africa‹, der mit keiner einzigen Hafenstudie aufwartet, sondern ›nur‹ aus einem – allerdings detaillierten und hochinteressanten – Aufsatz zur nordafrikanischen Keramikproduktion und deren Transportwegen in das gesamte Reich besteht (Michel Bonifay und Andre Tchernia, S. 315–333). Auch möchte man in Frage stellen, ob der Stand der Forschung zu Häfen und Handelswegen im ›Osten‹ des Reiches zum Zeitpunkt des Erscheinens des Bandes mit drei Beiträgen zur Methodik von Keramikuntersuchungen in Ägypten (Roberta Tomber, S. 337–346), zu Seehandelsnetzwerken im Roten Meer (David Peacock, S. 347–353) und zu den Häfen von Ephesos und Smyrna und ihrer Rolle in der Marmorverbreitung während der Kaiserzeit (Paolo Barresi, S. 355–364) wirklich zusammengefasst wurde. Diese Kritik sollte jedoch keinesfalls davon ablenken, dass die einzelnen Beiträge äußerst wertvoll für deren jeweilige Forschungsbereiche sind.

Einen deutlichen Kontrast bieten die Studien zu den iberischen Provinzen (›Hispaniae‹). Fünf Beiträge liefern eine breite Übersicht der relevanten zeitgenössischen Forschung in Spanien. Diese beinhaltet sowohl Einzelstudien zu bestimmten Häfen unter Einbeziehung weiterreichender Einflussgebiete (Gades, Dario Bernal Casasola, S. 225–244; Hispalis, Enrique Garcia Vargas, S. 245–266), eine Untersuchung der Handelswege innerhalb einer Region (Baetica, José Remesal Rodriguez, S. 267–279) und Forschungen zu reichsweiten Handelsnetzwerken (Marmor aus der Baetica, José Beltrán Fortes, S. 281–291; Luni-Carrara-Marmor an der Spanischen Mittelmeerküste, Anna Gutiérrez Garcia-Moreno und Isabel Rodà de Llanza, S. 293–312). In diesem Teil des Bandes werden so beispielhaft einzelne Schlüsselhäfen untersucht, innerhalb eines größeren geographischen Rahmens kontextualisiert und erkannte Handelsmuster anhand einer ›Materialgattung‹ (hier Marmor) sowohl im Import als auch im Export untersucht. Das Format ist erfolgreich und überzeugt. Es unterstreicht dadurch allerdings umso mehr, welche fachliche Tiefe in den anderen Regionalkapiteln nicht erreicht wird.

Der letzte Teil des Bandes, ›Broader Issues‹, setzt sich mit methodischen und theoretischen Ansätzen auseinander. Andrew Wilson, Katia Schörle und Candace Rice entwickeln Konnektivitätsfragen im Mittelmeerraum, die anhand nordafrikanischer Amphoren, gestempelter Ziegel (wohl als Rückladung oder Ballast) und Glas analysiert werden (S. 367–391). Trotz des Anspruchs, den gesamten Mittelmeerraum zu behandeln, liegt der Fokus klar auf Nordafrika. Anhand der Materialgattungen werden Seehandelsnetzwerke erarbeitet, innerhalb derer Hierarchisierungen von Häfen erstellt werden. Durch diesen Ansatz kann die in der englischen Forschung seit den achtziger Jahren diskutierte Ostwesttrennung der Handelszonen Nordafrikas für Amphoren zwar nachvollzogen, anhand anderer Gattungen und der rekonstruierten Handelswege aber klar widerlegt werden. Für Wirtschafts- und Seehandelsnetzwerkforscher bietet der Beitrag ohne Zweifel hochinteressante Überlegungen und Ansätze; es erscheint aber fraglich, ob diese sich ohne Weiteres in andere Regionen der antiken Welt mit weniger vollständigen Datensätzen übertragen lassen. Hier fällt insbesondere auf, dass die detaillierteste Hierarchiediskussion dieses Beitrags sich nicht mit nordafrikanischen Häfen befasst, sondern die italienische Küste zwischen Cosa und Puteoli untersucht – was dem methodischen Argument allerdings in keiner Weise abträglich ist.

Auch der Beitrag von Jeroen Poblome, Philip Bes und Rinse Willet widmet sich einer theoretisch-methodischen Fragestellung, der archäologischen Greifbarkeit von Netzwerken anhand keramischen Materials (S. 393–401). Das belgische Forscherteam nutzt Daten aus Böotien (Tanagra) und Pisidien (Sagalassos), um über Tonarten und Keramikverbreitung Handelsnetzwerke zu rekonstruieren. Der Ansatz ist durchaus ansprechend, und die vorgestellten Ergebnisse überzeugen. Allerdings befassen sich die wesentlichen Untersuchungen allesamt mit spätantikem Material und Netzwerken, die sich primär auf Konstantinopel beziehen. Ein Bezug zu Rom und Portus ist also nur bedingt erkennbar.

Der Beitrag von Christophe Morgange, Nick Marringer and Guenaelle Bony über französische Geoarchäologie in Küstengebieten (S. 403–409) fasst kurz den Forschungsstand an der Mittelmeerküste Frankreichs zusammen. Trotz der Fokussierung auf die Hafenanlagen von Forum Iulii (Frejus) sind die interessantesten Ergebnisse dieses Beitrags keinesfalls in der Antike zu finden, sondern im späten Neolithikum und den frühen Metallzeiten. Auch die Ausweitung auf die Arbeiten Alain Vérons in Alexandria gegen Ende des Beitrags bringt primär den durchaus interessanten Hinweis auf eine vorhellenistische Ansiedlung mit Hafen an diesem Ort.

Der Band schließt mit einem Beitrag des Southamptoner Teams zu computergestützten Analysemethoden für die Untersuchung römischer Hafennetzwerke (Graeme Earl, Leif Isaksen, Simon Keay, Tom Brughmans und David Potts, S. 411–422). Da der Rezensent sich eine fachliche Beurteilung der feineren Aspekte von Websemantik und Finite State Machines nicht wirklich zutraut, soll an dieser Stelle nicht auf inhaltliche Details eingegangen werden. Zwischen den Zeilen ist an diesem Beitrag aber die eigentliche Raison d'être der Publikation klar abzulesen. Während der Hauptteil des Beitrags sich mit computertechnischen Fragen auseinandersetzt und diese in relativ einfache Sprache übersetzt, lesen sich Einleitung und Zusammenfassung wie ein konkreter Projektantrag. Hier wird klar und strukturiert vorgestellt, wie großangelegte Netzwerkanalysen römischer Seehandelsströme anhand ausgewählter Hafenanlagen und deren Bezug zu Rom und Portus untersucht werden könnten und sollten. Ideale Warenströme für diese Art von Untersuchung seien Keramik- und Marmorhandel.

So bietet der letzte Teil des Buches den Schlüssel für viele der oben angeführten Unstimmigkeiten und führt den Rezensenten zurück zur Einleitung dieses Textes. Der vorliegende Band beinhaltet viele sehr ansprechende Beiträge und innovative methodische Vorstöße, primär für Leser mit Forschungsinteressen in der Keramikanalyse und im Marmorhandel und -transport. Auch die früheren Phasen der Netzwerkanalyse können hier exemplarisch nachvollzogen werden. Der Teil zu den iberischen Provinzen bietet eine attraktive wirtschafts- und handelsanalytische Untersuchung der Baetica, die sich primär auf See- und Flusshandel und -transport stützt. Auch zu Portus und den Häfen Roms finden sich gute Überblicksartikel.

Ein kohärentes Gesamtbild im Sinne der zeitgenössischen Hafen- und Seehandelsforschung, insbesondere aus deutscher Sicht, ergibt sich aber leider nicht. Im Gegenteil, oft fragt sich der Leser, wie oben bemerkt, warum bestimmte Referenten gerade an dieser Stelle zu einem bestimmten Thema schreiben.

Mit der Wissenshoheit des Rückblicks ist jedoch klar, dass Konferenz und Band primär wichtige Bausteine in der Etablierung des eingangs erwähnten Southamptoner Projekts des European Research Council waren. Hier traf sich ein bestimmter Personenkreis, nicht um eine überzeugende Publikation zu Hafennetzwerken rund um Portus und Rom zu erstellen, wie der Titel verspricht, sondern um ein Forschungsziel – Netzwerkanalyse zum Warenaustausch zwischen subjektiv ausgewählten Hafenanlagen im westlichen Mittelmeer anhand von Keramik- und Marmorhandel – wirksam zu präsentieren. Das ist nicht verwerflich, führte aber zu einer Publikation, die sehr schnell gealtert ist und sich an einigen Stellen selbst nicht gerecht wird. Dies soll und darf aber nicht darüber hinwegtäuschen, dass der Band sehr interessante und auch immer noch relevante wissenschaftliche Beiträge enthält, die man anhand des Titels hier wohl eher nicht erwarten würde.

Berlin   Christoph Rummel

Markus Scholz, **Grabbauten in den nördlichen Grenzprovinzen des römischen Reiches zwischen Britannien und dem Schwarzen Meer. 1.–3. Jahrhundert n. Chr.** Monographien des Römisch-Germanischen Zentralmuseums, Band 103, 1–2. Verlag des Römisch-Germanischen Zentralmuseums, Mainz 2012. Teil 1 mit 571 Seiten, 422 Abbildungen und 38 Tabellen, Teil 2 mit 569 Seiten, 22 Karten und 156 Listen.

Als eine unglaubliche Leistung kann man die Abfassung dieses ungeheuer dicken Buches sicher bezeichnen, das in nicht einmal vier Jahren zwischen 2006 und 2010 entstanden ist. Zwei gewichtige Bände von jeweils über zweieinhalb Kilogramm Gewicht bilden ein physisches Gegengewicht zu den zwar wissenschaftlich bedeutsamen, aber notwendigerweise leichtgewichtigen Informationen auf der Website des zwischen 2004 und 2007 von der Europäischen Kommission geförderten Projekts ›Transformation, The Emergence of a Common Culture in the Northern Provinces of the Roman Empire from Britain to the Black Sea up to 212 A.D.‹ (http://www2.rgzm.de/transformation/home/frames.htm).

Das Projekt zielt auf die großen gesellschaftlichen und kulturellen Veränderungen im Leben der Bewohner der Gebiete an Rhein und Donau, die nach der Eroberung durch die Römer unter den Einfluss der hellenistisch-römischen Kultur geraten waren. Ziel und Organisation dieses Projekts waren nicht ausgerichtet auf alles umfassende und vergleichende Studien, obwohl Berge von Arbeit bewältigt und Unmengen an Literaturzitaten zusammengesucht werden mussten. Enorme Mengen an Daten wurden so zusammengebracht. Im Rahmen des Forschungsschwerpunkts ›Formen der Romanisierung in den nördlichen Grenzprovinzen an Rhein und Donau‹ des Römisch-Germanischen Zentralmuseums in Mainz hat Markus Scholz schließlich die umfangreiche Anschlussstudie in relativ kurzer Zeit geschrieben.

Das Thema der Grabbauten eignet sich vortrefflich dazu, die mentalen Veränderungen im Umgang mit dem Tod und damit auch den überlagernden Einfluss der Eroberer im Zuge der Romanisierung an Hand von Spuren und noch erhaltenen Überbleibseln zu studieren, in diesem Falle im geographisch begrenzten Gebiet an den Nordgrenzen des Reichs. Obgleich der Titel des Buchs es vermuten lässt, war der Autor nicht darauf aus, ein Handbuch über alle Arten von Grabmälern und ihre Entwicklung sowie ihre Verbreitung in den Provinzen längs der Reichsgrenze zu schreiben. Er hat es vorgezogen, anhand von Gruppen von Grabmonumenten und Spuren des Grabrituals der Kontinuität und Diskontinuität zwischen der späteisenzeitlichen Kultur der einheimischen Bevölkerung und der neuen Zeit nachzuspüren, in der römische Soldaten, Immigranten und Kolonisten dem Grabwesen ihren Stempel aufdrückten, unter anderem durch die Einführung der typisch mediterranen Grabmonumente aus Stein. Er versucht auch, die Erscheinungen dieser Grabkultur vor dem gesellschaftlichen Hintergrund der Stifter und Auftraggeber darzustellen, und zuweilen sucht er den Schlüssel für die Wahl der ikonographischen und architektonischen Elemente in historischen Ereignissen. Die Folge dieser Prämisse ist, dass er mehr Gewicht auf die Reste des Grabkultes legt, was man nach dem Titel dieses Werkes nicht erwartet. Zuweilen werden zu viele Detailinformationen gegeben, was der Übersichtlichkeit nicht zugutekommt. Der Band ist daher kein leicht zugängliches und bequem lesbares Handbuch für die an Grabarchitektur Interessierten geworden, sondern soll wohl für alle künftigen Benutzer eine willkommene Fundgrube werden.

Gliederung und Entwurf des Werks sind einfach. Der erste Teil bildet den Schwerpunkt des Buches mit der wissenschaftlichen Besprechung aller Arten von Grabmonumenten, die prinzipiell einen monumentalen und mehr oder minder architektonischen Charakter aufweisen und aus Stein sind. Der Reihe nach werden folgende Gruppen behandelt: Tumuli und Rundbauten, Mausolea, Pfeilermonumente, Grabaltäre und altarförmige Grabbauten, Stelenmonumente, tempelförmige Grabbauten, Grabbauten mit halbrunder Nische, pyramidenförmige Grabmäler, frei aufgestellte Aschenkisten und Hausgrabsteine sowie schließlich offene Umfriedungen. Jedes Kapitel beginnt mit einer allgemeinen Einleitung, und die sicher oder möglicherweise zugehörigen Monumente – Stück für Stück aufgeführt im Katalog im zweiten Teil – werden provinzweise besprochen. Die Kapitel enden mit einer zusammenfassenden Schlussbetrachtung.

Das scheint logisch und übersichtlich, aber es gibt doch etwas dazu anzumerken. Zunächst etwas zur geographischen Begrenzung des Arbeitsgebietes: Alle besprochenen Provinzen liegen an der Grenze, von Britannia über die Grenzprovinzen am Rhein bis zur östlichsten Provinz an der Donau, Moesia inferior am Schwarzen Meer. Die einheimischen vorrömischen Kulturen unterscheiden sich deutlich. In der römischen Periode zeigen sich entsprechende Unterschiede in der Adaptation der römischen Einflüsse, die ihrerseits verschiedener Herkunft sind, und in dieser Studie ein wichtiger Bestandteil der vergleichenden Untersuchung sind.

Aber es ergibt sich daraus sofort ein Problem mit der vom Autor gewählten Gliederung nach der Provinzeneinteilung trajanischer Zeit. Sie verhindert zum Beispiel, die gegenseitigen Einflüsse bei der Entwicklung des ersten Jahrhunderts in der Gallia Belgica und ihren militärischen Grenzdistrikten im Zusammenhang darzustellen. Germania inferior und Germania superior wurden erst unter Domitian als selbständige Provinzen eingerichtet. Die wichtigen Entwicklungen in der vorangehenden Periode, bei denen Norditalien und Südfrankreich eine wichtige Rolle gespielt haben, kommen daher nur ungenügend zur Geltung. Die Civitas der Treverer und die Militärterritorien am Rhein um Köln und Mainz bildeten von Anfang an Kerngebiete für die Entwicklungen der Grabkunst im Norden mit zahlreichen Mausoleen, Stelen, monumentalen Stelen und Grabpfeilern. Durch die im Buch gewählte Einteilung ist der Zusammenhang zwischen Grenzgebiet und Hinterland verlorengegangen. Statt das reiche und gut erhaltene Material aus dem Hinterland des Limes als grundlegendes Ausgangsmaterial aufzuführen, werden die Funde der Gallia Belgica nur gleichsam zur Referenz benutzt. Ich halte das auch im Katalog für einen wesentlichen Mangel. Der Autor scheint dem reichen Fundgut aus Neumagen (Gallia Belgica) bewusst aus dem Weg gegangen zu sein und das nur ein wenig weiter im Westen gelegene aus Arlon und Buzenol kaum zu kennen, wobei eine Rolle gespielt haben mag, dass es nur französische Fachliteratur dazu gibt.

Auch kommen regionale Entwicklungen und die Orte, an denen diese sich konzentrieren, durch die strenge Einteilung nach Provinzen nur unzulänglich zu ihrem Recht. Dagegen hätte vielleicht geholfen, wenn überall, wo es nötig ist, Verbreitungskärtchen mit den Ortsnamen beigegeben worden wären. Nun müssen wir uns mit den textlosen Karten voller Punkte im zweiten Teil behelfen. Nicht nur im Nordwesten, sondern auch in den südöstlichen Donauprovinzen scheinen die Entwicklungen sich oft nicht an die Provinzgrenzen gehalten zu haben, sondern eher von regionaler Art gewesen zu sein. Der Autor legt viel Gewicht auf die bei seinem Thema unerwartet große

Gruppe der Grabhügel, Tumuli und Rundbauten, vor allem, weil er hofft, mit diesen Monumenten die Frage der Kontinuität und Diskontinuität klären zu können. Mitunter gelingt das, aber er geht in die Irre, wenn er bei der Suche nach den Vorbildern dieser Monumente im Gebiet der sogenannten Tungrer zu erwähnen vergisst, dass im früheren Stammland der Eburonen die römische Verwaltung neue Bewohner ansiedelte – im Gegensatz zur Situation im Stammesgebiet der Treverer. Dasselbe gilt für die Bataver, die erst unter Augustus ihre neuen Wohnsitze im niederländischen Flussmündungsgebiet zwischen Rhein und Maas zugewiesen bekamen.

Zur Art, wie der Autor die überquellende Menge an Informationen aus seiner Datensammlung verarbeitet, ist zuerst ein Kompliment auszusprechen für die vielen Daten und Literaturzitate, die er in kurzer Zeit gesammelt hat. Aber der Titel und der Einband des Buches wecken die Erwartung, dass das Buch unsere heutige Kenntnis der monumentalen Grabarchitektur in den nördlichen Grenzprovinzen zusammenfasst und natürlich deren Aussehen und Verbreitung anspricht, aber doch auch ihren Aufbau und ihre Entwicklung. Diese Erwartungen werden jedoch enttäuscht. Der Autor gibt zwar in der Einleitung zu erkennen, dass er nicht vorhat, eine neue Grabmaltypologie zu erarbeiten, aber ungeachtet der etwas vagen und allgemeinen Beschreibungen der jeweiligen Monumenttypen am Anfang jedes Kapitels bleibt der Leser oft etwas verwirrt zurück: Man wünschte, der Autor hätte die bereits existierenden Handbücher und bahnbrechenden Artikel von Jocelyn Toynbee, Henner von Hesberg und Hanns Gabelmann und anderen verwendet und wäre den eingebürgerten Definitionen gefolgt.

Er hätte besser am Beginn jedes Kapitels ein oder zwei ›Archetypen‹ als Leitfaden für die Einordnung der oft stark fragmentierten Reste von monumentalen Grabmälern beschrieben. Warum hat er für die Grabtürme der Mausoleumsgrundform nicht einfach eine Beschreibung des Pobliciusmonuments in Köln geliefert und dabei auf die anderen wichtigen Monumente in Sarsina und St. Rémy-de-Provence hingewiesen? Und man wünschte, er hätte im Unterschied dazu die kennzeichnenden Eigenschaften der Grabpfeiler anhand der Monumente von Neumagen veranschaulicht. Wir finden dann auch kein Wort über die Wesensunterschiede zwischen dem in all seinen Einzelteilen sauber architektonisch aufgebauten typischen Grabturm aus dem ersten Jahrhundert und dem massiven Reliefträger, zu dem der Grabpfeiler schließlich wird. Auch lesen wir nichts über die Unterschiede zwischen der architektonisch und funktional aufgefassten Bauplastik der frühen Monumente gegenüber dem barocken Reliefschmuck und dem Horror vacui der Monumente aus dem späten zweiten Jahrhundert.

Dagegen wird der Leser überfüttert mit Hunderten von Architekturteilen und Reliefragmenten, die andernorts reichlich publiziert sind und je nach Autor verschiedenen Monumenttypen zugewiesen werden.

Dessen macht sich auch der Verfasser schuldig, denn er erweckt nicht den Eindruck, die Kriterien zu kennen, mit deren Hilfe die verschiedenen Monumenttypen unterschieden werden können. Die einzelnen Kapitel hätten aufgebaut werden müssen aus einem Abschnitt, in dem eine Monumentengruppe auf der Basis sicherer Referenzbauten beschrieben wird, gefolgt von einem Textteil, in dem auf diesen Grabbautypus und seine Verbreitung in den Provinzen beziehungsweise Regionen anhand von interessanten Einzelfunden und möglichen Zuordnungen eingegangen wird.

Die Zusammenfassungen am Ende der Kapitel sind von ausgezeichnetem Niveau, wie zum Beispiel bei dem Abschnitt über die Mausoleen und Ädikulen. Doch bleibt der Eindruck, dass der Autor eigentlich damit überfordert war, dieses Werk allein zu verfassen, und dass besonders der Wunsch vorherrschte, die Monumente in einen soziohistorischen Kontext zu stellen.

Der zweite Teil enthält alle Karten und den Katalog, der als Basis für den Text im ersten Teil dient. Er beginnt mit zweiundzwanzig Verbreitungskarten der verschiedenen Typen von Grabmonumenten, die den Text im ersten Teil unterstützen sollen. Die farbigen topographischen Grundkarten sind klar aufgebaut. Ein Teil davon ist jedoch in zu kleinem Maßstab gedruckt (Karten 1, 8, 17 und 22), so dass die farbigen Punktmarkierungen zusammenlaufen und die Detailinformation verloren geht. Karte 1 zeigt ja auch fast ganz Europa! Die Pläne erwecken den Eindruck, dass sie für digitale Anwendungen entworfen wurden, und sind daher im Druck wenig gelungen.

Darauf folgt der Katalog mit gut dreieinhalbtausend Katalognummern, die in über einhundertfünfzig Listen verteilt sind, mit Hinweisen darauf, ob sie sicher oder nur möglicherweise zu einem Grabmal gehörten. Die Listen folgen zunächst der Einteilung der Kapitel im ersten Teil nach Monumenttypen und werden in der nächsten Ebene nach Provinzen geordnet, jedes Mal von Britannia bis Moesia. Zuweilen werden je nach Bedarf Listen mit Vergleichsmaterial aus anderen nahegelegenen Provinzen zugefügt. Die Beschreibung der einzelnen Katalognummern ist knapp gehalten und enthält Fundort, Beschreibung, Maße, Relief beziehungsweise Inschrift, Datierung und die zugehörige Literatur.

Die Qualität der aufgenommenen Daten wechselt sehr stark. Es gibt doppelte Erwähnungen, zuweilen in verschiedenen Listen (sogar mit abweichender Typenzuschreibung!), manchmal mit abweichenden Angaben und Maßen, oder es wird unter einer Nummer ein einzelnes Grabmonument aufgeführt, während die Literatur auf mehrere verweist. Die Literaturangaben sind oft ungenügend: Mal fehlt die Erstpublikation, mal grundlegende neuere Arbeiten. Als schwerwiegenden Mangel, der sich schon bei der alphabetischen Anordnung der Ortsnamen im Katalog gezeigt hat, empfinde ich die Anordnung des Index der Ortsnamen: Der Autor geht von den antiken Ortsnamen aus, ob sie nun authentisch und allgemein bekannt sind oder nicht. Als weitere Hinweise werden nur die Katalognummern aufgeführt. Außerdem ist die Liste der Namen von Britannia bis Moesia sehr lang. Ein Index sollte einen praktisch benutzbaren Gebrauchsschlüssel bieten, was auf diese Weise unmöglich ist. Hinzu kommt, dass es keine Karten mit den Ortsnamen gibt. Ein allgemeiner Index für den Textteil fehlt leider auch.

Dennoch ist dieses kolossale Werk eine Bereicherung der relativ beschränkten Fachliteratur zu römischen Grabmonumenten. Es bietet außergewöhnlich interessante Perspektiven für die von Markus Scholz gewählten Ausgangspunkte »Kontinuität« und »Gesellschaft«. Das größte Verdienst des Autors ist aber, dass er mit diesem wahren Corpus an Informationen zur römischen Grabkultur eine sehr wichtige Grundlage für zukünftige Forschungen geschaffen hat.

Maastricht   Titus Panhuysen

Lucia A. Scatozza Höricht, **L'Instrumentum Vitreum di Pompei.** Mit Beiträgen von Robert Brill und Anna Maria Ciarallo. Verlag Aracne, Rom 2012. 414 Seiten mit 66 Abbildungen und 68 Tafeln mit Strichzeichnungen.

Mit großer Vorfreude nimmt man diesen Band zur Hand, denn er weckt die Hoffnung, endlich mehr als einzelne verstreut publizierte Funde aus der Vesuvstadt zu versammeln. Schließlich arbeitet Lucia Amalia Scatozza Höricht bereits seit gut dreißig Jahren wissenschaftlich nicht ausschließlich, aber hauptsächlich mit antikem Glas; ihre Vorlage der Gläser von Herkulaneum ist 1986 erschienen. Seither verfasst sie immer wieder Artikel in Fachorganen wie den Kongressen der Association Internationale pour l'Histoire de Verre sowie spezielle Publikationen zu Pompeji und Herculaneum.

Leider werden diese Hoffnungen schon bald zumindest zum Teil enttäuscht. Vorgelegt wird erneut kein vollständiges Instrumentum Vitreum der Stadt Pompeji, wie der Titel suggeriert, sondern wieder nur ein – wenn auch recht großer – Ausschnitt des Glasmaterials. Es fehlen die im Nationalmuseum Neapel aufbewahrten Stücke, denn im Band enthalten sind einzig die bis heute »vor Ort« an Fundstellen in den einzelnen Häusern aufbewahrten Gefäße. Katalogisiert werden solche aus allen neun Regionen der Stadt, außerdem aus einigen im Umkreis der Stadt liegenden Villen (u. a. der Mysterienvilla), dazu Funde aus dem Bereich der Tore und Nekropolen sowie Zufallsentdeckungen. Dabei bildet die Regio I einen deutlichen Schwerpunkt.

Die Einführung (S. 25–27) beginnt mit einem forschungsgeschichtlichen Überblick, angefangen mit den Arbeiten von Clasina Isings, Axel von Saldern und E. Marianne Stern (es fehlt jedoch deren grundlegender Artikel Am. Journal Arch. 103, 1999, 441–484). Rosemarie Lierke wird ebenfalls genannt (das nicht aufgelöste »Lierke 1991« [Anm. 2] steht für Glastechn. Ber. 64/12, 1991, 310–317, statt »Kathleson ...« lies »Katsnelson/Jackson-Tal 2004« [Anm. 4]).

Es werden im Folgenden die geformten, formgeblasenen und halbformgeblasenen Gläser aufgezählt, die in den letzten Jahrzehnten besondere Aufmerksamkeit erfuhren. Als weiteren, allerdings weniger häufig beachteten Forschungsschwerpunkt nennt die Autorin dann die Funktion der Gläser, dabei insbesondere diejenige der geschlossenen Formen und deren Bedeutung als Vorrats- und Transportgefäße für Landwirtschaft und Handel. Sie nennt als Hauptproblem die bekannte Tatsache, dass wir zwar genügend antike Gefäßnamen aus den Quellen kennen, aber eben nicht wissen, wie diese Behälter aussehen. Und die in der Wandmalerei zahlreich abgebildeten Gläser sind nicht benannt. Dabei greift die Autorin auf Werner Hilgers ›Lateinische Gefäßnamen‹ von 1969 zurück. Wenn sich seit damals tatsächlich niemand mehr mit dem Thema beschäftigt und eine sinnvollere Anordnung gefunden haben sollte, wäre es umso wichtiger, soweit wie möglich die Inhaltsreste der Gefäße zu analysieren, was für die Balsamarien aus Pompeji in Kapitel IV durch Anna Maria Ciarallo geschieht.

Die vorgelegte Studie umfasst etwa zweitausend Glasgefäße aus den archäologischen Magazinen in Pompeji, für die noch Grabungstagebücher existieren, nicht aber jene »wenigen Exemplare«, die aufgrund ihres Wertes ins Archäologische Nationalmuseum Neapel verbracht wurden. Sie stammen vor allem aus Ausgrabungen der Jahre 1886 bis 1986 (= Nuovi Scavi); bei den älteren Funden ist es oft nicht mehr möglich, genaue Fundstellenangaben zu ermitteln. Dabei werden auch die 1943 durch alliierte Bombardements zerstörten Gefäße mit eingeordnet. Die Autorin betont schließlich zu Recht den außergewöhnlichen Wert, den die pompejanischen Fundensembles für die römische Archäologie besitzen.

Im ersten Kapitel ›Archäologische Fundzusammenhänge‹ (S. 29–43) werden besonders Gefäße aus den in jüngeren Jahren ergrabenen Insulae 6 bis 10 der Regio I hervorgehoben, da sie Möglichkeiten zur Inhaltsanalyse bieten (s. Kapitel IV). Um das soziale und wirtschaftliche Umfeld eines bestimmten Hauses herauszuarbeiten, wird die Anzahl der dort gefundenen Gläser mit derjenigen der Bronzegefäße verglichen. Es fanden sich viele einfache Häuser oder Werkstätten, die nur wenige Gläser und kaum Bronzen besaßen und sich deutlich von den reicheren Haushalten mit einer Vielzahl an Bronze- und Glasgefäßen unterschieden (darunter auch so exzeptionelle Stücke wie das Paar geschliffener Skyphoi in Haus I 7, 5 oder die Mosaikglaspyxis in Haus I 8, 14). Häufig waren diese Gefäße in einem Holzschrank im Atrium aufbewahrt, während sich in den einzelnen Zimmern nur Balsamarien oder Toilettgegenstände wie aus Glas oder Bein bestehende Rührstäbchen fanden. In einfacheren Wohngebäuden, Läden und Tavernen standen die Gläser wohl auf hölzernen Regalbrettern, oder sie waren in Holzkisten im ersten Stock oder unter einer Treppe aufbewahrt.

Am zahlreichsten vertreten sind Balsamarien, gefolgt von den in verschiedenen Größen nachgewiesenen Vorratskrügen und -töpfen (Isings 50–51 bzw. 62), dann kommt erst in deutlich kleinerer Zahl das Tafelgeschirr in Form von Bechern oder Schalen. Sowohl im Falle der Balsamarien als auch der mittleren und kleinen Vorratsgefäße ließen sich gegebenenfalls Inhaltsreste auf Olivenölbasis nachweisen, also Salböl, Parfum oder medizinische Substanz.

Allerdings ist es gewagt, bei der nun folgenden Aufzählung der Fundensembles schon von »regelrechten Servicen« zu sprechen, wie die Autorin das tut (S. 31 mit Taf. 45–47). Es handelt sich zwar um immer wiederkehrende Vergesellschaftungen von Glasformen, aber nicht um zusammen produzierte, verhandelte und genutzte Service, die in den pompejanischen Hausinventaren höchstens ansatzweise zu identifizieren sind (etwa in den doppelt oder dreifach vorhandenen Schälchen Isings 42, z. B. Taf. 53, oder Tellern verschiedener Typen, z. B. Taf. 3, 17 oder 52). Alle anderen sind subjektive Kombinationen eines in einem bestimmten Zeitfenster greifbaren Typenspektrums. So fanden sich in Haus I 18, 5 in den Überresten eines Schrankes im Atrium mehrere große Servierkrüge und Kugeltöpfe Isings 57 mit gezähnten Henkelausläufern, dazu verschieden große Balsamarien, Flaschen und Töpfe sowie ein Rhyton (hier als Infundibulum bezeichnet). Hierbei zeigt sich bereits ein Problem, das im folgenden Katalog noch augenfälliger werden wird – Scatozzas Ungenauigkeit bei der typologischen Bestimmung der Glasgefäße (dazu unten mehr). Die von ihr erwähnten horizontalen Schlifflinien als Verzierung (z. B. Inv. 10171-2) sind ein weit verbreitetes zeittypisches Phänomen des ersten Jahrhunderts, das auf verschiedensten Gefäßformen vorkommt. Man kann daraus gewiss keinen »Servicecharakter« beispielsweise der Gefäße Isings 30 (Becher) und 51 (zylindrischer Krug) postulieren.

Zur Funktion der Gläser kann die Autorin außerdem Referieren von Schriftquellen nichts Neues berichten, aber sehr wohl altbekannte Aussagen durch die pompejanischen Funde präzisieren. So sind bekanntlich die vierkantigen Krüge und Töpfe Isings 50/62 als ganze Serien von bis zu sechs oder acht Gefäßen platzsparend zu verpacken – entsprechende Holzkisten sind in einigen Fällen nachgewiesen; dabei kommen diese Gefäßformen sowohl im häuslichen Bereich einer Domus als auch in Tabernen oder Läden vor. Von besonderem Interesse ist, dass neben den mehrfach belegten Substanzen auf Nuss- oder Ölbasis auch Reste von Farbstoffen in den Gefäßen nachgewiesen sind, so die Gemeine Ochsenzunge (Anchusa officinalis) für Gelb oder Reste von Zinnober (Cinnabarit) für Rot; dazu kommen Gummi und Harz als Kleber sowie Salz und Wachs als Konservierungsmittel. Außerdem gelang der Nachweis von Bergamotte, Wacholder und Muskatnuss. Die verwendeten Würz-, Medizin- oder Giftpflanzen wurden häufig direkt in den Gärten der Häuser angepflanzt und vor Ort weiterverarbeitet. Hierbei ist einmal mehr auf die Ergebnisse von Ciarallo im vierten Kapitel zu verweisen.

Es folgt eine Reihe von Tabellen und Diagrammen, welche die im ersten Kapitel getroffenen Aussagen illustrieren sollen. Tafel B gibt die Häufigkeit der Formen von Isings nach Regionen der Stadt wieder, wobei einschränkend erneut die erwähnte Ungenauigkeit bei der Bestimmung eine Rolle spielt. Da es sich aber nur um ganze fünf Formen (Balsamarien Isings 8 und 26/28, Vierkantgefäße Isings 50/62) handelt, die überhaupt häufiger als zu fünf Prozent vorkommen, während die übrigen mit Ausnahme der genau fünf Prozent erreichenden Schälchen Isings 42 weit darunter liegen, hätte man sich diese Tabelle auch sparen können. Interessanter ist das Tortendiagramm Tafel C (S. 37): Es besagt, dass knapp neunzig Prozent aller in Pompeji gefundenen Gläser frei geblasen sind. Dabei ist sowohl Buntglas als auch naturfarbenes Glas gemeint, die hier nicht eigens unterschieden werden. Auf die restlichen etwas über zehn Prozent verteilen sich Glaspaste, geformte Gläser und in eine Form (beziehungweise Halbform?) geblasene Stücke. Allerdings ergibt sich hier das Problem, dass im Katalog ein Teil der Vierkantgefäße Isings 50/62 als frei geblasen bezeichnet werden, was schwer zu beweisen ist. Normal war die Verwendung einer Halbform. Andererseits wird der in der Regel frei geblasene zylindrische Becher Isings 30 hier als formgeblasen bezeichnet. Inwieweit dies allerdings Einfluss auf das Diagramm nimmt, kann nur vermutet werden.

Tafel D illustriert die genauen Fundstellen innerhalb der Häuser der Regio I, wo die Glasgefäße zu Tage traten, und zwar in einer kolorierten und dadurch schwer lesbaren Abwandlung der Tafel B, während die Räume durch Buchstabenkürzel angegeben sind, also zum Beispiel »aa« für »ambiente atrio«. Diese Kürzel sind allerdings alphabetisch nach italienischen Begriffen geordnet und nicht nach Anordnung innerhalb der Häuser, wodurch »tr« für »triclinium« (lateinisch, sic!) ganz an das Ende der Auflistung gerät anstatt in den Umkreis des Atriums. Diese Sortierung wird uns im nächsten Kapitel wiederbegegnen. Tafel E1 versucht, ebenfalls auf Basis der Tafel B, mittels Grauschattierungen die Fundorte in den einzelnen Gebäudetypen von Wohnhäusern über Läden und Werkstätten bis hin zu Sportanlagen zu illustrieren, was sich aber eigentlich dadurch erübrigt, dass in Regio I Insulae 6–10 sowieso fast nur Wohngebäude liegen. Die Ergebnisse wären hier sicher besser in zwei Sätzen geschildert worden. Die Tafeln E2 bis G2 zeigen das Mengenverhältnis der Gläser im Vergleich zu den Bronzegefäßen in den Insulae 6 bis 10 der Regio I, erläutert in Kapitel II.3. Jedenfalls fällt auf, dass überall um einiges mehr an Bronzegefäßen vorliegt.

Im zweiten Kapitel zur Formenkunde und Einordnung (Morfologia e Classificazione, S. 45–64) werden zunächst die in Pompeji vorkommenden Herstellungstechniken der Gläser sowie deren Verzierungselemente beschrieben, angefangen mit dem geformten Glas und Mosaikglas, das bereits seit cäsarischer Zeit in Pompeji nachzuweisen ist. Eine Vielzahl an formgeblasenen Gläsern gehört in das mittlere Drittel des ersten nachchristlichen Jahrhunderts, etwa der Lotosknospenbecher Isings 31 oder das Dattelfläschchen der Form Isings 78. Das geformte gläserne Tafelgeschirr imitiert häufig Edelmetallgefäße (zum Beispiel Skyphoi, Modioli und Simpula), Feinkeramik oder Bergkristall, wobei das Schälchen Isings 42 hier als frei geblasener Gefäßtypus fehl am Platze ist.

Die Auflistung der Verzierungstechniken umfasst die plastischen Rippen (Isings 17 oder 57), Dellen (Becher Isings 32/35) und Spiralfäden; dabei ist zu bemerken, dass man den Begriff »Nuppendekor« ausschließlich für spätantike Gläser mit heiß aufgelegten Nuppen verwenden sollte. Die entsprechende Technik der Frühzeit, die hier gemeint ist, wird als Körnchenauflage bezeichnet und meint die Märbelung vorgewärmter Glasbröckchen auf den im Blasen befindlichen Külbel. Zuletzt sind noch die horizontalen Schlifflinien und die Facetten genannt. Für Letztere ist im vorliegenden Band allein der Skyphos Abbildung 47 enthalten, da sich die Mehrzahl der wichtigen facettverzierten Gläser im Nationalmuseum Neapel befindet. Darauf folgt in einer kurzen Erwähnung das frei geblasene Glas, das erneut nicht in monochromes Buntglas und naturfarbenes Glas unterschieden wird (vgl. Taf. C).

Das zweite Unterkapitel der »Gefäßklassen« kann nur als misslungen bezeichnet werden: Die Gefäße werden nach dem Anfangsbuchstaben ihrer lateinischen oder italienischen Namen sortiert, darunter wiederum sind die eigentlichen typologischen Bestimmungen nach Clasina Isings (1957), Maria Carina Calvi (1968), Alexis Joseph Morin-Jean (1913) und sogar Anton Kisa (1908) aufgeführt. Insbesondere Kisa, aber auch Morin-Jean werden heute kaum noch zur Glasbestimmung herangezogen, da beider Typentafeln nur sehr schematisch und ohne Angabe von Details sind. Das ist sicherlich auch bei Isings der Fall, doch hat ihre Arbeit im Laufe der Zeit omnipräsenten Handbuchcharakter entwickelt. Sinnvoller wäre es, von Isings ausgehend mit den »neueren« Typentafeln von Karin Goethert-Polaschek zu Trierer Stücken (1977) zu arbeiten sowie mit denen von Beat Rütti zu den Augster Objekten (1991), dessen monumentaler Doppelband auffälligerweise in Scatozzas Bibliographie fehlt und offenbar überhaupt nicht berücksichtigt wurde.

Hilfreich wäre auch die Heranziehung der mittlerweile zahlreichen Vorlagen der Gläser in oberitalienischen Museen gewesen, die unter den Reihentiteln »Corpus delle Collezioni Archeologiche del Vetro nel Veneto« beziehungsweise »Corpus delle Collezioni del Vetro in Friuli Venezia Giulia« unter der Ägide des italienischen Nationalkomitees der Association Internationale pour l'Histoire du Verre seit 1994 erschienen sind. Zwar führen diese Bände keine Typentafeln und erst in jüngerer Zeit neben Fotos die für eine korrekte Glasbestimmung unverzichtbaren Strichzeichnungen, doch gelingt es im achten Band des genannten Corpus über die Gläser im Veneto von Annamaria Larese (2004), dieses Manko durch Abdruck einiger in den früheren Bänden fehlender Zeichnungen zumindest zum Teil wettzumachen. Eine Bestimmung nach diesen Bänden allein mit Autorenname und Katalognummer hat sich inzwischen in der Glasliteratur durchaus erfolgreich eingebürgert (so Bonomi, Adria [1996] Kat. 452 als Parallele zu den kobaltblauen Tabletts Abb. 28 und 32). Die Sortierweise nach Anfangsbuchstaben der Gefäßnamen führt jedoch zu heilloser Verwirrung und ist für die heutige Glasforschung nur als Rückschritt zu bezeichnen.

Das wäre alles aber nicht so schlimm, wenn wenigstens die nach den oben genannten Werken erzielten Bezeichnungen immer zutreffend wären. Doch schon die Bestimmung nach Isings erweist sich als teilweise inkorrekt, denn die Autorin beachtet die bereits dort explizit genannten unterschiedlichen Datierungen in Gläser des ersten bis vierten Jahrhunderts nicht. Isings 123 (zitiert z. B. bei 12191 auf Taf. 20) kann keine (italische) Form des ersten Jahrhunderts sein, sondern ist ein rheinischer Typus des dritten bis vierten Jahrhunderts. Der besagte Krug ist eine zufällig ebenfalls mit vertikalen Dellen versehene Variante der frühen Form Isings 51.

Im dritten Unterkapitel wird das Verhältnis von Gläsern zu Bronzegefäßen untersucht und werden in der Folge einige Gefäßformen aufgezählt, die auf Metallvorbilder zurückgehen könnten, wie die verschiedenen Varianten von Kantharoi und Skyphoi Isings 38/39, Modioli Isings 37 und (zugehörige?) Simpula. Auch die frei geblasenen Schälchen Isings 42 führt die Autorin auf Metallvorbilder zurück – man könnte darüber streiten, ob eine so einfache Form überhaupt ein Vorbild in anderem Material benötigt. Bronzegefäße werden als direkte Konkurrenten der Gläser bezeichnet; was schließlich für die Ausstattung des eigenen Hauses gewählt wurde, hing sicher vor allem von persönlichen Vorlieben, Moden oder von der Verfügbarkeit ab. Natürlich werden in diesem Zusammenhang die berühmten Quellen genannt, wonach ein Bronzegefäß neun As gekostet habe (pompejanisches Graffito), das tägliche Brot für drei Personen sechs As (CIL IV 5380) und ein Glasgefäß ein As (Strabo, Geogr. 16.2.25). Das ist sicher als Richttendenz erlaubt, doch muss man auf jeden Fall fragen, um welche Arten von Glas- und Bronzegefäßen es sich handeln soll. Es ist doch davon auszugehen, dass große Bronzekrüge teurer gewesen sind als etwa kleine Teller oder Schälchen und analog eine große Glasurne teurer als ein kleines Balsamarium. Marianne Stern betont in dem oben erwähnten, von Scatozza nicht herangezogenen Artikel von 1999 (460 ff.), dass Glas, egal ob als Rohglas oder bereits zu Gefäßen verarbeitet, nach Gewicht verkauft wurde, die Größe des Objektes also sehr wohl eine Rolle spielte. Dies war in der Spätantike (Stern bezieht sich auf das Preisedikt des Diokletian als Quelle) wohl nicht anders als im ersten Jahrhundert der Kaiserzeit. Daher darf man die Angabe des Strabo, ein Glasgefäß sei für eine Kupfermünze zu haben, auf keinen Fall verallgemeinern.

Jedenfalls ist in den großen Häusern der Regio I, Insulae 6-10 das Bronzegeschirr eindeutig häufiger vertreten als Gläser (Taf. E2–G2), doch auch in Werkstätten und Läden ist es öfters in größerer Zahl nachzuweisen. Ob man das Fehlen von Bronzegeschirr in besseren Häusern allerdings mit Raub im Angesicht des Vesuvausbruchs erklären kann, ist fraglich. Ebenso scheint das Vorkommen von konzentrischen Kreisen auf dem Boden von Bronze- und Glasgefäßen (Is50/62) keinen Zusammenhang zu haben: Während erstere technisch bedingt sein dürften, muss man für die Bodenmarken aus konzentrischen Kreisen beim Glas eine andere Herleitung suchen. Die von Scatozza und anderen vermutete Verbindung zwischen der Anzahl der Kreise mit der Kapazität der Krüge ist dagegen unwahrscheinlich, da es auch sehr kleine Krüge mit vielen Kreisen am Boden gibt.

Das vierte Unterkapitel befasst sich mit den die Gläser herstellenden Handwerkern. Für Pompeji selbst gibt es bisher keinen sicheren Beleg für solche Produktion. Analysen weisen Ähnlichkeiten zu Gläsern aus Rhodos, Morgantina und Cumae nach. Im Falle der formgeblasenen Objekte gibt es sowohl östliche als auch westliche Einflüsse, so dass von einer Verlagerung der Glashütten nach Kampanien ausgegangen werden kann (vgl. L. A. Scatozza Höricht, Arch. Anz. 1990, 423–433). Das postulierte Vorhandensein von jüdischen Symbolen auf Glasgefäßen lässt sich jedoch allein mit Dattel- und anderen Fruchtfläschchen (Isings 78) nicht beweisen, da diese Motive zu allgemeingültig sind. Hier muss man auf andere Quellen wie Inschriften Bezug nehmen. Die Konzentration von Glasgefäßen in einem Laden am Decumanus Maximus von Herculaneum ist ein Hinweis auf einen Glashändler (taberna vitraria), nicht aber auf den Herstellungsort dieser noch teilweise verpackt aufgefundenen Lieferung. Weiterhin wird auf die noch nicht abgeschlossene Diskussion hingewiesen, ob die Namen auf Bodenmarken von Vierkantkrügen und -töpfen sich auf den Glasmacher beziehen oder auf den Hersteller des Inhalts. Schließlich wird nach Hinweisen auf die Gens Gessia in Pompeji und Herculaneum gefragt, die in Puteoli zahlreich vertreten ist und dort vielleicht eine Glashütte und eine Parfumherstellung betrieb. In Pompeji gibt es dagegen nur einen in zahlreiche Bröckchen zerscherbten Rohglasblock, der als Handelsware gelten kann und in seiner chemischen Zusammensetzung weder den vor Ort gefundenen Glasgefäßen noch dem Sand des Belus entspricht, jedoch sehr wohl den Vierkantkrügen mit Stempel »P. Gessi Ampliati« (vgl. Kapitel V Beitrag Robert Brill Tab. 10).

Es folgt ab Seite 65 der Abbildungsteil, der mit vier eindrucksvollen, aber zu klein wiedergegebenen Fotografien beginnt, die die kompletten Glasinventare von vier Häusern vorstellen. Während im Haus des Lollius Synhodus (I 11, 5; Abb. 1) vor allem verschiedene Vorratsgefäße, ein Modiolus sowie drei Teller vorhanden sind, aber nur drei formgeblasene Balsamarien besserer Qualität, fanden sich im Haus des Lesbianus (I 13, 3) mindestens acht Vierkantkrüge oder -töpfe, eine Anzahl mittelgroßer frei geblasener Flaschen sowie über ein Dutzend Balsamarien (Abb. 2). Auf der dritten Abbildung sieht man nur einen einzigen Vierkantkrug, zusammen mit gut zwei Dutzend Balsamarien, gefunden im Haus des Herkules (II 8, 6); und im Haus des Moralisten (III 4, 2. 3) finden sich ausschließlich Vorratsgefäße verschiedener Größen. Diese beispielhafte Nebeneinanderstellung illustriert gut die unterschiedlichen Besitzverhältnisse innerhalb der Stadt. Ab der fünften Abbildung folgen Farbfotos verschiedener außergewöhnlicher Gläser wie dem überschliffenen Skyphos Inv. 3335 aus Haus I 7, 3, der Mosaikglaspyxis oder verschiedener formgeblasener oder geformter Gefäße des besseren Tafelgeschirrs. Diese Abbildungen sind qualitätvoll, aber wieder zu klein, um technische Details beurteilen zu können.

Der nun folgende Katalog (S. 81–264) listet, geordnet nach Inventarnummern, die in den einzelnen Häusern der Regionen und Insulae gefundenen Gläser auf. Man muss genau hinsehen und blättern, um die entsprechenden Einträge unter dem optisch sehr einheitlichen Katalogtext zu identifizieren. Etwaige Beifunde der Gläser werden ebenso genannt wie Angaben zur Herstellungstechnik und Farbe, wobei die technische Zuweisung nicht immer verlässlich ist (Vgl. oben Isings 50/62 und Isings 30). Zuletzt wird die Bestimmung nach den oben genannten Werken angeführt.

Alle Strichzeichnungen auf den Tafeln 1–68 sind in der Verkleinerung eins zu vier gehalten. Angesichts hoher Druckkosten mag das verständlich sein; aber auch, weil sehr viele vergleichsweise große Gefäße wie Vierkantkrüge oder Töpfe abzubilden sind, die aus typologischer Sicht keine Herausforderung mehr bieten. Anders ist es bei einigen bislang unbekannten Typen und kleineren, so nicht auf Details überprüfbaren Fragmenten, bei denen man sich dringend eine größere Abbildung wünscht (so die kleine »Vase« [vasetto] Inv. 11503 auf Taf. 28), insbesondere wenn die Fotoabbildungen ebenfalls sehr klein ausfallen (Abb. 20). Und die winzigen Balsamarien und Salbtöpfchen etwa auf Tafel 47 wirken fast lächerlich. Zwar ist in einer solchen Materialvorlage ein einheitlicher Maßstab sicherlich generell wünschenswert, doch sollte bei einem Fundmaterial wie dem aus Pompeji eine Zweiteilung in große Gefäße im Maßstab eins zu vier und kleinere im Maßstab eins zu zwei in Erwägung gezogen werden, da auf den Tafeln die Linien gerade in der Ansicht sehr dünn und kaum noch sichtbar sind. In anderen Publikationen der Autorin wurde klüger verfahren (so Arch. Anz. 1990 a. a. O., hier Abb. 4–6).

Die Formansprache der Gläser stimmt meistens, aber nicht immer. So ist Inv. 4912 auf Tafel 13 kein Schälchen Isings 69, sondern eine sehr seltene frei geblasene Variante der normalerweise geformten Isings 2. Die Bestimmung der Schälchen auf Tafel 7 muss lauten Inv. 8709/G 25 (nicht Isings 20); 8710/Isings 41 b (nicht Isings 42) und 8711/Isings 44 (nicht Isings 20). Da aber die meisten dieser Formen andernorts richtig identifiziert sind, muss man wohl eher von Flüchtigkeitsfehlern als von Unkenntnis ausgehen. Allerdings erstaunt das völlige Fehlen der von Goethert-Polaschek entwickelten Trierer Formen für die Bestimmung, noch dazu weil Scatozza das Buch durchaus zitiert.

Anstatt im Folgenden akribisch nach weiteren Fehlern zu fahnden (etwa den vertauschten Inventarnummern der Abb. 63 und 64), sei nur noch ein weiteres Beispiel zur Bestimmungsproblematik genannt: Abbildung 65 zeigt mehrere Fragmente von mindestens zwei geformten Schälchen aus »taubenblau« beziehungsweise hellgrün opakem Glas. Das rechte ist zur Form G20 (nicht Isings 41a!) zu rechnen, das linke, aus deutlich grünerer Glasmasse bestehende Randfragment gehört zu einem ohne Zeichnung nicht genau bestimmbaren Schälchen oder Kelch mit auslandendem Rand (Form Gorga 15?). Die für eine korrekte Bestimmung unverzichtbare Herstellungstechnik wird jedoch nicht einmal erwähnt (S. 264), auch fehlt die notwendige Profilzeichnung. So ist nur aufgrund des kleinen Fotos erkennbar, dass es sich um zwei (nicht einen!) Vertreter des geformten, überschliffenen Tafelgeschirrs handeln muss (sogenannte »TS-imitierende Gläser«).

Nach den Strichzeichnungen der Tafeln folgt leider keine zusammenfassende »Typentafel«, die noch einmal die in Pompeji hauptsächlich vorkommenden Glasformen heraushöbe. Stattdessen folgen im Zusammenhang kaum brauchbare Karten der einzelnen Insulae und Nekropolen in sehr kleinem Maßstab, in die keine Kartierung der Gläser oder eine Benennung der wichtigsten Häuser eingetragen ist.

Den Schluss des Bandes bilden die beiden Fremdbeiträge zu den Inhalten der Balsamarien (Anna Maria Ciarallo, S. 343–372) sowie zur chemischen Analyse (Robert Brill, 373–401). Hierbei fällt auf, dass die Manuskripte von anderer Hand lektoriert worden sein müssen und dementsprechend die für die von Scatozza verfassten Kapitel hervorgehobenen Fehler (s. u.) hier nicht auftreten. Leider fängt der Text von Ciarallo sozusagen bei Adam und Eva an, sprich bei den zahlreichen, gegebenenfalls auch schon vorne von Scatozza angeführten Schriftquellen, die über sage und schreibe acht Druckseiten zum Teil wörtlich zitiert ausgebreitet werden. Erst dann folgen die in der Überschrift versprochenen Ergebnisse der Inhaltsanalysen, nicht ohne einen erneuten kleinen Einschub (Un po' di storia), der über Tutanchamun und den Zweiten Weltkrieg schließlich zu den heute verwendeten Analysemethoden führt. Von den eintausendzweihundert in Frage kommenden Behältern konservieren allerdings nur ganze einhundertfünfzig Rückstände des ehemaligen Inhalts – der Rest wurde im Laufe der Jahre sehr gründlich gesäubert!

Brill präzisiert in seinem Beitrag noch einmal die Analyseergebnisse, die die Mehrzahl der untersuchten fünfzig Gefäße einer sehr homogenen Gruppe zuweist, zu der es nur einzelne Ausreißer gibt. Wo allerdings die Glashütte zu suchen ist, die diese chemisch gleichförmigen Gläser herstellte, weiß auch er noch nicht zu beantworten.

Unter den am Schluss des Buches ab Seite 403 folgenden Indizes fehlt leider der wichtigste und nächstliegende: Ein Index nach Inventarnummern, der angeben würde, auf welcher Abbildung oder Tafel ein bestimmtes Stück gezeigt ist. Die hier vorgenommene Sortierung nach Tafelnummern macht es recht schwer, bereits anderswo publizierte Individuen in diesem Zusammenhang wiederzufinden. Stattdessen könnten die in Druckreihenfolge angeordneten Indizes ersatzlos wegfallen, da die entsprechenden Seiten sowieso beschriftet sind.

Leider hat das Buch keinerlei ausreichende und sachkundige redaktionelle Betreuung erfahren. Es ist daher voller Unsorgfältigkeiten, die bibliographische und inhaltliche Fakten manchmal bis zur Unkenntlichkeit entstellen, und denen wir hier nicht im Einzelnen nachgehen können.

Trotz der vielen, teils recht ärgerlichen Mankos ist dieser Band zur Mehrzahl der in Pompeji gefundenen Gläser ein wichtiger Beitrag zur Glasforschung, denn hier erhalten die teilweise schon seit langem bekannten Gefäße ihren Fundkontext und somit ihre Geschichte zurück. Schließlich ist die im pompejanischen Fundmaterial eingefangene Momentaufnahme der frührömischen Zeit eine der wichtigsten archäologischen Quellen.

Gersthofen   Andrea Rottloff

Stefan F. Pfahl, **Instrumenta Latina et Graeca inscripta des Limesgebietes von 200 v. Chr. bis 600 n. Chr.** Verlag Greiner, Weinstadt 2012. VIII und 334 Seiten Text sowie 150 Seiten mit Abbildungen.

Die Arbeit gliedert sich in drei Teile, erstens eine Darstellung des Gegenstands wie beispielsweise Schriftformen und Fundumstände (S. 1–55), zweitens eine knappe Analyse der Materialgruppen und Verteilungskurven (S. 56–135), drittens ein Katalog (S. 141–256 mit Abb. auf 150 Seiten). In der Analyse wird knapp die chronologische Entwicklung von Funden beziehungsweise Objektgruppen beschrieben, die Fundgruppen werden in ihrem regionalen Kontext im Limesgebiet vorgestellt. So wird zum Beispiel konstatiert (S. 110), dass es sich bei den einunddreißig römischen Gewichten fast ausschließlich um Einzelfunde handele, die Dominanz militärischer Fundkontexte dabei aber auffällig sei. Ein Vergleich mit Limites in anderen Grenzregionen oder mit Legionslagerstandorten und größeren Siedlungen in Germanien wird nicht gezogen. Auch bietet der Autor kaum Hinweise auf mögliche (militärische bzw. zivile) Nutzungskontexte der Objekte, die nicht offensichtlich Ausrüstungsgegenstände sind. Interpretationsansätze und die Diskussion um die Funktionen und Veränderungen der Grenzregion als Wirtschaftsraum sowie als Zentrum von Migration und Kulturtransfer werden im analytischen zweiten Teil kaum angesprochen.

Der Wert dieses Buches liegt entsprechend mehr im Katalogteil, der durchaus von Archäologen wie Historikern der antiken Regionalgeschichte benutzt werden dürfte. Ob er sich allerdings als Referenzwerk durchsetzt, ist wegen der zahlreichen Begrenzungen und Auswahlkriterien keineswegs gesichert.

Zu Recht beschreibt Pfahl in seiner Einleitung und im Überblick zum Forschungsstand den seit vielen Jahrzehnten bestehenden Mangel eines übergreifenden Corpus für Inschriften aus dem Umfeld des CIL XIII – präziser kann man kaum werden, zumindest wenn man sich dann im Folgenden auf die vom Autor festgelegten materialbezogenen und geographischen Grenzen (siehe unten) einlässt. Dabei sind auch in dem von ihm eingegrenzten Raum Epigraphiker aktiv, es wird viel publiziert, schon Bekanntes verbessert. In der Regel wird in den lokalen wie internationalen Zeitschriften inzwischen fast immer mit guten Abbildungen gearbeitet. Auch die zahlreichen Datenbanken zum Thema bieten ausgezeichnetes Material, so dass der Verfasser einen guten Zeitpunkt für seine sicher dennoch aufwendige und mühsame Arbeit gewählt hat.

Vorbildlich sind im alten CIL-XIII-Raum beispielsweise die in den Niederlanden entstandenen Publikationen der neunziger Jahre zum Kops Plateau mit der Präsentation und Analyse von Waffen, Helmen und Sandalensohlen, die allerdings selten mit Inschriften versehen sind. Es sind inzwischen zu Materialgruppen, wie beispielsweise den Silberbarren (durch R. Wiegels, Silberbarren der römischen Kaiserzeit [Rahden 2003] – keines der Stücke aus dem Limesgebiet), Synthesen erschienen, und es gibt zahlreiche epigraphische Datenbanken mit mehr oder weniger ausführlichen Kommentaren und ausgezeichneten Abbildungen wie beispielsweise die unter der Ägide von Manfred Hainzmann entstandene zu Noricum. Abgesehen von den epigraphischen Datenbanken gehen viele der Zusammenstellungen, die in der Regel auch andere historisch-politische oder geographische Räume umfassen, nicht von den Inschriften aus, sondern präsentieren möglichst umfänglich bestimmte Materialgruppen mit und ohne Inschriften. Für die meisten archäologischen Analysen und vor allem auch für viele militär- und zivilgeschichtliche Fragestellungen ist dies sicher die attraktivere Herangehensweise als ein regionales Corpus von Inschriften auf Objekten, die nur in Ausnahmefällen mit einer Inschrift versehen wurden.

Dennoch sei hier unterstrichen, dass es durchaus einen Bedarf gibt, das beschriftete Material der nicht monumentalen Inschriften zu präsentieren, die üblicherweise Instrumenta oder auch Instrumenta domestica genannt werden. Allerdings hätte man dann auch die Inschriften in und auf gebrannter oder getrockneter Keramik erwartet, die bei Pfahl wegen der kaum zu bewältigenden Mengen verständlicherweise ausgelassen sind, auf deren Existenz im Corpus aber auch nur selten konkret hingewiesen wird. Neben der Keramik (geritzt, gestempelt, aufgemalt, von den Legionsziegeln bis hin zu den Spruchbechern und Terra-sigillata-Gefäßen) sind im Katalog die Gemmen ebenfalls nicht aufgenommen. Auch die auf Metall geritzten sogenannten Militärdiplome sind ausgelassen, die leider seit der letzten Zusammenfassung vor nunmehr zehn Jahren keineswegs »leicht zugänglich sind« (S. 3). Der Leser erfährt auch nicht, was fehlt und was vielleicht zu erwarten wäre. So gibt es etwa keinen Hinweis auf die aus der Umgebung von Militärlagern bekannten, offenbar aber nicht im Limesgebiet gefundenen Textilmarken aus Metall.

Der zentrale Teil der Arbeit besteht aus dem Katalog der Inschriften. Diese sind zum einen nach ihrem Material (Metall, Glas, Organisches) und ihrer Sprache (Lateinisch 1053 Stück, Griechisch sechzehn Stück, Bilinguen bzw. Lateinisch und Griechisch vier Stück) gegliedert, davon allerdings separiert werden gut dreißig metrologische Objekte vorgelegt. Der Katalog wurde für die Publikation nicht mehr überarbeitet, so dass es Nachträge von insgesamt dreiunddreißig Objekten gibt, die wesentlich im Zeitraum von 1981 (so ein Holzpfahl, N 33; bzw. sogar noch früher eine Tafel aus Niederbieber, die schon im CIL XIII enthalten ist, N 8) und 2009 (wie die Plomben N 18 bis N 20) publiziert sind und dem Autor erst nach 2007 zur Kenntnis gelangten. Eine unveröffentlichte Plombe aus Manching (N 17) konnte er ebenfalls hinzufügen. Die Endredaktion des Katalogs erfolgte im November 2007, das Schlussdatum der Nachtragsaufnahme war Juni 2009.

Neben der oben genannten Materialbeschränkung der Instrumenta sei noch auf zwei weitere wichtige Begrenzungen dieses Inschriftenkatalogs hingewiesen. Anders als der Titel suggeriert, geht es nicht um die Erfassung aller Inschriften im Limesgebiet, abgesehen von Stein und Keramik. Auf die materialbezogenen Grenzen wurde schon hingewiesen, überraschender vielleicht ist die geographische Begrenzung auf Deutschland, die der politischen modernen Grenze zur Schweiz und zu Österreich folgt. Dementsprechend ist einzig das Material aus Baden-Württemberg, Bayern, Hessen und nur aus dem rechtsrheinischen Rheinland-Pfalz erfasst. So muss auf das gravierende Manko verwiesen werden, dass weder aus Obergermanien noch aus Rätien das ganze Material aufgenommen wurde. Es handelt sich daher eher um einen Bestandskatalog, der ähnlich der Sylloge Nummorum oder dem Corpus Vasorum den Sammlungsbeständen und modernen Ländergrenzen folgt. Militärgeschichte kann man auf der Basis eines solchen Katalogs nicht schreiben, Untersuchungen zu langfristigen Entwicklungen von Wirtschafts- und Kommunikationsräumen kann man ebenso wenig anstellen, wie den kurzfristigen politischen Entwicklungen innerhalb einer der kaiserzeitlich römischen oder der spätantiken Provinzen nachspüren. Die Einbindung des Limes in die administrative und fiskalische Provinzstruktur, in die sich verändernde Verteidigung, die Strategie und die Grenzkonzeptionen der Römer könnten vielleicht mit Hilfe solcher Kleininschriften neu durchdacht beziehungsweise vielleicht hier und da auch im Detail anders bewertet werden. Aspekte wie Truppenbewegungen und -stationierungen, Nachschub, Hinterlandfunktion (innerhalb und außerhalb der Provinz) oder auch andere politische oder wirtschaftliche Aspekte für den Limes wären hierfür von zentraler Bedeutung, würden allerdings mehr Hinweise auf Kontextualisierung erfordern, als dies der Band bietet. Lobenswert ist daher zwar in jedem Fall die Longue durée, die Pfahl mit dem Zeitraum 200 v. Chr. bis 600 n. Chr. anbietet, aber da sie sich nur im modernen politischen Staatsgebilde verorten lässt und nur zum Teil einen Widerpart im naturräumlichen oder menschlich gestalteten Gelände (Geographie, Topographie, Infrastruktur und Erschließung) hat und sich auch nur begrenzt in historischen, politischen oder ethnischen beziehungsweise gentilen Räume wiederfinden lässt, ist der Nutzen in der vorliegenden Form doch etwas beschränkt.

Überraschend für ein Corpus einer durch so viele modern-politische wie materielle Begrenzungen charakterisierten Auswahl hat der Autor dennoch grundsätzlich auf Autopsie verzichtet (S. 1) und bis auf drei Texte lediglich schon publiziertes Material aufgenommen (S. 2). Die nicht erfolgte Überprüfung der Objekte führt nun aber im Einzelfall zu einer Relativierung der Aussagekraft: Dies mag am Beispiel der unter der Rubrik »Spielvergnügen« (S. 227) geführten Objekte aus Bein verdeutlicht werden. Der »keltische« oder »vindelikische« »Stabwürfel« beispielsweise (S. 28), der zwischen 200 und 50/30 v. Chr. entstand, da er aus dem Oppidum von Manching stammt (Katalog Nr. 909) wurde 1960 gefunden und mit Zeichnung 1961 und erneut 1982 vorgelegt. Er wird in der Münchener Archäologischen Staatssammlung mit der Inventarnummer 1961,1 geführt. Der Würfel erhält als Bemerkung im Katalog »Ausgangsmaterial angeblich Bein« (S. 230). Dieses »angeblich« findet sich bei allen organischen Objekten (Nr. 862 bis Nr. 986) und soll den Leser darauf hinweisen, dass die Wortwahl der die Objekte publizierenden Autoren in Bezug auf tierische Skelettreste nicht einheitlich ist (S. 227). Sie führt aber stattdessen zu einer sprachlich problematischen Relativierung des Materials überhaupt. Im Detail ist aber der Katalogteil sehr solide, für einige Fundstellen sogar ein großer Gewinn durch die Zusammenführung der bisher disparat veröffentlichten Objekte. Zudem ist die Zusammenstellung aller Abbildungen der Stücke ausgesprochen hilfreich. Alleine schon das Durchblättern der Tafeln gibt die Möglichkeit, sich mit einzelnen Objektgruppen vertraut zu machen. Die Inschriftenpräsentation und die Beschreibung der Trägerobjekte sind dagegen aufs knappste reduziert. Die wenigen kommentierenden Bemerkungen sind in der Regel nicht in vollen Sätzen formuliert. In der Präsentation des Katalogs sind die Inschriftentexte selbst dann nicht besonders hervorgehoben, viele der Texte finden sich etwa in der Mitte des jeweiligen Abschnitts, der nicht optisch gegliedert ist. Einzig der Fettdruck dient der Hervorhebung, doch wird diese Textauszeichnung auch für die Beschreibung der Inschrift benutzt, sofern diese nicht oder kaum in Buchstaben des gängigen Textverarbeitungstyps wiederzugeben ist. Der Verfasser hält an der alten deutschen Rechtschreibung fest, erstaunlich für eine universitäre Qualifikationsschrift in einem Lehrerausbildungsfach.

Durchaus bedenkenswert ist, dass der Autor sich unter anderem im Bereich der Kulte und Religion dafür entschieden hat (S. 93 ff.), nicht den Inschrifteninhalten zu folgen, sondern nach den Objektsorten zu gliedern. Die kleine Statuette mit Text gehört also in den Bereich Kult, nicht aber das mit »deo Mercurio« (S. 17) beschriebene Metallgefäß, das seiner Form nach auch in anderen Kontexten hätte Verwendung finden können. Eine solche Orientierung an den Objekten wäre in den Augen der Rezensentin dann sinnvoll, wenn die vergleichbaren, aber nicht mit Inschriften versehenen Objekte aus dem gleichen Fundkontext zumindest mittels Fußnoten und Literaturhinweisen ebenfalls zu erschließen wären. Diese Art der Differenzierung wird die Verhältnisse eher verschleiern als klären, wenn in einem Raum bestimmte Metallgefäße als Inschriften ausschließlich solche mit Götterweihung erhalten.

Die Wichtigkeit der im vorliegenden Band vereinten Objektgruppen für provinzialrömische Studien jeglicher Couleur wie Wirtschaft, Militär, Politik, Gesellschaft ist trotz der genannten Einschränkungen evident. Besonders hilfreich sind auch die Karte mit dem Gesamtbestand der Schriftträger (Karte 2, S. 18 f.) sowie die zahlreichen Indizes: Fundorte, Fundumstände, Schriftträger, Zeilenumfänge, ausgewählte lateinische Ausdrücke (»slogans«, S. 318), griechische Texte, Geldbeträge, Zahlen und Gewichte, Namen und ein Sachverzeichnis.

Die Rezensentin hat in jedem Fall von der Lektüre dieses Inschriftencorpus profitiert. Sie hat neue Ideen für Untersuchungen zum römischen Germanien erhalten, aber auch bisher nicht gekannte methodische Fallstricke entdeckt. So gesehen war die Arbeit mit diesem Band in jedem Fall ein Gewinn.

Mainz   Marietta Horster

Julien Boislève, Alexandra Dardenay und Florence Monier (Herausgeber), **Peintures murales et stucs d'époque romaine. De la fouille au musée**. Actes des 24e et 25e colloques de l'AFPMA, Narbonne, 12 et 13 novembre 2010 et Paris, 25 et 26 novembre 2011. Reihe ›Pictor. Collection de l'AFPMA‹, Band 1. Verlag Ausonius, Bordeaux 2013. 493 Seiten mit zahlreichen Abbildungen, die meisten in Farbe.

Bei ›Pictor 1‹ handelt es sich um den ersten Band einer neuen Publikationsreihe, die von der Association Française pour la Peinture Murale Antique (AFPMA) begründet wurde, um die Akten ihrer jährlichen Treffen in einem einheitlichen Erscheinungsbild und verbesserter Qualität drucken zu können. Die 1979 in Frankreich gegründete Vereinigung von Spezialisten nutzt die Veranstaltungen, um aktuelle Neufunde römischer Wandmalerei und Stuck vor allem in Gallien zeitnah vorzustellen und zu diskutieren. Die AFPMA hat bisher sechsundzwanzig Kolloquien an verschiedenen Orten in Frankreich organisiert, die zum größten Teil in regionalen Publikationsorganen vorgelegt wurden, wie in dem Vorwort von Michel Fuchs und Dominique Heckenbenner kurz dargelegt wird. Das wachsende Interesse an den Zusammenkünften und die steigende Zahl der Mitglieder haben dazu geführt, dass sich die anfänglichen Seminare zu Kolloquien ausgeweitet haben, die dem effizienten Informationsaustausch von Wissenschaftlern, Restauratoren und Ausgräbern nicht nur aus Frankreich, sondern auch aus den umliegenden Ländern einschließlich Italien dienen. In den folgenden Bänden von Pictor sollen auch andere Themen zur römischen Wandmalerei veröffentlicht werden.

Unter dem Generalthema ›Wandmalerei und Stuck aus römischer Zeit. Von der Ausgrabung bis ins Museum‹ werden die Akten der beiden Kolloquien zusammengefasst, die 2010 in Narbonne sowie 2011 in Paris stattgefunden haben. Bei jedem Kolloquium wurden in Vorträgen zunächst Neufunde und Ausgrabungen vorgeführt und in einem zweiten Teil Fragen zur Technik und Konservierung erläutert.

Das Kolloquium in Narbonne begann mit einer Würdigung der Arbeit des langjährigen Ausgräbers in Narbonne und Umgebung, Raymond Sabrié, und mit der Widmung der Veranstaltung dem Andenken an seine früh verstorbene Frau Maryse Sabrié, mit der zusammen er unter anderem die Ausgrabungen am Clos de la Lombarde in Narbonne mit ihren bedeutenden Wandmalereien publiziert hat.

Die folgenden Vorträge sind, abhängig von den besprochenen Bodenfunden, von unterschiedlicher Bedeutung, liefern aber dem Fachmann wichtiges Vergleichsmaterial und neue Erkenntnisse. Alle Befunde werden mit Ausgrabungsplänen, farbigen Abbildungen der Wandmalereifragmente und anschaulichen Rekonstruktionen präsentiert.

An qualitätvollen Fragmenten von Dekorationen des zweiten bis frühen vierten Stils vom Clos de la Lombarde in Narbonne (S. 27 ff.) kann Sabrié eine enge stilistische Verwandtschaft mit den gleichzeitigen Malereien in Italien aufweisen. Darunter fällt der in Gallien bisher einmalige Befund eines einheitlich schwarzgrundigen Ensembles von Wand und Decke, das kurz nach der Mitte des ersten nachchristlichen Jahrhunderts zu datieren ist und unter anderem ein achteckiges Mittelfeld an der Decke aufweist, in welchem ein von einem roten Band umrandeter Tondo mit der Darstellung einer schwebenden Venus enthalten war. Auf zarten Doppellinien sind Pfauen und Schwäne wiedergegeben.

Aufschlussreiche konstruktionstechnische Beobachtungen erlaubte die Untersuchung der Ausstattung der Portikus der gallorömischen Villa von Jonzac (S. 77 ff.), deren Stuckgesimse durch kleine Holzdübel befestigt waren. Der einfache weißgrundige Verputz der Portikus, der lediglich durch rote Bänder und Linien in Felder und Lisenen unterteilt wird und sich im Vergleich mit ähnlichen Wanddekorationen in severische Zeit datieren lässt, wird durch zusätzliche plastische Stuckgesimse am Übergang zur Decke, an der Lünette über der Tür und in den Ecken aufgewertet.

Eine ausgesprochen ungewöhnliche Dekoration wird für einen Raum (A. 2) in der aus julisch-claudischer Zeit stammenden Domus an der Rue du Hâ in Bordeaux rekonstruiert (S. 94 Abb. 1). Von den Wandfresken waren umfangreiche aneinanderpassende Reste anscheinend in Sturzlage vor der Nordwand erhalten, so dass sich daraus das Wandsystem mit annähernd genauen Feldermaßen rekonstruieren ließ (S. 96 Abb. 3; 4). Die Sockelzone, in welcher schwarze längsrechteckige Felder mit Reihern und Pflanzenbüscheln einerseits sowie schmale Felder mit einer grünlichen, diagonal gestreiften Marmorierung andererseits einander abwechseln, war an der Südwand noch in situ erhalten. An der Ostwand wurde eine leicht abweichende Sockelbemalung beobachtet.

Die Malereien müssen älter sein als der erhaltene schwarzweiße Mosaikboden, der zudem an keiner Stelle an die Malereien anstößt, da sie eine tieferreichende Unterkante aufweisen. Der Sockel wird von einem Gesimsband abgeschlossen, über dem in der Hauptzone drei rote Felder, getrennt durch zwei schwarze Lisenenstreifen mit Schirmkandelabern zu ergänzen sind. Ein dritter Kandelaberstreifen, der eine Innenkante aufweist, muss an der Raumecke gesessen haben. Über das mittlere rote Feld ist eine Girlande gespannt. Die angenommene Höhe der Felder von 1,80 Meter ist an den häufig beobachteten Proportionsverhältnissen der Hauptzonenfelder orientiert, dass nämlich die Breite der Felder zwei Drittel der Höhe beträgt. An den mit einer Höhe von 2,80 Metern rekonstruierten Wänden im Norden, Süden und Osten schließt die Hauptzone ohne Oberzone mit einem Ornamentband aus Halbkreisen ab. Über der Hauptzone der Westwand hingegen, die mit einer etwa 2,25 Meter hohen Türöffnung rekonstruiert wird, wird eine zusätzliche

1,10 Meter hohe Oberzone angenommen, womit die Gesamthöhe 3,90 Meter betragen haben müsste. Diese Oberzone, die auf beigefarbenem Untergrund eine engmaschige rote Garteneinfriedung und darüber grüne Blattpflanzen mit einem weißen Reiher zeigt, ist außerdem nur im ungefähr mittleren Drittel der Wand nachweisbar. Da der Zaunabschnitt an den Seiten scharf begrenzt ist, werden rechts und links davon große fensterartige Öffnungen vermutet. Fotos der zusammengesetzten Fragmente (S. 98 f. Abb. 6–7) belegen, dass das Gartenzaunmotiv an einzelnen Stellen an das Gesimsband der Hauptzone anpasst. Eine Fotomontage (S. 101 Abb. 9) veranschaulicht den Gesamtaufbau der Wand. Eine Erklärung, wie man sich die Konstruktion der Decke zu diesem Raum vorstellen muss, wenn drei der Wände niedriger sind als die vierte, liefern die Bearbeiter jedoch nicht. Sie vermuten lediglich, dass die Ausmalung des Raumes mehrphasig ist, worauf auch die Unterschiede in der Sockelzonenbemalung an der Ost- und der Südwand hinweisen könnten, und dass bei Umbauten ältere Malereien beibehalten wurden. Hier sind sicherlich noch einige Überlegungen anzustellen, um zu einer überzeugenden Lösung des Problems zu gelangen. Möglicherweise ist die Zuweisung der Fragmente zu den vier Wänden des späteren Mosaikraumes zu revidieren. Denkbar wäre beispielsweise ein Korridor mit einem an den Seiten offenen Pultdach, der sich an eine höhere Rückwand anlehnt.

Wichtige Erkenntnisse liefert die Präsentation der aufwendigen severischen Stuckdekorationen einer gallorömischen Villa in Mané-Véchen (S. 137 ff.). In der an prominenter Stelle nahe einer Flussmündung am Meer errichteten Anlage waren die größten Räume, die als repräsentative Empfangssäle gedeutet werden, mit komplizierten Nachahmungen von Marmorinkrustationen ausgemalt, die mit plastischen Stuckgesimsen, kannelierten Pilastern sowie vegetabilen architektonischen Friesen bereichert waren. In weiteren Friesen oder Feldern waren figürliche Stuckreliefs eingefügt, von denen Fragmente von verschiedenen Gesichtern und Gliedmaßen in unterschiedlicher Größe zeugen. Auch die Decken waren mit reichen, teilweise vergoldeten Stuckornamenten aus Blüten und Blättern und figürlichen Stuckbildern verziert. Fenster und Nischen waren darüber hinaus mit applizierten Muscheln eingefasst.

Mit der großflächigen, Opus sectile nachahmenden Dekoration eines tonnengewölbten Raumes, vermutlich der Thermen der gallorömischen Villa von Andilly-en-Bassigny, wird ein weiteres Beispiel für die gegen Ende des zweiten oder Anfang des dritten Jahrhunderts wiederauflebende Vorliebe für großformatige Inkrustationsmalereien vorgestellt (S. 173 ff.). Rekonstruiert wird ein Sockel aus abwechselnd schwarzen und roten Feldern mit Rhomben und Halbkreisen in unterschiedlicher Marmorierung. In der Hauptzone werden farblich alternierende Spiegelquader nachgeahmt, in welche hochrechteckige Platten mit eingeschriebenen Rauten und Kreisen eingefügt sind, die jeweils farblich unterschieden sind und eine andere Marmorierung aufweisen.

Eine spätere, in die zweite Hälfte des dritten Jahrhunderts datierte Inkrustationsdekoration aus Poitiers zeigt in der Hauptzone eine einfache schematische Aufteilung in isodome, abwechselnd gelbe und grüne Quader mit einer Strichmarmorierung in der jeweils anderen Farbe (S. 179 ff.). Bemerkenswert sind einzelne in das rote, die Quaderzone abschließende Band eingeritzte Zahlen, die vielleicht ein Datum angeben. Wie in Andilly ist die in die Decke übergehende Oberzone weißgrundig.

In dem Teil des Kolloquiums, der methodischen Fragen zur Konservierung und Restaurierung der Wandmalereifragmente gewidmet ist, werden neue Präsentationsformen vorgestellt, die der Verbesserung der Lesbarkeit beziehungsweise Verständlichkeit der Fragmente für den Laien und Museumsbesucher dienen sollen. Man kann entweder das Grundsystem des Wandaufbaus durch Linien andeuten oder Felder durch farblich zurückgenommene Ergänzungen komplettieren. Im Museum von Orange wurden Ornamente durch plastisch hervorgehobene Bereiche des Hintergrundsandes vervollständigt, in Chartres die Konturen der Figuren linear ergänzt und die Silhouetten flächig eingefärbt. In Arnouville wird flächig die Grundfarbe der Felder und Lisenen aufgenommen. Im Museum von Vieux wurden die restaurierten Wandmalereifragmente in eine Acrylwand eingelassen, so dass auch die Rückseite des Verputzes betrachtet werden kann. In Bayeux hat man in dem modernen Putzträger ein ›Fenster‹ freigelassen, durch welches man das Fischgrätmuster auf der Rückseite der Malschicht sehen kann.

Im zweiten Teil der Publikation, in welchem die Vorträge des 2011 in Paris veranstalteten Kolloquiums vorgelegt werden, widmen sich zwei Beiträge der aufwendigen Ausstattung der Villa La Garanne in Berre-l'Étang (S. 279 ff.; 299 ff.), bei der es sich aufgrund der ausgedehnten Ausmaße, vor allem der vorgelagerten großen Galerie (D), um den Besitz eines hochrangigen Beamten handeln könnte. In dem ersten Aufsatz werden die verschiedenen Wand- und Deckenmalereien aus drei Bauphasen vorgestellt, in dem zweiten die Malereireste in Zusammenhang mit einer Rekonstruktion des architektonischen Aufbaus der Villa gebracht.

Aus der ersten Bauphase während der zweiten Hälfte des ersten vorchristlichen Jahrhunderts sind nur wenige Fragmente erhalten, die jedoch von einer hochwertigen Quadermalerei Zweiten Stils mit zinnoberroten und hellblauen Steinimitationen zeugen. Während der zweiten Phase, also in der ersten Hälfte des ersten nachchristlichen Jahrhunderts , wurde die 75 Meter lange, durch Exedren gegliederte vorgelagerte Galerie D errichtet. Die Ausmalung besteht aus einem roten Sockel mit Scheingesims, über dem die beigefarbene Hauptzone durch schwarze, grau konturierte Linien in Felder und Lisenen mit zarten grünen Kandelaberstielen unterteilt ist. An einigen Stellen waren schematische Reparaturen zu beobachten, bei denen die Kandelaber zu Bändern vereinfacht wurden. Die ursprüngliche Dekoration entspricht nach Meinung der Bearbeiter Malereien des frühen Dritten pompejanischen Stils der Phase I a aus der Zeit um 15 bis 10 v. Chr. und wird, allerdings mit einem gewissen zeitlichen Abstand dazu, von der ersten Generation der aus Italien eingewanderten Maler ausgeführt worden sein, der auch die Wanddekorationen in Lyon, Rue des Farges zugeschrieben werden. Auf dieselbe Zeit geht die schwarzgrundige Ausmalung des Triclinium 81 zurück, die durch aufgemalte schlanke kannelierte Säulen unterteilt wird, die sich nach oben hin verjüngen und mit zarten Scheingesimsen verbunden sind. Reste von zerbröseltem Stuck weisen auf ursprünglich vorhandene Stuckgesimse am Anschluss zur Decke hin.

In der zweiten Hälfte des ersten Jahrhunderts werden an der Stelle des abgerissenen Ostflügels der Villa Thermen erbaut. Bemerkenswert sind vor allem die Reste einer rotgrundigen Deckenmalerei, die ein filigranes Rapportmuster in Gelb, Weiß und Blau aufweist, das aus antithetisch angeordneten sinusförmigen Elementen besteht, die in Voluten enden. In den Zwischenräumen sind farbig akzentuierte Karos, Kreise oder Rechtecke sowie ornamentale Blatt- und Blütenmotive eingefügt.

Besondere Konstruktionstechnik ließ sich bei den Deckenmalereifragmenten aus dem Frigidarium des Thermengebäudes der Villa von Thillay, La Vieille Baune, beobachten, an deren Rückseiten Reste von Tubuli sitzen (S. 331 Abb. 4). Diese dienten in diesem Falle offensichtlich nicht der Luftzirkulation einer Wandheizung, sondern zur Konstruktion des Tonnengewölbes, um dieses leichter zu machen (S. 337 Abb. 17). Der blaugrundige Deckenverputz war mit einem regelmäßigen Muster aus roten und weißen Sternen überzogen, das an Hilfslinien ausgerichtet ist, die in Längsrichtung der Tonne eingeritzt sind. Sowohl der Verputz der Decke als auch der von der Oberzone der Wand sind gepickt und mit einer zweiten Malschicht versehen (S. 331 Abb. 4; 5). Die Bearbeiter schlagen für die Sternendecke eine Entstehung Anfang des dritten Jahrhunderts vor.

Bei den Ausgrabungen in der galloromischen Villa Les Monteux in Juvigny wurden in einer Grube Fragmente einer weißgrundigen Dekoration gefunden, die, nach den Beifunden zu schließen, vor dem Ende des ersten oder Anfang des zweiten Jahrhunderts entstand. Die Autoren verwenden in diesem Zusammenhang irrtümlich den Begriff ›Terminus post quem‹ für die Datierung der Malereien (S. 343), meinen aber ›Terminus ante quem‹, wie aus der Zusammenfassung der Ergebnisse im Résumée hervorgeht: »antérieure du début du IIe siecle«. Es handelt sich um eine weißgrundige Felder-Lisenen-Dekoration mit rotgrünen Kandelabern auf den Lisenenstreifen und von Blattbordüren gerahmten Feldern. Über der Felder-Lisenen-Zone verläuft ein weißer Fries. Die Bearbeiter vergleichen die Dekoration überzeugend mit der Ausmalung des sogenannten Freskenraums von Frankfurt-Heddernheim (S. 346). Dessen Datierung um das Jahr 130 ist jedoch keineswegs gesichert, sondern beruht auf der stilistischen Einschätzung von Mathilde Schleiermacher. Die Zeitspanne, in welcher die Malereien von Heddernheim entstanden sein können, reicht vielmehr von flavisch bis hadrianisch (vgl. M. Schleiermacher, Der Freskenraum von Nida [Wiesbaden 1995] 19).

In Clermont-Ferrand (Augustonemetum) wurden bei Notgrabungen im Jahre 2010 repräsentative Wohnbauten mit Resten ihrer Ausmalung freigelegt (S. 351 ff.). Eine qualitätvolle, in situ vorgefundene schwarzgrundige Sockelzone der tiberischen Bauphase wird von kleinen Pilastern mit korinthischen Kapitelen, die ein Gebälk tragen, in schmale und breite Abschnitte unterteilt. Auf den schmalen Feldern ist jeweils eine hohe, mit Akanthusblättern verzierte dreidimensionale Basis wiedergegeben, auf der ein offener Kelch steht mit daraus aufsteigenden, wie wuchernd aussehenden Elementen. Es könnte sich hierbei um einen Altar mit einer Flamme oder um einen vegetabilen Kandelaber handeln, der aus einem Gefäß herauswächst. Auf einem der breiten Felder ist eine Landschaftsszene mit einer perspektivischen Architektur dargestellt, auf dem anderen ein Stillleben mit einem Früchtekorb. Fragmente von roten Feldern lassen sich der Hauptzone zuweisen.

Eine andere Fragmentgruppe gehört zu einer rotgrundigen Dekoration, die durch hellblaue Bänder in Felder mit unterschiedlichen Bordürenrahmen in Gelb und Hellblau unterteilt wird und sich stilistisch in die zweite Hälfte des ersten Jahrhunderts datieren lässt. Die Hauptzone wird durch ein weißes Schmuckband abgeschlossen, gefolgt von einem schwarzen Streifen und einer ungewöhnlichen roten Oberzone mit rechteckigen Feldern, von deren Ecken diagonale Stäbe ausgehen, die (m. E. Perspektive vortäuschend) auf ein mittleres weißes Innenfeld zulaufen.

Ein dritter Komplex stammt von einer ockergrundigen, mit Ranken, Girlanden oder Kränzen verzierten Decke. Ein Fragment von einem weiblichen Gesicht mit einem Perlenohrring (S. 364 Abb. 13) könnte darauf hinweisen, dass sie mit einem figürlichen Mittelbild ausgestattet war.

Eine vierte Gruppe belegt rote, von weißen Linien begrenzte Felder mit linearen Innenrahmen und einem fliegenden Schwan in der Feldermitte. Zwischen dem inneren und dem äußeren linearen Rahmen sind stellenweise, höchstwahrscheinlich mittig, grüne Quadrate mit Rosetten eingefügt. Die Bearbeiter verweisen für ihre Rekonstruktion auf eine Parallele aus Périgueux, die in die Zeit zwischen 35 und 45 n. Chr. datiert wird, sowie auf die Malereien im Triclinium 10 der Villa in Contrada Pisanella bei Boscoreale, die pauschal als Beispiel des zwischen 15 v. Chr. und 30 n. Chr. zu datierenden Dritten Stils bezeichnet werden

(S. 364). Hier fehlt ein Zitat der Publikation von Fréderic Louis Bastet und Mariette de Vos (Il terzo stile pompeiano [Den Haag 1979] 68 Nr. 36 Taf. 33, 60) mit der entsprechenden Einordnung in den späten Dritten Stil der Phase II b (35–45 n. Chr.). Auch der Verweis auf einen Schwan in einem Feld der unteren Zone der Casa del Bracciale d'Oro in Pompeji wird nicht mit einer Anmerkung belegt. Als weiteres Beispiel für einen Schwan auf der Feldermitte führen sie die Dekoration aus der Villa von Plassac an, die angeblich zwischen den Jahren 100 und 120 entstanden ist. Dieser Flüchtigkeitsfehler wäre den Autoren schnell aufgefallen, wenn sie auch hier eine der entsprechenden Publikationen zitiert hätten. Die Malereifragmente fanden sich in einer Schuttschicht aus der Zeit zwischen 100 und 120 n. Chr., sie stammen aber aus der ersten Phase der Villa, die sich zwischen 40 und 60 datieren lässt (A. Barbet, La Peinture murale en Gaule [Paris 2008] 142 f.).

Ein Schwerpunkt des Kolloquiums gilt dem Projekt eines Corpus der in situ gefundenen Wandmalereireste. In einer ersten Bilanz führte Odile Leblanc die Funde aus Vienne vor (S. 385 ff.), zu denen unter anderem Altfunde aus dem neunzehnten Jahrhundert gehören, wie die sogenannte Globuswand. Es gelingt ihr anhand von alten Fundbeschreibungen und Pressemitteilungen überzeugend, die bekannte Schirmkandelaberdekoration mit der Viktoria auf einem Sphäreglobus zwischen grünen Feldern in einem Gebiet an der heutigen Rue Victor-Hugo zu lokalisieren. Als Besonderheit der Wanddekoration wurde bei deren Bergung notiert, dass die bemalte Putzschicht auf Ziegeln aufgetragen ist, die mit Nägeln an der Wand befestigt waren. Wie Leblanc zeigt, stammen die Malereien offenbar von einer Hangstützmauer. Die Ziegel dienten dazu, die Malereien von hinten gegen die Feuchtigkeit der anstehenden Erde zu schützen.

Eine ähnliche Beobachtung wurde 1881 bei einem in einer kolorierten Zeichnung erhaltenen Wandmalereibefund im Bereich von Wohnhäusern bei Saint Juste gemacht, der nach Auskunft der damaligen Ausgräber ebenfalls mit Bronzenägeln an der Wand befestigt war. Auch hier kann Leblanc die Malereien an einer durch Ziegelplatten zum Schutz gegen eindringende Feuchtigkeit verstärkten Terrassierungsmauer lokalisieren. Die Wanddekoration zeigt einen mit linearen geometrischen Ornamenten verzierten Sockel und eine durch Zierständer mit Pflanzenranken bereicherte Hauptzone. Alix Barbet sieht einen Stilbruch zwischen Haupt- und Sockelzone, da sie die Bemalung der Hauptzone stilistisch in die Zeit um 40 n. Chr. einordnet und den Sockel dem Vierten pompejanischen Stil zurechnet (S. 392, Anm. 33 wird nur »Barbet 2008« zitiert, ohne die Seitenzahl 65), und vermutet, dass es sich bei dem Sockel um eine spätere Reparatur handelt, wofür Leblanc jedoch keine Anhaltspunkte sieht. Im Bereich des mit einem antoninischen Mosaikboden ausgestatteten Triclinium innerhalb dieses Baukomplexes war 1878 eine rotschwarze Felder-Lisenen-Dekoration mit achtförmig verschlungenen Ranken auf dem einen und mit Motiven gefüllten ovalen Elementen auf dem anderen Trennstreifen zu Tage getreten (S. 391 Abb. 5 D). Im Sockel waren anscheinend nicht mehr genauer zu erkennende Blattbüschel aufgemalt. Leblanc nimmt an, dass die beiden Malereifunde gleichzeitig sind und zudem aus derselben Bauphase stammen wie der antoninische Mosaikboden. Weitergehend folgert sie, dass es sich um ein Beispiel eines speziell gallischen Neo-dritten Stils handelt, der sich seit flavischer Zeit im Laufe des zweiten Jahrhunderts entwickelte (S. 393).

Diese Überlegung hat rein hypothetischen Charakter und wird durch keinerlei Stilvergleich aus antoninischer Zeit unterstützt. Da die Malereien nur durch Zeichnungen überliefert sind, ist eine stilistische Beurteilung ebenso problematisch wie die Überlegung zu einer Reparaturphase. Der angebliche Stilbruch zwischen Haupt- und Sockelzone bei der Dekoration der Terrassenmauer (S. 391 Abb. 5 c) besteht nicht. Wenn man die Dekoration mit pompejanischen Beispielen des späten Dritten und frühen Vierten Stils vergleicht, lässt sie sich ohne weiteres einer Übergangsphase um die Mitte des ersten Jahrhunderts mit retardierenden Elementen zuweisen (vgl. z. B. Bastet / de Vos a. a. O. Taf. 34, 62; 58, 106). Auch im Hinblick auf die von Leblanc weiter unten (S. 395 Abb. 6 b) vorgestellte, sehr ähnliche Dekoration aus Raum 8 von der Place Saint-Pierre in Vienne, die ins erste Viertel des ersten Jahrhunderts datiert wird, ist eine antoninische Entstehung für die Malerei an der Terrassenmauer eher unwahrscheinlich.

Von Alexandra Spühler wird eine weißgrundige Kandelaberdekoration aus Insula 12a in Avenches vorgestellt. Sie wird der Ausmalung des kleinen hypokaustierten Raums zugeschrieben, in dem sie gefunden wurde und der mit Umbaumaßnahmen im Laufe der zweiten Hälfte des zweiten Jahrhunderts verbunden wird (S. 410 Abb. 2, 411). Die Autorin rekonstruiert an jeder Wand zwei große Ädikulafelder in der Hauptzone, von deren Mitte zwei Girlanden herabhängen und die außen von einem hellblauen Rahmen eingefasst werden. In den Zwickeln sitzen wie Akrotere grüne Meerwesen. Die Wandmitte wird von einem mit ockergelben Schwänen und hellblauen Ranken ausgestatteten Zierständer eingenommen, der von einem Hirschen bekrönt und von einem Satyr mit Cymbeln gestützt wird. Der Sockel wird durch drei Säulen unterteilt, von denen eine grün ist und mittig unter dem Kandelaberfeld sitzt. Auf den beiden längsrechteckigen Sockelfeldern steht jeweils ein dreiseitiger linearer Doppelrahmen, an dem in der Mitte an einer Schleife ein Rund- beziehungsweise Ovalschild aufgehängt ist. Außerdem sind über den Felderrand Girlanden gehängt, links eine rote, rechts eine grüne.

Als Stilvergleich für den bekrönenden Hirsch und die Stützfigur am Kandelaberfuß wird auf Wanddekorationen in Amiens, Trier (Gilbertstraße) und Xanten verwiesen, die allerdings gegen Ende des ersten oder

Anfang des zweiten Jahrhunderts entstanden sind. Spühler wertet dies als Anzeichen dafür, dass sich bestimmte Motive bis in die zweite Hälfte des zweiten Jahrhunderts hielten.

Meines Erachtens gehen die Parallelen vor allem bei der ebenfalls weißgrundigen Wanddekoration von der Gilbertstraße in Trier jedoch so weit (s. K. Goethert nach W. v. Massow, Trierer Zeitschr. 63, 2000, 155–201 bes. 175–194 Abb. 31), dass die späte Datierung der Dekoration aus Avenches und ihre Zuweisung an die Umbauphase in der zweiten Hälfte des zweiten Jahrhunderts noch einmal genauer untersucht werden sollten. Es zeigen sich nicht nur Übereinstimmungen in einzelnen Motiven wie dem von einem Hirsch bekrönten Kandelaber, sondern auch im gesamten Wandaufbau, in der ädikulaartigen Form einzelner Felder und der Farbgebung, speziell der Vorliebe für die hellblaue Farbe der Rahmen und ornamentalen Details.

Es folgt ein weiterer Bericht des Arbeitskreises zu einem Corpus der Wandmalerei und Stuckfunde in situ, der inzwischen zweihundertachtzig Fundstellen verzeichnen kann.

Daran schließt sich der Restaurierungsbericht einer Gesandtschaftsszene des siebten Jahrhunderts aus Samarkand (Usbekistan) an (S. 435 ff.), gefolgt von einem Bericht über chalkolithische Malereireste des fünften Jahrtausends aus dem Tell Azmak in Stara Zagora (Bulgarien) mit konzentrischen und sich berührenden roten Kreisen auf weißem Grund (S. 447 ff.).

Ein eigener Block ist wiederum der technischen Analyse der Putzsorten gewidmet (S. 461 ff.). Der Vergleich von Mörtelproben ausgewählter Fundstellen kommt zu dem Ergebnis, dass jede von ihnen eine andere charakteristische Zusammensetzung aufweist. Neue Pigmentanalysen von Farben in Bordeaux haben erwiesen, dass neben den geläufigen Mineralfarben auch Mischungen von Ägyptischblau mit Krapplack vorkommen, um einen violetten Farbton zu erzeugen. Bei dem wertvollen Zinnoberpigment konnte beobachtet werden, dass es auf einen Untergrund in gelbem Ocker aufgetragen ist.

Untersuchungen der Bindemittel erbrachten, dass den Farben zum Teil tierische Leime oder Kasein beigemengt sind, diese aber nicht so dominieren, dass sie die eigentliche Bindung der Freskotechnik ersetzen. Darüber hinaus zeigte sich, dass es immer noch schwierig ist festzustellen, ob Proteine von organischen Bindemitteln herrühren oder sie eher durch den Grabungskontext und die Lagerung der Fragmente sekundär eingedrungen sind.

Den letzten Beitrag stellt der Bericht einer Arbeitsgruppe dar, die auf Anregung des französischen Ministeriums für Kultur und Kommunikation eingerichtet wurde, um Auswahlkriterien für eine selektive Konservierung der Bodendenkmäler zu entwickeln, nach denen abgewogen wird, welche Wandmalereikomplexe erhalten werden können und in welcher Form (S. 479 ff.).

Grundsätzlich gesehen handelt es sich bei der vorliegenden Abhandlung um eine wichtige Publikation, die Wandmalereiforschungen auf dem neuesten Stand bietet. Dass durch das neue Erscheinungsformat die Akten der Kolloquien der AFPMA einem größeren Publikum zugänglich gemacht werden, ist sehr zu begrüßen. Wünschenswert wäre jedoch bei einigen Beiträgen ein besserer wissenschaftlicher Apparat, um auch dem mit der Materie weniger vertrauten Leser die Lektüre zu ermöglichen.

Nur am Rande sei bemerkt, dass die Publikation durch den engen Zeilenabstand und die kleine Schrifttype nur mühsam zu lesen ist.

Köln   Renate Thomas

Christina Erkelenz, **Die römischen Nekropolen des vicus Mönchengladbach Rheydt-Mülfort.** Kölner Studien zur Archäologie der Römischen Provinzen, Band 11. Verlag Marie Leidorf, Rahden 2012. 368 Seiten mit 72 Abbildungen und 254 Tafeln, beides schwarzweiß, sowie 4 Beilagen.

Die vorliegende Publikation basiert auf der geringfügig veränderten Dissertation der Autorin, die 2009 von der Universität Köln angenommen wurde. Die Arbeit beschäftigt sich mit allen bisher bekannten Grabfunden aus Mülfort; die dazu komplementäre Arbeit zu den Siedlungsbefunden von Dieter Hupka ist noch nicht publiziert.

Der römische Vicus von Mülfort, heute ein Stadtteil von Mönchengladbach, war ein im Hinterland von Novaesium vermutlich in der zweiten Hälfte des ersten nachchristlichen Jahrhunderts entstandenes Straßendorf. Belegt sind römische Straßenzüge, die den Ort wohl mit dem direkten Rheingebiet (Neuss), in nördlicher Richtung mit Viersen und Xanten sowie in südlicher Richtung mit Köln verbanden; vermutet wird auch ein Weg zu einer nur rund einen Kilometer entfernt gelegenen Villa rustica. Die Besiedlung der Niederlassung endete im Verlauf des späten dritten Jahrhunderts, nachdem sie ihre größte Ausdehnung im zweiten Jahrhundert gehabt hatte.

Dem hier besprochenen Werk liegen insgesamt 563 Befunde aus drei Arealen zugrunde, wobei die wenigen Hinweise auf Grabbauten den im Titel genannten Begriff »Nekropolen« nicht rechtfertigen. »Gräberfelder« als neutraler Begriff wäre den Befunden gerechter.

Das Buch umfasst sieben Kapitel, deren umfangreichste den Funden (2) und ihrer Datierung (3) sowie den Grabbefunden (4 und 5) gewidmet sind. Diese Kapitel werden durch Bemerkungen zur Forschungsgeschichte, dem römischen Vicus und seinem Umfeld sowie die anthropologische Auswertung ergänzt und abgerundet. Alle sicheren und vermuteten Grabbefunde sind in dem klar gegliederten Katalogteil mit Leichenbrandgefäß und Beigaben aufgeführt, soweit möglich ergänzt durch naturwissenschaftliche Bestimmungen von Leichenbrand, Tierknochen und Holzkohlen.

Die Publikation fasst die Befunde aus drei unterschiedlichen Arealen zusammen, nämlich den Gräberfeldern an der Steinstraße (S1–S26), der Dohrer Straße (D27–D457) und der Angerstraße (A458–A563). Ungewöhnlich ist, dass die Autorin alle Befunde in einer einzigen durchlaufenden Nummerierung erfasst; durch einen vorgestellten Buchstaben sind die verschiedenen Gräberfelder aber klar unterscheidbar. Der Tatsache, dass viele der Grabbefunde lediglich bei baubegleitenden Beobachtungen registriert oder als Fundaufsammlung bekannt wurden und somit den Charakter von Zufallsfunden haben, schränkt die Vergleichbarkeit zu anderen Gräberfeldern erheblich ein. Die Autorin hat aus diesen problematischen Bedingungen das Bestmögliche gemacht.

Das keramische Fundmaterial besteht durchwegs aus römischer Drehscheibenkeramik, handgemachte Ware tritt nicht auf. In diesem Zusammenhang ist lediglich auf das Waffengrab Z11 zu verweisen, das jedoch zur Zeit ein isolierter Befund an der Straße zur Villa rustica in der Weingartskaul ist. In den Gräbern des zweiten und dritten Jahrhunderts wurde den Verstorbenen in der Regel Ess- und Trinkgeschirr beigegeben, allerdings haben die Scherben meist ihre originale Oberfläche durch den Brand des Scheiterhaufens und durch die Lagerung im Boden verloren, was die Aussagemöglichkeiten zur Keramik einschränkt. Die anderen Beigaben, das sind Glasperlen, Glasgefäße, Kästchen, Werkzeuge und Trachtbestandteile sowie Münzen, kommen vergleichsweise nur in geringer Anzahl vor. Das Grabzubehör spiegelt insgesamt das für ein im Hinterland des Rheintals gelegenes Straßendorf typische Bild wider. Wegen der teils schlechten Erhaltung – besonders der Keramik – und aufgrund der oft mangelnden Dokumentation war der Autorin die Unterscheidung zwischen primären und sekundären Elementen nicht möglich.

Christina Erkelenz bezeichnet alle entsprechenden Befunde als »Gräber«; sie verweist nur an wenigen Stellen auf die ebenso mögliche Bestimmung als Aschengrube oder Ähnliches. Wahrscheinlich handelt es sich also um wesentlich weniger tatsächliche Beisetzungen, konnten doch rund dreiundzwanzig Prozent aller Befunde wegen fehlenden Leichenbrandes keiner Bestattungs- bzw. Grabform zugewiesen werden (S. 120). Dies könnte auch den überaus hohen Anteil an Begräbnissen des zweiten Jahrhunderts vielleicht etwas relativieren. Es gibt Urnen-, Brandschüttungs- und Brandgrubengräber. Elf Befunde wurden als Busta bestimmt; Ustrinae hingegen fehlen unter den Befunden. Das Gesamtbild ergänzend führt die Autorin auch die wenigen teils verschollenen Inschriftensteine und Fragmente von Architektur an, darunter auch ein Ziegelplattengrab und eine Steinkiste.

Die steinernen Reste sind bereits im neunzehnten Jahrhundert bekannt geworden und heute teilweise verschollen.

Um die Chronologie der Gräber besser differenzieren zu können, wurden nach einer Seriation verschiedene Korrespondenzanalysen durchgeführt. Die Autorin weist deutlich auf die eingeschränkte Nutzbarkeit dieser Methode bei einer großen Anzahl nicht eng genug zu datierender Funde hin, da viele funktionale Formen lange verbreitet waren. Dies wurde besonders deutlich an Gräbern aus der Dohrer Straße; dort war für das Ausschließen der zeitlich nicht eingrenzbaren Funde die Menge zu groß. So konnten von den insgesamt 563 Befunden von allen Gräberfeldern nur 206 in der statistischen Auswertung berücksichtigt werden. Die Verfasserin legt die von ihr angewandten Methoden zur chronologischen Ordnung sowie die archäologischen Befundverhältnisse (Überlagerungen etc.) klar dar. Die wenigen Münzen, die aus den Bereichen der Gräberfelder stammen – nur einige sind Grabkomplexen zuzuweisen – tragen für die chronologische Differenzierung nur wenig bei. Die Münzen sind nur sehr kursorisch angesprochen. Für die numismatische Bestimmung ist auf den Corpus der Fundmünzen des Regierungsbezirks Düsseldorf verwiesen, wo auch weitere Altfunde vorliegen (D. Backendorf, Reg.-Bez. Düsseldorf. FMRD Abt. VI Bd. 3/4 [Mainz 2011]).

Was das Werk etwas vermissen lässt, ist die Auseinandersetzung mit den unterschiedlichen inneren Strukturen der drei Gräberfelder. Diese unterscheiden sich nämlich nicht nur in der Menge der Begräbnisse, sondern es ist, wie die beigegebenen Pläne zeigen, eine deutlich unterschiedliche Binnengliederung erkennbar. Während die Nekropole an der Dohrer Straße eine regelmäßige Belegung gleichsam in Reih und Glied erkennen lässt, zeigen sich entlang von Steins- und Angerstraße eher Gruppen von Beisetzungen. Hierzu wird vielleicht erst durch die ausstehende Publikation der Siedlungsbefunde weiterer Aufschluss zu gewinnen sein.

Will man sich unabhängig von den vorliegenden Kartierungen von Funden auf den Gräberfeldplänen mit der Verteilung bestimmter Phänomene beschäftigen, fallen die unterschiedlichen Grundlagen der Pläne schmerzlich auf: Während für die Steinsstraße und die Dohrer Straße weitgehend auf Grabbefunde reduzierte Pläne vorliegen, ist dies bei der Angerstraße nicht der Fall. Dort sind offenbar alle Befunde enthalten, unabhängig davon, welcher Zeit sie angehören. Das erschwert dem Leser den Zugang, denn in der Angerstraße ist eine verhältnismäßig große Anzahl von einander schneidenden und überlagernden Befunden zu erkennen, die Fragen nach der inneren Chronologie ebenso herausfordern wie nach der Anordnung der Gräber. Eine Krittelei sei der Rezensentin erlaubt: Für den Leser ist die Darstellung der chronologischen Abfolge von Gräbern in der Dohrer Straße (S. 112 f.) verwirrend, denn die Gräber aus der Grabung des Jahres

1985 sind dort dargestellt, während diese Befunde auf anderen Kartierungen fehlen.

Um die Geschichte des römischen Vicus von Mülfort besser verstehen zu können, ist die im Vorwort von Thomas Fischer in Aussicht gestellte Publikation der Siedlungsreste abzuwarten. Erst in der Zusammenschau von Siedlung, Gräberfeldern und Straßengrabungen wird dies gelingen. Mit der Publikation der Grabfunde von Christina Erkelenz ist ein grundlegender und gelungener Schritt getan.

Frankfurt am Main   Gabriele Rasbach

Michael Doneus, Christian Gugl and Nives Doneus, **Die Canabae von Carnuntum. Eine Modellstudie der Erforschung römischer Lagervorstädte. Von der Luftbildprospektion zur siedlungsarchäologischen Synthese.** Der Römische Limes in Österreich, volume 47. Publisher of the Österreichische Akademie der Wissenschaften, Vienna 2013. 291 pages with 131 figures, 27 plates, 2 appendices, and 2 foldable maps.

Roman legionary fortresses have attracted archaeological attention since the nineteenth century. These military cities with a more or less methodical and standardized layout, housed one or two of the twenty-five to thirty prime combat units of the Roman armies. The abundance and the variety of material culture in these complexes also contributed to their intensive archaeological exploration. The canabae legionis – the civilian suburbs of these castra – have, on the other hand, received far less attention and are still poorly understood. This is hard to comprehend as detailed research of these settlements could lead to fascinating socio-economic, juridical, societal and religious insights into Roman military communities. The lack of research in these canabae is partly due to their largely undefined and extensive spatial layout and to the fact that most of them were overbuilt by later settlements.

Carnuntum is Austria's largest archaeological landscape, preserving a settlement duality which is a phenomenon exclusive to Roman legionary sites of the early and middle imperial periods. The paired settlements consist in the canabae surrounding the legionary fortress, plus, within a distance of two kilometres, an additional civilian settlement. In many cases such habitations achieved city status later on. Carnuntum is one of the few sites with this Roman military-civilian complex that was only partially overbuilt or disturbed in later periods. This results in a well preserved and diverse archaeological resource spread out over an area of several square kilometres, which is easily accessible for potential sondages, excavations and all means of prospective research. It is hardly surprising that archaeological research started here already one hundred-fifty years ago and is still in process. Part of the team that worked on the impressive 2007 publication of the 1968–1977 excavations in the north-eastern praetentura of Carnuntum's castra legionis, has now produced this monograph on Carnuntum's canabae legionis. This new study is based on systematic aerial survey carried out in the Carnuntum region between 1965 and 2008, which has resulted in a total of 1464 aerial pictures, 330 of them vertical and the remainder oblique. From these panchromatic, full colour and infrared pictures – taken in a pre-drone era – a densely built-up antique agglomeration emerged including the civilian suburbs of the castra. These georeferenced pictures were related to data from older excavations in order to work out a model of the canabae legionis.

This comprehensive study can be divided in three parts. Following a methodological chapter dealing with the history and processing of the aerial pictures the second part is a detailed spatial investigation of the Carnuntum canabae, in its largest state of expansion when the settlement covered about one hundred-twenty hectares (three hundred acres). The locational criteria for the fortress' civilian suburbs are logically dictated by those of the legionary fort itself, the raison d'être for these extra-mural outskirts. Three arterial roads leading from the west, south and east gates of the fortress and a network of secondary streets divide the canabae up into core areas. This subdivision of the nine canabae-regions in an orthogonal raster system is also determined by the location of distinctive structures and buildings. Housing blocks with a variety of more complex atrium houses as well as linear strip-houses, monumental public buildings such as a so-called forum and amphitheatre (according to the authors both used for military training), sanctuaries and necropolises are some of these which determine the settlement regions. A list of more than one hundred-eighty georeferenced gravestones or fragments most of them bearing names, military or civilian functions and military units of the deceased (Anhang A), presents an intriguing archaeological data set and underlines once more the richness and possibilities of the Roman settlement complex of Carnuntum. Distribution patterns of these give a very interesting insight in parts of the diachronic development of the canabae. Two paragraphs with archaeological »mobilia« are less appropriate for this purpose and rather detract from the argument: these might have been better off in the appendices. With the present state of research it is unfortunately not possible to distinguish any further chronological phasing or dating of this settlement. The authors see their impressive study consequently as a preliminary work standing at the base of future prospective and explorational work.

The Carnuntum canabae as a model for the suburbs of Roman legionary forts is the main theme of the third part of this book. For this reconstruction of antique urban planning, the authors prepared a broad comparison between the known structures and spatial analyses of equivalent settlement complexes around the Roman Empire. The settlement duality that has been observed at most of these parallel sites and the juridical status and organisation of the canabae legionis in these, has long been a matter of scholarly debate. Building further on Ioan Piso's work of the intra leugam-range and an evaluation of epigraphical evidence related to the administrative organization of canabae, the authors argue against a blueprint approach and in favour of independent and regional development of these Lagervorstädte. For the Carnuntum military settlement complex this study makes clear that the planning and building of the castra legionis not only went hand in hand with the canabae legionis, but also with road construction and further territorial development. It would be interesting to test these developments against those at other contemporary military-civilian settlement complexes, as well as those of later legionary forts. In the outskirts of these smaller late Roman castra we can expect civilian suburbs as well, sometimes fitted out with typical large public buildings such as »fora«-like structures (e. g. el-Lejjūn, see P. Crawford / S. Th. Parker, The East Vicus Building [Area P]. In: S. Th. Parker [ed.], The Roman Frontier in Central Jordan [Washington 2006] 247–258).

This detailed publication is very rich in excellent, often coloured, illustrations. Scrolling back and forth to find the related figures is sometimes a challenge, but the authors have anticipated in this by providing separate basic maps of the settlement complex (Beilage 1–2).

A minor point of attention is the tendency in some paragraphs to present measurements with accuracies of fractions of degrees in order to work out the antique layout planning. Dozens of studies and publications throughout the last decades have shown that such calculations are not very fruitful, since antique measurement is unlikely to have been carried out with such accuracy. The authors even contradict in later paragraphs these tendencies by stating that the irregularities of the antique terrain alone make it impossible to work with such precision.

This book is a major contribution to our knowledge of the still poorly understood layout and development of canabe legionis in general and those of Carnuntum in particular. The evidence retrieved from large scale exploration by non-destructive means in combination with the results from earlier excavations and epigraphic data make it not only a fascinating study for archaeologists and historians interested in Roman military communities and settlement development, but also as a case study for professionals working in archaeological heritage management who are dealing with preservation and protection matters of large archaeological complexes. I look forward not only to the results by this team of the newly initiated archaeological prospection project of Carnuntum using ground penetrating radar, but also to the effects of this current publication on the future research of other Roman military-civilian settlement complexes.

Leiden   Mark Driessen

Regula Schatzmann, **Die Spätzeit der Oberstadt von Augusta Raurica. Untersuchungen zur Stadtentwicklung im 3. Jahrhundert.** Forschungen in Augst, Band 48. Verlag Schwabe, August 2013. 432 Seiten mit 158 Abbildungen, 65 Tafeln, 34 Tabellen.

Das Caput der Colonia Augusta Raurica bei Augst (Kanton Basel-Landschaft) und Kaiseraugst (Kanton Aargau) ist ein Schlüsselbefund für die Erforschung der Römerzeit an Ober- und Hochrhein. Das liegt an der langen Besiedlungsdauer und der enormen wirtschaftlichen wie kulturellen Strahlkraft dieser römischen Kolonie, welche ein weites Umland stark prägte. Gleichzeitig liegt hier eine Fülle an Ausgrabungsbefunden vor, die gleichermaßen durch ihre gute Erhaltung wie vorbildliche Dokumentation die archäologische Forschung bereichern.

Ein wissenschaftlicher Schwerpunkt der provinzialrömischen Archäologie war in den letzten Jahren die durch viele Umbrüche gekennzeichnete Zeit der zweiten Hälfte, genauer des letzten Drittels des dritten Jahrhunderts. Das Ende des obergermanischen Limes und die Aufgabe des rechtsrheinischen Gebietes der Provinz Obergermanien sind hierfür die markanten Eckpunkte. Sie münden in die Errichtung einer neuen Grenzzone unmittelbar am Rhein zu Beginn der Spätantike. Die Zusammenhänge und konkreten Abläufe sind schwierig zu skizzieren: Erfolgte eine Räumung des Provinzgebietes auf staatliche Initiative, und entstanden erste umwehrte (Militär-)Siedlungen direkt am Rhein in diesem Zusammenhang? Wiederum rückt Augusta Raurica in den Fokus. Klar erkennbar ist hier eine deutliche Zäsur: Auf dem Kastelenplateau entstand eine Reduktionssiedlung, die nur noch einen Bruchteil des einstigen Siedlungsbereiches des Caput coloniae umfasste, während ehemals besiedelte Bereiche aufgelassen wurden. Wie vollzog sich dies aber im Detail, und über welchen Zeitraum erstreckte sich dieser Wandel von der kaiserzeitlichen zur spätantiken Siedlung? Hier sind noch einige Aspekte im Unklaren oder in kontroverser Diskussion.

Regula Schatzmann versucht in der hier zu besprechenden Arbeit, mehr Klarheit in diesen Fragen zu schaffen. Dabei spielen vor allem zwei Ereignisse eine Rolle, denen man in der Literatur zu Augusta Raurica, aber auch zur Spätantike in Südwestdeutschland und der Nordschweiz immer wieder begegnet: ein massives Erdbeben um die Mitte des dritten Jahrhunderts und der wenig jüngere sogenannte Kampfhorizont der siebziger Jahre in Augusta Raurica. Mit diesen Befunden wird sehr oft argumentiert und vergleichbare Phänomene diesen gerne angeschlossen. Man sieht in ihnen entscheidende Faktoren, die den Wandel der Augster Siedlungsstruktur bedingten. Die Perspektive einer Überprüfung des tatsächlich Belegbaren lässt den an dieser Zeitstufe Interessierten das Buch mit Spannung zur Hand nehmen.

Aufbau, Vorgehen und Zielsetzung der Studie werden von der Autorin vorab detailliert besprochen. Zunächst wird das Erdbebenereignis diskutiert. Es folgen Abschnitte über die von der Verfasserin verwendeten maßgeblichen Datierungsgrundlagen und ein Überblick über die Befundsituation in den besprochenen Insulae. Deren Vorlage bildet mit über hundertvierzig Seiten den Hauptteil der Arbeit. Die ausgewählten Bereiche lieferten für die Fragestellung besonders aussagekräftige stratigraphische Zusammenhänge. Eine Synthese setzt die Ergebnisse der Studie in einen größeren Zusammenhang. Katalog und Tafeln folgen. Abschließend finden sich die dreisprachige Zusammenfassung, Konkordanzlisten und Literatur.

Katalog und Tafeln sind einander gegenübergestellt, so dass der Eintrag zum betreffenden Objekt links, die Abbildung rechts eingesehen werden kann. Diese satztechnisch anspruchsvolle Vorgehensweise bedingt zwar im Katalogteil einigen Freiraum, wenn rechts große Objekte abgebildet werden, ist aber ausgesprochen benutzerfreundlich. Auffällig ist, dass Metallfunde in der Regel in qualitätvollen, sehr anschaulichen Farbfotos mit zeichnerisch ergänzten Querschnitten, nicht aber in vollständigen Objektzeichnungen abgebildet sind. Durch die Kombination der Fotos mit den Querschnitten vermisst man aber keine Informationen. Der Katalog- und Tafelteil ist eine Fundgrube für all diejenigen, die sich vor allem für keramische Funde des dritten Jahrhunderts interessieren. Nach Kontext und in der Reihenfolge der Besprechung der Insulae im Text gegliedert wird auf über sechzig Tafeln das Material ediert. Sehr erfreulich sind die Makroaufnahmen der verschiedenen Warenarten ab Tafel 64, die anderen Bearbeitern einen Vergleich mit ihrem Material erleichtern.

Die angenommene Ausgangslage zum Erdbebenereignis stellt sich folgendermaßen dar: Um die Mitte des dritten Jahrhunderts zerstört ein Erdbeben große Teile der Bebauung von Augusta Raurica. Dies bedeutet einen massiven Einschnitt, denn es erfolgte kein vollständiger Wiederaufbau. Die Autorin gibt einen Überblick, welche Kategorien von Befunden vor allem seit den späten achtziger Jahren mit diesem Ereignis in Verbindung gebracht wurden beziehungsweise wo andere Möglichkeiten zugunsten der Interpretation als Erdbebenfolge ausgeschlossen wurden. In der Folge diskutiert sie seismologische Kriterien zum Nachweis von Erdbebenschäden. Jüngere Beben sind auf diese Weise in der näheren Umgebung recht gut nachweisbar, während das Ergebnis für die römerzeitliche Siedlung generell jedoch eher ernüchternd ausfällt. Daher werden verschiedene Einzelbefunde detailliert besprochen und auf ihre Aussagekraft überprüft. Dabei spielt auch die chronologische Komponente eine Rolle: Laut der Autorin ereigneten sich die beobachteten Vorgänge im Zeitrahmen von 220/230 bis nach 276, sie sind im einzelnen Fall aber kaum näher einzuordnen. Also ist ein einziges, zusammenhängendes Ereignis nicht zu beweisen. Da ein Erdbeben als Grund für die diskutierten Befundsituationen nicht als einzige Deutung in Frage kommt, werden abschließend auch alternative Interpretationen vorgestellt. Weil das chronologische Parallelisieren der Befunde hin zu einem einzigen Ereignis nicht problemlos machbar ist und gleichzeitig die vorhandenen Befunde nicht zwingend in allen Fällen mit Erdbebenschäden erklärt werden müssen, kommt Schatzmann zu dem Schluss, dass ein größeres Erdbebenereignis um die Mitte des dritten Jahrhunderts mit den daran geknüpften Folgerungen wohl auszuschließen ist. Zwar bleibt die Möglichkeit von Erdbebenschäden grundsätzlich unbenommen, den Charakter einer entscheidenden Zäsur für die Siedlungsgeschichte darf man diesen nun aber wohl nicht mehr beimessen. Vorsicht ist also geboten, wenn im regionalen Umfeld Befunde aufgedeckt werden, deren Genese dem Anschein nach auf ein Erdbebenereignis zurückzuführen sein könnte. Sie sind an den seismologischen Kriterien zu messen und sollten nicht vorschnell dem »Augster Erdbeben« zugewiesen werden.

Den Hauptteil der Arbeit bildet, wie erwähnt, eine detaillierte Diskussion der jüngsten Befunde und Funde ausgewählter Insulae im Hinblick auf die Fragestellungen des Bandes. Ausführlich legt die Verfasserin die »Grundlagen der Datierung« (S. 49) dar. Diese stützt sich in erster Linie auf Münzen und Keramik. Die Basis der Keramikdatierung bilden Arbeiten von Stefanie Martin-Kilcher, in deren Gerüst die nun vorgelegten Stücke eingehängt werden. Präzise und klar nachvollziehbar werden die verwendeten Zeitstufen mit ihren Charakteristika und schließlich die chronologischen Details einzelner Gefäßtypen erläutert. Aufgrund der zahlreichen, relativ eng datierten Vergleichsensembles und wegen des mittlerweile recht weit gediehenen Forschungsstandes zur Keramik des dritten und vierten Jahrhunderts im Umfeld von Augst wird hier auf einer verlässlichen Grundlage argumentiert. Einschränkungen macht die Autorin hinsichtlich der Zusammensetzung der von ihr untersuchten Ensembles, denn hier fallen Besonderheiten auf. Schwer zu beurteilen ist in einigen Fällen nämlich die Befundgenese. Aufgrund der Zusammensetzung des Fundmaterials ist hier jeweils die Geschlossenheit des Befundes unklar. Dies wird sehr anschaulich in den Abbildungen 35 und 36 wiedergegeben (S. 68 f.). So wird klar gemacht, wo Unsicherheiten bestehen und wo ganz eindeutige Aussagen möglich sind.

Insula 20 liegt unmittelbar südöstlich des Forums von Augusta Raurica. Die Bebauung wurde zum größten Teil in einer Flächengrabung der sechziger Jahre erfasst. Man erkennt eine Aufteilung in ein Peristylgebäude, einen Wohn-/Gewerbebau und eine Gewerbehalle. Aufgrund des Steilabfalls im Osten kann ein weiteres Gebäude nicht mehr genauer angesprochen werden. Zwei Besonderheiten sind erwähnenswert: Der Komplex wurde bekannt durch ein ebenda entdecktes Metalldepot, das Teile von offiziellen Bronzeinschriften enthielt und damit als bedeutend für unser Verständnis vom Alltag der Stadt im dritten Jahrhundert gelten darf. Im Zuge der Vorlage dieses Depots wurden auch die Stratigraphie und Baugeschichte analysiert (P.-A. Schwarz in: ders. / L. Berger [Hrsg.], Tituli Rauracenses 1. Testimonien und Aufsätze. Zu den Namen und ausgewählten Inschriften von Augst und Kaiseraugst. Forsch. Augst 29 [Augst 2000] 41–53). Dabei wurden Nachweise sowohl für das Erdbeben als auch für das Kampfereignis postuliert. Schatzmann setzt sich also mit einer bereits vorliegenden Interpretation durch Schwarz auseinander und gelangt hier zu einer Neubewertung.

Zusammen mit der detaillierten Fundvorlage im Katalog ab Seite 246 wird die Insula sehr ausführlich diskutiert und der Weg hin zur Interpretation für alle zu erwartenden Leserkreise aufbereitet: Wer die Details exakt überprüfen will, der kann sich anhand der in den Fußnoten zitierten Grabungsberichte auch mit Hilfe der Quellen informieren. Wer einen schnellen Überblick sucht oder wer nicht in die Details der Befunddiskussion einsteigen will, wird sich über die zusammenfassenden Bemerkungen zu jedem Bauteil der Insula (S. 92 f. 103 f. 134 f.) freuen. Zum Schluss hätte sich eventuell noch eine überblicksartige Zusammenfassung der Ergebnisse für die gesamte Insula angeboten, doch lassen sich die wesentlichen Details auch so klar erkennen.

Demnach endet die Nutzung des Peristylhauses um die Mitte des dritten Jahrhunderts, im dritten Jahrhundertviertel wird hier Abfall deponiert. Eine Körperbestattung im Gebäudeschutt ist nicht genauer als in die Zeit nach dem Zerfall der Gebäudemauern zu datieren. Im Gewerbe- beziehungsweise Wohnbau sind die letzten sicher stratigraphisch der Nutzungszeit zuweisbaren Funde um 230/240 zu datieren. Späteres Material ist vorhanden, aber nicht ganz eindeutig interpretierbar. Die Gewerbehalle, Fundort des bekannten Metalldepots, wurde bis in das späte dritte Jahrhundert hinein genutzt und liefert damit den Beleg für ein Ende der Aktivitäten in der Insula um 270/280. Im Gegensatz zu Schwarz sieht die Autorin keinen sicheren Beleg für Schäden durch ein Erdbeben in Insula 20 (vgl. auch S. 29 ff.). Auch die angeführten Belege für einen Kampfhorizont bewertet sie eher kritisch.

Die Analyse von Insula 34 folgt dem zuvor angewandten Schema. Charakteristisch ist die Lage am Westrand der Oberstadt. Sicher identifizieren lässt sich wiederum ein Peristylbau, wegen fehlender Aufschlüsse ist die weitere Bebauung unbekannt. Bekanntestes Detail dieser Insula sind die markanten Funde von Waffen und militärischem Ausrüstungszubehör, die als Spuren eines Kampfereignisses in den siebziger Jahren des dritten Jahrhunderts Eingang in die Fachliteratur fanden. Zunächst überrascht die späte Bauzeit des Peristylhauses, für die ein Terminus post quem von 243 vorliegt. Zwar ist die Bauausstattung der Anlage vergleichsweise bescheiden, doch betont die Verfasserin zu Recht den nicht unerheblichen Bauaufwand für dieses private Wohnhaus. Sie erkennt in den Erbauern dennoch nicht die oberste Bevölkerungsschicht des späten Augusta Raurica, wohl aber eine »relativ wohlhabende« (S. 180). Ein Ende der Nutzung ist um 280 wahrscheinlich, zuvor sprechen einige Befunde für nunmehr einsetzende gewerbliche Tätigkeiten.

Schatzmann entscheidet sich für eine Interpretation des Siedlungsendes in Zusammenhang mit einem Kampfereignis. Da einschlägige Funde nicht nur aus der Insula, sondern auch aus angrenzenden Bereichen stammen, bezieht sie das direkte Umfeld in die Untersuchung mit ein. Hierbei werden nun eingehend die Befunde und Funde besprochen, anhand derer man ein Kampfereignis postuliert. Zu hinterfragen ist einerseits die chronologische Geschlossenheit der Befunde, der militärische Charakter der einschlägigen Objekte und die Zugehörigkeit verschiedener Skelettfunde zu diesem Ereignis. Entsprechend detailliert wird dies durch die Verfasserin besprochen (S. 186 ff.).

Für die antiquarische Analyse verweist sie auf die Erstvorlage durch Stefanie Martin-Kilcher. Einige Beschläge für Lederriemen sind nicht nur von Militärpersonen verwendet worden. Sehr charakteristisch und eindeutig sind aber Teile von Angriffswaffen und auch die Scharnierarmfibeln. Ebenso fällt die zeitliche Geschlossenheit des Ensembles auf. Die Verfasserin führt als entscheidende Argumente auch noch die Konzentration auf ein eng umgrenztes Gebiet und die vollständig erhaltenen und wertvollen Stücke wie das bekannte silberne Ortband auf, die gegen einfache Verlustfunde sprechen. Neu ist Schatzmanns Diskussion der Umstände, die zur Überlieferung dieser Stücke führten. Sie geht von Aufräumarbeiten nach Ende der Kämpfe aus, die aber unvollständig blieben, weswegen Stücke wie das silberne Ortband an Ort und Stelle verblieben. Die Skelettfunde seien aufgrund ihrer Zusammensetzung nicht mit gefallenen Soldaten zu verbinden. Letztere seien wohl geborgen und an anderer Stelle bestattet worden.

Zum Einstieg in die Synthese (S. 217 ff.) werden noch einmal die Ausgangslage und die Fragestellung wiederholt. Festgehalten werden die zentralen Ergebnisse, dass ein umfassendes Erdbebenereignis nun ausgeschlossen wird, dass jedoch die Annahme eines Kampfhorizontes definitiv einer Überprüfung standhält, wobei sich die eindeutigen Belege nun auf einen bestimmten Bereich konzentrieren. Gut nachvollziehbar aufbereitet werden die Ergebnisse für die im Detail studierten Insulae. In einer Tabelle (Abb. 154) präsentiert die Autorin ihre Vorschläge, welche sie in die drei Kategorien »Kontinuität«, »allmähliche Veränderungen« und »kurzfristige Ereignisse« einteilt. Ausgehend von den selbsterarbeiteten Details werden Rückschlüsse auf die Gesamtentwicklung der Kolonie gezogen.

Eine gewisse Stagnation gab es wohl in severischer Zeit. Viel klarer lassen sich Veränderungen im mittleren Drittel des dritten Jahrhunderts konstatieren. Gebäude werden bereits komplett aufgelassen oder anderweitig genutzt, indem aus Wohnhäusern Wirtschaftsbauten werden. Vor allem wenn Gebäude betroffen sind, die aufgrund ihrer Ausstattung der Oberschicht zuzuordnen sind, wirft dies Fragen auf: Wanderten diese Leute ab, passten sie sich an neue Gegebenheiten an oder folgten ihnen neue Bewohner, die die Umwidmungen vornahmen? Hier unterbreitet die Autorin den Vorschlag, dass eventuell eine »sich neu konstituierende[n] Schicht von Beamten oder des Militärs« (S. 227) eher in Frage kommt als die alteingesessenen Familien.

Wahrscheinlich wurden in vielen leer stehenden Bauten Abfälle entsorgt. Dieses Phänomen diskutiert die Verfasserin ausführlich mit Beispielen aus anderen Städten. Auffällig ist der Unterschied zum zweiten Jahrhundert, als penible Abfallentsorgung mit außerhalb gelegenen Müllhalden beziehungsweise Schutthügeln vorherrschte. Starke Argumente sprechen also für bedeutende Veränderungen im mittleren Drittel des dritten Jahrhunderts. Zwar gibt es keine Zäsur, wohl aber eine Art Zerfasern der alten Strukturen. Dies ordnet die Autorin dann in einen weiteren Kontext ein (Seite 231 ff.). Ein überregionaler Vergleich zeigt, dass ähnliche Beobachtungen auch anderenorts gelten, teils für ganze Landschaften. Der unterschiedliche Forschungsstand zur ländlichen Besiedlung in manchen Gegenden erschwert hier allerdings noch detailliertere Vergleiche.

In Augusta Raurica erfolgen die massive Zäsur und damit das Ende der kaiserzeitlichen und der Beginn der spätantiken Siedlung dann in den Jahren um 280. Ein Kennzeichen ist der Abbruch von Bausubstanz, auch von öffentlichen Gebäuden, um größere Bauteile wie Säulentrommeln anderweitig zu verwenden. Trotz vielfach belegter Siedlungsabbrüche in großen Teilen der Stadt ist im Forumsbereich aber Aktivität bis ins frühe vierte Jahrhundert zu belegen, deren genauer Charakter jedoch nicht festzulegen ist. Viel Baumaterial wird benötigt für die Reduktionssiedlung auf dem Kastelenplateau, die in den Jahren nach 276 entsteht. Außerdem scheint das Fundmaterial anzudeuten, dass das Siedlungsende in den bearbeiteten Insulae einhergeht mit dem Beginn der Enceinte réduite. Dieser neue Siedlungskern reiht sich offenbar ein in ein regelrechtes Bauprogramm des späten dritten Jahrhunderts, hinter dem sich eine staatliche Initiative vermuten lässt und zu der in der Umgebung die Anlagen von Breisach und vielleicht auch Basel gehören.

Die Arbeit von Regula Schatzmann stellt einen wichtigen Beitrag für unsere Kenntnis der Spätzeit des Caput Coloniae und allgemein an Ober- und Hochrhein dar. Vieles wird anhand der Detailvorlage ausgewählter Komplexe klarer, methodisch sicher ordnet die Autorin ihre Ergebnisse in einen größeren Zusammenhang ein. Innovativ ist das Vorgehen, Befundkomplexe explizit wegen ihrer Bedeutung für eine bestimmte Fragestellung auszuwählen. In diesem Falle war diese Methode sehr ertragreich, es besteht aber die Gefahr, dass viele archäologische Komplexe, die nicht in solche übergeordneten Themenstellungen eingebunden werden, am Ende unbearbeitet bleiben. Eben diese könnten aber dennoch spannend sein, nämlich für Fragestellungen oder Entwicklungen, die wir derzeit noch gar nicht im Fokus haben. Das rezensierte Werk beantwortet nicht nur Fragen, die Verfasserin formuliert solche auch klar. So wird die Diskussion um das Ende der Kolonie und den Beginn der späten Siedlungen auf »Kastelen« und am Rhein nicht abgeschlossen, aber um einen sehr wichtigen Beitrag bereichert, zu dem man der Autorin gratulieren kann.

München   Marcus Zagermann

Ortolf Harl, **Hochtor und Glocknerroute. Ein hochalpines Passheiligtum und 2000 Jahre Kulturtransfer zwischen Mittelmeer und Mitteleuropa.** Mit Beiträgen von Günther Dembski, Kurt Gschwantler, Paola Càssola Guida, Friederike Harl, Raimund Kastler, Klaus Oeggl, Christian Rohr, Helga Sedlmayer, Markus J. Wenninger, Gerhard Winkler (†), Herwig Wolfram. Österreichisches Archäologisches Institut. Sonderschriften, Band 50. Verlag Phoibos, Wien 2014. 379 Seiten, 131 Abbildungen.

Die vorliegende Arbeit von Ortolf Harl stellt die abschließende Publikation der archäologischen Untersuchungen im antiken heidnischen Heiligtum nahe der Hochtorscharte dar und umfasst auch Beiträge zur Verkehrsgeschichte der Glocknerroute, zur Siedlungstopographie im Einzugsgebiet derselben sowie zu transalpinen kulturellen Kontakten und Transfers.

Im ersten Abschnitt (Das Passheiligtum und seine Funde) schildert Harl die Historie der Untersuchungen und legt die ungünstige Ausgangslage und die widrigen Grabungsbedingungen eindrücklich dar. Die Probleme bei der Auswertung von Funden und Befunden werden in einer Tabelle (S. 33) antithetisch gegenübergestellt. Hier zeigt sich schon die grundlegende Problematik, die durch die präjudizierte Deutung als Passheiligtum hervorgerufen wird. Das Hochtor kann nicht von vornherein als Übergang mit überregionaler Bedeutung postuliert werden. So weist der Verfasser auch selbst auf die Unmöglichkeit des Wagenverkehrs für die Antike hin, und auch bei den Prospektionen mittels Metallsonden entlang der Anstiegsrouten konnten keinerlei gesicherte antike Verkehrsfunde geborgen werden. Trotz der teilweise starken Veränderungen im hochalpinen Gelände seit der Antike lässt dieser Umstand doch aufhorchen, denn an anderen Alpentransversalen kamen bei vergleichbaren Untersuchungen trotz des Wegeverlaufs durch lawinen- und murengefährdete Steilhänge zahlreiche entsprechende Funde zu Tage. An der Via Claudia Augusta beispielsweise wurde bis zu einem antiken Fundstück pro zehn Meter Wegstrecke geborgen. Somit war wohl nicht der Transitverkehr und die Passsituation Anlass für die Errichtung des Heiligtums auf dem Hochtor, sondern die Höhenlage selbst, und die Zulaufwege dienten wohl primär zum Erreichen des Kultplatzes von beiden Seiten. Der Autor verweist auf die Augustinusstelle (Augustin. civ. 5, 26), die die Zerstörung von Jupiterstatuen in den Alpen am Ende des vierten Jahrhunderts erwähnt, bezieht sie jedoch ausschließlich auf Passhöhen anstatt auf Berg- oder Höhenheiligtümer im Allgemeinen (S. 100 f.).

Die figürlichen Weihegaben werden von Kurt Gschwantler (S. 39–70), die Fibeln und Ausrüstungsgegenstände von Helga Sedlmayer (S. 71–88) und die Fundmünzen von Günther Dembski (S. 89–98) umfassend vorgelegt.

Im Kapitel zum Vergleich zwischen Poeninus (Großer Sankt Bernhard) und Hochtor (S. 103–128) erweist sich eben dieser als äußerst problematisch: Auf dem Poeninus sind ein massiv gebauter Tempel und zumindest zwei große Baukomplexe, die als Herberge und Straßenstation gedeutet werden, sowie die Trasse der antiken Fahrstraße belegt, und der Fund einer Benefiziarierlanze lässt auch eine Benefiziarierstation auf dem Poeninus vermuten. Hingegen sind vom Hochtor keine baulichen Überreste, sondern praktisch ausschließlich Votivgaben in Form von Statuetten, Trachtbestandteile und Münzen bekannt, und Harl behilft sich mit der Annahme von Blockhäusern (S. 122 f.). Die Unterschiede der beiden Heiligtümer sind gravierend, und die Vermutung einer Straßenstation für die antiken Säumer entweder im Bereich der Fuscher Lacke nördlich des Hochtors oder bei der etwas südlich des Übergangs gelegenen Mulde bleibt ohne entsprechende Untersuchungen reine Spekulation.

Im zweiten Teil des Buches widmet sich der Autor zunächst der Glocknerroute von der Antike bis zur frühen Neuzeit, wobei er diese recht weit von Oberitalien bis Böhmen fasst. Er arbeitet hier durchwegs mit der sehr problematischen Prämisse, dass er den Übergang über das Hochtor isoliert als bedeutendste Passstrecke der Ostalpen postuliert, an der die meisten Handelsströme von Süden und Norden zusammentreffen. Somit beginnt er die Beschreibung auch nahe der Adria in Concordia und nimmt einen Verlauf über Iulium Carnicum und Plöckenpass sowie Gailberg ins Drautal an, diesem bis zur von ihm so bezeichneten Römersiedlung Stribach folgend. Von dort aus führt sein Vorschlag über den Iselsberg ins Mölltal und über das Hochtor hinab nach Bruck an der Glocknerstraße und über Saalfelden dem Saalach folgend nach Reichenhall und Iuvavum. Als letzten Abschnitt verlängert er die Route von Salzburg über Hörsching-Neubau bei Linz und den Kerschbaumer Sattel nach Böhmen. Entlang dieser gesamten Linie werden die spätlatènezeitlichen und römischen Siedlungen und Fundstellen besprochen (S. 131–173).

Im Kapitel ›Die Taurisker als Herren des Ostalpenraumes‹ wird eine taurisische Überlagerung der älteren Noriker und ein spätlatènezeitlicher Machtbereich der Taurisker im Ostalpenraum (Salzburg, Kärnten und Oberfriaul) vorgeschlagen, der sowohl den Bergbau als auch die Verkehrs- und Handelsrouten sowie das Münzwesen umfasst. Ergänzt werden die Ausführungen durch einen chronologischen Abriss der historischen Ereignisse des zweiten vorchristlichen Jahrhunderts im Ostalpenraum (S. 187–201).

Der zweite Teil der Publikation wird abgerundet durch die Beiträge von Markus Wenninger über Ortsnamen als Indikatoren jüdischen Fernhandels auf der Glocknerroute und von Christian Rohr über den Handel in Mittelalter und Neuzeit sowie seinen Rückgang seit dem sechzehnten Jahrhundert.

Der dritte Abschnitt behandelt ›Neue Aspekte zu Siedlungen an der Glocknerroute‹ und beginnt mit Iulium Carnicum, für das besonders anhand entsprechender Altfunde aus dem zweiten vorchristlichen Jahrhundert und der Ergebnisse der neuesten Grabungen im Forumsbereich eine deutlich frühere Entstehung als das traditionelle Datum in der Mitte des letzten vorchristlichen Jahrhunderts vorgeschlagen wird. Anschließend nimmt sich Harl umfangreich der Frage der topographischen Lage von Aguntum innerhalb des Lienzer Beckens an (S. 237–270). Aguntum wird von ihm im Ortsteil Patriasdorf von Lienz lokalisiert, wo unter der Pfarrkirche Sankt Andreas eine frühchristliche Kirche archäologisch festgestellt wurde. Der Verfasser führt zahlreiche Gründe an, warum Aguntum nicht im Bereich des archäologischen Parks in Stribach liegen kann und bezeichnet deshalb die römische Ansiedlung als »Römersiedlung Stribach«. Diese liegt erstens nicht an zentraler Stelle der Osttiroler Siedlungskammer, zweitens nicht an der Abzweigung der Straße ins Iseltal und der Iselbrücke, drittens nicht im Häufungsbereich spätkeltischer Fundstellen und der mittelalterlich-neuzeitlichen Stadt Lienz. Viertens stimmt ihre Lage nicht mit den Entfernungsangaben auf Meilensteinen und dem Itinerarium Antonini überein und entspricht fünftens nicht der Beschreibung von Venantius Fortunatus. Sechstens liegt sie nicht dort, wo Karl der Große dem Patriarchen von Aquileja alte Pfarrrechte bestätigte.

Hierzu muss die Frage gestellt werden, inwieweit die ersten drei Gründe sowie der letzte überhaupt für die Lokalisierung eines römischen Municipiums relevant sind. Für den vierten Grund wird von Harl auf das Kapitel von Gerhard Winkler über die römischen Entfernungsangaben im Drau- und Pustertal (S. 271–279) verwiesen, in dem die zu kurze (und somit fehlerhafte) Streckenangabe von Aquileja nach Veldidena im Itinerarium Antonini (278, 4 – 280, 4) so korrigiert wird, dass Aguntum in Lienz lokalisiert wird, und hier war wohl der Wunsch der Vater des Gedankens. Dass die Distanzangaben der mit gesichertem Fundort versehenen römischen Meilensteine durchaus auf die Lokalisierung von Aguntum in Stribach hinweisen, wird völlig vernachlässigt. Bestätigt wird die richtige Lokalisierung durch vier 2014 in Obervintl entdeckte Meilensteine mit der Entfernungsangabe dreiundsechzig Meilen von Aguntum. Die fünfte Begründung durch die Beschreibung des Venantius Fortunatus ist mit dem Hinweis auf die poetische Beschreibung der beeindruckenden landschaftlichen Kulisse zu entkräften, zumal auch die alternative Lokalisierung von Aguntum in Patriasdorf nicht der Beschreibung in der antiken Textstelle entspricht. Bemerkenswert im Zusammenhang mit der Verortung vom Municipium Aguntum in Lienz ist, dass abgesehen von einem frühchristlichen Vorgänger der Pfarrkirche keine antiken Baureste unter der heutigen Stadt jemals entdeckt worden sind – ein für ein in Noricum unter einer aktuellen Stadt liegendes Municipium singulärer Befund.

Für eine ausführliche Diskussion der in der Publikation aufgeworfenen Detailfragen zur »Römersiedlung Stribach« ist an dieser Stelle wohl nicht der richtige Ort, es sei nur darauf hingewiesen, dass sich viele Rechenspiele mit Niveauhöhen zum Verlauf des Debantbaches erübrigen würden, wenn man das als »Stadtmauer« oder von Harl als »Repräsentationsmauer« angesprochene Bauwerk in Anbetracht dessen geradliniger Führung (ohne jegliches Umknicken) auf den Austritt des Baches aus der Klause als Aquädukt interpretiert.

Mit den Quellen zu Aguntum aus der Spätantike und dem Frühmittelalter beschäftigt sich der Beitrag von Herwig Wolfram (S. 281–284). Das folgende Kapitel über Bad Reichenhall (S. 285–290) thematisiert die Kontinuität der Soleversiedung vor Ort vom zweiten vorchristlichen bis ins achte nachchristliche Jahrhundert.

Der vierte und letzte Abschnitt thematisiert den materiellen und kulturellen Transfer auf der Glocknerroute. Zunächst erschließt Sedlmayer bei ihrer Analyse des Warentransports im hochalpinen Noricum aus dem Blickwinkel der Fundbearbeitung (S. 293–300), dass Wagentransporte in den Tallandschaften bis zu den Umschlagplätzen erfolgten, die Passage der Alpenpässe hingegen durchwegs mit Saumtieren oder Trägern bewältigt wurde. Dies ist für sekundäre Nebenrouten zwar durchaus nachvollziehbar, für Hauptalpentransversalen in Form von Viae publicae jedoch klar abzulehnen. Diese waren in der Regel bis zum Scheitelpunkt ausgebaut und wurden auch befahren. Fahrstraßen und Saumwege haben völlig unterschiedliche Ansprüche und Charakteristika, was sich eindrucksvoll an der römischen Strecke über den Mallnitzer Tauern zeigt, wo die weitgezogenen Transversalen des römischen Fahrwegs durch den steilen mittelalterlichen Saumpfad mit seiner dichten Kehrenabfolge geschnitten werden.

Der Beitrag ›Italische Familien zwischen Aquileia und Iuvavum‹ von Friederike Harl (S. 301–311) zeigt überzeugend die transalpinen Beziehungen und wirtschaftlichen Aktivitäten von Italikern, die sich auch in der Wahl der Grabmonumente deutlich widerspiegeln. Bevorzugte transalpine Achsen bestimmter Familien und Handelshäuser weisen auf die Aufteilung des Marktes und der Interessensgebiete hin.

In die vor- und frührömische Epoche führt der Artikel zum Vordringen venetischer Gottheiten entlang der Glocknerroute von Ortolf Harl (S. 313–319) und zeigt kulturelle Einflüsse aus dem Süden im Alpenraum auf.

Der Beitrag ›Produzione di sale marino nell'Alto Adriatico. Le tracce più antiche‹ von Paola Càssola Guida (S. 321–332) untersucht die ältesten prähistorischen Belege für Briquetage in der Bucht von Muggia südlich von Triest.

Klaus Oeggl bringt einen Überblick zu palynologischen Untersuchungen entlang prähistorischer und römerzeitlicher Wege im Ostalpenraum (S. 333–338) und thematisiert das große Potential der Pollenanalyse für Raumnutzungs- und Verkehrsgeschichte im interdisziplinären Diskurs.

Zusammenfassungen in Deutsch und Englisch (S. 339–358) sowie ein gemeinsames Literaturverzeichnis (S. 359–376) und die entsprechenden Nachweise schließen den umfangreichen Band ab.

Die Publikation stellt zusammenfassend eine solide Vorlage der Befunde und Funde des antiken Heiligtums auf dem Hochtor dar und erweitert unser Wissen zu Kultplätzen im Hochgebirge. Das Buch zeigt durchwegs eine große Tiefe in der wissenschaftlichen Recherche bis hin zu vielen Details und besticht durch neue kontroverse Ansätze. Durch die vorweggenommene und nicht plausible Interpretation als Passheiligtum wird die verkehrshistorische Bedeutung allerdings überbewertet und resultiert in der Rekonstruktion einer transalpinen Verkehrsachse von überregionaler Geltung, die in dieser Form nicht überzeugt. Auch der Versuch einer neuen Lokalisierung von Aguntum in Lienz-Patriasdorf wird wohl wissenschaftliche Episode bleiben. Insgesamt wird dem Band sicher die Ehre zuteil, dass er den wissenschaftlichen Diskurs befruchten wird.

Innsbruck   Gerald Grabherr

Yann Le Bohec (Herausgeber), **La société de l'Afrique romaine.** Bulletin archéologique, Band 37. Verlag des Comité des travaux historiques et scientifiques, Paris 2013. 162 Seiten, zahlreiche schwarzweiße Abbildungen.

Der vorliegende Band widmet sich mehrheitlich aktuellen Fragen zur Sozialgeschichte des römischen Nordafrika. Zu Wort kommt dabei eine Reihe von ausgewiesenen Kennern der Geschichte dieses historischen Raumes. Dabei werden in verschiedenen historischen wie archäologischen Beiträgen unterschiedliche Einzelaspekte des Themas aufgegriffen, nachdem der Herausgeber in einer kurzen Einleitung, ausgehend vom Gesellschaftsmodell Géza Alföldys, Grundlegendes zur Sozialordnung der nordafrikanischen Provinzen vorstellt.

Im Beitrag ›La société cuiculitaine sous le Haut-Empire‹ liefert Claude Briant-Ponsart eine Studie zu den verschiedenen gesellschaftlichen Gruppen in der Kolonie Cuicul anhand der Inschriften. In eigenen Kapiteln werden die jeweiligen Gruppen vorgestellt. Interessant an den vielen Einzelaspekten ist etwa, dass die Kolonie zwar keine reine Veteranenansiedlung war, sich hier aber dennoch mehrere Veteranen niederließen. Später lassen sich dann aber nur sehr wenige Soldaten aus Cuicul im Reich nachweisen. Diese Stadt war demnach vielleicht weniger romanisiert, als man es von einer Kolonie erwarten würde. Dafür sprechen auch die laut Autor wohl häufig in libyscher und punischer Tradition stehenden Namen in den Inschriften. Diese Situation ließe sich leicht aus der im Beitrag betonten abgeschiedenen Lage der Stadt erklären. An den Aufsatz angehängt findet sich eine tabellarische Auflistung der Inschriften mit Nennung von Magistraturen und Priesterämtern, die sicher für zukünftige Forschungen hilfreich sein wird (S. 21–25).

In ›Ethnic accomodation in Roman North Africa. Some urban and tribal cases‹ analysiert Denis B. Saddington die unterschiedlichen ethnischen Gruppen in der Bevölkerung des römischen Nordafrika und ihre Interaktion. Im ersten Teil des Beitrags trägt er interessante Zeugnisse zu Vorurteilen gegen Afrikaner im weitesten Sinne zusammen. Er zeigt in den Quellen Vorbehalte gegen Schwarzafrikaner auf, aber auch gegen Personen aus Nordafrika, wie die Familie der Severer. Am Beispiel Caracalla, der laut Cassius Dio die negativen Eigenschaften dreier Völker in sich vereinte (Dio 77, 16), wird aber deutlich, dass dies kein spezifisch afrikanisches Problem war, sondern grundsätzlichen Vorbehalten der romzentrierten Quellen gegenüber nicht-italischer Abstammung entspringt, auch lange nachdem Kaiser schon überwiegend aus den Provinzen stammten. Im zweiten Teil des Beitrags untersucht der Verfasser Gruppen beziehungsweise Gemeinden in Nordafrika, um deren ethnische Zusammensetzung und insbesondere auch die Karrieremöglichkeiten für Indigene etwa im Militär oder in der Gemeindeverwaltung nachzuzeichnen. Einen Schwerpunkt der Betrachtung bilden dabei Bilinguen, welche die Karriere der in den Inschriften genannten Personen oft unterschiedlich darstellen. In Grenzregionen scheint es darüber hinaus eine große Toleranz der römischen Verwaltung gegenüber indigenen Gesellschaftsformen gegeben zu haben, die durch Präfekten administriert zwar dem Reich angegliedert, im Inneren aber eigenständig waren.

Um diese Beziehungen zwischen Römern und Indigenen geht es dann auch bei Pierre Morizot in ›Réflexions sur le face-à-face romano-berbère. De la mort de Tacfarinas à l'invasion vandale‹. Der Verfasser betont dabei richtig, dass in den mauretanischen Provinzen das Verhältnis zwischen Nomaden beziehungsweise Berbern einerseits und Sesshaften andererseits schon dank der ökonomischen Abhängigkeit sowie der oft ja familiären Verbindungen zwischen beiden Gruppen nicht permanent von militärischen Auseinandersetzungen geprägt gewesen sein kann. Trotzdem waren es eben diese Konflikte, die von den antiken Autoren als besonders erwähnenswert überliefert werden und das Bild verzerren. Es folgen ein chronologischer Überblick über diese militärischen Auseinandersetzungen sowie ein Abschnitt zum zivilen Umgang der Reichsadministration mit den indigenen Gemeinschaften. Hier wird wieder die Rolle der Präfekten bei der Integration nichtstädtischer Gemeinschaften in das Reich betont. Diskutiert wird auch die in der französischen und englischen Forschung unterschiedlich bewertete Bedeutung der »intermarriage« zwischen römischen Soldaten und indigenen Frauen, für die es weit weniger eindeutige epigraphische Belege zu geben scheint, als wünschenswert wäre.

Mit einem Einblick in neue Forschungen zum Hypogäum von Bou H'ssina bei Sousse kann der Band auch neue archäologische Erkenntnisse aus Nordafrika präsentieren. Das offenbar schon in der Antike und dann noch einmal in der Kolonialzeit gestörte Hypogäum war offenbar im zweiten nachchristlichen Jahrhundert in Gebrauch. Die Funde lassen trotz der Plünderungen vor allem auch Einblicke in den Wandel der Begräbnispraxis von der Körperbeisetzung zur Brandbestattung in Urnen zu. Dieser Wandel wird von Hager Krimi als mögliches Indiz für Bevölkerungswachstum im antiken Sousse gewertet.

Jean-Pierre Laporte blickt dann wieder primär epigraphisch auf ›Notables de Rusuccuru (Dellys) et ses pagi: Iomnium (Tigzirt) et Rusippisir (Taksebt)‹. Nach einer kurzen Einführung zum Ort werden dabei die mit der Oberschicht der Gemeinde befassten Inschriften als Katalog vorgestellt, wobei es einen Kommentar und ein Bild, bei sicherem Text auch eine französische Übersetzung zu den einzelnen Stücken gibt. Der Beitrag schließt mit der Erwähnung zweier Mausoleen auf rundem Grundriss aus dieser Gemeinde, die zwar keine Inschriften mehr aufweisen, aber wohl über mehrere Generationen in der Kaiserzeit genutzt wurden.

Lluis Pons Pujol liefert im Beitrag ›Omnia a Sulpicio Felice optumo rarissimoq(ue) praefecto Salenses habere (I.A.M. lat., 307.3)‹ eine Teilneuinterpretation der seit 1930 bekannten und vieldiskutierten Inschrift zu Ehren des Marcus Sulpicius Felix. Dabei gibt er zunächst einen Überblick über die bisher erfolgte Interpretation des dreiteiligen Textes, der aus einer Ehrung des Sulpicius Felix, einer Liste von Namen und einem Dekurionendekret besteht. Einige Aspekte der Karriere des Geehrten beziehungsweise seiner genauen Funktion am Ort der Inschrift ebenso wie auch die Bedeutung der Namensliste (Freunde beziehungsweise Klienten des Geehrten oder Dekurionen?) und die genaue Zielrichtung des Dekrets werden in der Forschung diskutiert. Pons Pujol bezieht hier eine eindeutige Stellung und sieht in dem Geehrten einen militärischen Amtsträger, der an der Grenze des Reiches zur Durchsetzung römischer Interessen eingesetzt war. Das Dekret am Ende der Inschrift versteht er als Wiedergabe eines Rechtsaktes zur Legalisierung einer Gesandtschaft der Gemeinde an den Statthalter.

Im letzten Beitrag zur Sozialgeschichte des römischen Nordafrika widmet sich Michèle Coltelloni-Trannoy einer Gruppe von griechischen beziehungsweise griechisch-lateinischen Sepulkralinschriften und Grabepigrammen aus Nordafrika. ›Langue grecque et bilinguisme (latin-grec) dans les épigrammes de l'Afrique antique‹ ist die Fortführung von Überlegungen zu den etwa zwanzig Inschriften, welche die Autorin vor einigen Jahren in der Zeitschrift Ktéma (32, 2007) begann. Im vorliegenden Beitrag kann sie interessante Aspekte zu diesen epigraphischen Dokumenten aufgreifen, so etwa zu deren Aussehen: So sind nur wenige griechische Texte mit Worttrennern nach lateinischer Konvention geschrieben, die meisten verzichten darauf und folgen dem üblichen hellenischen Muster. Allerdings orientieren sich die griechischen Texte offenbar bei der Organisation der Informationen am lateinischen Schema, die griechische Prosa weist weit mehr Fehler auf als die – vermutlich aus Vorlagen übernommenen – griechischen Verspassagen. Auch Interferenzen mit dem Punischen und Libyschen sind im Griechischen auszumachen. Bei Bilinguen kommt es aber nicht zu einer reinen Übersetzung des Griechischen ins Lateinische oder umgekehrt, beide Texte enthalten oft unterschiedliche Informationen und sind folglich an unterschiedliche Leserkreise adressiert. Daher glaubt die Autorin auch nicht, dass diese Texte vorbehaltlos alle der sozialen Elite zugeschrieben werden können, der eher an einer weiten Verbreitung aller relevanten Informationen in die gesamte Gesellschaft hinein gelegen gewesen wäre.

Im Anschluss findet sich ein Beitrag über den Neufund einer Jupiterstatue aus Égliseneuve-près-Billon durch Florian Blanchard, der diesen in den Kreis bekannter Jupiterstatuen aus dem Gebiet der Averner einordnet. Es folgt eine Buchbesprechung zu Benseddik, Esculape et Hygie en Afrique, Nachrufe auf Jean-Marie Lassère und André Laronde sowie kurze Zusammenfassungen der im Rahmen der ›séances‹ des Comité des travaux historiques et scientifiques zum Thema ›Histoire et archéologie des civilisations antiques‹ gehaltenen Vorträge.

Der in Druck und Bild sehr hochwertige Band gibt durch die Zusammenstellung der Beiträge zu aktuellen Fragen der Forschung zur Sozialgeschichte des römischen Nordafrika einen guten Einblick in die französische wie internationale Forschung zum Thema. Die Bandbreite der dafür herangezogenen Zeugnisse – mit einem deutlichen Schwerpunkt in der Epigraphik – zeigt anschaulich, wie aussagekräftig die Quellenlage in Nordafrika gerade zur Sozialgeschichte sein kann. Auch wenn die Einzelthemen des Bandes als Einstieg in das Thema sicher etwas zu disparat sind, liefert er eine interessante Ergänzung der Einstiegswerke zum römischen Nordafrika wie etwa von Yann Le Bohec oder Claude Briand-Ponsart und Christophe Hugoniot und stellt diesen die aktuelle Forschungsdiskussion zur Seite.

Köln   Julia Hoffmann-Salz

Catherine Balmelle, Ariane Bourgeois, Henri Broise, Jean-Pierre Darmon und Mongi Ennaïfer, **Carthage. Colline de l'Odéon. Maisons de la Rotonde et du Cryptoportique (recherches 1987–2000).** Teil 1. **L'architecture et son décor;** Teil 2. **Les données de fouilles.** Unter Mitarbeit von Claude Brenot, Suzanne Gozlan und Marie-Pat Raynaud sowie mit Beiträgen von Claudine Allag, Jean-Baptiste Bellon, Danièle Foy, Bernard Gratuze und Martine Legouilloux. Collection de l'École Française de Rome, Band 457. Selbstverlag der École Française de Rome, Rom 2012. 852 Seiten, 591 meist farbige Abbildungen, 6 Faltpläne.

Als Teil der internationalen UNESCO-Kampagne zur Erforschung Karthagos arbeitete ein französisch-tunesisches Team von 1987 bis 2000 an zwei eindrucksvollen Häusern auf dem sogenannten Odeonshügel. Ausgangspunkt des von der École Française de Rome koordinierten Projekts war Mitte der achtziger Jahre die Feststellung, dass nur wenige nordafrikanische Mosaiken unabhängig von stilistischen Studien durch weitere Anhaltspunkte datiert waren. Es galt daher als primäres Ziel des Feldprojekts in Karthago, systematisch weitere Hinweise zur Mosaikdatierung zu gewinnen.

Abdelmajid Ennabli, damals Konservator von Karthago, lud das Team dazu ein, in dem heute als ›Viertel der römischen Villen‹ zu besichtigenden Ausgrabungsgelände im Nordosten der antiken Stadt zu arbeiten, für das Wassila Ben Osman schon 1980 einen neuen Mosaikkatalog vorgelegt hatte. Das Forschungsprojekt konzentrierte sich mit der Maison de la Rotonde und der Maison du Cryptoportique auf zwei Häuser eines Areals, in dem von dem damaligen Direktor der Antikenbehörde Paul Gauckler schon Anfang des zwanzigsten Jahrhunderts erste Freilegungsarbeiten geleistet worden waren, gefolgt von Forschungen Alfred Merlins und Louis Poinssots in den zwanziger und dreißiger Jahren sowie Gilbert-Charles Picards in den fünfziger Jahren. Der Ankauf und die Öffnung des Archivs der Familie Poinssot seitens des Institut National d'Histoire de l'Art (INHA) in Paris machten die Erschließung bisher unbekannter Dokumente der frühen Arbeiten möglich.

Die frühen Forschungen einschließlich derjenigen in den fünfziger Jahren waren jedoch schlecht bis gar nicht dokumentiert. Bei der vorliegenden Publikation handelt es sich daher auch um die Aufarbeitung von Untersuchungen, die bisher kaum bekannt waren. In Ergänzung zur Altgrabung wurden moderne stratigraphische Sondagen angelegt, so 1987 bis 1988 in der schon weitgehend freigelegten Maison du Cryptoportique. Zwischen 1990 und 2000 folgte dann die vollständige Ausgrabung der Maison de la Rotonde. Aus denkmalpflegerischen Gründen wurde in beiden Häusern die eindrucksvolle spätantike Phase konserviert. Sondagen in ältere Phasen der Bebauung waren nur eingeschränkt möglich, weshalb die Menge an gut auswertbaren stratigraphischen Einheiten mit Fundgut nicht allzu groß war. Große Materialmengen erbrachten die Füllungen von Zisternen aus unterschiedlichen Baumaßnahmen.

In dem ersten Band des zweibändige Werkes werden nach einer Einführung die Architektur, die Mosaiken und Böden sowie die Wandmalerei der beiden Häuser vorgestellt, beginnend mit der Maison de la Rotonde (S. 15–210) und gefolgt von der Maison du Cryptoportique (S. 211–319) und einer ausführlichen Synthese zur Architektur, dem Dekor ihrer Entwicklung (S. 323–332) und zur Evolution der Insula im städtischen Kontext (S. 333–359). Den Abschluss des ersten Bandes bildet ein Kapitel zur ›mise en valeur‹, der Restaurierung, Konservierung und Präsentation der beiden Häuser (S. 365–375).

Der zweite Band ist dem Fundmaterial gewidmet, das nach Häusern und dann stratigraphischen Einheiten gegliedert ist. Beginnend mit der Maison de la Rotonde widmen sich nach einer Einführung (Darmon und Ennaïfer, S. 385–396) fünf Kapitel den Funden und der Datierung der fünf Hauptphasen des Hauses (S. 399–557), gefolgt von je einem Kapitel zu Fundmünzen (S. 561–597), Tierknochen (S. 599–611) und Kleinfunden (Bourgeois, S. 613–630). Für die Maison du Cryptoportique, in der in wesentlich geringerem Ausmaß gegraben wurde, widmet sich ein Abschnitt allen Funden der Sondagen mit Ausnahme der Münzen, die gesondert vorgestellt werden. In einem weiteren Teil folgen zusammenfassende Kapitel zu Münzen, Keramik und Glasfunden. Ein Verzeichnis der abgekürzt zitierten Literatur, ein Abbildungsnachweis, ein Abbildungsverzeichnis und das Gesamtinhaltsverzeichnis schließen den zweiten Band ab.

Die Fülle der in beiden Bänden präsentierten Informationen und neuen Erkenntnissen ist beeindruckend. Das ursprüngliche Ziel der exakteren Datierung der Mosaiken beider Häuser wurde dabei erreicht. Die Ergebnisse des Forschungsprojekts gehen jedoch weit über die ursprüngliche Frage hinaus. Hunderte von Details fügen wichtige Teile in die noch viel zu unvollständigen Kenntnisse der materiellen Kultur des antiken Nordafrika und beinhalten durchaus Informationen, die über die Grenzen der Archäologie hinaus für die Geschichte Karthagos von Interesse sind. Dies vermittelt allein schon ein Überblick über die Entwicklung der Maison de la Rotonde, die den weitaus größeren Teil der Publikation einnimmt.

Die Maison de la Rotonde liegt zwischen den Kardines 9 und 10 Ost südlich des Dekumanus 6 Nord. Erste Baumaßnahmen sind hier im ersten nachchristlichen Jahrhundert festzustellen, und zwar noch in julisch-claudischer Zeit. In der punischen Epoche lag das Areal außerhalb der Stadt, wovon entsprechende Gräber des vierten und dritten Jahrhunderts unter der römischen Bebauung zeugen. Die Mauer M 61 im Südwesten des Hauses stammt wohl aus augusteischer Zeit und gehört so zu den frühen Baumaßnahmen nach der Wiedergründung Karthagos unter Augustus.

Zur ersten Phase gehören Bassins für die Herstellung von Garum, die den handwerklichen Charakter dieses Quartiers in seiner Frühphase zeigen. Erstaunlich ist, dass die Fischsauce in erheblicher Entfernung vom Meer produziert wurde.

Die zweite Phase beginnt in severischer Zeit mit der Ausdehnung des Gebäudes nach Osten und seiner Teilung in einen Wohnkomplex im nördlichen und einen im südlichen Teil. Das Gebäude war in seiner zweiten Phase über zweihundert Jahre in Benutzung. Die in severischer Zeit erfolgte Mosaikausstattung der zweiten Phase zeigt schwarzweiße geometrische Muster, die in Italien im ersten Jahrhundert der Kaiserzeit beliebt waren, in Karthago aber offensichtlich noch ein Jahrhundert später verlegt wurden.

In der dritten Phase fasste ein potenter Bauherr die Teile im Süden und Norden zu einem Gesamtensemble zusammen. Für den nun großen Bau wurden im Südosten neue Terrassierungen sowie im Nordwesten des großen Peristyls ein repräsentativer Saal mit einer Apsis und daneben der namengebende runde Raum mit Apsis angelegt. Die umfangreichen Baumaßnahmen sind anhand der Verfüllung von Zisterne C 11 gut zu datieren, die über dreizehntausend Keramikfragmente enthielt. Die jüngsten Stücke stammen hier aus der ersten Hälfte des fünften Jahrhunderts.

Die Ausgräber gehen davon aus, dass die Baumaßnahmen nicht beendet wurden, da es ihrer Ansicht nach keinen Sinn ergeben hätte, in der nachfolgenden vierten Phase das Laufniveau um einen Meter abzutiefen, dabei das Peristyl der Vorgängerphase abzureißen und auf gleichem Grundriss wieder zu errichten, wenn die Anlage der dritten Phase fertig geworden wäre. Die Unterbrechung der Arbeiten am Bau der dritten Phase erklären die Verfasser mit der Eroberung Karthagos durch die Vandalen im Jahr 439 (S. 106).

Nach einigen Jahrzehnten, in denen keine Aktivitäten in dem Haus zu verzeichnen sind, folgen im letzten Viertel des fünften beziehungsweise zu Beginn des sechsten Jahrhunderts erneut umfangreiche Baumaßnahmen. Das Haus gruppiert sich nun um einen großen Peristylhof, der mit seinen vierundzwanzig Säulen zu den größten in Karthago gehört. Den Apsidensaal, wahrscheinlich ein Stibadium, schmückte ein prächtiges Mosaik, die ebenfalls luxuriös ausgestattete Rotonde diente wohl einem Mitglied der vandalischen Elite als »petit appartement privé« (S. 138). Die Autoren unterstreichen den Kontrast zwischen der prächtigen Ausstattung der Räume und der bescheidenen Qualität der Bausubstanz. Die Datierung der Phase erfolgt unter anderem durch zwei Münzen des Vandalenkönigs Gunthamund, die in der Bettung des Mosaiks im Apsidensaal gefunden wurden.

Die fünfte Phase markiert die letzte Transformationsperiode des Hauses und seinen Verfall. Im Laufe des siebten Jahrhunderts wurde das genutzte Gebäude verkleinert, während andere Teile schon verfielen. In den repräsentativen Räumen des Hauses wurden nach der Mitte dieses Säkulums drei Steinkistengräber angelegt. Spätestens zu Beginn des achten Jahrhunderts endet die Nutzung dieses Areals. Im Gegensatz zu anderen Vierteln Karthagos konnten hier keine Spuren aus frührarabischer Zeit entdeckt werden. Die Aufgabe des Viertels steht für die Autoren mit der arabischen Eroberung des byzantinischen Karthago 698 und der Gründung von Tunis in Zusammenhang.

Die punktuellen Sondagen in der Maison du Cryptoportique geben keinen so umfassenden Einblick in die Baugeschichte dieses Hauses wie bei der benachbarten Maison de la Rotonde. Dennoch kann auch hier die Entwicklung des Quartiers gut nachvollzogen werden. Ende des ersten oder zu Beginn des zweiten Jahrhunderts wurde ein großes Haus mit Peristyl errichtet. Eine Reihe von Baustrukturen ist in die Zeit vor der Erbauung dieses Hauses zu datieren. Die Einblicke sind aber zu klein, um größere Zusammenhänge rekonstruieren zu können. Im Gegensatz zur Maison de la Rotonde, wo die ältesten römischen Befunde in das erste nachchristliche Jahrhundert gehören, wurde ein Opus-signinum-Boden hier schon im ersten vorchristlichen errichtet. Das Areal diente wohl wie das benachbarte Grundstück handwerklichen Aktivitäten. Das prächtige Peristylhaus wurde in der zweiten Hälfte des dritten Jahrhunderts durch verschiedene Einbauten renoviert, unter anderem einem großen korinthischen Oecus mit Opus-sectile-Ausschmückung. Diese Phase hatte bis in die letzten Jahrzehnte des vierten Jahrhunderts Bestand. Wie in der Maison de la Rotonde wurde auch dieses Haus um 400 n. Chr. modernisiert, unter anderem durch den Bau der namengebenden Kryptoportikus und neue Mosaikausstattung. Im Gegensatz zu dem Nachbarhaus fehlt hier jedoch eine vandalische Bauphase. Das Haus wurde im Zustand des ausgehenden vierten und beginnenden fünften Jahrhunderts bis zu seiner Aufgabe benutzt. Wann es verlassen wurde, ist wegen der frühen undokumentierten Freilegung des Gebäudes nicht näher zu bestimmen.

Zu den wichtigsten Ergebnissen des Forschungsprojekts gehören die Erkenntnisse zu den späten Phasen. Spannend ist die Frage, ob die Befunde der Häuser tatsächlich Auswirkungen der vandalischen Eroberung zeigen. Die archäologischen Fakten bezeugen große Bauarbeiten in der Maison de la Rotonde am Anfang und eine weitere, umfassende Umgestaltung des Hauses am Ende des fünften Jahrhunderts. Dabei wurde stark in die ältere Bausubstanz eingegriffen, vor allem auch im Bereich des Peristyls. Die These, dass der Bau der dritten Phase nicht fertiggestellt wurde, basiert auf der Beobachtung, dass das Peristyl einen Meter tiefer als der Vorgängerbau neu errichtet wurde. Es sei daher unwahrscheinlich, dass man die Niveauabsenkung unternommen und auf gleichem Grundriss neu gebaut hätte, zudem in schlechterer Qualität, wenn der Vorgängerbau fertig gewesen wäre. Andere Elemente des Vorgängerbaus seien dagegen übernommen worden (S. 105 f.).

So entsteht die Annahme einer Unterbrechung der laufenden Bauarbeiten durch die Eroberung, die Zeit einer längeren Brache und die Wiederaufnahme der Bauarbeiten im fortgeschrittenen Vandalenreich. Joann Freed resümiert in diesem Sinn in einer Rezension zum gleichen Buch: »After the Vandals destroyed the odeon and the theatre, the neighboring housing on the Odeon hill, which had clearly been upper-class in the Late Roman period, seems to have gone through a period of internal division and abandonment« (Journal Roman Arch. 26, 2013, 810–820, hier 814). Hier ist jedoch Vorsicht geboten. Die Zerstörung von Odeon und Theater sind primär bei Victor von Vita überliefert. Archäologisch ist die Verwüstung wegen der frühen, dokumentationslosen Ausgrabung weder bewiesen noch widerlegt. Theater und Odeon liefern aber zumindest keine starken Argumente, die die These für die Maison de la Rotonde stärken würden (vgl. P. von Rummel in: G. M. Berndt / R. Steinacher [Hrsg.], Das Reich der Vandalen und seine [Vor-] Geschichten. Forsch. Gesch. Mittelalter 13 [Wien 2008] 151–182).

Unbestritten wie gleichsam spektakulär sind hingegen die Ergebnisse für das fortgeschrittene fünfte Jahrhundert. Noch nie wurde zuvor in einer umfassenden archäologischen Publikation so klar archäologisch gezeigt, wie luxuriös in vollständig römischer Kontinuität im Vandalenreich gebaut wurde. Dieser Befund passt allgemein gut in das Bild einer wirtschaftlichen und kulturellen ›Renaissance‹ im späteren Vandalenreich, die anhand verschiedener Quellengattungen wahrscheinlich zu machen ist. Die Elite des Vandalenreiches, die in Häusern wie der Maison de la Rotonde wohnte und repräsentierte, musste ihre Paläste nach der byzantinischen Eroberung 533/534 sehr wahrscheinlich aufgeben. Die neuen Bewohner des Hauses sahen zumindest keine Notwendigkeit, es stärker römischen oder byzantinischen Gewohnheiten anzupassen. Deutlich zeichnet sich erst wieder der Niedergang des byzantinischen Karthago in der zweiten Hälfte des siebten Jahrhunderts ab.

Die vorliegende Publikation ist die eindrucksvolle Vorlage der Ergebnisse der Ausgrabungen und Forschungen in zwei karthagischen Häusern, die gleichzeitig in vielerlei Hinsicht neues Licht auf ganz Karthago und Bereiche weit darüber hinaus werfen. Gliederung und Ausstattung des Buches lassen kaum einen Wunsch offen, wenn man vom Fehlen archäobotanischer und anthropologischer Analysen absieht. Es ist wichtig, dass derart aufwendige Grabungspublikationen weiterhin vorgelegt werden. Hierfür gilt den Autoren Dank, und ebenso der École Française de Rome für die großzügige Ausstattung des Bandes mit Farbabbildungen und eingebundenen Klappplänen, die die komplizierte Phasenabfolge gut verständlich machen.

Berlin   Philipp von Rummel

R[oland] R. R. Smith, **The marble reliefs from the Julio-Claudian Sebasteion. Aphrodisias. Results of the excavations at Aphrodisias in Caria conducted by New York University, Band VI.** Verlag Philipp von Zabern, Mainz 2013. XVI und 373 Seiten, 275 Abbildungen, 176 Tafeln.

Im vorliegenden Band präsentiert der nach dem Tod von Kenan Erim im Jahre 1990 als Leiter der Ausgrabungen von Aphrodisias wirkende Bert (Roland) Smith die umfassende Vorlage eines der interessantesten Baukomplexe der hauptsächlich frühkaiserzeitlichen Stadt. Auch wenn der Titel und folgerichtig ebenso der größte Teil des Inhaltes des Werkes besonderes Gewicht auf die Ausstattung des Sebasteion mit statuarischen und reliefierten Bildwerken legen, kann der Band getrost als Gesamtvorlage des Bauwerkes verstanden werden. Insbesondere die Baureliefs, deren größter Teil bereits in den Jahren 1979 bis 1984 gefunden wurde, sind zumeist schon in kürzeren Einzelstudien publiziert worden. Das vorliegende Werk geht darüber jedoch weit hinaus: Es gibt genau den Grabungsbefund wieder und genügt damit in vorbildlicher Weise dem erklärten Ziel des Autors, dem Leser bezüglich der vorgelegten Rekonstruktion volle Nachvollziehbarkeit und damit auch Kritikmöglichkeit zu lassen; er will darauf verzichten, absolute Sicherheit in der Rekonstruktion zu suggerieren.

Das umfangreiche Werk ist klar gegliedert: Einleitend stellt der Autor der Besprechung des architektonischen und künstlerischen Befundes des Komplexes ein recht ausführliches Kapitel zum architektonischen Kontext voran (S. 1–53). Damit unterstreicht er seinen selbstgestellten Anspruch, bei der Vorlage des Komplexes einen holistischen Ansatz zugrundezulegen. Er stellt die Anlage nicht nur in ihren urbanen und architektonischen Zusammenhang, sondern er diskutiert auch ihre historische, geographische und politische Einbettung. In dem kurzen Überblick zur Geschichte von Aphrodisias macht der Verfasser nochmals deutlich, dass die Stadt immer sehr romfreundlich eingestellt war und zur julisch-claudischen Dynastie eine enge Bindung bestand, die von beiden Seiten gepflegt wurde. Das Sebasteion wurde wahrscheinlich als Dank für die Bestätigung der Privilegien der Stadt nach dem Tod des Augustus errichtet. Insbesondere Aphrodite, die lokale Stadtgöttin und mythische Ahnherrin des julischen Geschlechts, bildet das Bindeglied zwischen der örtlichen führenden Schicht und der Reichselite. Die städtischen Honoratioren huldigten mit dem Bauwerk ganz in der Tradition des früheren lokalen Euergeten Gajus Julius Zoilos den Machthabern in Rom. Die insgesamt sieben Stifterinschriften, die sich auf den verschiedenen Teilen des Gebäudes finden, belegen, dass das Sebasteion unter Tiberius begonnen und unter Nero vollendet wurde, mit einer besonders intensiven Bautätigkeit zur Zeit des Claudius (S. 13). Smith legt hier erstmals alle Inschriften vollständig vor und diskutiert dabei auch ausführlich die merkwürdige, mit einigen Unklarheiten behaftete Inschrift 6 auf der Südstoa. Damit zusammenhängend erfolgt auch eine eingehende Beschäftigung mit den beiden in den Inschriften verewigten Stifterfamilien, die über die teilweise jahrzehntelange Bauzeit des Komplexes hinweg für dessen Vollendung Sorge getragen haben und bei denen es sich um prominente Mitglieder der lokalen Oberschicht handelte, deren Wirken auch an anderen Orten der Stadt belegt ist.

Aus den Inschriften geht außerdem hervor, dass der Komplex ursprünglich der Göttin Aphrodite, den römischen Kaisern und dem Demos geweiht war. Dass der Charakter der mehrfachen Weihung schon im Laufe der Antike verlorenging und die heute gebräuchliche alleinige Bezeichnung als Sebasteion möglicherweise schon in vormoderner Zeit erfolgte, deutet eine Inschrift des dritten Jahrhunderts an. Demzufolge wäre in dieser Zeit die Weihung an Aphrodite in den Hintergrund gedrängt gewesen. Der Autor vollzieht die gesamte Nutzungsgeschichte des Bauwerks bis zu dessen Zusammenbruch im siebten Jahrhundert nach und rekonstruiert unterschiedliche Nutzungs- und Erhaltungsphasen. Wörtlich »einschneidend« war die Phase, in der Reliefs des Bauwerks, sofern es noch aufrecht stand, nach spätantik-christlicher Auffassung verändert wurden, was vor allem die Ausmeißelung ganzer Figuren oder Figurenteile bedeutete. Der Verfasser weist die christlichen Veränderungen am Sebasteion dem fünften Jahrhundert zu, als das Christentum in Aphrodisias immer stärker wurde und man den Aphroditetempel in eine Kirche umwandelte (S. 48 f.). Für diese Umgestaltung mussten höchstwahrscheinlich Gerüste errichtet werden. Hier dürfte also kein Vandalismus vorliegen, sondern diese Eingriffe erfolgten mit ausdrücklicher Zustimmung der Bürgerschaft (S. 44–49). Interessant ist, dass die Abmeißelung nur bestimmte Gestalten und Figurengruppen betraf, also wahrscheinlich nur diejenigen, die man als unangemessen, bedrohlich, verwerflich oder ähnlich betrachtete, während man andere für unbedenklich hielt und auch weitestmöglich erhalten hat. Als gefährlich wurden anscheinend vor allem übernatürliche Figuren angesehen, die als pagane Dämonen verstanden wurden und den heidnischen Kult repräsentierten, so etwa einzeln oder gemeinsam aktionslos stehende pagane Gottheiten oder solche, denen geopfert oder gehuldigt wird. Ausnahmen sind Ares und Hygieia, die nicht eradiert wurden, ersterer, weil der nackte Jüngling auch als Held oder Kaiser gedeutet werden konnte, letztere vielleicht, weil sie als harmlos galt (S. 47). Als unproblematisch galten offenbar Szenen mit Kaisern, ethnische Personifikationen, Viktorien und mitunter sogar mythologische Szenen mit alten griechischen Heroen oder olympischen Göttern, denn solche Themen konnten auch als gewissermaßen harmlose alte Geschichten eingestuft werden (S. 45). Bei allen Figuren wurden freilich zumindest frontal sichtbare Genitalien sorgfältig entfernt, bei manchen Frauen ebenso Brüste oder Brustwarzen.

Es folgt die detaillierte Vorstellung der einzelnen Gebäudeteile und des zugehörigen Reliefschmucks. Smith geht hier ungefähr nach der Richtung vor, in der auch möglicherweise der Besucher der antiken Stadt den Komplex durchschritten hätte, also vom westlichen Propylon in Richtung des am östlichen Ende gelegenen Tempels, während der Zugang heute vom ehemaligen Tempelpodium aus erfolgt, der auch für einen antiken Besucher möglich war, allerdings mit deutlich eingeschränkter Breite und nur beiderseitig des Tempelbaus. Die gestreckte, zweiundachtzig Meter lange Platzanlage (»sanctuary-avenue«, S. 24) könnte als Prozessionsweg, Durchgangsstraße und Flaniermeile gedient haben. Die Inschriften bezeugen, dass die beiden finanziell beteiligten Familien das Unternehmen auf zwei Baulose aufteilten, Propylon und Nordgebäude einerseits sowie Tempel und Südgebäude andererseits. Der Bauvorgang begann an den jeweils entgegengesetzten Enden der Anlage, was im Bereich der äußeren östlichen Propylonsfassade zu einer uneinheitlichen, etwas unbefriedigenden Lösung im Bereich des Abschlusses des Südgebäudes führte (Abb. 9). Rätselhaft bleibt die Ausrichtung dieses Gebäudes, die nicht dem westlicheren, klar westöstlich ausgerichteten Straßenraster folgt, aus dem nur der ältere Aphroditetempel herausfällt. Die vierzehn Meter breite Prunkstraße war beidseitig von zwölf Meter hohen, dreistöckigen Fassaden gesäumt, die den Betrachter einluden, ihren reichen Reliefschmuck zu betrachten (»a city avenue here becomes a marble-lined display court«, S. 25).

Dass beide Seitenflügel des Komplexes die primäre Funktion besaßen, ihre Relieffassade darzubieten, lässt sich aus der Tatsache ableiten, dass sich im Innern der Kammern hinter den Fassaden weder präparierte Böden noch Funde aus dem ersten oder zweiten Jahrhundert fanden. Einzig Reste vom vierten und fünften Jahrhundert an bis ins siebte deuten auf in dieser späten Nutzungsphase dort untergebrachte Werkstätten und Läden hin (S. 42–44). In diesem Sinne waren die Räume in den Gebäuden wohl nicht wirklich als nutzbare Teile mit projektiert – auch die Konstruktionsweise der Schauseiten deutet darauf hin, dass sämtliche Strukturen dahinter nur dazu da waren, die dünne Marmorfassade zu tragen, die als Einziges fein und fertig ausgeführt wurde. Die Architektur war also den angebrachten Bildern angepasst und nicht, wie üblich, die Bilder der sie tragenden Architektur (S. 30–32). Der Autor trägt einige Beispiele solcher nur zur Rahmung von Reliefbildern dienenden Architektur zusammen (S. 32–36) und sieht schon Vorbilder in hellenistischen Bauwerken wie dem literarisch überlieferten Festpavillon des Ptolemaios II. (Pinakes zwischen Pfosten, speziell mit dynastischen Darstellungen und solchen von Unterworfenen) und Nachhall in den Malereien beziehungsweise Wandmosaiken in späteren Kirchen, wobei generell die architektonische Rahmung von Bildfeldern ein sehr weit verbreitetes Phänomen ist, das von Grabstelen klassischer Zeit bis zu Bauwerken wie dem Trajansbogen von Benevent reicht. Die ganze Konzeption des Sebasteions folgt dabei eher römischen als griechischen Prinzipien: Ein Podiumstempel am Ende einer gelängten Platzanlage mit flankierenden Stoai entspricht einer neuen Gestaltungsweise, die mit den Kaiserforen in Rom, speziell dem Augustusforum, erst ihren Anfang nahm. Die Erbauer des Sebasteions bekannten sich demnach auch in der Architektur zu einer römisch-kaiserlichen Formensprache.

Den breitesten Raum in der Arbeit nimmt naturgemäß die Besprechung des Bildschmucks ein. Ursprünglich müssen insgesamt etwa zweihundert Reliefs an den Portiken angebracht gewesen sein, von denen sich ein Großteil recht gut erhalten hat; dazu kommen noch die Statuen im westlichen Propylon. Der Verfasser gliedert die Erörterung systematisch nach dem jeweiligen Ort ihrer Anbringung, wobei er beim Torbau beginnt und danach auf Nord- und Südgebäude eingeht. Schon die im Propylon aufgestellten Statuen verdeutlichen die Hauptthemen des gesamten Bildschmucks am Gebäude: zunächst Zeus und Aphrodite als lokale Gottheiten, die Liebesgöttin auch als die mythische Stammmutter der Gens Iulia, die in der zugehörigen Basisinschrift auch ganz wörtlich als προμήτηρ angesprochen wird, also der lateinischen Genetrix entspricht. Es folgt Äneas als Ahnherr der Gens Iulia sowie das Kaiserhaus selbst. Allerdings ist die Auswahl der Statuen im Propylon teilweise eher ungewöhnlich, denn es findet sich auch je eine Figur der leiblichen Mutter des Augustus, Atia Balba, und von Marcus Lepidus, dem Schwager des Caligula. Bemerkenswert ist die starke Präsenz der weiblichen Mitglieder, vor allem der Mütter des julisch-claudischen Hauses. Damit feiern die Statuen und ihre Basen den dynastischen Aspekt der frühen Kaiserfamilien, wahrscheinlich in Analogie zu Aphrodite als Stadtgöttin und ihrer Rolle als mythische Stammmutter dieser Dynastie; der familiäre Aspekt wird auch durch weitere Verwandte betont, etwa die früh verstorbenen Prinzen und Personen wie Lepidus (S. 64). Auffällig ist dabei, wie sehr die zentralen Figuren der Dynastien teilweise den Göttern angenähert sind: Livia ist inschriftlich als Julia Augusta Hera angesprochen (S. 57–59) und auch ikonographisch der Göttermutter angenähert, indem die charakteristische Frisur der Liviaporträts mit dem idealisierten Gesicht einer Hera kombiniert ist. Idealisiert gezeigt ist auch Tiberius, der entsprechend einem für Zeus geläufigen Typus nackt dargestellt ist (S. 65–67).

In den Fassaden der beiden den langen Hof flankierenden Gebäude haben mehrere Stifterfamilien Bildprogramme verwirklicht. Als Träger dienten jeweils die beiden oberen Stockwerke der Fassade, die zwar auf beiden Platzseiten dieselbe Höhe und horizontale Gliederung aufweisen, in der vertikalen Unterteilung aber leicht voneinander abweichen. Das Nordgebäude zieren im obersten, zweiten Stockwerk Götter- und Kaiserdarstellungen, darunter finden sich im ersten Stockwerk Personifikationen von Völkerschaften. Unter den Kaiserreliefs ist dasjenige mit Nero und Agrippina besonders hervorzuheben: Beide Figuren sind im gängigen Porträttypus der Zeit von Neros Amtsantritt dargestellt. Agrippina ist mit Attributen der Tyche dargestellt und bekränzt den jungen Kaiser, den sie leicht an Größe überragt. Möglicherweise lassen sich auch diese Details als Hinweise auf den dynastischen Aspekt der Darstellungen deuten, der bereits im Propylon betont ist und nach dieser Lesung auch in den erst Jahrzehnte später angefertigten neuen Reliefs noch zur Geltung käme (S. 74–78).

Die Ethnosdarstellungen füllten wahrscheinlich jedes der fünfzig Interkolumnien im ersten Stock des Nordgebäudes aus. Es fanden sich achtundzwanzig Basen sowie fünf ganz und fünf teilweise erhaltene Reliefs). Gezeigt sind teils sehr selten vorgestellte Völker, so neben den Juden und Dakern auch etwa der kleine Alpenstamm der Trumpilini oder die spanischen Callaeci. Was die am Sebasteion dargestellten Ethnien allerdings eint, ist ihre Erwähnung in den Res Gestae (S. 118). Ebenso auffällig ist die Nennung des Ethnosnamens im Genitiv. Dies kann Smith plausibel darauf zurückführen, dass es im Griechischen problematisch wäre, eine Frauenfigur im Neutrum (τὸ ἔθνος) zu benennen, während im Lateinischen ›gens‹ oder ›natio‹ bereits weiblich sind. Beide Beobachtungen legen nahe, dass man sich sehr eng an römischen Vorbildern orientiert hat oder sogar ganz konkret stadtrömische Vorbilder kopierte. Die Darstellungen stehen jedenfalls ganz im Dienste des Herrscherlobes: Schon die überlieferten sechzehn Namen, dreizehn Ethnien und drei Inseln, lassen sich mit rund um das Mittelmeer verteilten Völkern verbinden (S. 111 Abb. 72), so dass vermutlich das ganze Reichsgebiet mit diesen Personifikationen programmatisch abgedeckt war.

Zusammen mit den Figuren von Hemera und Nyx, von denen die Verkörperung der Nacht allerdings spurlos verschwunden ist, sowie Okeanos veranschaulichen diese Personifikationen das Allumfassende römischer Herrschaft, die immerwährende Hegemonie über den Orbis terrarum (vgl. S. 121). Zudem wurden Ethnospersonifikationen und keine Provinzdarstellungen gewählt, was den Bezug auf einzelne Imperatoren und ihre Leistungen noch verstärkt, denn während Provinzen für Verwaltungseinheiten stehen, waren die Stämme Objekte der Unterwerfung durch die Kaiser persönlich (S. 112). Gerade in der späten Republik und frühen Kaiserzeit finden sich einige mögliche Vorbilder für solche Darstellungsreihen unterschiedlicher Völker auf stadtrömischem Gebiet, die der Autor aufzählt. Die kleinen Figuren der Ara Pacis aber waren kaum deren Vorläufer, wie der Autor meint, sondern bilden nur Parallelen. Die Statuen der vierzehn Nationes des Pompejustheaters sowie die Darstellungen der augusteischen Porticus ad nationes, wo die Bilder »aller Stämme« zu sehen waren, kommen dagegen als Vorbilder in Frage (S. 114–118. Zu den von Velleius Paterculus erwähnten Tituli beziehungsweise Statuen auf dem Augustusforum, deren Form aber unbekannt ist, vgl. M. Spannagel, Exemplaria principis. Untersuchungen zu Entstehung und Ausstattung des Augustusforums [Heidelberg 1999] 340 f. und P. Liverani, Mitt. DAI Rom 102, 1995, 221).

Während die Ikonographie des Nordgebäudes wohl von stadtrömischen Vorbildern geprägt ist, zeigen die Reliefs des Südgebäudes lokale Bezüge. Auch hier steht jedoch alles im Zeichen des Herrscherlobes. Im zweiten Stockwerk finden sich auch hier Götter und Kaiser, während die Reliefs darunter mythische griechische Heroen zeigen. Insgesamt sind von der Fassade dieses Bauwerks sehr viele Reliefs erhalten und befinden sich meist in gutem Zustand. Durch die aufschlussreichere Fundlage können bessere Rückschlüsse auf die ursprüngliche Position am Gebäude gezogen werden. Die Gleichsetzung von Kaisern und olympischen Göttern wird an diesem Gebäude noch stärker akzentuiert, und auch die Inschriften des Bauwerks nutzen zweimal die Formulierung »Θεοὶ Σεβαστοὶ Ὀλύμπιοι«.

Der individuellere Stil der Reliefs dieser Fassade zeigt sich in diversen Details. Dazu gehören auch fehlerhafte Kompositionen wie etwa auf dem Relief mit Augustus und Nike: Im triumphalen Schema flankieren Kaiser und Siegesgöttin ein Tropaion mit darunter hockendem Gefangenen. Dieser ist jedoch nicht in den Boden eingesunken, wie der Verfasser meint, sondern kauert in geläufigem Schema und wendet den Kopf zurück (s. etwa gleichzeitig oder früher etwa den Fries vom Apollo-Sosianus-Tempel oder die Darstellung im unteren Register der Gemma Augustea), auch wenn dies etwas merkwürdig ausgeführt ist. Jedoch scheint der linke Arm des Kaisers im Armloch des Tropaion zu verschwinden, und die rechte Flügelspitze der Nike müsste eigentlich noch unter dem Schild des Waffenmales zu sehen sein. Solche Fehler können wohl nur dadurch erklärt werden, dass die Reliefs relativ schnell und ohne direkte Vorbilder geschaffen wurden. Gerade auf diesem Relief zeigt sich auch eine weitere Besonderheit, die generell auf der Südfassade zu beobachten ist: Die Porträts sind nicht anhand exakter Vorlagen ausgeführt, und die Identifizierung der Protagonisten muss in vielen Fällen eher anhand bestimmter Gesichtszüge erfolgen als mittels der Frisur (bei Tiberius etwa die weit auseinanderliegenden Augen, die kurze Nase und die breiten Brauen, S. 154). So sieht der Autor in dem eben besprochenen Relief den Kaiser als Augustus im Haupttypus porträtiert (Prima Porta, S. 128–131), gibt aber selbst zu, dass die Frisur nicht stimmt – diese deutet meines Erachtens eher auf Caligula. Die genannte Porträtungenauigkeit gilt nicht nur für die dargestellten Männer, sondern auch die Frauen und Prinzen.

Andere Besonderheiten in Figurenzusammenstellungen und Kompositionen lassen sich mit dem lokalen Bezug erklären. Die Siegesgöttin auf Reliefplatte C 9 etwa ist nackt und wird von einem kleinen Eros begleitet. Beides dürfte wohl mit dem Status der Polis als Stadt der Aphrodite in Zusammenhang stehen: Die kaiserliche Siegesgöttin übernimmt Züge der lokalen Hauptgottheit, womit das Schicksal der römischen Imperatoren und das der kleinasiatischen Provinzstadt noch enger miteinander verkettet werden. Auch das Relief mit Claudius und Britannia C 10 ist ungewöhnlich und nicht römischer Bildsprache verpflichtet, da der Kaiser die Provinzpersonifikation hier nicht nur besiegt, sondern im Begriff steht, sie zu töten. Normalerweise sind Provinzpersonifikationen eher zum Beispiel Objekt der Unterwerfung oder empfangen Gnade. Problemlos lassen sich noch weitere Unstimmigkeiten aufzählen: Unsicher muss die Benennung der Figuren von C 17 bleiben: Smith favorisiert die Lesung als ›Aphrodite wird von Roma bekrönt‹, aber beide Figuren sind mehrdeutig, insbesondere die vermeintliche Roma, die ebenso eine Amazone wie auch Virtus oder Arete sein könnte. Auf Relief C 24 ist zudem recht sicher Roma dargestellt, diese erscheint jedoch in völlig anderem Typus mit Panzer. Die sogenannte Aphrodite könnte auch ein weibliches Mitglied der Kaiserfamilie sein, weist aber keine Porträtzüge auf. Auf C 18 wird ein wieder nicht klar zu identifizierender nackter Kaiser von einem Mann in Toga bekränzt, der eigentlich am ehesten als Genius Senatus anzusprechen wäre, aber durch seine Bartlosigkeit vom gängigen Schema abweicht und deshalb auch als Genius Populi Romani gedeutet werden könnte. Besonders prominent, auch in seiner Position in einem weiten Interkolumnien und eher in der Mitte der Gebäudefront war Relief C 29 angebracht (zur Rekonstruktion der Reliefanordnung der Fassade des Südgebäudes s. S. 189 und Taf. 176), das einen Kaiser, wahrscheinlich Claudius, als Weltenherrscher zwischen Personifikationen der Erde und des Meeres zeigt – auch hier wieder mit kleinen Besonderheiten, wie etwa der ungewöhnlichen jugendlichen Erscheinungsweise der Erdgöttin (S. 171–173).

Die Reliefs des ersten Stockwerks des Südgebäudes bilden einen der umfangreichsten erhaltenen Reliefzyklen mit mythischen Szenen aus der römischen Kaiserzeit (S. 197; 291). Grob lassen sich in den erhaltenen Szenen vor allem vier Themen ausmachen: erstens die Macht der Aphrodite, zweitens die Äneasgeschichte beziehungsweise der trojanische Sagenkreis, drittens Gründungsmythen von Kulten und Gemeinschaften und viertens Taten großer Helden. Zusätzlich sind auch Darstellungen aus dem dionysischen Kreis vorhanden. Bei den Heroenreliefs lassen sich sehr viele singuläre Kompositionen erkennen, die wohl von den fürs Sebasteion arbeitenden Steinmetzen erfunden und komponiert wurden, besonders bei den Platten, die Szenen aus dem Leben des Äneas zeigen. Anschließend an die detaillierte Vorstellung der (zu größeren Teilen) erhaltenen Reliefs geht der Verfasser auch noch auf die kleineren Fragmente ein, die sich dieser Reliefserie zuschreiben lassen, und darauf folgend noch auf die zugehörigen Basen (S. 274–291), die gewöhnlich in den schmalen Interkolumnien nur ein Blüten- beziehungsweise Rosettenmotiv aufweisen, in den breiteren Interkolumnien auch Götter, wie Helios und Selene, sowie Symbole beziehungsweise Attribute, wie Cornucopia oder Theatermasken.

In der intensiven Besprechung der mit großer Wahrscheinlichkeit zu rekonstruierenden Reliefsequenz beziehungsweise der durch die architektonische Gliederung des Südgebäudes in Dreiersequenzen zu denkenden Reliefgruppen versucht der Autor, dem Bedeutungsinhalt der mythischen Szenen und dem lokalen Bezug näherzukommen (S. 291–298). Szenenfolgen wie Grazien, Opfer an Zeus und die Befragung des delphischen Apolls durch einen Heros kann Smith in intensiver Diskussion in einen regionalen beziehungsweise lokalen Kontext einbetten und durchaus plausibel mit der Stadtgeschichte in Verbindung bringen, etwa die Überlieferungen zu Zeus Nineudios oder zu Bellerophon als regionalem Gründerheros.

In einer abschließenden Betrachtung der mythischen Szenen aus dem ersten Stockwerk der Fassade des Südgebäudes geht der Autor noch einmal übergreifend auf antike Kompositionsprinzipien mythologischer Bilder ein (S. 303–307): Er führt gewissermaßen einen Bildersurvey durch, der sowohl gattungsmäßig als auch zeitlich, räumlich sowie kontextuell sehr weit gefasst ist und fast die gesamte griechisch-römische Antike von der Archaik bis weit in die römische Kaiserzeit umfasst, gewissermaßen vom Klitiaskrater bis zur Trajanssäule. Er stellt fest, dass klare und vor allem stringente Bildprogrammatik im Sinne von langen Reliefkompositionen, die sich mit nur einem einzigen Thema beschäftigen, selten sind. Vielmehr zeigen gerade dem Sebasteion zeitlich nahestehende Kompositionen wie etwa die pompejanischen Wandmalereien große thematische Freiheit, und die Zusammenstellungen haben eher assoziativen Charakter. Smith führt das darauf zurück, dass der antike, von Mythen umgebene Betrachter sich (anders als der mythenlose moderne) an Bildgeschichten genauso wie an den einzelnen Figuren und deren Geschichte erfreute und die programmatisch-thematische Einheit der Darstellungen oft gar nicht angestrebt wurde – selbst bei öffentlichen Gebäuden wie dem Sebasteion, bei dem allerdings schon die schiere Länge der Fassade einen durchgehend erzählenden Ablauf von Szenen schwer machte und offensichtlich eher eine Anordnung gewählt wurde, bei der der Betrachter jederzeit und überall gedanklich einsteigen konnte. Vorrang hatten zudem am Sebasteion lokal-regionale Themen. Der Autor formuliert es so: »The broad function of the D-reliefs [d. h. der mythologischen Szenen im unteren Register des Südgebäudes] was to evoke, through a series of its familiar and authorized images, the world of Hellenic culture and religion, into which the Roman emperors are incorporated in the upper storey« (S. 307).

Der Verfasser resümiert schließlich die Baugeschichte (S. 309–314). Er betont, dass die gesamte Architektur eine sorgfältige Planung benötigte, um ständigen Nachschub an Bau- und Reliefmaterial zu gewährleisten. Für die an bekannteren Vorlagen orientierten Reliefkompositionen beschaffte man Muster, wahrscheinlich in kleinerem Format und zweidimensional (S. 310 f.).

Besondere Hervorhebung erfährt der vieldeutige Charakter des Gebäudes und insbesondere seines Bildschmucks, der gleichzeitig römisch, griechisch und lokal ist. Damit bestätigt sich die im Vorwort bereits angedeutete Sicht, dass die Reliefs in erster Linie auf eine »dezentrierte lokale Perspektive« bezogen sind und griechisch-provinzielle Auffassungen von Rom und den Kaisern sowie griechischer und lokaler Identität, gefiltert durch die zeitgenössische Bildsprache, widerspiegeln (S. VII). Dabei ist alles am Gebäude klar auf das Lob der römischen Herrscherfamilie ausgerichtet. Insbesondere am Südgebäude (im zweiten Stock, aber gerade auch in Verbindung mit den Heroen am darunterliegenden Stockwerk und mit den Unterworfenendarstellungen des gegenüberliegenden Nordgebäudes) bekommen die Reliefs von Kaisern und Personifikationen beziehungsweise Allegorien einen fast panegyrischen Charakter. Damit wird nicht zuletzt der Eindruck eines unendlichen Reiches evoziert und die Kaiser als Nachfolger und Ebenbürtige der alten Götter und Helden – das Sebasteion gibt in gewissem Sinne römisch-kaiserliche Propaganda wieder, aber in gewissermaßen hellenisierter Version (S. 312–314).

Bert Smith hat mit diesem umfangreichen Band weit mehr als eine ikonologische Bewertung der Reliefs dieses interessanten Gebäudes vorgelegt. Auch wenn der Titel eine sich dezidiert mit den Reliefs des Gebäudes auseinandersetzende Publikation suggeriert, zeigt sich der Verfasser weitsichtig, wenn er detailliert auf den Grabungsbefund und damit Auffindungsort der Reliefs eingeht. Mit seiner räumlichen und diachronen Kontextualisierung des Komplexes, dessen langer Geschichte und Veränderungen ermöglicht er eine sehr plastische, teils fast phänomenologische Herangehensweise zum Verständnis des vom antiken Bauwerk beabsichtigten Eindrucks. Die Materialvorlage ist beeindruckend: Alle Stücke der Gebäudedekoration, Inschriften wie Reliefs, werden sehr eingehend beschrieben, besprochen und katalogisiert. Die sehr ansprechend gestalteten visuellen Rekonstruktionen des architektonischen Zusammenhangs und der Platzierung der Reliefs am Bau sowie der einzelnen Stücke in Zeichnungen und hochwertigen Fotos ist vorbildlich – hier zeigen sich sicherlich auch Erfahrung und Könnerschaft des Verlags Philipp von Zabern. Der Tafelteil umfasst zudem auch relevante Detailaufnahmen der Stücke, allesamt von hoher Qualität. Für jede weitere wissenschaftliche Beschäftigung mit dem Komplex kann und wird das vorliegende Werk die unersetzliche Grundlage bilden.

Göttingen und Innsbruck   Christian Heitz

Müren Beykan, **Ionische Kapitelle auf Prokonnesos. Produktion und Export römischer Bauteile**. Istanbuler Forschungen, Band 53. Verlag Ernst Wasmuth, Tübingen 2012. X und 171 Seiten mit 117 Schwarzweißabbildungen und 4 Tabellen.

Arbeitsprozesse in der Herstellung von Baudekoration lassen sich an »fertig ausgearbeiteten Produkten« anhand formaler Kriterien untersuchen, die auf stilistischen und technischen Beobachtungen basieren. Werkprozesse von Bauelementen haben bislang eher selten im Fokus der Forschung gestanden, die sich mehrheitlich mit Baudekoration an Denkmälern an archäologischen Stätten befasst hat. Halbfabrikate und vorgefertigte Produkte sind beispielsweise in der Sarkophagforschung untersucht worden, ebenso in Untersuchungen zur Bauplastik und in den letzten Jahren auch vermehrt in der Skulpturenforschung. In der Vergangenheit haben besonders Studien zur Herkunft und Bearbeitung von Marmor auch unfertige Bauteile in die Betrachtungen einbezogen (z. B. jüngst B. Russell, The Economics of the Roman Stone Trade [Oxford 2013], mit reicher Literatur). In der vorliegenden Arbeit werden Produktionsphasen der Herstellung von kaiserzeitlichen ionischen Kapitellen untersucht, die den Steinbruch nicht verlassen haben und daher nicht im baulichen Kontext diskutiert werden können. Die Publikation ist die geringfügig überarbeitete Fassung der Dissertation von Müren Beykan, die 2004 von der Universität Istanbul angenommen wurde.

Die Autorin hat eine Gruppe von kaiserzeitlichen Kapitellen untersucht, die Einblick in die Arbeitsweise der Steinmetze im Steinbruch ermöglichen und Rückschlüsse auf die Organisation der »Bauschulen« beziehungsweise auf die Bauaufträge zulassen. Im Jahr 1971 löste ein Zufallsfund umfangreiche und bis heute andauernde Untersuchungen aus, die von Nuşin Asgari geleitet und in zahlreichen Publikationen bekannt gemacht wurden.

Die in dieser Studie untersuchten Kapitelle sind Halbfabrikate ionischen Typs oder Kapitelle, die wegen fehlerhafter oder anderer schadhafter Spuren nicht für den Abtransport hergerichtet oder für den Verkauf verwendet wurden (Einleitung, S. 1 f.). Die Autorin setzt sich zum Ziel, den mit siebenundfünfzig Werkstücken überschaubaren Bestand der ionischen Kapitelle von Prokonnesos zu analysieren, die Bearbeitungsstadien zu dokumentieren und letztlich Charakteristika in der historischen Entwicklung der Kapitellbearbeitung herauszuarbeiten. Sie betont zu Recht, dass der Wissenschaft bislang keine vergleichbaren Materialgruppen aus Steinbrüchen vorliegen. Außerdem verfolgt die Verfasserin das Ziel, grundlegende Kenntnisse zur Marmorverarbeitung in Steinbrüchen am Beispiel von Prokonnesos zu erlangen. Sie strukturiert die Arbeit wie folgt: Die Kapitelle werden zuerst nach den Fundstellen der Steinbrüche auf Prokonnesos geordnet und des Weiteren anhand technischer Details (z. B. Werkzeugspuren, Ornamente etc.) nach Werkgruppen und in der

Folge nach den Stadien der Bearbeitung. Im auswertenden Teil der Arbeit befasst sich Beykan mit dem Export der ionischen Kapitelle aus den untersuchten Steinbrüchen und unternimmt vergleichende Studien zum Fundmaterial außerhalb von Prokonnesos. Der anschließende Katalog behandelt die Halbfabrikate von Prokonnesos nach der Herkunft aus den Steinbrüchen. Die Autorin sieht diesen Teil als den wichtigsten der Arbeit an. Beykan lehnt sich methodisch an die Studien von Nuşin Asgari zu den korinthischen Kapitellen von Prokonnesos an.

Im Abschnitt zur Erläuterung der Methode (S. 5 f.) wird auf den stark zunehmenden Abbau in den Steinbrüchen und der sich daraus verändernden Landschaft sowie der damit verbundenen Erschwernis hingewiesen, antike Abbruchhalden und Steinbrüche generell zu dokumentieren. Das Fundmaterial wird in zwei Hauptgruppen unterteilt: in vollständig bearbeitete, also fertige Kapitelle einerseits und Halbfabrikate andererseits. Eine weitere Klassifikation erfolgt nach dem Stadium der Bearbeitung und der technischen Ausarbeitung sowie nach kunsthistorischen Kriterien.

Das folgende Kapitel widmet sich zunächst der topographischen Lage der Steinbrüche und den Fundplätzen der Kapitelle, wobei Beykan auf verworfene Kapitelle unterschiedlichster Bearbeitungsstadien hinweist und diesbezügliche Untersuchungen von Asgari anführt. Bemerkenswert ist der Umstand, dass weniger als ein Drittel der Funde in Blockform angetroffen wurden, woraus man schließen könnte, dass zum Großteil fertige Blöcke für den Export vorbereitet wurden. Dieser Umstand mag wenig verwundern, hatten doch die Steinbrüche von Prokonnesos zur Zeit des Tiberius den Status von kaiserlichen Monopolbetrieben. In einer Anmerkung (Anm. 32) erfährt der Leser, dass die frühesten nachweislich aus Prokonnesos stammenden Marmorblöcke für die Errichtung der Grabkammer des Dedetepe-Tumulus bei Çanakkale verwendet wurden und in die erste Hälfte des fünften vorchristlichen Jahrhunderts gehören. Außerdem belegen zahlreiche Funde die Verwendung von prokonnesischem Marmor für Bauten in Konstantinopel von der Mitte des zweiten bis zur Mitte des sechsten nachchristlichen Jahrhunderts. In byzantinischer Zeit lässt sich ein deutlicher Rücklauf von grob vorgefertigten Blöcken und von Rohblöcken erkennen, und diese Vorproduktion wurde im sechsten Jahrhundert vermutlich völlig eingestellt, was auch eine Abwanderung der Steinmetze zur Folge hatte.

Im darauf folgenden Abschnitt werden zuerst die Steinbrüche von Prokonnesos vorgestellt (S. 11–16). Danach folgen eine sehr ausführliche Besprechung der Bearbeitungstechniken anhand von Werkzeugspuren und eine Erklärung der verwendeten Geräte, die dem mit Steinmaterial vertrauten Leser vermutlich bekannt sind. Im nächsten Kapitel werden die ionischen Kapitelle typologisch unterteilt. Von den siebenundfünfzig besprochenen Werkstücken sind zweiundfünfzig vollständig erhalten, die übrigen weisen kleinere Beschädigungen auf. Die Bauglieder haben eine mittlere Größe von fünfundvierzig bis fünfundsechzig Zentimetern Durchmesser im Unterlager. Die typologische Einteilung erfolgt zuerst nach dem Ornament, wobei vierunddreißig vollständig ausgearbeitete Kapitelle auf dem Echinus entweder ein einziges oder drei Eiblätter, neun halbfertige Stücke ein einziges Eiblatt zwischen den Voluten aufweisen. Insgesamt sind drei vollständige und drei halbfertige Kapitelle mit drei Eiblättern vorhanden. Als Merkmal zeigt sich, dass bei den Stücken mit einem einzigen Eiblatt der horizontale Kanalis fehlt. Exemplare, deren Ornamente aus dem Schema ausbrechen, schreibt die Autorin dem Variationsreichtum und Können des Steinmetzes zu. Differenzierter zeigt sich die Ausarbeitung der Voluten: Die Gänge wurden schräg und ohne Zwischenstege eingearbeitet. Für Ansatz und Richtung der Volute sind zwei Varianten erkennbar, beide kommen sogar auf einem einzigen Werkstück vor. Durch Abarbeitung stehen die Zentren der Volutenaugen optisch vor. Weitere typologische Unterschiede zeigen sich am Dekor der Eiblätter, der Halbpalmette, die auch durch ein Herzblatt ersetzt werden kann, und der Blätter am Polster. Ein Werkstück weicht im Dekorschema von den anderen deutlich ab, indem auf einer Seite der Echinus mit einem Eiblatt und Halbpalmetten, auf der anderen Seite mit einem Laufenden Hund dekoriert ist. Es folgt die Besprechung der Kapitell-Rohblöcke, von denen sieben Exemplare eine Abarbeitung beginnend an der Unterseite zeigen.

Ein Kapitel zur Datierung (S. 28–39) beschließt diesen Abschnitt. Die heterogene Fundsituation erfordert eine Einordnung der behandelten Werkstücke anhand stilistischer Kriterien, da zeitbestimmende Funde wie etwa Münzen fehlen. Mit dieser Methode können meist vollständig bearbeitete Kapitelle mit dreifachen Eierstabblättern und »herabhängendem« Echinus in die Kaiserzeit datiert werden, etwa in die zweite Hälfte des dritten Jahrhunderts, andere, oft gröber ausgearbeitete Werkstücke, in die Spätantike, besonders in theodosianische Zeit, also etwa 380 bis 450 n. Chr. Vergleichende Studien mit ionischen Kapitellen in der Villa Hadriana in Tivoli (Portikus des Teatro Marittimo) legen nahe, dass Werkstücke aus hadrianischer Zeit wiederverwendet wurden. Die Funde aus dem Schiffswrack von Şile am Schwarzen Meer machen eine Datierung der Halbfabrikate in das zweite Jahrhundert der Kaiserzeit wahrscheinlich. Für Werkstücke des Prokonnesos-Typus, die in die Spätantike gesetzt werden, sind zum Beispiel das einzelne Eiblattornament und die Schilfblattverzierung auf dem Polster charakteristisch. Diese wurden mit ziemlicher Sicherheit für Bauten in Konstantinopel hergerichtet und ebenso nach Rom exportiert, wie Exemplare in Santo Stefano Rotondo beweisen. An vier Kapitellen wurden zudem rote Farbsignaturen entdeckt, die ebenso spätantik zu datieren sind.

Der folgende Abschnitt befasst sich wiederum mit den Bearbeitungsspuren, die sich an den ionischen Kapitellen von Prokonnesos besonders gut nachvollziehen lassen, da die Werkstücke unterschiedliche Stadien der Bearbeitung aufweisen (S. 40–54). Diese Stadien skizziert die Autorin anhand einer Zeichnung (Abb. 23) anschaulich nach. Für die kaiserzeitlichen Kapitelle konstatiert Beykan eine quadratische Grundform, deren Seitenlänge das Dreifache der Höhe des Stücks ausmacht, die Höhe wiederum die Hälfte des Durchmessers des Unterlagers beträgt. Die Proportion beträgt somit drei Höhenmaße zu drei Höhenmaßen zum einfachen Höhenmaß (Abb. 22). Das Charakteristikum der prokonnesischen Kapitelle aus der Kaiserzeit ist die mehrheitliche Fertigung als Halbfabrikate mit bossiertem Echinus und das Überragen des Echinus durch die Volute. Einige wenige vollständig ausgearbeitete Exemplare mit dreifachem Eierstab auf dem Echinus gehören ebenso in das dritte Jahrhundert. Für die spätantiken Kapitelle gelten ähnliche Grundmaße und Proportionen, allerdings hat man die Stücke vollständig ausgearbeitet als Fertigteile für den Export hergestellt, deren Charakteristikum sich wieder in dem Dekor des Echinus mit einem einzelnen ionischen Kyma, also mit einem Eiblatt mit Schale flankiert von zwei Halbpalmetten zeigt. Beykan bezeichnet die Kapitelle mit diesen Merkmalen als »Prokonnesos-Typus«. Außerdem sind die Kapitelle der Spätantike etwas flacher, und die Voluten ragen weniger über den Echinus hinaus.

Die ausführliche Beschreibung der ersten zehn Bearbeitungsstadien bei den kaiserzeitlichen Stücken lassen sich bei den spätantiken Exemplaren nicht gleichermaßen nachvollziehen, da diese vollständig ausgearbeitet sind. Allerdings wiederholt die Autorin nun für die Kapitelle der Spätantike die schon davor beschriebenen Arbeitsschritte und begründet dies mit dem »Versuch, die nicht zu unterschätzende Kraft alter Traditionen auf der Insel vor Augen zu führen« (S. 49). Der Leser gewinnt dabei erst ab der elften Bearbeitungsstufe neue Informationen, da die folgenden Beschreibungen über die der kaiserzeitlichen Halbfabrikate hinausgehen. Hier erfährt man die Technik der Bearbeitung der Voluten, deren Spirallinien vielleicht mit Schnurzirkel und Kohle (S. 51 mit Verweis auf Hermann Büsing) markiert wurden, da sich keine Ritzungen erhalten haben. Andere Möglichkeiten erwägt Beykan nicht, doch könnten Vorzeichnungen auch mit Farbe aufgetragen worden sein. Dafür können die in roter Farbe erhaltenen Inschriften auf einigen dieser Kapitelle sprechen.

Eine Zusammenstellung und Besprechung der Merkmale der einzelnen Steinbrüche und der angeschlossenen Werkstätten (S. 52–54) beschließt diesen Teil.

Dem Export der ionischen Kapitelle widmet sich der anschließende und letzte Abschnitt (S. 55–66). Hier gebührt dem Fund aus dem Schiffswrack von Şile besonderes Augenmerk, da bis auf wenige Ausnahmen alle Werkstücke aus prokonnesischem Marmor gefertigt sind, die in unterschiedlichen Stadien der Bearbeitung verfrachtet wurden. Die Werkstücke datieren die Lieferung in das frühe zweite Jahrhundert, was durch eine vermutlich in trajanische Zeit gehörige halbfertige Frauenbüste bestätigt wird. Die Vermutung der Autorin, das Schiff hätte die Ware direkt von Prokonnesos bezogen, leuchtet ein, da doch über die Größe und Organisation von Marmordepots in Byzantion viel zu wenig bekannt ist, um Thesen zu einem Verteilerzentrum für Werkstücke am Bosporus zu untermauern (S. 56–58). Außerdem sind bislang drei ionische Kapitelle in Istanbul gefunden worden, deren Herkunft aus den Steinbrüchen von Prokonnesos nachgewiesen ist. Ein weiterer Nachweis für den Export von prokonnesischen ionischen Kapitellen findet sich im Portikus von Santo Stefano Rotondo in Rom. Ein weiteres solches Kapitell, das sich ehemals im Antiquario Comunale auf dem Celio in Rom befand, wirft wegen der durch John J. Herrmann begründeten Datierung in das dritte Jahrhundert die Frage nach dem Export von Halbfabrikaten und der Ausfertigung durch möglicherweise kleinasiatische Steinmetze in Rom auf. Die Ausfertigung der Ornamente weist charakteristische Merkmale jener Kapitellfunde aus Prokonnesos auf. Demnach ist entweder die Datierung früher anzusetzen oder von der These auszugehen, dass im fortgeschrittenen zweiten und dritten Jahrhundert in Rom vermehrt Steinmetze tätig waren, die in der Tradition der Bildhauer aus Kleinasien arbeiteten (S. 65 f.).

Es folgen auswertende Schlussfolgerungen (S. 67–71), wobei die Autorin nochmals die wichtigsten Ergebnisse der Arbeit hervorhebt, nämlich die Datierung der Funde und den Nachweis, dass in der Kaiserzeit vornehmlich Halbfabrikate exportiert und an dem Bau vor Ort ausgearbeitet, in manchen Fällen – und das hängt wohl mit der Kapazität der Werkstätten auf Prokonnesos und mit den Wünschen der Auftraggeber zusammen – auch als Fertigprodukte geliefert wurden. In der Spätantike stieg die Nachfrage nach Fabrikaten aus Prokonnesos deutlich an und damit auch der Export, was die Ansiedlung von Werkstätten nahe den Steinbrüchen zur Folge hatte. Die Ausfertigung der Kapitelle folgte einer Tradition, die auch in Rom bekannt war, jedoch veränderten und verfeinerten die Steinmetze auf der Insel im Marmarameer die Techniken in Richtung auf Vereinfachung und Beschleunigung der Arbeitsweisen, um die gesteigerte Nachfrage abdecken zu können.

Der Katalog (S. 72–145) schließt den inhaltlichen Teil der Arbeit ab und ist nach Fundorten angeordnet, was bezüglich des Steinbruchs und der Herstellung beziehungsweise der Merkmale, die eine Zuweisung zu einem Steinbruch ermöglichen, sinnvoll, bezüglich der Chronologie und Typologie aber etwas verwirrend ist. Außerdem sind nützliche Angaben zu Fundort, Fundnummer, Typus, Bearbeitungsstufe, Maßen und Charakteristika der Ornamente im Katalog angeführt.

Der überwiegende Teil der Schwarzweißabbildungen ist sehr gut, in manchen Fällen wären noch mehr

Detailaufnahmen hilfreich. Ein Literaturverzeichnis (S. 147–152) listet die wichtigsten Publikationen zum Thema, und im Anhang finden sich mehrere Tabellen (S. 154–169), die zum einen Fundort, Datierung, Detailmaße (Tabelle 1) und allgemeine Maße sowie Detailmaße zu den Voluten (Tabelle 2), zum anderen Angaben zum exakten Fundort und zu den Verzierungstypen (Tabelle 3) sowie Details zu den Ornamentmerkmalen (Tabelle 4) listen. Knappe Zusammenfassungen in türkischer, englischer und deutscher Sprache sowie ein Abbildungsnachweis beschließen die Publikation. Die Übersetzung ins Deutsche ist grundlegend sehr verdienstvoll, doch nicht immer gelungen und beeinträchtigt stellenweise den Lesefluss. Dass die Autorin fast durchwegs in der ersten Person Plural spricht, ist ungewöhnlich.

Die Bedeutung der Steinbrüche von Prokonnesos hat bereits Nuşin Asgari in ihren Studien dargelegt. Die besprochene Arbeit von Müren Beykan setzt mit der Untersuchung der ionischen Kapitelle von der Insel im Marmarameer nun einen weiteren bedeutenden Schritt zum Verständnis der Organisation von Steinbrüchen, der Produktionsprozesse vor Ort und des Vertriebs von Werkstücken in der mittleren und späten Kaiserzeit. Diese Publikation zeigt, wie wichtig und lohnend die Untersuchungen von Materialien am Ort der Gewinnung für die Erforschung von Herstellungsprozessen und Exportverhalten in der Antike ist. Es bleibt zu hoffen, dass weitere Untersuchungen folgen werden.

Wien   Alice Landskron

Katja Piesker and Joachim Ganzert, **Patara II 2. Das Theater von Patara. Ergebnisse der Untersuchungen 2004 bis 2008.** With contributions by Helmut Engelmann and Urs Peschlow. Beiträge zur Architektur- und Kulturgeschichte, Leibniz Universität Hannover, Abteilung Bau- [und] Stadtbaugeschichte, Fakultät für Architektur und Landschaft, volume 7. Publisher Ege Yayınları, Istanbul 2012. 308 pages with 232 figures, 48 tables, 20 plans.

This volume gathers the archaeological research conducted at the ancient theatre of Patara – modern Kelemis or Gelemis – in the region of Lycia in Southern Turkey between the years 2004 and 2008 and comes to fill a significant void in the archaeological literature regarding this building in specific and Lycian monuments in general. All previous publications are based more or less on chapters in edited volumes (e. g. D. De Bernardi Ferrero, Teatri classici in Asia Minore II. Città di Pisidia, Licia e Caria [Rome 1969] 121–133), journal articles, conference papers, and others.

The book comprises an Introduction (I), fourteen chapters (II–XV), a Summary (XVI), an Appendix including the results of the Surveys conducted during the years 2004 until 2008 (p. 301–304), as well as the illustration of the edifice. Most of the chapters have been written by Katja Piesker, apart from the third and fourth by Joachim Ganzert, the seventh and tenth by other contributors.

The first chapter (p. 1–14) after a short terminology section proceeds on discussing in brief the preliminary campaigns and test trenches conducted between 2004 and 2008. There is an interesting part (p. 6–14) where scaenae frontes from various Roman theatres (Aspendos, Termessos, Aizanoi, Perge, Side, Hierapolis, Nysa, Aphrodisias, Stratonikeia) are presented and discussed as counterparts assisting the research team reconstruct the Patara facade.

The second chapter (p. 15–32) evolves around the historical and topographical presentation of the city of Patara through ancient sources, coins and inscriptions. The second part of this chapter refers to the previous scientific research in the city and the monument that was firstly launched in the nineteenth century with Charles Cockerell, various travellers, and the Society of Dilettanti – the latter conducted expeditions during the years 1811 until 1813 publishing their results in volumes (e. g. Society of Dilettanti [ed.], Antiquities of Ionia III [London 1840]). The author also discusses more recent research and publications of the twentieth century. This chapter is supplemented with watercolor paintings, engravings and rare photographs that were of great help regarding the monument's identification and reconstruction.

In the third chapter Ganzert (p. 33–46) discusses the historical geography and topography of the city of Patara, so that the reader can fully understand the specific conditions and topographical particularities of the region that influenced the city plan and its urban landscape as early as the Hellenistic period until the early and the middle Byzantine Period. Within this framework, the construction of some of the major public monuments, like the bouleuterion and the theatre, is discussed as a result of the existing geomorphological conditions.

In the fourth chapter (p. 47–80) Ganzert introduces the reader to the main part of the discussion, that is the theatre building itself, starting with a thorough description of the koilon. This chapter is subdivided into seven parts: the first (p. 47–50) includes the preliminary description of the koilon, its orientation and its construction in regard to its connection with the stage building, the analemmata, the epitheatron, or the retaining walls. The second part (p. 51–68) examines the first construction phase including the construction of the eastern and western analemmata, the diazoma and the kerkides, the enclosing wall. It is supplemented by the third part (p. 69–72) that presents the first repair phase that included the analemmata and the buttressed corner towers, that is the points where the koilon meets the retaining walls. The fourth part (p. 72–78) examines the upper part of the koilon following the sectors excavated (e. g. K 3/5, K4/5, etc.) that include extra rows of seats and a small Roman temple (naos). The following three parts (5–7, p. 78–81) refer to the repair phases and to the inscriptions unearthed during the koilon excavations.

The fifth chapter (p. 81–184) is all about the stage building. It is divided into five parts, each examining a specific part of the scene building from the architectonic point of view. The first part describes the main building consisting of two storeys (p. 81–88), the second examines the exterior facades (p. 89–122), the third deals with the logeion (p.123–136), the fourth presents the scaenae frons (p. 136–184). Each part ends with a reconstruction of the corresponding theatre component, based on the preserved condition of the monument.

The sixth chapter (p. 185–194) deals with the theatre temple (naos) and its architectural members found either in situ or ex situ. These were used by the excavators in order to proceed to a reconstruction of the theatre temple. This chapter reaches the temple from a clearly architectonic view, presenting the excavated material, while the archaeological and historical discussion is reserved for the thirteenth chapter.

In the seventh chapter Urs Peschlow (p. 195–206) discusses a significant function of the specific theatre – its transformation into an arena, hosting spectacles such as gladiatorial games and beast-hunts. It is subdivided in five parts, the specially interesting third of which (p. 200–203) comments the existence of various ludi scaenici and the conduction of the arena spectacles. It also describes relevant parts of the edifice, such as the protective wall that circulated the orchestra and was constructed of spolia, the tribunes intended for the VIP spectators, the excavated architectural members that contributed to the reconstruction and dating of the monument. The chapter ends with a brief overview of the arena phase, and a Catalogue of the unearthed material and reused blocks.

The discussion is continued in the following eighth chapter by Peschlow with the contribution of Ganzert (p. 207–216) and concentrates on the protective wall that circulates the lower koilon. Two phases are recognized and described; the first including the construction of the tribunes, the second that of the platform.

The ninth chapter (p. 217–219) briefly deals with the monument as a whole.

In the tenth chapter Helmut Engelmann (p. 219–231) studies the epigraphic material found during the excavations. It begins with the honorary inscription recording that in the mid second century A. D. the city authorities honoured the theatre's great benefactor and prominent member of the local Elite, Tiberius Claudius Flavianus Eudemus (p. 219 no. 1) and his wife Claudia Anassa (p. 221 no. 3) for sponsoring large parts of the edifice, with the erection of their portraits there. Among them the theatre temple – as deducted by its building inscription (p. 221 no. 2). The stage building on the other hand (p. 222 no. 4) was financed by another powerful member of the Patara society, Quintus Vilius Titianus, and his daughter Vilia Procula, also responsible for sponsoring the monument's sculptural assemblage. At this part, a small reference is made regarding the sculpture adorning the scaenae frons; it included imperial and private portraits – like benefactors, state officers, or actors – along with statues of gods and personifications (p. 223–229). However, the existence of such sculpture is only testified by the inscribed statue bases, since no figures seem to have survived – at least it is not made clear.

The discussion on the inscriptions is continued in the eleventh chapter (p. 231–236) dealing with the main building inscriptions in relation to their contribution on clarifying the building's construction history and chronology. The gathered material is extremely valuable since inscriptions provide all necessary details on the building itself and on its use as a place of political gathering. Furthermore, inscriptions provide information on the plays conducted there as well as other kinds of use, like cultural or ritual ones.

The twelfth chapter (p. 237–244) is devoted to remarks and observations regarding the building techniques, either already known, particular, or pioneering ones. It also attempts to discern the different building workshops and architectonic schools that were engaged to the theatre's construction, in comparison with other monumental edifices of the Asia Minor provinces, like temples, fora, nymphaea, and arches.

Accounting for the above mentioned chapter, number thirteen (p. 245–280) is one of the most important sections of the volume. It discusses all parts of the Patara edifice in comparison with other Asia Minor theatres and odeia providing us with a very instructive overview of the theatre architecture in the Asia Minor provinces and the description of the building parts, such as the analemmata, the logeion, the hyposcaenion, the scaenae frontes and the outer facades. It also provides us with information on the building material used and the decoration of the architectural members, the edifice's function and chronology. An important part of this chapter is the discussion of the theatre temple at the summa cavea (p. 269–280) in comparison at first with the famous prototype, the Venus temple at the theatre of Pompey in Rome, and secondly with other examples in the Western provinces, as well as in the Greek and Asia Minor provinces. Equally important is the fact that it discusses the Patara theatre as an essential component of the urban net, placing it within the city landscape and discussing its importance for the social, religious and political life of the local population.

This discussion continues in the following chapter (p. 281–291), this time concentrating on the social function of the Patara theatre and its importance to the city on grounds of the social, cultural and religious events held there. It discusses the connection between theatre and cult (p. 283 f.) as detected through the sculptural decoration (statues and reliefs) depicted at stage facades, using as examples well known ones, like that in Nysa on the Maeander, or its use for the conduction of the Imperial cult and other ritual processions. This gives the opportunity to present issues such as the euergetism, that gives the benefactor the impetus to promote himself in the local society and to attract the emperor's interest; this way sponsors gain various privileges, such as the erection of their honorary portrait statues. Within this framework, the Patara theatre is also presented not as an isolated monument, but as a part of the city's monumental landscape.

In the end, the fifteenth chapter (p. 291–296) closes the discussion on the Patara theatre presenting the final results and a discussion on issues of Romanisation and Hellenisation, and on other topics that attracted the focus of the monument's research.

Each chapter is exhaustingly supplemented with citations in the form of footnotes, providing the reader not only with the necessary but also with every extra bibliographic information and relevant literature regarding the subject. All bibliography is provided in the form of abbreviations placed at the front of the volume and presented in a very academically organized manner. It is followed by a valuable Glossary on theatrical architectural terms. The Bibliography is up-to-date and will be a remarkably useful reference point for research either by students or by expert scholars and field archaeologists as well as architects specializing on the theatres of the eastern provinces of the Roman Empire.

It is impressive how richly illustrated the book is, making the text and the monuments' research easy to follow and comprehend. A detailed collection of figures is to be found throughout the text, while tables and plans are available at the end. A Summary (p. 297) that provides all necessary information in brief and a very useful Index (p. 307) are found at the back.

As a whole, the book is well integrated within current scholarship on ancient theatre architecture. The discussion is involved with issues presented by specialists and consists of well-developed and organized collective work, that is based both on architectural data (architectural remains) and archaeological evidence (inscriptions and historical sources). This volume presents facts and, at the same time, it poses questions and proceeds on comparisons, contributing to research not only by focusing on a certain monument, but also placing it within the framework of the Graeco-Roman theatres in the Asian provinces.

One observation would refer to the absence of a specific and autonomous chapter devoted to the discussion of the theatre's sculptural decoration (either in the form of round or relief sculpture). It is well known how significant sculptural assemblages placed on scaenae frontes were and how the monument's display programmes were used to project specific messages from and towards the audience and the local population. One would expect such a discussion – especially since the excavated inscriptions provide such evidence of statues – on the decoration of a theatre in use for such a long period of time. Instead, cues on such embellishments are spread in various chapters, without giving the reader the opportunity to comprehend the monument's sculptural display program as a whole. This part would need a more organized discussion and presentation of the sculptural material, for instance, a list of the depicted figures, their hypothetical placement at the monument, their connection to the local pantheon or local authorities, the reasons for not having been found.

Apart from that, the thorough and insightful text fully illuminates the specific monument that was initially built in the Hellenistic period, was transformed during the Roman age and remained in use until it declined in the early Byzantine era. It contributes to the study of theatrical architecture at the eastern Mediterranean basin. In fact, it would not be an exaggeration if one commented that this volume stands out as a model publication for theatre structures both in the eastern provinces and in general.

Salonica   Georgia Aristodemou

Andreas Schmidt-Colinet und Waleed al-As'ad (Herausgeber), **Palmyras Reichtum durch weltweiten Handel. Archäologische Untersuchungen im Bereich der hellenistischen Stadt.** Verlag Holzhausen, Wien 2013. Band 1 mit 265 Seiten und 232 Abbildungen, Band 2 mit 311 Seiten, 264 Abbildungen.

Der bekannte und vielfach publizierte Plan der antiken Oasenstadt Palmyra hat eine charakteristische Form mit hohem Wiedererkennungswert. Das Stadtgebiet wird eingefasst von einer markanten Wehrmauer, die allerdings erst zur spätesten antiken Phase des Ortes gehörte, nämlich in die Zeit um 300 n. Chr. Dass die Stadt jedoch in den vorherigen Jahrhunderten eine ganz andere Ausdehnung hatte, ist vielen nicht bewusst. Mit der Entdeckung der sogenannten hellenistischen Stadt im Süden des ummauerten Stadtareals hat Andreas Schmidt-Colinet gezeigt, dass sich die urbane Struktur Palmyras im Verlauf der Zeit wesentlich verändert hat.

Die vorliegende Publikation legt die Ergebnisse des von Schmidt-Colinet, Khaled al-As'ad (†) und Waleed al-As'ad geleiteten Kooperationsprojektes zwischen der Generaldirektion der Altertümer und Museen Syriens, der Außenstelle Damaskus des Deutschen Archäologischen Instituts und dem Institut für Klassische Archäologie der Universität Wien im Bereich der sogenannten hellenistischen Stadt vor. Die Grabungen in diesem Areal und ihre Auswertung liefen in den Jahren 1997 bis 2010 und wurden von der Fritz-Thyssen-Stiftung Köln sowie vom Österreichischen Wissenschaftsfonds finanziert.

Die Publikation umfasst zwei umfangreiche Bände mit zahlreichen Farbabbildungen. Während der erste Band die ergrabene Architektur und deren Ausstattung beschreibt, behandelt der zweite Band die Kleinfunde. In einzelnen Abschnitten stellen verschiedene Autoren die jeweils von ihnen bearbeiteten Grabungsareale und Fundgruppen sowie die angewendeten Forschungsmethoden vor. Der Text ist überwiegend auf Deutsch verfasst. Jedem Abschnitt folgen Zusammenfassungen in deutscher, englischer und arabischer Sprache. Neben einer deutschsprachigen Zusammenfassung am Ende des zweiten Bandes steht eine Version auf Arabisch. Auch die Bildunterschriften sind in arabischer Übersetzung gedruckt.

Die Publikation erfüllt ihren Anspruch als Vorlage einer Grabung voll und ganz, und allein als solche sind die beiden Bände auch zu verstehen. Sie liefern eine Vielzahl an neuen und zahlreichen wichtigen Erkenntnissen, die nicht nur Palmyras Handelstätigkeiten und die hellenistische Phase der Oasenstadt betreffen. Vielmehr bilden sie nun die Grundlage für neue Studien. Selbst wenn für einige wenige Fundgruppen die Interpretationsmöglichkeiten momentan noch gering erscheinen, so ist die Dokumentation und Vorlage der Objekte wichtig, um vielleicht später zu weiteren Informationen zu gelangen. Für viele Fundgruppen haben die Bearbeiter neue Typologien erstellt, an die zukünftig angeknüpft werden kann. Denn obwohl die Befundlage in Palmyra grundsätzlich gut war und bereits zahlreiche archäologische Projekte durchgeführt wurden, mangelte es doch erstaunlicherweise bisher an derartiger Grundlagenarbeit.

Im ersten Band führt Schmidt-Colinet nach einer umfangreichen Bibliographie (S. 7–69) in die Thematik des Projektes ein (S. 75–78). Am Anfang stand die Frage, wie sich der Stadtplan Palmyras in vorrömischer Zeit darstellte. Nicht nur die erhaltenen Monumentalbauten wie Bel- und Nabutempel sowie die Agora waren einst nach Süden orientiert, sondern in einem weitläufigen Areal südlich des Wadi weisen Oberflächenfunde auf eine Nutzung des Gebietes seit der hellenistischen Zeit hin. Die sich oberirdisch abzeichnenden Strukturen sind zudem offenbar ohne nachantike Überbauung geblieben. Somit entstand das Grabungsprojekt mit dem Ziel, die vorkaiserzeitliche Wohnstruktur Palmyras zu untersuchen.

Eine geophysikalische Prospektion in den Jahren 1997 und 1998 erbrachte als Ergebnis komplexe Baustrukturen mit Haupt- und Nebenstraßen. Zwei Sondagen sollten unterschiedliche Situationen klären: Während die kleinere Sondage I die Hauptverkehrsachse und die sich anschließende Bebauung erfasst, wurde in der deutlich größeren Sondage II eine monumentale zentrale Anlage mit quadratischem Grundriss freigelegt. Die gesamte Ausgrabung verfolgte den Anspruch, die stratigraphische Situation der Bebauung zu erfassen und die Fundgattungen im Kontext der Befunde zu sehen sowie eine Funktionsanalyse der Räume vorzunehmen. Allerdings war der Versturz innerhalb der Strukturen zumeist so groß, dass konkrete Zuweisungen anhand der Funde nur sehr schwer möglich waren. Erstmals konnten hier für Palmyra jedoch naturwissenschaftliche Analysen angewandt werden, zu denen auch archäobotanische und archäozoologische Untersuchungen gehörten. Zum Abschluss des Projektes wurden einzelne Funde restauriert und thematisch in die Dauerausstellung im Museum von Palmyra integriert.

Den Auftakt der Einzelbeiträge bildet der Abschnitt von Jörg W. E. Fassbinder und Roland Linck zur geophysikalischen Prospektion (S. 79–88). Mit Hilfe verschiedener Methoden, in welche sie auch die Auswertung von modernen Satellitenbildern einbeziehen, werden einzelne Quartiere identifiziert, die sich an markanten, teils unterschiedlich ausgerichteten Straßenzügen orientieren. Bei der hohen Qualität der Resultate zeigt sich, dass Palmyra aufgrund seiner äußeren Voraussetzungen den Autoren optimale Bedingungen für derartige Analysen bot.

Anhand dieser Ergebnisse wurden zwei Areale zur Ausgrabung ausgewählt. Die Sondage I stellt Georg A. Plattner in einem sowohl chronologisch als auch thematisch klar gegliederten Abschnitt vor (S. 89–117). Anliegen der Ausgrabungen war es, einen Teil der südlichen Hauptverkehrsachse mit den sich in der Prospektion abzeichnenden angrenzenden Raumstrukturen zu erfassen. Dabei ließ sich die Besiedlung vom ausgehenden dritten vorchristlichen bis in die Mitte des dritten nachchristlichen Jahrhunderts beobachten. Zu den ersten Strukturen gehörten Bauten aus Lehmziegeln auf einem Bruchsteinsockel, deren Mauern verputzt und mit Wandmalereien dekoriert waren. Bereits für das zweite vorchristliche Säkulum sind rege Handelstätigkeit und eine komplexe Infrastruktur nachzuweisen, vor allem in Bezug auf die Wasserversorgung. In der augusteischen Zeit folgte monumentale Architektur in Quaderbauweise. Von der Mitte des ersten Jahrhunderts der Kaiserzeit und im gesamten zweiten erfolgten jedoch keine weiteren Bautätigkeiten. Nach bescheidenen Umbauten im dritten Jahrhundert ließ sich eine Zerstörung beobachten, die möglicherweise im Kontext der aurelianischen Eroberung Palmyras im Jahr 272 n. Chr. zu sehen ist, womit die Nutzung dieses Areals endete.

Die komplexe Bebauung der großflächigen Sondage II wurde von Christine Ertel und René Ployer bearbeitet (S. 118–169). Die analytische Darstellung folgt der chronologischen Entwicklung des Areals und gliedert dabei in einzelne Mauern, Raumeinheiten und Befunde. Die Pläne, Zeichnungen und Fotos machen die Situation leicht nachvollziehbar. Die Grabungsfläche, die durch ein Gebäude der augusteischen Zeit von vierzig Metern im Quadrat geprägt ist, zeigt für die vorausgehenden Jahrhunderte nur bescheidene Architektur mit wenigen Lehmziegelmauern. Mit der Errichtung der monumentalen Anlage in römischer Zeit entstand ein vierflügeliges Gebäude mit unterschiedlich großen Räumen, das einen Hof umschloss. Nachdem ein Brand das sogenannten Hofhaus zerstört hatte, wurde es in der Mitte des zweiten vorchristlichen Jahrhunderts wieder aufgebaut. Auch wenn die Bauqualität in dieser Phase deutlich nachließ, konnten doch zahlreiche Fragmente der aufwendigen Ausstattung des Neubaus geborgen werden, welcher in dieser Form bis in das fortgeschrittene dritte nachchristliche Jahrhundert bestand. Temporäre Nutzung von Teilen der Anlage sind bis in das fünfte Jahrhundert nachzuweisen. Eine wichtige Beobachtung in der Bebauungsgeschichte ist der häufige Wechsel der Bautechniken, der sich auch an anderen Stellen in Palmyra abzeichnet und der somit im Gesamtkontext der Stadtentwicklung gesehen werden kann. Die raumgreifende Lage des Gebäudes gibt Aufschluss über die urbanistische Entwicklung des Areals.

Nach der Vorstellung der Architektur und der Grabungsbefunde widmet sich Barbara Tober der umfangreichen Gruppe von Stuck- und Wandmalereifragmenten (S. 170–265). Ihr ist ein echtes Referenzwerk für zukünftige Studien zu derartigen Materialien gelungen. Wir kennen diese Dekorationsformen zwar grundsätzlich auch aus anderen Fundzusammenhängen Palmyras, jedoch erscheinen sie hier zum ersten Mal in Kombination. Die insgesamt viertausend in Schuttschichten geborgenen Bruchstücke ergeben zehn Stuckfriese mit figürlichem Dekor und Profilverzierungen, mehrere Nischendekorationen, Elemente einer Raumausstattung aus Appliken von Meerwesen in vergoldetem Stuck, sechs gemalte Friese sowie die Dekoration einer Sockelzone. Neben der Rekonstruktion der Muster, die in Zeichnungen und Montagen leicht zu erfassen sind, erfolgt auch ihre typologische und stilistische Einordnung. Durch die Bewertung des Grabungskontextes sowie durch den Vergleich mit anderen Fundstücken aus Palmyra und dem römischen Reich ergibt sich eine Datierung der Dekorationssysteme in die Mitte des zweiten Jahrhunderts der Kaiserzeit, als der Neubau des Hofhauses errichtet wurde. Neben dem Versuch einer Raumzuweisung und der hypothetischen Rekonstruktion von einzelnen Raumausstattungen stellt sich die Autorin auch Fragen zum Werkstatt- und Lokalstil der Dekorationen. Insgesamt zeigt sich dabei, dass Stuck offenbar als wertvolleres Ausstattungselement angesehen wurde als Wandmalerei.

Auf dieser Basis ist es möglich, eine Raumhierarchie für den Hofbau zu ermitteln. Dabei übertrifft Saal G im Südosten der Anlage alle anderen Räumlichkeiten in seiner Ausstattung; seine Besonderheit zeichnet sich bereits in der Disposition des Grundrisses ab. In der Gesamtrekonstruktion wird deutlich, dass man bei der Ausstattung offenbar einem luxuriösen und stark repräsentativen Anspruch folgte.

Für die Präsentation einiger Dekorationsproben der Wandmalerei im Museum von Palmyra wurden Konservierungs- und Präsentationskonzepte erarbeitet sowie Mörtelproben analysiert, die Alexandra Winkels beschreibt (S. 253–265) und die den ersten Band abschließen.

Den zweiten Band eröffnet Christiane Römer-Strehl mit der Vorlage der Keramik aus beiden Sondagen (S. 7–80). Auch hier wurde wieder eine Grundlagenstudie geleistet, denn die betreffenden Funde der Ausgrabungen in Palmyra haben bislang nur sehr vereinzelt Beachtung gefunden. Die Keramik dient der Autorin jedoch nicht nur zur chronologischen Einordnung der Stratigraphie beider Sondagen, sondern zeigt neue Ergebnisse für die Verbreitungsdauer einzelner Produkte und die Einflüsse von Importen auf die lokalen Keramikherstellungen auf. Bemerkenswerterweise ist dabei die Orientierung an Formen sowohl des östlichen Mittelmeerraumes als auch Südmesopotamiens zu beobachten.

Besonders wichtig für die Erforschung der palmyrenischen Keramik wäre die Analyse des lokalen Formenrepertoires, weshalb die Gliederung der Umzeichnungen nicht nur nach Formen, sondern auch nach Warenarten sinnvoll gewesen wäre. In der Auswertung fielen bestimmte Zusammensetzungen von Keramikformen, bestehend aus Kanne oder Krug, einer großen Schüssel und eines Kochtopfs auf. Dies führte zur Interpretation als »Karawanserei-Geschirr«, dessen Benennung zwar interessant, jedoch kulturtechnisch problematisch ist. Bislang kennen wir in dieser Region und Zeitstellung ja vor allem das Keramikspektrum aus karawansereiartigen Bauten. Es ist nicht ausgeschlossen, dass derartige Geschirrsätze auch in weniger repräsentativen Häusern vorkamen.

Daran schließen sich Berichte zu mineralogischen Analysen einer Keramikscherbe (Christiane Römer-Strehl, Marco Meibohm und Alfred K. Schuster, S. 81–86) und Werkstoffanalysen parthischer Glasuren an (Antje Gebel und Christiane Römer-Strehl, S. 87–92).

Eine wichtige Leitform der Keramik an nahezu allen antiken Grabungsplätzen ist die Amphore. Dies gilt auch für Palmyra, jedoch gab es dazu bislang kaum Untersuchungen. Dies ändert sich nun durch die Vorlage der Amphoren aus den Sondagen I und II durch Fanette Laubenheimer (S. 93–105). Dabei zeigte sich, dass vom späten dritten vorchristlichen bis zum Ende des dritten nachchristlichen Jahrhunderts Amphoren aus unterschiedlichen Regionen der antiken Welt nach Palmyra gelangten. Die Gefäße stammen nicht nur von der Insel Rhodos und aus Nordafrika, sondern auch aus Italien und Gallien. Besonders groß ist jedoch der Anteil an parthischen und vor allem syrischen Amphoren, die hier zum ersten Mal für die Oasenstadt nachgewiesen sind. Damit liefert die Analyse wichtige Informationen für die Wirtschaftsgeschichte Palmyras.

Die Studie wird durch die Bearbeitung der hellenistischen Amphorenstempel durch Laubenheimer und Römer-Strehl vertieft (S. 106–108), wobei drei der vier gefundenen Abdrücke der Insel Rhodos zugeordnet werden.

Besser erforscht sind hingegen die Lampen aus Palmyra, deren Bearbeitung für die Sondagen I und II ebenfalls Frau Römer-Strehl übernommen hat (S. 109–

126). Da es hinsichtlich der Lampenformen auf der Basis von älteren Studien bereits ein chronologisches und typologisches Gerüst gibt, konzentriert sich die Untersuchung hier auf die Analyse der Waren. Die Autorin beobachtet, dass für die Lampen mit figürlichem und vegetabilem sowie geometrischem Dekor jeweils unterschiedliche Tonarten verwendet wurden. Das Fundmaterial zeigt weiterhin, dass Lampen bis in das erste nachchristliche Jahrhundert nach Palmyra importiert wurden, bevor sich in der Oasenstadt eine lokale Produktion entwickelte.

Als weitere Fundgattung stellt René Ployer die Glasgefäße ausführlich vor (S. 127–205). Zwar wurden in Palmyra bereits in älteren Grabungen Gläser gefunden, doch stammen diese ausschließlich aus Gräbern oder spätantiken Kontexten. Die Sondagen in der sogenannten hellenistischen Stadt liefern hingegen Funde seit dem letzten vorchristlichen Jahrhundert und über eine Zeitspanne von vierhundertfünfzig Jahren.

Glasgefäße fanden offenbar vor allem in Gebrauchs-, Tafel- und Toilettengeschirr Verwendung, wobei die Haushaltsgefäße wie Flaschen, Krüge und Becher von der Anzahl her deutlich vor Luxusartikeln überwiegen. Zu Beginn der Chronologie kamen nur sehr wenige Formen vor, was sich mit dem ersten Jahrhundert der Kaiserzeit änderte, denn nun erhöhte sich das Formenspektrum. Der Höhepunkt der Nutzung von Glas lag im zweiten und dritten Jahrhundert, wobei solche Gefäße bis in die Schichten des vierten Jahrhunderts nachzuweisen sind. Es lassen sich verschiedene Herstellungstechniken beobachten, wobei der Anteil an frei geblasenen Stücken überwiegt. Während Tafelgefäße vornehmlich aus farblosem Glas bestanden, wurden Flaschen und Krüge aus der natürlichen grün-blauen Schmelze gefertigt. Die Bestimmung der Herkunft der Stücke gestaltet sich leider sehr schwierig. Jedoch ist davon auszugehen, dass die Gefäße sowohl aus Dura Europos, den syro-palästinischen Küstengebieten und aus Gegenden des weiteren Mittelmeerraumes importiert sowie in Palmyra selbst hergestellt wurden.

René Ployer ist die Erstellung einer Typologie der Glasgefäße besonders hoch anzurechnen. Bei der Analyse hatte sich schnell gezeigt, dass Typologie und Chronologie anderer Fundplätze für Palmyra nicht anzuwenden sind. Die neue Studie basiert auf allgemeinen Kriterien wie Herstellungstechnik, Form und Dekor und kann zukünftig bei neuen Fundkontexten erweitert werden. Aus der Zusammenstellung resultieren insgesamt fünfzig Gefäßtypen mitsamt Varianten. Die Datierung erfolgte stratigraphisch mittels der jeweiligen Fundkontexte.

Wiederum René Ployer hat die Kleinfunde aus Metall und anderen Materialien wie Elfenbein, Glas, Knochen, Stein und Ton bearbeitet (S. 206–242). Die über vierhundert Funde ganz unterschiedlicher Qualität hat er in acht Funktionsgruppen eingeteilt, um die Zusammenstellung der verschiedenen Objekte und Materialien auf eine interpretative Ebene zu bringen. Dies erscheint aufgrund der starken Heterogenität der Funde nicht immer schlüssig, beziehungsweise die inhaltlichen Aussagen bleiben gering. Die Bandbreite der Kleinfunde reicht von Hausrat und Schmuck über handwerkliche Gegenstände und Militaria bis zu sogenanntem Kleingerät, ein Begriff, hinter dem sich vor allem Nägel und Klammern verbergen. Die Datierung orientiert sich an der Stratigraphie, wonach die meisten Funde aus der mittleren Kaiserzeit stammen müssen. Leider sind die Schichten so stark durchmischt, dass sich die Funde keinen klaren Funktionskontexten zuordnen lassen. Insgesamt zeigt sich jedoch, dass aus Sondage I eher Objekte aus dem Bereich des Handwerks stammen, während die Kleinfunde aus der Sondage II auf ein häusliches Umfeld mit hohem Standard hinweisen.

Mit vier sogenannten Tesserae aus gebranntem Ton behandelt Andreas Schmidt-Colinet eine besondere Gruppe der Kleinfunde (S. 243–247). Dabei handelt es sich um Zutrittsmarken für rituelle Festmahle, die von den palmyrenischen Symposiarchen herausgegeben wurden. Vorder- und Rückseiten sind in der Regel mit bildlichen Darstellungen beziehungsweise Texten versehen. Die vier in Sondage II gefundenen Exemplare zeigen die für Palmyra charakteristischen Motive von lagernden Priestern oder deren Büsten. Eine Tessera ist hingegen mit der Figur einer Stadtgöttin im Schema der berühmten Tyche von Antiochia versehen, was die bisher einzige Wiedergabe des berühmten Bildschemas im lokalen Kunstschaffen Palmyras darstellt. Die Tessera des Symposiarchen Etpeni ist ebenfalls eine Besonderheit: Sie ist durch das Datum 130/131 n. Chr. nicht nur fest datiert, sondern Etpeni stammte aus einer der am besten bekannten und einflussreichsten Familien Palmyras, nämlich aus der Familie des Elahbel. Dass wir anhand der Tessera, von der in der Antike sicherlich zahlreiche Exemplare in der gesamten Stadt im Umlauf waren, das Hofhaus in der Sondage II der Familie des Elahbel als Residenz zuschreiben könnten, erscheint zwar verlockend, ist aber bislang nur eine Vermutung.

Ebenfalls aus Sondage II stammt eine Gemme mit der Darstellung des thronenden Zeus Nikephoros, die ebenfalls Schmidt-Colinet beschreibt (S. 248–249). Hierbei handelt es sich um ein in Palmyra erstmals sicher belegtes Bildmotiv.

In einem folgenden Abschnitt hat derselbe Autor die Dipinti und Graffiti zusammengestellt (S. 250–252), die in der Sondage II auf Keramikscherben – zumeist auf Amphorenfragmenten – gelesen werden konnten. Allerdings lassen sich die kurzen und fragmentarischen Texte in griechischen, palmyrenischen und möglicherweise hebräischen Buchstaben nur selten entziffern. Es ist davon auszugehen, dass es sich bei den Beschriftungen um Namen oder Zahlzeichen handelt, die Auskunft über Inhalt, Menge und Händler gaben.

Eine zumeist vielversprechende Fundgruppe stellen die Münzen dar. In den beiden Sondagen wurden insgesamt fünfzig Exemplare dokumentiert, die Wolfgang

Szaivert vorstellt (S. 253–260). Allerdings ist ihr Erhaltungszustand insgesamt sehr schlecht, so dass eine Bestimmung oft unmöglich ist. Somit ist auch der Erkenntnisgewinn leider nicht besonders hoch. Die Prägungen stammen – wie auch die Fundmünzen anderer Ausgrabungen in Palmyra – zumeist aus Antiochia. Hinzu kommen einige römische Münzen sowie palmyrenische Kupferprägungen, deren Qualität in Material und Gestaltung erstaunlich gering ist.

Zum ersten Mal lassen archäozoologische Untersuchungen an den Knochenfunden in der Sondage II Aussagen über die Speisegewohnheiten der Palmyrener zu (S. 261–267). Gerhard Forstenpointner und Gerald E. Weissengruber bestimmen auf der Basis ihrer Untersuchungen sogar überzeugend das soziale Profil der Konsumentengruppe im Hofhaus. So zeigte sich, dass Schaf und Ziege am häufigsten verzehrt wurden. Aber auch Kamelknochen sind in repräsentativer Anzahl vertreten, wohingegen Rinder und Schweine sowie Wildtiere offenbar nur selten auf dem Speiseplan standen. Auffällig ist die hohe Qualität des Fleisches, was sich an den Knochen durch Spuren der Zerlegung und am Alter der geschlachteten Tiere ablesen lässt. Aus den Abfällen ergeben sich für das Hofhaus in der Sondage II somit wohlhabende Konsumenten. Die in der Einleitung der Publikation (Bd. 1, S. 78) angekündigten archäobotanischen Untersuchungen kommen hingegen nicht vor, obwohl sie sicher ebenfalls sehr aufschlussreich gewesen wären.

Den Abschluss der beiden Bände bildet eine Zusammenfassung in Deutsch und Arabisch von Schmidt-Colinet (S. 268–300). Hier wird unglücklicherweise der Titel der Publikation – ›Palmyras Reichtum durch weltweiten Handel‹ – in der Überschrift dieses Abschnitts wiederholt. Zwar sind nun noch einmal beide Sondagen und ihre Fundgruppen in den wesentlichen Erkenntnissen beschrieben, insgesamt steht der Aussagewert jedoch hinter dem inhaltsschweren Titel weit zurück. Auch wenn immer wieder auf importierte Funde hingewiesen wird, welche die Handelstätigkeiten Palmyras belegen, entsteht doch kein geschlossenes Bild der neuen Erkenntnisse. Lediglich in einer Fußnote (S. 275 Anm. 49) wird auf Untersuchungen zum Karawanenhandel verwiesen. Eine Korrelation von älteren und neuen Erkenntnissen findet hier nicht statt, obwohl es der Titel der Publikation zunächst vermuten lässt.

Auch der Begriff der »hellenistischen Stadt« bleibt nahezu unreflektiert. Denn urbanistisch stellt sich nun die Frage, ob das erfasste Areal mit der Bebauung der hellenistischen Zeit wirklich das »Zentrum« dieser Phase war oder ob sich der Ort nicht noch viel weiter ausgedehnt hatte, so dass wir es vielleicht eher mit einem Quartier zu tun haben. Hinzu kommt, dass es sich bei den prägnantesten Befunden und Funden dieser Grabung doch um kaiserzeitliche Strukturen und Objekte handelt, weshalb die schlagwortartige Benennung der sogenannten hellenistischen Stadt insgesamt nicht ganz passend erscheint.

Auch wenn die einzelnen Abschnitte von ihren Bearbeitern individuell und nicht nach einem einheitlichen Schema aufgebaut wurden, besitzt die Publikation eine hohe Stringenz in der Darstellung der Ergebnisse. Einige wenige Benennungen und Interpretationsansätze mögen zwischen den Bearbeitern variieren, jedoch zeigt dies nur die objektive Herangehensweise an die jeweiligen Befunde und Funde. Allen Bearbeitern und dem Projektleiter ist somit zu verdanken, dass wir in unserem archäologischen und historischen Verständnis der antiken Oasenstadt Palmyra ein wesentliches Stück weitergekommen sind.

Berlin Agnes Henning

Zusatz der Redaktion. Das vorangegangene sowie das folgende Buch dürften für den bisherigen Zustand mancher archäologischen Denkmäler von Palmyra die letzten Zeugen sein, denn Krieger des sogenannten Islamischen Staates haben in der Oasenstadt 2015 furchtbare Verwüstungen angerichtet. Der frühere Antikendirektor Khaled al-As'ad, der das im soeben besprochenen Band veröffentlichte Forschungsvorhaben mit geleitet hat, wurde dabei ermordet. Wir drucken die beiden vor diesen Ereignissen geschriebenen Rezensionen in weitgehend unveränderter Gestalt, obwohl und gerade weil sie schon im Moment des Erscheinens aus der Vergangenheit sprechen.

Agnes Henning, **Die Turmgräber von Palmyra. Eine lokale Bauform im kaiserzeitlichen Syrien als Ausdruck kultureller Identität.** Orient-Archäologie, Band 29. Publisher Marie Leidorf, Rahden 2013. 336 pages, 2 illustrations, 96 plates, several plans, 19 foldout plans.

This book offers a somewhat enlarged version of a doctoral thesis passed in 2001 at the University of Cologne under the supervision of Henner von Hesberg. The author could use the new topographical survey of the site now published by Klaus Schnädelbach (Topographia Palmyrena 1. Topography. Documents d'archéologie syrienne 18 [Damascus 2010]) and the photogrammetrical documentation of some tombs by a team of the Technical University Berlin.

The necropolis of Palmyra, or rather four separate cemeteries surrounding the ancient city, is certainly the biggest remaining necropolis of the Near East excluding Egypt. Among the varieties of tombs found in Palmyra, the towers are the most conspicuous in the modern landscape and unique in the region. The view of the Valley of Tombs (Wadi al-Qubur), the best-preserved part of the necropolis, is dominated by towers and has struck all visitors, from the early modern travelers to the tourists flocking Palmyra until a few years ago. In spite of having been freely accessible through centuries, an astonishing number of towers are still standing to a considerable height, and their decoration, whenever present, is well preserved. All graves, however, have been opened and emptied by generations of robbers, while the portraits of the deceased have all disappeared except for some fragments, and today adorn various museums of the world, while their original contexts are irretrievably lost.

Henning has described about one hundred-eighty monuments preserved in different conditions from nearly complete to mere outlines on the ground. Hers is the most complete and thorough treatment of the subject, replacing earlier studies by Carl Watzinger and Karl Wulzinger, Ernest Will and myself (C. Watzinger / K. Wulzinger in: Th. Wiegand, Palmyra [Berlin 1932] 44–76; C. Watzinger in: ibid. 77–84; E. Will, La tour funéraire de Palmyre, Syria 26, 1949, 87–116; M. Gawlikowski, Monuments funéraires de Palmyre [Warsaw 1970]). The introductory chapters are followed by architectural descriptions of the tower tombs, starting with the kinds of stone, masonry, foundations, doors, stairs, loculi, and other elements. Such systematic treatment was applied to these monuments for the first time, and continued with building techniques, architectural decoration of different parts, and finally the sites of sculpture and painting as preserved in some towers. This part of the book is essentially descriptive (pp. 27–84). Just one point is speculative: the roofing. Henning rightly rejects earlier suggestions of pyramids or rows of merlons crowning the tops of the towers, and argues for flat roofs accessible through the omnipresent staircase, while the higher courses of masonry taper above a cornice, preserved or restored on some tombs (p. 36 pl. 2). This then suggests, in the author's mind, ceremonies held on the roof. This is possible, but there is no evidence.

The little we can say about the beliefs and practices related to the dead shows that they were, not surprisingly, the same whether in towers or in other forms of tombs (hypogea and so-called funerary temples). Save two or three cases of incineration (not concerning the towers) the corpses were laid to rest wrapped in textiles soaked in balms and resins, thus outlasting in the stable and dry conditions prevailing in towers, while containers for precious liquids, mostly made of glass, are found normally in underground tombs. The only intact tomb in a tower was discovered in the Atenatan monument, but rags from robbed burials abounded in other tower tombs. Frankincense or other aromata had been burned in round trays installed in front of some graves, though how far this can be taken as a cult practice is a moot point.

The decoration in some towers, sculpted or painted, contains Dionysiac motifs and figures of Nikai, expressing some form of belief in salvation. Common, on the other hand, were funerary busts sealing loculi burials and family banquet scenes which I believe (with Henri Seyrig) to recall the social position in real life rather than a blessed afterlife (Le repas des morts et le »banquet funèbre« à Palmyre. Ann. arch. arabes syriennes. Rev. d'arch. et d'hist. 1, 1951, 1–11 = Scripta varia [Paris 1985] 323–331]). For the first time a collection of sculptural fragments recovered from the Elahbel tower tomb is published in this book (pp. 66–73 and pl. 20–27).

The development of tower tombs from lofty monuments containing only a staircase, raising over a basement with loculi opening to the outside, to multi-storey buildings ready to receive hundreds of burials does not only mirror a progress in the art of architecture but also the social change from a peripheral oasis to an opulent caravan city, home to large clans proud of their lineage and rich enough to indulge in the fastidious memorials meant to be »houses of eternity« and »monuments of honour« to many generations. When they ceased to be built during the first half of the second century (the most recent tower dated was built in A. D. 128), it was only to be replaced by even more lavish funerary temples, expressing the growing assimilation of Graeco-Roman models and plastic forms, but keeping the local flavour about them (cf. A. Schmidt-Colinet, Das Tempelgrab Nr. 36 in Palmyra [Mayence 1992]). In the beginning, however, I still believe these tombs evolved from upright stone monuments called »naphsha« or »soul«, raised over tombs to embody, no doubt increasingly symbolically, the presence of the departed.

One of the book's merits is to present in parallel other Syrian tower tombs, much less known and seldom visited. They are to be found in the Euphrates valley, between Qalaat Jaber and the Iraqi border. The author could visit them all, providing photographs and schematic plans wherever possible (pp. 101–113, pl. 82–92). They present outer loculi and a winding staircase, some of them also chambers with a few niches inside. These traits make them similar and contemporary to the earliest Palmyra towers of the first centuries B. C. and A. D., but they differ by frequent stucco columns, as common in Mesopotamian architecture of the age. I see no reason to date the towers of Halabiye in the late third century (p. 113), just because the ancient name of the place, Zenobia, refers to the famous queen. The city ruins are only Justinianic, and whereas there had been an earlier settlement, the connection to Zenobia is limited to the name. It seems more advisable to consider the tower tombs of Halabiye as contemporary to, or only slightly later than other Middle Euphrates towers. Some of these monuments could have provided the original inspiration to the earliest Palmyra towers, though the later developments in Palmyra were independent and limited to this site.

There is no reason to include in the comparative part some buildings from the Hauran (pp. 114 f.). As Annie Sartre-Fauriat has shown, these towers have never contained any funerary installations and should rather be seen as field watchtowers. The Hauranese tombs are quite different, and as some of them present several storeys, that is because they received, later, in Christian times, pigeon-homes above earlier tombs still in use (Des tombeaux et des morts [Beirut 2001] vol. I, 130–134; 140–145). In my opinion they have no relation to Palmyra.

On the other hand, it would be good to include another Euphrates tower tomb in today's Turkey: the tomb of Amashamash in Serrin, long since known (H. J. W. Drijvers / J. F. Healey, The Old Syriac Inscriptions of Edessa and Osrhoene [Leiden-Boston-Cologne 1999] 157 [with earlier literature] and pl. 46). Doubtful remains thecase of the oldest known Syrian inscription in Birecik (Birtha, A. D. 6), which was reused in a tower of the Ottoman castle (A. Maricq, La plus ancienne inscription syriaque. Celle de Birecik, Syria 39, 1962, 88–100 [88–90]). Whether the tower goes back to Antiquity or not has never been investigated.

The catalogue of all extant tower tombs (pp. 137–292) contains detailed descriptions clearly presented according to the same scheme, also mentioning scattered finds, comparanda, dating (epigraphic or typological), and literature. Most of them are provided with sketch plans supplemented by many photographs (pl. 28–83) and photogrammetric renderings of the best-preserved monuments. This tool shall not and needs not to be replaced in the foreseeable future.

To sum up, Agnes Henning presents a complete up-to-date treatment of the peculiar phenomenon of the Palmyrene tower tombs. It shall remain the principal reference to the subject for a long time.

Warsaw   Michał Gawlikowski

Alte Geschichte

Lukas Thommen, **Die Wirtschaft Spartas.** Verlag Franz Steiner, Stuttgart 2014. 191 Seiten mit 2 Schwarzweißabbildungen.

Auf einhundertsiebzig Seiten Text bietet Lukas Thommen mit seiner neuen Monographie eine umfassende Gesamtschau der spartanischen Wirtschaft. Sie zielt, wie er selbst zu Recht feststellt (S. 13), auf eine Lücke, die wenigstens in der deutschsprachigen Spartaforschung existiert. Insofern stellt der Band eine willkommene Bereicherung dar – selbst wenn man ihm schwerlich attestieren kann, die angesprochene Lücke tatsächlich zu schließen.

Das erste Kapitel widmet Thommen dem topographischen Hintergrund – Territorium, Straßennetz und Häfen –, das zweite der spartanischen Gesellschaft, wo er neben den Spartiaten, Periöken und Heloten auch der Armee und dem Proxeniewesen Raum gibt. Die beiden folgenden Kapitel behandeln die verschiedenen Sparten der landwirtschaftlichen und handwerklichen Produktion; das fünfte gilt der spartanischen Finanzwirtschaft. Damit endet der systematisch angelegte Teil, auf den mit vier weiteren Kapiteln ein chronologisch geordneter folgt: Spartas Wirtschaft der archaischen, der klassischen, der hellenistischen und der römischen Zeit. Eine erfreulich konzise Zusammenfassung beschließt die Darstellung; zwei Karten, eine Bibliographie und ein Register runden sie ab. Verteilt über das ganze Werk finden sich Appendizes, die Quellenzusammenstellungen zu einzelnen Aspekten (wie etwa Söldnereinsätzen, Proxenien, Bestechungsfällen, Beutemengen usw.) und damit eine bequeme Grundlage für weiterführende Forschungen bieten.

Der Charakter des Buches ist zwiespältig. Nach Ausweis des Vorworts soll es eine »Studie« darstellen, die »durch eine Analyse der wirtschaftlichen Entwicklungen« frühere Forschungen des Verfassers abrundet. Zugleich aber soll »ein neuer, breiter gefasster historischer Überblick gegeben werden« (S. 5). Wie er diese beiden widersprüchlichen Ziele – Studie einerseits, Überblick andererseits – in Einklang bringen will, sagt Thommen nicht. Tatsächlich konkurrieren sie denn auch fortwährend miteinander: Teils geht es darum, »differenziert zu untersuchen« (S. 14), teils darum, eine »generelle Übersicht« zu bieten (S. 13). Der bei Weitem größere Anteil ist allerdings diesem letztgenannten Ziel, dem Überblick, verpflichtet.

Dass ein solcher überblicksartiger Abriss nur sehr begrenzte Möglichkeiten zur Erarbeitung wirklich neuer Erkenntnisse bietet, versteht sich von selbst. Dennoch reklamiert Thommen die Rolle des Neuerers nachdrücklich und wiederholt für sich. Tatsächlich aber dürfen seine beiden Hauptargumentationsziele durchaus nicht als so neu gelten, wie er meint: Nämlich der Nachweis, dass erstens »Spartas öffentliche Finanzen nicht so schlecht organisiert waren, wie meist angenommen«, und zweitens »die spartanischen Bürger weit mehr in die wirtschaftlichen Belange [...] eingebunden waren, als gemeinhin vorausgesetzt wird« (S. 16 f.). Im Gegenteil: Jahrzehntelange Forschungen, insbesondere durch und im Umkreis von Stephen Hodkinson, haben hier bereits zu weitreichenden Ergebnissen geführt – selbst wenn sie »gewisse Gegenstände« nicht berührt haben mögen (S. 13). Die wissenschaftlichen Beiträge, gegenüber denen Thommen seinen Vorstoß als besonders innovativ verstanden sehen will, sind denn zum großen Teil auch schon etwas älter. Die eingangs der Einleitung genannte, allem Übrigen vorangestellte Einschätzung von Pierre Vidal-Naquet etwa stammt von 1984; und der Beitrag von Paul Cartledge, gegen den sich der Autor in der zentralen Frage nach dem Grad an wirtschaftlicher Einbindung der Vollbürger abgrenzt (S. 14), geht auf das Jahr 1976 zurück. Entgegen ihren Darstellungen, die vor allem das Besondere, Einmalige an Sparta herausgearbeitet haben, gelte vielmehr der Satz: »Spartas Eigenheiten reichen auch im wirtschaftlichen Bereich nicht aus, um es pauschal als ›Spezialfall‹ abzutun« (S. 17. – Dazu vgl., beliebig aus der Diskussion herausgegriffen, etwa St. Hodkinson in: ders. [Hrsg.], Sparta. Comparative Approaches [Swansea 2009] 417–472, hier: 445: »The right to buy and sell and to enter the agora to participate in market exchange was a central privilege of Spartiate citizenship, and there is every reason to believe that the Spartiates regularly engaged in market transactions to supply their household need, to make good seasonal shortfalls in produce required for their mess contributions or to profit from those demands by selling surplus crops from their household stores«). Stichhaltig belegt wird von all den Quellenzeugnissen, die Thommen (S. 33 mit Anm. 25) für die Annahme der handwerklichen Betätigung spartanischer Vollbürger beibringt, übrigens nur ein einziger Fall: der Spartiate Kratinos, den Pausanias (6, 9, 4) als Verfertiger einer Statue erwähnt. Die etwa von Herodot (2, 167) als soziale Norm, nicht – wie behauptet – als geltendes Gesetz benannte Abneigung der Spartaner gegenüber gewerblicher Produktion sollte daher vielleicht etwas ernster genommen werden, als der Verfasser es tut.

Ebenso wie die Zielsetzung dieses Buches als Ganzes schwankt auch die Vorstellung der Themen in den einzelnen Kapiteln. Bisweilen finden sich argumentative Diskurse, immer wieder mit überraschenden (und angesichts der Quellenlage überraschend zuversichtlichen) Argumentationen. Dass etwa die Periöken, die bekanntlich keine permanenten Steuern zahlten, eben deswegen »andere Dienstleistungen« erbracht haben müssen (S. 36), scheint alles andere als sicher. Woher wollen wir denn wissen, dass sie (neben der Heeresfolge und dem bekannten βασιλικὸς φόρος, die hier nicht zur Debatte stehen) überhaupt Dienste erbrachten? Immer wieder erscheinen Schlussfolgerungen aus dem Nichts, wie etwa die Behauptung, es habe ein »breites Spektrum« an Tieren oder Nutzpflanzen gegeben, die »verschiedentlich« Absatz im Ausland fanden und damit die spartanische Wirtschaft gestützt hätten (S. 66; 67); dafür findet sich in vorrömischer Zeit schlicht gar kein Beleg. Häufig finden sich sehr bestimmte, aber rein apodiktische Behauptungen wie etwa zu den Folgen des Erdbebens von 464 v. Chr. (S. 32) oder zur spartanischen Indienstnahme von Ressourcen, die später die Römer ausbeuteten (S. 38). Anderes wird dagegen als ganz und gar vage Vermutung in den Raum gestellt, wie etwa diejenige, »[e]ventuell« hätten die Spartaner Harmosten eingesetzt, so dass sie auch »Zölle […] eingetrieben haben könnten« (S. 36 f.). Immer wieder werden Forschungsmeinungen unhinterfragt nacherzählt, obwohl sie offenkundig falsch sind, wie etwa die Begründung der spartanischen Polyandrie (S. 32); und manchmal fühlt der Leser sich geradezu in eine Vorlesestunde versetzt (so S. 66 f.): »Tiere spielten […] in der Landwirtschaft eine wichtige Rolle.« »Schweine waren Fleischlieferanten.« »Bienen lieferten Honig.«

Abschließend anzumerken bleibt zweierlei. Zum einen: Die Kombination eines ersten, strukturell aufgebauten mit einem zweiten, chronologisch geordneten Teil führt zu ermüdenden Doppelungen. So beschreibt der Verfasser einmal »eine Anleihe von 100 Talenten (Xen. Hell. 2,4,28); diese wurde nach dem Bürgerkrieg grosszügig zurückbezahlt (Isokr. 7,68; Lys. 12,59; Aristot. Ath. pol. 40,3) – und dürfte einen beträchtlichen Zinsgewinn eingebracht haben« (S. 109). Später erscheint noch einmal »eine Anleihe von 100 Talenten (Xen. Hell. 2,4,28); diese wurde nach dem Bürgerkrieg bereitwillig zurückbezahlt (Isokr. 7,68; Lys. 12,59; Aristot. Ath. pol. 40,3) und könnte einen namhaften Zinsgewinn abgeworfen haben« (S. 128).

Und zum anderen: Dieses Buch stellt nicht eigentlich eine Wirtschaftsgeschichte dar. Dies gilt nicht allein in dem eher vordergründigen Sinn, dass ganze Kapitel auftauchen, deren Zusammenhang mit der spartanischen Wirtschaft sich dem Leser nicht erschließt (wie etwa das Kapitel 2.4.1 zur spartanischen Heeresordnung). Es gilt vor allem auch in dem tiefergründigen Sinn, dass ihm eine eigentlich wirtschaftshistorische Methodik fehlt. Wirtschaftliche Aspekte des Lebens in Sparta stellen einen Sachgegenstand dieses Buches dar. Aber die »Analyse der wirtschaftlichen Entwicklung im Sinne einer Wirtschaftsgeschichte« (S. 5) bleibt es schuldig.

Paderborn   Stefan Link

Maria Osmers, »**Wir aber sind damals und jetzt immer die gleichen«. Vergangenheitsbezüge in der polisübergreifenden Kommunikation der klassischen Zeit.** Historia Einzelschriften, Band 226. Verlag Franz Steiner, Stuttgart 2013. 407 Seiten.

Maria Osmers' Bielefelder Dissertationsschrift gehört in den Kontext der Debatten um Erinnerungskulturen in der Antike. Diese Debatten haben ihren Höhepunkt bereits überschritten, so dass sich die Monographie als bemerkenswerte Synthese weitgreifender Forschungstätigkeit lesen lässt. Sie ist jedoch weit mehr als dies, weil sie die Erinnerungsproblematik mit einem kommunikationshistorischen Ansatz verbindet. Im Zentrum stehen die Funktionen und Wirkungen von Vergangenheitsbezügen in polisübergreifenden Beziehungen der klassischen Zeit, also ungefähr vom Beginn der Perserkriege bis zum Vorabend der makedonischen Hegemonie über die griechischen Stadtstaaten.

Obwohl das Konzept der intentionalen Geschichte eine wichtige Rolle für den Zugriff spielt, beschränkt sich die Analyse nicht auf die Untersuchung möglicher Intentionen beteiligter Akteure. Vielmehr werden Interaktionen in der Spanne von Entscheidungskonstellationen bis zu Wirkungen von Kommunikationssituationen, von Intentionen der Akteure über Reaktionen der Adressaten bis zu getroffenen Entscheidungen in den Blick genommen. Eine Vermutung, wie man die Ubiquität von Vergangenheitsverweisen in außenpolitischen Aushandlungsprozessen erklären könnte, wird gleich zu Beginn falsifiziert: Schon Zeitgenossen sei bewusst gewesen, dass Argumente aus der Geschichte die Durchsetzungskraft einer Position kaum gesteigert hätten (S. 14). Mit dieser Absage an eine allzu einfache Beantwortung ihrer Leitfragen öffnet Osmers den Vorhang für die Spezifika ihres Buches, das sich nicht in der verbreiteten Charakterisierung von Vergangenheitsverweisen als Legitimationsstrategien erschöpft.

Ein weiterer Spannungsbogen resultiert aus der Erwartung, das Titelzitat »Wir aber sind damals und jetzt immer die gleichen« (Thuk. 1, 86, 2) im Text aufzuspüren. Erst gegen Ende des Hauptteils wird der Leser fündig (S. 329), dürfte jedoch bis zu diesem Zeitpunkt längst zur Überzeugung gelangt sein, dass der Buchtitel gut gewählt ist. Denn er impliziert die Differenz zwischen antiker Argumentationsweise und moderner Analyse, die das Buch durchzieht: Im Altertum legte man Wert auf Kontinuitätslinien von der Vergangenheit bis in die Gegenwart und verwies damit auf die Konstanz eines Gemeinwesens mit gleichbleibenden Verdiensten. Argumentationen in Aushandlungsprozessen basierten auf essentialistischen Zuschreibungen dergestalt, dass den Nachkommen erfolgreicher Trojakämpfer oder führender Poleis der Perserkriege Sieghaftigkeit grundsätzlich zu eigen sei und deshalb eine Vorrangstellung gebühre. Dagegen betont Osmers im Sinne der aktuellen Forschung konsequent die Fluidität, Variabilität und Wandelbarkeit der Geschichten von Herkunft und vergangenen Taten. Die Vergangenheit ist aus moderner Perspektive gerade keine essentialistische Größe, sondern nimmt mit jedem Aushandlungsprozess neue Gestalt an, ist ein Produkt von Interaktion und Kommunikation.

Gegenstand der Monographie sind, wie es der Untertitel verrät, »Vergangenheitsbezüge in der polisübergreifenden Kommunikation der klassischen Zeit«, wobei unter dem Politischen »all das, was im Sinne des Wortes die Polis, also die Organisation des Zusammenlebens der in ihr wohnenden Personen und deren Erhaltung, betraf« (S. 25), verstanden wird. Als Vergangenheitsbezüge werden vor allem Verweise auf die Herkunft sowie auf große Taten in der Vergangenheit, insbesondere militärische Erfolge, aufgefasst.

Zwischen ›Einleitung‹ (S. 11–28) und ›Fazit‹ (S. 335–342) unterteilt sich der Band in ›Theoretische und methodische Vorbemerkungen‹ (S. 29–96) sowie den ›Analytische[n] Teil‹ (S. 97–334). Ein umfassendes Quellen- und Literaturverzeichnis sowie ausführliche Register zu Quellen, Orten, Personen und Sachen schließen sich an.

Während der Forschungsstand zu außenpolitischen Studien in der Einleitung skizziert wird, erläutern die »Theoretische[n] und methodische[n] Vorbemerkungen« einerseits das der Studie zugrundegelegte Verständnis polisübergreifender Kommunikation und erörtern andererseits grundlegende Konzepte von Vergangenheit.

Zunächst definiert Osmers den Begriff Kommunikation als »all jene Ausdrücke sprachlicher oder monumentaler Art, die von einer Person oder Gruppe vorgebracht wurden und darauf zielten, bei ihrem Gegenüber eine Reaktion auszulösen und damit eine soziale Interaktion zu erzeugen. Ob die Auswirkungen auf der anderen Seite nun die Form einer direkten Erwiderung annahmen oder nur ein mentaler Prozess ausgelöst wurde, ist dabei irrelevant« (S. 31). Das weite Bezugsfeld auf »Ausdrücke sprachlicher oder monumentaler Art« hat insbesondere für die an späterer Stelle erläuterte Auswahl der Quellen Bedeutung, die von historiographischen Texten über Inschriften bis zu Vasendarstellungen und Weihmonumenten reichen, also weit über einen lediglich textbezogenen Diskurs hinausgehen. Dann überträgt Osmers das vorgestellte Konzept der Kommunikation auf die griechische Außenpolitik, wobei sie Interaktionen in den Blick nimmt, die polisübergreifend ausgerichtet und politischen Charakters sind, also erstens überindividuell wirken beziehungsweise Regeln des Zusammenlebens aushandeln, zweitens nachhaltig die Machtverhältnisse kommentieren und drittens Verbindlichkeit anstreben (S. 31). Schließlich unterteilt sie die Kommunikationssituationen, die sich einerseits zwischen Parteien oder andererseits auf panhellenischer Ebene ohne klar definierte Adressaten abspielen können, in folgende Idealtypen (S. 39–49): Erstens ergebnisorientierte Kommunikation, die insbesondere bei Verhandlungen von Bündnispolitik, also zum Beispiel im Zusammenhang von Amphiktyonien und Symmachien, zu beobachten sei; zweitens anlassgebundene Kommunikation im Sinne der Verhandlung von »Auswirkungen eines bestimmten Vorgangs oder Ereignisses der jüngeren Vergangenheit auf das Selbstverständnis oder den Status der Interaktionspartner« (S. 44) und drittens diskursive Kommunikation, die nicht unbedingt in einen konkreten historischen Kontext eingebunden sei und nicht auf einzelne Adressaten abziele – wie zum Beispiel Weihgaben in panhellenischen Heiligtümern. Anschließend stellt sie Überlegungen zu den Akteuren sowie zu den Orten, Medien und Quellen polisübergreifender Kommunikation an.

Kenntnisreichtum beweist Osmers auch in ihren Bemerkungen zu antiken Wahrnehmungsmustern hinsichtlich der Vergangenheit sowie zu den modernen Konzepten der Erinnerungsdebatte. Zu Recht merkt sie an, dass man aus antiker Sicht ein »spatium mythicum« nur schwer von einem »spatium historicum« abgrenzen könne (S. 90). Dass sie aus der Schwierigkeit, den Begriff ›Mythos‹ zu definieren, die Konsequenz zieht, seine Definition zu unterlassen, ist jedoch problematisch und passt nicht zum sonst wohlfundierten theoretischen Unterbau der Arbeit.

Das Herzstück des Buches liegt im Analytischen Teil vor. Einleitend werden die Strukturierungsmerkmale vorgestellt, anhand derer die folgenden Fallbeispiele systematisiert werden; Osmers spricht von »idealtypischen Kategorien« (S. 27). Es handelt sich um Verweise auf verwandtschaftliche Beziehungen, auf Herkunft beziehungsweise Abstammung, auf ruhmreiche Taten, ältere Bündnisse und Feindschaften sowie auf Verfehlungen der Gegenseite.

Im Fokus des Kapitels ›Verwandtschaftliche Beziehungen als Argument‹ (S. 100–143) steht der Gegensatz zwischen Doriern und Joniern. Osmers hebt hervor, dass das Konzept des Joniertums flexibel gewesen und aktuellen Interessen angepasst worden sei. Darüber hinaus stellt sie die These auf, dass der Gegensatz zwar während des athenisch-spartanischen Dualismus präsent gewesen sei, danach jedoch an Bedeutung verloren habe. Ein Großteil der Forscher des neunzehnten und zwanzigsten Jahrhunderts sei fälschlich von einer durchgehenden Dominanz dieses Gegensatzes ausgegangen, weil sie den flexiblen, diskursiven und dynamischen Charakter der ἔθνη verkannt hätten (S. 134). Hier fügt Osmers einen Mosaikstein ins Gesamtbild ein, das die Ethnosforschung der letzten Jahre gezeichnet hat. Auch ihre Charakterisierung der griechischen Welt »als ein weitverzweigtes und stark verästeltes Geflecht verschiedener Beziehungen, die durch eine gemeinsame Abstammung hergestellt oder gesichert wurden« (S. 134), stützt eine weitverbreitete Einschätzung.

Im Kapitel »Verweise auf die Herkunft und vorteilhafte Abstammung« (S. 143–190) geht es zunächst um Gelon von Syrakus und den Hellenenbund, wobei herausgearbeitet wird, dass Herodot anachronistisch vor dem Hintergrund seiner eigenen Zeit argumentiert, dass die jeweiligen Gesandten auf Rechte pochten, die aus Abstammung ererbt gewesen seien, und dass es darüber möglich war, sich als Polis an der Peripherie in das panhellenische Bezugssystem einzuschreiben (S. 143–153). Ein wichtiger Punkt dieses Bezugssystems war die Teilnahme am Trojanischen Krieg. Verweise auf Trojakämpfer als Vorfahren (S. 171–184) zeigen Osmers zufolge erneut, dass entsprechende Erzählungen flexiblen Charakters waren und dass die homerischen Epen hier keineswegs einen alleingültigen Kanon darstellten. Ebenso seien im Hinblick auf Autochthonie verschiedene Schwerpunktsetzungen möglich gewesen (S. 153–171). Die dominante Konzeption von Authochthonie im griechischen Raum habe das hohe Alter einer Polis hervorgehoben, indem sie die dauerhafte Ansässigkeit der Bevölkerung in der Region betone; das Motiv der Erdgeburt dagegen sei zum Beispiel innerhalb der Polis Athen von Bedeutung gewesen, insofern erdgeborene Könige als »Vorreiter des Zivilisationsprozesses« (S. 165) verstanden worden seien.

Am ausführlichsten setzt sich Osmers im Rahmen des Abschnitts ›Bezüge auf ruhmreiche vergangene Taten und Leistungen‹ (S. 190–288) mit der Erinnerung an die Perserkriege auseinander, indem sie vor allem athenische und spartanische Deutungskonzepte vorstellt. So lassen sich ihren Untersuchungen zufolge verschiedene Variationen der Erinnerung an die Schlacht von Marathon nachweisen, die sich zunächst sowohl für als auch gegen die Athener als Argument geeignet hätten, bis die Athener ihre Version schließlich erfolgreich durchgesetzt hätten – ebenso wie in Bezug auf die Schlacht von Salamis, als deren Pendant aus lakedaimonischer Sicht diejenige an den Thermopylen zu gelten hat. Aufgrund ihrer Beobachtungen zum kompetitiven Charakter der Erinnerungen an die Schlacht von Plataiai gelangt Osmers zum Schluss, dass hier die Erinnerungspraktiken einzelner Gemeinwesen einer panhellenischen Deutung zuwidergelaufen seien (S. 239). Letztere sei nur in Ausnahmefällen bemüht worden, zum Beispiel beim Hilfsgesuch der Lakedaimonier an Athen nach der Niederlage von Leuktra (S. 251). Insgesamt hätten in der Überlieferung die Versionen der beiden Großmächte dominiert, man müsse jedoch von vielen weiteren Erinnerungspraktiken anderer Poleis ausgehen. Für kleinere Poleis, die ihre Varianten nur schwer hätten publik machen können, sei der Bezug auf den Hellenenbund oft die einzige Möglichkeit gewesen, an Athen oder Sparta zu appellieren (S. 261). Entscheidend sei die Einschreibung der eigenen Vergangenheit in den gesamtgriechischen Kontext gewesen, was sich am Beispiel von Syrakus demonstrieren lasse (S. 267). Kurz: »Die Perserkriege zeigen exemplarisch und dabei besonders anschaulich die Funktion der Bezugnahme auf einstige Leistungen und Taten: Außenpolitische Aushandlungsprozesse der Gegenwart konnten mit ihrer Hilfe in die Vergangenheit gespiegelt, die aktuelle eigene Position damit gestärkt werden. Die starke Verknüpfung der Perserkriege mit den Begriffen der Freiheit und des Schutzes anderer machte sie zu allgegenwärtigen Kodierungsformen gegenwärtiger Konstellationen und Interessen« (S. 276). Dagegen sei dem Kulturheros Triptolemos innerhalb des athenischen Herrschaftsgebiets eine einheitsstiftende Funktion zugekommen, insofern er den Kult um Demeter in Eleusis als identitätsstiftendes religiöses Moment ausweise (S. 280–288). Osmers resümiert, dass die Bezugnahme auf Vergangenes nur selten der Stiftung von Einheit und Frieden gedient habe. Gerade die panhellenischen Unternehmungen seien zum Austragungsort aktueller Konflikte instrumentalisiert worden. In der Bezugnahme auf Vergangenes habe sich die Zersplitterung und Konfliktträchtigkeit der griechischen Welt gespiegelt (S. 288).

Das Kapitel ›Die Spartaner als Akteure‹ (S. 314–334) schließt den Analytischen Teil mit dem Versuch ab, die Spartaner ohne den Filter der athenozentrischen Überlieferungssituation in den Blick zu nehmen. Osmers vermutet, dass die Spartaner selbst weniger Wert auf ihre militärischen Leistungen gelegt hätten, als dies von außen dargestellt worden sei (S. 328).

Im ›Fazit‹ (S. 335–342) erklärt Osmers die Divergenz zwischen »Ubiquität und argumentativer Wirkung von Vergangenheitsbezügen in polisübergreifenden Aushandlungsprozessen« (S. 335) anhand der argumentativen Funktionen von Vergangenheitsbezügen. Mit diesen habe man nicht nur die erinnerungsgetragene Identität einzelner Poleis auf den zwischenstaatlichen Bereich übertragen wollen. Vor allem sei durch die Vergangenheitsbezüge ein »Koordinatensystem« geschaffen worden, in dessen Rahmen Verhandlungen stattfinden konnten. Die entsprechenden Verweise seien also »nicht nur Gegenstand von Kommunikation, sondern deren Konstituens« (S. 341 f.) gewesen. Dabei sei es um mehr gegangen als um die Selbstvergewisserung der Gemeinwesen nach innen und außen, nämlich um die Chiffrierung von gegenwärtigen Ansprüchen und Zuständen, um die Chiffrierung der gegenwärtigen Welt: »Die Vergangenheit lieferte so dem Politischen das symbolische Material. […] Verweise auf ›Geschichte‹ kodierten in polisübergreifenden Kommunikationen damit nicht nur die Konstellationen in Hellas und verhandelten aktuelle Dispute und Konflikte; sie prägten vielmehr ihrerseits nachhaltig die Ausgestaltung und Rekonstruktion der früheren Zeiten. […] Die Erinnerungen im hellenischen Raum bilden somit ein Abbild der außenpolitischen Verhältnisse in der zugleich zersplitterten und kleinteiligen, dennoch aber in manchen Aspekten bewusst vereinigten griechischen Welt« (S. 342). Und die Dissertation von Osmers bildet den Stand der Erinnerungsdebatten nicht nur ab, sondern synthetisiert sie, führt sie in Verbindung mit dem kommunikationstheoretischen Ansatz auf eine neue Stufe. Wer sich mit Vergangenheitsbezügen in der klassischen Welt auseinandersetzt, wird an diesem Buch nicht vorbeikommen.

Nürnberg   Angela Ganter

Catherine Grandjean et Aliki Moustaka (éditeurs), **Aux origines de la monnaie fiduciaire. Traditions métallurgiques et innovations numismatiques**. Scripta Antiqua, tome 55. Éditions Ausonius, Bordeaux 2013. 200 pages avec 73 figures et illustrations noir et blanc.

Ce petit volume rassemble douze communications, accompagnées d'une introduction des éditeurs et d'une conclusion de Raymond Descat, qui ont été présentées à Tours en novembre 2012 au cours d'un atelier international sur les débuts de la monnaie de bronze dans le monde grec. Organisé par deux équipes de recherche des universités de Tours (Centre tourangeau d'histoire et d'étude des sources) et d'Orléans (IRAMAT, Centre Ernest Babelon), cet atelier renoue avec un sujet largement délaissé des rencontres depuis les colloques internationaux du Centro internazionale di Studi Numismatici (Naples) dans les années 1970.

Outre celui sur la monnaie de bronze de Poseidonia (publié en 1973), on connaît surtout celui tenu en 1977 à Naples sur ›Le origini della monetazione di bronzo in Sicilia e in Magna Grecia‹ (actes publiés en 1979 par l'Istituto italiano di numismatica), dont il vaut la peine de rappeler brièvement les conclusions. Selon les communicants d'alors, l'usage d'un numéraire de bronze aurait avant tout répondu à un besoin pratique, celui de remplacer les petites dénominations d'argent, peu maniables, par des espèces de plus grands modules et plus lourdes, faites à partir d'un alliage moins onéreux que l'argent. Cependant, les premières monnaies de bronze n'avaient pas l'aspect de flans frappés mais correspondaient à des objets coulés de formes diverses (conique, ovale). Ces ›cast shapes‹, selon l'hypothèse de Martin Jessop Price, seraient nés de l'initiative privée de marchands qui auraient produit eux-mêmes ce ›token coinage‹, substitut des très petites monnaies d'argent dont le poids pouvait, comme à Agrigente, descendre jusqu'à 0,08 grammes. Devant la large acceptation des bronzes coulés, qui circulèrent de ville en ville, les cités auraient finalement pris en charge la frappe des premiers bronzes à la place des ›cast shapes‹. Sans revenir sur le détail des chronologies avancées pour les différentes cités, l'usage de numéraire de bronze se serait ainsi diffusé au gré des contacts entre colonies et cités, tandis que l'importance croissante du commerce aurait assuré une circulation plus intense de petit numéraire. Depuis les premières monnaies de bronze apparues en Sicile vers le milieu du cinquième siècle, la frappe de numéraire de bronze gagna le sud de la péninsule italienne à la fin de ce siècle, plus tard encore la Grèce et l'Asie Mineure au début du quatrième siècle.

Plus de trente ans après la tenue de ce colloque, plusieurs points font toujours consensus. Les participants de l'atelier tourangeau reconnaissent dans le bronze monnayé un complément à l'argent (p. 35; 81), dont il devait remplacer les plus petites dénominations (p. 57; 95) tout en facilitant les échanges (p. 63). Cependant, des progrès importants ont été réalisés au niveau de la chronologie. Dans l'état actuel des connaissances, il semble que les premières frappes de bronze précisément datables aient eu lieu à Sybaris entre 446 et 444 (p. 82 s.), avant que les autres colonies de la péninsule italienne telles Poseidonia, Métaponte et Crotone ne lui emboîtent le pas au cours de la seconde moitié du cinquième siècle. Néanmoins, le numéraire d'argent demeure l'étalon de référence pour ces bronzes frappés. De la sorte, Métaponte frappe un bronze marqué »Obolos« (p. 85), qui s'avère être à la fois un complément et un substitut au numéraire de métal blanc. Par ailleurs, l'attention portée aux contextes archéologiques des trouvailles monétaires permet de remonter quelque peu l'apparition du bronze frappé en Grèce même. Le premier bronze de Grèce égéenne aurait été frappé à Salamis dans les années 430 (p. 112). Celui des Chalcidiens de Thrace aurait suivi un peu plus tard, vers la fin des années 420–410 (p. 117), alors qu'en Phénicie, les premières monnaies de bronze ne sont pas attestées avant le milieu du quatrième siècle (p. 162).

L'un des grands mérites de ce recueil est de mettre en évidence d'importantes différences régionales dans l'adoption du numéraire de bronze frappé. Si les ›cast shapes‹ comme les dauphins d'Olbia, les pointes de flèches pontiques, les cônes et pièces de forme ovoïdale d'Agrigente ou triangulaire de Sélinonte font office de réelles monnaies dès environ 500, le passage à un numéraire de bronze frappé demeure quant à lui inégal selon les régions et étalé dans le temps. Certes, l'utilisation plus ancienne du bronze non monnayé est bien attestée pour les paiements, de manière assez rare en Mésopotamie d'après les documents disponibles (3000–2000 av. J.-C.; p. 141), plus fréquente dans les transactions en Crète où chaudrons, broches et haches servaient d'unités de poids ou de compte de la seconde moitié du sixième siècle et jusqu'au troisième (p. 36). Pour autant, on ne voit pas que cet usage ait particulièrement favorisé l'adoption du numéraire de bronze sur l'île, où les premières frappes de bronze sont plus tardives qu'en Grande Grèce. Une toute autre évolution est observée en Phénicie, où l'usage de minuscules fractions d'argent (jusqu'au 1/128 de sicle frappé à Sidon, soit un poids théorique de 0,06 grammes!) s'est poursuivi jusqu'à la conquête d'Alexandre, freinant la production de bronze frappé qui ne prit réellement son essor en Syrie que sous Antiochos III (223–187; p. 165; 168 s.).

Ainsi, ces études remettent partiellement en question les conclusions du colloque napolitain de 1977 qui voyaient, depuis les colonies de Sicile et du sud de la péninsule italienne, une diffusion progressive de la frappe et de la circulation du numéraire de bronze grâce aux relations entre cités éloignées. Néanmoins, on ne trouvera pas d'explication définitive quant à l'origine de la monnaie de bronze et à sa large diffusion – mais ce n'était pas le but recherché par les organisateurs. Devant la richesse informative des communications, je rappellerai pour ma part un article de Martin Jessop Price (Early Greek Bronze Coinage. Dans: Essays in Greek Coinage Presented to Stanley Robinson [Oxford 1968] 90–104) expliquant la frappe du bronze par des situations d'urgence (siège, désordre économique), par le besoin de petit numéraire dans le développement de l'économie monétaire ou par le profit réalisé par la frappe d'un alliage bon marché, et je rejoindrai les dernières remarques conclusives de Raymond Descat (p. 187) pour placer l'autorité émettrice – c'est-à-dire avant tout les cités et leurs citoyens – au cœur de l'initiative de ce monnayage.

La motivation première de la substitution du bronze à l'argent pour les petites dénominations aurait été l'économie réalisée lors du financement de l'émission. En effet, non seulement les marques de valeur apposées sur les bronzes coulés et frappés en Sicile fixaient (voire forçaient) le cours de ces monnaies introduites à la place de certaines dénominations d'argent, mais les bronzes reprenaient souvent les types iconographiques de l'argent, afin probablement de mieux familiariser les utilisateurs avec ces nouvelles espèces. Ce sont là me semble-t-il deux aspects très concrets des efforts réalisés par les autorités émettrices visant à une plus large acceptation du numéraire de bronze, motivée par l'économie d'argent-métal lors de l'émission. Qui d'autre aurait pu, sinon la volonté d'un État (plutôt que l'initiative privée à l'origine des ›cast shapes‹, chère à Price), passer outre les usages établis et imposer ces dénominations d'un nouveau genre au sein d'un système monétaire préexistant? Si la valeur des monnaies de bronze est fondée sur la confiance accordée au pouvoir qui l'émet, le caractère fiduciaire de ce numéraire n'est pas une innovation en soi – et le titre donné aux actes peut paraître critiquable sur ce point. En effet, non seulement les petites monnaies d'argent (p. 60; 72 s.) mais aussi les premières monnaies d'électrum, comme le soulignait Price lors du colloque napolitain de 1977, revêtaient déjà un caractère fiduciaire.

Les résultats des analyses élémentaires des alliages utilisés, qui constituent un apport remarquable dans le colloque, soulignent également la place centrale de l'autorité émettrice dans l'évolution du numéraire de bronze. Dans les premières frappes de bronze, la teneur constante en étain donnait un aspect doré – peut-être attrayant – aux pièces. Mais avec la banalisation du bronze tout au long de la période hellénistique, des considérations plus économiques (telle la relation entre le coût de fabrication et la valeur des dénominations mises en circulation) passèrent au premier plan, si bien que l'ajout de plomb, métal à bon marché, gagna en importance dans l'alliage au détriment de l'étain (p. 52 s.). Cependant, l'alliage cuivre-plomb n'est pas exclusif au cours du premier siècle av. J.-C., qui voit la frappe des premières monnaies en orichalque (cuivre-zinc). On aurait aimé que cette innovation soit également abordée car, si elle ne fait pas partie des bronzes à proprement parler, l'orichalque devient un alliage monétaire concurrent, sans qu'on puisse expliquer les raisons de son utilisation. L'orichalque imitant l'or par sa couleur, les monnaies ainsi frappées auraient-elles rappelé, non sans un certain côté antiquisant, les premières monnaies de bronze dont la teneur élevée en étain leur assurait un aspect doré?

Enfin, d'autres pistes de recherches ouvertes sur l'origine de la monnaie de bronze mènent encore on ne sait trop où. Hormis la technique commune dans la préparation et l'utilisation de l'alliage, qui va presque de soi, le lien supposé entre la monnaie et la métallurgie du bronze en général (p. 13; 15) n'est pas évident à la lecture du premier exposé, où manque un lien direct avec la monnaie. De même, l'hypothèse avancée pour les premiers monnayages de bronze en Lydie, qui place, pour Sardes, le début de la frappe du bronze sous la simple influence d'artisans métallurgistes présents dans la cité (p. 157–159), n'emporte pas la conviction. Elle fait trop peu de cas de la dimension hautement politique à l'origine des émissions monétaires, dont la décision n'était pas le fait d'un seul individu – on en veut pour preuve la vaine tentative de Dionysios Chalkous d'introduire un monnayage de bronze à Athènes au cinquième siècle (p. 83) – mais celle de l'assemblée des citoyens de la cité.

Quoi qu'il en soit, les quatorze auteurs ont réussi à faire de ces actes une lecture extrêmement recommandable, offrant non seulement une synthèse des connaissances actuelles (chronologie, analyses élémentaires, études de cas régionales) mais aussi une approche théorico-historique de la monnaie et des échanges. Ce volume renouvelle sans conteste le débat sur l'origine du numéraire de bronze, tout en élevant la réflexion à un niveau n'ayant rien à envier à la rencontre napolitaine de 1977, qui rassemblait déjà d'éminents historiens et numismates.

Mayence   Jérémie Chameroy

Julia Kaffarnik, **Sexuelle Gewalt gegen Frauen im antiken Athen.** Gender Studies. Interdisziplinäre Schriftenreihe zur Geschlechterforschung, Band 22. Verlag Dr. Kovač, Hamburg 2013. 222 Seiten.

Europa, Kassandra, Helena – sie sind wohl die berühmtesten Frauenfiguren der griechischen Sagenwelt; und wie viele ihrer Geschlechtsgenossinnen sind sie Opfer von Übergriffen. Die Mythen sind voll von Erzählungen über sexuelle Gewalt gegen Frauen, die in dieser Studie als eigenständige Analysekategorie im Zentrum steht. Dabei geht es Julia Kaffarnik nicht darum, sofern dies überhaupt möglich ist, die antike Rechtslage zu rekonstruieren. Sie stützt sich, wie sie in ihrer ausführlichen Einleitung erklärt, auf Mythen, Tragödien und Komödien, und möchte auf diesem Wege Sichtweisen auf Männer und Frauen und damit auf die Geschlechterverhältnisse im klassischen Athen erarbeiten. Dabei interessiert sie sich für das Zusammenspiel von Geschlechterkonzeptionen, Gewaltbeziehungen und Sexualität (S. 12–15).

Die Grundlage bilden Michel Foucaults Beobachtungen zu aktiven und passiven erotischen Handlungen. Zur Systematisierung ihrer Quellen sei dieses Modell aber nicht ausreichend, so dass die Autorin es um einen Ansatz aus der Psychologie erweitert, der geschlechtliche Verhaltensformen als angelernt versteht. Dieser zeige auf, welche Umstände sexuelle Gewalt möglich machten, so dass das Verhalten des Vergewaltigers nicht unmoralisch, sondern vielmehr gerechtfertigt erscheine (S. 14 f.). Dieses Muster der »sexual scripts« des Psychologen Stevi Jackson hält Kaffarnik für übertragbar und fruchtbar für ihre Quellenanalyse. Verschiedene Fragen, die auf diesem Modell basieren, sollen demnach durch die Arbeit führen: Welche Frauen werden unter welchen Bedingungen Opfer, und wie reagieren die Frauen und ihr jeweiliges Umfeld auf einen Missbrauch? Kontrastierend hierzu möchte Kaffarnik nach der Reaktion und möglichen Problematisierungen der Vergewaltigung seitens der Männer fragen. Sie fragt nach deren Erklärung für ihr Verhalten und danach, ob die von Jackson beschriebenen Prozesse der Neutralisierung sexueller Gewalt zu beobachten sind (S. 15 f.).

Der sich anschließende Einblick in ›Allgemeine Forschungen zu sexueller Gewalt‹ (S. 17–22) behandelt Theorien aus der Evolutionsbiologie und der Soziologie. Kaffarnik zeigt auf, dass innerhalb dieser Disziplinen keine Einigkeit darüber herrscht, ob das hier behandelte Phänomen als eine Form der Gewalt oder als eine Form der Sexualität zu erklären sei. Ihren Überblick über die altertumswissenschaftliche Forschung (S. 22–33) untergliedert die Verfasserin nach Quellengattungen. Dabei meint sie aber tatsächlich weniger die Quellentypen an sich, sondern eher Diskursbereiche wie Mythos und Recht.

Die Forschung habe sich laut Kaffarnik in zentraler Weise mit der Frage beschäftigt, ob die Zustimmung der Frau zum Geschlechtsverkehr eine Rolle spielte, oder ob es einzig der Zustimmung des nächsten männlichen Verwandten bedurfte, um eine Vergewaltigung nicht mehr als solche einzuordnen. Es ginge darum zu klären, ob sich der Übergriff gegen die Frau selbst oder gegen ihre männlichen Verwandten richtete (S. 24). In diesem Zusammenhang herrsche Uneinigkeit darüber, in welchem Verhältnis Moicheia und Verführung zum Missbrauch stünden. Man habe Strafmaße verglichen, um herauszufinden, welches Vergehen nun eigentlich schwerer wiege, um auf diesem Wege die antike Erwartungshaltung zu rekonstruieren (S. 24–27).

Im Bereich des Mythos geht es um die Frage, ob die Sagen von Schändung erzählten oder ob sie Initiationsriten abbildeten, ob sie also die ›Ehe durch Raub‹ versinnbildlichen. Die jüngere Forschung habe sich weitgehend darauf geeinigt, dass Vergewaltigungen rein funktionale Bedeutung innerhalb der Heroengenealogien hätten (S. 28). Mit mehr Befremden reagiere die Wissenschaft jedoch auf die zentrale dramaturgische Funktion des Missbrauchs in den Komödien und auf die Beschönigungen der älteren Forschung, die diese Handlungen als Verführungen lasen. Einigkeit bestehe darin, dass sexuelle Gewalt in den Komödien durch äußere Einwirkungen entschuldigt und durch die glückliche Auflösung der Handlung entschärft werde. Eine moralische Bewertung fehle dieser Gattung (S. 29 f.). Studien zur attischen Tragödie diskutierten über die Haltung der männlichen Figuren, die Kontexte der Kriegsgefangenschaft und die Beziehungen zwischen Mann und Frau in der Ehe.

Nachdem Kaffarnik im Forschungsüberblick schon einige wichtige Eigenschaften der Quellen herausgestellt hat, arbeitet sie in einem gesonderten Quellenkapitel noch einmal Funktion und Besonderheit der Gattungen (Drama, Mythos und Vasenbilder) heraus, wobei sich mir erneut die Frage aufdrängt, ob der Mythos als Quellengattung neben dem Drama zu klassifizieren ist. Gerade die Tragödientexte bilden doch eine wichtige Grundlage zur Rekonstruktion mythischer Erzählungen. So ist man auch erleichtert, wenn die Verfasserin selbst später festhält, dass die Mythen keine eigene Textgattung seien (S. 46), was jedoch nichts daran ändert, dass die Problematik ihrer Einteilung weiter bestehen bleibt. Nichtsdestoweniger reflektiert sie in ihrem Quellenkapitel, wie die unterschiedlichen literarischen Texte und Bilder in Hinsicht auf die Darstellung sexueller Handlungen und Gewalt zu lesen sind, und wie sie auf das zeitgenössische Publikum wirkten. Abschließend wird formuliert, was sie sich von der Zusammenschau ihrer Quellen verspricht: die Grundstrukturen des Vergewaltigungsdiskurses erkennbar zu machen (S. 53).

Kaffarnik verlangt ihrer Leserschaft viel Geduld ab, denn statt der Analyse folgt nun eine Begriffsklärung, die sich über weitere achtundzwanzig Seiten erstreckt. Da es kein griechisches Wort für die Vergewaltigung gibt und auch keine antike theoretische Überlegung zum Thema erhalten ist, sofern es denn eine gegeben hat, erörtert die Verfasserin antike und moderne Gewalttheorien und untersucht sprachliche Strukturen zur Beschreibung von Gewalt einerseits und geschlechtlicher Aktivität andererseits. Sie entwickelt damit eine begriffliche Folie, vor der sie ihren eigentlichen Gegenstand betrachten kann. Die Willensverletzung kristallisiert sich dabei als wesentlicher Bestandteil des Verständnisses sexueller Gewalt heraus (S. 77 f.).

Ab dem vierten Kapitel erfolgt dann ein systematischer Überblick über den Gegenstand, wobei es Kaffarnik in erster Linie darum geht, das Idealtypische des Missbrauchs herauszuarbeiten (S. 79). Hierfür sucht sie nach quellenübergreifenden Gemeinsamkeiten, etwa welche Merkmale die betroffenen Frauen einen und ob es Rahmenbedingungen gibt, die typisch für Vergewaltigungen sind. Sie kommt zu dem Ergebnis, dass sowohl Göttinnen als auch menschliche Frauen als Opfer in Frage kommen, dass jedoch Artemis und Athene als jungfräuliche Ausnahmen und damit sexuell inaktiv verstanden wurden (S. 81). Übergriffe auf diese beiden Göttinnen waren deshalb nicht denkbar. Dies galt jedoch nicht für menschliche Jungfrauen. Im Gegenteil: Im menschlichen Bereich werden ausschließlich junge unverheiratete Frauen missbraucht. Ehefrauen wurden dagegen als nicht verfügbar aufgefasst (S. 86). In Bezug auf die Situationsbedingtheit stellt die Autorin fest, dass der Übergriff stets in der Wildnis, in Kriegsgefangenschaft oder im Verborgenen stattfindet. Unter diesen Umständen war die Frau aus dem Oikos herausgelöst, das heißt ohne den Schutz eines männlichen Verwandten (S. 100 f.).

Da die Quellen jedoch über die Praxis der Vergewaltigung kaum Auskunft geben, schließt an diese Ergebnisse ein Exkurs über die vaginale Penetration an (S. 101–108), die als einzige Form des Übergriffs in unseren Quellen belegbar ist. Kaffarnik erörtert hierzu zunächst antike medizinische Texte, die aufzeigen, dass die Penetration für Frauen als lebensnotwendig erachtet wurde. Sie wurden nicht nur in dieser Hinsicht als Abhängige der Männer verstanden; ein Modell, das mit der Darstellung der Notzucht in den Quellen korrespondiert. Moderne Theorien, namentlich die von Kenneth Dover und Michel Foucault, sahen die Penetration als zentrale Praxis innerhalb einer Sexualität, die von einem Aktiv-passiv-Muster geprägt war. Überraschenderweise hätten sich beide aber nicht mit der Vergewaltigung von Frauen befasst, obwohl sie davon ausgingen, dass erotische Rollen Machtbeziehungen abbildeten. Für die Autorin jedoch erklären die antiken wie modernen Ansätze, warum der Missbrauch in den Quellen als unproblematisch behandelt wird: Sie passen sich in die gesellschaftlichen Vorstellungen von Geschlechtlichkeit und Gewalt ein, so dass er als nur eine Möglichkeit von vielen gilt, Machtbeziehungen sexuell zu verwirklichen (S. 108).

Das fünfte Kapitel analysiert die Charakteristika der männlichen Figuren sowie ihre Motivlage. Anders als bei den weiblichen zeigten sich enorme Unterschiede zwischen Göttern, Heroen und Menschen, was die Folgen der Vergewaltigung angehe. Götter fürchten keine Konsequenzen, schon gar keine moralischen, im Gegenteil: Durch den Akt offenbart sich ihre Macht (S. 111). Aus den Übergriffen gingen letztlich Heroen hervor; ein Sachverhalt, der sich dadurch erkläre, dass diese Geschichten auch immer Abstammungslinien konstruierten. Anders als Götter würde ein Teil der Heroen jedoch als Vergewaltiger nach den Regeln der menschlichen Welt beurteilt, das heißt, sie würden unter Umständen für die Folgen ihres Handelns zur Verantwortung gezogen (S. 114). Für die menschlichen Männer bedeute das vor allem, dass sie eine längerfristige Beziehung zu der von ihnen missbrauchten Frau eingingen. Ob sie bereits verheiratet seien oder nicht, spiele dabei keine Rolle. In den Quellen erklärten außerdem Alkoholkonsum und Liebesverlangen das Verhalten der Männer. Aber auch die Absicht der Eheschließung sei ein Motiv, das jedoch nur für die Heroen gelte. Der Brautraub der Helden sei ein beliebtes Motiv auf attischen Vasen, die Kaffarnik an dieser Stelle auswertet (S. 125–131). Für die Verfasserin stellen aber die Verfolgungsszenen keineswegs die Zähmung der Natur durch die Kultur dar, für die stellvertretend die Figur der gejagten Frau beziehungsweise des jagenden Mannes stünden. Für sie versinnbildlichen die Szenen den Akt der Eheschließung.

Die Folgen der sexuellen Gewalt handelt Kaffarnik mit dem Blick auf einzelne Familienschicksale ab. Es geht im vorletzten Kapitel also nicht um psychische und physische Auswirkungen auf Seiten der Opfer, denen die Quellen ohnehin kaum Aufmerksamkeit schenken und die auch die Autorin nicht thematisiert. Vielmehr bespricht sie soziale Reaktionen. Wie sich herausstellt, konnte die Familie der Betroffenen mit der Situation sehr unterschiedlich umgehen. Mögliche Konsequenzen seien jedoch die Kindesaussetzung und die Ausgrenzung der entehrten Frau gewesen, was – so möchte ich an dieser Stelle einfügen – für die antiken Familien notwendige Strategien zum Schutz und Erhalt des Oikos darstellten. Doch wäre gerade der Punkt der Ausgrenzung der Frau noch einmal zu hinterfragen, denn die Verfasserin gibt an dieser Stelle zwar Belege für die soziale Ausgrenzung von Ehebrecherinnen, nicht jedoch für die der geschändeten Frau (S. 142). Einzig an deren Bemühen, ihre Schwangerschaft zu verbergen, wäre demnach eine mögliche negative Reaktion seitens der nächsten männlichen Verwandten abzulesen. Doch so etwas lasse sich aus den Quellen heraus nicht erklären und wirke eher überraschend, denn offensichtlich habe der Missbrauch der Heiratsfähigkeit der Frau nicht geschadet (S. 143).

Im Anschluss analysiert Kaffarnik die Probleme, die sich innerhalb der sozialen Konstellationen durch die Heimführung einer Nebenfrau oder die vermeintliche Vergewaltigung einer Ehefrau ergeben (S. 145–172). Hierbei beschränkt sie sich auf drei Tragödien, die diese Problemkomplexe verhandeln: ›Andromache‹ und ›Hippolytos‹ des Euripides und ›Die Trachinierinnen‹ des Sophokles. Das Thema der Notzucht wird hierbei jedoch nur am Rande zur Sprache gebracht, was letztlich nicht verwundert, bildet es doch nicht das Kernproblem der Texte.

Das letzte Kapitel widmet sich der in der Forschung diskutierten Frage, ob die Zustimmung der Frau zum Geschlechtsverkehr von irgendeiner Relevanz war, oder ob es an einer solchen sexuellen Selbstbestimmung grundsätzlich fehlte. Kaffarnik kommt zu dem Schluss, dass die moderne Forschung, wenn sie behaupte, dass weibliche Sexualität ausschließlich unter Männern verhandelt worden sei, verkenne, dass die Quellen die fehlende Zustimmung der Frauen sehr wohl zur Kenntnis nahmen. Die Quellen zeugten davon, dass es Männer waren, die diese Problematik aus ihrer Perspektive darstellten, und dass diese Sicht stets die Konsequenzen für den Oikos in den Vordergrund rückte (S. 177 f.). Trotz dieser doch äußerst deutlichen Nichtbeachtung des weiblichen Willens betont die Verfasserin, dass die Quellen die traumatischen Erfahrungen der Frauen nicht verschweigen. Dieser Widerspruch sei letztlich nicht aufzulösen und als Befund anzuerkennen (S. 188).

Über die Strukturen sexueller Gewalt lassen sich viele Erkenntnisse über Machtstrukturen, Geschlechterbeziehungen und das soziale Gefüge des Oikos gewinnen. Es ist bedauerlich, dass dieses Thema in der deutschsprachigen Forschung bisher verhältnismäßig wenig bearbeitet wurde. Die Dissertation, die bereits 2010 an der Humboldt-Universität vorgelegt wurde, bildet deshalb einen wichtigen Beitrag, vermag jedoch nicht, alle Lücken zu schließen.

Die Leserschaft dürfte sich wenig darüber freuen, dass die Arbeit neben vielen gewinnbringenden Ergebnissen auch von deutlichen Schwächen geprägt ist. Die einführenden Kapitel nehmen, wie oben bereits angemerkt, unverhältnismäßig viel Raum ein (das erste Analysekapitel beginnt auf Seite 79 von insgesamt 188 Seiten). Ungünstig ist auch, dass die Verfasserin Theorien zu Missbrauch, Sexualität und Gewalt nicht gebündelt präsentiert, sondern auf die Methodik, den Forschungsüberblick und Exkurse streut. So bleibt ihr eigener Ansatz und letztlich auch die Anwendung und der Nutzen der von ihr befürworteten Socialscript-Theorie diffus. Methoden und Theorien der Kulturwissenschaften und Ethnologie hätten sicher ebenfalls Erklärungsmodelle für das Phänomen des Brautraubs und der Vergewaltigung geboten. Es wäre einen Versuch wert, diese Ansätze für eine weitere althistorische Studie nutzbar zu machen, um den von Julia Kaffarnik postulierten widersprüchlichen Befund nicht unbedingt aufzulösen, aber vielleicht besser zu verstehen.

Braunschweig   Bernadette Descharmes

Joseph Geiger, **Hellenism in the East. Studies on Greek Intellectuals in Palestine.** Historia Einzelschriften, Band 229. Verlag Franz Steiner, Stuttgart 2014. 177 Seiten.

Mit dem im Folgenden zu besprechenden Band ergänzt Joseph Geiger, einer der profiliertesten Althistoriker Israels, die Liste seiner zahlreichen Untersuchungen zur antiken Bildungsgeschichte um eine weitere lesenswerte Monographie. Der Inhalt der Untersuchung wird durch den Untertitel ›Studies on Greek Intellectual in Palestine‹ gut zusammengefasst, und es ist dem Autor zuzustimmen, dass dieser Thematik bislang nicht die ihr zustehende Aufmerksamkeit zuteilwurde. Denn das antike und spätantike Palästina war beziehungsweise ist eben nicht nur das Land der Bibel oder der frühen rabbinischen Gelehrsamkeit, sondern von der hellenistischen bis in die byzantinische Zeit hinein auch Heimat zahlreicher hellenistisch geprägter Intellektueller, wie des Dichters Meleager von Gadara oder des Historikers Flavius Procopius von Caesarea Maritima.

Der Band gliedert sich in drei thematisch abgrenzbare Hauptteile, nämlich eine Prosopographie (Teil I), eine exemplarische Untersuchung zur Bildungskultur in Askalon (Teil II) und eine Reflexion über die Verbreitung der lateinischen Sprache in Palästina (Teil III).

Beim ersten Teil handelt es sich um eine aktualisierte und leicht veränderte Übersetzung des zweiten Teils der hebräischen Monographie ›The Tents of Japhet. Greek Intellectuals in Ancient Palestine‹ (Jerusalem 2012). Die prosopographische Zusammenstellung soll die namentlich bekannten Intellektuellen des antiken und spätantiken Palästina erfassen und beschränkt sich in der geographischen Ausrichtung auf den palästinischen Raum westlich des Jordans zuzüglich des hellenistisch geprägten Gadara (S. 11).

Der Umfang der einzelnen Einträge ist angemessen. Einträge zu Personen, die sich in der Forschung bereits umfangreicher abgehandelt finden, beschränken sich auf die Basisinformationen und finden sich durch Asterisk markiert, so dass der Leser sich entsprechend orientieren kann. Ansonsten scheint der Autor um Vollständigkeit bemüht. Lemmata, bei denen der Besuch beziehungsweise Aufenthalt der Person in Palästina diskutabel ist, finden sich durch ein Fragezeichen gekennzeichnet.

Wie schon in ›Tents of Japheth‹ bietet Geiger zunächst die prosopographischen Einträge zu den griechischen Intellektuellen Palästinas (S. 11–43), um dann mehrere Appendizes anzuschließen.

Unter Appendix A (S. 44–47) notiert Geiger Personen mit einem nur kurzen Aufenthalt in Palästina (ohne christliche Pilger und rein sagenhafte Besuche). Gegenüber der hebräischen Version findet sich hier unter anderem der Eintrag zu Strabo, dessen Besuch wohl niemals stattgefunden hat, durch den Verweis auf neuere Sekundärliteratur gestrafft. Neu aufgenommen sind die Lemmata zu Augustus (S. 44), Marcus Vipsanius Agrippa (S. 44), Rufinus (S. 46) und Theodorus 5 (S. 47). Der mit der hebräischen Vorlage identische Appendix B behandelt den Personenkreis um Herodes (S. 48 f.).

Appendix C notiert jüdische und samaritanische Intellektuelle, welche ein griechisches Werk ohne Bezug zur jüdischen beziehungsweise samaritanischen Religiosität verfassten (S. 50–52). Inwieweit die Abgrenzung dieser Gruppierung zu den im Hauptteil der Prosopographie genannten Personen methodisch immer eindeutig möglich ist, wird von Geiger nicht hinterfragt. Gegenüber der hebräischen Version fällt die geänderte Reihenfolge der hier chronologisch sortierten Lemmata auf. Die Einträge zu Symmachos (S. 52), Halityros (S. 50), Judas und dem Sohn des Gamaliel sind nun mit Fragezeichen versehen. Neu ist der Eintrag Arsenius (S. 52) mit seinen Söhnen Sallustius und Silvanus. Der Eintrag Anonymus 11 findet sich nun im Hauptteil der Prosopographie.

Im Appendix D, ›Intellektuelle aus Petra‹ (S. 53–55), ist das Lemma »Gaius« nun mit einem Fragezeichen versehen. Die Einträge zu Eutychius, Iulianus und Serapion befinden sich nun im Hauptverzeichnis (Eutychius S. 23, Iulianus II S. 26 [dort neu eingefügt als weiteres Lemma Iulianus I]; Serapion S. 35).

Der gegenüber der hebräischen Ausgangsversion neu eingefügte Appendix E (S. 56) trägt die Überschrift ›Verse inscriptions from Palestine‹ und ist im Gegensatz zu den vorangegangenen Appendizes keine prosopographische Liste. Geiger hebt hier hervor, dass man zahlreiche griechische Verse auf Tonresten auch an Orten findet, die ansonsten keine Indizien für ein gebildetes Griechentum aufweisen. Ungeachtet ihrer ursprünglichen Herkunft ließen derartige Funde einen gewissen Rückschluss auf die intendierten Leser und auf die Formen des hellenistischen Einflusses in der Region zu (S. 56), wie Geiger an zwei paradigmatischen Fällen aufzeigt.

Der erste Teil des Buches ist alleine schon deshalb zu begrüßen, weil er diese prosopographische Zusammenstellung in einer westlichen Sprache rezipierbar macht. Dem Autor schwerlich anzulasten sind dabei einige Unsauberkeiten der Übertragung. So ist es erst einmal nur optisch auffällig, dass zum Beispiel der Quellenbeleg zu Andromachus und Gemellus (S. 48) zunächst in der Form »141-5« und sodann als »141–145« notiert wird. Jedoch ist diese Belegstelle überdies korrupt, denn die beiden Personen werden bei Ios. ant. Jud. 16, 241–245 genannt. In der hebräischen Ausgangsversion finden sich sowohl Format als auch Verweis noch korrekt!

Inhaltlich betrachtet ist die Abgrenzung der behandelten Personengruppe beziehungsweise -gruppen diskutabel. So nimmt Geiger antike und spätantike Autoren, die sich ausschließlich mit christlichen Themen beschäftigt haben, nicht in die Prosopographie auf, wohl aber solche, die sich sowohl christlichen und als auch ›hellenistischen‹ Themen (S. 11) widmeten. Aus der Pragmatik heraus ist Geiger Recht zu geben, dass sich die christlichen Schriftsteller in anderen Untersuchungen in der Regel gut bearbeitet finden (S. 11). Trotzdem führt dies zu einem unvollständigen Bild der palästinischen Bildungskultur. Ebenso problematisch ist vor diesem Hintergrund die Exklusion der jüdisch-hellenistischen Literatur.

Im zweiten Teil widmet sich Geiger in insgesamt sieben Kapiteln gezielt den griechischen Intellektuellen Askalons, wobei er chronologisch die Eckpunkte vom Ende der Republik bis zur arabischen Eroberung setzt.

Im einführenden ersten Kapitel hebt der Verfasser die griechische Sprache als verbindendes Element innerhalb der antiken Bildungswelt hervor (S. 57). Palästina macht hier keine Ausnahme. Vielmehr verstanden sich Städte wie Gadara, Hippos und Gaza nach antiken Zeugnissen nicht nur selbst als hellenistische Poleis, sondern wurden auch von Außenstehenden als solche wahrgenommen (S. 57). Geiger wählt Askalon als exemplarisches Untersuchungssujet, weil hier die Quellenzeugnisse den größten Zeitraum umspannen und die Stadt als Einzige im westlichen Palästina niemals unter jüdischer Oberhoheit stand (S. 59).

Dabei stammen die frühesten Zeugnisse für die hellenistische Bildungskultur in Askalon interessanterweise aus Griechenland, wie im zweiten Kapitel ausgeführt wird. Das erste Zeugnis ist ein in Athen gefundener Epitaph für einen gewissen Shem beziehungsweise Antipatros aus Askalon (viertes bis drittes vorchristliches Jahrhundert), welches neben einer griechisch-phönizischen Inschrift auch ein griechisches Epigramm bietet (S. 61 f.). Das zweite Zeugnis besteht aus mehreren delischen Inschriften zu Ehren des aus Askalon stammenden Bankiers Philostratos von Neapolis (Italien) und seiner Familie (S. 62–64).

Die Schlussfolgerungen sind typisch für Geigers Interpretationsweise. Ungeachtet der Möglichkeit, dass die Sprache vor allem dem Aufstellungsort der Inschriften geschuldet sein könnte, versteht er die griechischen Epigramme als Ausdruck von Sprachkompetenz und Bildungsnähe, welche auf ein entsprechendes kulturelles Umfeld in Askalon verweisen.

Im dritten Kapitel fungiert Stephanos von Byzanz als Kronzeuge für die Blüte der hellenistischen Bildung in Askalon im zweiten und ersten vorchristlichen Jahrhundert, da er in seiner Ethnika zum Stichwort Askalon acht bekannte Persönlichkeiten der Stadt nennt, welche Geiger im Folgenden unter reichhaltiger Berücksichtigung weiterer Quellen betrachtet: die Grammatiker Dorotheos und Ptolemaeos; die Historiker Apollonios und Artemidoros; die Stoiker Antibios, Eubios, Antiochos ›den Schwan‹ und Sosos. Dabei macht der Verfasser umfangreich Gebrauch von dem antiken Verzeichnis der Stoiker von Philodemos, auf dessen Basis er weitere Philosophen Palästinas (unter anderem Aristos von Askalon, S. 78) namhaft macht. Aus den Quellen heraus zeigt Geiger auf, dass sich die beiden Grammatiker, wie im Übrigen auch Theodoros von Gadara, vor allem mit der »attischen Reinheit« der griechischen Sprache beschäftigten (S. 70). Die Frage, ob der Grammatiker Ptolemaeos auch ein Geschichtswerk verfasst habe, bejaht der Autor mit Verweis auf ein analoges historisches Interesse des Theodoros (S. 72). Mehrfach hebt er im Kontext der genannten Philosophen deren Verbindung zur römischen Oberschicht hervor (S. 79). Es ist daher nur konsequent, dass Geiger mit dem Tragödienschauspieler Apelles eine weitere Persönlichkeit Askalons anfügt (S. 80).

Das vierte Kapitel konzentriert sich auf die mehrheitlich in der palatinischen Anthologie überlieferten Epigramme des Euenos von Askalon. Freilich ist die Zuordnung aller dieser Distichen zu dem Verfasser aus Askalon nicht gesichert, da die Anthologie von mehreren Autoren auszugehen scheint. Aufgrund von Stil und Inhalt dieser Texte hält Geiger aber die Autorenschaft nur einer Person, die möglicherweise auf dem Weg über mehrere Orte nach Athen emigrierte, für denkbar.

Im fünften Kapitel stellt der Verfasser zunächst heraus, dass wir für das dritte und vierte Jahrhundert kaum Angaben über das intellektuelle Leben Askalons zu machen vermögen, obgleich die kulturelle Blüte der Stadt ausweislich der archäologischen Zeugnisse bedeutend war (S. 88). Immerhin bezeugen drei Inschriften aus dem ägyptischen Theben den Besuch dreier Scholastikoi aus Askalon (S. 90), und der Mythograph Fulgentius bezeugt im fünften Jahrhundert einen gewissen Serapion von Askalon, der ein Buch über Träume geschrieben haben soll. Mehr Informationen lassen sich über den bislang kaum beachteten Rhetor Ulpian von Askalon sammeln, wobei hier einmal mehr das Problem darin besteht, dass sich die unterschiedlichen Quellenzeugnisse namentlich auf unterschiedliche Personen beziehen. Jedoch seien sie alle auf Ulpian zu beziehen, den Lehrer des Libanius von Antiochien (S. 92–96). Weitere genannte Intellektuelle sind der Sophist Zosimos (S. 96–100), der christliche Philosoph Aeneas und Zacharias Rhetor. Aber auch der Besuch auswärtiger Gelehrter prägte das kulturelle Leben Askalons, wie Geiger abschließend mit Verweis auf den Besuch des Philosophen Marinus von Neapolis hervorhebt, welcher als Samaritaner zur pagangriechischen Religionsausübung konvertierte.

Das sechste Kapitel ist Julian von Askalon gewidmet und speziell der Frage, ob dieser nur Autor der unter seinem Namen überlieferten metrologischen Tabelle sei oder ob er auch für das in der handschriftlichen Überlieferung mit dieser Tabelle verbundene Werk zu baurechtlichen Fragen verantwortlich zeichne. Für letzteres votiert Geiger mit starkem Bezug zur handschriftlichen Überlieferung.

Das siebte Kapitel beschreibt zwei Tempelstätten in Askalon (S. 126–129), nämlich die des Asklepios Λεοντοῦχος sowie Tsrif Askalon.

Dabei bezeichnet das Löwen-Epitheton des ersten Ortes, wie Geiger mit Verweis auf eine Aussage des Julius Africanus nachweist, eine spezifische Schlangenart, so dass hier weder eine abweichende Art der Asklepiosverehrung noch eine Korruption der überlieferten Bezeichnung anzunehmen ist. Der zweite Ort gehört zu den im babylonischen Talmud (Avoda Zara 11b) genannten fünf Orten, an denen der Götzendienst fortdauernden Bestand hat. Dabei referenziere der Begriff »tsrif« nicht auf die dort verehrte Gottheit, sondern auf die Art des sakralen Gebäudes. Freilich verweise diese auf einen ägyptischen Kontext, was mit der älteren Forschungsansicht harmoniere (so S. 129), dass an diesem Ort Serapis verehrt wurde.

Im Anschluss an das siebte Kapitel (S. 130–133) findet sich als Appendix zum zweiten Teil die bereits früher publizierte Untersuchung zu Marianus von Eleutheropolis (Scripta Class. Israelica 28, 2009, 113–116), in der er die Identifikation des Dichters mit dem gleichnamigen, bei Agathias Scholastikos erwähnten Poeten der Korona diskutiert. Auffällig ist hier, dass sich Geigers eigenes Corrigendum (Scripta Class. Israelica 29, 2010, 163) zu diesem Beitrag nicht eingearbeitet findet.

Im dritten Teil widmet sich Geiger der Frage der Latinität in Palästina. Wenngleich diese Fragestellung angesichts der Hauptthematik des Bandes etwas verwundert, so wird man dem Autor durchaus zustimmen, dass sich die bisherigen Untersuchungen zur Sprachverbreitung in Palästina zum einen vor allem auf das Verhältnis der griechischen zur hebräischen respektive aramäischen Sprache, zum anderen fast ausschließlich auf Sprecher der jüdischen Religionsgemeinschaft fokussierten (S. 135). Demgegenüber legt Geiger sein Augenmerk auf nicht-jüdische und sogenannte hellenisierte Personen. Inwieweit hellenisierte Juden durch diese Abgrenzung erfasst oder ausgeschlossen werden, reflektiert der Verfasser nicht.

Die Quellenlage für die Zeit vor der Eroberung durch Pompejus ist zugegebenermaßen dürftig und lässt lediglich Raum für allgemeine Überlegungen (S. 135). Die Opinio communis, die Verbreitung des Lateinischen habe sich vor allem auf Armee und Verwaltung beschränkt, betrachtet Geiger kritisch. Ein Interesse der einheimischen Nobilität an der lateinischen Kultur sei anzunehmen. Als Zeugen für diese Überlegung führt der Autor neben dem aus Ptolemais stammenden Peripatetiker Flavius Boethus den jüdischen Aristokraten Gemellus an, der mit Bezug auf die Prosopographie (erster Teil) als Lateinlehrer der Söhne des Herodes bezeichnet wird (S. 136). Dabei erscheint das letzte Beispiel geradezu paradigmatisch für Geigers maximalistische Art der Quellendeutung: denn dass Gemellus der Lateinlehrer gewesen sein könnte, erschließt er aus der Tatsache, dass der im gleichen Kontext bei Josephus (ant. Iud. 16, 242) genannte Andromachos der Griechischlehrer gewesen sein soll. Freilich notiert Josephus an dieser Stelle lediglich, dass die beiden Personen an der Ausbildung der Herodessöhne beteiligt waren. Konkrete Fächer oder Inhalte werden nicht genannt.

In einem weiteren Schritt wendet sich der Verfasser sodann den Inschriften zu (S. 137–139). Dabei deutet freilich die bei Josephus attestierte bilinguale Verbotsinschrift, das Jerusalemer Heiligtum zu betreten, hauptsächlich auf kurzzeitige Besucher Palästinas. Interessanter ist der Josephusbericht über Privilegien für Hyrkanos, die angeblich auf bilingualen (griechisch und lateinisch) Tafeln in Sidon, Tyrus und Askalon publik gemacht wurden. Inwieweit dies – ebenso wie der mehrsprachige Titulus crucis – eine linguistische Realität in Palästina spiegelt, bewertet auch Geiger als diskutabel.

Von diesem Grundbefund ausgehend fragt der Autor sodann (S. 139–150) gezielt danach, ob das Lateinische nur in kleineren sozialen Gruppen beheimatet war oder ob eine breitere Kenntnis angenommen werden darf. Die Kritik des Libanius von Antiochien an der augenscheinlich in lateinischer Sprache ausbildenden Juristenschule von Berytus verrät den Einfluss des Lateinischen auf dieses Fachgebiet (S. 139), zumal die meisten juristischen Werke in lateinischer Sprache abgefasst waren. Daher betont Geiger zu Recht, dass viele der in der Prosopographie genannten Juristen, so Zacharias von Gaza, in Berytus studiert haben.

Angesichts der breiten Behandlung des juristischen Umfeldes fällt auf, dass der Verfasser den Fragenkomplex der Vertrautheit rabbinischer Autoritäten mit Vorschriften des römischen Rechtes nur sehr knapp abhandelt (S. 142). Zudem übergeht er in seiner Diskussion Quellen wie die sogenannten Scholia Sinaitica oder das ursprünglich griechisch abgefasste Syrisch-Römische Rechtsbuch. Wenngleich die juristische Sprache lateinisch geprägt war, wurde demnach anscheinend in der Praxis der juristischen Ausbildung Griechisch verwendet, insbesondere als im Laufe der Spätantike die Lateinkenntnisse schwanden.

Ein nicht geringer sprachlicher Einfluss ging sicherlich von Pilgern und Klostergründungen durch Immigranten aus (zum Beispiel Melania die Ältere oder Hieronymus). Hervorgehoben werden darf daher die Aussage der Pilgerin Egeria, nach der einige Personen der Jerusalemer Gemeinschaft weder die griechische Predigt noch die aramäische Übersetzung verstanden, sondern auf die Hilfe von griechisch-lateinischen Gemeindegeschwistern angewiesen waren (Peregr. Eger. 47, 3–4). Dem Zeugnis von Hieronymus zufolge wurden die Psalmen bei der Beerdigung der Paula in Griechisch, Latein und Aramäisch gesungen (ep. 108, 29).

Als einen weiteren palästinischen Literaten lateinischer Zunge macht Geiger den christlichen Autor Commodianus aus, der dem Beinamen Gaseus zufolge aus Gaza stammen könnte (S. 143). Dabei übergeht der Verfasser freilich die alternativen Optionen, dass es sich um einen nordafrikanischen Autor handelt (so sprachliche Indizien) oder um einen jüdischen Proselyten (was für das Latein sprechende Klientel von Interesse wäre). Auch die im Umfeld des Kirchenvaters Hieronymus anzusetzende Übersetzungstätigkeit möchte Geiger als Zeugnis für eine breitere Kenntnis der lateinischen Sprache in Palästina gewertet wissen. Gleichwohl beklagt sich Hieronymus in der von Geiger selbst angeführten Belegstelle (ep. 75, 4, 2) ausdrücklich, dass es zu wenige der lateinischen Sprache kundige Schreiber in Palästina gebe. Dass dem Kirchenvater mit Sophronius (S. 145) ein in mehreren Sprachen eloquenter Mitarbeiter zur Verfügung stand, muss wohl eher als eine Ausnahme verstanden werden, welche die Regel bestätigt. Jedoch ist die Quellenlage in dieser Frage zugegebenermaßen zu dünn, um valide Aussagen treffen zu können. Die Problematik der Quellenarmut zeigt sich auch in weiteren Bemühungen, für einzelne Schriftsteller und Übersetzer Palästina als Heimat zu bestimmen, wie der Autor selbst unumwunden zugibt (S. 149). Trotz der Unsicherheiten zeigt er sich aber überzeugt, dass das Lateinische zwar einen limitierten, aber in der späteren Antike immer stärker werdenden Teil des Hellenismus im Osten darstellt.

Der Band wird abgeschlossen durch eine umfangreiche Bibliographie (S. 151–170) und einen Index, der hauptsächlich die Namen der behandelten Personen und antiker Quellenautoren auflistet (S. 171–177). Ein Quellenverzeichnis, wie ihn Geiger bei ›Tents of Japheth‹ beifügt, wäre unter Umständen gerade in Hinblick auf den zweiten Teil des vorliegenden Buches nützlich gewesen.

In der Gesamtsicht ist das Buch für alle, die sich intensiver mit der antiken beziehungsweise spätantiken Bildungs- und Kulturgeschichte befassen, ausgesprochen inspirierend, und es kann keinen Zweifel an Geigers vorzüglicher Kenntnis des antiken, spätantiken und frühmittelalterlichen Quellenmaterials geben. Ein einfach zu lesendes Handbuch zur palästinischen Bildungsgeschichte ist das vorliegende Werk freilich nicht und will es auch nicht sein. Deutlich merkt man den einzelnen Teilen an, dass sie aus Spezialuntersuchungen hervorgegangen sind. Antike Personen und Werke werden oft ohne weitere Angaben eingeführt und zwingen angesichts des breiten chronologischen Rahmens selbst bildungsgeschichtlich interessierte Leser zur regelmäßigen Konsultation des prosopographischen Teils. Auf Geigers Weise, Quellen maximalistisch im Sinne seiner Thesen auszulegen, wird man sich auf eine zumindest rezeptionelle Ebene einlassen müssen, um das inhaltlich zweifelsohne gehaltvolle Werk mit vollem Gewinn lesen zu können. Aber selbst wenn man diese Interpretationsweise fachlich ablehnt, so steht außer Frage, dass der Verfasser mit dieser Monographie ein Referenzwerk vorlegt, von dem weitere Untersuchungen zur Bildungsgeschichte Palästinas ausgehen können und sollten.

Wuppertal   Marcus Sigismund

Martin Jehne und Christoph Lundgreen (Herausgeber), **Gemeinsinn und Gemeinwohl in der römischen Antike**. Verlag Franz Steiner, Stuttgart 2013. 220 Seiten.

›Gemeinwohl‹ und ›Gemeinsinn‹ sind umstrittene Begriffe: Umstritten ist, ob es ein Gemeinwohl überhaupt gibt und, wenn ja, ob es sich bei ihm um mehr handelt als die Summe des individuellen Nutzens der Mitglieder der Gemeinschaft. Umstritten ist, welche Funktion die Orientierung am Gemeinwohl etwa für die Legitimität kollektiv verbindlicher Entscheidungen besitzt. Umstritten ist schließlich, was mit dem expliziten Bezug auf das Gemeinwohl und gegebenenfalls der Behauptung einer Differenz zwischen Gemeinwohl und Gemeinsinn der Bürger gesagt werden kann beziehungsweise soll.

In der Alten Geschichte werden Fragen nach der Rolle des Gemeinsinnes und nach Gemeinwohldiskursen bislang im Anschluss an Paul Veyne unter dem Schlagwort des Euergetismus vornehmlich als Praxis und vor allem für den griechischen Raum behandelt. Der vorliegende Sammelband, der aus dem Dresdner Sonderforschungsbereich 804 ›Transzendenz und Gemeinsinn‹ hervorgegangen ist, konzentriert sich nun zeitlich auf die römische Antike und thematisch auf Gemeinsinn und Gemeinwohl als Argumente innerhalb politischer Diskurse, fragt also danach, welche Akteure bei welchen Themen auf das Gemeinwohl rekurrierten, an den Gemeinsinn ihrer Zuhörer appellierten, und nimmt zudem die Folgen eines solchen Gemeinwohlbezuges, nicht zuletzt in Gestalt der Selbstbindung der Akteure, in den Blick.

In einer knappen Einleitung (S. 9–19) ordnen die Herausgeber den Sammelband in das Forschungsfeld ein und stellen dabei insbesondere den Bezug zu den Ergebnissen der von Herfried Münkler geleiteten Forschergruppe zu ›Gemeinwohl und Gemeinsinn‹ her, die von der Berlin-Brandenburgischen Akademie der Wissenschaften von 1998 bis 2002 gefördert wurde und deren Konzept der Sammelband weitgehend übernimmt.

Der erste Abschnitt ist den Diskursen in Rom gewidmet. Zunächst untersucht Martin Jehne die Rolle des Senats (S. 23–50). Dabei geht es ihm darum, die historische Entwicklung nachzuzeichnen, in deren Verlauf der Senat zunächst zum Hüter des Gemeinsinns aufsteigen sollte, diese Stellung seit der zweiten Hälfte des zweiten Jahrhunderts aber allmählich verlor. Jehne betont dabei vor allem die Rolle der Konsulare. Deren geringe Karrierechancen hätten im Zusammenspiel mit der Masse des Senats dazu geführt, die Partialinteressen der Magistrate im Zaum zu halten. Ermöglicht worden sei diese Entwicklung durch Tendenzen der Institutionalisierung und Hierarchisierung des Senats nach dem Ende des Ersten Punischen Krieges und die zunehmende Beschäftigung mit auswärtigen Gesandtschaften seit der Wende zum zweiten vorchristlichen Jahrhundert. Im Verlaufe dieses Säkulums hätten sich aber zunehmend Gruppenprivilegien herausgebildet, die mit der Behauptung von Gemeinsinn unvereinbar gewesen seien. Im nachsullanischen Senat sei es schließlich nicht mehr gelungen, das Bild des Senats als Hüter des Gemeinwohls aufrechtzuerhalten. Dies sei durch das ungünstige Verhältnis von Konsularen und dem Rest des Senats sowie den Umstand bedingt worden, dass das Gemeinwohl nun nicht zuletzt mit der effizienten Verwaltung des Reiches identifiziert wurde, die durch die Inhaber der außerordentlichen Imperien besser sichergestellt werden konnte.

Im zweiten Beitrag geht Fabian Knopf der Rolle von Gemeinsinn und Gemeinwohl in der politischen Rhetorik Ciceros und in den Geschichtswerken Sallusts nach (S. 51–72). Der Verfasser zeigt zunächst, wie der Erfolg der Römer ganz wesentlich auf die Gemeinwohlorientierung zentraler Akteure zurückgeführt wurde. Im Kontrast hierzu stehen die Beschreibungen derer, die aus der Gemeinschaft ausgeschlossen werden sollten. Personen wie Publius Clodius Pulcher oder Lucius Sergius Catilina wurde jede Form von Gemeinsinn abgesprochen, sie wurden gar in die Nähe von Wahnsinnigen gerückt. Damit wurde aus der Krise der Republik eine ethische, keine systembedingte, was die Chance zu wirksamen Reformen minderte.

Ein zweiter Abschnitt wendet sich der Praxis in Italien und den Provinzen zu. Konrad Petzold nimmt zunächst die Arbeitsleistungen der Bürger für ihre Gemeinschaft in den Blick und fragt danach, inwieweit diese als »Euergetismus-Substitut« verstanden werden konnten (S. 75–97). Zwar wird die Untersuchung – wie der Verfasser zu Recht anmerkt – durch die Quellenlage mit ihrem Fokus auf die Eliten des Imperium Romanum erschwert, das gut ausgebaute Straßennetz und die Infrastruktur im Bereich der Wasserversorgung, die nicht ohne erhebliche Arbeitsleistungen von Seiten der Bürger möglich gewesen wären, lassen die Frage nach der Bewertung solcher Arbeitsleistungen dennoch wichtig erscheinen. Petzold gelingt es, die Ambivalenz solcher Leistungen herauszuarbeiten. Gerade dort, wo die Rivalität zwischen Städten ausgenutzt werden konnte, scheint es, dass die Verpflichtung, Arbeitskraft zur Verfügung zu stellen, nicht oder zumindest nicht nur als Repressalie verstanden wurde. Gemeinsinn war auch in unterelitären Schichten etwas, an das sich mit Erfolg appellieren ließ.

Dass man es mit der Gemeinwohlprätention auch übertreiben konnte, zeigt im Folgenden Stefan Fraß (S. 99–118): Nicht immer war die Investition eigener Ressourcen und die Behauptung unumstritten, jene diene dem Wohle der Gemeinschaft. Eigenlob konnte negativ auffallen, die Standesgenossen konnten den Gemeinsinn der Spende bestreiten, Angst vor den Folgekosten einer Euergesie konnte deren Akzeptanz in Frage stellen.

Eine Gruppe, die sich, wie zahlreiche Inschriften zeigen, in besonderem Maß bemühte, ihren Gemeinsinn darzustellen, um damit einen Platz zwischen Dekurionen und Plebs für sich zu reklamieren, waren die Viri Augustales, denen sich Daniel Pauling zuwendet

(S. 119–149). Ihn interessiert vor allem die Spannung zwischen Selbst- und Fremdwahrnehmung beziehungsweise den Formen der Fremdwahrnehmung unterschiedlicher sozialer Schichten. Während sich begründet annehmen lässt, dass die Augustalen selbst ihre herausgehobene soziale Position als Folge ihres Engagements für die Gemeinschaft betrachteten und diese Perspektive auch durch lokale Eliten geteilt wurde, scheint zumindest für Teile der römischen Oberschicht die Gefährdung der gesellschaftlichen Ordnung im Mittelpunkt gestanden zu haben.

Ein dritter Abschnitt ist schließlich rezeptionsgeschichtlichen Problemen vorbehalten. Antje Junghanß untersucht die antiken Wurzeln des »sense of public wealth« bei Shaftesbury und zeichnet die Missverständnisse nach, denen der Gegner von Thomas Hobbes bei seinen Deutungen der Koinonoemosyne des Mark Aurel sowie des Sensus communis etwa bei Horaz und Juvenal unterlag (S. 151–175) und die Sensus communis zum Gemeinsinn werden ließen.

Auch der letzte Beitrag, von Christoph Lundgreen über ›Zivilreligion in Rom?‹, handelt von einer Geschichte von Missverständnissen (S. 177–202). Das Konzept der Zivilreligion, das in aktuellen Debatten zu den Grundlagen der Integration moderner Gesellschaften eine Rolle spielt, besitzt zugleich einen doppelten Antikenbezug: Zum einen wird das Konzept nicht selten auf Varro und die Theologia civilis zurückgeführt, zum anderen genutzt, um die Spezifik römischer Religion zu beschreiben. Lundgreen betont, dass sich weder eine Kontinuität von der Antike bis zur Entstehung des entsprechenden modernen Konzepts nachweisen lasse, noch der moderne Entwurf der Zivilreligion, der auf einer grundsätzlichen Trennung zwischen Religion und dem Politischen beruhe, für die Erklärung römischer Verhältnisse einen heuristischen Wert besitze.

Gemeinwohl und Gemeinsinn werden auch in Zukunft umstrittene Begriffe bleiben. Für ihre Verwendung als Argumente innerhalb politischer Diskurse in der römischen Antike stellt der Sammelband eine willkommene Bereicherung dar.

Bonn   Jan Timmer

Darja Sterbenc Erker, **Religiöse Rollen römischer Frauen in ›griechischen‹ Ritualen.** Potsdamer Altertumswissenschaftliche Beiträge, volume 43. Publisher Franz Steiner, Stuttgart 2013. 310 pages.

During the last decades, women's status and roles in ancient Roman society have been widely studied. Female religious roles, too, have been discussed by several scholars using different approaches. Women's participation in the official Roman religion has usually been interpreted as marginal and subordinated to men's. It has been stated that women principally participated in cults dealing with the feminine sphere of life, referring to fertility, chastity, and reproduction. The traditional Roman religion, in particular, has been defined as suppressive of women. On the other hand, some interpretations are based on ideas about their presumed magical power.

Scholars with an outright feminist approach may have been more fascinated by the so-called mystery cults which, allegedly, gave more emotional satisfaction to women than the traditional cults. Thus, it is pleasing to see that Darja Sterbenc Erker has devoted her study to women's role in the official Roman religion and showing new aspects in this subject.

Erker finds it problematic and simplified to connect the lower social status of Roman women with their religious roles. Furthermore, she criticizes the view that women only participated in cults dealing with female life. The starting point of Erker's study is the view presented by, for example, John Scheid that virgins and matronae had a marginal status in ancient Roman religion. This marginality has been explained also by the supposed tendency of Roman females to participate in cults of foreign origin. Foreign seems to be equated with feminine in a negative way.

Erker focuses on two aspects of Roman religion in her book. First, she studies so-called Greek rituals (Graecus ritus) performed by Roman matronae for the benefit of the state. Secondly, she is interested in the intertwining of the concepts of feminine and foreign in ancient discourses on religion. Prior to the analysis of these themes, Erker gives the reader an overview of woman's judicial status in ancient Rome, traditional Roman cults of women, and literary descriptions of their virtues and cults in the Augustan era. The backbone of Erker's study consists of an analysis of sources describing their participation in the cult of Ceres, expiatory rites of the Mid-Republican era as well as Livy's narrative of the so-called Bacchanalia scandal, and stories about the Cybele-cult in Rome.

There are many methodological challenges in the study of ancient religions, such as the incoherence and scarcity of sources. There is also the danger of projecting modern views on gender differences as unchanged in Antiquity. Furthermore, there is the essential question of men's capacity to know anything about women's cultic activities. Erker points out that ancient authors often describe female religious roles using negative stereotypes. Thus, these descriptions usually reveal only little about actual cult practices and their social significance.

The second main chapter of the book deals with the cult of Ceres and especially those aspects of the rituals defined as Greek. Erker shows that by taking on religious duties in the worship of Ceres, marginalized social groups, plebeians and women, were actually integrated into the official religion. Erker's analysis of the supposed foreignness of the rites performed by women in the Ceres-cult is particularly interesting. As for the alien traits in Roman religion, in general, it is pointed out that foreign elements are present even in the stories about the foundation of Rome. The strong Etruscan influence is described by the ancient authors in stories about the early Rome. In the Roman historical myths, the Romans themselves are descendants of Trojan refugees. It is, after all, difficult to define a strict line between Roman and foreign in Roman religion.

The festival called Sacrum anniversarium Cereris is an interesting case, since it was defined as belonging to Graecus ritus and it was celebrated by women during night time. According to Cicero, nocturnal rites of females were allowed only if performed for the benefit of the state (pro populo). The official significance of the festival is reflected in Livy'sstory about the situation in Rome after the defeat at Cannae during the Second Punic War in 216 B. C. According to this historian, the celebration was in danger of being neglected while almost all Roman wives were mourning. Thus, the senate decided to cut women's mourning period so that the celebration could be carried out. The celebration was considered essential for the well-being of the Roman state.

Livy's story as well as Cicero's passage on women's nocturnal rites in De legibus reflects the official and respected status of the sacrum anniversarium Cereris, not marginality. Furthermore, Erker criticizes the conventional view of the sacrum anniversarium Cereris as a Roman parallel to the Greek Thesmophoria, an all-female festival of Demeter and Kore. The Roman goddess Ceres was not particularly connected to human fertility, but rather to fruitfulness in general. Ceres was also honoured as the founder of civilization. The temple of this goddess was founded in Rome during the first years of the Republic, and thus the cult was also connected to the new political system in which plebeians could have offices. According to Erker, in the Augustan era Ceres was rather worshipped as a goddess of civilization than a deity of agriculture.

Erker tries to reconstruct the rites performed in honour of Ceres by females. These rites include fasting preceding the celebration, a procession of women, and a sacrifice which, according to Erker, was an animal immolation. The participants at the sacrum anniversarium Cereris were Roman matronae. On the other hand, priestesses leading the rituals and performing the sacrifices were originally from Magna Graecia. They were given the Roman citizenship and an official status. The sacrifice was performed according to Graecus ritus, that is, without a wine offering.

Erker points out that details of both the Cerialia festival, celebrated in April, and the sacrum anniversarium Cereris are known insufficiently. She considers it problematic to parallel the sacrum anniversarium with the story about the rape of Proserpina. The details of the myth do not explain the rituals performed in the celebrations. According to the author, reducing the Roman religion to peasants worshipping invariably for centuries wishing to get the fertility of land guaranteed is misleading. Myth and ritual are two distinct phenomena.

In the third main chapter Erker focuses on expiatory rites performed by females in the cults of Bacchus and Cybele. Women had prominent roles in official expiatory rites performed in Rome from the third century B. C. on. A novelty in the worship of Ceres, a fasting by the matronae (ieunium Cereris), was introduced as an expiatory rite in 191 B. C., and it was included precisely in the Greek style of the Ceres-cult. The author compares this to the expiatory rites performed by Roman matrons and maidens in 207 B. C. Greek peplophoria are introduced as possible models for the new expiatory rites in Rome. According to the historian Livy, the expiatory rites were carried out because of many appalling prodigies, including an androgyne child. During the preparations for the ceremony, a lightning struck the temple of Juno Regina on the Aventine, and new expiatory rites were ordered to be performed by the matrons. The structure and organization of these rites show that women were well integrated into the official religion, and their participation was regarded necessary for the Roman state.

The matronae's participation in the Ceres-cult and various expiatory rites was higly official and apparently respected even if rituals carried out by them belonged to the category of Graecus ritus. There were, however, other religious sects and practices that were labelled as foreign and feminine and far from respectable. Such religious communities as those of Isis and Bacchus and Christianity were denigrated, and the label of feminine was an essential part of the denigration. Suspicious religious phenomena could be defined as magic or superstition. Women were stereotypically considered especially prone to superstition. Livy's description of the so-called Bacchanalia scandal is an illustrative example of this kind of stereotype.

Erker very convincingly studies Livy's narrative in the context of the Augustan policy. The details of the historian's narrative cannot be taken for face value. The rewards given to Hispala who revealed the Bacchic conspiracy anachronistically reflect Augustan legislation on family and marriage. Erker also sees reflections of the rise of the equestrian order in the story. As for the actual Bacchus-cult she points out that it is very difficult to reconstruct the Bacchic rites because of the partial and unreliable sources. The author convinces when criticizing interpretations (Ross Shepard Kraemer) of women's participation in ecstatic rites to be a compensation for their subordinated role in society and for their frustration. She is rather positive about the idea (Synnøve des Bouvrie) that a Dionysiac trance integrated the worshipper back into society. According to Erker, the Bacchic rites were not more feminine than in other private cults but the label of feminine was a means of denigration.

The Cybele-cult is the author's last example of the difficulties in defining the line between Roman and foreign elements in Roman religion. There seems to have been a double structure in the cult. The officials and magistrates were involved in the rituals, but also priests and priestesses who were of a lower social status than celebrants in old Roman cults. Women play a prominent role in descriptions of the introduction of the goddess in Rome. Erker argues that there was no clear line between foreign and Roman ways of worshipping Cybele. According to Erker, even the ritual practices of the Roman cult of the goddess from Pessinus were romanized practices and institutions of Greek origin. She recalls that Magna Mater came from the mythical country of Aeneas, the progenitor of the Romans.

Erker also discusses the story about Claudia Quinta, the virtuous Roman matron who played a pivotal role when the black stone of Cybele was brought to Rome in 204 B. C. There are several variations of the story in Roman literature, but the author focuses on the version told by Livy. She points out that Claudia Quinta was not just any noble woman of Rome, but represented the gens Claudia, the family of Augustus' wife Livia. In Livy's story this matron is paragon of feminine chastity, a virtue particularly important in Augustan ideology.

In the conclusion of her book Erker underlines that the concept of Romanness was complex and included foreign elements. She argues that Graecus ritus was a discourse discussing differences between the sexes and not a sign of feminine marginality. Furthermore, the spheres and virtues of women were not only of private importance. Reproduction was also a political matter. The religious politics of Augustus promoted traditional female virtues. Erker regards the official religious roles of Roman women as a result of a division of religious competence. In ancient literature, such rituals performed by females that benefited the Roman state, were described in a positive light, while the others were esteemed rather negatively.

The book is a significant contribution to the scholarly discussion on females in Roman cults, Roman identity, and Roman religion in general. The author is widely read in scholarship on women and Roman religion. Her analysis of ancient sources is solid, her study of the Augustan sources in their contemporary context particularly convincing and insightful. As for the use of Christian and Late Antique sources, I would have welcomed more nuanced analyses paying attention to the impact of Christian agenda.

Darja Sterbenc Erker has wisely focused on a restricted number of female's rituals and not tried to survey all possible details concerning women in Roman religion. The careful study of their tasks in the rituals of Graecus ritus enables her to give a new and fresh insights to the scholarly discourse on gender in Roman society.

Helsinki   Marja-Leena Hänninen

Ralf von den Hoff, Wilfried Stroh and Martin Zimmermann, **Divus Augustus. Der erste römische Kaiser und seine Welt.** Publisher C. H. Beck, Munich 2014. 341 pages with 74 mostly coloured figures, 2 plans and a map.

The 2014 bimillennial of Augustus' death offers an occasion to rethink the Augustan legacy. Was Augustus the embodiment of »una monarchia perfetta« – Dante Alighieri's paragon of good civic leadership? Or was he instead Edward Gibbon's »subtle tyrant«, who with »a cool head, an unfeeling heart, and a cowardly disposition […] wished to deceive the people by an image of civil liberty, and the armies by an image of civil government«? Is Augustus first and foremost a ›friend‹ of the ›free world‹ (and of the academy)? Or should he – like so many more recent political autocrats – be treated with outright ideological suspicion?

›Divus Augustus‹ does not offer a uniform answer to such questions. But it does join numerous other 2014 projects – not least the grand ›Augusto‹ exhibition at the Scuderie del Quirinale in Rome and the Grand Palais in Paris – in introducing Augustus to a new audience, attempting to explain Rome's first princeps »step by step« (p. 9). Although it will become a standard German undergraduate textbook, the volume is not primarily intended for scholars. As introductory guide, the book's target readership is less the Bonner Jahrbücher than the Frankfurter Allgemeine or the Süddeutsche Zeitung: »Es gibt gleichwohl kaum einen Herrscher der europäischen Geschichte, bei dem sich die Frage, ob das Ergebnis die dafür eingesetzten Mittel rechtfertigt, so dringend stellt wie bei Augustus« (p. 14).

Academically speaking, the volume's great innovation lies in its arrangement. The book is organised around a series of distinct temporal periods, charting Augustus' world from cradle (63 B. C.) to grave (A. D. 14). But each part is also split into three subchapters. Rather than offer the standard sort of biography, the authors – each towering figures in their respective disciplines – explore Augustus' »Aufstieg« in »Tat, Wort und Bild« (p. 9): if Martin Zimmermann begins each section with an expert historical overview, Ralf von den Hoff follows with a thematically-led survey of the art and archaeology, while Wilfried Stroh provides a richly wide-ranging (if slightly idiosyncratic) overview of contemporary literature (p. 7). The overarching framework is therefore chronological, according to five carefully delineated periods: 63–44 B. C.; 44–27 B. C.; 27–17 B. C.; 17–2 B. C.; 2 B. C. – A. D. 14. A final ›Ausblick‹ in effect treats A. D. 14–2014, although concentrating on the Julio-Claudian »Abschied von einem Gott«. At the same time, the book is organised around different media: it is not just variables of time, but also those of Ancient History, Classical Archaeology and Classical Philology, that structure this account of Augustan Rome.

This arrangement brings numerous advantages. Despite their different medial remits, the authors do try to cross-reference materials between chapters (albeit most often between their own); sometimes we also find the same epigraphic, archaeological and literary sources being subjected to subtly divergent disciplinary interpretations (above all across the chapters by Zimmermann and von den Hoff). The book consequently offers something to general readers and seasoned scholars alike: one thinks, for example, of the contrast between the omnipresence of the civil wars in the thirties B. C. (›Die dunklen Jahre‹, pp. 61–81) and its near ›Unsichtbarkeit‹ in contemporary imagery (pp. 100–102); likewise, Stroh nicely points out how, despite the burden of Ciceronian literature in the late first century B. C., it was only after Augustus' death that anyone ventured »den Namen Cicero auch nur in den Mund zu nehmen« (p. 109). Throughout, chapters also do an excellent job in situating Augustus' biography within a larger cultural historical context: the Catilinarian affair takes on a whole new poignancy when situated in the year of Augustus' birth (pp. 20; 42); a nice touch too to consider the deaths of Augustus and Ovid in close chronological proximity (p. 267).

From the perspective of an (Anglophone) classicist, perhaps most interesting here are the different ways in which a German ancient historian, archaeologist and literary critic approach their shared Augustan subject. Different ›sources‹ lead to wholly different accounts. For Zimmermann, concerned with the historical ›facts‹ (but also proving the most interdisciplinary of the three), Augustus emerges as a ruthless and pragmatic Machiavellian figure. If the Preface (pp. 9 f.) talks of »rücksichtslose Brutalität«, »Gewalt« und »endlose blutige Bürgerkriege«, it is only really in Zimmermann's chapters that this »Nachtseite des Herrschers« comes to light: analysing how Augustus learned his »dirty political handiwork« (p. 25), or indeed the ruthlessly high »ransomes« placed on his adversaries (pp. 63 f.), Zimmermann pulls no punches about Augustus' pitiless purging of peers: »auch im Jahr 27 v. Chr. war das Blut an seiner Toga« (p. 81). Von den Hoff's take on the Augustan »Bilderwelt« looks markedly tamer in comparison: although Augustus is presented as a master of »Bildsprache«, the princeps presides first and foremost over an artistic ›renaissance‹. Of the three authors, Stroh's literary focus is the least engaged with the bloody pragmatics of power. For Stroh, Zimmermann's »Blut-Zeit« magically flowers into »die augusteische Blütezeit der römischen Poesie« (pp. 143–170) – a period of »große römische Dichtung, die erst eigentlich wieder unter dem jungen Nero aufblüht« (p. 267). Such concern with a literary Golden Age (»ein Höhepunkt der europäischen Literatur«, p. 10; cf. pp. 266 f.) leads Stroh to quite different ›historical‹ questions, like »Was […] der künftige Augustus im Unterricht gelesen [hat]« (p. 47), or indeed which »Barbarensprache« Ovid learnt in Tomis (p. 266). But his approach also brings with it a wholly different authorial style, peppered with aphorisms, exclamations and rhetorical flourishes: »Épatez le bourgeois!« (p. 145), »Welch ein Gedicht!« (p. 209), »Starker Tobak!« (p. 212), »qui s'excuse, s'accuse« (p. 259). These disciplinary differences are played out most starkly in Stroh's ›Bibliographie zur Literatur der augusteischen Zeit‹ (pp. 311–331): where Zimmermann and von den Hoff offer concise, subject-led guides (pp. 295–303; pp. 304–310), Stroh embarks on a bizarrely detailed literary excursus, all the while professing (p. 311) that »die folgenden Hinweise […] nicht in erster Linie für Fachleute bestimmt [sind]«. I resist the temptation to comment on Stroh's puzzling omissions; it seems a glib oversimplification, however, to dismiss those who dare problematize Vergil's Aeneid as »moralisch empfindsame Forscher […] vor allem zur Zeit des amerikanischen Vietnamkriegs« (p. 156).

Its medium-specific organisation is undoubtedly the book's strength. For this reviewer, it is also its Achilles' heel. As structuring principle, chronology works well for Zimmermann's historicizing narratives. When it comes to literary texts, however, the sands of time risk constantly slipping through our fingers: how exactly to construct a relative chronology for respective works by Horace and Vergil, for instance (pp. 103–118)? The problem is all the more acute in the field of archaeology. While coins might lend themselves to precise dating (hence perhaps their abundant illustration), the majority of the book's archaeological materials are much more difficult to pigeon-hole: in which periodized chapter should we situate the Boscoreale silver cups and Gemma Augustea (pp. 239–243), or for that matter the Prima Porta Augustus (pp. 133–137)? Of course, scholars have come up with complex systems for dating Augustan portraiture. Here, though, the complexities are somewhat ironed out. Readers – and, general readers in particular – perhaps deserve a slightly more circumspect introduction: on the one hand, archaeology relies on scholars constructing chronological sequences and imposing them back onto their buried objects; on the other, displayed materials often collapse our assumed chronological categorisations – think of the naked columna rostrata Augustus (p. 68), a statue that remained on display even when togate figures seem to have become the norm (pp. 238 f.). As von den Hoff rightly concedes, archaeology has more to say about some periods than others. But can we really work backwards from later materials (»die uns erhalten sind«) to a reliable image of Augustus' beginnings (»Diese Bilder […] lassen aus dem Rückblick nach 27 v. Chr. seine Anfänge geschönt erscheinen«, p. 28)?

As a collective, the book works hard to combine historical, archaeological and literary perspectives. Individually, however, chapters seem resistant to putting materials together. Zimmermann is most successful at working between different media, as, for example, in his nice analysis of ›Schrift, überall Schrift‹ (pp. 190–192). Archaeological chapters prove somewhat more isolationist. For better or worse, German Classical Archaeology seems rather stuck in the eighties, frozen in a Zankeresque discussion of the »Macht von Bildern« (p. 41) on the one hand, and a Hölscher-derived rhetoric of »Bildsprache« on the other, with all its associated talk of »Symbole«, »Vokabular«, »Bildprogramm«, and »Symbolsprache« (e. g. pp. 129–131; 140; 194–198; 202 f.). Such frameworks have been hugely important, but has this »semantische System« not had its day?

Most disappointing of all is the lack of engagement between visual and literary perspectives. A monstrous shame, for example, that archaeological and literary chapters don't connect their discussions of Horace's Ars Poetica (pp. 206–208) and the ›monstra‹ of Vitruvian wall-painting (pp. 140–142, twice misplacing the relevant Vitruvian passage): whether one thinks of Livia's Garden Room, or indeed the lower panels of the Ara Pacis (pp. 194–196), the whole question of ›ars‹ and ›natura‹ might have forged an interesting cultural historical bridge – framing in turn the political monstrum that was Augustus (cf. P. Hardie [ed.], Paradox and the Marvellous in Augustan Literature and Culture [Oxford 2009], especially Verity Platt's chapter). ›Klassische Philologie‹ perhaps deems Vitruvius a literary embarrassment, leaving him to the archaeologists to ignore (p. 144; the De Architectura is in fact only mentioned in conjunction with Mau's Second and Third Pompeian Styles, pp. 140–142). But literary criticism would appear to judge imagery an irrelevance tout court. Virgilian ecphrasis, in particular Virgil's evocation of the shield of Aeneas (pp. 155 f.), constitutes just one such missed opportunity: literary chapters never risk soiling their hands with material and visual culture, and archaeological chapters rarely stray beyond their ancient ›historical‹ texts and Horace's Carmen Saeculare (cf. e. g. pp. 133–136, on the epic panoply of the Prima Porta Augustus).

With the historical, archaeological and literary chapters each working in traditional disciplinary isolation, it is left to audiences to read between the lines and put the parts together. Authors rarely consider the shared mythological themes between texts and images, like Aeneas' profile in Vergil and the Ara Pacis (pp. 154–156; 196–198), or Romulus' respective fashionings in Livy and the Forum Augustum (pp. 162–164; 198–202). But chapters do nonetheless hint at some potentially rich cross-fertilisations. Perhaps most startlingly, the talk of Ovidian mischief and resistance (›Ovid. Ein erster Dichter der Opposition‹, pp. 209–211; 247–267) might prompt a rather less ›stable‹ image of the standardized Augustan »Bilderwelt«. While von den Hoff (like Zanker before him) frames the »Stabilisierung des neuen Systems« (p. 140) around »weiteste Verbreitung und Akzeptanz« (p. 131) – as something »thematisiert und akzeptiert« (p. 241) the empire over – one wonders how to square this with the playful dynamics of the Metamorphoses (»ein großes Sammelepos von Verwandlungssagen«, p. 250). I couldn't help but think that many materials had been suppressed in this archaeological account, as, for example, the ›aping‹ images of Romulus and Aeneas from Pompeii's Masseria di Cuomo, or the fate of the British Museum's Meroë bronze Augustus head. But I also wondered what the literary concern with changing bodies (pp. 250–252) might mean for approaching the unstable bodies of Augustus on the Prima Porta statue or Boscoreale cups (pp. 133–136; 240 f.): just what did Augustus' combined ›body politic‹ and ›body natural‹ embody in the late first century B. C. and early first century A. D. (cf. J. B. Meister, Der Körper des Princeps. Zur Problematik eines monarchischen Körpers ohne Monarchie [Stuttgart 2013])?

Such qualms need not detract from the quality of the book. The authors have provided a timely synopsis, expertly guiding audiences around a wide range of materials. Uninitiated readers will have lots to learn from so readable an introduction. (The only thing missing is a timeline, perhaps omitted for fear of highlighting the problems of chronology?) But academics will find much of interest too. There are some wonderful vignettes along the way, as, for example, the rival etymology of »augustus« that sanctioned Napoleon's ›Augustan‹ papal title (p. 292); some great new finds are likewise thrown into the mix, like the Antalya Gaius Caesar cenotaph reliefs (p. 182 fig. 43). Susanne Muth's splendid reconstructions of the Forum Romanum should not go without mention either, emblazoned as they are on the book's inside front and back covers.

Ultimately, though, this volume reveals as much about ourselves as about the world of the first Roman emperor. Anniversaries inevitably have us look back and reflect – and reflect upon retrospective reflections before us, perhaps none more important than the Fascist celebrations of Augustus' two-thousandth birthday in 1938 (pp. 9 f. 276; 283 f.). Amid such reflections, it can prove all too easy to forget our own finite parameters (»Im Jahr 2014 können wir bei der Erinnerung an den 2000. Todestag des Augustus ausgewogener urteilen«, pp. 9 f., cf. 284). Although a lot has happened in the Augustan life-span between 1938 and 2014, twentieth-century ghosts still haunt this early twenty-first century account. Savonarola might have burnt Ovid's ›lewd‹ books in 1497, for example, and Ovid himself claims to have rescued his verses from his own (meta)poetic fire (e. g. Tr. 4, 1, 99; cf. F. A. Martelli, Ovid's Revisions. The Editor as Author [Cambridge 2013] esp. 52–54); but Stroh's talk of »Ovid being burnt« has to do with the book-burnings of a very different Reich (pp. 256 f., cf. F. H. Cramer, Book-burning and censorship in ancient Rome: A chapter from the history of freedom of speech. Journal Hist. of Ideas 6, 1945, 157–196, with timely conclusion on 196). If the Augustus theme is immortal, we seem forever destined to construct Rome's first emperor in our own historical mirage.

Anniversaries should make us think forwards as well as back. With that in mind, I couldn't help but wonder: in the year 2114 (if not by 2038), will this book be read as an account of divus Augustus? Or will Divus Augustus be read as a monument to 2014 Altertumswissenschaft?

London   Michael Squire

Johanna Leithoff, **Macht der Vergangenheit. Zur Erringung, Verstetigung und Ausgestaltung des Principats unter Vespasian, Titus und Domitian.** Schriften zur politischen Kommunikation, Band 19. Verlag Vandenhoeck und Ruprecht, Göttingen 2014. 266 Seiten, zahlreiche schwarzweiße Abbildungen.

Endlich! – möchte man ausrufen, endlich wieder einmal eine althistorische Dissertation, die ihre Erkenntnisse aus den Quellen schöpft. Keine Prominenzrollen, keine Netzwerkanalyse und keine Systemtheorie werden geboten, sondern eine solide und gekonnte Analyse der literarischen, epigraphischen, numismatischen und archäologischen Zeugnisse. So ist die Untersuchung von Johanna Leithoff ein gutes Beispiel dafür, was die historisch-philologische Methode auch heute noch leisten kann.

Das klar gegliederte Werk umfasst neben Einleitung und Schlussbemerkung drei Untersuchungskapitel. Zuerst wird die Erringung des Prinzipats und die Bedeutung des Triumphes über die aufständischen Juden thematisiert, darauf die Verstetigung des flavischen Prinzipats sowie das Verhältnis zwischen den Flaviern und dem Senat in den Blick genommen, und schließlich wird die Ausgestaltung der flavischen Kaiserherrschaft vor dem Hintergrund des julisch-claudischen Erbes beleuchtet. Im Anhang findet man ein umfassendes Quellen- und Literaturverzeichnis, in dem überraschenderweise das Werk von Stefan Pfeiffer fehlt (Die Zeit der Flavier. Vespasian – Titus – Domitian [Darmstadt 2009]). Gewiss, dieser Band ist aufgrund seiner Konzeption keine wissenschaftliche Monographie im engeren Sinne – so fehlen etwa Fußnoten –, aber dennoch hätten die dort geäußerten, durchaus eigenständigen Überlegungen zur Ideologie und Propagierung des flavischen Prinzipats beachtet werden müssen. Im Band von Frau Leithoff sind zur Veranschaulichung der Argumente, die auf archäologische und numismatische Quellen gestützt sind, topographische Karten und qualitätvolle Abbildungen im Anhang abgedruckt. Ein ebenfalls angehängtes Stemma zu den Fallbeispielen der Helvidii Prisci trägt viel zum Verständnis der komplizierten Freund-Feind-Bezüge in der senatorischen Oberschicht bei, die im dritten Kapitel exemplarisch untersucht werden. Ein Begriffs-, Sach- und Personenregister schließt den vorzüglich ausgestatteten Band ab.

Wenig überraschend lag unmittelbar nach dem Sieg über Vitellius das Hauptinteresse der Flavier und ihrer Gefolgsleute auf der Behauptung und Sicherung der Herrschaft. Erst nachdem die Machtfrage geklärt war, veränderten sich die öffentliche Kommunikation und der Umgang mit den Vitellianern. Wurde zunächst noch das Ansehen des toten Vitellius als Identifikationsfigur und Legitimationsquelle untergraben, so förderte Vespasian schon bald die Familienangehörigen des Vitellius, was zu Recht als Zeichen der Clementia gedeutet wird. Durch den Sieg der flavischen Truppen in Germanien, den Sieg des Titus in Judäa und die Rückkehr Vespasians nach Rom sei im Herbst 70 n. Chr. die Herrschaft konsolidiert worden. Die neue Dynastie habe zu dieser Zeit mit ihren außenpolitischen Erfolgen den Bürgerkrieg und die Usurpation überspielt.

Vor allem habe man mit der Propagierung des Sieges über die aufständischen Juden die Herrschaft Vespasians nachhaltig legitimiert. Dieser Sieg ist im Stadtbild Roms und in der Münzprägung omnipräsent – eine Tradition, die Domitian erstaunlicherweise fortführte. Auch er habe aus dem vergangenen Triumph über die Juden eine quasi dynastische Legitimation gezogen. Wenngleich die politische Kommunikation das Thema der Untersuchung ist, scheint hier die Propaganda der Legitimation zu sehr in den Vordergrund geschoben worden zu sein. Die staatsrechtliche Ausgestaltung der flavischen Herrschaftslegitimation wird in ihrer Wirkung zu gering geachtet. Die sogenannte Lex de imperio Vespasiani und andere staatsrechtliche Akte hätten im Kontrast zur Instrumentalisierung der Erinnerung stärker in die Überlegungen einbezogen werden können. Ebenfalls dürfte die Abkehr von Nero in der frühen Konsolidierungsphase wirkungsmächtiger gewesen sein, als dies aus dem zweiten Kapitel hervorgeht.

Die Verstetigung des flavischen Prinzipats wird im dritten Kapitel in einer retrospektiven Sicht auf die kommunikativen Strategien der senatorischen Oberschicht anhand zweier Fallbeispiele untersucht. Leithoff vermeidet dabei den Begriff »republikanisch«, der zwar im Diskurs der Senatoren noch eine Rolle spielte, aber keine tatsächliche Handlungsoption mehr war. Die Identifizierung des Helvidius Priscus als Beispiel für die Libertas senatus sei von Senatoren, die mit ihm freundschaftlich-familiär verbunden gewesen seien, inszeniert worden, ohne dass man dieser Deutung einen republikanischen Sinn beigemessen habe. Dieser sei, so Leithoff, erst im Laufe der Jahrhunderte eingetreten. Der Konflikt mit Vespasian zeige aber, wie die Balance zwischen Kaiser und Senat ausgehandelt wurde. Das Schicksal des jüngeren Helvidius diene hingegen als Beispiel für die Willkür Domitians. Das Verhältnis zwischen Kaiser und Senat wird anschließend anhand der Münzpropaganda und der Staatsreliefs dargestellt, wobei ersichtlich wird, dass die flavischen Kaiser von der Machtübernahme an bemüht waren, die Position des Prinzeps im Staat gegenüber dem Senat neu zu bestimmen. Der neu geschaffene Genius

Senatus wurde dem Genius Populi Romani ostentativ an die Seite gestellt und ist sinnfällig für dieses Bemühen. Demonstrativ wurde dem Senat eine Position im Staat zugewiesen, nachdem der Konflikt um das rechte Verhältnis von Kaiser und Senat in den Bürgerkriegsjahren 68/69 n. Chr. erneut entfacht worden war. Der konzisen Argumentation und den plausiblen Thesen folgt man gerne, zumal die Forschungskontroversen in den Fußnoten geführt werden. Einzig bei der Beurteilung und Einschätzung der Autoren Tacitus und Plinius des Jüngeren kann man geteilter Meinung sein, was aber in der Natur der Sache liegt.

Die Ausgestaltung des flavischen Prinzipats erfolgte in Auseinandersetzung mit dem julisch-claudischen Erbe. Hierbei sind Prozesse der Distanzierung und Annäherung zu beobachten. Als zentrales und authentisches Zeugnis wird die schon erwähnte sogenannte Lex de imperio Vespasiani herangezogen, in der Bezug genommen wird auf die Kaiser Augustus, Tiberius und Claudius, wohingegen Caligula und Nero, da sie der Damnatio memoriae anheimgefallen waren, nicht erwähnt werden. Zu Nero habe Vespasian bewusst Abstand gehalten. Der Bau der Titusthermen und des Kolosseums an der Stelle der Domus Aurea lässt diese Absicht offensichtlich werden. Der Palast zum persönlichen Vergnügen des Prinzeps wurde aufgelassen für Bauten zur Belustigung des römischen Volkes; ein Schritt, der dann auch in der Herrscherpanegyrik entsprechend gefeiert wurde (Mart. epigr. 2).

Der letzte julisch-claudische Prinzeps diente den Flaviern als negatives Beispiel, im Gegensatz zu seinem Stiefvater, der von den Flaviern rehabilitiert wurde. So ließ Vespasian den Tempel für den vergöttlichten Claudius fertigstellen, den Nero einst unvollendet im Bau hatte stehen lassen. Ferner knüpften die Flavier an die Praxis des Claudius an, das Pomerium zu erweitern und das Zensorenamt zu bekleiden. Auf diese und weitere Bezüge zu dem julisch-claudischen Kaiser, wie etwa die fiktive Freundschaft des Titus mit Britannicus oder die von Domitian abgehaltenen Säkularspiele, waren die flavischen Kaiser in Ermangelung eigener ruhmreicher Ahnen angewiesen. Vor allem bot sich der erste Prinzeps für Rückprojektionen an, sei es in der Architektur wie das Templum Pacis, wodurch die Erinnerung an die Ara Pacis wachgerufen wurde, oder sei es in der Münzprägung, wo durch die Iudaea-Capta-Prägung auf die Aegypto-Capta-Prägung des Augustus angespielt wurde. Wie in den ersten beiden Kapiteln der Untersuchung gelangt Leithoff auch hier zu weiterführenden Erkenntnissen hinsichtlich der politischen Kommunikation der Flavier. Anknüpfungen kann sie in allen Quellengattungen nachweisen und komponiert auf dieser Grundlage ein stringentes Gerüst für ihre Argumentation.

Die Untersuchung von Johanna Leithoff bietet eine zuverlässige Darstellung der politischen Kommunikation der Flavier. Es gelingt der Autorin zu verdeutlichen, wie die Kaiser ohne Vergangenheit die positiven historischen Beispiele der julisch-claudischen Herrscher nutzten und sich zugleich von den negativ bewerteten Vorgängern abgrenzten, um ihre Macht zu stabilisieren und letztendlich zu legitimieren. Dass dabei das Konzept einer neudefinierten Res Publica entstand, erscheint allerdings als vereinfachte Sichtweise auf einen hochkomplexen Vorgang, der auf unzureichender Quellenbasis mehrfach gebrochen überliefert ist. Hier hätte die Autorin zwischen dem grundlegenden politischen System der Monarchie, den Handlungsoptionen von Kaiser und Senat wie auch den Diskursen innerhalb der senatorischen Oberschicht differenzieren können. Dies soll aber den Beitrag, den das vorliegende Werk für die Forschung darstellt, nicht schmälern.

Mainz   Oliver Schipp

Karl-Josef Gilles, **Der römische Goldmünzenschatz aus der Feldstraße in Trier.** Trierer Zeitschrift, Beiheft 34. Publisher Rheinisches Landesmuseum Trier, Trier 2013. 268 pages, 80 in-text plates.

Since its discovery in September 1993 the largest recorded deposit of Roman Imperial gold coins was known from relatively numerous but mostly quite laconic mentions made in journals, conference proceedings, catalogues or the daily press. Thanks to the acquisition of 2518 coins belonging to this find the Rheinisches Landesmuseum in Trier holds one of the richest collections of Roman gold coins in the world. Needless to say a coin-hoard of this class excited major interest which went far beyond the world of numismatics and scholars, with similar, but varying stories about the circumstances of its discovery. It has even entered the German Wikipedia with an own lemma. Consequently the arrival of the monograph on this deposit published twenty years after its discovery was a great sensation. Its publication was accompanied by the opening of a splendid exhibition, and a research conference in the Rheinisches Landesmuseum in Trier organized by Karl-Josef Gilles in the autumn of 2013 in which I had the pleasure to participate.

The hoard was discovered in the city centre of modern Trier, on the site of a multi-storey car park next to the hospital Mutterhaus der Borromäerinnen. In Roman times the space used to be a part of the western district of Augusta Treverorum with the Temple of Aesculapius close by. Other valuable deposits have been recorded in this area of Trier, including a hoard, found in 1628, of forty-nine richly decorated silver plate weighing over 114 kilograms, a gilded silver bowl with the representation of an apostle discovered in 1992, and individual gold coins.

What draws one's attention in the book under review is its excellent and careful edition. The author of the monograph is an expert numismatist and experienced editor, who worked on its elaboration for many years. The catalogue of the aurei forming the deposit was made in the form of a table, admirably lucid, in keeping with the standards of modern Roman numismatics. As far as I could find all the coins have been identified correctly, all 2518 specimens are beautifully illustrated, all of them in black-and-white plates, and some even in colour. Additionally, the work includes descriptions and photographic images of sixty more coins, which may be attributed to the deposit more or less reliably. The illustrated catalogue, which forms the main part of the monograph, has substantial value as a starting point for further studies.

Gilles sets out by presenting a rather extraordinary and complicated story of the discovery of the deposit, which in some places is reminiscent of a crime story. The need to lay deep foundations for the construction of a multi-storey car park at Feldstraße made it necessary in September 1993 for the staff of the Rheinisches Landesmuseum in Trier to carry out a rescue excavation, or rather, an archaeological oversight of a construction area of approximately two thousand eight-hundred square meters. As it progressed, next to several features dated between the second and the fourth centuries, the lower level of a cellar unit was recorded, with a length of circa thirty meters and a height of about sixty centimetres. The work was carried out under extreme time pressure, using heavy equipment. This is how, without being recorded by archaeologists, a significant part of the hoard, the upper part of a bronze vessel, complete with a lid, and at least 420 gold coins, found its way with the soil from the cellar area to the shovel of the digger and then to the lorry. Clearly, as it was then common in the German tradition of archaeological fieldwork, no metal detectors were used as they were working, even though Gilles does not mention anything about this subject. The soil was transported to the landfill at Klockelberg, across the Moselle River, where amateurs with detectors were already waiting. They soon came across gold coins and fragments of a bronze vessel with its lid. The first coins were lifted from the soil still within the sight of the lorry driver.

The situation described is a quite commonly encountered practice during rescue excavation or archaeological supervision made in larger urban centres with a history dating back to at least the medieval period. Happily, this situation is slowly changing, despite the fact that so far some archaeologists and conservators are intransigent and continue to question metal detector use while cases like the one described here, and many others too, leave them cold.

Some of the soil from the cellar area remained on the edge of the trenches and that very same day amateur detectorists moved in and soon recovered more coins. Feldstraße is at the very centre of the city, less than a kilometre from the Rheinisches Landesmuseum so it is quite surprising that nobody registered this fact and informed the police. The lorry driver admittedly informed the company staff, and later, its owner too, that coins had been discovered in the soil taken out from the construction site, but they did not notify the museum. Most likely, not without reason they were worried that this discovery could delay the progress of the construction work, all the more so because there were plans for the laying of a poured concrete foundation for the car park the next day. More soil was taken out to the dump and the detectorists paid the driver one hundred German Marks to have it spread out. The construction workers soon left the site and the rescue excavation too, without locking the entrance, hard to say whether out of forgetfulness or by intent, although some gold coins also came into their possession given by finders. After the workers had left the site the most dedicated of the amateurs showed up, and in the area of the cellar unit using a detector located the vast majority of the scattered coins, as well as the base of the vessel holding 561 aurei still in situ, yet unrecorded by archaeologists.

However, after a telephone conversation at night with Gilles the detectorist's conscience got the better of him, and the next morning he brought his finds to the museum: a plastic bag of almost one thousand four hundred aurei and the vessel base filled with coins. He claimed also that they had been discovered by a third party in the hope that the cellar area would be covered over with the concrete foundation and nobody would find out about the hoard that had been found underneath. In the days that passed he delivered a further 154 coins; altogether he brought in a total of 2104 coins, thus 83,6 percent of the recovered part of the hoard. Two other finders came forward with coins they had discovered in the landfill at Kockelsberg. Within two weeks the museum succeeded in recovering more than two thousand five hundred coins, that is, presumably, about 96 percent of the hoard, from nineteen individuals, nine of whom were original finders. All of them remain anonymous to the reader and are referred to quite euphemistically as HK 1, HK 2 and so on, from the word »Herkunft«, that is provenance. Characteristically enough the museum did not take the initiative to make a search of the site with metal detectors despite the fact that individual coins continued to surface even half a month later. What is more, in 1973 the same location yielded the find of an analogous lid from a bronze vessel and it is possible that another, similar hoard is still to be found under the garage or, undetected by archaeologists and amateur prospectors, was taken out to the town dump.

Sadly enough, the reader is not told whether legal measures, if any, were taken against the finder, who, on the one hand had entered the site of an archaeological investigation illegally, but on the other probably had been instrumental in saving the better part of the coin-hoard from being buried under construction concrete. We learn nothing either of the consequences, if any, suffered by the staff of the company and its owner and whether the individuals who of their own free will brought the coins recovered in the dump were rewarded in some way. This question is very interesting and important from the point of view of archaeological ethics.

I have deliberately reconstructed here – following in the author's footsteps – the shocking circumstances of discovery of the largest deposit of Roman Imperial aurei discovered so far because its case is highly instructive and demonstrates the damage that may be caused by the failure to use metal detectors in archaeological fieldwork. Sadly, this is still too common a practice especially in excavations made in the Mediterranean region. In short, this sort of research has to be recognized as unprofessional, one that often results in the failure to recover very significant evidence such as coins.

Discussing the way the coins had been hidden, Gilles focused his attention on the bucket-like bronze vessel and finds analogical to it, and on leather bags which originally would have held the coins making up the deposit. The vessel had been concealed about fifty centimetres below the floor of a cellar in use during the second to fourth century. Close to buckets known as the Östland type the vessel had a slip lid with a built-in locking mechanism. It was heavily corroded and cut into three parts by the digger shovel when lifted from the ground. Only the base of the bucket remained in situ together with 561 coins.

The vessel has a relatively limited number of comparanda and as the author is right to say, its flimsy construction was better suited for storing valuables than for transporting them. Found next to the coins resting in the lower portion of the vessel were fragments of cowhide and thin cloth. The coin rolls had been wrapped in a piece of cloth and then packed in leather bags. At least one of these bags would have been secured using a seal-box, type 2b according to Alex R. Furger and Emilie Riha, discovered near to the bottom of the vessel. The author notes that often bags were fastened using a seal-box but does not give any examples. For the most part money bags were secured with lead sealings, although admittedly, there is some evidence for the use of seal-boxes like, for example, in one of the hoards from Kalkriese.

It is hard to say how widespread this practice was for the lack of a larger number of coin-hoards documented in situ. Gilles cites as an interesting analogy to the way the coins had been formed into a roll for safe-keeping the hoard from the not too distant Horath in Rhineland-Palatinate retaining rather well-preserved remains of bags, or better said, small bundles made of coarse linen. Neither does the author cite close analogies to finds of coin rolls placed in a bag and a bronze vessel such as for example the hoard from Neftenbach in Switzerland (M. von Kaenel et al., Der Münzhort aus dem Gutshof in Neftenbach. Antoniniane und Denare von Septimius Severus bis Postumus. Zürcher Denkmalpflege, Arch. Monogr. 16 [Zurich 1993]) or the deposit from the castellum at Regensburg-Kumpfmühl in east Bavaria (A. Boos / L.-M. Dallmeier / B. Overbeck, Der römische Schatz von Regensburg-Kumpfmühl [Regensburg 2000]).

Analysis of the contents of the deposit made by the author is largely a formal affair, some of the calculations and tabulated lists is of minor significance for the subsequent findings. Presumably, there were more than 2650 aurei in the hoard, about 18,5 kg, of which circa ninety-six percent passed to the museum collections in Trier. The earliest coins are the two issues of Nero from the period 63–64, the latest appear to be the two aurei of Septimius Severus (for Julia Domna) from 193–196. Except for four percent of coins of Vespasian struck at Lyon (Lugdunum), the remaining ninety-six percent were minted in Rome.

Thus, only two coins date from before Nero's reform of A. D. 64 – which reduced the weight of the aureus – and found their way into the deposit because of their substantial wear and low weight. Coins from the debasement of A. D. 64 until Titus account for almost three fourths of the hoard, and coins from the period 64–68 for one third of it, the effect of the impressive minting activity following Nero's reforms; over ninety-nine percent are aurei coined up to the period 167–168, and six specimens are almost thirty years younger, from the period 193–196. Only fourteen coins (0,6 percent) date from 82 to 99/100, the period after the return to the pre-A. D. 64 standard (mean weight 7,27 grams). The small number of the aurei of Domitian had, in the view of Gilles, economic causes associated with their rapid withdrawal from circulation in a way similar to pre-A. D. 64 coins. In discussing the matter of an overall shortage in the deposit of aurei with a higher weight from before Nero's reform, Gilles neglects to mention as a vital factor the regulations introduced by Trajan in 107 withdrawing from circulation coins issued before A. D. 64.

According to the author, the deposit was originally assembled in late 167, at the latest, in early 168, which is indicated especially by coins at the bottom of the vessel in a leather bag fastened with a seal-box. Interesting in this context is the identification of two coin rolls found there, one of one-hundred four, the other of eighty-nine specimens nearly identical in their composition, that means from Nero's reform (64/65) up to Marcus Aurelius. Gilles suggests that this deposit was topped up in 193–196 by a much smaller bag, originally found at the very top of the vessel, near to the lid, containing at least six aurei, Didius Julianus (193) up to Septimius Severus (for Julia Domna), an issue dated traditionally to the period 193–196 although the minting of this coinage on the accession of this emperor appears to be most likely. It is possible that this bag also contained some earlier coins, although, on the other hand, the deposit does not include coins from the final years of the reign of Marcus Aurelius and Commodus.

It is regrettable that other than the tables the monograph is fully deficient of statistical data in the form of diagrams, especially a comparison of the composition of the deposit with other, relatively numerous hoards of aurei hidden within the Roman Empire during the latter half of the second century.

Gilles enumerates and illustrates in colour all the unique and so far unknown aurei types, proposing their dating based on the chronology adopted in Roman Imperial Coinage corpora. More than eighty (two percent) specimens of a new type or an unknown variety are recorded in the deposit, which is, especially for gold coins of the early Empire, a sensation, but on the other hand does not surprise, given their sheer number. And it is not only the variation in the division of the legends but also wholly unknown reverses, variants of images and legends, bust and die combinations, some of them encountered so far only on denarii. And yet these new legend or image types are not accorded any discussion or interpretation. The same goes for the very precise calculations of the rarity of individual coin types present in the hoard, die-linked specimens or the analysis of the alignment of the obverse axis to the reverse axis, which do not lead to any further conclusions, if only to what extent the structure of the hoard is representative of the mass of gold originating from finds or recorded in corpora and auction catalogues. At the same time it seems that despite the high absolute number of unique coins and also the sizeable group of die-linked pieces, the composition of the deposit is for the most part quite typical. The large number of die-linked coins is likely to be the result of the large number of coins making up the hoard, although in order to prove this one would have to present appropriate statistical and comparative calculations with other deposits of aurei from the same period.

A vital element of the study is the analysis of the metrology and the chemical composition of the coins. The author separated seven coins in the hoard which because of their weight, substantially lower than the theoretical (by between about ten to fifteen percent), he described as fractions of an aureus (Teilstücke). Still, this difference is less than one gram, thus, is less than one scripulum (ca. 1,14 gram), the smallest Roman unit of weight. Which means that these are ordinary aurei, only as a result of the al marco method used in casting their flans, with a much reduced weight and at times clearly reduced in size but thickened flan. Whereas in a situation of excessive weight it was always possible to clip the flan, in a situation where a flan was markedly underweight nothing could be done for it.

Quite useful are the analyses of the chemical composition of sixty-one aurei, using the X-ray fluorescence, perhaps not the most exact method for testing coins but sufficient for gold as a rough guess. This analysis established that the aurei minted in Rome invariably have a gold content of over ninety-eight percent, on average, about ninety-nine percent. Only the Vespasian coins minted in Lyon were struck from gold of a lower standard, on average, of circa ninety-seven percent. Thus, the analysis of content of this precious metal may be a relevant index of the provenance for the aurei. Regrettably, no analysis of the composition was made of any of the latest six coins which, given the political turmoil of that period might have been quite interesting.

The most constructive chapter is the one in which coins with punch marks and graffiti are discussed. Their analysis is enabled by excellent quality illustrations. Gilles identified not less than 413 such aurei (16,4 percent), although to my mind some of these marks could be accidental scratch marks or abrasions. Some of the aurei have more than one punch mark or graffiti. Their largest number is on the first-century coins, especially from the time of Nero and of the Flavian emperors. This practice ran out during the first years of Hadrian's reign. Punch marks and graffiti usually have the form of a single letter of the Latin, much more rarely, the Greek alphabet; ligatures and a larger number of letters, three at the most, appear very rarely. The author of the monograph, and its reviewer also, are not in a position to give a convincing interpretation of the purpose of these marks; they could be designations of ownership or were made by money-changers to confirm the quality and authenticity of the coins, that means, the high content of precious metal, which seems to be the more likely explanation.

The aurei from the Feldstraße hoard were equivalent to 66 250 denarii, or 265 000 sestertii, and nearly correspond to the year's salary of the provincial governor of Gallia Belgica stationed in Trier, and surpass the annual income of a provincial fiscal procurator. According to Gilles, it cannot be easily established whether the hoard was private or public property, perhaps belonging to a temple, or possibly, to the emperor, maybe Clodius Albinus, although this last possibility seems unlikely. He suggests that originally the hoard was assembled and deposited in A. D. 167 when the country was in the grip of typhoid, and remained unchanged at least until A. D. 193. However, attributing the failure to recover this deposit with this deadly epidemic is rather doubtful because in this case it would have remained hidden to our day in an unmodified form. Instead, around 196 it was topped up with a small number of aurei from the reign of Didius Julianus and Septimius Severus. The non-recovery and abandoning of the deposit after this period may, according to Gilles, have been occasioned by the fact that its owner or administrator did not survive the civil war waged by Septimius Severus and Clodius Albinus. The latter tried to capture Trier, failed, and committed suicide near Lyon in February of 197. This interpretation seems quite likely. Despite renovation work on the cellar and its use until the end of the fourth century, the hoard lay intact.

In the final chapters of his work Gilles discusses the finds of aurei hoards which close with the coins of Nero to Caracalla from the territory of the western provinces (including Italy) and the region of Trier. He names seventy-five of these hoards, but regrettably, lists them by modern country instead of by Roman province. This list is definitely incomplete, as only in Pompeii more than five of these deposits were discovered, even if we adopt the criteria named by the author. The distribution of these finds on a map, especially their concentrations, was definitely greatly influenced by the level of recording of deposits during the modern period. Especially significant is their absence in the area of northern Italy, Sicily and Dalmatia. It's a shame that the qualitative criterion was not adopted when plotting the finds on the map, that is the size of individual deposits; then the region of the provinces of Gaul and Germania between the Loire and the Rhine would stand out compared with the use of the quantitative criterion. It is interesting that hoards containing the largest number of aurei end, similar to the hoard from Feldstraße, with coins from the time of the civil war in the early reign of Septimius Severus. In Trier and its region next to the Feldstraße deposit four more aurei hoards have been recorded: three small, ending in coins from the time of Antoninus Pius (143/144 or 141–144), and one large, from Perscheid, discovered in 1693, containing nearly six hundred aurei, the latest of them issues from the reign of Commodus (for Crispina), from A. D. 180–182. A large part of coins from this last deposit were set into decorative gold cups.

The superb graphic of the layout of the monograph needs to be stressed, the six thousand excellent quality photographic images of the coins in particular. There is a minor technical flaw: in most of its copies pages 75 f. and 93 f. are doubled. Also, the text abounds in repetitions and overlapping themes, the book does not make for an easy reading.

As regards its substance, the reviewed study is deficient in statistical analyses, a histogram of chronological distribution, and also, the metrology of the coins from the hoard and their comparison in diagrams developed for other deposits containing aurei from the second half of the second century. They would have underlined much better many of the arguments put forward and the conclusions reached.

The monograph under review when treated as a richly commented, superbly illustrated museum catalogue published with the greatest care, is a faultless publication, but as a scholarly monograph, it leaves one, as indicated earlier, somewhat unsatisfied.

Warsaw   Aleksander Bursche

Michael Geiger, **Gallienus.** Verlag Peter Lang, Frankfurt am Main 2013. 433 Seiten mit 43 schwarzweißen Abbildungen.

Das zunehmende Interesse an der römischen Geschichte des dritten nachchristlichen Jahrhunderts lässt sich an grundsätzlichen Studien, die in jüngerer Zeit entstanden sind, ebenso erkennen wie an spezielleren Untersuchungen, die einzelnen Kaisern dieser Zeit gewidmet sind, vor allem auch an dem von Klaus-Peter Johne initiierten Handbuch ›Die Zeit der Soldatenkaiser‹ (Berlin 2008), das zu den fünf Jahrzehnten von 235 bis 285 den aktuellen Forschungsstand präsentiert. In diesen anregenden Kontext ist auch Michael Geigers Monographie zu Kaiser Gallienus (253–268) einzuordnen, der zunächst zusammen mit seinem Vater Valerian und nach dessen Gefangennahme durch die Perser im Jahre 260 als Alleinherrscher das Römische Reich regierte. In der neueren Forschung ist ein Abrücken von dem überwiegend negativen Gallienusbild der erzählenden Quellen festzustellen, das lange Zeit auch die in der Wissenschaft vertretenen Ansichten beherrschte. Stattdessen sucht man nun, die individuelle Leistung des Gallienus näher zu würdigen, nicht nur angesichts einer für die Verhältnisse der Zeit recht langen Herrschaft von insgesamt fünfzehn Jahren, sondern auch in Anbetracht einer Reihe vielversprechender Reformansätze, die diesem Kaiser zugeschrieben werden und die halfen, das Reich in den Jahren nach ihm in ruhigere Bahnen zu lenken und allmählich zu konsolidieren.

Zwei Prämissen kennzeichnen Geigers Zugang zu Gallienus: Zunächst das explizite Bekenntnis zur Anwendung des Begriffes der ›Krise‹ auf die Herrschaftszeit des Gallienus und damit eine gewisse Distanz zu der Relativierung krisenhafter Szenarien der Soldatenkaiserzeit zugunsten des Transformationsgedankens, wie er erstmals von Frank Kolb (in: A. Lippold / N. Himmelmann [Hrsg.], Bonner Festgabe Johannes Straub zum 65. Geburtstag am 18. Oktober 1977 dargebracht von Kollegen und Schülern. Beihefte der Bonner Jahrb. 39 [Bonn 1977] 277–295, hier 277) mit dem Plädoyer für ein Verständnis der historischen Prozesse als »beschleunigten Wandel« angesprochen wurde, des Weiteren die Ansicht, die Qualität der Herrschaft des Gallienus solle nicht überschätzt werden. Diese Anschauung wird zwar im Rahmen des Forschungsberichts als Äußerung anderer Fachvertreter gekennzeichnet, an dem von Geiger in seiner Monographie verfolgten Gedankengang wird jedoch deutlich, dass er Gallienus' Regierungsjahre – zum Beispiel im Vergleich zu den Herrscherqualitäten seines Vaters oder aber in Anbetracht seiner Reformansätze – weder für durchgängig oder überwiegend positiv noch für weitgehend negativ hält, sondern mit seinem Urteil gewissermaßen für eine moderate Mittellage mit positiver Tendenz plädiert.

Sehr eingehend stellt Geiger das Quellenmaterial vor, Traditionsquellen ebenso wie Überreste, behandelt kurz die Familie des Kaisers und gibt sodann einen quellennah erarbeiteten und ausführlichen ereignisgeschichtlichen Überblick. An diesen Teil schließen sich einige Kapitel zu relevanten Sachthemen an, die die Münzprägung des Gallienus, das Kaiserporträt, das Philhellenentum des Herrschers, die Politik gegenüber den Christen, seine Ehefrau Salonina, ferner Wirtschaftsfragen und Entwicklungen in Militär und Provinzverwaltung betreffen. Als Grundlage zieht Geiger zu Recht allenthalben das Handbuch über die Zeit der

Soldatenkaiser heran; das Innovationspotential der Forschungen Geigers lässt sich im Vergleich zum Sachstand dieses Handbuches leicht ermessen. Zum Vergleich bieten sich ferner vor allem zwei Arbeiten an, die Geiger selbst nicht nutzen konnte, da sie weitgehend gleichzeitig zu seiner Dissertation entstanden sind: die Studie von Toni Glas über Gallienus' Vater (Valerian. Kaisertum und Reformansätze in der Krisenphase des Römischen Reiches [Paderborn 2014]) und die Untersuchung der Münzprägung des dritten Jahrhunderts von Erika Manders (Coining Images of Power. Patterns in the Representation of Roman Emperors on Imperial Coinage, A. D. 193–284. Impact of Empire 15 [Leiden und Boston 2012]), die eine nützliche Fallstudie zu den Münzen des Gallienus enthält.

Die in Frage kommenden literarischen Quellen sind in aller Ausführlichkeit einzeln vorgestellt, so dass man sich im Nachschlagen auf praktische Weise eine Übersicht über den Bestand verschaffen kann; erleichtert wird dies durch eine detaillierte Feingliederung des betreffenden Kapitels. Denkbar gewesen wären gewiss auch knappere, Quellen gruppenweise zusammenfassende und auf die mit der Darstellung zu Gallienus verfolgte Zielsetzung genauer abgestellte Ausführungen zum Quellenmaterial. Entsprechendes gilt für die detailliert ausgebreitete Ereignisgeschichte. Hier fragt man sich, warum diese so eingehend dargelegt werden muss, wenn Valerians und Gallienus' Regierungsperiode wenige Jahre zuvor im Handbuch zur Soldatenkaiserzeit auf mehr als siebzig Seiten recht erschöpfend abgehandelt worden ist. Mit Rücksicht auf diese Sachlage wäre eine Vorgehensweise ratsam gewesen, die die Ereignisgeschichte mit den eigenen Fragestellungen zu Gallienus verknüpft und auf diese Weise zielführend ausrichtet, wie es etwa Glas in ihrer Studie mit dem ereignisgeschichtlichen Überblick zu Valerian gelingt. Dies wäre gewiss einer Profilierung der eigenen Forschungsansätze und -ergebnisse Geigers dienlich gewesen, die in der ereignisgeschichtlichen Darstellung des Autors unter diesen Bedingungen nur wenig auffallen. Die eigenen Ansichten zur Rätienpolitik des Gallienus und zu dessen ersten militärischen Maßnahmen gegen Postumus hätte Geiger dann auf eine Weise herausstellen können, die sie aus der bloßen Wiedergabe des aktuellen Forschungsstandes als eigenes Ergebnis besser hervortreten ließe. Bei anderen Themen wie etwa der Ermordung des Kaisers Gallienus und ihrer Hintergründe hat Geiger angesichts der überzeugenden Erklärungen Udo Hartmanns (in: K.-P. Johne / Th. Gerhardt / U. Hartmann [Hrsg.], Deleto paene imperio Romano. Transformationsprozesse des Römischen Reiches im 3. Jahrhundert und ihre Rezeption in der Neuzeit [Stuttgart 2006] 81–124) auch in Nuancen kaum Spielraum, selbständige Akzente zu setzen. Hochspekulativ und wenig realistisch wirkt der Versuch, eine angeblich vielleicht geplante Rückkehr des Gallienus zu dynastisch orientierter Politik – ist diese denn jemals wirklich aufgegeben worden? – mit Hilfe der Herausstellung des nachgeborenen Sohnes Marinianus zu postulieren und diese für neu ausgegebene Option als mitverantwortlich dafür heranzuziehen, dass den illyrischen Truppenführern der Geduldsfaden gerissen sei. Dem Offizierskorps wird doch von vornherein klar gewesen sein, dass bei Vorhandensein eines Sohnes die dynastische Option immer den Vorrang vor anderen die Herrschaft für die Zukunft sichernden Maßnahmen hatte.

Das Kapitel über die Geldprägung des Gallienus dürfte für Geiger als Schüler Kay Ehlings, eines Althistorikers mit dezidiert numismatischem Forschungsschwerpunkt, zentrale Bedeutung haben. Anders als bei Manders, die die Themen der Münzbilder des Gallienus vor und nach 260, aber ohne weitere chronologische Binnendifferenzierung quantitativ vergleicht, werden bei Geiger die thematischen Schwerpunkte der gallienischen Geldstücke in der Zeit der gemeinsamen Herrschaft mit Valerian und ihre nach Bedeutung für die damit verbundenen Anliegen gewichteten Abstufungen nicht durchgängig besonders deutlich herausgearbeitet. Für die Jahre der Alleinherrschaft gibt Geiger demgegenüber mit etwas klareren Differenzierungen die thematischen Prioritäten an, freilich ohne die Veränderungen und ihre möglichen Hintergründe im Vergleich mit der Münzprägung des Zeitraums von 253 bis 260 zu diskutieren. Allerdings ist die Aussage, nach 260 sei „die Darstellung der Nachkommen […] völlig aufgegeben" worden (S. 245, etwas vorsichtiger formuliert S. 197), keine bemerkenswerte Erkenntnis in Anbetracht der Tatsache, dass die beiden an der Herrschaft nominell beteiligten Söhne des Gallienus 258 und 260 umgekommen waren. Gewiss richtig ist das Hervortreten der Verbindung des Kaisers zu den Göttern in den Emissionen während der Alleinherrschaftsphase des Gallienus, hingegen wäre eine aufs Ganze gesehen „verstärkte Berücksichtigung militärischer Motive" (S. 246) in dieser Zeit im Vergleich mit denjenigen der Jahre der gemeinsamen Herrschaft mit Valerian wohl zu relativieren. Insgesamt steht bei Geiger die Kombination aus sachbezogenen, chronologisch geordneten und nach Münzstätten gegliederten Unterkapiteln der Konzentration auf die thematischen Schwerpunkte in den Münzbildern und ihre Bedeutung für die politische Akzentsetzung des Kaisers wohl etwas im Wege.

In Ergänzung zu den Münzen behandelt Geiger in einem kurzen Kapitel recht knapp auch die Entwicklung des gallienischen Kaiserporträts, sodann – ausführlicher – das Philhellenentum des Kaisers unter Einschluss seiner philosophischen Interessen, die an Gallienus' Kontakten mit Plotin illustriert werden. Zum Ausgangspunkt für die Behandlung des Philhellenismus wählt er die Münzen, die er mit diesem Thema verbindet. So erklärt er die Legende GALLIENAE AVGVSTAE als Annäherung an die Göttin Demeter anlässlich der Einweihung des Kaisers in die Eleusinischen Mysterien. Gewiss kann diese ungewöhnliche Formulierung darüber hinaus in die für Gallienus gerade während seiner Alleinherrschaft vermehrt feststellbaren Tendenzen der Sakralisierung seines Kaisertums eingeordnet werden.

Das Kapitel zur Politik gegenüber den Christen bewegt sich für die valerianische Christenverfolgung in den von Karl-Heinz Schwarte (in: W. Eck [Hrsg.], Religion und Gesellschaft in der römischen Kaiserzeit. Kolloquium zu Ehren von Friedrich Vittinghoff. Kölner hist. Abhandl. 35 [Köln und Wien 1989] 103–163) vorgezeichneten Bahnen. Die spätere Aufhebung der Christenedikte durch Gallienus verbindet Geiger mit einem Plädoyer dafür, in dieser Maßnahme eine Anerkennung des Christentums als Religio licita zu sehen und damit gegenüber der Zeit vor Gallienus für das Christentum einen neuen Rechtszustand anzunehmen, was in der Forschung umstritten ist. Es folgen zwei kurze Kapitel über Gallienus' Ehefrau, die Augusta Salonina, und die wirtschaftliche Entwicklung in den Regierungsjahren des Kaisers. Diesen Abschnitt nutzt Geiger im Grunde nur dazu, seine Auffassung über die Jahre 253 bis 260 als Krisenzeit zu unterstreichen und in Bezug auf die Münzprägung die später, mit Aurelian, spürbaren Folgen der Absenkung des Edelmetallgehalts anzusprechen. Das letzte – wieder ausführlichere – Kapitel stellt die Entwicklungen beim Militär und in der Provinzverwaltung dar und führt die Förderung des Ritterstandes zu Lasten der zuvor für Senatoren reservierten Posten beim Militär und als Provinzstatthalter neben möglichem Misstrauen gegenüber dem Senatorenstand auf den Wunsch zurück, professionelle militärische Erfahrung für die aktuellen Erfordernisse einer krisenhaften Zeit zu nutzen. Immerhin verdanke das Römische Reich diesem Personenkreis die Rettung, auch wenn er für den Tod des Gallienus verantwortlich war.

Mit Geigers Monographie zu Gallienus liegt ein nützlicher Überblick zu der Regierungszeit dieses Kaisers vor. Wirklich neue Forschungsergebnisse präsentiert die Untersuchung freilich nicht. Es ist allerdings auch nicht festzustellen, dass Geiger eine Fragestellung verfolgt, die eigenen Resultaten deutliche Konturen hätte verleihen können. Der in die Einleitung integrierte Forschungsbericht zu Gallienus verbleibt daher im Bereich einer Übersicht zu den eher allgemeinen Urteilen über den Kaiser. In diese reihen sich auch die Ergebnisse des Verfassers ein, indem sie die aktuelle Forschungslage zu Gallienus mit verhalten positiven Urteilen über die Herrschaft dieses Kaisers nachvollziehen. Der Autor grenzt sich hiermit von einer allzu negativen Beurteilung von dessen Person ab, um dessen politischen Beitrag, der mit Hilfe bestimmter Maßnahmen die Überwindung der Schwächeperiode Roms in den nachfolgenden Jahren vorbereitete, angemessen zu würdigen. Dabei legt er sich nicht fest, dass bestimmte Reformen genau von Gallienus ausgingen, anders als Glas, die für Valerian Reformen reklamiert, die man gemeinhin eher mit Gallienus verbindet, so dass sich aus einer derartigen Zuschreibung von Initiativen zur Veränderung die schwierige Frage nach der Verteilung politischer Bedeutung zwischen Vater und Sohn ergibt. Geiger sieht sich daher nicht mit der Notwendigkeit konfrontiert, in diesem Bereich den spezifischen Beitrag des Sohnes in jeder Beziehung von dem des Vaters abzugrenzen. Er kann sich vielmehr damit begnügen, Tendenzen herauszustellen, die unter Gallienus vielleicht auch angesichts der politisch-militärischen Bedrohungslage des Reiches deutlichere Konturen gewannen. Überlegungen, strukturell bedingte Entwicklungen und persönliche Leistungen des Kaisers miteinander in Beziehung zu setzen, fehlen freilich. Michael Geiger verzichtet bei seinem Urteil über Kaiser Gallienus auf diese Weise in mehrfacher Hinsicht auf eine klare Profilierung eigener Forschungspositionen.

Koblenz   Ulrich Lambrecht

Klaus Altmayer, **Die Herrschaft des Carus, Carinus und Numerianus als Vorläufer der Tetrarchie.** Historia Einzelschriften, Band 230. Verlag Franz Steiner, Stuttgart 2014. 506 Seiten mit 28 schwarzweißen Abbildungen und 2 Zeichnungen.

Monographien über einzelne Soldatenkaiser des dritten Jahrhunderts sind geradezu Mode geworden. Solche Werke haben gewiss ihren Wert, zumindest als Aufbereitung der Quellen und der Forschung. Doch ob sich die wesentlichen historischen Prozesse dieser Epoche von der Person des jeweilgen Herrschers her erschließen, bleibt fraglich.

Nun hat Klaus Altmayer eine Studie dieser Art zu Carus (282–283 n. Chr.) und seinen Söhnen Carinus (283–285 n. Chr.) und Numerianus (283–284 n. Chr.) vorgelegt. Es handelt sich um seine Augsburger Dissertation, die für den Druck geringfügig überarbeitet wurde. Zu den drei kurzlebigen Herrschern gab es bislang noch keine moderne Monographie, denn sie galten als wenig bedeutend; erst ihrem unmittelbaren Nachfolger Diokletian gelang die Überwindung der tiefen Krise des römischen Imperiums. Der Verfasser verfolgt mit seinem Werk ein doppeltes Ziel: Zum einen strebt er eine »umfassende Untersuchung« (S. 9) an, um die »klaffende Forschungslücke« (S. 19) zu schließen. Zum anderen möchte er zeigen, dass die drei Kaiser weit unterschätzt seien. Er vertritt die These, dass »einige Innovationen dieser Herrscherfamilie« für Diokletian »richtungsweisend« gewesen seien (S. 323). Weiter behauptet er: »Die Umgestaltung des römischen Staates durch Diokletian ist […] die logische Fortsetzung der Regierungstätigkeit seiner Vorgänger« (ebd.). Entsprechend besteht das Buch aus zwei Hauptteilen, einem »ereignisgeschichtlichen Überblick« (S. 57–183) und einem »Vergleich der Regierungsjahre von 282–285 mit der Tetrarchie Diokletians« (S. 185–317). Voraus geht ein handbuchartiger Überblick über die Quellen und die Forschung (S. 21–55) und danach folgen ausgedehnte Anhänge (S. 325–506).

Um es vorwegzunehmen: Die Hauptthese ist nicht haltbar und wenig durchdacht. Dass Diokletian nicht alles neu gestaltet, sondern in etlichen Bereichen das Werk seiner Vorgänger fortgeführt hat, ist unbestritten. Der Autor unterscheidet aber nicht klar, inwiefern allgemeine Entwicklungen aus der Zeit der Soldatenkaiser einfach weitergingen und inwiefern Diokletian speziell auf das Vorbild des Carus und seiner Söhne zurückgriff. Nur das zweite wäre von Interesse. Außerdem leistet Altmayer – der Kapitelüberschrift zum Trotz – keinen systematischen Vergleich zwischen der Herrschaft der Carus-Familie und der Tetrarchie. Der zweite Hauptteil des Buches bietet eher einen Überblick über die Herrschaft von Carus, Carinus und Numerianus unter systematischen Gesichtspunkten, verbunden mit einigen Rückblicken auf die Zeit davor und einigen Ausblicken auf die danach, wobei das Neue an der Tetrarchie fast vollständig ausgeblendet wird. Im Unklaren bleibt dabei auch, wie sich der Verfasser zur Forschungsdiskussion um die Tetrarchie positioniert.

Altmayers Hauptargument beruht auf folgendem Gedankengang: Er reduziert die Tetrarchie darauf, dass sie ein »Mehrherrschersystem« (S. 185 f.) gewesen sei, um dann festzustellen, dass es auch bei Carus und seinen Söhnen (und Gallien und anderen) ein »funktionierendes Mehrherrschersystem« (S. 320) mit einer »funktionierenden Aufteilung der Regierungsaufgaben« (S. 206) gegeben habe. Die Unterschiede werden ignoriert und alles weitere Nachdenken unterbleibt. Auf eine solche Art lässt sich freilich nahezu alles beweisen.

Kontinuitäten zwischen der Herrschaft der Carus-Familie und der Tetrarchie will der Autor daneben auch in der Religionspolitik und der herrscherlichen Selbstdarstellung erkennen (bes. S. 240; 321; 323). Jupiter und Herkules würden unter Carus und seinen Söhnen in der Münzprägung stärker berücksichtigt als unter Probus (S. 233–236), und die Einigkeit des Herrscherkollegiums werde stark herausgestellt (S. 239). Bei Lichte besehen nahmen diese Götter aber keinen ungewöhnlichen Platz in ihrer Münzprägung ein. Und Kaiser, die gemeinsam regierten, gaben sich nach außen hin stets als einig (sofern nicht offener Bürgerkrieg herrschte). Immerhin bemerkt auch der Verfasser einige Unterschiede: Bei der Carus-Familie gebe es keine Angleichung der Herrscher (similitudo) wie bei den Tetrarchen und – anders als bei diesen – erscheine auf den Münzen auch Magnia Urbica, die Ehefrau des Carinus (S. 239).

Das Offensichtlichste formuliert er aber nirgends: nämlich dass Carus und seine Söhne die Herrschaft einer Familie etablierten und eine Dynastie zu begründen suchten, während Diokletian genau dies nicht tat. Merkwürdigerweise flicht der Autor beiläufig die Vermutung ein, dass Diokletian deswegen zum Kaiser erhoben worden sei, weil er keine Söhne hatte (S. 206; 320), – ohne zu bemerken, dass er damit seine eigene These zertrümmert. Denn in der Konsequenz bedeutet dies, dass Diokletian an die Macht kam, weil sicher war, dass er mit den politischen Konzepten der Carus-Familie brechen würde.

Bei der Betrachtung weiterer Sachgebiete findet Altmayer kaum etwas, das seine These stützen könnte, wie er gelegentlich selbst einräumt (S. 278; 291). Eine gewisse personelle Kontinuität bei den hohen Beamten besagt wenig. Und dass von Carus und seinen Söhnen achtundzwanzig Reskripte überliefert sind, von Probus aber nur fünf, zeigt nicht unbedingt eine für Diokletian richtungsweisende »Wiederbelebung der Reskriptpraxis«, wie der Autor meint (S. 286), zumal die Kaiserreskripte sehr ungleichmäßig überliefert sind. Beim Militär und der Grenzsicherung, der Provinzialverwaltung, der Wirtschafts- und Finanzpolitik sowie im Umgang mit dem Senat und der Stadt Rom ist ohnehin keine eigene Handschrift der Carus-Familie zu erkennen. Am Ende werden Carus, Carinus und Numerianus vom Verfasser – sicher zu Recht – als »typische Soldatenkaiser« (S. 182; 319) charakterisiert. Das heißt aber, dass Diokletian bei ihnen nicht mehr an zukunftsweisenden Ideen vorfand als bei ihren Vorgängern.

So bleibt nur zu prüfen, ob Altmayers Buch wenigstens als fundierte Zusammenfassung des Wissens über Carus, Carinus und Numerianus genutzt werden kann. An Fleiß hat es der Autor nicht fehlen lassen. Er hat die gesamte einschlägige Literatur zusammengetragen und in langen Anmerkungen zur jeweiligen Stelle aufgelistet, geht aber nur wenig auf divergierende Forschungsmeinungen ein. Wohl sind alle Quellen berücksichtigt, doch neigt er dazu, die antiken Autoren miteinander zu harmonisieren, und er möchte in jeder noch so absurden Notiz bei Johannes Malalas einen wahren Kern finden. In zwei Anhängen (S. 341–426) hat der Verfasser ferner alle Inschriften und alle Papyri aus dieser Zeit (und einige mehr) im Volltext wiedergegeben, was insofern überflüssig ist, als diese alle spielend leicht im Internet für jedermann zugänglich sind. Ein weiterer Anhang (S. 332–339) listet die wichtigen Personen der Zeit auf, bietet allerdings nur Namen und Fachliteratur, ohne die jeweilige Karriere zu analysieren.

Besonders intensiv hat der Autor die Münzprägung durchgearbeitet, wobei aber nicht alle Details überzeugen (z. B. wird auf S. 272 »et« im Sinn von »ist gleich« übersetzt, weil es sonst nicht zu seiner Deutung einer Münzlegende passen würde). Sein hauptsächliches Interesse gilt bei all dem der Chronologie und dem Itinerar der Herrscher. Doch wird der Aussagewert der Inschriften und Münzen in vielen Fällen nicht ausreichend geprüft, und so gelangt Altmayer zu etlichen problematischen Annahmen. Allein aus den Münzen will er ableiten, dass Carinus und Magnia Urbica im Frühsommer 283 in Mailand geheiratet hätten und anschließend nach Rom gezogen seien (S. 75; 151–57), und nur aus einigen Adventus-Münzen glaubt er erschließen zu können, dass Carinus und Numerianus vorhatten, sich Ende 284 in Kyzikos zu treffen (S. 132; S. 162 redet er von einem geplanten Treffen im Donauraum) – während er den Adventus-Münzen des Probus eine entsprechende Aussagekraft abspricht (S. 262). Ferner scheint es fraglich, ob eine relativ große Zahl von Meilensteinen tatsächlich eine »überaus große Beliebtheit« der Dynastie (S. 323; vgl. S. 279) bezeugt.

Um sich nicht zwischen verschiedenen literarischen Traditionen entscheiden zu müssen, postuliert Altmayer, der Tod des Numerianus auf dem Marsch nach Westen sei in Kalchedon entdeckt worden, worauf das Heer umgekehrt sei, Diokletian bei Nikomedia zum Kaiser ausgerufen habe – um sich dann erneut nach Westen zu wenden (S. 135). Und so weiter. Man wird also seine Rekonstruktion der Ereignisgeschichte kaum übernehmen können, ohne die Einzelheiten zuvor erneut zu prüfen.

Wie der Verfasser zu Recht herausstellt, wurde Carus sicher nicht vom Blitz erschlagen, wie es der Großteil der Überlieferung will. Ob die Erzählung jedoch wirklich der diokletianischen Propaganda entstammt, wie er meint, ist weniger klar. Zumindest hätte es einer genaueren Untersuchung des Nachlebens von Carus, Carinus und Numerianus bedurft, die der Autor nicht leistet. Sie wäre von Interesse: Die Inschriften sind nur teilweise eradiert, und in der literarischen Tradition finden sich anerkennende Worte über Carus und Numerianus. Auch sonst ist es bemerkenswert, was in dem umfangreichen Buch alles nicht angesprochen wird. Der Perserkrieg des Carus wird als römische »Strafaktion« charakterisiert (S. 98; 319), aber die Ziele – und das tatsächliche Ausmaß des Erfolgs – werden nicht näher untersucht.

Über der Konzentration auf die Kriegsgeschichte verschwindet die Innenseite des Regimes weitgehend aus dem Blick. Doch herrschte im Kaiserhaus wirklich nur Eintracht, wie der Öffentlichkeit gegenüber behauptet wurde? Immerhin ist Numerianus erst nach Carinus zum Caesar erhoben worden und stieg erst nach dem Tod des Carus zum Augustus – und Mitherrscher des Carinus – auf. Möglicherweise wurde also intern um die Thronfolgeordnung gerungen. Numerianus hat die Tochter seines Prätorianerpräfekten Aper geheiratet, dies jedoch – wie Altmayer sicher zu Recht annimmt (S. 140) – erst kurz vor seinem Tod. Als er gestorben war, kam es zu einem tödlichen Konflikt zwischen Aper und dem Gardeoffizier Diokletian. Es könnte also sein, dass die hohen Offiziere des noch sehr jungen Augustus Numerianus miteinander um Macht und Einfluss rivalisiert hatten. Carinus hingegen scheint viele Menschen dazu getrieben zu haben, sich von ihm abzuwenden: Nach dem Tod des Numerianus erkannte ihn dessen Heer nicht mehr an, sondern wählte sich mit Diokletian einen eigenen Kaiser; einer von Carinus' hohen Offizieren, Sabinus Iulianus, rebellierte – wenn auch erfolglos – gegen ihn, und am Ende siegte Carus zwar über das Heer Diokletians, wurde aber trotzdem von seinen eigenen Offizieren ermordet. Die literarische Überlieferung bietet einen Ansatz, dies zu erklären: Sie stellt Carinus als Tyrannen dar. Jedoch möchte der Verfasser dieses düstere Carinus-Bild allein auf die Propaganda Diokletians zurückführen (S. 71; vgl. 126). Daran mag viel richtig sein, aber möglicherweise hatte die Propaganda einen wahren Kern.

Altmayer selbst urteilt über Carus und seine Söhne sehr positiv und ihrer Herrschaftskonzeption schreibt er »Funktionstüchtigkeit« (S. 15) zu – wie es naheliegt, da er sie als die eigentlichen Überwinder der Reichskrise hinstellen möchte. Warum sie nur so kurz regierten, meint er nicht eigens erklären zu müssen. Auch die Frage eines möglichen Scheiterns wird nicht angeschnitten – der Autor vermeidet sogar das Wort.

Doch ist es offensichtlich, dass die neue Dynastie keinen Bestand hatte. Zudem hatten schon vor Carus etliche Kaiser des dritten Jahrhunderts versucht, eine Dynastie zu begründen – ebenfalls alle ohne Erfolg (was der Verfasser an sich weiß, vgl. S. 187; 205). Die Gründe liegen eigentlich auf der Hand: Während etablierte Dynastien aus ihrer Tradition heraus ein hohes Maß an Legitimität besitzen, verfügten diese Kaiser über nichts dergleichen, denn sie waren alle als Emporkömmlinge an die Macht gelangt – das gilt auch für Carus und seine Söhne. So blieben sie alle stark auf die Loyalität ihrer ehemaligen Offizierskollegen angewiesen, die ihnen zur Herrschaft verholfen hatten. Gerade diese wurden aber von der Sukzessionsordnung ausgeschlossen, indem der jeweils neue Kaiser das Prinzip der Erbfolge proklamierte. Den Ehrgeizigen unter den Offizieren blieb damit nur noch der Weg des Umsturzes, wobei die Erfolgschancen hoch waren. Erst Diokletians Tetrarchie eröffnete solchen Männern die Aussicht, auf legalem Weg Kaiser werden zu können, denn eine Erbfolge war hier nicht vorgesehen. Dies dürfte wesentlich dazu beigetragen haben, dass sich Diokletian über zwanzig Jahre behaupten und das Reich wieder stabilisieren konnte. Später hat Constantin wieder eine Dynastie begründet, aber er hatte einen Kaiser zum Vater, einen Kaiser zum Schwiegervater und er ließ die Fiktion in Umlauf setzen, der Kaiser Claudius Gothicus gehöre zu seinen Vorfahren.

Auch in formaler Hinsicht lässt Altmayers Buch zu wünschen übrig. Es gibt zahlreiche Wiederholungen, die sich leicht hätten vermeiden lassen. So wird an nicht weniger als an vier Stellen mit ähnlichen Worten mitgeteilt, dass es in Verecunda in Numidien einen Tempel des vergöttlichten Carus gab (S. 54; 228 f. 250; 279) – an zweien verbunden mit der sachlich falschen Behauptung, der Statthalter Aurelius Decimus habe den Tempel errichtet (S. 228 f. 279). Tatsächlich wurde er von der Stadt Verecunda gebaut und vom Statthalter lediglich eingeweiht, wie die (auf S. 367 nachgedruckte) Bauinschrift zeigt. Die Kommafehler in dem Buch sind zahlreich und etliche Ausdrücke zumindest ungeschickt. Eine »Überlieferungstradition« (S. 47 und an vielen anderen Stellen) ist ein Pleonasmus und »Epigraph« als Synonym für »Inschrift« (so S. 39; 152; 192; 252; 294) ist zumindest gewöhnungsbedürftig. Was ein »Iunior-Augustus« (S. 200; 205; 264; 320) sein soll, erschließt sich nicht. Es sind auch einige Stilblüten stehengeblieben wie »eine schlechte Versorgungslage verursacht durch Lebensmittelknappheit« (S. 58) oder »ein einziger sehr seltener *aureus*, der folglich nur in sehr kleiner Stückzahl geprägt wurde« (S. 222) oder gar, dass der kleine Sohn des Carinus im »Kindbett« gestorben sein (S. 77; 80; 164). Hingegen fällt das Register eher knapp aus, und ein Quellenregister fehlt ganz, was bei einem Buch, das viele Zeugnisse ausbreitet, zu bedauern ist.

So hätte Klaus Altmayer sicher besser daran getan, seine Dissertation gründlich zu überarbeiten, bevor er sie zum Druck gab. Man wundert sich, dass sie in der vorliegenden Gestalt in eine renommierte Reihe aufgenommen wurde. Das Buch ist dank des bemerkenswerten Fleißes des Autors sicher nützlich, und in einigen Einzelheiten werden auch Fortschritte erzielt. Aber der Hauptthese kann man schwerlich folgen, und auch in den Details wird der Leser jeweils genau überlegen müssen, was er von dem Buch übernehmen kann und was nicht.

Berlin   Matthäus Heil

Spätantike, frühes Mittelalter und Mittelalter

Markus Sanke, **Die Gräber geistlicher Eliten in Europa von der Spätantike bis zur Neuzeit. Archäologische Studien zur materiellen Reflexion von Jenseitsvorstellungen und ihrem Wandel.** Zeitschrift für Archäologie des Mittelalters, Beiheft 25. Verlag Dr. Rudolf Habelt, Bonn 2012. 2 Bände, 664 Seiten, 421 Tafeln, 1 CD mit Katalog, 219 zum Teil farbige Abbildungen und 431 Tafeln.

Jenseitsvorstellungen in den christlichen Gesellschaften des ersten und zweiten Jahrtausends sind vornehmlich ein Arbeitsfeld der Theologie, der Literaturwissenschaft, der Geistes- und Kulturgeschichte, allenfalls auch noch der Kunstgeschichte. Dass sich in Bestattungen selbst nicht nur der soziale Status der Begrabenen und Absichten der Hinterbliebenen, sondern auch Jenseitsvorstellungen spiegeln, ist ein Theorem der Ur- und Frühgeschichte.

Grabungsbefunde sind für Gesellschaften ohne intensive Schriftlichkeit die wichtigste Quelle, um sich deren sozialen Strukturen und religiösen Vorstellungen zu nähern. Die Arbeitsthese der am Lehrstuhl für Archäologie des Mittelalters und der Neuzeit entstandenen Bamberger Habilitationsschrift von Markus Sanke geht sicher zu Recht davon aus, dass dies auch für eindeutig christliche Bestattungen gilt. Es ist sogar für Verstorbene der geistlichen Eliten gültig, also hoher kirchlicher Würdenträger, die in der Regel theologisch solide gebildet waren und christliche Lehren nach außen vertraten, zugleich aber meist aus potenten Familien abstammten und in durchaus weltliche Machtstrukturen eingebunden waren. Der Autor möchte überprüfen, ob sich »im Grabbrauch« dieser »Personengruppe nur diesseitig-weltliche Motive niederschlagen oder ob auch auf Konzepte über das jenseitige Leben geschlossen werden kann«.

Das erste Hauptkapitel ›Die Quellen und ihr Aussagepotential‹ nimmt in den ›Methodischen Vorüberlegungen‹ manche Ergebnisse schon vorweg. Bei der Präsentation der ›Determinanten des Grabes‹, die ganz allgemein Kriterien der Gräberarchäologie diskutiert, wird dargelegt, dass die gut in Schriftquellen überlieferte »Totenliturgie« für archäologische Befunde wenig aussagekräftig ist. Archäologisch traditionell relevanter sind Beobachtungen, dass sich in Bestattungsritus, Grabbeigaben und Friedhofskultur pararelgiöse Überzeugungen der jeweiligen Epoche niederschlagen, die strengen christlichen Dogmen widersprechen – moderne Religionswissenschaft geht diesen Beobachtungen präziser nach. Auch die Kunstgeschichte kann sich wandelnde, nur begrenzt von biblischen Texten geformte Jenseitsvorstellungen von »Fegefeuer«, »Jüngstem Gericht«, »Paradies« und »Hölle« über fast die ganze Epoche des Christentums hinweg nachzeichnen.

Der Verfasser versucht, mühevollen Debatten um »Binnenmission«, Durchsetzung christlicher Lehre und damit den »Grad der Christianisierung« im Adel und der breiten Bevölkerung zunächst zu entgehen und Kriterien für entsprechende Ausdeutungen und Bewertungen zu finden. Deshalb und nicht zuletzt, um gute Erhaltungsbedingungen und feste Datierungen vorzufinden, erscheint es einleuchtend, dass der Autor die Gräber der demonstrativ christlich lebenden und zumeist auch von ihrer Lehre überzeugten Funktionselite in den Blick nimmt, und zwar alle fassbaren Bestattungen von Bischöfen der westlichen Kirche. Ältere historische und archäologische Forschung zu deren Beisetzungen hat den Blick jeweils regional begrenzt und ausschnitthaft auf die Wahl des Beerdigungsortes gelegt, auf die Position der Grablege innerhalb des Kirchengebäudes oder des Friedhofs, auf die oft prunkvolle Gewandung und deren Zubehör, auf die Sichtbarmachung der Stätte durch schlichte oder aufwendige Grabmäler, nicht zuletzt auch auf inschriftliche Authentiken innerhalb der Bestattung. Dieser holistische, alle archäologisch fassbaren Komponenten auswertende, zeitlich und räumlich weit ausgreifende Ansatz fehlte bis heute. Der Autor berücksichtigt bewusst nicht nur modern dokumentierte Bischofsgräber, die in der Minderzahl sind, sondern auch alle älteren, oft nur in unzureichenden Berichten überlieferten Graböffnungen und gleicht seine Beobachtungen mit zeitgenössischen Schriftquellen ab.

Die Präsentation der nachfolgend mentalitätsgeschichtlich und semiotisch auszuwertenden Kategorien (Makro- und Mikrotopographie, Leichenbehältnis, Grabbeigaben, Körperhaltung und Sonstiges) und knappe Ausführungen hinsichtlich der ›Methode zur mentalitätsgeschichtlichen Auswertung‹ lassen allerdings sowohl den sozialhistorisch wie den archäologisch interessierten Leser etwas ratlos zurück. Dass zudem die geringe Objektzahl die angewandten statistischen Methoden eigentlich nicht zulässt, wird später kaum noch betont und berücksichtigt. Die notwendige Quellenkritik gegenüber den theologischen und historischen Schriftüberlieferungen – um theologische

Vorstellungen referieren und überhaupt den Bestatteten oder den Kirchenbau selbst eindeutig ansprechen zu können – wird auch in den späteren Detaildiskussionen nur selten zum Thema.

Eindrücklich ist die Zahl von 742 zusammengetragenen Bischofsgräbern aus siebzehn modernen Staaten – dieses geographische Ordnungsschema führt allerdings später gelegentlich zu irreführenden Aussagen. Auffallenderweise fehlen Danksagungen in diesem Band – das für die Bearbeitung eines so komplexen und weit gespannten Themas notwendige internationale Netzwerk wird mithin nicht sichtbar. Der nicht angesprochene Bearbeitungsstand entspricht der vor 2007 eingereichten Habilitationsschrift, wenige Nachträge sind auf 2006 datiert. Die räumliche Verteilung mit dem Gewicht auf Deutschland ist vornehmlich von der Publikationslage bestimmt; die südeuropäische Literatur war im deutschen Bibliothekssystem offenbar nicht greifbar, so dass Bischofsgräber in Spanien und Italien fast ganz fehlen. Fehlende weltliche Macht wird allerdings als Argument dafür genannt, dass Bischöfe in Italien nicht in herausgehobener Form bestattet wurden. Der chronologische Peak liegt im dreizehnten Jahrhundert und entspricht damit nicht der Zahlenverteilung regierender Bischöfe. Die auffallend wenigen Daten zu Papstgräbern sind in einem Exkurs zusammengefasst.

Den Hauptteil der Studie bildet ›Die Analyse der archäologischen Merkmale‹. Sie beginnt mit der Diskussion des Bestattungsortes und führt dann zu den einzelnen im Grab aufgefundenen Beigaben. Für die durchaus problematische Frage, seit wann Bischöfe in der Kathedrale selbst beigesetzt werden und warum sie auch im Spätmittelalter oft noch andere Beisetzungsorte wählten oder erhielten, kann der archäologische Befund nichts Neues beitragen. Leider gilt dies auch für die genaue Position innerhalb der Kirche beziehungsweise in einem Anraum, da Bischofsgräber bekanntlich in vielen Fällen transloziert wurden. Für die wichtige Frage, seit wann Krypten zum Begräbnis dienen, fehlen weitgehend sichere Befunde, jedenfalls sind sie selten.

Die Kartierung von Bestattungen im Kirchenraum lässt zwischen dem siebten und dem achtzehnten Jahrhundert keine eindeutigen Tendenzen erkennen, vom zehnten und elften Jahrhundert abgesehen, als offenkundig die Mittelachse bevorzugt wurde. Dass Unterschiede in der Wahl von Süd- oder Nordseite relevant sind, dürfte statistisch nicht tragfähig sein; es fehlt die Auswertung nach Lage der Gräber im Verhältnis zum Kreuzgang und dem (oft seitlichen) Haupteingang der Kirche. Klare Tendenzen zeigen die detailliert diskutierte Verwendung und Form der unterschiedlichen Formen der Deponierung (Erdbestattung, Holzsarg, gemauertes Grab, Sarkophag etc.). Man hat allerdings – mit dem Autor – den Eindruck, dass sich die Bischofsgräber kaum jemals von anderen Bestattungen hochrangiger geistlicher oder weltlicher Personen unterscheiden.

Der bischöfliche Ornat bildet eines der exklusiven Elemente der »Totenbekleidung« der untersuchten Gruppe. Auffallend oft wurden aber nur Mitra, Kasel und Pontifikalschule gefunden, selbst die Albe ist nur selten nachweisbar. Nicht bischöflich konnotierte Textilien sind selten. Der Autor wertet die zunehmende Komplexität der Aufmachung als unmittelbaren Spiegel der Entwicklung der bischöflichen Tracht, wie sie sich auch in Bild- und Schriftquellen andeutet. Im dreizehnten Jahrhundert wurden besonders kostbare Gewänder produziert und auch im Grab mitgegeben. Unerklärt bleibt für ihn, warum nicht selten wichtige Kleidungsstücke fehlen – hierzu sind vielleicht Erklärungen in schriftlichen Quellen, zum Beispiel in Testamenten zu finden. Ob der Rückgang der Beigabe aufwendiger Totenbekleidung seit dem vierzehnten Jahrhundert damit zusammenhängt, dass diese Textilien nun im Grabbild detailliert dargestellt wurden, bliebe zu fragen.

Charakteristisch für Bischofsgräber ist auch die Beigabe von liturgischem Gerät, namentlich dem Kelch und seltener der Patene. Es gibt sie sowohl als kostbare Edelmetallobjekte wie als preiswerte Imitation, welch Letzteres seit dem zwölften Jahrhundert zunehmend vorkommt. Die selten erhaltenen zugehörigen Tüchlein (Velum) werden erst bei ›Weitere Beigaben‹ behandelt. Die Ausdeutung der nicht häufigen Inschriften auf Kelch und Patene ist wenig aussagekräftig, da nicht das Corpus der in den Kirchenschätzen überlieferten Objekte verglichen wird. Bemerkenswert sind mittelalterliche Schriftquellen zu Graböffnungen, in denen erwähnt wurde, dass der Kelch auf der Brust lag und mit Wein gefüllt war, die Patene mit Brot – für diese Position gibt es sichere archäologische Befunde, für die »Totenkommunion« trotz der Überlegungen des Autors gerade nicht. Ob die angeführte Hostiennachbildung aus Blei mit einem echten Oblatenstempel angefertigt wurde, wäre zu diskutieren. Während Kelch und Patene vielen Geistlichen mitgegeben wurden, sind Ring und Bischofsstab eindeutige bischöfliche Insignien, die freilich mit den Rangzeichen von Äbten verwechselt werden können. Sie waren jedoch nur bei weniger als der Hälfte der bearbeiteten Bestattungen vorhanden.

Das Pektoralkreuz und die Papstbulle der Ernennungsurkunde werden irrig erst bei den Devotionalien behandelt. Adelsabzeichen wie Schwert und Sporen fanden sich demgegenüber nur selten. In der Verwendung von Grabauthentiken stehen Bischofsgräber nicht allein. Trotz der eindeutigen Quellenhinweise darauf, dass die Tafeln zur Sicherung der Grabidentifikation durch zukünftige Menschen gedacht waren, erwägt der Autor auch eine »eschatologische Funktion«. Die ebenfalls »verdeckten« Texte in und auf Sarkophagen werden ohne Begründung erst in einem späteren Abschnitt behandelt. Beschriftete Fingerringe, Bischofsstäbe und Kreuze werden im Kontext der Authentiken erneut diskutiert, ebenso die Beigabe von Siegelstempeln, deren Mitgabe ins Grab durchaus andere Zielsetzungen hatte, nämlich, sie außer Gebrauch zu nehmen. Die Beigabe von Pflanzenzweigen, Keramikgefäßen, Lampen und Münzen war selten.

Deutlich knapper sind die Beobachtungen zur Ausrichtung der Toten im Grab, mit dem im Rituale Romanum verordneten Richtungswechsel, der allerdings erst zwei Generationen später im Befund fassbar wird, und den angetroffenen Armhaltungen, die erst in der Neuzeit eine von der Aufbahrung herrührende Gebetshaltung erkennen lassen.

Im Kapitel ›Sonstige archäologische Beobachtungen‹ werden Kopfunterlagen und besonders die Kissen behandelt, ebenso die Einbalsamierung, für die es sehr knapp dargestellte archäologische Befunde gibt, und die Organseparatbestattungen. Wenig glücklich erscheint die Analyse von bildlichen Darstellungen im Grab unter den Schlagworten »Bildquellen« und »Bildgräber«. Dieses Thema ist irritierenderweise getrennt von der Behandlung der Inschriften, obgleich Bilder wie Texte in der Regel Bestandteil liturgischer Objekte waren und wohl nur vereinzelt für die Deponierung im Grab geschaffen wurden.

Der dritte Hauptteil mit dem ›Versuch einer geistesgeschichtlichen Analyse der materiellen Merkmale‹ setzt sich kritisch mit der älteren archäologischen Forschung zu Grabbeigaben und Totenausstattung auseinander und bemüht sich um neue Deutungen, allerdings in weithin essayistischer Form und fast ohne Fußnoten. Mit statistischen Kurven werden Tendenzen sichtbar gemacht in der Vollständigkeit der Insignienausstattung oder in der »materiellen Wertigkeit« der Beigaben. Grundsätzlich wichtige Überlegungen zu theologischen Theorien bezüglich der »Auferstehung des Leibes« und dem »Leib-Seele-Komplex« werden leider nur sehr partiell fachwissenschaftlich abgesichert. Auch viele seit Langem intensiv diskutierte kunsthistorische Beobachtungen zum Grabbild hätten hier Beachtung verdient. Die abschließend formulierten vierundzwanzig Thesen und acht Fragen zum Wandel der Bischofsbestattungen und der dahinter erkennbaren Motivationen sind lesenswert und bedürfen – ganz im Sinne des Autors – kritischer Diskussion. Sobald mittelalterliche Theologen Jenseitsvorstellungen explizit diskutiert haben – mit dem neuen Konzept des Fegefeuers – scheinen »weltliche«, den Status dokumentierende Beigaben weniger notwendig geworden zu sein, um mit der neuen Verweltlichung der Kirche in der Barockzeit wieder zuzunehmen.

Die umfangreiche, in Tabellen und Bildtafeln komprimierte Dokumentation zeugt vom großen Sammeleifer des Autors und bietet bei manchen Redundanzen eine nützliche, wenngleich nicht bequem zu benutzende Quellengrundlage für weiterführende Studien von Mittelalterarchäologen, Kunsthistorikern, Historikern, Theologen und Religionswissenschaftlern. Viele aus Gräbern geborgene Objekte sind hier mit ihren Beigaben erstmals in einer überregionalen Publikation greifbar. Das erfreuliche Ziel, die »Gräberarchäologie« aus zweckfreier Objektzentriertheit herauszuführen, war freilich nicht erreichbar, und der gewählte Rahmen übersteigt die sinnvollen Beschränkungen einer akademischen Qualifikationsschrift. Der geographisch weit gespannte diachrone Ansatz der Untersuchung überdeckt den synchronen Abgleich mit Gräbern anderer Personengruppen oft mehr als notwendig. Überdies konnten grundlegende Details bei der Breite des Themas nicht angemessen durch den Autor aufgearbeitet werden, sondern hätten einer interdisziplinären Vernetzung bedurft. Dies gilt nicht zuletzt für die häufig problematische Identifikation der Bestatteten, den genauen archäologischen Kontext der Gräber, die kunsthistorische und epigraphische Einordnung der Objekte und ihrer Beschriftungen, aber auch für die quellenkritische Bewertung der zahlreichen herangezogenen Schriftzeugnisse. Die damit gegebenen Grenzen der umfangreichen Studie stehen ihrer Nutzung als Referenzwerk entgegen.

Heidelberg   Matthias Untermann

Josef Engemann, **Römische Kunst in Spätantike und frühem Christentum bis Justinian.** Verlag Philipp von Zabern, Darmstadt 2014. 271 Seiten mit 231 überwiegend farbigen Abbildungen und Plänen.

Das Buch bildet den Abschluss des fünfbändigen Zyklus ›Römische Kunst‹ und bietet einen gut und in Hochglanzqualität bebilderten Überblick zum Kunstschaffen der Spätantike bis in das sechste Jahrhundert. Nur wenige Bilder sind aus Gründen des Budgets nicht in bester Qualität wiedergegeben, wie etwa ein Repro aus der grafischen Umsetzung der Tabula Peutingeriana anstelle des Originals in Wien oder die Innenansicht von Hagios Sergios und Bakchos in Istanbul, die schlicht nicht neu hat hergestellt werden können.

Essayistisch und ohne Anmerkungen geschrieben werden die Themen im Stil einer Vorlesung abgehandelt. Gegenüber dem Buch ›Deutung und Bedeutung frühchristlicher Bildwerke‹ desselben Autors von 1997 ist der Inhalt auf der theoretischen Ebene abgespeckt und wurde schwer Verständliches fortgelassen, bei gleichzeitig hochwertigerem Erscheinungsbild des Buches. Die Texte sind erzählerisch und leicht lesbar im Großdruck präsentiert, ganz im Stil entsprechender Publikationen der fünfziger bis siebziger Jahre.

Möchte man verschiedenen Details auf den Grund gehen, werden jedoch – trotz einer am Schluss angehängten, sehr kurz gefassten Literaturliste – keine Ansatzpunkte zum Nachprüfen oder zur weiteren Vertiefung gegeben. Angesichts des Großdrucks des inhaltlich dünn ausgefallenen Indexes und des ebenfalls üppig gesetzten Bildnachweises sowie viel zu breiter Ränder und großflächiger nicht bedruckter Seitenenden im Anhang hätte auf den zwölf Seiten leicht das Doppelte untergebracht werden können. So richtet sich das Werk primär an interessierte Laien. Sie werden Engemann glauben müssen, dass etwa der »Usurpator« Magnentius aus der Mitte des 4. Jahrhunderts »Heide« war, obwohl es dazu durchaus auch fundierte neue Bewertungen gibt, etwa nachzulesen im sonst programmatisch und inhaltlich als Pate für Text und Inhalt des Buches erkennbaren Reallexikon für Antike und Christentum unter dem Stichwort »Magnentius«.

Die straff gefasste historische Einführung beginnt mit der Herrschaft des Kaisers Diokletian und führt bis zum Tod Justinians im Jahr 565. Inhaltlich ist hier kaum mehr als eine Aneinanderreihung von Daten gegeben. Es folgen Ausführungen zur Ausgestaltung des öffentlichen Raumes durch Herrschaftsarchitektur und -skulptur. Der Verfasser erläutert die Deutungsebenen der Bilder und die Ausdrucksformen, mit denen die Wertigkeiten der Dargestellten in der spätantiken Kunst vermittelt werden. Manches Denkmal, das nicht so bekannt ist, wie etwa die Pfeiler aus Felix Romuliana (S. 26–29), ist bedauerlicherweise nicht abgebildet. Vielleicht hätte man, um solche unterbringen zu können, ganzseitige Abbildungen, wie die des gut bekannten Kolossalkopfes des Constantin aus Rom, einsparen oder verkleinern können. Genauso muss man fragen, weshalb bei dem großzügigen Layout keine Möglichkeiten gefunden wurde, dem Autor Anmerkungen zu gestatten, die vielleicht deutlich kleiner gesetzt in einer Marginalspalte hätten angeordnet werden können. Lediglich einige Belege zu schriftlichen Quellen sind in den Text eingefügt.

Breiter Raum ist nun den Bildprogrammen des aus den Publikationen Engemanns gut bekannten Konstantinsbogens in Rom und der herrscherlichen Denkmäler Konstantinopels gewidmet.

Es folgen die Zimelien des spätantiken Kunsthandwerks wie wertvolle Silber- und Glasschalen bis hin zu den Konsulardiptychen – sie alle haben meist als Ehrengeschenke von Herrschern und Hochgestellten gedient. Auch diese und die folgenden Ausführungen zu den Anfängen jüdischer und christlicher Kunst sind aus dem reichen Œuvre Engemanns zusammenfassend herausgezogen. Beim folgenden Abschnitt zur Grabkunst und den Katakomben erstaunt, dass in der auch hier nur knappen, aber platzaufwendig gesetzten Literaturliste zentrale Beiträge fehlen, wie etwa der umfangreiche, Überblick bietende Artikel ›Katakombe‹ aus dem Reallexikon (RAC XX [2003] Sp. 342–422 s. v. Katakombe [Hypogäum] [V. Fiocchi Nicolai / H. v. Hesberg / S. Ristow]). Nur kurz klingt die spannende Frage an, wie wohl das Verhältnis zwischen christlichen und nichtchristlichen Bestattungen in den Katakomben zu interpretieren und archäologisch zu kommentieren ist (S. 86); stattdessen fokussiert der Autor vorrangig die Bildinhalte. Auch Fragen zu Chronologie und Stilpluralismus (vgl. N. Zimmermann, Werkstattgruppen römischer Katakombenmalerei. Jahrb. Ant. u. Christentum, Ergbd. 35 [Münster 2002]) werden ausgespart.

Der zentrale Abschnitt des Buches ist den christlichen Kultbauten und ihrer Ausstattung gewidmet. Leider sind neben einigen Fotos und wenigen Isometrien kaum Grundrisse beigefügt. Zur Problematik der möglicherweise eingesetzten Mosaikscheibe mit der Stifterinschrift in die Mosaikfläche von Aquileja erstaunt, dass Engemann den wissenschaftlich anfechtbaren Ausführungen von Tomas Lehmann zu einem angeblichen – jedoch eigenartigerweise nicht dokumentierten – Gutachten hinsichtlich Zonen unter dem Mosaik Authentizität zubilligt (S. 115, dies bereits kommentiert in Bonner Jahrb. 212, 2012, 768), den er freilich nicht in die summarische Literaturliste aufgenommen hat. Einem kurzen Abschnitt zu einigen bedeutenden spätantiken profanen Bauausstattungen folgt nochmals ein längerer Schlussabschnitt zur Kleinkunst in unterschiedlichen Materialien. Manche Begrifflichkeiten in Engemanns Text sind hier verwirrend, wie der »nichtrömische Krieger« aus Bonn (S. 222), in dessen Grab sich eine Zwiebelknopffibel mit Christogramm fand. Gemeint ist das meist unter dem Fundort der ehemaligen Jakobstraße behandelte Männergrab mit Waffen, Kleidungsbestandteilen und Beigaben eines in der Zeit der spätantiken Mischkultur des Rheinlandes beigesetzten, wohl hochrangigen römischen Soldaten, dessen Grabinventar unter anderem Gegenstände mit wohl donauländischer Provenienz enthielt.

Lediglich die abschließend noch eingefügten Ikonen und Textilien scheinen nicht ganz zum zeitlichen Ansatz des Buches zu passen, sind sie doch gelegentlich jüngeren Datums als der justinianischen Epoche entstammend. Ob es notwendig ist, eine Öllampe aus der privaten Altertümersammlung C. Schmidt ganzseitig abzubilden, die – ohne Fundort und -zusammenhänge archäologisch nahezu wertlos – nach ihrer Verzierung kein Einzelstück ist, mag dahingestellt bleiben (S. 248).

Insgesamt erhält der interessierte Leser zahlreiche Antworten auf Fragen aus dem Bereich der Spätantike – wie »warum gibt es Katakomben«? – und es werden immer wieder auch Gegebenheiten des Alltags anhand herausragender Kunstzeugnisse erklärt. An wenigen Punkten ist das Buch sogar der augenblicklichen Publikationslage leicht voraus, etwa hinsichtlich der spätantiken Silberkanne aus Trier, deren monographische Publikation unmittelbar bevorsteht.

Josef Engemann schüttet das Füllhorn seines reichen Wissens um Kunst und Alltag der Spätantike aus, das im Untertitel erwähnte »frühe Christentum« steht nicht im Vordergrund der Betrachtung. So ist das Werk zur Einführung in das Thema oder zur Vertiefung vorhandenen Wissens verfasst, nicht jedoch zu wissenschaftlichen Zwecken.

Köln   Sebastian Ristow

Johannes Lipps, Carlos Machado und Philipp von Rummel (Herausgeber), **The Sack of Rome in 410 AD. The Event, its Context and its Impact.** Proceedings of the Conference held at the German Archeological Institute at Rome, 4–6 November 2010. Palilia, Band 28. Wiesbaden, Verlag Dr. Ludwig Reichert 2013. 456 Seiten mit 151 Schwarzweißabbildungen.

Am 24. August des Jahres 410 nahmen die Goten unter der Führung Alarichs die Stadt Rom ein. Seine Soldaten plünderten die Ewige Stadt drei Tage lang und zogen danach ab. Dieser Fall Roms löste bei den Zeitgenossen Schockreaktionen aus: Die Heiden machten die Christen für die Katastrophe verantwortlich, während viele Christen danach fragten, warum Gott ein so großes Unglück zugelassen habe. So suchte man nach Erklärungen für diese Katastrophe und versuchte sie zu deuten. Es verwundert also nicht, dass der eintausendsechshundertste Jahrestag der Eroberung ein lebhaftes Interesse der Forschung geweckt hat (vgl. M. Meier / S. Patzold, August 410. Ein Kampf um Rom [Stuttgart 2010]; A. di Bernardino / G. Pilara / L. Spera [Hrsg.], Roma e il sacco del 410. Realtà, interpretazione, mito. Atti della Giornata di studio, Roma, 6 dicembre 2010 [Rom 2012]; K. Pollmann / H. Harisch-Schwarzbauer [Hrsg.], Der Fall Roms und seine Auferstehung in Antike und Mittelalter [Berlin 2012]).

Der vorliegende Sammelband enthält die Akten einer im November 2010 in Rom veranstalteten Tagung, an welcher Wissenschaftler verschiedener Fachrichtungen teilnahmen. Er enthält insgesamt neunundzwanzig Aufsätze in den Standardsprachen Englisch, Deutsch, Italienisch und Französisch.

Im Mittelpunkt der Überlegungen steht die Frage, was wirklich in Rom 410 geschah und welche Auswirkungen die Eroberung auf die Stadt selbst hatte. Alle Informationen zu dieser Frage werden gesammelt, um das Geschehen und seine Folgen zu klären (S. 9). Der Band will also eine kritische Synthese der Textquellen und der für die Zeit um 410 relevanten archäologischen Befunde Roms bieten. Weil aber verschiedene Quellenarten zur Klärung desselben Ereignisses dienen können, werden auch jeweils verschiedene Methoden verwendet, was die Herausgeber des Bandes hervorheben (vgl. bes. S. 12), und diese werden hier detailliert analysiert und dargestellt. Zum Ziel setzt sich der Band auch eine Diskussion und Analyse des breiten politischen und kulturellen Kontextes dieses Ereignisses. In der Praxis liegt aber der Schwerpunkt des Buches in der Bewertung der materiellen Zeugnisse, die sich auf den Gotensturm von 410 beziehen könnten, weil die Ausgrabungen in Rom in den letzten Jahren zahlreiche neue Erkenntnisse brachten.

Der Band besteht aus einem einleitenden Kapitel und drei Hauptteilen. Die Einführung bilden drei Aufsätze. Hier werden alle methodologischen Vorfragen und interdisziplinären Grundvoraussetzungen sehr klar behandelt (Lipps, Machado und Rummel S. 11–16). Gleichzeitig wird hier auch auf die Bedeutung der Archäologie in der Untersuchung der Ereignisse von 410 verwiesen, indem gezeigt wird, wie archäologische Quellen nicht nur das Wissen um das Geschehen selbst, sondern auch um seinen Kontext sowie um die längerfristigen urbanistischen und sozialen Entwicklungen in Rom bereichern (Rummel, S. 17–33, Riccardo Santangeli Valenzani, S. 35–48). Dies ist umso wichtiger, weil die neuen Ausgrabungen in Rom einen stetig zunehmenden Bestand an historischen Zeugnissen bilden. Die Aufsätze von Rummel und Santangeli Valenzani zeigen mit aller Deutlichkeit, welche Aussagekraft die Bodenfunde und Befunde der stadtrömischen Archäologie haben und in welchem Maß sie zur Klärung des Geschehens im August des Jahres 410 beitragen. Die Plünderungen selbst haben kaum sichtbare Spuren hinterlassen (S. 22 f. 38), archäologisch sind bisher vielmehr nur längerfristige Entwicklungen greifbar: Bereits einige Jahrzehnte vor der Einnahme Roms durch Alarich seien einige Wohnquartiere im Zentrum Roms aufgegeben worden (S. 23). Das Jahr 410 bedeutete demnach für die Stadt Rom weder einen kurzfristigen Bruch noch einen Neubeginn.

Der erste Hauptteil des Bandes (Context, S. 43–83) enthält drei Aufsätze, die sich auf den symbolischen, sozialen und politisch-militärischen Kontext der Einnahme der Ewigen Stadt konzentrieren.

Arnaldo Marcone (S. 43–48) thematisiert die symbolischen Aspekte dieser Ereignisse. Sein knapper und kursorischer Beitrag führt lediglich die Aussagen der Zeitgenossen an, ohne die wesentlichen ideologischen Elemente dieser Reaktionen zu berücksichtigen, wie den Ewigkeitsgedanken oder die eschatologischen Stimmungen. Die Zusammenstellung der Autoren ist freilich weder systematisch noch komplett. Auch wird die langjährige Forschungsdiskussion über die Reaktionen der Zeitgenossen auf den Gotensturm nur sehr eingeschränkt referiert.

Sehr informativ ist der gedankenreiche Aufsatz von Carlos Machado, der die Situation der stadtrömischen Aristokratie und ihre Beziehungen zum weströmischen Hof in den Jahren 380 bis 440 behandelt. Anhand einer Fülle prosopographischer Angaben zeichnet Machado ein glaubwürdiges Bild der politischen, sozialen und ökonomischen Differenzierung der Senatsaristokratie in den letzten Jahren des vierten und in ersten Dezennien des fünften Jahrhunderts.

Ebenso gelungen und überzeugend ist der Beitrag von Michael Kulikowski (S. 77–83), der das Geschehen im Jahr 410 als eine Folge kontingenter Faktoren interpretiert, insbesondere persönlicher Kalkulationen und Fehlberechnungen (S. 80), wobei er die Einnahme Roms als einen Verzweiflungsakt und Gipfelpunkt einer politischen Karriere deutet, die durch Frustration und Enttäuschung gekennzeichnet war (S. 81).

Der nächste Teil (›Event‹, S. 84–292) enthält zwölf Aufsätze, die sich zumeist auf die materiellen Zeugnisse der Einnahme der Stadt beziehen, nach denen die Archäologie oft vergeblich sucht. Nur der erste Aufsatz von Ralph W. Mathisen hat einen anderen Charakter, denn er bespricht die literarischen Quellen. Umstritten ist hier allerdings die These, dass die Zeitgenossen Alarich eher für einen rebellischen römischen General als für einen fremden Barbar gehalten hätten (S. 94). Eine solche Verallgemeinerung geht wohl zu weit, und zahlreiche Gegenargumente sind auch in diesem Band zu finden (vgl. S. 433–440).

Die weiteren elf Beiträge enthalten sehr gründliche Darstellungen der Ausgrabungen in verschiedenen Teilen Roms und versuchen die Frage danach zu beantworten, ob die archäologischen Funde und Befunde die direkten Zeugnisse der Plünderungen Roms im Jahr 410 liefern. Wie aber in diesem Band mehrmals betont wird, sind die direkten Spuren der Zerstörungen, die mit Sicherheit auf die Goten Alarichs zurückgehen könnten, kaum zu finden. Alle Aufsätze bieten aber einen Überblick über die neuesten Ausgrabungen in Rom und deren Ergebnisse für die relevante Periode.

Johannes Lipps analysiert anhand der archäologischen Quellen die Spuren der möglichen Zerstörungen auf dem Forum Romanum. Er betont, dass nur wenige Zeugnisse tatsächlich mit der Eroberung Roms durch die Goten 410 in Verbindung gebracht werden können und auch dies nur hypothetisch (S. 103). Es handelt sich in diesem Zusammenhang vor allem um die Basilica Aemilia, die durch den Brand zu Beginn des fünften Jahrhunderts zerstört wurde, wovon die im Marmorfußboden eingebrannten Münzen zeugen. Beachtenswert ist dabei, dass die spätantike Portikus der Basilica Aemilia, die durch die ältere Forschung in die Anfänge des fünften Jahrhunderts datiert wurde, nach Lipps wohl bereits zu Beginn des vierten entstanden ist. Dies stehe wohl im Zusammenhang mit einer einheitlichen Neugestaltung des gesamten Platzes (S. 116). Das Forum Caesaris liefert keine direkten Zeugnisse, die sich auf die Einnahme der Stadt durch die Goten beziehen lassen (S. 132). Dasselbe gilt für die Region von Trastevere (S. 148).

Carlo Pavolini stellt hingegen die Ergebnisse der Ausgrabungen auf dem Caelius dar, wo einige Gebäude, wie die Vita Sanctae Melaniae überliefert, von den Goten zerstört wurden. Erkennbar seien hier im archäologischen Material die Spuren einer Krise und eines allmählichen Verlassens der einzelnen Gebäude im fünften Jahrhundert. Pavolini plädiert somit mit guten Gründen für eine Hypothese, dass die Einnahme der Stadt durch die Goten zahlreiche senatorische Familien und ihre Wohnsitze tief betroffen habe. Die einen müssen getötet worden sein, die anderen emigriert sein. Ihre Wohnsitze seien verlassen worden, was folglich allmählich zur Verwahrlosung ganzer Quartiere in der späteren Zeit beigetragen habe (S. 179 f.).

Paola Quaranta, Roberta Pardi, Barbara Ciarocchi und Alessandra Capodiferro stellen die Ergebnisse der Ausgrabungen auf dem Aventin dar und kommen zu dem Schluss, dass die ersten Jahre des fünften Jahrhunderts in dieser Gegend keine radikalen Veränderungen mit sich gebracht hätten. Erkennbar seien hingegen Veränderungen und Schwinden von Wohngebieten.

Axel Gering befasst sich nicht mit Rom, sondern mit Ostia. Er entwickelt überzeugend eine Art Typologie des Verfalls und des Wiederaufbaus. Ihm zufolge wurden plötzliche Einsturzkatastrophen durch externe Auslöser bis zur Mitte des fünften Jahrhunderts vollständig bewältigt. Gering befasst sich zwar mit dem Forum von Ostia, aber die Ergebnisse seines Studiums lassen sich auch auf die Erklärung des Einsturzes und der strukturellen Reparaturen in Rom anwenden, die im Lichte seiner Erkenntnisse nicht unbedingt mit den Goten Alarichs zu verbinden sind (S. 233).

Wertvolle Erkenntnisse bietet auch der Beitrag von Franz Alto Bauer, der überzeugend argumentiert, dass das Verlassen oder die Zerstörung zahlreicher Gebäude in Rom nicht als Folge einer bestimmten politischen Katastrophe zu betrachten sei, also etwa der Einnahme der Stadt durch die Goten. Es sei eher ein Ausdruck der allmählichen Transformation der städtischen Landschaft Roms im vierten und fünften Jahrhundert (S. 266). Zu Recht verweist er auf die Tatsache, dass die Goten weniger die Gebäude niederrissen, als vielmehr diese plünderten und wertvolle Sachen wegnahmen.

In gewissem Maß nimmt Paolo Liverani einen anderen Standpunkt in dieser Hinsicht ein, der den Umbau des Baptisteriums am Lateran sowie die Gründung der Basilika Santa Maria Maggiore behandelt. Laut Liverani sei es möglich, dass ein indirekter Zusammenhang zwischen der Einnahme der Stadt durch Alarich und der Stiftung der Marienbasilika bestehe: Die Kirche kann auf einer Stelle gebaut worden sein, wo ein Haus gestanden habe, das infolge des Goteneinfalls verlassen war. Allerdings steht eine solche punktuelle Deutung nicht im fundamentalen Widerspruch zum überzeugenden Bild einer längerfristigen Entwicklung, die Bauer entwirft.

Der dritte Teil (›Impact‹, S. 295–455) enthält elf Aufsätze, die die Wirkungen der Einnahme der Ewigen Stadt in verschiedenen Bereichen thematisieren.

Die radikale These von Alan Cameron, das Heidentum als religiöses und intellektuelles System sei bereits um die Wende vom vierten zum fünften Jahrhundert tot gewesen (The Last Pagans of Rome [Oxford 2011]), wird von Michele Renee Salzman entschieden abgelehnt. Salzman gibt hier die in der modernen Forschung oft behandelten heidnischen Reaktionen auf die Einnahme Roms wieder. Es verwundert aber in diesem Zusammenhang, dass, obwohl das verlorene Geschichtswerk Olympiodor in ihren Erörterungen eine prominente Rolle spielt, die einzige moderne Monographie zu diesem Geschichtsschreiber völlig unbeachtet bleibt (A. Baldini, Ricerche di tarda storiografia [da Olimpiodoro di Tebe] [Bologna 2004]).

Im Fokus der Aufsätze von Mischa Meier und Neil McLynn steht das Geschichtsverständnis des Orosius. Meier verweist auf den Widerspruch zwischen den Zielen, die dieser Geschichtsschreiber in seinem Werk zu erreichen versuchte, und deren Verwirklichung (eine gekürzte Fassung von M. Meier in: H. Carl / H.-J. Bömelburg [Hrsg.], Lohn der Gewalt. Beutepraktiken von der Antike bis zur Neuzeit, Krieg in der Gesch. 72 [Paderborn 2011] 73–101). McLynn betont, dass Orosius die Ereignisse von 410 aus der Perspektive der politischen Situation in Spanien in den Jahren 417 und 418 deutet – eine Tatsache, die allerdings seit Langem durch die moderne Forschung erkannt ist (Vgl. etwa A. Lippold, Rom und die Barbaren in der Beurteilung des Orosius [Diss. Erlangen 1952] 26 ff.). Darüber hinaus bezweifelt McLynn die Glaubwürdigkeit der Überlieferung des Hieronymus über die Stimmung unter der römischen Stadtaristokratie nach der Einnahme Roms und meint, dass der Kirchenvater weniger über die damalige wirkliche Situation berichtet als vielmehr auf sie kreativ geantwortet habe, um seine eigenen Ziele zu verwirklichen (S. 328). Das Interesse des Heiligen am Schicksal der stadtrömischen Aristokratie stehe damit im Zusammenhang, dass er nach dem Tod des Pammachius einen literarischen Schirmherren gesucht habe (S. 328 f.). McLynn weist zu Unrecht die Vermutung zurück, dass Hieronymus die zeitgeschichtlichen Ereignisse in großem Maß in eschatologischen Kategorien gedeutet habe.

Im Fokus der nächsten Aufsätze stehen verschiedene Aspekte der materiellen Kultur. Die Auswirkungen des Jahres 410 analysieren anhand der epigraphischen Quellen Silvia Orlandi, anhand der Ehrenstatuen Bryan Ward-Perkins und Carlos Machado, anhand der Keramik Clementina Panella sowie anhand der Gräberfelder Roberto Meneghini. Christine Delaplace behandelt hingegen die Ansiedlung der Goten in Aquitanien.

Beachtenswert ist auch der Beitrag von Elio Lo Cascio über die Bewohner Roms vor und nach 410: Mit der Einnahme der Stadt habe wahrscheinlich der Abwärtstrend in der Zahl der Bewohner Roms begonnen, aber die Eroberung selbst habe noch keine radikale Abnahme der Bevölkerung verursacht; Rom sei in der ersten Hälfte des fünften Jahrhunderts stets eine große Stadt gewesen (S. 418).

Den Band schließen die Aufsätze von Peter Heather und Walter Pohl ab. Heather verteidigt seine Meinungen, die er auch in seinen bekannten Monographien zum Ausdruck gebracht hat: Er betrachtet den Fall Roms 410 als ein Element in der Reihe der Ereignisse von epochaler Bedeutung. Es geht ihm um den Niedergang der römischen Ordnung und die Rolle der Barbaren im Prozess der Zerstörung dieser Ordnung sowie um die Struktur dieses historischen Prozesses. Zweifelsohne bietet der Autor hier zahlreiche anregende Impulse für die weitere Forschungsdiskussion. Einen zusammenfassenden Charakter hat hingegen der Aufsatz von Walter Pohl. Er betont, dass der Begriff »Transformation« am besten die Wandlungen bezeichnet, die in der relevanten Epoche stattfanden – mit Sicherheit besser als die Begriffe »Niedergang« und »Fall«. Indem er sich dabei auch auf die archäologischen Quellen bezieht, verweist er mit Recht auf die Tatsache, dass das Jahr 410 im Lichte der archäologischen Funde und Befunde Roms keine radikale Wendezeit im Leben der Ewigen Stadt gebildet hat (S. 452), während es dagegen symbolisch große Bedeutung hatte. Selbst wenn die unmittelbaren Folgen des Gotensturms nur begrenzt waren, könne es als Indikator für die politischen Mächte dienen, die damals im Spiel gewesen seien, sowie deren Handlungsoptionen, Chancen und Beschränkungen (S. 453).

Der Band bietet viele anregende Impulse für die weitere Forschungsdiskussion, indem er verschiedene, manchmal widersprüchliche Meinungen über die Bedeutung des Jahres 410 darstellt und zeigt, wie wertvoll und effektiv die Untersuchung der historischen Phänomene mit Hilfe unterschiedlicher Quellentypen ist. Besonders wichtig ist dabei, dass dieser Band wirklich eine kritische Synthese der für die ersten Dezennien des fünften Jahrhunderts relevanten Befunde Roms bietet und auf diese Art und Weise zur weiteren Klärung längerfristiger Prozesse im fünften Jahrhundert beiträgt.

Krakau   *Dariusz Brodka*

Peter Ettel und Lukas Werther (Herausgeber), **Zentrale Orte und zentrale Räume des Frühmittelalters in Süddeutschland.** RGZM-Tagungen, Band 18. Verlag des Römisch-Germanischen Zentralmuseums, Mainz 2013. 406 Seiten mit 200 zum Teil farbigen Abbildungen und 18 Tabellen.

Die archäologisch-historische Forschung zu Zentralorten und Zentralräumen hat im deutschsprachigen Raum eine lange Tradition. Bis heute wird sie durch die grundlegenden Arbeiten von Walter Christaller (1933) und Eike Gringmuth-Dallmer (1996) entscheidend bestimmt. Dies hat vor allem dazu geführt, dass sich die meisten Analysen auf die zentralen Funktionen der Siedlungen fokussieren; ein Umstand, der die Forschung in Deutschland nicht nur grundlegend von der auf die Identifikation von Siedlungshierarchien ausgerichteten skandinavischen und der raumanalytisch geprägten angelsächsischen Schule unterscheidet, sondern sie auch daran hindert, methodisch variabler zu agieren und zu postprozessualen Siedlungsinterpretationen zu gelangen. Auch der vorliegende Tagungsband bildet zuallererst heuristisch-hermeneutische Analysen zu zentralen Funktionen ab. Allerdings gelingt in einigen Fällen zumindest in Ansätzen eine Integration unterschiedlicher komplementärer Zentralortkonzepte, wodurch sich Anknüpfungspunkte an Themen wie Netzwerkmodelle und parallele Raumstrukturen ergeben, wie sie zuletzt wegweisend diskutiert wurden (O. Nakoinz, Zentralorte in parallelen Raumstrukturen. In: S. Hansen / M. Meyer [Hrsg.], Parallele Raumkonzepte [Berlin und Boston 2013] 83–104).

Der von Peter Ettel und Lukas Werther im Jahr 2013 vorgelegte RGZM-Tagungsband ist das Ergebnis der im Oktober 2011 in Bad Neustadt an der Saale durchgeführten Tagung ›Zentrale Orte und zentrale Räume des Frühmittelalters in Süddeutschland‹. Die Idee zur Tagung und damit zur grundlegenden interdisziplinären Diskussion der Zentralort-Thematik hatte sich im Zuge der seit 2009 laufenden Forschungen des Römisch-Germanischen Zentralmuseums Mainz und der Friedrich-Schiller-Universität Jena im karolingisch-ottonischen Pfalzkomplex Salz in Unterfranken entwickelt.

Der Tagungsband beinhaltet einundzwanzig Beiträge von fünfundzwanzig Autoren. Zwei Vorträge fanden keine Berücksichtigung: Hans Loserts Bericht zu zentralen Räumen an der östlichen Peripherie des Fränkischen Reiches und Niklot Krohns Ausführungen zum alamannischen Siedlungsgebiet. Ergänzend zu den auf der Tagung gehaltenen Vorträgen wurde die Studie von Caspar Ehlers und Bernd Päffgen zur Pfalzenforschung in Bayern aufgenommen.

Mit einer übergreifenden Einführung in die Thematik eröffnet Peter Ettel den Tagungsband (S. 1-46). Hierbei beleuchtet er zunächst die Herausbildung von frühmittelalterlichen Zentralorten und Zentralräumen in unterschiedlichen Regionen, um im Folgenden die Definition von Zentralort und Zentralraum nach Eike Gringmuth-Dallmer darzustellen, nach der – auf das Frühmittelalter angewendet – ein Bündel zentraler Funktionen von Belang ist: Herrschaft, Schutz, Rohstoffgewinnung und Handwerk beziehungsweise Gewerbe, Handel sowie Kult. Ettel erläutert im Hauptteil seines Beitrages fünf Zentralorttypen anhand mehrerer Fallbeispiele – ländliche Siedlungen beziehungsweise Zentralorte (Lauchheim), Städte (Regensburg), Pfalzen und pfalzenähnliche Burgen (Tilleda, Roßtal), Bistumssitze (Büraburg beziehungsweise Eresburg, Erfurt, Würzburg, Eichstätt), Königs- und Klosterhöfe (Karlburg, Salz) sowie Adelsburgen und frühterritoriale Landesherrschaften (Ebersberg, Runder Berg bei Urach, Sulzbach-Rosenberg, Oberammerthal). Abschließend skizziert er für den Zentralorttyp der Burgen vier Fallbeispiele der Raumerfassung und Erschließung von Zentralräumen.

Bevor sich nun mehrere Aufsätze zu unterschiedlichen Zentralorttypen anschließen, setzt Andreas Dix aus historisch-geographischer Perspektive einen methodischen Akzent (S. 47-58). Er zieht – ganz in der Tradition Dietrich Deneckes – im Kern die Übertragbarkeit der von Christaller formulierten Theorie der Zentralen Orte auf die Analyse ausschließlich archäologisch erfasster Siedlungsstrukturen in Zweifel: »Das grundsätzliche Problem bleibt aber vor allem, aus Einzelfunden und Befunden ein Siedlungsnetz zu rekonstruieren und vor allem die Unterschiedlichkeit von Siedlungsplätzen zu erklären.« (S. 54). Der Autor hinterfragt zudem die klassischen funktionalen Kategorien von Gringmuth-Dallmer, die sich zum einen nicht immer hinreichend definieren lassen, und zum anderen

das »temporäre Moment« der Zentralität nur ungenügend berücksichtigen.

Ebenfalls zu Anfang des Bandes wünschte man sich die elementaren Überlegungen Michael Herdicks zur Interpretation wirtschaftsarchäologischer Quellen von mittelalterlichen Burgen und Herrensitzen (S. 389-403). Schließlich führt diese direkt zur qualitativen und quantitativen Beurteilung des funktionalen Potentials der Orte. Zu den von ihm herausgearbeiteten Analysekriterien gehört zum Beispiel die Notwendigkeit, die »historische und kulturelle Bedingtheit des Ökonomieverständnisses« der Akteure und ihrer Betrachter zu berücksichtigen (S. 395). Die Grenzen einer Siedlungsgrabung müssen nicht zwingend mit den Wirtschaftsräumen der herrschaftlichen »Haushalte« übereinstimmen. Zwar gelang es der klerikalen Elite der Bischofssitze über Jahrhunderte, Änderungen wirtschaftlicher Rahmenbedingungen zu adaptieren, aber für die Reiseherrschaften, die sich auf Pfalzen und Königshöfe stützten, bestimmte weniger »der Standort, sondern die Gegenwart der Macht den besonderen Charakter exklusiver handwerklicher Produktion« (S. 395).

An den Beitrag von Dix anschließend stellen Petra Wolters und Lukas Werther die aktuellen Ausgrabungsergebnisse der mächtigen Befestigung des im unterfränkischen Neustädter Becken gelegenen Veitsberges sowie die Untersuchungen zum Strukturwandel des karolingisch-ottonischen Pfalzkomplexes Salz mit seinen zentralen Funktionen im Laufe des Frühmittelalters und zu Fragen der temporären Zentralität durch die An- und Abwesenheit der sozialen Elite vor (S. 59-73 und 89-112). Ausgehend von einer verhältnismäßig reichen historischen Überlieferung zum 751/752 erstmals erwähnten Königsgut besteht die Herausforderung darin, die bekannten archäologischen Fundorte mit Zentrum, Pfalz sowie zugehörigen Siedlungs- und Wirtschaftseinrichtungen des Königsgutkomplexes zu korrelieren. Leider sind die zweifellos bemerkenswerten karolingischen Baubefunde auf dem Veitsberg aufgrund der teilweise undeutlichen Illustrationsweise im Detail kaum nachzuvollziehen; eine Darstellung des keramischen Fundmaterials fehlt gänzlich. Ebenfalls mit Ungenauigkeiten behaftet sind einige Erörterungen zu frühmittelalterlicher Siedlungsgenese und zentralörtlichen Strukturen: »Durch die zahlreichen Detailinformationen in den Schriftquellen des 8.-11. Jahrhunderts sowie archäologische Hinterlassenschaften ist der Pfalzkomplex als vielseitiges, ortsübergreifendes Gesamtgefüge rekonstruierbar« (S. 97). Was genau ist ein rekonstruiertes »vielseitiges, ortsübergreifendes Gesamtgefüge«? Die diesem Satz zugewiesene Abbildung mit den nicht systematisch qualifizierten Organisationsbezügen bietet hierzu jedenfalls keine plausible Erklärung (S. 96 Abb. 6). Es sind Unschärfen wie diese, die den Autor letztlich zu der als Gewissheit formulierten Annahme verleiten, die archäologischen und historischen Quellen zeigten, dass die mehr oder weniger gut fassbaren zentralörtlichen Funktionen der Pfalz sowie die zeitweilige Anwesenheit der Elite »diese erst als Ganzes zu einem Zentralraum machen« (S. 98).

Einen strukturell vergleichbaren frühmittelalterlichen Siedlungsraum behandeln die Untersuchungen von Ralf Obst zur Karlburg am Main (S. 375–388), die den methodisch problematischen Lesefundkomplexen des Umlandes bei der räumlichen Analyse eine zu große Bedeutung beimessen. Auf der Grundlage von als Fehlbrände interpretierten Lesefunden glaubt der Autor sogar, »erstmals eine einheimische Produktion merowingerzeitlicher Drehscheibenware rheinfränkischer Ausprägung in Nordbayern« belegen zu können (S. 380).

Zwischen die beiden Beiträge zum Pfalzbau Salz wurde der Aufsatz von Ehlers und Päffgen zu einem Grundlagenwerk der mediävistischen Forschung platziert, der wohl besser unmittelbar hinter Ettels Einleitung eingereiht worden wäre (S. 75–87). Sie stellen in groben Zügen Methoden und Ergebnisse des sogenannten »Repertoriums« vor, eines auf den Gesamtbestand der Pfalzen in den Grenzen der heutigen Bundesländer abzielenden Vorhabens, welches das von der Bayerischen Akademie der Wissenschaften in München betriebene Projekt ›Die deutschen Königspfalzen. Repertorium der Pfalzen, Königshöfe und übrigen Aufenthaltsorte der Könige im deutschen Reich des Mittelalters‹ fortsetzt. Die Pfalzen werden durch eine auf neun Parametern fußende Merkmalsanalyse erfasst, nämlich etwa der Siedlungsgeschichte des Pfalzbereichs, der Besitzverhältnisse, Servitien und Aufgaben sowie der Bedeutung der Pfalz in den einzelnen Perioden. Hierdurch werden vielschichtige Faktoren greifbar, wie beispielsweise zeittypische Ausprägungen von Pfalzen (die staufische Stadtpfalz), die wiederholte Verlagerung der Zentren an einem Ort etwa als Herzogs- oder Königspfalz in Regensburg oder das Nebeneinander von Herrscher- und Bischofspfalz in den bayrischen Bischofsstädten. Im Sinne eines dialektischen Korrektivs zu den historischen Überlieferungen fließen zudem archäologische Merkmale in die Untersuchung ein, wie bei den Pfalzen Altötting, Ergolding oder Sulzbach. Mit Blick auf schriftlich überlieferte und archäologisch untersuchte sowie ausschließlich archäologisch erfasste Orte wäre es sehr interessant, das Potential des Repertoriums für die Anwendung GIS-basierter Predictive-Mapping-Modelle beziehungsweise Modeling-Konzepte zu überprüfen.

Im Nordharzvorland – dem Kernland ottonischer Königsmacht – befindet sich mit der Pfalz Werla einer jener Orte, die von der älteren Forschung als beispielhafter Zentralort jener Epoche betrachtet werden. Markus C. Blaich beschreibt in seinem denkmalpflegerisch ausgerichteten Beitrag hauptsächlich Konzeption und Gestaltung des ›Archäologie- und Landschaftsparks Kaiserpfalz Werla‹, die neben Belangen des Naturschutzes vor allem die jüngsten Forschungsergebnisse zur Entwicklung Werlas vom zentralen Wirtschaftshof zur Königspfalz berücksichtigen (S. 125–140).

Am Beispiel von Großhöbing stellt Thomas Liebert daraufhin die Funktion von Mühlen- und Schiffsländebefunden als Orte ländlicher Zentralität vor (S. 141–160). Ein Versuch, der als nicht geglückt bezeichnet werden muss. Besonders schwer wiegt hierbei der Umstand, dass weder Beispielexemplare der über dreitausend Holzfunde noch die dazugehörigen Befunde zeichnerisch oder fotografisch dargestellt wurden, womit sie nicht nachzuvollziehen sind. Interessant wäre zudem die Diskussion der Länden- und Mühlenbefunde hinsichtlich eines Marktplatzes und damit im Hinblick auf den wirtschaftlichen Zentralort. Im hierauf folgenden Beitrag zu Villae publicae und Taufkirchen als ländlichen Zentren (S. 161–174) verweist der Historiker Thomas Kohl mit Rückgriff auf Traditionsbücher größerer Klöster und Bischofskirchen auf den besonders schutzwürdigen rechtlichen Status von Mühlen in der Karolingerzeit. Ebenso wie Kirchen, Schmieden und Herzogshöfe zeichneten sich diese als »stark frequentierte und nicht abgeschlossene Räume« durch eine herausgehobene rechtliche Qualität und Zentralität aus (S. 164 f.).

Eine wichtige Scharnierfunktion zwischen den Beiträgen zu Zentralorttypen und zentralräumlichen Betrachtungen bilden Heidi Pantermehls Einlassungen zur Siedlungsanalyse des Pfälzer Waldes (S. 175–192). Sie versucht mittels einer raumbezogenen Betrachtungsweise, die Anwendbarkeit speziell des Zentralortmodells von Gringmuth-Dallmer auf die frühmittelalterliche Mittelgebirgslandschaft zu überprüfen. Dabei erkennt sie das Potential peripherer Räume, die als Jungsiedellandschaften erst durch den früh- und hochmittelalterlichen Landesausbau erschlossen wurden, für die Untersuchung der Genese zentraler Siedlungsgefüge. Im Ergebnis greifen die Gringmuth-Dallmerschen Determinanten zentraler Orte zu kurz und sind für die Identifizierung zentraler Räume wohl nicht anwendbar. Die Autorin resümiert, dass es das primäre Ziel der Zentralortforschung sein sollte, »unterschiedliche hierarchisch aufgestellte Siedlungsebenen innerhalb einer Landschaft oder eines Siedlungsgefüges zu erkennen und herauszuarbeiten, ihre Form und Stellung sowie ihren Bezug zueinander zu definieren und schließlich den Einfluss und die Auswirkungen eines solchen Gefüges sowohl auf sich selbst und auf die in ihm existierenden Orte als auch auf seine Umwelt zu untersuchen.« (S. 187)

Aus Österreich kommt ein gelungenes Beispiel für den oszillierenden Funktions- und Bedeutungswandel einer Kleinregion mit Zentralorten (S. 193–216). Helga Sedlmayer zeichnet die Entwicklung von Mautern an der Donau nach, die durch mehrere Faktoren gekennzeichnet ist: die Grenzlage als römischer Kastellort, die wachsende säkulare Bedeutung als Handels- und Marktort an der Donau und in der Kontaktzone zum Mährischen Reich sowie der Einfluss des Passauer Hochstifts im zehnten Jahrhundert.

Eine ganz ähnliche Entwicklung lässt sich von den Quellen zur Probstei Solnhofen im Altmühltal gewinnen. Christian Later liefert geradezu einen Musterfall für die Wechselwirkung sakraler und wirtschaftlicher

Funktionen eines Zentralortes (S. 309–332). Auf der Basis seiner Dissertation beschreibt er die Entwicklung von der spätmerowingisch-karolingischen »curtis« mit ausgeprägter Raseneisenerzverarbeitung über die folgende Klosterkirche, die ihre Bedeutung vor allem durch die verkehrsgünstige Lage bezog, hin zu einer Probstei, die explizit einen Heiligenkult um ihren Klostergründer Sola initiierte. Hierdurch wurde sie als regionales, religiöses Zentrum wahrgenommen, das darüber hinaus durch sein überdurchschnittliches Kunsthandwerk herausstach – ein Wandel, der möglicherweise weniger auf die Actio der Probstei selbst, als vielmehr auf die Initiative der Mutterabtei Fulda zurückzuführen ist.

Durch das Kanalbauprojekt Karls des Großen, die Fossa Carolina, waren im ausgehenden achten Jahrhundert – aufgrund der Verbindung der Flüsse Rhein, Main, Regnitz, Rezat und Altmühl – an der Altmühl gelegene Siedlungen wie Solnhofen an das überregionale Verkehrsnetz angeschlossen. Zu diesem Themenkomplex führt der etwas isoliert wirkende einzige naturwissenschaftliche Beitrag von Christoph Zielhofer und Eva Leitholdt (S. 113–124). Aus ihrer physisch-geographischen Perspektive präsentieren sie neue Radiokarbondaten von durchgängig erhaltenen Torfschichten aus dem zentralen Grabenbereich beim Treuchtlinger Talknoten, die zwar temporäre, nicht unbedingt durch Wasserbaumaßnahmen zu begründende Weiherphasen im Früh- und Hochmittelalter belegen, aber keineswegs Neues zur Frage der Schiffbarkeit des Grabens beitragen. Eine Erörterung des Kanalbauprojektes als Bindeglied der Hafennetzwerke an Rhein und Donau und damit auf die Verbindung von Zentralräumen in einem eigenen Beitrag wäre an dieser Stelle wünschenswert. Zwar wird das Thema durch Peter Ettel kurz angerissen (S. 33–35), vielleicht wollte man aber einer im Jahr 2014 erschienenen Publikation zum Kanalprojekt nicht vorgreifen (P. Ettel u. a. [Hrsg.], Großbaustelle 793. Das Kanalprojekt Karls des Großen zwischen Rhein und Donau [Mainz 2014]).

Ganz im Sinne von Pantermehl widmet sich Jan Mařík vom Archäologischen Institut der Tschechischen Akademie der Wissenschaften in Prag der Analyse hierarchisch gegliederter Siedlungsstrukturen (S. 217–234). Auf der Basis jüngerer archäologischer Untersuchungen wurden neue Zentralorte mittlerer und unterer Hierarchie in einer Mikroregion an der mittleren Elbe und unteren Cidlina im Bereich des Zentralortes Libitz (Libice) lokalisiert, die sich in der späten Burgwallperiode entwickelten. Der Autor assoziiert einen möglichen Zusammenhang zwischen diesen Siedlungsentwicklungen und der Herausbildung frühstaatlicher Strukturen der Přemyslidendynastie in Ostböhmen, ohne dies allerdings substanziell zu unterfüttern. Überdies irritieren zwei Ungenauigkeiten: Das einzige abgebildete Fundstück, ein Kugelzonengewicht vom Zentralort Libitz, muss nicht zwingend »of Northern or Western European provenance« (S. 228 Abb. 9) sein, sondern erlaubt zuallererst Rückschlüsse auf einen Handelsplatz sowie Gewichtsgeldwirtschaft mit genormten Gewichtssätzen und präzisen Waagen. Redaktioneller Unaufmerksamkeit ist sicher die zeitliche Einordnung der späten Burgwallperiode in die vorchristliche Epoche geschuldet, richtig wäre 950–1200 n. Chr. (S. 233).

Von der Masaryk-Universität in Brünn kommt eine Untersuchung, die in eine ganz ähnliche Richtung zielt (S. 235–248). Jiří Macháček gelingt der Nachweis, dass es sich bei frühmittelalterlichen Zentralorten wie Mikultschitz (Mikulčice) und Veligrad (Staré Město) auf dem Gebiet des Mährischen Reiches – an der östlichen Peripherie des Fränkischen Reichs – nicht um ausschließlich militärisch relevante Orte handelte, sondern um komplexe Zentren par excellence. Interessant sind hierbei seine Überlegungen, inwieweit diese Zentren das Ergebnis intentioneller Zentralisierungsprozesse beziehungsweise natürlicher, zeitlich differenzierter Entwicklungen sind. Auf der Grundlage eines ausgedehnten Surveys und einer GIS-basierten Territoriumsanalyse ist zudem die Definition der zu den Zentren gehörenden »ergänzenden Räume« möglich. Etwas zurückhaltender sollte die Interpretation von Fundstücken als Importbelege aus Nordeuropa erfolgen, wie dem eines gläsernen Gniedel- beziehungsweise Glättsteins aus Mikultschitz (S. 241 f. Abb. 8).

Neben Macháčeks Untersuchung befasst sich auch eine Reihe weiterer Beiträge des Tagungsbandes mit Orten und Räumen, deren Zentralität vielleicht gerade durch ihre periphere Lage im Bereich von Kontaktzonen und Grenzregionen begründet ist.

Das Tal der fränkischen Saale in Unterfranken war nach dem Untergang des thüringischen Königreichs Schauplatz unterschiedlich ausgeprägter Einflussnahme vor allem moselländisch-mittelrheinischer Adelsfamilien. Heinrich Wagner untersucht auf der Basis historisch erschlossener besitzgeschichtlicher Quellen speziell für die Gegend um die Hammelburg am Mittellauf der Saale die Auswirkungen überregionaler Kommunikationsnetzwerke auf die Zentralität eines Raumes (S. 259–266). Die Adligen beabsichtigten offensichtlich, durch gezielte Schenkungen das Interesse geistlicher Institute ihrer Heimat auf die hinzugewonnenen mainfränkischen Gebiete zu lenken, wodurch diesen Räumen Bedeutung und Zentralität zukam.

Als »eine der Grenzbefestigungen im Nordosten des Ostfränkischen [sic!] Reiches« mit »wichtige[n] Funktionen bei der territorialen Erschließung Nordthüringens« (S. 258) interpretiert die Autorengruppe Diethard Walter, Niklot Krohn und Sybille Jahn in einem Vorbericht den neuentdeckten frühmittelalterlichen Zentralort auf dem Frauenberg bei Sondershausen in Thüringen (S. 249–258).

Methodisch und formal ansprechend ist der Beitrag von Thorsten Sonnemann zu einem Paradebeispiel für Zentralorte, die frühmittelalterliche Büraburg im Fritzlar-Waberner Becken im Bereich der fränkisch-sächsischen Kontaktzone (S. 333–352). Kritisch setzt sich der Autor mit der forschungsgeschichtlich »beschwerten«

Interpretation der Büraburg auseinander, indem er eine Siedlungsrekonstruktion durch die Auswertung der Lesefundkomplexe der Umgebung versucht. Dabei findet er keine eindeutigen keramischen Belege, die eine durch die Schriftquellen assoziierte Zentralörtlichkeit sowie einen Siedlungsausbau im Umland untermauern würden. Wohltuend zurückhaltend resümiert er, dass »das 7./8. Jahrhundert eine Zeit besonders hoher Aktivität in der Befestigung war« (S. 346), und interpretiert die Quellen eher als Hinweise, weniger als Nachweise für einen als Fluchtburg und zeitweise Bischofssitz genutzten Ort.

Mathias Hensch deutet das große Potential interdisziplinärer Forschungen für das Verständnis historisch überlieferter Verhältnisse gerade auch in Grenzräumen wie der ostfränkisch-bayerischen Kontaktzone an (S. 267–308). In der Zeit vom achten bis zum elften Jahrhundert spielte der Raum zwischen den Pfalzen Regensburg und Forchheim für das karolingische und ottonische Königtum eine wichtige Rolle. Offenbar kam bei der Verwaltung und Verteidigung der herrschaftlichen Zentralräume, insbesondere während der Babenberger und der Schweinfurter Fehde, vor allem den Burgorten als befestigte Zentralorte eine entscheidende Bedeutung zu. Der Autor stellt anhand von Burgorten wie Sulzbach, Oberammerthal, dem montanwirtschaftlich relevanten Frohnberg oder der als Etappenort zwischen den fränkischen und böhmisch-mährischen Gebieten bedeutsamen Nabburg herrschaftliche und siedlungsgenetische Zusammenhänge dar. Hierzu gehört auch die Identifizierung der an die Burgorte gebundenen grundherrlichen Personalverbände sowie der Handels- und Verkehrsabläufe etwa am Beispiel des karolingischen Königshofes Premberg. An die Seite der von Hensch untersuchten Burganlagen lässt sich auch ein bislang unbekannter, nicht schriftlich überlieferter Burgort auf dem Kapellberg beim unterfränkischen Gerolzhofen stellen, den Eike H. Michl im Rahmen eines Forschungsprojektes der Otto-Friedrich-Universität Bamberg archäologisch untersucht hat (S. 353–374).

Der Tagungsband ist insgesamt übersichtlich und qualitätvoll illustriert, man wünschte sich jedoch für Leser, denen die Verortung der in den Aufsätzen behandelten Siedlungen und Räume nicht so geläufig ist, gewissermaßen eine Kartierung der Beiträge in einem Übersichtsplan. Spätestens bei dessen genauerer Betrachtung würde auffallen, dass sich nur etwas mehr als die Hälfte der Orte in Süddeutschland – genauer in Bayern – befinden, was die Titulatur des Tagungsbandes zumindest nicht ganz randscharf erscheinen lässt.

Zwar sind die Beiträge verlässlich redigiert und verfügen zumeist über eine hohe inhaltliche Qualität, allerdings vermisst man ein Resümee der Herausgeber, das auch den wissenschaftlichen Dialog abbildet, der sich auf der Tagung um Status quo, methodische Grenzen und Perspektiven der Zentralortforschung entsponnen hat (www.hsozkult.de/conferencereport/id/tagungsberichte-3926). An anderer Stelle ist dies schon überzeugend gelungen (B. Ludowici u. a. [Hrsg.], Trade and Communication Networks of the First Milennium AD in the northern part of Central Europe. Central Places and Trading Centres. Neue Studien zur Sachsenforschung 1 [Stuttgart 2010], vgl. die Rezension in Bonner Jahrb. 209, 2009, 463–466).

Insgesamt betrachtet liefern die Herausgeber mit dem vorliegenden Tagungsband einen wichtigen Beitrag zur mittelalterlichen Zentralortforschung. Zum einen bildet er durch die teils thematisch eng miteinander verzahnten Beiträge den heterogenen Stand der Untersuchungen ab, zum anderen kristallisieren sich gerade durch die offenkundigen methodischen Defizite die notwendigen Anknüpfungspunkte für die zukünftige Forschung zu zentralen Orten und Räumen des Frühmittelalters heraus.

Köln   Marcel El-Kassem

Ole Harck, **Archäologische Studien zum Judentum in der europäischen Antike und dem zentraleuropäischen Mittelalter.** Schriftenreihe der Bet Tfila – Forschungsstelle für jüdische Architektur in Europa, Band 7. Verlag Michael Imhof, Petersberg 2014. 649 Seiten, 195 schwarzweiße Abbildungen.

Die archäologischen Quellen zum Judentum Zentraleuropas von der Spätantike bis zum Mittelalter waren Forschern bisher nur in weit verstreuten Einzelpublikationen zugänglich. Ole Harck, Professor für Ur- und Frühgeschichte an der Christian-Albrechts-Universität Kiel, bietet in diesem Band zum ersten Mal eine Gesamtübersicht über den Bestand und bespricht die wichtigsten sich daraus ergebenden Forschungsfragen. Ziel der Untersuchung ist die Zusammenstellung aller bekannten archäologischen Funde zur zentraleuropäisch-jüdischen Geschichte des Mittelalters, das heißt aus dem Gebiet des aschkenasischen Judentums, dessen historische Quellen bereits in der sechsbändigen Sammlung ›Germania Judaica‹ (Tübingen 1963–2009) zusammengestellt sind. Der Großteil des Buches ist dem mittelalterlichen Bestand des elften bis sechzehnten Jahrhunderts gewidmet (S. 140–426). Da der Autor aber auch an der Frage der archäologischen Kontinuität von der Spätantike zum Mittelalter interessiert ist, stellt er diesem Hauptteil fünf Kapitel über die archäologischen Quellen des Judentums von der Antike bis etwa zum Jahr 700 voran (S. 26–135).

Da für das mitteleuropäische Judentum der Zeit vor dem elften Jahrhundert beträchtliche Lücken in der Quellenüberlieferung bestehen und außer der Verwendung hebräischer Buchstaben keine sowohl in der Spätantike als auch im Mittelalter nachweisbaren gemeinsamen Charakteristika vorliegen, vor allem keine baulichen oder ornamentalen, muss die Frage der

Kontinuität beim gegenwärtigen Stand der Forschung offen bleiben. Der Autor stellt eine Zäsur um das Jahr 700 fest: Die früher datierbaren Funde »stehen vielfach noch in der Tradition der Diaspora zur Zeit des Römischen Reiches, wie sie von Palästina bis zur iberischen Halbinsel entwickelt worden waren« (S. 24). In der Spätantike von Juden üblicherweise verwendete Schriften (das Lateinische und Griechische), Ornamente (z. B. die Menora), und Bauelemente (z. B. Mosaikfußböden) sind danach so gut wie nicht mehr vorhanden. Die Verwendung hebräischer Schriftzeichen ist das einzige Kontinuum, welches das mittelalterliche Judentum mit der Antike verbindet. Harck vermutet, dass der Zerfall des Römischen Reiches und die im siebten Jahrhundert einsetzende Islamisierung weiter Teile des Nahen und Mittleren Ostens und Westeuropas für diese »Zäsur im archäologischen Quellengut« (S. 25) verantwortlich seien, die auch den »Rückgang bildlicher Darstellungen« einschließt (ebd.).

Am Anfang stellt sich die grundsätzliche Frage der Identifizierung jüdischer Baudenkmäler und Objekte. Als Hauptkriterien gelten hebräische Buchstaben und charakteristische jüdische Symbole: Wenn mindestens eines dieser Kriterien vorliegt, ist zumindest die Möglichkeit einer jüdischen Verwendung des jeweiligen Baudenkmals oder Objektes gegeben. Insgesamt sind verschiedene Grade der Sicherheit in Bezug auf die jüdische Provenienz der Funde festzustellen. Besonders im Hinblick auf Schmuck und Gebrauchsgegenstände sind derartige Identifizierungen unsicher: Betrifft das Jüdische etwa die Herstellung oder den Gebrauch von Gegenständen, den ersten Benutzer oder auch alle weiteren? Sind bestimmte Symbole und Ornamente als jüdische Charakteristika anzusehen? Zum Beispiel wurde das Hexagramm (Davidstern) im Mittelalter nicht nur von Juden, sondern auch von Christen und Muslimen verwendet. Wichtige jüdische Symbole der Antike kommen im Mittelalter nicht mehr vor: »Weder die Menora noch die in der Antike bekannten Begleitsymbole (Schofar, Lulaw, Etrog und Toraschrein) sind von jüdischen Denkmälern des Mittelalters überliefert« (S. 41).

Das bedeutet aber, dass »die Identifikation jüdischer Quellen aus dem Mittelalter [...] nur über die hebräische Schrift, die Funktion bestimmter Gerätschaften und besonders charakteristische Baubefunde (Synagogen, Ritualbäder) möglich« ist (S. 139). Anhand dieser Kriterien kann nur ein kleiner Teil der von mittelalterlichen Juden verwendeten Hinterlassenschaft erfasst werden. Es wird aber auch deutlich, dass die Alltagskultur mittelalterlicher zentraleuropäischer Juden weitgehend den Gebräuchen der nichtjüdischen Bevölkerung entsprach. Juden und Christen verwendeten die gleichen Gebrauchsgegenstände, wohnten in ähnlichen Häusern, bestatteten ihre Toten auf ähnliche Art und Weise. Von Ausnahmen abgesehen sind nur im religiös-rituellen Kontext (Synagogen, Ritualbäder, Zeremonialgeräte) jüdische Besonderheiten festzustellen. Harck kommt zu dem Ergebnis: »Ausgrabungen haben verdeutlicht, dass sich die jüdische Bevölkerung in ihrem mittelalterlichen Alltag aus materieller Sicht im großen Ganzen nicht von ihren christlichen Mitbürgern unterschieden hat« (S. 427).

Besonders interessant ist die Entwicklung von Bestattungsbräuchen, die auch durch die Frage der Kontinuität und Diskontinuität von der Antike zum Mittelalter beleuchtet wird. Für die spätantike jüdische Diaspora sind bisher vor allem Katakomben und Hypogäen untersucht worden, die besonders vom dritten bis fünften Jahrhundert in Rom und Italien als jüdische Begräbnisstätten dienten. Daneben gab es aber bereits in der Antike Erdbestattungen, die für die spätere europäische Entwicklung besonders wichtig sind. Katakomben und andere höhlenartige Begräbnisplätze kommen dagegen in Europa seit der Spätantike nicht mehr vor. Während im Hinblick auf die Erdbestattung also eine gewisse Kontinuität zum Mittelalter und zur Neuzeit hin festzustellen ist, bleibt ungewiss, seit wann eigene jüdische Friedhöfe verwendet wurden. Für bestimmte Gebiete – Österreich und Ungarn im dritten bis vierten Jahrhundert – gibt es Hinweise darauf, dass zumindest Kinder nicht auf eigenen jüdischen Friedhöfen bestattet wurden. Da vom vierten Jahrhundert an vielerorts dezidiert christliche Begräbnisstätten eingerichtet wurden, ist zu vermuten, dass von dieser Zeit an auch jüdische Friedhöfe entstanden, die ausschließlich der Bestattung von Juden dienten. Es gibt zur Beantwortung dieser Frage aber weder schriftliche noch archäologische Quellen. Wie bereits erwähnt, fehlt weitgehend Quellenmaterial der Zeit zwischen 500 und 1000. Erst im elften Jahrhundert ist der Kauf eines jüdischen Friedhofsgeländes in Mainz belegt.

Ritualbäder in der Form von Mikwen sind aus dem antiken Palästina bekannt. In der Diaspora ist die Zuordnung dagegen meist zweifelhaft: »Bei sämtlichen europäischen Befunden fehlen [...] charakteristische Bauelemente« (S. 64). Bei den fraglichen Befunden handelt es sich zum Teil um Brunnen in unmittelbarer Nähe von Synagogen. Harck vergleicht diese Wasserquellen mit Baptisterien, die besonders im Alpengebiet in der Nähe von Kirchen gefunden worden sind, und erwägt die Möglichkeit der christlichen »Übernahme der jüdischen Tradition eines religiösen Reinigungsbades« (S. 124). Die mit den Baptisterien gegebene Möglichkeit des völligen Eintauchens würde aber eher den antiken Mikwen als den Brunnen entsprechen. Deshalb scheinen sich die Baptisterien eher an den aus der Antike bekannten jüdischen Bräuchen als an zeitgenössischen Wasserquellen in der Nähe von Synagogen orientiert zu haben. Letztere mögen eher dem rituellen Händewaschen als dem Tauchbad gedient haben.

Die am Ende negativ beantwortete Frage der Kontinuität jüdischer Alltagskultur von der Antike zum Mittelalter und vom antiken Palästina zum mittelalterlichen Rheinland mag falsch gestellt sein. Neben dem weitgehenden Fehlen von Quellenmaterial aus der

Übergangszeit zwischen dem sechsten bis siebten und dem elften Jahrhundert wird als Hauptargument gegen Kontinuität das Fehlen von Bauelementen und Ornamenten spätantiker palästinischer Synagogen im Zentraleuropa des Mittelalters geltend gemacht. Eine Kontinuität zwischen der jüdischen Kultur des römischen und früh-byzantinischen Palästina und der Diaspora ist aber schon in Hinblick auf die Antike fraglich. So gibt es in der Spätantike keine Hinweise auf eine Ausbreitung des rabbinischen Judentums auf jüdische Diasporagemeinden, mit Ausnahme Babyloniens, also des Mittleren Ostens. Spätantike palästinische Synagogen unterschieden sich in vielfacher Hinsicht von solchen der Diaspora, besonders was die nahöstliche Offenheit für pagane Symbolik betraf. Wegen dieser Unterschiede haben Doron Mendels und Arye Edrei von »zweierlei Diaspora« gesprochen (Zweierlei Diaspora. Zur Spaltung der antiken jüdischen Welt [Göttingen 2010]), einer östlichen im Nahen und Mittleren Osten und einer westlichen in Europa, die unter anderem durch den Gebrauch unterschiedlicher Sprachen gekennzeichnet waren, nämlich Hebräisch und Aramäisch im Osten und Latein und Griechisch im Westen. Dieser Argumentation zufolge hätte es bereits in der Antike keine Kontinuität zwischen dem palästinischen Judentum und der europäischen Diaspora gegeben.

Harck weist darüber hinaus auf eine Ost-West-Spaltung des mittelalterlichen europäischen Judentums hin, die wohl auch schon in der Antike vorbereitet war. Bereits im Altertum ist anhand von Inschriften eine unterschiedliche Sprachverteilung in West- und Osteuropa feststellbar. Diese verschiedene regionale Entwicklung findet eine Entsprechung bei den Grabdenkmälern und dem beweglichen Handelsgut. Harck spricht deshalb von einer »Zweiteilung der europäischen Diaspora aus archäologischer Sicht« (S. 119) in eine Westgruppe und eine Ostgruppe, »wobei es allerdings in und südlich von Rom zu einer Überschneidung kommt: Hier weisen die Funde auf eine Anbindung zur Westgruppe hin, die Sprachwahl dagegen zeigt eine Präferenz des Ostens an« (ebd.). Wie es zu dieser Verteilung kam, bleibt ungewiss. Harck vermutet, dass das jeweilige Verhältnis der Juden zur Bevölkerung der Umwelt in der jeweiligen Ausprägung der Alltagskultur eine große Rolle spielte.

Die frühesten historischen Nachrichten über Juden nördlich der Alpen stammen aus dem neunten bis zehnten Jahrhundert, die frühesten archäologischen Quellen aus dem elften. Die Frage, woher die sich im Rheingraben ansiedelnden Juden kamen, bleibt ungewiss, und ebenso, ob es sich um Familien oder Einzelne handelte. Waren Juden in diesem Gebiet seit der römischen Zeit ansässig, oder kamen sie erst im Mittelalter auf Handelswegen aus Frankreich und Italien, Gebieten, zu denen es im Mittelalter Kontakte der Jeschivot (Talmudschulen) gab? Außer zwei mit Menorot verzierten und ins siebte Jahrhundert datierbaren Fibeln aus Rheinland-Pfalz gibt es keine archäologischen Hinweise auf jüdisches Leben in Mitteleuropa vor dem elften Jahrhundert. Der historische Ursprung der mittelalterlichen jüdischen Gemeinden in Köln, Mainz und Worms kann also anhand des gegenwärtigen Standes der archäologischen Forschung nicht festgestellt werden.

Dieser äußerst hilfreiche Band endet mit einem nach Sachgruppen gegliederten Katalog der Funde aus der Antike bis zum Jahr 700 und einem Katalog zum Mittelalter, der nach Ländern geordnet ist, wobei Deutschland, nach Bundesländern und Städten gegliedert, den größten Teil ausmacht. Außerdem werden hier Funde aus Belgien, Frankreich, der Schweiz, Österreich, Slowenien, Ungarn, Tschechien, der Slowakei und Polen dokumentiert.

Dieser sehr willkommene Gesamtüberblick füllt eine Forschungslücke und ist allen denjenigen zu empfehlen, die sich für die Geschichte der Juden in Mitteleuropa interessieren. Zusammen mit den Bänden der Germania Judaica kann er als solide Grundlage für die weitere wissenschaftliche Erforschung jüdischer Geschichte in Zentraleuropa und insbesondere in Deutschland dienen.

London Catherine Hezser

Alexandra Pesch und Ruth Blankenfeldt (Herausgeber), **Goldsmith Mysteries. Archaeological, pictorial and documentary evidence from the 1st Millennium AD in Northern Europe.** Schriften des Archäologischen Landesmuseums [Schloss Gottorf]. Ergänzungsreihe, Band 8. Verlag Wachholtz, Neumünster 2012. 352 Seiten, zahlreiche, teils farbige Abbildungen.

Lässt der Titel ›Goldsmith Mysteries‹ zunächst einen Ausstellungskatalog zu den Schätzen vergangener Jahrhunderte erwarten, so macht schon der Untertitel deutlich, dass sich der Begriff ›Mysteries‹ auf einen anderen Sachverhalt beziehen muss. Tatsächlich geht es in diesem Sammelband darum, die Geheimnisse um die antiken und völkerwanderungszeitlichen Schmiede und ihre Werkstätten zu lüften.

Der reich bebilderte Band versammelt neunzehn Aufsätze in deutscher oder englischer Sprache, die in vier Sektionen untergliedert sind und von einer Einführung der Herausgeber sowie von einem Schlusswort von Torsten Capelle begleitet werden. Während die meisten Artikel auf Vorträge zurückgehen, die während eines ›Workshop Workshop‹ in Schleswig im Oktober 2011 am Zentrum für Baltische und Skandinavische Archäologie in Schloss Gottorf gehalten wurden, sind drei Beiträge zur Abrundung des Themenspektrums nachträglich in den Sammelband aufgenommen. Das Ziel des internationalen Workshops war es, mit Hilfe von Spezialisten ebenso wie von Nachwuchswissenschaftlern verschiedener Disziplinen den Kenntnisstand zu nordeuropäischen Schmiedewerkstätten und Schmiedehandwerkern des ersten nachchristlichen Jahrtausends zusammenzutragen und gemeinsam zu erörtern (Alexandra Pesch und Ruth Blankenfeldt, Some ancient mysteries on the subject of the goldsmiths, S. 11–16). Während das Themenfeld für den Workshop offenbar sehr breit angelegt war (S. 12 f.), wurde es für die Publikation stärker auf goldverarbeitende Werkstätten und auf diejenigen Schmiede eingegrenzt, die Luxusprodukte anfertigten.

Die Beiträge der ersten Sektion ›The elusive smithies‹ bieten eine Einführung in die heterogene und fragmentarische Quellenlage. Diese erschwert nach wie vor das Identifizieren von Werkstätten im archäologischen Befund und erlaubt kaum konkrete Aussagen zu den Schmiedehandwerkern, von denen es keine eigenen schriftlichen Zeugnisse gibt. Torsten Capelle, der sich schon mehrfach mit der wahrscheinlichen Existenz von sogenannten Polytechnikern im frühen Mittelalter auseinandergesetzt hat, legt überzeugend dar, dass von einer aus heutiger Sicht zurückprojizierten Einteilung in Gold-, Silber- oder Eisenschmiede für das erste Jahrtausend nicht auszugehen ist, sondern dass – angezeigt vom Variantenreichtum der Funde – vielmehr mit einer großen Vielfalt von Metall-Allroundern, Spezialisten und Händlern von Halbfabrikaten und Ähnlichem zu rechnen ist. Vor dem Hintergrund dieses offenbar wenig strukturierten Schmiedewesens entwirft Alexandra Peschel (The goldsmith, his apprentice and the gods. A fairy tale, 37–50) den fiktiven Lebenslauf eines Metallhandwerkers der Völkerwanderungszeit, der als handwerklich talentierter und mit Mythenwissen ausgestatteter Freigeborener durch die Herstellung von Schmuck und Waffen an den Höfen der germanischen Eliten sozial aufsteigen konnte.

Die zweite Sektion ›Workshops in theory and cultural anthropology‹ befasst sich der Zielsetzung des Sammelbandes entsprechend mit der Frage, welche Ausstattung für Werkstätten im ersten Jahrtausend anzunehmen ist. Basisarbeit leistet in dieser Hinsicht Barbara Armbruster seit über zwanzig Jahren, und ihr Beitrag über die Frühzeit der Entwicklung (Feinschmiedewerkzeuge vom Beginn der Metallurgie bis in die Römische Kaiserzeit, S. 59–86) konzentriert sich auf die Werkzeuge der Schmiede, die klassifiziert und anschließend mit Hilfe anthropologischer Parallelen sowohl verschiedenen Produktcharakteristika als auch handwerklichen Methoden zugeordnet werden. Als ein weiterer Artikel dieser Sektion ist der Beitrag von Iris Aufderhaar erwähnenswert, der aus den Beschreibungen einer Werkstatt durch Theophilus Presbyter einen Steckbrief für die Anlage und Ausstattung einer Werkstatt erstellt (What would a goldsmith's workshop look like in theory, S. 87–100).

Die dritte und mit acht Beiträgen umfangreichste Sektion widmet sich unter dem Titel ›Archaeological sources. Roman period to Viking Age‹ einem weiteren Kernanliegen des Bandes, nämlich der Identifizierung von Metallwerkstätten und Schmiedehandwerkern im archäologischen Befund. Besonders reichhaltig in dieser Hinsicht ist Morton Axboes Zusammenstellung von Anlagen aus dem südlichen Skandinavien, in denen Edelmetall verarbeitet wurde. Dieses Material entspricht der in der ersten Sektion postulierten Bandbreite an kleinen und großen, spezialisierten und nichtspezialisierten Schmieden (Late Roman and early Migration Period sites in southern Scandinavia with archaeological evidence of the activity of gold and silversmiths, S. 123–142). Zwei schwedische Fundplätze, wo gesichert auch Gold verarbeitet wurde, sind wegen ihrer Bedeutung zu Recht im Zentrum des Bandes platziert, denn es handelt sich um die bisher einzigen zweifelsfrei als Werkstätten anzusprechenden archäologischen Strukturen: Das bekanntere Helgö (Kristina Lamm, Helgö as a goldsmiths'workshop in Migration Period Sweden, S. 143–156) und das erst kürzlich ergrabene Skeke (Eva Hjärthener-Holdar, The metal workshop at Skeke in Uppland, Sweden, S. 157–168). An beiden Orten wurden Metalle geschmolzen, legiert und gegossen; davon zeugen keramische Schmelztiegel, Werkzeuge und Halbfabrikate und in Skeke zusätzlich eine Feuerstätte. Einen weiteren wichtigen Aspekt hinsichtlich einer Lokalisierung von wikingerzeitlichen Werkstätten zeigt Heidemarie Eilbracht in ihrem Beitrag auf, nämlich dass mehrfach enge Zusammenhänge zwischen Münz- und Schmuckwerkstätten bestanden – dies sollte deshalb in der Forschung zum Schmiedewesen berücksichtigt werden (Heidemarie Eilbracht, Edelmetalle in der Wikingerzeit. Die Werkstätten und ihr archäologisches Fundgut, mit einem Beitrag von Michael Baranski zum Neufund eines Pressmodels aus Gramzow, S. 177–194).

Die vierte Sektion des Bandes versammelt schließlich Beiträge, die sich mit der Repräsentation von Metallhandwerkern in mythischen und historischen Texten oder den Bildmedien befassen: ›Smiths in religion, literary sources and pictures‹. Dem interdisziplinären Charakter des Bandes wird insbesondere der Beitrag von Lydia Carstens gerecht, die altnordische Sagen und Inschriften untersucht, um sich ausgehend von den Begriffsfeldern ›Schmieden‹ und ›Schmied‹ vorsichtig einer Charakterisierung des idealtypischen Metallhandwerkers in der Zeit vom neunten bis fünfzehnten Jahrhundert anzunähern (Lydia Carstens, Might and Magic. The smith in Old Norse literature, S. 243–270). Matthias Hardt weist mit Hilfe der schriftlichen Quellen des fünften und siebten Jahrhunderts überzeugend nach, dass die Goldschmiedemeister der Könige gleichzeitig auch der königlichen Schatzkammer vorstanden (Edelmetallschmiede in erzählenden Quellen der Völkerwanderungszeit und des frühen Mittelalters, S. 271–278). Im Rahmen dieser Verwaltungstätigkeit kamen sie mit einer Vielzahl von Schmuckstücken in Kontakt und erwarben sich dadurch große Kenntnis von verschiedenen Formen und Stilen, die sie dann in ihre Arbeiten einfließen ließen.

Zweifellos stellen viele Artikel des Bandes für sich lesenswerte Beiträge zum Thema dar, die vergleichende Lektüre mehrerer Texte offenbart aber den uneinheitlichen und oft repetitiven Charakter des Buches: So greifen aufgrund der spärlichen Quellenlage mehrere Beiträge auf die gleichen Quellen zurück (zum Beispiel das Eddalied), interpretieren sie aber sehr unterschiedlich und nehmen zudem keinen Bezug aufeinander. Da verschiedene Autoren sich in ihren Beiträgen darum bemühen, archäologische Kriterien zur Identifizierung von Werkstätten zu entwickeln, finden sich in dem Band mehrere miteinander konkurrierende Vorschläge. Auch in dieser Hinsicht wäre es gut gewesen, wenn die Herausgeber stärker auf eine gegenseitige Bezugnahme der Autoren gedrungen hätten. Zu kritisieren ist darüber hinaus, dass in einigen Beiträgen bereits Publiziertes in anderer Aufmachung präsentiert wird. Nicht immer nachvollziehbar ist zudem die Zuordnung der Beiträge zu den einzelnen thematischen Sektionen.

Trotz dieser Einschränkungen leistet der Band einen wichtigen Beitrag zum historischen, archäologischen und philologischen Verständnis der Edelmetallverarbeitung und Schmiedekunst im nördlichen Europa des ersten Jahrtausends und unternimmt darüber hinaus den Brückenschlag zwischen den sonst nur getrennt untersuchten Sphären der römischen und der skandinavischen Kultur.

Augsburg   Natascha Sojc

Andreas Rau, **Nydam Mose. Die personengebundenen Gegenstände. Grabungen 1989–1999.** Teil I: **Text.** Teil II: **Listen, Katalog, Literatur, Konkordanz, Tafeln, Pläne.** Jernalderen i Nordeuropa. Jysk Arkæologisk Selskabs Skrifter, Band 72. Verlag der Universität Aarhus, Højbjerg 2010. 536 Seiten, 206 Abbildungen, 28 Tabellen (Band I). 209 Seiten, 65 Tafeln, 68 Pläne (Band II).

Bei der hier zu besprechenden umfangreichen Monographie zu den personengebundenen Gegenständen der neueren Grabungen aus dem Nydam Mose, zu ihrer typologischen, chronologischen, chorologischen, funktionellen und soziologischen Einordnung, handelt es sich um die 2008 in Kiel eingereichte Dissertation von Andreas Rau, die 2012 mit dem Preis für hervorragende Dissertationen der Dr.-Walther-Liebehenz-Stiftung Göttingen ausgezeichnet wurde. Einer der bekanntesten großen Waffenopferplätze der römischen Kaiser- und der Völkerwanderungszeit wird hier in einer gründlichen Bearbeitung vorgelegt. Die Analyse des Fundmaterials einschließlich seiner kulturgeschichtlichen Einbindung umfasst Trachtbestandteile, Werkzeuge, Wertobjekte und Gebrauchsgegenstände aus dem Zeitraum von 250 bis 480 n. Chr., die im Einzelnen in der Systematik personengebundener Gegenstände (S. 5 Abb. 2) aufgeführt werden. Waffenausrüstungen gehören nicht dazu; sie werden separat bearbeitet und sollen in weiteren Bänden der Reihe publiziert werden, von denen bereits 2014 die vom Autor herausgegebenen Bände 3 und 4 zu den Schiffen aus dem Nydam Mose erschienen sind (siehe die folgende Rezension in diesem Band der Bonner Jahrbücher). Die Funde der Altgrabungen wurden 1998 von Güde und Jan Bemmann vorgelegt und analysiert (Der Opferplatz von Nydam. Die Funde aus den älteren Grabungen. Nydam-I und Nydam-II). Dort sind auch Vorberichte zu den neueren Untersuchungen (Peter Vang Petersen, S. 241 ff.) und den Schiffen (Flemming Rieck, S. 267 ff.) enthalten.

Nydam gehört seit den Ausgrabungen Conrad Engelhardts zwischen 1859 und 1863 nicht zuletzt wegen der Schiffsfunde zu den bekanntesten Mooropferplätzen Nordeuropas, wobei der Begriff »Moor« irreführend ist, da es sich zur Zeit der Opferungen um einen See gehandelt hat (S. 13 f.). Nur das 1863 geborgene sogenannte Nydamschiff aus Eichenholz (Nydam B, dendrochronologisch auf 310–320 n. Chr. datiert) ist heute noch erhalten und ausgestellt, das gleichalte Kiefernholzschiff (Nydam C) und das ältere, auf 190 n. Chr. datierte, zerschlagene Eichenholzschiff (Nydam A) sind hingegen nur noch in Resten vorhanden. Die neuen Grabungen fanden im Bootsfeldareal statt, wobei sich zeigte, dass die ursprünglichen Positionen des Nydamschiffes und des Kiefernholzbootes durch die entsprechend geformten fundfreien Areale sehr genau bestimmbar waren, ebenso diejenigen weiterer Altgrabungen, vornehmlich durch Militärangehörige 1864 durchgeführt (S. 15 ff. mit Abb. 9). Die Dokumentation der Altgrabungen war unzureichend, so dass lediglich die Auswertung des Fundmaterials durchgeführt werden konnte, die Dokumentation der neuen Untersuchungen erfolgte dagegen so detailliert, dass auch Befundzusammenhänge erkennbar wurden. Aufgrund der sehr komplizierten Befundsituation war es jedoch notwendig, eine Methode zu entwickeln, diese auch darstellen und auswerten zu können. Immerhin handelte es sich um mehr als dreizehntausend Objekte auf einer Fläche von etwa 513 Quadratmetern mit einer teilweise sehr kompakten Schichtenbildung. Der Autor entschloss sich daher, alle relevanten und verfügbaren Daten digital unter Einsatz eines Geographischen Informationssystems zusammenzuführen und entwickelte das Nydam-GIS. Alle Kartierungen und Pläne wurden auf der Basis dieses Nydam-GIS generiert, das es ermöglicht, Oberflächen, stratigraphische Abfolgen sowie einzelne Objekte und Objektgruppen einschließlich ihrer Fundnummern hervorzuheben und farblich separiert darzustellen (S. 23 ff. sowie Pläne 4–67 im Band 2). Die Fundnummern entsprechen denen im Katalog und auf den Tafeln, die wiederum durch die Konkordanz der Fundnummern (Band 2, S. 193 ff.) alle leicht auffindbar sind. Durch den Einsatz des Nydam-GIS konnten zusammengehörige Objekte besser erkannt und dargestellt werden, insbesondere verschiedene Haken-Ösen-Garnituren und Gürtelgarnituren, die wiederum über die entsprechende Konkordanzliste auf den Tafeln, im Katalog und auf den Plänen zu erschließen sind (Band 2, S. 201 ff.).

Die Arbeit umfasst vier Hauptkapitel mit jeweils zahlreichen Unterkapiteln sowie eine deutsche, eine englische und eine dänische Zusammenfassung (Kapitel 5, S. 519–536). In der Einleitung (Kapitel 1, S. 1–30) wird auf die Themenstellung, den Fundplatz, die alten und neuen Ausgrabungen, das Nydam-GIS und die Quellenlage sowie die kulturelle Einbindung eingegangen. Der Autor weist ausdrücklich darauf hin, dass er die verbreitete, aber bereits mit Deutungen überfrachtete Bezeichnung Kriegsbeuteopfer vermeidet, und zwar zugunsten des Begriffs Heeresausrüstungsopfer. Er folgt damit terminologisch und inhaltlich der Beschreibung der »Deponierungen von Heeresausrüstungen« nach Lønstrup, die definitionsgemäß sämtliche Gegenstandskategorien umfassen, die mit einem militärischen Milieu im tatsächlichen Kampfzustand zu verbinden sind, womit sie beispielsweise von reinen Waffenniederlegungen deutlich abgrenzbar werden (S. 5). Die Heeresausrüstungsopfer stellen eine eigene Quellengattung dar, die, anders als Gräber, einen absolut synchronen Querschnitt »durch die Ausstattung einer größeren sozialen und interagierenden Gruppe« zeigen – vorausgesetzt, die einzelnen Opferungen lassen sich trennen (S. 27). Im Fall von Nydam Mose dürften mindestens sechs, eher aber sieben bis acht Niederlegungen stattgefunden haben, von denen lediglich der am Ende stehende Nydam-IV-Fund einen geschlossenen Befund bildet. Neben dem Vimose handelt es sich somit um den Opferplatz mit der höchsten Anzahl von Militärausrüstungsopfern, die in vergleichsweise kurzen Intervallen von fünfundzwanzig bis fünfzig Jahren eingebracht wurden (S. 42).

Ausführliche Erläuterungen zur Chronologie der Opferungen einschließlich der Kartierungen des Fundmaterials im Nydam Mose (Bootsfeld) stehen am Beginn des zweiten Kapitels (S. 31–46). Die im Altfundmaterial dominierende Opferung 1 aus der zweiten Hälfte des dritten Jahrhunderts lässt sich möglicherweise in zwei Deponierungen aufteilen (Waffenkombinationsgruppen 7 und 8), bei den neueren Untersuchungen ist Material der Opferung 2 aus dem Zeitraum 330–360 n. Chr. dominierend. Am Ende des vierten Jahrhunderts folgen die Opferungen 3 und 4, die zwar räumlich getrennt sind, aber zum Teil gleichartiges Material umfassen. Um eine einzige Opferung könnte es sich bei den Schwertscheidenbestandteilen der Niederlegung 5 und der Komplexe Nydam II und III aus dem fünften Jahrhundert handeln. Den Abschluss bilden die Opferung 6, bestehend aus einigen verstreut aufgefundenen, vor allem hölzernen Objekten, und der Nydam-IV-Fund aus der Zeit um 470/480 n. Chr. In den Kapiteln 2.2. bis 2.4. folgen umfassende chronologische Studien anhand von Gräberfeldern beziehungsweise Bestattungen Südskandinaviens und Norddeutschlands, die die Korrelierungsmöglichkeiten zwischen der dänischen und der norddeutschen Chronologie aufzeigen und die exakte Einordnung des Fundmaterials aus Nydam ermöglichen (S. 47–122). Vergleichsfunde und Gräber sind im Band 2 (S. 5 ff.) in den Listen 1–26 und A–D aufgeschlüsselt, die auch für die Analyse des Fundmaterials aus Nydam von Bedeutung sind. Am Ende des Kapitels finden sich eine Zusammenfassung (S. 122) und eine sehr übersichtliche Tabelle, in der die unterschiedliche Waffenchronologie, die von Rau erarbeiteten Stufen, die voneinander abweichende skandinavische und kontinentale Nomenklatur der römischen Kaiserzeit und der Völkerwanderungszeit sowie die Opferungen im Bootsfeld korreliert sind (S. 123 Abb. 41).

Im dritten Kapitel analysiert der Verfasser das Fundmaterial aus Nydam umfassend, vergleichend, sehr detailliert und mit vielen bemerkenswerten Einzelergebnissen beispielsweise zu den sogenannten Nydamfibeln, die sich räumlich differenzieren lassen, zu den Gürtelgarnituren, zur Entstehung des Tierstils I, zu den Schwertperlen und zu den Hornbeschlägen, die er als Bestandteile von Signalhörnern sieht (S. 125–472). Das Spektrum reicht von Trachtbestandteilen, persönlichen Bedarfs- und Wertgegenständen über spezialisierte personengebundene Elemente wie Werkzeuge bis hin zu Varia, wozu der berühmte, aus einer umgelagerten Fundschicht stammende Beschlag in Form eines Löwen gehört, den der Autor nicht, wie in der Literatur vorgeschlagen, als Schildzier, sondern als Sattelbeschlag sehen möchte. Er weist ihn mit guten Argumenten der Opferung 6 zu, welche zerschlagene Reste von mehreren Sattelbrettern umfasst (S. 472).

Die Analyse des Fundmaterials ist jedoch kein Selbstzweck, sondern dient der Beantwortung von Fragen nach der sozialen Organisation und den Zielen der Beteiligten sowie nach der Größe und Provenienz der Heere. Spiegeln sich im Material wirklich besiegte Angreifer oder handelt es sich womöglich um siegreiche Heimkehrer, die in Anlehnung an den römischen Triumphzug ihren Sieg am heimischen Opferplatz feierten? All diesen Fragen widmet sich Rau im vierten Kapitel, das mit »weiterführende Betrachtungen« überschrieben ist (S. 473–518). Dem Autor zufolge handelt es sich bei den unterlegenen Kriegergruppen nicht um Aufgebote ethnischer oder territorialer Einheiten, sondern um trainierte Kämpfer, die einen relativ geringen Prozentsatz der Gesamtpopulation ausmachten und eher durch persönliche als durch räumliche Nähe an die Befehlshaber gebunden sind, was die Herkunftsbestimmung problematisch gestaltet (S. 474). Entsprechende Berechnungen finden sich im Kapitel 4.2.2., das Überlegungen zur Größe der kaiserzeitlichen Kampfverbände und des durch sie vertretenen Siedlungsareals umfasst (S. 496 ff.). Erörterungen zur Herkunft der in den einzelnen Opferungen vertretenen Krieger einschließlich der Kartierung der potentiellen Herkunftsgebiete zeigen nach Auffassung des Verfassers, dass es keine Hinweise auf Regionen gibt, die weit entfernt von Südjütland liegen (S. 474 ff.). Für die Opferung 4 kommt am ehesten ein kontinental-norddeutsches Milieu in Frage (S. 478 ff.). Die Verwendung mancher Holzarten (S. 488 ff.), beispielsweise Kiefernholz für Pfeilschäfte, lassen aber auch die Skandinavische Halbinsel als Herkunftsregion in Frage kommen, wie etwa Güde und Jan Bemmann meinen (S. 489).

Ausgehend von der Frequenz der Opferungen an den einzelnen Fundplätzen und der rein statistischen Gleichverteilung von Sieg und Niederlage »müssten die einzelnen politischen Einheiten folglich etwa in einem Abstand von fünfzehn bis fünfundzwanzig Jahren in größere Kriegshandlungen verwickelt worden sein« (S. 504) – allerdings nur unter der Voraussetzung, dass jede entsprechende Handlung auch mit einem Opfer abgeschlossen wurde, was meines Erachtens eine problematische Annahme darstellt. Herrschaftskonsolidierung war aber sicher nur auf dem Weg der militärischen Auseinandersetzung möglich, und Rau geht von militarisierten Gesellschaften für das nordeuropäische Barbaricum des dritten bis fünften Jahrhunderts aus. Die Abstufungen in den Heeresausrüstungsopfern korrelieren wohl mit den sozialen Abstufungen »während der auch in friedlichen Zeiten existenten Gesellschaftsstrukturen« (S. 505).

Insgesamt betrachtet deutet der Verfasser die Heeresausrüstungsopfer als Resultat angekündigter Kampfhandlungen mit vorheriger Absprache der Entwaffnung der Unterlegenen, die sogar möglicherweise die rituellen Zerstörungen selbst vornehmen mussten. Nicht die physische Vernichtung des Gegners sei das vorrangige Ziel gewesen, sondern die Zerstörung der herrscherlichen Sieghaftigkeit sowie der Identität der Unterlegenen als Krieger. Dies könne auch das Fehlen von Hinweisen auf menschliche Leichname bei den Opferungen erklären (S. 514 f.). Andere Möglichkeiten sind allerdings denkbar, beispielsweise die Beseitigung von Gefallenen beziehungsweise nach der Schlacht hingerichteten Gefangenen an anderer Stelle sowie der Verkauf von Gefangenen als Sklaven. Wichtig für die Beurteilung, ob es sich eher um symbolische Vorgänge oder reale Kampfhandlungen handelte, ist nach Ansicht des Autors die systematische Untersuchung der niedergelegten Waffen auf Kampfspuren (S. 515). Folgt man jedoch etwa Michael Gebühr (in: T. Krüger / H.-G. Stephan [Hrsg.], Beiträge zur Archäologie Nordwestdeutschlands und Mitteleuropas. Materialh. Ur- u. Frühgesch. Niedersachsen 16 [Hildesheim 1980] 69–84) und Andreas Gundelwein (Zeitschr. Arch. 28, 1994, 247–259), so wurden die rituell zerstörten und dann geopferten Waffen zuvor im Kampf verwendet, auch wenn die Unterscheidung der Spuren im Einzelnen problematisch ist. Eine allzu »friedliche« Deutung für die Kriegsbeute- beziehungsweise Heeresausrüstungsopfer scheint mir jedenfalls nicht angemessen, und ob es sich tatsächlich um Gefolgschaften oder Personenverbände handelte, die unabhängig von einer rechtlich freien und an Kämpfen nicht beteiligten Bauernschaft

agierten, bleibe dahingestellt. Zweifellos aber dürfte in der Endphase der großen Opferungen in der Stufe D2a eine neue Form der Herrschaftslegitimation begründet worden sein, die sich in den Goldbrakteaten »mit ihrem standardisierten Götterweltenprogramm« reflektiert findet (S. 517), nach römischem Vorbild im Sinne einer kaiserlichen Allmacht (S. 518).

Interessant sind Überlegungen zur Anzahl der Gefallenen, die in der vorliegenden Arbeit nur angedeutet (S. 500), in einer späteren Publikation aber genauer ausgeführt werden (A. Rau, Die Kunde N. F. 62, 2011, 150–175, hier S. 167 f.). Es fällt nämlich auf, dass die am Mann getragenen Objekte, also die personengebundenen Gegenstände, in den Opferplätzen regelhaft weit unterhalb der Anzahl der Waffenausstattungen liegen, und zwar bei etwa dreißig bis vierzig Prozent. Daher kann angenommen werden, dass etwa ein Drittel der Kämpfer verwundet oder tot auf dem Schlachtfeld zurückblieb und entwaffnet und entkleidet werden konnte; die restlichen zwei Drittel flohen ohne Waffen oder mussten sie abgeben. Mit der oben zitierten Annahme eher symbolischer Kampfhandlungen lässt sich diese Beobachtung nicht in Übereinstimmung bringen. Die Heeresausrüstungsopfer dürften vielmehr das Ergebnis blutiger Schlachten widerspiegeln.

Andreas Rau hat eine hervorragende Studie verfasst, die nicht nur für Nydam und die großen Waffenopfer allgemein, sondern für viele Aspekte der römischen Kaiser- und Völkerwanderungszeit von Bedeutung ist. Positiv hervorgehoben seien darüber hinaus das gelungene Layout, die qualitätvollen Abbildungen und Tafeln sowie insbesondere die sorgfältige Redaktion.

Würzburg   Heidi Peter-Röcher

Andreas Rau (Herausgeber), **Nydam Mose. Die Schiffe.** Jernalderen i Nordeuropa. Jysk Arkæologist Selskabs Skrifter, Band 72. Verlag der Universität Aarhus, Højbjerg 2013. – Teil III: Flemming Rieck, **Katalog. Konkordanz. Tafeln. Pläne.** 250 Seiten, 92 Tafeln, 62 Pläne. – Teil IV: Flemming Rieck, Ole Magnus, Morten Gøthche, Ronald Bockius, Rainer Grabert, Ronja Mücke, Andreas Rau und Angelika Abegg-Wigg, **Beiträge zu Form, Technik und Historie.** 378 Seiten, 8 Beilagen.

Das Nydamer Moor (dänisch: Nydam Mose) ist ein etwa zwölf Hektar großes Feuchtgebiet beim Ort Øster Sottrup in Südjütland beziehungsweise Nordschleswig. Der einst an dieser Stelle befindliche, inzwischen verlandete See wurde in der römischen Eisenzeit als Ort für die Niederlegung von Gaben genutzt und zählt wegen der zahlreichen dort gefundenen Ausrüstungsgegenstände und Schiffe zu den fundreichsten untersuchten Opferplätzen der europäischen Eisenzeit.

Conrad Engelhardt hatte dort 1863 – also kurz bevor das noch ungeteilte Schleswig an Preußen fiel – zwei eisenzeitliche Wasserfahrzeuge entdeckt. Das Nydamprojekt des Dänischen Nationalmuseums sowie die damit verbundene Lokalisierung und erneute Ausgrabung des Gebietes in diesem Moor führte zur Bergung von mehreren Tausend archäologischen Fundgegenständen; der Hauptteil des neu ausgegrabenen Materials besteht aus Holzgegenständen. Das Spektrum reicht von komplexen und gut erhaltenen bis hin zu stark fragmentierten Stücken, deren ursprüngliche Form und Funktion nur schwer zu erfassen ist.

Was die archäologischen Fundstücke aus dem Nydamer Moor besonders interessant erscheinen lässt, ist unter anderen ihre Rolle in den Auseinandersetzungen zwischen Preußen und Dänemark. Nach dem Deutsch-Dänischen Krieg 1864 gingen die Funde, die in der Flensburger Sammlung lagen, in preußischen Besitz über. Im Jahre 1877 wurde diese Kollektion an das Museum vaterländischer Alterthümer nach Kiel überführt und dort ausgestellt. Nach der Volksabstimmung von 1920 zur Neuordnung der deutsch-dänischen Grenze in der Folge des Ersten Weltkrieges gehörte der Fundort nach Dänemark, die Exponate in Kiel jedoch nach Deutschland. Der eine Teil der Funde wird heute im Dänischen Nationalmuseum in Kopenhagen gezeigt; der andere neben den Funden aus dem Thorsberger Moor in Schloss Gottorf. Umso erfreulicher ist es, dass die vorgelegte Publikation in enger Zusammenarbeit beider Länder entstand (vgl. die vorangegangene Besprechung zum ersten und zweiten Band der Reihe in diesem Jahrgang der Bonner Jahrbücher).

Mit dem dritten Band der Reihe Nydam Mose, in der die Befunde, Funde und Analysen der zwischen 1989 und 1999 durchgeführten Grabungen vorgelegt werden, wird ein ausführlicher Katalog der Schiffsteile sowie des damit in Verbindung stehenden Materials präsentiert. Flemming Rieck veröffentlicht mit diesem Katalog ein einzigartiges Quellenmaterial, das nicht nur unser Verständnis der Schiffsfunde aus Nydam wesentlich erhellen kann, sondern auch dasjenige der eisenzeitlichen Schifffahrt und des kulturellen und technologischen Zusammenspiels zwischen Nord- und Mitteleuropa in der Eisenzeit, wie die Beiträge in dem weiter unten vorgestellten vierten Band zeigen. Der Katalogband stellt zwar ein eigenständiges Arbeitsmittel dar, gleichzeitig bietet er ein unabdingbares Supplement für die im vierten Band vorgelegten Analysen zu den Schiffen und dem kulturhistorischen Kontext. Daher sind die Bände 3 und 4 zu Recht gleichzeitig erschienen.

Mit Sicherheit kann nun behauptet werden, dass drei große klinkergebaute Fahrzeuge in Nydam niedergelegt wurden und dass bei den Neugrabungen Elemente von allen drei Schiffen gefunden wurden. Der vorgelegte Katalog gibt ein recht detailliertes Bild dieser neuen Schiffsteile, ein Werk, welches der Autor nur mit Unterstützung einer Reihe von Institutionen und Einzelpersonen durchführen konnte (S. IX f.). Die zwischen Grabung und Drucklegung der vorliegenden Publikation verstrichene Zeit lässt den langen und nicht immer einfachen Werdegang des Werkes erahnen: Der Bergung von mehr als eintausendsechshundert Einzelobjekten (insgesamt 1907 Fundnummern, 1723 Katalogeinträge) schloss sich ein jahrelanger Konservierungsprozess an, dem ein immer wieder neu zu überprüfendes Zusammenfügen von Objekten, die zeichnerische Dokumentation und die Vermessung sowie schließlich die Gruppierung und funktionale Identifikation der Objekte folgten. Die Anordnung nach Baugliedgruppen liegt nun auch dem Katalog zugrunde: Schiffbauteile des Schiffsrumpfes (Steven, Bord-, Scher- und Zierplanken sowie Spanten, Eisenniete und Holznägel; S. 10–76), Bauteile des Schiffinnenausbaus (unter anderem Duchten, diverse Rahmenbretter; S. 77–153), die Elemente zur Fortbewegung und Manövrierung der Schiffe (hauptsächlich Riemen und Seitenruder, S. 154–179), Elemente des Schiffsinventars (Ösfässer, Anker, Tauwerk, Marlspieker; S. 180–211) sowie schließlich verschiedene Holzgegenstände mit möglichem Bezug zu den Wasserfahrzeugen (darunter sowohl Reparaturleisten als auch Rundhölzer, diverse Pfropfen und sonstige Gegenstände, aber auch Spielzeug- und Votivschiffe; S. 212–228). Begleitet wird der Katalogtext von technischen Zeichnungen, Tafeln, Plänen und einer Konkordanztafel (S. 229–250), welche die Handhabung des Katalogs erleichtert. Hervorzuheben ist das Glossar schiffbautechnischer Begriffe in deutscher, dänischer und englischer Sprache (S. 8 f.).

Die Tatsache, dass die meisten Objekte aus Holz sind, bot die Möglichkeit, eine Vielzahl von Analysen im Hinblick auf die Wahl der Holzarten, der Bearbeitung sowie der qualitativen Ansprüche an das Material vorzunehmen. Die Ergebnisse dieser Untersuchungen wurden von Claus Malmros an anderer Stelle in einem Artikel schon 2012 auf etwa fünfzehn Seiten veröffentlicht (bibliographischer Hinweis s. S. 6). Bedauerlicherweise wurde in diesem Werk nur ein eher kleindimensioniertes Verzeichnis der Holzarten (S. 7) dem Katalog vorangestellt. Im Gegensatz dazu wurden die Ergebnisse der im Vorfeld durchgeführten dendrochronologischen Untersuchungen, die sowohl für die Schiffsfunde als auch für andere relevante Gerätegruppen wichtige Anhaltspunkte zur Datierung boten, in den Katalogtext eingearbeitet.

Nur wenige andere Funde der nordeuropäischen Archäologie haben eine vergleichbar turbulente Geschichte hinter sich wie der Fundplatz von Nydam (S. 1). Dieser Umstand verringert die Möglichkeit für eine vollgültige Beschreibung der einzelnen Deponierungen im Moor – und erschwert gleichzeitig sichere Aussagen zu Form, Einrichtung und Aussehen derselben und ihrer Bestandteile (S. 1). In Verbindung mit der archäologischen Bearbeitung der zahlreichen neu ausgegrabenen Objekte war es notwendig, die Beschaffenheit und den Aussagewert der einzelnen (Alt-)Funde zu rekonstruieren und zu kommentieren. So unterscheidet der Autor hierzu zweierlei Beschädigungsarten an den Holzgegenständen, nämlich durch entweder primäre Einflüsse (Nutzungsspuren, Spuren der Niederlegung) oder sekundäre Schäden (S. 1). Letztere Gruppe ist wesentlich umfangreicher und umfasst die durch rezenten Bewuchs (besonders durch Sumpfschachtelhalm, s. S. 2), durch grabungstechnisch bedingte Bergungsarten und Lagerung, durch die Art der Konservierung sowie die schon kurze Zeit nach der Auffindung eintretenden Kriegseinwirkungen verursachten Schäden. Während die Primäreinflüsse archäologische Indizien beitragen und somit zu Deutungsmöglichkeiten verhelfen können, ist bei den Sekundärschäden eher das Gegenteil der Fall.

Von einer zusammenfassenden Bewertung der Funde ist die Befundlage des Nydam Mose noch weit entfernt. Die größte Anzahl der archäologischen Untersuchungen wurden im Areal ausgeführt, in welchem das große Eichenholzschiff und das Kiefernholzschiff beieinander fast parallel im Moor niedergelegt waren. In diesem zentralen Gebiet konnten Conrad Engelhardts Grabungsschnitte der beiden großen Ruderboote nochmals untersucht werden. Des Weiteren wurde das an die Schiffsfunde angrenzende Areal während der Grabungskampagnen 1989–1999 erforscht. Besonders schwierig ist es, aus diesem Grabungskontext das zerschlagene Eichenholzschiff zu interpretieren: Die einzelnen Bestandteile dieses Wasserfahrzeugs sind über ein großes Areal verstreut, von dem nur ein kleiner Teil bislang ausgegraben worden ist. Eine Testsondage aus dem Jahr 2011 in einem Areal nordwestlich des zuletzt untersuchten Gebiets bestätigte diese Vermutung (S. 3). Stücke des zerstörten Schiffes wurden bisher sowohl in den Untersuchungen von 1863 als auch 1939 und 1998 bis 1999 geborgen. Weiterhin wurden ungewöhnlich viele Fragmente des Kiefernholzschiffes in den Verfüllungen des Grabungsschnitts von 1863 angetroffen. So konnte eine relativ große Anzahl von Stücken zu diesem Schiff bei den erneuten Ausgrabungen im Umfeld des Schiffes 1998 bis 1999 geborgen werden.

Dem Katalog ist zu entnehmen, dass sich das Studium der Funde von Nydam alles andere als einfach gestaltet. Viele Zusammenhänge sind verloren, und es ist festzustellen, dass ein Teil der Beschreibungen, die von den einzelnen Fahrzeugen auf Grundlage des jetzt vorliegenden Materials gemacht werden können, nur unzureichend sind und einen allgemeinen Charakter haben. Dennoch ist es möglich, viele neue Informationen in das Bild einzufügen, das die Forschung bislang von den eisenzeitlichen Schiffsfunden aus dem Opfermoor gezeichnet hat. Dies zeigen die Beiträge des nachfolgenden vierten Bandes. Die Einleitung (S. VII–XI) aus der Feder von Andreas Rau umreißt die einhundertfünfzigjährige Forschungsgeschichte vor dem Hintergrund des Fundjubiläums (1863–2013), der Drucklegung der Publikation und der Bootstaufe von ›Nydam Tveir‹, dem Nachbau des großen Eichenholzschiffes Nydam B. Es handelt sich bei diesem vierten Band nicht um einen durchlaufenden Text, sondern um einzelne Abhandlungen zu verschiedenen Themen aus unterschiedlicher Perspektive, wobei unter anderem gewisse Überschneidungen nicht immer auszuschließen sind. Die Beiträge erscheinen in deutscher Sprache, einige davon sind aus dem Dänischen übersetzt.

In diesem Band werden die Schiffsteile aller Sammlungen, der deutschen wie der dänischen, gemeinsam vorgestellt (Flemming Rieck, Funde von Schiffen und Schiffsteilen aus dem Nydam-Moor 1859–2011, S. 1–144, ferner Ronja Mücke und Andreas Rau, Schiffsteile aus der Flensburger Sammlung. Ausgewähltes Altfundmaterial aus dem Nydam-Moor im Archäologischen Landesmuseum Schloss Gottorf, Schleswig, S. 304–319). Ein wichtiger Aspekt, der anfangs monographisch abgehandelt wird, sind die schiffbautechnischen Merkmale des großen Eichenholzschiffes. Der Beitrag von Morten Gøthche (Die Rumpfform des großen Eichenholzschiffes Nydam B, S. 150–199) beruht auf der bereits 1995 zusammen mit Christian Lemée durchgeführten Neuvermessung des großen Eichenholzschiffes. In diesem Beitrag stellt er die Dokumentation zum ausgestellten Fahrzeug vor (S. 152–154) und der schiffbaurelevanten Beschreibung der einzelnen Teile (S. 155–160). Forschungsgeschichtlich interessant ist die Vorstellung der durch die Zeiten unterschiedlichen Rekonstruktionsansätze (S. 161–165) sowie der daraus resultierenden Fragen zur Ausrichtung des Fundstückes (Anordnung der Dollen und »Umkehr der Fahrtrichtung«, S. 182–184). Nach einem eingefügten Kapitel über den Vergleich mit verwandten archäologischen Schiffsfunden (S. 185–199), das zahlreiche weiterführende Überlegungen und technische Vergleiche mit entsprechenden eisenzeitlichen und frühmittelalterlichen Funden enthält, findet der Leser schließlich eine Abhandlung zum modernen Nachbau des Fundstückes, in dem die vorher dargelegten Ergebnisse des Autors zu den ursprünglichen Dimensionen und der Gestalt des Nydamschiffes eingeflossen sind (Berechnungen nebst Modellbau s. S. 166–173; moderner Nachbau in Schleswig, S. 200–213). Der Beitrag von Angelika Abegg-Wigg (Das Nydamboot als Schiffsmodell. Ein Beitrag zur Rezeptionsgeschichte des großen Eichenholzschiffes, S. 324–341) greift das Thema des Nydam-Bootes als Modellobjekt am Schluss des Bandes erneut auf. Die Vielzahl von Modellen, die europaweit in verschiedenen Museen zur Archäologie und Schiffbaugeschichte aufbewahrt und ausgestellt werden, zeigt die Bedeutung, welche dieser Fund in der Forschung einnimmt. Die Verfasserin stellt alle ihr bekannten neunundzwanzig Modelle vor, die seit 1871 bis heute erstellt wurden. Doch nicht nur die Geltung des Fundes an sich wird durch diese Modelle reflektiert, sondern auch die jeweiligen Detailfragen, die bei den Modellbauern (und der gleichzeitigen Forschung) im Blickpunkt standen.

Sicherlich ein wesentlicher Aspekt ist die Stellung dieses Schiffsfundes im kulturhistorischen und technologischen Kontext seiner Zeit. Wurde dieser Inhalt im Beitrag von Morten Gøthche (s. o., S. 185–199) kurz dargelegt, widmet diesem Ronald Bockius (Zur kultur- und technikgeschichtlichen Stellung der Schiffsfunde aus dem Nydam-Moor, S. 218–299) seinen gesamten Beitrag. Neben den schiffnautischen Eigenschaften aus moderner Sicht (s. a. Schiffstechnische Bewertung und Schlepptanktest in der Schiffbauversuchsanstalt Potsdam, ein Beitrag von Rainer Grabert, S. 244–252) beschäftigt sich der Autor mit denselben aus rein archäologischer Sicht: So stellt er, jeweils mit umfangreichen Verbreitungskarten illustriert, die Merkmale der nordischen Schiffbautradition vor (S. 253–263) sowie auch die Merkmale des provinzialrömischen Schiffbaus (S. 264–284). Die Abhandlung beider Gruppen stellt den Autor vor die Frage, in welche davon sich die Nydam-Schiffe nunmehr eigentlich einordnen lassen; eine Frage, deren Antwort in Anbetracht des archäologischen Fundgutes nicht einfach erscheint: die Nydam-Boote als »technikgeschichtliche Hybride«? (S. 296–299). Absätze zur vorrömischen Schifffahrt im Nord-Ostsee-Raum (S. 285–290) und zur Rezeption des nordischen Schiffbaus in der römischen Welt (S. 291–293) runden diese weitreichende kulturgeschichtliche Abhandlung ab. Die Nydamschiffe gelten als ein wesentliches Element in der großen Entwicklungslinie vom Stammboot über das genähte, gepaddelte Plankenboot beziehungsweise das klinkergebaute Ruderschiff bis hin zu den gesegelten Schiffen nordischer Bauweise. Bockius zeigt in seinem Beitrag auf, dass die in den drei Schiffen Nydam A, B und C wiederzufindenden technischen Lösungen und Ausrüstungsdetails ohne Kenntnis gleichzeitiger oder vorausgehender griechisch-römischer und vor allem provinzialrömischer Bautraditionen nicht erklärbar sind. Dies zeigt einmal mehr, welchen Umfang der Techniktransfer in der Antike einnehmen konnte.

Der Band endet mit einem einheitlichen Literaturverzeichnis (S. 343–356), einer Konkordanzliste der Fundnummern (S. 357–371), einem Fundortregister (S. 373–375) und einem Bildnachweis. Die Beiträge werden durch Farb- und Schwarzweißabbildungen illustriert – die Großformate (Linienrisse, Querschnitte, Aufrisse u. a.) in Form von acht Beilagen.

Dass die Schiffsfunde aus dem Nydamer Moor genau einhundertfünfzig Jahre nach der Entdeckung des großen Eichenholzschiffes eine neue Bearbeitung erfuhren, ist nicht allein durch das besondere Jubiläum gegeben. Zum einen liegt die letzte, kritisch rezipierte monographische Abhandlung durch Harald Åkerlund ein halbes Jahrhundert zurück. Zum anderen ist der Zuwachs an Neufunden durch die Grabungen des Dänischen Nationalmuseums im Nydamer Moor von 1989 bis 1999 so groß, dass sich teilweise gänzlich neue Denkansätze zu Konstruktion und Handhabung der Wasserfahrzeuge eröffnen. Schließlich sind die wissenschaftlichen Fragestellungen und die technischen Ansprüche im Umgang mit dem archäologischen Fundgut gestiegen. Die Berücksichtigung dieser förmlichen wie auch inhaltlichen Aspekte hat zur abgerundeten Form der beiden Bände beigetragen. Dabei konnten aus Platzgründen nicht alle Aspekte tiefergehend thematisiert werden – Themen wie die Beziehungen zwischen Schiffsfunden und dem übrigen Material aus dem Nydamer Moor, vorwiegend Waffen und persönliche Ausrüstungen, ebenso wie die Darstellung des größeren kulturhistorischen Rahmens (Fragen zu Transport- und Schifffahrtsrouten sowie des kaiserzeitlichen Warentransports) blieben daher unbehandelt. Um mit den Worten des Herausgebers Andreas Rau (S. XI) zu schließen: »Alles in allem können und wollen die beiden Bände Nydam Mose 3 und 4 nicht den Anspruch erheben, einen Endpunkt in der Diskussion der Schiffsfunde aus dem Nydam-Moor zu setzen. Vielmehr mögen sie als Ausgangspunkt und gleichermaßen als Anregung betrachtet werden, die Diskussion zu Schiffbau, Schifffahrt, Mobilität und gesellschaftlicher Organisation der an die See gebundenen frühgeschichtlichen Gemeinschaften im Bereich von Nord- und Ostsee zu beleben«.

Madrid   Marcus Heinrich Hermanns

Otto Dickau und Christoph Eger (Herausgeber), **Emscher. Beiträge zur Archäologie einer Flusslandschaft im Ruhrgebiet.** Tagung auf Burg Vondern, Oberhausen, 28.–29. September 2012. Verlag Aschendorff, Münster 2014. 288 Seiten, 201 Abbildungen, davon 152 farbig.

Der Titel verspricht einen Einblick in eine nicht nur archäologisch bislang wenig bekannte Region, und der Leser wird nicht enttäuscht. Als Ergebnis einer Tagung auf Burg Vondern in Oberhausen legt das Buch ein breites Spektrum an Informationen zur Geschichte und Gegenwart der Emscherlandschaft vor. Die Organisatoren der Tagung und Herausgeber des Bandes konnten eine Vielzahl namhafter Referenten unterschiedlicher Fachrichtungen gewinnen. So finden auf insgesamt 288 Seiten aktuelle Forschungen und Erkenntnisse in zwanzig Vortragskapiteln und zahlreichen Abbildungen ihren Platz, eine archäologische Bibliographie der vergangenen zwanzig Jahre und ein ausführliches Autorenverzeichnis runden das Buch ab.

Die Emscher soll das Bindeglied zwischen den vorgestellten historischen Themen bilden. Die Aufsätze dazu lassen sich zu zeitlichen beziehungsweise thematischen Gruppen bündeln. Der erste Teil legt die Grundlagen für die nachfolgenden Spezialbeiträge. Hier findet sich ein ausführlicher Überblick zum Emscherraum vom archäologischen Forschungsstand über die natur- und verkehrsräumlichen Voraussetzungen, den Fluss als Industriekloake und seine derzeitige Rückführung in eine naturnahe Gestalt. Der einleitende Beitrag verweist zu Recht auf die landschaftlich und kulturgeschichtlich großen Unterschiede entlang des Flusslaufes und begründet damit die Konzentration der vorgestellten Themen auf den unteren Emscherraum. Nach der Einführung in das Tagungsthema stellt die Emschergenossenschaft den gegenwärtigen Sachstand zum Projekt ›Emscherumbau‹ vor. Diese Großbaumaßnahme zur Offenlegung des Gewässers liefert gleichzeitig auch den Anlass für zahlreiche moderne archäologische Untersuchungen. Ein umfassender Beitrag der Sprachforschung zum Namen ›Emscher‹ schließt den ersten Themenkomplex ab.

Die Herausgeber orientieren sich bei den weiteren Beiträgen an der klassischen chronologischen Vorgehensweise. Die Vorgeschichte beginnt mit dem kenntnisreich und verständlich dargestellten Wissensstand von der Zeit der Jäger und Sammler bis zur Jungsteinzeit mit den ersten Bauern in der Region. Es folgt eine mehr allgemein gehaltene Vorstellung der jüngeren Bronze- und älteren Eisenzeit im Emschermündungsgebiet mit einem interessanten Überblick. Hier wäre eine Einbindung der Ergebnisse aus den etwas südlicher gelegenen großen Duisburger Gräberfeldern dieser Zeit angebracht, beispielsweise aus Duisburg-Wedau. Die Ausführungen des nachfolgenden Beitrages zur römischen Zeit bis zu den Anfängen der fränkischen Herrschaft am Mittelrhein sind aufschlussreich und geben eine kluge Darlegung des Forschungsstandes. Die Vorgeschichte wird abgeschlossen mit einer Befund- und Fundvorlage aus Oberhausen-Lirich und Duisburg-Hagenshof sowie einer Kurzvorstellung der aktuellen Ergebnisse der großflächigen Emschergrabung von Castrop-Rauxel, Ortsteil Ickern. Diese liefert schon jetzt zahlreiche neue und spannende Einblicke. Die Entwicklung der Kulturlandschaft an einem Emscherabschnitt kann hier dank Einbeziehung moderner Forschungsmethoden aus der Archäobotanik und Geologie über zwei Jahrtausende nachvollzogen werden. Insbesondere die Phase der römischen Kaiserzeit ist archäologisch außergewöhnlich gut dokumentiert und die vielschichtige innere Siedlungsstruktur der hier gefundenen kaiserzeitlichen Hofstellen in den Blick genommen.

Die Phase des frühen Mittelalters wird dargestellt am Beispiel der Stadt Oberhausen und des fränkischen Gräberfeldes an der Weseler Straße. Anhand einer gut recherchierten Quellenlage und der Einbeziehung regionaler und überregionaler Forschungsergebnisse kann der Autor ein quellenkritisch korrektes Bild dieser gerade im Ruhrgebiet bislang kaum zu fassenden Jahrhunderte entwerfen. Auch der folgende Beitrag schöpft die vorhandene Quellenlage kenntnisreich aus und entwickelt daraus für die Geschichte des Duisburger Ortsteils Beeck neue Denkansätze. Anders geht der dritte Autor dieses Zeitblocks vor. Er schildert die Bedeutung des Flusses Emscher als Grenzlinie im hohen und späten Mittelalter und betrachtet das Gebiet des Flusses anhand einzelner Burganlagen. Darlegungen zur Geschichte der Burg Vondern – dem Tagungsort – von den Anfängen bis zur derzeitigen Nutzung runden den Themenblock ab.

Mit Neuzeit und Gegenwart endet die chronologische Linie. Unter Einbeziehung der »ereignisgeschichtlichen Hintergründe« (S. 174) wird die Bedeutung der Emscherregion im Kartenbild des sechzehnten und siebzehnten Jahrhunderts gespiegelt. Darüber hinaus stellt der Autor zwei bislang kaum bekanntgewordene Kartierungen vor. Der folgende Beitrag erzählt vom bäuerlichen Leben an der unteren Emscher im Jahr 1735. Fast gleichzeitig begann Mitte des achtzehnten Jahrhunderts vielerorts die industrielle Eisenproduktion in der Region zwischen Ruhr und Lippe. Sie findet in den Ausgrabungsergebnissen der Sankt-Antony-Hütte in Oberhausen-Osterfeld ein eindrucksvolles Beispiel.

Im abschließenden Aufsatzteil folgt ein Überblick über Ansätze moderner archäologischer Forschungsmethoden, beispielsweise bei der Dokumentation von industriezeitlichen Relikten der kruppschen Gussstahlfabrik in Essen, der Luftbildarchäologie im Emscherraum mit eindrucksvollen Aufnahmen und naturwissenschaftlich durchgeführten Prospektionen.

Zwei gänzlich andere Themenfelder kommen zum Schluss des Bandes zur Vorstellung. So erfolgt eine juristische Einschätzung der zum Zeitpunkt der Tagung schwierigen Rechtsposition der Bodendenkmalpflege in Nordrhein-Westfalen anlässlich zweier Entscheidungen des Oberverwaltungsgerichtes Münster im September 2011. Der Beitrag erklärt die Urteilsgründe und erläutert die Notwendigkeit, eine gesetzliche Neuregelung insbesondere der Kostentragungspflicht vorzunehmen. Zu Recht verweist er auf die wichtige Frage der Zumutbarkeit bei der Höhe der aufzuerlegenden Kosten. Ein anderes Problemfeld eröffnen die Ausführungen zu Trägerschaft und wirtschaftlicher Organisation nichtstaatlicher Museen. Grundlegend sind darin die Erläuterungen zu den Möglichkeiten und Grenzen der Kulturförderung durch die öffentliche Hand, durch Sponsoring, Betriebsgesellschaften und Stiftungen. Letztlich beendet die eingangs erwähnte bibliographische Aufarbeitung der Fachliteratur der vergangenen zwanzig Jahre archäologischer Arbeit in der Region den Berichtsteil.

Der Verein ›FARO – Freunde der Archäologie Raum Oberhausen‹ hat die Tagung organisiert und die Veröffentlichung der Vorträge vorangetrieben. Es ist sein und der zahlreichen Förderer und Sponsoren Verdienst, dass die Drucklegung erfolgen konnte. Das ist trotz knappen Budgets eine große und nicht selbstverständliche Leistung, die jeden freut, der den Band in die Hand nimmt. Dass in dieser Situation nicht allen formalen Ansprüchen der Fachwissenschaft Rechnung getragen werden konnte, ist verständlich. So sind die Beiträge knapp und präzise gehalten, doch erschwert die Bündelung der Abbildungen jeweils am Ende eines Aufsatzes die Nachvollziehbarkeit der Ausführungen. Gerade die archäologische Wissensvermittlung ist zur Unterstützung und Begründung ihrer Erkenntnisse auf bildliche Darstellungen angewiesen, und der Nutzer hätte sich eine entsprechende direkte Zuordnung gewünscht.

Mit dem vorliegenden Band ist ein Überblick über den aktuellen archäologisch-historischen Forschungsstand insbesondere an der unteren Emscherregion gelungen. Die Vorträge und Aufsätze richten sich sowohl an Fachwissenschaftler als auch an die interessierte Bürgerschaft. Aus den Beiträgen wird deutlich, welchen Problemen die archäologisch-historische Forschung in einem vom Industriezeitalter sowohl real als auch mental völlig überformten Raum gegenübersteht. Darüber hinaus existierte entlang der Emscher nie eine homogene Kulturlandschaft, sondern die Flussregion war und ist Bestandteil einer westöstlich ausgerichteten Transitregion. Drei Wasserstraßen und der Hellweg als Verbindungen zu Lande führen vom Rhein nach Osten, zahlreiche Nordsüdkreuzungen ermöglichen die Anbindung an alle gewünschten Richtungen. Das Untersuchungsgebiet bildet gleichsam eine topographische und kulturelle Drehscheibe, auf der die Emscher nur selten eine Hauptrolle spielte. Erst mit der Industrialisierung erhielt sie eine – allerdings negative – Schlüsselfunktion als sogenannte Köttelbecke und Kloake der Nation.

Die Tagung zur Flusslandschaft der Emscher von 2012 setzt eine wenige Jahre zuvor entwickelte Idee der Stadtarchäologien aus Dortmund, Duisburg und Essen fort, die Region zwischen Ruhr und Lippe stärker in den Fokus der vorindustriellen Geschichte zu rücken.

Im Jahr 2010 startete die Duisburger Stadtarchäologie mit der ersten Veranstaltung zur Archäologie des heutigen Ruhrgebiets. Das Thema ›Von Jägern, Händlern und Hüttenleuten. Archäologie und Geschichte im Ruhrgebiet‹ fand eine breite Zuhörerschaft; vor wenigen Tagen erschien die Veröffentlichung der Beiträge. Eine Fortsetzung der Tagungsreihe fand 2014 statt. ›Vom Umgang mit dem Tod. Archäologie und Geschichte der Sepulkralkultur zwischen Lippe und Ruhr‹ lautete das Motto, zu dem der Verein ›Archäologische Kulturlandschaft Ruhrgebiet‹ zusammen mit der Dortmunder Stadtarchäologie in das archäologische Landesmuseum in Herne eingeladen hatte. Die Veröffentlichung der Vorträge ist in Vorbereitung.

Begrüßenswert ist die Tatsache, dass der hier vorzustellende Tagungsband zum ersten Mal nach langer Zeit wieder einen übergreifenden Einblick in die archäologische Forschung der Region zwischen Lippe und Ruhr liefert. Die Beihefte zu Archäologie und Geologie in Rheinland und Westfalen in den neunziger Jahren des zwanzigsten Jahrhunderts erhalten eine gelungene Fortsetzung für die einerseits durch Kleinräumigkeit geprägten, andererseits oft abseits des Ruhrgebiets angelegten Veröffentlichungen. Manches Detail der vorgestellten Themen ist dem Insider bekannt, doch in der nun vorliegenden Zusammenstellung kann der Leser für sich manch neues Ergebnis gewinnen.

Dortmund   Henriette Brink-Kloke

Nachleben

Nadja J. Koch, **Paradeigma. Die antike Kunstschriftstellerei als Grundlage der frühneuzeitlichen Kunsttheorie.** Gratia. Tübinger Schriften zur Renaissanceforschung und Kulturwissenschaft, Band 50. Verlag Harrassowitz, Wiesbaden 2013. 463 Seiten mit 14 Schwarzweißabbildungen.

Wie gewinnbringend es ist, Altbekanntes unter neuen Gesichtspunkten und über die Grenzen der Disziplinen hinweg zu betrachten, macht die Habilitationsschrift Nadja Justine Kochs, die 2011 von der Kulturwissenschaftlichen Fakultät der Eberhard-Karls-Universität Tübingen approbiert wurde, für Kunsthistoriker der frühen Neuzeit mustergültig erlebbar. Sie sind gewohnt, antike Quellen zur Kunst mit den Autoren der Renaissance gleichsam nur im Rückspiegel in den Blick zu nehmen, und nun erschließt ihnen das vorliegende Werk die griechischen und lateinischen Schriften zu Malerei und Bildhauerei als Lehrgebäude eigenen Rechts. Die Kunsttraktate an der Schwelle zur Moderne treten hingegen als Versuche der Interpretation und Rekonstruktion ans Licht, und nicht als deren Überwindung. Das Understatement des grauen Einbandes und der etwas sperrige, an ein ausgewiesenes Fachpublikum adressierte Titel ›Paradeigma‹ lassen kaum erahnen, welch reicher Gedankenschatz zur antiken Kunst zwischen den Buchdeckeln des Lesers harrt. Eine historisch-philologische Arbeit zur Kunsttheorie, die zweifellos ihresgleichen sucht.

Den Ausgang zu ihrer Studie nimmt die 1995 in Bochum promovierte Archäologin von einem wissenschaftsgeschichtlichen Phänomen ihres Fachs: Gegen Ende des neunzehnten Jahrhunderts kehrte sich die Archäologie von der Bestrebung ab, aus der schriftlichen Überlieferung eine geschlossene Theorie der klassisch griechischen Kunst zu rekonstruieren. Das wissenschaftliche Interesse galt künftig der biographisch angelegten Meisterforschung – darin der gleichzeitigen kennerschaftlichen Œuvrebildung in der Kunstgeschichte parallel laufend. Aus dieser Schwesterdisziplin rührte mit Erwin Panofskys ›Idea. Ein Beitrag zur Begriffsgeschichte der älteren Kunsttheorie‹ (Leipzig und Berlin 1924) denn auch jener Anstoß her, den die Autorin für diese Wendung mitverantwortlich sieht. Panofskys Absicht, die Nobilitierung der Künste in der Renaissance als eine den Artes liberales gleichgestellte Wissenschaft anhand einer Integration der Platonischen Ideenlehre in die Theorie der Kunst aufzuweisen, ließ zahllose andere Schriften aus dem Fokus geraten.

Dabei hätte der Weg der Archäologie durchaus eine andere Richtung einschlagen können. Wie Koch zeigt, waren Panofsky selbst, sicherlich aber der Forschergeneration vor ihm, die sophistischen Schriften zur Kunst durchaus noch geläufig. Die Rolle der Vermittlerin hatte bis an die Schwelle des zwanzigsten Jahrhunderts die barocke Quellensammlung ›De pictura veterum‹ des aus Heidelberg stammenden, in London lebenden Franciscus Junius übernommen.

Koch behandelt ihren Untersuchungsgegenstand, die Äußerungen zur Kunst vom fünften vorchristlichen Jahrhundert bis zum Ende des Barocks, in drei Teilen. Deren erster ist als »systematisch« betitelt und der Begriffsbestimmung der τέχναι Malerei und Bildhauerei gewidmet. Den Hintergrund dazu gibt der Umstand, dass seit dem fünften und vierten Jahrhundert nicht allein eine erste Unterteilung der Malerei nach Funktionsgattungen respektive Formaten der Werke begegnet, nämlich mit der Trennung von Megalographia und Pictura minor sowie der Abgrenzung beider gegenüber der ephemeren Bühnenmalerei. Diese wurde ihrerseits in der zweiten Hälfte des vierten Jahrhunderts von einer Gliederung gemäß Inhaltsgattungen abgelöst: Gegenstandsmalerei (ῥωπογραφία), Porträtmalerei (εἰκονογραφία) und Karikatur (γρύλλος). Gleichzeitig teilten beide Kunstgattungen ihr Vokabular aber noch mit anderen Tätigkeitsfeldern, was eine prinzipielle Verständigung über kreative Prozesse verschiedener Art erlaubte. Das titelgebende παράδειγμα etwa bezeichnete ein für den öffentlichen Auftrag vertraglich bindendes »Modell«, und zwar ungeachtet seiner medialen Beschaffenheit, anhand dessen die Ausführung des Werkes oder seiner Teile beurteilt wurde, gleich ob Bauwerk, Skulptur oder anderes.

Der Begriff des Paradeigma kehrt wieder bei der Analyse des Mimesis-Konzepts, wie es in den Schriften Platons angelegt ist. Seine in ›Sophistes‹ vorgenommene Distinktion einer angleichenden Nachbildung (εἰκαστικὴ μίμησις) von einer scheinbildenden Nachahmung (φανταστικὴ μίμησις) sei, so Koch, die nachgereichte Begriffsklärung zu der viel grundsätzlicher formulierten und für spätere Kunsttheorien weitaus einflussreicheren Mimesiskritik aus ›Politeia‹. Im Dialog der Sophisten heißt es weiter, die εἰκαστικὴ μίμησις habe in Proportion und Farbgebung dem Paradeigma zu folgen. Nicht nur bleibt in Kochs Lesart ambigue, ob Paradeigma hier noch ein in der Werkstatt gefertigtes Modell oder bereits das der Natur entlehnte Vorbild bezeichnet. Vielmehr verschiebt die Autorin den Akzent von der Naturnachahmung weg und hin auf das Thema der Produktionsästhetik, in der sie den Kern griechischen Kunstverständnisses sieht. Die Frage, »mit welchen Mitteln der Hersteller von Bildern oder Plastiken einen bestimmten ästhetischen Effekt beim Betrachter evoziert« (S. X), wird im Fortgang des platonischen Dialogs mit der Einführung einer scheinbildnerischen Mimesis beantwortet: Nicht immer würden die ausführenden Künstler, die τεχνίται, ihren Werken natürliche Proportionen verleihen, da in der Perspektive der Betrachter das Dargestellte ansonsten verzerrt erscheine. Vielmehr würden sie falsche Formen verwenden, um einen korrigierten, schönen Eindruck hervorzurufen. Platons Schilderung der Praxis antiker Kunstwerkstätten markiert offensichtlich einen Wendepunkt in der Kunstauffassung seiner Zeit, in der nicht mehr länger die »Wahrheit« des Werks seine Qualität definiert. An die Stelle dieser ἀλήθεια, bestimmt zufolge einer auf συμμετρία beruhenden Relation zum Paradeigma, rückt mit Platon ein Ähnlichkeitsverhältnis (ὁμοιότης) zwischen Werk und »Modell«, das jedoch – darin liegt die fundamentale Bedeutung dieser Wendung – erst in der Perzeption durch den Betrachter sich einstellt. In den Äußerungen des Apelles oder Lysipps findet diese Wahrnehmungsästhetik ihre Fortsetzung.

Das von Koch freigelegte Begriffsinstrumentarium dieser Ästhetik der Perzeption findet sich jenseits der Mimesiskonzeption Platons auch in den Äußerungen des Aristoteles. Im Rahmen seiner Theorie der Dichtkunst hatte der Stagirit, Schüler und Überwinder Platons gleichermaßen, einen Wettstreit der Kunstdisziplinen evoziert, der noch zwei Jahrtausende später die schöpferischen Kräfte des Abendlandes beflügeln sollte: Das gerade für die Kunst der Renaissance so wirkmächtige horazische Diktum des »ut pictura poesis erit« findet seinen Ursprung in Aristoteles' Ratschlag an die Tragödiendichter, sich den Porträtisten zum Vorbild zu nehmen, der den Menschen ebenfalls schöner und vollkommener darstelle, als er in Wirklichkeit sei. In Umkehrung der Perspektive, die Aristoteles dem Künstlerwettstreit seiner ›Poesie‹-Passage zugrunde legt, arbeitet Koch das von ihm reflektierte Verständnis der bildenden Kunst seiner Zeit heraus: »Maßstab einer qualitätvollen Bildnisdarstellung ist bei Aristoteles also die gelungene Verschmelzung zweier verschiedener, gleichwohl ineinandergreifender Darstellungsziele, der Erzeugung eines subjektiven Eindrucks von Wirklichkeit (homoiotês/similitudo) sowie der künstlerischen Wiedergabe des Vorbildes nach den Kriterien der symmetria, die ein Schönes zum Ergebnis hat.« (S. 35)

Diesem Prinzip der Verschmelzung von Ähnlichkeit und normierter Schönheit lässt sich im zweiten Teil des Buches, der sich der Kunstliteratur bis in die römische Kaiserzeit annimmt, weiter nachspüren, so etwa bei Xenokrates von Athen oder in der ›Naturalis Historia‹ Plinius' des Älteren. Dabei wird nicht ohne weiteres einsichtig, worin dieser als »historisch« überschriebene Teil konzeptuell von dem vorangehenden abgegrenzt wird. Die Vermutung, dass mit dem zweiten Kapitel bereits zur Rezeptionsgeschichte des dritten Teils übergeleitet werden und also zum Ausdruck kommen soll, dass hellenistische und römische Schriftsteller nur mehr ein totes, ihrer eigenen Zeit ferngerücktes Quellenkorpus ohne eigene kreative Impulse verwalteten, würde aber in die Irre führen. Wohl eher ist der Titel dahingehend zu deuten, dass seit dem vierten vorchristlichen Jahrhundert den Abhandlungen zu Verfahrensweisen einzelner bildkünstlerischer Disziplinen vermehrt biographische Texte zur Seite gestellt werden. Das Wesen der Kunst wird seit Duris von Samos in steigendem Maße unter dem Aspekt des Wirkens ihrer herausragenden Meister beschrieben. Damit wird eine Tradition begründend, die bis zum Florentiner Giorgio Vasari und dessen Kompendium ›Le Vite de' più eccellenti pittori, scultori ed architettori‹ (Florenz 1550/1568) sowie Karel van Manders ›Schilder-Boeck‹ (Haarlem 1604) reicht und, wie erwähnt, im neunzehnten Jahrhundert auch die Forschungsrichtung der Archäologie affizierte. Diese an ihren letztlich nicht erklärbaren Spitzenleistungen sich messende Kunsttheorie interessiert Koch im Rahmen des dritten Teils ihrer Untersuchung jedoch nicht. Ihr Augenmerk gilt der Rezeption antiker Quellen seit der Renaissance nur, insofern sie die τέχναι von Malerei und Bildhauerei thematisieren. Mutig, aber konsequent wird daher das Werk Vasaris, des »Vaters der Kunstgeschichte«, auf gerade einmal sechs Seiten behandelt.

Ohne dass dies je explizit erklärt würde, übergeht die Abhandlung die Architektur als dritte Kunstgattung. Man darf wohl annehmen, dass der Grund dafür in der Überlieferungssituation und dem Fehlen diesbezüglicher Texte vor den ›De architectura libri decem‹ Vitruvs gesehen werden soll. Es ist allerdings nicht ein rein philologisches Interesse, das Kochs Berücksichtigung von Kunsttheoretikern der frühen Neuzeit anleitet. Die bisweilen überraschende Auslassung origineller Köpfe soll sich aus einer inhaltlichen Beschränkung erklären, »da hier nicht die gesamte Kunstliteratur des 15. und 16. Jhs. befragt wird, sondern nur eine Auswahl von solchen Traktaten, in denen über den einzelnen Begriff hinausgehend komplexere systematische Einheiten der antiken Kunstschriftstellerei neue Bedeutung erlangen.« (S. 261)

Diesen Anspruch sieht die Autorin in den Schriften Leon Battista Albertis und Franciscus Junius', denen der Löwenanteil dieses dritten Teils vorbehalten ist, am kenntnisträchtigsten erfüllt. Zwar habe Alberti für seine Traktate zur Malerei und zur Skulptur zu großen Teilen aus Plinius' ›Naturalis Historia‹ geschöpft, daneben aber auch andere antike Schriftsteller wie Quintilian, Cicero, Plutarch und die beiden Philostrate rezipiert. Die Herkunft seiner Argumente legte der

Florentiner Gelehrte indes nicht offen. Paraphrase und innovative Umformung autoritärer Schriften mochte ihm Gasparino Barzizza, bei dem Alberti 1416 bis 1418 in Padua studierte, als rhetorische Kniffe nahegebracht haben. Anders als die sehr viel enger in der Nachfolge antiker Kunsttheorien stehende Schrift zur Bildhauerei charakterisiert Koch ›De pictura‹ (das lateinische Manuskript von 1435, die italienische Fassung von 1436; Druck in Latein 1440 in Basel) als »die entscheidende Schnittstelle zwischen antiker Tradition und ihrer neuzeitlichen transformatio« (S. 231). Diesen Umschwung verortet die Autorin im zweiten Buch von ›De pictura‹, in welchem Alberti die Grundelemente der Malerei behandelt – Zeichnung, Komposition, Licht. Apodiktisch wendet er sich gegen Plinius den Älteren, dessen Malerviten er dann aber doch als materielle Ausgangsbasis nutzt. Nur eben nicht mehr, um eine Entwicklung der Künste an sich oder die jeweiligen Künstlerpersönlichkeiten zu rekonstruieren, sondern auf der Suche nach einer antiken Systematik des malerischen Vorgehens. Ihrer eigenen Forschungsintention zufolge erkennt Koch darin das Revolutionäre und Nachwirkende Albertis.

Eine deutliche Nähe zu Alberti sieht Koch im Traktat ›De sculptura‹ (Padua 1504) des Neapolitaner Humanisten Pomponius Gauricus, allerdings weniger zu dessen ›De statua‹ (1434/35) als zu dem angesprochenen Malereitraktat, dessen Imitatio-Konzept Gauricus übernimmt. Darüber hinaus fordert er vom Bildhauer eine literarische und ikonographische Auseinandersetzung mit den Skulpturenfunden der Antike. Der solchermaßen gelehrte Künstler (artifex doctus) schafft dank seiner φαντασία in seinem Innern Bilder, die er in einem zweiten Schritt strukturiert ins Werk setzt, was Koch einen Rückgriff auf das stoische Konzept der καταληπτικὴ φαντασία nennt. In seiner φαντασία lasse der Bildhauer, im Wechsel von Produktion und Studium des entstehenden Werkes sowie unter Hinzuziehung literarischer Quellen, seine ἰδέα Form gewinnen, womit dieser Begriff schon ein halbes Jahrhundert vor Vasari in die Kunsttheorie Eingang findet.

Über die Zwischenstationen Giorgio Vasari, Pirro Ligorio und Ludovicus Demontiosius führt der rezeptionsgeschichtliche Bogen schließlich zu Franciscus Junius. Dessen im Auftrag Thomas Howards, des Earl of Arundel, verfasste und 1637 in Amsterdam gedruckter Traktat ›De pictura veterum‹ sei die erste kunsttheoretische Schrift der Neuzeit, die hinsichtlich der Integration antiker Quellen wieder das Niveau Albertis erreichte, doch habe Junius in seiner »Radikalität« das Biographische noch weitaus gründlicher aus seinem Werk verbannt als der Florentiner Gelehrte zweihundert Jahre vor ihm. Diese Konzentration auf die technischen Aspekte antiker Kunst einschließlich der praktischen Anforderungen an Ausübung, Vervollkommnung und Lehre dieser Fertigkeiten gelang Junius erst um den Preis einer nie vollendeten Sammlung von Lebensbeschreibungen griechischer und römischer Künstler, die er getrennt davon als ›Catalogus artificum‹ hatte publizieren wollen (erschienen posthum, Rotterdam 1694). Der Schrift des in London wirkenden Humanisten war beträchtlicher Erfolg beschieden: In den Jahren 1638 beziehungsweise 1641 erschienen eine englische und eine niederländische Übersetzung von ›De pictura veterum‹. Junius' Ziel, mit einer systematischen Darstellung antiker Malerei und Malereikritik auch die Kunst seiner eigenen Zeit in neues Licht zu rücken, wurde jedoch im achtzehnten Jahrhundert von Johann Joachim Winckelmanns Axiom der »unmittelbaren Anschauung« unterlaufen, auch weil dieser die besser überlieferte Bildhauerei zur Leitgattung seiner Kunsttheorie erhoben hatte. Damit begann Junius' der Malerei verpflichtete Quellenanalyse langsam in Vergessenheit zu sinken.

Nadja Kochs Buch besticht durch die sorgfältige Edition der von ihr herangezogenen Quellen. Dem originalsprachlichen Zitat ist stets eine gut lesbare deutsche Übersetzung aus der Feder der Autorin selbst beigegeben. Damit ist das Werk sowohl für Kenner der alten Sprachen wie auch für Forschende der Kunstgeschichte, deren Tagesgeschäft nicht unbedingt die Lektüre griechischer und lateinischer Texte einschließt, mit großem Gewinn nutzbar. Ein dreisprachiges Glossar und zwei Indizes (Namen und Sachbegriffe sowie Quellen) lassen das Buch zu einem kompakten Nachschlagewerk erster Güte für kunsttheoretische Fragen werden, sofern sie antike Begrifflichkeiten betreffen. Wünschenswert wäre gewesen, wenn die vierzehn Abbildungen nicht als Feigenblatt ans Ende des Buches verwiesen und noch hinter die Register gerückt, sondern in den Text eingegliedert worden wären. Die seltene Chance, Argumente der antiken Kunsttheorie von einer ausgewiesenen Expertin auf erhaltene Skulpturen angewendet zu sehen, wäre mit Sicherheit höchst anregend gewesen.

Zürich   Thomas Manetsch

Martin Disselkamp, **»Nichts ist, Rom, dir gleich«. Topographien und Gegenbilder aus dem mittelalterlichen und frühneuzeitlichen Europa.** Stendaler Winckelmann-Forschungen, Band 10. Verlag Franz Philipp Rutzen, Ruhpolding und Mainz 2013. 259 Seiten mit 62 Abbildungen.

Der Autor ist von Hause aus Literaturwissenschaftler und beschreibt unter dem bei Hildebert von Lavardin entlehnten Titel die Geschichte der Wahrnehmung des antiken Rom im Mittelalter und in der frühen Neuzeit. Wie wirkte die von Ruinen geprägte Stadt auf spätere Generationen? Welche ideologischen Anknüpfungspunkte und welche ideellen Gegenentwürfe vermochte sie bereitzustellen? Dem Blick auf Rom als »Wunschort, der sich durch Abwesenheit auszeichnet«

(S. 43), kommt ein entscheidender Stellenwert zu. Als ausschlaggebend betrachtet Martin Disselkamp somit nicht, »in welchem Maß ein Verfasser sich den Verfahrensweisen und Erkenntnissen nähert, wie sie gegenwärtigen Archäologen zu Gebote stehen« (S. 8), sondern wie das antike Rom auf das kulturelle Gedächtnis (ein Begriff, den er nicht benutzt), zumal der frühen Neuzeit, wirkte.

Die Ausgangsposition ist in etwa die der neuen Cultural Memory Studies, denen zufolge sich jede Zeit ihre eigene Vergangenheit oder zumindest doch ihr Bild von der jeweiligen Historie erschafft. Dieser Ansatz wirkt fruchtbar und wurde für Rom erstaunlicherweise noch nicht systematisch durchdacht. Wichtige Materialien für eine solche Betrachtung liegen zweifellos vor: Genannt seien, um nur bei jenen Forschungen zu bleiben, die der Verfasser nicht bemüht, Arturo Graf (Roma nella memoria e nell'immaginazione del Medio Evo I. II [Turin 1882 und 1883]), der einsame Pionier dieser Richtung, Joseph Benzinger (Invectiva in Romam. Romkritik im Mittelalter vom 9. bis zum 12. Jahrhundert [Lübeck und Hamburg 1968]), oder auch die von Bernhard Kytzler herausgegebene Aufsatzsammlung ›Rom als Idee‹ (Wege d. Forsch. 656 [Darmstadt 1993]). Disselkamps überaus anschaulich geschriebene und gelungen bebilderte Darstellung legt einzelne Fallstudien vor, die keinen Anspruch auf Vollständigkeit erheben. Warum er sich bei den untersuchten Schriften überwiegend für solche von nördlich der Alpen entscheidet, begründet der Autor nicht. Man ahnt jedoch, dass er von diesen ein höheres Maß an Distanz erwartet, als er sie den Italienern, zumal den Römern zutraut. ›Distanz‹ verkörpert nämlich eine Leitlinie von Disselkamps Abhandlung.

Den nach 1140 niedergeschriebenen Mirabilia urbis Romae fehlt diese Distanz und das mit ihr einhergehende Verlustempfinden noch gänzlich. In ihrem Versuch, die antike Stadt vor den Augen des Lesers auferstehen zu lassen, gibt es keine Ruinen. Die bewunderte antike Urbs scheint noch nicht endgültig gefallen. Angeblich besaß der anonyme Autor, der wahrscheinlich dem neu konstituierten römischen Senat nahestand (vgl. I. Herklotz, Röm. Jahrb. für Kunstgesch. 15, 1985, 26 f.), »keinen Begriff von der Antike als einer Epoche, deren Abwesenheit […] er als Verlust hätte wahrnehmen können und die mit Hilfe von Rekonstruktionen hätte wiederhergestellt werden müssen« (S. 30). Disselkamp zufolge begründen die Mirabilia Roms vormalige Größe gerade in den aitiologischen Erzählungen ihres Mittelteils dann auch heilsgeschichtlich, »indem sie das antike Rom als Allegorienlandschaft entfalten« (S. 25).

Zwei andere Texte lassen den angesprochenen inneren Abstand sehr wohl erkennen und deuten damit eine im Kern humanistische Haltung an, die beiden schon im frühen zwölften Jahrhundert entstandenen Romelegien des Hildebert von Lavardin, die das glorreiche antike mit dem spirituell noch sehr viel ruhmreicheren christlichen Rom konfrontieren, und die ›Narracio‹ des wohl nach 1220 in der Mirabiliennachfolge schreibenden Magisters Gregorius (zur Datierung Herklotz a. a. O. 19 Anm. 99). Zwischen ihm und den Mirabilia verlaufe auch deshalb eine Epochengrenze, weil er alles Christliche weitgehend ausblende und über ästhetische Kriterien verfüge.

Der Leser fragt sich natürlich, warum die hier beschworene Distanz und das Wissen um den Verlust und nicht etwa die Erweiterung der antiken Schriftzeugnisse, die Quellenkritik oder auch die Autopsie im Umgang mit den Denkmälern zum entscheidenden Kriterium des keimenden Humanismus erhoben werden. Im Hintergrund von Disselkamps Überlegungen steht, ohne dass er darauf hinweist, noch immer Panofskys berühmtes Diktum: »The pre-Gothic Middle Ages had left antiquity unburied, and alternatively galvanized and exorcised its body. The Renaissance stood weeping at its grave and tried to resurrect its soul« (Kenyon Rev. 6, 1944, 228), das mittlerweile doch nicht mehr unkritisch übernommen werden sollte. Zweifeln mag man überdies, ob das hier postulierte Modernitätsverdikt tatsächlich zutrifft. Wovon zeugen die zitierte Aracoeli-Legende der Mirabilien, das Kapitel zum Pantheon ebenda, die Erzählung über die Gründung der Kirche San Pietro in Vincoli, der Verweis auf die antiken Tempel, die vormals an der Stelle der vatikanischen Basilika standen, wie auch die Liste der christlichen Cimiteria, wenn nicht von dem Bewusstsein, dass die antike Stadt der christlichen Überformung anheimfiel?

Das Nacheinander der Epochen wird mithin auf die Polarisierung »ubi est« beziehungsweise »ubi nunc« einerseits und »fuit« beziehungsweise »fuere« andererseits gebracht (Kapitel 22 und 23). Die Unmöglichkeit, das Rad der Geschichte zurückzudrehen, scheint dem Autor, auch ohne die Ruinen zu beschwören, völlig bewusst. Das Epochale des Textes liegt eben darin, dass er das antike Rom neben und unter dem christlichen wiederentdecken will. Die gleiche Gegenüberstellung von »ubi nunc« und »olim fuit« macht noch bei Flavio Biondo den entscheidenden Zugriff aus. Von einer veränderten Mentalität zeugen überdies die Anekdoten zu den antiken Ehrenstatuen, die ohne die traditionelle christliche Polemik als Medien der antiken Ruhmesethik gewürdigt werden (I. Herklotz, Sepulcra e Monumenta del Medioevo. Studi sull'arte sepolcrale in Italia [Rom 1985] 218). Hildeberts Gedanke an die Überwindung des heidnisch-imperialen Rom durch das päpstliche ist dagegen schon in den Predigten Leos I. präsent. Auch die ästhetischen Kriterien eines Magister Gregorius sollten nicht überbewertet werden, denn zumeist geht es hier um die Bewunderung des scheinbar Lebendigen, womit ein gängiger Topos der Ekphrasis im Sinne von Plinius und anderen aufgerufen wird.

Mit dem folgenden Kapitel bleibt Disselkamp auf dem Boden des Consensus omnium: Petrarcas Vision von Rom als dem angestammten Zentrum des Imperiums, das so bald wie möglich zu seiner traditionsgegebenen Rolle zurückfinden sollte, scheint den zeitgenössischen Krisen geschuldet, dem Exil des Papsttums in Avignon und der Zersplitterung Italiens. Der römische Volkstribun Cola di Rienzo und König Robert von Neapel zählen zu den Hoffnungsträgern des Dichters. Ergänzt sei nur, dass sich dessen gnadenlose Invektiven gegen Avignon, insbesondere wenn er den Prunk der päpstlichen Hofhaltung attackiert, zum Teil aus der mittelalterlichen Romkritik speisen (Benzinger a. a. O.). Die apokalyptische Rhetorik, die dabei bisweilen anklingt, gehört schon zur kaiserlichen Polemik des Investiturstreits. Welche Bedeutung – so möchte man über Disselkamp hinausgehen – hatte Petrarca somit für einen ideologischen Neuansatz? Die Vorstellung von Rom als Sitz des Papsttums und ideellem Zentrum der Kaiserherrschaft gibt sich durchaus mittelalterlich; was er über die römischen Altertümer mitzuteilen weiß, steht mithin noch ganz in der fabulösen Tradition der Mirabilia; ein Weg von den Texten hin zu den archäologischen Zeugnissen lässt sich für den renommierten Büchergelehrten ebenso wenig verzeichnen. Seine Haltung den profanen Ehrenstatuen gegenüber war kirchlich-konservativ, konservativer als die der Mirabilia (P. Seiler in: Pratum romanum. Richard Krautheimer zum 100. Geburtstag [Wiesbaden 1997] 299–324).

Mit Georg Fabricius und seiner ›Roma‹ von 1550 nimmt Disselkamp eine im engeren Sinne antiquarische Schrift in den Blick. Warum er sich angesichts der langen Reihe von Beiträgen zur Topographie des antiken Rom gerade für dieses Werk entscheidet, bleibt undeutlich. Fabricius selbst gesteht ein, seine Untersuchungen auf den Spuren Bartolomeo Marlianos (1534) vorgenommen zu haben. Treffend herausgearbeitet wird die stark philologische Orientierung, die Gestaltung des Textes im Sinne einer Sammlung topographischer Loci communes, die Fabricius und mit ihm der frühen antiquarischen Forschung eignet. Überschätzt scheint andererseits die Wirkung, die von einem Buch wie der ›Roma‹ ausging. Zugrunde liege ihr »ein allgemeiner Bedarf an Orientierungsmöglichkeiten und die politische Absicht der Herrschaftsintensivierung« (S. 84), sie vermittle »der eigenen Gegenwart Selbstdeutungs- und Handlungsperspektiven« (S. 87) und stelle den Zusammenhang mit der »demonstrativen Kontrolle über den Stadtraum« her (S. 89), an welcher auch zeitgenössischen Fürsten gelegen sein musste.

Man fragt sich, wie solche Aktualisierungen im Einzelfall funktionierten. Der Verdacht stellt sich ein, dass Disselkamp der auf die Anwendbarkeit des dargelegten Wissens und somit auf Eigenwerbung bedachten Widmungsrhetorik aufgesessen ist. Die Vielzahl publizierter Studien zur antiken Topographie, die von Biondo über Pomponius Laetus, Poggio, Fulvio und Marliano bis zu Ligorio, Palladio, Mauro und Panvinio reicht (dazu schon L. Schudt, Le guide di Roma. Materialien zu einer Geschichte der römischen Topographie [Augsburg und Wien 1930] 362–419), hatte um die Mitte des sechzehnten Jahrhunderts bereits eine eigene Fachdisziplin geschaffen, der es nicht selten um gleichsam akademische Streitigkeiten ging, wenn man so will, um Quisquilien. Kaum zu übersehen ist dabei, dass ein entwicklungsgeschichtlicher Ansatz, wie man ihn den Antiquaren seit Arnaldo Momiglianos berühmtem Aufsatz von 1950 so gern abspricht (Ancient History and the Antiquarian. Journal Warburg and Coutauld Inst. 13, 1950, 285–315), in den topographischen Studien durchaus gegenwärtig war. Diesem Ansatz zufolge hatte sich die Stadt bei ihrer Gründung als die berühmte Roma quadrata auf dem Palatin dargestellt, von wo aus dann die weiteren Hügel besiedelt worden seien (dazu Ph. Jacks, The antiquarian and the myth of Antiquity. The origins of Rome in Renaissance thought [Cambridge u. a. 1993]).

Das folgende Kapitel ist einem Dichter, Joachim Du Bellay, gewidmet und stellt den wohl gelungensten Teil des Buches dar. Du Bellays Sonettzyklus ›Les Antiquitéz de Rome‹ von 1558 will das Modell Rom auch im Hinblick auf den Widmungsträger, Heinrich II. von Frankreich, zwar noch immer aufrechterhalten, stellt dieses Paradigma wie auch den allgemeinen ›Triumphalismus‹ der Renaissance mit dem Hinweis auf die römische Hybris und den Verfall der Stadt jedoch zugleich in Frage. Als »Modellfall universaler Dekadenz« verknüpft der Dichter den Blick auf die Stadt mit dem Wunsch, sein König möge ein besseres Rom in Frankreich entstehen lassen. Dem ist zuzustimmen; allerdings sollte man nicht so weit gehen, schon die Beteuerung der Ohnmacht eigener Beschreibungskünste als subversiv anzusehen (S. 106; 118 f. 121). Mehr als die Absicht, die Bauten der »Vernichtung auszusetzen«, kommen hier jene »Unsagbarkeitstopoi« (Ernst Robert Curtius) ins Spiel, die letztlich ein Bild von der Größe des Objekts beschwören wollen. Dass Du Bellays Angriffe auf Rom, zumal sein Vorwurf der »Prahlerei«, wiederum in mittelalterlichen Traditionen wurzeln, liegt auf der Hand (Benzinger a. a. O.).

Eine Frage, die schon das Du-Bellay-Kapitel aufwirft, wiederholt sich im folgenden, Michel de Montaigne gewidmeten Abschnitt mit Nachdruck, wird von Disselkamp indes weder hier noch dort erörtert, die Frage nämlich, inwieweit die kritische Sicht auf das Zentrum der antiken Welt einem spezifisch gegenreformatorischen Zeitgeist geschuldet ist. Ganze zwei Seiten aus Montaignes Journal seiner Italienreise von 1580 und 1581 sind dem antiken Rom gewidmet und kommen zu dem Schluss, dass dieses unter den Ablagerungen der späteren Jahrhunderte nicht mehr greifbar werde. Anders als den Antiquaren scheint ihm die antike Stadt schwerlich rekonstruierbar und ist deshalb auch politisch kaum zu vereinnahmen.

Einen heuristischen Salto schlägt Disselkamp, wenn er den Zustand der antiken Stadt mit der »ruinösen und fragmentarischen Verfassung« (S. 151) Montaignes selbst – er litt an Nierensteinen und hatte die Reise in den Süden auch als Badereise konzipiert – in Beziehung setzt. Tatsächlich kann von einer »Leerstelle

Rom« (S. 131) in diesem Diarium keine Rede sein, allenfalls von einer »Leerstelle antikes Rom«. Warum sagt Disselkamp nicht das Offensichtliche, dass Montaigne sich in seiner etwa fünfzigseitigen Rombeschreibung in erster Linie vom zeitgenössischen und das heißt vom päpstlichen Rom mit all seinen »opere pie« beeindruckt zeigt, dass er die weltumspannende Macht in den Händen des Papsttums sieht, womit er in die Nachfolge Leos I. und Hildeberts von Lavardin tritt? Unverständlich bleibt dann auch, weshalb der Autor dem Franzosen in konfessionellen Fragen gleichsam Neutralität unterstellt (S. 149; 150). Sollte sich bei Du Bellay und bei Montaigne nicht jene antikenfeindliche Haltung äußern, die in Rom selbst wenige Jahre später darin kulminierte, dass Sixtus V. (1585–90) die antiken Obelisken mit Kreuzeszeichen und die beiden großen Triumphsäulen mit den Statuen der Apostelfürsten versah, nicht ohne diese neuen Träger des christlichen Triumphes zuvor mittels exorzistischer Riten von ihrer heidnischen Vergangenheit gereinigt zu haben? Dazu will es passen, dass die auf Seite 147 aus Montaignes ›Essays‹ (I.25) zitierte Stelle bereits deutliche Kritik an der antiquarischen Gelehrsamkeit erkennen lässt. Im siebzehnten und achtzehnten Jahrhundert fand solche Polemik weite Verbreitung, war zu jener Zeit allerdings weniger religiös motiviert als wissenschaftlichen Paradigmenwechseln geschuldet (I. Herklotz in: Welche Antike? Konkurrierende Rezeptionen des Altertums im Barock. Tagung Wolfenbüttel 2006, Bd. I [Wiesbaden 2011] 140–182).

Sehr viel überzeugender lesen sich die anschließenden Ausführungen über den in neuerer Zeit vielfach untersuchten Iustus Lipsius und seine ›Admiranda, sive de magnitudine Romana‹ (Antwerpen 1598). Wie Petrarca sucht Lipsius im antiken Rom einen politischen Bezugspunkt, die Stadt bietet den »Kontrastentwurf zur katastrophischen Gegenwartserfahrung« (S. 166) der von Religionskriegen und Fremdherrschaft gebeutelten Niederlande des ausklingenden Jahrhunderts. Adressat des Buches ist der Erzherzog und Regent der Niederlande Albrecht von Österreich, dem die römische Monarchie als Exemplum vor Augen gestellt werden soll. Doch bietet die römische Geschichte über das Paradigma der Herrschaft hinaus – damit verschränkt – eine »Bezugsquelle für Tugendexempla« (S. 171).

Um die römische Größe im buchstäblichen Sinne zu veranschaulichen, greift Lipsius vermehrt auf quantitative Methoden zurück, was Disselkamp mit dem Aufkommen der Statistik in Verbindung bringt. Als eigene Note ergibt sich die Luxusproblematik, die sehr schnell zum Gegenpart von römischer Magnifizenz geraten kann. Tugend und Laster liegen somit eng beieinander. Verschiedene zeitgenössische Versuche, diesen Widerspruch aufzulösen, werden vorgestellt. Ergänzt sei an dieser Stelle, wie sehr schon die antiken Autoren, die sich antiquarisch dem Wandel der Lebensgewohnheiten gewidmet hatten, so etwa Cato oder auch Varro, derselben Problematik entgegenzuwirken versuchten (I. Herklotz, Cassiano Dal Pozzo und die Archäologie des 17. Jahrhunderts [München 1999] 192 f.). Ob ein Interessierter, der um 1600 etwas über die Exempla angemessenen Verhaltens wissen wollte, tatsächlich zu den ›Admiranda‹ griff und nicht zu Valerius Maximus oder zu einer neuzeitlichen Sammlung von Exempla, sei ebenso dahingestellt wie der Umstand, dass sich die bewunderten Vorbilder tugendhafter Gesittung sehr viel leichter der antiken Ikonographie entnehmen ließen als den architektonischen Monumenten, mit denen sich Lipsius beschäftigt, greift er über die Textquellen hinaus zu den Denkmälern. Pirro Ligorio hatte eine solche Exempla-Lehre anhand der antiken Sarkophagreliefs entfaltet (I. Herklotz in: 300 Jahre Thesaurus Brandenburgicus. Archäologie, Antikensammlungen und antikisierende Residenzausstattungen im Barock. Kolloquium Schloss Blankensee [München 2006] 264–269). Disselkamps Versuch, Lipsius' Schrift und weitere von ihm analysierte Texte mit anderen literarischen Gattungen, in diesem Fall der Exempla-Literatur, in Bezug zu setzen, wirkt anregend, geht aber zu Lasten der eigentlich von Lipsius repräsentierten Diskurstradition. Natürlich wüsste der Leser ebenso gern, wie sich dessen Auffassung vom Funktionieren des römischen Staats von den unmittelbaren Vorläufern unterscheidet, von Sigonio, Panvinio und Rosinus also, und welche wissenschaftsgeschichtliche Position ihm somit zukommt.

Dem positiven Rombild bei Lipsius steht das laut Disselkamp überaus skeptische in Shakespeares ›Coriolanus‹ von 1608/09 entgegen, das die Stadt zwar nicht »als architektonische, wohl aber als moralische und politische Ruinenlandschaft« hinterlasse (S. 191). Noch einmal wird das Verhalten Coriolans, eines legendären Vertreters der frühen Republik, vor dem Hintergrund der Tugendlehren betrachtet. Bleibt der Held den heroischen Idealen bedingt treu, so wendet er sich von seinem Vaterland ab. Rom definiert sich bei Shakespeare nicht durch seine architektonische Gestalt, sondern wird durch das römische Volk und seine Amtsträger repräsentiert. Auf beide fällt ein moralisch fragwürdiges Licht, geprägt von Wankelmut und Bestechlichkeit. Doch hat der Schriftsteller dem Modell Rom damit tatsächlich schon eine Absage erteilt? Wie ein Gemeinwesen zu funktionieren hat, erfährt der Theaterbesucher aus der einleitenden Erzählung des Menenius (I. 1), der die staatliche Harmonie mit der Fabel vom Bauch und den Gliedern illustriert. Von einem völligen Pessimismus kann also keine Rede sein. Der Verdacht kommt auf, Shakespeare habe nicht das Paradigma Rom, sondern eher das der römischen Republik in Frage stellen wollen. Wie sehr der Dichter mit seinen historischen Dramen andernorts auf die Stabilisierung der Stuartmonarchie hingearbeitet hat, ist bekannt.

Als wiederum positiver Anknüpfungspunkt erscheint die Stadt im letzten Kapitel des Buches, das von der Italienfahrt des Markgrafen Christian Ernst von Brandenburg-Bayreuth handelt (1660 bis 1661) und bei dieser Gelegenheit die umfangreichen Erträge der neueren Reiseforschung zusammenfasst. Auf der Grundlage eines Reisetagebuchs des Prinzenerziehers Caspar von Lilien schrieb der Nürnberger Dichter Sigmund von Birken über diese und andere apodemische Unternehmungen des Prinzen 1668 seinen ›Brandenburgischen Ulysses‹. Reise und Bericht dienten der Repräsentation des Prinzen, der, 1660 erst sechzehn Jahre alt, auf dieser Tour in die höfische Welt Europas eingeführt werden sollte – entsprechend ausführlich schildert Birken die wohlwollende Aufnahme, die dem Prinzen, seines protestantischen Bekenntnisses ungeachtet, durch Fürsten und Kardinäle zuteil wurde. Dem antiken Rom fällt dabei die Rolle zu, Christian Ernst »geradezu eine römische Genealogie« zu verleihen (S. 228). Angesichts der Tatsache, dass Birken die »Sippschaft« des Prinzen mit dem Kaiserhaus in seiner Einleitung ausdrücklich herausstellt, ist das keine allzu gewagte Folgerung, aber auch kein sonderlich origineller Befund. Im alten Reich versuchte letztlich jeder kleine Duodezfürst an das Imperium Romanum anzuknüpfen, wovon ebenso die zahlreichen Bildergalerien und Büstenserien der römischen Kaiser, die diese in ihren Schlössern bewahrten, ein sprechendes Zeugnis geben (H. Wrede, Cunctorum splendor ab uno. Archäologie, Antikensammlungen und antikisierende Ausstattungen in Nepotismus und Absolutismus [Tübingen 2000]).

Was Christian Ernst betrifft, fällt hingegen auf, welch geringer Stellenwert dem Altertum im Rahmen des Berichtes zukommt; vielmehr zielt Birken darauf ab, die standesgemäßen Kontakte des Prinzen zu dokumentieren. Dass dieser, wenn er denn den Blick auf die Kunst lenkte, keineswegs nur die Antike zur Kenntnis nahm, sondern ebenfalls das neue Rom, muss man nicht mit der absolutistischen Weigerung begründen, das Altertum als überlegen anzuerkennen, was die eigene Reputation beschnitten hätte (S. 226), vielmehr war das Italien des siebzehnten Jahrhunderts für alle fürstlichen Besucher aus dem Norden auch die Heimat Michelangelos und Berninis; es war das Land großartiger Paläste und Gartenanlagen, aus dem man sich Anregungen für die eigene Bau- und Kunsttätigkeit holte. (Dazu die gelungene Fallstudie von I. Baier, »Ohnvergleichliches Italien«. Italienreise, Italienbild und Italienrezeption um 1700 am Beispiel des Landgrafen Karl von Hessen-Kassel [Kassel 2010].) Unter dem Strich bleibt Christian Ernst mit seinem Besichtigungsprogramm völlig im Bereich des Üblichen, ein sonderliches Antikeninteresse lässt sich seinem Besuch schwerlich entnehmen. Warum gerade ihm ein eigenes Kapitel des vorliegenden Buches zukommt, scheint nicht ganz ersichtlich.

Zieht man aus Disselkamps Studie ein Resümee, so kann man dieser eine Reihe bedenkenswerter Einzelbeobachtungen attestieren. Über die Auswahl der Fallstudien lässt sich gewiss diskutieren; die entscheidenden Umbrüche in der Wahrnehmung Roms, zumal jene, die der jüngst so viel beschworenen Konfessionalisierung geschuldet waren, gibt sie nicht zu erkennen. Weder von der protestantischen Rompolemik noch vom gegenreformatorischen Bemühen, die Stadt im christlich-katholischen Sinne zu rehabilitieren, ist bei Disselkamp etwas zu erfahren. Nicht zu diskutieren sind die vielen faktischen Ungenauigkeiten und die erstaunlichen bibliographischen Lücken, die den Eindruck des Buches trüben. Deutlicher als nötig geben sie die fachfremde Herkunft des Autors zu erkennen.

Marburg   Ingo Herklotz

Sascha Kansteiner (Herausgeber), **Ergänzungsprozesse. Transformation antiker Skulptur durch Restaurierung**. Transformationen der Antike, Band 26. Verlag Walter de Gruyter, Berlin und Boston 2013. 201 Seiten, 47 Tafeln.

Der von Sascha Kansteiner herausgegebene Band versammelt neun Beiträge eines vom Sonderforschungsbereich ›Transformationen der Antike‹ an der Humboldt-Universität in Berlin im März 2011 veranstalteten Kolloquiums, welches den Titel ›Ergänzungsprozesse‹ trug. Die Aufsätze widmen sich einem Thema, welches leider erst in den letzten Jahrzehnten verstärkt die Aufmerksamkeit der Altertumswissenschaften auf sich zieht, nämlich den unterschiedlichen Motivationen und Praktiken der Antikenergänzungen des sechzehnten bis neunzehnten Jahrhunderts.

Der Herausgeber skizziert in der Einleitung (S. 1–8, Taf. 1) die Geschichte der Ergänzungspraktiken von der 1506 erfolgten Auffindung der Laokoongruppe in Rom bis hin zur bewussten Rücknahme der Restaurierungen an zahlreichen Statuen der Dresdner Antikensammlung im ausgehenden neunzehnten Jahrhundert. Er macht freilich deutlich, dass zumindest seine eigene Perspektive auf diesen Forschungsgegenstand in erster Linie von den Leitbildern unserer gegenwärtigen Wissenschaft bestimmt wird. Programmatisch überschreibt er seine Bemerkungen denn auch mit einem Zitat von Wilhelm Heinse (1782), in dem dieser verärgert unter anderem die »Zusammensetzung, Verschmierung und Verkleisterung« einer an sich »schönen Figur« beklagt, und lässt seine Ausführungen in eine berechtigte Kritik an der zeitgenössischen Ergänzung der 2003/2004 in der sogenannten Villa di Augusto von Somma Vesuviana gefundenen römischen Umdeutung des Dresdner Knabens als Dionysos münden. Dies lässt zunächst Zweifel an der Fruchtbarkeit der in dem Band verfolgten Fragestellungen für ein besseres Verständnis der Antikenwahrnehmung in den angesprochenen Epochen aufkommen. Doch wird der Leser glücklicherweise von den meisten der mitwirkenden Autoren eines Besseren belehrt.

Die Kolloquiumsbeiträge sind chronologisch geordnet. Den Anfang macht ein Aufsatz von Marcella De

Paoli (Restauri di antiche sculture a Venezia nel XVI secolo. I marmi del Pubblico Statuario, S. 9–22, Taf. 2–6). Es geht um die Restaurierung der Skulpturen in den ebenso umfangreichen wie berühmten Antikensammlungen Grimani und Contarini in Venedig. Sie vermittelt dabei einerseits umfassende, auf intensiven Quellenrecherchen sowie vor allem auf materialtechnischen und formal-typologischen Werkanalysen basierenden Ergebnisse. Es lassen sich zum Teil zeitlich zusammengehörige Restaurierungsphasen an motivisch unterschiedlichen Skulpturenkomplexen nachweisen. Diese Einsichten bindet die Verfasserin in die zum Teil bis zur frühen Renaissance zurückreichenden Erwerbungshistorien der Statuen ein und verbindet sie mit dem räumlichen und inhaltlichen Rahmen der öffentlichen Aufstellung als Besitztümer des venezianischen Staates seit dem ausgehenden sechzehnten Jahrhundert. Ein explizites Anliegen der Verfasserin liegt darin, Restaurierungen als kulturelle Zeugnisse der zeitgenössischen antiquarischen Geistesgeschichte zu begreifen, wobei sie ihre Aufmerksamkeit vor allem dem humanistischen Venedig des ausgehenden fünfzehnten und frühen sechzehnten Jahrhunderts, den Bibliotheksbeständen der Sammler sowie den zahlreichen ortsansässigen Kollektionen von Münzen sowie Gemmen und deren potentiellen Vorbildfunktionen für die Ergänzungen schenkt.

Im Anschluss beschäftigt sich Claudia Valeri mit den antiquarischen Wissenschaften des sechzehnten bis achtzehnten Jahrhunderts auf der Basis vieler prominenter Skulpturen der Vatikanischen Sammlungen (Scienza antiquaria e restauro dei marmi antichi tra XVI e XVIII secolo. Alcuni esempi dai Musei Vaticani, S. 23–42 Taf. 7–15). Dabei weckt dieser programmatisch mit einem Zitat aus der Vita des Benvenuto Cellini überschriebene Beitrag vor allem deswegen Interesse, weil die Autorin die ästhetischen und kulturellen Leitbilder der jeweiligen Ergänzer und deren zeitgenössischer Auftraggeber berücksichtigt. Signifikant dafür ist etwa ihr Verweis auf die persönliche Leidenschaft von Lorenzo il Magnifico für Platon, welche einen Kunsthändler dazu veranlasste, ein heute zumeist als Karneades interpretiertes Porträt mit der Namensinschrift des geschätzten Philosophen zu versehen. Diese schlaue kommerzielle Maßnahme sollte für die wissenschaftliche Auseinandersetzung mit dem Bildnis dann allerdings gewichtige Konsequenzen haben. Das Gleiche gilt für die Historie eines 1770 in den Vatikan gelangten Grabreliefs, das angeblich Cato und Porcia darstellt. Dessen lange gültige neuzeitliche Interpretation und Benennung beruht offenbar auf dem prägenden Einfluss der tragischen Beschreibung des Paars in Plutarchs Vita des Brutus auf die späteren Antiquare und Sammler. Von einer solchen, nie die zwangsläufigen Veränderungen der historischen und kulturellen Kontexte vernachlässigenden Perspektive profitieren dann auch alle Ausführungen der Autorin zur jeweiligen Ergänzungsgeschichte der von ihr betrachteten Statuen. Dies umso mehr, weil es gelingt, deren Restaurierungsphasen in enger Verknüpfung mit der im Lauf der Zeit manchmal wechselnden Verortung der Werke innerhalb der vatikanischen Sammlungen zu verknüpfen. Die Opera werden schließlich auch in einem übergeordneten ästhetischen Bezug als Teile inszenierter räumlicher Gesamtensembles – etwa im Cortile del Belvedere oder im Cortile della Pigna gedeutet.

Eine andere Perspektive bestimmt den Beitrag von Sascha Kansteiner (Apollon mit vier Köpfen. Der Sauroktonos Giordano, S. 43–55 Taf. 16–17 Textabb. 1 und 2). Er stellt exemplarisch die Ergänzungsgeschichte einer einzigen Skulptur in den Mittelpunkt seiner Betrachtungen und widmet sich dem Phänomen der reziproken Wechselwirkung von Restaurierungen mit der ästhetischen beziehungsweise inhaltlichen Deutung antiker Statuen. Seinem intensiven Studium sämtlicher verfügbarer schriftlicher wie bildlicher Quellen zum Sauroktonos Giordano ist es jedenfalls zu verdanken, dass wir nun nicht nur die bewegte Historie der unterschiedlichen Besitzer und Verortungen des Werkes vom sechzehnten bis zum frühen zwanzigsten Jahrhundert nachvollziehen können, sondern auch ein und derselben Figur in vier unterschiedlichen gestalterischen Konzepten begegnen, wobei im Besonderen der jedes Mal erfolgte Austausch ihres Kopfes ein aufschlussreiches Licht auf historisch veränderte Wahrnehmung von Antiken wirft. Gerade in diesem Zusammenhang hätten die Beobachtungen des Autors allerdings zweifellos noch an Brisanz gewonnen, wenn er sich dabei nicht nur gleichsam in der Rolle eines Antiquars unserer eigenen Gegenwart betätigt hätte. Besser wäre das Phänomen auch übergreifend eingebunden worden, beispielsweise in die parallelen Strömungen der jeweils zeitgenössischen antikisierenden oder klassizistischen Bildhauerkunst. Zudem zeigt der Beitrag gelegentlich sogar die schulmeisterlich anmutende Tendenz, von unserer heutigen Warte aus Ergänzungen der kritischen Bewertung als richtig oder falsch zu unterwerfen.

Im Aufsatz von Christiane Vorster (Archäologisches zu Antikenergänzungen des sechzehnten Jahrhunderts, S. 57–74 Taf. 18–24) geht es um die materiellen und technischen Besonderheiten von Restaurierungen der Antiken, welche 1728 unter August dem Starken von Rom nach Dresden gelangten. Die Verfasserin stellt diejenigen Skulpturen in den Mittelpunkt ihrer Betrachtungen, welche – anders als die archivalisch ungewöhnlich gut dokumentierten, um die Mitte des siebzehnten Jahrhunderts restaurierten Werke dieser Sammlung – lediglich in den zwischen 1662 und 1672 erstellten Inventaren der Sammlung Chigi zu fassen sind. Deren Ergänzungen fallen auch in technisch-formaler Hinsicht aus dem Rahmen. Der Autorin gelingt der Nachweis, dass es sich bei dem bereits seit dem achtzehnten Jahrhundert mehrfach kontrovers diskutierten Kopf der sogenannten Dresdner Pallas um einen restaurierten Jünglingskopf der italienischen Renaissance handelt. Mit eindrücklichen Vergleichsbeispielen hebt sie als hervorstechende Charakteristika der Antikenergänzungen der Renaissance die beeindruckende Beherrschung antiker Formensprache sowie das kreative Potential der Bildhauer hervor, ihre eng an den antiken Vorlagen orientierten Gestaltungen mit den neuen Leitbildern der eigenen Gegenwart zu verknüpfen. Als Zeugnisse für die Behutsamkeit früher Ergänzungen führt die Verfasserin ferner die Restaurierungen eines kleinformatigen Torsos der Artemis Ephesia aus der Sammlung Bellori sowie die Statue eines jugendlichen Marc Aurel in Dresden an. Unter besonderer Berücksichtigung der handwerklichen Technik an deren ergänzten Partien, aber auch in Bezug auf den schonenden Umgang mit den authentisch antiken Fragmenten erkennt Vorster eine im Verhältnis zu späteren Ergänzungspraktiken gleichsam respektvollere Wahrnehmung der Antike. Den inhaltsreichen Beitrag beschließt ein wegweisender Ausblick auf die typusbildende Wirkung solcher frühen Restaurationen für das Antikenbild der Folgezeit, wobei die Verfasserin exemplarisch auf die Flora Farnese und den Bacchus des Jacopo Sansovino verweist und die intensive Rezeption antikisierender Neuschöpfungen der Renaissance beleuchtet.

In einer prägnanten Skizze beschreibt Claudio Pizzorusso, wie ihm sein Besuch einer Auktion bei Sotheby's im November 1991 den Anstoß gab, den Ursprung einer dort angebotenen Commodusbüste aus der Sammlung Carlisle, welche später durch den Kunsthandel in das J.-Paul-Getty-Museum gelangen sollte, eingehender zu verfolgen (Un restauro, una sigla, un numero. Ipotesi per Ippolito Buzio agli Uffizi, S. 75–81 Taf. 25–31). Er vermutete zunächst, dass es sich um ein antikisierendes Werk des Florentiner Bildhauers Giovanni Battista Caccini handeln könne, welcher in der zweiten Hälfte des sechzehnten Jahrhunderts nachweislich auch einige Antiken der Uffizien ergänzte. Die Untersuchung führte dann allerdings zu ganz anderen, ungeahnt spannenden Erkenntnissen: Eine in den Uffizien befindliche Gruppe imperialer Porträts sowie die Rückseite zweier mit neuzeitlichen Büsten ergänzter Bildnisse der sogenannten Julia Titi und eines womöglich insgesamt neuzeitlichen Nero zeigen eine Markierung mit den Nummerierungen ›20‹ beziehungsweise ›19‹ sowie den Buchstaben ›I B‹. Eine ähnliche Inschrift findet sich ebenso auf der Bettung des Schlafenden Hermaphroditen (40 / I B), einem der Glanzstücke der Florentiner Sammlungen, sowie einer als Paris ergänzten Statue. Sie werden als Werkstattzeichen des bedeutenden lombardischen Bildhauers Ippolito Buzio interpretiert, welcher sich in Rom auch als großer Meister von Antikenergänzungen hervortat. In der Tat stammen die beiden Porträts der Uffizien offenbar als Bestandteile einer umfangreichen Serie von insgesamt dreizehn Bildnissen aus Rom, denn sie wurden 1669 von Leopoldo de' Medici aus der dortigen Sammlung Ludovisi erworben. Auch die stilistischen Vergleiche des Verfassers überzeugen, aber für einen tatsächlichen Nachweis dieser These bedarf es noch weitergehender Studien.

José M. Luzón Nogué wirft ein interessantes Streiflicht auf die Transformation antiker Skulpturen in den königlichen Sammlungen des sechzehnten und siebzehnten Jahrhunderts in Spanien (Die Transformation antiker Skulpturen anhand konkreter Beispiele. Die Sammlung Christinas von Schweden und die Gipssammlung der Academia de San Fernando de Madrid, S. 83–91 Taf. 32–33). Es geht um den Beginn des Transfers antiker Skulpturen in diese Region unter Philipp II. und der bald darauf folgenden Integration entsprechender Werke in die Kollektionen spanischer Adliger sowie im Besonderen in den Umbau des Alcázar in Madrid. Im Zentrum der Betrachtungen steht zunächst der von Philipp IV. an Diego Velázquez ergangene Auftrag, für die neuen Räume der Residenz Kunstkäufe in Rom zu tätigen. Hohen Zeugniswert haben die zahlreichen Bronze- und Gipskopien nahezu sämtlicher seinerzeit berühmter römischer Skulpturen, welche daraufhin zwischen 1650 und 1652 für den spanischen Hof angefertigt wurden. Sie sind auch deshalb interessant, weil sie den Zustand der Stücke vor den vielfach im achtzehnten Jahrhundert eingeleiteten Neurestaurierungen überliefern. Die exemplarischen Analysen des Autors zu den Abgüssen der Schlafenden Ariadne im Vatikan, des noch mit den Ergänzungen Giuglielmo Della Portas versehen Herkules Farnese und der ebenfalls von Della Porta restaurierten Flora Farnese zeigen, in welch anderer Gestalt sich diese Werke noch im mittleren siebzehnten Jahrhundert präsentierten. In Bezug auf die technischen Aspekte der frühen Restaurierungen hebt der Verfasser hervor, dass stets nicht nur Marmor, sondern auch gehärteter Stuck zum Einsatz kam. Bedauerlicherweise geht er allerdings nicht auch auf die formal-ästhetische Gesamtwirkung der Werke in jenen Ergänzungsphasen ein, so etwa auf die im Vergleich zu ihrer späteren Fassung stärker sentimentbeladene und erotische Pose der Ariadne. Der Verfasser beleuchtet schließlich nochmals das weite Spektrum unterschiedlicher inhaltlicher Intentionen, welchen die Ergänzungen geschuldet sein konnten. Im Mittelpunkt der Betrachtungen stehen die in Teilen unter Philipp V. für Madrid erworbene Skulpturensammlung der Christina von Schweden im Palazzo Riario in Rom – unter besonderer Berücksichtigung des späteren Schicksals der ursprünglich mit einem Porträt Christinas versehenen sogenannten Clytia – sowie die umfangreiche Gipssammlung der Academia de San Fernando in Madrid.

Ein vielschichtiger Beitrag von Giandomenico Spinola führt den Leser dann in die Vatikanischen Museen der zweiten Hälfte des achtzehnten Jahrhunderts und damit in eine Epoche, welche den Ergänzungen der Antiken selbst besondere Aufmerksamkeit widmete (Criteri e modalità degli interventi della seconda metà del 700 sulla scultura antica negli allestimenti dei Musei Vaticani, S. 93–108 Taf. 34–39). Zu Recht hebt der Autor die herausragende Rolle hervor, die der 1793 zum Prefetto delle Antichità di Roma ernannte Johann Joachim Winckelmann in den damals vielfach einsetzenden wissenschaftlichen Disputen über falsche oder richtige Restaurationen spielte. Ebenso unterstrichen wird die künstlerische Bedeutung des wohl herausragendsten zeitgenössischen Bildhauers und Antikenergänzers, Bartolomeo Cavaceppi. Als besonders fruchtbar für ein tiefergehendes Verständnis der in diesem Zeitraum ausgeführten Werkgestaltungen erweist sich überdies ein grundsätzlicher Widerspruch: Auf der einen Seite forderte die aufgeklärte Wissenschaft, dass Ergänzungen stets auf der Basis sämtlicher antiquarischer Erkenntnisse zu den originalen Werkstücken zu erfolgen hätten und diese weder formal noch inhaltlich verfälschen dürften. Auf der anderen Seite beanspruchten zahlreiche Bildhauer gerade im Umgang mit den nun auf so vielfältigen Ebenen als vorbildhaft empfundenen Antiken ihre eigenen künstlerisch-handwerklichen Techniken, ihre persönliche Auseinandersetzung mit den Leitbildern des Altertums, aber auch ihr individuelles kreatives Potential unter Beweis zu stellen. Vor diesem Hintergrund versucht der Verfasser erfolgreich, das breite Spektrum des gestalterischen Umgangs mit der Antike in dieser Zeit in einer kategorialen Gliederung knapp zu vermitteln. Mit methodischer Präzision und anhand eindrücklicher Beispiele definiert er in diesem Sinn zunächst Kriterien zur Unterscheidung von Fälschung und Kopie. Dabei misst er nicht nur den materiellen, formalen und technischen Aspekten der entsprechenden Werke, sondern im Besonderen auch den persönlichen Intentionen und Vorlieben deren jeweiliger Besitzer sowie den Auswirkungen entsprechender Nachfrage auf den Kunsthandel entscheidendes Gewicht bei. Von dieser Kategorie werden dann neoklassizistische Arbeiten »all'antica« unterschieden, welche dokumentieren, wie sich zeitgenössische Bildhauer auf allen Ebenen mit den antiken Vorbildern auseinandersetzten und mit diesen sogar in Wettstreit traten. Ebenso werden die zahlreichen Pasticci des achtzehnten Jahrhunderts erfreulicherweise vor allem als Zeugnisse der künstlerischen Meisterschaft und Kreativität ihrer Schöpfer bewertet. Unter die beiden letzten Kategorien fallen schließlich Transformationen, die auf offensichtlichem ikonographischen Missverstehen der antiken Werkstücke beruhten, sowie Überarbeitungen, welche allein ökonomischen Interessen dienten. Der Autor schließt mit der Klage, dass die zunehmende Vorliebe der Folgezeit für die puristische Wahrnehmung antiker Fragmente und die damit einhergehenden Revisionen der Restaurierungen so vieler Skulpturen letztendlich zur weitgehenden Zerstörung des von ihm skizzierten Panoramas führte. Man möchte sich diesem Bedauern gern anschließen.

Einen weiten Bogen vom sechzehnten bis ins achtzehnte Jahrhundert schlägt Dagmar Grassinger, indem sie den Vorstellungen des Gottes Apoll im Verlauf dieses Zeitraums nachgeht (Aus Knabensiegern werden Musenführer. Transformationen zu Apollo oder die Erfindung von Apollo als Knabe mit der Lyra, S. 109–121 Taf. 40–42). Sie verweist auf die nahezu übermächtige Wirkung des Apoll im Belvedere, wobei sie ungeachtet der nahezu überbordenden einschlägigen Forschungsgeschichte innovative Ergebnisse erzielt. Sie zeigt, wie der formale Entwurf und die Ikonographie der Statue zweihundert Jahre lang den idealen Wesenszügen, welche man mit diesem Gott verband, derart entgegenkam, dass fortan kaum eine seiner Verbildlichungen ohne zumindest partielle Anlehnungen an dieses Vorbild auskam. Die Verfasserin weist etwa auf die Adaptation des Kopfes der Skulptur in der von Gianlorenzo Bernini geschaffenen Gruppe des Gottes mit Daphne hin sowie auf einen Torso im Typus des Sauroktonos der Sammlung Doria Pamphilj, bei dem, wie sie anmerkt, sämtliche Ergänzungen mit Blick auf dieses Vorbild vorgenommen wurden. Dadurch sowie unter der Berücksichtigung zeitgenössischer antiquarischer Beschreibungen dokumentiert sie ferner ein verblüffendes Phänomen: Selbst Attribute, die man in diesem Milieu zwar religionsgeschichtlich und ikonographisch mit dem Charakter der Gottheit verband, die der Statue im Belvedere jedoch gar nicht zu eigen waren – Kithara, Bogen, Schlange – wurden gelegentlich mit dieser Skulptur verbunden. Dass die ideale Erscheinung des stets jugendlichen Apollo dann auch die Wahrnehmung und Restaurierung anderer statuarischer Entwürfe des Gottes prägte, verdeutlicht die Autorin ferner mit Blick auf die unterschiedlichen Ergänzungen der verschiedenen Repliken des Apollo Sauroktonos, auf die Rezeption des Apollo Cesi und verwandter Statuen. Interessant ist auch die Beobachtung, dass zahlreiche Torsen, etwa des sogenannten Narkissos oder des Epheben Westmacott, vor allem wegen ihres knabenhaften Inkarnates zu ›Apollini‹ ergänzt wurden. Wie sehr die Analysen Grassingers dabei davon profitieren, dass sie ihre Beobachtungen jeweils von den Perspektiven der zeitgenössischen Rezipienten der Antiken ausgehen lässt, dokumentiert exemplarisch ihre Einbeziehung einer Apollonfigur in Raffaels ›Schule von Athen‹ als zusätzliches Referenzmodell für den Umgang mit den zuletzt genannten Typoi.

Die Aufsatzsammlung wird durch einen Beitrag von Astrid Fendt abgerundet, der sich mit den Ursachen und Hintergründen des Phänomens auseinandersetzt, dass im neunzehnten Jahrhundert neue antike Fundstücke zunehmend unergänzt belassen wurden und man schließlich sogar dazu überging, Ergänzungen von Skulpturen rückgängig zu machen (Unterlassene Restaurierungen. Zur Diskrepanz zwischen wissenschaftlicher Erkenntnis und Restaurierungszustand von antiken Marmorstatuen, S. 123–140 Taf. 43–47). Im Überblick vermittelt die Autorin die Stationen dieses Prozesses. Sie lässt zunächst frühe kritische Stimmen – darunter den Berliner Archäologen Konrad Levezow – an spätbarocken Ergänzungen zu Wort kommen. Die zunehmende Favorisierung unverfälschter Antiken beherrscht dann sehr eindrücklich die kulturgeschichtlich für die Wahrnehmung des Altertums in Deutschland bedeutende Phase der ersten großen Grabungsaktivitäten der Berliner Museen. Fendt thematisiert auch die im Verlauf jenes Jahrhunderts grundsätzlich neue ästhetische Wertschätzung des Fragmentes als solches. (Diese Wertschätzung lässt sich meines Erachtens als Nachwirkung nicht zuletzt in den künstlerischen Auseinandersetzungen der Frühen Moderne mit fragmentierten Formen ermessen.) Als großer Gewinn für das tiefergehende Verständnis der Antikenwahrnehmung dieser Epoche erweist sich ferner der Umstand, dass die Verfasserin diese Prozesse nicht isoliert betrachtet, sondern mit Fällen kontrastiert, in denen derartige Maßnahmen unterlassen wurden und diese dann ihrerseits vor dem Hintergrund historisch-politischer, pragmatisch-wissenschaftlicher oder kultureller Strömungen interpretiert. In diesem Sinn bewertet sie etwa zu Recht die Unterlassung neuer Restaurierungen an den geraubten preußischen Antiken im Louvre als einen vor allem politischen Akt, begründet den Respekt, den Aloys Hirt für Pasticci aufbrachte, mit dessen grundsätzlich höherer Wertschätzung antiker Werkstücke als moderner Ergänzungen und verweist in Bezug auf die in ihrem restaurierten Zustand belassenen Skulpturen in der Rotunde des Berliner Alten Museums auf die Abwertung, welche dieser einst so prominente Raum im frühen zwanzigsten Jahrhundert erfuhr, da er sich einer Integrationsmöglichkeit in die neuen, wissenschaftlichen Konzepte zur Aufstellung von Antiken entzog.

Der vorliegende Band ist eine wesentliche Bereicherung für die Wissenschaft. Vor allem diejenigen Betrachtungen bringen dabei den größten Erkenntnisgewinn, welche die untersuchten Ergänzungen nicht von der Warte heutiger Forschungen aus in erster Linie als ›richtig‹ oder ›falsch‹ bewerten. Denn fruchtbarer ist es doch, die Transformation im Erscheinungsbild antiker Skulptur im Zuge verschiedenartiger Restaurierungsformen als ebenso authentische wie spannende Zeugen ihrer eigenen Zeit ernst nehmen und sie im eigentlichen Wortsinn als Antikenrezeption zu begreifen. Sie sind in ihre jeweils eigene Kunst- und Geistesgeschichte eingebunden.

Heidelberg   Caterina Maderna

Adolf H. Borbein, Thomas W. Gaethgens, Johannes Irmscher (†) und Max Kunze (Herausgeber), **Johann Joachim Winckelmann, Geschichte der Kunst des Alterthums. Erste Auflage Dresden 1764. Zweite Auflage Wien 1776.** Johann Joachim Winckelmann, Schriften und Nachlaß, Band IV 5: Statuenbeschreibungen, Materialien zur Geschichte der Kunst des Altertums, Rezensionen. Bearbeitet von Lilian Balensiefen, Eva Hofstetter, Max Kunze und Manfred Wenzel. Mit Beiträgen von Balbina Bäbler, Adolf H. Borbein, Klaus-Peter Goethert und Axel Rügler. Mainz, Verlag Philipp von Zabern 2012. XX und 488 Seiten mit 27 Abbildungen.

»Wir sind heute klüger als wir gestern waren« schreibt Johann Joachim Winckelmann am 13. Juli 1765 an den Göttinger Altertumsforscher Christian Gottlob Heyne (W. Rehm [Hrsg.], Johann Joachim Winckelmann: Briefe, Bd. III. 1764–1768 [Berlin 1956] 111 Nr. 716). Ein Jahr zuvor war die erste Edition seines Großprojekts einer den gesamten aktuellen Wissensstand zur antiken Kunst umfassenden ›Geschichte der Kunst des Alterthums‹ bei der Waltherschen Buchhandlung in Dresden erschienen. Winckelmann hatte damit erstmals den so kühnen wie paradoxen Versuch unternommen, die Zeugnisse der antiken Literatur mit den materiell überlieferten Befunden der antiken Kunst zu einer Geschichte zusammenzustellen, die zugleich auch als Lehrgebäude für eine Erneuerung des zeitgenössischen Kunstgeschmacks gedacht war. Für seine große Erzählung von Wachstum, Blüte und Verfall der Kunst musste der Verfasser allerdings manches historische Detail erst passend machen – ein Umstand, der weder der zeitgenössischen Leserschaft noch ihm selbst entging. Also war das Werk kurz nach seinem Erscheinen bereits überholt und sowohl Winckelmann als auch kundige Kollegen und Rezensenten wie Christian Gottlob Heyne bemühten sich, falsche Zuschreibungen, Deutungen und Datierungen zu berichtigen. Neben dem Hauptwerk entstanden so rasch etliche Nebenschriften, die es korrigieren, ergänzen und schließlich in Form weiterer Auflagen ersetzen sollten. Hier den Überblick zu behalten, war bis vor kurzem keine leichte Übung. Es ist das große Verdienst der nunmehr mit dem Erscheinen des fünften Teilbands abgeschlossenen Neuedition von Winckelmanns ›Geschichte der Kunst des Alterthums‹, dass sie dem interessierten Leser und Forscher nun alle verfügbaren Materialien an die Hand gibt, die man braucht, um vor dem Hintergrund der unübersichtlichen Entstehungs- und Editionsgeschichte die Bedeutung dieses Gründungsdokuments der Kunstgeschichte angemessen zu würdigen.

Die Neue Edition ist Teil des großen, von der Mainzer Akademie der Wissenschaften und der Literatur, der Akademie gemeinnütziger Wissenschaften zu Erfurt und der Stendaler Winckelmann-Gesellschaft veranstalteten Editionsprojekts ›Johann Joachim Winckelmann: Schriften und Nachlaß‹. Im Jahr 2002 erschien der erste Textband (IV 1), der in synoptischem Abdruck erstmals den Vergleich der ersten Dresdener Ausgabe von 1764 mit der zweiten, von Friedrich Justus Riedel besorgten Wiener Ausgabe von 1776, ermöglichte. Dann folgte 2006 ein Denkmälerkatalog (IV 2), 2007 ein Allgemeiner Kommentar (IV 3) und 2008 ein erster Materialband mit Winckelmanns ›Anmerkungen zur Geschichte der Kunst des Altertums‹ (Besprechung in: Bonner Jahrb. 209, 2009, 480 ff.).

Der vorliegende fünfte und letzte Teilband enthält an Winckelmanns eigenen Schriften zunächst – gleichsam als Blick in die Werkstatt des ersten Kunsthistorikers – die verschiedenen Vorstufen und Druckfassungen der Beschreibungen der Statuen im Vatikanischen

Belvederehof in chronologischer Folge und macht dann weitere Texte und Materialien zugänglich: Zunächst die beiden lateinisch verfassten Abhandlungen ›De ratione delineandi Graecorum Artificum‹ (›Über die Art der Zeichnung der griechischen Künstler in der ersten Epoche der Künste, wie sie aus den ältesten Münzen zu ermitteln ist‹) und ›De nominibus veterum Sculptorum‹ (›Über die Namen der alten Bildhauer‹), jeweils synoptisch abgedruckt mit der deutschen Übersetzung und kommentiert. Beide geben Aufschluss über Winckelmanns Forschungen zur frühesten Kunst der Griechen sowie seine Überlegungen zur Datierung von Kunstwerken anhand von Inschriften in der Zeit zwischen 1760 und 1762.

Dem folgt mit den ›Entwürfe[n] zur Geschichte der Kunst des Alterthums‹ aus dem Florentiner Nachlassheft von 1761 eine Reihe von Textfragmenten, in denen sich Detailuntersuchungen und Strukturskizzen zum Werk gegenseitig ergänzen. Sie waren zur Erweiterung einer früheren, verloren gegangenen Fassung der ›Geschichte der Kunst‹ vorgesehen.

Schließlich drucken die Herausgeber aus dem Pariser Nachlass erstmals als gesamtes Konvolut die ›Collectanea ad Historiam Artis‹, eine zweiteilige Sammlung von Notizen und Exzerpten aus antiken Quellen sowie zeitgenössischen historiographischen und antiquarischen Schriften. Sie sind bis auf zwei eigene deutsche Texte in italienischer, französischer, lateinischer und griechischer Sprache geschrieben. Spuren intensiver Benutzung durch Winckelmann lassen darauf schließen, dass Winckelmann sie neben der Arbeit für die ›Geschichte der Kunst‹ auch als eine Art Handbibliothek für weitere Schriften verwendete (S. 450). Sie sind für die Untersuchung zu Quellen und Methodik der ›Geschichte‹ von größtem Wert und haben in jüngerer Zeit insbesondere in den Arbeiten von Elisabeth Décultot verstärkt Beachtung gefunden. Sehr benutzerfreundlich erscheinen diese Notizen und Exzerpte hier synoptisch mit dem entsprechenden Kommentar.

So wertvoll diese Materialien für die Rekonstruktion des Werkprozesses sind, bilden doch die zu Beginn des Bandes abgedruckten Statuenbeschreibungen die »Keimzelle von Winckelmanns Kunstgeschichte«, wie die Herausgeber im Vorwort herausstreichen (S. VII). Durch den nunmehr stark erleichterten Vergleich zwischen den verschiedenen Fassungen der berühmten Beschreibungen nach den noch berühmteren Antiken des Belvederehofs, namentlich des Apollo, des Laokoon, des Torso, der sogenannten Kleopatra und des sogenannten Antinous, wird der Leser hier ins methodische Zentrum der ›Geschichte der Kunst‹ geführt. An ihnen wird deutlich, wie aus einer Untersuchung des »Geschmacks« der Griechen die rhetorische Geste zur Werbung für eben jenen Geschmack hervorging und wie sich diese Geste schließlich in die historische Erzählung im zweiten Teil des Werkes einschrieb.

Sie sind aber auch »Keimzelle« im Sinne eines reellen Ausgangspunktes der winckelmannschen Beschreibungskunst. Wenige Monate nach seiner Ankunft in Rom nämlich, wohin der Autor der ›Gedancken über die Nachahmung der griechischen Werke in der Mahlerey und Bildhauerkunst‹ (1755) zur Erforschung der antiken Originale mit dem Ziel der »Wiederherstellung des Griechischen Geschmacks« aufgebrochen war, begann er, an einer Folge von Beschreibungen der im Vatikanischen Belvederehof versammelten Statuen zu arbeiten, der damals in Europa berühmtesten und in zahlreichen Stichen und Gipsabgüssen kursierenden Kunstwerke der Antike. Sie waren gedacht als Grundstock für eine gemeinsam mit Anton Raphael Mengs geplante Untersuchung über den »Geschmack« der griechischen Künstler, dessen Nachahmung auch in Deutschland wieder zu einer Blüte der Kunst führen sollte. Der Plan zerschlug sich – aber übrig blieben Texte, für die Winckelmann bei einer breiten Schicht von Lesern berühmt wurde. Das liegt bekanntlich insbesondere an ihrem enthusiastischen Ton, der den Betrachter wie einen neuen Pygmalion – erotische Implikationen inklusive – die historische Distanz zu den Antiken überwinden lässt.

Die Berühmtheit und unstrittige Schönheit der Beschreibungsgegenstände erlaubte es Winckelmann, sich ganz auf die grundsätzliche, »methodisch-systematische Untersuchung des Schönen in der Kunst« zu konzentrieren (s. den detaillierten Nachvollzug bei E. Osterkamp, Johann Joachim Winckelmanns Beschreibungen der Statuen im Belvedere in der Geschichte der Kunst des Altertums. In: M. Winner / B. Andreae / C. Pietrangeli [Hrsg.], Il Cortile delle Statue. Der Statuenhof des Belvedere im Vatikan. Akten Kongr. zu Ehren von Richard Krautheimer, Rom 1992 [Mainz 1998] 445).

Sie liefern – in ihrer ursprünglichen Reihenfolge als fiktiver Rundgang durch den Statuenhof angelegt – konkreten Unterricht über das »Wesentliche der Schönheit« und regen den Rezipienten an, selbst den Schritt vom bloßen reproduktiven Nachvollzug der Betrachtung zur Beschreibung als produktiver Erkenntnisleistung zu tun. Gerade ein Statuenfragment wie der »verunstaltete Stein« des ›Torso‹ (S. 35) zwingt den Betrachter, es in seiner Imagination mittels der zuvor erlangten Einblicke in die »Geheimnisse der Kunst« zu ergänzen. Bei der geistigen Rekonstruktion des Kunstwerks kann er in einem Moment der Epiphanie ins platonische Reich der Ideen eintauchen und dort des Helden und Gottes selbst ansichtig werden. Hier geht es also nicht nur um die bekannte »Beschreibung nach dem Ideal«, sondern hier tritt keimzellenhaft – und rhetorisch gezielt als quasi-religiöse Wiederauferstehungshoffnung gestaltet – der methodische Impuls zur Erneuerung der Antike als »Wiederherstellung des Ideals im Geiste des Betrachters« zutage (Osterkamp a. a. O. 446 f. 448).

Um diese unhistorisch angelegte Instruktion zur Erkenntnis zeitloser Schönheit in die ›Geschichte‹ zu integrieren, mussten die Texte argumentativ verändert werden. Sie bildeten zwar weiterhin den ideellen Hintergrund der Abschnitte des ersten Teils, der vom »Wesentlichen der Kunst« handelt – die eigentlichen

Beschreibungen fügte Winckelmann nun jedoch in den zweiten historischen Teil ein, der die Geschichte »Nach den äußern Umständen der Zeit unter den Griechen« betrachtet. Statt normativ einen unübertroffenen »Geschmack« zu repräsentieren, sind sie nun Belege in der erzählerisch angelegten und dramaturgisch nach der organischen Metaphorik »Von dem Wachsthume und dem Falle der griechischen Kunst« gestalteten Erklärung der vier aufeinander folgenden Stilstufen, wie er sie im dritten Stück des ersten Teils ausgeführt hatte.

Trotz einiger Überarbeitungen wirken die Beschreibungen in ihrer neuen Umgebung fremd und zwischen den knapp und sachlich gehaltenen Beschreibungen des historischen Teils eher wie vielfarbige Gewächse in einer kargen Landschaft. Genau in diesem Kontrast manifestiert sich nun aber der dem gesamten Projekt eingeschriebene theoretische Grundkonflikt: Die Kollision von normativem Anspruch und Geschichte, von überzeitlichem Ideal und zeitgebundener, relativer Schönheit. Die Lösung, die Winckelmann dafür fand, war allerdings nur um den Preis eines gedanklichen Zirkelschlusses zu haben. Sie lautete: Jede Blüte der Kunst ist an die Bedingungen politischer Freiheit geknüpft, daher können Kunstwerke höchster Qualität nur in Epochen politischer Freiheit entstanden sein – und sind entsprechend zu datieren. Die Folge sind willkürliche und unhistorische Einordnungen, die das Verdienst des Gesamtprojekts in den Augen nachfolgender Archäologengenerationen stark geschmälert haben.

Mit der neuen Ausgabe ist es durch die vergleichende Lektüre und mit Hilfe des Kommentars möglich, die skizzierten Änderungen bis in feine sprachliche Nuancen hinein nachzuvollziehen. Man kann sehen, wie Winckelmann in den verschiedenen Überarbeitungen etwa der Apollo-Beschreibung das epiphanische Moment verstärkt, wie er die temporale Struktur der räumlichen Annäherung der früheren Fassungen auflöst und sie in eine sinnliche Unmittelbarkeit überführt, die darauf abzielt, den Betrachter die Präsenz des Ideals spüren zu lassen.

Ähnliches gilt für die Metamorphosen der Laokoonbeschreibung. Man sieht, was sich gegenüber der Arbeit nach Stichen und Abgüssen durch die Begegnung mit dem Original verändert, sieht, wie sich etwa der anfänglich auf das Verhältnis von Schmerz und Ruhe und dem »wahren Character der Seele« (S. 17) gerichtete Fokus verschiebt hin auf eine Erfassung der physischen und historischen Materialität der Skulptur. Der Leser wird hier gleichsam Zeuge der Entstehung der Kunstgeschichte als Wissenschaft: Aus Texten zum Zweck ästhetischer Erkenntnis in einer fiktiven Redesituation werden für die Druckfassung der ›Geschichte der Kunst‹ »Belegstücke in einem kunsthistorischen Beweisgang« (Osterkamp, a. a. O. 450).

Eine für die Frage der Rezeptionsgeschichte wichtige Lücke schließt unter der Überschrift ›Materialien zur »Geschichte der Kunst des Alterthums«‹ der Abdruck des zweiten Teils des Vorworts zur zweiten, der Wiener Auflage von 1776 mit einer ›Skizze zu der Geschichte Winckelmanns‹ (S. 188). Sie stammt vom Herausgeber Friedrich Justus Riedel, der damit die früheste biographische Würdigung des 1768 in Triest ermordeten Winckelmann bereitstellte. Für die folgenden Jahrzehnte bis zu Goethes bewusst auf eine Denkmalsetzung ausgerichtete und auf die Schilderung des Lebenslaufs verzichtende Schrift ›Winckelmann und sein Jahrhundert‹ (1805) war sie von großem Einfluss auf das Winckelmannbild der Zeitgenossen. Begleitet wird der Abdruck dieses Vorworts von einem sorgfältig und im Urteil erfreulich ausgewogen verfassten Essay, mit dem Axel Rügler der nicht sehr umfangreichen Literatur zu Riedel einen wichtigen Beitrag hinzufügt.

Aus der Sicht moderner Editionspraxis kann Rügler die manchmal bis heute noch fortgeschriebenen abschätzigen Urteile der Zeitgenossen über Riedel und seine Ausgabe relativieren, dem man aus der Richtung der ›Weimarer Kunstfreunde‹ vorgeworfen hatte, den Text ohne sprachliche und inhaltliche Korrekturen und ohne eine sinnvolle Neugliederung publiziert zu haben (vgl. S. 206). Mit seinem präzisen Nachvollzug der Entstehungsgeschichte der zweiten Auflage kann er zeigen, dass Riedels einzige Fehler darin bestanden, Winckelmanns Vorwort gegen dessen ausdrücklichen Willen wieder aufgenommen und außerdem – aus offenbarer Unkenntnis des zuvor von anderen Bearbeitern erstellten Manuskripts – fehlerhafte Abbildungszuordnungen eingefügt zu haben. Abgesehen von diesen Mängeln scheint es sich doch um eine Ausgabe zu handeln, die näher an Winckelmanns Original steht als die von ihr verdrängte elfbändige Ausgabe der ›Weimarer Kunstfreunde‹ (Dresden 1806–1826). Damit ist also die zweite Auflage als unentbehrliche Grundlage der Forschung nicht nur wieder vollständig erschlossen, sondern sie ermöglicht in dieser Form auch eine längst überfällige Differenzierung der kritischen Urteile der Rezeptionsgeschichte: »Nur anhand der Wiener Ausgabe lässt sich erkennen, wie Winckelmanns Einsichten wuchsen, wie alte Irrtümer beseitigt und neue Erkenntnisse in das bestehende System eingebunden wurden – oder wie sie dieses veränderten.« (S. 218).

Als dritter großer Textteil versammelt der Abschnitt ›Anküdigungen und Rezensionen‹ beispielhaft das Spektrum der unterschiedlichen Urteile der Zeitgenossen von der ersten anonymen Ankündigung in der ›Bibliothek der schönen Wissenschaften und der freyen Künste‹ von 1757 bis zur Rezension durch Karl Philipp Moritz von 1789. Sie machen nachvollziehbar, wie sich gerade aus der Kritik an Winckelmanns paradoxer Methode sowohl der fachwissenschaftlich-archäologische als auch der humanistisch-literarische Zweig der Rezeptionsgeschichte herausbilden konnte (vgl. hierzu ergänzend das Vorwort Martin Dönikes in: Altertumskundliches Wissen in Weimar [Berlin und Boston 2013]).

Wie schon in den anderen Bänden werden die Texte in vorbildlicher Weise von einem ausführlichen Kommentar mit Sachinformationen, Querverweisen in die anderen Bände, sprachhistorischen Erläuterungen, Hilfen zur inhaltlichen Einordnung und Literaturhinweisen ergänzt; durch die Katalognummern in den Marginalspalten der Texte sind die erwähnten Monumente im Denkmälerkatalog (Schriften und Nachlaß IV 2) leicht auffindbar. Die Hinweise auf historische Bedeutungsnuancen aus dem Deutschen Wörterbuch, aus Adelungs Wörterbuch sowie Langens ›Wortschatz des deutschen Pietismus‹ unterstreichen eine weitere Facette der winckelmannschen Arbeit an seinem Opus magnum, nämlich sein Bemühen um einen hohen Stil als ein dem klassischen Gegenstand angemessenen sprachlichen Ausdruck.

Abgerundet schließlich wird auch dieser Band durch eine Reihe von Indizes: Neben dem Allgemeinen Register (Namen, Sachen, Orte und anderes) ein ›Allgemeines Register zu den Rezensionen‹, ein ›Register der Antiken nach den Standorten zu Winckelmanns Zeiten‹ und eines nach den heutigen Museums- und Aufstellungsorten, beide mit Querverweisen in den Denkmälerkatalog (a. a. O.) sowie eine Zusammenstellung der bereits in Schriften und Nachlaß IV 2 (Katalog der antiken Denkmäler) erfassten Objekte, und schließlich ein ›Register der Stellen antiker Autoren‹, das einen raschen Überblick über Winckelmanns meistgenutzte Quellen bietet.

Insgesamt bildet dieser fünfte Band mit seinem vertiefenden Blick in die Werkstatt Winckelmanns und den wichtigen Zeugnissen zur Editions- und Rezeptionsgeschichte einen gelungenen Abschluss des Komplexes ›Geschichte der Kunst des Altertums‹. Den unbestreitbaren Glanz dieser großen Editionsarbeit trübt allerdings an manchen Stellen, dass sich das Lektorat nicht auf eine einheitliche Orthographie festlegen konnte und der Leser sich nun zwischen neuer und alter Rechtschreibung hin- und hergeworfen sieht (etwa S. VII. »zusammengefasst« und dann S. VIII »erfäßt«).

Auch wenn durch die Kontextualisierungsleistungen der neueren Forschung inzwischen deutlich ist, dass Winckelmann nicht in der Weise monumentalisiert werden kann, wie es seine – insbesondere germanistische – Rezeption über fast zweihundert Jahre nahegelegt hat, so macht gerade diese Neuedition eines deutlich: Der Verfasser der Geschichte der Kunst war selbst immer bereit, seine Beobachtungen, Zuordnungen und Hypothesen wo nötig zu revidieren. Sie macht deutlich, dass er in diesem Sinne einem dynamischen Begriff des Wissens verpflichtet war, der möglicherweise gar nicht so weit von dem »dynamischen Konzept« des Altertums (Dönike) entfernt war, das derzeit zu Recht Winckelmanns in über zweihundert Jahren Rezeptionsgeschichte zum marmornen Monolithen geronnenen Idealgriechentum entgegengesetzt wird.

Berlin   Almut Hüfler

Charlotte Schreiter, **Antike um jeden Preis. Gipsabgüsse und Kopien antiker Plastik am Ende des 18. Jahrhunderts**. Transformationen der Antike, volume 29. Publisher Walter De Gruyter, Berlin and Boston 2014. 864 pages, 159 figures.

This impressive monograph is a very welcome treatment of an important chapter in the history and nature of Classicism in central Europe. The author describes and analyses in great detail how plaster casts and copies in other materials of ancient sculpture were produced, procured and used in central Europe in the last decades of the eighteenth century. The title of the book hints to the fact that the establishment of the time gave priority »at all costs« to Antiquity and what it considered its primary works of art. The title at the same time elegantly sets out the main theme of the book: that replicas of antiquities were made available at a much lower price than previously, and thus for the first time in our history, in those last decades of the eighteenth century, were accessible to a much wider range of consumers than just the absolute elite.

The new knowledge as well as new perspectives on already existing information provided by this book, which is a revised version of Schreiter's habilitation treatise in classical archaeology submitted to the Humboldt University in 2010, contributes considerably to our understanding of the dissemination of copies of ancient sculpture and the role this business played for the neo-classical wave in the second half of the eighteenth century. ›Antike um jeden Preis‹ is the twenty-ninth book in the series ›Transformationen der Antike‹, in which a number of volumes, for example number 17 and 18 in 2010, already touch upon the nature and significance of replicas of ancient art in the history of western art. The book's release thus falls into an important contemporary trend in classical archaeology and art history, with a number of recent publications bringing value to the topics studied and to each other.

The book consists of ten parts of which the first seven deal with main themes: (II) The key actors in production, distribution and consumption of plaster casts in France, England, Italy, and Germany during the eighteenth century, (III) the academies and collections at the German courts, (IV) the Italian travelling makers of those replicas and the workshop of Carl Christian Heinrich Rost in Leipzig, (V) reproduction in other materials than plaster, (VI) the dissemination of the ancient ideal and the significance of certain collections and outdoor park and garden exhibits, and (VII) the new view on Antiquity which took form in the period. Two major parts at the end complete the book with an overwhelming amount of documentation on which the analyses of the previous parts are based.

As a proper archaeological study the book contains a catalogue (IX) of well over one hundred pages and more than two hundred catalogue numbers, listing the most important ancient sculptures that saw wide distribution reproduced in plaster and other materials in central Europe at the time with accompanying documentation on their origin. Part X provides additional detailed information in schematic form over almost two hundred pages listing sales catalogues of reproductions, articles in contemporary magazines promoting reproductions among other articles of the fashion of the time. The book is concluded by invaluable indices of names and places.

The historical and socio-economic frame as well as background for the study is »middle Germany« (p. 6), which at the time was split into a great number of principalities each with a court, often with art collections, and academies attached to them. This was a world of a numerous, ambitious and competing nobility, which generated an ever increasing need for works of art to be created, collected and exhibited. Ancient objects for such, mostly private, collections were in increasing demand, and in this environment replicas, first of all plaster casts, got more and more popular as an alternative to originals whose supply could not keep up with the demand. But more importantly, plaster replicas provided the practicing artists, and not the least the learned lovers of classical art, the possibility to experience, in fact to own for themselves, the sculptural attributes and qualities of one or more of the canonized torsos and statues.

The canon was a number of statues and other sculptures mainly found in Italy, known to us as Roman copies or variations of ancient Greek works of art. In a world where travelling was expensive, time consuming and dangerous, it is obvious that the possibility of getting exact three-dimensional replicas of the great works of Antiquity must have appealed to those who could procure them. One example is the very significant professor of Archaeology at Göttingen, Christian Gottlob Heyne, who never visited Rome, and therefore, obviously, never saw the Apollo Belvedere, the Laokoon group, or the Belvedere Torso. The great desire to learn about and appreciate the ancient masterpieces and at the same time the great challenge to get to see and appreciate the originals in combination explains most about why casts went hot at exactly this time.

Within a fairly short period of time following the sixties of the eighteenth century, the region saw a substantial influx of travelling makers of plaster casts, mainly from Italy hence known as »formatori«, who offered such replicas. A fascinating network built up with hard competition on price and quality, and the author brings it all out in great detail. Not before the establishment of the Atelier de Moulage in Paris in 1798 did the market shift somewhat in this direction, with offers of casts of ancient sculptures from Italy, and it was not before many decades into the nineteenth century that the British Museum began to offer replicas of the Elgin Marbles to the European market. Prior to those, who were to be among the main actors on the plaster cast market in the nineteenth century, the formatori and later the German workshops like Rost's in Leipzig, were the only sources for such items. Ordering directly from workshops in Italy was very expensive, with transport costs often exceeding the price of the objects themselves, and with even more additional charge when the fragile pieces needed to be repaired after a long journey.

As the author explains (p. 32), the popularity of the sculptural canon and its spread northwards were not only a story of selective availabilities due to the difficulties of transmission of three-dimensional forms over long distances. Since its early establishment in the city in the seventeenth century, the Académie de France in Rome had built up a collection of the most cherished sculptures from which copies were made and sent northwards. The collection consisted mainly of replicas of works existing in Rome. The collection of them in one place, however, made the Académie to a conceptual model to follow with its collection and the vibrant environment of visiting and working artists.

A very important part of the book is the description of the environment surrounding the courts of the German principalities, and how they developed into intellectual and cultural centres inspired by the French Enlightenment. The example of the ambitions of Duke Ernest II at Gotha (pp. 64–70), and his acquisitions of replicas from the Ferrari brothers, is explained in great detail with quotes from a rich source of correspondence that demonstrates many of the contemporary concerns and issues connected with the acquisition of plaster casts of ancient sculptures. Also from the sixties (1767) is the important earliest documented establishment of a collection of such pieces at the university, of Göttingen (pp. 88–94). This collection was built up by professor Heyne and its establishment was of great significance for the development of the Classical Archaeological discipline. The »Archäologie der Kunst« was invented, as it became possible – via plaster casts – to compare two (or more) Hellenistic or Roman replicas of the same earlier Greek original in a search for the vanished »Urbild«, an exercise that has occupied many archaeologists and art historians ever since. Again, preserved correspondence shows the interest that was taken at that time in the quality of the copies available and the challenges the purchasers faced assessing this quality: if original and cast are not available for study right next to one another, how does one estimate the quality of the plaster? As the collection grew Heyne's eye sharpened and he got more and more sceptical about the quality of at least some of the replicas provided by the Ferraris, who claimed that their moulds had been made directly from the originals. Heyne eventually concluded that this in fact could not be the case, and he simply ceased acquiring from this source (p. 91).

One aspect surrounding the acquisition of plaster casts in the eighteenth century, which becomes increasingly clear when reading through the many well-researched chapters of this book, is the high costs and hassle of transportation. The sources speak, again and again, of the high expenses and long duration of transportation, and about the circumstance that the new acquisitions often were damaged when they finally arrived (e. g. pp. 65 f., 101, 174 and 256). Great challenges and high expenses in connection with transportation, perhaps in general even more so over land than by sea, of course formed a general circumstance of the whole pre-modern era, but the fragility of plaster casts made this commodity even more difficult to deal with. Plaster has been used as the primary medium to produce replicas of sculptural objects since antiquity exactly because it is cheap, pours easily into any form and because when it solidifies it represents an exact copy of the volume of the replicated object. The surface of the replicated object, with sculpted details like hair, fingernails etc., is reproduced with high accuracy if the mould is of high quality. The main problem with the finished plaster cast is its fragility. Even though the objects are always hollow (if the mass exceeds around one cubic decimetre) they are comparatively heavy and very fragile, and are easily damaged by bumps to the surface or contact with water. The surface – so important for the aesthetic quality of any sculpture – is of course the part of a replica that is directly exposed to damaging incidents. Given the distance, repairs obviously had to be done without the possibility of consulting the replicated object. This was of course a real problem once a part of a cast had been damaged beyond repair.

The role played by the travelling formatori is described (pp. 101–133) before the author turns to one of the main parts of the book (pp. 133–255), which is the treatment of the art dealer Rost (1742–1798). He had an art and book shop in Leipzig and basically changed the scene of plaster cast production from being a business dominated by travelling craftsmen to a business run from a factory in Leipzig. Rost acquired a number of moulds from the Ferrari brothers in 1778, who travelled around with them as opposed to replicas, which was the normal practice of the formatori. Possessing the moulds meant that from then on Rost could compete on much better terms, working from a single place with storage space and the possibility of stocking numerous casts ready for sale, conditions which the travelling competitors exactly did not have (p. 143). The quality of the replicas made from the old moulds of the Ferraris was of course praised by Rost himself, as he could demonstrate that his copies were indeed made from the moulds that (allegedly) had been taken directly from the originals in Italy. For the customer it was always an important but difficult issue to settle, whether a plaster cast offered on the market had been made using a mould made from the original or from a mould made from another replica. The potential customers of travelling salesmen as well as of Rost, were always in the situation of only having their own eyes and more or less good judgment, perhaps assisted by a drawing or print of the original, to assess the quality of a cast (p. 143). Having the Ferrari moulds meant everything to Rost's business. They were the source of his production and of his credibility at the same time, until the point when it was realized that the Ferrari moulds were not, after all, taken directly from the originals but from other replicas (p. 386).

Rost's dealing was a great success, his commerce was the biggest in central Europe in the eighties and up to his death in 1798. He was able to bring more volume into the market (p. 161) and offer his casts at a better price, not the least because of the reduced costs of transport compared to ordering items directly from Italy (p. 171). But Rost's success also had other reasons: Again quoting rich and enlightening archival material, the author demonstrates how this business man used his trading privileges as a citizen of Leipzig to keep foreigners out of business (pp. 156 f.), how he occasionally competed in a doubtful way (p. 191) and how he used his connections to promote sale through the contemporary media (e. g. p. 169). The archival material also shows, however, that while Rost surely had great success in selling to a wide range of customers, the more selective individuals and institutions concerned with the acquisition of plaster casts of the highest quality became more and more sceptical of the commodities on offer from the factory in Leipzig. The discussions and consulting visit to Leipzig by the Prussian Academy of Arts – even though it resulted in the purchase of some replicas – reveal in illuminating detail that Rost's items were not of the desired quality (pp. 175–182).

Another interesting and important part of this book is its description and discussion of the character and number of eighteenth century artistic products which – in addition to the regular replicas of the canonized sculptures of antiquity – were on offer from workshops and factories like Rost's. An example is the decorative elements of stoves (Ofenaufsätze) of which Rost apparently sold great numbers, but of which none has survived (pp. 183 f.). Assessing the significance of such objects and their use in the homes of elite as well as non-elite members of the growing urban European bourgeoisies is of great significance in our attempt at describing the impact of the classical forms on the society of the time on a broad scale.

At the same time as Rost's business flourished in the eighties the demand for replicas in materials suited for outdoor use was met by a simultaneous grow in the offer of such products. Statues and other sculptural art commodities of materials such as iron, terracotta and papier-mâché were sold by Rost and others. The treatment of these products, their technical attributes, distribution and use, forms an important contribution to our understanding of classicism in central Europe (pp. 261–382), and again, central Germany plays the key role. Rost's impact was again essential with his invention of a terracotta-like product with which he was able to cast weather-resistant sculptures from 1782 on. Being a good businessman, he kept the recipe of this »Feste Masse« a secret (pp. 182–184 and 263).

At least since 1765 the first experiments with papier-mâché were made in Ludwigslust and from 1784 on techniques were developed in Lauchhammer for making full scale statues in cast iron. The use of papier-mâché as such for forming art objects of course had a much older tradition (p. 265). What was new about the products offered from Ludwigslust (pp. 264–293) was a durability hitherto not obtained for this material which made them weather-resistant. The production of replicas from the workshop at Ludwigslust grew out of a local tradition, which had developed and refined this very special technique to replace for example stucco for interior decoration. Contemporary visitors ironically described how the castle of Ludwigslust was »all of paper«, which somehow fitted the image of the court of Mecklenburg as being poor. Documentation of sales from the factory shows that the business was a great success, and up to the beginning of the nineteenth century sculptures of papier-mâché were on offer as an even cheaper option than plaster casts were, for those who wished to buy in to the contemporary ideals and taste.

At approximately the same time, the middle of the eighties, the ironworks at Lauchhammer began selling statues and other sculptures of cast iron (pp. 293–329). The price of the material, the production and transport of replicas of the items, made the ultimate price of them much higher than that of plaster and papier-mâché, but cheaper than that of bronze, a material which had to be imported. Our information about the dissemination of sculptures from Lauchhammer is better than that of copies in other materials despite their more limited numbers; although many have gone lost, some still exist in their original position (e. g. figs. 120–122).

The plaster cast business yet saw a fundamental change by the establishment of the Atelier de Moulage in Paris, which from the beginning of the nineteenth century offered many of the same products and in a better quality, than what had been offered by Rost and others in the latter decades of the eighteenth century (p. 389). This new situation coincided not only with the death of the entrepreneur in Leipzig in 1798, but with that of many other key-actors important for the replica business around 1800, resulting also in the discontinuation both of the Lauchhammer cast iron business and the papier-mâché factory at Ludwigslust.

The main conclusion of the book is the interesting one that the popularity of the classical ideals as spelled out first by Johann Joachim Winckelmann and followed by the artistic, academic and political elite, also saw substantial dissemination in other parts of society. The careful and immense effort of Charlotte Schreiter allows her to describe with great authority – given the vast amount of documentation – exactly how these trends on the one hand developed into proper museum exhibitions in for example Dresden and Mannheim, on the other in exhibits of single or small group statues in gardens and parks. The story of the spread and use of classical sculpture in replicated form goes to the very heart of the Enlightenment, both in its exclusive and its popular form: The antique world was the ideal epoch in the history of the western world, and people wanted to show explicitly that they were part of the contemporary classical trend. This artistic language is like a wave that has hit the western world several times since the classical period itself: Already since the time of Alexander the Great (kingship 336–323 B. C.) classical ideals were cherished, the Romans of the late Republic admired and used Greek art, the first emperor Augustus used the fifth century Athenian language for architecture for his own architectural monuments in Rome and that of Greek sculpture of that age for his self-representation, and Hadrian took up the thread in the second century A. D. Then a long pause ensued, until the Renaissance of the fifteenth and sixteenth centuries appeared introducing its focus on the ancient world. It was not before the era of the Enlightenment and the New Classicism of the eighteenth century, however, that the classical ideal forms were rediscovered. Schreiter's book enables us to understand better and deeper the processes through which this happened, and we should thank her for undertaking the painstaking effort to present all the evidence in a very clear and comprehensible form. This book is a must-have for any scholar, student or library interested in classical archaeology, art history, history and the history of collecting.

Copenhagen and Athens   Rune Frederiksen

Anastasia Bukina, Anna Petrakova und Catherine Phillips, **Greek Vases in the Imperial Hermitage Museum. The History of the Collection 1816–1869.** British Archaeological Reports, International Series, Band 2514. Archaeopress, Publishers of British Archaeological Reports, Oxford 2013. 318 Seiten, 103 schwarzweiße Textabbildungen, 17 Tafeln, davon 4 in Farbe.

Die Studie zur Geschichte der Vasensammlungen des Museums der Eremitage im neunzehnten Jahrhundert ist in drei Teile mit folgenden Themen gegliedert: (1) das historische Umfeld in Europa und in Russland, (2) das Wirken von Ludolf Stephani in Sankt Petersburg und die Ankäufe der wichtigsten Vasensammlungen bis 1869 sowie (3) Korrekturen und Addenda zum Vasenkatalog von Ludolph Stephani.

Wie die Autorinnen im Vorwort ausführen, standen die Beiträge zu den Katalogen von Stephani am Beginn ihrer Arbeit mit dem Ziel, Verwechslungen bei der Provenienz aufzuklären (S. IX–X). So hatten sich schon im neunzehnten Jahrhundert bei der Umgestaltung der Ausstellungssäle in der Eremitage die Bestände angekaufter Privatsammlungen vermischt, was in der Folgezeit zu falschen Angaben führte, wie Stephani selber schon erkannt hatte (S. 49). Über umfangreiche Recherchen zu den Sammlern und den Kollektionen gelangten die Autorinnen zu Betrachtungen von allgemeinerer Bedeutung. So vermittelt die reich bebilderte Monographie einen Einblick in das historische Umfeld in Europa und in Russland, in dem die ersten Antikensammlungen entstanden sind.

Das Interesse an den Altertümern hat in Europa seit dem achtzehnten, besonders aber im neunzehnten Jahrhundert bedeutend zugenommen. Das Sammeln von Altertümern kam in Mode, in vielen europäischen Hauptstädten öffneten Museen mit entsprechenden Abteilungen (Kapitel 1 und 2, S. 5–36). Das Interesse für griechische Vasen setzte im Vergleich zu antiken Skulpturen oder Münzen aber eher spät im achtzehnten Jahrhundert ein (S. 5). Zu ihrer Bekanntheit in ganz Europa trugen Persönlichkeiten wie Sir William Hamilton bei, dessen erste, in Italien angekaufte Vasensammlung Baron d'Hancarville 1767–1776 in einem bebilderten Katalog publizierte (S. 6 mit Anm. 27; s. dazu: Winckelmann-Gesellschaft [Hrsg.], Hancarville und die Hamiltonsche Vasensammlung [Stendal 2005]). Dessen vier Bände fanden weite Beachtung und inspirierten mit ihren farbigen Tafeln unter anderem auch die Dekoration des Saales der Zwanzig Säulen in der Eremitage (S. 7 Abb. 3. 4). Sir Hamilton war zudem mit Graf Andrej Jakovlevič Italinskij, Gesandter in Neapel und Mitglied der russischen Kunstakademie, befreundet, der als erster russischer Gelehrter über antike Vasen schrieb (S. 10 mit Anm. 61). Russische Aristokraten verbreiteten nach ihren Bildungsreisen durch Italien die Begeisterung für die Antike und brachten erste Kollektionen mit. So erwarben 1781 Pavel Petrovič, der zukünftige Zar Paul I., und seine Frau Marija Fjodorovna (Prinzessin Sophie Dorothee von Württemberg) während ihres Aufenthaltes in Neapel die wohl früheste Vasensammlung im Besitz der Zarenfamilie für ihre Sommerresidenz in Pavlovsk, die bis heute in dem Schloss bei Sankt Petersburg aufbewahrt ist (S. 11).

Im zweiten Kapitel (S. 15–36) ist die Gründung der Neuen Eremitage geschildert, ein 1852 eröffneter Erweiterungsbau des Eremitagekomplexes, der auch die geplante Antikensammlung aufnehmen sollte. Ausführlich gehen die Autorinnen auf die europäischen Vorbilder ein und beschreiben unter anderem Bauten und Ausstellungskonzepte der Museen in Neapel, im Vatikan und in Wien sowie des British Museum und der Glyptothek in München. Deren Architekt Leo von Klenze wurde von Zar Nikolaus I. nach einem Besuch in München nach Sankt Petersburg eingeladen, wo die Neue Eremitage 1842 und 1845 nach seinen Plänen errichtet wurde (S. 30–32). Die Gestaltung mehrerer Säle realisierte der russische Maler Pjotr Šamšin, der als Vorlagen Abdrucke antiker Vasenbilder benutzte (S. 35 f.).

Die Ausführungen zu den vielseitigen kulturellen und wissenschaftlichen Beziehungen zwischen Russland und dem übrigen Europa und zur Antikenrezeption im Zarenreich eröffnen neue Perspektiven. Oft verliert sich aber der Text in Details und vielen Angaben, die nur bedingt zum Thema der Studie gehören und die Lektüre erschweren. Die Autorinnen hätten sich im Rahmen dieser Monographie auf Beispiele und Vergleiche konzentrieren müssen, die für das Verständnis der Sammlungsgeschichte wesentlich sind.

Das erste Kapitel des zweiten Teils geht auf Ludolf Stephani und seine Tätigkeit in Sankt Petersburg ein (S. 39–50). Der aus Leipzig stammende Gelehrte leitete als Kurator die Antikensammlungen der Eremitage von 1851 bis 1887. Seine Publikation ›Die Vasen-Sammlung der Kaiserlichen Eremitage‹ (Sankt Petersburg 1869) ist bis heute eine der wichtigsten Quellen für die Exponate, da viele Monumente danach nicht wieder publiziert wurden. Der Katalog bietet Beschreibungen und Angaben zu Fundort und Provenienz für 2328 Katalognummern, aber keine Abbildungen. Die Reihenfolge der beschriebenen Objekte folgt einer topographischen Gliederung nach Aufstellungsorten, nicht chronologischen, stilistischen oder ikonographischen Kriterien. Diese Vorgehensweise wurde offenbar von deutschsprachigen Katalogen übernommen (S. 42 f.) und schon von Adolf Furtwängler kritisiert (S. 44 mit Anm. 239). Die ursprüngliche Aufstellung von dem aus Genf stammenden Gelehrten Florian Gille (Kurzbiographie S. 157 f.) trennte ausgegrabene von angekauften Stücken und wurde mehrfach geändert, um Raum für neue Exponate zu gewinnen. Abgefallene Etiketten verursachten in den frühen sechziger Jahren des neunzehnten Jahrhunderts Verwechslungen, die Stephani als »Schwierigkeit« erkannte (S. 49).

Das folgende Kapitel ›Antiquities in Russia‹ (S. 51–56) springt chronologisch zurück in das achtzehnte Jahrhundert und behandelt noch einmal die Voraussetzungen für das Sammeln von Altertümern in Russland. Grundlagen für die Antikenrezeption in Russland legte Peter I. mit der generellen Reformierung und Modernisierung des Zarenreiches, wobei auch die Architektur und die Künste nach europäischen Vorbildern ausgerichtet wurden. Diese stießen manchmal auf Skepsis bei des Zaren Landsleuten, wie die Episode um die sogenannte Taurische Aphrodite illustriert: Diese in Rom 1719 erstandene Venusstatue wurde zunächst im Sommergarten in Sankt Petersburg aufgestellt und dort von wütenden Besuchern, die ihre Nacktheit als anstößig empfanden, mit Schmutz beworfen (S. 51). Unter der Herrschaft von Katharina II. setzte sich der Klassizismus in Russland durch, womit auch die Begeisterung für die Antike weiter zunahm und erste Sammlungen im Besitz der Zarenfamilie entstanden.

Das dritte Kapitel schildert kurz die Ausgrabungen im nördlichen Schwarzmeergebiet und die Entwicklung der wissenschaftlichen Institutionen im neunzehnten Jahrhundert (S. 57–63. Dazu ausführlicher C. Meyer, Greco-Scythian art and the birth of Eurasia. From classical antiquity to Russian modernity [Oxford 2013]; I. V. Tunkina, Russkaja nauka o klassičeskich drevnostjach iuga Rossii [XVIII – seredina XIX v.]. Русская наука о классических древностях юга России [XVIII – середина XIX в.] [Sankt Petersburg 2002]). Die seit dem späteren achtzehnten Jahrhundert durchgeführten Ausgrabungen wurden zunehmend staatlich kontrolliert und seit 1859 der Imperialen Archäologischen Kommission mit Sitz in Sankt Petersburg unterstellt (S. 59). Legale und illegale Kampagnen in der Gegend von Kertsch, dem früheren Pantikapaion, der Hauptstadt des antiken Bosporanischen Reiches, förderten viele Funde zu Tage, darunter beachtliche Mengen griechischer Vasen. Entsprechend der damaligen Praxis, die bedeutendsten Objekte in die Hauptstadt und nach Moskau zu überführen, gelangten die qualitativ besten Gefäße in die Eremitage, wo sie in einem dem Bosporanischen Reich gewidmeten Saal ausgestellt wurden. Stephani beschreibt in seinem Vasenkatalog in diesem »fünften Saal« 542 Objekte (S. 57). Museen mit Antikenabteilungen entstanden aber auch im nördlichen Schwarzmeergebiet, so in Odessa, in Feodosija, in Jalta und in Kertsch (S. 58).

Die thematische Abfolge der ersten fünf Kapitel, die einen eigenen Teil bilden müssten, wirkt verwirrend. Es wäre verständlicher gewesen, den Abschnitt über Stephani unmittelbar vor die Geschichte der drei Sammlungen zu stellen. Das Kapitel zu den Antiken in Russland (S. 51–56) durchbricht den chronologischen Aufbau des Inhalts und hätte an den Anfang der Monographie gehört. Auf diese Weise wären Wiederholungen vermeidbar gewesen, so zum Beispiel bezüglich der Reise des späteren Zaren Paul I. und seiner Frau durch Europa (S. 11 f. 53). Die jetzige Struktur reißt zudem Informationen auseinander: So wird zum Beispiel die Rolle Peters I. auf S. 51 kurz erwähnt, seine berühmte Sibirische Sammlung aber erst im folgenden Kapitel S. 57, obwohl kaum ein Zusammenhang zu den dort behandelten Ausgrabungen auf der Krim besteht.

Die Geschichte der drei Sammlungen Pizzati, Chitrovo-Laval und Campana wurde akribisch recherchiert und in drei Kapiteln dargestellt. Die Ausführungen stützen sich dabei auf Archivstudien in Russland, Italien und anderen europäischen Ländern und schildern die Persönlichkeit und Geschichte der Sammler sowie den Verlauf der Verkäufe.

Die früheste bedeutende Sammlung, die vom Zarenhaus angekauft wurde, stammte von Dr. Pizatti (S. 65–82). Die Autorinnen identifizieren den Antikensammler und -händler, über dessen Person längere Zeit spekuliert wurde, mit dem Cavaliere Dr. Antonio Giuseppe Pizatti aus Vicenza, der um 1830 in Florenz als Arzt praktizierte (S. 65), sich aber oft in Neapel und anderen Städten für den An- und Verkauf antiker Fundstücke aufhielt. In Neapel knüpfte er Kontakte zu Gesandten der russischen Botschaft und zu russischen Aristokraten auf Bildungsreise. Dies eröffnete ihm die Möglichkeit, über eintausendvierhundert Funde, darunter etwa eintausend griechische Vasen, dem Zarenhaus zum Kauf anzubieten. Zu diesem Zweck reiste er 1831 nach Sankt Petersburg und wandte sich persönlich an Nikolaus I. (S. 71). Nach einer Expertise durch eine Kommission der Akademie der Wissenschaften willigte der Zar 1834 in den Kauf für einhundertfünfzigtausend Rubel ein, zahlbar in Raten während zehn Jahren (S. 76). Zunächst wurden die Funde aus den Privatgemächern des Dr. Pizatti in die Akademie gebracht, 1850 dann in die neu gegründete Neue Eremitage überführt.

Die Sammlung Chitrovo-Laval brachte 1852 ebenfalls einen wichtigen Zuwachs für die im Aufbau begriffene Antikenabteilung der Eremitage (S. 83–101). Gräfin Alexandra Grigorjevna Laval und ihr Mann, Jean Charles François de Laval, erwarben seit dem frühen neunzehnten Jahrhundert auf dem europäischen Kunstmarkt Gemälde und antike Objekte und kauften 1817 in Russland eine Sammlung von rund dreihundert griechischen Vasen, von denen sich Generalmajor Nikolaj Fjodorovič Chitrovo aus finanziellen Gründen trennen musste (S. 87). Viele dieser Vasen waren zu diesem Zeitpunkt bereits durch mehrere Hände gegangen, wie die Autorinnen unter anderem anhand eines Kraters (St. 1274, dessen Vorderseite zweimal mit derselben Aufnahme abgedruckt ist, Abb. 65 und 69) illustrieren, der dem Prinzen Alexandr Andrejevič Bezborodko und zuvor dem polnischen Grafen Michail Valickij gehört hatte (S. 89 f.).

Ein Jahr nach dem Ableben der Gräfin Laval 1850 – ihr Mann war bereits 1846 gestorben – boten zwei ihrer Töchter die Sammlung der Eremitage zum Kauf an. Die Beratungen, ob die gesamte Kollektion, die neben Vasen auch Bronzen und Skulpturen umfasste, oder nur ausgewählte Stücke zu erwerben seien, und die Verhandlungen über den Preis zogen sich bis 1852 hin. Im März dieses Jahres begutachtete Zar Nikolaus I. die Objekte, die im großen Treppenhaus des Winterpalastes zur Begutachtung aufgebaut worden waren, und gab den Befehl, entgegen den Bedenken einzelner Mitarbeiter des Museums die gesamte Kollektion für zweiunddreißigtausend Silberrubel zu kaufen (S. 99).

Neben weniger bedeutenden Erwerbungen (S. 103 f.) bereicherten seit 1861 über 560 Vasen, 139 Bronzen und 77 Skulpturen aus dem Besitz des Marquis Giovanni Pietro Campana (zu Biographie und Sammlungstätigkeit s. S. Sarti, Giovanni Pietro Campana, 1808–1880. The Man and his Collection [Oxford 2001]) die Neue Eremitage (S. 105–156). Ein erster Versuch, das gesamte Museo Campana zu erwerben, scheiterte 1852 an den hohen Kosten (S. 110–117). Im Jahr 1860 wagten russische Unterhändler einen erneuten Versuch, zumindest Teile der inzwischen von der Stadt Rom konfiszierten Sammlung zu kaufen, wobei auch das British Museum und das Musée du Louvre Interesse angemeldet hatten (S. 124 f.). Mit vielen Dokumenten, die in Auszügen oder im Anhang in voller Länge in Originalsprache und Übersetzung abgedruckt sind, zeichnen die Autorinnen die Verhandlungen zwischen der Archäologischen Kommission in Rom – die offiziell 1850 eingesetzt wurde, um Antiken für Sankt Petersburg zu suchen (S. 59; 113 f.) – und der römischen Kommission für den Verkauf des Museo Campana (S. 118) nach. Schließlich gelang es 1861 unter Federführung von Stepan Alexandrovič Gedeonov, die erwähnte Anzahl von Vasen und Skulpturen für zehntausend Scudi oder vierzehntausend Silberrubel zu kaufen (S. 120). Die Autorinnen zweifeln, dass dies ein für Russland günstiger Handel war, da zehn Jahre zuvor die gesamte Sammlung zu wesentlich günstigeren Bedingungen hätte erworben werden können (S. 123 f.). Damit Zar Alexander II., Nachfolger von Nikolaus I., entsprechend der Tradition die neuen Ankäufe begutachten konnte, wurden diese zunächst in einer temporären Ausstellung im Winterpalast präsentiert und erst danach zwischen 1862 und 1864 in die permanente Ausstellung integriert und auf vier Säle verteilt (S. 128–134).

Unklarheiten und Verwechslungen entstanden bei der Aufteilung des Museo Campana und bei der Neuorganisation der Ausstellung zwischen 1861 und 1864, wobei sich unter anderem Vasen der Sammlungen Pizzati und Campana vermengten (S. 134–154). Grundlage für die Aufklärung der Fehler und für die Korrekturen des Katalogs von Stephani bilden die wahrscheinlich um 1858 in Rom publizierten Cataloghi del Museo Campana (S. 108), die bereits Widersprüche und Irrtümer enthalten (S. 139), die von Gedeonov angefertigten Listen seiner Auswahl (S. 134–139), ein knapper Katalog desselben Autors (S. 123) sowie handschriftliche Dokumente. Eine besondere Schwierigkeit boten einander ähnliche Objekte, die anhand der Beschreibungen des neunzehnten Jahrhunderts kaum voneinander zu unterscheiden sind. Nach akribischem Studium aller verfügbaren Quellen konnten die Autorinnen nach eigenen Angaben zwei Drittel der Campana-Vasen in Sankt Petersburg identifizieren (S. 139) und eine lange Reihe von Verwechslungen aufklären (S. 139–153).

Nach einem kurzen Kapitel zur Geschichte der Eremitage in der Zeit nach Stephani und einer Auswahl von Kurzbiographien folgt der dritte Teil mit ›Addenda et Corrigenda‹ zu Stephani (S. 169–246). Bis zu Nummer St. 1786 – bei den folgend beschriebenen Vasen aus dem Bosporanischen Reich waren keine Verwechslungen anzunehmen (S. 63) – überprüften und korrigierten die Autorinnen die Provenienzen, ergänzten Beazleys ARV-Nummern und fügten bibliographische Angaben hinzu. Leider verzichteten sie auf die Angabe der aktuellen Inventarnummern, was den praktischen Nutzen einschränkt. Es bleibt zu hoffen, dass sie dies nachtragen, beispielsweise in einer laufend erweiterten Online-Datenbank.

Die Bedeutung der Monographie reicht weit über die Vasenforschung hinaus, da sich die Geschichte der keramischen Sammlungen nicht von der allgemeinen Entwicklung der Antikenrezeption und der Altertumswissenschaften in Russland und Europa trennen lässt. Darin offenbart sich aber auch das größte Problem:

Um das eigentliche Thema ihrer Studie verständlich darzulegen, mussten die Autorinnen den historischen Kontext darstellen, was in diesem Rahmen nur begrenzt möglich war. Die Themen der ersten beiden Teile könnten aber leicht zu zwei eigenständigen Projekten weiterentwickelt und vertieft werden: Die Antikenrezeption, die Gründung von Museen und der Beginn der Altertumswissenschaften in Russland mit seinen engen, kulturellen Beziehungen zum übrigen Europa wurden bisher nur in Teilaspekten untersucht, während eine thematisch umfassende Darstellung fehlt – wozu die Autorinnen mit ihren Recherchen bereits Grundlagen zusammengetragen haben. Bereits angekündigt ist eine Fortsetzung zur Geschichte der Vasensammlungen der Eremitage, die mit Spannung erwartet werden darf.

Basel   Othmar Jäggi

Wolf-Dieter Heilmeyer, **Erst erfreuen, dann belehren. Museologie und Archäologie**. Mit einem Vorwort der Herausgeber Bernhard Graf, Andreas Scholl und des Autors Wolf-Dieter Heilmeyer. Berliner Schriften zur Museumsforschung, Band 33. Publisher G&H, Berlin 2013. 236 pages with 42 figures.

For every museum professional the title of this book ›Erst erfreuen, dann belehren‹ (Enjoy first, learn later) has a very modern ring to it. An art museum nowadays should be a place to enjoy yourself, surrounded by works of art. Once captivated or intrigued by the objects and their display, the visitor will feel the desire to find out more about them, and will start reading the texts or viewing and listening to audio-visual devices. Visually and intellectually satisfied he or she will leave the museum with a feeling of well-being and, hopefully, with the intent to return soon. The first surprise in this interesting book is that the words »Erst erfreuen, dann belehren« are not derived from modern museum theory, but were written down more than one hundred-eighty years ago by Karl-Friedrich Schinkel (1781–1841), the architect of Berlin's Altes Museum. Wolf-Dieter Heilmeyer's book is a compilation of twenty-seven of his articles and lectures, which have as subject archaeological museums, museological theory, collecting policies, museum research, presenting artefacts, and the role of the visitors. The author shows himself perfectly capable to present revealing thoughts about these subjects. Heilmeyer has had a long and outstanding career as a director of the Berlin archaeological museums and as a professor at the Institute of Classical Archaeology of the Freie Universität Berlin. The combination of practical museum work with a chair in classical archaeology has led to a book, which shows a rare insight in the manifold aspects of museum work and the more theoretical, political and legislative aspects of museology and archaeology.

The first section of the book forms an introduction to the essence of the institution ›museum‹. As a true classicist the author begins with the word itself, defining the concept of such an organization and giving an explanation why nowadays the word ›museum‹ is the most accepted term for a specific collection of objects. Other competitive words (some of which are still in use today) are for instance cabinet, gallery, thesaurus, ark or even temple. There is also an interesting chapter on the relationship between national museums, regional museums and site museums. The author strongly stresses the importance of national museums as the only place where a complete overview of cultures can be given. This overall view can be extended by visits to different regional museums, and excavation sites with an exhibition space.

The second section is called ›Sammeln und Bewahren‹ (collecting and keeping). The section starts with a chapter on the beginnings of the Altes Museum, originating from private cabinets, which were created with the beauty of ancient art as a guiding principle. Archaeological context was of no concern to these earliest collectors: »As is widely known, the older collecting practices of the European museums were not concerned with knowledge about ancient contexts. You can even find arguments for the opposite point of view: collecting meant taking the object out of its context, isolating, stressing its individual meaning, its particularity, its aesthetic excellence.« (p. 46, my translation). But even in the modern museum context is not the most important factor. The finds made in Pergamon during the nineteenth century excavations are all labelled with their find spot, but are presented to the public in very different settings, sometimes even in different Berlin museums. Also the question of the repatriation of objects is discussed in this section. If you get aware of an original context, are you not ethically obliged to return these objects to the site of origin? According to the author the history of legal purchases and excavations in the past gives enough room to continue admiring these artefacts outside of their country of origin. This doesn't apply, of course, to illegally excavated objects. A very interesting chapter in this section is devoted to the image of Greece in the great European museums in London, Paris, and Berlin. The history of purchases is treated with a few case studies from the distant and more recent past.

The third section ›Erforschen‹ (research) is devoted to the scholarly activities of archaeological museums, with a special focus on cases in Berlin. As in government circles the practical use of research in museums is often questioned, this section is of great importance. In my personal view, which I share with the author, a museum without a research task is as undesirable as a museum without presentations and access for the public, like some nineteenth century institutions were. Curators are specialists in their field, with a focus on material culture: an approach which is often lacking at the universities. The quality of presentations and exhibitions (so important in modern museums) is enhanced by the presence of curators with a thorough academic knowledge, in combination with their feeling for the visitor's expectations. In two chapters Heilmeyer describes the practical embodiment of research in museums (›Forschungspraxis‹) and the relation between museum and research (›Museen und Wissenschaft‹). The third chapter in this section is a case study, illustrating what research and experimental archaeology can add to our knowledge of the ancient world.

The fourth section ›Präsentieren‹ (presentation) deals with the various ways in which antiquities have been presented to the public from 1830 onwards in the Berlin museums. These chapters are followed by the fifth section ›Sonderausstellungen‹ (special exhibitions), where three case studies of large exhibitions are described in much detail and complete honesty about the do's and don'ts when organizing an international exhibition with thousands of loans from all over the world. These exhibitions are ›Augustus und die verlorene Republik‹ (1988), ›Die griechische Klassik. Idee oder Wirklichkeit‹ (2002) and ›Mythos Olympia. Kult und Spiele‹ (2012). The last section of the book ›Besucher‹ (visitors) gives an overview of visitors' comments on Schinkel's Altes Museum in the nineteenth century and an analysis of artistic photographs of people visiting the Berlin museums (›Bei der Betrachtung der Betrachter‹).

This book gives a huge amount of information on historical, museological, juridical and archaeological aspects of working in a museum. The only flaw is the book's lacking consistency. The twenty-seven chapters are reprints of different articles and lectures. One of the communications (›Archeologia e prestiti‹, chapter 11) is even left in the original Italian language, which will be a problem for numerous readers. Many historical facts and current discussions, like the one about the restitution of cultural property, are repeated frequently on different occasions, which causes the reader to skip certain parts. The book is therefore more usable as a reference work, and less suited as a good read ›in one go‹. However, the lack of an index hampers that kind of use. The author is at his best when he gives broad views on museology, using as examples museums from all over the world. The focus in many articles on the archaeological museums in Berlin alone is interesting for those acquainted with the cultural and political situation in Germany's capital, but limits the capacity of this book as a handbook on the general museological aspects of archaeology.

Leiden   Ruurd Binnert Halbertsma

Anhang

Abkürzungen

Kürzel werden nach den Regeln der Römisch-Germanischen Kommission benutzt, siehe das Impressum dieses Bandes. Daher finden sich Abkürzungen nur in Fußnoten, Katalogen, Listen, Tabellen oder ähnlichem, nicht im Fließtext. In den Bonner Jahrbüchern können auch die folgenden Siglen verwendet werden.

ABR	LVR - Amt für Bodendenkmalpflege im Rheinland
AE	Bronze (bei Münzen)
APX	LVR - Archäologischer Park Xanten
AR	Silber (bei Münzen)
AV	Gold (bei Münzen)
Ausst. (Exhibit., Exposition, Mostra)	Ausstellungskatalog. Die Stadt als Ausstellungsort wird immer genannt, sofern sie nicht aus dem Buchtitel hervorgeht, sie wird nicht als Erscheinungsort des Buches wiederholt, wenn beides identisch ist. Das Austragungsjahr wird nicht angeführt, wenn es mit dem Erscheinungsjahr übereinstimmt. Der genaue Veranstaltungsort kann ausnahmsweise nützlich sein, taggenaue Daten sollten meist entfallen.
Au	Aureus (Münze)
Av	Avers, Münzvorderseite
Beschr.	Beschreibung
Bdm.	Durchmesser eines Gefäßbodens oder Standrings
BD	Bodendenkmal
BS	Bodenscherbe
CUT	Colonia Ulpia Traiana
D	Denar (Münze)
Dat.	Datierung
Dp	Dupondius (Münze)
Drag.	Bestimmung von Terra sigillata nach H. Dragendorff, Bonner Jahrb. 96/97, 1895/96, 18–155.
erh.	erhalten
Festschr.	Festschrift. Sofern im Titel nicht der Name des Geehrten steht, wird er einschließlich ausgeschriebenem Vornamen ergänzend angeführt. Die Nennung von Herausgebern kann in der Regel entfallen.
Fl.	Fläche
FR	Frimmersdorf, Braunkohlentagebaugebiet, Aktivitätsnummer
Frg., Frg.te	Fragment(e)
HA	Hambach, Braunkohlentagebaugebiet, Aktivitätsnummer
Kongr. (Congr.)	Kongress, Konferenz, Kolloquium, Tagung etc. Es gelten die Regeln wie für ›Ausst.‹
li.	links

LMB	LVR - Landesmuseum Bonn
LTUR	Lexicon Topographicum Urbis Romae
max.	maximal (z. B. ›Dm. max.‹)
NI	Aktivitätsnummer der Außenstelle Niederrhein des ABR (Xanten)
n. li.	nach links
n. re.	nach rechts
ns	nordsüdlich
Ns.	Nebenseite
NW	Aktivitätsnummer der Außenstelle Nideggen-Wollersheim des ABR, bei Angabe von Himmelsrichtungen ›Nordwesten‹
Ofl.	Oberfläche
OK	Oberkante
OV	Aktivitätsnummer der Außenstelle Overath des ABR
Os.	Oberseite
PR	Prospektionsmaßnahme
PS	Profilscherbe
Q	Quinar (Münze)
Rdm.	Durchmesser eines Gefäßrandes
re.	rechts
RGM	Römisch-Germanisches Museum Köln
RS	Randscherbe
Rs.	Rückseite
Rv	Revers, Münzrückseite
S	Sesterz (Münze)
St	Stater (Münze)
St.	›Stärke‹ bei Maßangaben bzw. ›Stelle‹ als Bezeichnung für Befund oder Arbeitsbereich nach dem Rheinischen Stellkartensystem
TN	Terra nigra
TS	Terra sigillata
ü. NN	Höhe über Normalnull
Uk.	Unterkante
unbek.	unbekannt
unbest.	unbestimmt
Us.	Unterseite
Vs.	Vorderseite
wö	westöstlich
WS	Wandscherbe
WW	Weisweiler, Braunkohlentagebaugebiet, Aktivitätsnummer